송기호 교수 정년기념논총

한국고대사를 바라보는 다양한 시선:

문헌, 문자, 물질

진인진

일러두기

◎ 인명, 지명 등은 국립국어원의 외래어표기법을 기준으로 했으며, 필자에 따라 한자음을 그대로 쓴 경우도 있다. 또한 외래어 발음을 달리 표현한 경우도 있다.

◎ 중국어나 일본어의 경우 한국식 한자 표기를 기준으로 했으며, 필자에 따라 간자(簡字)를 쓴 경우도 있다.

◎ 일부 학술 용어나 고유명사의 경우 필자마다 표기법과 띄어쓰기, 기호 사용을 달리한 예도 있다.

◎ 본문 중 〈표〉의 내용은 한글 병기 또는 번역문을 싣는 것을 원칙으로 했으나, 내용의 특성상 한글 표기나 병기보다 한자만 제시하는 것이 나은 경우, 또 번역문 상태로 보여주는 것이 의미가 없는 경우는 원문을 그대로 실었다.

◎ 출처는 각주로 처리하지 않고, 본문 중에 괄호를 이용해 '저자와 출판 연도, 인용 쪽수'를 기재했다.

◎ 각 원고의 참고문헌 표기는 원고 끝부분에 단행본과 논문의 구분 없이 각 논저의 작성 언어를 기준으로 한국어 저작과 외국어 저작(중국어, 일본어, 기타)을 구분해서 정리했다.

한국고대사를 바라보는 다양한 시선: 문헌, 문자, 물질

초판 1쇄 발행 | 2021년 5월 15일

지은이 | 강봉룡 외 36인
엮은이 | 송기호 교수 정년기념논총 간행위원회
편   집 | 배원일, 김민경
발행인 | 김태진
발행처 | 진인진
등   록 | 제25100-2005-000003호
주   소 | 경기도 과천시 별양상가 1로 18 614호(별양동 과천오피스텔)
전   화 | 02-507-3077-8
팩   스 | 02-507-3079
홈페이지 | http://www.zininzin.co.kr
이메일 | pub@zininzin.co.kr

ⓒ 진인진 2021
ISBN 978-89-6347-464-9 93900

* 정가: 70,000원

한국고대사를 바라보는 다양한 시선: 문헌, 문자, 물질

지난 2월 송기호 선생님께서 정년을 맞이하셨습니다. 늘 온화한 청년 외모에 묵직한 카메라를 메고 유적지를 찾아 동분서주하시던 모습이 눈에 선한데 벌써 정년이시라니 '세월이 유수와 같다'는 말이 실감납니다.

선생님께서는 1986년 한림대학교 사학과에서 교편을 잡으신 후 1988년 서울대학교 국사학과로 옮기셔서 33년간 한국 고대사와 생활사 연구에 전념하시면서 후학을 양성하셨습니다. 『발해정치사연구』, 『발해 사회문화사 연구』, 『발해 사학사 연구』 등을 통해 한국사학계에서 발해사 연구의 기틀을 마련하셨을 뿐 아니라, 7권에 달하는 『송기호 교수의 우리 역사 읽기』를 통해 생활사 분야의 새로운 경지를 개척하셨습니다. 선생님의 끊임없는 학문적 열정과 한결같은 성실성은 후배와 제자들이 감히 범접할 수 없는 영역이었음은 선생님을 가까이에서 지켜본 이라면 누구나 절감하게 됩니다.

이 논총은 선생님의 영광스러운 정년퇴임을 축하드리고 그간의 학은에 보답하기 위하여 후배와 제자들이 1년여 전부터 준비한 결과물입니다. 이 보잘 것 없는 결과물이 그간 선생님의 명성에 자칫 누가 되지 않을까 두려움이 앞섭니다. 평소 번잡함을 싫어하시고, 특히 주변에 폐를 끼치는 것을 극도로 경계하시는 선생님의 고결한 성품을 잘 아는지라, 논총 발간은 차마 엄두를 내지 못하였습니다. 그럼에도 불구하고 선생님의 정년퇴임을 기념하는 논총이 꼭 필요하다는 마음들이 모여 이 논총을 준비하게 되었습니다.

이 논총은 선생님께 학은을 입은 서울대학교 국사학과의 후배와 제자들의 글을 중심으로 구성하였으며, 그간 선생님과 각별한 인연이 있는 연구자들께서도 기꺼이 옥고를 보내주셔서 모두 37편의 논고가 모였습니다. 본 간행위원회에서는 평소 엄밀한 실증성과 치밀한 분석을 강조하셨던 선생님의 학문적 성격에 부합하도록 수합된 원고를 문헌사료, 문자자료, 물질자료 등 3편(篇)으로 나누어 논총으로 구성하였습니다.

원고를 모두 수합하고 논총의 기본 틀을 만들 때까지 선생님께는 차마 그간의 경과를 말씀드릴 수 없었습니다. 평소 보여주신 선생님의 강직한 성품 상 도저히 논총을 허락하시지 않을 것으로 예상하였기 때문입니다. 간행위원회에서는 2020년 12월 초 논총 편집본이 나온 다음에야 단단히 혼날 것을 각오하고 그간의 자초지종을 말씀드렸습니다. 선생님께서는 난감해하시면서 며칠 동안 숙고해보시겠다고 하셨고, 이미 작업이 너무 많이 진행되었다는 점을 감안하여 번잡함을 최대한 피해 추진하라고 당부하셨습니다.

정년 이후 조용히 저술활동에 몰두하시겠다는 선생님의 뜻을 거스르며 이 논총 발간을 추진한 점에 대하여 다시 한번 선생님께 송구하다는 말씀을 드립니다. 평소 선생님께 받은 학은에 제대로 보답하지 못하였기에 이처럼 작은 정성이라도 모으지 못한다면 크나큰 아쉬움으로 남을 듯하여 논총 간행을 무리하게 추진하였음을 부언해두고 싶습니다. 정년 이후에도 늘 건강하시어 학계와 제자들에게 한결같은 가르침을 주실 수 있기를 기원드립니다.

2021년 5월
송기호 교수 정년기념논총 간행위원회

차례

제3부　물질 자료 편

부록

한국고대사를 바라보는 다양한 시선:
문헌, 문자, 물질

I

文獻 史料 篇

동부여의 위치와 그 실체에 대한 재검토

송호정(한국교원대학교 역사교육과 교수)

1 머리말

우리 역사상 두 번째 고대국가 부여에 관해서는 문헌 자료마다 부여(扶餘), 북부여(北扶餘), 동부여(東扶餘) 등 다른 칭호로 인해 그 구체적 역사상을 이해하는 데 어려움을 겪고 있다.

『삼국사기(三國史記)』에서는 부여왕 해부루가 동부여를 건립했다고 한다. 『삼국유사(三國遺事)』에서는 북부여왕 해부루가 동부여를 건립했다고 한다. 『위서(魏書)』「고구려전」에서는 고구려가 부여에서 나왔다고 한다. 「광개토왕비문(廣開土王碑文)」에서는 고구려 시조 주몽이 "북부여로부터 나왔다(出自北扶餘)"고 한다. 그리고 광개토왕은 재위 20년(410) 친히 군대를 이끌고 부여를 토벌하는데, 그때 부여는 동부여로 기록되어 있다.

이상의 5개 사료 가운데 부여, 북부여, 동부여의 구별과 소재 지역에 관해서는 여러 주장이 분분하고 복잡하다. 이 가운데 부여는 고구려의 북쪽에 위치한 관계로 '북부여'라고도 불렀다는 점에 대해서는 학계의 의견이 어느 정도 접근해 있다. 동부여를 건립한 해부루에 대해 『삼국사기』에서는 부여왕이라 했고, 『삼국유사』에서는 북부여왕이라고 했다. 즉 부여와 북부여는 별개의 실체가 아니고 모두 부여를 가리킨다고 할 수 있다. 그러나 동부여에 대해서는 아직까지도 여러 주장이 통일되지 않아 부여사는 물론 고구려사를 이해하는 데 여전히 많은 혼란이 있다.

이 글에서는 부여사 가운데 가장 논란이 되고 있는 동부여 문제에 대해 살펴보려 한다. 즉 부여와 동부여가 같은 국가인지 아니면 별개의 국가를 가리키는지에 초점을 두고 검토하고자 한다.

그동안 동부여에 대한 학계의 견해는 다양했는데, 크게 세 가지로 구분해볼 수 있다. 첫 번째, 동부여는 북부여왕이 동해(東海) 가섭원(迦葉原) 땅에 옮겨가 건립한 국가라는 주장이다. 두 번째, 동부여는 기원전 285년 모용씨(慕容氏)가 부여를 경략했을 때, "그 왕 의려(依慮)는 자살하고, 의라(依羅)와 자제들이 옥저로 달아났다"고 하는데, 그때 건립한 국가라는 주장이다. 세 번째, 동부여는 처음 길림(吉林) 일대의 녹산(鹿山)에 위치했는데, 원부여가 서쪽 전연(前燕)과 가까운 곳으로 옮겨 간 이후 원래 도읍지에 있던 구부여(舊扶餘)를 동부여로 불렀다는 견해다.

이 중 첫 번째와 두 번째 주장의 경우는 고구려가 왕조 초기부터 두만강 유역에 진출하여 영역 지배를 해나갔음을 보여주는 기록이 적지 않다는 점에서 그 주장의 문제점이 제기되어 왔다. 세 번째 주장도 동부여가 동해에 있는 가섭원 땅에 세워졌다는 기록이나 원부여의 동쪽에 있었다고 해석되는 기록으로 인해 부여와는 별도의 국가로 인식해야 한다는 주장이 지속적으로 제기되고 있다.

이 글에서는 위 세 가지 주장이 근거로 하고 있는 문헌 자료를 다시 살펴보면서 그 주장의 문제점을 정리해보고자 한다. 나아가 부여사의 전개 과정 속에서 동부여의 실체가 과연 무엇이었는지 살펴보고자 한다.

2 「광개토왕비문」에 기록된 동부여

1) 광개토왕 20년(410) 동부여 정벌 기록 검토

동부여의 역사에 대한 가장 자세한 기록은 「광개토왕비문」 영락대왕 20년 (410)조에 나오는 내용이다. 「광개토왕비문」에 따르면, 광개토왕은 즉위 원년(390) 부터 20년(410)에 이르기까지 패려(稗麗, 395), 백제(396), 숙신(398), 왜(400, 404) 등 과 차례로 전쟁을 치르고 마지막으로 동부여와 일전을 치렀다.

「광개토왕비문」의 동부여 정벌 기록은 아래와 같다.

> 20년(410) 경술(庚戌) 동부여는 옛적에 추모왕의 속민(屬民)이었는데, 중간에 배
> 반하여 (고구려에) 조공을 하지 않게 되었다. 왕이 친히 군대를 끌고 가 토벌하였
> 다. 고구려군이 여성(餘城, 동부여의 왕성)에 도달하자, 동부여의 온 나라가 놀라 두
> 려워하여 (투항하였다). 왕의 은덕이 동부여의 모든 곳에 미치게 되었다. 이에 개
> 선을 하였다. 이때에 왕의 교화를 사모하여 개선군을 따라 함께 온 자는 미구루
> 압로(味仇婁鴨盧), 비사마압로(卑斯麻鴨盧), 타사루압로(椯社婁鴨盧), 숙사사압로(肅
> 斯舍鴨盧), □□□압로(□□□鴨盧)였다.

「광개토왕비문」 왕 20년(경술년)조 내용을 보면, 동부여는 추모왕의 속민(屬民) 이라고 하여, 고구려 성립 때부터 존재한 국가임을 분명히 하고 있다. 그리고 410 년 광개토왕이 동부여를 토벌함과 동시에 5개의 압로(鴨盧)가 광개토왕의 덕을 사 모하여, 고구려 관군(官軍)을 따라 귀순했다고 한다. 비문에 기록된 410년 대(對)동 부여 전쟁은 광개토왕이 직접 전쟁에 나선 것으로 보아 고구려가 국가적으로 많은 준비를 하고 대대적인 공격을 행했던 것 같다. "고구려군이 부여성(餘城, 동부여의 왕 성)에 도달하자, 동부여의 온 나라가 놀라 두려워하여 (투항하였다)"는 것은 광개토 왕의 공격으로 동부여가 실질적으로 멸망하고, 그 나라의 다섯 압로가 광개토왕을 따라 고구려 지역으로 귀순한 것으로 볼 수 있다.

광개토왕 20년(410) 광개토왕의 동부여 정벌은 광개토왕의 생애 마지막 정복

활동이었다. 346년에 고구려의 침입으로 서쪽의 연(燕) 근처로 왕 이하 백성들이 피신해갔다가 고초를 겪은(『자치통감』 기록) 부여가 어느 정도 세력을 회복하고 있을 무렵, 광개토왕의 정복에 의해 부여는 410년 사실상 고구려에 편입된 것으로 보인다.

「광개토왕비문」의 동부여 토벌 기록 바로 다음에는 "광개토왕이 공파한 성(城)이 64개, 촌(村)이 1,400개"라고 기록되어 있다. 이 내용에 대해서는 그동안 대동부여전(對東扶餘戰)의 전과를 나타낸 것으로 보는 입장도 있었으나(박시형, 孔錫龜), 광개토왕이 평생에 걸쳐 공파한 성촌(城村)의 합계라는 견해를 다수의 연구자가 취하고 있다. 410년 동부여 토벌 기사 다음에 나오는 광개토왕이 정복했다는 64성 1,400촌은 동부여 지역만으로 한정시키기에는 성촌(城村)의 숫자가 너무 많다. 그리고 동부여 공략 기록 다음 문장은 왕의 업적 내용과는 전혀 다른 "(왕릉을 지키는) 수묘인(守墓人) 연호(烟戶)"와 관련된 내용이 시작된다. 이것은 64성 1,400촌이 광개토왕의 업적(훈적)을 마무리하는 문장으로 작성되었음을 말해준다.[1]

「광개토왕비문」에 보이는 광개토왕 재위 시절의 업적을 보면, 왕은 395년 패려(稗麗)를 토벌하고, 396년 백제를 토벌하고, 400년 신라를 구원하고, 404년 왜구를 타파하고, 410년 동부여를 토벌했다. 이들 전쟁에서 광개토왕은 성(城)과 촌(村)을 탈취하고, 사람을 약탈하고, 군용물자와 우마나 양을 노획했기 때문에, 그 내용이 빠짐없이 비문에 기록되었다. 그리고 동부여 정벌 기록을 끝으로 "무릇 공파한 바의 성이 64개요, 촌이 1,400"이라는 말로 광개토왕의 공적을 마무리하고 있다.

당시 전쟁의 주요한 목적은 성을 점령하고, 토지를 탈취하고, 사람과 물자를

---

1 혹 이 숫자들을 광개토왕대에 고구려가 동부여로부터 탈취한 성, 촌의 수로 생각하지 않고 이 왕대의 정복전쟁의 총화로 생각하기도 하는데, 그것은 이 비문 전체의 내용과 부합하지 않는다. 앞서 영락 6년 병신 원정에서 백제로부터 탈취한 것(박시형, 1966, 208쪽)이 벌써 58개 성이요 그 외에 비려(碑麗), 식신(息愼), 가라(加羅), 부여 등으로부터 탈취한 성들로서 이름이 명기된 것들과 다음 수묘인 연호(守墓人烟戶)를 서술한 부분에서 신래한예(新來韓穢)의 출신 성들로 되어 있는 것들을 합산한다면(이 중 중복된 10여 성을 제외하고) 그 통계는 대단히 많다. 그것들만으로도 70~80개 성을 훨씬 초과한다.

약탈하는 것으로, 일종의 약탈 전쟁이었다. 그렇다면 광개토왕의 마지막 업적으로 기록된 동부여 정벌 기사 다음에 나오는 성촌(城村)은 광개토왕의 재위 시절에 거둔 공적을 합산한 것으로 보는 것이 합리적이고 역사적 사실일 것이다.

「광개토왕비문」의 20년(410)조 기록을 그대로 읽는다면 부여는 동부여를 가리킨다. 동부여는 비문의 20년(410년)조 기록처럼 고구려의 속국도 아니었고 독자적인 국가로서 발전해나갔음을 알 수 있다. 「광개토왕비문」에는 광개토왕 20년 "고구려군이 여성(餘城, 동부여의 왕성)에 도달하자, 동부여의 온 나라가 놀라 두려워하여 (투항하였다)"라고 한다. 이때 '군대가 여성(餘城)에 도착했다'는 것은 고구려의 대군(大軍)이 동부여의 왕도(王都)에 도착했다는 의미다. 여기서 대개 국명(國名)으로 명명(命名)된 성(城)은 모두 왕도이고, 국도(國都)라 할 수 있다. 광개토왕 비문 20년조에 동부여를 공격할 때 등장하는 '여성(餘城)'은 동부여의 왕도이고, 신라성(新羅城)은 신라의 왕도이며, 백제를 칠 때 등장하는 '핍기국성(逼其國城)'의 국성(國城)은 백제의 왕도로 볼 수 있다.

광개토왕대에 부여 정벌이 여러 차례 있었을 것이나 「광개토왕비문」에는 그에 대한 특별한 기록은 없고, 유독 왕 20년(410)의 사실만을 기록 한 것으로 보아 410년 정벌이 가장 큰 규모의 것이었음은 의심할 바 없다. 그리고 410년 광개토왕의 군대가 부여성(扶餘城)에 진공했다는 것은 부여가 큰 타격을 받았음을 뜻하며, 이는 부여의 국도(國都)를 포함한 중심 지역에 남아 있던 부여 세력을 멸망시켰다고 보는 것이 합리적이다.

410년 광개토왕이 동부여성에 진공했다는 것은 부여가 이때 실질적으로 고구려의 영역 및 그 지배하에 들어가게 되었음을 뜻한다. 그렇기 때문에 장수왕대인 435년에 고구려를 방문한 북위의 사신 이오(李傲)가 당시 고구려의 영역이 "북으로 옛 부여에 이른다"(『위서(魏書)』)라고 보고 한 것이다.

한편 「광개토왕비문」의 410년 부여 공략 기사 다음에 나오는 수묘인 기사의 '동해가(東海賈)'가 광개토왕 이전에 정복한 구민(舊民)임을 생각한다면, 영흥을 비롯한 동해안 일대는 광개토왕 이전부터 고구려의 영역이었음이 분명하다. 따라서 비문에 나오는 광개토왕의 동부여 원정을 구토에 인접한 한반도의 동해안 지역만을 원정했다는 의미로 볼 수는 없다.

410년 고구려의 부여 정벌로 부여의 다수 주민과 넓은 지역이 고구려에 속하게 되었고, 이제 부여 왕실은 고구려의 지배 아래 겨우 명맥을 유지하게 되었다. 광개토왕대의 동부여 정벌의 거대한 승리는 동부여의 운명에 결정적인 영향을 미쳤다. 동부여는 고구려 광개토왕의 토벌(410)과 그 아들 장수왕(長壽王)을 거쳐 문자명왕(文咨明王) 대에 이르면 결국 고구려에 병합되고 만다.

2) 부여의 위치와 두만강 유역

전술했듯이 「광개토왕비문」에는 광개토왕이 영락 20년(410)에 정벌한 부여를 동부여라고 기록하고 있다. 이 동부여는 어떤 나라일까? 원래 부여의 동쪽에 있어서 동부여라고 불린 것인지, 아니면 고구려의 동쪽에 있어서 동부여라고 불린 것인지 그 논의에 대해 살펴보겠다.

「광개토왕비문」 20년(410)조에는 동부여가 고구려 건국 초기에 독자적인 국가로서 존재한 것이 아니라, 고구려에 예속된 지역[屬國]이었다고 나온다. 그러한 동부여가 중간에 조공을 바치지 않자 광개토왕 때 직접 군대를 이끌고 토벌했다고 한다.

현재 동부여에 대한 우리 학계의 통설은 285년 선비 모용씨의 공격을 받아 수도가 함락되자 왕 의려(依慮)와 일부 세력이 동쪽의 두만강 유역으로 피난을 갔다가 서진(西晉)의 도움으로 복국(復國)을 할 때 잔여세력이 건설한 국가라는 주장이다. 이 주장은 이케우치 히로시(池內宏)가 처음 제기했고, 이후 이 주장을 바탕으로 히노 카이사부로(日野開三郞)가 부여사의 위치에 대한 논증을 펼쳤다. 285년 이후 두만강 유역으로 피난 간 부여의 잔여세력이 동부여를 세웠다는 주장이 최근 우리 고구려사 전공자들을 중심으로 많은 동의를 얻고 있다. 그러나 이러한 주장을 증명할 구체적인 근거는 명확하지 않다.

「광개토왕비문」 20년조 기록만으로는 동부여의 왕도인 부여성[餘城]이 어디인지 알아낼 길이 없다. 지금까지는 정황 증거로 동부여의 위치를 추정해왔을 따름이다. 동부여의 소재지에 대해서는 지금까지 단결-크로우노프카 문화를 남긴 두만강 유역의 북옥저(北沃沮) 지방이 가장 유력하게 거론되어왔다. 그다음으로 함경남도~강원도 북부 일대의 남옥저(南沃沮) 지역이 많이 지목되었다. 285년 사건 이후에 옥저에 관한 기록이 더 이상 등장하지 않는 것도 그 주장의 방증이 된다. 그러나 이것이 통설임에도 불구하고 3세기 대에는 이미 두만강 유역이 고구려의 영토였기에 동부여 지역을 두만강 유역에 비정하는 데 기본적인 의문이 제기되고 있다.

『삼국사기』 고구려본기 기록에 따를 경우, 두만강 유역(북옥저 지역)은 태조왕 이전부터 고구려의 지배 아래 있었다고 보는 것이 타당하다. 『삼국사기』 초기 기록의 신빙성에 대한 논란이 있지만 초기 단계에 북옥저 지역, 즉 두만강 유역에 대한 정복 기록이 나오는 것으로 보아 최소 1~2세기경인 태조왕대에는 두만강 유역이 고구려의 세력권에 포함되었던 것은 분명해 보인다.

고구려는 태조왕대에 조복의책(朝服衣幘)이나 인수(印綬) 하사 등 중국 군현의 조종에 의한 분리책에 대항하여 교역 거점인 책구루(幘溝婁), 즉 책성(柵城)[2]을 두만강 유역에 설치했다. 『삼국지(三國志)』 동옥저전에서 두만강 유역의 북옥저를 치구루(置溝婁)라 한 것은 책성(柵城)을 말하는 것인데, 책성의 설치는 대외 교섭 창구를 일원화하여 중국 군현과 교섭을 중앙정부에서만 취급하고자 한 조치다. 이는 기원 1세기를 지나면서부터 이미 두만강 유역이 고구려의 세력권 아래 들어갔음을 뜻한다.

『삼국지』 관구검전 및 동옥저전에서는 고구려 동천왕이 위군(魏軍)에게 쫓겨 매구루(買溝婁) 지역으로 피난했다고 한다. 이때 동천왕이 피난한 매구루는 바로 치구루로서, 북옥저 방면이면서 숙신의 남계라 했으므로 두만강 유역의 책성(柵城)을 가리키는 것으로 볼 수 있다. 따라서 이미 두만강 지역이 고구려의 영향권 아래

2　책성(柵城)은 오늘날 훈춘시 외곽의 팔련성(八連城)으로 비정되어왔으나 팔련성에서는 발해시대의 유물만 출토되므로 이곳은 발해의 동경용원부(책성부) 자리이고 고구려시대의 책성은 팔련성 부근 5리 지점에 있는 고구려성인 온특혁부성(溫特赫部城)으로 비정되기도 하나(엄장록·정영진, 1989), 현재 그것을 입증할 고고학 자료는 발견되지 않고 있다.

있었던 까닭에 245년 고구려 동천왕이 위군에게 쫓겨 망명할 만한 곳으로 이 지역을 택할 수 있었던 것이다.

그럼에도 두만강 유역에 동부여가 있었다고 보는 연구자는 「광개토왕비문」에 나오는 미구루(味仇婁)가 바로 매구루로서 두만강 유역에 있었던 책성(柵城)을 가리킨다고 보고 있다. 즉 「광개토왕비문」의 20년조에 왕을 따라 고구려로 온 미구루압로(味仇婁鴨盧)가 바로 두만강 유역에 있던 동부여의 부락 집단이라는 것이다. 그러나 「광개토왕비문」에 나오는 미구루는 분명 동부여에 존재한 하나의 지역 집단(지명)이지만, 책성(柵城)을 뜻하는 치구루·매구루와는 다른 것으로 보아야 할 것이다. 고구려 동천왕이 관구검의 침입으로 피난했다는 '치구루'와 책성은 같은 지역을 말하지만, 광개토왕이 정복했던 부여의 부락집단으로서 '△△△미구루'와는 분명 다른 실체다.

일부 고구려사 전공자들은 동부여 지역으로 남옥저 지역을 비정하기도 한다. 그러나 함경남도에서 강원도 지역은 부여에서 파생되어 나오기에는 너무 동떨어진 곳이고, 이 일대가 동예(東濊)와 옥저의 본거지로서 일찍부터 고구려에 신속되어 있었으니, 새로운 국가가 따로 들어설 여지가 별로 없다. 특히 245년 관구검 침입 기사로 보아 두만강 이남의 남옥저 지역은 이미 고구려 영향권 아래 있었음이 확인된다. 이러한 지역에 동부여가 건국될 여지는 없다고 하겠다. 나아가 북옥저가 멸망하고 동부여가 들어선 기록이 전혀 보이지 않고, 410년 광개토왕의 중요한 정복사업에 속할 정도로 강한 세력을 유지했음에도 불구하고 고고학적으로 두만강 유역에서 동부여와 관련된 성(城)이나 유적이 나오지 않는다는 사실도 이를 방증한다.

이밖에 동부여의 위치로 부여에서 가까운 동쪽 지역을 상정하는 견해도 있다. 이 경우 부여가 동쪽으로 접하고 있던 읍루(挹婁) 지역을 염두에 둘 수 있겠다. 읍루는 부여에서 동북으로 1천 리 떨어져 있다고 했지만 대체로 지금의 장광재령 동쪽, 북옥저의 북쪽에 살았던 집단이다. 이들은 한나라 이래로 부여에 신속되어 있었으나 그들의 행태 때문에 주변국에서 근본적으로 복속시키기가 어려웠다고 한다(『삼국지』 읍루전). 더구나 285년 모용외의 침입 때에 피신한 곳이 더 가까운 읍루가 아닌 옥저였다는 사실은 동부여가 읍루 지역에 건국되었을 가능성이 적다는 것을 말해 준다.

고구려사의 시각에서 접근하면 동부여는 고구려 천하 세계의 동쪽에 위치한 부여를 말하는 것으로 볼 수 있다. 따라서 고구려사 전공자 가운데는 부여의 중심인 길림시 이동(以東) 지역에 무조건 동부여가 존재해야 된다고 전제하고, 두만강 유역에 동부여를 설정하기 어려운 점과 훈춘과 연변 지역의 문화적 차이를 근거로 들어 연길(延吉) 지역에 동부여를 설정하기도 한다. 최근에는 동부여 지역을 장광재령과 합달령 사이의 교통로 상에 위치하고 있는 돈화(敦化) 지역에 비정하는 주장도 나왔다. 이는 원부여와 다른 지역에 동부여가 존재한다는 것을 전제로 하고, 한편으로 두만강 유역은 일찍이 고구려 땅이라는 점을 고려하여 내린 해석이다. 그러나 그 주장의 사실성은 현실적으로 입증하기 어렵다고 생각한다.

지리적으로도 길림성 지역은 장광재령, 위호령, 합달령이 연결되어 하나의 분수령을 이루고 있으면서 그 이동의 목단강(牧丹江) 유역 문화와 구분된다는 점에서, 북부여에서 내려온 주민집단은 이 경계선을 넘지는 않았을 것으로 생각된다.

『위서(魏書)』열전 고구려조에는 "세조(世祖) 때 (…) 동으로 책성(柵城)에 이르고 남으로 소해(小海)에 이르며, 북으로 구부여(舊夫餘)에 이른다"라고 기록되어 있다. 이 기록을 보면 435년에도 태조왕 때 설치된 책성(柵城)이 여전히 존재하고 있었고, 구부여로 표현된 부여의 지역은 책성이 있었던 두만강 유역과는 다른 지역에 있었던 것으로 볼 수 있다. 만일 「광개토왕비문」 20년조에 나오는 동부여가 두만강 유역에 있었다면 그보다 25년 뒤의 기록인 『위서』 기록에 책성과 다른 지역에 구부여를 구분해서 기록하지 않았을 것이다.

책성(柵城)은 태조왕대에 고구려에 복속되어 있던 북옥저 지역에 설치된 것으로서 동부여를 멸망시키고 둔 것은 아니다. 따라서 이미 태조왕 이전부터 고구려에 복속되어 있던 북옥저 지역을 새로이 광개토왕이 대대적으로 군사를 동원하여 정복할 리는 없는 것이다. 결국 「광개토왕비문」 20년조의 기록은 쇠약해진 부여의 수도(길림 일대)를 광개토왕이 공파한 사실을 기록한 것으로 보아야 한다. 그렇다면 「광개토왕비문」에 광개토왕이 410년에 정복한 동부여는 부여를 가리키는 것임을 알 수 있다.

3 『삼국유사』와 『삼국사기』에 기록된 동부여

1) 『삼국사기』 기록에 나오는 동부여

『삼국유사』와 『삼국사기』에서는 부여의 기원을 동부여로 기술하고 있다. 『삼국유사』에 따르면 해모수의 아들 해부루가 이끄는 예인(濊人)의 일부가 동해가 가섭원(迦葉源) 지방에 도착하여 동부여를 세웠다고 한다. 이후 동부여의 왕대는 부루(夫婁), 금와(金蛙), 대소(帶素)로 이어졌다. 이러한 사실이 『삼국사기』에서는 부여의 역사로 기록되어 있다.

『삼국사기』 고구려본기에는 고구려와 부여 양국 관계와 관련하여 다음과 같은 사실들이 기록되어 있다.

동명왕 14년(기원전 24)에 왕의 어머니 유화(柳花)가 동부여에서 죽었으니 그 왕 금와가 예장(禮葬)을 하고 신묘(神廟)를 세워주었으므로, 동명왕은 방물(方物)을 보내 그 은혜를 갚았다. 유리왕 14년(기원전 6)에는 부여왕 대소(금와왕의 아들)가 고구려에게 질자(質子)를 보내라고 요청했으나 고구려가 실천하지 않았으므로 대소는 5만 명의 군대를 거느리고 고구려를 정벌했다. 유리왕 28년(기원후 9)에는 부여왕 대소가 고구려에 사신을 파견하여 고구려가 대국 부여를 잘 섬기지 못한다고 책망했다.

이러한 사건들이 있은 후 부여는 자주 고구려를 침입했으나 고구려는 그때마다 잘 방어했고, 특히 대무신왕대에는 부여를 친정하여(왕 5년) 부여왕 대소를 죽이기까지 했다. 이후 부여는 점차 약해져서 많은 영토와 인구가 점점 고구려에 흡수되었다. 그러나 아직 태조왕 때까지 부여왕은 군사를 파견하여 고구려의 군대를 타격할 정도로 이전과 같이 강력한 군사력을 지니고 있었다.

이처럼 부여는 오랜 대국으로서 신흥 고구려와 대립하여 항쟁을 계속하고 있었던 것으로 보인다. 그러나 태조왕(太祖王, 53~146) 이후로는 고구려에 대한 부여의 조공 사실이 점차 많아지고 있다.

『삼국사기』 고구려본기 시조 동명성왕조에는 동명왕 10년(기원전 32)에 왕의 명령으로 북옥저를 멸망시키고, 14년(기원전 28)에 주몽의 어머니가 동부여에서 죽었다고 했다. 이 기록에서 주목되는 사실은 고구려 동명왕 재위 시기에 북옥저와 동부여가 병존하고 있다는 사실이다. 『삼국사기』 초기 기록을 그대로 믿을 수 있느냐의 문제는 차치하더라도, 『삼국사기』 동명왕본기의 기록을 통해 고구려 초기 단계에 북옥저와 동부여가 병존하고 있었음을 알 수 있다. 따라서 많은 고구려사 전공자들이 주장하는 것처럼 두만강 북쪽인 북옥저 지역에는 동부여가 존재하지 않았음을 알 수 있다. 만일 동부여가 초기부터 두만강 유역에 존재했다면 그것은 두만강 이남인 남옥저 지역이 되어야 할 것인데, 두만강 이남의 남옥저 지역은 이미 고구려 초기 단계부터 고구려의 세력 범위로 들어와 있었다.

전술했지만 『삼국사기』 고구려본기를 보면, 북옥저는 태조왕 이전 시기에 먼저 고구려에 복속되어 고구려의 지배하에 있었다. 『삼국사기』 고구려본기에 따르면 고구려는 기원을 전후하여 선비족의 일부 및 태자하 상류 일대의 양맥(梁貊), 힘의 공백 지대였던 함경남·북도 산간지대의 행인국, 개마국, 구다국과 두만강 하류의 북옥저를 정복하거나 복속시켰다.

1세기 중엽에 나부체제(那部體制)가 수립되면서 고구려의 대외정복은 새로운 전기를 맞게 된다. 먼저 고구려는 동해안 방면의 옥저와 동예를 복속시키고 이 지역의 풍부한 해산물을 확보하여 확고한 배후기지로 삼았다. 이에 따라 영흥만 일대는 태조왕 이래 고구려의 변방 지역으로 편입되었다.

『삼국사기』 초기 기록이라 기록의 신빙성 문제가 있기는 하지만, 고구려본기 동명왕조와 유리왕조에는 동명왕의 어머니 유화가 죽었던 곳인 부여의 국명을 동부여라고 표현하고 있고 왕은 금와라고 기록하고 있다. 그런데 『삼국사기』 고구려본기에는 시조 동명왕 이후 6대 태조왕대에 이르기까지 부여의 왕이 금와의 아들 대소로 왕위가 이어졌음을 기록하면서, 동부여에 대한 명칭이나 기록이 전혀 나오지 않는다. 부여와 관련된 기록은 동부여와 구분하지 않고 모두 '부여'라고 표기하고 있다. 이는 별도의 국가로서 동부여의 역사가 『삼국사기』가 편찬된 고려시대까지 전해지지 않았음을 말해 준다.

동부여에 관한 구체적인 기사는 『삼국사기』 고구려본기 동명왕조 외에는 찾아보기 어렵다. 단지 『삼국사기』 권32 잡지 제사조의 동명왕과 관련된 기록에 동부여에 관한 단편적인 내용이 보일 뿐이다. 이것은『삼국사기』찬자가 고구려본기 동명왕조에 기록된 동부여를 부여로 인식했음을 말해준다.

한편 동부여가 "옛날 추모왕의 속민이었다"라는 「광개토왕비문」의 기록을 사실로 받아들인다면, 주몽이 정복하기 전에 동부여라는 나라가 존재했다고 상정할 수도 있다. 그러나 주몽이 고구려를 건국하면서 동부여라는 나라를 실제로 정복했다고 보기는 어려우며, 또 그렇게 말할 수 있는 근거도 없다.『삼국사기』고구려본기에도 고주몽이 왕위에 있을 때 비류국(2년), 행인국(6년), 북옥저(10년) 등을 정복했다는 기사는 있으나 동부여를 정복했다는 기사는 없다. 그렇다면 비록 후대의 사실이 주몽 시절의 일로 윤색되었다고 하더라도 고구려 초기에는 동부여의 존재를 상정하기 어렵다. 따라서 「광개토왕비문」에서 동부여가 이전에 추모왕의 속국(屬國)이었다라고 한 것은 "백제와 신라는 이전에 속국이었다"라는 것과 똑같이 고구려인의 천하관에 입각한 것으로 동부여가 고구려 초기부터 존재했음을 말한 것이다.

『삼국사기』고구려본기에 따르면 동명왕은 동부여에서 망명하여 졸본으로 남하하고, 나라를 일으켰다. 「광개토왕비」에도 이렇게 기록되어 있다. 대무신왕(大武神王) 초년에 이르러서도 동부여는 여전히 종주국(宗主國)으로서 고구려를 위협하고 있다. 이상의 기록들에서 주몽의 동부여 지배에 대한 기사는 전혀 없다.

그러므로『삼국사기』고구려본기와 「광개토왕비문」의 동부여 기록은 분명 동부여의 실재를 기술한 것은 아니며, 원래 부여족의 한 지파인 동부여인이 부여 출신의 고구려 시조 추모왕과 깊은 관계에 있었다는 종족 출자의 동원성(同原性)에 대한 수사적 표현으로 보아야 할 것이다. 물론 이러한 표현이 생겨나게 된 데는 동부여와 고구려 사이에 있었던 어떤 역사적 사실이 투영되었을 가능성을 배제할 수 없다.[3]

3　고구려 시조 주몽의 출자전승, 동부여출자설과 북부여출자설 중에는 후자가 먼저 성립되었다고 한다. 6세기 후반 이후 해부루 천도설화와 금와왕 설화로 구성된 동부여 건국 전승이 북부여출자설에 덧붙여져서 동부여출자설이 성립했는데, 그것이『신집(新集)』에 수록되었고, 그 계통의 사서가 이어

　그것이 어떤 것인지는 추단하기 어려우나 어쨌든 「광개토왕비문」의 표현 자체는 동부여가 원래부터 마땅히 고구려에 복속되어야 할 존재라는 의미를 담은, 당시 고구려 지배층의 천하관(天下觀)을 표현한 면이 있다고 할 수 있다.

2) 북부여와 동부여

　지금까지 『삼국사기』 고구려본기와 『삼국유사』, 그리고 「광개토왕비문」의 20년조에 나오는 동부여 기록을 살펴보았다. 이상의 고찰로 동부여는 고구려의 초기 단계부터 '부여'로 표기되어왔고, 부여의 일부 세력이 두만강 유역이나 북옥저 지역에서 세운 국가가 아님을 알 수 있었다. 여기서 고구려인들이 고구려의 기원 국가로 인식한 북부여와 함께 동부여 문제에 대해 살펴보고자 한다.

　「광개토왕비문」은 시조 추모왕의 건국 경위에 대해 아주 간략하게 서술하고 있다. 추모왕이 북부여에서 나왔는데 아버지는 천제요 어머니는 하백의 딸이었으며 그는 어떠한 연유로 남쪽으로 내려오다가 엄리대수(奄利大水)에 와서 소리를 치니 자라와 거북이들이 나와서 다리를 놓았으므로 그 강을 건너왔다고 한다. 여기 「광개토왕비문」에 기록된 북부여는 부여족이 세운 여러 나라들 중 가장 오래된 나라였으며, 또 고구려 왕실이 그 신성한 기원을 여기로부터 도출하고 있는 그러한 나라였다. 이 북부여는 후에 고구려에 통합되었다.

　『삼국유사』 기이편(紀異篇)은 부여를 북부여조(北扶餘條)와 동부여조(東扶餘條)로 구분하여 시술하고 있다. 이는 고려 후기 『삼국유사』를 저술할 즈음에 부여사를 북부여와 동부여로 구분하여 인식했음을 말해준다.

　부여 역사의 출발이 명확하게 기록된 『삼국유사』 기이 북부여조에서는 김부식이 『삼국사기』를 펴낼 때 참조했다는 『고기』를 인용해 "동명제가 북부여에 이어 일어나 졸본주에 도읍을 세우고 졸본부여가 되었으니, 곧 고구려의 시조다"라고 기록하고 있다. 즉 부여의 출발로 북부여를 설정하며, 북부여에서 동부여와 고구려가 나온 것으로 보았다. 여기서 북부여는 '부여 북쪽의 부여'가 아니라 북이(北

져 『삼국사기』 고구려본기의 주몽 전승이 되었다고 한다(盧泰敦, 1993, 44쪽).

夷) 탁리국(槀離國)에서 내려온 세력이 세운 '부여국'을 가리킨다고 할 수 있다.

이상에서 『삼국유사』와 「광개토왕비문」에 나오는 북부여는 바로 고구려인들이 부여를 가리키는 명칭이었음을 알 수 있다.

5세기의 상황을 기록한 「모두루묘지명(牟頭婁墓誌銘)」에서도 고구려의 기원을 북부여라고 하고 있어 적어도 5세기 초반까지 왕실의 공식적인 견해는 고구려의 기원을 북부여에 두었음을 알 수 있다. 그렇다면 『삼국사기』나 『위략(魏略)』 및 그 이후의 사서에 주몽이 동부여 출신으로 나오는 것은, 고구려가 망한 후 후세 사람들이 어떤 연유에 의해 잘못 가필한 것이라고 볼 수 있다. 고구려 왕실에서는 「광개토왕비문」에 적혀 있는 바와 같이 자신들의 시조인 주몽을 북부여의 왕자로 믿고 있었다고 볼 수 있다.

이상의 북부여=부여에 대한 인식을 바탕으로 동부여 문제를 정리해보면 다음과 같은 추론이 가능하다. 주몽의 출자(出自) 전승과 관련하여 『삼국사기』 고구려본기나 「광개토왕비문」의 북부여·동부여 관련 내용은 고구려의 시조가 북부여에서 나왔는데 그 북부여의 일부가 갈라져 나가 동부여를 이루었다고 여긴 것이다.

여기서 동부여는 동해안 일대에 실재했던 국가라기보다는 원부여의 동쪽에 있기 때문에 붙여진 이름으로 보는 게 합리적이다. 즉 초기 부여 세력이 있었던 지역으로 추정되는 송눈(松嫩) 평원 일대(?)의 원부여(북이 탁리국) 세력의 한 지파가 길림 일대로 이주해와서 새로이 성장하게 되자 이들을 동부여(부여)라고 불렀다고 보는 것이 보다 역사적 진실에 가까운 것이라고 생각한다.[4]

---

[4] 이는 「광개토왕비문」의 주변 지역 정복 기사 중 부여에 대한 정벌을 동부여로 표기하고 있는 점에서도 방증된다. 이 당시 부여는 아마도 '서사근연(西徙近燕)'한 후 선비에 쫓겨 다시 길림 일대의 원부여 지역에 거주하고 있었다고 보인다.

참고문헌

한글

孔錫龜, 1990, 「廣開土王陵碑의 東扶餘에 대한 고찰」, 『韓國史研究』70, 한국사연구회.

김현숙, 2005, 『고구려의 영역지배 방식 연구』, 모시는사람들.

나하나, 2009, 「부여의 변천과 동부여 문제」, 『인문과학연구』23, 강원대학교 인문과학연구소.

노중국, 1983, 「東扶餘에 關한 몇 가지 問題에 대하여」, 『韓國學論集』10, 계명대학교 한국
학연구원.

노태돈, 1992, 「廣開土王陵碑」, 『譯註 韓國古代金石文』1, 駕洛國史蹟開發研究院.

盧泰敦, 1993, 「朱蒙의 出自傳承과 桂婁部의 起源」, 『韓國古代史論叢』5, 韓國古代社會研究所.

李健才, 2002, 「好太王碑에 나타난 下平壤과 東扶餘」, 『廣開土王과 高句麗 南進政策』, 학연
문화사.

리지린·강인숙, 1977, 『고구려역사』, 평양: 사회과학출판사.

박노석, 2019, 「280년대 부여와 모용외의 대립과 동부여 문제」, 『전북사학』55, 전북사학회.

박시형, 1966, 『광개토왕릉비』, 평양: 사회과학원출판사.

송기호, 2005, 「扶餘史 연구의 쟁점과 자료 해석」, 『한국고대사연구』37, 한국고대사학회.

송호정, 1997, 「부여」, 『한국사』4, 국사편찬위원회.

송호정, 1999, 「고고학 자료를 통해 본 부여의 기원과 그 성장과정」, 『한반도와 중국 동북 3
성의 역사문화』, 서울대학교 출판부.

송호정, 2015, 『처음 읽는 부여사』, 사계절.

임장록·징영진, 1989, 「연변의 주요한 고구려 고성에 대한 고찰」, 『연변대학조선학국제학
술토론회논문집』1, 연변대학 조선학 국제학술 토론회 조직위원회.

余昊奎, 2014, 『고구려 초기 정치사 연구』, 신서원.

이기동, 2005, 「한국민족사에서 본 부여」, 『한국고대사연구』37, 한국고대사학회.

이민수, 2016, 「'3세기 沃沮 地域 東扶餘 建國說'에 대한 검토」, 『동아시아고대학』41, 동아
시아고대학회.

李丙燾, 1976, 「扶餘考」, 『韓國古代史研究』, 博英社.

이승호, 2018, 「夫餘 政治史 研究」, 동국대학교 박사학위 논문.

임기환, 2004, 『고구려 정치사 연구』, 한나래.

임기환, 2016, 「고구려 건국 전승의 始祖 出自와 北扶餘, 東扶餘」, 『高句麗渤海硏究』 54, 고
구려발해학회.
장병진, 2019, 「고구려본기의 부여 관계 기사와 '동부여'의 실체」, 『사학연구』 136, 한국사
학회.

외국어

楊軍, 2012, 「東夫餘考」, 『夫餘史硏究』, 蘭州: 蘭州大學出版社.
王建群, 1984, 『好太王碑硏究』, 長春: 吉林人民出版社.
日野開三郎, 1946, 「夫餘國考」, 『史淵』 34(1988, 『東北アジア民族史』 上, 東京: 三一書房 재
수록).
池內宏, 1932, 「扶餘考」, 『滿鮮地理歷史硏究報告』 13(1951, 『滿鮮史硏究』 上世篇, 東京: 祖
國社 재수록).

2장

중국 사서를 통해 본
마한(馬韓)에 대한 몇 가지 문제

강봉룡(목포대학교 사학과 교수)

1 머리말

이 글은 삼국 중심의 고대사 인식 체계를 반성하는 차원에서, '비삼국(非三國)' 정치체의 중요 일례인 마한에 대해 중국 사서에 나타난 바와 이를 둘러싼 논의를 간명하게 소개하면서 몇 가지 문제의식을 공유하기 위해 작성한 것이다.

논의의 대상으로 삼은 텍스트는 『삼국지(三國志)』, 『후한서(後漢書)』, 『진서(晋書)』에 한정했다. 이 사서들이 대상으로 하는 한(漢)과 삼국(魏)과 진(晋)의 시대가 마한이 실재한 시기와 겹치고 있어 마한의 실상을 잘 담고 있을 것으로 판단했기 때문이다. 실제 이후 시대의 사서들은 마한의 실제 상황('사실')을 전하기보다는 옛 마한의 회고담 수준에 머물거나 삼국(고구려, 백제, 신라)의 연원으로서의 삼한에 대한 '인식'에 중점을 두고 있어, 마한의 '인식' 문제를 다루기에는 적실하나 마한의 실상을 분석하는 데는 부차적일 수밖에 없다. 반면 『사기(史記)』나 『한서(漢書)』 등은 마한의 원초적인 자료를 일부 포함하고 있긴 있지만, 직접적으로 관련된 자료가 미미하여, 논의 과정에서 부차적으로 논급하는 것으로 한다.

『삼국지』는 찬자 진수(陳壽, 233~297)가 삼국(220~265)과 서진(西晉, 265~316)의 시대에 걸쳐 생존했던 인물이므로 찬자가 직접 견문하거나 당대에 작성된 비교적 생생한 자료에 의거하여 찬술된 사서로 평가받고 있다. 특히 진수는 『삼국지』 동이전에 대한 찬자 평에서 "동이(東夷)에 이르러서는 사신이 늘 왕래하여 사건에 따라 기술하였으니 어찌 범상(凡常)한 일이라 하겠는가"라 하여, 상당 부분 당대 동이의 사신들이 전해온 자료에 의거하여 서술했음을 특기하고 있다. 그런 만큼 『삼국지』 위서 동이전의 한조(韓條)는 한(韓)과 삼한(三韓)에 대한 가장 객관적이고 체계적이며 종합적인 1차적 자료를 제공해주는 것으로 보아 무방하다. 반면 『후한서』의 경우 삼국의 전대 왕조인 후한(25~220)의 시대를 다룬 사서이긴 하나 찬자 범엽(范曄, 398~445)이 유송(劉宋, 420~479) 대에 생존했던 관계로 2차 자료의 성격이 강하다. 이 글에서 『후한서』에 앞서 『삼국지』에 나타난 마한 문제를 먼저 검토하는 이유가 여기에 있음을 밝혀둔다.

마한과 관련하여 논의해야 할 논점이 적지 않지만, 여기에서는 편의상 대상으로 삼은 사서 별로 대표적 논점을 1~2건씩 선별하여 논의를 진행하기로 한다. 가장 논란이 많은 진(辰)·진국(辰國)·진왕(辰王) 및 한(韓)·한국(韓國)의 문제를 거론하는 것으로 시작하여, 『삼국지』의 경우 기리영 공격 사건을 중심으로, 『후한서』의 경우 고구려 등과 현토군을 공격했다는 마한의 문제를 중심으로, 그리고 『진서』의 경우 마한의 견사(遣使) 문제를 중심으로 논의를 이어가려 한다.

2 『삼국지』와 『후한서』의 진(辰)·진국(辰國)·진왕(辰王) 및 한(韓)·한국(韓國)의 문제

먼저 삼한 중 변한의 명칭이 눈에 띈다. 『삼국지』 동이전 한조(韓條)는 총론에서는 3종의 한(韓)을 논급하면서 '마한(馬韓)'과 '진한(辰韓)'과 '변한(弁韓)'으로 분칭하면서도, 각론에서는 '변한(弁韓)'으로 하지 않고 '변진(弁辰)'으로 칭하고 있다. 그러면서도 진한과 변진을 합칭할 때는 '변진한(弁辰韓)'이라는 명칭을 쓰기도 한다. 『후한서』에서는 아예 '변한'을 쓰지 않고 시종 '변진'이라 칭하고 있다.

이와 함께 '진국(辰國)'과 '진왕(辰王)'에 대한 미심쩍은 코멘트 또한 주의를 끈다. 즉 『삼국지』에서 진한(辰韓)이 '옛 진국'이었다고 하면서도, 정작 진왕은 마한의 일국인 목지국에 도읍(治)[1]했다고 하여 진한과는 무관한 존재인 듯이 기술하고 있다. 그런데 변진한 24국 중에서 12국이 진왕에게 속했고, 그 진왕은 마한인으로 삼아 대대로 계승하되 스스로 자립하여 왕이 되지 못했다는 알쏭달쏭한 설명을 부가하면서 진왕을 마한과 연관시키고 있다. 무언가 딱 맞아떨어지지 않는 『삼국지』의 기술은, 진국과 진왕이 명칭상으로는 진한과 관계가 있을 것처럼 보이지만, 실제로는 마한과 관계가 있는 그런 상황을 반영한 것이 아닐까 한다. 『후한서』는 이런 혼란스러운 상황에 대해 삼한 전체가 '옛 진국'이었고 마한인이 진왕이 되어 목지국에 도읍한 것으로 명쾌하게 정리하고 있다.

'진국=진한', '진왕=진한왕'이 아니라 '진국=삼한 전체', '진왕=마한왕'이라 한다면 이름과 실제가 상부(相符)하지 않는 셈이 되어, 상부하지 않을 수밖에 없는 무언가의 내력을 우선 설명하지 않으면 안 될 것이다. 먼저 옛 시절에 삼한 지역 전체를 '진국'이라 칭했던 적이 있었는지를 살필 필요가 있다. 이와 관련하여 주목할 것은 『사기』 조선전의 "위만의 손자 우거(右渠) 때에 이르러 천자에게 입견(入見)도 하지 않고, 진번(眞番) 주위의 진국('眞番傍辰國')이 알현하려는 것을 가로막아 통하지 못하게 했다"는 구절 중에 나오는 '진국'의 존재다.[2] 진번은 오늘날 황해도 일대에 해당하므로 진국은 일단 그 남쪽의 삼한 지역을 포괄적으로 가리킨다고 할 수 있다.

---

1 '治'에는 '都하다'라는 뜻이 있다(諸橋轍次, 1959, 1025쪽). 『후한서』에는 아예 '都目支國'으로 나온다.

2 '辰國'은 판본에 따라 '衆國'으로도 나오지만 '辰國'이 타당하다는 것에 대한 논증은 김정배, 1968, 343~348쪽 참조.

　　'진국'의 이름은 『삼국지』에 인용된 어환(魚豢)의 『위략(魏略)』에서 "조선상 역계경은 고조선의 우거가 간언을 듣지 않는 것에 반발하여 동으로 진국에 갔다"라고 한 구절 중의 '동지진국(東之辰國)'으로도 나온다. 진국이 한반도 남부의 삼한 지역 전체를 지칭하는 것이라 한다면, 역계경은 고조선에서 남쪽 방향으로 갔어야 하는데 동으로 진국에 갔다고 했으니, 이는 방향이 들어맞지 않는다. 이를 어떻게 설명할 수 있을까? 필자는 '진(辰)'자에 동동남(東東南)의 방위 개념이 내포되어 있다는 점(주 1의 諸橋轍次, 1959, 1903쪽)을 주목하고자 한다. 즉 진국이란 중국 측에 의해서 막연히 '진방(辰方, 동동남쪽)의 나라', 즉 '동국(東國)'의 의미로 칭해졌을 가능성이 있다고 할 것이니, 조선상 역계경이 '동으로 진국에 갔다'고 한 것은 중국인의 입장에서 '동국'으로 관념되는 '진국'으로 갔음을 표현하는 것으로 이해할 수 있다.[3]

　　'진국(辰國)'의 기사는 요행히도 모두 기원전 2세기 말의 위만의 손자 우거와 관련하여 나오고 있어, '진국'이라는 명칭의 연원이 상당히 오래 되었다는 것을 알 수 있다. 이러한 맥락에서 볼 때, 3세기에 살았던 『삼국지』의 찬자 진수가 '진(辰)'이란 공통의 글자에 얽매여, 옛 칭호인 진국과 당시에도 칭해지고 있던 진왕을 진한과 연계시키면서도, 한편으로는 진왕이 목지국에 도읍하여 삼한 사회 전체를 영도했던 당시의 실제 상황은 전하지 않을 수 없었을 것이라는 점을 염두에 둘 때, 그의 고심을 이해할 수 있겠다. 이러한 진수의 고심을 이해했던지 『후한서』는 '옛 진국'은 삼한 전체를 지칭하고, 진왕은 목지국에 도읍하면서 삼한 전체를 영도한 것으로 단호하고 명쾌하게 정리했던 것이다.

　　그러면 마한과 진한, 그리고 변진의 이름은 어디에서 연원한 것일까? 이와 관련하여 한반도 남부 지역이 '한(韓)'에 앞서 '진(辰)'으로 먼저 칭해졌고, '한(韓)'의 명칭은 고조선 준왕의 남천(기원전 194)에 의해 비로소 불리기 시작했다는 견해를

3　이전에 필자는 '東之辰國'에 대해 조선상 역계경 일행이 동으로 방향을 잡아 동해안로를 따라 진한에 이르러 진한의 고조선 유민을 형성한 것으로 달리 파악한 적이 있는데(강봉룡, 2011, 128쪽), 여기에서는 두 의견을 택일하지 않고 일단 병립해두어 향후의 논의를 기다리고자 한다.

우선 환기하고자 한다(이병도, 1976, 249쪽). 즉 이를 염두에 둘 때, '위만에게 공파당한 준왕이 바다를 통해 이동하여 한지(韓地)에 살고 한왕(韓王)을 칭하게 되었다'는 내용의 『삼국지』 기사가 갑자기 등장한 것이 결코 생뚱맞은 것만은 아님을 이해할 수 있게 된다. 바로 이 대목에서 『삼국지』는 '나라[고조선]에 남아 있던 사람들도 그대로 한씨(韓氏)라는 성(姓)을 모칭(冒稱)했다'는 내용의 『위략』 기사를 인용함으로써, 한(韓)의 명칭은 기자조선 때부터 성씨, 즉 종족의 명칭으로 써왔다는 점을 시사하고 있다. 이와 함께 조선상 역계경이 '東之辰國'했다는 『위략』의 기사 역시 이 대목에서 인용되었다는 점을 고려할 때, 기원전 2세기 초에 한반도 남부 지역은 준왕의 남천에 의해서 '한(韓)'이라는 종족명으로 불리기 '시작'했지만, 조선상 역계경이 이주한 기원전 2세기 말까지도 '진국'이라는 옛 지역명이 여전히 함께 쓰이고 있었던 상황을 그려볼 수 있다. 준왕과 조선상 역계경이 이주한 이후에 그들이 '조선과 서로 왕래하지 않았다'는 것을 공통적으로 밝히고 있는 점으로 보아, 그들이 이주한 한반도 남부 지역은 '조선과 구별되는 지역 공간'으로 파악되고 있었다는 것을 엿볼 수 있으니, 그 지역 공간은 '동쪽의 나라', 즉 '진국'으로 불렸던 것이다.

그런데 더 나아가 『삼국지』는, 1세기 후반 이후에 역시 종족명인 '예(濊)'와 합칭한 '한예(韓濊)'의 명칭이 쓰이고 있었을 뿐만 아니라 '한국(韓國)'이라는 명칭도 '진국'을 대신하여 일반적으로 쓰이고 있던 실제 상황을 전함으로써, 3세기 단계에는 '진국'은 현실에서는 더 이상 불리지 않는 '옛 진국'이 될 수밖에 없는 사정을 분명히 하고 있다. 그렇다면 마한과 진한과 변진 등의 명칭은 이후 한반도 남부 지역을 세력권에 따라 3분하여 파악하는 과정에서 지역명인 '진(辰)'과 종족명인 '한(韓)'이 결합되어 생성된 명칭으로 볼 수 있지 않을까 한다.

이상의 논의를 바탕으로 하여 필자의 의견을 제안하기로 한다. 즉 ① 처음에는 지역명인 '진(辰)'을 기준으로 하여 '큰(중심) 진(辰)'의 개념으로서의 '마진(馬辰)'과 '보통(일반) 진(辰)'으로서의 '(그냥)진(辰)', 그리고 그 '진(辰)'과 연접하면서 고깔[弁]로 차별화되는(혹은 '변환된 진'이라는 의미의) '변진(弁辰)'으로 분칭되다가, 여기에 '한(韓)'이라는 종족명과 결합되어 '마진한(馬辰韓)', '진한(辰韓)', '변진한(弁辰韓)'으로 칭해졌고, 이를 두 글자로 약칭하면서 '마한', '진한', '변한'이라는 최종적인 명칭에 이르렀다. 아울러 ② 비교적 늦은 시기까지 '변한'을 '변진'으로도 불렀던 것은 이러한 명칭 전환 과정의 한 단계를 암시하는 것이고, 또 그 과정에서 한반도 남부 지역에 대한 명칭도 자연스럽게 '진국(辰國)'에서 '한국(韓國)'으로 바뀌게 되었다. 또한 ③ 3세기 단계에 '진국'은 삼한 사회 전체를 지칭하던 사라진 '옛 명칭'임에 반해, '진왕'은 목지국을 중심으로 마한은 물론이고 진한과 변한을 포괄하는 삼한 사회 전체에 상당한 영향력을 행사하는 당대의 현실적인 맹주의 명칭으로 여전히 쓰이고 있었으니, 삼한 사회를 '진(辰)'이라 불렀던 옛 시절의 흔적은 '진왕'이라는 이름으로 3세기까지 남게 된 셈이 된다.[4]

3 『삼국지』의 신지(臣智)와 기리영(崎離營) 공격 문제

여기에서는 『삼국지』 한조(韓條)의 두 기사(아래)를 중심으로 3세기 단계의 진왕과 신지(臣智)의 관계 및 위상에 대한 문제와 이른바 기리영 공격 사건의 성격을 거론하면서, 마한의 문제를 논의하려 한다.

辰王은 目支國을 治한다. 臣智는 優呼를 加하기도 하는데, 臣雲遣支報, 安邪踧支濆, 臣離兒不例, 拘邪秦支廉의 號가 그것이다. 그 관직에는 魏率善, 邑君, 歸義侯, 中郎將, 都尉, 伯長 등이 있다.

景初(237~239) 중에 明帝가 帶方太守 劉昕과 樂浪太守 鮮于嗣를 몰래 보내 바다 건너 2郡을 평정하고, 여러 韓國의 臣智에게는 邑君의 印綬를, 그 다음에게는 邑

---

4   참고로 진왕(辰王)에 대한 근래의 특별한 두 견해를 간략하게 소개한다. 먼저 노중국은 마한연맹체의 맹주국이 건마국에서 목지국으로 교체되면서 목지국 맹주가 정통성 확보 차원에서 '辰王'을 칭한 것으로 파악한 바 있고(노중국, 2001, 앞의 논문), 박대재는 '辰'을 금강·중하류 지역을 지칭하는 지역 개념으로 보고, 바로 그 진(辰) 지역을 통치하던 역사적 존재가 진왕(辰王)이라고 파악한 바 있다(박대재, 2002).

長을 加賜하였다. 그 풍속에 衣幘을 좋아하여 下戶들이 郡에 나아가 朝謁하여 모두 衣幘을 빌려 입었으니, 服印綬와 衣幘을 스스로 착복한 자가 천여 인에 이르렀다. 部從事 吳林이 본래 樂浪이 韓國을 통할하였다 하여 辰韓八國을 分割하여 樂浪에게 주었다. 관리가 통역함에 異同이 있어, 臣智激韓(혹은 臣濆沽國)이 忿하여 帶方郡의 崎離營을 공격하니 이때 太守 弓遵과 樂浪太守 劉茂 군사를 일으켜 쳤다. 궁준은 전사하고 2郡은 마침내 韓을 滅하였다.

먼저 앞 기사를 보면 '진왕이 목지국에 도읍[治]했다'고 하고서 곧바로 신지가 우호(優呼)를 가수(加授)했다는 이야기로 이어지고 있어, 문맥상 '진왕=신지'의 등식이 떠오른다. 과연 그러할까?

신지란 일정한 정치체의 우두머리인 장수(長帥) 혹은 거수(渠帥) 중에서 최상 층급을 지칭하는 일반 명칭이다. 그런데 660년경에 당의 학인 장초금(張楚金)이 저술하고 옹공예(雍公叡)가 주석한 『한원(翰苑)』에 따르면 「직함은 臣智요 도읍은 目支」라는 표제하에 『위략』을 인용하고 있는데, 그 인용문 중에 "辰王은 목지국에 治하고 목지국은 관직을 설치함이 많으니, 가로되 臣智라 한다"라는 구절이 나온다. 이러한 표제와 구절을 앞에서 떠올린 '진왕=신지'의 등식과 연계시켜 보면, 삼한 지역의 수많은 장수 혹은 거수 중에 '신지'급에 해당하는 자는 복수로 있었겠지만, 목지국에 도읍한 진왕은 '신지 중의 신지', 즉 '신지의 상징'으로 인지되고 있었을 가능성을 상정해볼 수 있다. 이런 맥락에서 우호를 가수한 신지는 곧 목지국의 진왕을 지칭한다고 할 수 있다(노중국, 2003, 41쪽).

그러면 '진왕=신지'가 가수했다는 20자로 이루어진 기다란 우호는 어떻게 파악할 수 있을까? 이에 대해서는 다양한 견해가 제기되었지만, 이를 다섯 글자씩 네 묶음으로 나누고, 각 묶음을 '국명(2자)+직함(2자)+이름(1자)'의 구성으로 파악한 견해가 가장 타당하다고 여겨진다(노중국, 2003, 42~45쪽). 이에 따르면 우호는 '신운국(臣雲國) 견지(遣支) 직함의 보(報)', '안야국(安邪國) 축지(踧支) 직함의 분(濆)', '신리국(臣離國) 아불(兒不) 직함의 예(例)', '구야국(拘邪國) 진지(秦支) 직함의 렴(廉)'의 4인에게 준 칭호로 보고, 안야국과 구야국은 각각 지금의 함안과 김해에 있던 변한의 두 소국으로, 신운국과 신리국은 영산강 유역 남부 마한 지역에 있던 두 소국으로 비정하면서, 목지국의 진왕=신지가 마한 전 영역은 물론이고 변한 지역에까지 영향력을 확대·유지하려는 과정에서 비교적 멀리 떨어져 있는 유력 소국에게 우호를 가수한 것으로 파악했다.

신운국과 신리국의 위치 비정은 장담할 수 없지만, 이 견해는 대체적으로 타당하고 수긍이 간다. 이를 염두에 두면서 위의 두 번째 기사에 나오는 기리영 공격 사건으로 논의를 이어가 보기로 하자.

기리영 공격 사건이란 진한팔국(辰韓八國)을 분할하여 낙랑에게 소속시킨 유주(幽州)의 부종사(部從事) 오림(吳林)의 조치에 반발하여 '모종의 한(韓) 세력'이 대방군 기리영을 공격한 사건을 말한다. 진한팔국의 분할이 기리영 공격을 촉발한 직접적인 도화선이 되긴 했지만, 위 기사의 전반부에 나오듯이 위(魏) 왕조가 낙랑군과 대방군을 앞세워 한(韓) 사회의 분열을 집요하게 몰아간 것이 '모종의 한(韓) 세력'의 도발을 촉진하지 않았을까 한다. 어쨌든 기리영 공격으로 촉발된 전쟁은 대방태수 궁준(弓遵)이 전사하고, 급기야 한(韓)이 멸망 직전에까지 이르렀다는 것으로 보아 매우 격렬하게 전개되었음을 알 수 있다. 그런 만큼 연구자의 관심도 지대했다. 우선 이 사건의 발발 시점에 대해서는 246년경으로 보는 것에 대체적으로 일치하고 있지만, 기리영을 공격한 세력의 주체에 대해서는 논의가 분분하다.

기리영 공격의 주체에 해당하는 구절은 애초 '신지격한분(臣智激韓忿)'으로 알려졌다. 그리고 이를 '신지가 한(韓)의 소국들을 격분시켜'로 해석하여 공격의 주체를 '신지=백제 고이왕'으로 간주하는 견해가 일반적이었다(이병도, 1959, 336~337쪽; 천관우, 1976, 32~33쪽; 이기동, 1990, 57쪽; 김영심, 1997, 22쪽; 이현혜, 1997, 18~22쪽; 김수태, 1998, 191~192쪽). 그렇지만 한편으로 이와 달리 '신지=목지국 진왕'으로 보는 견해도 일부 제기되었다(노중국, 1990, 83~84쪽; 유원재, 1994, 146~147쪽; 강봉룡, 1997, 151~152쪽). 공격의 주체를 백제 고이왕(234~285)으로 본 것은 3세기 고이왕 단계에 백제국이 마땅히 마한의 맹주 세력으로 떠올랐을 것으로 보아 그리 판단한 것이고, '신지=목지국 진왕'으로 본 것은 기사 자체가 한조(韓條)의 마한 서술 부분에 나오는 만큼 마한의 영도국인 목지국의 진왕으로 보는 것이 당연하고 당시 정황상으로도 자연스럽다고 판단한 것이다.

그런데 근래에 『삼국지』 판본의 재검토를 통해서 '신지격한분'의 구절이 '신분고국분(臣濆沽國忿)'의 잘못으로 밝혀지면서 기리영 공격 주체 문제의 논의에 새로운 양상이 나타나고 있다.[5] 즉 '신분고국분'을 '신분고국이 분개하여'로 해석하여, 기리영 공격의 주체를 목지국도 백제국도 아닌 '신분고국'으로 보는 견해가 힘을 얻고 있는 것이다(임기환, 2000, 21쪽; 권오영, 2001, 34~35쪽; 윤선태, 2001, 13~14쪽). 이에 따르면 신분고국을 경기도 북부와 북한강 유역에서 일정한 소국들을 영도하며 부상한 제3의 맹주국일 것으로 보고, 그 신분고국이 부종사 오림의 조치에 가장 큰 위기를 느끼고 기리영 공격을 주도했다고 한다.

그러나 신분고국은 목지국과 같이 중국 측 사서에서 특기된 바도 없고, 백제국처럼 이후 역사의 주인공으로 부상하여 우리 측 사서에서 주목받은 바도 아니어서 과연 기리영 공격의 중심 주체로 볼 수 있을지에 대해서는 의문의 여지가 있었다. 이에 신분고국 주체설의 주창자들은 이러한 의문에 나름의 응답을 준비했다.

먼저 경기도 북부 지역의 인상적인 고고학적 현황을 주목하고 신분고국의 고고학적 존재감을 부각시키면서 신분고국이 공격을 주도했을 가능성을 뒷받침하고자 한 견해가 있다(권오영, 2001, 33~37쪽). 이 견해는 백제국도 이 전투에 참여하여 피해를 최소화하면서 큰 실리를 챙겨 '백제국'에서 '백제'로 급성장하는 계기가 되었을 거라는 의견도 덧붙였다. 더 적극적으로는 『삼국사기』 초기 기사에서 백제를 자주 공격한 세력으로 나오는 '말갈'을 신분고국 세력집단으로 비정하면서 논의를 전개한 견해도 있다(윤선태, 2001, 19~23쪽). 이에 따르면 경기도 북부 내지 북한강 유역에서 백제국이나 목지국에 못지않은 맹주국으로 대두한 신분고국이 교통로상에서 상당한 영향력을 행사해오던 진한팔국을 낙랑군 직속으로 돌린 일방적인 조

5　이 견해의 논지는, '臣智激韓忿'은 명청대의 간본(干本)에만 보이는 반면, '臣濆沽國忿'은 송대의 문헌에 일치되게 나타나고 있으니, 후자가 원형이라는 것이다(윤용구, 1999, 102~105쪽). 이러한 견해는 그 이전에도 일본 학계에서 유력하게 제기되었지만, 윤용구의 문제 제기 이전에는 국내 학계에서 주목을 받지 못했다.

치에 강력 반발하여 기리영 공격을 감행한 것으로 판단했다. 필자는 개인적으로 이 견해가 상당히 유의미한 이슈를 제기한 것으로 생각하고 있지만, 한편으로는 '말갈'을 신분고국 중심의 연맹체 세력으로 바꿔 파악한 핵심 논지에 대한 거부감이 제기되기도 했고(이강래, 2002, 46쪽), 당시에 신분고국 역시 목지국의 영도를 받은 마한연맹체의 일원에 불과하고 기리영 공격의 핵심 주체는 역시 목지국일 수밖에 없다는 견해도 여전하며(노중국, 2003, 65쪽), '신분고국' 대신에 '신지격한(臣智激韓)'으로 보는 것이 맥락상 타당할 수 있다는 견해까지 제기되고 있어 (강봉룡, 2018, 12~13쪽), 아직은 좀 더 추이를 지켜보아야 할 것 같다.

4 『후한서』 고구려조와 제기(帝紀)의 마한 문제

『후한서』에 나타난 마한은 크게 두 부류로 나누어 볼 수 있다. 하나는 동이열전 한조(韓條)에 나오는 마한('전자의 마한')이고, 다른 하나는 동이열전 고구려조와 제기(帝紀)에 전하는 마한('후자의 마한')이다. 먼저 '전자의 마한'의 경우 『삼국지』 동이전 한조에 나오는 마한을 축약한 것이 대부분이고, 대차(大差)는 없다. 굳이 몇 가지 사소한 차이점을 지적하자면 ① 『후한서』에서 진국을 삼한 전체를 통칭하는 개념으로, 진왕을 삼한 전체를 영도하는 '마한왕'의 개념으로 설정했다는 점, ② 『후한서』에서 삼한에 78개국(國)이 있음을 소개하면서 그 일국(一國)으로 '백제(伯濟)'를 특기한 점, ③ 철산(鐵産)의 문제에 대하여 『삼국지』에서는 변(弁)·진(辰)·한(韓)의 항목에서 한(韓)·예(濊)·왜(倭)가 구입해가는 것으로 설정했음에 반해, 『후한서』에서는 진한의 항목에서 예(濊)·왜(倭)·마한(馬韓)이 구입해가는 것으로 설정한 점, ④ 준왕의 남래(南來) 문제에 대해 『삼국지』에서는 한지(韓地) 및 한왕(韓王)과 결부시킨 『위략』의 내용을 인용·소개하고 있음에 반해, 『후한서』에서는 이를 축약하여 본문에 서술하면서 마한과 결부시킨 점 등을 들 수 있다.

이 중 유의미한 것은 ①의 차이점이라 할 것인 바, 이에 대해서는 2절에서 그 의미를 논의한 바 있다. 여타의 차이점에 대한 세세한 논의는 후일로 미루어두기로 하고 여기에서는 『후한서』에서 처음 나오는 '후자의 마한' 문제(아래 기사)에 대해서만 논의하기로 한다.

> 가을에 (고구려왕) 宮이 드디어 馬韓과 濊貊의 군사 수천 명을 거느리고 玄菟를 포위하였다. 夫餘王이 그 아들 尉仇台를 보내어 2만여 명을 거느리고 州郡[幽州 玄菟郡]과 함께 힘을 합하여 (宮을) 쳐서 깨뜨리고 500여 명을 참수하였다.(東夷列傳 高句麗條)

> 建光 원년(121년) 12월 고구려와 마한과 예맥이 현토성을 포위하니, 부여왕이 아들을 보내 주군과 힘을 합쳐 攻破했다. / 延光 원년(122년) 2월 부여왕이 아들을 보내 병사를 거느리고 현토를 구하게 하였으니, 부여 왕자는 尉仇台이다. 고구려와 마한과 예맥을 쳐서 깨뜨리자 사신을 보내 조공을 바쳐왔다.(帝紀)

위 기사에서 마한은 1세기 초(121년과 122년)에 고구려 및 예맥과 함께 현토군을 공격하는 존재로 나타나 있는데, 이는 『삼국지』에서는 찾아볼 수 없는 내용이다. 이 마한에 대해서는 대개 미지의 존재로, 혹은 두찬으로 치부하는 경향이 강했으나,[6] 이를 실재한 마한으로 간주하여 논의를 전개한 견해도 있어 잠시 소개하기로 한다.

첫째, 삼한이동설의 관점에서 입론한 이른바 '북마한론(北馬韓論)'이다(천관우, 1975, 9~10쪽). '북마한론'은 『후한서』의 '후자의 마한' 자료와 함께 기자조선과 결부된 한(韓) 관련 자료, 그리고 『송사(宋史)』 외국열전의 정안국조(定安國條)의 "정안국은 본래 마한의 종으로서 (…) 건국 개원하여 정안국이라 자칭하였다"라는 기사 등에 주목하여 북방에 있던 마한족('북마한')이 남방으로 이동한 뒤에도 그 원주

6　『삼국사기』에서도 후자의 마한을 소개하면서 "마한은 백제 온조왕 27년(9)에 멸망했는데, 지금 고구려왕과 함께 군사 행동을 하고 있으니 아마 멸망했다가 다시 일어난 것인가?"라는 세주를 달아 의문을 표시했다(『삼국사기』 권15, 고구려본기3, 태조대왕 70년).

지에 남은 일부가 후대에 단편의 기록으로 드러난 것이 '후자의 마한'인 것으로 파악했다. 준왕의 후예로서 남하하지 않고 고구려 영내에 남아 있던 고조선(기자조선) 계열의 세력을 중국 사가가 마한으로 칭한 것일 뿐이라는 견해도 '북마한'의 실재는 인정하지 않지만 크게 '북마한론'에 포괄해도 무방하지 않을까 한다(강종훈, 1992, 436~439쪽).

둘째, '후자의 마한'에 대해 남쪽의 마한이 북으로 유입하여 고구려 영내에 정착한 존재로 간주한 견해다(박대재, 1999, 238~247쪽). 이에 따르면 백제가 마한을 해체하는 과정에서 백제의 북변으로 강제 이주시킨 '마한 유민'들이 고구려의 영내로 들어가 자리 잡게 되고, 이들이 2세기 초에 고구려의 현토 공격에 동원되어 '후자의 마한'으로 나타난 것으로 파악했다. 이 견해는 『삼국사기』 온조왕기의 세 기사, 즉 ① 온조왕 26년(서기 8)에 원산성과 금현성을 근거로 마지막 저항하던 마한인들을 제압하여 한산(漢山)의 북쪽으로 이주시켰다는 기사와 ② 동왕 34년(16)에 마한의 구장(舊將) 주근(周勤)이 우곡성(牛谷城)에서 반란을 일으켰다는 기사, 그리고 ③ 37년(19)에 한수(漢水) 동북의 부락들에 심한 기근이 들어 천여 호의 주민들이 고구려로 도망했다는 기사 등에 의거하여 고구려 영내에 마한 유민이 유입했을 가능성을 제기하고, 이러한 고구려 영내의 마한은 4세기 대까지 그 존재를 유지했다고 주장했다. 남쪽의 마한인들이 북의 고구려 영내로 이동했다는 이 견해는 마한족이 북에서 남으로 이동했다는 '북마한론'에 대응되는 '역이동설'이라 할 수 있는 것으로서, 1세기 초에 백제에 의해 병탄된 마한의 일부 유민들이 고구려 영내로 이주하고 2세기 초에 고구려의 현토 공격에 동원되었다는 스토리는 일단 시계열상(時系列上)으로는 나름의 정합성이 있을 수 있겠으나, 그 근거가 되는 '1세기 백제의 마한 병탄설'이 비판받고 있는 상황에서 차후 논의가 더 필요하다고 하겠다.

셋째, '후자의 마한'을 '백제'의 오칭(誤稱)으로 간주하고 백제의 요서경략설과 결부시켜 그 의미를 논의한 견해다.[7] 이에 따르면 '후자의 마한'을 백제의 오칭으

---

7 이 사례의 견해들에 대한 정리는 이강래, 2002, 8~9쪽 참조.

로 보고, 『송서』와 『양서』에 보이는 백제의 '약유요서(略有遼西)'의 기사와 결부하여 백제의 요서경략설을 뒷받침하는 전거로 적극 활용하고 있다. 따라서 이 견해는 곧 '후자의 마한'의 실재를 부정하는 견해로 분류할 수 있겠다.

5 『진서(晉書)』의 마한 견사(遣使) 문제

『진서(晉書)』 마한조의 전반부는 『삼국지』 한조의 내용을 축약했다는 점에서 『후한서』의 그것과도 대차가 없다. 다만 "활·방패·창·큰 방패를 잘 쓰며, 비록 남과 다투거나 전쟁을 할 때에도 굴복한 상대를 서로 귀하게 여긴다"라는 구절은 『삼국지』나 『후한서』에서는 찾아볼 수 없는 새로운 내용이나, 큰 의미를 부여할 만한 것은 아니다. 『진서』 마한조에서 특별히 주목해야 할 바는 마한이 진(晉)에 사신을 파견했다는 후반부(아래 기사)다.

> 武帝 太康 元年(280)과 2년(281)에 그들의 임금이 자주 사신을 파견하여 토산물을 조공하였고, 7년(286), 8년(287), 10년(289)에도 자주 왔다. 太熙 元年(290)에는 東夷校尉 何龕에게 와서 조공을 바쳤다. 咸寧 3년(277)에 다시 [사절이] 왔으며, 이듬해(278)에 또 內附하기를 청하였다.

이에 따르면 마한은 무제(武帝) 태강(太康) 원년(元年, 280), 2년(281), 7년(286), 8년(287), 10년(289)과 태희(太熙) 원년(元年, 290), 그리고 함녕(咸寧) 3년(277)과 이듬해(278)에 사신을 파견해왔다는 것이다.[8] 이에 따른다면 마한은 277년, 278년,

---

8 『진서』의 마한 견사 기사를 보면 280년부터 290년까지는 시간 순서대로 정리하다가, 갑자기 그 이전인 277년과 278년의 견사 사실을 부가하고 있다. 이를 이상하게 여겨 '咸寧'을 '永平'의 착오로 보아 함평 3년(277)과 그 이듬해(278)를 영평 3년(293)과 그 이듬해(294)로 정정한 견해가 있다(이병도, 1959, 앞의 책, 358쪽). 그러나 연호를 착오로 기재했다고 본 것은 무리가 있다고 여겨진다. 아마

280년, 281년, 286년, 287년, 289년, 290년 8회에 걸쳐 견사(遣使)한 셈이 된다.

246년에 기리영을 공격하여 위(魏)와의 전쟁을 촉발했던 마한이 이렇듯 진(晉)에 대해서는 견사를 통해 우호적인 외교 공세에 나섰다 하니, 선뜻 이해하기 어려운 바가 있다. 이런 사정 때문에 실제 기리영 공격의 주체에 대해서도 마한으로 보지 않고 백제 혹은 제3의 신분고국으로 보는 견해가 유력한 상황이므로, 진에 견사했다는 마한의 실재에 대해서도 의심을 품는 것은 당연한 일이겠다.

과연 견사의 주체로 나오는 마한을 백제로 보아야 한다는 견해가 유력하게 제기되었다(이기동, 1987, 62쪽; 노중국, 1990, 88쪽; 이현혜, 1994, 53~55 쪽; 김영심, 1997, 23쪽; 권오영, 2001, 44~47쪽). 이 견해의 요지는 대개 이러하다.

① 중국 군현을 통한 간접적 교섭 형태에서 벗어나 중국 진 왕조와 직접 원거리 교역을 하기 위해서는 그에 상응하는 '정치권력의 집중화'가 이루어져야 한다는 점, ② 당시 3세기 중후반 이후에 백제가 마한 사회의 주도권을 장악했으니, 백제만이 진 왕조와 직접 원거리 교역을 할 수 있는 세력을 형성하고 있었다고 해야 한다는 점, ③ 몽촌토성에서 3세기 말 경으로 추정되는 서진(西晉)의 회유(灰釉) 전문도기편(錢文陶器片)이 출토된 것은 백제와 서진 사이의 직접적인 문물 교류의 유력한 물증이라는 점, 따라서 ④ 결론적으로『진서』의 동이열전에 백제가 입록되지 않았을 리 없으니 마한의 이름으로 백제가 입록된 것으로 파악해야 한다는 점 등이다.

그렇지만 ①과 ②는『삼국사기』에 나타난 백제의 대세론적 경향성을 기정사실로 간주하여 내린 막연한 판단이라는 인상을 배제할 수 없다. 또한 ③에서 3세기 후반 서진계(西晉系)의 것으로 판단한 회유 전문도기에 대해서도 육조 시기(229~580)에 주로 강남 지역에서 지속적으로 제작되었다는 점이 제기되어, 회유 전문도기를 가지고 강남과 인연이 적은 서진과 백제의 긴밀한 교역 관계를 설정하기는 어려운 면도 있다(김기섭, 2008, 88~89쪽; 전진국, 2017, 122쪽). 따라서 결론적으로 내린 ④도 그만큼 신빙성이 떨어질 수밖에 없고, 이에『진서』에 나온 그대로 마한

도 진의 삼국통일(280)을 전후로 나눠서 견사 기사를 정리하다가 순서가 어긋난 것이 아닐까 한다.

으로 인정해야 한다는 견해가 제기되기에 이르렀다.

먼저 3세기 후반 고이왕대에 백제가 목지국을 병탄하고 차령 및 금강 이북의 마한을 병합했을 것임은 인정하면서도, 익산 지역의 건마국을 중심으로 차령 및 금강 이남의 잔여 마한 세력이 결집하여 마한의 이름으로 서진에 사신을 파견했을 것으로 파악한 견해다(유원재, 1994, 149~153쪽). 이 견해는 『진서』의 마한을 그대로 인정한다는 관점에서 나름의 논의를 전개했다는 점에서 의미가 있다고 판단되지만, 다만 3세기 후반 대에 목지국이 병합된 이후에 목지국 체제에서 차령 및 금강 이남을 기반으로 하는 건마국 체제로 넘어갔다는 사실을 부동의 전제로 삼고 있다는 점은 좀 불안하게 느껴진다. 목지국 체제에서 건마국 체제로 넘어갔다는 주장은 좀 더 세밀한 검증이 필요하다고 보기 때문이다.

다음으로 근래에는 백제의 영역 확대 과정에 대해 4세기 전반에는 아산만 유역까지 진출했고, 4세기 중후반에 전라남도 지역에 간접지배 방식의 영향력을 행사하게 되었다는 견해(박찬규, 2007, 354~368쪽)를 수용하면서, 『진서』에 나오는 3세기 후반 견사의 주체는 다수의 마한 수장 집단이었을 것으로 판단한 견해도 있다(전진국, 2017, 120~123쪽). 이 견해는 더 나아가 백제가 진(晉)과 정식으로 교류하기 시작한 것은 동진(東晉) 단계에서도 4세기 후반에 이르러서야 가능했다는 점을 강조하고, 그 이전 서진 및 동진과의 교류는 마한의 몫이었으되, 290년 이후 4세기 후반까지 마한-진(晉) 교류의 공백 시기로 남을 수밖에 없었던 것은 서진의 멸망과 5호 16국으로 이어지는 정치적 혼란의 상황과 관계가 있을 것으로 추정했다(전진국, 2017, 123~124쪽). 이 견해는 백제의 영역 확대 과정에 대한 전제와 함께 상당히 설득력이 있다고 판단되지만, 다만 4세기 전반에 마한-진(晉)의 교류가 이루어지지 못한 이유로 중국의 혼란 상황을 거론한 추정에 대해서는 선뜻 동의하기 어렵다. 외교 관계는 정국의 혼란기에 서로의 필요성에 의해서 오히려 더 촉진될 수도 있기 때문이다.

이제 필자의 의견을 개진하기로 한다. 『진서』를 전반적으로 보면 '백제'의 이름이 전무한 것은 아니어서, 주로 4세기 후반에 한정하여 제기(帝紀)와 재기(載記)에 백제의 이름이 수차례 보인다. 따라서 『진서』의 찬자가 유독 동이열전에서만 백제의 이름을 쓰지 않고 마한으로 대칭(代稱)했다고 보는 것은 동의하기 어렵다. 동이열전에 입전된 국가 혹은 정치체들을 보면 부여국(夫餘國), 마한, 진한, 숙신씨(肅愼氏), 왜인(倭人), 비리(裨離) 등 10국에 한정되어 있어, 백제뿐만 아니라 고구려와 신라도 입전되어 있지 않다. 그렇다면 동이열전에서 백제와 고구려 등을 입전하지 않은 것은 별도의 이유가 있었다고 해야 할 것이다.

이들이 입전되지 못한 첫 번째 이유로는 3세기 후반 단계에 백제와 고구려 등이 진(晉)과 적대적 관계에 있었던 점을 들 수 있다. 그렇다면 이와 반대로 당시 부여는 고구려와 대립하면서 진과 우호적인 관계를 유지하여 동이열전에 입전된 것으로, 마한은 백제와 대립하면서 진과 우호적 교류를 이어갔기 때문에 입전된 것으로 볼 수 있지 않을까 한다. 두 번째 이유로는 『진서』의 편찬을 지시한 당 태종의 의도에서 찾아볼 수도 있다. 『진서』는 당 태종의 명에 의해 2년여 만인 648년에 완성되었고, 당 태종이 그해에 방문한 김춘추에게 신찬『진서』를 선물로 하사했다는 점에서, 동이열전에 백제와 고구려가 입전되지 않은 것은 당 태종의 의도가 작용했을 수 있겠다고 생각해볼 수도 있다. 그러나 당 태종과 우호적인 관계를 맺었던 신라가 입전되지 않은 이유는 설명할 길이 없다.

필자는 불입전(不立傳)의 이유는 당 태종의 의도보다는 진대(晉代)의 사정이 작용했기 때문으로 보고, 『진서』동이열전의 마한을 3세기 후반에 실재했던 정치체로 인정하면서 논의를 전개한 바 있다(강봉룡, 1997, 144~154쪽). 이러한 논의는 『삼국지』에 나오는 246년의 기리영 공격 사건을 『진서』에 나오는 3세기 후반 마한 견사의 전사(前史)로 파악하는 것에 기초한다. 즉 246년 기리영 공격으로 인해 마한의 영도국인 목지국이 몰락 직전의 상황에 몰렸던 반면 백제국은 위 왕조가 이끄는 낙랑·대방군과 전략적 우호 관계를 유지하며 세력을 확대하면서, 목지국과 백제국 사이에 세력의 역전 현상이 일어난 것을, 마한이 진(晉) 왕조에 견사하게 된 배경으로 파악한 것이다. 목지국에 큰 타격을 가했던 위(魏)가 진(晉)으로 교체(265)되고 그 진이 삼국을 통일(280)하게 되자, 목지국은 백제의 병탄 위협에서 벗어나기 위해 '마한'이라는 이름으로 진에 사신을 파견하는 외교 공세를 필사적으로 펼쳤다고 본 것이다. 더 나아가 『삼국사기』온조왕 24년(6)~34년(16)의 기사에 나타난 마한 병탄 기사들을 책계왕 3년(288)~12년(297)에 일어난 일로 보고, 3세기 후반에 백제의 병탄 위협에 처한 마한이 백제를 견제하기 위해 신흥국 진(晉)에 잇따라 사신을 파견한 것으로 이해했다.

6 맺음말: 몇 가지 소회

마한에 대한 개인적 소회를 몇 가지 제기하는 것으로 논의를 마무리하기로 한다.

첫째, 마한의 연원에 대한 소회다. 이에 대한 필자의 의견은 대개 다음과 같이 정리할 수 있다. ① 일찍이 중국인들은 고조선 지역에 대응하는 한반도 남부 지역에 대해 막연히 '동쪽 지역'이라는 의미의 '진(辰)'의 땅으로 간주하다가 '동쪽의 나라'라는 의미의 '진국'이라는 좀 더 구체화된 이름으로 부르게 되었다. ② 기원전 1세기 초에 한족(韓族) 계열의 기자 조선이 남래하면서 '진(辰)'과 '진국'은 '한지(韓地)', '한국(韓國)'으로도 칭하게 되고, 그 과정에서 지역적 개념의 '진(辰)'과 종족적 개념의 '한(韓)'이 교차, 혼일(混一)되어 '진국=한국'으로 인식되기에 이르렀다. ③ 이후 '진국=한국'은 다시 3개의 진한(馬辰韓, 辰韓, 弁辰韓)으로 분칭(分稱) 하는 단계를 거쳐, 마침내 2자칭(二字稱)인 마한, 진한, 변한의 3한(韓)으로 정착되었다. 이런 관점에서 『삼국지』와 『후한서』 단계에 '변한'을 '변진(弁辰)'으로 칭하기도 했던 것에 대해 이러한 명칭의 변화 및 분화 과정의 한 단계를 반영하는 것으로 생각해보았다. 또한 '진국'이란 이름이 사라지고 '한국'이라는 이름으로 통칭되는 단계에 이르러서도 '한국'의 소국들을 영도하는 위치에 있던 소국(예컨대 목지국)의 신지(臣智)는 스스로 '진왕'이라고도 칭했으니, 이것도 옛 이름 '진(辰)' 땅의 맹주라는 자부(自負)가 담긴 것으로 이해했다. 그리고 '진(辰)'의 공통점으로 인해 '진왕'을 '진한(辰韓)의 왕'으로 오해하는 일도 발생한 것임을 생각해보았다.

둘째, 마한의 실체에 대한 소회다. 기왕 마한의 실체에 대해서는 국가의 개념보다는 다수의 소국을 느슨하게 거느리는 연맹체의 이름('마한연맹체')으로 간주하는 경향이 강했다. 근래에는 마한을 '중국 사가(史家)의 입장에서 인위적으로 불린 타칭(他稱)’으로 간주하여 아예 연맹체의 느슨한 끈마저도 배제하고 실체는 오직 소국들에서만 찾을 수 있다는 견해가 제기되기도 했다(전진국, 2020). 필자는 연원적으로는 ‘마한’을 막연한 타칭으로 본 견해에 동의할 부분이 있을 수 있다고 보나, ‘마한’이 무언가의 실체를 채우는 개념으로 변모되어간 역사적 추세까지 포괄하면서 단계적으로 파악할 필요가 있다고 생각한다. 즉 『삼국지』 단계의 마한은 한백겸이 고증했듯이 일정한 지역(경기, 충청, 전라)을 지칭하는 막연한 ‘지역적 개념’으로 쓰이다가, 『진서』 단계에 이르면 마한이 진(晉)에 견사(遣使)하는 구체적인 ‘정치체의 이름’으로도 쓰였음을 주목한 것이다. 다만 마한이라는 정치체가 포괄하는 지역적 범위(‘정체체로서의 마한’)는 충청도 일원을 벗어나지 못했다는 점에서, 경기·충청·전라를 포괄하는 ‘지역적 개념’으로서의 마한의 범위와는 차이가 있을 수 있다는 점도 생각해보았다. 또한 마한이 정치체의 이름으로 통용되던 그 시기에도 마한이 여전히 ‘지역적 개념’으로도 쓰이고 있는 사례가 있을 수 있다는 점을 염두에 두면서, 『진서』 장화조에 나오는 ‘동이마한신미제국’의 마한을 그 일례로 생각해보았다(강봉룡, 1999, 93~96쪽).

셋째, 『삼국지』의 246년의 기리영 공격 사건과 『진서』의 3세기 후반의 견사 사건의 관계에 대한 소회다. 먼저 246년의 기리영 공격 사건에 대해서는 목지국과 백제국의 세력 관계에서 일대 역전이 일어난 계기가 된 사건으로, 3세기 후반의 견사 사건에 대해서는 마한이 백제를 견제하기 위해 진(晉)에 집요한 외교 공세를 펼친 것으로 파악하고, 5절의 말미에서 그 의미를 천착했다.

마지막으로, 『삼국사기』와 중국 사서에 나타난 마한에 대한 소회다. 『삼국사기』에는 초기 기사를 중심으로 마한에 대한 생생한 기사들이 실려 있어, 마한의 실상을 파악하기 위해서는 어떤 형태로든 이를 본격적인 논의의 대상으로 삼지 않으면 안 된다고 생각한다. 그런데 『삼국사기』 백제본기에서는 온조왕 27년(9)에 마한이 백제에게 이미 병탄된 것으로 나오는데, 신라본기에서는 탈해이사금 5년(61)에 마한 장수 맹소(孟召)가 복암성(覆巖城)을 들어 항복한 것으로 나오고, 고구려본기에서는 태조대왕 69년(121)과 70년(122)에 마한이 고구려 및 예맥과 함께 현토와 요동을 침략한 것으로 되어 있어, 상호 어긋남이 심하다. 더욱이 『진서』에는 3세기 후반에 마한이 버젓이 진(晉)에 8차례나 사신을 파견한 것으로 되어 있어, 1세기 초에 마한이 망했다는 『삼국사기』 백제본기의 기사와는 현격한 차이가 있으므로, 뭔가 조정이 필요해 보인다.

이처럼 여러 사서의 교차적 조정을 통한 마한 문제의 접근은 대단히 복잡한 논의 구조를 내포하고 있다. 이 글에서 마땅히 『삼국사기』의 마한과 중국 사서의 마한을 상호 비교 분석하는 작업도 함께 진행했어야 할 것이나, 이를 미처 다루지 못하고 후일로 미루어두기로 한 것은 이 때문이다.

참고문헌

강봉룡, 1997, 「마한의 마한 병탄에 대한 신고찰」, 『한국상고사학보』 26, 한국상고사학회.

강봉룡, 1999, 「3~5세기 영산강유역 '옹관고분사회'와 그 성격」, 『역사교육』 69, 역사교육
　　　연구회.

강봉룡, 2011, 「5세기 이전 신라의 동해안방면 진출과 '동해안로'」, 『한국고대사연구』 63,
　　　한국고대사학회.

강봉룡, 2018, 「해남 백포만 고대포구세력의 존재양태」, 『백제학보』 26, 백제학회.

강종훈, 1992, 「백제 대륙진출설의 제문제」, 『한국고대사논총』 4, 가락국사적개발연구원.

권오영, 2001, 「伯濟國에서 百濟로의 전환」, 『역사와 현실』 40, 한국역사연구회.

김기섭, 2008, 「백제 한성시기의 도성제 성립과 몽촌토성」, 『백제문화』 38, 공주대학교 백
　　　제문화연구소.

김수태, 1998, 「3세기 중·후반 백제의 발전과 마한」, 『마한사연구』, 충남대학교 출판부.

김영심, 1997, 『백제 지방통치체제 연구』, 서울대학교 박사학위 논문.

노중국, 1990, 「목지국에 대한 일고찰」, 『백제논총』 2, 백제문화개발연구원.

노중국, 2003, 「마한과 낙랑·대방군과의 군사 충돌과 목지국의 쇠퇴: 正始 연간(240~248)
　　　을 중심으로」, 『대구사학』 71, 대구사학회.

박대재, 1999, 「『삼국사기』 고구려본기의 「마한」에 대한 일고찰」, 『사학연구』 58·59합, 한
　　　국사학회.

박대재, 2002, 「『삼국지』 한전의 辰王에 대한 고찰」, 『한국고대사연구』 26, 한국고대사학회.

박찬규, 2007, 「백제의 성장과 마한병합」, 『백제의 기원과 건국』, 충청남도역사문화연구원.

유원재, 1994, 「진대의 마한과 백제」, 『한국상고사학보』 17, 한국상고사학회.

윤선태, 2001, 「마한의 진국과 臣濆沽國-嶺西濊 지역의 역사적 추이와 관련하여」, 『백제연
　　　구』 34, 충남대학교 백제연구소.

윤용구, 1999, 「삼한의 대중교섭과 그 성격-曹魏의 동이경략과 관련하여」, 『국사관논총』
　　　85, 국사편찬위원회.

이강래, 2002, 「『삼국사기』의 마한 인식」, 『전남사학』 19, 전남사학회.

이기동, 1987, 「마한영역에서의 백제의 성장」, 『마한·백제문화』 10, 원광대학교 마한·백제
　　　문화연구소.

이기동, 1990, 「백제국의 성장과 마한의 병합」, 『백제논총』 2, 백제문화개발연구원.

이병도, 1959, 『한국사(고대편)』, 을유문화사.

이병도, 1976, 『한국고대사연구』, 박영사.

이현혜, 1994, 「삼한의 대외교역체계」, 『이기백선생고희기념한국사학논총』 상, 일조각.

이현혜, 1997, 「3세기 마한과 백제국」, 『백제의 중앙과 지방』, 충남대학교 백제연구소.

임기환, 2000, 「3세기~4세기 초 魏·晉의 동방 정책」, 『역사와 현실』 36, 한국역사연구회.

전진국, 2017, 「『진서』에 보이는 마한의 대외 교류와 백제의 성장」, 『백제학보』 20, 백제학회.

전진국, 2020, 「마한의 개념과 '國'에 대한 기록」, 『백제학보』 31, 백제학회.

천관우, 1975, 「삼한의 성립과정-삼한고 제1부」, 『사학연구』 26, 한국사학회.

천관우, 1976, 「삼국지 한전의 재검토」, 『진단학보』 41, 진단학회.

3장

문헌 자료 속의 마한 : 역사적 검증을 중심으로

야쿱 타일러(Taylor Jakub, 폴란드 야기엘로니안대학교 한국학과 교수)

번역 박유정(서울대학교 국사학과 박사과정)

1 머리말

주보돈(2009, 95~96쪽)은 그의 논문에서 삼한(三韓)에 대한 학자들 간의 뜨거운 논쟁이 문헌 자료의 미비함보다도 현재 진행 중인 역사 연구에서 더 큰 문제를 야기하고 있다고 말했다. 2000년대 초 목지국(目支國)의 위치를 다루다 지친 루라쥐(Rurarz)가 대표적인 예일 것이다(J. Rurarz, 2001, 225~254쪽). 루라쥐는 일찍이 익산에 주목했던 신경준(申景濬, 1712~1781)과 공주 부근을 선호한 신채호·정인보·안재홍, 문헌에 언급된 '옛 수도들'의 제거 과정을 거쳐 직산을 선택한 이병도, 인천(미추홀)을 선택한 천관우, 이른 시기 대전과 예산, 두 후보지의 고고학적 증거를 제시한 김정배, 마지막으로 전라남도에 고인돌 문화가 집중된 반남과 승주를 선택한 이영문과 최몽룡의 연구를 풍부하게 인용했다. 이 문제는 많은 논쟁을 야기했으며 삼한/마한과 관련된 다른 논쟁 역시 비슷한 양상을 보인다.

다행히도 여러 개발 사업에 힘입어 마한 지역이었던 곳에 대한 수많은 고고학적 증거가 나오고 있으며 '민족(ethnie)'에 대한 역사학자들의 채워지지 않는 열망은 커지고 있다. 이 글은 최근 한국 학계에서 검토되고 있는 여러 논쟁들에 대해 간략한 스펙트럼을 제시하는, 작은 역할이라도 하기를 바라는 마음으로 작성되었다. 또한 이 글은 '사소한 것에 대한 트집 잡기에 가까운 분석'보다 전체적인 것을 바라보는(panoramic) 방식의 연구를 독려해준 송기호 교수님을 기리기 위해 작성된 것이다. 이 글에서는 서울 한성백제박물관이 여러 해 동안 발간한 자료와 마한에 대한 최신 연구들을 활용함에 있어 송기호 교수님께서 독려해주신 연구방법을 따르고자 한다. 최적화된 연구 모델 구축도 시도해볼 것이다.

2 마한의 사회적 · 정치적 조직

2140자에 달하는 『삼국지(三國志)』 한조(韓條)는 여전히 삼한 연구에 있어 원전의 지위를 유지하고 있다. 『삼국지』 한조에 대한 연구는 이른 시기부터 면밀하게 이루어져왔으며, 이는 삼한과 삼국(三國)을 연결해서 이해하여 초기 역사에 대한 왜곡을 초래하는 최치원(崔致遠)에게 도전장을 내미는 것으로 여겨지거나 혹은 이러한 이유로 이루어졌다.[1] 백제가 마한을 점진적으로 대신해가는 것이 아무 의

---

1 『삼국사기』(1145)나 『삼국유사』(1281)뿐만 아니라 『신증동국여지승람』(1530), 이수광의 『지봉유설』(1614)은 마한을 계승한 것이 백제가 아닌 고구려라는 최치원의 주장을 지지했다. 최치원의 주장은 한반도에 대한 신라의 지배를 정당화하기 위해 만들어진 것이며 후대의 문헌은 오직 마한이 소재했던 지역을 경기로 특정하고 충청은 논쟁적인 지역으로 본 『삼국사기』와 『삼국유사』의 유사성에 기대어 논지를 전개하고 있다. 어쨌든 고고학적 연구는 짧은 시간이나마 고구려가 월평동 산성(대전)과 연기(청주의 남쪽)까지 차지하는 데 성공했음을 보여주고 있다. 이러한 주장에 따르면 변한(弁韓)은 호남 지역 마한의 선조이고 진한(辰韓)은 경상도 지역민들의 선조가 된다. 이러한 주장은 본의 아니게 호남과 마한 지역의 문화 차이가 예상보다 크다는 것을 보여준다. 다른 한편으로는 마한-백제의 계승성(연속성)이라는 현재의 관점을 뒷받침하는 많은 자료가 있다. 『東國史略』(1403), 『東國地理志』(1615), 『東國輿地志』(1656), 『星湖僿說』(1740), 『疆域考』(1756), 『東史綱目』(1778), 『我邦疆域考』

심 없이 받아 들여지고 있으므로 마한 관련 기록에서의 시간 축과 그 위에 배치된 사건의 진실성에 관한 것은 여전히 논쟁으로 남을 수밖에 없다. 비록 (최종 편집된 것은 429년이지만) 『삼국지』의 주요 자료가 3세기 중반의 것이며 대부분 3세기의 현실을 반영한다는 것을 알고 있음에도, 『삼국지』는 (북쪽으로부터의 이주가 이루어진) 기원전 2세기, 그리고 (염사치(廉斯鑡) 설화[2]가 등장하는) 기원후 44년의 사건도 기록했기에 연대 문제에 있어 수수께끼를 던진다.

이른 시기의 마한에 대한 좀 더 논리정연한 그림을 그리기 위해서는 마한 문화의 고고학적 시기 구분을 살펴보아야 한다. 성정용(2018, 12~13쪽)은 다음과 같이 4단계 모델을 제시했다.

1단계는 시작 단계(기원전 5/4세기~기원전 2세기)로 점토대토기(粘土帶土器), 흑도장경호(黑陶長頸壺) 그리고 한국형 동검인 세형동검(細形銅劍)이 출현하는 시기다. 2단계는 초기로 기원후 1세기까지이며 토광묘와 철제 유물이 풍부해지는 시기다. 3단계는 중기로 기원후 4세기까지이며, 우선 유개대부호(有蓋臺附壺)가 등장하며, 원저심발(圓底深鉢), 타날문토기(打捺文土器), 철검(鐵劍), 관부(關部) 돌출형 철모(鐵矛)가 출현한다. 4단계는 후기로, 환두대도(環頭大刀)와 경질무문심발(硬質無紋深鉢)이 좀 더 넓게 사용되는 시기다. 4단계(후기)는 6세기 전반까지 지속되며 전라남도 영산강 유역과 서남해안 지역에서 명확히 확인되는 집단들로 대표된다.

몇 가지 질문들이 남는다. 이러한 시기 구분 문제에 있어 문헌 자료의 영향력은 어느 정도인가? 고고학이 『삼국지』에 담긴 내용의 가치를 검증하고 순환논리를 피하기 위해서는 문헌 자료와 별도로 고고 자료를 면밀히 조사해야 하지만 항상 그렇게 이루어지지 않았음은 데이비(Davey, 2019, 142쪽)가 지적한 바 있다.

문제를 좀 더 광범위한 시각에서 보는 블랙모어(Blackmore, 2019, 96쪽) 역시 비슷한 주장을 했다. 그는 고고학을 향한 Trigger(심지어는 Childe) 중심의(지향의)

(1811), 『海東繹史續』(1823) 등이다. 오래된 기록들도 이를 간접적으로 뒷받침하나, 이 문제는 전쟁 후 한국 학계에서도 논의되어왔다. 추가 정보는 문창로(2014)의 논문을 참조.

2   염사(廉斯)의 위치는 현재의 황해도 서흥(瑞興) 인근일 것으로 보인다.

'역사문화적' 접근과, Haggard 중심의(지향의) '오직 고고학적인' 이해가 충돌한다고 보았다. 블랙모어는 이 문제를 분명히 나뉘지 않는 범주 안에 너무나 많은 문제를 야기하는, 문화에 대한 단일적인 정의와 다원적인 정의라는 용어 간의 논쟁과 연결했다. 그러나 이 글에서는 블랙모어의 다른 견해들에 집중해볼 필요가 있다: 고고학적 지도상에 민족 – 문헌에 언급된 – 을 배치함에 있어 한국 고고학 논쟁에서 문헌 자료는 오랫동안 헤게모니적 성격을 유지했다. 이러한 경향은 아직 완전히 극복되지 못했으나 성정용의 시기 구분은 적절한 검증이라는 기준을 통과한 것으로 생각된다. 『삼국지』의 기록은 한반도 서부에 마한 50여 개국이 존재하던 시기까지의 물질문화 변화상을 반영할 수 있으며, 따라서 우리는 이를 통해 마한 정치체들의 일시적 변화를 재구성하는 데 가까이 갈 수 있다.

그러한 시도가 손상될 가능성이 있는 것은 문헌 자료가 고고학에 대해 지배적인 성격을 갖기 때문만은 아니다. 수년간 『삼국지』에 대한 지나치게 비판적인 접근, 특히 가장 오래된 한국의 문헌과 모순되는 요소들과 (중국 중심의 시각에서) 『삼국지』에 묘사된 '잔혹성'의 중요성에 초점을 맞춰왔던 것은 마한의 정치구조를 면밀히 탐구하기 어렵게 만들었다(전해종, 1980). 진국(辰國)과 진왕(辰王)에 대한 단편적인 기록이 주요 반례다.

이른 시기 한반도 남부 지역에 정교한 정치조직이 존재했고 권력 서열이 확립되어 있었다는 사실은 이 시기 한반도의 정치 발달이 늦었다는 중국인들의 주장이 틀렸음을 증명할 것이다. 그 문제에 대한 어떤 비판적 접근법, 즉 진국 정치체의 정교함에 대한 어떠한 회의도 식민지 이후의 부정주의로 간주되었다.[3]

최근 몇 년간 이 주제는 수많은 논문에서 세심하게 다루어졌는데, 특히 전진국(2017b)의 논문은 언급할 만하다. 전진국에 따르면 '진'이라는 글자는 서로 다른 서술적 전통에서 유래했으며, 각각은 모두 시간에 따른 변화를 겪는다. 그들은 고대 및 현대 역사가들의 견해가 합쳐진 최소한 세 가지의 비유를 함의한다. '진국'

---

3   이러한 반응은 1987년에 출간된 서영수의 『삼국지』에서도 찾을 수 있다. 일본의 역사 왜곡도 시사한다(서영수, 1987, 294~295쪽).

은 우선 '진번 인근의 여러 나라[眞番旁衆國]'를 의미하는데, 이는 『삼국지』에 변형되고 축약된 형태로 반영된 『사기(史記)』와 『한서(漢書)』의 일문(逸文)을 전달하는 『태평어람(太平御覽)』에서 확인할 수 있다. 저자에 따르면 이러한 일문은 위만조선(衛滿朝鮮)과의 전쟁을 시작하기 위한 한(漢) 왕조의 변명이 담긴 기록일 뿐이다. 역사 조작이 있었기에 마한 이전의 정치적 유기체는 거의 묘사될 수 없었던 것이다.

'진'의 두 번째 의미는 후대 문헌에서의 전승이다. 이는 이른바 「위략(魏略)」에서 비롯된 것으로 조선왕(준왕)이 남쪽으로 이동하여 아산만에 정착했다는 내용이다. 이는 후대에 목지국과 관련될 혹은 목지국으로 변화할 청동기 문화 정치체에 새로운 삶을 가져왔을 것이다. 다만 전진국에 따르면 준왕의 통치가 삼한 전체를 지배하는 데는 이르지 못했던 것으로 보인다. 결과적으로 『삼국지』에 묘사된 진한에 대한 ('복수(plural)'로서의) '진왕'의 지배는 12개의 독립적인 집단의 장(長)이 문헌에서의 전승을 통해 목지국의 진왕으로 '융화'된 것이다.

위의 해석은 최근 한국 역사학계의 경향을 드러내는 것으로 전후의 역사 해석 프리즘을 통해 본 진국에 대한 지금까지의 해석과 크게 다르다. 이 정치체에 대한 다른 이해를 처음 제시한 사람은 권오영이지만(1996, 30~40쪽), 그의 논문은 (예를 들어 무라카미 마사오(村上正雄)와 같은) 한반도 남부의 늦은 정치적 발전에 대한 일본 학계의 주장과 유사하여 진국에 대한 새로운 이론을 개발하는 데에는 제한적인 영향만을 미쳤다고 할 수 있다. 지명에 대한 어원 연구에서의 일반적인 이해나(예를 들이 진(辰)은 『주역(周易)』에서 동쪽을 의미하는 진(震)의 간수화된 글자이다) 현대의 역사학자들은 조선 후기 역사학에 대한 심층적인 탐구를 통해 이러한 방해의 영향을 막으려 하고 있다.

목지국의 지배력이 제한적이라는 시각은 『삼국지』의 기록을 있는 그대로 이해하는 데도 영향을 미쳤다. 가장 이해하기 힘든 부분은 다음과 같다.

"辰王治月(/目)支國 臣智或加優呼臣雲遣支報安邪踧支濆臣離兒不例拘邪秦支廉之號"

이 부분에 대해서는 여러 해석이 이루어졌다. 두 구절은 보통 함께 해석되어,

목지국의 왕에게 '신지'라는 군장 칭호가 더해졌다는 것으로 해석된다(서영수, 1987, 282쪽). Byington은 이 부분을 조심스럽게 해석하면서도, 진왕의 지배적인 위치를 드러내는 부분인 것으로 보고 있다. 그의 해석은 다음과 같다. "진왕은 목지국으로부터 통치한다." 그리고 다음 구절은 "때때로 신지는 특별한 칭호로서 더해졌는데, 신 운견지보 안야 축지 분(臣 雲遣支報 安邪 踧支 濆) 그리고 신 이아부례 구야 진지렴(臣離兒不例 拘邪 秦支 廉)과 같은 것이다"라고 해석된다(Byington, 2009, 134쪽).

　이 부분에 대한 분석은 대단히 까다로우며 가설적인 상황만을 반영할 수 있다. 필자의 해석이 무엇인지 묻는다면 필자는 시작 부분의 '신(臣)'을 신지로 이해하는 데 동의하지 않을 것이다. 대신에 문헌의 다른 부분들로부터 참조할 만한 자료를 모으고, 칭호 정리 혹은 배열과 관련된 후대의 금석문 자료들을 가지고 와서 칭호를 붙이는 이 부분에 대한 재구성을 시도하고자 한다. 이는 필사자가 글자들을 배열함에 있어 저지르는 (이른바 도치(倒置)라고 불리는) 실수를 고려 대상에 넣게 하고 탈락되었을 수많은 부분으로부터 여러 의미를 추론하게 한다. 무엇보다도 필자 본인은 이 문헌 자료를 '야만적인' 엘리트들 사이에서 누가 존경을 받아야 하는지를 드러내는, 중국인들을 위한 지침으로 이해한다. 언급된 부분은 중국인의 방법대로 서술되었을 것인데, 제국장(諸國長)에게 수여된 관인(官印)이 2점 발견된 이후에야 필자는 이러한 맥락을 이해할 수 있었다. 필자는 마한/삼한에 대한 목지국 왕의 어떤 패권에 대해서도 상징적인 것 이상으로 보지 않는다. 문헌 자료는 그러므로 다음과 같이 "진왕은 목지국을 통치한다"라는 문장의 뒤에 뜬금없이 "때때로 신지(계층)를 서술하면서 경칭을 덧붙인다(덧붙이는 것이 적절하다)"라고 서술하고 있는 것이다. 우리는 앞의 구절을 다음과 같이 얘기해볼 수 있다. 신운(국)에 (통계? 지명?) 보(報)로부터의 (신)지(계층)의 견(가문), 안야에는 (신)지(계층)의 축(가문)(아니면, 안야에 험측(險側)과 신지라는 두 지도자의 '급/질적인 종류'가 있음을 우리는 파악할 수 있을까?), 신분(고국, 臣濆沽國)에는 불례(혹은 번예(樊濊) 계층)의 이아(가문)(아니라면, 매우 왜곡되었던 내용: 불사분 야국(不斯濆邪國)에는 번예 계층에 불 가문이 있는 것이다), 구야에는 본래는 염으로부터 온 신지(계층)의 진(이주민?)(가문)이 있다.

　위에서 이루어진 재구성은 하나의 제안에 불과하다. 이와 관련된 추가적인 문헌상의 전승이 발견되지 않는 이상 그렇게 간주할 수밖에 없다. 특히 고유명사에 대한 역사음성학(歷史音聲學) 연구는 오류의 가능성이 높다. 그럼에도 불구하고 3세기의 현실은 (아마도 판결현인(判決賢人, lawspeaker)을 제외하고는) 한반도 남부의 어떠한 직함도 배제하고 있을 것이며 일반적인 정치조직은 느슨한 의존성에 기반했던 것 같다.

근래 들어 소국(小國)은 더 이상 한반도 내 정치적 퍼즐을 맞출 『삼국지』 내의 가장 기본적인 조각이 아니다. 소규모 정치체와 초기 연합국가라는 이분법적인 시각으로 바라보는 것이 강조되고 있기 때문이다(박현주 외, 2013, 488쪽). 소위 대국(大國)이라 불리는 존재와 그들의 현지화 및 범위에 대한 검증은 아직 끝나지 않았다. 지금까지 고고학에서는 마한이 존재했던 지역 내에 적어도 세 가지 유형의 정치체가 있었음을 제시한다. 그들의 중요성은 기준에 따라 다르겠지만, 읍락(邑落)들의 단순 연합체보다는 중요하나 동시기에 아산만,[4] 금강 유역,[5] 용산 및 한강 유역[6]에 존재했던 거대한 연합 정치체보다는 중요도가 덜했던 정치체가 존재했던 것으로 보인다.

이처럼 중간 정도의 중요성을 지닌 정치체들은 청동기 문화의 중심지인 부여 송국리(松菊里)나 화순 대곡리(大谷里)는 물론이고 횡성 강림리(講林里)(영서예(嶺西濊)의 경우 한강 유역의 마한 세력과 고고학적으로 구별되지 않는다), 보령 평라리(平羅里), 완주 상림리(上林里), 함평 초포리(草浦里) 등에 중심을 두고 있었을 수 있다. 이재현(2009)은 인천 운북동(雲北洞), 영광 군동(群洞), 순천 덕암동(德岩洞), 공주 지역의 여러 유적, 그리고 특히 1천여 개의 중국 화폐(오수전)가 발견된 거문도에 교역의 거

---

4 아산의 남성리와 궁평리, 당진의 소소리, 예산의 동서리 유적 등. 다른 많은 유적들이 있지만 가장 중요한 유적들 중 몇몇 곳에 대한 보고서들은 결국 발간되지 않았다.

5 익산 평장리에서 출토된 거울과 전주·군산·남원 지역의 수많은 유적들, 그리고 무엇보다도 문헌상의 전승을 통해 볼 때 그 지역에 연합 정치체가 존재했던 것으로 보인다. 일부는 백제국이 등장하기 전, 마한에 대해 목지와 익산의 중심세력 간의 세력 다툼이 있었던 것으로 보기도 한다(이현혜, 1991, 1~32쪽).

6 이에 관해서는 최몽룡이 잘 서술하고 있다(김영원, 2009, 199~214쪽).

점이 있었을 가능성을 제시하였다. 송영대(2019)는 고흥의 중심지 중 하나인 운대리(雲岱里)를, 최몽룡(김영원, 2009)은 진도 고군면 인근을 주요 교역 거점으로 보았다. 위의 정치체 중 일부는 시간이 흐름에 따라 초기 국가체제 내로 흡수되었지만, 초기 단계에서는 독립적으로 역할을 수행했다. 결론적으로 문헌 자료와 고고 자료 간의 불일치를 줄이기 위해서는 의례(의식)와 경제적 중요성의 일시적 변동을 포함하는 새로운 분류체계 매트릭스의 출현이 필요하다.

3 마한 연구의 또 다른 새로운 경향

최근까지 가장 인기 있는 연구 주제는 위에서 언급한 한반도의 정치구조 내에서 중요 계층을 재구성하는 방법, 결국 정확하게 서술되지 않은 부분을 읽는 새로운 방법들이었다. 수많은 고고 자료의 발견으로 인해 이러한 탐구는 새로운 시대로 접어들었지만, 연구자들의 관심이 새로운 분야로 옮겨가면서 한국에서의 국가 발전에 대한 가장 중요한 요소를 정확히 찾아내고자 하는 욕망은 줄어들었다. 가장 중요한 변화는 역사지리학 분야의 연구, 유적 자료를 통한 문헌의 검증, 특히 광범위한 해양 교류의 규모와 성격, 마지막으로 마한 문화 전승에 관한 정보를 전달하는 문헌에 대한 새로운 인류학적 분석에서 확인할 수 있다.

역사지리학적 연구는 최근까지 『삼국지』에서 언급된 삼한의 수많은 정치체들을 지도 위에 배치하는 것에 주로 초점을 맞추었다. 가장 잘 알려진 것은 천관우와 박순발의 연구다(이병도의 연구는 단편적인 것에 불과하다). 앞의 두 연구에서 (54개국 중) 13국의 위치는 중복되지만(이러한 중복이 반드시 그 위치가 옳다는 것을 증명하는 것은 아니다), 이들 연구는 최근에서야 해결된 두 가지 근본적인 문제를 피하지 못했다.

첫 번째 문제는 위치 비정의 주요 지표로 사용된 고대 정치체들의 명칭이 역사학에서의 음성학에 대한 깊은 이해 없이 이루어진 전근대 후기 및 근대 초 한국에서의 지리학적 조사에 기반하고 있다는 사실이다. 필자를 포함한 많은 역사학자들은 근대에서의 한자 읽기가 3~8세기의 것과 유사할 것이라고 당연하게 여기지만, 그것은 더 깊은 언어학적·금석학적 조사를 위해 요구되는 예비적 가설에 불과하다. 결국 노중국과 함께 한 손희하의 논고에서 이 문제가 정면으로 다루어지는데(박현주, 2013, 507~511쪽), 이를 통해 그녀는 역사학자들에게 해당 문제의 깊이를 깨닫게 했다. 그때까지는 일본 우(吳)나라 방식의 한자 읽기를 추가적으로 조사해야 한다는 일반적인 요구와 고대 마한의 언어가 3세기 중국 호북(湖北) 지역의 방언과 유사할 것이라는 근거 없는 이론만 존재할 뿐이었다.

마한 소국의 위치를 다룸에 있어 두 번째 문제는 마한 관련 고고학적 자료의 편파성이다. 성정용은 마한으로 추정되는 지역의 초기 고분 및 주거 유적을 찾아내는 과정에서 이러한 문제점을 지적했다(중앙문화재연구원, 2018, 16~23쪽). 그는 유형별로 확인된 유적의 숫자가 문헌에 기록된 54~55개국을 상회한다는 것을 발견했다. 대략 8개 정도의 소국으로 이루어진 4~5개의 대규모 소국연합 정치체와 10여 개의 중간 규모의 정치체들의 존재를 상정한다고 하더라도 마한 지역 국(國)의 숫자는 『삼국지』에 기록된 것보다 많을 것임이 틀림없다. 이에 천관우와 박순발의 연구에는 두 가지 잘못된 전제가 있었던 것으로 보인다. 첫째, 중국인은 당시에 존재했던 모든 (마한) 정치체를 기록했다.[7] 둘째, 그들은 마한의 정치체를 정렬함에 있어 대방군(帶方郡)에서 가까운 지역에서부터 시작하여 남쪽으로 먼 지역의 순서를 따랐다.

중국인은 (『삼국지』에서) 교역에 이익이 되는 집단(혹은 정보를 공개하는 것이 안전한 집단)만을 언급했거나 궁극적으로는 (대방군의) 지배를 위협하는 일부 집단만을 서술했을 가능성이 크다. 문헌 자료에 대한 조심스러운 분석은 이러한 주장을 뒷받침한다. 몇몇 판본에서 막노국(莫盧國)이라는 이름은 (마한 54개국의 이름을 나열한 것에서) 두 번(18번째, 43번째) 등장하 는데 이는 유사한 이름을 가진 2개의 정치체가

---

[7]　천관우와 박순발의 연구에 동의하는 주장 중 유일하게 타당해 보이는 것은 임영진의 연구다(이인숙, 2013, 141~142쪽). 그는 3세기 대의 소국이 후대 백제의 행정구역과 연관될 것이라는 가정에 동의했다: (백제의 지방 행정구역은) 22개의 담로(檐魯), 37개의 군(郡)이다(충청에 12개, 전라북도에 10개, 전라남도에 15개, 경기에 16개, 고창에 1개가 있었다).

있었음을 의미하거나 기록을 정리하는 과정에서 마한 지역의 정치체에 대해 단일하고 완전한 자료를 사용했던 것이 아님을 의미할 수도 있다. 게다가 현재의 익산 지역과 공통분모가 가장 많은 건마국(乾馬國)을 목록의 거의 마지막에 배치한 것은 서남쪽의 마한 국가가 누락되었거나 혹은 해당 지역의 국가가 목록에서 더 높은 위치에 있었음을 드러낸다.

마한 이외의 정치체들이 이 지역의 정치적 모자이크 내에 섞여 있을 가능성도 있다. 언어학적으로 검증된 몇몇 변진 소국(예를 들면 독로국(瀆盧國)) 명칭을 후대 문헌에 등장하는 명칭(『일본서기』의 침미다례(忱彌多禮)의 다례(多禮))와 비교해보면 이전에 생각했던 것보다 호남 지역이 문화적으로 더욱 다양했다는 결론을 내릴 수 있다.[8] 후대에 이르면 호남의 경계 내에 동남권의 문화 요소가 확실히 많이 존재한다. 추가로 김해 퇴래리(退來里), 대구 팔달동(八達洞), 울산 신화(新和) 등의 유적 등이 마한 옹관(甕棺)의 기원지일 가능성이 높다고 여겨지는 것 역시 이를 뒷받침한다. 실제로 후대의 자료에서 나타나는 지역성을 재구성하는 것만이 이러한 난제를 해결할 수 있으며 이러한 시도는 다행히도 지금까지 무시되어 오던 문헌, 즉『일본서기』[9]나『삼국지』보다 후대에 만들어진 중국의 사서 등을 통해 활발히 이루어지고 있다.

지리적 재구성 외에 최근 10년간 발굴된 풍부한 고고 자료를 통해 최근 연구의 성격이 결정되고 있다. 수많은 경우에 고고 자료를 통해 인류학적 본질에 관한 단편적인 자료들을 검증할 수 있다. 임영진(2013, 134~149쪽)과 조현종(중앙문화재연구원, 2018, 402~433쪽)의 연구가 특히 주목되지만 지면상의 한계로 여기에서는 자세히 언급할 수 없다. 다만 적어도 호남 지역에는 4세기경 물질문화에 거대한 변화가 일어났을 것이며 심지어『삼국지』에 묘사된 수많은 일상생활의 흔적들이 거의 그대로 남아 있을 가능성만을 언급하고자 한다. 이 지역은 해상 교역의 허브로

---

8   한강 유역에 여러 민족이 섞여 거주했음은 언급할 필요도 없다. 이러한 사실은 「광개토왕비」에도 기록되어 있다.

9   신공기(神功紀)에 49개, 계체기(繼體紀)에 5개가 등장하며 한반도의 수많은 지명도 확인된다.

기능했음은 규슈(대표적으로 니시진마치(西新町) 유적)에서 발견된 수많은 유물들을 통해 증명된다. 기원이 되는 문화의 일부 요소(고깔모자, 직물 생산, 전통 요리)는 우리 시대로 전파되었다. 토기 유통에 관한 연구에 INAA(Instrumental Neutron Activation Analysis) 방식이 도입되면서 새로운 고고학적 종합 분석 모델이 제시되었다는 점도 언급할 만하다(Walsh 외, 2019). 이는 향후 지역 생산 토기 제품 이외에 '작업 연쇄(chaine-operatoire)'[10]를 재구축할 수 있는 이론적 기반을 제공했고,[11] 지역 내 생산-사용-폐기의 사회망 복원의 기반이 되었다.

하지만 『삼국지』의 문헌적 전승의 진실성을 고고학만을 통해 검증할 수 있는 것은 아니다. 많은 연구자들이 아직 명확하지 않은 마한의 문화 요소들을 해석하기 위해 덜 알려진 자료들로 시선을 돌렸다. 서동(薯童) 설화에 대한 정밀한 분석은 주목할 만한데, 이 설화가 마한 신화의 기초적인 요소들을 포함하고 있는 것으로 보이기 때문이다. 나경수(2015, 85~108쪽)에 따르면 『삼국유사』의 기록은 세 가지 비유의 혼합으로 볼 수 있다. 첫째 중앙집권을 강화하기 위해 백제 왕실 구성원에 의해 창건된 미륵사와 관련된 전설, 둘째 도굴꾼이었던 임충윤(林忠允)과 관련된 재미있고 역설적인 민간전승 혹은 일화, 셋째 과부와 용 사이에서 태어난 자식이 건국하는 이야기와 기준왕(基準王)의 남천이라는 전승이 혼합된 신화로 한국 신화 속의 지배자 중심의 문학 전통이 반영되어 있다. 나경수는 마지막 요소를 마한 건마국의 건국신화라고 지칭했고, 신영명(2007)은 홍성 장곡면(長谷面)에 위치했던 사시량현의 정치체와의 동맹 이야기가 포함된 것으로 보았다. 일연(一然)의 『삼국유사』에서는 이러한 모티프가 변형되어 신라 공주 선화(善花)를 주요 인물로 한 이

---

10 '작업 연쇄(chaine-operatoire)'란 물품 생산에 사용되는 기술의 양식이나 그 운영 순서를 결정하는 상호 우발적인 요소들이 사슬(chaine)과 같은 체계를 갖추는 것을 말한다-옮긴이.

11 이 모델은 2개의 거대한 생산 중심지를 구분하고 있으며 이러한 두 중심지 권역 내의 핵심 생산단위와 주변 생산단위에 따라 토기편을 분류하고, 여기에 '이국적인' 수입품을 더하고 있다. 이것은 기원에 따라 각 중심지에서 다른 방식으로 사용되는 다섯 종류의 토기들을 구별한다. 결국 동일한 토기가 다른 문화적 맥락에서도 동일하게 사용되었다고 보기 어렵다. 토기 이외의 생산품도 비슷한 방식으로 조사할 수 있다.

루어질 수 없는 사랑 이야기로 나타난다.

민속학적인 분석은 지금까지 역사적 논쟁에서 자주 등장하지 않았다. 역사학자들은 연대기적 혹은 백과사전식의 성격을 가진 자료에 잘 언급되지 않는 주제에 집중하는 경향이 있다. 그중 황칠, 악기, 무기 등의 세 가지 요소는 지금까지는 생략되어왔던 마한의 일상생활과 관련된 특정 요소에 대한 논의를 시작했다는 점에서 특별히 주목할 만하다. 송영대(2019)는 남부 지역의 도금 생산에 대한 흥미로운 정보가 전해지는『통전(通典)』과『당회요(唐會要)』의 백제조를 연구했다. 이 기록에 따르면 상업적 가치가 높은 황칠 등의 고급 상품의 경우 남해안에 위치한 3곳의 섬에서 생산되었다고 한다. 이 3곳의 위치에 대해서는 실학자들만이 의논한 바 있다. 완도 혹은 탐진강(耽津江) 어귀 소규모의 섬이 유력한 생산지로 여겨지고 있다.

송성섭(2019)은 마한의 음악적 전통을『악서(樂書)』를 통해 연구했고, 윤용구(2019, 93~94쪽)는『태평어람(太平御覽)』에 대한 분석을 통해『삼국지』에서 삭제된 부분을 찾아내고자 했으며 특히 마한의 병장기에 집중했다. 금석문 자료에서 새롭고 또 예상치 못한 정보가 도출될 수도 있다. 나주 복암리(福巖里) 출토 목간에는 백제가 차지했던 호남 지역의 가족 구조가 묘사되어 있을 뿐만 아니라, 그것을 통해 6단계 법률(*vestigia fugitivorum*)과 같은 실증법적인 면이 아닌 관습법적인 부분이 여전히 잘 작동하고 있었음도 파악할 수 있다. 후기 마한 문화의 요소에 대해서는 아직 비슷한 연구가 이루어진 적이 없다.

4 향후의 역사 분석을 위한 모델

최근의 마한 연구 논문들은 모두 귀납적 성격을 띠고 있다는 공통점을 지닌다. 마한에 대한 사례 연구가 기하급수적으로 증가하고 있기에 정보를 깔끔하게 정리할 필요가 있으며 학계의 마비를 막으려면 제대로 된 연구의 본보기가 마련되어야 한다. 필자는 그림1의 연구 모델이 조직화/최적화의 기능을 가질 수 있다고 생각한다.

상기한 연구 시스템은 공리화되어 있으며, (이를 이용한) 정밀한 연구에서 사용되는 모든 용어들은 메타 과학 영역에 있는 기본 개념으로 축소 가능한 단어로 정확하게 정의되고 또한 철학적 인류학(인간학) 및 사회-사이버네틱스(cybernetics)의 분야와 연결되어 있다. 특히 이는 인간의 목적에 대한 선입견을 개별적 혹은 집합적으로 처리함에 있어 그렇다. 역사 과정을 단일 요인으로 설명하는 것은 피해야 한다. 만약 어느 연구자가 물질주의, 기능주의 혹은 다른 어떤 '거대한 이론'을 선호한다면 그러한 사실을 미리 진술하고 해당 이론을 뒷받침하는 철학적 선입견을 통해 다양화해야 합니다.

예를 들어 마한 연구에서 민족(ethnie)이라는 용어는 아주 정확한 정의를 요구한다. 이 용어는 공통의 제도, 문화적 전통 그리고 공통의 문화 코드와 상징 및 편향이 존재하고 그 내부에서 결혼 상대자나 사법적 결정자를 찾을 가능성을 상상할 수 없는 (집단과의) 국제적 타협이 혼합된 것일 수 있다. 학계에 의해 최적의 용어가 수용될 때까지 위와 같은 정의에 사용된 모든 용어는 가능한 한 정확해야 하며 논문 전체에 걸쳐 사용되어야 한다.

어떠한 종류의 연구라 할지라도, 과학적이고 정밀한 연구는 '가능한 것'에 초점을 맞추어야 하며 일반적이고 보편적인 사회학적 법칙(예를 들면 머주어(Mazur)의 항상체 중심 시스템 이론)을 고려해야 한다. 보편적인 음성(phonetic) 이동 모델의 경우가 그러해야 한다. 언어적 재구성은 결국 마한 연구에서 중요한 역할을 한다. 그 법칙은 모든 일반명사와 고유명사가 일반적인 언어 법칙의 전형적인 예시가 될 수 있는 매트릭스로 구성되어야 한다.

연구 모델은 검증된 자료를 사용할 것을 권장해야 하며, 일치하지 않는 사례가 나타날 경우 반드시 이를 지적해야 한다. 연구자 주변의 주관적 요소, 이해 상충, 과학사회학과 집단 심리학 분야에서 다루는 모든 주제에 객관화를 위한 보정이 필요하다. 1차 자료는 다양한 판본을 비교하는 과정을 통해서 검증되어야 할 뿐만 아니라 가능한 실수(누락, 수정, 필사 과정에서 추가되는 주석들, 잘못 적힌 글자, 저자에 대한 언어적 분석, 연대 측정, 편찬 과정에서 진실을 훼손하는 요소, 사료에 대한 편견, 목표와 의제 등)를 상정하는 시스템을 만들어야 한다. 정보는 또한 2차 자료 및 해당 시

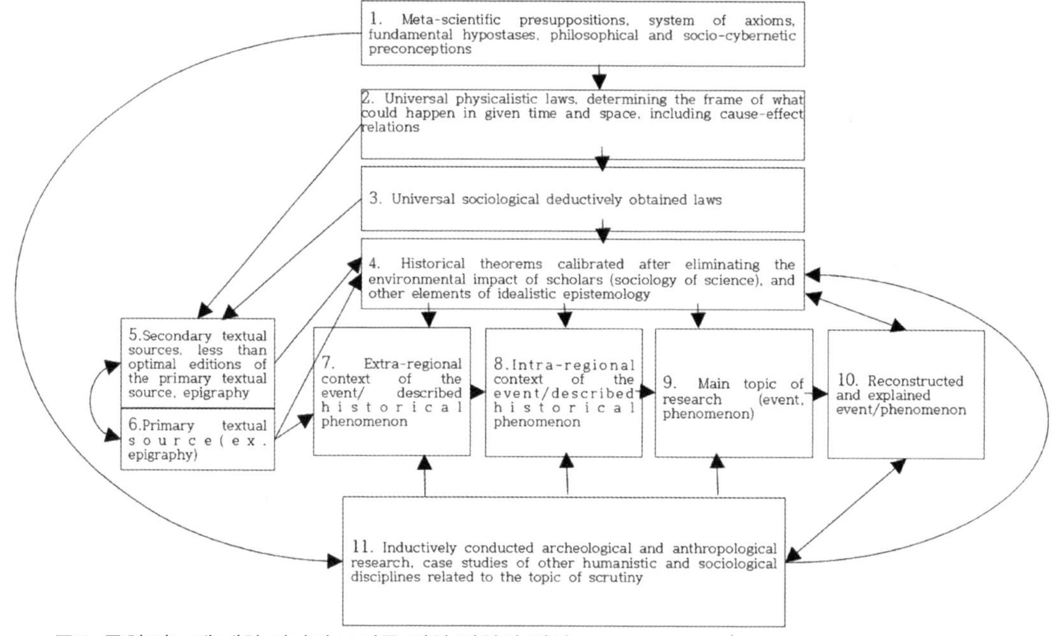

그림1   주요 문헌 자료에 대한 역사적 조사를 위한 전형적 예시

대에 대한 일반적인 인식을 통한 검증이 필요하다(패러다임의 변화는 충분한 무게를 가진 새로운 정보에 의해서만 바뀔 수 있다). 마한의 경우 『삼국지』를 『한서』와 『후한서(後漢書)』, 『한원(翰苑)』 및 당(唐)과 송(宋) 연간에 편찬된 사전류와 비교하지 않고서는 분석할 수 없다. 물론 1차 자료는 시간에 따라 바뀐다. 따라서 3세기라는 시간적 지평을 지나면 『삼국지』 역시 참조 자료에 불과하게 되며, 『진서(晉書)』, 『삼국사기』, 『삼국유사』, 『일본서기』, 『제서(齊書)』, 『양서(梁書)』, 『양직공도(梁職貢圖)』 등이 마한에 대한 역사적 연구에 있어 중추적인 역할을 하기 시작한다. 마한에 관한 1차 자료는 연구 주제에 따라 다를 수 있다.

재구성된 역사적 과정은 점차적으로 좁혀져야 한다. '대형' 사건과 그 과정은 결국 모든 인간 활동의 근본적인 맥락이다. 예를 들면 285년과 346년에 부여에 일어난 재앙적인 상황(모용선비의 침공을 의미한다-옮긴이)과 팔왕의 난[八王之亂]을 모르고서는 마한의 역사를 제대로 이해할 수 없다. 전략적인 것이 아닌 전술적인 층위의 사건으로는 한반도 해안과 인근 지역의 해상 교역에서의 변화를 들 수 있다. 이

지역 내의 교역 장치를 이해하기 위해서는 당시에 극동권의 다른 지역에서 일어났던 무역에 관한 이론을 계산에 넣는 것이 좋다. 인지의 범위를 확대할 때에는 해양을 통한 접촉 및 교류에 의존하는 랑카수카와 같은 다른 지역을 확실히 포함해야 하는데, 한국 독자들에게는 권오영(2013)에 의해 제시된 바 있다. 위의 전형적 예시에서 개별적인 발견은 광범위한 맥락에서 다루어지기보다는 오직 검증하는 역할만을 한다. 그들은 역사적 과정의 더욱 일반적인 요소를 증명한다.

5 맺음말

이 글에서는 최근 마한 연구의 동향을 간략히 제시하고자 했다. 일반적인 국가 형성 이론은 이제 더 이상 정밀한 역사 연구에 있어 실질적인 역할을 하지 않으며 새로운 연구는 오직 『삼국지』의 내용과 고고학적 발견상의 연대적 불일치를 제거하려는 시도 속에서 등장할 수 있다. 지금까지 역사 연구의 주안점은 당대 인물들의 일반적인 정치 동향과 사회학적 과정에 있었던 반면에 고고학은 지역 단위의 일상생활을 다루고 있으나 이 분야에서 '더욱 거대한 이론'을 만들어내는 것은 더 많은 시간과 노력을 요구하기에 시도가 완전히 성공적이지는 못했다. 게다가 단 한 번의 특별한 발견이나 발굴로도 갑작스러운 변화가 일어나기 쉽다.

진왕과 진국이라는 글자에 대한 연구는 수없이 진행되었다. 연구자들은 이러한 실체의 존재를 당연하게 여기지 않고 문헌상의 변형, 한 자료에서 다른 자료로의 전환(과정에서의 변화), (여러 자료의) 융합이라는 여러 측면에서 연구하기 시작했다. 그러한 연구 중 하나를 이미 이 글에서 언급했다. 마한의 엘리트 계층을 서술하는 방식이 담긴 『삼국지』의 구절에 대한 새로운 이해를 시도하기도 했다. 지금까지의 고고 자료 분석을 통해 볼 때 『삼국지』에서 제시된 바와 같이 삼한을 소국-대국의 이분법적인 정치 체계로 확신할 수 없다. 필자는 앞에서 마한 연구에 대한 몇몇 새로운 경향도 지적한 바 있다. 역사지리학의 연구와 특히 『일본서기』 및 『삼국지』 이후의 중국 문헌 자료를 면밀하게 연구하는 것이다. 지명 비교라는 주제에 대해서는 활발한 논쟁이 이루어졌다. 다른 분석은 역사언어학, 인류학에 기반을 둔 새로운 역사 재구성, 2차 자료를 통한 사료의 재검증, (특히 고대의 교역이라는 주제에 대한) 고고학과 인류학 등을 다룬다. 필자는 마한 소국 구조를 재구성하는 모델에 대한 여러 논쟁의 취약점들을 지적하고 금석문 연구를 포함한 새로운 연구 주제들을 제시했다. 마지막으로 향후 마한 연구를 촉진하기 위한 새로운 연구의 전형을 제시했다.

참고문헌

한글

강종훈, 2015,「《晉書》慕容皝載記와《資治通鑑》晉穆帝紀 所載 '百濟' 관련 기사의 사료적 가치」,『대구사학』121, 대구사학회.

권오영, 1996,『三韓의 '國'에 대한 연구』, 서울대학교 박사학위 논문.

권오영, 2013,「狼牙脩國과 海南諸國의 세계」,『百濟學報』20, 백제학회.

김성한, 2014,「辰國과 辰王 -"韓"의 성립과 관련하여-」,『인문연구』72, 嶺南大學校 人文科學研究所.

김영관, 2018,「문헌으로 본 충북지역의 마한에서 백제로의 이행 과정 시론」,『百濟學報』28, 백제학회.

국립전주박물관 편, 2009,『마한 숨쉬는 기록』.

나경수, 2015,『호남의 문화예술과 민속』, 민속원.

백제사연구회, 2007,『백제와 금강』, 서경문화사.

박찬규, 2010,「문헌을 통해서 본 馬韓의 始末」,『백제학보』3, 백제학회.

박찬규, 2013,「문헌자료로 본 전남지역 馬韓小國의 위치」,『百濟學報』9, 백제학회.

문창로, 2014,「星湖 李瀷(1681~1763)의 삼한 인식」,『한국고대사연구』, 74, 한국고대사학회.

徐毅植, 2010,「辰國의 變轉과 '辰王'의 史的 推移」,『역사교육』114, 역사교육연구회.

서현주, 2019,「백제와 마한」,『제43회 한국고고학전국대회 발표문』, 한국고고학회.

양기석 外, 2013,『전남지역 마한소국과 백제』, 학연문화사.

성정용 외, 2012,『백제와 영산강』, 학연문화사.

송성섭, 2019,「陳暘의《樂書》에 수록되어 있는 馬韓, 夫餘, 新羅, 百濟, 高麗의 춤 및 樂에 관한 연구」,『한국동양정치사상사연구』18(2), 한국동양정치사상사학회.

송영대, 2019,「《通典》百濟節의 서술과 인식」,『사학연구』133, 한국사학회.

신영명, 2007,「〈서동요〉의 역사적 성격」,『우리문학연구』, 우리문학회.

申鉉雄, 2007,「《晉書》辰韓傳 記事의 性格」,『신라문화』30, 동국대학교 신라문화연구소.

윤용구·권오영, 1998,「《삼국지》韓傳 대외관계기사에 대한 一檢討」,『백제연구총서』6, 충남대학교 백제연구소.

윤용구, 2004,「구태의 백제건국기사에 대한 재검토」,『백제연구』39, 충남대학교 백제연구소.

윤용구, 2011, 「翰苑蕃夷部의 注文構成에 대하여」, 『百濟文化』 45, 공주대학교 백제문화연구소.

윤용구, 2012, 「현존 梁職貢圖百濟國記 三例」, 『百濟文化』 46, 공주대학교 백제문화연구소.

윤용구, 2019, 「《삼국지》와 《후한서》 韓傳의 '辰王' 이해-出土文獻와 傳存文獻의 字句 변화를 중심으로」, 『역사와 담론』 92, 호서사학회.

윤용구, 2019a, 「馬韓諸國의 位置再論 - 漢簡으로 본 朝貢使行과 관련하여」, 『지역과 역사』 45, 부경역사연구소.

윤용구, 2019b, 「백제 건국 전후의 마한사회 - 3세기 마한 기초적 이해」, 『영산강유역 마한문화 재조명』, 학연문화사.

이도학, 2013, 「榮山江流域 馬韓諸國의 推移와 百濟」, 『백제문화』 49, 공주대학교 백제문화연구소.

이부오, 2012, 「中國 史書의 서술 맥락을 통해 본 《三國志》 韓條의 辰韓과 辰王」, 『신라사학보』 26, 신라사학회.

한성백제박물관, 2013, 『백제, 마한과 하나 되다』.

이현혜, 1991, 『三韓社會形成過程研究』, 一潮閣.

임동민, 2018, 「교섭기사의 주체와 경로」, 『한국고대사연구』 89, 한국고대사학회.

임영진, 2013, 「고고학에서 본 전남지역 마한과 백제」, 『백제, 마한과 하나 되다』, 한성백제박물관.

전진국, 2017a, 「《晉書》에 보이는 馬韓의 대외 교류와 百濟의 성장」, 『百濟學報』 20, 백제학회.

전진국, 2017b, 「辰國·辰王 기록과 '辰'의 명칭」, 『한국고대사탐구』 27, 한국고대사탐구학회

全海宗, 1980, 『〈東夷傳〉의 문헌적 연구』, 일조각.

정동준, 2019a, 「문헌사료로 본 백제의 마한 통합과정」, 『百濟學報』 29, 백제학회.

정동준, 2019b, 「백제 건국 전후의 마한사회 - 3세기 마한 기초적 이해」, 『영산강유역 마한문화 재조명』, 학연문화사.

정동준, 2019c, 「현존 梁職貢圖百濟國記 三例」, 『百濟文化』 46, 공주대학교 백제문화연구소.

정재윤, 2013, 「문헌자료로 본 比利辟中布彌支半古四邑」, 『전남지역 마한소국과 백제』, 학연문화사.

중앙문화재연구원 편, 2018, 『마한고고학개론』, 진인진.

최몽룡·김경택, 2005, 『한성시대 백제와 마한』, 백제문화개발연구원, 주류성

외국어

Blackmore H., 2019, "A Critical Examination of Models Regarding a Han 韓- Ye 濊 Ethnic Division in Proto-Historic Central Korea, and Further Implications," *Asian Perspectives* vol. 58, No. 1, Honolulu, Hawaii: University of Hawaii Press.

Davey J., 2014, "Mortuary Ritual and Social Development in Iron Age Korea," doctoral dissertation, University of California.

Davey J., 2019, "Culture Contact and Cultural Boundaries in Iron Age Southern Korea," *Asian Perspectives* vol. 58, No. 1, Honolulu, Hawaii: University of Hawaii Press.

Ju Bo Don, 2009, "Historical Documents Related to the Samhan," in. (ed.) M. Byington, *Early Korea* vol. 2, Cambridge, MA: Korea Institute, Harvard University.

Kim Chang-seok, 2014, "Ancient Korean Mokkan (Wooden Slips): With a Special Focus on their Features and Uses," *Acta Koreana* 17(1) June, Taegu, Korea: Academia Koreana, Keimyung University.

Kim Jung-bae, 1974, "Characteristics of Mahan in Ancient Korean Society," *Chŏngsin munhwa yŏn'gu* 14 (6), Seoul, Korea: The Academy of Korean Studies.

Lee Dennis, 2019, "Paekche King Kŭnch'ogo's Twisted Journey to the South: A Textual and Archaeological Perspective," *Asian Perspectives* vol. 58, no. 1, Honolulu, Hawaii: University of Hawaii Press.

Lee Jaehyun, 2009, "Interregional Relations and Development," in (ed.) M. Byington, *Early Korea* vol. 2, Cambridge, MA: Korea Institute, Harvard University.

Rurarz J., 2001, "Próba nowej interpretacji dziejów i tradycyjnej chronologii tzw. 'okresu trzech królestw' na Półwyspie Koreańskim (na podstawie źródeł koreańskich)", doctoral dissertation, Warsaw: Sekcja Koreanistyki, Zakład Japonistyki i Koreanistyki, IO UW.

Walsh R., Lee Gyoung-Ah, Lee Young-Cheol, 2019, "Ceramics and Society in Mahan and Paekche: A Comparison of Pottery Geochemistry and Craft Production Patterns at the Sites of P'ungnap T'osŏng and Kwangju Palsan," *Asian Perspectives* vol. 58, no. 1, Honolulu, Hawaii: University of Hawaii Press.

Yi Hyunhae, 2009, "Formation and Development of the Samhan," in (ed.) M. Byington, *Early Korea* vol. 2, Cambridge, MA: Korea Institute, Harvard University.

4장

고구려 왕계의 정비와 미천왕

이노우에 나오키(井上直樹, 일본 교토부립대학 역사학과 교수)

1 머리말

고구려의 왕계가 기본적인 틀로서 고구려사를 해명하는 데 중요한 의미를 가진다는 것은 새삼스럽게 말할 필요도 없을 것이다. 그런 까닭에 고구려사의 기초 사료인 『삼국사기』 고구려본기(이하 「고구려본기」)가 전하는 고구려 왕계에 대해 지금까지 적지 않은 연구가 있었다. 그러나 동일한 『삼국사기』에 수록된 신라나 백제의 왕계와 달리, 고구려 왕계에 대해서는 특별히 더 많은 연구자들의 이목을 집중시켰다. 그것은 「고구려본기」가 전하는 왕계와 「광개토왕비(廣開土王碑)」에 새겨진 그것이 반드시 일치하지 않기 때문이기도 하다.

주지하는 바와 같이 「고구려본기」에서는 광개토왕을 19대 왕이라고 기록한 데 비해, 광개토왕비(5세기 초)에서는 '17세손(世孫)'으로 기록하고 있다. 이 때문에 이것을 어떻게 정합적으로 이해할 것인지가 고구려사 연구의 중요한 과제가 되었고, 19세기 말 일본에 「광개토왕비」 묵수곽전본(墨水廓塡本)이 전해진 이후 일본에서는 물론 한국이나 북한, 중국에서도 이 문제가 검토되어왔다. 그 결과 「광개토왕비」의 '17세손'은 시조 추모왕(鄒牟王)이 아니라 「광개토왕비」에 보이는 3대 왕인 대주류왕(大朱留王: 대무신왕)부터 세기 시작하여 광개토왕을 '제17대 왕'으로 이해하고, 그렇다면 「고구려본기」 왕계와도 합치하게 되므로, 「고구려본기」의 왕계는 「광개토왕비」 건립 당시인 5세기 초에 이미 완비되었다고 하는 견해가 오래전부터 제시되어왔다(那珂通世, 1893; 三宅米吉, 1898; 今西龍, 1915; 노태돈, 1999; 여호규, 2014 등).[1]

한편 원래 「광개토왕비」를 건립할 때의 고구려 왕계는 「고구려본기」의 그것과 달랐으며, 그 후 개편을 거쳐 「고구려본기」의 왕계가 성립되었다는 결코 무시할 수 없는 견해(池内宏, 1951; 武田幸男, 1989a)도 제출되었다. 이처럼 「고구려본기」의 왕계에 대해서는 「광개토왕비」에 보이는 왕계와의 정합적인 해석을 비롯하여 견해의 차이가 적지 않아 정론에 도달했다고 말하기 어려운 상황이다.[2] 이러한 연구 상황을 고려하여 필자도 고구려 왕계의 여러 단계에 대해 검토한 바 있지만(井上直樹, 2015), 미천왕(美川王)의 아버지인 돌고(咄固)를 서천왕의 동생으로 해석한 명백한 실수가 있었고, 기존의 견해를 수정할 부분도 적지 않았다.

그래서 고구려사 연구에 있어서의 이 문제의 중요성을 고려하여 고구려사 해명을 위한 기초적인 작업의 하나로, 기존의 연구를 비판적으로 검증하면서 다시 고구려 왕계의 형성 과정을 검토하여, 필자 나름의 시론을 제시하고 고구려의 사적 전개 과정을 해명할 단서로 삼고자 한다.

1　「광개토왕비」나 「고구려본기」 왕계에 대한 연구 성과는 본문에서 언급한 것처럼 상당히 많아서 모두 언급하지 않았다. 기존의 연구 성과에 대해서는 武田幸男, 1989와 여호규, 2014에 게재된 문헌을 참조하기 바란다.

2　북한의 손영종은 「고구려본기」 왕계가 김부식에 의해 왜곡되었다고 하면서, 「고구려본기」에 보이는 고구려왕은 실재의 고구려왕보다 5세대 감소되어 있어 그만큼을 추가해야 한다고 주장했다(손영종, 1985; 손영종, 1990).

2 5세기 초 고구려 왕계의 재검토

「고구려본기」와 「광개토왕비」에 기록된 고구려 왕계의 차이가 고구려 왕계를 이해하는 관건이 된다는 점에서 먼저 5세기 초 고구려 왕계부터 검토하기로 한다. 이와 관련하여 먼저 검증해야 하는 것은, 「광개토왕비」의 고구려 왕계 중 제3대 대주류왕을 기점으로 하면, 광개토왕이 '제17대 왕'이 되어 「고구려본기」의 왕계와 합치한다는 이해다.

이미 언급한 것처럼 이러한 주장은 일찍부터 있었고, 최근에도 적극적으로 제시되고 있다(여호규, 2014). 그중 여호규는 「광개토왕비」에 보이는 "답지십칠세손(遝至十七世孫)"이라는 부분에 주목했다. 그는 "답지(遝至: 그 뒤 ~에 이르러)"라는 표현이 「광개토왕비」와 거의 동시기인 5세기 전반에 작성된 「모두루묘지(牟頭婁墓誌)」에도 보이며, '답지'의 기준 시점이 모두루 바로 앞에 나오는 2명의 활동이 종료된 시기에 해당한다는 점을 비교 사례로 제시하고, 이를 참고하면 「광개토왕비」의 "답지 십칠세손"의 기준 시점 역시 바로 앞 문장의 대주류왕을 기준으로 '그 뒤[대주류왕 이후] 17세손에 이르러'처럼 해석할 수 있다고 했다(여호규, 2014, 234쪽). 나아가 이와 같이 이해할 수 있다면 「광개토왕비」와 「고구려본기」 왕계가 일치하기 때문에 「고구려본기」의 왕계는 5세기 초에 이미 성립되었을 가능성이 높다고 주장했다.

'답지'는 여호규가 말한 것처럼 그 직전의 사건이나 왕을 기점으로 한 표현이라는 해석도 가능하지만, 「광개토왕비」나 「모두루묘지」는 모두 시조(始祖) 추모왕(鄒牟王: 「모두루묘지」에서는 '추모성왕')부터 설명하기 시작했고, 추모왕부터 광개토왕에 "이르렀다"고도 해석할 수 있기 때문에 반드시 대주류왕을 기점으로 해야 한다고 생각할 수는 없을 것이다. 시조 추모왕(추모성왕)부터 고구려 왕계가 설명되어 있는데도 불구하고, 왜 제3대 대주류왕을 기점으로 해야 하는지에 대한 부자연스러움도 여전히 해소되지 않은 것 같다. 여호규의 주장을 감안한다고 해도, 굳이 시조 추모왕(추모성왕)을 기점으로 하는 사고방식을 배제해야 할 적극적인 이유 는 아직 충분하지 않은 것이다.

그렇다고 하면 그것을 전제로 한 「고구려본기」 왕계가 5세기 초에 이미 존재했다는 해석 역시 재고의 여지가 있다고 하겠다. 5세기 초 고구려의 왕계를 추구하는 데 더 중요한 것은 435년 고구려를 방문한 이오(李敖)의 정보를 바탕으로 저술했다고 이해되는(武田幸男, 1989a; 여호규, 2014 등), 『위서(魏書)』 고구려전의 고구려 왕계에 관한 새로운 정보다(〈사료 1〉).

〈사료 1〉

고구려는 부여(夫餘)에서 갈라져 나왔는데, 스스로 말하기를 선조는 주몽(朱蒙)이라 한다. (…) 주몽이 도망한 뒤에 아들을 낳으니 자(字)를 일러 여해(閭諧)라 하였다. (…) 성장하여 (…) 이름을 여달(閭達)이라 하고 나라 일을 그에게 맡겼다. 주몽이 죽자 여달이 왕이 되었다. 여달이 죽자 아들 여율(如栗)이 왕이 되었고, 여율이 죽자 막래(莫來)가 왕이 되었다. (…) 막래의 자손이 대대로 왕위를 이어 후손 궁(宮)에 이르렀다. (…) 궁의 증손 위궁(位宮)이 역시 태어나면서부터 눈을 뜨고 보니, 사람들은 그가 증조부 궁을 닮았다고 하여 이름을 위궁이라 지었다. 고구려에서는 서로 닮은 것을 '위(位)'라 한다. 위궁도 용감하고 힘이 세며 말과 활에 익숙하였다. 위나라 정시(正始) 연간에 요동의 서안평을 침략하였다가 유주자사 관구검(毌丘儉)에게 격파당하였다. 그의 현손은 을불리(乙弗利)요 아들은 쇠(釗)였다. (…) 쇠는 뒤에 백제군에게 살해당하였다. 세조(世祖) 때에 쇠의 증손 연(璉)이 처음으로 사신 안동(安東)을 파견하여 표를 올리고 방물을 바쳤다.(『위서』 고구려전)

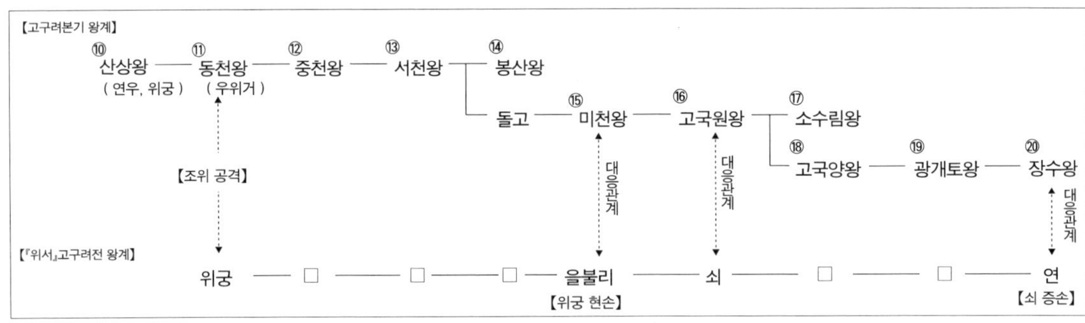

그림 1   『위서』고구려전 소재 고구려왕계 · 고구려본기 왕통 대응관계

〈사료 1〉『위서』고구려전과「고구려본기」의 고구려 왕계를 대비한 그림1을 참고하면서 5세기 초의 고구려 왕계를 살펴보기로 하자. 먼저 장수왕에 관한 것으로, 〈사료 1〉에서 연(璉: 장수왕)은 쇠(釗: 고국원왕)의 증손으로 되어 있다.「고구려본기」의 왕계를 단순히 부자 관계로 이해하면, '고국원왕-소수림왕-고국양왕-광개토왕-장수왕'의 계보에서 고국원왕의 증손은 광개토왕이지 장수왕이 아니다.「고구려본기」에서는 소수림왕과 고국양왕이 형제였다고 되어 있으므로, 그것을 감안하면「고구려본기」와『위서』고구려전의 왕계는 일치한다.『위서』고구려전은 고국원왕부터 장수왕까지의 고구려왕을 기계적으로 부자 관계로 이해했던 것이 아니라 소수림왕과 고국양왕이 형제였다는 고구려 국내의 정보를 정확하게 전하고 있는 것이다.

한편 쇠(고국원왕)는 을불리(미천왕)의 아들이며, 이는「고구려본기」의 왕계와도 부합한다. 즉 미천왕부터 장수왕까지의「고구려본기」고구려 왕계는『위서』고구려전과 일치하며,『위서』고구려전은 해당 시기의 고구려 왕계를 '올바르게' 반영하고 있다. 이것은『위서』고구려전의 사료적 정확성을 보여주는 것이어서 주목된다.

다음으로 검토해야 할 것은 을불리(미천왕)가 위궁(位宮)의 현손(玄孫: 고손자)이었다는 것이다. 이와 관련된 부분을「고구려본기」에서 찾아보면, '동천왕-중천왕-서천왕-봉상왕·돌고(咄固)-미천왕'으로 되어 있어 동천왕의 현손이 된다. 이 경우 문제가 되는 것은「고구려본기」에서는 동천왕의 휘(諱)는 우위거(憂位居)이며, 위궁은 산상왕의 휘였다는 점이다. 이 경우 미천왕(을불리)은 산상왕(위궁)의 현손이 되지 않는다. 위궁은『삼국지』나『위서』고구려전에서도 알 수 있는 것처럼, 조위(曹魏)의 장군 관구검(毌丘儉)의 공격을 받은 고구려왕으로,「고구려본기」에서는 이 사건을 동천왕기(東川王紀)에 기록하고 있어 동천왕에 해당한다고 하겠다.「고구려본기」는 조위의 고구려 원정을 동천왕대로 동정하면서, 위궁을 그 전왕(前王)인 산상왕의 휘라고 서술하고 있는 것이다.

그러나 이것은 명백한 실수이며, 위궁=동천왕이라고 보아야 한다. 그렇지 않으면「고구려본기」동천왕기에 보이는 조위 고구려 원정의 정합성이 상실되어 버릴 것이다. 더욱이 그렇게 이해해야만 비로소 〈사료 1〉에 전하는 위궁(동천왕)의 증손이 을불리(미천왕)가 된다. 앞서 『위서』 고구려전의 왕계가 「고구려본기」 미천왕부터 장수왕까지의 왕계와 부합하는 점을 지적했지만, 동천왕(위궁)부터 미천왕(을불리)까지의 왕계도 마찬가지로 스다 소키치(津田左右吉)가 일찍이 지적한 것처럼 『위서』 고구려전의 위궁(동천왕)부터 연(장수왕)까지의 왕계는 「고구려본기」 왕계의 원전(原典)이라 할 수 있는 고구려 독자적인 사료와도 일치하고 있었다(津田左右吉, 1964).

그렇다면 동천왕(위궁) 이전의 왕계는 어떻게 이해할 수 있을까. 이미 지적한 것처럼 「고구려본기」는 위궁을 동천왕이 아닌 산상왕의 휘라고 기록하고 있다. 그 때문에 이 문제는 산상왕기(山上王紀)까지 미치게 되었다. 산상왕기는 아래 〈사료 2〉에 보이는 것처럼 위궁을 산상왕의 휘라고 하면서 『위서』 고구려전을 인용하여 궁의 증손으로 설명하고 있기 때문이다.

〈사료 2〉

『위서』에 "주몽의 후손 궁(宮)이 태어나면서 눈을 뜨고 볼 수 있었는데 그 사람이 태조(太祖)가 되었다. 지금 왕은 태조의 증손(曾孫)으로 역시 태어나면서 사람을 보는 것이 증조 궁과 비슷하였다. 고구려에서 '서로 비슷한 것'을 불러 '위(位)'라고 하므로 이름을 위궁(位宮)이라고 하였다"고 하였다.(『삼국사기』 고구려본기 산상왕 즉위조)

그러나 이미 언급한 것처럼 조위 원정 당시 고구려왕을 동천왕(위궁)으로 인정하는 한, 산상왕 즉위년 기록에 문제가 있음은 분명한다. 더구나 「고구려본기」 왕계에서는 산상왕(위궁)이 궁(태조대왕)의 증손이 되지 않고, 〈사료 2〉서 인용한 『위서』와 뚜렷하게 상이하여 〈사료 2〉는 모순된 기술이 되어버린다. 그러므로 이러한 점에서 위궁을 산상왕의 휘로 기록한 현행 「고구려본기」 왕계가 5세기 초에 이미 정비되었다는 견해는 문제가 있다.

마찬가지의 문제는 〈사료 3〉의 고국천왕기(故國川王紀)에도 보인다.

〈사료 3〉

신대왕 백고(伯固)의 둘째 아들이다. 백고가 죽자 나라 사람들은 맏아들 발기(拔奇)가 못나고 어리석어 함께 이이모(伊夷謨)를 세워 왕으로 삼았다. 한나라 헌제 건안(建安) 초에 발기가 형으로서 왕이 되지 못한 것을 원망하여 소노가(消奴加)와 함께 각기 하호(下戶) 3만여 명을 거느리고 공손강(公孫康)에게 나아가 투항하고 돌아와 비류수 위에 머물렀다.(『삼국사기』 고구려본기 고국천왕 즉위조)

고국천왕기에는 〈사료 3〉처럼 이이모를 고국천왕의 휘로 삼아, 『삼국지』 고구려전에 보이는 발기·이이모 왕위 계승 다툼을 전재하고 있다. 그러나 왕위 계승 다툼이나 집안(集安) 천도는 중국 사서와의 대응을 고려하면 산상왕대의 일로 보아야 하며, 그것을 확실히 산상왕기가 전하고 있는 이상, 고국천왕기에 〈사료 3〉을 삽입하여 고국천왕의 휘를 이이모로 본 것은 명백한 잘못이다.

이처럼 「고구려본기」와 『삼국지』 고구려전은 같은 내용을 전하며 서로 대응하고 있지만, 거기에 보이는 이이모·위궁은 그러한 사건과 분리되어 대응하고 있지 않다. 게다가 이 중국 사료와 「고구려본기」의 불일치는 이이모·위궁 2대 연속해서 인정되고 있다. 2대에 이르는 이 중국 사료와의 불일치는 「고구려본기」 왕계가 어떤 개편을 거쳤음을 추측하게 한다. 처음부터 명백한 실수를 했다고 생각하기는 어렵고, 어떤 조작이 이루어졌다고 상정하는 것이 적절할 것이다.

만일 5세기 초 단계에 이미 「고구려본기」와 같은 왕계가 성립되어 있었다면 왜 이이모·위궁 2대에 걸쳐 휘와 사건이 일치하지 않는지를 설명할 필요가 있다. 그러나 「고구려본기」의 왕계가 5세기 초 단계에 이미 존재했다고 보는 연구자들 중에 이 문제를 설득력 있게 설명한 사람은 과문인지 모르나 아직 없다.[3] 이 의문

3　임기환은 『삼국지』 고구려전에 의거하여 고국천왕기·산상왕기에 보이는 왕위 계승 다툼이 같은 사건으로, 이이모 = 산상왕, 위궁 = 동천왕이라고 보아야 하지만, 이이모를 고국천왕으로 위궁을 산상왕의 휘로 삼았던 것은 『후한서』에 보이는 '궁(宮)-수성(遂成)-백고(伯固)-이이모(伊夷模)-위궁(位宮)'이라는 왕계가 5세기 후반에 백고를 기준으로 기계적으로 삽입해버렸던 것에 기인한다고 주장했다(임기환, 2002). 그렇다면 그 이전의 왕계는 '궁-백고-이이모-위궁'이 되어, 이이모 = 산상왕, 위궁

에 대한 정합적인 설명이 충족되지 않으면 5세기 초에 이미 「고구려본기」 왕계가 완비되었다는 주장은 설득력이 떨어질 수밖에 없을 것이다.

그렇다면 위궁(동천왕) 이전의 왕계를 어떻게 이해하는 것이 좋을까. 그 단서는 역시 5세기 초 고구려 국내의 왕계를 정확하게 전하고 있는 『위서』 고구려전(〈사료 1〉)이다. 여기에서는 "궁의 증손 위궁"으로 나온다. 이에 따르면 위궁 이전의 왕계는 '궁-□-□-위궁(동천왕)'이 될 것이다. 이 왕계를 어떻게 이해할 것인지가 문제지만, 이것을 고찰할 때 주목되는 것이 다케다 유키오(武田幸男)의 견해다.

그는 5세기 초 고구려 왕계가 집안으로 천도한 산상왕을 기준으로 하고, 한편으로 『삼국지』 고구려전에 보이는 왕계인 궁-백고-이이모-위궁에 의거하여 정비되었다고 하면서, 이이모=산상왕, 위궁=동천왕으로 하여, 궁-백고에 해당하는 왕으로서 대조대왕의 별시(別諡)인 국조왕과 고국천왕이 더해졌다고 주장했다(武田幸男, 1989a).

5세기 초 고구려 왕계를 전하는 『위서』 고구려전의 위궁 관계 기사는 『삼국지』 고구려전의 그것과 거의 동일한 자구로 서술되었다. 그 때문에 『위서』 고구려전은 『삼국지』 고구려전을 전재했을 가능성이 높고, 『위서』와 『삼국지』의 위궁 관계 기사가 거의 같은 것은 5세기 초 고구려 왕계가 『삼국지』에 전하는 것과 거의 같았기 때문일 것이다. 아마도 북위의 사절은 고구려에서 그러한 정보를 얻었고, 궁-위궁의 관계가 『삼국지』 고구려전과 동일하기 때문에 『삼국지』 위궁 관계 기사를 거의 그대로 전재했을 것이다. 5세기 초 궁부터 위궁까지의 고구려 왕계는 『삼

= 동천왕이 되기 때문에 대조대왕(국조왕)-신대왕-산상왕-동천왕이 되어 차대왕과 고국천왕의 시호나 휘가 존재하지 않게 되어, 4세기 후반에는 현존하는 「고구려본기」 왕계의 왕들이 모두 존재하고 있었다고 하는 자신의 주장과도 모순된다. 그는 차대왕만 휘가 존재하지 않았다고 했지만, 다른 고구려왕들에게 휘가 존재했음에도 불구하고 차대왕만 휘가 없었다고 해석하는 것은 문제가 있다. 게다가고국천왕의 휘도 존재하지 않는 것이 되어 그것도 문제이다. 이이모·위궁의 비정을 고치는 것만으로는 휘를 결여한 고구려왕이 2명이나 생기기 때문에 이 문제는 해결되지 않고, 그러므로 임기환의 견해를 수정하기 어렵다.

국지』고구려전과 일치하고 있었을 것이다.[4]

이런 점에서 볼 때『삼국지』고구려전을 근거로 5세기 초 고구려 왕계를 설명한 다케다 유키오(武田幸男)의 견해는 일단 수긍할 수 있고, 해당 시기의 왕계는 국조왕(궁)-고국원왕(백고)-산상왕(이이모)-동천왕(위궁)이었다고 생각할 수 있다.[5]

이렇게 되면 차대왕·신대왕이 사라지게 되지만 이것은 고구려왕의 장지에서도 확인할 수 있다. 다케다 유키오나 고관민 등이 이미 지적한 바 있지만(武田幸男, 1989a; 高寬敏, 1996), 고구려왕의 시호에 장지를 관칭하게 되는 것은 대조대왕·차대왕만 장지명이 빠져 있다. 그중 신대왕의 장지인 고국곡은 원래 국조왕의 장지로 이해되고 있으며, 그렇게 되면 장지명이 빠진 것은 차대왕과 신대왕뿐이다. 이것은 이들 두 왕이 5세기 초 단계에는 고구려왕으로 존재하지 않았음을 의미한다(高寬敏, 1996). 이러한 점에서도 5세기 초 궁부터 위궁에 이르는 고구려 왕계는 위에서 언급한 것처럼 국조왕(궁)-고국원왕(백고)-산상왕(이이모)-동천왕(위궁)이었다고 보아도 문제는 없을 것이다(표1 참조).[6]

4　『후한서』고구려전에는 이와 달리 궁 다음 왕으로 수성이 등장한다. 이를 참고한다면 5세기 초 고구려 왕계가 '정확'했다고 말하기 어려울지도 모른다. 그래서 수성을 포함한「고구려본기」왕계가 '올바른' 왕계였다고 볼 수 있을지도 모른다. 다만 문제가 되는 것은 해당 시기의 고구려인들이 수성을 배제한 형태로 왕계를 정비했다고 생각할 수 있냐는 것이다. 후술하는 것처럼『삼국지』고구려전과 대응관계를 보는 한 여기에 수성이 들어갈 여지는 없다. 만일 수성이 들어가게 되면, 그것은『삼국지』·『위서』고구려전의 왕계와 달라지고, 그것과는 다른 왕계가 전해졌을 것이다. 하지만 그렇지 않은 것은 역시 해당 시기의 왕계가『삼국지』고구려전에 전하는 궁-백고-이이모-위궁이라는 왕계와 동일했기 때문일 것이다.

5　다케다 유키오와 고관민에 따르면 국조왕의 장지(葬地)는 '고국곡(故國谷)'으로, 고국천왕의 장지는 '고국천원(故國川原)'으로 생각된다고 했다(武田幸男, 1989a; 高寬敏, 1996). 이 두 왕의 장지는 모두 '국(國)'이 포함되어 있는데 이는 그 전후 고구려왕들의 장지명과 크게 다르고, 4세기 이후의 역대 고구려왕과 같다. 이런 점에서 볼 때 두 왕은 4세기 이후 정비되었을 가능성이 높다고 생각된다.

6　고관민은 고국천왕의 휘가「고구려본기」처럼 남무(男武)였지만『삼국지』고구려전은 남무를 몰랐기 때문에 궁의 뒤를 잇는 왕이었던 남무를 백고(伯固)로 인식하여, 백고·남무 치세를 백고 한 사람의 치세로 서술한 것으로 해석했다(高寬敏, 1996). 고관민은 이케우치 히로시(池内宏, 1951)나 다케다 유키오(武田幸男, 1989) 등이 덧붙여진 왕이라고 한 고국천왕을 실존한 왕으로 간주하고, 궁부

표1 5세기 초 고구려 왕계(궁부터 위궁까지)

『삼국지』왕계	궁	백고	이이모	위궁
초기 왕계 휘(諱)	궁	백고	이이모	위궁
중국 사서 관련 기사			발기·이이모 왕위 계승	조위 고구려 원정
시호	국조왕	고국천왕	산상왕	동천왕
(고구려식 휘)	어수(於漱)	남무(男武)	연우(延優)	우위거(憂位居)
고구려 국내 기사			발기·연우 왕위 계승	조위 고구려 원정

이 경우 「고구려본기」에 보이는 차대왕(수성)이나 신대왕(백고)이 들어갈 여지가 없지만, 수성은 『후한서』(432년경 편찬) 단계에 비로소 고구려전에 등장하는 고구려왕이고, 5세기 초 단계에는 중국 사료에서 보이지 않으며, 그것에 대응한 왕도 존재하지 않았을 가능성이 있다. 『후한서』보다 더 늦은 시기에 편찬된 『위서』 열전(554년 편찬)은 『후한서』를 참조해 궁-수성-백고라는 왕계를 삽입하는 것도 가능하

터 위궁까지의 왕계를 국조왕(궁)-고국천왕(남무=백고)-산상왕(이이모)-동천왕(위궁)이라고 했다(高寬敏, 1996). 이렇게 되면 『삼국지』·『위서』 고구려전처럼 위궁이 궁의 증손이 되고, 또 이이모대의 집안 천도, 위궁대의 조위 고구려 공격이 「고구려본기」와 중국 사서에서 대응하기에 문제가 없는 것처럼 보인다. 하지만 그러한 해석이 모든 것을 해소해주는 것은 아니다. 의문은 첫째, 중국 사료에 보이는 남무가 실은 고구려왕이었다는 것을 사료적으로 증명할 수 없다는 점이다. 고관민은 미시나 쇼에이(三品彰英, 1953)의 논고를 근거로 국내 사료를 중시했는데(高寬敏, 1996), 그것의 존재 자체가 의문시되고 있기 때문에 그 실존을 증명하기 위해서는 사료의 비판적인 검증이 필수적이다. 그것이 결여되었다면 실존했다는 주장은 설득력이 떨어질 수밖에 없다. 두 번째 의문은 중국 사료에 남무에 대한 언급이 없는 부자연스러움이다. 만일 『삼국지』에 보이지 않은 남무가 고구려왕이었다면, 고구려 왕계에 관심을 기울이면서 새로운 정보를 서술한 『위서』 고구려전의 편자들이, 새롭게 알려진 남무에 대해 전혀 언급하지 않은 것은 의문이 든다. 고구려를 방문한 북위 사절은 5세기 초 고구려의 왕계가 『삼국지』 고구려전의 그것과 합치하기 때문에, 궁-위궁의 관계를 기술할 때 『삼국지』 고구려전을 전재했을 것이 다. 그렇다고 하면 새롭게 남무가 고구려왕으로서 알려졌다고는 생각하기 어렵다. 나아가 만일 남무를 휘로 한 고구려왕이 존재했다면, 5세기 후반에 추가된 수성처럼 그 휘에 대응시키는 조치가 있었다고 상정되지만 남무의 경우에는 그것이 없고, 「고구려본기」의 왕계에서는 이이모와 함께 고국천왕의 휘로 여겨지고 있다. 만일 남무가 이이모와 다른 고구려왕이었다면 그러한 조치는 발생하지 않았을 것이다. 따라서 이러이러한 것은 발생하지 않았을 것이다. 〈??〉 따라서 이러한 것에서 차대왕·신대왕의 존재를 부정하는 것에 대해서는 동의할 수 있지만, 남무를 실존한 고구려왕으로 이해한 고관민의 견해를 전면적으로 수긍하는 것은 곤란하다.

지만 그런 흔적은 보이지 않는다. 이는 위수(魏收)가 『후한서』를 참조하지 않았을 가능성도 있지만, 이오(李敖)가 전한 궁-백고-이이모-위궁이라는 왕계가 수성을 포함하는 『후한서』 고구려전과 달랐기 때문이 아닐까. 애초에 위궁이 궁의 증손인 이상 수성이 들어갈 여지는 없으며 해당 시기 고구려왕이었다고 인정하기도 어렵다. 신대왕(백고)에 대해서도 자세한 것은 후술하겠지만, 그 이후 삽입된 왕이기 때문에 5세기 초 단계에서는 존재했다고 생각하기 어렵다.

이상에서 『위서』 고구려전에 기록된 고구려 왕계에 대해, 위궁부터 연까지는 「고구려본기」 왕계와 거의 일치하지만, 궁부터 위궁까지는 일치하지 않고 양자가 전하는 왕계에 차이가 있었다. 이것은 「고구려본기」 왕계를 이해하는 데 중요하다. 『위서』 고구려전 왕계는 고구려인들이 스스로 정리한 왕계에 의거한 것으로 생각되기 때문에 「고구려본기」 왕계가 『위서』 고구려전의 왕계와 다른 것은 5세기 초 이후, 고구려인 혹은 후세의 사관들에 의해, 기존의 고구려 왕계가 고쳐졌음을 시사한다고 할 수 있다. 만일 『위서』 고구려전의 왕계에 문제가 있다면, 왜 문제가 있는 『위서』 고구려전 왕계와 「고구려본기」 왕계가 거의 일치할까라는 새로운 문제가 생겨난다. 이러한 점에서 본래 『위서』 고구려전과 「고구려본기」 원전이 되는 왕계는 5세기 초 단계에는 거의 일치하지만, 그 후 고구려 국내의 왕계가 수정되면서 차이가 생기게 되었다고 이해해도 큰 잘못은 없을 것이다. 그 과정에서 이미 서술한 것처럼 본래 산상왕의 휘인 이이모가 고국천왕의 휘로, 동천왕의 휘인 위궁이 산상왕의 휘로 되고, 차대왕·신대왕도 추가되었을 것이다. 이 문제는 고구려 왕계, 나아가서는 「고구려본기」의 편찬 과정을 해명하는 데 매우 중요하다. 다음에서는 이 문제를 검토하기로 하자.

3 고국천왕기, 산상왕기, 동천왕기의 개찬과 『후한서』의 고구려 왕계

고국천왕(이이모)·산상왕(위궁)·동천왕의 시호와 휘의 대응에 대해서도 이미 많은 연구가 이루어졌다. 다케다 유키오는 5세기 말에서 6세기 초 『해동고기(海東

古記)』의 편찬자에 의해 고국천왕이 이이모로 비정되어, 그것을 기준으로 하여 『후한서』 고구려전에 전하는 궁-수성-백고-이이모-위궁이라는 왕계에 삽입된 결과, 이이모가 산상왕의 휘가 되고, 궁이 국조왕에서 개편된 대조대왕의 휘가 되며, 수성·백고를 휘로 하는 고구려왕의 시호로서 차대왕·신대왕이 더해졌다고 주장했다(武田幸男, 1989a).

이에 대해 고관민은 『해동고기』(=『신집(新集)』: 영양왕 11년(600) 성립)의 편찬 과정에서 중국 사서가 전하는 궁-수성-백고-이이모-위궁이라는 왕계에 근거하여 궁이 대조대왕이 되고, 그때까지 왕위에 오르지 않고 고령의 국조왕을 대행했던 수성·백고가 차대왕·신대왕이 되며, 궁-수성-백고를 형제로 서술한 「고기(古記)」(『유기(留記)』)에 근거하여, 대조대왕-차대왕-신대왕이 형제였다고 주장했다. 나아가 『삼국지』 고구려전에 백고-이이모-위궁으로 나오기 때문에 백고의 차왕인 남무를 휘로 하고 있던 고국천왕의 휘가 이이모가 되고, 차왕인 산상왕의 휘가 위궁이 되었다고 역설했다.[7]

다케다 유키오와 고관민은 모두 『해동고기』를 단서로 해서 「고구려본기」 왕계의 형성 과정을 분석했다고 평가할 수 있다(武田幸男, 1989a; 高寬敏 , 1996). 그러나 고관민이 다케다 유키오의 견해에 대해 "매우 주목된다"고 하면서도 왜 고국천왕이 이이모로 잘못 인식되었는지에 대해서는 명확하지 않다고 비판한 것처럼(高寬敏, 1996), 왜 5세기 초 단계에 원래 백고를 휘로 삼았던 고국천왕의 휘가 이이모로 되었는지는 불명확한 점이 있다. 한편 고관민의 견해도 5세기 초 단계에는 왕으로 인정되지 않았던 수성·백고가 왜 『해동고기』 편찬 단계에서 갑자기 고구려왕이 되었는지에 대해서도 불분명한 부분이 있다. 고관민은 이이모가 고국천왕(남무)의 휘가 되는 것에 대해 "백고에 관한 자료가 있었기 때문이라고 생각하지 않으면 이

---

7 그 밖에도 백고(伯固)=백구(伯句)를 기준으로 궁·수성·이이모·위궁에 대응하는 시호가 정비되었다고 보는 견해(임기환, 2002)도 있지만, 그 이전에 이미 수성을 인정하고 고구려왕으로 삼았기 때문에 『후한서』고구려전의 수성에 관한 정보에 의해 왕·휘가 개편되었다고 하는 임기환의 주장은 문제가 있다. 각주 6에서 지적한 문제도 있기 때문에 임기환의 견해는 따르기 어렵다.

해하기 어렵다"(高寬敏, 1996)라고 했지만, 만일 백고를 고구려왕으로 서술한 자료
가 있었다면 백고가 고구려왕이 아니었다고 보는 고관민 자신의 견해와도 모순되
어 문제가 된다. 이처럼 다케다 유키오와 고관민의 견해는 주목되지만 아직 남아
있는 과제도 적지 않다. 특히 이 문제를 추구하면서 무시할 수 없는 것이 고관민도
지적한 것처럼, 고국천왕을 이이모로 동정한 이유를 제대로 설명하지 못하는 점이
다. 그래서 다시 이 문제를 검토하여 필자 나름의 견해를 제시해보고자 한다.

이에 관한 검토에서 핵심이 되는 것은, 다케다 유키오나 고관민도 주목한 5세
기 중엽에 편찬한 『후한서』 고구려전에 보이는 수성이다. 수성은 『삼국지』·『위서』
고구려전의 왕계나 그것과 대응하는 5세기 대의 고구려 왕계에서는 보이지 않던
고구려왕이다. 그래서 수성을 기존의 왕계에 삽입할 필요가 있었다.

이때 주의할 점은 수성이 궁 다음 왕의 휘로 삽입됨에 따라 기왕의 시호가 국
조왕부터 순서에 맞춰 기계적으로 대응된 것은 아니었다는 것이다. 표3-1은 그러
한 처리 결과를 보여주는 휘·시호 대응표이다. 표2-1에서도 알 수 있는 것처럼 그
결과 그 전에 백고를 휘로 삼았다고 했던 고국천왕의 휘가 수성이 되었고, 마찬가
지로 백고가 산상왕, 이이모가 동천왕의 휘가 되었다. 이렇게 되면 산상왕의 휘가
집안으로 천도한 왕인 이이모, 동천왕의 휘가 조위 원정 시의 왕인 위궁이라는 고
구려 왕계와 중국 사서의 대응이 어긋나게 된다. 5세기 초 왕계에 수성을 기계적으
로 삽입하게 되면 이러한 문제가 생기게 되는 것이다. 고국천왕을 이이모로 동정

표2-1　수성(遂成) 추가 후 고구려 왕계 개편(음영은 추가 부분)

5세기 초 왕계＋수성 〔중국 사서 휘〕	궁	〔추가〕 수성	백고	이이모	위궁
중국 사서 관련 기사				발기·이이모 왕위 계승	조위 고구려 원정
시호	국조왕	고국천왕	산상왕	동천왕	중천왕
(고구려적 휘)	어수(於漱)	남무(男武)	연우(延優)	우위거 (憂位居)	연불(然弗)
고구려 국내 기사			발기·연우 왕위 계승	조위 고구려 원정	

표2-2 수성(遂成) 추가 후 고구려 왕계 개편(음영은 추가 부분)

5세기 초 왕계+수성 〔중국 사서 휘〕	궁	〔추가〕 수성	백고	이이모	위궁
중국 사서 관련 기사				발기·이이모 왕위 계승	조위 고구려 원정
시호	국조왕		산상왕	동천왕	동천왕
(고구려식 휘)	어수(於漱)			연우(延優)	우위거 (憂位居)
고구려 국내 기사			발기·연우 왕위 계승	조위 고구려 원정	

한 다케다 유키오(武田幸男, 1989a)에 대한 고관민의 의문(高寬敏, 1996)은 이러한 문제에서 비롯한 것이다.

아마 다케다 유키오가 지적한 것처럼 집안으로 천도한 산상왕은 그것에 이어진 왕계의 기준이 되었던 것 같다(武田幸男, 1989a). 따라서 수성 삽입 단계에서, 중국 사서와 대응시켜 이미 정비된 산상왕·동천왕의 시호와 휘를 분리시키는 것은 일단 꺼려졌을 것이다. 그래서 새롭게 수성을 추가함과 동시에 기계적으로 대응하는 시호도 추가되었다. 그 결과 일단 고국천왕(백고·남무) 이후 고구려왕의 시호와 휘는 기왕의 왕계와도 대응하게 되었다(표2-2).

그렇지만 왕계 편찬자들은 중국 사서의 휘인 수성을 추가한 것에 맞추어 이번에는 시호(고구려식 휘를 포함)만을 1명분 추가했다. 휘를 1명분 추가했기 때문에 시호도 거기에 대응하여 1명분 추가시키는 처리를 했던 것이다. 이로 인해 기존의 휘와 시호가 시호를 추가한 1명분이 어긋나게 되었다. 그 결과 고국천왕 이하의 중국 사서 휘와 시호(고구려식 휘를 포함)가 기존의 그것과 합치되지 않게 되었다. 즉 고국천왕의 휘가 이이모로, 산상왕의 휘가 위궁으로 되어버린 것이다. 고국천왕기에서는 고국천왕의 휘를 일명 이이모라 하고, 산상왕기에서는 산상왕의 휘를 일명 위궁이라 한 것은 이러한 작업에 의한 것이다. 그리고 수성·백고에 대응하는 두 왕의 시호가 빠지게 되었다. 여기에 새롭게 차대왕·신대왕이 더 해지게 된 것이다(표2-3). 이러한 작업에 의해 「고구려본기」 왕계에 보이는 고국천왕의 휘를 이이모

5세기 초 왕계+수성 〔중국 사서 휘〕	궁	〔추가〕 수성	백고	이이모	위궁	
중국 사서 관련 기사				발기·이이모 왕위 계승		조위 고구려 원정
시호	국조왕			고국천왕	산상왕	동천왕
(고구려식 휘)	어수 (於漱)			남무(男武)	연우(延優)	우위거 (憂位居)
(고구려식 휘)		차대왕	신대왕			
고구려 국내 기사				발기·연우 왕위 계승		조위 고구려 원정

로, 산상왕의 휘를 위궁으로 하여, 중국 사서 와 대응하지 않는 「고구려본기」 왕계에 보이는 시호와 그것에 대응하는 중국 사서의 휘 세트가 탄생하게 된 것이다.

왕계 편찬자들이 무슨 이유로 수성을 추가하는 데 맞추어 이러한 조치를 취했는지는 뚜렷하지 않다. 하지만 이러한 작업이 가능했던 것은 시호와 중국 사서의 휘가 반드시 일체화되지는 않았기에 시호와 휘를 분리시키거나 시호만을 이동시키는 것이 가능했기 때문일 것이다. 그래서 시호만 추가하고 대응관계를 고쳐 중국 사서에 임기응변으로 대응할 수 있었던 것이다. 이는 중국 사서의 고구려왕의 휘에 맞추어 고구려왕의 시호가 설정되었음을 시사한다.

한편 그것에 대응하여 중국 사서에 등장하는 휘와 그것에 관련된 기사, 고구려왕의 시호·고구려식 휘와 그것에 관련된 사건이, 각각 세트로 되어 있었던 것이다. 이것에 의해 중국 사서에 보이는 고구려왕의 휘와 고구려왕의 시호 개편에 맞춰 각기 대응하는 왕 때의 기록으로 편찬했던 것이다. 예를 들어 고국천왕의 휘는 앞서 언급한 작업에 의해 백고에서 이이모로 바뀌지만, 이 이이모에 관한『삼국지』고구려전을 원전으로 하는 〈사료 1〉 발기와 이이모의 왕위 계승 다툼이나 발기가 공손강에 항복하는 것과 관련된 기사들은 그에 대응하는 이이모와 함께 고국천왕기에 삽입되었던 것이다.

이와 마찬가지로 원래 이이모를 휘로 한 산상왕은 위궁을 휘로 하게 되었는데, 그것에 따라 〈사료 2〉『위서』 고구려전의 원전이라고도 할 수 있으며 거의 동일한 내용을 전하는 『삼국지』 고구려전의 위궁 관계 기사가 산상왕기에 삽입되기에 이른다. 그 후 6세기에 『위서』가 편찬되고, 그것이 전해진 후 아마도 편찬자에 의해 『위서』를 원전으로 한 〈사료 2〉 대신에 산상왕기에 삽입되었을 것이다. 그것은 중국 사서의 휘와 중국 사료에 보이는 그것과 관련된 기사를 세트로 하여 대응시킨다고 하는 앞서 언급한 원칙이 있었기 때문일 것이다.

애초에 〈사료 2〉·〈사료 3〉의 원전이 되었을 『삼국지』 고구려전의 내용은 본래 각각 산상왕기·동천왕기에 삽입되었다. 그렇지만 그 후 산상왕의 휘인 이이모, 동천왕의 휘인 위궁이 각각 고국천왕, 산상왕으로 기계적으로 대응하게 됨에 따라 이러한 기사들도 각각 고국천왕기·산상왕기로 옮겨지게 되었다. 그 결과 5세기 초 단계에는 정확하게 위궁(동천왕)을 궁(국조대왕)의 증손으로 서술한 〈사료 3〉이 「고구려본기」 왕계와 일치하지 않게 되어버린 것이다. 위궁은 궁의 증손이 아니었음에도 위궁 관계 기사가 산상왕기에 삽입된 것은 이러한 사정에 의한 것이다. 「고구려본기」에서는 중국 사서와 부합하지 않을 경우, 대조대왕기 94년조처럼, 중국 사료와의 불일치나 중국 사서의 잘못을 특별히 기록했음에도 불구하고, 산상왕 즉위기에서 인용한 『위서』와의 비대응에 대해서는 전혀 그러한 처리를 하지 않았고 중국 사료에 대한 비판도 하지 않았다. 그것은 편찬 단계에서 비대응임을 충분히 이해했으면서도, 중국 사서의 휘와 관련된 중국 사료를 삽입해야 하는 개별 구체적인 사정에 의한 것으로 생각된다.

그것에 대해 고국천왕의 고구려식 휘인 남무는 고국천왕이라는 시호와 세트였던 까닭에 이동하지 않고 그대로 고국천왕의 휘로 삼아 새롭게 부여된 중국 사서에서 유래한 휘인 이이모가 또 하나의 휘(「혹운(或云)」)로서 고국천왕기에 삽입되었던 것이다. 또 산상왕의 휘인 연우 역시 산상왕이라는 시호와 세트였던 까닭에 그대로 산상왕의 휘로 자리 잡았고, 새로운 휘인 위궁이 "일명(一名)"으로 산상왕기에 삽입되었다. 마찬가지로 본래 위궁이라는 중국 사료에서 유래한 휘를 가지고 있던 동천왕은 위궁이 앞서 언급한 것처럼 산상왕기에 삽입됨에 따라, 고구려식 휘인 우위거가 그대로 동천왕기에 남게 된 것이다.

한편 다케다 유키오와 고관민, 임기환 등이 원래 동일한 사건이라고 본(武田幸男, 1989a; 高寛敏, 1996; 임기환, 2002), 발기(拔奇, 發岐)와 이이모(연우)의 왕위 계승 다툼에 대한 「고구려고전(高句麗古傳)」에 근거한 고구려식 기사는 고구려식 시호·휘와 세트였기 때문에 그대로 산상왕기에 자리 잡았던 것이다. 동일한 왕위 계승 다툼이, 하나는 중국 사료를 인용하는 형태로 고국천왕기에, 다른 하나는 고구려식 수사에 의한 형태로 산상왕기에 각각 수록되어 있는 것은 이러한 연유에서다.

이에 따라 일단 고국천왕이 원래 산상왕의 휘인 이이모로, 산상왕이 원래 동천왕의 휘인 위궁을 휘로 하는 문제 발생의 원인을 해결할 수 있게 된다.

한편 이렇게 처리한 결과 수성, 그리고 시호를 잃게 된 백고에 대응하는 시호가 필요해졌다. 그래서 국조왕을 대조대왕으로 삼고, 그 뒤에 이어지는 수성과 백고에게 각각 차대왕과 신대왕이라는 시호를 추가하게 되었던 것이다. 이에 따라 「고구려본기」 왕계의 왕 시호와 휘는 일치하게 되었지만 수성·백고 2대 왕이 증가하게 되어 이를 조정할 필요가 생겼다. 그 과정에서 기준이 된 것이 집안 천도 이후, 5세기 초 왕계의 기점으로 되었던 산상왕일 것이다. 그것은 산상왕의 즉위가, 중국 사서에 보이는 197년경으로 생각되는 발기와 이이모가 왕위 계승 다툼을 하였던 시기가 되어, 중국 사료에 대응하도록 설정된 것에서도 확인할 수 있다.

그 후 원래 산상왕을 시호로 삼고 이이모를 휘로 삼은 고구려왕이, 이미 언급한 개편의 결과, 이이모를 휘로 하는 고국천왕, 위궁을 휘로 하는 산상왕 2명으로 나누어지면서 이 왕들을 1대, 즉 형제 관계로 정리하게 되었다.[8]

다음은 대조대왕·차대왕·신대왕이다. 다케다 유키오가 지적한 것처럼, 이 왕들도 고국천왕·산상왕을 형제로 설정한 것과 같은 방법으로, 국조왕을 대조대왕·

---

8   다케다 유키오는 고국천왕, 산상왕을 「고구려고전」 단계부터 형제 관계로 설정한 것으로 추정했지만(武田幸男, 1989a) 그 근거는 제시되지 않았다. 「고구려본기」 왕계가 고국천왕·산상왕을 형제로 설정한 것을 전제로 그러한 추정을 했을지도 모르겠다. 하지만 그렇게 되면 『위서』와도 합치되지 않으며, 그로 인해 "때로는 정합되지 않은 형태로 유포되었던 것으로 추측된다"고도 했지만 적어도 5세기 초 단계의 왕계가 중국 사서에 근거한 것이었다면, 양자는 형제 관계가 아니라 부자 관계였다고 생각해야하며, 왜 형제로 되어 있는지가 명확하지 않다.

차대왕·신대왕이라 했으므로 세 왕을 형제 관계로 설정하여 동일 세대로 삼았던 것이다. 원래 고국천왕(남무)은 5세기 초 단계에는 국조왕의 아들 세대로, 이 개편을 거치면서도 그것은 변하지 않았기 때문에 이렇다 할 장애물이 없었을 것이다.

이때 주목해야 하는 것이 궁의 재위 기간이 중국 사료보다 길어지고 있는 점이다. 국조왕(궁)-고국천왕(백고)의 치세를 대조대왕(궁)-차대왕(수성)-신대왕(백고)-고국천왕(이이모) 등 네 왕의 치세로 하면 한 사람당 재위 기간은 짧아진다. 실제 신대왕(백고)의 치세는 짧아졌지만 대조대왕(궁)의 치세는 오히려 길어졌다. 그 원인을 찾기는 쉽지 않지만 다케다 유키오가 지적한 것처럼(武田幸男, 1989a), 대조대왕의 재위는 오랫동안 장수한 장수왕을 투영하여 그것이 반영되었기 때문일지도 모르겠다. 혹은 노태돈이 지적한 것처럼 초기 왕계와 대조대왕 이후의 왕계를 연결시키기 위해서 대조대왕의 재위를 일부러 길게 설정했을 가능성도 충분히 상정할 수 있다(노태돈, 1999). 아마도 이런 두 가지 요소가 겹쳐서 장수한 왕으로 여겨졌을 것이다.

사료의 부족도 있고 추정을 하지 않을 수 없는 부분도 있지만, 이러한 개편을 거쳐 대조대왕(궁) 이후의 왕계도 정비되어, 「고구려본기」와 같은 왕계로 정리되었다고 이해할 수 있다. 그러나 「고구려본기」 왕계는 이 대조대왕 이전에도 다섯 왕이 존재한다(이하 노태돈, 1999. 논고에 따라 '초기 왕계'로 부른다). 이 문제는 다음 절의 초기 왕계 정비 과정에서 분석하기로 하겠다.

4　초기 왕계의 정비와 4세기의 미천왕계 고구려왕

시조 동명성왕(주몽)부터 5대 모본왕(慕本王)까지의 초기 왕계에 대해서는 소수림왕대의 국내 정비, 고국양왕대의 종묘 수리와 관련하여 정비된 것으로 여겨지고 있으며(武田幸男, 1989a; 조인성, 1990; 노태돈, 1999 등), 그렇게 이해해도 문제는 없을 것 같다.

이 초기 왕계는 『위서』 고구려전에도 보이지만 「고구려본기」 초기 왕계와는 일치하지 않는 부분이 적지 않다. 이 때문에 그것은 「고구려본기」 왕계와 다른 왕계이며, 해당 시기 고구려에서는 초기 왕계와 관련해 몇 가지 이전(異傳)이 존재했을 것이라는 견해가 일찍부터 제시되어왔다(津田左右吉, 1964; 池内宏, 1951; 노태돈, 1999; 여호규, 2014).

이에 반해 『위서』 고구려전의 초기 왕계는 「고구려본기」 왕계에 일정하게 대응하고 있다고 보는 견해도 있다(武田幸男, 1989a). 「고구려본기」 초기 왕계와 『위서』 고구려전에 보이는 초기 왕계의 대응관계에 대해서는 서로 잘 대응하는 부분도 있지만 이를 인정하기 어려운 부분도 있는 것이 사실이고 논란이 있는 부분도 적지 않다.

하지만 어떤 입장에서도 이러한 초기 왕계가 이미 지적한 것처럼 소수림왕·고국양왕대에 정비되었을 것이라는 점은 일치한다. 그렇다면 그러한 과정에서 정비된 초기 왕계가 북위에 전해졌다고 보는 것이 가장 자연스럽지 않을까 한다. 이미 지적한 것처럼, 『위서』 고구려전에 보이는 궁부터 연까지의 왕계가 「고구려본기」 왕계와 일치하는 데 반해, 초기 왕계만 대응관계에 혼란이 보이는 것은 궁부터 연까지의 왕계가 중국 왕조와의 교섭을 통해 중국인 사관에 의해 기록되면서 고구려식 휘인 우위거가 중국적인 위궁으로 개편된 것에 대해, 초기 왕계의 그것은 완전히 고구려식 기술이며 중국인 사관이 그러한 고구려식 표기 방식에 익숙하지 않았기 때문이 아닐까 한다. 『위서』 고구려전의 초기왕계에서는 시려해(始閭諧)만이 여달(閭達)의 자(字)로 전해지는 부자연스러움을 상기하면, 그러한 가능성을 충분히 예상할 수 있을 것이다. 『위서』 고구려전과 「고구려본기」 왕계가 서로 대응 관계를 찾기 어려운 것은 고구려식 수사에 익숙하지 않았던 북위 사관에게 일말의 책임이 있을 것이다.

이처럼 『위서』 고구려전과 「고구려본기」 초기 왕계 사이에는 대응관계에 혼란이 인정되지만 이미 언급한 것처럼 소수림왕·고국양왕대에는 정비되었을 것이다. 4세기 중반이 되어서야 비로소 초기 왕계가 정비된 이상 노태돈이 지적한 것처럼, 해당 시기 고구려를 둘러싼 여러 가지 문제가 투영되었으리라는 점은 쉽게 짐작할 수 있다. 다음에서는 이러한 점들을 감안하면서 이 초기 왕계가 어떻게 되었을지에 대해 살펴보기로 하자.

이 초기 왕계의 정비 과정을 검토하는 데 관건이 되는 것이 대무신왕(大武神王)의 일명인 대해주류왕(大解朱留王)이다. 이것은 다케다 유키오가 지적한 것처럼, 소수림왕의 일명인 소해주류왕(小解朱留王)을 전제로 결정된 시호로 보아야 할 것이다(武田幸男, 1989a). 요컨대 3대 고구려왕인 대무신왕은 소수림왕에 비견할 만한 왕으로 위치시켰던 것이다.

대무신왕이 소수림왕에 대응하는 왕으로 자리매김하고 있었음을 근거로 하여, 다시 주목할 것이 대무신왕의 다음 왕인 민중왕이 대무신왕의 동생이고, 소수림왕의 다음 왕인 고국양왕도 역시 소수림왕의 동생인 점이다. 즉 왕계상 대무신왕-민중왕 형제는 소수림왕-고국양왕 형제와 대응하고 있어, 민중왕은 고국양왕에 대응하는 왕이었다고 할 수 있다.

「고구려본기」에 따르면 대무신왕에게는 민중왕에 이어서 고구려왕이 될 원자 해우(解憂)가 있었다. 원래대로라면 해우가 대무신왕에 이어 고구려왕이 되어야 했을 것이다. 원자 해우가 존재했음에도 불구하고 동생인 민중왕이 고구려왕이 된 것은 현실의 소수림왕·고국양왕 형제를 강하게 의식하고 있었기 때문일 것이다. 원래 초기 왕계를 창출하는 과정에서 부자 관계가 아니라 일부러 형제 계승을 설정할 필요성은 없었던 것 같지만, 굳이 거기에 형제 계승을 설정한 것은 역시 소수림왕·고국양왕이라는 형제 관계가 고려되었기 때문일 것이다.

짐작하건대 소수림왕·고국양왕은 이미 지적한 것처럼 왕계를 정비하고 종묘를 수리했지만 그때 정비된 초기 왕계는 현실의 소수림왕·고국양왕을 전제로 하여 투영된 결과일 것이다. 대무신왕-민중왕은 해당 시기의 소수림왕·고국양왕을 강하게 의식하면서 형성되었다고 이해해도 무방할 것이다.

대무신왕·민중왕이 현실의 소수림왕·고국양왕을 전제로 정비되었다면, 그전 왕인 시조 동명성왕(주몽)-유리명왕도 역시 소수림왕·고국양왕의 아버지인 고국원왕, 또 할아버지인 미천왕에 변경한다고 해석할 수 있을 것이다. 이것은 동명성왕-유리명왕-대무신왕-민중왕 계보가 미천 왕-고국양왕-소수림왕-고국양왕의 그것과 앞서 언급한 것처럼 형제 관계를 비롯해서 완전히 일치하는 것에서도

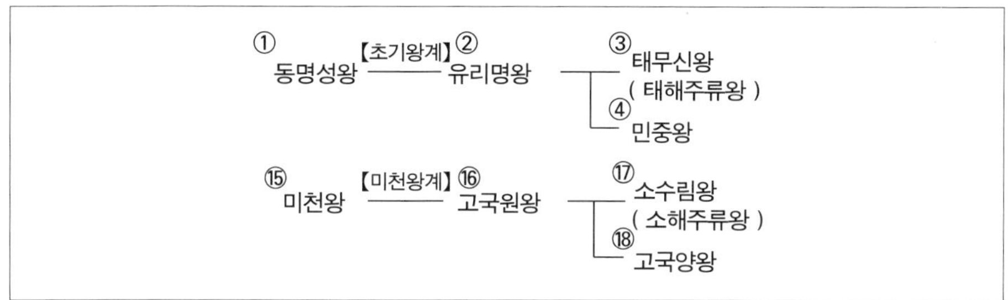

그림2 초기 왕계와 미천왕계

수긍할 수 있을 것이다(그림2 참조). 즉 동명성왕(주몽)은 미천왕을, 유리명왕은 고국양왕을 의식하면서 그것에 대응하는 왕으로서 초기 왕계에 자리매김하게 되었다고 볼 수 있다. 이와 같이 이해하면 비로소 3대 대무신왕이 소수림왕을 의식하면서 그것에 대응하는 왕으로서 자리매김하게 되었다고 이해할 수 있다. 다시 말하면 동명성왕을 미천왕에 대응시켰기 때문에 대무신왕이 소수림왕과 대응하게 된 것이다.

이와 같이 이해할 때 다시 주목되는 것이 미천왕이 고구려의 첫 번째 왕인 동명성왕(주몽)에 대응하는 왕으로 되어 있는 점이다. 미천왕은 그 뒤에 즉위한 광개토왕·장수왕에 직접 연결되는 고구려 왕계상 가장 확실한 고구려왕이었다. 이것은 『위서』 고구려전에 을불리(미천왕)가 『삼국지』 고구려전에 보이는 고구려왕 위궁 이후의 첫 번째 고구려왕으로 등장하고, 또 을불리(미천왕)를 기준으로 하여 그 아들인 쇠(고국원왕)를 거쳐 직계 자손인 연(장수왕)으로 왕통이 이어졌다고 전하고 있는 것에서도 명확히 알 수 있다. 위궁 이후 고구려왕으로 가장 먼저 을불리(미천왕)가 등장한 것은 5세기 고구려 왕권에서 을불리(미천왕)가 해당 시기 고구려왕 직계의 시조적(始祖的) 존재로서 매우 중시되었기 때문일 것이다.

미천왕기 즉위조에는 미천왕이 큰아버지인 봉상왕(烽上王)으로부터 도망쳐 온갖 고난을 거친 뒤 고구려왕이 되었다고 전하고 있다. 봉상왕의 폭정과 신하에 의한 폐위라는, 고구려 왕계의 단절을 예상할 수 있는 고구려 왕권 내부의 혼란 속에서 미천왕이 즉위한 상황은, 미천왕을 광개토왕이나 장수왕에 이르는 4~5세기 고구려 왕계의 '사실상 시조'로 삼기에 충분했을 것이다.

이러한 점에 근거할 때 다시 주목되는 것이, 미천왕 즉위 사정을 살펴보면 앞서 언급한 것처럼 고난을 거쳐 즉위한 미천왕의 신격화 과정에서, 고구려 시조인 주몽의 건국 전설이 '미천왕을 오래전 과거에 투영하여 신격화'한 것이며, 나아가 '고구려 상세(上世)의 왕통 계보도 이것과 동시에 성립했다고 볼 수 있을 것 같다'는 이성시의 견해다(李成市, 1998). 그는 더 구체적으로 고구려 왕계의 성립 사정에 대해 언급하지는 않았지만, 앞에서 언급하는 것처럼 초기 왕계가 미천왕 이래로 고국원왕-소수림왕-고국양왕의 왕계를 강하게 의식하여 그것을 투영한 것이라고 생각되고 있는 점을 참고하면, 미천왕을 의식하여 고구려 시조 주몽전설이 형성되고 또 왕계가 정비되었다는 이성시의 지적은 설득력이 있다. 초기 왕계는 미천왕을 강하게 의식했고, 더욱이 그에 연결된 현실의 미천왕계 고구려 왕계에 대응하여 형성되었다고 이해할 수 있을 것이다.

이와 관련하여 더 주목되는 것은 이 초기 왕계의 마지막 왕인 모본왕(慕本王)이 폭정으로 인해 측근에게 살해되어 초기 왕계가 끊어지고, 유리명왕의 손자인 국조왕(대조대왕)으로 고구려 왕위가 계승되었던 점이다. 앞서 언급한 것처럼 「고구려본기」는 3세기 말 봉상왕의 폭정에 고통을 받은 신하들에 의해 왕이 폐위되고, 봉상왕의 동생 돌고의 아들인 미천왕이 고구려 왕위를 계승했음을 전하고 있다. 초기 왕계가 폭군에 의해 새로운 왕계로 이어지는 모습은 바로 봉상왕의 폭정에 의해 왕계가 새롭게 미천왕계로 이어지는 과정과 흡사하다. 모본왕은 간언하는 신하를 죽이고 폭정을 일삼은 결과 측근인 두로(杜魯)에게 살해되지만, 봉상왕 역시 국상(國相) 창조리(倉助利)의 간언을 듣지 않고 신하들에게 폐위되는 등 폐위 과정도 매우 유사하다. 모두 폭정에 시달리던 신하들에 의해 왕(모본왕, 봉상왕)이 폐위되어 예전 고구려왕의 손자가 왕위를 계승하는 구도인 것이다.

그렇다면 이 모본왕도 역시 3세기 말에 폭군으로 유명한 봉상왕을 의식해서 설정한 왕이었을 가능성이 크다. 초기 왕계의 다섯 왕은 모두 미천왕을 전후한 3~4세기 고구려왕을 의식하여 정비되었던 것이다. 물론 이들 초기 왕계의 기사는 고구려에서 전승되는 내용을 전하여, 독자성을 갖추고 있지만 형제 관계나 왕의 폭정 등은 3~4세기 역대 고구려왕의 그것이 투영된 것이다.

이러한 이해에 큰 문제가 없다면, 더욱더 주목되는 것이 고구려 왕계가 옛 고

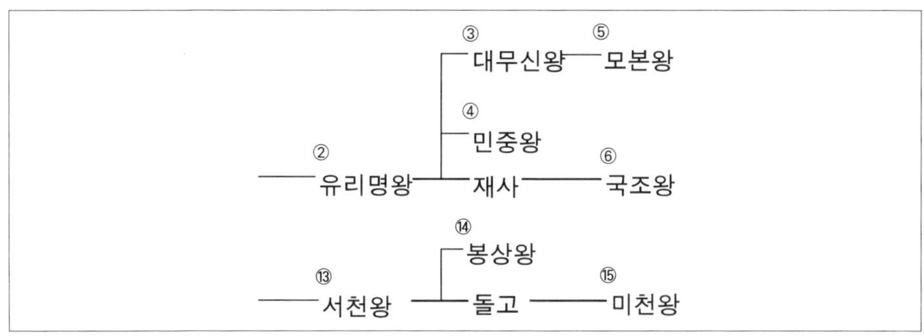

그림3 재사·돌고 대응표

구려왕의 아들을 매개로 계승된 점이다. 앞서 언급한 것처럼 모본왕에 이어 고구려 왕위를 계승한 것이 국조왕(대조대왕)이었는데, 이 경우 왕위는 유리명왕의 아들인 재사(再思)를 매개로 해서 새로운 왕계로 계승되었다. 한편 미천왕의 경우도 서천왕의 아들 돌고를 매개로 미천왕계로 왕위가 계승되었다. 고구려 왕계의 일시 단절, 옛 고구려왕의 아들을 매개로 해서 새로운 왕계로 이어지는 구조는 동일하다(그림3 참조).

이와 같이 생각할 수 있다면, 왕위 매개자로서의 재사와 돌고의 공통성이 주목된다. 초기 왕계가 4세기 고구려 왕계를 의식하여 정비된 것을 감안하면, 모본왕부터 국조왕(대조대왕) 이후의 새로운 고구려 왕계로 왕위를 매개하는 역할을 맡았던 재사는, 봉상왕부터 미천왕계로 왕계를 매개한 돌고를 모델로 덧붙여졌고, 초기 왕계와 국조왕(대조대왕)계를 연결하는 역할을 했을 것이다. 재사-국조왕(대조대왕)은 돌고-미천왕이라는 왕계를 바탕으로 창출된 것이다. 여기에서도 미천왕은 핵심 인물로 등장하고 있다. 그렇다면 국조왕(대조대왕)은 미천왕에 비견되는 왕이었다고 할 수 있다.

앞서 언급한 것처럼, 미천왕은 광개토왕·장수왕으로 이어지는 4~5세기 대고구려 왕계의 '사실상의 시조'로서 자리매김되었다. 한편 국조왕(대조대왕)도 3세기의 산상왕-동천왕으로 이어지는 왕계의 시조 왕으로 자리매김함으로써 국조왕으로 삼았던 것이다(조인성, 1990). 이러한 공통점에 근거하면 3세기 고구려왕의 시조인 국조왕(대조대왕)은 4~5세기 고구려왕들의 시조인 미천왕에 대응하여 위치시

컸다고 해도 무방할 것이다.

이처럼 재사-국조왕(대조대왕)과 돌고-미천왕의 대응성을 인정할 수 있다면 다음으로 검증해야 하는 것이 고국천왕과 고국원왕과의 대응성이다. 고국천왕은 5세기 초 단계 왕계에 있어서 국조왕(대조대왕)에 이어지는 왕으로 다른 이름이 국양왕(國襄王)이었다. 그렇다면 고국양왕과의 대응성이 먼저 상정된다. 하지만 고구려에서 '국내성(國內城)'의 '내(內)'가 '천(川)'·'양(襄)'·'원(原)'을 의미한다는 점이나 국내성과 그 주변이 '국원(國原)', '국양(國壤)', '국천(國川)', '국강(國岡)'으로 불렸던 점을 감안하면(武田幸男, 1989b), 일단 고국원왕(일명 '국강상왕')도 그 대응 후보가 될 것이다.

이와 관련하여 주목되는 것은, 고국천왕이나 4세기의 고국원왕 등 '국(國)'을 포함한 장지(葬地) 시호가 「고구려본기」 고국원왕 12년(342)조에 고국원왕의 국내성 정비를 계기로 시작된 것으로 이해하는 견해다(武田幸男, 1989b). 고국천왕, 나아가 그 앞의 국조왕(대조대왕)의 '국'을 포함한 장지 시호는 이러한 고국원왕대 일련의 장지 및 시호 정리와 관련하여 정비되었을 가능성이 높다. 물론 고국천왕과 동일한 장지 시호인 고국양왕을 의식해서 고국천왕(국양왕)이라는 시호가 정비되었다고 해도 문제는 없다. 다만 고구려 왕호의 정비는 이미 여러 연구자들이 언급한 것처럼(武田幸男, 1989a; 조인성, 1990; 노태돈, 1999) 아마도 소수림왕·고국양왕의 국내 정비 및 종묘 수리와 관련되어 이루어진 것으로 추정되며, 만일 고국천왕(국양왕)이 고국양왕을 의식해서 그 장지 시호를 정비했다면 고국천왕의 시호 정비는 고국양왕이 사망한 391년 이후가 되어, 고국양왕대의 종묘 수리 이후에 행해진 것이 되어 약간 늦어져버린다.

오히려 국조왕-고국천왕이라는 왕계 속에, 이미 언급한 것처럼 국조왕이 미천왕과 대응하고 있는 점, '국'자를 포함한 장지 시호가 고국원왕대에 정비되어 '국조왕'이라는 시호, '고국곡(故國谷)'을 장지로 한 점에 더하여 고국천왕의 시호·장지도 그러한 정비 과정에서 제정된 것으로 이해할 수 있기 때문에, 국조왕의 다음 왕인 고국천왕은 미천왕의 다음 왕인 고국원왕을 의식하여 고국원왕대 이후에 정비되었다고 이해하는 것이 왕계나 장지 시호 정비 과정을 고려하면 더 정합성이 있을 것이다. 고국천왕은 4세기 중반 고국원왕을 의식하여 그 대응성을 고려하면

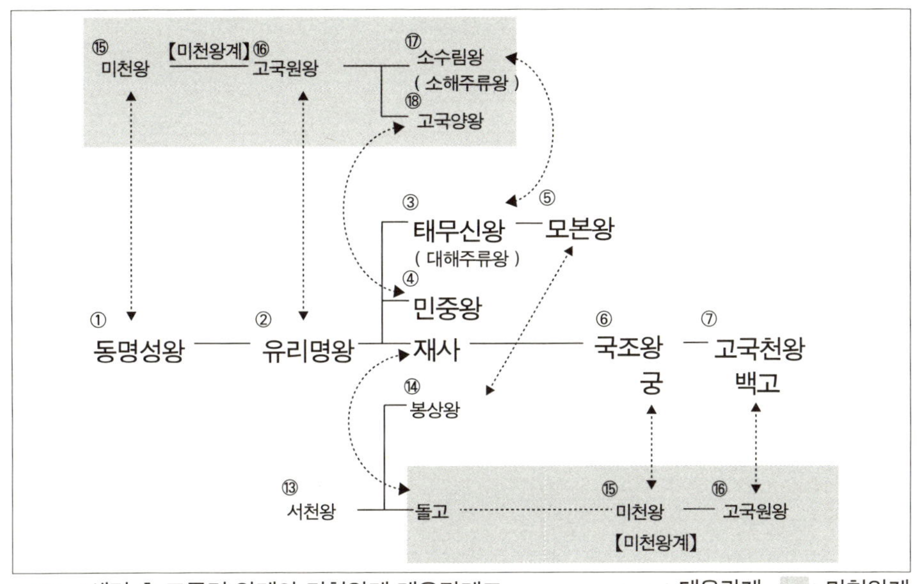

그림4 5세기 초 고구려 왕계와 미천왕계 대응관계도　◀┈┈▶ : 대응관계　▨ : 미천왕계

서 시호가 결정되었을 것이다.[9]

이와 같이 고국천왕과 고국원왕의 대응성을 인정할 수 있다면 재사-국조왕(대조대왕)이 돌고-미천왕을 의식하여 형성되었다는 점을 감안할 때, 재사-국조왕(대조대왕)-고국천왕 왕계는 돌고-미천왕-고국양왕이라는 4세기 고구려 왕계를 의식하면서 정비되었다고 이해할 수 있다. 이상의 내용을 정리한 것이 그림4이다. 이에 따르면 초기 왕계, 나아가 재사를 매개로 그것에 연결된 국조왕(대조대왕) 이후의 왕계는 모두 4세기 고구려 왕세에 내응하고 있있음을 확인힐 수 있다. 4세기 대 고구려 왕계의 정비 과정은, 미천왕 이래 4세기 고구려 왕계를 머나먼 고대에 투영하는 형태로 이루어졌다고 할 수 있다.

9　고국원왕기 12년(342)조에는 남북 두 길로 고구려를 침공하는 전연군(前燕軍)에게 고국원왕의 동생인 무(武)가 고구려 정예군을 이끌고 전연군을 요격했다고 한다. 고국원왕을 전제로 하여 고국천왕이 덧붙여졌다고 하면, 그 동생인 무를 의식해서 고국천왕의 휘가 남무(男武)로 되었을 가능성도 있다.

5   맺음말: 실질적 '시조'로서의 미천왕과 4~5세기 고구려 왕계

이상에서 5세기 초 단계의 고구려 왕계가 그 후의 개편 과정을 거쳐 고구려왕의 시호, 중국 사서에 근거한 휘가 개편되며, 나아가 4세기 중반 의 초기 왕계를 거쳐 「고구려본기」의 왕계가 형성되었음을 논증했다. 그 구체적인 경위에 대해서는 이미 상술했기에 다시 언급하지 않겠지만 주의할 점은 이러한 왕계 정비 과정에서 관건이 된 것이 4세기 고구려 왕계의 사실상 시조적인 존재였던 미천왕이다. 이 때문에 미천왕이 이러한 왕계 조정의 기준이 되었고, 미천왕을 과거에 투영한 형태로 고구려 시조 동명성왕(주몽)이 만들어졌으며, 또 집안 천도 후 왕계의 첫번째 왕인 국조왕(대조대왕)도 미천왕을 의식하면서 정비되었던 것이다. 동명성왕(주몽)과 국조왕(대조대왕)이라는 고구려 역사상 가장 중요한 국면에 자리매김한 고구려왕이 모두 미천왕에 대응하는 왕으로서 강하게 의식되고, 그에 대응하는 형태로 과거에 투영되어 정비된 것이다. 여기에서 해당 시기 고구려 왕계에서 미천왕의 중요성을 인정할 수 있을 것이다.

그렇기 때문에 미천왕의 아버지인 돌고 역시 고구려 왕통을 매개한 사람으로 중시되었고, 국조왕의 아버지이자 초기 왕계를 매개한 재사가 돌고를 투영하여 덧붙여진 것이다. 게다가 이러한 대응 관계는 돌고뿐만 아니라 미천왕의 후계자인 고국원왕-소수림왕-고국양왕에게도 영향을 미쳐, 이들 4세기 고구려 왕계를 바탕으로 초기 왕계나 집안 천도 이후의 왕인 국조왕-고국천왕이 함께 정비되었던 것이다.

이처럼 4세기 고구려 왕계의 정비는 미천왕을 정점으로 하여 그 왕계가 과거에 투영되는 형태로 이루어졌지만, 그것은 미천왕이 봉상왕의 폭정·폐위라는 고구려 왕권 내부의 혼란이라는 정황 속에서 왕권을 부활시켜 낙랑군·대방군을 한반도에서 축출하여 고구려 도약의 기초를 다지고, 4세기 고구려 왕계의 사실상의 위대한 시조로서 해당 시기 고구려왕들에게 강하게 인식되고 있었기 때문이다. 그 결과 이 영명한 고구려왕이었던 미천왕에 대응하는 형태로 고구려 역사상의 중요 국면에 등장한 동명성왕(주몽)·국조왕(대조대왕)에게 미천왕이 투영되었던 것이다.

　　4세기 고구려 왕권에 있어서 미천왕의 중요성이나 신성성은 왕계 정비에 그치지 않고 그 시호에서도 확인할 수 있다. 즉 미천왕 등 '천'을 포함한 역대 고구려왕의 시호는 동천왕·중천왕·서천왕처럼 단순한 방위를 보여주는 매우 기하학적인 시호였다. 이에 반해 미천왕에게만 '미(美)'가 붙어 있는데 여기에서 이들 여러 왕들과 다른 미천왕의 특수성을 확인할 수 있다.

　　이 미천왕이라는 시호는 평양 천도 이후에 정비된 것으로, 호양왕(好襄王)이라는 별시호(別諡號)가 광개토왕대의 시호였으리라는 견해가 있는데(高寬敏, 1996), 그렇다면 미천왕은 평양 천도 이후에도 특별히 중시되었다고 볼 수 있다. 미천왕계 고구려왕이 재위하고 있었고, 미천왕의 후예인 고구려왕의 입장에서 그것은 어떤 의미에서는 당연한 일이었을 것이다.

　　이러한 미천왕의 특별성은 시호와도 관계가 있는 장지에도 영향을 미쳤다. 미천왕의 장지만 '미천지원(美川之原)'이라고 해서 역시 '미(美)'자가 들어가는데, 미천왕이 시호나 장지에서 여타 왕들과 달리 특별하게 다루어졌음을 확인할 수 있다.

　　동천왕·중천왕·서천왕의 시호가 동양왕(東襄王), 중양왕(中襄王), 서양왕(西襄王)인 데 비해 미천왕만 호양왕(好襄王)이라 해서 '호(好)'를 관칭한 것은 이질적이며 미천왕만 특별시된 것을 여기에서도 확인할 수 있다.

　　'호양왕'의 '호'는 「광개토왕비」에 보이는 광개토왕의 정식 시호인 '국강상광개토경평안호태왕(國岡上廣開土境平安好太王)'에서도 보이고, 그 뒤 명치호왕(明治好王, 문자명왕), 양강상호왕(陽岡上好王, 양원왕), 평강상호왕(平岡上好王, 平原王)에서도 확인된다. '호왕(好王)'은 고구려왕의 미칭(美稱)이었다(三宅米吉, 1898). 미천왕의 시호인 '호양왕'의 '호'를 왕의 미칭이라고 볼 수 있을지에 대해서는 이론의 여지가 있지만 고구려왕의 미칭에 사용된 '호'가 역대 고구려왕들 가운데 가장 먼저 미천왕에게 붙여진 것은 미천왕의 특이성을 여실히 보여준다고 하겠다. 미천왕은 시호나 장지명에서도 특별한 왕으로서 신성시되었다고 할 수 있다.[10]

10　武田幸男는 「모두루묘지」의 '국강상성태왕(國岡上聖太王)'에 근거하여 고구려의 태왕호(太王號) 사 용을 고국원왕대까지 올라갈 가능성을 제기했지만(武田幸男, 1989c), 고구려 왕호의 미칭인

이와 같이 미천왕은 4~5세기 고구려 왕권에서 실질적인 시조로서 중시되고 있었으며, 고구려에서 정비된 종묘 제사에서도 주몽과 함께 오랫동안 시조적인 존재로 자리매김했던 것 같다. 그렇다면 다시 「고구려본기」에 보이는 시조 제사 관련 기록이 주목되지만 이에 대한 고찰은 향후의 과제로 삼고자 한다.

'호(好)'도 역시 미천왕의 시호라는 점에서 생각해 보면 고국원왕대까지 소급할 가능성이 있을지 모르겠다.

참고문헌

한글

노태돈, 1999, 「초기 왕계의 구성」, 『고구려사 연구』, 사계절.

여호규, 2014, 「왕위 계승 원리와 왕권의 위상」, 『고구려 초기 정치사 연구』, 신서원.

손영종, 1985, 「고구려 초기 일부 력사적 사실들의 년대에 대하여」, 『력사과학』 1985-4, 평양: 과학백과사전출판사.

손영종, 1990, 「고구려 건국 년대에 대한 재검토」, 『력사과학』 1990-1, 평양: 과학백과사전출판사.

임기환, 2002, 「고구려 왕호의 변천과 성격」, 『한국고대사연구』 28, 한국고대사학회.

조인성, 1990, 「4~5세기 고구려 왕실의 세계 인식 변화」, 『한국고대사연구』 4, 한국고대사학회.

井上直樹, 2015, 「광개토왕비와 문헌사료 근대 일본의 광개토왕비 해석과 고구려 왕계 소고」, 『광개토왕비의 탐색』, 동북아역사재단.

외국어

高寬敏, 1996, 「高句麗本紀の國内原典」, 『『三國史記』の原典的研究』, 東京: 雄山閣.

今西龍, 1915, 「廣開土境好太王陵碑に就て」, 『訂正增補 大日本時代史』(古代), 東京: 早稻田大學出版部.

那珂通世, 1893, 「高句麗古碑考」, 『史學會雜誌』 47, 東京: 東京大學史學會.

李成市, 1998, 「高句麗の建國傳說と王權」, 『古代東アジアの民族と國家』, 東京: 岩波書店.

武田幸男, 1989a, 「高句麗王系成立の諸段階」, 『高句麗史と東アジア』, 東京: 岩波書店.

武田幸男, 1989b, 「丸都·國内城の史的位置」, 『高句麗史と東アジア』, 東京: 岩波書店.

武田幸男, 1989c, 「高句麗「太王」の國際性」, 『高句麗史と東アジア』, 東京: 岩波書店.

三宅米吉, 1898, 「高麗古碑考」, 『考古學會雜誌』 2-1, 東京: 日本考古學會.

三品彰英, 1953, 「三國史記高句麗本紀の原典批判」, 『大谷大學研究年報』 6, 京都: 大谷學會.

神田信夫·山根幸夫編, 1989, 『中國史籍解題辞典』, 東京: 燎原書店.

池内宏, 1951, 「高句麗王家の上世の世系について」, 『滿鮮史研究』 1, 東京: 吉川弘文館.

津田左右吉, 1964, 「三國史記高句麗本紀の批判」, 『津田左右吉全集』 12, 東京: 岩波書店.

5장

『삼국사기』 고구려본기에 실린
'낙랑(樂浪)' 관련 기사의 독법

강종훈(대구가톨릭대학교 역사교육과 교수)

1 머리말

한국 고대사와 관련된 사료(史料)는 양적으로 매우 부족하다. 가장 기본이 되는 문헌 자료인 『삼국사기(三國史記)』는 백제 구이신왕(久爾辛王, 재위 420~427)의 경우, 왕의 즉위와 사망 사실 외에 재위 기간 중 일어난 일을 단 한 건도 전하지 않을 정도다. 사정이 이렇다 보니 문헌을 통한 고대사 연구는 현재 상태에서 더 이상 진전을 기대하기 힘들 만큼 자료상의 한계에 다다랐다는 말도 심심찮게 들린다.

문헌 외의 새로운 자료의 활용이 이런 난관의 타개책이 될 수 있을 텐데, 비석이나 묘지명(墓誌銘) 같은 금석문 자료와 목간(木簡)을 비롯한 묵서(墨書) 자료가 간간이 알려지고는 있다. 하지만 이들 '비문헌(非文獻) 문자 자료'는 언제 어디서 얼마나 나올지 예측할 수 없고, 자료 특성상 내용의 '단편성'이라는 태생적 굴레를 벗어나기도 힘들다. 유물, 유적 등 고고학적 발굴조사를 통해 얻을 수 있는 '비문자

(非文字) 자료'역시 그 중요도가 점점 높아짐을 인정하더라도, 본디 스스로 말을 하지 않는 자료임을 감안하면 자칫 연구자의 '오판(誤判)'으로 인해 실상이 왜곡될 우려를 떨쳐낼 수는 없다.

결국 이런 상황에서는 부족한 양의 문헌 자료라도 꼼꼼히 다시 살펴보면서, 고대사 복원에 단서가 될 만한 것을 하나씩 찾으려는 노력을 부단히 기울일 필요가 있다. 특히 그간의 연구를 되돌아보면, 문헌에 나타난 관련 사료들의 전후 맥락을 정확하게 짚어내지 못하고 확실한 근거나 합리적인 추론 없이 막연한 상상만으로 역사상을 혼란스럽게 만든 경우가 적지 않게 발견된다. 근자에 『삼국사기』 고구려본기의 '낙랑(樂浪)' 관련 기사들을 둘러싸고 학계에서 펼쳐진 논의에서도 그런 면이 일부 엿보인다. 이에 이 글에서 그 문제를 짤막하게 다루어보고자 한다.[1]

2 고구려본기에 실린 '낙랑' 관련 기사와 그 성격

전체 10권으로 구성된 『삼국사기』 고구려본기에는 '낙랑'이 언급된 기사가 도합 14개 실려 있다.

이 가운데 후반부인 고구려본기 권6~10에 실린 7개는 313년경 낙랑군이 한반도에서 축출된 이후 시기에 관계된 것들이다. 그중 4개는 고구려왕의 '책봉호(冊封號)'와 관련된 기사로, 고국원왕 25년(355) 12월조, 문자왕 3년(494)조와 17년(508)조, 안원왕 15년(545) 3월조에 '낙랑공(樂浪公)'이라는 이름으로 나온다. 이 기

---

1 필자는 오래전에 『삼국사기』 백제본기와 신라본기의 '초기 기록'에 실린 '낙랑' 관련 기사의 사료적 신빙성과 거기에 등장하는 '낙랑'의 실체를 검토한 글을 발표한 적이 있다(강종훈, 1995). 지금 이 글은 그 후속편으로서 당시 자세하게 다루지 않았던 고구려본기 초기 기록의 '낙랑'에 대해 그동안 묵혀두었던 구상을 펼쳐 보이는 것이다. 아울러 최근 필자는 고구려본기 유리왕 31년조 기사에 보이는 고구려 장수 '연비(延丕)' 참살 기사의 신빙성과 사료적 가치를 점검한 바 있는데(강종훈, 2020), 그 논문을 쓰면서 고구려본기 초기 기록의 엄밀한 사료 비판이 절실함을 새삼 깨닫고 이 글의 논지를 본격적으로 구축하게 되었다.

사들은 모두 중국 사서들인 『자치통감(資治通鑑)』, 『남제서(南齊書)』, 『양서(梁書)』 등
에서 전재(轉載)한 것이다. 그리고 2개는 수 양제(煬帝)의 고구려 침공 때의 군사 편
성 및 행로 관련 기사로서, 영양왕 23년(612) 정월조와 6월조에 각각 '낙랑도(樂浪
道)'라는 이름으로 보이는데, 이 기사들 역시 『자치통감』에서 베껴 옮겨 놓은 것이
다. 나머지 하나는 『삼국사기』 편찬의 책임자인 김부식(金富軾)이 고구려본기의 말
미에 붙인 사론(史論)에서 "현토와 낙랑은 본디 조선(고조선)의 땅이었다"라며 고구
려 영토의 내력을 밝힌 구절 속에 등장한다.

　　그렇지만 이 글에서 중점적으로 다루려는 것은 낙랑군이 한반도에 남아 있던
시기의 상황이다. 그래서 위의 기사들에 대해서는 논외로 하고, 여기서는 고구려
본기의 전반부인 권1~5에 실린 7개 기사만을 대상으로 삼아 논의를 전개해보려고
한다. 관련 기사들을 번역하여 차례로 제시하면 아래와 같다.

A. 대무신왕 15년(32) 여름 4월에 왕자 호동(好童)이 옥저(沃沮)에서 유람을 하고
　　있었다[遊於沃沮]. 이때 낙랑왕(樂浪王) 최리(崔理)가 출행(出行)하였다가 호동
　　을 보고서 묻기를, "그대의 용모를 보니 비상한 사람이거늘, 어찌 북쪽 나라
　　신왕(神王)의 아들이 아닐쏜가?"라고 하고는 마침내 함께 돌아가서[同歸] 딸을
　　아내로 맞게 하였다. 얼마 후 호동이 나라(고구려)로 돌아와 (…) 왕에게 권하
　　여 낙랑을 습격하였다. 최리가 (…) 딸을 죽이고는 나와 항복하였다.

B. 대무신왕 20년(37)에 왕이 낙랑을 습격하여 멸망시켰다[王襲樂浪滅之]

C. 대무신왕 27년(44) 가을 9월에 (후)한의 광무제(光武帝)가 군사를 보내 바다를
　　건너 낙랑을 정벌하고, 그 땅을 취해 군현으로 삼으니, 살수(薩水) 이남이 한
　　에 속하게 되었다.

D. 민중왕 4년(47) 겨울 10월에 잠우락부(蠶友落部)의 대가(大家) 대승(戴升) 등 1
　　만여 가(家)가 낙랑으로 가서 한(漢)에 투항하였다.

E. 태조왕 94년(146) 가을 8월에 왕이 장수를 보내 한의 요동(군) 서안평현(西安
　　平縣)을 습격하여 대방령(帶方令)을 죽이고 낙랑태수의 처자를 사로잡았다.

F. 동천왕 20년(246) 겨울 10월에 무구검(毌丘儉)이 환도성을 공격하여 함락시키

고 도륙을 자행하고는 장군 왕기(王頎)를 보내 왕을 추격하게 하였다. 왕이 남옥저(南沃沮)로 달아나 죽령(竹嶺)에 이르니, 군사들이 흩어져 거의 다 없어지고 말았다. (…) 왕이 여기저기 전전하다가 남옥저에 이르렀는데, 위군(魏軍)은 추격을 그치지 않았다. (…) 왕이 군사를 나누어 세 방향에서 급히 공격하니, 위군이 혼란에 휩싸여 전열을 갖추지 못하고 드디어 낙랑으로부터 퇴각하였다[遂自樂浪而退].

G. 미천왕 14년(313) 겨울 10월에 낙랑군에 쳐들어가[侵樂浪郡] 남녀 2천여 명을 포로로 붙잡아왔다.

사료 A는 호동왕자와 낙랑공주 설화로 널리 알려진 기사에서 이 글의 논의와 직접 관련된 부분만 제시한 것으로, 고구려가 서기 32년으로 전해지는 대무신왕 시기에 최리가 '왕'으로 있던 '낙랑'을 공격해 '항복'시켰다는 내용이다. 사료 B도 그로부터 5년 뒤에 대무신왕이 '낙랑'을 습격하여 '멸망'시켰다는 내용이며, 사료 C는 그 사건이 있은 지 7년 후 후한의 광무제가 '낙랑'을 정벌하여 '살수', 즉 청천강 이남 지역의 지배력을 확보했다는 내용이다. 사료 D는 다시 그때부터 3년이 지난 시점에 '잠우락부'로 불린 고구려의 일부 집단이 '낙랑'에 투항해 갔다는 내용이다.

사료 A부터 D까지는 대무신왕대와 그 뒤를 이은 민중왕대의 사실로 나오는데, 15년이라는 비교적 짧은 기간에 집중된 양상을 보이는 점이 우선 주목된다. 아울러 A와 B는 『삼국사기』 등의 우리 측 기록에서만 내용이 확인되지만, C와 D는 중국 사서인 『후한서』 등에도 유관 기사들이 실려 있어서 관심을 끈다. C의 경우는 중국 사서에 보이지 않는 내용이 적잖게 들어 있어,[2] 주로 우리 측 전승을 참고하면서 중국 사서의 내용을 가져다 붙인 것으로 볼 수 있는 반면, D는 『후한서』 동이열전 고구려조에, 몇몇 글자에서 차이가 있기는 해도, 거의 동일한 내용이 나와

---

2 '바다를 건너'라는 부분과 "그 땅을 취해 군현으로 삼으니 살수 이남이 한에 속하게 되었다"라는 구절은 『후한서』 등에서는 확인되지 않는 내용이다.

사실상 중국 측 기록에만 의존하여 작성한 것으로 파악된다.[3]

위 사료들에 비해 한 세기가량 시간적 낙폭을 보이는 사료 E는 '낙랑태수'의 처자를 포획한 사실을 전하는데, 사료 D처럼『후한서』에 실린 기사를 옮겨놓은 이른바 '중국계 원전(原典) 사료'에 해당한다. 사료 E의 사건으로부터 딱 100년 뒤에 벌어진 위장(魏將) 무구검(毌丘儉)[4]의 고구려 침략 사실을 기록한 사료 F는『삼국지』를 위시한 중국 측 사서에 관련 내용이 있기는 하지만, 거기서 통째로 전재한 것이 아니라 고구려 측의 자체 전승을 바탕으로 서술한 것이다. 낙랑군의 한반도 내에서의 소멸과 관련된 사료 G 역시 이 점은 마찬가지다.

결국 7개의 기사는 중국 측 사서에 실린 것을 거의 그대로 베낀 것 2개(사료 D와 E), 중국 측 사서에 관련 기사가 있으나 우리 측 전승에 토대를 두고 기술된 것 3개(사료 C, F, G), 그리고 중국 측 사서에서는 관련 내용이 어디서도 확인되지 않아 우리 측 전승에서만 유래한 것으로 보이는 것 2개(사료 A, B)로 정리해볼 수 있다. 가장 앞선 시기의 상황을 전하는 사료 A와 B가 우리 측 자료에만 입각하여 서술된 점이 특별히 눈에 띈다. 바로 이 지점에서, 고구려를 비롯하여 백제와 신라 세 나라 모두 우리 측 자체 전승에 의거하여 초창기 역사가 기록된 부분은 사실성 여부를 둘러싸고 많은 논란이 이어져왔음을 떠올리게 된다. 이에 아래에서 사료 A와 B, 두 기사를 집중적으로 검토해서 실상이 과연 어떠했는지를 확인해보도록 하자.

3　『후한서』동이열전 고구려조에는 "(건무) 23년(47) 겨울에 구려(句驪)의 잠지락(蠶支落) 대가(大加)인 대승(戴升) 등 만여 구(口)가 낙랑으로 와서 내속(內屬)하였다"라고 되어 있다.『삼국사기』와 비교해보면, 사료 D의 '잠우락부'의 두 번째 글자인 '友'가『후한서』에는 '支'로 기재되었고, 전자의 '大家'와 '만여 가'가 후자에서는 각각 '大加'와 '만여 구'로 다르게 표현되었다. '友'의 경우는 자형의 유사함으로 인해 진사(轉寫) 또는 판각 과정에서 오류가 발생한 결과로 판단되고, 나머지 두 사례는 원 자료가 후대에 전록되는 과정에서 편사자(編史者)가 고구려 사회에서의 '加'의 성격을 제대로 알지 못해 자의적으로 '加'를 '家'로 바꾸고, 그에 맞춰서 뒤의 '口'도 '家'로 변개한 것이 아닐까 여겨진다.

4　그동안 흔히 관구검(毌丘儉)으로 불렸는데, '毌(무)'와 '毌(관)'의 자형이 유사하여 혼동이 일어난 것이다. 정덕본(正德本)을 위시해서 현재 전해지는『삼국사기』의 판본에는 '毌'로 새겨져 있으며, 당나라 때인 8세기에 편찬된『진서음의(晉書音義)』에서도 '毌丘'의 첫 글자 음을 '無(무)'라고 밝혀놓았다.

고구려본기 대무신왕 15년조에 고구려의 공격을 받고 항복한 것으로 나오는 '낙랑'은 대체 어떤 정치체였을까?

일단 낙랑은 기원전 108년에 한이 고조선을 멸망시킨 후 그 땅에 설치한 '군 (郡)'의 이름이다. 아울러 전한과 후한 당시 군을 다스리던 자는 대개 '태수(太守)'라는 직명으로 불렸다. 그런데 이 기사에서는 최리라고 이름이 전하는 낙랑의 지배자를 '낙랑태수'라고 하지 않고, '낙랑왕'이라고 호칭했다. 왜 굳이 낙랑왕이라고 했는지가 우선 문제가 될 수 있다.

더욱 중요한 것은 앞서 언급한 것처럼 대무신왕이 재위하고 있었다는 서기 1세기 전반경, 중국으로 치면 후한 초기인 광무제의 치세에 고구려가 낙랑군을 공격하여 낙랑태수의 항복을 받아냈다는 내용의 기사가 중국 측 사서에서는 전혀 보이지 않는다는 점이다. 물론 고구려와 낙랑군 사이에 벌어진 모든 사건이 『후한서』 등의 중국 사서에 반드시 실려 있었을 것으로 예단할 수는 없다. 그렇지만 낙랑군의 태수가 고구려의 공격을 감당하지 못하고 '항복'을 할 정도라면 중국 측의 입장에서 매우 큰 충격을 받았을 사건일 텐데, 이에 관한 기사가 중국 사서에 나오지 않는다는 것은 심상히 넘길 문제가 아니다. 사료 D나 E에서 보듯이 고구려인들의 집단적인 투항이나 낙랑태수 처자의 피랍 사실에 대해서는 관련 기록을 남겨 놓은 중국의 편사자가 정작 낙랑군의 '멸망'으로도 볼 수 있는 큰 사건에 대해 눈을 감았다고 하는 것은 아무래도 석연치 않은 구석이 있다.

이런 연유로 그동안 이 기사를 두고 아예 허위로 날조된 것으로 보거나, '과장' 또는 '오전(誤傳)'이라고 파악하는 것이 일반적이었다. 그런데 이와는 달리 대무신왕 시기에 고구려가 '낙랑'을 복속시켰다는 것은 실제로 일어난 일로 보되, 그 대상은 중국 군현으로서의 '낙랑군'이 아니라, 낙랑과 연관이 있는 주변의 다른 정치체일 것으로 판단하는 연구들이 근자에 몇 차례 나온 바 있다(문안식, 문창로 등). 이 새로운 견해에서는 사료 A에 호동과 최리가 만난 지역이 '옥저'로 나오는 것에 주목하여, 이 기사에서의 '낙랑'은 기원전 1세기 전반에 낙랑군 동부도위(東部都尉)

가 설치되었을 때 이른바 '영동 7현'으로 편제되었다가 서기 30년에 이르러 동부 도위가 폐지된 후에는 낙랑군에 예속된 '후국(侯國)'으로 존재했던 동해안 일대의 소국이었을 것으로 추정하고, '옥저 지역' 또는 '옥저 방면', 즉 지금의 함경남도 함흥 일원에 위치했을 것으로 추측했다(문안식, 1997, 22~23쪽).

이 신설은 의외로 많은 연구자의 지지를 받으면서 현재는 우리 학계에서 대세가 되어가고 있는 듯도 보인다. 사료 A에 나오는 '낙랑'을 중국 군현으로서의 낙랑군으로 보기는 어렵다는 전제에서 나름대로 합리적인 해명의 방안을 찾으려 한 것이기에, 이 설의 연구사적 의의는 충분히 인정할 만하다. 그렇지만 문제는 실상이 과연 그러했을까이다.

이 의문을 풀어감에 있어 맨 먼저 유의해야 할 점은 호동이 옥저로 '유람'을 갔을 때 낙랑왕 최리가 '그를 맞이한[迎之]' 것이 아니라, '나가서 다니던 차에 그를 보고서[出行因見之]' 호감을 표하고 그와 더불어 '같이 돌아갔다[同歸]'라고 사료에 나온다는 사실이다.

이 사료에 접근할 때는 우선 옥저와 낙랑이 지역명이든 세력의 명칭이든 간에 서로 구별되고 있다는 점을 놓쳐서는 안 된다. 만약 옥저 지역이 낙랑과 동일시되었다면, 애초에 호동이 '낙랑'으로 유람을 간 것으로 나오거나, 반대로 최리가 낙랑 왕이 아닌 '옥저왕'으로 나와야 사리에 맞다. 더구나 최리가 옥저에 '나갔다가' 호동과 함께 '돌아간' 것으로 서술되어 있는 것을 보면, 최리 역시 모종의 이유로 옥저를 '방문'했고 일을 마친 후 자신의 본거지로 돌아갔다고 해석하는 것이 사료 맥락상 정합적인 이해가 될 것이다. 결국 낙랑왕의 옥저 '출행' 기사 내용만 놓고 보더라도, 옥저를 곧 최리가 왕으로 있던 '낙랑'이라고 주장하기는 매우 힘들다는 이야기다.

이와 연관하여 고구려본기에는 태조왕 4년, 즉 대무신왕 15년보다 24년 뒤진 시점에 해당하는 해로서 서기 56년이라고 알려져 있는 해의 가을 7월에 '동옥저(東沃沮)'를 정벌하여 그 땅을 빼앗아 성읍(城邑)으로 삼았다고 나오는데, 이 점도 최리의 '낙랑'이 옥저 지역에 위치한 소국이 아니었음을 다시 한 번 입증해준다. 24년 전에 항복을 받아 소멸시킨 나라를 또 정벌했다는 것은 문맥상으로 앞뒤가 맞지

않기 때문이다.[5]

한편 사료 F를 자세히 들여다보면, 동천왕대에 고구려를 침략했던 위군이 남옥저 지역에서 고구려군의 반격을 받고서 '낙랑으로부터[自樂浪]' 퇴각한 것처럼 기술되어 있어, 혹시 이를 근거 삼아 옥저가 낙랑으로도 불렸다고 주장할 여지가 있을 것 같다. 하지만 태조왕대 이후 동천왕 당시까지 자신들에게 복속되어 있던 지역을 고구려인들이 굳이 중국의 변군(邊郡) 이름으로 불렀을 가능성은 거의 없다고 보는 것이 이치에 맞다. 아마도 이 구절은 위군이 낙랑을 '거쳐[由]' 물러갔다는 의미로 해석하는 편이 옳을 것이다.[6]

여기서 또, 꼭 옥저가 아니더라도 '옥저 방면', 즉 옥저 부근의 동해안 일대에 자리 잡았던 다른 세력을 낙랑으로 지칭하지 않았을까 미련을 계속 가져볼지도 모르겠다. 좀 더 구체적으로 말하자면, 애초에 옥저와 더불어 낙랑군 동부도위 소속의 영동 7현에 들어갔다가 동부도위 폐지 후 낙랑군에 속한 '후국'으로 바뀐 세력, 즉 불이(不而; 不耐)나 화려(華麗), 동이(東暆), 사두매(邪頭昧), 잠태(蠶台), 전막(前莫) 등 나머지 6현 지역의 어떤 우두머리가 사료 A에 보이는 낙랑왕 최리가 아니었을

---

5 태조왕 4년조 기사에 나온 '동옥저'는 『삼국지』 위서 동이전에도 그 이름이 등장하는데, 북쪽으로 두만강 유역에 있던 것으로 여겨지는 북옥저(北沃沮)와 대비하여 '남옥저(南沃沮)'로 표기되기도 했지만, 일반적으로는 옥저로 약칭되었다. 참고로 북옥저의 경우, 고구려본기에서는 이미 시조 동명성왕 10년 겨울 10월에 부위염(扶尉猒)을 시켜 정벌하여 그 땅을 성읍으로 삼았다고 기록했다. 태조왕 4년의 동옥저 정벌은 나머지 옥저 세력에 대한 군사작전의 의미를 지니는 것이라고 할 수 있겠다.

6 『서예대자전』을 보면, 초서로 흘려서 쓴 경우 '由'와 '自'의 자형이 유사한 사례들이 발견된다(후시미 츄게이(伏見沖敬) 편, 1999, 1481쪽 및 1842쪽). 이를 감안하면, 『삼국사기』의 원전 자료가 전록되는 과정이나 편찬 후 판각되기까지의 과정에서 오사(誤寫) 또는 오각(誤刻)이 일어났을 가능성도 상정된다. 아울러 '遂自樂浪而退'라는 구절은 한문의 문장 구성법의 측면에서 보더라도 다소 어색한 것이기도 하다. '而'는 앞의 문구를 뒤와 연결해주는 접속사의 역할을 하는데, 앞부분에서 동사의 의미를 지니는 글자가 들어가야 문맥이 순조롭게 된다. 따라서 흔히 '~로부터'라는 의미의 조사로 쓰이는 '自'보다는 '~를 거치다', '경유하다'는 뜻의 동사로 활용되는 '由'가 이 구절에서 더 어울리는 글자임은 충분히 수긍할 수 있을 것이다. "낙랑으로부터 퇴각하였다"는 의미의 문장이라면, 굳이 '遂自樂浪而退'라고 할 필요 없이 '遂自樂浪退(去)' 또는 '遂退自樂浪'이라고 쓰면 된다.

까 추정해보는 것이다.

　하지만 결론적으로 말해서, 이런 추정도 성립하기 어렵다. 사료 A를 보면 호동이 고구려로 돌아가 부왕인 대무신왕을 설득하여 '낙랑'을 급습한 끝에 최리의 항복을 받아냈다고 되어 있다. 이는 당시 '낙랑'이 고구려로부터 '직접적'인 침공을 받을 만한 위치에 있었음을 시사한다.

　그런데 영동 7현 가운데 옥저 이외의 나머지 현들은, 처음부터 현토군에 속했다가 현토군 퇴축을 계기로 낙랑군 동부도위 소속의 현이 되었던 옥저와는 달리, 본디 임둔군 소속의 현들이었다가 임둔군의 폐지와 함께 현토군으로 한 차례 소속 변경을 거친 다음 다시 낙랑군 동부도위 관할로 바뀐 현들로서, 모두 옥저보다는 남쪽에 위치했던 것으로 파악되고 있다. 따라서 북쪽에 자리 잡은 고구려의 입장에서 볼 때, 이들이 있었던 지역은 옥저 지역을 거치지 않고서는 '불시에' 직접 침공하기란 사실상 불가능했을 것으로 보아야 마땅하다. 이는 옥저 이남의 영동 7현 지역을 사료 A에서의 '낙랑'으로 볼 수 없는 가장 핵심적인 이유가 된다.

　사실 같은 영동 7현의 하나인 옥저는 그대로 '옥저'라고 표기하면서 나머지 6현 지역의 어느 곳을 두고 '낙랑'이라고 칭했다고 상정하는 것 자체가 합리적이지 않음은 굳이 강조할 필요가 없을 것이다.

　그렇다면 최리가 왕으로 있었다는 '낙랑'은 과연 어디에 자리 잡았던 세력이며, 그 성격은 어떻게 보아야 할까?

　앞에서도 언급했듯이 최리와 관련되어 나오는 '낙랑'은 중국의 변군으로서의 낙랑군이었을 가능성은 극히 낮으며, 그가 낙랑군의 태수였을 가능성도 거의 없다. 그렇지만 고구려 측의 자체 전승에 바탕을 둔 자료에서 최리를 '낙랑왕'이라고 칭했다면, 그가 다스렸던 지역이 비록 영동 7현은 아니더라도 낙랑과 아예 무관한 곳이었다고 하기는 힘들다.

　추적에 필요한 직접적 단서가 사실상 없기에 불가피하게 추측에 의지해볼 수밖에 없는데, 고구려의 남쪽 경계 가까이에 위치하면서 처음에는 낙랑군의 지배를 받던 곳이 어떤 계기로 인해 낙랑군의 세력 범위에서 벗어나게 되었을 때, 고구려인들이 이전의 기억을 가지고 여전히 '낙랑'이라고 칭하면서 그 우두머리에 대해서도, 마치 고구려본기의 초기 기록에서 주변 소국들의 우두머리를 비류국왕, 황룡국왕, 해두왕, 갈사왕, 개마국왕, 구다국왕 등으로 부른 것과 마찬가지로, '낙랑왕'으로 호칭했을 가능성이 상정된다.

최리의 '낙랑'은 당시 세력의 규모 면에서 고구려에 미치지 못했을 것으로 여겨지는데, 무엇보다도 그가 자신의 딸을 정략적으로 고구려의 왕자 호동과 혼인시키려 했다는 데서 두 세력 간의 우열을 짐작할 수 있다. 아울러 사료 A에서는 호동이 옥저로 '유람'을 간 것처럼 나와 있으나, 고구려의 왕자가 인접한 나라에 그냥 놀러 갔을 것으로 보기는 어렵다. 동일한 시점에 최리 또한 옥저에 왔다면, 그때 옥저에서 무언가 큰 행사가 있어 양자 모두 초청을 받아 일종의 '국빈(國賓)' 자격으로 갔을 가능성을 배제할 수 없다. 그렇다면 최리의 경우는 '왕'으로서 몸소 방문을 한 반면 호동은 왕을 대리하여 왕자의 자격으로 참석한 것이 되니, 이 점에서도 '낙랑'과 고구려의 세력 정도 및 위상의 차이를 충분히 엿볼 수 있다.

결국 최리의 '낙랑'은 낙랑군 시절로 치면 현 단위에 해당하는 지역을 영역으로 삼고 있었을 것으로 추정된다. 그리고 압록강 중류 지역에서 일어난 고구려의 남쪽으로 그와 경계를 맞대었거나 그다지 멀지 않은 곳에 있었을 것으로 보이는데, 대략 청천강 상류 지역 정도에 위치하지 않았을까 추측된다. 사료 A보다 뒤에 배치된 사료 C에서 후한의 광무제가 낙랑을 정벌하여 군현으로 삼으니 '살수', 즉 지금의 청천강 이남이 한에 속하게 되었다고 한 것은 당시 고구려의 영역이 청천강 일대까지 확장되어 있었음을 전제로 한 서술인데,[7] 앞에 나온 기사에서의 최리

7　참고로 고구려본기에서는 태조왕 4년조의 동옥저 정벌 기사의 말미에 "영토를 개척하여 동쪽으로는 창해(滄海)에 이르고, 남쪽으로는 살수에 이르렀다"라는 내용으로, 청천강이 고구려와 낙랑군의 경계를 이루었음을 다시 한 번 상기시킨다. 그런데 이 기사에서 특별히 주목되는 것은, 옥저를 정복한 사실을 전하는 기사이기에 그냥 영토가 동쪽으로 창해에 이르게 되었다고만 해도 될 것인데, 굳이 남쪽으로 살수에 이르렀다고 하여 살수까지 끼워서 언급했다는 점이다. 이는 옥저 정복에 앞선 어느 시점에 고구려의 영역이 살수 일대까지 확장된 사실이 애초의 원전(原典) 자료에 나와 있었을 가능성을 암시하는 것이라 할 수 있다. 아마도 원전 자료의 그에 관한 기사 내용 가운데 살수 운운한 부분이 『삼국사기』의 고구려본기나 그것의 대본이 된 일명 『구삼국사(舊三國史)』 등에서 어떤 연유에선가 빠지는 상황이 생기자, 태조왕대의 옥저 정벌 기사의 말미에 위와 같이 부기함으로써 이 시기에는 살수 이

의 '낙랑'이 청천강 이북에 자리 잡고 있었을 것을 시사하는 것으로 볼 수 있다.[8]

이와 관련하여 한 가지 주목할 점은, 『한서』 지리지에 낙랑군의 속현으로 기재된 25개 현들이 『후한서』 군국지에서는 동부도위가 폐지된 이후의 상황을 반영하여 영동 7현이 빠진 18개 현으로 나오는데, 그 18개를 보면 전자에 들어 있던 탄열현(呑列縣)이 후자에는 보이지 않고 대신 낙도현(樂都縣)이 포함되어 있다는 것이다. 탄열이 낙도로 개칭되었을 가능성도 물론 생각해야겠지만, 25개에 이르렀던 많은 현 가운데 특별히 탄열현만 이름을 바꾼 것으로 봐야 할 사유가 확인되지 않는 한, 탄열현이 폐지되고 낙도현이 타처에 신설되었을 가능성을 당연히 상정할 수밖에 없다(이병도, 1976, 136쪽). 탄열현은 근래에 알려진 「낙랑군 초원 4년 현별 호구부」(기원전 45)에도 나타나 있어 전한 말까지는 존속했던 것으로 볼 수 있는데, 이후 폐지가 되었다면 그 시점은 후한 초기에 영동 7현이 포기되던 때와 맞물려 있었을 가능성이 적지 않다.

그런데 이 탄열현은 대동강 하구의 오늘날 황해남도 은율군 지역으로 추정되는 열구현(列口縣)과 그 대안인 평안남도 온천군 및 남포시 지역의 점제현(黏蟬縣)에서 서해로 빠져나가는 '열수(列水)'의 발원지로 나와, 대동강 상류 지역인 지금의 평안남도 영원군 일대로 비정하기도 한다(이병도, 위와 같음). 영원군이 청천강 상류인 자강도 희천시의 동쪽이고, 백두대간을 사이에 두고 동쪽의 함흥에 인접한다는 점에서 이 설은 자못 관심을 끈다. 하지만 영원군과 희천시의 경계에 있는 묘향산이 대동강과 청천강의 분수령 가운데 하나임을 고려하면, 탄열현의 관할 범위는 꼭 영원군으로만 국한할 수 없으며, 희천시 일대까지를 포괄했을 가능성을 열어둘 필요가 있다. 어쨌든 최리의 '낙랑'은 전한 대에는 낙랑군에 속했다가 후한 대에

북도 고구려의 영토였음을 드러내고자 했던 것으로 여겨진다.

8　추측건대, 후대의 편사자가 원 자료에 최리의 '낙랑'을 복속시킴으로써 살수까지 고구려 영역이 확대되었다는 기사가 나오는 것을 보고, 『후한서』에 기록된 광무제의 낙랑 정벌 기사를 그와 연결시키면서 고구려가 확보한 '낙랑' 지역의 남쪽, 즉 살수 이남 지역을 후한이 수복한 것으로 이해한 결과가 사료 C의 형태로 구현된 것이 아닐까 싶다. 그리고 사료 C에서 살수가 언급됨에 따라, 사료 A에서는 살수까지의 영역 확장에 관한 구절이 산삭(刪削)되었을 가능성이 점쳐진다.

사라진 이 탄열현과 매우 밀접한 관련이 있을 것으로 판단된다.

요컨대 사료 A에서 대무신왕 15년에 고구려에 정복당한 것으로 나오는 최리의 '낙랑'은 중국이 설치한 변군으로서의 낙랑군이 아닐뿐더러, 그렇다고 해서 근래 학계 일각에서 제기한 것처럼 동해안의 함흥 일대에 있던 '옥저' 또는 그 주변의 세력을 지칭한 것도 아니며, 고구려의 남쪽으로 청천강 상류 지역 어딘가에 자리 잡고 있던 소국을 가리키는 것으로 봄이 합당하다. 그것이 '낙랑'으로 기억된 것은 애초에 낙랑군에 속했던 지역을 차지하고 있던 것에서 말미암은 것으로 보이는데, 최리로 대표되는 이 지역의 주민 집단은 아마도 고조선 계통의 토착 세력으로서, 어떤 계기에 의해 낙랑군 치하를 벗어나 독자적으로 존립하다가 마침내 고구려에 흡수된 것이 아닐까 여겨진다.

4 대무신왕 20년조에 보이는 '낙랑 습멸' 기사의 성격

그러면 지금부터는 사료 B, 즉 대무신왕 20년에 낙랑을 습격해서 멸망시켰다는 기사를 살펴보도록 하자.

이 사료를 앞서 본 사료 A와 연결하여 이해하려고 할 때, 뭔가 어색한 느낌이 들 것이다. 즉 5년 전에 낙랑왕 최리의 '항복'을 받았다고 한 것을 보면 낙랑이 이미 고구려에 복속된 것으로 파악할 수 있는데, 여기서 다시 고구려가 낙랑을 '습격'하여 '소멸'시켰다고 하니 어찌된 영문인지 고개를 갸우뚱거리게 된다.

이에 대한 답은 의외의 곳에서 찾을 수 있다. 바로 『삼국사기』 신라본기에 나오는 다음과 같은 기사이다.

> H. 유리이사금 14년에 고구려왕 무휼(無恤)이 낙랑을 습격하여 멸망시켰다[襲樂
>
> 浪滅之]. 그 나라 사람 5천 명이 와서 투항하니 육부에 나누어 살게 하였다.[9]

---

[9] 참고로 이 기사는 『삼국유사』 권1 기이편 낙랑국조에도 인용되어 있는데, 거기에는 노례왕(즉, 유

위의 첫 번째 문장은 대무신왕의 이름인 '무휼'이 추가되었을 뿐 고구려본기에 실린 사료 B와 같은 문구로 이루어져 있다. 사실상 같은 기사가 고구려본기와 신라본기에 각각 수록된 것이다. 어느 한쪽의 기사를 다른 쪽에다 옮겨 실었다고 볼 수 있는데, 어디가 원전에 해당할지는 쉽게 파악이 될 것이다. 내용의 구체성으로 미루어 볼 때, 두 기사 중 신라본기에 들어간 것이 '오리지널(original)'이고 고구려본기의 것이 해당 연도에 맞춘 '카피(copy)'일 것은 의심의 여지가 없다(임기환, 2004, 147쪽). 따라서 고구려본기에 보이는 사료 B를 고구려 측의 자체 전승에 입각한 것으로 보고, 대무신왕대의 사실을 전하는 것으로 단정해서는 곤란하다. 사료 H에 나온 신라 유리이사금 14년은, 『삼국사기』 신라본기 초기 기록의 기년(紀年)을 둘러싸고 많은 논란이 이어져왔음을 고려하면 서기 37년으로 볼 수는 없고, 실제로는 대략 3세기 중엽에 해당할 것으로 추정된다(강종훈, 2000).

신라본기에는 '낙랑'이라고 불린 세력이 시조인 혁거세 재위 시기부터 등장하여 사료 H에 보이는 유리이사금 시기까지 수차에 걸쳐 신라를 침탈한 것으로 그려져 있다. 사료 H에 바로 앞선 기사로 유리이사금 13년 8월에 '낙랑'이 신라의 북쪽 변경에 침입하여 타산성(朶山城)을 함락시켰다는 내용이 전하는데, 그 '낙랑'이 사료 H에 보이듯이 이듬해에 고구려의 습격을 받아 갑자기 멸망했다는 것이다.

신라가 지금의 경주시 일원을 영역으로 하고 있던 당시에 '주변'의 적대 세력으로 나오는 이 '낙랑'을 한반도 서북부 지역에 있던 중국 군현으로서의 낙랑군으로 볼 수는 당연히 없다. 필자는 이전의 논문에서 그 실체를 '진한'의 어떤 세력일 것으로 판단한 바 있는데(강종훈, 1995), 이런 관점에 설 때 사료 H와 그것을 옮겨놓은 사료 B는 초창기 신라와 진한 세력 간의 관계 차원에서 이해되어야 할 성질의 것이지, 앞서 살펴본 최리의 '낙랑'이나 고구려와 관련지어 다루어져야 할 기사는 아닌 것이다. 그동안 학계 일각에서는 사료 B와 H에 보이는 '낙랑'을 사료 A에 나온 최리의 '낙랑'과 같은 실체로 보고 옥저 지역 내지 옥저 방면의 소국으로 파악

리이사금) '4년'의 일로 잘못 옮겨져 있고, 낙랑뿐 아니라 대방(帶方) 사람들도 함께 귀순했다고 하여 『삼국사기』 기림이사금 3년 3월조에 나오는 내용이 섞여 있다.

하면서, 고구려의 공격을 받아 멸망하자 그 유민이 동해안을 따라 내려와 신라로 들어온 것이라고 이해했다. 그렇지만 지금까지 거론한 것처럼 최리의 '낙랑'은 옥저 방면의 세력으로 볼 근거가 없으며, 더욱이 적절한 사료 비판을 건너뛴 채 신라본기에서 비롯된 '낙랑' 관련 기사를 사료 A와 바로 연결시키면서 '낙랑'과 고구려 및 신라의 관계를 설명하는 것은 자칫하면 역사 왜곡을 불러올 수 있다.

사료 H와 그것의 '카피'로서의 사료 B가 어떤 과정을 밟아 지금의 형태로 『삼국사기』에 실리게 되었는지는 확인할 길이 없다. 추측을 해본다면, 『삼국사기』 신라본기가 편찬되는 과정이나 그 원전에 해당하는 사서로서 『구삼국사』 등이 찬술되던 과정에서 찬자가 유리이사금 14년에 '낙랑'이 항복해왔다고 기록된 자료를 보고, 거의 같은 시기의 사건으로 전하는 고구려 대무신왕대 '낙랑왕' 최리의 항복 기사를 참고하여, 양자를 연관 지어 대무신왕의 '낙랑' 정복 결과 '낙랑인'이 신라로 내투하게 된 것으로 파악한 것이 아닐까 생각된다. 이렇게 하여 사료 H와 같은 형태의 기사가 먼저 만들어진 다음, 다시 거기에 영향을 받아 고구려본기에도 최리의 항복 5년 후에 해당하는 대무신왕 20년의 기사로 신라본기의 낙랑 습멸 기사를 끼워 넣은 것이 사료 B일 것으로 여겨진다.

이렇게 이해하게 되면, 사료 C가 왜 하필이면 대무신왕 재위 말년조 기사로 전해지게 되었는가에 대해서도 좀 더 합리적인 설명이 가능해질 수 있다.

후한의 광무제가 군사를 파견하여 낙랑군을 정벌하고 그 지역에 대한 지배력을 회복한 것은 서기 30년의 일이었다. 이에 앞서 중국에서 왕망(王莽)의 신(新)이 무너지고 후한이 들어서던 혼란의 시기였던 서기 25년 무렵에 낙랑군의 '토인(土人)' 왕조(王調)가 태수 유헌(劉憲)을 살해하고 스스로 '대장군 낙랑태수'를 칭한 적이 있었다고 『후한서』는 전한다. 광무제는 이로부터 5년 정도가 흐른 시점에 왕준(王遵)이라는 자를 낙랑태수로 임명하여 왕조의 반란을 진압할 군대를 보냈고, 낙랑에서는 군삼로(郡三老) 왕굉(王紘) 등이 호응하여 왕조를 죽이고 토벌군을 맞이했다는 것이다.**10** 이로써 5년여에 걸친 낙랑 지역 토착인 왕조 세력의 후한 정권으로

---

10 앞서 본 사료 A의 낙랑왕 최리는 혹시 왕조의 반란으로부터 시작된 이러한 낙랑군의 정치적 혼

부터의 이탈은 막을 내리게 되었는데, 여기서 주목해야 할 것은 이 사건과 관계된 기사임이 분명한 사료 C에서는 서기 30년이 아닌 44년의 일이라고 전하고 있다는 점이다.

중국 측 사서에서 유래한 기사가 『삼국사기』에서 이처럼 연도가 다르게 설정된 것은 매우 이례적이다. 이는 중국 사서에 보이는 연도와 우리 측 전승에 나오는 연도가 들어맞지 않는 상황에서 후자를 취한 결과로 볼 수 있는데, 바로 그와 같은 편찬의 원칙 때문에 사료 A의 낙랑왕 최리의 '항복' 관련 기사와 사료 B의 낙랑 '습멸' 기사보다 앞에 광무제의 낙랑군 '수복' 관련 기사를 둘 수는 없었다고 판단된다. 그리고 광무제의 낙랑 수복 기사는 사료 D에 보이는 '잠우락부' 대가 대승 등의 낙랑 투항 기사에 앞서 배치되어야 했기에, 사료 B의 서기 37년과 사료 D의 47년 사이에 들어 있는, 그리고 특별히 대무신왕이 사망한 해로 전하는 서기 44년의 일로 설정한 것이 아닐까 한다.

5 맺음말

지금까지 『삼국사기』 고구려본기의 초기 기록에 보이는 '낙랑' 관련 기사들의 신빙성 여부와 사료적 성격에 대해 살펴보았다. 가장 먼저 나오는 대무신왕 15년조의 '낙랑'과 그 뒤를 이어 나오는 20년조의 '낙랑'은 모두 중국의 변군이었던 낙랑군을 가리키는 것이 아니며, 근래 학계 일각에서 제기된 새로운 설에서처럼 옥저 지역 또는 옥저 방면의 이른바 '영동 7현'과 관련된 세력으로도 보기 어려움을 알 수 있었다. 특히 대무신왕 15년조 기사에 등장하는 '낙랑왕' 최리는 후한 초기에 낙랑군의 지배 범위에서 이탈한 고조선 계통의 토착 세력으로, 당시 고구려의 남쪽 경계에 가까운 지역, 즉 지금의 청천강 상류 일대에 자리 잡고 있던 소국의 수장이었을 것으로 추정해보았다. 그리고 대무신왕 20년조에 보이는 '낙랑' 습멸

란의 와중에 자립한 인물이었을지도 모르겠다.

기사는 처음부터 고구려 측의 자체 전승에 입각한 것이 아니라 신라본기에 등장하는 사실 왜곡 기사를 옮겨놓은 것일 뿐이어서, 이 기사를 근거로 고구려와 낙랑, 낙랑과 신라 간의 관계를 설명하는 것은 타당하지 않다는 점을 강조했다.

사실 고구려본기를 포함하여 『삼국사기』 신라본기와 백제본기 등에서 각국의 초창기 역사를 전하는 부분은 그 내용을 곧바로 믿으려 해서는 위험하다. 중국 측 사서에서 관련 내용이 확인되는 기사일지라도 우리 측 전승이 조금이라도 섞여 있는 경우에는 그 사실성을 꼼꼼히 따져보지 않으면 안 된다(강종훈, 2020). 비록 짧은 글이지만, 이 글에서 논의한 내용이 우리 학계의 삼국시대사 연구에 다소나마 기여할 수 있기를 바라는 마음 간절하다.

참고문헌

『삼국사기』, 『삼국유사』, 『후한서』, 『삼국지』

한글

강종훈, 1995, 「『三國史記』 初期記錄에 보이는 '樂浪'의 實體」, 『한국고대사연구』 10, 한국 고대사학회.

강종훈, 2000, 『신라상고사연구』, 서울대학교 출판부.

강종훈, 2011, 『삼국사기 사료비판론』, 여유당.

강종훈, 2020, 「『삼국사기』 초기기록에 반영된 중국계 原典 사료의 讀法」, 『대구사학』 140, 대구사학회.

김기흥, 2002, 『고구려 건국사』, 창작과비평사.

문안식, 1997, 「『三國史記』 新羅本紀에 보이는 樂浪·靺鞨史料에 관한 검토」, 『전통문화연구』 5, 조선대학교 전통문화연구소.

문창로, 2004, 「新羅와 樂浪의 關係」, 『한국고대사연구』 34, 한국고대사학회.

伏見沖敬 編, 1999, 『合本 書藝大字典』, 敎育出版公社.

이병도, 1976, 『한국고대사연구』, 박영사.

임기환, 2004, 「고구려와 낙랑군의 관계」, 『한국고대사연구』 34, 한국고대사학회.

전덕재, 2003, 「尼師今時期 新羅의 성장과 6部」, 『신라문화』 21, 동국대학교 신라문화연구소.

6장

『삼국사기』「고구려본기」의 상금서수 기록과 무양(無羊) 오축(五畜)의 가축 생태권 문화

김일권(한국학대학원 민속학전공 교수)

1 머리말

필자는 최근 한국 고대 사회의 '자연지식' 연구 방향을 두고서, 천문과 기상, 역법과 시간의 지식에 이어, 자연의 신비적 인식에 관한 영징부서론(靈徵符瑞論) 분야에 집중해왔다. 이 개념은 고구려와 동시대 인식 면모를 담은 사료로서『송서』「부서지」와『위서』「영징지」의 관점을 참작하되, 「고구려본기」의 자료 구성에 적합한 연구 방법론을 개발하려는 목적도 아울러 지닌다.

신화학적 상징론에서부터 구체적인 자연의 초목금수에 표상되는 각종 부서(符瑞)들을 중시하는 인식이 남북조대에 매우 발달했으며, 「부서지」와「영징지」는 그 결과물이다. 고구려를 비롯한 삼국시대의 신화자연학적 부호들을 해명하기 위해서는 이들 사료에 대한 관점 환기가 크게 요청된다. 삼족오, 황룡도(黃龍圖)와 같이 고구려 고분벽화에 투영된 각종 신화 상징들의 해석과 이해에도 물론 크게 관여하는 분야다. 부서(符瑞)는 부신(符信, 신표)과 서응(瑞應)이란 말뜻을 지니며 그 양 방향으로 각기 발달한다. 수당대로 들어서면 하늘과 자연의 상서 분야를 종합하려 는 총서류가 발달하고, 그러한 대표적인 자료로서 통일신라 말에서 늦어도 고려 초에는 유입되어 고려시대 신화자연 부호의 해석에 활용되었던 『천지서상지(天地 瑞祥志)』는 책명 그대로 하늘과 땅 사이의 모든 상서들을 종합하여 인간과 자연의 상관적 인식을 크게 높이려는 흐름이다.

　이러한 문제의식 아래 이 글에서는 『삼국사기』 「고구려본기」에 수록된 상금 서수(祥禽瑞獸)의 내역을 살펴보되, 당시 가축 기록이 무양(無羊) 오축(五畜)의 생태 권인 상황도 아울러 짚어본다. 이는 고대사회가 지향했던 자연지식의 면모를 심화 하는 한 주제가 될 것이다. 또한 『고려사』 「오행지」의 인식틀을 『삼국사기』로 확대 적용하는 일환이 되는 것이기도 하여, 추후 삼국사의 오행지(五行志)적 자연지식 재구에도 적절히 활용될 수 있지 않을까 기대한다.[1]

2 「고구려본기」의 영징부서 기록과 범주 분류

　영징과 부서 장르는 고대 동아시아적 신화 상징론의 주요 테마다. 부서(符瑞) 가 구체적인 무언가의 서물(瑞物)을 통해 상서를 드러내는 측면이라 한다면, 영징 (靈徵)은 서물뿐만 아니라 신이한 사건 현상도 포함하는 좀 더 넓은 개념이나, 혼용 하여 써도 무방하다. 부서 갈래에는 대상에 따라 이채로운 새들에 대한 상금(祥禽) 범주와 신령한 동물에 대한 서수(瑞獸) 범주로 나눌 만하다. 또한 신비한 광물이나 기이한 식물의 경우도 서물(瑞物) 범주로 나눌 수가 있는데, 문제는 「고구려본기」

1　필자는 『삼국사기』 자연학 연구 시리즈를 출간 예정에 있고, 이 글은 제5책의 일부다.
제1책 『삼국사기 자연학의 일식기록과 고대 금석문의 역법기록 연구』, 제2책 『삼국사기 자연학의 천 문성변기록과 별자리목록 연구』, 제3책 『삼국사기 자연학과 시간기록 연구』, 제4책 『자연학과 기상기 록 연구』, 제5책 『삼국사기 자연학과 신화영징기록 연구』.

에 수록된 수량이 상당히 적어 별도 범주로까지 설정하기에는 어렵다는 점이다.

이런 고심 끝에 「고구려본기」의 신화 영징 기록들이 지닌 특성을 담아내기 위해, 제재상 명확히 구분되는 상금과 서수 부류는 제1, 제2 범주로 우선 추출하고, 나머지 비일상적이고 주술적이며 기이한 사건 현상들은 별도의 갈래로 설정하되, 그 내용의 주술성 측면이나 길흉적 징험성 성격에 따라 길험(吉驗)과 무험(巫驗)으로 대비하여 제3, 제4 범주로 구분할 수 있지 않을까 한다. 길험은 영징성, 무험은 주술성이 강한 관점이다.

예컨대 일광의 감응으로 태어난 주몽이 견돈(犬豚), 우마(牛馬), 야조(夜鳥)의 미물 길험을 통해 간난신고 끝에 고구려의 건국시조가 된다는 주몽신화는 가장 전형적인 길험의 범주이며,[2] 부여왕 해부루가 아들이 없어 산천에 제사하여 후사를 기원한 끝에 금와 왕자를 얻었다는 것은 기자(祈子)의 주술성이 주된 모티프이고, 유리왕이 병들어 시름하자 무자(巫者)가 교시(郊豕)의 근육을 끊었다 하여 죽인 탁리(託利)와 사비(斯卑)의 혼령이 내린 병이라 해석하고 이에 사과하니 쾌차했다는 것은 무자(巫者)를 매개로 혼령이 말을 전하는 무탁(巫託)의 형태여서 이런 경우를 무험의 범주로 간주하려는 것이다. 서양 신화학에서 신의 말을 전하는 신탁(信託)이 발달한 데 비해, 우리 고대사회는 무자(巫者)를 통한 무탁의 형식이 발달했다고 이를 수 있다.

또한 무탁이 아니면서 꿈을 통해 신의 말을 표출하는 소위 현몽(現夢) 신탁의 형태도 적지 않아서, 이런 경우 넓게는 무험 범주이나 '몽탁(夢託)'으로 특정하여 분리할 만하다. 예컨대 산상왕 7년(203) 춘3월에 왕은 아들이 없어 산천에 기도를 드렸는데, 그달 보름날 밤 꿈에 '천위왈(天謂曰)'이라 하여, 천신이 나타나 소후(小后)를 통해 아들을 점지해줄 터이니 걱정하지 말라는 신탁을 받았고, 이 사실을 신하들에게 말하면서 '몽천어아(夢天語我)'로 표명하여, 현몽을 매개로 삼은 몽탁 형

---

2 『논형』 제9 「길험편」에 고대 역사신화적 성인과 영웅들의 신이담을 15명으로 추려 실었고, 그중 여섯 번째 인물로 북이(北夷) 고리국(橐離國)의 부여왕 동명(東明)이 우마와 새들이 밟지 않고 보호해주었다는 동물 감응 매개의 길험성을 또한 현창하고 있다(黃暉 撰, 1990, 『論衡校釋』, 中華書局).

식을 분명히 드러내었다. 이런 경우도 현몽의 예지적 주술성이라는 면에서 무험의
갈래로 분류된다.

이렇듯 고대신화학은 어떤 사건의 신성성을 부여하기 위해 신의 말이라는 신
탁의 서사담 형태를 발달시켰고, 그 매개 형태에 따라 무(巫)를 통한 무탁(巫託)과
꿈의 형식을 빌린 몽탁(夢託) 및 포괄적인 신탁(神託)의 세 방식으로 접근되고 있다.

이상의 분석틀을 통해 「고구려본기」에 수록된 신화영징적 기록들은 다음 네
갈래로 범주화할 수 있다. 이채로운 신작(神雀) 등 조류(鳥類)는 제1 상금 범주, 신
령한 황룡(黃龍) 등 동물류는 제2 서수 범주, 광물·식물의 서물(瑞物)이나 길상(吉
祥)한 영징성 위주의 것은 제3 길험 범주, 불상(不祥)한 징조나 무탁(巫託)·몽탁(夢
託)의 형태나 주술성이 짙은 기록은 제4 무험의 범주로 분류된다.

분류의 모호성도 염두에 두면서 「고구려본기」의 영징 기록들을 이상의 4종 분
류 범주로 접근하면, 전체 수량은 총 83건으로 추출되며, 제1 상금류는 9건(11%),
제2 서수류는 37건(45%), 제3 길험류는 17건(20%), 제4 무험류는 20건(24%)으로
추산된다. 서수류가 가장 높게 나타난다는 것을 알 수 있다.

내용이 복잡하고 분량이 많아서 해당 연대기 기록은 첨부할 수가 없고, 대
신에 그 기록의 왕력별 분포도를 제시하여 시대별 흐름을 가늠하도록 한다(표1).
이 시기별 분포도를 보면, 건국 초기 3대 동안(동명-유리- 대무신, 81년간) 전체의
40%(33건)를 차지하여 영징부서의 기록이 건국기에 집중된 특성을 잘 보여주며,
이는 건국의 성화(聖化) 장치로서 영징부서론이 기록되었음을 시사한다. 제6대 태
조대왕까지 이미 절반을 넘는 55%(46건)가 분포되고, 제7대 차대왕대까지는 무려
58%(48건)에 달한다. 말하자면 고구려 705년간(기원전 37~668)에서 여기 2세기 중
반기의 제7대 차대왕(146년 12월~165년 10월)까지 202년간은 이른바 신화시대라 불
릴 만하다. 이후 4세기 말까지는 기록이 현저히 줄어들며, 평양으로 남천(南遷)한
이후인 5세기 초 제20대 장수왕부터 말기인 제28대 보장왕까지는 25%(21건)가 분
포되는데, 수당과 최후 격전의 전쟁기를 보낸 보장왕대에 제4 무험 기록이 10건
(13%)이나 집중된 것이라서, 이를 논외로 하면 그 절반으로 비중이 줄어든다.

시기별 그래프로 일별하기 위해서 다시 1세기 구간별 빈도표로 재구성했다(표

표1 「고구려본기」 영징기록의 왕력별 분포

시기		왕력별	상금	서수	길험	무험	계	비율	신화분기	시기분기
제1분기	BC1C 1세기	제1 동명왕	2	5	4	2	13	33건 (40%)	48 (58%)	36 (43%)
	AD1C 1세기	제2 유리왕	1	4	3	2	10			
		제3 대무신왕	1	3	6		10			
		제4 민중왕		2	1		3	15건 (18%)		
제2분기	2C	제6 태조왕	1	9			10			
		제7 차대왕		1		1	2			
		제8 신대왕						–		24 (29%)
		제9 고국천왕							14 (17%)	
	3C	제10 산상왕	1	2		1	4	12건 (14%)		
		제11 동천왕				1	1			
		제12 중천왕		1			1			
		제13 서천왕	1	3			4			
		제14 봉상왕				2	2			
제3분기	4C	제15 미천왕			1		1	2건 (2%)		5 (6%)
		제16 고국원왕								
		제18 고국양왕		1			1			
	5C	제20 장수왕	1	2			3	10건 (12%)	21 (25%)	
제4분기	6C	제22 안장왕		1			1	10건 (12%)	21 (25%)	18 (22%)
		제24 양원왕		1	2		3			
		제25 평원왕	1	2			3			
	7C	제27 영류왕				1	1	11건 (13%)		
		제28 보장왕				10	10			
		계	9건	37건	17건	20건	83건	83건	83	83
		비율	11%	45%	20%	24%	100%			
			56%		44%					

2). 전체적 분포도를 살펴보면 1세기까지 빈도가 가장 높고, 4~7세기는 미미한 수준이며, 마지막 7세기에 다시 높아지는 흐름을 보인다(그림1). 제1 상금 범주는 기원전 1세기와 3세기에서 다소 높고, 제2 서수는 1세기에 가장 높고 4세기 이후로는 거의 미미해진다(그림2). 제3 길험은 기원전 1세기와 기원후 1세기에 가장 높고, 2세기 이래로는 거의 없다시피 하여, 길험이 주몽의 일광신화 등 초기 신화시대에

시기구분	세기	상금	서수	길험	무험	계	
제1분기	BC1C	3	7	5	4	19건(23%)	60건
	AD1C	1	11	9	0	21건(25%)	(72%)
제2분기	2C	1	6	0	1	8건(10%)	
	3C	2	6	0	4	12건(14%)	
제3분기	4C	0	1	1	0	2건(2%)	23건
	5C	1	2	0	0	3건(4%)	(28%)
제4분기	6C	1	2	2	0	5건(6%)	
	7C	0	2	0	11	13건(16%)	
	계	9건	37건	17건	20건	83건	
		11%	45%	20%	24%	100%	

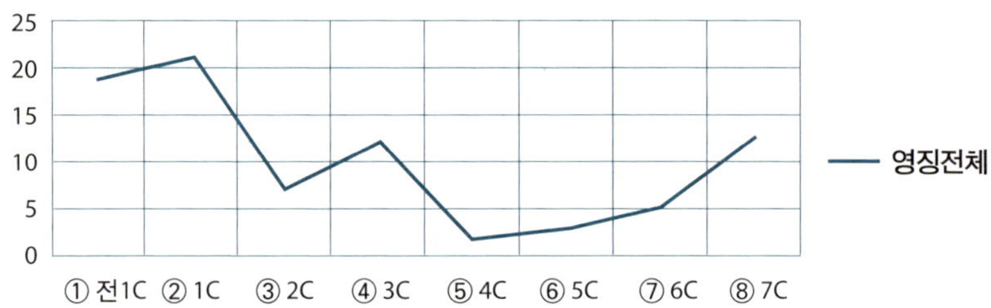

그림1　영징기록 전체의 시기별 분포 그래프

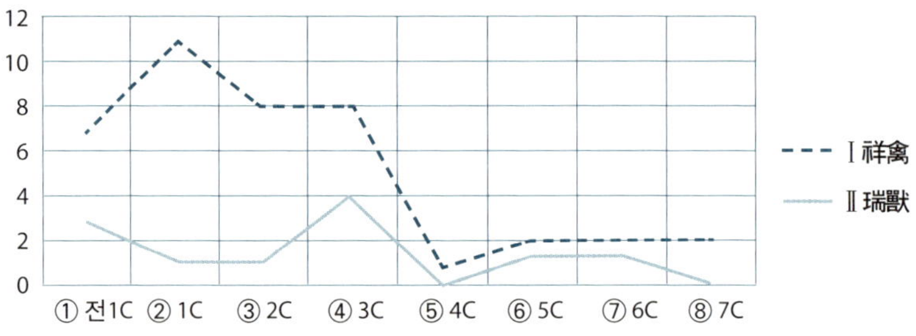

그림2　제1 상금과 제2 서수 기록의 시기별 분포 그래프

크게 활용된 신화소 역할이었음을 시사한다. 제4 무험은 기원전 1세기와 3세기에
등락하지만, 마지막 7세기에 현저하게 높아 대전쟁의 위기 시기에 강한 주술성이
활용된 신화소임을 짐작케 한다(그림3).

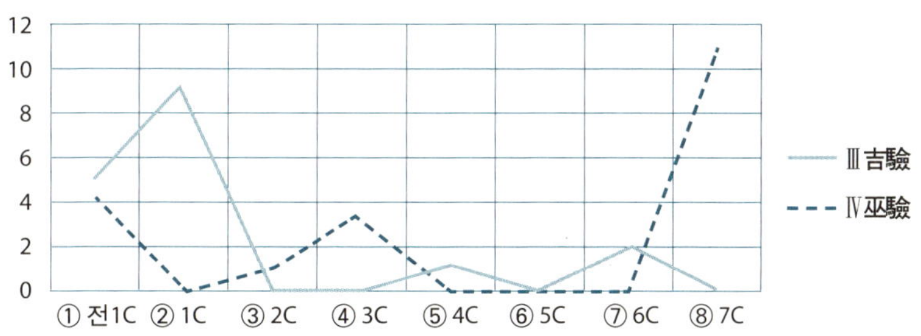

그림3　제3 길험과 제5 무험 기록의 시기별 분포 그래프

3　제1 상금(祥禽)기록 목록과 상금의 종류

이번에는 기록 현황을 살펴보면서, 각 범주의 제재별 특성을 추출해보기로 한다.

제1 범주의 상금은 하늘을 나는 새에 대한 상서 상징이다. 비록 9건으로 횟수는 적지만, 고구려 초기 영징 인식에 중요한 상서물이다. 수록된 상금 종류는 ① 신작(神雀) 3회, ② 난조(鸞鳥) 1회, ③ 이조(異鳥) 3회 및 ④ 적오(赤烏) 1회, ⑤ 백응(白鷹) 1회로, 총 5종에 9건이 기록되었다.

１ 상금 중 신작과 난조의 비중이 높은 상황이다.

신작(神雀)은 『한서』에서 '신작(神爵)'으로 표기하던 새이고, 『후한서』부터는 '신작(神雀)'으로 일괄 고쳐 표기하여, 이칭동명 관계임을 보인다. 신작의 형태적 묘사는 오채색 깃과 벼슬을 지닌 모습(冠羽有五采色)으로(『후한서』권36 「가규전(賈逵傳)」), 혹은 노란 목구멍에 하얀 목과 등은 검고 배에 얼룩무늬가 있는 새라 하였다(『한서』「선제기」 제8 원강 3년 6월조의 진작주(晉灼注)). 이러한 신작의 상서적 영징이 크게 부각된 것은 전한선제 때의 일이며, 전한대 기록 5건(BC64, 63, 63, 62, 55년) 모두가 한선제 연간에 발생했고, 이로 말미암아 기원전 61년엔 연호까지 신작(神爵)으로 개원한바, 신하와 관리들의 교화와 덕행에 '황천이 보답하여 신작을 내려 보낸 것'(皇天報下神雀)이라고 보았다(『한서』권89 「순리전(循吏傳)」).

그런데 한선제 연간에는 신작뿐만 아니라 봉황, 난새, 황룡, 감로, 연리수 등 각종 상서 상징의 부서들이 거의 매년 전국적으로 빈번하게 출현한 것으로 기록하고 있어, 말하자면 상서신화의 시대를 펼친 면모다. 한선제 재위 기간에 세워진 연호가 '본시(本始, 이하 기원전 73~70), 지절(地節, 기원전 69~66), 원강(元康, 65~62), 신작(神爵, 61~58), 오봉(五鳳, 57~54), 감로(甘露, 53~50), 황룡(黃龍, 기원전 49)'의 7개에 달하고, 이 중 후반기의 신작, 오봉, 감로, 황룡이 모두 상서 상징이라는 점에서 전한 말기의 상서신화상이 잘 표상된다.

이런 시대 흐름에 비추어, 고구려 건국 3년(기원전 35) 황룡 출현의 기록까지 불과 14년의 시차에 지나지 않는다는 점에서 황룡, 신작(기원전 32), 난새(기원전 28) 등 고구려 건국기의 상서신화 면모는 한선제 이래의 신화 연속성 측면으로 접근될 수 있지 않을까 한다.

다음으로 난새는 붉은색의 닭 혹은 꿩의 몸체에 오채문을 띤 적신(赤神)의 정령이며, 울음소리가 오음에 합하여 온화한데, 군주가 절도와 질서를 이루고 풍속이 바르면 나타나는 신조(神鳥)로 묘사되어 있다.

좀 더 자세히 보면, 『한서』의 안사고 주석에 "형체가 꿩[翟]과 비슷하고 오채 무늬를 지니며 『산해경』에 보인다"라고 했고, 『송서』「부서지」는 남 제명제(蕭鸞)의 피휘로 난조(鸞鳥)를 신조(神鳥)로 개칭하고서, 난새는 "적신(赤神)의 정령으로, 음성의 청탁과 조화를 아는 새다. 비록 적색이나 오채색을 갖추었고, 닭의 몸체이고, 울음소리가 오음(五音)에 합하여 삼가고 온화한 모양이며, 기쁘면 울면서 춤추고, 그윽한 곳을 즐겨하며, 풍속(風俗)이 따르면 이른다"라고 묘사했다. 양나라 손유지(孫柔之)의 『서응도(瑞應圖)』는 "적신(赤神)의 정령이고, 봉황을 보좌한다. 닭의 몸체에 적색 꼬리를 지녔고, 적색 바탕에 오채무늬를 띠며, 소리가 오음에 합한다. 군주가 진퇴함에 절도가 있고, 친소에 질서가 있으면 이른다"(『후한서』「장제기」주석)라고 보았다. 이로 볼 때 난새는 군신 질서와 사회 풍속의 구가를 수식하는 측면이 읽힌다.

이러한 난새 출현 기록은 역시 한선제 연간에 처음 등장하여 부각된다. 『한서』에는 신작 4년(기원전 58) 2월조와 오봉 3년(기원전 55) 3월조의 2건이 실렸고, 『후한서』에는 한 장제 원화 2년(기원후 85) 5월조의 1건뿐이다. 특히 한선제 신작 4년

(기원전 58) 2월의 기록을 보면 봉황, 감로, 난새, 신광(神光) 등 각종 상서가 가득한 상황을 묘사하고 있어 당시의 상서신화 면모를 엿보게 한다.

2 이상을 통해 한선제 때 처음 부각된 신작과 난새의 상서신화상이 불과 20여 년 뒤 고구려 건국기의 상서 사건으로 다시 기록된 형국임을 알 수 있다. 전한 대 마지막 기록으로서 신작의 출현은 오봉 3년(기원전 55) 정월에, 난새와 봉황은 같은 해 3월이었는데, 이로부터 23년 뒤인 동명 6년(기원전 32) 8월에 신작이 출현하고, 27년 뒤인 동명 10년(기원전 28) 9월에 난새가 출현하고 있다. 그 출현 장소가 신작은 궁정(宮庭)이라 했고, 난새는 왕대(王臺)라 했다. 둘 다 궁궐의 공간을 지칭하고 있어, 고구려의 도읍지 건설에 부회된 상서 상징이라 해석할 수 있다. 한편 이조(異鳥)는 어떤 특정한 새를 가리키는 게 아니라 이채롭고 신이한 새를 포괄적으로 지칭되는 말이나, 앞의 신작과 난조의 상징론과 다르지 않다.

「고구려본기」에서 연대기별로 다시 보면, 고구려 건국 후 동명왕 4년(기원전 34) 7월에 처음 성곽과 궁실을 조영했는데, 2년 뒤 ① 동 6년(기원 전 32) 9월 궁궐의 뜰[宮庭]에 신작(神爵)이 모여들었고, 다시 4년 뒤 ② 동 10년(기원전 28) 9월 왕궁의 대[王臺]에 난조(鸞鳥)가 모여들었다고 했다.

유리명왕이 즉위한 이듬해인 ③ 2년(기원전 18) 7월에 다물후(多勿侯) 송양(松讓)의 따님을 왕비로 맞아들였는데, 그로부터 석 달 뒤인 10월에 왕궁의 뜰[王庭]에 신작이 모여들었다고 하여, 왕의 즉위와 왕비의 책비를 신작이 축하하는 모양새다.

이후 ④ 산상왕 24년(220) 4월 왕궁의 뜰[王庭]에 이조(異鳥)가 모여들었다고 기록했다. 그 전후 사건 기록이 없어 직접적인 관련성을 읽기는 어렵지만, 왕정이라는 점에 주목하면 역시 같은 축원의 의미가 부여되었을 것이라 짐작된다. 단 여기 왕정은 기원후 3년 국내성으로 천도한 뒤의 일이며, 앞의 동명왕과 유리왕의 궁정은 그 이전 졸본 도읍의 일이란 점이 참조된다.

또 ⑤ 서천왕 7년(276) 9월 궁궐의 뜰[宮庭]에 신작(神爵)이 모여들었는데, 그해 4월 신성(新城, 나라의 동북대진(東北大鎭))에 행차했다가 8월에 환궁한 뒤의 일이다. 무려 4개월이나 머물다 돌아온 신성으로의 순행(巡幸)이라서 왕의 무사 귀환과 나라의 번영을 신작이 축원한다는 의미로 읽힌다.

⑥ 장수왕 2년(414) 8월 이조(異鳥)가 왕궁(王宮)에 날아든 것은 아마도 지난해 10월 개토왕(開土王, 광개토태왕의 『삼국사기』식 줄임 말)을 이어 장수왕이 즉위한 바를 축하하고 그 장소가 왕궁이므로 왕실의 번영을 역시 축원하는 의미라 하겠다.

마지막 상금 기록으로 ⑦ 평원왕 3년(561) 4월 이조(異鳥)가 궁궐의 뜰[宮庭]에 날아들었는데, 이는 그 전년도에 일어난 왕의 책봉과 시조묘 제사의 순행(巡幸)을 역시 축원하는 의미로 읽힌다. 평원왕은 즉위한 이듬해 2년(560) 2월 북제 세조(世祖, 폐제(廢帝))로부터 요동군공 고구려왕에 책봉되었고, 또 졸본에 행차하여 시조묘 제사를 지낸 뒤 3월에 귀환했다. 여기에 나오는 궁정은 장수왕이 427년 평양으로 천도한 뒤의 왕궁을 이른다.

이처럼 신작과 난새 및 이조의 출현은 7건 모두가 왕궁에 날아든 사건이어서 왕실과 나라의 번영을 기원하는 상서 상징론으로 해석된다. 장소는 궁정(宮庭) 3회, 왕대(王臺) 1회, 왕정(王庭) 2회, 왕궁(王宮) 1회로 제각각 다르지만, 같은 왕궁을 의미한다. 그런데 고구려가 도읍한 시기로 보면, ① 동명성왕 6년(기원전 32) 8월 궁정의 신작, ② 동명성왕 10년(기원전 28) 9월 왕대의 난조, ③ 유리명왕 2년(기원전 18) 10월 왕정의 신작 출현은 홀본의 왕궁이고, ④ 산상왕 24년(220) 4월 왕정의 이조, ⑤ 서천왕 7년(276) 9월 궁정의 신작, ⑥ 장수왕 2년(414) 8월 왕궁의 이조 출현은 국내성의 왕궁이고, ⑦ 평원왕 3년(561) 4월 궁정의 이조 출현은 평양의 왕궁이다.

3 다음 ⑧ 대무신왕 3년(20) 10월에 기록된 새는 위와 계열이 다른 붉은 까마 귀인 적오(赤烏)다. 그 상징론을 보기 위해 적오를 고찰하면, 『송서』(502) 「부서지」 에서 "주 무왕 때 곡식을 물고 이르자, 병사가 칼에 피를 묻히지 않고서 은나라를 굴복시켰다"라고 했고, 『위서』(554) 「영징지」 역시 비슷하게 "적오는 주 무왕 때 보 리를 입에 물고 이르러서 은나라를 물리칠 수 있었다(周武王時銜麥至而克殷)"라고 설명했다. 이를 통해 붉은 까마귀 적오는 군사 충돌 없이 적을 물리치거나 굴복시키는 무전(無戰)의 화평질서를 상징하는 새라는 것을 알 수 있다.

이 적오의 등장은 유리왕대 이래 점점 커져가던 부여 대소왕(帶素王)과의 갈등

구도 속에서 접근되며, 머리는 하나이되 몸이 둘인 붉은 까마귀인 일두이신(一頭二身)의 적오(赤烏)는 적색의 남방 나라인 고구려가 흑색의 북방 나라인 부여를 장차 병합할 서물(瑞物)로 해석되어 있다. 까마귀는 까막새라 하듯이 까만 흑색이 본질인데 남방의 적색으로 변한 것이 고구려에게는 상서로운 징조이고 부여에게는 불길한 징조라는 것이다.

이러한 남적북흑(南赤北黑)의 음양길흉론은 오행사상의 오방색채론에 근거하는데, 곧 동방은 청색 목(木), 서방은 백색 금(金), 남방은 적색 화(火), 북방은 흑색 수(水), 중앙은 황색 토(土)라는 진한대 이래 흥기한 오행오방색 관념이 초기 고구려 사회에도 깊숙이 들어와 있음을 시사한다. 또한 부여는 북국(北國), 고구려는 남국(南國)이라는 남북국(南北國) 관점이 수립되어 있음을 잘 보여준다. 앞서 유리명왕 29년(10) 6월조에서 북방 흑색의 흑와(黑蛙)가 남방 적색의 적와(赤蛙)에게 싸우다 떼죽음을 당했다는 흑적(黑赤) 쟁투론 역시 동일한 남적북흑의 오행길흉론과 남고북부(南高北扶)의 남북국론이 적용되어 있다. 적오(赤烏)를 고구려에 길한 서조(瑞鳥)로 인식한 것도 같은 맥락이다.

이런 방위 관점에서 보자면, 그 유리명왕 29년 6월조에서 표기된 '북부여(北扶餘)'도 국명이 아니라 '북쪽의 부여'라는 수식어 관계로 해석될 수도 있다. 곧 대소왕의 부여를 단지 '북방의 부여'라 부른 정도여서, 별개의 '북부여' 나라를 설정한 것은 아닐 수 있다. 그렇다면 『호태왕비』에서 시조 추모왕을 '북부여 출자[出自北夫餘]'로 묘사한 것도 마찬가지 관점에서 '북방의 나라 부여에서 나왔다'라고도 해석된다. 아마도 부여국왕 해부루 시기는 부여로 불렸고, 금와왕 때는 동부여로 불렸다가, 대소왕 때는 북부여로 인식된 것으로 보인다.

4 끝으로 ⑨ 태조대왕 69년(121) 10월에 숙신의 사신이 자색 여우 가죽옷[紫狐裘]과 백마(白馬)와 함께 백응(白鷹)을 헌상했다고 나온다. 북국의 숙신이 남국의 고구려에 서물(瑞物)을 보내 친선을 도모한 것인데, 여기 에 흰색 매가 헌상물로 등장한다.

그런데 특이하게도 고대 상서영징을 거의 망라한 『송서』「부서지」와 『위서』

「영징지」에는 백응(白鷹)이 기록된 예가 없을 뿐만 아니라 아예 매[鷹, 隼, 鷂] 자체가 보이지 않는다. 이는 매를 특별히 영징물로 인식하지 않았기 때문이라 짐작되는데, 반면에 「고구려본기」는 이를 상서물로 수록하고 있어 주목된다.

물론 매[鷹]에 대해서는 이미 동진 갈홍(284~364)의 『포박자』 「외편」에서 "천 마리 양이 한 마리 호범을 막을 수 없고, 만 마리 참새가 한 마리 매를 막을 수 없다. (···) 그러므로 영웅준걸은 홀로 맡더라도 족히 뭇 일들을 근본부터 다 잘 다스린다"거나 "꿩, 토끼를 잡는 일에는 난새 봉황이라도 매에 미치지 못하고, 밭가는 일에는 용, 기린이라도 두 뿔의 소를 따라가지 못한다"(『포박자』 「외편·광비」 권39)는 등, 매를 영웅준걸의 비유로 묘사하고 있지만, 흰 매에 대한 이야기는 아니다.

이에 자료를 찾아보면, 『신당서』 「흑수말갈전」에 "숙신의 땅에 사는 흑수말갈은 읍루(挹婁), 물길(勿吉)로도 부르는데, 본래 고려에 신속하였던 백산(白山)의 북쪽과 동쪽을 지역 범위로 삼으며, 가축에 대다수는 돼지이고 소와 양이 없고, 조와 보리를 재배하고, 토산물로 담비[貂鼠]와 백토(白兔)와 백응(白鷹)이 많다"라고 했다. 이를 통해 흰 매가 숙신 지역의 특산물임을 보여주며, 이 지역이 후일 고구려에 신속되므로 고구려 사회도 흰 매를 상서물로 숭상했을 것이라 짐작된다.

한편 흰 매는 『전당시(全唐詩)』 권271에 실린 당나라 두공(竇鞏, 762?~831)의 「신라가 흰 매를 진상하다[新羅進白鷹]」라는 시에 등장하는 데, "어마(御馬)가 새로이 황궁 비원의 가을을 달리고, 흰 매[白鷹]가 먼 해동의 나라로부터 이르렀다[御馬新騎禁苑秋, 白鷹來自海東頭. 漢皇無事須遊獵, 雪亂爭飛錦臂韛]"라고 하여, 신라가 흰 매를 진상한 내용을 담고 있다. 이는 숙신, 고구려뿐만 아니라 9세기 신라에서도 흰 매를 상서물로 인식했음을 시사하는 자료이기에 주목된다.

또한 고구려의 지연권(地緣圈)에 속하는 후대 요나라 태종(재위 927~947)이 902년(당 소종 천복 2년) 10월에 태어날 때 "기이한 신광(神光)이 비치고, 백록(白鹿)과 백응(白鷹)이 사냥되자 사람들이 이를 상서롭게 여겼다"("獵者獲白鹿·白鷹, 人以爲瑞." 『요사(遼史)』 권3 「태종본기」 제3상)라고 기록하여, 고구려와 동일하게 흰 사슴, 흰 매에 대한 상서(祥瑞) 관점이 지속되었음을 보여준다.

이처럼 백응(白鷹, 흰 매)은 중원 지역이 아닌 숙신, 말갈, 요나라 등 고구려 지연권에서 중시되던 상금(祥禽) 대상이었고, 통일신라도 이를 전승하는 등, 매우 동이적인 신화영징이 담긴 상서물이었다. 뒷날 고려의 특산으로 유명한 해동청(海東靑)도 이런 흐름에서 접근할 수 있다.

4 제2 서수(瑞獸)기록 목록과 서수의 종류

1 제2 서수 기록은 신화적 장치로 활용된 동물류에 대한 범주다.

그 개략을 보면, 주몽신화에서 [1a](기원전 37) 곤연의 대석 앞에서 눈물을 흘렸던 해부루왕의 어마(御馬)와 [1b] 그 바위 아래에서 태어난 개구리 왕자 금와(金蛙), [2a](기원전 37) 유화부인이 낳은 알을 보호해주던 견시우마조(犬豕牛馬鳥)의 오축(五畜) 동물과 [2b] 선사자(善射者) 주몽의 영웅성을 담는 준마(駿馬), [3](기원전 37) 남쪽 엄사수를 무사히 건너도록 다리를 놓아준 어별(魚鼈), [4](기원전 35.3) 건국 직후 골령(鶻嶺)에 출현하여 고구려의 천하관을 드러내던 천명의 상징 영물 황룡(黃龍), [5](기원전 19.9) 왕이 40세로 승하하여 용산(龍山)에 장사하자 이 황룡은 왕을 영접하려 하늘에서 내려보낸 신수(神獸)로 다시 등장하였고 그래서 동명왕은 그 동쪽 언덕에서 황룡의 머리를 딛고 승천하였다.

[6](기원전 18.9) 유리명왕대는 서쪽 순수(巡狩)로 획득한 흰 노루 백장(白獐), [7](기원전 01.8) 세천의례 희생으로 길러진 교시(郊豕)와 [8](기원후 02.3) 그 교시의 계시로 찾게된 위나암 국내성으로의 이듬해 기원후 3년 10월 천도, [9](10.6) 부여와 남북 대결을 암시하는 흑와(黑蛙)와 적와(赤蛙)가 등장하였다.

[10](20.9) 대무신왕은 골구천 전렵으로 신마(神馬) 거루(駏驤)를 얻었고, [11](22.3) 그 거루가 부여말 1백필을 이끌어 데려왔으며, [12](28.7) 도읍하던 위나암성 연못의 잉어와 수초(水草)로 한나라 군사를 격퇴하였다. [13](46.7) 민중왕대는 동쪽 순수로 백장(白獐)을 잡았고, [14](47.9) 동해 사람 고주리가 눈에 야광을 내는 고래(鯨魚)를 헌상하였다.

[15](59.4) 태조대왕은 고안연 연못에서 붉은 날개 달린 백어(白魚)를 낚시하였

고, [16](62.8) 동쪽 수렵하여 흰 사슴 백록(白鹿)을 잡았고, [18](98.3) 이후 36년 뒤 다시 책성으로 동쪽 순수하여 서계산에서 영수(靈獸)인 백록(白鹿)을 잡음에 이를 축하하는 군신연회와 지방관리들에 물품 하사와 이를 기념하는 암석 기공(紀功)하였으며, [20](107.9) 이후 9년 뒤 질산 남쪽 수렵으로는 자줏빛 노루 자장(紫獐)을 잡았다. 한편 [17](77.10) 부여 사신이 세 뿔 사슴인 삼각록(三角鹿)과 긴 꼬리의 토끼(長尾兎), [19](105.1) 털의 색이 매우 밝고 1장 2척이나 되는 꼬리 없는 호범(無尾虎)을 헌상하였고, [21](107.10) 동해곡 태수는 긴 꼬리의 붉은 표범 주표(朱豹)를 바쳤고, [22](121.10) 숙신의 사신은 자줏빛 여우 자호(紫狐)의 가죽옷, 흰 매 백응(白鷹), 흰 말 백마(白馬)를 바쳤다. [23](142.9) 재위 90년(142)에 이르자 작은 표범이 백수(百獸)의 왕인 호범의 꼬리를 끊어버리는 현몽(現夢)이 있어 점자(占者)는 모반의 징조로, 우보 고복장은 선복(善福) 요청의 정치론으로 해석하였다.

[24](148.7) 차대왕은 평유원 전렵에서 흰 여우 백호(白狐)가 뒤따라 오며 우는 불길한 일을 당함에 사무(師巫)가 군주 수성(修省) 정치론으로 답변하였다가 죽임을 받았고, [25](208.11) 산상왕은 제천희생용 교시(郊豕)로 인해 소후(小后) 주통녀(酒桶女)를 만나 사통하여, [26](209.9) 하늘이 내리신 자손(天賚嗣胤)으로서 교체(郊彘)라 이름한 동천왕을 낳았고, [27](262.7) 중천왕은 기구 언덕 사냥에서 흰 노루 백장(白獐)을 수렵하였고, [28](276.4) 서천왕은 동북지역 거점 신성(新城)의 순수로 백록(白鹿)을 잡았고, [29](288.4) 또 동북 신성(新城)의 해곡(海谷)태수가 야광눈을 가진 동해바다 고래(鯨魚目)를 헌상하였고, [30](288.8) 재차 동쪽 순수로 백록(白鹿)을 사냥하고 환도하였다.

[31](386.10) 고국양왕 때는 소가 8족(足) 2미(尾)의 말을 낳은 얼변(孽變)이 일어났다.

[32](413.10) 장수왕은 즉위하면서 동진(東晉)으로 사신을 보내 붉은 자백마(赭白馬)를 헌상하여 책봉받았고, [33](414.10) 사천원 전렵에서 등극의 상서(祥瑞)를 상징하는 백장(白獐)을 사냥하였고, [34](555.10) 양원왕 때는 왕도에 들어온 호범을 생포하여 나라의 강건함을 시사하였다.

[35](645.7) 보장왕 때는 안시성 전투에서 닭과 돼지 울음소리(雞彘聲) 계략으

로, 당태종의 50만 대군을 격퇴하였고, [36](648.9) 그러나 노루떼와 이리떼가 서쪽
으로 사흘간 도망가는 얼변(孼變)이 생겼고, [37](659.9) 또다시 아홉마리 호범이 도
성으로 침입하여 사람을 잡아먹는 재난이 생겼다. 왕도(王都)의 여자가 머리가 둘
인 일신양두(一身兩頭)의 기형 아이를 생산한 기록도 이 때의 일이다.

이상에서 등장한 서수 종류를 모으면, 황룡, /소, 말, 돼지, 개, 닭, /노루, 사
슴, 토끼, 호범, 표범, 여우, 이리, /물고기, 자라, 개구리, 잉어, 백어, 고래의 19종
을 헤아린다. 상상의 황룡을 제외하고는 모두가 가축과 수렵 및 어렵 관련 동물이
어서, 현실 속에서 만나게 되는 동물 범주를 벗어나지 않는다.

2 하위 분류상, 첫 번째는 농경생활의 가축류로 '소, 말, 돝(돼지), 개, 닭'의 5
종이 등장했다. 이를 오축(五畜)이라 일컫게 되는데, 대개 육축(六畜)이라 부르는 중
국과는 다른 갈래여서 주목된다. 이 문제는 고구려의 육축 관명(官名)의 해석에도
연결되는 대목이다.

두 번째는 수렵생활의 동물류로 '노루, 사슴, 토끼, 호범, 표범, 여우, 이리'의 7
종이 등장했다. 이 중 사냥으로 잡히는 것은 노루, 사슴, 토끼의 3종이고 나머지는
맹수류다.

세 번째는 어렵생활 충어류로 '물고기, 자라, 개구리, 잉어, 백어, 고래'의 6종
이 수록되었다. 이때 앞의 5종은 민물 서식이고, 고래는 고구려의 동해안에서 민중
왕 4년(47)과 시친왕 19년(288)에 헌상된 기록이며, 둘 다 고래의 눈이 밤에 빛난다
는 야광목(夜光目) 측면을 주목하여 신비한 서물(瑞物)로 간주한 듯하다.

이상의 생활동물류 18종에다, 부여 사신이 헌상한 흰 매 백응(白鷹)의 1종 및
앞서 다룬 상금 중 참새 신작(神雀)과 까마귀 적오(赤烏)의 2종을 더하면, 총 21종의
조수(鳥獸) 동물이 수록된 것이다. 여기에다 신비한 황룡 1종과 난조, 이조(異鳥)의 2
종을 더하면, 「고구려본기」에는 합계 24종의 동물류가 등장했다고 정리할 수 있다.

한편 이들 동물이 지닌 색채 관점도 주목되는데, 황룡은 대지의 근원 색채인
황색, 고구려인이 상서의 색채로 인식한 백색의 백마(白馬), 자백마(赭白馬), 백장(白
獐), 백록(白鹿), 백호(白狐), 백응(白鷹), 백어(白魚)가 있고, 길한 색채로 간주한 붉은

색의 적와(赤蛙), 주표(朱豹), 자호(紫狐)가 있다. 금와(金蛙)의 금색(金色)도 길한 색채다. 백색의 종류가 가장 많아 인상적인데, 『통전』(801) 「변방전」 고구려전에서 "고구려는 소, 돼지를 축양(畜養)하며, 돼지의 대부분은 백색이다"(「高句麗, … 其馬皆小, 便登山. … 畜有牛, 豕, 豕多白色」)라고 하여, 고구려에 흑돼지보다 백돼지를 많이 길렀던 점도 흥미롭다.

반면 불길한 색채로 흑색의 흑와(黑蛙)가 있다. 이는 북쪽의 부여를 적대시하여 오행 방위색으로 북방을 지칭하는 흑색을 불길한 색채로 삼았고, 그들보다 남쪽에 있는 고구려는 남방의 길한 적색 이미지로 수립한 것이다. 이로써 흑색 북국과 적색 남국의 대결 의식이 성립되었다. 적색의 적오(赤烏)를 서조(瑞鳥)로 인식한 것도 같은 맥락이다. 요컨대 고구려인에게 황색, 백색, 적색, 자색, 금색은 길한 색채이고, 흑색은 불길한 색 이다.

5 가축류 기록과 무양(無羊) 다저(多猪)의 오축(五畜) 가축권 문화

1 앞서 「고구려본기」에 수록된 가축 목록을 검토한 결과, '소, 말, 돝(돼지), 개, 닭'의 5종이 추출되어, 이를 '오축(五畜)'이라 합칭하게 된다. 축(畜)은 '쌓다', '비축하다'의 기본적인 뜻에서, 집에서 길러 양식으로 비축하는 동물의 의미로 확장된 말이다.

그런데 중국의 경우 가축 범위는 6종이어서 흔히 '육축(六畜) 혹은 육생(六牲), 생축(牲畜)'이라 지칭하며, 유라시아 대륙에서 가장 널리 목축되던 양(羊)이 더 들어간다. 고대 중국의 제사 등급을 희생의 규모로 정할 때, 천자의 대제(大祭)에는 소·양·돼지의 3종을 모두 쓰는 태뢰(太牢)로 하고, 제후의 종묘·사직에는 소가 빠진 양·돼지의 2종을 쓰는 소뢰(少牢)로 지내며, 또는 낮은 규모에서 단독으로 양을 쓰는 특양(特羊)의 희생을 사용하고, 때로 돼지 단독의 특시(特豕)를 쓴다. 뢰(牢)는 '우리'를 뜻 하는데, 태뢰와 소뢰란 용어 자체가 소는 큰 우리, 양은 작은 우리를 쓰는 데서 연유했다(『예기』, 『대대례기』). 그렇기에 양이 기본 희생양이고, 소는 큰 희생이어서, 생(牲)이란 상형 글자에도 반영되어 있다. 이렇듯 고대 중국에서 양은 매우 보편적인 가축이다.

그러나 애석하게도 고대 한반도 권역인 우리나라는 양을 방목하여 기르는 기후나 생태 환경이 뒷받침되지 못해 가축 범위에서 양은 곧잘 빠져 있다. 지금도 우리 식단에서 양고기는 일반적이지 않다.

중국사의 「동이열전」에 언급된 가축의 상황을 살펴볼 때, 불함산(不咸山) 북쪽의 숙신국은 소와 양이 없고, 대부분 돼지를 기른다고 했고,(『진서』「동이·숙신전」; 『신당서』「흑수말갈전」) 고구려 북쪽의 물길국도 양이 없으며(『위서』, 『통전』, 『북사』), 특히 한반도 남부의 백제도 '양이 없고'(『주서』, 『북사』) 신라도 '양을 기르지 않는다'(『신당서』)라고 기록하여, 한반도와 만 주 지역은 양이 없는 가축 환경임을 드러내고 있다(〈자료 1〉). 흉노, 서역, 중원의 나라 설명에서 양이 빠지지 않고 기록된 것에 비해, 동이의 제국(諸國)은 전반적으로 양은 기르지 않고 돼지를 많이 기르는 가축 생태가 뚜렷이 대비되어 있다. 그 양자의 중간 접점으로 「동이전」 중 흉노에 가까운 지두우(地豆于)와 고막해(庫莫奚) 및 오환에는 양이 기록된 점이 참조된다(『위서』와 『북사』의 「동이」 지두우전과 고막해전).

조선시대에 이르면 『세종실록』 세종 13년(1431) 3월 26일 기사에서, 지갈(止渴)시킬 음식으로 양고기를 처방함에, 왕이 "양은 본국에서 생산되는 동물이 아니니 더욱 먹을 수가 없다[羊則本國不産之物, 尤不可食也]"라고 하였고, 그러자 신하들은 "약용으로는 가능하다[羊多孳息, 且是藥用也]"라고 답하고 있다. 또한 『선조실록』 선조 28년(1595) 4월 25일 기사에는 전쟁으로 모든 관아의 가축이 거의 소실되어 제향(祭享)에 쓸 희생이 부족해지자 돼지와 양이 없는 곳은 생닭[生鷄]으로 대용하도록 한 내용이 나온다.

이렇게 조선시대에도 양은 토산 가축이 아니라 수입하여 번식시키는 정도였으며, 더욱이 중국 예제를 따르는 제향에서 양을 희생으로 쓸 수가 없어 닭으로 대체하는 일까지 벌어진 것은 고대 한·중의 목축 생태 차이를 잘 보여준다.

- 『진서』「사이·동이·숙신전」 제67: "肅愼氏一名挹婁, 在不咸山北, … 有馬不乘, 但以爲財産而已. 無牛羊, 多畜猪, 食其肉, 衣其皮, 績毛以爲布."

- 『위서』「동이·실위전」 제88: "唯食猪魚, 養牛馬, 俗又無羊."

- 『위서』「동이·물길전」 제88: "其國無牛, 有車馬. … 多猪無羊."

- 『북사』「동이·물길전」 제82: "勿吉國, 在高句麗北, 一日靺鞨. … 其畜多獵, 無羊."

- 『북사』「동이·실위전」 제82: "以猪皮爲席, … 無羊, 少馬, 多猪, 牛."

- 『통전』「변방·동이·물길전」 제2: "無牛, 有車馬. … 多猪無羊."

- 『신당서』「북적·흑수말갈전」 제144: "黑水靺鞨, 居肅愼地, 亦曰挹婁, 元魏時曰勿吉. … 畜多豕, 無牛羊. 有車馬, 田耦以耕, 車則步推."

- 『주서』「이역·동이·백제전」 제41: "唯無駝·驢·騾·羊·鵝·鴨等."

- 『북사』「동이·백제」 제82: "唯無駝·驢·騾·羊·鵝·鴨等."

- 『신당서』「동이·신라」 제145: "畜無羊, 少驢, 贏, 多馬. 馬雖高大, 不善行."

2 고구려 역시 한반도 권역의 생태환경인지라, 「고구려본기」 전체에서 '양(羊)'이란 글자가 전혀 등장하지 않는다. 「잡지」 역시 마찬가지다. 이는 고구려가 무양(無羊)의 가축 생태권 환경임을 잘 보여준다.

따라서 앞서 「고구려본기」에서 추출한 소, 말, 돼지, 개, 닭의 오축은 그야말로 고구려에서 기른 전체 가축의 종류인 것이다.[3] 주몽신화에서 알을 보호하던 길험의 동물로 등장한 '견시우마조(犬豕牛馬鳥)'의 5종은 들 새[野鳥]를 닭으로 치환하면, 곧장 오축의 가축류와 일치하는 구성이어서 더욱 주목된다.

이 문제를 우리말 관점에서 접근해보면, 간결한 단음절의 홑말 이름으로 접근되는 점이 흥미롭다. 우리말 가축 이름에는 어른 이름[成體名]과 새끼 이름[幼體名]

3　오리는 단지 강 이름 압록수(鴨綠水, 혹은 鴨淥水)에서만 언급되었고, (「고구려본기」 영양왕 23년 6·7월 살수대첩조) 가금(家禽)의 용례는 없다.

이 별도로 발달했다. 새끼를 뜻하는 방언 '아지'가 있어, 송아지는 '소+아지', 망아지는 '말+아지', 강아지는 '개+아지'에서 나왔듯이, 도야지는 '돝+아지'이고, 이 도야지의 줄임말이 '돼지'다. '돝'의 표기는 훈민정음 창제 당시에 이미 쓰던 표현이다. 이 돼지라 쓰는 음운 변화가 불과 20세기부터여서, 오늘날에도 제주, 충북, 함경 방언에 돼지를 '돝'이라 불러, 고대 가축명을 보존하고 있다. 『훈몽자회』(1527)를 참조하면, 시(豕)는 돝, 저(猪)와 희(豨)는 멧돝, 돈(豚)은 새끼 돝, 체(彘)는 저(猪)보다 작은 것을 지칭한다.

이상을 정리하면, 오축 중 닭은 조금(鳥禽)류이고, 나머지 4종은 수축(獸畜)류로서 유체명이 '송아지, 망아지, 강아지, 도야지'이고, 성체명이 '소, 말, 개, 돝'이 되는 우리말 단음절 표기가 전승되어온 것이다. 반면에 양(羊)은 우리말 표현이 없이 한자 독음 그대로 '양'으로 표기한다는 점에서, 우리 가축 문화가 6축이 아니라 5축 범주임을 잘 보여준다. 백제의 경우도 양은 없이 '소와 돼지, 닭을 길렀다'라고 기록하여 참조된다(『수서』「동이 · 백제전」).

이렇게 양이 없기에 각종에 쓰이는 우리 고대의 희생물은 소와 돝의 두 종류에 집중되어 있다.

3 먼저 돼지는 고구려가 가장 많이 축양하던 가축으로서 생명 영위의 근거였고, 그래서 가장 성스러운 제천례의 희생동물로 인식되었다. 제2대 유리왕이 제친의례용 돼지인 교시(郊豕)가 달아난 곳을 찾아 나선 일을 계기로 마침내 서기 3년에 위나암의 국내성 천도를 단행하게 된 것은 돼지가 천명의 계시를 알리는 전령의 성격임을 드러낸다. 제10대 산상왕이 또한 교시(郊豕)를 쫓아가다 주통녀(酒桶女)를 만나 소후(小后)로 맞이한 일, 그래서 그 사이에 낳은 아들인 제11대 동천왕의 이름을 그대로 '교체(郊彘)'라 지은 것 역시 돼지가 교천(郊天)의 희생 의물(儀物)로서 천명의 안내자이자 왕통(王統)의 보증자 역할을 했음을 보여준다.

이렇게 돼지는 이미 건국시조 주몽의 탄생에 천명의 길험을 보인 가축이었고, 교(郊)가 제천의례를 뜻하는 교사(郊祀)를 지칭하는 말인데 그 교시(郊豕), 교체(郊彘)의 연용어 사용을 통해 돼지의 신성성을 직접 표명하려 했다. 또한 결혼 예물로 재물(財物)을 주고받는 것을 수치로 여기고, 여가(女家)에 술과 함께 돼지를 보내는 혼속(婚俗)이 『북사』와 『수서』에 기록되어 있는 등, 고구려 사회에서 돼지는 길험적·천명적·의례적 성격을 지닌 신성한 가축이었음을 알 수 있다. 참고로 돼지[豬, 猪, 豕, 彘] 기록 개요는 「고구려본기」에서 9건(豕 5건, 彘 4건, 豬 0건, 猪 0건)이고, 「동이전」에서 27건(豕 10건, 豬 16건, 彘 1건(신당서), 猪 0건)이다.

4 다음으로 소와 말에 대해서 살펴보면, 소는 역시 국가 제천의례의 중요한 희생물로 쓰였다.

고구려가 농경 제천례로서 별에 대한 영성제(靈星祭)를 동방을 뜻하는 진일(辰日)에 거행할 때 소를 희생으로 바쳤다고 기록하여, 농경에 긴요한 소의 제천 희생물 성격을 잘 드러낸다(『후한서』「동이·고구려전」). 또한 부여에서 "군사를 일으켜 제천할 때 소를 죽여 그 소 발굽으로 길흉을 점쳤다"(발굽이 떨어지면 흉하고, 합해지면 길하다)라는 기록에서 보이듯이, 군국의 중대사를 소의 성스러운 희생으로 하늘을 움직여내려는 국가의례로서 '살우(殺牛)' 희생 제천례가 거행되었다(『후한서』「부여전」, 『삼국지·위지』「부여전」, 『진서』「부여전」).

말의 중요성은 주몽신화에서 준마(駿馬)를 타고 남쪽으로 건너가 고구려를 건국하는 모습에서 이미 잘 나타난다. 이후 3대 대무신왕 5년(22)에 잃었던 '신마(神馬) 거루(駏驤)'가 부여 말 100필을 이끌고 귀환했다는 장면에서 명마(名馬)의 신화성은 더욱 극적이며, 백마(白馬)를 국가 외교 예물용으로 주고받은 내용이 태조 69년(121)과 장수왕 원년(413)에 수록되어 있다. 그래서인지 말은 가축류이긴 하나 희생물로 등장하지는 않으며,**4** 이동과 전쟁을 위해 가장 우대받은 거마(車馬)와 기마(騎馬)의 가축으로 접근된다.

키가 3척보다 낮아 과수나무 아래로 지나간다는 과하마(果下馬)는 고구려의

---

4 백제 멸망 뒤 665년(문무왕 5, 당 고종 인덕 2) 8월 신라왕과 의자왕의 아들 웅진도독 부여융(扶餘隆, 615~682)이 웅진성에서 백마의 피로 삽혈회맹(歃血會盟)한 것은 아마도 당나라식 희생례였을 것이다(『구당서』「동이·백제전」, 『신당서』「동이·백제전」).

특산물로 널리 알려졌고, 고구려뿐만 아니라 동예, 백제, 신라에서도 기록되어 있다. 특히 북위 사신 이오(李敖)의 견문기를 실은『위서』와 이를 전승한『통전』에는 "고구려의 말은 모두 작으나 산을 오르기에 편리하고, 이 3척의 과하마는 본래 주몽이 타던 마종(馬種)"이라고 하여, 주몽이 타던 말을 곧 과하마의 원류로 보았다.

이처럼 소와 말은 고구려에서 가장 중시되던 가축이었던 까닭에 소말[牛馬]이 연용된 표현으로 많이 기록되었다. 그 상황을 보면 첫째, 주몽신화에서 길 위에 버려진 알을 소말이 모두 피해 다녔다고 하여 소말의 영이성(靈異性)을 드러내었고(고구려), 둘째, 그렇게 중시된 소말을 죽이는 자는 노비로 삼는 징벌을 내렸다(고구려). 셋째, 소말은 '승가우마(乘駕牛馬), 복우승마(服牛乘馬)'로 기록하여, 수레를 끄는 거가용(車駕用)으로 활용되었다(진한, 변진, 신라). 넷째, 서로의 읍락을 침범하는 징벌로 상대방 읍락에 사람과 우마로 보상하여 책임지게 하는 책화(責禍)의 규칙이 있었다(예). 다섯째, 마한 사람은 우마 타는 법을 모르고, 소와 돼지 기르기 를 좋아한다고 했다(마한).

5 다음 개와 닭에 대해서, 당 태종이 일으킨 고당(高唐) 전쟁 중 645년(보장왕 4, 정관 19) 6월 안시성(安市城)의 구원군으로 급파된 고구려 북부욕살 고연수와 남부욕살 고혜진의 15만 군사가 주필산(駐蹕山, 안시성 동남 8리) 전투에서 당군에 대패하여 항복했고, 이때 말 5만 필(匹)과 소 5만 두(頭), 갑옷 1만 개를 노획했다는 기록으로 미루어(『통전』,『구당서』「동이·고려전」), 전투에 활용된 우마가 수만 마리 규모였음을 짐작하게 한다. 이후 본격적으로 당군이 안시성을 공략하고 급습했으나, 성안에서 북치고 소리 지르며, 닭과 돼지의 울음소리를 크게 내는 소위 계체성(雞彘聲) 소요(騷擾) 전술에 기세가 눌렸고, 뒤이어 8월경부터 60일간 진력한 토산(土山) 공방에도 안시성을 함락시키지 못한 당 태종의 대군은 10월에 요택(遼澤)을 건너 퇴각했다. 바로 이 기록이 「고구려본기」에서 유일한 닭 기록이나, 고구려 벽화 안악3호분에서도 닭이 그려진 바와 같이, 일상생활에 길러졌음은 물론 안시성 사람들이 계체성 전술을 사용할 정도로 닭과 돼지를 매우 많이 길렀음을 보여준다.

끝으로 「고구려본기」에서 개[犬, 狗]와 관련된 언급은 3곳이다. 첫째, 견(犬)은 동명성왕 원년조에 "개돝에게 알을 주었으나 먹지 않았다(與犬豕, 皆不食)"는 대목과 둘째, 문자왕 3년(494) 7월 살수원(薩水原, 괴산군 청천면) 전투에서 신라군이 패하여 견아성(犬牙城, 문경 서쪽)을 지키자 고구려군이 포위했다는 기록에서 보인다. 셋째, 구(狗)는 신대왕 2년(166)에 시해된 차대왕의 차자 추안(鄒安)을 양국군(讓國君)에 봉하고서 구산뢰(狗山瀨)와 누두곡(婁豆谷)의 두 곳을 주었다는 기록에서 유일하게 등장하는데, 구산뢰는 '개뢰여울'이란 말로 급류를 낀 산지라는 뜻 정도가 된다.

6 맺음말

지금까지 고구려의 상금서수 기록을 통해 조류가 참새[神雀], 까마귀[赤烏], 매[白鷹]의 3종이고, 동물은 농경생활의 가축류가 '소, 말, 돝(돼지), 개, 닭'의 5축(五畜), 수렵생활의 동물류가 '노루, 사슴, 토끼, 호범, 표범, 여 우, 이리'의 7종, 어렵생활의 충어류가 '물고기, 자라, 개구리, 잉어, 백어, 고래'의 6종으로 도합 18종이며, 그 외 상상 속의 황룡(黃龍)과 난조(鸞鳥), 이조(異鳥) 3종을 더하면, 「고구려본기」에는 총 24종의 동물이 나온다. 특히 신작과 난조, 이조의 상금은 모두 왕궁(王宮)에 모여든 기록이라서 궁실의 조영과 왕궁의 수축을 찬탄하고 기원하는 성화(聖化)의 상징론으로 해석되었다.

또한 고구려의 가축 문화가 5축류로 압축되었고, 그중 돝과 소는 제천 희생용으로 매우 중시되었고, 말은 명마와 외교의례용으로 극히 존중되는 점을 고찰했다. 또 수레의 축력(畜力)으로 활용되는 소와 말은 이동과 전쟁의 주요 수단이었고, 닭과 돝은 계체성 소요 전술에, 개는 주몽의 부란신화에 길험을 드러내는 가축미물로 활용된 기록을 살펴보았다.

나아가 고구려가 무양(無羊) 다저(多猪)의 가축 생태권으로 조망됨에 따라, 제가(諸加) 오부(五部)의 가축 관명(官名) 논의에서 가축명(馬加, 牛加, 豬加, 狗加)의 사가(四加)에 양(羊)이 없는 문제도 적이 참조가 될 것이다.

감사의 말

이 글은 타 전공이었던 문외한에게 몇 년간의 한국 고대사 수강 기회를 통해, 고대사 사료와 유물 자료를 원 없이 탐색하고, 특히 비증이 있어야 접근 가능하던 고구려 고분벽화 도록을 마음껏 열람하게 되면서, 고구려 별자리 연구라는 새로운 역사천문학 분야의 커다란 계기를 열어주신 송기호 교수님께, 벌써 25년이 익어간 오랜 숙연에 깊은 감사의 마음으로 헌정합니다. 한국 생활사 슬라이드를 만든다고 분주하던 그 시절을 지나, 강사 생활을 하면서 기댈 곳 없던 파고만장의 방황 중에 논문 한 편 드린다는 핑계로 무심코 찾아뵈면, 언제나 시원한 오렌지주스 한 병과 도록 자료를 꺼내 설명해주시던 그 따스한 순간들은 제가 잠시나마 격려와 위안을 받던 한여름철 나무그늘과도 같았습니다. 지금도 그 뜨겁던 여름날 5동 앞의 등나무 벤치에서 7동 연구실에 계신가 올려보던 때가 생각납니다. 비록 가까이 머물지는 못했어도 늘 깊이 감사드리며 존경하는 선생님이셨고, 심란할 때 찾는 제 마음의 등불이셨습니다. 정년을 회고하시는 이 자리에 감히 곁을 주신 인연도 억겁의 시간이 만들어가는 숙명이 아닐까 합니다. 더욱 열심히 학문으로 보답하는 후학이 되겠습니다. 감사합니다.

참고문헌

『삼국사기』, 『후한서』, 『위지』, 『북사』, 『구당서』, 『신당서』, 『논형』, 『송서』「부서지」, 『위서』
「영징지」

한글

국사편찬위원회, 1998, 『중국정사조선전역주』.

정구복 외, 2012, 『역주삼국사기』, 한국학중앙연구원 출판부.

김일권, 2011, 『고려사의 자연학과 오행지 역주 연구』, 한국학중앙연구원 출판부.

김일권, 2017, 「고려시대 『천지서상지』에 나타난 한중 고대 천지상서의 교응적 자연학」,
　　　　『탐라문화』 제56호, 제주대 탐라문화연구원.

7장

『삼국사기』 고구려·백제 인물 열전의 원전과 편찬

전덕재(단국대학교 사학과 교수)

1 머리말

『삼국사기(三國史記)』 열전에 김유신(金庾信)을 비롯한 51명의 인물이 입전(立傳)되었다. 이 가운데 궁예와 견훤을 비롯한 신라 인물이 40명, 고구려 인물이 8명, 백제 인물이 3명이다. 고구려인은 을지문덕(乙支文德), 을파소(乙巴素), 밀우(密友)·유유(紐由), 명림답부(明臨答夫), 온달(溫達), 창조리(倉助利), 개소문(蓋蘇文) 8명이고, 백제인은 흑치상지(黑齒常之), 계백(階伯), 도미(都彌) 3명이다. 이 가운데『삼국사기』고구려본기와 백제본기에 관련 정보가 전혀 전하지 않은 인물이 바로 온달과 도미다.『삼국유사』와 중국 사서에서도 이들에 관한 정보를 전혀 찾을 수 없다. 따라서『삼국사기』찬자는 고려 중기까지 전해진 고기(古記)를 활용하여 온달과 도미의 전기(傳記)를 찬술했다고 이해할 수 있다.

계백은 신라본기와 백제본기, 관창열전과 김영윤열전에도 등장하는데, 신라본기와 백제본기에는 '堦伯', 계백과 관창, 김영윤열전에서는 '階伯'이라고 표기하여 차이를 보인다. 이에 따른다면, 계백의 전기를 찬술할 때에 신라본기와 백제본기를 참조하여 찬술했다고 보기 어렵다. 계백이 가족을 죽이고 황산벌에 나아갔다는 내용은 오직 계백열전에만 전한다. 계백열전의 원전 역시 계백의 행적을 기술한 전승자료, 즉 고기(古記)였음을 짐작케 해주는 측면으로서 유의된다. 고구려 인물 가운데 을파소와 밀우·유유, 명림답부, 창조리의 전기는 고구려본기에 전하는 기록이 저본(底本)이었고, 을지문덕과 개소문열전은 고구려본기와 중국 사서를 두루 참조하여 찬술한 사례에 해당했다. 개소문열전에 부기(附記)된 남생(男生)과 헌성(獻誠), 백제인 흑치상지의 전기는 중국 사서에 전하는 기록이 원전이었던 것으로 확인되었다. 한편 궁예와 견훤을 비롯한 신라 인물 열전의 원전은 장보고와 최치원열전을 제외하고, 모두 국내 측 전승 자료가 원전(原典)이었던 것으로 이해되고 있다.

　기존에 고구려와 백제 인물 열전의 원전과 그것들의 찬술 과정을 살펴본 연구 성과가 다수 발표되어, 이들 인물 열전의 원전 및 찬술 과정에 대한 이해가 어느 정도 가능해졌다고 평가할 수 있다(이홍직, 1971; 양기석, 1986; 황형주, 2002; 이강래, 2006; 이강래, 2007). 그러나 열전과 고구려본기 및 중국 사서에 전하는 기록을 세밀하게 대조하여 『삼국사기』 찬자가 저본자료를 어떻게 활용하여 열전을 찬술했는가를 고찰한 연구 성과는 거의 찾아보기 어렵다. 게다가 일부 인물 열전의 원전에 대해서도 세밀하게 천착했다고 평가하기도 쉽지 않은 실정이다. 이 글은 이 같은 기존 연구의 한계를 보완하여 고구려·백제 인물 열전의 원전 및 편찬에 대한 이해를 진전시키기 위해 준비된 것이다.

　『삼국사기』 고구려·백제 인물 열전의 원전은 크게 네 유형으로 분류할 수 있다. 첫 번째는 고려시대까지 전승된 고기류가 원전에 해당하는 유형이다. 온달과 도미, 계백열전의 원전이 이러한 유형에 속한다고 볼 수 있다. 두 번째는 고구려본기의 기록이 원전에 해당하는 유형인데, 을파소, 밀우·유유, 명림답부, 창조리열전의 원전 등을 바로 이러한 유형으로 이해할 수 있다. 세 번째 유형은 고구려본기와 중국 사서에 전하는 기록을 전거로 삼아 찬술한 경우인데, 을지문덕·개소문열전이 여기에 속한다. 마지막으로 네 번째 유형은 남생·헌성열전처럼 중국 사서의 기록이 원전인 경우다. 이 글에서는 『삼국사기』 찬자가 네 가지 유형의 저본 자료를 어떻게 활용하여 인물의 전기를 찬술했는가를 고찰하는 순으로 논지를 전개할 예정이다. 이 글에서 부족한 점은 추후에 수정·보완할 것을 약속하며, 많은 질정을 바란다.

2 온달 · 도미 · 계백열전의 원전과 찬술

온달과 도미는 열전 이외의 다른 『삼국사기』 기록에 보이지 않는다. 물론 『삼국유사』와 중국 사서에서도 이들에 관한 기록을 찾을 수 없다. 따라서 온달과 도미열전의 원전은 이들의 행적을 정리한 전승 자료였다고 이해할 수밖에 없다. 『삼국사기』 백제본기에서 아차성(阿且城)이라는 표현은 책계왕 즉위년과 개로왕 21년 9월 기록에서만 찾을 수 있다. 지금의 서울 광진구에 위치한 아차산성에서 '북한산(北漢山)', '북한산성(北漢山城)' 등의 명문이 새겨진 기와편들이 발견되었다(윤성호, 2019, 297~306쪽). 신라에서 아차산성을 북한산성이라고 불렀음을 알려주는 증거다. 그런데 백제본기 개루왕 5년 2월과 비류왕 24년 9월, 개로왕 15년 9월 기록에 북한산성(北漢山城) 또는 북한성(北漢城)이라는 표현이 보이고 있음을 살필 수 있다. 백제에서 아차산성을 북한산성이라고 불렀을 가능성은 적고, 당시에는 아차성이라고 불렀으나 통일신라시대 사람들이 본래 아차성이라고 기술되어 있던 것을 북한산성 또는 북한성으로 개서한 것으로 이해된다. 구체적으로 김대문이 『한산기(漢山記)』를 찬술하면서 아차성을 북한산성으로 개서했을 가능성이 높고, 『구삼국사』 찬자가 이것을 그대로 수용했으며, 『삼국사기』 찬자는 이것을 그대로 인용했던 것으로 이해된다(전덕재, 2018, 436~441쪽). 이에 따른다면, 아차성이라는 표현이 보이는 기록의 원전은 『구삼국사』 백제 기록이 아니라, 이것과 별개의 전승 자료라고 보는 것이 합리적이다.

이와 같은 추정은 책계왕 즉위년조에 '대방왕(帶方王)'이라는 표현이 보이는 것을 통해서도 뒷받침할 수 있다. 백제본기 고이왕 13년 8월 기록에 낙랑태수(樂浪太守)와 더불어 삭방태수(朔方太守)란 표현이 보이는데, 이는 대방태수를 가리키는 것이다. 이외에 백제본기의 다른 기록에서 낙랑태수라는 표현을 더 발견할 수 있다.[1] 이를 통해 백제본기의 원전인『구삼국사』백제 기록에서 한군현의 지배자를 낙랑태수, 대방태수라고 표기했음을 엿볼 수 있다. 그런데 책계왕 즉위년조에서만 대방태수가 아닌 대방왕이라고 표기했으므로, 이것의 원전과 백제본기 기록의 전거 자료가 달랐다고 이해하는 것이 합리적이다. 백제본기 기록의 원전이『구삼국사』백제 기록이었다고 이해되기 때문에 결과적으로 책계왕 즉위년조는『삼국사기』찬자가 당시 전승된 고기류에 전하는 기록에서 인용했다고 볼 수 있다.

한편 백제본기 개로왕 21년 9월 기록은 크게 2개의 단락으로 나눌 수 있다. 첫 번째 단락은 고구려 장수왕이 백제의 한성(漢城)을 공격하여 함락시켰다고 전하는 부분이고, 두 번째 단락은 고구려 장수왕이 도림(道林)을 백제왕 근개루(近蓋婁)에게 보내 토목공사를 자주 하게 하여 백제 백성들을 곤핍하게 만든 다음, 백제 북성(北城)과 남성(南城)을 공격하여 함락시키고 근개루를 아차성(阿且城) 아래에서 죽였다는 내용이다. 두 번째 단락에서 개로왕을 근개루로 표현한 것으로 보아, 첫 번째 단락과 그 원전이 달랐음을 추론할 수 있다.『구삼국사』백제 기록에서 개로왕(蓋鹵王)이라고 표기했을 가능성이 높은 점을 염두에 둔다면, 개로왕을 근개루(近蓋婁)라고 표기한 두 번째 단락은『삼국사기』찬자가『구삼국사』와는 별도의 전승 자료에서 인용하여 첨입했다고 이해하는 것이 합리적이라고 볼 수 있다.[2]

그런데 온달열전에서 온달이 죽은 곳이 아단성(阿旦城)이라고 전하여 주목된다. 아단성은 아차성(阿且城)을 전사(轉寫)하는 과정에서 생긴 착오로 보이고, 동일한 성을 가리킨다고 이해하는 것이 합리적이라고 판단된다(전상우, 2018, 194~195쪽). 그런데 아차성이라는 표현이 들어간 책계왕 즉위년조와 개로왕 21년 9월 기록의 두 번째 단락의 원전이『구삼국사』가 아니라 이것과 별도의 전승 자료, 즉 고려 중기까지 전해진 고기(古記)였음을 살핀 바 있다. 온달열전의 원전 역시『구삼

1　백제본기 온조왕 8년 7월과 분서왕 7년 10월 기록에 낙랑태수라는 표현이 나온다.

2　高寬敏, 1996, 24~25쪽에서 첫 번째 단락은『구삼국사』에 전하는 기사, 두 번째 단락의 기사는 백제본기의 보조원전으로 활용된 고기(古記)에 전하는 기사였다고 이해했다.

국사』 찬자가 전혀 활용하지 않은 고기의 하나였고, 『삼국사기』 찬자가 이것을 기초로 하여 온달열전을 찬술했다고 이해할 수 있다. 온달열전에서 영양왕(嬰陽王)을 양강왕(陽岡王: 양원왕), 북제(北齊) 무제(武帝)를 후주(後周: 북주) 무제로 잘못 기술했음을 확인할 수 있는데(정구복 등, 2012, 769~770쪽), 고기로 전해지는 과정에서 역사적 사건과 인물에 대한 서술에서 오류가 생긴 것으로 짐작된다.

도미열전에 개루왕(蓋婁王)이 보인다. 일반적으로 개루왕은 개로왕을 가리키는 것으로 이해하고 있다(양기석, 1986, 4~6쪽). 백제본기 개로왕(蓋鹵王) 즉위년조에서 개로왕을 혹은 근개루(近蓋婁)라고도 했다고 전한다. 『일본서기』에서 근초고왕(近肖古王)과 근구수왕(近仇首王)을 초고왕(肖古王: 速古王), 귀수왕(貴首王)이라고 표기했음을 염두에 둔다면, 근개루왕을 개루왕이라고 표현하는 것이 전혀 이상하다고 보기 어렵다. 앞에서 개로왕을 근개루라고 전하는 백제본기 개로왕 21년 9월 기록의 두 번째 단락의 원전이 『구삼국사』 찬자가 참조하지 않은 고기였음을 살핀 바 있다. 마찬가지로 개로왕을 개루왕이라고 전하는 도미열전의 원전 역시 『구삼국사』 찬자가 참조하지 않은 고기의 하나였고, 『삼국사기』 찬자가 이것을 기초로 하여 도미열전을 찬술했다고 이해할 수 있지 않을까 한다.

계백에 관한 기사는 신라본기 태종무열왕 7년 7월 7일과 백제본기 의자왕 20년 기록, 그리고 관창열전과 김영윤열전에 전한다. 그런데 신라본기와 백제본기에서는 '堦伯'이라고 표기했고, 관창열전과 김영윤열전, 계백열전에서는 '階伯'이라고 표기하여 차이를 보인다. 여기다가 계백이 황산벌에 나가기 전에 가족을 모두 죽인 사실과 계백이 백제 병사들에게 각자 용기를 다하여 싸워 이겨 국은(國恩)에 보답하자고 역설한 내용은 다른 기록에 전하지 않는다. 이와 같은 측면들을 고려하건대, 계백열전의 원전은 『구삼국사』 찬자가 신라와 백제 기록을 찬술할 때에 전혀 참조하지 않은 전승 자료였다고 봄이 합리적이다. 도미열전의 원전과 마찬가지로 계백열전의 원전 역시 고기의 형태로 전승되다가 『삼국사기』 찬자가 이를 기초로 계백열전을 찬술했다고 짐작된다.

3 고구려본기가 원전인 인물 열전의 찬술

을파소열전의 원전은 고구려본기 고국천왕 12년 9월, 13년 4월과 10월, 산상
왕 7년 8월 기록이다. 을파소열전에서 고국천왕(故國川王)을 국천왕(國川王)이라고
표기했고, 어비류(於畀留)와 좌가려(左可慮) 자식의 악행 및 이들과 4연나(四椽那)가
반란을 일으켰다가 진압된 사실을 전하는 고국천왕 12년 9월과 13년 4월 기록의
앞부분을 '沛者於畀留評者左可慮等 皆以外戚擅權 多行不義 國人怨憤. 王怒欲誅之
左可慮等謀反 王誅竄之'라고 압축하여 기술했음을 살필 수 있다. 그리고 고국천왕
13년 4월 기록의 '遂下令曰' 이하의 기사 및 10월 기록을 단지 '冬十月'만을 생략
하고 그대로 인용한 다음, 마지막에 산상왕 7년 8월 기록에 전하는 을파소 사망 관
련 기사를 그대로 전재했음을 확인할 수 있다. 결국 『삼국사기』 찬자는 을파소의
등용 배경이 된 사건에 대해 기술한 고구려본기의 기록을 간략하게 요약하여 제시
한 다음, 을파소에 관해 기술한 고구려본기의 기록을 그대로 전재(轉載)하여 을파
소열전을 찬술했다고 정리할 수 있다.

밀우·유유열전의 원전은 고구려본기 동천왕 20년 8월과 10월 기록이다. 8월
기록은 위나라 유주자사(幽州刺史) 관구검(毌丘儉)이 위군(魏軍)을 이끌고 고구려를
침략하여 맞서던 고구려군을 크게 물리쳤다는 내용이고, 10월 기록은 관구검이 환
도성(丸都城)을 공격하여 함락시키고 사람들을 죽인 다음 장군 왕기(王頎)를 보내
동천왕을 쫓게 하자, 동천왕이 남옥저를 거쳐 북옥저까지 도망갔다가 위기를 넘겼
다는 내용이다. 이때 밀우가 동천왕을 위해 자신을 희생했고, 유유는 위나라 장수
를 죽여 고구려가 위군을 무찌르는 데 크게 기여한 바 있었다. 『삼국사기』 찬자는
동천왕 20년 8월과 10월 기록에 전하는 관구검이 고구려를 침략하여 마침내 환도
성을 함락시켰다는 사실을 앞부분에서 간략하게 압축하여 제시하고("東川王二十年
魏幽州刺史毌丘儉 將兵來侵 陷丸都城"), 이어 밀우와 유유의 활약상을 기술한 10월 기
록을 거의 그대로 전재하여 밀우·유유 열전을 찬술했음을 살필 수 있다.

창조리열전의 원전은 고구려본기 봉상왕 3년 9월, 5년 8월, 9년 정월 기록이
다. 봉상왕 3년 9월 기록에 "남부(南部) 대사자(大使者) 창조리(倉助利)를 국상(國相)

에 임명하고, 관계(官階)를 올려 대주부(大主簿)로 삼았다"라고 전하는 것을 창조리 열전에서는 단지 "봉상왕 때에 국상에 임명되었다(烽上王時 爲國相)"라고 간략하게 기술했다. 또한 봉상왕 3년 8월 기록에 "慕容廆來侵 至故國原見西川王墓 使人發之 役者有暴死者 亦聞壙內有樂聲 恐有神乃引退"라고 전하는 것을 창조리열전에서는 "時慕容廆爲邊患"이라고 매우 간략하게 표현했음을 살필 수 있다. 『삼국사기』 찬자는 8월 기록의 "恐有神乃引退" 이후에 전하는 기사 및 봉상왕 9년 8월 기록을 창조리열전에 인용했는데, 두 기록을 비교한 결과 일부 구절을 생략하거나 또는 일부 표현이나 글자를 개서했음을 확인할 수 있다.[3] 이러한 측면은 『삼국사기』 찬자가 을파소열전과 밀우·유유열전을 찬술하면서 고구려본기의 기록을 그대로 전재한 것과 대비되는 창조리열전의 특징적인 면모로서 유의된다고 하겠다.

명림답부열전 역시 고구려본기에 전하는 기록이 원전인데, 『삼국사기』 찬자가 고구려본기에 전하는 기록 가운데 일부 내용만을 인용하여 찬술한 사례로서 주목된다. 고구려본기 차대왕 20년 10월과 신대왕 즉위년 기록에 연나(椽那) 조의(皁衣) 명림답부(明臨答夫)가 무도(無道)하여 폭정을 일삼은 차대왕(次大王)을 시해했다는 내용이 전한다. 또한 신대왕 2년 정월 기록에 명림답부를 국상으로 임명하고, 관계를 올려 패자(沛者)로 삼았으며, 중앙과 지방의 일을 관장하고 아울러 양맥부락(梁貊部落)을 통령(統領)하게 했다고 전한다. 그리고 8년 11월 기록에 한나라 군대가 쳐들어오자, 명림답부의 건의를 받아들여 성을 굳게 지켜 대항하다가 마침내 한나라 군사가 굶주리고 돌아갈 때에 명림답부가 한군(漢軍)을 공격하여 크게 무찔

---

3 고구려본기 봉상왕 5년 8월 기록에 '慕容氏兵馬精强', '相國倉助利對曰', '王以高奴子爲新城太守', '善政有威聲 慕容廆不復來寇'라고 전하는 것을 창조리열전에서는 '慕容氏兵强', '倉助利對曰', '王以爲 新城太守', '慕容廆不復來'로 개서했음이 확인된다. 또한 봉상왕 9년 8월 기록에 '王發國內男女年十五 已上', '驅饑餓之人', '今國相蓋欲謗寡人', '冀無復言', '且畏及害 退與羣臣同謀 廢之. 迎乙弗爲王 王知 不免 自經 二子亦從而死'라고 기술되어 있는 것을 창조리열전에서는 '王發國內丁男年十五已上', '驅飢 餓之人', '今相國蓋欲謗寡人', '冀無後言', '退與羣臣謀廢之. 王知不免 自縊'로 개서했음을 살필 수 있다. 한편 미천왕 즉위년조에 300년 9월에 창조리가 후산(侯山) 북쪽으로 사냥 나간 봉상왕을 폐하여 별실에 가두고 군사로 주위를 지키게 했다는 내용이 전하지만, 『삼국사기』 찬자는 창조리열전에서 이에 대해 전혀 언급하지 않았다.

렀다는 내용이 전하고, 15년 9월 기록에서 명림답부가 113세의 나이로 죽자 질산(質山)에 장사지내고 수묘(守墓) 20가(家)를 두었다고 했다.

『삼국사기』 찬자는 명림답부가 신대왕 때에 국상에 임명되었다는 사실만을 간단하게 언급한 다음, 신대왕 8년 11월과 15년 9월 기록을 거의 그대로 전재하여 명림답부열전을 찬술했음을 확인할 수 있다. 그런데 여기서 흥미로운 사실은 신대왕 8년 11월 기록에 단지 "한나라가 대병을 이끌고 우리에게로 향하였다(漢以大兵嚮我)"라고 전하는 것을 명림답부 열전에서는 "한(漢)의 현토군태수(玄菟郡太守) 경림(耿臨)이 대병(大兵)을 이끌고 우리를 공격하였다(漢玄菟郡太守耿臨發大兵欲攻我)"라고 개서(改書)했다는 점이다. 고구려본기 신대왕 4년 기록에 "한나라 현토태수 경림이 침략해와서 우리 군사 수백 명을 죽였다"라고 전한다.『삼국사기』 찬자는 신대왕 8년 11월에 고구려를 침략한 한나라 군대를 신대왕 4년에 고구려를 침략한 한나라 현토군태수 경림이 이끄는 군대라고 생각하여, 명림답부열전에 위와 같이 기술한 것으로 이해된다(이홍직, 1971, 251쪽).

그런데『삼국사기』 찬자는 명림답부열전에서 명림답부가 차대왕을 시해했다는 사실을 전혀 언급하지 않았음을 확인할 수 있다.『삼국사기』 찬자는 명림답부가 죽자, 신대왕이 애통해하며 7일 동안 정사를 돌보지 않았을 뿐만 아니라 마침내 질산에 예로써 장사지내고 수묘 20가를 두었다는 사실을 주목하여 그를 역신(逆臣)이 아니라 충신(忠臣) 또는 현상(賢相)으로 인식하여 그의 전기를 충신·현상편에 배치하면서 그가 차대왕을 시해했다는 내용을 일부러 수록하지 않았다고 추론할 수 있지 않을까 한다. 명림답부열전은『삼국사기』 찬자가 고구려본기의 기록을 전거로 삼으면서도 어떠한 태도로 열전을 찬술했는가를 엿볼 수 있는 하나의 사례로서 유의된다고 하겠다.

4 을지문덕 · 개소문 · 흑치상지열전의 원전과 찬술

을지문덕열전과 개소문열전은 고구려본기와 중국 사서의 기록을 전거로 삼아 찬술한 경우에 해당한다. 논지 전개의 편의를 위해 을지문덕열전의 기록을 제시하면 다음과 같다.

> 乙支文德 (ㄱ) 未詳其世系 資沈鷙有智數 兼解屬文. (ㄴ) 隋開皇中 煬帝下詔征高句麗. (ㄷ) 於是 <u>左翊衛大將軍宇文述出扶餘道 右翊衛大將軍于仲文出樂浪道 與九軍至鴨淥水</u> 文德受王命 詣其營詐降 實欲觀其虛實. (ㄹ) 述與仲文 先奉密旨 若遇王及文德來則執之. (…) 旣恃驟勝 又逼羣議 遂進東 濟薩水 去平壤城三十里 因山爲營. (ㅁ) <u>文德遺仲文詩曰 神策究天文 妙算窮地理 戰勝功旣高 知足願云止. 仲文答書諭之.</u> (ㄹ) 文德又遣使詐降 (…) 初度遼 九軍三十萬五千人 及還至遼東城 唯二千七百人.

(『삼국사기』 열전 제4, 을지문덕)

위의 기록에서 (ㄱ) 부분은 『삼국사기』 찬자가 직접 작문(作文)한 것이다. (ㄴ) 부분은 찬자가 고구려본기 영양왕 22년 2월 기록을 그대로 전재한 것인데, 다만 개황(開皇)은 문제 때의 연호이므로, 이것은 대업(大業)의 오류라고 볼 수 있다. (ㄷ) 부분은 영양왕 23년 6월 기록 가운데 "左翊衛大將軍宇文述 出扶餘道 (…) 王遣大臣乙支文德 詣其營詐降 實欲觀虛實"의 기사를 축약하여 간략하게 정리한 것에 해당한다.[4] (ㄹ)은 영양왕 23년 6월과 7월 기록에서 일부는 생략하고, 일부는 표현을 개시하여 인용한 부분이다.[5] (ㅁ)의 밑줄 친 부분은 '여우중문시(與于仲文詩)'를

---

4 ㄷ)의 밑줄 친 부분은 『수서』 권61 열전 제24 우문술전에서 인용한 것이다.

5 예를 들어 영양왕 23년 6월과 7월 기록에서 "且仲文此行 固知無功. 何則 古之良將能成功者 軍中之事 決在一人. 今人各有心 何以勝敵. 時 帝以仲文有計畫 令諸軍諮稟節度 故有此言. 由是", "秋七月", "將軍天水王仁恭爲殿 擊我軍却之 來護兒聞述等敗 亦引還. 唯衛文昇一軍獨全"을 을지문열전에서는 생략했고, 이 기록에 "若遇王及文德來者 必擒之", "仲文遂聽文德還 旣而悔之", "濟鴨綠水而去", "仲文議以精銳追文德", "將軍仗十萬之衆", "與諸將渡水追文德", "我軍四面鈔擊", "右屯衛將軍辛世雄戰死"로 전하는 것을 『삼국사기』 찬자가 을지문덕열전을 찬술하면서, "若遇王及文德來則執之", "遂聽文德歸 深悔之", "遂濟鴨淥而歸", "仲文謂以精銳追文德", "將軍仗十萬兵", "度鴨淥水追之", "文德出軍 四面鈔擊

소개한 것인데, 고구려본기에 전하지 않기 때문에 『삼국사기』 찬자는 『수서』 권60 열전 제25 우중문전에 전하는 것을 인용하여 제시했다. 고구려본기 영양왕 23년 6 월과 7월 기록의 원전은 『자치통감(資治通鑑)』 권181 수기(隋紀) 양제(煬帝) 대업 8 년 6월과 7월 기록으로 확인된다. 결과적으로 『삼국사기』 찬자는 고구려본기를 편 찬하면서 『자치통감』의 기록을 그대로 전재한 다음, 고구려본기의 기록을 일부 문 장을 생략하거나 일부는 표현을 개서하여 인용하고, 『수서』 우중문열전에 전하는 을지문덕의 '여우중문시'를 추가로 보입(補入)하여 을지문덕열전을 찬술했다고 정 리할 수 있다.[6]

을지문덕열전의 주요 원전은 고구려본기의 기록이지만, 개소문열전의 경우는 이와 사정이 약간 다르다. 『삼국사기』 찬자는 중국 사서 및 고구려본기에 전하는 개 소문 관련 기록을 적절하게 편집하여 개소문열전을 찬술했음이 확인되기 때문이다.

(ㄴ-㉠) 蓋蘇文〈或云蓋金〉 姓泉氏. 自云生水中 以惑衆. (ㄷ-㉠) 儀表雄偉 意氣豪 逸. (ㄴ-㉡) 其父東部〈或云西部〉大人大對盧死 蓋蘇文當嗣 (a) <u>而國人以性忍暴 惡 之 不得立.</u> (b) <u>蘇文頓首謝衆 請攝職 如有不可雖廢無悔. 衆哀之 遂許. 嗣位而凶殘 不道,</u> (ㄱ-㉠) 諸大人與王 密議欲誅 事洩. (ㄴ-㉢/ㄷ-㉡) 蘇文悉集部兵 若將校閱者 幷盛陳酒饌於城南 (ㄷ-㉢) 召諸大臣共臨視. (ㄴ-㉣) 賓至 盡殺之 凡百餘人. 馳入 宮弑王 (ㄷ-㉣) 斷爲數段 棄之溝中. (ㄴ-㉤) 立王弟之子臧爲王 自爲莫離支 其官如 唐兵部尙書兼中書令職也. (ㄷ-㉤) 於是 號令遠近 專制國事 (c) <u>甚有威嚴.</u> 身佩五 刀 左右莫敢仰視. 每上下馬 常令貴人武將伏地而履之. 出行 必布隊伍 前導者長呼

之", "殺右屯衛將軍辛世雄"으로 개서했음을 확인할 수 있다.

6　종래에 이홍직, 1971, 245쪽에서 고구려본기 영양왕 23년 기록은 『자치통감』의 글을 그대로 옮겨 놓은 것이며, 을지문덕전은 『수서(隋書)』의 우중문전과 우문술전에 의한 것임을 알 수 있다고 언급했 다. 『수서』 권60 열전 제25 우중문전과 권61 열전 제26 우문술전에 전하는 기록과 『자치통감』에 전하 는 기록이 일치하는 경우가 적지 않았음을 살필 수 있지만, 그러나 『자치통감』 기록의 내용이 더 풍부 하기 때문에 『수서』 우중문전과 우문술전의 기록이 『자치통감』 기록의 원전이었다고 보기 어렵다.

則人皆奔迸 不避坑谷 國人甚苦之. (ㄹ-①-㉠) 唐太宗聞蓋蘇文弑君而專國 欲伐之.
長孫無忌曰 蘇文自知罪大 畏大國之討 設其守備. 陛下姑爲之隱忍 彼得以自安 愈
肆其惡 然後取之 未晚也. 帝從之. (ㄹ-②) 蘇文告王曰 聞中國三敎並行 而國家道
敎尚缺 請遣使於唐求之. 王遂表請. 唐遣道士叔達等八人 兼賜道德經. 於是取浮屠
寺館之. (ㄹ-①-㉡) 曾新羅入唐 告百濟攻取我四十餘城 復與高句麗連兵 謀絶入朝
之路. (d) <u>小國不得已出師</u> 伏乞天兵救援. (…) 太宗曰 蓋蘇文弑其君 賊其大臣 殘
虐其民. 今又違我詔命 不可以不討. (ㅁ) 又遣使蔣儼諭旨 蘇文竟不奉詔 乃以兵脅
使者不屈 遂囚之窟室中. (ㅂ) 於是 太宗大擧兵親征之事 具句麗本紀. 蘇文至乾封
元年死.

(『삼국사기』 열전 제9 개소문)

위의 기록에서 (ㄱ)은 『구당서(舊唐書)』 고려전, (ㄴ)은 『신당서(新唐書)』 고려전,
(ㄷ)은 『자치통감』 권196 당기(唐紀)12 태종(太宗) 정관(貞觀) 16년 11월 기록, (ㄹ-
①)은 중국 사서에 전하는 기록이 원전인 고구려본기의 기록, (ㄹ-②)는 고구려 자
체의 전승 자료에 전하는 기록이 원전인 고구려본기의 기록, (ㅁ)은 『구당서』 권
185상 열전 제135 장엄전(蔣儼傳)에 전하는 기록에서 인용한 것이다. 그리고 (ㅂ)은
『삼국사기』 찬자가 직접 작문(作文)한 부분이다.

(ㄷ-㉠)의 경우, 『자치통감』에서는 "狀貌雄偉 意氣豪逸"이라고 기술했으나 개
소문열전에서는 "儀表雄偉 意氣豪逸"이라고 개서했다. 개소문열전에서는 『신당
서』 고려전의 기록을 인용하여 개소문이 동부대인(東部大人)이라고 기술하면서도,
『구당서』 고려전 및 고구려본기 영류왕 25년 정월 기록을 참조하여 세주(細注)로
"或云西部"라고 밝혔다. (ㄴ-㉡)의 밑 줄 친 (a) 부분은 『신당서』 고려전의 "自云生
水中以惑衆 <u>性忍暴</u>. 父爲東部大人 大對盧死 蓋蘇文當嗣 <u>國人惡之</u>"에서 밑줄 친 부
분만을 발췌하여 편집한 것이다. 그리고 (ㄴ-㉡)의 밑줄 친 (b) 부분은 『신당서』 고
려전의 "頓首謝衆 請攝職 有不可 雖廢無悔 衆哀之 遂嗣位 殘凶不道"를 약간 개서
하여 인용한 것에 해당한다. (ㄱ-㉠)의 경우, 『구당서』 고려전에 "諸大臣與建武 議
欲誅之 事洩"로 전하는 것을 개소문열전에서는 "諸大人與王 密議欲誅 事洩"이라고

약간 개서했다.

(ㄴ-ㅁ)의 경우, 『신당서』 고려전에 "更立建武弟之子藏爲王 自爲莫離支 專國 猶唐兵部尙書·中書令職云"이라고 전하는 것을 개소문열전에서는 "立王弟之子臧 爲王 自爲莫離支 其官如唐兵部尙書兼中書令職也"라고 약간 개서하여 서술했고, (ㄷ-ㅁ)의 (c)의 밑줄 친 부분(甚有威嚴)은 『자치통감』에 "狀貌雄偉 意氣豪逸"이라고 전하는 것을 약간 편집하여 서술한 사례에 해당한다. (ㄹ-①-ㄱ)은 고구려본기 보 장왕 2년 윤6월 기록을 일부 내용은 축약하고 일부 표현은 개서하여 서술한 것인 데, 고구려본기 기록의 원전은 『자치통감』 권197 당기13 태종 정관 17년 윤6월 기 록이다. (ㄹ-①-ㄴ)은 고구려본기 보장왕 2년 9월과 3년 정월 기록을 인용한 것인데, 이 기록의 원전은 『자치통감』 권197 당기13 태종 정관 17년 9월과 18년 정월 기록 이 원전이다. 다만 (ㄹ-①-ㄴ)의 밑줄 친 (d) 부분(小國不得已出師)은 고구려본기 기 록에 전하지 않고, 『삼국사기』 찬자가 직접 작문하여 보입(補入)한 것에 해당한다. (ㄹ-②)는 고구려본기 보장왕 2년 3월 기록을 약간 축약하고 일부 표현을 개서하여 인용한 것인데, 고구려본기의 기록은 중국 사서에 전하지 않기 때문에 고구려 자 체의 전승 자료에 전하는 기록이 원전인 것으로 이해된다. 『삼국사기』 찬자는 645 년에 당 태종이 고구려를 정벌했다가 실패한 이야기는 고구려본기에 자세히 전한 다고 언급한 다음, 『자치통감』을 비롯한 중국 사서에 전하는 것을 참조하여 개소 문이 건봉(乾封) 원년(666)에 사망했다고 서술했다.[7]

을파소와 창조리, 을지문덕의 경우와 달리 고구려본기에 개소문 관련 기록이 일목요연하게 전하지 않기 때문에 『삼국사기』 찬자는 『자치통감』과 고구려본기 기 록을 주요 전거로 하면서도 『구당서』와 『신당서』 고려전, 『구당서』 권185상 열전 제135 장엄전에 전하는 기록을 참조하여 개소문열전을 찬술했다고 정리할 수 있

---

[7] 『자치통감』 권201 당기17에서 고종 건봉 원년(666) 5월에 천개소문(泉蓋蘇文)이 사망했다고 했 고, 『구당서』 권5 본기 제5 고종(하)에서는 건봉 원년 6월에 막리지 개소문이 사망했다고 했다. 그리 고 『신당서』 고려전에도 건봉 원년에 개소문이 죽었다고 전한다.

다.[8]

　이에 반해 오직 중국 사서에 전하는 기록만을 전거로 삼아 찬술한 경우가 바로 흑치상지와 남생, 헌성열전이다. 『구당서』와 『신당서』에 흑치상지 전기가 전하는데, 『삼국사기』 찬자는 후자(권110 열전 제35 제이번장(諸夷藩將) 흑치상지)에 전하는 기록을 부분적으로 발췌하여 흑치상지열전을 찬술했음을 확인할 수 있다. 대체로 백제에서 부흥운동을 전개한 사실 및 당나라에서 억울하게 죽게 된 사연, 그리고 그의 올곧은 성품을 기술한 내용은 거의 그대로 전재하고, 당나라에서의 활약상에 대해서는 거의 인용하지 않았음을 살필 수 있다. 한편 개소문의 아들 남생의 전기는 『신당서』 권110 열전 제35 천남생전(泉男生傳)이 원전인데, 『삼국사기』 찬자는 일부 문장을 생략하고 일부 표현을 개서하여 인용했음이 확인된다.[9]

　『삼국사기』 찬자는 『구당서』 고려전에 전하는 헌성(獻誠)에 대한 전기와 『신당서』 권110 열전 제35 천헌성전을 적절하게 편집하여 남생의 아들 헌성의 전기를 찬술했다.

獻誠 (ㄴ) 天授中以右衛大將軍兼羽林衛. 武后嘗出金幣 (ㄱ) 於文武官內 擇善射者

五人 (ㄴ) 中者以賜之. (ㄱ) 內史張光輔先讓獻誠爲第一 獻誠後讓右王鈐衛大將軍

薛吐摩支 摩支又讓獻誠. 旣而 (ㄴ) 獻誠奏曰 陛下擇善射者 然多非華人 臣恐唐官

以射爲恥 不如罷之. 后嘉納. 來俊臣嘗求貨 獻誠不答. 乃誣其謀叛 縊殺之. 后後知

8　황형주, 2002, 49~52쪽에서는 『삼국사기』 찬자가 『자치통감』과 『신당서』 고려전의 기록을 중심적인 자료로 삼고, 거기에 『구당서』 고려전과 장엄열전의 개소문 관련 기록, 고구려본기의 도교 유입에 관한 기록을 취하여 개소문열전을 찬술했다고 주장한다.

9　『삼국사기』 찬자는 남생의 전기를 찬술하면서 『신당서』 천남생전에 전하는 기록 가운데 "詔所過州縣傳舍作鼓吹 右羽林將軍李同 以飛騎仗廷寵", "使浮屠信城內間 引高麗銳兵 潛", "齎手制金皿", "賜寶器宮侍女二馬八十 儀鳳二年 詔安撫遼東幷置州縣招流冗 平歛賦罷力役 民悅其寬", "帝爲擧哀贈幷州大都督 喪至都 詔五品以上官 哭之 謚曰襄勒 碑著功", "帝宥之" 등의 문장을 생략했음을 알 수 있다. 또한 『신당서』에 고장(高藏)이라 전하는 것을 '왕(王)'으로 개서하는 한편, "與契丹靺鞨兵內附 遣子獻誠訴諸朝"를 "與契丹靺鞨兵附唐 遣子獻誠訴之"로 개서했음이 확인된다.

其冤 贈右羽林衛大將軍以禮改葬.

(『삼국사기』 열전 제9 獻誠)

(ㄱ)은 『구당서』 고려전에서, (ㄴ)은 『신당서』 천헌성전에서 인용한 것에 해당한다. 다만 『신당서』 천헌성전에 '然皆非華人'이라고 전하는 것을 『삼국사기』 찬자는 '然多非華人'이라고 약간 개서하여 인용했다. 『구당서』 고려전에 '所得者多非漢官'이라고 전하는 것을 참조하여, 이와 같이 개서한 것으로 짐작된다. 흑치상지와 남생, 헌성열전은 주로 중국 사서에 전하는 기록만을 전거로 삼아 찬술한 것이 공통점인데, 『삼국사기』 찬자는 중국 사서의 기록 가운데 일부를 생략하고 일부 표현을 약간 개서하여 인용했음이 확인되고, 헌성열전의 경우는 『구당서』와 『신당서』에 전하는 기록을 적절하게 편집하여 찬술했다.

5 맺음말

『삼국사기』 찬자는 고려 중기까지 전해진 온달과 도미 관련 고기(古記)를 활용하여 온달과 도미열전을 찬술했다. 을파소와 밀우·유유, 명림답부, 창조리열전의 원전은 『삼국사기』 고구려본기에 전하는 기록이었는데, 『삼국사기』 찬자는 열전을 찬술할 때에 일부 기록은 그대로 전재하면서도 일부 기록은 발췌 인용하거나 또는 일부 문장이나 표현을 개서했음을 확인할 수 있다. 특히 명림답부열전에서 명림답부가 차대왕을 시해했다는 사실을 고의로 생략한 반면, 창조리열전에서는 창조리가 봉상왕을 시해한 사실을 비교적 상세하게 기술하고 있는데, 이러한 측면은 『삼국사기』 찬자가 명림답부를 현상(賢相)으로, 창조리는 역신(逆臣)으로 평가한 것과 관련이 깊다고 판단된다.

『삼국사기』 찬자는 『자치통감』의 기록이 원전인 고구려본기의 기록을 주요 저본으로 삼고, 여기에 『수서』 우중문열전에 전하는 을지문덕이 지은 '여우중문시(與于仲文詩)'를 추가로 보입하여 을지문덕열전을 찬술했다. 한편 고구려본기에 연

개소문 관련 기록이 일목요연하게 전하지 않기 때문에,『삼국사기』찬자는『구당서』와『신당서』고려전,『자치통감』권196 당기12 태종 정관 16년 11월 기록,『구당서』장엄열전 및 고구려본기에 전하는 개소문 관련 기록을 적절하게 편집하여 개소문열전을 편찬했음을 확인할 수 있다. 이밖에 흑치상지열전은『신당서』흑치상지열전에 전하는 기록을, 남생의 전기는『신당서』남생열전에 전하는 기록을 축약한 것임을 알 수 있고, 헌성의 전기는『구당서』고려전에 전하는 헌성 관련 기록과『신당서』헌성열전에 전하는 기록을 적절하게 편집하여 찬술한 사례에 해당한다.

　　이상이 본문에서 살핀 내용의 핵심 요지다. 신라 인물 열전의 경우, 신라본기에 전하는 기록을 참조하여 찬술한 사례를 하나도 찾을 수 없었다. 또한 장보고열전을 제외하고, 중국 사서에 전하는 기록을 발췌·인용하여 찬술하지 않았던 것으로 확인된다. 이와 더불어 김유신행록과『화랑세기』,『계림잡전』에 전하는 기록이 전거 자료로 활용되거나 또는 각 인물의 행적을 정리한 전승 자료가 전거 자료로 활용되었음을 엿볼 수 있었다(전덕재. 2020a; 전덕재, 2020b). 그런데 고구려·백제 인물의 열전 가운데 온달과 도미, 계백열전만이 개인의 행적이나 일화를 정리한 전승 자료, 즉 고기에 의거하여 찬술되었을 뿐이고 나머지는 고구려본기 또는 중국 사서에 전하는 기록을 주요 전거로 삼아 찬술한 경우라고 볼 수 있다. 고려 중기에 신라 인물에 비해 고구려·백제 인물의 행적이나 일화를 정리한 전승 자료가 거의 전해지지 않았기 때문에 불가피하게 이와 같은 방안을 모색하지 않을 수 없었던 깃으로 이해된다.

　　『삼국사기』찬자들은 신라본기를 찬술하면서 신라 인물의 열전이나 또는 이것의 원전에 전하는 기록을 일부 발췌·요약하여 인용한 경우를 확인할 수 있으나, 고구려본기와 백제본기에서 고구려·백제 인물 열전의 기록을 참조했다는 증거를 찾을 수 없었다. 이것은 역설적으로 고려 중기까지 고구려와 백제 인물에 관한 정보 가운데『구삼국사』고구려·백제 기록 및 중국 사서에 전하는 정보가 압도적인 비중을 차지했음을 반증해 주는 측면으로 유의된다고 하겠다.

참고문헌

한글

양기석, 1986, 「『三國史記』 都彌列傳 小考」, 『이원순교수화갑기념사학논총』, 교학사.

윤성호, 2019, 「아차산성 출토 명문기와를 통해 본 신라 下代의 北漢山城」, 『한국사학보』 74, 고려사학회.

이강래, 2006, 「『삼국사기』 열전의 자료계통」, 『한국고대사연구』 42, 한국고대사학회.

이강래, 2007, 『삼국사기 형성론』, 신서원.

이홍직, 1971, 「三國史記 高句麗人傳의 檢討」, 『한국고대사의 연구』, 신구문화사.

전덕재, 2018, 『삼국사기 본기의 원전과 편찬』, 주류성.

전덕재, 2020a, 「김유신열전의 원전과 그 성격」, 『사학연구』 139, 한국사학회.

전덕재, 2020b, 「신라 인물 열전의 원전과 편찬」, 『동양학』 81, 단국대학교 동양학연구원.

전상우, 2018, 「6세기 후반 高句麗의 대외정책 변화와 新羅 阿旦城 공격」, 『한국고대사연구』 89, 한국고대사학회.

정구복 등, 2012, 『개정증보 역주 삼국사기』 4(주석편하), 한국학중앙연구원 출판부.

황형주, 2002, 「『삼국사기·열전』 찬술과정의 연구-자료적 원천의 탐색」, 성균관대학교 박사학위 논문.

외국어

高寬敏, 1996, 『三國史記の原典的研究』, 東京: 雄山閣.

8장

『삼국유사』 '사복불언(蛇福不言)' 설화와 여신 관념

나희라(경상국립대학교 교양학부 교수)

1 머리말

문헌 자료가 부족한 한국 고대사 연구에서 『삼국유사(三國遺事)』는 무척 중요한 자료다. 그러나 『삼국유사』의 자료들 상당수가 설화의 형식을 갖추고 있어서, 거기서 역사상을 파악하고 재구성하는 것은 쉬운 일이 아니다. 『삼국유사』의 설화들은 대개 연대나 인물 등을 증거로 하여 구성되었기 때문에, 사료가 부족한 고대사 연구에서는 이러한 설화들을 역사 자료로 선택하여 그것으로부터 역사상을 그려내는 작업을 많이 한다. 그러나 설화 형식의 기록은 다른 기록보다도 더 철저한 사료 비판의 과정을 거쳐야 한다.

특정 연대나 인물이 개입하고 역사적 증거물이 제시되었다 해서 그 설화가 바로 역사적 사실을 말하는 것은 아니다. 또 설화의 전체적인 의미를 무시하고 설화 속에 포함된 특정 연대나 인물을 그대로 뚝 떼어서 역사 자료로 이용하는 것은 위험하다. 설화가 구성되고 전승되었던 의미를 전체적으로 설명할 수 없다면 설화

속에 포함된 단편적인 연대나 등장인물의 역사성은 상당히 희박해지기 때문이다. 따라서 『삼국유사』의 설화들은 설화로서 이해하고 설명하는 작업이 우선적으로 필요하다. 이러한 작업을 거쳐야 설화는 비로소 역사 자료로 이용될 수 있다.

『삼국유사』는 역사서의 측면과 설화집의 성격을 아울러 갖춘 복잡한 내용과 구성을 지닌 책이다. 그러므로 『삼국유사』의 이해에는 역사학과 문학 분야의 연구 성과 축적과 상호 이해가 반드시 필요하다. 이러한 문제의식은 역사학이나 문학 분야에서 계속해서 제기되었다. 그러나 아직도 역사학이나 문학 분야의 연구와 그 성과에 대한 상호 이해나 교류가 많지 않다. 역사학 분야에서는 설화의 형성과 전승 과정에 대한 이해 없이 『삼국유사』의 설화들을 그대로 역사 자료로 이용하는 경향이 여전하고, 문학 분야에서는 『삼국유사』의 역사적 증거물을 제시하는 설화들이 나름대로의 역사상을 내포하고 있음에도 불구하고 이를 고려하지 않아 자료로서의 가치를 제대로 설명해주지 못하는 경향도 있다. 이러한 사정은 『삼국유사』 설화의 의미를 진정으로 이해하고 그것의 역사 자료로서의 가치를 발굴해내는 데 걸림돌이 된다(나희라, 2011).

필자는 이러한 문제의식에서 『삼국유사』에 실린 설화들의 본질적 의미와 그 역사성, 그리고 그것의 전승과 기록의 문제를 조금씩 살펴보고 있다. 여기서는 '사복불언' 설화[1]에 대해서 살펴보려고 한다.

사복설화 설화에 대해서는 이전에 고대 한국인의 저승관을 언급하면서 이 설화에 고대 한반도인들이 가졌던 원초적 지하타계관의 흔적이 남아 있는 것이 아닌가 하는 견해를 제시한 적이 있었다(나희라, 2006). 사복설화의 주인공인 사복의 말과 행동을 통해 고대 한국의 지하타계관을 읽을 수 있다고 생각했던 것이다.

그 후 영국 케임브리지에 소재한 피츠윌리엄 박물관에서 '성모자(Madonna and Child)'상을 보게 되었다. 초승달 위에서 마리아가 아들을 안고 서서 뱀을 밟고 있는 도상이다(그림1). 이러한 도상은 가톨릭의 성모 마리아 신앙을 바탕으로 해서 나온 것이고, 성모 마리아 신앙의 배경이 된 고대 여신 신앙에서 초승달은 소뿔과

---

1   이하 이 설화를 지칭할 때는 사복설화라고 하겠다.

밀접한 상징이었다는 것은 익히 알려진 사실이다. 그래서 필자는 이 조각상을 보면서 남편 없이 뱀과 같은 아들을 낳은, 전생에 암소였던 어머니를 이야기하고 있는 사복설화를 떠올리게 되었다. 시공간적으로 별 연관이 없을 것 같은 사복설화와 성모자상의 상징과 이미지에 왜 그런 유사성이 나타났을까. 이들 사이에 어떤 보편적 사고방식이 작용했던 것은 아닐까? 남편 없이 낳은 아들, 뱀과 초승달의 이미지로 둘러쌓인 성모 마리아상이 고대 여신 신앙에서 비롯된 것처럼 사복설화의 출발점도 사복의 어머니와 관련한 어떤 상징들에 있는 것은 아닐까? 그렇다면 이전에 사복설화에서 사복을 중심으로 해서 지하타계관의 흔적을 찾았던 것에서 더 나아가 사복의 어머니를 중심으로 해서 그 지하타계관을 더 심층적으로 떠받치고 있는 원형적 여신관의 흔적을 보다 적극적으로 찾아볼 수 있지 않을까. 이 글은 필자의 이러한 문제의식과 자료의 재인식을 거쳐 시론적으로 작성되었다.

2 '사복불언' 설화 읽기

사복설화의 전문을 옮기면 다음과 같다.

서울 만선북리에 과부가 있었는데, 남편도 없이 임신을 하여 아이를 낳았다. (그 아이는) 열두 살이 되두록 말도 못하고 일어나지도 못하였다. 이로 인하여 뱀 아이[蛇童]라 불렀다.
하루는 그 어머니가 죽었다. 이때 원효는 고선사에 머무르고 있었다. 원효는 그를 보고 예로 맞이하였으나 사복은 답례하지 않고 말하기를, "예전에 경전을 신고 가던 암소가 죽었으니, (그대와 내가) 함께 장사지냄이 어떻겠소?"라고 하였다. 원효가 말하기를 "좋다"고 하였다. 그러고는 함께 집에 도착하였다. 원효에게 포살을 하고 계를 주도록 하였다. (원효가) 시신에 다가서서 빌기를, "태어나지 마라. 죽음이 고통이다. 죽지 마라. 태어남이 고통이다"하였다. 사복이 "말이 많다"고 하였다. (원효가) 고쳐 말하기를, "죽고 나는 것이 고통이로다"하였다.

두 사람이 시신을 메고 활리산 동쪽 기슭으로 갔다. 원효가 말하기를, "지혜의 호랑이를 지혜의 숲에 묻는 것이 또한 마땅하지 않겠는가?"하였다. 사복이 이에 게를 지어 말하기를, "옛날 석가모니불은 사라수 사이에서 열반에 드셨다. 지금 역시 그와 같은 이가 있어 연화장세계로 들고자 한다"고 하였다. 말을 마치고 띠풀의 줄기를 뽑자, 그 아래에 세계가 있었다. 밝고 맑았으며 난간은 칠보로 되었으며 누각은 장엄하였으니, 거의 인간세상이 아니었다. 사복이 시신을 메고 함께 들어가자 그 땅이 갑자기 합쳐지므로 원효는 그만 돌아왔다.

후대 사람들이 금강산 동남쪽에 절을 짓고 도량사라 하였으며 해마다 3월 14일에 점찰회를 행하는 것을 일정한 법으로 삼았다.

사복이 세상에 나타나 오직 이것을 보였을 뿐인데, 세속에서는 많은 황당한 이야기를 끌어대고 있으니 우스운 일이다.

찬하여 말한다.

잠자코 잠자는 용 어찌 만만히 보랴.

세상 떠날 때에 읊은 한 곡조 번잡하지 않다.

고통스러운 생사는 원래 고통이 아니거늘,

연화장세계는 넓기만 하다.

(『삼국유사』 권4 의해(義解) 제5 사복불언)

이 설화는 따로 전거가 제시되어 있지 않은 것으로 보아 구비전승되던 이야기가 『삼국유사』 편찬시에 채록된 것으로 보인다.[2] 주요 인물인 사복과 원효가 신라에서 흥륜사금당십성(興輪寺金堂十聖)으로 추앙받던 인물들이고, 사건을 설명하는 데 석가모니불이나 연화장세계와 같은 불교 용어와 개념들이 사용되고 있어서,

---

2 『삼국유사』 찬자에 대해서는 논란이 있는데, 몇 가지 문제는 『삼국유사』가 온전히 일연 단독 찬술인지에 의문을 가지게 한다. 그렇다 하더라도 『삼국유사』의 주도적 찬자가 일연임은 일반적으로 인정되고 있다. '사복불언' 설화도 특별한 언급이 없는 이상 일단 일연이 선택하여 찬술한 것으로 볼 수 있을 것이다.

이 설화는 불교설화임에 틀림없다. 그래서 불교사 분야에서는 이 설화가 윤회전생 사상과 정토왕생 신앙을 알리기 위한(김영미, 2000), 또는 화엄 사상을 설명하기 위해 구성된(김상현, 1991) 설화라고 보았다. 그러나 설화를 구성하는 여러 화소들을 화엄경을 비롯한 화엄경전과 여러 화엄 사상가들의 논설에 맞추어 이 설화가 화엄 사상을 설명하기 위해 구성된 것으로 보는 것은 설화를 하나의 유기적 이야기로 다루어 그 전체적 의미를 이해하고 왜 이런 이야기가 구성되고 전승되었는가를 설명하는 데 적잖이 문제가 있다. 또 윤회전생 사상과 정토왕생 신앙을 알리거나 구도의식을 고양하기 위한 설화라면 사복설화와 같이 난해한 구성이 아니라 어떤 업보인과로 윤회전생하며 어떻게 정토왕생할 수 있는가를 실제 사례를 통해 생생하게 전달할 수 있는 이야기 구성이 더 효과적이다.

사복설화는 기본적으로 난해하다. 현재의 구성으로나, 편찬자가 뽑은 제목으로나, 찬에서나, 설화의 주인공은 사복이다. 그러나 이야기의 시작과 사건의 발단은 모두 사복의 어머니에서 비롯한다. 불교학 분야에서는 이 설화가 사복의 어머니가 전생에 경전을 실었던 공덕으로 정토왕생했음을 말하는 것이라 한다. 한편 설화에서 그 아들 사복은 '불언(不言)'으로 어머니의 정토왕생을 이끌고, 함께 했다. 이 설화의 제목이 '사복불언'이고 찬에서도 사복이 말을 적게 했음을 칭찬한 것은 이 설화를 채록했을 승려 일연이 '말하지 않음', '말이 적음'을 높이 산 것이고, 이로써 정토왕생의 한 요건으로 '불언'을 은연중에 말한 것이라고도 볼 수 있다. 불교에서 말을 많이 하지 않음을 미덕으로 여긴 것은『무언동자경(無言童子經)』에서도 분명히 말하고 있고,[3] 승려나 불자의 행적을 통해 누누이 강조되었던 것이다. 그러면 이 설화에서 정토왕생의 선업으로 말하고자 한 것은 아들이 행한 '불언'의 공덕인가, 아니면 전생에 경전을 싣고 다녔던 어머니 암소의 공덕인가? 아니면 둘 다인가? 그런데 왜 기록자는 설화 제목에서 '불언'을 강조했는가? 사실 사복

---

3   왕사성 사자장군의 아들은 태어날 때 세간의 말과 이야기는 하지 말라는 허공의 목소리로 인해 여덟 살까지 말을 하지 않고 불도의 가르침만 따랐고 이로써 깨우침을 얻고 중생을 교화시켰다고 한다(『佛說無言童子經』. K. 77 참조).

은 원효에게 말이 많다고 했지만, 어머니 시신을 처리하기 앞서의 게(偈)에서는 자신이 원효보다 더 많은 말을 하고 있다. 사복의 어머니는 설화를 구성하는 사건의 발단을 제공했지만 그녀에 대한 설명은 자세하지 않고 간단하게 남편 없이 뱀 같은 아들을 낳았으며 별다른 설명 없이 소와 호랑이로 비유되기만 했다. 도대체 사복설화에서 사복과 어머니, 원효는 어떤 관계를 가지며 뱀과 소, 호랑이 같은 동물에 둘러싸인 그 어머니는 왜 그런 방식으로 등장하는 것일까.『삼국유사』에 채록된 여러 설화 중에 이야기 구성 면에서나 등장하는 여러 모티프들의 관계의 면에서 명쾌하게 이해하기 어려운 이야기 중의 하나가 이 설화이다.

기록자는 사복에 관한 이야기는 세속에 여러 이야기들이 전승되고 있지만 대부분은 황당한 이야기이고 믿을 만한 것은 '사복불언' 설화 하나라고 했다. 그러나 사실 '사복불언'도『삼국유사』설화 중 황당한 이야기에 속한다. 남편 없이 뱀 같은 아이를 낳은 여인의 이야기 자체가 황당하다. 일연이 알고 있었는지 알 수 없으나 사복에 관한 또 다른 전승은 요행히 이규보가 쓴「남행월일기(南行月日記)」에 전한다(『동국이상국전집(東國李相國全集)』권 제23 남행월일기). 이 설화는 원효와 사복의 위상이 전도되었을 뿐, 불교 수행자들의 행적을 전하는 설화들과 크게 다르지 않다. 만약 일연이 알고 있었다면 황당하여 가소롭지 않은 이야기로는 이 설화가 더 적당하다. 그러나 일연이 '사복불언'을 선택한 이유는, 이 이야기를 '의해(義解)'편에 편성했음을 고려하면, 사복의 여러 이야기 중 이것이 단순히 수행자의 행적이나 신앙을 전하는 것이 아니라 불교의 중요한 사상을 전하는 것이라 생각했기 때문일 것이다.

사복설화가 전하는 불교의 중요한 사상은 생사관의 문제다. 이 설화는 죽음에 관한 이야기다. 어머니의 죽음을 계기로 생사의 의미를 되짚고 죽음 이후의 비전을 제시한 것이 이 설화다. 사복설화에서는 이를 '생사개고(生死皆苦)'와 '생사불이(生死不二)'라는 불교 생사관의 '선언', 연화장세계로의 진입으로 윤회전생에서 해탈하는 '구원'으로 제시하였다. 이 설화는 도량사 점찰회(占察會)의 연기설화라고 했다. 이 설화가 점찰회 때에 강창(講唱)되거나 연극적으로 연출되는 바탕 설화로 기능했다는 것이다(사재동, 1990). 점찰회는 참회라는 성찰적 종교 행위를 통해 좋은 삶과 죽음을 기대하는 의식이다. 포살 참회하는 것, 수계(受戒)하는 것, 공덕을 쌓는 것 등을 정토왕생의 요건으로 제시하고 있는 이 설화는 점찰회의 연기설화로 적절하게 기능했을 것이다.

그럼에도 불구하고 사복설화는 여러모로 이해하기가 쉽지 않다. 처녀 생식과 뱀 아들의 존재, 암소이면서 호랑이로 비유된 어머니, 사복과 원효의 이상한 언행도 그렇고, 지하 연화장세계에 대한 설명도 그렇다. 그런데 처녀생식을 하며 동물과 친한 어머니, 뱀 아이, 죽음과 지하타계 등 현대인이 이해하기 힘든 모티프들은 원시 및 고대 신화에서 보편적으로 나타나는 중요한 요소들이다. 사복설화와 기독교의 성모자상이 인도의 불교를 중간에 두고 어떤 관련이 있었을 수 있겠지만, 필자가 성모자상에서 사복설화를 직관한 것도 이러한 원형적이며 보편적인 상징 요소들 때문이다. 불교에서 연화장세계는 특정한 공간에 설정되지 않는다. 그런데 사복설화에서는 풀을 뽑아 드러난 지하에 설정하고 있다. 이상타계(理想他界)를 설정하는 데 불교의 개념을 빌렸지만 원형적 지하타계관을 보여준 것이다. 그렇다면 사복설화는 불교 개념으로 수정되긴 했지만 그 심층에는 원형적(原型的) 사고를 간직한 이야기일 수 있다. 사복설화는 비천한 인물을 숭고하게 다루는 민중의 설화의식이 잘 반영되었다고도 본다(조동일, 1990). 이렇게 본다면 사복설화는 소수의 지적인 개인들에 의해 만들어져 비전(祕傳)되는 것이 아닌, 원형적 상징을 통해 많은 사람들에게 세계의 진실을 드러내주고 감동을 주는 이야기로서 생명력을 가지고 구비전승되딘 이야기라고 설명할 수 있을 것이다.

3 위대한 여신과 원초적 생사관

사복설화는 생사관에 관한 이야기다. 이 이야기에는 사복과 그 어머니, 그리고 원효가 등장하는데, 이 가운데 사복과 그 어머니가 생사관의 본질을 상징적으로 구현하고 있는 중심 인물이다.

사복과 그 어머니는 어떻게 생사관의 본질을 구현하고 있는가. 사복의 어머니는 남자와 접촉하지 않고 아이를 낳은 존재다. 이는 사복의 어머니가 자연과 생명의 신비를 스스로 갖추고 있는 '위대한 여신' 상징임을 말해준다. 생산의 힘을 간직한 여성성은 이른 시기부터 특별한 종교적 의미를 부여받았다. 생명을 관장하는 위대한 여신은 대지의 여신이다. 대지는 모든 것을 낳고 기르고 그것을 거두어들이며, 또다시 태어나게 한다. 그래서 위대한 대지의 여신은 위대한 그릇으로서 모든 것을 품고 탄생과 죽음, 그리고 재탄생을 관장한다(에리히 노이만, 2007, 69쪽). 생명의 흐름과 주기를 드라마틱하게 표현하는 달은 위대한 여신의 또 다른 상징 이었다. 위대한 어머니 여신은 혼자 힘으로 생명을 탄생시키고 그 생명을 거두어 다시 자신의 자궁 안에 품어 재생을 준비시키는 존재였다. 대지의 여신이며 달의 여신은 결혼하지 않는 '성스러운 처녀'이거나 '남편을 원하지 않는 여인'이었다. 애인이 있거나 아들이 있었음에도 불구하고 그녀는 처녀로 여겨졌다(에스터 하딩, 제7장 어머니이신 달). 남자 없이 스스로 잉태하는 어머니, 탄생과 죽음, 달, 대지의 상징은 세계 도처에서 수많은 형태로 변형되어 나타났다. 생산과 풍요를 관장하는 신적 존재였던 유화도 남편 없이 시조왕을 낳았고 서술성모도 그러했다.

달의 여신은 흔히 암소로 재현되었다. 소뿔은 초승달 모양과 비슷하고, 달의 태어나고 죽어가며 다시 태어나는 순환 주기는 피의 변환, 즉 월경을 통해 탄생과 죽음을 반복하는 여성 상징과 유사하다. 그래서 소와 그 뿔은 위대한 여신과 달신의 중요한 상징이다(미르치아 엘리아데, 1993, 162쪽). 이집트의 하토르와 이시스는 소로 상징되었고(데이비드 폰태너, 2003, 26쪽), 아일랜드의 여신 보안은 '지혜를 주는 소'라는 이름으로 불렸으며, 수메르의 이난나는 자신의 성기를 '뿔' 또는 '사랑스러운 초승달'로 비유했다(샤루크 후사인, 2003, 49쪽, 77쪽). 그리고 사복의 어머니는 암소였다.

남편 없이 낳은 아들의 본질은 뱀이다.[4] 뱀은 허물을 벗고 동면을 하는, 죽음

---

4 사복은 열두 살이 될 때까지 말하지도 않고 일어서지도 못했기 때문에 '뱀'으로 불렸다. 왜 열두 살이었을까. 이에 대해 김상현은 사복설화를 화엄 사상의 표현이라고 보아 12라는 숫자는 불교의 12 연기를 상징한다고 해석했다. 필자는 사복설화를 보편적 원형 상징의 설화로서 오랫동안 구전되어온

과 재생을 반복함으로써 생명의 지혜를 터득한 대표적인 달동물이다. 그러므로 뱀은 대지의 위대한 여신의 상징으로서 여신이 뱀의 형상을 하고 있거나, 뱀이 여신의 연인이나 아들로 등장하기도 하고, 또 여신을 수행하거나 장식했다. 크레타의 지모신은 뱀을 몸에 감거나 머리장식으로 하고 있으며, 그리스의 데메테르 역시 머리장식으로 뱀을 올리고 있다. 데메테르의 또 다른 신격인 페르세포네는 뱀으로 상징되기도 하는 디오니소스를 낳았다는 이야기도 있다(J. A., MacCulloch, 1911, 399~410쪽). 소의 형상을 한 하토르는 태초의 뱀으로 묘사되었다(마리야 김부타스, 2016, 134쪽).

사복설화에서 사복의 어머니는 구체적인 행위자로 등장하지는 않는다. 그러나 가장 복잡한 성격을 가진 존재다. 그녀는 남자 없이 뱀아이를 낳은 여자로, 또 암소이자 지혜의 호랑이로 비유되었다. 여기서 함부로 드러낼 수 없는 신비한 힘, 그러나 지금은 잘 포착되지 않는 잊혀가는 힘을 가진 위대한 여신의 흔적을 찾아볼 수 있다. 초기 문화 단계에서 위대한 여신은 자연의 생명 에너지를 간직한 동물이나 식물의 상징으로 표현되었다(에스터 하딩, 1996, 75~100쪽). 사복의 어머니는 지혜의 호랑이라고 했다. 고대 한반도에서 호랑이는 동물의 주인이자 산신으로 여겨졌으며(서영대, 1992), 많은 산신이 여신으로 묘사되었다(손진태, 1948). 고려 태조 왕건의 조상인 호경은 호랑이의 모습으로 나타난 여산신과 부부가 되었다(『고려사』 고려세계). 서술성모는 산신이자 새를 부리는 동물의 주인이었다.[5] 사복의 어머니가 뱀, 암소, 호랑이 등 가종 동물과 관계 맺고 비유되었던 것은 그녀가 원형 상징으로서 위대한 여신의 속성을 가지고 있음을 잘 보여주는 것이다. 그래서 사복의 어

것으로 보는 입장에서, 12라는 숫자도 인간의 오랜 생활 전통에 입각한 성년 입문의 시기와 연관이 있는 것은 아닌가 생각하고 있다. 그러나 고대 한국에서 성년 입문이 대개 열다섯 살을 기준으로 이루어졌던 것으로 보여 아직 확신은 할 수 없다. 다만 예수의 어머니인 마리아가 열두 살이 되던 해에 성년 입문을 의미하는 약혼을 했다는 것은 참고할 만하다(사라 카 곰·제니퍼 스피크, 2007, 116쪽).

5 서술성모에 대해서는 『삼국유사』와 『삼국사기』에 복잡한 양상으로 전한다. 신라 이전부터 전해오던 오랜 전통의 여신 이야기에 고려시대 중국에서 들어온 여선(女仙) 설화가 겹쳐졌던 것으로 보인다. 이에 대해서는 김상기, 1964 참조.

머니는 세계의 진실을 알아버린 석가모니불에까지 비유되었다.[6]

위대한 대지의 여신은 자기 안에서 솟아오르고 자기로부터 태어나는 모든 것을 지배하며, 또한 자기에게 다시 가라앉는 모든 것을 다스린다(에리히 노이만, 2007, 158쪽). 그래서 대지의 어머니 여신은 풍요의 여신이며 죽음의 여신이기도 한, 생명의 본질을 표현하는 상징이었다.[7] 많은 사회에서 사자들의 세계는 여신에 의해 지배되었다. 메소포타미아의 신화에서 대지와 풍요의 여신 이슈타르의 언니 에레슈키갈은 저승을 다스리는 여왕이었다. 고대 중국에서 장생불사의 지배자인 서왕모는 애초에 질병과 죽음의 지배자였고, 고대 일본의 황천국 지배자 역시 이자나미 여신이었다. 에벤키 신화에서도 죽은 자들의 세계인 부니의 지배자는 노파였고, 한국 무속의 저승세계 지배자는 바리공주였다(나희라, 2008, 119쪽). 대지의 여신과 짝이 되는 뱀도 흔히 지하세계를 대표하는 동물이며 사자의 영혼으로 여겨졌다.

뱀 아들은 어머니와 함께 띠풀을 뽑아 생긴 틈을 통해 지하타계로 갔다. 띠풀을 뽑았더니 그 밑에 타계가 있었다는 것은 그곳이 바로 세계의 중심이며, 띠풀은 여러 세계를 이어주는 우주나무라는 것이다.[8] 그래서 띠풀과 그 자리는 원효와 사복에 의해 '지혜의 숲', '사라수'로 표현되었다. 사복설화에서 세계수 아래 지하타계는 불교의 이상향으로 묘사되었다. 불교 개념으로 하면 생과 사를 모두 뛰어넘은 곳이다. 그러나 원래 위대한 여신의 자궁인 대지와 지하는 생과 사를 모두 간직한 곳이다. 죽은 자가 돌아가고 또 새로운 탄생을 기다리는 곳이다(미르치아 엘리아데, 1993, 242~243쪽). 사복설화를 통해 우리는 고대 한국의 지하타계관을 확인할 수 있다. 무속에도 그 흔적이 남아 있다. 사자를 위한 굿에서 불리는 바리공주 무가(巫

---

6 앞에 인용한 사복설화에서 사복은 어머니의 죽음을 석가모니의 열반에 비유하였다.

7 죽음과 재생은 대지의 속성이며 달의 속성이다. 이 때문에 사자는 재생하기 위해서, 또 새로운 존재에 필요한 힘을 흡수하기 위해 달 속으로 들어가거나 지하로 내려간다. 그래서 많은 달신들이 동시에 지하신이자 죽음의 신이기도 하다(미르치아 엘리아데, 1993, 169쪽).

8 황패강, 1972 참조. 시베리아 나나이족은 모든 씨족이 각기 생명나무를 가지고 있는데, 가지에는 새의 모습으로 그려지는 생명혼들이 살고 있고 뿌리는 죽은 자들의 영혼이 살고 있는 지하세계로 연결된다고 믿었다(A. F. Anisimov, 1963, 206~207쪽).

歌)에서 사후세계인 저승은 재생과 불사의 약수가 감추어진 세계로 그려졌다(김태곤, 1985, 제2부 무조신화). 이러한 대지의 원초적 관념은 인간이 대지의 지하 또는 갈라진 틈에서 태어난다는 믿음과도 연관이 있다(미르치아 엘리아데, 2006, 203~205쪽). 제주도 시조신화에서 태초의 인간이 지하에서 솟아올랐다는 이야기도 이에 속한다(『고려사』 권57 지11 지 리2 탐라현).

이렇듯 사복과 사복모는 '여성-대지-달(소)-뱀-죽음과 재생-지하타계'라는 보편적인 원형 상징 속에서 복잡하게 얽혀 있다. 이들을 결합해 주었던 것은 탄생하고 죽고 재생하는 세계의 본질에 대한 심층 심리의 상징이었다. 위대한 어머니 여신은 세계의 생명 순환의 진리를 상징한다. 연인이기도 한 그녀의 아들은[9] 여신의 속성을 나누어 가지고 있다. 그래서 여신의 아들들은 죽었다가 재생한다(샤루크 후사인, 2005, 80쪽). 이슈타르의 아들이자 연인인 타무즈와 마리아의 아들 예수는 죽어서 지하로 내려가고 다시 재생해야 했다.[10] 뱀 아들인 사복도 이러한 존재였을지 모른다.

설화에서 죽은 자는 어머니였으므로 지하 저승으로 내려갈 사람은 사복의 어머니였다. 그런데 산 자인 아들 사복이 어머니를 업고 함께 지하로 갔다. 사복과 어머니는 둘이면서 하나인 존재였던 것이다. 원래 어머니 여신이 중심이었던 이야기가 아들을 주행위자로 하는 이야기로 변화한 것이 아닐까? 이슈타르의 아들 타무즈처럼 사복이 죽어서 그 어머니가 그를 재생시킨다는 여신의 원형 신화였는지도 모른다. 시간이 흘러 사회가 변하면 이전의 믿음은 힘이 약해지고 그 상징은 종종 수정된다. 남성이, 아들이 중요한 사회에서 어머니 여신의 상징은 이전만큼 영

---

9 원래 육체적·심리적 관계에서 출발하여 신화 속에서 어머니와 아들은 둘이며 하나다. 그래서 여신의 아들은 그녀의 애인이기도 했다. 프리지아의 여신 시벨르의 아들 아티스도 어머니의 연인이었다(에스터 하딩, 1996, 7, 9, 11장). 한반도의 고대신화에서는 유화와 주몽, 혁거세와 알영의 관계가 이와 유사한 면모를 보인다.

10 대지의 생장의 신인 타무즈는 위대한 여신이자 달의 여신인 이슈타르의 아들로 태어나 매년 그녀의 남편으로서 그녀와 결합했다. 어머니 이슈타르는 타무즈에게 죽음의 형을 내리고 타무즈는 지하로 내려간다. 그러면 여신은 지하로 내려가 타무즈를 재생시켰다. 에스터 하딩, 1996, 251~254쪽.

향력을 가지지 못했다. 여신은 위대한 남편이나 아들을 돕는 수동적인 존재가 되었다. 서술성모는 관복을 만들어 그 남편에게 주었고, 이로써 나라 사람들이 여신의 신성함을 알았다고 한다(『삼국유사』 권5 감통7 선도성모수희불사). 위대한 여신들은 우주의 질서와 운명의 천을 짜는 존재였다. 그래서 실을 잣고 천을 짜는 것은 위대한 여신을 위한 의례였다(에리히 노이만, 2007, 355~366쪽). 그런데 상황이 변하여 서술성모는 남편을 위한 관복을 만들었다고 했다.

사복이 어머니를 업고 지하로 내려간 것은 어머니와의 합일이며 재생을 위한 모태로의 귀환이었다. 사복과 어머니가 하나가 됨으로써 이승에서 구분되고 대립되었던 것들이 융합되었다. 어머니(여성성)와 아들(남성성)이 하나가 되고, 살아 있는 것(사복)과 죽어 있는 것(어머니)이 하나가 되었기 때문이다. 그 융합은 어머니의 자궁인 지하로 들어감으로써 완성되었다. 그것은 또한 재생을 위한 에너지를 얻는 것이었다.

세계의 많은 문화에서 반대되는 것들의 융합은 창조의 에너지를 방출 하는 것이고 그럼으로써 생명의 재생과 유지가 가능하다는 관념이 발견된다. 그래서 모든 창조는 태초의 자웅동체의 신에게서 일어나거나 여신과 남신의 결합으로 시작되었다. 샤머니즘에서 남성 샤먼은 여성으로의 성변(性變)을 통해 영적 세계의 진실을 알 수 있었다(데이비드 폰태너, 2003, 32쪽). 고대 한국인들은 여신(혹은 왕비)과 남신(혹은 왕)의 결혼이 국가사회의 창조와 통합을 가능하게 했다고 생각했다.

사복이 어머니를 업고 들어간 지하는 칠보누각과 장엄한 누각이 펼쳐진 낙원과 같은 이상향이었다. 설화에서는 불교의 연화장세계로 수식되었다. 죽음이 돌아가는 곳은 또한 생명의 근원이 있는 곳이기에 원형의 낙원이다. 무속의 바리데기 신화에서 묘사된 저승이 죽음의 땅이면서 동시에 생명수가 간직된 재생의 땅인 것과 마찬가지다.

사복불언 설화는 삶과 죽음의 본질을 이야기한 것이다. 사복과 그 어머니가 생사의 본질을 상징적으로 말해주는 설화의 주인공이다. 처녀로서 뱀 아들을 낳은 어머니는 위대한 여신의 상징이다. 뱀 아들인 사복은 여신의 한 부분으로 여신의 속성인 탄생과 죽음, 그리고 재생을 상징하는 존재다. 이들은 탄생과 죽음과 재생이라는 생명의 순환 질서를 극적으로 보여주었다. 여성과 남성, 어머니와 아들, 생과 사로 분리되어 있던 사복과 어머니가 하나가 되어 지하타계로 들어감으로써 구분되고 대립되었던 것들을 융합했다. 이들이 보여준 생과 사의 본질은 삶과 죽음은 애초에 분리되고 대립되는 것이 아니어서 삶은 죽음으로 이어지고 죽음은 재생으로 이어진다는 신화적 생사관이었다.

시간과 에너지, 생명의 흐름과 주기를 이해하고 그것을 자신의 삶 속에 끌어들이는 것은 초기 인류사회에서 오랜 시간 동안 중요한 문제였다. 탄생과 죽음과 재생의 원리와 그 힘에 가까이 갈 수 있다면 그것이 삶의 평안과 영속을 보장해줄 거라고 생각했기 때문이다. 이는 인류 역사상 가장 오래 지속되어온 신앙 체계 중 하나다. 역사시대를 거치면서 이 믿음은 계속해서 희석되고 파괴되었지만 그럼에도 오늘날까지 희미하게 그림자를 드리우고 있다(마리야 김부타스, 2016, 저자 서문 xⅶ). 이러한 세계관은 여신, 달, 뱀 등의 원형 상징을 통해 신화와 의례, 예술을 통해 표현되고 전승되었다. 이러한 면에서 사복설화도 생명의 흐름과 주기를 생사의 본질로 설명하는 신화에서 출발한 것으로 생각해볼 수 있다.

사실 불교 생사관의 근간을 이루는 업보와 윤회전생 관념은 원시시대 이래의 신화적 생사관과 크게 다르지 않다. 그러나 불교는 여기서 한 차원 더 나아가 생명 순환의 흐름을 끊고 재생에 대한 욕망에서 벗어나라고 가르친다. 사복과 원효가 선언한 '생사고혜(生死苦兮)'는 생사가 연결되어 있음을 직시한 것이다. 그런데 그들은 이로부터 벗어나 생사의 주기적 반복에서 해탈하여 정토인 연화장세계로 갈 것을 주장했다. 이런 불교 생사관을 표현하는데 당대까지 유효하게 살아남았던 오래된 민간의 구비전승을 사용했던 것 같다. 사복설화는 불교적으로 가피가 되었어도 위대한 여신, 뱀 아들, 달과 소, 지하타계라는 원형적 상징을 가득 가지고 있다. 민간에서는 이러한 신화적 구비전승을 통해 위대한 여신, 생명의 흐름, 사후 돌아갈 타계에 대한 원초적 사고를 유지했다. 불교는 이러한 원초적 생사관을 바탕으로 거기서 한 차원 더 나갈 것을 요구해야 했는데, 사복설화는 이에 걸맞은 민간의 전승이었을 것이다. 생명의 흐름과 주기성을 말하는 원래의 설화에 경전을 실었던 공덕이라는 불교적 윤리관과 생사윤회에서 해탈하여 추구해야 할 새로운 낙원으로서 연화장 세계가 들어갔다. 또한 원효와 역사화된 사복[11]이 어머니 여신 대신에 이야기의 주체가 되었다. 이렇게 해서 원래의 사복설화는 불교의 생사관을 보다 생생하게 가르치는 이야기로 새롭게 탄생할 수 있었다. 새로운 신앙의 성소가 기존 신앙의 성소에 세워졌던 것과 마찬가지로, 설화에서도 이런 작업이 일어났다.

『삼국유사』에 실린 '사복불언' 설화가 언제 기록과 같은 형태로 꾸며졌는지는 잘 모른다. 13세기 후반 이 설화는 도량사라는 절에서 거행되는 점찰회의 연기설화로 활용되었다고 했다. 불교의 생사관을 체득하는 의례를 뒷받침해주는 이야기로 기능했던 것이다. 더군다나 이 이야기에는 신라라는 시대성과 수도의 만선북리(萬善北里)나 활리산(活里山)이라는 특정의 공간성, 또 원효와 사복이라는 역사적 인물까지 들어가 '현실의 인간'의 이야기로 재구성되었다. 이로써 이 설화가 원효와 사복의 행적을 배경으로 신라 당대 내지 그와 그다지 멀지 않은 시기에 재구성되었다고 보아도 될까? 그러나 설화에 제시된 연대와 인물이 그 설화의 시대성을 바로 말해주는 것은 아니기 때문에, 이렇게 단정할 수는 없다. 다만 이 설화에서 신라의 원효와 사복이라는 역사적 인물이 삽입된 것에 대해서는 다음과 같이 생각해볼 수도 있다.

『화엄경』에서 말한 연화장세계가 궁극적 사후세계로 제시된 것으로 보아 이 설화는 화엄 사상을 통해 불교 생사관을 제시한 것이고, 이런 점에서 신라 화엄 사상에서 중요한 역할을 했던 원효와 사복이 설화의 주요 인물로 등장했다고 볼 수도 있다(김상현, 1991). 설사 이렇게 이해를 한다고 해도 십성(十聖) 중에서 왜 하필

---

11 원효는 원래부터 역사적 인물이지만, 사복은 신화 인물에서 역사화된 것인지도 모른다.

이면 원효와 사복이었는가?

　이 설화에서 원효와 사복은 죽음을 처리하는 주요 과정에 관여하고 있다. 사복은 어머니가 죽자 원효를 찾아가 죽음을 처리해줄 것을 부탁했다. 원효는 사자에게 포살수계를 하고 둘은 시신을 메고 장례를 치렀다. 사복은 사자와 함께 사후세계로 가고 원효만 혼자 돌아왔다. 특히 마지막으로 시신까지 다 처리하고 혼자 돌아온 원효는 장례의식을 주관하는 사제의 모습을 떠올리게 한다. 혹시 원효 같은 승려들이 민간의 죽음의 처리, 즉 상장례 거행과 관련이 있었던 것은 아닐까?

　통일신라시대에는 신라인들이 불교식으로 죽음을 처리하는 습속이 점차 자리 잡게 되었다고 하는데(김영미, 2000, 168쪽), 민간에서 상장례를 처리해주는 승려들의 활동이 여기에서 큰 역할을 했던 것 같다. 혜숙은 단월가에서 사자를 위해 거행하는 7일재를 주관했다(『삼국유사』 권4 의해5 이혜동진). 혜숙은 원효와 함께 민중 속으로 들어가 불교를 대중화하기 위해 노력한 인물로 평가받는다. 불교 대중화는 인간 생존의 문제를 다루는 치병(治病)과 장사(葬事)를 통해 먼저 진행되었을 것이다. 원효나 혜숙과 같은 승려들은 바로 이러한 문제를 통해 민중 속으로 들어갔던 것이다.

　사복은 아예 시신을 업고 지하타계로 들어갔다고 했다. 사복이 역사적 실존 인물을 모델로 한 것이라면 사복은 사자의 영혼을 지하의 사후세계로 인도하는 샤먼의 역할을 했던 승려의 유형이 아니었을까(조법종, 2010, 291~293쪽)? 샤먼은 타계로의 영혼 여행이 가능한, 인류문화에서 아주 이른 시기에 등장한 종교 직능자다. 불교의 영향 이전에 세계의 진실을 알고 있던 존재는 샤먼이었다. 그러므로 존재의 본질을 이루는 죽음을 처리하는 것도 샤먼의 중요한 임무였다. 불교가 들어와 전통적 상장례에 개입을 하면서 일부 승려들은 샤먼의 역할을 계승했다. 원효와 함께 불교 대중화에 힘썼던 또 다른 승려인 혜공은 우물에 들어가면 수개월 동안 나오지 않았다고 한다(『삼국유사』 권4 의해5 이혜동진). 우물은 동굴, 샘과 마찬가지로 대지에 열린 지하로의 통로다. 혜공은 우물을 통해 지하 타계를 왕래하는 영혼 여행자였다고 할 수 있다. 그렇다면 혜공 역시 장사에 관여했던 승려가 아니었을까. 다른 신라 승려들과는 달리 혜숙과 혜공의 죽음과 관련한 이적, 즉 이미 장사를 지냈고 또는 부패하는 시신을 목격했는데 실제로는 살아 있었다는 이적이 비슷하게 전해지고 있는 것도 그들의 장사와 관련된 역할에 대한 기억과 전승의 흔적으로 해석할 수도 있지 않을까. 점찰법회를 정착시켰다고 평가받는 진표가 하늘타계를 왕래하며 탄생의 본질을 알려주었다는 설화가 전승되었던 것도 이와 관련하여 흥미롭다. 이렇게 보면 불교의 생사관을 말하는 설화에 원효와 사복이라는 역사적 인물이 들어간 것은 통일신라시대 상장례를 주관하던 승려들의 활동이라는 역사적 사실에 바탕을 둔 것인지도 모른다.

5　맺음말

이렇듯 '사복불언' 설화는 생명의 순환과 재생을 이야기하는 원초적 민간전승에다가 불교의 업보윤회에 바탕을 둔 '생사불이(生死不二)'의 생사관과 정토왕생 신앙을 가피하여 불교적 설화로 변신함으로써 전승되었던 것으로 이해할 수 있다. 불교적 설화의 가피를 입었지만 이 설화에는 오랜 원형적 상징과 이미지들이 희미하게나마 남아 있다. 처녀로 임신하여 아들을 낳는 위대한 생명력을 가진 여신, 여신의 속성을 나눠 받은 뱀 아들, 생명 에너지의 순환 자체를 간직한 달과 그 상징적 이미지인 소(뿔), 뱀과 소와 호랑이 등 여러 동물들을 거느리거나 그 자체인 동물의 주인인 여신, 생명이 돌아가서 재생을 기다리는 원형의 낙원인 지하타계 등의 여러 요소들이 그렇다.

이 중에서 가장 중심에 있는 것은 '위대한 여신(Great Goddess)' 관념이다. 고대 한국의 여신 관념과 숭배에 대해서는 이미 잘 알려져 있다(손진태, 1948; 김철준, 1971). 고대 건국신화에서 시조왕을 낳거나 시조왕과 결합하여 국가사회의 창건을 가능하게 한 웅녀, 유화, 서술성모, 알영, 허왕후, 정견모주와 같은 존재는 위대한 창조력을 지닌 여신의 흔적으로 볼 수 있다. 생산과 보호의 역할을 하는 산신으로 숭배되었던 운제산 성모, 나림·혈례·골화 등 삼산(三山)의 여신, 치술령 신모도 그러하다. 고려 시대에도 여신 숭배의 전통은 여러 곳에 흔적을 남겼다. 고려 왕실의 조상 설화에 여산신이 호랑이의 모습으로 등장하는 것, 동신성모(東神聖母) 에 대한 제사와 용녀(龍女)로부터 시작된 개성대정(開城大井) 제사의 기록 등이 그러하다. 원시시대의 보편적 여신 숭배는 만주와 한반도 일대에서도 오랜 전통이었다. 요녕성 동산취 유적에서 출토된 배에 손을 얹고 있는 여신상은 멀리 서아시아와 유럽 지역 출토 여신상과 다르지 않다. 암각화와 성혈, 청동기와 토기 등에 나타난 생명의 원천을 상징하는 여러 문양에서도 여신 숭배의 흔적을 읽을 수 있다.[12]

사복설화에서 사복의 어머니는 주체적 행위자도 아니고 별다른 위상을 갖고 있지 못하다. 위대한 여신의 창조와 파괴, 재생을 주관하는 활동적 에너지의 분출은 보이지 않는다. 그녀는 이미 죽어 있을 뿐이다. 대신 그녀로부터 탄생한 아들이 그녀의 속성을 받아 죽음을 주관하고 재생을 이끄는 행위를 한다. 여성의 상징은 희미해지고 남성이 활동하는 이야기로 넘어온 것이다. 그러나 오랫동안 지속되었던 여신 숭배의 상징은 처녀 생식, 뱀 아들, 암소를 통해 드러나고 있다. 또 그녀는 산신인 호랑이에 비유되었고 심지어 석가모니불에 비유되었다. 그녀의 아들과 원효라는 역사적 인물에 가려졌지만 그녀의 존재가 범상치 않음을 은연중에 드러낸 것이다.

기독교의 성모 마리아도 사복의 어머니와 같은 존재다. 동정녀 마리아와 그 아들은 이집트와 소아시아를 비롯한 여러 지역의 위대한 어머니 여신과 그 아들 숭배의 오래된 전통에서 나온 것이다(John Reumann, 2005, 5733쪽). 위대한 어머니 여신은 달과 뱀과 소의 상징과 연결이 되었다. 중세 기독교 예술에서 성모 마리아는 아들을 안고 초승달 위에서 뱀을 밟고 있는 형상으로 표현되기도 했다. 성모 마리아가 밟고 있는 뱀은 기독교에서는 악의 상징이다. 그러나 원래 원초적 여신의 종교에서 뱀은 에덴의 낙원에서 생명의 나무를 지키며 생명의 순환과 세계의 질서와 운명을 알고 있는 지혜의 상징이었다(미르치아 엘리아데, 1993, 274~278쪽).

---

12 마리야 김부타스는 고대 유럽 예술에 표현된 지그재그, 물결, 나선, 소용돌이, 동심원 등의 문양과 성혈 등이 원초적 여신 중심의 종교 상징이라고 해석했다. 고대 한반도의 유적과 유물에서도 이러한 문양들과 수많은 성혈을 볼 수 있다. 마리야 김부타스, 1991 참조.

　『삼국유사』의 설화들 가운데 '사복불언' 설화의 난해함에 의문을 갖고 있던 차에 지구 반대편에서 만들어진 기독교의 성모자상을 보면서, 서로 다른 역사·문화적 환경에서 만들어진 이야기와 이미지인 이 둘 사이에 어떤 공통점이 있다고 생각했다. 이런 공통점은 역사시대 이전부터 인간이 오랜 시간 동안 세계에 대응하면서 축적한 보편적 사고방식의 흔적일 것이다. 그래서 보편적 원형 상징과 이미지를 통해 다시 사복 설화를 해석해본 결과 이 설화는 원초적 '위대한 여신' 관념의 생사관을 바탕으로 형성된 이야기에서 출발한 것으로 보았다. 이후에 등장하는 다양한 세계관에 따라 이 설화는 조금씩 그 상징은 희미해지고 이야기도 수정되어갔다. 그러고는 다시 불교 시대에 불교적 생사관으로 수정되었다. 그러나 불교의 생사관은 생사의 순환과 재생에 대한 관념을 전제로 하여 그것을 뛰어넘으려는 것이었기 때문에, 이 설화의 원초적 상징을 완전히 부정하지 않고 일부를 수정하면서 그 위에 연화장세계라는 해탈의 경지를 얹을 수 있었던 것 같다. 불교의 생사관으로 정리된 이 설화는 불교 의례에서 활용됨으로써 전승력을 얻게 되었고, 그럼으로써 고려 말에 문자로 기록될 수 있었다.

　　인간은 지구상에 등장한 이후 오랫동안 자연의 한 부분이며 동물의 하나로서, 생명의 순환과 자연의 질서 속에서 살아왔다. 인간이 자연을 조작하게 된 것은 불과 만 년 정도밖에 안 되었으며, 에너지 사용의 획기적 전환과 함께 산업문명을 발달시킨 것은 몇 백 년이 채 안 된다. 과학기술과 산업문명의 발전으로 인류는 더 풍요로운 삶을 살게 되었지만, 이로 인해 인류를 포함한 지구상의 많은 생명체가 생존의 위기에 처해 있다. 노화와 불사를 추구하는 인간의 욕망은 영원한 낙원을 향해 맹목적으로 달려가고 있다. '길가메시 프로젝트'가 완성된다면 인류에게 어떤 운명이 펼쳐질 것인가(유발 하라리, 2015). 현재 인간의 생존 방식에 문제가 있다면 이를 해 결할 수 있는 방법은 없는 것일까? 이러할 때 지구상의 모든 생명이 시간의 흐름과 그 에너지의 순환 속에 함께 놓여 있다는 원초적 세계관을 다시 우리의 세계관 속에 일정 정도 자리를 내어주는 것은 어떨까. 여신 숭배의 상징과 이미지를 통해 현재 우리가 가진 세계관을 점검해볼 수 있지 않을까? 통합하고 직관하며 순환하는 재생의 힘을 따라가는 오랜 여신 숭배의 원형 관념이 분리하여 분석

하고 종말론적 낙원을 추구하는 사고
에 새로운 전환을 가져다줄 수도 있을
것이다.

그림1　Madonna and Child, Peeter Schee-
maeckers the elder, Terracotta, Flemish,
1702년경, Cambridge Fitzwilliam Museum,
UK.

참고문헌

『三國史記』, 『三國遺事』, 『東國李相國集』, 『高麗史』, 『佛說無言童子經』(K.77)

한글

김상기, 1964, 「國史上에 나타난 建國說話의 檢討」, 『학술지』 5권 1집, 건국대학교 학술연구원.

김상현, 1991, 「蛇福說話에 나타난 華嚴思想」, 『新羅華嚴思想史研究』, 民族社.

김영미, 2000, 「불교의 수용과 신라인의 죽음관의 변화」, 『한국고대사연구』 20, 한국고대사학회.

김철준, 1971, 「東明王篇에 보이는 神母의 性格」, 『柳洪烈博士華甲記念論叢』(1975, 『韓國古代社會研究』, 知識産業社에 재수록).

김태곤, 1985, 『韓國의 巫俗神話』, 集文堂.

나희라, 2006, 「고대 한국의 저승관과 지옥관념의 이해」, 『한국문화』 38, 서울대학교 규장각한국학연구원.

나희라, 2008, 『고대 한국인의 생사관』, 지식산업사.

나희라, 2011, 「『삼국유사』 설화를 어떻게 읽을 것인가」, 『한국사연구』 154, 한국사연구회.

데이비드 폰태너 지음, 최승자 옮김, 2003, 『상징의 비밀』, 문학동네.

마리야 김부타스 지음, 고혜경 옮김, 2016, 『여신의 언어』, 한겨레출판.

미르치아 엘리아데 지음, 강웅섭 옮김, 2006, 『신화·꿈·신비』, 숲.

미르치아 엘리아데 지음, 이재실 옮김, 1993, 『종교사 개론』, 까치.

사라 카 곰·제니퍼 스피크 지음, 신윤경 옮김, 2007, 『세계명화 비밀 2 성서 상징』, 생각의 나무.

사재동, 1990, 「元曉不羈의 문학적 연구」, 『배달말』 15, 배달말학회.

샤루크 후사인 지음, 김선중 옮김, 2005, 『여신』, 창해.

서영대, 1992, 「동예사회의 虎神 숭배에 대하여」, 『역사민속학』 2, 역사민속학회.

손진태, 1948, 「朝鮮 古代 山神의 性에 就하여」, 『조선민족문화의 연구』, 을유문화사.

에리히 노이만 지음, 박선화 옮김 2007, 『위대한 어머니 여신-인류의 무의식적 심층 속에서 여성의 원형을 찾는 위대한 탐구』, 살림.

에스터 하딩 지음, 김정란 옮김, 1996『사랑의 이해』, 문학동네.

유발 하라리 지음, 조현욱 옮김, 2015, 『사피엔스』, 김영사.

이기백, 1975, 「신라 초기 불교와 귀족세력」, 『진단학보』 40, 진단학회.

조동일, 1990, 「불교설화에서 본 숭고와 비속」, 『삼국시대 설화의 뜻풀이』, 집문당.

조법종, 2010, 「이규보의 〈南行月日記〉에 나타난 고대사 사료 검토」, 『한국인물사연구』 13, 한국인물사연구회.

황패강, 1969, 「蛇福說話의 硏究-'우주의 나무' 상징을 중심으로」, 『文湖』 5, 건국대학교 국어국문학회(1972, 「蛇福說話試論」, 『韓國敍事文學硏究』, 단국대출판부 재수록).

외국어

Anisimov, A. F. 1963, "Comsological Concepts of the Peoples of the North", *Studies in Siberian Shamanism* (Henry N. Michael ed.), Toronto and Buffalo: University of Toronto Press.

MacCulloch, J. A. 1911, "Serpent-Worship : Introductory and primitive", *Encyclopedia of Religion and Ethics* (James Hastings ed.), New York : Scribner's Sons.

Reumann, John. 2005, "Mary", *Encyclopedia of Religion* (second edition, Lindsay Jones ed.), Vol. 9, Farmington Hills : Thomson Gale.

9장

660~663년 신라의 백제 공격에 관하여: 전장과 공격로를 중심으로

박지현(서울대학교 국사학과 박사과정 수료)

1 머리말

7세기 중반은 한국 고대사의 중요한 분기점 중 하나다. 오랜 기간 한반도 내에서 서로 경계를 맞대고 견제하며 발전해왔던 고구려·백제·신라의 구도가 깨지고, 당과 연합하여 660년에는 백제를, 668년에는 고구려를 멸망시킨 신라가 한반도의 패자(霸者)로 부상했다.

그러나 신라는 그 과정에서 적지 않은 진통을 겪어야 했다. 660년 8월 사비성(泗沘城)이 함락되고 의자왕(義慈王)이 항복하면서 백제 정벌은 일단락되었으나, 이후 당의 관할 아래 들어간 백제 영역 곳곳에서 부흥군이 일어나면서 당의 요청에 따라 고구려 정벌군을 편성하는 동시에 백제 부흥군 진압을 위한 지원군까지 보내야 했다. 661년의 고구려 정벌이 실패로 돌아간 후에는 옛 백제 영역에 주둔하고 있던 당군(唐軍)과 함께 백제 부흥운동 진압에 나섰다. 663년 백제 부흥운동 진압이 일단락된 이후에는 2차 고구려 정벌을 준비하여 668년에 결국 평양성(平壤城)을 함락시켰다. 그리고 백제와 고구려 멸망 과정에 깊숙이 개입했던 당군을 한 반도에서 몰아내면서 신라는 10여 년 동안 지속된 오랜 전쟁에 마침표를 찍게 된다.

이 과정에서 신라는 상당히 체계적으로 정벌을 준비했던 것으로 보인다. 이 글에서 중점적으로 살펴보고자 하는 사건은 신라군의 남천정(南川停) 주둔(660년)과 거열성(居列城) 공격(663년)이다. 이 두 사건은 전쟁의 궁극적인 목적이었던 백제 수도 사비성 함락과 백제 부흥군의 근거지 주류성(周留城) 함락을 위해 신라가 어떤 준비를 했으며 그 과정에서 어떤 실리를 취했는지를 알려주는 중요한 사건이다.

2 660년 신라의 백제 정벌로

660년 3월 소정방(蘇定方)이 이끄는 13만의 당군이 백제 정벌을 위해 출정하자, 무열왕(武烈王)은 5월 26일 태자 법민(法敏)과 김유신(金庾信)·김진주(金眞珠)·김천존(金天存) 등과 함께 5만 군사를 이끌고 수도를 출발했다. 신라군은 6월 18일에 남천정에 도착했다. 남천정은 지금의 경기도 이천으로 비정된다. 그런데 의아한 점은 이천이 신라 수도 경주에서 북쪽으로 상당히 멀리 떨어져 있으며, 신라의 최종적인 공격 목표였던 백제 수도 사비(지금의 부여)보다도 북쪽에 위치해 있다는 것이다. 남천정이 이천이라는 추론에 문제가 없다면, 신라군이 시간과 보급을 소비하면서 이천까지 북진했던 이유를 찾아야 할 것이다.

먼저 남천정을 이천으로 비정하는 근거가 되었던 문헌 기록들을 살펴보면 표 1과 같다.

기록에서 잘 드러나듯이, 남천정의 위치는 재론의 여지가 거의 없다. 『삼국사기』 지리지, 『고려사』 지리지, 『세종실록』 지리지, 『신증동국여지 승람』에 이르기까지 그 연혁이 거의 동일하게 서술되어 있다. 고구려에서 조선에 이르기까지의 변천을 살펴보면 남천현(고구려) → 남천주(신라/ 진흥왕 29년 남천정 설치) → 황무현(신라/경덕왕) → 이천군(고려/태조) → 남천군(고려/공양왕) → 이천현(조선/태조)

출처	간행연도	내용
『삼국사기』 권35, 잡지4 지리2 신라 한주	1145	황무현(黃武縣)은 본래 고구려 남천현(南川縣)이었는데 신라가 병합했다. 진흥왕이 주(州)로 삼고 군주(軍主)를 두었다. 경덕왕이 이름을 고쳤다. 지금은 이천현(利川縣)이다.
『고려사』 권56, 지10 지리 1 양광도 광주목	1451	이천군(利川郡)은 본래 고구려 남천현[남매(南買)라고도 한다]으로, 신라가 병합했다. 진흥왕 때 승격하여 주가 되었고, 군주를 두었다. 경덕왕 때 이름을 황무로 고치고 한주(漢州)의 영현이 되었다. 태조가 남쪽 지역을 정벌할 때 고을 사람 서목이 길을 인도하여 강을 무사히 건너게 해주었으므로 이천군이라는 칭호를 내려주고 〔광주목에〕 소속시켰다. 인종 21년에 감무를 두었다. 고종 44년에 영창(永昌)으로 불렀다. 공양왕 4년에 조모 신씨의 고향이라 하여 승격시켜 남천군이 되었다.
『세종실록』 권148, 지리지 경기 광주목	1454	이천현. 본래 고구려의 남천현인데 신라가 병합하고 진흥왕이 주로 승격시켜 군주를 두고, 경덕왕이 황무로 고쳐 한주의 영현으로 삼았다. 고려 태조가 남정할 때 이 고을 사람 서목이 인도하여 잘 건너게 했으므로 고을의 호를 이천군으로 사호하고 그대로 광주 임내에 붙였다가 인종 21년 계해에 비로소 감무를 두었다. 공양왕 2년 경오에 조모 신씨의 고향이어서 남천군으로 승격시켰다가 본조(本朝) 태조 2년 계유에 다시 이천현으로 고쳐 감무를 두고 태종 계사에 예에 의하여 현감으로 고쳤다.
『신증동국여지승람』 권8, 경기 이천도호부	1530	본래 고구려 남천현[남매라고도 한다]인데, 신라 진흥왕이 승격시켜 군주를 두었으며 경덕왕이 황무로 고치고 한주의 영현으로 만들었다. 고려 태조가 남으로 정벌할 때에, 고을 사람 서목이 인도하여 물을 잘 건넜기 때문에 지금의 이름을 주어서 군을 만들고 광주에 예속시켰다. 인종이 비로소 감무를 두었고, 고종 44년에는 영창이라 일컬었으며, 공양왕은 조비 신씨의 고향인 까닭으로 승격시켜 남천군을 만들었다. 본조 태조 2년에는 다시 이천현으로 만들어 감무를 두었고, 태종 13년에는 예에 의하여 현감으로 삼았으며 세종 13년에 지현사(知縣事)로 고쳤다가 26년에 천호 이상이므로 예에 의하여 도호부(都護府)로 승격시켰다.

출처	간행연도	내용
경기도이천군군세일반 (京畿道利川郡郡勢一斑)	1930	고구려 영남현(永南縣)이었는데 신라 경덕왕 때 귀무(貴武)로 고쳤고, 고려 태조 때 처음 이천군(利川郡)이 되었다가 고종왕 때 영창으로 부르고 공양왕 때 다시 남천이 되었다가 이태조 때 이천으로 돌아가 현(縣)이 되었다. 세종왕 때 도호부가 되었다가 후세에 군(郡)으로 고쳤다가 다이쇼(大正) 3년에 음죽군과 합하여 지금에 이르렀다.

→ 이천도호부(조선/세종)로 그 이름과 지위가 변화해왔음을 확인할 수 있다. 다만 1927~1930년 사이에 작성된 군세일반에는 고구려와 신라 때의 이름이 영남과 귀무로 한 글자씩 잘못 기록되어 있지만, 이후의 연혁이 모두 동일하므로 660년 무열왕이 백제 정벌군을 이끌고 와서 머물렀던 남천정을 지금의 이천이라고 보는 것은 무리가 없을 것으로 생각된다.

그렇다면 무열왕이 군사를 이끌고 남천정으로 향한 이유는 무엇일까. 그 배경에 대해서는 각 지역의 군사동원 체제를 점검하기 위한 것으로 보는 견해(노중국, 2003), 당군과의 긴밀한 연계를 위한 것이라고 보는 견해(홍사준, 1967) 등이 제시되었다. 혹은 무열왕을 비롯한 지휘부만 일부 병력과 함께 남천정으로 가고 주 병력은 관산성(管山城)이나 삼년산성(三年山城) 등 백제 영역으로 진입하는 주요 관문에서 대기했을 것으로 보기도 한다(이호영, 1997; 김영관, 2007). 관산성과 삼년산성은 소백산맥을 넘어 백제 영역으로 진출할 수 있는 전략적 요충지이고, 남천정까지 군대를 이동시켜야 하는 수고로움을 덜 수 있다는 점에서 이러한 견해는 타당한 것으로 보인다. 그렇다 할지라도 무열왕을 비롯한 지휘부가 선택한 곳이 남천정이었던 이유는 다른 곳에서 찾아야 한다. 이를 위해서는 당시의 상황을 알려주는 두 사료를 검토해보아야 한다.

여름 5월 26일에 왕이 <u>유신·진주·천존</u> 등과 함께 군사를 거느리고 서울을 출발하였다. 6월 18일 남천정에 이르렀다. 소정방은 내주(萊州)에서 출발하여 많은 배가 천 리에 이어져서 물결을 따라 동쪽으로 내려왔다. <u>21일에 왕이 태자 법민을</u>

보내 병선 100척을 거느리고 덕물도(德物島)에서 정방을 맞이하였다. 정방이 법민에게 말하기를 "나는 7월 10일에 백제의 남쪽에 이르러 대왕의 군대와 만나서 의자의 도성을 깨뜨리고자 한다"라고 하였다. 법민이 말하기를 "대왕은 지금 대군을 초조하게 기다리고 계십니다. 대장군께서 왔다는 것을 들으시면 필시 이부자리에서 새벽진지를 잡숫고 오실 것입니다"라고 하였다. 정방이 기뻐하며 법민을 돌려보내 신라의 병마를 징발케 하였다. 법민이 돌아와서 정방의 군대 형세가 매우 성대하다고 말하자 왕이 기쁨을 이기지 못하였다. 또 태자와 대장군 유신, 장군 품일(品日)과 흠춘(欽春)[춘을 또는 순(純)으로도 썼다] 등에게 명하여 정예군사 5만 명을 거느리고 부응하도록 하고, 왕은 금돌성(今突城)에 가서 머물렀다.

『삼국사기』 권5, 신라본기5 태종무열왕 7년(660)

태종대왕 7년 경신 여름 6월에 대왕과 태자 법민이 장차 백제를 정벌하고자 크게 군사를 일으켜 남천에 이르러 진영을 설치하였다. 그때 당나라에 들어가 군사를 요청하였던 파진찬 김인문(金仁問)이 당나라 대장군 소정방·유백영(柳伯英)과 함께 군사 13만을 거느리고 바다를 건너 덕물도에 이르렀는데, 우선 수행하던 부하 문천(文泉)을 보내와 알렸다. 왕은 태자와 장군 유신·진주·천존 등에게 명하여 큰 배 100척에 군사들을 싣고 그들과 만나게 하였다. 태자가 장군 소정방을 만나니 정방이 태자에게 "나는 바닷길로 가고 태자는 육지길로 가서 7월 10일 백제의 왕도인 사비의 성에서 만납시다"라고 하였다. 태자가 와서 대왕에게 고하니 장수와 병졸들을 거느리고 행군하여 사라의 정(停)에 이르렀다. 장군 소정방과 김인문 등은 바다를 따라 기벌포(伎伐浦)에 들어왔으나 해안의 진창에 빠져 움직이지 못하자 이에 버드나무로 엮은 자리를 펴 군사들을 나아가게 하여 당나라와 신라가 백제를 합동으로 공격하여 멸망시켰다.

『삼국사기』 권42, 열전2 김유신

위 사료는 6월 18일 무열왕의 남천정 도착 이후 당군과 신라군이 연합하여 사비성으로 향하는 과정을 알려준다. 주목할 점은 법민이 100척의 배를 이끌고 덕물도로 향했다는 것이다. 덕물도는 현재 인천 덕적군도로 추정되는데, 그렇다면 법민은 남천정(이천)에서 한강 수로를 이용하여 100척의 배를 이끌고 서해의 덕물도로 나갔을 것이다. ① 이천에서 여주 방면으로 나가 남한강을 이용하여 덕적군도로 향하거나, ② 이천에서 남한강과 북한강이 합류하는 지점까지 육로를 이용한 후, 한강을 이용하여 덕적군도까지 갔을 것이다. 그러나 당시 법민이 100척의 군선을 이끌고 갔다는 점에서 강폭이 넓어 배들의 운신이 용이한 한강 본류를 이용하는 ②의 루트가 더 가능성이 높을 것으로 보인다. ②의 루트를 이용하는 경우, 육로로 약 45킬로미터, 수로로 약 170킬로미터를 이동해야 한다. 당시의 육로 및 수로 이동 속도를 감안하여 계산해보면 약 2~4일이 소요되었을 것으로 생각된다. 무열왕이 남천정에 도착한 날이 6월 18일이고 법민이 소정방을 만난 날이 6월 21일이므로, 불가능한 이동 일정은 아니었을 것이다.[1]

사실 신라에게는 한강을 이용하는 것이 서해를 건너온 당군과 합류할 수 있는 거의 유일한 방법이었을 것이다. 남해와 서해 연안을 따라 배를 타고 이동하여 금강 하구로 가는 길은 백제의 영역을 통과해야 하므로 백제군과의 충돌이 불가피하다. 소백산맥을 넘어 사비로 향하려면 마찬가지로 요충지를 방어하고 있는 백제군과 여러 차례 전투를 치른 후에야 사비에 도착할 수 있었다. 따라서 신라에게는 군선을 충분히 운용할 수 있는 한강 본류까지 북진한 후 당군과 합류하는 것이 가장 안전한 루트였으며, 이때 군대를 주둔시키기 가장 적절한 곳이 진흥왕대 병합된 후 남천정이 설치되어 군사적 기반이 마련되어 있었던 이천이었던 것으로 생각된다.

그렇다면 두 번째로 생각해보아야 할 것은 무열왕을 비롯한 지휘부만 남천정

1　한강 수로를 이용했을 경우 소요 시간은 『고려도경(高麗圖經)』의 항로 분석을 통한 선박의 속도 추정 연구(윤일영, 2009)를 참고했다. 7세기 당시 백제를 멸망시키기 위해 황산벌로 진군한 신라군이나 당군에게 식량을 수송하기 위해 평양성으로 이동한 김유신의 부대는 대체로 하루 30여 리, 즉 12킬로미터 이동했다(이상훈, 2016, 310쪽). 그러나 이때는 치중부대를 고려하여 진군했을 것이므로, 법민이 기병만을 데리고 이동했을 경우 그 속도는 이보다 빨랐을 것이다. 『당육전(唐六典)』에는 말을 타고 갈 경우 하루 70리, 걷거나 조랑말을 이용할 경우 하루 50리, 수레를 이용할 경우 하루 30리를 이동할 수 있다고 서술되어 있다.

으로 향하고 주 병력은 그 남쪽에서 백제 영역 진입을 준비하고 있었는지, 아니면 정벌군 전체가 남천정까지 갔는지이다. 법민이 덕물도에서 남천정으로 돌아온 날을 6월 24일로 가정하고 본대가 25일에 남천정에서 출발했다면 15일 만에 황산벌에 도착한 셈이 된다. 5만의 군사가 이동하는 것이므로 군량과 무기 등을 실은 치중부대가 함께 움직였을 것이다. 또한 황산벌에 도착하기까지 신라군이 백제군과 마주쳐 전투한 기록이 없고 신라군이 통과한 탄현(炭峴)이 지금의 옥천과 대전 사이로 비정된다는 점에서 신라군은 신라 영역 내에서 이동하다가 일거에 탄현을 넘어 백제 영역으로 들어갔던 것으로 보인다. 이 경우 남천정(이천)에서 황산벌(논산)까지의 거리는 대략 270킬로미터가 된다. 비록 중국의 사례이지만 수레가 함께 움직일 경우 하루 30리를 이동할 수 있다는 『당육전』의 기록을 참고하여 계산해보면 270킬로미터를 이동하는 데 대략 20일 정도가 소요된다. 여러 가지 변수가 발생할 가능성을 고려한다면 6월 25일 남천정을 출발한 신라군이 황산벌에 7월 9일에 도착하는 것은 거의 불가능하다.

무열왕을 비롯한 지휘부만 남천정에 주둔했다고 할지라도 황산벌 전투를 이끈 김유신 등 지휘관이 남천정에서부터 이동해야 하는 것은 동일하다. 다만 기병을 중심으로 구성된 소규모 부대로 빠르게 움직였다면 이동 시간을 대폭 줄일 수는 있었을 것이다. 삼년산성에 본대가 주둔하고 있었다고 가정한다면 남천정에서 삼년산성까지는 말을 타고 달리면 약 6일, 삼년산성에서 본대를 이끌고 황산벌까지 가는 데 걸리는 시간이 약 6일이므로 총 12일이 소요되어 7월 9일에 황산벌에 도착할 수 있다.

이처럼 물리적으로 소요되는 시간을 산술적으로 따져보았을 때, 적어도 황산벌로 향했던 5만 명의 군사 전부가 남천정에서 출발하지는 않았을 것으로 이해된다. 그러나 무열왕도 남천정까지 나아갔다는 점에서 왕의 호위병력을 비롯하여 소정방을 맞이하기 위한 병력은 남천정까지 함께 움직였을 것이다. 그 병력의 규모를 살펴볼 만한 실마리 역시 앞서 제시한 문헌 기록에서 찾을 수 있다. 바로 법민과 김유신 등이 소정방을 맞이하러 갈 때 배 100척을 이끌고 갔다는 부분이다.

사서에서는 법민이 소정방을 맞이하러 갈 때 사용한 배를 "큰 배(大船)", "군선

(軍船)"으로 표현하고 있다. 이로 미루어보아 적어도 상대적으로 많은 수의 병사가 승선할 수 있는 배였던 것으로 생각된다. 비록 당의 경우이기는 하지만 소정방이 이끌고 온 당군의 규모를 통해 당시 배 1척 에 승선할 수 있었던 인원을 대략적으로 살펴볼 수 있다.

3월에 당 고종(高宗)이 좌무위대장군(左武衛大將軍) 소정방을 신구도행군대총관(神丘道行軍大摠管)으로 삼고, 김인문을 부대총관(副大摠管)으로 삼아, 좌효위장군(左驍衛將軍) 유백영 등 수군과 육군 13만 명을 거느리고 백제를 치게 하였다.

『삼국사기』 권5, 신라본기5 태종무열왕 7년

당 고종은 좌호위대장군(左虎*衛大將軍) 형국공(荊國公) 소정방을 신구도행책총관(神丘道行策摠管)으로 삼아 좌위장군(左衛將軍) 유백영[자(字) 는 인원(仁遠)]과 좌호위장군 풍사귀(馮士貴), 좌효위장군 방효공(龐孝公) 등을 거느리고 13만의 군사를 이끌고 와서 정벌케 했다(향기(鄕記)에 이르기를 군사는 12만 2,711인 배는 1,900척이라고 되어 있으나 당사(唐史)에는 상세하게 그것을 언급하지 않았다).
* 호(虎)는 고려 혜종(惠宗)의 휘인 무(武)를 피휘한 것이다.

『삼국유사』 권1, 기이편1 태종춘추공

3월 10일 좌무위대장군 소정방을 신구도행군대총관으로 삼아 좌효위장군 유백영 등을 인솔하고 수군과 육군 10만으로 백제를 정벌하게 하였다.

『자치통감』 권200, 당기 16 당 고종 현경 5년

현경(顯慶) 5년, 명하여 좌무위대장군 소정방을 웅진도대총관(熊津道大總管)으로 삼고 수륙 10만을 거느리게 하였다.

『구당서』 권199상, 열전149상 신라

660년 내주를 출발하여 백제로 향한 당군은 10만(『자치통감』, 『구당서』 신라전),

13만(『삼국사기』 신라본기) 등으로 기록되어 있지만, 그들이 타고 온 배의 숫자에 대한 언급은 없다. 다만 『삼국유사』에서는 향기(鄕記)를 인용하여 당의 군사를 12만 2,711명, 배는 1,900척으로 기록하고 있다. 이 '향기'가 어떤 자료인지는 알 수 없으나, 군사의 숫자를 상당히 구체적으로 기록하고 있으며, 그 숫자가 10만~13만 사이라는 점에서 어느 정도 근거가 있는 자료라고 생각된다. 당대에는 대형 전선인 누선(樓船), 주력 전선인 투함(鬪艦), 빠른 소형선박인 주가(走舸) 등 다양한 종류의 군선이 존재했기 때문에 각 군선에 승선한 병사의 수도 달랐을 테지만, 산술적으로 따져보면 당시 당군의 배 1척에는 평균적으로 65명의 병사가 승선했던 것이 된다. 이러한 계산 결과를 바탕으로 신라의 배 1척에도 대략 비슷한 숫자의 병력이 승선할 수 있다고 가정한다면 법민이 이끌고 간 병력은 6,500명 전후였다고 볼 수 있으며, 남천정까지 함께 올라왔던 신라군은 적어도 이보다는 많았을 것이다.

다음으로 살펴볼 수 있는 것은 각각의 부대를 이끈 지휘관들이다. 『삼국사기』 신라본기에는 백제 정벌을 위해 무열왕과 함께 "태자 법민, (김)유신, (김)진주, (김) 천존 등"이 출전했다고 기록되어 있다. 그런데 이후 김유신이 5만의 군사를 이끌고 사비성으로 향할 때는 진주와 천존이 아닌 태자 법민과 품일·흠순이 함께 간 것으로 되어 있으며, 이후 황산벌 전투에서도 품일·흠순과 그 아들들인 반굴(盤屈)과 관창(官昌)의 이름만 보일 뿐이다. 따라서 신라본기에 이름이 생략된 지휘관들이 품일과 흠순이라고 생각할 수 있다. 그리고 신라본기에는 법민이 소정방을 맞이하러 갈 때 동행한 이들에 대한 기록이 없으나, 김유신열전과 김인문열전에서는 김유신, 진주, 천존과 함께 간 것으로 기록하고 있다. 무열왕이 남천정에 주둔하고 있는 상황에서 주요 지휘관들이 4명이나 자리를 비울 수 있었던 것은 품일과 흠순이 남아 있었기 때문으로 추정된다.[2]

또 하나 고려해야 하는 것은 무열왕이 김유신과 함께 사비성으로 향하지 않고 금돌성으로 가서 머물렀다는 사실이다. 즉 태자 법민과 김유신은 품일·흠순과 함께 5만 군사를 이끌고 황산벌로 나아갔으며, 무열왕은 진주·천존과 함께 금돌성

---

2 혹은 품일과 흠순(혹은 둘 중 한 명)이 남쪽에서 정벌군 본대를 통솔하고 있었을 가능성도 있다.

(혹은 사라의 정)으로 향한 것으로 생각된다. 그렇다면 금돌성으로 향한 무열왕과 진주·천존에게도 신라군이 딸려 있었을 것이므로, 660년에 백제 정벌을 위해 동원된 군사는 5만 명 이상이었을 것이다. 무열왕은 의자왕의 항복 소식을 듣고 나서 사비성으로 오는데, 그 이전에 있었던 황산벌 전투나 부여융(扶餘隆)의 항복과 같은 사건에서 법민, 유신, 품일, 흠순의 이름만 보이고 진주와 천존은 보이지 않는 것도 이러한 추론을 뒷받침한다.

이상의 내용을 정리해보면 다음과 같다. 소정방이 이끄는 당군의 출병 소식이 전해지자 무열왕은 태자 법민, 김유신·진주·천존·품일·흠순과 함께 5만 명 이상의 백제 정벌군을 이끌고 출진한다. 당군과 연합작전을 수립하기 위해 배를 타고 서해를 건너오는 당군을 가장 안전하게 맞이할 수 있는 루트를 이용했다. 신라 영역을 통과하며 북진하면서 주력군은 백제 영역으로 진입할 수 있는 관문인 보은, 옥천 등의 요충지로 보내고 무열왕을 위시한 지휘부만 기동력을 갖춘 기병을 중심으로 한 부대를 이끌고 남천정으로 향했다. 6월 18일 남천정에 도착한 무열왕은 태자 법민과 김유신·진주·천존에게 약 6,500명의 병사와 군선 100척을 주었고, 이들은 한강 본류를 통해 21일에 덕물도에 도착했다. 당군은 수로를, 신라군은 육로를 따라 사비에서 7월 10일에 만나기로 소정방과 합의한 후, 다시 한강을 이용하여 남천정으로 돌아왔다(24일경). 태자 법민과 김유신, 품일, 흠순은 빠르게 본대로 돌아와 삼년산성, 관산성을 거쳐 황산벌로 향했고, 무열왕은 진주·천존과 함께 금돌성(사라의 정)으로 가서 전세를 관망했다.

3 663년 신라의 거열성 공격

김유신이 황산벌에서 버티던 계백을 격파하고 사비성 앞에 이르러 소정방의 당군과 합류하여 사비성을 포위하자, 의자왕은 웅진성으로 몸을 피한다. 그러나 660년 7월 18일에 결국 의자왕이 항복하면서 신라와 당의 백제 정벌전은 금방 끝날 것처럼 보였다. 그러나 백제 영역 각지에서 저항세력이 들고 일어났으며, 소정방이 떠난 후 유인원(劉仁願)이 지키고 있던 사비를 향한 공격이 이어졌다.

　　표2는 백제 부흥군과 당군·신라군 사이에 벌어졌던 주요 전투들을 정리한 것이다. 660년에 의자왕이 항복한 직후에는 신라군과 당군이 백제 부흥군을 합동공격했으나, 소정방이 1만의 군사를 남기고 당으로 돌아간 후에는 주로 신라군이 백제 부흥군 진압에 나서고 있다. 11월의 왕흥사잠성 공격을 마지막으로 무열왕도 사비성에 7천 명의 군사를 남겨 두고 신라로 돌아간다. 660년의 전투들은 의자왕 항복 이후 주로 사비성 주변의 잔여세력들을 진압하는 성격이었던 것으로 보이며, 대체로 당군과 신라군이 승리하면서 진압작전이 마무리되고 무열왕은 경주로 돌아갔다.

　　그러나 그 이후 사비성을 노리는 백제 부흥세력들이 복신(福信)과 도침(道琛)을 중심으로 조직화되고, 당과 신라가 고구려 정벌에 병력을 집중하면서 661년 전반기에는 백제 부흥군이 우위를 점하고 사비성을 압박했다. 그러나 661년 고구려 정벌이 실패로 돌아가면서 형세가 변화하기 시작한다. 당에서 파견한 유인궤(劉仁軌)가 유인원과 함께 전력을 재정비하여 부흥군의 공격에 대응하고, 신라가 다시 백제 부흥군에 대한 공격을 시작한 것이다. 662년 2월 평양으로 향했던 김유신이 회군하자 662년 8월의 내사지성 공격을 시작으로 신라의 백제 부흥군 공격이 이어졌고, 결국 663년 9월 백강구 전투에서 신라·당 연합군이 백제 부흥군·왜 연합군을 크게 격파하고 백제 부흥군의 중심거점이었던 주류성을 함락시키면서 백제 부흥군 진압작전을 마무리했다.

　　이상의 과정을 살펴보면, 결국 백제 부흥군의 진압에는 신라군의 역할이 결정적이었음을 알 수 있다. 662년 7월 유인궤와 유인원이 웅진 동쪽에서 백제 부흥군을 격파하고 진현성을 빼앗아 신라의 물자와 군사가 진입할 통로를 확보하면서 백제 부흥군이 수세에 몰리기 시작했고, 신라가 장군 28명으로 구성된 대규모 지원군을 파견하여 내사지성을 시작으로 거열성 등 4개 성을 연달아 함락시키면서 백제 부흥군의 세력이 급격히 축소되었다. 그리고 663년 9월, 백강구 전투에 백제 부흥군·왜 연합군이 대패하고 거점인 주류성과 임존성이 함락되면서 백제 부흥운동은 막을 내리게 된다.

표2　660~663년 백제 부흥군과 신라 · 당 연합군의 전투 기록[3]

시기	장소	내용
660년 8월	남잠성(南岑城) 정현성(貞峴城)	당군의 사비성 점령 직후 백제 잔여세력의 저항
	두시원악(豆尸原嶽)	사비성 점령 직후 좌평 정무(正武)가 이끄는 저항세력의 흥기
660년 8월 26일	임존(任存)	신라군 · 당군의 백제 잔여세력(=부흥군) 공격. 소책(小柵)만 함락시키고 대책(大柵)은 함락시키지 못함.
660년 9월 23일	사비성(泗沘城)	부흥군의 사비성 공격. 유인원이 격퇴
660년 10월 9일	이례성(尒禮城)	신라군의 백제 부흥군 공격
660년 10월 30일	사비남령(泗沘南嶺)	신라군의 백제 부흥군 공격
660년 11월	왕흥사잠성(王興寺岑城)	신라군의 백제 부흥군 공격
661년	사비 근방	유인원이 병사 1천을 내어 백제 부흥군의 공격 방어, 실패
661년 3월	사비성	복신과 도침의 백제 부흥군의 사 비성 포위 공격
	웅진강구	유인궤가 복신 · 도침을 물리치고 유인원을 구출
661년 3~4월	두량윤성(豆良尹城)	품일이 이끄는 신라 구원군이 두량윤성을 공격하지만 실패
661년 4월	빈골양(賓骨壤)	품일의 신라군이 퇴각하던 도중 백제 부흥군과 전투, 패배
	각산(角山)	상주장군(上州將軍) 잡찬(迊湌) 문충(文忠)과 당장군(郎幢將軍) 의광(義光)이 백제 부흥군과 싸워 승리
661년 9월	옹산성(甕山城)	문무왕, 김유신 등이 당의 고구려 정벌을 지원하러 가던 도중 백제 부흥군과 전투, 승리
	우술성(雨述城)	품일 등이 우술성을 공격하여 승리
662년 7월	지라성(支羅城) 진현성(眞峴城)	유인원과 유인궤가 웅진의 동쪽에서 백제 부흥군을 격파, 지라성, 사정책 등을 빼앗고 진현성을 점령
662년 8월	내사지성(內斯只城)	문무왕이 흠순 등 장군 19명을 보내 백제 부흥군 공격

3　박지현(2013), 95 · 102쪽을 참고, 보완하여 작성.

시기	장소	내용
663년 2월	거열성(居列城) 거물성(居勿城) 사평성(沙平城)	흠순과 천존이 거열성을 공격해 700여 명을 목 베고, 거물성과 사평성을 공격하자 백제 부흥군이 항복
663년 2월	덕안성(德安城)	흠순과 천존의 덕안성 공격, 함락
663년 9월	백강구	백제 부흥군·왜 연합군과 신라·당 연합군이 백강 하구에 전투를 벌임. 신라·당 연합군의 승리
663년 9월	두량윤성, 주류성(周留城)	문무왕이 김유신 등 28명의 장군을 이끌고 두량윤성, 주류성 등을 공격하여 항복시킴.
663년 10월	임존성	신라·당 연합군의 임존성 공격, 한 달 넘게 저항하다 항복

그런데 백제 부흥군에게 큰 타격을 입힌 662년 8월부터 663년 9월 사이 신라가 공격한 곳을 살펴보면 조금 특이한 점이 발견된다. 바로 663년 2월에 공격한 거열성이다.

(662년) 8월에 백제의 남은 적들이 내사지성(內斯只城)에 진을 치고 모여 나쁜 짓을 하였으므로, 흠순 등 장군 19명을 보내 쳐서 물리쳤다. (…) (663년) 2월에 흠순과 천존이 군사를 이끌고 백제의 거열성을 쳐서 빼앗고 700여 명의 목을 베었다. 또한 거물성과 사평성을 공격하여 항복을 받았고, 덕안성을 공격하여 1,070명의 목을 베었다. (…) 왕은 김유신 등 28명[또는 30명이라고도 하였다]의 장군을 이끌고 그들과 함께하여 두릉(豆陵)[또는 양(良)이라고 한다] 윤성(尹城)과 주류성 등 여러 성을 쳐서 모두 항복시켰다.

『삼국사기』 권6, 신라본기6 문무왕 2년(662)

대왕은 친히 유신·인문·천존·죽지(竹旨) 등의 장군을 거느리고 7월 17일에 정벌에 나서 웅진주(熊津州)에 머무르며 [그곳에] 주둔하고 있던 유인원과 군사를 합쳤다. 8월 13일 두솔성(豆率城)에 이르니 백제인들이 왜인들과 함께 나와 진을 쳤다. 우리 군사들이 힘껏 싸워 그들을 크게 패배시켰고, 백제와 왜인들은 모두 항복하였다.

『삼국사기』 권42, 열전2 김유신

이 시기 전투 장소들의 위치에 대해서는 명확한 기록이 남아 있지 않은 편이다. 그중 백강구의 위치가 가장 확실하다고 할 수 있는데,『구당서』유인궤전과『삼국사기』백제본기에 보이는 전투의 전개 과정을 참고하여 미루어 짐작할 수 있다.

> 손인사(孫仁師), 유인원과 신라 왕 김법민은 육군을 거느리고 나아가고, 유인궤와 별수(別帥) 두상(杜爽)과 부여융은 수군과 군량 실은 배를 거느리고, 웅진강에서 백강으로 가서 육군과 합세하여 주류성으로 갔다. 백강어귀에서 왜국 군사를 만나 네 번 싸워서 모두 이기고, 그들의 배 400척을 불사르니, 연기와 불꽃이 하늘로 오르고 바닷물도 붉은빛을 띠었다.

『삼국사기』 권28, 백제본기6 의자왕

660년 소정방의 당군이 공격해올 때 백강과 탄현을 막아야 한다고 한 흥수(興首)의 간언에서 백강은 수도 사비로 이어지는 금강 이외의 다른 강은 상정하기 어려우며, 따라서 663년에 다시 등장한 백강은 금강으로 보아야 할 것이다. 또한 661년 백제 부흥군이 사비성을 포위했을 때 웅진강구를 봉쇄하기 위해 축조한 목책을 유인궤가 이끄는 당군이 격파했다는 기사로 보아 웅진강 역시 지금의 금강으로 보아야 할 것이다. 따라서 위 기록의 '웅진강에서 백강으로 가서'에서 웅진강과 백강은 각각 금강 중류와 하류를 지칭하는 것으로 이해된다. 기사 말미에 전투 결과를 전하면서 "바닷물이 붉어졌다"고 했는데, 백강구에서 벌어진 전투로 인해 바닷물이 피에 물들었다면 전투가 이루어진 장소는 지금의 금강 하구 부근의 해역이라고 보아도 무방할 것이다(노태돈, 2009, 179~180쪽).

그러나 백강구 전투 이후 점령한 백제 부흥군의 본거지 주류성의 위치에 대해서는 다양한 견해들이 제기되었다. 한산 건지산성(池內宏, 1950; 이병도, 1977; 심정보, 1983; 노태돈, 2009), 홍성(『대동지지』), 부안 우금(위금암)산성(今西龍, 1934; 전영래, 1996;

노중국, 2003), 연기 당산성(김재붕, 1980) 등을 주류성으로 비정하고 있는데, 각 설의 주된 근거는 당시 신라·당 연합군의 진격로에 대한 분석이다. 연합군은 공격하기 어려운 가림성(加林城)을 지나쳐 주류성을 공격하는 전략을 세우는데, 가림성을 지나치는 방식에 대한 해석이 각기 다르다. 가림성을 서천군 임천면의 성흥산성으로 비정한 것은 동일하지만, 건지산성설에서는 주류성을 향한 공격로에 가림성이 있기 때문에 공격 여부가 논의의 대상이 되었던 것이고 만약 주류성이 금강 이남에 있었다면 가림성의 공격 여부가 논의의 대상이 되지 않았을 것이라고 한 반면(노태돈, 2009, 181쪽), 우금산성설에서는 주류성이 금강 이북에 있었다면 가림성이 너무 큰 장애물이므로 그대로 두고 지나갈 경우 배후가 위협당할 수 있으며 육군이 금강을 건넜다는 기록이 없기 때문에 주류성이 금강 이남에 있어야 한다고 보고 있다(노중국, 2003, 195쪽). 이처럼 다양한 해석이 가능하기 때문에 주류성의 위치와 관련된 직접적인 근거가 확보되지 않는다면 통일된 견해가 도출되기는 어려울 것으로 보인다.

표3 내사지성의 위치 관련 기록들

출처	간행연도	내용
삼국사기』권35, 잡지4 지리3 신라 웅천주	1145	유성현은 본래 백제의 노사지현이었는데, 경덕왕이 이름을 고쳤다. 지금까지 그대로 따른다.
『고려사』권56, 지10 지리1 양광도 공주목	1451	유성현은 본래 백제의 노사지현[사(斯)는 질(叱)로도 적는다]으로, 신라 경덕왕 때 지금 이름으로 고치고, 비풍군(比豐郡)의 영현(領縣)이 되었다. 고려에 와서 옛 이름을 그대로 두고, 「공주에」 내속(來屬)하였다. 온천이 있다.
『세종실록』권 148, 지리지 충청 공주목	1454	유성은 본래 백제의 노사지현인데, 신라가 지금의 이름으로 고쳐서 비풍군의 영현을 삼았다.
『신증동국여지승람』권17, 충청도 공주목	1530	유성현. 주(州) 동쪽 54리에 있다. 본래 백제의 노사지현으로, 노사지의 사(斯)는 어떤 데는 질(叱)자로 쓰기도 한다. 신라 경덕왕이 지금 이름인 비풍군 영현으로 고쳤고, 고려 때에 와서 본주에 속하게 되었으며, 본조에서는 그대로 따랐다.
『대동지지』권3, 충청도 공주 고읍	1866	유성. 백제 노사지[노(奴)는 내(內)라고도 쓴다]. 신라 경덕왕 16년에 이름을 유성으로 고치고 비풍군의 영현으로 삼았다.

662년 2월 고구려 정벌군의 회군 이후 전열을 정비한 신라군이 첫 번째로 백제 부흥군을 공격했던 내사지성 전투로 돌아가 보자. 내사지성은 백제 우술군(雨述郡) 휘하 노사지현(奴斯只縣)으로, 경덕왕이 유성현(儒城縣)으로 고친 뒤 조선시대까지 공주의 속현이었다가 일제강점기인 1914년에 대전군에 편입되었으며 1935년에 대덕군과 합쳐져 지금의 대전 유성구에 이르렀다.

신라의 내사지성 공격은 이보다 앞서 662년 7월에 유인궤와 유인원이 진현성을 함락시키면서 신라로 이어지는 통로를 확보했던 것과 연계하여 보아야 할 것이다. 진현성이 있었던 진현현 역시 지금의 대전 유성구 남쪽 진잠에 있었던 것으로 비정된다(서정석, 2003, 32쪽). 앞서 제시한『삼국사기』신라본기에서는 이 내사지성 공격의 원인을 백제 부흥군의 악행으로 서술하고 있는데, 신라의 입장에서 군량 등의 물자와 병력이 이동하는 통로 근방에 근거지를 둔 백제 부흥군이 저지른 악행이라면 군량 등 각종 물자의 탈취 같은 것이었을 가능성이 높다. 신라는 내사지

표4 진현성의 위치 관련 기록들

출처	간행연도	내용
『삼국사기』 권 35, 잡지4 지리3 신라 웅천주	1145	진령현(鎭嶺縣)은 본래 백제의 진현현(眞峴縣)[진(眞)은 정(貞)이라고도 한다]이었는데, 경덕왕이 이름을 고쳤다. 지금은 진잠현(鎭岑縣)이다.
『고려사』 권56, 지10 지리1 양광도 공주목	1451	진잠현은 본래 백제의 진현현[진(眞)은 정(貞)으로도 적 는다]으로, 신라 경덕왕 때 이름을 진령으로 고치고, 황산군(黃山郡)의 영현(領縣)이 되었다. 고려 초에 지금 이름으로 바꾸었다. 현종(顯宗) 9년(1018)에 공주에 내속(來屬)하였다. 뒤에 감무(監務)를 두었다.
『세종실록』 권 148, 지리지 충청 공주목	1454	본래 백제의 진현현인데[진(眞)이 정(貞)으로도 되어 있다] 신라에서 진령현으로 고쳐 황산군의 영현으로 하였고, 고려에서 진잠으로 고쳐, 현종 9년에 공주 임내에 붙이었다가, 뒤에 감무를 두었다. 본조 태종 13년 계사에 예(例)에 의하여 현감(縣監)으로 고쳤다.
『신증동국여지승람』 권17, 충청도 공주목	1530	본래 백제의 진현현[진(眞)은 정(貞)으로 쓴 데도 있다] 신라에서 진령이라 고쳐 황산군의 속현으로 만들었고, 고려 초기에 지금의 이름으로 고쳤으며, 현종 9년에 공주에 예속시켰다가 뒤에 감무를 두었고, 본조 태종 13년에 예에 의하여 현감으로 고쳤다.

표5 거열성의 위치 관련 기록들

출처	간행연도	내용
『삼국사기』 권35, 잡지4 지리3 신라 강주	1145	거창군은 본래 거열군(居烈郡)[혹은 거타(居陀)라고 이른다]인데 경덕왕이 이름을 고쳤다. 지금도 그대로 따른다.
『고려사』 권57, 지11 지리2 경상도 합주	1451	거창현은 본래 신라의 거열군[일명 거타라고도 한다]으로, 경덕왕 때 지금 이름으로 고쳤다. 현종(顯宗) 9년(1018)에 '합주(陜州)에' 내속하였다. 명종 (明宗) 2년(1172)에 감무를 두었다.
세종실록』 권150, 지리지 경상 진주목	1454	거창현. 본래 거열군인데[거타라고도 한다] 신라에서 지금의 이름으로 고쳤고, '고려' 현종 무오년에 합주 임내에 붙였다가 명종 임진년에 비로소 감무를 두었으며, 본조 태종 갑오년에 거제와 합하여 제창현(濟昌縣)으로 일컫다가, 을미년에 다시 나누어 거창 현감으로 하였다.
『신증동국여지승람』 권31, 경상도 거창군	1530	거창군. 본래 신라 거열군[거타라 한 곳도 있다]. 경덕왕이 지금 명칭으로 고쳤다. 고려 현종이 합주에 예속시켰고, 명종이 비로소 감무를 설치하였다. 본조 태종조에 거제현과 합쳐서 제창이라 부르다가, 뒤에 다시 쪼개어 거창현으로 만들고, 관례대로 현감으로 고쳤다.

성을 함락시키기 위해 흠순을 비롯하여 19명의 장군들을 동원하였는데,[4] 이는 내사지성의 백제 부흥군이 상당히 강한 세력을 형성하고 있었음을 알려준다.

이처럼 신라의 내사지성 공격은 앞선 전황의 흐름과 공격 대상지의 위치를 볼 때 자연스럽게 이해된다. 진현성을 함락시킨 당군과의 연계를 도모했던 것이다. 그러나 내사지성 공격 약 6개월 후에 이루어진 거열성을 비롯한 3개 성에 대한 공격은 이와 조금 다른 성격을 가진 것으로 보인다.

가장 문제가 되는 것은 처음 공격했던 거열성의 위치다. 거열성은 지금의 경남 거창군에 있었던 것으로 비정된다. 이는 이전에 신라의 백제 부흥군 진압 작전

---

4 이 19명의 장군 중에 진주, 진흠이 포함되어 있었다고 보기도 한다. 내사지성 공격 기사에 연이어서, 진주와 진흠이 거짓으로 병을 칭하고 나랏일을 돌보지 않아 왕이 그들과 그 일족을 죽였다는 기사가 있는데, 이때 "나랏일을 돌보지 않았다"는 것이 내사지성 공격에 적극적으로 참여하지 않았다는 것을 의미한다고 본 것이다. 그러면서 이들이 전투 가담을 회피할 정도로 내사지성의 백제 부흥군 세력이 강성했다고 이해했다(김영관, 2005, 178~180쪽).

이 벌어진 곳에서 남쪽으로 멀리 떨어져 있다. 또한 거열성을 공격한 후 거물성, 사평성, 덕안성을 공격하는데, 덕안은 지금의 충남 논산으로 비정된다. 거창은 경남에서 소백산맥을 넘어 전남 지역으로 넘어가는 전략적 요충지다. 그러나 당군과 신라군이 각각 진현성과 내사지성을 공격하여 확보한 통로를 사용하지 않고 백제 부흥군의 본거지와 멀리 떨어진 거열성을 공격한 후 논산을 향해 북상하는 루트를 사용한 것은 도중에 곳곳에 남아 있던 백제 부흥군과의 충돌을 감수해야 하는 길이라는 점에서 쉽게 택할 수 있는 선택지는 아니라고 생각된다.

또 하나 표5에서 눈에 띄는 것은 『삼국사기』 지리지에 "본래 거열군"이라고 하여 앞선 다른 백제 부흥군 근거지처럼 "본래 백제 진현현", "본래 백제 노사지현" 등으로 표현되고 있지 않다는 점이다. 이는 신라 강주 소속의 거열군이 원래부터 신라 영역이었음을 의미하는 것이다. 그렇다면 거열군은 『삼국사기』 지리지의 저본이 되는 자료가 작성된 후에 백제 영역이 되었거나, 『삼국사기』 지리지 혹은 그 저본 자료의 작성자가 이 지역이 비록 백제에게 빼앗긴 적이 있지만 본래는 신라의 영역이었다고 인식하고 있었던 것으로 보인다.[5]

거열성이 백제의 영역이 된 시점에 관해서 주목되는 것은 의자왕의 대야성(大耶城) 공격(642)이다. 백제는 무왕(武王)대부터 끊임없이 소백산맥을 넘어 옛 가야 지역으로 영역 확장을 꾀했다. 무왕대에는 아막산성(阿莫山城)(무왕 3년, 602), 가잠성(椵岑城)(무왕 11년, 611), 속함성(速含城) 등 6성(무왕 25년, 624)을 비롯하여 그 외 신라 서쪽 변경의 성들을 지속적으로 공격했다. 의자왕대에도 이러한 경향은 계속 이어져 재위 2년(642)에 신라 미후성(獼猴城) 등 40여 개 성을 공격하여 함락시키고 대야성까지 함락시켰다.

대야성은 지금의 경남 합천에 있었던 신라의 전략적 요충지였다. 신라가 대가

---

5 『삼국사기』 지리5에 보이는 통일 이후 신라에 편입된 백제 영역에 관한 행정편제와, 『삼국사기』 지리6에 보이는 백제 주·군·현의 기록을 비교 분석한 결과 660년 백제 행정구역이 '5부 37군 200성(250현)'라는 기록의 '37군' 범위가 신라 3주(웅천주, 완산주, 무진주)를 벗어나지 않는다고 보기도 했다(박종욱, 2019, 66~70쪽).

야를 멸망시킨 후 경남 서부 지역의 통치 거점으로 삼았던 곳이자, 육십령와 팔령치를 통과하여 소백산맥을 넘어온 백제군을 방어하는 곳이기도 했다(문안식, 2006, 407쪽). 의자왕이 함락시킨 40여 성의 위치는 정확히 알 수 없지만, 소백산맥을 넘어온 백제군이 대야성까지 이르렀다면 낙동강 서쪽 대부분 지역이 백제 차지가 되었을 수도 있다(김병남, 2002, 192쪽).

백제가 신라가 차지했던 옛 가야 영역에 얼마나 침투했는지는 현재로서는 확실하게 밝히기 어렵다. 그러나 소백산맥을 넘어 대야성으로 진군할 때 남원-운봉고원-거창으로 이어지는 교통로를 활용했을 가능성이 높다는 점에서 의자왕이 함락시킨 40여 성 중에 거열군이 포함되어 있을 가능성도 배제할 수는 없다. 대야성을 함락시킨 이후 백제의 공격 방향이 북쪽으로 옮겨가고 있다는 것도[6] 거창이 이때 백제 영역이 되었을 가능성을 높여준다.[7]

백제 부흥군의 본거지인 주류성 등으로 향하는 일반적인 루트는 앞서 당군이 물자를 지원받기 위해 확보했던 진현성을 통해 소백산맥을 넘어 논산, 공주 등지로 진입하는 길일 것이다. 또한 이 루트를 이용한다면 대부분 신라 영역 내에서 이동할 수 있어 거창의 거열군을 거쳐 북상하는 루트보다 안전하고 효과적이다. 그럼에도 불구하고 신라가 거열성으로 향한 이유는 642년 대야성 함락 이후 빼앗긴 낙동강 이서 지역을 회복하기 위해서가 아니었을까.

대야성 함락은 전략적 요충지의 상실 이상의 의미를 갖고 있었다. 김춘추(金春秋)가 왕위에 오르기 전에 백제 정벌을 결심하게 된 계기 중 하나가 대야성주 품석(品釋)과 그 아내가 642년 백제의 공격으로 사망한 사건이다. 660년에 의자왕이 항복한 후에는 당이 백제 영역의 관할권을 가져갔고, 그 이후에는 고구려 정벌을 우

---

6 의자왕 7년(647)에 장군 의직으로 하여금 신라의 감물, 동잠 등을 공격하게 하는데, 이들 두 성은 경북 김천과 구미 일대로 비정된다(정구복 외, 2012).

7 이 시기 낙동강 이서 지역을 둘러싼 백제와 신라 간 영역 경계에 대해서는 김영관의 논고(2010)에서 당시의 전투 기록을 상세히 다루고 있다. 660년 이전까지 백제가 거열성을 점유하고 있었다는 의견을 제시했다(김영관, 2010, 142~143쪽).

선적으로 지원해야 했다. 662년 2월 당이 고구려 정벌을 일단 중단하면서 신라에
도 여유가 생겼고, 이에 사비에 고립된 당군을 지원한 후 본격적으로 백제 부흥군
진압에 나섰다. 그리고 그 첫 번째 대상이 과거에 빼앗겼던 거열성이었다.[8] 신라는
당의 요청에 따라 백제 부흥군 근거지인 주류성 공격에도 참여하였지만, 그 명분
을 내세워 군사를 움직이면서 전략적 요충지이자 과거 신라의 영토였던 거열성을
되찾았던 것이다.

4 맺음말

지금까지 660~663년 사이 백제 및 백제 부흥군과 신라 간의 전투에 관해 살
펴보았다. 신라는 오랜 기간 백제 정벌을 준비해온 만큼 상당히 계획적으로 660년
의 백제 공격 작전을 수행했던 것으로 생각된다. 당군과 합류하기 위해 한강에 군
선들을 준비하고, 빠른 이동을 위해 부대를 분리하여 운용하는 등의 모습은 신라
의 준비 태세를 잘 보여주는 것이라 생각된다. 신라의 이러한 행보는 당시 방어전
략을 신속하게 결정하지 못한 패착과 맞물려 전황을 신라에 유리하게 이끌었다. 김
유신이 이끄는 신라군이 이렇다 할 전투없이 백제 수도 사비의 바로 근처인 황산
벌에 도착한 것이 당시의 상황을 잘 보여준다. 또한 백제 부흥군을 진압하는 과정
에서 내사지성을 공격하여 당군을 지원하면서도 한편으로는 부흥군 진압을 명목
으로 군대를 이동시켜 이전에 상실했던 영토를 되찾으며 실리를 추구하기도 했다.
그동안 신라와 백제 부흥군의 전투에 관한 연구는 대체로 주류성 전투와 백강
구 전투에 집중되어 있었다. 그러나 백강구 전투 이전에 신라군이 거열군을 비롯
한 4개 성을 함락시킨 사건은 당시 신라의 자국 영역에 대한 인식이나 672년까지

8　신라는 이보다 앞선 661년에 대야성(지금의 합천)을 회복하는데, 이는 신라가 전후 처리 과정에
서 6세기 중반 이후 자국의 영토로 편입했던 가야의 옛 땅에 대한 영유권을 주장했던 결과로 보기도
한다(박종욱, 2019, 83~84쪽).

존속했던 웅진도독부(熊津都督府)의 영역과 관련된 중요한 사건이다. 그러나 거열성과 함께 백제 부흥군이 근거했던 곳으로 언급되는 사평성과 거물성에 대해서는 임실 근방으로 비정하는 견해가 있으나 아직 자세한 검토가 이루어지지 못하고 있는 실정이다. 최근 남원에서 조사된 백제 고성이 거물성일 가능성이 제기되었는데, 관련 연구에 생기를 불어넣을 수 있는 하나의 계기가 될 것으로 기대한다.

참고문헌

『고려사(高麗史)』, 『구당서(舊唐書)』, 『당육전(唐六典)』, 『대동지지(大東地志)』, 『삼국사기(三國史記)』, 『삼국유사(三國遺事)』, 『세종실록(世宗實錄)』, 『신증동국여지승람(新增東國興地勝覽)』, 『자치통감(資治通鑑)』

한글

김영관, 2005, 『百濟復興運動研究』, 서경.

노중국, 2003, 『백제부흥운동사』, 일조각.

노태돈, 2009, 『삼국통일전쟁사』, 서울대학교 출판부.

문안식, 2006, 『백제의 흥망과 전쟁』, 혜안.

정구복 외, 2012, 『역주 삼국사기』, 한국학중앙연구원 출판부.

김병남, 2002, 「백제 무왕대의 영역확대와 그 의의」, 『韓國上古史學報』 38, 한국상고사학회.

김영관, 2007, 「나당연합군의 침공과 백제의 멸망」, 『백제문화사대계 6: 백제의 멸망과 부흥운동』, 충청남도역사문화연구원.

김영관, 2010, 「660 신라와 백제의 국경선에 대한 고찰」, 『신라사학보』 20, 신라사학회.

박종욱, 2019, 「660년 백제의 영역과 加耶故地」, 『백제학보』 29, 백제학회.

박지현, 2013, 「熊津都督府의 성립과 운영」, 『韓國史論』 59, 서울大學校 國史學科.

서정석, 2003, 「부흥운동기 백제의 군사활동과 산성」, 『百濟文化』 32, 公州大學校 百濟文化研究所.

이상훈, 2016, 「군사조직과 그 운용」, 『신라 천년의 역사와 문화 8: 신라의 통치제도』, 경상북도문화재연구원.

10장

신라 영의 복원 가능성에 대한 시론

최상기(서울여자대학교 강사)

1 머리말

고대 중국에서 기원한 '율령'이라는 공적(公的) 규정 및 그에 근거해 정비된 국가체제가 신라를 비롯한 동아시아의 여러 고대사회에 도입되었음은 주지의 사실이다. 물론 그것이 어느 시기에, 어떤 형태와 수준으로 이루어졌는지에 대해서는 여전히 논의가 진행 중이다. 하지만 각국에서 일원적 지배체제의 구축을 목표로 하는 다양한 규정이 성립했을 것이라는 점은 분명하다.

다만 신라의 율령은 법흥왕 7년(520)에 그것을 반시(頒示)했다는 짧은 기사 외에 구체적인 모습을 알 수 없어 오랜 기간 다양한 논의가 이루어졌다. 신라 율령의 존재를 부정하는 일부 견해를 제외하면, 대부분의 연구는 『삼국사기(三國史記)』 및 신라의 금석문 등을 근거로 법흥왕 이후 신라에서 성문법이 제정되었음을 인정한다. 또한 율령의 내용에 대해서는 신라사의 시기에 따라 신라 고유법의 영향력을 부각하거나, 중국 왕조에서 운용한 율령과의 관련성을 밝히고자 했다(홍승우, 2011,

22~27쪽).

　　신라 율령의 각 편목과 조문은 어떻게 갖춰졌을까. 일단 중고기 신라의 내외 여건을 생각하면 전통 규범 및 고구려와 남북국시대 중국 왕조의 율령이 영향을 미쳤을 것이다. 한편 중대 신라의 율령에 대해서는 전반적으로 우호관계를 유지한 신라와 당(唐)의 상황을 근거로 당 율령의 형식과 내용을 그대로 수용했다고 보는 견해가 많다. 그러나 최근의 연구에 따르면, 6세기 중반 이래 신라에서는 국왕이 개별 안건에 대해 교(敎)의 형식으로 반포한 규정이 단행법령이 되고 다시 이들을 집성해 법전으로 삼는 방식이 중·하대까지 이어졌다. 즉 중고기에 확립된 체계에 따라 수정이나 신규 제정의 수요가 발생할 경우 수시로 격(格)·식(式)의 형태로 율령을 편찬했다는 것이다(홍승우, 2011, 211~212쪽, 243~265쪽).

　　이러한 이해는 공적 규정 체계의 성격을 바탕으로 중고기 및 중대 신라의 국가 체제를 단절이 아니라 연속선상에서 파악했다는 점에서 높은 의의를 갖는다. 「신라촌락문서(新羅村落文書)」의 호구 파악 방식이 중국 남북조시대의 방식과 통한다거나(윤선태, 2000, 166~169쪽), 신라 중대 율(律)의 모법이 남북조시대 중국 왕조의 율이었다고 본 견해(윤선태, 2003, 132~136쪽) 등도, 중고기에 정비된 신라의 각종 제도가 가졌던 지속성을 생각할 때 좋은 참조가 된다.

　　단, 신라 율령의 내용을 특정 시대나 왕조와 연결할 필요는 없다. 공적 규정은 사회의 생산 구조와 같은 내적 요인만이 아니라, 사회 상층부의 수요나 국제 정세 등에 의해 결정되는 부분도 존재하기 때문이다. 특히 수시 편찬이라는 신라 율령의 특징은 조문의 수입과 적용에도 유리하게 작용할 수 있다. 이러한 측면은 규정에 변동이 발생할 경우 양형 기준을 비롯해 전체 구조를 재검토해야 하는 율에 비해, 각 편목의 취급 분야가 비교적 명쾌하게 구분되는 영에서 상대적으로 강하게 나타났을 것이다.

　　또한 영의 여러 편목 중에서도 호구(戶口)의 파악이나 역역(力役)의 부과처럼 사회경제적 토대와 밀접히 연결된 분야를 규정한 편목보다는, 지배 집단 구성원의 위계 설정이나 사회가 가진 군사적 역량의 운영에 관한 내용을 다루는 편목이 국제정세에 보다 민감하게 반응하면서 필요한 만큼 개정·신설·폐기되었을 것이다.

단적으로 진덕왕 2년(648)에 김춘추가 당에 다녀온 것을 계기로 당의 의관(衣冠)을 착용하게 되면서 관복 관련 규정도 당의 의복령(衣服令)등을 참고해 곧바로 수정되었을 가능성이 크다. 또한 병사의 규모는 반드시 인구 증감 등에 동반해 바뀌지 않고(高橋崇, 1965, 69쪽), 피지배층의 생산력만이 아니라 당면한 군사적 수요에 의해 위로부터 인위적으로 정해진다는 점에 주의해야 한다.

물론 신라 조정이 중국 왕조의 최신 영을 전적으로 모방했다고는 생각하지 않는다. 법령은 해당 규정의 취지와 조문에서 사용하는 용어 및 서술 형식으로 구성된다. 이 중에서 서술 형식은 중국 왕조의 선진 체계를 받아들인다는 측면에서 수용 정도가 높았을 것이며, 취지는 신라 사회의 내부 환경에 따라 본래의 취지와 달라질 수 있다. 한편 용어는 신라 고유의 것이 중고기에 확립된 이래, 큰 변화 없이 사용되었던 듯하다.[1]

즉 신라 영의 조문 중 상당수는 당시 내외 정세에 대응하는 방향으로 고유한 용어를 중국 왕조에서 사용하는 형식에 맞춰 서술하는 방식으로 구성되었다고 할 수 있다. 이러한 관점을 전제로 아래에서는 신라 영의 연구를 위해 고대 일본의 율령을 검토해야 하는 이유를 7세기 후반 동북아시아의 국제정세와 함께 살펴보고, 이어서 신라 영의 복원 가능성을 보여주는 구체적인 사례들을 제시하겠다. 이를 통해 신라 율령의 조문이 단 하나도 전해지지 않는다는 극단적 어려움을 타개할 수 있는 작은 실마리를 찾을 수 있기를 기대한다.

---

[1] 『삼국사기』 직관지 무관조의 표제어 중 하나인 범군호(凡軍號)에 사용된 '凡'은 당·일본 율령의 개별 조문에서 서두에 오는 글자이며(홍승우, 2015, 192쪽), 진덕왕 시기에 수용한 당의 의관제는 관인의 지위 표시라는 본래의 취지와 달리 신라의 골품·관등제와 연동되었다(전덕재, 2000, 312~318쪽). 또한 경덕왕 시기의 관직 명칭 변경에서도 그 주요 대상은 각 관서의 3·4등관으로, 장·차관의 명칭은 기존의 것을 유지했다(이영호, 2014, 128쪽).

2 고대 일본의 율령 편찬과 7세기 중반~8세기 초반 동북아시아의 국제정세

신라 율령의 기원과 형성 과정에 관한 연구는 중국 왕조와의 관련성을 중시하는 경향이 강하다. 하지만 조문의 복원을 위해서는 고대 일본의 율령에도 보다 많은 관심을 가질 필요가 있다. 일본의 율령은 그에 앞서 성립한 당·신라의 율령과 어떤 관계였을까. 일본 학계에서는 일반적으로 수(隋)·당 시기에 완성된 율령 체제를 수용한 후 천지조(天智朝)에 시행했다고 하는『근강령(近江令)』을 그 시원으로 본다. 다만『근강령』및 지통조(持統朝)에 시행한『정어원령(淨御原令)』에 대해서는 아직 율·영전을 당처럼 갖췄는지 이견이 있고, 일부 내용을 제외하면 구체적인 조문을 알 수 없다(井上光貞, 1976, 756~764쪽; 한영화, 2010, 228~230쪽).

현재 법전의 체제와 조문을 비교적 상세히 알 수 있는 일본의 율령은 대보(大寶) 원년(701)에 완성된『대보율령(大寶律令)』과, 천평보자(天平寶字) 원년(757)에 시행된『양로율령(養老律令)』이다. 이들은 시간이 흐르면서 법전이 사라졌지만,『양로령(養老令)』의 경우 순화천황(淳和天皇)의 칙(勅)에 의해 편찬된 주석서인『영의해(令義解)』와 정관(貞觀) 연간에 명법박사(明法博士) 유종직본(惟宗直本)이 편찬한 주석서인『영집해(令集解)』에 편목별 조문 대부분이 실려 있어 복원이 가능하다(黑板勝美, 1976, 1쪽; 黑板勝美, 1985, 1쪽). 특히『영집해』에 인용된 기존의 여러 주석 중 '고기(古記)'는『대보령(大寶令)』의 주석서로서,『대보령』의 복원에 결정적 공헌을 했다.

이러한 작업은 고대 일본의 영과 당령의 비교 연구로 이어졌다. 일본의『대보령』은 당의『영휘령(永徽令)』을 수용해 편찬했음이 확실시된다. 그리고『양로령』은『대보령』과 취지와 형식에 큰 차이가 없으면서도, 편찬 시점을 기준으로 하면『영휘령』부터『개원 3년령』까지(吉永匡史, 2016, 92쪽), 시행 시점을 기준으로 하면 천평승보(天平勝寶) 6년(754)에 전해진『개원 25년령』까지 참조할 수 있었다(松本政春, 2002, 14쪽). 그러므로 일본과 당에서 제정된 여러 조문 사이의 대응관계를 고찰하는 것이 가능해진다.

흥미로운 점은 이러한 연구에서 신라 영의 역할에 대한 고려는 거의 배제되었다는 사실이다. 일본의 영 조문과 당령 조문의 세부적인 대응관계에 대해서는 연구마다 차이가 있지만, 일본의 율령이 당 율령의 내용과 형식을 유일한 전범으로 삼았다는 인식은 대부분의 연구에서 공유되고 있다. 결과적으로 양자의 공통점은 당을 중심으로 하는 세계 질서의 보편성으로, 차이점은 일본의 고유한 특징을 반영한 결과로 해석된다(최상기, 2020, 20쪽).

그러나 7세기 중반~8세기 초반 동북아시아의 국제정세를 감안하면, 일본 영의 특징 중 상당수는 신라의 영과 연결할 수 있다. 왜(倭)는 대외정책의 중심에 백제를 두는 경우가 많았지만, 650년대에 이르기까지 신라와도 외교관계를 유지했다. 서명(舒明) 5년(633) 당의 사신이 돌아간 이후 한동안 단절되었던 당과의 교섭은 황극(皇極) 4년(644) 신라를 통해 표(表)를 전달하면서 재개되었고,[2] 백치(白雉) 5년(654)의 견당사는 신라도(新羅道)를 이용해 파견되었다.[3]

신라 역시 백제와 고구려의 압박을 받는 상황에서 왜와의 관계 개선을 쉽게 포기하지 않았다. 당에서 유학한 왜의 학생과 승려는 신라 송사(送使)의 도움으로 귀국하는 경우가 많았고, 비록 왜 조정의 기조를 변화시키지 못했으나 선덕왕은 왜왕 서명의 사망을 애도하고 황극의 즉위를 축하하는 사신을 파견했다.[4] 특히 대화개신(大化改新) 이후 개혁 추진 세력에 속했던 고향현리(高向玄理)의 요청에 의해 대화(大化) 3년(647)에 신라에서 김춘추를 왜에 파견한 일은 양국 조정의 입장을 잘 보여준다.[5]

2　『舊唐書』卷199上, 列傳149上 東夷 倭國, "貞觀五年 遣使獻方物 太宗矜其道遠 敕所司無令歲貢又 遣新州刺史高表仁持節往撫之 表仁無綏遠之才 與王子爭禮 不宣朝命而還 至二十二年 又附新羅奉表 以通起居."; 『日本書紀』卷23, 舒明天皇 5年 正月 甲辰, "大唐客高表仁等歸國 送使吉士雄摩呂黑摩摩等 到對馬而還之."

3　『日本書紀』卷25, 白雉 5年 2月, "遣大唐押使大錦上高向史玄理 或本云 夏五月 遣大唐押使大華下 高玄理 大使小錦下河邊臣麻呂 副使大山下藥師惠日 判官大乙上書直麻呂 宮首阿彌陀 或本云 判官小山 下書直麻呂 小乙上崗君宜 置始連大伯 小乙下中臣間人連老 老 此云於騰 田邊史鳥等 分乘二船 留連數 月 取新羅道泊于萊州 遂到于京奉覲天子."

4　『日本書紀』卷24, 皇極天皇 元年 3月 辛酉, "新羅遣賀騰極使 與弔喪使."

5　『日本書紀』卷25, 大化 2年 9月, "遣小德高向博士黑麻呂於新羅而使貢質."; 同 3年 是歲, "新羅遣上 臣大阿飡金春秋等 送博士小德高向黑麻呂 小山中中臣連押熊 來獻孔雀一隻 鸚鵡一隻 仍以春秋爲質 春

650년대에 접어들면서 국제관계는 더욱 첨예해졌다. 백제는 의자왕 12년 (652)에 사신을 보낸 것을 마지막으로 당과의 관계를 단절했고, 당의 경고를 무시하며 계속 신라를 공격했다. 한편 왜와의 교섭에서 별다른 성과를 얻지 못했던 김춘추는 신라의 전략적 역할에 주목한 당 태종(太宗)과 협상을 추진해 군사동맹을 체결하는 데 성공했다. 신라와 당의 제휴는 당의 의관제에 맞춰 변경한 관복을 착용한 신라 사신의 방문을 통해 왜에도 알려졌을 것이다.[6]

7세기 중반까지 왜 조정은 삼국이 모두 협력을 요구하는 상황을 활용해 국익을 최대화하기 위해, 분명한 입장을 표명하지 않고 양면 외교정책을 유지했다(노태돈, 2009, 145~146쪽). 그러나 백제 원정이 예정된 상황에서 신라는 결국 변수였던 왜를 적성국(敵性國)으로 고정시켰다. 이후의 정세가 제명(齊明) 3년(657)에 왜 조정이 당으로 사신·유학생을 파견하면서 협조를 요청한 것에 대한 신라 조정의 거절과 제명 5년(659)에 귀국하려는 왜의 사신단에 대한 당 조정의 억류를 거쳐,[7] 무열왕 7년(660) 백제의 멸망과 천지(天智) 2년(663) 백강구 전투에서의 왜군의 패배로 전개되었음은 주지의 사실이다.

대규모 원정이 실패한 이후 왜 조정은 내정의 불안을 면할 수 없었고, 신라와 당 연합군의 침공을 의식하며 서일본 지역에 대규모 방어 체제를 구비해야 했다(연민수, 2003, 213쪽). 그러나 고구려의 멸망을 전후로 드러나기 시작한 신라와 당의 이해관계 충돌은 신라·당 전쟁으로 이어졌고, 이는 신라와 왜의 관계에도 극적인 반전을 가져왔다. 당과의 전면전을 준비해야 했던 신라 조정은 배후의 안전을 위해 왜의 협조 요청을 거절한 657년으로부터 11년이 지난 천지 7년(668)에 사신을

秋美姿顏善談咲."

6 『日本書紀』卷25, 白雉 3年 是歲, "新羅貢調使知万沙飡等 著唐國服泊于筑紫 朝庭惡恣移俗 訶嘖追還."

7 『日本書紀』卷25, 齊明天皇 3年 是歲, "使使於新羅曰 欲將沙門智達 間人連御廏 依網連稚子等付汝國使令送到大唐 新羅不肯聽送 由是沙門智達等還歸.";『日本書紀』卷26, 齊明天皇 5年 7月, "伊吉連博德書曰 (…) 事了後 勅旨 國家來年必有海東之政 汝等倭客不得東歸 遂逗西京 幽置別處 閉戶防禁 不許東西困苦經年."

파견해 우호를 타진했고, 왜 조정도 대량의 선물을 제공하며 이에 호응했다.[8]

신라와 왜·일본의 관계는 신라·당 전쟁 및 이후의 냉전 중에 한층 강화되었다. 그리고 7세기 후반의 이 시기에 일본에서는 천무(天武)·지통(持統)의 통치 아래 소위 '율령 국가'의 기반을 구축했다는 점에 주목해야 한다(연민수, 2003, 217쪽). 고대 일본의 국가 체제를 규정한 것은 701년에 완성된 『대보율령』이었고, 다음 해에 파견된 견당사의 목적 중 하나도 일본에서 처음으로 편찬된 체계적 율령 법전을 당에 보이는 것이었다고 추정된다(吉田孝, 1983, 25쪽). 그리고 『대보율령』은 『근강령』이 단행법령군에 대한 총칭이었던 것과 달리 백제·신라의 제도와 구별되는, 당의 율령제를 체계적으로 받아들이는 과정의 일환으로 편찬된 율과 영을 완비한 법전이었다고 받아들여졌다(吉田孝, 1983, 28~29쪽).

그러나 『정어원령』과 『대보율령』의 편찬 기간을 포함해 659년부터 702년의 견당사 파견까지 40년이 넘는 시간 동안, 왜·일본과 당 사이에서 문물 교류를 상정할 수 있는 교섭이 단절되었던 사실을 간과해서는 안 된다.[9] 반면 이 기간 중에 신라에서 왜·일본으로는 27회, 왜·일본에서 신라로는 11회라는 매우 빈번한 사신 왕래가 확인된다(연민수, 2003, 266~268쪽의 표 1-3, 표 1-4, 표 2-1, 표 2-2). 나아가 이 시기에 왜 조정은 다수의 학문승을 신라로 유학을 보냈는데, 이 무렵 신라에서도 이들을 관리하기 위해 과거 영객전(領客典)의 설치와 함께 사라졌던 왜전(倭典)을 재설치할 정도로 왜와의 문물 교류에 적극적이었다고 여겨진다(이현주, 2015,

---

8 『日本書紀』卷27, 天智天皇 7年 9月 癸巳, "新羅遣沙啄級湌金東嚴等進調."; 同 9月 丁未, "中臣内臣使沙門法弁秦筆賜新羅上臣大角干庚信船一隻 付東嚴等."; 同 9月 庚戌, "使布勢臣耳麻呂賜新羅王輸御調船一隻付東嚴等."; 同 11月 辛巳朔, "賜新羅王絹五十疋 綿五百斤 韋一百枚 付金東嚴等 賜東嚴等 物各有差."

9 『일본서기』에 따르면 천지 3년(664)에 옛 백제 영역의 웅진도독부가 왜 조정과 교섭했지만, 이는 백강구 전투 등에서 사로잡힌 왜군 포로의 송환과 그에 대응하는 군수품 요청 등 군사적 목적이 강한 일시적 접촉이었다. 특히 『선린국보기(善鄰國寶記)』에 따르면 이때 곽무종(郭務悰) 등이 전한 유인원(劉仁願) 명의의 첩서는 천자의 서신이 아니라는 이유로 구두로 전해졌고, 사신의 입경도 허용되지 않았다.

37~42쪽). 그러므로 왜·일본의 학문승 등을 통해 신라의 각종 제도와 규정 및 그 운영 방식이 왜·일본 조정에 전해졌을 것임은 충분히 짐작할 수 있다.

이러한 추정은 일본의 율령 편찬 과정에도 동일하게 적용할 수 있다.『영휘율령(永徽律令)』은 영휘(永徽) 2년(651)에 완성·시행되었다. 왜는 백치 4년(653)과 5년(654)에 견당사를 파견했으므로, 법전 자체는 직접 수입했다고 생각한다. 그런데 『영휘율령』을 전범으로 삼은『정어원령』은 지통 3년(689)에 완성되었다. 앞에서 언급했듯이 650년대 후반에 왜와 당·신라의 관계는 단절되었고, 그로부터 10여 년이 지난 후 신라와의 교류만 재개되었다. 그렇다면 시간적으로『정어원령』의 편찬을 당의 율령과 직접 연결시키기는 곤란하다.

이 기간 중에 왜에서 당의 율령 체제를 소화하기 위해 참조할 수 있는 유일한 사례는 신라였다(李成市, 2004, 42~44쪽). 무열왕 원년(654)에 이방부령(理方府令)으로 하여금 살피게 한 율령은『영휘율령』이었다고 여겨지며, 신라 조정이 법전을 그대로 모방하지는 않았어도 율령의 개별 텍스트는 충분히 연구했을 것이다(大隅清陽, 2008, 225~226쪽). 그러므로 신라에서 유학한 인물들을 통해 당 율령의 해석 및 운용을 위한 정보 등이 왜·일본 조정에 전해졌을 가능성은 충분하다.『정어원령』에서 규정한 4등관제가 당제와는 무관하게 신라에서 진덕왕 5년(651)부터 신문왕 5년(685)까지 시행한 4등관제를 모방한 것이었을 가능성이 높다는 사실은 대표적인 사례다(鈴木靖民, 2008, 242쪽, 247쪽).

『정어원령』의 체제와 운용에 미친 신라의 영향을 인정할 수 있다면, 다음 단계의『대보령』과『양로령』은 어떠했을까.『대보령』은『정어원령』과 동일하게『영휘령』을 참조했을 뿐만 아니라『대보령』에서 확인되는 중국 율령과의 차이점은 『정어원령』에서 연원했다고 여겨지는 만큼(吉田孝, 1983, 29쪽), 두 영의 내용은 기본적으로 동일했다고 할 수 있다. 따라서 앞에서 서술한『대보령』과『양로령』의 관계를 함께 고려하면,『양로령』에서 확인되는 당령과의 차이점 중 일부는『정어원령』 단계에서 신라 율령의 영향으로 발생한 결과가『대보령』을 거쳐 이어진 결과라는 가정을 세울 수 있다.

3 일본령과 당령 조문의 차이와 신라의 관련 규정

위에서 세운 가정을 확인하기 위해서는 무엇보다도『양로령』의 조문 중에서 나타나는 당령과의 차이점을 신라의 제도에서 찾을 수 있어야 한다. 아래는 산학(算學) 교재에 대한「양로학령(養老學令)」및 그에 대응하는 당령의 조문이다.

> (가)-1 무릇 산경(算經)은 손자(孫子)·오조(五曹)·구장(九章)·해도(海島)·육장(六章)·철술(綴術)·삼개중차(三開重差)·주비(周髀)·구사(九司)를 각각 1경(經)으로 삼는다. 학생은 경을 나누어 업(業)을 익힌다.
>
> 『양로령』, 학령 제11 산경
>
> (가)-2 산학생(算學生)의 과업. 손씨(孫氏)와 오조는 모두 1년을 한도로 한다. 구장과 해도는 모두 2년을 한도로 한다. 주비와 오경산(五經筭)은 1년을 한도로 한다. 기유(記遺)와 삼등수(三等數)는 1년을 한도로 한다. 하후양(夏侯陽)과 장구건(張丘建)의 산술(筭術)은 모두 2년을 한도로 한다.
>
> 仁井田陞, 1964, 276~277쪽

(가)-1은「양로학령」의 산학 교재에 대한 조문이고, (가)-2는 그에 대응하는 당령의 복원 조문이다. 양자를 비교하면 일본에서는 당의 산학교재에 포함되지 않는 육장, 삼개중차, 구사를 사용했음을 알 수 있다. 그런데 육장과 삼개중차는 신라의 국학(國學)에서 사용하는 교재였다.

> (가)-3 국학. 예부(禮部)에 속한다. 신문왕 2년에 설치했다. (…) 혹은 산학박사(算學博士)나 조교 1명을 뽑아 철경(綴經), 삼개(三開), 구장, 육장을 가르쳤다.
>
> 『삼국사기』권38, 잡지7 직관 상 국학

신라에서 국학을 설치한 신문왕 2년(682)은 앞에서 서술했듯이 신라에서 유학한 왜의 학생과 승려들을 통해 전해진 신라의 각종 문물이 왜·일본의 지배 체제를 정비하는 데 많은 영향을 미치던 시기였다. 왜의 학령(學令) 편찬자는 당령만이 아니라 신라의 교육 관련 규정을 분명히 참고했을 것이다. (가)-1에서 제시한 일본의 산학 교재들은 당과 신라의 산학 교재를 자신들의 필요에 맞춰 적절히 합친 결과로 볼 수 있다.

다음은 관인의 휴가에 대한 「양로가녕령(養老假寧令)」 및 그에 대응하는 당령의 조문이다.

(나)-1 무릇 경(京)에 있는 여러 관사는 모두 6일마다 휴가 1일을 준다.

『양로령』, 가녕령 제25 급휴가

(나)-2 매월 10일마다 휴가 1일을 준다.

仁井田陞, 1964, 732~734쪽

당에서 (나)-2와 같이 10일 근무에 휴가 1일을 지급한 것과 달리, (나)-1을 통해 알 수 있는 것처럼 일본에서는 6일 근무에 하루의 휴가를 주도록 했다. 6일 근무에 하루를 쉬도록 한 규정은 한(漢)·진(晉) 이래의 것이었고(池田溫, 1983, 461~464쪽), 진에서는 그에 따라 휴가의 최대 일수를 60일로 제한했던 것 같다(홍승우, 2011, 245쪽). 그런데 이는 휴가 일수가 60일을 초과할 경우 관직에서 물러나야 한다는 의미기도 하다.

(나)-3 2월. 교를 내려, 내·외관으로 휴가를 청해 60일을 채운 자는 해관하도록 했다.

『삼국사기』 권9, 신라본기9 경덕왕 17년

신라에서는 경덕왕 17년(758)에 휴가 일수가 60일을 넘길 경우 관직에서 물러나도록 했다. 이 한도는 한·진 시기의 규정과 관련된 것으로, 당시 신라에서는 당과 다르게 관인이 6일 근무에 하루를 쉬는 것이 원칙으로 자리 잡았기에 나온 결과일 것이다. 나아가 (나)-1의 조문도 신라 율령과의 관계 속에서 정착했다고 추정된다(홍승우, 2011, 246쪽).

상장(喪葬) 관련 규정에서도 일본과 당은 다소 차이를 보였다.

> (다)-1 무릇 복기(服紀)는 군주, 부모, 남편, 본주를 위해서는 1년이다. 조부모, 양
> 부모는 5개월이다.
>
> 『양로령』, 상장령 제26 복기
>
> (다)-2 공자가 말하길, "(…) 자식은 태어나서 3년 이후에 부모의 품에서 벗어난
> 다. 무릇 3년상은 천하에서 두루 쓰는 상제다. (…)"라고 했다.
>
> 『논어』 양화 제17

중국에서 일찍부터 부모에 대한 3년상이 예제(禮制)로 확립된 것과 달리, 「양로상장령(養老喪葬令)」에서는 가장 높은 등급의 복기를 1년으로 규정했다. 이것 역시 아래의 『수서(隋書)』에서 제시한 신라 상장제(喪葬制)의 영향을 받아 성립한 조문이었을 가능성이 높다.

> (다)-3 왕 및 부모와 처자의 상에서는 복(服)을 1년 동안 입는다.
>
> 『수서』 권81, 열전46 동이 신라

이에 따르면 신라에서는 군주와 부모 등에 대해 1년 동안 상복을 입었고, 이는 일본의 사례와 일치한다. 『수서』에서 다루는 시기 이후에 신라의 상복 규정이 어떻게 달라졌는지 직접 알려주는 사료는 없다. 그러나 고려 성종 4년(985)에 오복제(五服制) 및 급가식(給暇式)을 새로 정했다고 하므로, 중국의 오복제는 고려 초기에 비로소 도입되었을 뿐만 아니라 국왕과 소수의 관료 세력에 의해 수용되어 대다수의 관원과 일반민에게는 생소한 풍습이었다(황향주, 2011, 6쪽). 그렇다면 지증마립간 4년(503)의 상복법 제정·시행 이후 변경 사실이 확인되지 않는 이상 신라에서는 (다)-3의 상복 규정을 계속 준수했고, 그것이 7~8세기 일본의 율령 편찬 과정에도 영향을 미쳤다고 보는 편이 자연스럽다.

군사 관련 규정에서도 유사한 성격의 사례를 찾을 수 있을까. 「양로군방령(養老軍防令)」의 한 조문 및 그에 대응하는 당령의 조문을 살펴보자.

(라)-1 무릇 장수(將帥)가 출정할 때 병사가 1만 명 이상을 채우면 장군 1명, 부장군(副將軍) 2명, 군감(軍監) 2명, 군조(軍曹) 4명, 녹사(錄事) 4명이다. 5천 명 이상이면 부장군과 군감 각 1명, 녹사 2명을 줄인다. 3천 명 이상이면 군조 2명을 줄인다. 각 1군(軍)을 이루어 총 3군마다 대장군 1명이다.

『양로령』, 군방령 제17 장수출정

(라)-2 무릇 장수가 출정할 때 병사가 1만 명 이상을 채우면 장사(長史), 사마(司馬), 창조(倉曹), 주조(冑曹), 병조참군(兵曹參軍) 각 1명을 둔다. 5천 명 이상이면 사마를 줄인다.

仁井田陞, 1964, 372쪽

이들 두 조문은 전쟁 수행 조직의 지휘부 구성에 대한 것으로, 일본과 당 모두 병력의 규모를 일정 구간으로 구분한 후 규모가 감소할수록 지휘부 구성원의 숫자를 줄이도록 규정한 점은 기본적으로 동일하다. 하지만 세부적으로 보면 (라)-2에서는 지휘관과 구별되는 장사 이하 사무 관인의 숫자와 변경 방식만 제시한 반면, (라)-1에서는 당령에서 확인할 수 없는 장군과 부장군 등의 용어를 사용하면서 병력의 규모에 따라 지휘관인 부장군부터 사무 관인인 군조와 녹사까지 지휘부의 전체 구성이 달라지도록 규정했음을 알 수 있다. 이로 인해 (라)-1에서 나타나는 당령과의 차이점을 일본 율령 군제의 독자적 고안으로 보는 견해가 일반적이다(野田嶺志, 1984, 109쪽).

그러나 (라)-1의 특징 중 상당수는 신라의 군사 관련 규정에서 기원했다고 보이는데, 여기에서는 특히 '부장군'이라는 용어에 집중하고자 한다. 중국의 사서에서 부장군을 거의 찾아볼 수 없는 것과 달리, 신라에서는 문헌과 금석문 양쪽에서 부장군의 사용을 확인할 수 있기 때문이다.

(라)-3 가을 8월. 왕이 대장군 용춘 및 서현과 부장군 유신을 보내 고구려 낭비성을 침공했다.

『삼국사기』 권4, 신라본기4 진평왕 51년

(라)-4 12월 10일. 부장군 인문, 진복, 양도 등 9명의 장군과 함께 병사를 인솔해 식량을 싣고 고구려 영역으로 들어갔다.

『삼국사기』 권42, 열전2 김유신

(라)-5 부장군을 제수하다.

「흥덕왕릉비편」(경주박물관 소장품: 21)

신라의 군제(軍制)에서 부장군은 출진 시 임명되는 복수의 장군 중에서 가장 높은 서열의 장군을 보좌하는, 즉 전쟁 수행 조직의 부책임자를 가리키는 정식 명칭이었다고 추정된다. 특히 장군이라는 관직이 중국에서 남북조시대를 거치면서 실효성을 상실한 것과 달리, 신라에서는 부장군이 7세기 초반의 문헌 기사에서 등장할 뿐만 아니라 9세기 중반에 신라 조정에서 가장 공을 들여 제작했을 왕의 능비에도 사용되었다. 이는 부장군이 7세기 초반에는 이미 신라의 군제에 공식적으로 포함되어 있던 용어로, 하대까지 전쟁 및 제도에서 실제로 기능했음을 의미한다(최상기, 2020, 174~180쪽). 그리고 그 사용 시기를 감안하면, (라)-1에서 사용된 부장군 및 해당 조문은 일본에서 독자적으로 고안한 것이 아니라 군방령(軍防令)과 같은 신라의 군사 관련 규정의 영향을 받아 성립했다고 보아야 한다.

이상의 사례들을 통해 알 수 있듯이, 『양로령』을 당령과 비교할 때 각 조문에서 나타나는 차이점 중에는 적어도 7세기 이래 신라의 관련 제도와 연결시킬 수 있는 부분이 적지 않다. 이는 고대 일본의 영 조문이 갖는 독자적 특징 중 일부는 7세기 후반의 『정어원령』 편찬 단계에서 신라의 영향을 받은 결과로 소급할 수 있다는, 앞에서 제시한 가정을 증명한다고 생각한다. 그러므로 일본과 당의 영 조문을 비교·대조한 후 그 결과를 다시 신라의 제도 관련 사료와 결합하는 방식을 활용한다면, 구체적인 모습이 남아 있지 않은 신라 영의 복원도 불가능한 일은 아닐 것이다.

4 맺음말

　신라의 율령은 실체를 전혀 알 수 없다는 열악한 환경에도 불구하고, 많은 연구자들의 노력에 의해 형성 배경과 편찬 방식 및 대상 분야가 어느 정도 규명되었다. 이 글에서는 기존의 연구 성과를 토대로 신라 영의 복원 가능성과 그 근거를 시험적으로 검토해보았다.

　신라 영 조문의 복원을 위한 수단으로 고대 일본의 영은 중국 왕조의 사례만큼 큰 비중을 갖는다. 고대 일본 율령의 직접적인 전범은 당의 율령이 분명하다. 그렇지만 7세기 중반~8세기 초반 동북아시아 일대의 국제정세를 고려할 때 당의 율령을 일본 사회의 여건에 맞춰 운영하기 위해 필요한 지식과 기술을 얻을 수 있는 곳은 신라가 유일했고, 그 과정에서 신라의 율령이 일본의 율령에 강한 영향력을 행사했다고 여겨진다. 실제로 일본『양로령』의 일부 조문을 그에 대응하는 당령의 조문과 비교할 때 나타나는 차이점이 시기적으로 앞서는 신라의 제도 관련 사료에서 확인된다. 그러므로 이러한 사례들을 단서로 신라의 영 조문을 복원하는 일도 충분히 가능하다고 생각한다.

　다만 여기에서 제시한 방식이 기계적·도식적이라는 점은 부정하기 어렵다. 고대 일본의 영이 갖는 독자적 특징을 무조건 신라 영의 영향을 받은 결과로 단정하는 것은 합리적이라고 보기 어렵고, 본문에서 언급했듯이 영의 편목 사이에서도 취급 분야에 따라 주변국의 사례를 활용할 수 있는 폭이 달라진다. 이 방식이 일정한 의미를 갖기 위해서는 율령 조문을 비롯한 고대의 제도 관련 사료는 물론, 시기별로 각국의 사회경제적 상황과 국제관계를 종합적으로 파악하는 것이 선행되어야 한다. 게다가 확고한 기준으로 삼을 수 있는 신라의 영 조문이 없는 상황에서 추정을 거듭해 도출한 방식인 이상, 차후 새로운 자료의 발견에 의해 기본 전제부터 부정될 가능성도 없지 않다.

　그럼에도 신라의 영과 같은 고대 국가의 공적 규정에 대한 복원 시도는 지속적으로 이루어져야 한다. 동서고금을 막론하고 규정이 현실에서 그대로 운영되는 경우는 많지 않고, 이로 인해 각종 규정을 사회의 실제 모습과는 거리가 있는 정태적 대상으로 인식하는 관념이 일각에 존재하는 것도 분명하다. 그러나 규정의 준수 여부 자체는 연구 과정에서 드러나는 단면일 뿐이다. 그보다는 일단 확립된 규정이 사회 구성원의 사고방식과 행동 방향을 결정하는 기준으로 작용함과 동시에, 그렇게 결정된 결과들이 누적되면서 규정을 포함해 기존 사회 구조의 변경을 초래하는 과정이 반복된다는 점을 중시해야 한다. 즉 규정이 지켜지거나 혹은 지켜지지 않는 현상을 통해 사회 각 분야의 상황을 이해하고 앞으로의 변화 방향을 예측할 수 있는 것이다. 그러므로 영 조문과 같은 규정의 복원은 고대사의 여러 분야를 연구하기 위한 기초 작업으로서 중요한 의의를 갖는다고 할 수 있다.

참고문헌

『고려사(高麗史)』

『구당서(舊唐書)』

『논어(論語)』

『삼국사기(三國史記)』

『선린국보기(善鄰國寶記)』

『속일본기(續日本記)』

『수서(隋書)』

『영의해(令義解)』

『일본서기(日本書紀)』

한글

노태돈, 2009, 『삼국통일전쟁사』, 서울대학교 출판부.

연민수, 2003, 「統一期 新羅와 日本關係-公的 交流를 중심으로」, 『강좌 한국고대사』 4, 가락국사적개발연구원.

윤선태, 2000, 「新羅 統一期 王室의 村落支配-新羅 古文書와 木簡의 분석을 중심으로」, 서울대학교 박사학위 논문.

윤선태, 2003, 「新羅 中代의 刑律-中國律令 受容의 新羅的 特質과 관련하여」, 『강좌한국고대사』 3, 가락국사적개발연구원.

이영호, 2014, 『신라 중대의 정치와 권력구조』, 지식산업사.

이현주, 2015, 「新羅 倭典의 성격」, 서울대학교 석사학위 논문.

전덕재, 2000, 「7세기 중반 관직에 대한 관등규정의 정비와 골품제의 확립」, 『한국 고대의 신분제와 관등제』, 아카넷.

최상기, 2020, 「新羅 將軍制 연구」, 서울대학교 박사학위 논문.

한영화, 2010, 「7~9세기 신라와 일본의 율령에 대한 연구동향 고찰」, 『고대 동아시아 재편과 한일관계』, 경인문화사.

홍승우, 2011, 「韓國 古代 律令의 性格」, 서울대학교 박사학위 논문.

홍승우, 2015, 「『三國史記』 職官志 武官條의 기재방식과 典據資料」, 『사학연구』 117, 한국

사학회.

황향주, 2011, 「고려 起復制와 14세기말 起復論爭」, 서울대학교 석사학위 논문.

외국어

高橋崇, 1965, 「軍団の兵士と兵器」, 『古代學』 12-1, 大阪: 古代學協會.

吉永匡史, 2016, 『律令國家の軍事構造』, 東京: 同成社.

吉田孝, 1983, 『律令國家と古代の社會』, 東京: 岩波書店.

大隅淸陽, 2008, 「大寶律令の歷史的位相」, 『日唐律令比較研究の新段階』, 東京: 山川出版社.

李成市, 2004, 「新羅文武·神文王代の執權政策と骨品制」, 『日本史研究』 500, 大阪: 日本史
    研究會.

鈴木靖民, 2008, 「日本律令の成立と新羅」, 『日唐律令比較研究の新段階』, 東京: 山川出版社.

松本政春, 2002, 『律令兵制史の研究』, 大阪: 靑文堂.

野田嶺志, 1984, 『律令國家の軍事制』, 東京: 吉川弘文館.

仁井田陞, 1964, 『(復刻板) 唐令拾遺』, 東京: 東京大學出版會.

仁井田陞, 池田溫 編輯代表, 1997, 『唐令拾遺補-附唐日兩令對照一覽』, 東京: 東京大學出版會.

井上光貞, 1976, 「日本律令の成立とその注釋書」, 『律令』(日本思想大系 3), 東京: 岩波書店.

池田溫, 1983, 「東亞古代假寧制小考」, 『Proceeding of the Conference on SinoKo-
    ran-Japanese Cultural Relations』, Taipei: Pacific Cultural Foundation.

板本太郎, 1969, 「大寶令と養老令」, 『日本史籍論集』, 東京: 吉川弘文館.

黑板勝美, 1976, 「凡例」, 『(新訂增補 國史大系 普及版) 令義解』, 東京: 吉川弘文館.

黑板勝美, 1985, 「凡例」, 『(新訂增補 國史大系 普及版) 令集解』 1, 東京: 吉川弘文館.

11장

신라 하대의 법률 제정과 격(格)·식(式)

김창석(강원대학교 역사교육과 교수)

1 율령박사와 율령전의 신설

신라는 중고기 말~중대 초에 수당(隋唐) 율령을 수용하여 율령격식(律令格式)의 기본 체제를 갖췄다. 이후 기성의 율령법을 보완하고 확충하려는 노력이 이어졌다.

여름 4월에 의관(醫官)으로서 의학을 깊이 연구한 사람을 뽑아 내공봉(內供奉)에 충당하고, 율령박사(律令博士) 2인을 두었다.

『삼국사기』 권9, 신라본기9 경덕왕 17년

율령전(律令典)은 박사가 6인이다.

『삼국사기』 권39, 잡지8 직관 중

율령전에 소속된 박사 6인은 경덕왕 17년(758)에 둔 율령박사가 연원이 되었을 것이다. 이때 의관의 일부를 선발하여 내공봉으로 삼았다고 했는데, 내공봉은 내성(內省)에 소속되어 공봉(供奉)의 업무를 수행하는 관리를 가리킨다. 『삼국사기』 직관지 중에 나오는 '공봉의사(供奉醫師)'가 이에 해당한다고 생각된다. 공봉의사는 정원(定員)이 없었으므로 왕실 인물의 질병 치료를 위해 뛰어난 의관을 우선 보임 했을 것이다. 그렇다면 이어서 나오는 율령박사 2인 역시 내성에 소속되었을 가능성이 높다. 그리고 율령전이 내성 예하의 관부다. 경덕왕 17년에 설치한 율령박사 2인으로 출발하여 어느 시기엔가 율령전이 설립되고 소속 박사도 6명으로 증원되었다고 여겨진다(三池賢一, 1972, 27~28쪽).

율령전의 임무는 무엇일까? 『삼국사기』 직관지에는 소속 관원이 박사 6인이라는 기록뿐이고, 이들의 직장(職掌)에 관해서는 언급이 없다. 신라에서 박사는 통문박사(通文博士), 의박사(醫博士), 산박사(筭博士), 천문박사(天文博士), 누각박사(漏刻博士) 등 특정 분야의 관직명이거나 전문적인 수공업 장인을 가리켰다(김창석, 2016, 231~232쪽). 경덕왕 6년(747)에는 국학(國學)에 박사직을 신설했다. 이로써 보면, 율령박사는 율령법에 관한 전문지식을 갖춘 관료이고 이를 교육하는 업무까지 맡았을 가능성이 있다. 당나라의 경우 국학에 소속된 율령박사 1명이 율령격식 등 법률을 가르쳤고,[1] 일본은 신구(神亀) 5년(728) 대학료(大學寮)에 율학박사 2명 등을 두어 학생 20명을 가르쳤다.[2]

『삼국사기』에 따르면, 신라의 국학은 유교경전, 사서(史書), 『문선(文選)』, 제자백가서, 산학(算學)을 가르쳤다고 한다. 잡학(雜學)에 속하는 율(律)·의(醫)·서(書)·산학 중에서는 산학만 국학에서 교수된 셈이다. 당과 일본의 예를 볼 때 사료가 누락되었을 여지가 없지 않다. 그런데 내성 관하에 효소왕 원년(692)에 설치된 의학(醫學) 관부가 있어 의생(醫生)에게 『본초경(本草經)』 등의 여러 의서를 가르쳤다. 『삼국사기』 직관지에 따르면, 의학에 소속된 박사 2명이 교수 업무를 맡았다. 또 누각전(漏刻典)에 누각박사가 소속된 것으로 보아, 산학을 제외한 잡학은 유관 관

1　『唐六典』卷21, 國子監 律學博士.

2　『類聚三代格』卷4, 加減諸司官員并廃置事 雜任 勅 大學寮.

부가 각각 전공하는 학생을 교육했다고 추정된다.

율령전에 소속된 율령박사 역시 율령을 교육하는 업무를 맡았을 것이다. 여기서 교육받은 율생(律生)들이 이방부(理方府)로 배속되어 사법 실무를 담당한 것으로 보인다. 그런데 율령박사가 6명이나 되어 당나라의 1명, 일본의 2명보다 월등히 많아 교육만 담당했을 것 같지는 않다. 사법(司法) 행정은 문무왕대 이래 좌·우이방부(左右理方府)가 관장하고 있었고, 이방부격(理方府格)을 비롯한 제 관부의 격(格) 제정을 이방부가 주도했으므로 새로운 법률의 제정과 심의 업무까지 맡았을 것이다. 이방부가 엄존하는 상황에서 율령전을 신설하고 율령박사를 6명 소속시킨 이유는 교육과 더불어 율령 자체에 관한 조사와 연구가 필요했기 때문이라고 여겨진다.

율령박사 2인을 두기 1년 전인 경덕왕 16년(757)에 녹읍(祿邑)을 부활하고, 주·군·현의 영속(領屬) 관계를 조정하며 지명을 아화(雅化)된 한자를 써서 바꿨다. 경덕왕 18년에는 일부 관부와 관직명을 마찬가지로 개정했다. 이른바 한화정책(漢化政策)을 펼친 것이다. 또 원성왕 4년(788)에는 독서삼품과(讀書三品科)를 실시하여 국학 졸업생의 출사(出仕) 규정을 마련했다. 율령박사와 율령전은 이러한 지방제도, 관제(官制) 및 관리 선발제도의 개혁 조치와 무관하지 않다. 기왕의 관련 법규를 상고(商考)하고 정책의 법적 근거를 율령에 반영하기 위해 새로운 관직과 관부가 설치된 것으로 보인다. 율령박사들은 이때 당나라 법전을 주로 참조하고 법률 개정의 기준으로 삼았을 것이다(김영하, 2016, 82~83쪽). 그러나 율령전이 교육 기능을 깆지 않았다기니 활동 범위가 당 율령을 신라에 준용하는 데 그쳤을 것으로는 보이지 않는다.

2 율령전과 이방부

2월에 교(敎)를 내려, 중앙과 지방의 관리가 휴가를 청하여 60일을 채운 자는 해관(解官)하게 하였다.

『삼국사기』 권9, 신라본기9 경덕왕 17년

이것은 2개월 휴가를 쓴 관리를 면직하도록 한 왕교(王敎)이다. 관리의 복무 규정에 해당하는 명령이라고 할 수 있다. 그리고 두 달 뒤인 동년 4월에 율령박사가 설치되었다. 위의 해관 규정은 관리의 선발·고과(考課)·면직 등을 정한 선거령(選擧令), 휴가 지급을 정한 가녕령(假寧令)과(丸山裕美子, 2008) 관련이 있다.

경덕왕 17년 이전에 관리가 1년에 며칠의 휴가를 쓸 수 있었고, 언제부터 이러한 휴가제가 실시되었는지는 자료가 없어 알 수 없다. 그러나 최대 휴가 일수를 넘겼을 경우 면직토록 한 것은 당령(唐令)을 참조한 결과다(洪承佑, 2011, 243~246쪽). 다만 당나라의 기한이 100일인 데 비해 신라는 60일인 것은 함안 성산산성 목간을 통해 검출된 '60일 대법(代法)'에서 보이듯이 신라 사회에서 60일이 국가적인 역역(力役) 수취의 단위 기간이었던 사실과 관련이 있을 것이다(金昌錫, 2017).

당령을 참조해서 새로운 제도를 입안하고 발포하면서 당나라의 법제를 연구할 전문 기구의 필요성을 절감하여 율령박사를 신설했다. 그리고 이때 제정된 해관 규정은 경덕왕의 하교(下敎)로 이뤄졌으므로 격(格)의 형식으로 율령에 추가되었을 터이다. 이렇게 법제 관련 왕교가 나왔을 때 이를 분류하여 해당 편목(篇目)에 편입시키는 업무는 이방부가 맡았다.

법제와 관련된 왕교는 혜공왕대 이후에도 계속 발포되었다.

봄 정월에 교를 내려, 관직의 이름을 모두 옛 것으로 회복시켰다.

『삼국사기』 권39, 잡지8 직관 중

(왕이) 하교하기를, "새로운 절 짓기를 금하고 오직 고치는 것만을 허락한다. 또 비단에 수를 놓아 불사(佛事)에 쓰는 것과 금은으로 그릇 만드는 것을 금한다. 소관 관청으로 하여금 널리 알리고 시행토록 하라"라고 하였다.

『삼국사기』 권10, 신라본기10 애장왕 7년

흥덕왕 9년, 태화 8년에 하교하여 말하기를, "사람은 높고 낮음이 있고, 지위에는 존귀하고 비천함이 있으니 명칭과 법칙이 같지 않으며 의복 또한 다르다. 습속이

점차 경박해지고 백성들이 다투어 사치와 호화로움을 일삼으며 (…) 풍속은 언덕
이 평평해지듯이 (쇠퇴하기에) 이르렀다. 감히 구장(舊章)을 따라서 밝은 명령을 내
리니, 만약 고의로 어기는 사람은 진실로 마땅한 형벌을 받을 것이다"라고 했다.

『삼국사기』 권33, 잡지2 색복

이러한 교서(敎書)를 보존하고 그 가운데 율령에 추가할 조항을 선별하며, 기
성의 조항과 모순·충돌 여부를 확인하고 산수(刪修)하는 역할은 율령전이 맡았을
것이다. 율령박사를 설치한 이후 제도 개혁 및 형률 관련 왕교는 발포되기 전에 율
령전의 자문을 거쳤으리라 여겨진다.

이 과정에서 이방부와의 업무 조정이 요구되었다. 즉 종래 법제 관련 왕교를
하달받아 내용별로 분류하여 목·조·항(目·條·項) 등으로 나누고 법조문을 작성하
는 작업이 율령전으로 이관되었을 것이다. 이방부의 직장(職掌)은 사법행정과 법률
제정·개정의 실무에 비중이 두어졌다. 문무왕 7년(667) 이방부를 좌·우로 분사(分
司)하고, 문무왕 18년(678)에 경(卿)을 증원하는 등 조직이 확대되다가, 원성왕 13
년(797)에 좌이방부(左理方府)의 사(史)가 15명에서 10명으로 5명 감축되었다. 정원
감축 조치는 업무의 축소가 전제되는 것이므로 경덕왕 17년(758)의 율령박사 신설
을 떠올리지 않을 수 없다. 율령박사 2인이 이방부의 업무 일부를 분담해간 것이
다. 그렇다면 율령전이 정식 관부로 출범하거나 그 소속 박사가 6명으로 확충된 시
기는 원성왕 13년 무렵일 가능성이 높다.

이상 살펴본 율령전을 비롯하여 의학, 누각전, 상문사(詳文司)는 모두 내성 예
하의 관부다. 국학의 교수 과목 중 유학, 사학(史學)을 제외하고 이른바 잡학과 관
련되어 있다. 그리고 이들 관부는 율령박사, 의박사, 누각박사, 통문박사와 같은 박
사직을 거느리고 있었다. 천문박사는 소속 관부가 밝혀져 있지 않지만 같은 성격
의 관직으로 포함시킬 수 있는데, 이 역시 내성 관하다.

이것을 어떻게 이해해야 할까? 그동안 내성을 왕실 재정, 왕실 직속 수공업
관사, 공봉 업무를 중심으로 이해해왔으나 율생, 의생에 대한 교육·연구, 그리고
행정관부와의 협조관계를 유의한다면 기왕의 이해는 협애하거나 성격의 일면만을

보아온 것이라고 할 수 있다. 더욱이 위의 관부가 담당한 분야가 법, 시간, 문장, 천문과 같이 전통적으로 제왕학에 속하므로 왕권과 직결된다. 그 직무는 국가운영의 원리를 찾아내고 해석, 응용하는 것이었다. 이런 측면에서 내성 관부의 기능과 하대 왕권의 성격 변화에 대한 재검토가 필요하다고 본다.

3 애장왕의 공식(公式) 제정

중대 초 이래 격(格)이 제정되었는데, 이를 포함하여 율령법을 시행하고 확충된 관부를 원활하게 운영하기 위해서는 여러 형식의 하위법규가 필요했다. 제도를 시행하기 위한 관련 사항의 규정, 각 관부별 내규(內規)가 폭증했을 것이다.

> 가을 8월에 공식(公式) 20여 조를 반시(頒示)했다.
>
> 　　　　　　　　　　　　　　『삼국사기』 권10, 신라본기10 애장왕 6년

애장왕이 805년에 선포한 공식 20여 조의 실체는 무엇일까? 율령격식의 범주가 아니라 관리에 관한 각종 규정에 불과하다거나(北村秀人, 1982, 185쪽), 령 중에서 공식령(公式令)이라고 이해하여 행정 수요가 증가하자 문서행정에 관한 규정인 공식령을 추가했다는 견해(田鳳德, 1968, 263쪽; 武田幸男, 1971, 68쪽), 그리고 공무 처리와 관련된 식(式)을 집성한 법전이 라는 견해(洪承佑, 2011, 257쪽)가 있었다.

법흥왕대 이래 실시되던 신라의 율령법이 중고기 말~중대 초에 수당 법전을 받아들여 무열왕 때 적어도 율·령·격의 체제를 갖추었으므로(金昌錫, 2018) 하대에 선포된 위의 '공식'을 율령법과 무관하게 파악할 수는 없다. 그리고 앞서 검토했듯이, 문무왕대 신라 조정은 율령뿐 아니라 격·식에 관한 인식을 갖고 있었고 이후 피마식(避馬式)과 같은 일부 식을 제정하여 사용하고 있었다.

공식이라는 용어가 문제인데, 과문이지만 중국·일본의 고대 율령에서 '공식'이란 독립된 용어를 찾을 수 없고 공식령을 '공식'이라고 약칭한 예도 없다. 그런

데 『고려사』 형법지에 '공식'이란 편명(篇名)이 실려 있다. 이 형법지는 『원사』 형법지의 체재를 모델로 삼아 서문, 명례(名例)로부터 시작하여 노비까지 14편으로 구성되어 있다. 이 가운데 공식, 노비 편은 『원사』 형법지에 없는 내용이다(邊太燮, 1982, 92~95쪽). 그렇다면 애장왕 때 반포된 공식은 고려시기의 공식과 계보가 이어지는 것이라고 보아야 한다.

그렇다면 고려시기의 공식이란 무엇일까? 『고려사』 형법지의 공식 편에는 상피(相避), 관리급가(官吏給暇), 피마식, 공첩상통식(公牒相通式)이 실려 있다. 피마'식'과 공첩상통'식'은 모두 식(式)이 붙어 있어서 식의 일종임을 바로 알 수 있다. 피마식은 관료가 마주쳤을 때 길을 가는 우선순위와 표해야 할 예법을, 공첩상통식은 공문서의 서식과 용어, 이첩하는 절차 등을 세세하게 밝히고 있어 율·령·격의 시행세칙이라는 식의 본의와 어울리는 내용이다.

927년에 찬진된 일본의 『연희식(延喜式)』을 참고해보자. 그전에 『홍인식(弘仁式)』과 『정관식(貞觀式)』이 병행 사용되어 이들을 통합·개정할 필요가 있었고, 이를 위해 당나라의 『개원식(開元式)』과 『영휘식(永徽式)』을 참조하여 편찬한 것이 『연희식』이다. 전체 50권은 신기(神祇), 태정관(太政官) 이하 여러 관부의 식과 잡식으로 구성되었으며, 율·령·격의 법규를 실행하기 위해 필요한 세부 규정을 모아놓은 시행세칙집이다. 『연희식』은 관사별로 필요 규정을 모아서 담당 관리가 업무를 집행하는 것을 실무적으로 지원하는 기능을 했다(虎尾俊哉, 2000, 8~17쪽).

문제는 『고려사』 형법지의 상피 조와 관리급가 조다. 이들은 표제에 모(某)'식(式)'이라고 표시되어 있지 않기 때문이다. 그런데 『고려사절요』에 따르면, 선종(宣宗) 9년에 상피식이 반포된 바 있다. 이 상피식의 내용은 전하지 않지만 형법지의 상피 조가 선종 때의 상피식을 근거 자료로 삼았음은 분명하다. 관리급가는 중국과 일본에서 가녕령에 규정이 들어 있다. 관리의 휴가 규정은 이처럼 행정령의 성격을 갖고 있지만, 이 역시 성종대에 급가식(給暇式)이 정해진 바 있다.[3] 성종 4년

3 　"(成宗) 十五年七月 定朝官遭喪給暇式 忌暇各三日 每月朔望祭 暇各一日 大小祥祭 暇各七日 大祥 後 經六十日 行禫祭 暇五日."(『高麗史』 卷64, 志18 禮6 凶禮); "(成宗) 四年 新定五服給暇式 斬衰·齊

(985)의 급가식은 형법지의 관리급가 조에서 그 조문(條文)을 인용하고 있다. 따라서 상피와 관리급가 조는 식 자체는 아니지만 그것을 중심 내용으로 하고 관련 법제 및 왕교, 판(判), 제(制) 등의 편년기사(編年記事)를 정리해놓은 것이라고 할 수 있다. 상피와 관리급가 조를 모식(某式)이라고 칭하지 않은 이유가 여기에 있지 않을까 한다.

『고려사』 형법지의 공식 편은 고려시기에 제정된 일부 식과 이와 관련된 율·령·격의 조항, 그리고 관련 왕언(王言)으로 구성되어 있었다. 그 중심은 고려시기의 식이었고, 다수의 식 가운데 형법지의 찬자들이 위의 4개 조를 관료제도를 운영하는 데 있어 긴요하고 필수적이라고 판단했던 것이다.[4] 물론 판단의 기준으로 조선시기에 들어서도 효용성이 있는지 여부를 고려했을 터이고, 편찬 시에 자료가 남아 있었다는 단순한 이유 때문에 4개 조가 공식으로 실렸을 수 있겠다.

여하튼 고려시기에 공식이라고 불린 법제는 식이 중심이었음을 알 수 있다. 그렇다면 신라 하대 애장왕 때의 '공식 20여 조'도 유사한 성격의 법제였을 가능성이 높다고 본다. 이러한 추정은 공식이라는 같은 용어가 사용되었기 때문만은 아니다. 고려의 법제 자체가 여러 계통의 법률을 수용하여 형성되었다.

> 고려 일대의 제도는 무릇 모두 당(唐)을 본받았으니 형법에 이르러서도 또한 당률을 채택하고 시의를 참작하여 사용하였다. 이르기를, 옥관령(獄官令) 2조, 명례 12조, 위금(衛禁) 4조, 직제 14조, 호혼(戶婚) 4조, 구고(廐庫) 3조, 천흥(擅興) 3조, 도적 6조, 투송 7조, 사위(詐僞) 2조, 잡률 2조, 포망(捕亡) 8조, 단옥(斷獄) 4조이니 모두 71조이다.
>
> 『고려사』 권84, 지38 형법1

衰三年 給百日 齊衰期年 給三十日 大功九月 給二十日 小功五月 給十五日 緦麻三月 給七日."(『高麗史』 卷84, 志38 刑法1 公式 官吏給暇)

4 고려시기의 식(式)으로 위의 4개 외에 학식(學式), 의업식(醫業式), 제목감장축마료식(諸牧監場畜馬料式)이 보인다.

위의 형법지 서문에서 고려는 당나라의 제도를 전적으로 수용했으며 형률 역시 마찬가지라고 했다. 열거된 형률의 편목은 옥관령을 빼면 당률의 그것과 완전히 일치한다. 그런데 신라는 중고기 말부터 당의 법률과 제도를 적극 수용하여 국제(國制)를 개혁했다. 법흥왕대에 제정된 형률, 그리고 그 후 교·령(敎·令)으로 추보된 형률이 이 과정에서 수당 법제의 영향을 받아 개정, 보완되었을 것이다.

> 영암군 태수인 일길찬 제일(諸逸)이 공(公)을 등지고 사(私)를 꾀하니 형을 내려 장(杖) 1백을 때리고 섬에 들어가게 했다.
>
> 『삼국사기』 권8, 신라본기8 효소왕 10년

> 한산주 표천현에서 요사스러운 인물이 빨리 부자가 되는 술수가 있다고 말하니, 뭇 사람들이 자못 현혹되었다. 왕이 이를 듣고 말씀하기를, "좌도(左道)로써 군중을 유혹하는 자를 처형하는 것은 선왕의 법이다"라고 하며, 그를 먼 섬에 유배했다[投畀].
>
> 『삼국사기』 권10, 신라본기10 흥덕왕 3년

효소왕 10년(701)에 '공을 등지고 사를 꾀한다(背公營私)'라는 이유로 지방관을 장형과 유배형에 처했다. 제일에 대한 형벌은 장형과 유배형을 결합시켰는데 당나라의 결장유배(決杖配流) 방식을 따른 것이다(韓鈴和, 2011, 180~184쪽; 채웅석, 2015, 248~250쪽). 주목되는 것은 신라에서 유형(流刑)이 실시되었다는 사실이다. 현존하는 자료에서 삼국시기에 신라에서 유형이 확인되지 않는다. 그렇다면 유배형은 7세기 중엽 당의 법전이 도입되어 실시된 새로운 형률에 의한 형벌이라고 여겨진다. 위의 흥덕왕대 자료에도 유배형의 사례가 보인다.

장형(杖刑)은 「울진 봉평리 신라비(蔚珍 鳳坪里 新羅碑)」(524)에서 이미 100대, 60대의 장형이 실시되었음이 확인되고, 『삼국사기』 열전에 따르면, 문무왕대 인물인 김원정(金元貞)이 구근(仇近)을 장벌(杖罰)에 처한 바 있다. 따라서 장형은 중고기부터 실시되던 것이 중대에도 계속되었으며, 유형은 중대 초에 실시되기 시작하여 하대까지 이어졌다고 볼 수 있다. 이것은 수당 율령법의 5형제(五刑制)가 신라에 도입된 결과다.

제일의 경우 '배공영사(背公營私)'의 구체적인 내용을 알 수 없다. 그런데 유사한 전례를 찾을 수 있다. 즉 『삼국사기』의 검군(劍君) 열전에 의하면, 7세기 초 창예창(唱翳倉)의 관리들이 창곡(倉穀)을 훔친 행위가 범죄로 서술되어 있다. 법흥왕대 율령부터 공물(公物)을 횡령하는 것은 금지되어 있었고 이러한 전통이 제일의 처벌로 이어졌다. 그런데 『당률소의』를 보면, 관리가 감임(監臨)할 때 횡령, 뇌물수수, 식리 사업을 벌이는 행위 등에 대해 세세한 규정이 실려 있다.[5] 제일은 효소왕 때 인물이지만 공익을 저버리고 사리를 도모했다고 하여 처벌받은 것은 중대 초에 당나라 형률로부터 영향을 받아 죄목이 보다 체계화되고 세분되어 그 적용을 받은 결과일 가능성이 있다.

경문왕 14년(874) 이찬 근종(近宗)이 반역을 일으키자 그 무리를 거열형(車裂刑)에 처한 사실을 근거로 하여 당나라의 5형과 다른 신라 고유의 형벌이 법흥왕대 이래 하대까지 이어졌다고 보거나(金龍善, 1982, 130쪽), 492년에 반포된 북위 『태화율령(太和律令)』의 영향을 강조한 견해가 있다(李仁哲, 1994, 158쪽). 그러나 수당에서도 율과 별도로 거열, 지해(支解) 등 혹형(酷刑)이 행해졌다. 신라의 거열형과 무열왕 때 검일(黔日)을 잔혹하게 처벌한 사례는 대역죄를 범한 자에게 형률외적인 방식을 사용한 것이므로 이를 가지고 수당 형률의 수용을 부정할 수 없다(한영화, 2015, 200~207쪽).[6]

5　『唐律疏議』 卷2~5, 名例 篇의 十惡反逆緣坐, 奸盜略人受財, 彼此俱罪之贓, 會赦改正徵收, 盜詐取人財物 等 條를 참조.

6　문무왕의 사면교서(赦免敎書)를 분석하여 법제 용어, 죄목, 사면 형식 등의 당률(唐律) 도입을 주장하는 연구도 있다(정병준, 2017).

4 공식의 실체

신라의 율령법은 중대 이래 수당 율령을 수용하여 폭넓은 개정·보완이 이뤄졌고 형률 역시 당률이 큰 영향을 끼쳤다. 위에서 지적한 당률의 요소는 그 결과인 것이다. 신라율(新羅律)이 중대부터 이미 당률의 체계와 조항을 포함하고 있었고 하대를 거쳐 고려까지 일부가 계승되었다고 보는 것(韓容根, 1991; 1992)이 합리적이다.[7] 『고려사』 형법지 서문에서 '당률을 채택'했다고 한 것은 내용상으로는 맞는 서술이지만, 그 외피를 이루고 있는 신라율의 전통을 축소·배제하려는 의도가 엿보인다. 고려 형률의 편목 13개 중 12개가 당률과 일치하게 된 것은 고려율(高麗律)이 성립하는 과정에서 신라 형률의 몸통을 이루고 있는 당률을 주로 활용하고 신라적 요소의 잔재는 상당히 제거했음을 시사한다. 그럼에도 불구하고 고려 형률이 모범으로 삼은 당률이 중·하대 신라율의 변용을 거친 것이라는 사실이 중요하다.

그렇다면 『고려사』 형법지에 실린 공식편(公式篇)의 계보를 신라 애장왕이 반시한 '공식 20여 조'까지 소급하여 연결시킬 수 있다고 본다. 형법지의 공식의 중심이 식(式)이었듯이 애장왕 때 반포된 공식도 식이었을 것이다. 그러나 이것이 법전으로 편찬되었고 '20여 조'가 그 편목을 가리킨다(洪承佑, 2011, 257~258쪽)고 보이지는 않는다. 우선 이것이 편목이었다면 20여 '조(條)'라는 용어와 어울리지 않는다. 무열왕대 이방부격(理方府格) 60여 '조'를 정할 때[8] '조'는 이방부격의 편명이 아니라 그 격의 하위에 있는 법규로서의 조였다. 그래서 조의 숫자를 정확히 밝히지 않고 '60여'라고 기록한 것이다. 공식 '20여 조'는 이러한 용례와 부합한다.

그리고 수대(隋代) 이후 중국에서 격과 식이 법전으로 편찬되는 경우 동시에 이뤄졌고, 고대 일본에서는 보통 격이 먼저 찬진되고 나서 식이 찬진되었다. 예컨대, 수나라의 『개황율령격식(開皇律令格式)』이 581~583년, 당나라의 『정관율령격식

---

7 한편 고려 초에 신라와 태봉의 제도가 계승되어 한 축을 이룬 점을 중시하고 고려시기 문헌에 나오는 '구제(舊制)'나 '영문(令文)'을 그 일부라고 보기도 한다(李佑成, 1989).

8 "命理方府令良首等 詳酌律令 修定理方府格 六十餘條."(『三國史記』 卷5, 新羅本紀5 武烈王 元年)

(貞觀律令格式)』이 637년, 『영휘율령격식(永徽律令格式)』이 651년에 편찬되었다. 일본의 『홍인격(弘仁格)』과 『홍인식』은 820년에 같이 찬진되었지만 『정관격(貞觀格)』은 869년, 『정관식』은 871년에, 그리고 『연희격(延喜格)』은 907년, 『연희식』은 927년에 찬진되었다.

그러나 신라에서는 애장왕 6년 공식이 반시될 당시나 그전에 격이 법전의 형태로 편찬되었다는 기록이 없다. 무열왕 원년에 이방부격을 수정(修定)한 다음 다른 관부의 격도 정비되었다고 보이지만 『개원격(開元格)』, 『홍인격』처럼 관부별로 편목을 이룬 법전 혹은 『유취삼대격(類聚三代格)』처럼 사업별로 편목을 나눈 법전으로서 편찬되었다는 증거가 없다. 애장왕대 20여 편을 갖춘 식전(式典)이 반포되었는데 그 이전에 격전(格典)이 보이지 않는다는 것은 상상하기 어렵다. 8세기 중엽 이전의 피마에 관한 식(式)처럼 시행세칙으로서의 식이 이미 별도로 제정되어 있었다. 공식 20여 조는 법전이 아니라 이처럼 전부터 있던 식에 20여 조를 추가한 것이다.

신라는 법흥왕대 율령 반포 이후 축적되어온 왕교와 행정명령, 관부별 규정 가운데 항구적 법률로서 의미가 있는 것을 기성의 율령에다가 새로운 조항으로 추보(追補)하여 사용했다. 7세기 중엽 당으로부터 수용된 격·식의 체제와 형식은 이러한 방식을 보다 체계적으로 이뤄질 수 있도록 했다. 애장왕은 식을 증설하여 기왕의 율령법을 보완한 것이다. 『연희식』을 보면, 성립 시점이 다른 단행법령(單行法令)에 의거해서 조문을 수록함으로써 조문 사이에 차이가 발생하는 예가 확인되는데(虎尾俊哉, 2000, 19쪽), 이 역시 기왕에 축적된 여러 갈래의 단행법이 율령 조항으로 편입되고, 다시 이들이 기준에 따라 집성되는 과정을 거쳐 결국 식전으로 편찬되었음을 알려준다.

신라에서 식전은 편찬되지 못했으나 836년경에 작성된 「흥덕왕릉비편(興德王陵碑片)」의 '격식시개(格式是皆)' 명문에서 보듯이 신라 하대에 식은 격과 병칭될 정도의 위상을 갖고 있었다. 다만 그 존재형태를 알기 어렵다. 당대(唐代)의 『개원식』, 일본의 『홍인식』, 『정관식』, 『연희식』의 편목이 모두 관부별로 설정된 것을 감안하면 신라의 식도 제정된 다음에는 관부별로 배당되어 활용되었을 것이다. 격·식을 제정하여 율령법을 보완해나가는 방식은 신라 말까지 지속되었고(全德在, 2011) 이 것이 고려 율령의 편찬으로 이어졌다고 보인다. 형률은 내용상 당률이 주류를 이루었으나 행정령, 격·식에는 신라 중대 이래의 법제가 깊은 영향을 끼쳤고, 그 가운데 애장왕 때 제정된 공식 20여 조가 포함되었을 것이다.

『고려사』 형법지에는 고려시기의 왕대(王代) 기년(紀年)이 붙은 편년기사와 이 것이 없는 과조적(科條的) 기사가 실려 있다. 과조적 기사는 법률 조문의 형식을 띠고 있지만 그 성격이 단일하지 않다. 그 전거(典據)는 성종대에 편찬되었다고 추정되는 기본 법전이 아니고, 식목도감(式目都監)이 집성한 법령 중에서 필요한 조문이 편람처럼 재가공·집록되었고 여기서 자료가 채록되었을 것이라고 한다(蔡雄錫, 2009, 36~50쪽). 하지만 그렇다고 하더라도 과조적 기사가 고려시기에 처음 작성되었다는 보장은 될 수 없다. 식목도감의 편찬물에 수록된 법령이 고려에 들어와 정리되었다고 하더라도 앞에서 살펴보았듯이 그 원천은 신라시기의 율령법으로부터 비롯되었다고 보이기 때문이다.

애장왕이 반시한 공식 20여 조와 『고려사』 형법지에 실린 공식의 법제사적 의의를 여기서 찾을 수 있다. 앞으로 형법지의 과조적 기사를 당, 송, 금, 원 등의 조문과 면밀히 비교 검토하고, 그것과 차이가 나는 조문의 출처를 찾는 재검토 작업이 필요하다.

참고문헌

『고려사(高麗史)』, 『고려사절요(高麗史節要)』, 『당률소의(唐律疏議)』, 『당육전(唐六典)』, 『삼국사기(三國史記)』, 『연희식(延喜式)』, 『유취삼대격(類聚三代格)』

한글

金龍善, 1982, 「新羅 法興王代의 律令頒布를 둘러싼 몇 가지 問題」, 『加羅文化』 1, 경남대학교 가라문화연구소.

김창석, 2016, 「장인·상인의 활동과 지위」, 『신라 천년의 역사와 문화 9: 신라의 사회 구조와 신분제』, 경상북도문화재연구원.

金昌錫, 2017, 「咸安 城山山城 17차 발굴조사 출토 四面木簡(23번)에 관한 試考」, 『韓國史研究』 177, 한국사연구회.

金昌錫, 2018, 「신라 중대의 國制 개혁과 律令 改修」, 『歷史學報』 238, 역사학회.

김영하, 2016, 「古代王權의 전개와 전환 – 신라 왕권의 추이를 중심으로」, 『韓國古代史研究』 83, 한국고대사학회.

邊太燮, 1982, 『『高麗史』의 研究』, 三英社.

李佑成, 1989, 「高麗土地·課役關係'判·制'에 끼친 唐令의 影響–新羅 律令國家說의 檢討를 兼하여」, 『大東文化研究』 23, 성균관대학교 대동문화연구원.

李仁哲, 1994, 「新羅律令의 編目과 그 內容」, 『情神文化研究』 54, 한국정신문화연구원.

全德在, 2011, 「신라 율령 반포의 배경과 의의」, 『歷史教育』 119, 역사교육연구회.

田鳳德, 1968, 「新羅律令攷」, 『韓國法制史研究』, 서울大學校 出版部.

정병준, 2017, 「新羅 文武王 9년(669) 敎書에 보이는 '五逆'의 再檢討」, 『東國史學』 62, 동국역사문화연구소.

蔡雄錫, 2009, 「『高麗史』 刑法志의 성격과 사료적 가치」, 『『高麗史』 刑法志 譯註』, 신서원.

채웅석, 2015, 「고려시대의 杖流刑과 黥配刑」, 『韓國文化』 70, 서울대학교 규장각한국학연구원.

韓鈴和, 2011, 「韓國 古代의 刑律 研究」, 성균관대학교 박사학위 논문.

한영화, 2015, 「신라와 고려의 형률 운용과 계승성 – 모반죄·불효죄와 결장배류형을 중심으로」, 『韓國古代史研究』 80, 한국고대사학회.

韓容根, 1991, 「高麗律의 成立에 관한 一考察」, 『國史館論叢』 21, 국사편찬위원회.

韓容根, 1992, 「統一新羅의 刑律」, 『中齋張忠植博士華甲紀念論叢』, 檀國大學校出版部.

洪承佑, 2011, 「韓國 古代 律令의 性格」, 서울대학교 박사학위 논문.

외국어

武田幸男, 1971, 「律令國家群의 形成(朝鮮の律令制)」, 『岩波講座 世界歷史6』, 東京: 岩波書店.

北村秀人, 1982, 「朝鮮における律令制の變質」, 『東アジア世界における日本古代史講座7』,
　　　東京: 學生社.

三池賢一, 1972, 「新羅內廷官制考(下)」, 『朝鮮學報』 62, 奈良: 朝鮮學會.

虎尾俊哉, 2000, 「解說」, 『延喜式 上』, 東京: 集英社.

丸山裕美子, 2008, 「律令國家と假寧制度-令と禮の繼受をめぐって」, 『日唐律令比較研究の
　　　新段階』, 東京: 山川出版社.

12장

빈공과 이해를 위한 기초적 검토

박주선(서울대학교 국사학과 강사)

1 머리말

빈공과(賓貢科)는 당(唐)에서 외국인만을 위해 특별히 실시한 과거시험이라고 알려져 있다. 신라는 이 시험에서 가장 많은 급제자를 배출했고, 발해 출신 급제자도 있었다고 한다. 급제자 최다 배출국이라는 위상은 신라의 활발한 대당 교류를 상징하는 요소로서 회자되며, 발해인 빈공과 급제자의 존재는 중국의 동북공정을 반박하는 근거로 제시되기도 한다. 그리고 오소도(烏昭度)와 이동(李同), 이후 최언위(崔彦撝)와 오광찬(烏光賛)의 빈공과 순위 다툼은 당에서 일어난 신라와 발해의 경쟁을 드러내는 사례로 언급되곤 한다. 이렇듯 빈공과는 한국 고대사 인식에 적지 않은 영향을 미쳤고, 한국사 교과서와 개설서 등에 두루 실릴 정도의 상식으로 자리잡았다.

한림 이중보가 정동행성에 사신으로 왔다가 일을 마치고 장차 돌아가며 나에게 들러 작별을 고하자 그에게 일러 말하기를, **"진사로 인재를 뽑는 일은 본래 당에서 성**

행하였는데 장경(821~824) 초에 김운경(金雲卿)이라는 사람이 있어 신라 빈공으로는 처음으로 두사례 방목(榜目)에 이름을 올렸다. 이때부터 천우(904~907) 말까지 모름지기 빈공과에 등제한 사람이 58인이었고, 오대 양·당에 또 32인이 있었으며 대개 발해 10여 인을 제외하면 모두 동방의 선비들이었다. 우리 고려에 이르러 또한 일찍이 송에 공사(貢士)를 보내었는데 순화(990~994) 연간 손하의 방목에 왕빈과 최한이 있었고, 함평(998~1003) 연간 손근의 방목에 김성적이 있었으며 경우(1034~1037) 연간 장당경의 방목에 강무민이 있었다. 정화(1111~1117) 연간에는 또 친시(親試)로 권적·김단 등 4인에게 특별히 상사급제를 내려주시니 이를 통하여 동방에서 대대로 인재가 부족하지 않았음을 알 수 있다. 그러나 이른바 빈공과는 매번 별시를 치르고 방목 말미에 이름을 붙이게 되니 다른 사람들과 더불어 나란히 설 수 없었다. 제수받은 바는 비천하거나 변변치 않았고, 혹은 곧바로 돌려보내지기도 하였다. 오직 원에서는 일시동인(一視同仁)하여 어진 자를 세우는 일에 구애받음이 없어서 동방의 선비들이 중원의 준수한 이들과 함께 응시하여 금방에 나란히 이름을 올렸으니 이미 6인이 있다. (…) 우리 집안의 문창공은 12세에 서쪽으로 유학하여 18세로 함통 15년(874)의 과거에 등제하였고, (…) 지치 원년(1321)에 나 또한 외람되이 연경에서 회시(會試)를 보았는데 이해에 응시자가 정원에 미치지 못하여 좌방(左榜)에 오른 자가 겨우 43인이었다. 나는 다행히 21등이 되어(…)"라고 하였다.[1]

제시한 글은 고려 문인 최해(崔瀣, 1287~1340)의 「송봉사이중보환조서」이다 (『졸고천백』 권2). 한중일을 막론하고 빈공과를 다룬 연구는 공통적으로 이를 언급하

1　"翰林李仲父奉使征東, 已事將還, 過辭予. 因語之曰, 進士取人, 本盛於唐, 長慶初, 有金雲卿者, 始以新羅賓貢, 題名杜師禮榜. 由此以至天祐終, 凡登賓貢科者五十有八人, 五代梁唐, 又三十有二人, 盖除渤海十數人, 餘盡東士. 逮我高麗, 亦嘗貢士於宋, 淳化孫何榜, 有王彬·崔罕, 咸平孫僅榜, 有金成績, 景祐張唐卿榜, 有康撫民. 政和中又親試, 權適·金端等四人, 特賜上舍及第, 擧是可見東方代不乏才矣. 然所謂賓貢科者, 每自別試, 附名榜尾, 不得與諸人齒. 所除多卑冗, 或便放歸. 欽惟聖元一視同仁, 立賢無方, 東士故與中原俊秀竝擧, 列名金榜, 已有六人焉. (…) 吾家文昌公, 年十二西游, 十八登咸通十五年第, (…) 在至治元年, 亦自猥濫與計而偕, 是年擧子尙未滿額, 登左牓者纔四十三人. 予幸忝第二十一名, (…)."(『拙藁千百』卷2,「送奉使李仲父還朝序」)

며 논의를 전개하거나 혹은 김운경이 처음이라는 기록과 신라인 등제자 숫자, 그리고 '매자별시(每自別試) 부명방미(附名榜尾)'라는 표현을 그대로 인용한『동사강목』과『증보문헌비고』등의 문헌을 활용했다. 즉 현재 통용되는 빈공과 이해와 인식은 모두「송봉사이중보환조서」에 기반을 두고 있다.「송봉사이중보환조서」는 빈공과라는 용어를 처음 언급하고[2] 그 운영 방식을 제시하는 등 현전하는 문헌 중 빈공과에 관한 기본 정보를 가장 많이 담고 있다. 따라서 빈공과를 이해하기 위해서 반드시 검토해야 하는 자료이다.

한국 학계의 초기 연구에서는 숙위학생(宿衛學生)과 도당유학생(渡唐留學生) 등 나말여초 지식인들을 탐구하면서 빈공과를 거론하거나(申瀅植, 1969; 1977; 1985) 급제자들의 명단과 급제한 시기, 그리고 당에서의 관직 활동과 신라로 돌아온 후의 동향 등에 주목하기도 했다(李基東, 1978; 1979). 그러나 현재 빈공과 연구는 초기 수준을 벗어나지 못한 채, 본격적으로 진행되지 못했고 향후에도 진전되기 어려운 상황이다. 사료가 턱없이 부족하기 때문이다. 반면 도당유학생 관련 연구는 최근까지도 활발하게 이루어지고 있다(강나리, 2018; 윤재운, 2020).

앞으로 나아갈 수 없다면 잠시 뒤돌아보는 작업도 의미 있다고 생각한다. 이에 이 글에서는 빈공과 이해를 위한 기본 자료인「송봉사이중보환조서」를 검토하려 한다.「송봉사이중보환조서」의 빈공과 서술이 단편적이고 소략하므로 관련 연구와 다른 사료도 곁들이면서 논의를 전개하겠다. 구체적으로, 서술의 맥락이나 최해의 의도에 초점을 맞추어 살펴봄으로써 빈공과에 대한 일반적인 이해와 인식이 타당한지 간단히 점검하고 몇 가지 문제점을 제시하고자 한다.

---

2 『高麗史』選擧志에는 성종 때 최한·왕림이 송 빈공과에 등제했다는 기록이 있지만 해당 기사의 상위항목은 제과(制科)로 명명되어 있다.「송봉사이중보환조서」가『고려사』보다 이른 시기에 작성되었고, 최한 등이 송에서 등제한 사실을 기재하고 있으므로「송봉사이중보환조서」에서 빈공과라는 표현을 최초로 사용했다고 말할 수 있겠다.

2 실재 여부와 운영 방식

빈공과를 본격적으로 언급한 첫 연구에서는 외국인 학생들이 과거 응시를 원하지만 학예(學藝) 정도가 뒤처지기 때문에 당에서 특별히 빈공과를 설치하여 우대했다고 서술했다(嚴耕望, 1969, 432쪽).[3] 이후 '수 문제 개황 7년(587)에 공거제도(貢擧制度)가 창설되면서 빈공과가 설치되었지만 양제 대업 원년~3년(605~607)에 진사과(進士科)로 개칭되었으며 당에서 진사과가 운영되는 상황에서 목종 장경 원년(821)에 빈공과가 외국인만을 위한 시험으로서 다시 설치되었다'라면서 빈공과 연혁을 밝힌 연구도 발표되었다(高明士, 1987; 1995; 1997; 2002).

빈공과가 '외국인만을 위한 별개의 시험'이라는 인식은 이들 연구로부터 큰 영향을 받았다. 그러나 『구당서』·『신당서』·『당회요』·『당육전』 등 중국 측 자료에는 빈공과라는 용어가 전혀 보이지 않는다. 운영 방식이나 규정은 물론, 이에 대한 단서초자 찾기 어렵다. 이처럼 빈공과는 당대(唐代) 사정을 기록한 사료에서 나타나지 않는다는 결정적인 한계가 있다. 당이 빈공과를 중요시하지 않았기 때문에 『신당서』 선거지 등에 관련 규정이 보이지 않는다고 추정하기도 하지만(金世潤, 1982, 166쪽), 그 이상은 추정조차 쉽지 않다. 다만 빈공(賓貢), 빈공진사(賓貢進士), 빈공급제(賓貢及第) 등은 확인되기 때문에 과거시험, 특히 진사과와 밀접한 관계가 있음을 유추할 수 있다.

사료의 빈약함은 학계에서 새로운 움직임이 일어나는 원인으로 작용했고, 빈공의 용례와 의미를 검토함으로써 빈공은 별도의 과거시험 과목이 아니라 응시자의 자격이나 성격을 나타낸다고 하는 주장이 등장했다(閻琦, 1993; 楊希義, 1993; 張寶三, 1996; 張伯偉, 2003). 이를 빈공과 부재론이라고 지칭하겠다. 빈공과 부재론자들

3　嚴耕望은 「新羅留唐學生與僧徒」를 1955년에 처음 발표했지만 이때는 빈공과를 언급하지 않았다. 1969년 같은 제목의 글을 단행본에 수록하면서 『동사강목』의 "長慶初, 金雲卿, 始登賓貢科. 所謂賓貢科, 每自別試, 附名榜尾. 自雲卿後至唐末登科者五十八人. 五代梁唐之際, 亦至三十二人"을 인용하여 비로소 빈공과라는 과목명과 이에 대한 설명을 덧붙였다. 그러므로 이후 빈공과를 다룬 연구에서는 1955년 글이 아닌 1969년 글을 인용한다.

은 당대 진사과 등제자를 응시 과정이나 출신에 따라 국자진사(國子進士), 향공진사(鄕貢進士) 등으로 구분하듯이 빈공진사는 외국 출신 진사과 합격자를 의미한다고 파악했다. 향공진사가 있지만 향공과(鄕貢科)는 없듯이, 빈공진사가 있더라도 빈공과는 없었을지도 모른다는 의견도 있다(嚴基珠, 2005, 343쪽). 그리고 마침내 빈공과의 연혁 및 존재 자체를 전면적으로 부정하기에 이르렀다(黨銀平, 2000; 2002; 2007).[4] 빈공과 부재론에 따르면, 빈공과라는 별도의 과목은 없었지만 외국인이 빈공 자격으로서 진사과에 응시하여 합격할 수는 있었다.

이처럼 빈공과라는 과목의 실재 여부를 둘러싸고 주로 중국어권 학자들 사이에서 치열한 논쟁이 오갔다. 빈공과의 실재 여부는 빈공과를 둘러싼 논의 중 가장 큰 쟁점이라고 할 수 있다. 사실 이 논쟁은 중국 사료에서 전혀 등장하지 않는 빈공과라는 용어를 고려인 최해가 사용함으로써 시작되었다고 할 수 있다. 따라서 「송봉사이중보환조서」로 돌아가서 최해가 빈공과를 언급한 맥락을 살펴볼 필요가 있다.

최해는 당에서 진사로 인재를 선발하는 일(進士取人), 곧 진사과가 성행했다면서 김운경 이하 합격자 숫자를 운운했다. 또한 김운경을 신라 빈공으로 표현했다. 그렇다면 김운경은 신라 출신 빈공으로서 당 진사과에 합격한 인물이라는 의미로 받아들일 수도 있겠다. 더욱이 『졸고천백』에 수록된 「동인지문서(東人之文序)」에서는 '당 진사에 빈공과가 있었다(唐進士有賓貢科)'라고 언급했다. 그렇다면 문맥상 최해가 밀한 빈공과는 '진사과와 구분되며 외국인만 치르는 별도의 시험'이 아니라, '빈공(외국인) 자격으로 치르는 진사과'를 의미한다고 이해할 수 있다. 이하에서는 당에서 급제한 신라인에 대한 기록을 간단하게 검토하면서 이들이 응시한 과목이 무엇인지 알아보겠다.

최승우(崔承祐)는 등제 시기만 확인되고(『삼국사기』 권46, 열전6), 김문울(金文蔚)은 급제했다는 기록만 전한다(『삼국사기』 권12, 신라본기12 효공왕 10년). 최언위(崔彦

---

4   그의 연구는 학술지(黨銀平, 2001a; 2001b; 2001c), 저서 번역(당인평 著·마중가 譯, 2004), 편역서 수록(조성환 編譯, 2009) 등 다양한 방법으로 한국 학계에 소개되었다.

攍)도 급제 사실을 찾을 수 있지만(『삼국사기』 권46, 열전6;『고려사』 권92, 열전5), '빈공급제'로 표현되어 있을 뿐이다(『당문습유』 권69). 최해가 자신의 조상이자 빈공과 급제자로 언급한 문창후 최치원(崔致遠)은 '재당등과(在唐登科)'와 '일거급제(一擧及第)'(『삼국사기』 권11, 신라본기11 경문왕 14년 및 권46, 열전6), 그리고 '빈공급제'라고 되어 있다(『신당서』 권60, 지50 예문4). 이처럼 당에서 급제한 신라인의 기록에 빈공이라는 표현이 보이지만, 앞서 언급한 바를 떠올리면 무엇을 의미하는지 판명하기 쉽지 않다. 따라서 이를 근거로 빈공과의 실재 여부를 따지기는 곤란하다. 그런데 최치원이 직접 남긴 자료에서 그가 응시하고 합격한 과목을 진사과로 볼 수 있는 내용, 즉 빈공과의 실재를 의심할 만한 기록이 보인다.

『계원필경집』 서문에는 "10년 동안 진사에 급제하지 못하면 내 아들이라고 하지 마라, 나도 아들이 있다고 말하지 않겠다(十年不第進士 則勿謂吾兒 吾亦不謂有兒)"라는 최치원 아버지의 발언이 기록되어 있다. 그리고 최치원은 발해인과 신라인의 순위 경쟁을 언급하면서 해당 과목을 '선과(仙科)'라고 기록했고(『고운집』 권1, 「신라왕여당강서고대부상장(新羅王與唐江西高大夫湘狀)」), 자신이 합격한 과목명을 '계과(桂科)'라고 표현했다(『계원필경집』 권17, 「출사후고사장(出師後告辭狀)」;『고운집』 권1, 「여예부배상서찬장(與禮部裵尙書瓚狀)」). 당 후반기에는 진사과를 신선과 연계된 듯이 묘사하는 말이 많았다고 하며(河元洙, 1995, 113~114쪽), '계(桂)'는 과거시험과 관련한 표현에 자주 보이는 한자인데 계과를 진사과의 아칭(雅稱)으로 보기도 한다(黨銀平, 2002, 155쪽). 이렇듯 최치원이 남긴 저술을 보면 이제껏 빈공과라고 이해했던 과목이 사실은 진사과일 수도 있겠다는 생각이 든다. 실제로 그의 글에는 빈공은 몇 차례 보이지만, 빈공과라는 표현은 전무하다.

비록 자료가 소략하고 단편적이지만 현전하는 자료에 의하면 빈공과가 실재했다고 장담하기 어렵다. 만일 빈공과 부재론이 타당하다면 빈공과가 외국인 대상으로 설치된 특별시험이라는 인식은 과대해석이라고 비판할 수 있겠다. 한국 학계에서도 빈공과 실재 여부 논쟁을 의식하고 있다. 최치원 등을 빈공과 합격자라고 지칭했지만(李基東, 1978; 1979) 이후 '진사과에 빈공 자격으로 합격한 인물'이라고 표현을 수정하거나(이기동, 2010), 부재론을 간략하게 언급하며 '빈공진사 시험'이라고 표현했기 때문이다(曹凡煥, 2009). 그러나 빈공진사과(賓貢進士科)라고 지칭하더라도 그 성격은 외국인 전용 과거시험으로 규정하는 등(김한규, 1999, 333쪽) 한국 학계에서 빈공과 부재론은 크게 지지를 얻지 못했고, 본격적으로 다루어진 바도 없다.

다음으로 운영 방식에 관련한 논의이다. "매번 별시를 치르고 방목 말미에 이름을 붙이게 되니(每自別試 附名榜尾)"는 빈공과의 운영 방식을 알려주는 유일한 기록이다. 그러나 신라인이 당에서 별시를 치렀다는 다른 사료는 확인되지 않는다. 이에 '매자별시(每自別試)'의 사실성을 반박하는 의견이 등장했다. 모두 빈공과 부재론의 입장이다. '매자별시'는 고려 출신 빈공을 우대하던 송대(宋代) 상황을 반영한다거나(黨銀平, 2002; 2007; 裵淑姬, 2003), 외국인에 대한 우대 및 회유책이며 당인(唐人)의 진사과 시험보다 쉽게 출제한 진사과 내부의 별시라고 보기도 한다(張伯偉, 2003, 436쪽). 그런데 사료상 송대 고려인을 배려하여 특별시험을 치른 사례는 정화 연간의 1회에 불과하므로 '매(每)'라는 표현은 송대 상황에도 적절하지 않다.

반면, '부명방미(附名榜尾)'와 유사한 표현은 최치원의 글에 남아있다(『계원필경집』서문 '金名榜尾' 및 권18, 「장계(長啓)」'本望止於榜尾科第'). 그러나 이를 토대로 '부명방미'가 당대 사실을 반영한다고 말하기는 어렵다. 전자는 최치원이 겨우 방목의 끝에 이름을 올릴 정도의 성적으로 과거에 급제했다는 의미로 파악할 수 있다. 후자는 과거에 붙기를 바라는 간절한 심정을 드러냈을 뿐이다.

따라서 현재 알려진 자료를 통해서는 최해의 '每自別試 附名榜尾'가 당대 빈공과의 실상을 반영한 표현이라고 증빙할 수 없다. 하지만 빈공과 운영 방식에 대한 유일한 기록으로 이해되므로 무엇을 의미하는지 더 생각해볼 가치는 있다. 참고할 만한 다른 사료가 없으므로 문맥 파악을 통해 의미를 드러내보도록 하겠다.

'별시(別試)'는 기존의 이해처럼 여타 시험과 구분되는 별도의 시험이거나, 외국인만을 위해 황제의 특전으로 열리는 비정기적인 시험일 수 있다. 구체적인 형태를 떠올리기는 쉽지 않지만 '방미(榜尾)'와 함께 연결해보면 전자일 가능성이 크다. 단일한 시험의 합격자 명단을 해당 방목 끝에 열거하는 방식은 수긍하기 어렵기 때문이다. 따라서 '방미'는 '별시'가 아닌 다른 시험의 방목을 의미하므로 빈공과는 다른 과목 시험과 함께 동시에 시행되었음을 알 수 있다. 그리고 그 다른 과목은 당인(唐人)이 치르는 시험이라고 생각할 수밖에 없다. 결국 빈공과가 홀로 열리는 비정기적인 시험일 가능성은 크지 않다.

다음으로, 빈공과 부재론의 입장에서 '每自別試 附名榜尾'를 검토해보겠다. 빈공과는 실재하지 않았고 최해의 빈공과가 '빈공 자격으로 치르는 진사과'를 의미한다면, '별시'는 당인과 외국인이 동일한 시험을 치르되 외국인은 별도로 관리한다는 의미가 된다. 별도로 관리했다면, 시험장소를 구분하거나 외국인 응시자 명단을 따로 작성하는 등의 방법을 생각해볼 수 있겠다. 즉 '每自別試 附名榜尾'는 '과거에 응시한 외국인들을 당인 응시자와 별도로 관리하여 시험을 치르도록 하고, 외국인 합격자 명단은 당인 합격자 명단 아래에 따로 덧붙인다' 정도의 의미가 아닐까 한다. 한편 빈공과의 실재를 긍정하든 부정하든 당에서 외국인 응시자를 별도로 관리했다고 이해한다는 점에서는 두 입장이 동일하다.

엄경망의 이해처럼, '每自別試'는 빈공과를 외국인에 대한 특혜나 우대로 바라보는 근거가 될 수 있다. 하지만 「송봉사이중보환조서」의 전체적인 맥락, 즉 빈공과에 대한 최해의 인식은 차별과 구분이었다. 즉 '매번 별시를 치르고 방목 말미에 이름을 붙이게 되니 다른 사람들과 더불어 나란히 설 수 없었다(每自別試 附名榜尾 不得與諸人齒)'는 몽골 제과(制科)의 '일시동인하여 어진 자를 세우는 일에 구애받음이 없어서 동방의 선비들이 중원의 준수한 이들과 함께 응시하여 금방에 나란히 이름을 올렸으니(一視同仁 立賢無方 東土故與中原俊秀竝擧 列名金牓)'를 강조하기 위한 수사로서 사용되었다는 인상이 강하게 남는다. 두 문장 사이에는 당대 빈공과 합격자들이 좋지 못한 대우를 받았다는 내용이 서술되어 있기 때문이다.

'일시동인'이라는 표현도 사실과 맞지 않은 부분이 있다. 널리 알려져 있듯이, 몽골은 몽골인·색목인에 비해 한인(漢人)·남인(南人)을 차별했다. 이는 과거시험에서도 마찬가지였다. 몽골인·색목인과 한인·남인은 응시하는 과목이 달랐다. 전자는 후자의 과목에 응시할 수 있었지만, 후자가 전자의 과목에 응시할 수 있었는지 여부는 확인되지 않는다. 또한 양자는 방방(放榜)도 따로 했다고 한다(『원사』 권81, 지31 선거1 과목).

1321년 몽골 제과에 합격한 최해는 좌방에 이름을 올렸다고 한다(登左牓).[5] 그런데 몽골인의 사례에서 알 수 있듯이(『원사』 권145, 열전32 및 권196, 열전83), 우방은 몽골인 합격자 명단이므로 색목인도 우방에 포함되었다고 볼 수 있다. 그렇다면 좌방은 한인·남인·고려인 합격자 명단이라고 추정할 수 있다. 이렇듯 최해는 몽골 제과에서 행해지던 차별을 직접 겪었던 인물이다. 고려인들이 중원의 준수한 인재들과 함께 같은 과목에 응시했더라도 차별이 실재했으므로 일시동인은 현실을 반영하는 표현이 아니다. 이와는 달리, 중원의 준수한 인재들을 한인·남인으로 국한하여 이해한다면 과거시험에서 고려인에 대한 차별이나 구분이 없었다고 생각할 수도 있다. 그렇더라도 몽골인·색목인에 비해 한인·남인이 차별을 받았던 사실은 엄연히 존재하므로 일시동인이라는 표현은 적절하지 않다.

이렇듯 최해는 사실과 다른 서술을 통해 몽골을 향한 긍정적 인식을 드러냈다. 또한 '지극한 인과 가득한 덕(至仁盛德)', '태평성대[休明治安]', '천 년에 한 번 있는 시기(千載一時)' 등으로 몽골의 치세를 극찬하기도 했다(『졸고천백』 권1, 「해동기로회서(海東耆老會序)」). 앞서 언급한 '每自別試 附名榜尾 不得與諸人齒'와 '一視同仁 立賢無方 東士故與中原俊秀並擧 列名金榜'의 대비 또한 이러한 인식의 발로라고 볼 수 있다. 이러한 이해에 무리가 없다면 몽골의 치세를 찬양하기 위한 수사의 일부인 '每自別試 附名榜尾'는 빈공과 운영 방식을 드러내는 단서로서 활용할 수 없게 된다.

3 설치 시기와 합격자

빈공과 설치 시기에 대한 이해도 다시 짚고 넘어갈 필요가 있다. 당대 빈공과가 존재했다고 파악하는 연구자들은 빈공과 설치 시기를 당 목종 장경 원년(821)이

---

[5] 「송봉사이중보환조서」가 게재된 『졸고천백』·『가정집』·『동문선』 중 『동문선』(권84)에서만 최해가 '등용방(登龍牓)'했다고 기록했는데 용방(龍牓)은 문과 급제자 명단을, 호방(虎牓)은 무과 급제자 명단을 지칭한다. 한편 최해는 「동인지문서」에서 자신의 제과 급제를 '眘濫竊掛名金牓'이라고 표현하기도 하였다.

라고 이해하고 있다. 그러나 김운경의 합격을 장경 원년으로 표기한 왕응린(王應麟, 1223~1296)의 『옥해』「함평빈공(咸平賓貢)」에는 빈공과가 등장하지 않는다.[6] 「송봉사이중보환조서」와 『동사강목』, 『해동역사』, 『증보문헌비고』는 김운경이 장경 초 빈공과에 합격했다고 전할 뿐이며 빈공과 설치시기를 언급하지 않았다. 따라서 김운경 등제시기가 빈공과 설치시기를 뒷받침하지는 않는다.

최해의 제과 급제 시기(1321)를 고려하면, 「함평빈공」을 참조하여 김운경 관련 내용을 서술했다고 추정된다. 그런데 「함평빈공」의 '장경 원년 신축에 빈공 1인 김운경'을 「송봉사이중보환조서」에서는 '장경 초에 김운경이라는 사람이 있어 신라 빈공으로는 처음으로(長慶初 有金雲卿者 始以新羅賓貢)'라고 표현했다. 그리고 빈공과 및 등제자 숫자를 언급했으며, 더욱이 「함평빈공」에는 보이지 않던 '始'를 추가했다. 이러한 「송봉사이중보환조서」의 서술은 이후 문헌에 큰 영향을 끼쳤다. 『동사강목』은 '장경 초 김운경이 처음 빈공과에 등제'라고 했다(권5상, 진성여주3년(眞聖女主三年) 「견최승우입학우당(遣崔承祐入學于唐)」). 또한 『해동역사』 빈공 항목 및 『증보문헌비고』 빈공과 항목에서는 '동국인(東國人) 중 김운경이 처음으로 중조(中朝) 과거에 합격한 인물'이라고 했으며 『증보문헌비고』는 '신라의 빈공과 등제는 김운경으로부터'라는 표현도 덧붙였다. 즉 김운경을 빈공과 합격자로, 그것도 가장 이른 시기에 합격한 신라인으로 이해한 최초의 자료는 「송봉사이중보환조서」이다.

한편, 빈공과 설치를 알리는 중국 문헌은 존재하지 않으므로 그 시기를 특정할 수 없다. 다만 확인되는 첫 빈공과 합격자라는 김운경의 급제시기를 하한으로 볼 수는 있다. 그러나 학계에서는 김운경 등제시기를 빈공과 설치시기와 동일시하는 시각이 만연해있다. 앞서 언급한 '시(始)'가 원인으로 작용한 듯하다. 즉, 「송봉사이중보환조서」에서 「함평빈공」과는 다르게 서술함으로써 김운경은 첫 빈공과

6　"太平興國五年, 高麗康戩舉進士, 初肄業國學. 咸平元年二月戊申, 賜高麗賓貢進士金成績及第, 附春榜. 景祐元年, 高麗賓貢進士康撫民, 召試舍人院, 四月三日, 賜同出身. 唐選舉志, 太宗崇儒術, 四夷若高麗·百濟·新羅·高昌·吐蕃, 遣子弟入學, 中宗詔蕃王及可汗子孫, 願入學者, 附國子學讀書. 登科記, 長慶元年辛丑, 賓貢一人金雲卿."(『玉海』卷116, 選舉 「咸平賓貢」)『해동역사』에서는 '長慶元年辛丑, 賓貢一人金雲卿'을 전재하면서 그 출처를 '등과기'라고 언급했다(『해동역사』권18, 예지1 학례 「빈공」).

합격자로 인식되어 후대 문헌에 영향을 주었고, 더 나아가 근래에는 그의 등제시기가 곧 빈공과 설치시기로 인식되었다고 할 수 있겠다. 이를 고려하면, 기록에 남아있지 않더라도 김운경보다 먼저 합격한 다른 인물이 존재할 가능성을 완전히 배제할 수는 없다.

김운경 관련 기록이 남아있는『구당서』·『당회요』·『책부원구』·『삼국사기』 등은 그의 급제사실을 언급하지 않았다. 특히『삼국사기』는 '비록 문자가 조금 전하지만 역사에 행적이 전하지 않는다'라고 했다(『삼국사기』 권46, 열전6). 그런데「함평빈공」은 '등과기'를 인용하여 그의 등제를 서술했다. 어쩌면 이 등과기가 김운경의 합격 외에도 빈공과 관련 서술을 포함하고 있을 가능성이 있다. 그러나 당대 등과기는 종류가 매우 다양하여 어떤 등과기에 김운경 등제 사실이 남아 있었는지 파악하기 어렵다.

『신당서』 예문지에는 3종의 등과기가 소개되어 있고,『등과기고』는 7~8종의 당~오대(五代) 등과기를 언급했다(徐松 撰·趙守儼 點校, 1984,「點校說明」). 더욱이『등과기고』에는 김운경 및 장원 두사례의 합격 사실이 보이지 않는다. 또한 이를 더 보충한『등과기고보정』에는 김운경이 장경 원년 합격자로 수록되어 있지만 제시한 근거 자료는「함평빈공」이 유일하다(徐松 撰·孟二冬 補正, 2003, 781쪽). 즉 사실상 김운경의 합격을 기록한 등과기가 무엇인지 알 수 없고, 그의 등제를 전하는 최초의 문헌에 어떻게 서술되어 있는지 확인할 수 없는 상황이다. 이로써 현전하는 자료 중에서는「함평빈공」이 김운경의 등제사실을 언급한 가장 이른 시기의 자료임을 알 수 있다. 한편 빈공과 급제자들이 진사과 급제자들과 동등한 대우를 받지 못했기 때문에 김운경이 등과기에 탈루되었다고 이해하기도 하지만(이성무, 1997, 98쪽), 이는 등과기를 인용하여 김운경을 언급한「함평빈공」과 정면으로 배치된다.

빈공과 합격자 숫자도 최해의 기록을 근거로 논의하고 있다. 최해는『졸고천백』「송봉사이중보환조서」를 통하여 당에서 58인, 오대 양과 당에서 32인이 합격했고, 이 중 발해 출신 10여 인을 제외하면 모두 신라인이라고 했다.[7] 엄경망은 신

7　빈공과에 합격한 신라인을『동사강목』에서는 90인(58+32)으로,『해동역사』와『증보문헌비고』는

라인 합격자를 90(58+32)인으로 파악하며 "100인에 가깝다(蓋近百人)"라고 표현했
고(嚴耕望, 1969, 432쪽), 한국 학계에서도 이를 따르고 있다. 여기에 발해 출신 합격
자 10여 인을 더하면 빈공과 합격자의 총합은 최소 100여 인에 이른다.

『졸고천백』「송봉사이중보환조서」의 "발해 10여 인을 제외하면(蓋除渤海十數
人)"을 『가정집』에 실린 「송봉사이중보환조서」에서는 "발해제번 10여 인을 제외하
면(蓋除渤海諸蕃十數人)"이라고 기록했다. 이와 관련하여 '발해제번'을 '발해와 다른
나라'로 풀이함으로써 신라인과 발해인의 대비가 아닌, 신라인과 비(非)신라인의
대비가 최해의 의도였다고 파악하면서 전체 빈공과 합격자는 90인이고, 90인 중에
서 '발해제번' 10여 인을 제외한 80여 인이 신라 출신 합격자라고 이해하기도 한다
(宋基豪, 1994, 442~443쪽).[8] 이에 따르면, 발해 합격자는 10여 인 중 일부가 되므로
기존의 이해보다 감소하게 된다. 반면 '발해제번'을 '발해 및 발해에 속한 번' 혹은
'발해의 여러 번'이라고 이해하면 『졸고천백』과 『가정집』의 해당 문구는 동일한 의
미가 되어 차이가 없다.

이렇듯 빈공과 합격자 숫자(전체, 신라인, 발해인)에 대한 최해의 서술은 다르게
해석할 수도 있으므로 면밀한 검토가 필요하다. 한편 「동인지문서」의 "합격자 명
단에 이름이 빠진 적 없다(牓無闕名)"라는 표현을 통해서도 당 과거시험에 응시하고
합격한 신라인의 규모가 상당했음을 짐작할 수 있다.

빈공과 및 빈공과에 합격한 신라인·발해인을 이해하기 위해서는 외국인으로
서 당 과거에 합격했다고 알려진 다른 국가 출신 인물들도 살펴보아야 한다. 일본
출신 아베 나카마로(阿倍仲麻呂, ?~770)는 당 태학에 입학하여 진사과에 급제한 인
물로 알려져 있고, 이러한 인식은 일본 학계의 통설이다. 그런데 근래에는 아베 나

89(58+31)인으로 서술하였으니 『증보문헌비고』는 『해동역사』의 오류를 답습한 셈이다.

8　이 의견대로 신라인과 非신라인의 대비를 아(我)와 비아(非我)의 구분으로 이해할 수 있다면, 이
를 14세기 고려인의 발해 인식을 드러내는 자료로 활용할 수도 있겠다. 「송봉사이중보환조서」는 『졸고
천백』·『가정집』·『동문선』에 게재되어 있으며, 『가정집』(가정잡록)에만 '蓋除渤海諸蕃十數人'이라고 기
록되어 있다. 이외에도 문집에 따라 문자의 출입이 있긴 하지만, 이 부분만 다른 해석의 여지가 있다.

카마로의 급제 사실을 전하는 기록에는 과거를 통한 사환(仕宦)이 상식이었던 송대 인식이 투영되었다면서 그의 과거 급제를 부정하거나(川本芳昭, 2013, 100~105쪽), 과거가 아닌 추천에 의한 사환이었다는 의견이 제기되었다(森公章, 2019, 90~94쪽).

　통설을 따르면, 아베 나카마로는 빈공과 설치(821년)보다 앞선 시기에 당에서 관직을 역임한 외국인이므로 821년 이전에 당에서 관직을 받고 활동한 신라인·발해인이 진사과에 합격했을 가능성도 생각해볼 수 있다. 반대로 근래의 반론을 수용하면, 당에서 외국인이 과거를 거치지 않아도 관직을 받을 수 있다는 사례가 되므로 당에서 관직생활을 한 신라인·발해인 중 과거 합격이 확인되지 않는 인물들을 군이 등제자로 보지 않아도 된다. 일본 학계에서는 아베 나카마로를 빈공과와 연결하여 생각하지 않는다. 그러나 빈공과 설치 시기를 확정할 수 없다면 그는 빈공과 합격자일 수도 있다. 이렇듯 아베 나카마로를 둘러싼 인식은 당에서 관직생활을 했던 신라인·발해인, 그리고 빈공과와 관련하여 시사하는 바가 크다.

　대식국(大食國) 출신 이언승(李彦昇)은 절도사의 추천을 받아 과거에 응시하여 당 선종 대중 2년(848) 진사과에 합격했다.[9] 이언승 사례는 외국인이 당 진사과에 응시하여 등제할 수 있었음을 보여준다. 한때 신라인 유학생은 216명이 동시에 당에서 머무를 정도로 많았고(『당회요』 권36, 「부학독서(附學讀書)」), 지속적으로 파견되었으니 이들 중에서 진사과에 응시(합격)한 사람이 있었을 가능성은 높다. 어쩌면 발해인 진사과 응시자(합격자)가 있었을지 모른다.

　'以進士第名顯 然常所賓貢者不得擬'에서 빈공은 빈공과 실재 여부와 결부하여 두 가지로 다르게 해석할 수 있다. 빈공을 빈공과 합격자로 이해한다면, 진사과에 합격한 이언승이 빈공과에 합격한 사람보다 우수했다고 볼 수 있다(박한제, 2015, 67쪽). 이는 빈공과가 진사과에 비해 쉽게 출제되었다는 인식과도 연결될 수 있겠다. 반대로 빈공 자격으로 진사과에 합격한 외국인으로 파악한다면, 외국 출신 진사과 합격자 중에서 그가 매우 뛰어났다고 생각할 수 있다.

9　"大中初年, 大梁連帥范陽公得大食國人李彦昇, 薦于闕下, 天子詔春司考其才, 二年以進士第名顯, 然常所賓貢者不得擬."(『全唐文』 卷767, 陳黯 「華心」; 『文苑英華』 卷364, 陳黯 「華心」)

관점을 달리하여 강한 번진(藩鎭)의 추천을 강조하는 의미로 받아들일 수도 있겠다(張伯偉, 2003, 433쪽). 이렇게 본다고 해도 빈공을 어떻게 해석하느냐에 따라 강한 번진의 추천을 받는 일이 빈공과 응시자에게 드문 일이었는지, 혹은 빈공으로서 진사과에 응시하는 사람에게 드문 일이었는지 등으로 이해가 달라질 수 있다. 현재로서는 어느 쪽이 더 타당한지 파악하기 어렵다. 다만 외국인이 당 과거에 합격하는 과정을 보여주는 흔치 않은 사례임은 확실하다. 또한 이언승을 '천자의 특혜에 힘입어 과거시험을 치른 외국인'으로 이해하여 '매자별시(每自別試)'라는 표현의 근거로 파악할 수도 있겠다. 그렇지만 이 일화는 특수한 사례이므로 외국인이 매번 천자의 은택을 받았다고 생각하기는 어렵다.

이처럼 이언승 기록에는 해석의 여지가 있지만, 그가 합격한 과목이 진사과임은 분명하다. 그럼에도 불구하고 빈공과 합격자의 다양한 출신 국가를 소개하면서 대식국의 이언승이 꾸준히 언급되고 있다는 점은 큰 문제이다.

기존 연구에서는 최대한 많은 빈공과 합격자 명단을 확보하려고 노력했지만, 합격 여부가 확인되지 않더라도 빈공이라고 표현되었거나 당에서 관직을 받은 인물을 합격자로 파악하는 경향이 있다.[10] 그러나 빈공이라는 표현이 빈공과 합격자를 의미하지 않을 수도 있고, 외국인이 과거가 아닌 다른 경로를 통해 관직에 오를 수 있는 가능성도 존재하기 때문에 이는 섣부른 추정이 될 수 있다.

4 맺음말

당대 사정을 전하는 주요 사료에는 빈공과 규정이나 운영에 관한 내용 뿐만 아니라 빈공과라는 용어조차 보이지 않는다. 그런데 고려 문인 최해는 「송봉사이

---

[10] 嚴耕望은 시문(詩文)에서 빈공이라고 표현된 인물을 빈공과 합격자로 추정했다(1969). 그리고 이기동은 초기 연구에서 당의 관직을 받은 기록이 확인되는 신라인을 빈공과 합격자로 분류했으나 (1978; 1979), 이후 논고에서는 빈공과 합격 여부가 확인되지 않더라도 외교에서 활약한 인물을 빈공과 합격자로 추정했었음을 밝혔다(2010, 64쪽).

중보환조서」에서 빈공과라는 명칭 및 그 운영 방식 등을 처음으로 언급했다. 이후 『동사강목』과 『해동역사』, 『증보문헌비고』 등 빈공과를 다룬 문헌과 후대 연구자들이 「송봉사이중보환조서」에 크게 의지했고, 결과적으로 현재 통용되는 빈공과 이해와 인식은 모두 최해의 서술에 기반을 두게 되었다.

이 글에서는 빈공과 이해를 위한 기초 작업으로서 「송봉사이중보환조서」에 보이는 빈공과 관련 내용을 간략하게 살펴보았다. 그리하여 빈공과의 실재 여부와 운영 방식, 그리고 설치 시기와 합격자 등 주요한 요소를 통념과는 다르게 이해할 여지가 충분하고, 또한 「송봉사이중보환조서」가 정확한 사실을 반영한다고 말하기 어려운 부분도 있다고 결론지었다. 그 과정에서 빈공과 인식이 누층적으로 형성되는 양상을 언급하고 이제껏 최해의 서술을 곡해하거나 오독했을지도 모른다는 의문을 제기함으로써 기본 자료의 면밀한 검토가 선행되어야 함을 강조했다. 이는 이 글이 갖는 나름의 의의라고 생각한다. 그러나 소략하고 단편적인 기록을 토대로 맥락과 의도를 고민하다 보니 가정과 추론, 억측으로 점철되고 말았다. 이는 이 글이 갖는 한계이자 결함이다. 향후 고려와 당·송·몽골의 과거제도 및 사회상에 대한 깊은 고찰을 바탕으로 빈공과의 실체 및 후대인의 빈공과 인식 등에 더 가까이 접근할 수 있기를 기대해본다.

후기

이 글은 필자가 처음으로 송기호 선생님의 대학원 수업을 수강한 후 제출한 기말보고서의 문제의식을 확장·발전시켜 완성했다. 기말보고서를 작성하던 당시 '선생님의 정년 논총에 글을 싣는다면 반드시 이 주제로 해야겠다'라고 다짐했던 기억이 난다. 이후 선생님께서는 간혹 필자의 기말보고서를 언급하며 부족한 부분을 짚어주셨고 그때마다 자극을 받아 틈나는 대로 논지를 다듬을 수 있었다. 결과적으로 선생님께서 글을 완성하도록 이끌어주신 셈이다. 비록 만족할 만한 수준에 이르지 못했지만, 스스로에게 한 다짐을 지켰고 대학원에서 선생님과의 추억을 수미상응(首尾相應)할 수 있게 되었음에 의의를 두고자 한다.

참고문헌

『가정집(稼亭集)』, 『계원필경집(桂苑筆耕集)』, 『고려사(高麗史)』, 『고운집(孤雲集)』, 『구당서(舊唐書)』, 『당문습유(唐文拾遺)』, 『당회요(唐會要)』, 『동문선(東文選)』, 『동사강목(東史綱目)』, 『문원영화(文苑英華)』, 『삼국사기(三國史記)』, 『신당서(新唐書)』, 『옥해(玉海)』, 『원사(元史)』, 『전당문(全唐文)』, 『졸고천백(拙藁千百)』, 『증보문헌비고(增補文獻備考)』, 『책부원구(册府元龜)』, 『해동역사(海東繹史)』

한글

강나리, 2018, 「新羅 下代 渡唐留學의 성행과 그 배경」, 『韓國古代史研究』 90, 한국고대사학회.

金世潤, 1982, 「新羅下代의 渡唐留學生에 대하여」, 『韓國史研究』 37, 한국사연구회.

김한규, 1999, 『한중관계사』 Ⅰ, 아르케.

당인핑 著, 마중가 譯, 2004, 『최치원 신연구』, 한림대학교 아시아문화연구소.

박한제, 2015, 『대당제국과 그 유산: 호한통합과 다민족국가의 형성』, 세창출판사.

裵淑姬, 2003, 「宋代 高麗의 賓貢進士」, 『宋遼金元史研究』 8, 송요금원사연구회.

宋基豪, 1994, 「唐 賓貢科에 급제한 渤海人」, 『李基白先生古稀紀念 韓國史學論叢(上)』, 一潮閣(1995, 『渤海政治史研究』, 一潮閣).

申瀅植, 1969, 「宿衛學生考」, 『歷史教育』 11·12, 역사교육연구회.

申瀅植, 1977, 「新羅 末期의 渡唐留學生」, 『韓國史의 再照明』, 讀書新聞社.

申瀅植, 1985, 「羅末麗初의 遣唐留學生再論」, 『邊太燮博士華甲紀念 史學論叢』, 三英社(1987, 「羅末麗初의 渡唐留學生研究」, 『古代韓中關係史의 研究』, 三知院).

윤재운, 2020, 「꿈을 찾아 떠난 사람들: 한국고대 유학생의 연구현황과 과제」, 『全北史學』 59, 전북사학회.

李基東, 1978, 「羅末麗初 近侍機構와 文翰機構의 擴張」, 『歷史學報』 77, 역사학회(1984, 『新羅骨品制社會와 花郎徒』, 一潮閣).

李基東, 1979, 「新羅 下代 賓貢及第者의 出現과 羅唐 文人의 交驩」, 『全海宗博士華甲紀念 史學論叢』, 一潮閣(1984, 『新羅骨品制社會와 花郎徒』, 一潮閣).

이기동, 2010, 「중국 진사과 및 제과에 합격한 한국인들」, 『한국사시민강좌』 46, 일조각.

이성무, 1997, 「賓貢科와 制科」, 『한국 과거제도사』, 민음사.

曹凡煥, 2009, 「新羅 下代 渡唐國學留學生에 대한 재검토」, 『한국고대사연구의 현단계: 石門李基東敎授停年紀念論叢』, 주류성.

조성환 編譯, 2009, 『중국의 최치원 연구』, 심산.

河元洙, 1995, 『唐代의 進士科와 士人에 관한 硏究』, 서울대학교 박사학위논문.

외국어

高明士, 1987, 「隋唐貢擧制度對日本·新羅的影響: 兼論隋唐賓貢科的成立」, 『古代中韓日關係研究』, 香港: 香港大學亞州研究中心.

高明士, 1995, 「賓貢科的起源與發展: 兼述科擧的起源與東亞士人共同出身之道」, 『唐史論叢』 6, 西安: 陝西人民出版社.

高明士, 1997, 「賓貢與賓貢科: 張寶三「唐「賓貢進士」及其相關問題論考」一文質疑」, 『文史哲學報』 46, 臺北: 國立臺灣大學文學院.

高明士, 2002, 「賓貢科的成立與發展: 東亞士人共同出身法的探索」, 『唐代史研究』 5, 東京: 唐代史研究會.

黨銀平, 2000, 「唐代賓貢進士的放榜方式」, 『文史雜志』 2000-06, 成都: 四川省文史研究館·四川省人民政府參事室.

黨銀平, 2001a, 「唐代賓貢進士特殊管理體制新探」, 『中國學論叢』 14, 고려대학교 중국학연구소.

黨銀平, 2001b, 「崔致遠與唐代賓貢進士的特殊體制考述」, 『東西文化交流研究』 3, 한국돈황학회.

黨銀平, 2001c, 「唐代賓貢與賓貢科考辨」, 『東西文化交流研究』 3, 한국돈황학회.

黨銀平, 2002, 「唐代有無'賓貢科'新論」, 『社會科學戰線』 2002-01, 長春: 吉林省社會科學院.

黨銀平, 2007, 『唐與新羅文化關係研究』, 北京: 中華書局.

森公章, 2019, 『阿倍仲麻呂』, 東京: 吉川弘文館.

徐松 撰·孟二冬 補正, 2003, 『登科記考補正(中)』, 北京: 北京燕山出版社.

徐松 撰·趙守儼 點校, 1984, 『登科記考(上)』, 北京: 中華書局.

楊希義, 1993, 「唐代賓貢進士考」, 『中國唐史學會論文集』 3, 西安: 中國唐史學會.

嚴耕望, 1955, 「新羅留唐學生與僧徒」, 『中韓文化論集』 1, 臺北: 中華文化出版事業委員會 (1969, 『唐史研究叢稿』, 九龍: 新亞研究所出版).

嚴基珠, 2005, 「唐における新羅の「宿衛」と「賓貢」」, 『專修人文論集』 77, 東京: 專修大學學會.

閻琦, 1993,「新羅詩人崔致遠」,『西北大學學報(哲學社會科學版)』23, 西安: 西北大學.

張伯偉, 2003,「"宾贡"小考」,『中國研究』31, 한국외국어대학교 중국연구소.

張寶三, 1996,「唐"賓貢進士"及其相關問題論考」,『語文·情性·義理: 中國文學的多層面探討 國際學術會議論文集』, 臺北: 國立臺灣大學中國文學系.

川本芳昭, 2013,「崔致遠と阿倍仲麻呂: 古代朝鮮·日本における「中國化」との關聯から見た」,『古代東アジアの知識人: 崔致遠の人と作品』, 福岡: 九州大學出版會.

13장

신라 대일교역의 성격과 재당(在唐) 신라인의 동향

신카이 사키코(新飼早樹子, 서울대학교 국사학과 박사과정 수료)

1 머리말

신라의 교역활동에 대해 검토할 때 중요한 문제 중 하나는 재당(在唐) 신라인의 존재다. 그런데 '재당 신라인'이라는 표현은 사료상에 등장하지 않는 것이다.[1]

'재당 신라인'이라고 불리던 존재들은 9세기에 들어 신라와 일본 간의 교역활동에서 중요한 역할을 담당했기에 이들의 존재를 무시할 수는 없을 것이다. 이러한 재당 신라인들이 생겨난 원인에 대해서는 8세기 후반 이후 빈발했던 재이(災異)

---

[1] '재당 신라인'이라는 표현은 김문경이 처음 제시했다(김문경, 1984). 재당 신라인은 '당나라에 살고 있던 신라인'이라는 의미로 사용되었으며 재당 신라인 사회는 '당나라 안에 신라인들이 모여 살던 집단거주지' 정도로 다소 막연하게 인식되어왔다. 재당 신라인 연구에 관해서는 여전히 재당 신라인 사회의 형성과 해체에 관한 문제, 중국 내륙지방의 신라인 사회 존재 여부와 분포 상황, 신라인 사회와 본국과의 관계, 당나라의 정치·경제·문화 발전에 있어 재당 신라인들의 역할 등의 문제가 남아 있다(권덕영, 2005, 29~40쪽).

나 정치적 다툼으로 인해[2] 신라의 경제적 상황이 어려워지면서 다수의 신라인들
이 당나라에 지속적으로 이주하게 된 것으로 이해한 견해가 있다(권덕영, 2005, 55
쪽). 그러나 신라와 당나라는 오랜 시간 상호 교류하고 있었으므로 8세기 후반 이
전의 상황에도 주목할 필요가 있다. 따라서 이 글에서는 신라와 일본의 교역을 살
펴봄에 있어 무시할 수 없는 당나라의 존재를 염두에 두면서 신라와 일본 간 교역
의 성격 변화와 전개에 대해 살펴보고자 한다.

2 8세기 중엽~말기 신라의 대일교역 상황

신라와 일본의 관계에서 주목해야 하는 사건 중 하나는 752년 신라의 사신 파
견이다. 이 때 파견된 사신의 성격이 그 이전과는 다른 부분이 많고 관련 기록도
풍부한 편이다. 특히 752년에 파견된 신라 사신이 입경했을 때 장래(將來)한 물건
의 품목과 가치를 기록한 「매신라물해(買新羅物解)」가 남아 있다. 「매신라물해」에
는 품목뿐만 아니라 그 수량까지 기재된 경우가 많으며 품목 중 다수는 향약류가
차지한다. 아울러 「매신라물해」가 작성되기 전에 이미 여러 경로를 통해서 물품의
구입을 원하는 자들이 신라 사절이 가지고 온 물품의 정보를 파악하고 있었음을
알 수 있다(김창석, 2013, 192쪽). 또한 문서에서 확인되는 날짜는 신라 사신인 김태
렴 일행이 입경한 시기와 일치하며 문서말미의 신청날짜와 문서 형식을 통해 보았
을 때 이 문서의 용도는 관사에 제출하기 위한 것임을 알 수 있다. 이런 점들을 고
려하면 결국 이 시기 무역의 형태는 자유무역이 아니라 국가 주도의 교관 방식이
었음에 유의할 필요가 있다. 교역 참여자의 지위가 5위 이상으로 제한되어 있다는
점도 이를 뒷받침하며, 대량의 직물(直物)이 필요하기 때문에 한정적인 형태의 교
역이었다고도 이해할 수 있다(李成市, 1997; 김창석, 2013; 2019; 신카이 사키코, 2020 등).

---

2   신라인 170인이 절동연안에 표착한 내용이 있다(『구당서』 신라국전).

물론 「매신라물해」의 물품에서는 7세기 대에 자주 보이는 동물 등의 헌상품[3]이 보이지 않는다는 점에서 이전 시기의 교역과는 차이가 난다.

아울러 『속일본기(續日本記)』 천평승보(天平勝寶) 4년(752) 윤3월 을해 28일조에 따르면 사신을 능(陵)에 파견하여 신라 왕자의 내조(來朝) 사실을 보고했다는 기사가 확인된다는 점에도 주목할 필요가 있다. 신라 사신의 왕래가 없었던 9세기 초, 당나라에서 많은 물품을 가지고 귀국한 일본 견당사의 예에서도 비슷한 양상을 확인할 수 있다. 따라서 신라와 일본 간의 교역품이 다양해졌다고 하더라도 관사전매제(官司專賣制)의 관리교역이라는 점이 강조되어야 할 것이다.

그렇다면 이렇게 신라가 일본에 가지고 갔던 향약류들을 신라가 어떤 경로로 수입하고 일본에 전래했을까. 신라는 중국 내륙에서 생산하지 못하는 향약을 동아시아와의 남해무역(南海貿易)을 통해 구매했다. 향약은 대부분 남해무역을 통해 중국으로 수입되었으며 향약 소비가 성행한 당나라를 중심으로 동아시아에서 서아시아를 거쳐 동아프리카에까지 이르는 무역권을 형성하는 하나의 큰 요인이었다(나카마사 미카, 2005, 17쪽). 아울러 『책부원구(冊府元龜)』 권971, 외신부(外臣部) 조공(朝貢)4, 개원(開元) 12년(724) 3월조에 따르면 페르시아 등 향약을 생산하는 나라가 황제에게 향약을 바치는 경우가 많았다고 한다. 동남아시아에서 생산된 향약은 주로 해로를 통해 광주(廣州)로 집결되었으며 그 결과 광주는 가장 번성한 곳이 되었다. 8세기 광주에서 페르시아 상인이나 무슬림 상인의 교역활동이 융성해지면서 개원 2년(714) 이후에는 교역 관리를 강화하기 위해 황제는 시박사(市舶使)를 파견

---

3 헌상품으로 동물이 등장하는 경우는 671년, 679년, 685년, 686년, 688년, 700년, 716년, 719년, 732년에 나타나지만, 그 이후에는 보이지 않는다. 홍인 9년, 1월 13일조에 당나귀[驢] 네 마리를 가져온 것이 보이지만 이는 사신이 가져온 헌상품이 아니다. 이러한 희귀 동물은 국왕의 위세품으로 기능했기 때문에 당나라에도 관련 사례가 보이며 당나라 또한 신라왕에게 백앵무(白鸚鵡)[흰 앵무새] 자웅(雌雄)을 증여한 바 있다. 또한 희귀 동물류를 수수(授受)하는 것은 그 수효가 많지는 않지만, 왕실의 권위를 높이기 위한 예물의 의미로 생각된다(박남수, 2011, 245쪽). 아울러 동물의 수여는 신라의 광범위한 교역권과 문화기반을 상징하는 효과를 발휘하기 위한 것으로 본 견해도 있다(新川登龜男, 1999, 23~30쪽).

했다. 이 시기에 해당하는 성덕왕 12년(713)에는 신라의 대당관계가 정상화되면서 당나라와의 교역이 활발해졌고, 이를 통해 다양한 종류의 상품이 신라로 유입되었을 것이다(김창석, 2013, 238~239쪽). 다소 뒤 시기의 일이긴 하나 『구당서(舊唐書)』권20 현종기(玄宗紀), 『신당서(新唐書)』권5 , 현종기, 『자치통감(資治通鑑)』권215 등에 따르면 천보(天寶) 3년(744)에는 해적 오례광(吳禮光)이 대주(臺州) 및 민주(明州)를 습격하여 현종(玄宗)이 하남윤(河南尹) 배돈복(裴敦復), 진능군태수(晉陵郡太守) 류동승(劉同昇), 남해군태수(南海郡太守) 유거린(劉巨鱗)을 파견하여 그를 토벌하였다. 그런데 이 유거린의 본거지가 바로 광주이며, 유거린은 감진(鑑眞)을 위해 군용선을 준비했던 인물이기도 하다. 결국 유거린은 군용선을 보유한 가운데 오령광의 토벌에 참여한 것이 되며, 이는 오령광 등의 강남 해적세력이 남해무역과 관계가 있음을 시사한다(田中史生, 2016, 99쪽). 그리고 『당대화상동정전(唐大和上東征傳)』에는 "대주, 민주, 온주(溫州)의 연안에서 해적이 다발하며 바다를 막고 있었다"고 기록되어 있고 해적의 활발한 움직임이 보이므로 중앙은 오례광에 대항 가능한 둔문진(屯門鎭)[현재의 홍콩 서해안]의 군사력을 기대하여 파견했다(夏炎, 2010, 400~407쪽). 해상 전투 능력을 지닌 연안방어는 기본적으로 광주에 집중하고 있으며 무역 항구 기능과 무관계가 아니다(于笛, 2017, 71~73쪽). 『당대화상동정전』에 따르면 감진은 그의 다섯 번째 도해(渡海)에서 광주 남쪽의 해남도(海南島)에 표류했을 때 재지의 실력자인 풍약방(馮若芳)의 지원을 받았다. 그런데 풍약방 역시 주변을 통행하는 페르시아 상인의 배를 습격하여 뱃짐을 빼앗고 선원을 노예로 만들었던 해적이다. 또한 풍약방은 손님과 만날 때면 아랍산 유향(乳香)을 대량으로 사용하여 불을 밝혔으며 저택에는 소방(蘇芳)을 대량으로 쌓아두고 있었다고 한다. 유향과 소방은 752년에 신라가 일본으로 가져온 물품 중에도 포함되어 있던 것으로 아마도 신라 역시 광주 등을 경유했거나 해당 경로를 이용하는 교역망을 통해 수입했을 가능성이 높다. 한편 감진이 이후에 광주를 방문했을 때 향약 및 진보를 가득 신고 있던 인도, 페르시아, 곤륜(崑崙)의 배를 목격했다는 기록이 남아 있기도 하다. 즉 8세기 중엽 단계에 이미 광주를 중심으로 향약류 및 진보 등의 물품이 모여들었던 것이다. 이 시기 남해무역이 융성했고, 이는 해적들의 관심을 끌었다.

더욱이 이러한 움직임은 양주(揚州)에서도 보인다.『신당서』권144 열전69 전신공전(田神功傳)에 따르면 그 당시 양주에는 수천 명 규모의 소그드 상인이나 페르시아 상인이 거주했다. 즉 신라는 국내에서 구입하지 못한 물품을 이와 같은 교역망을 통해 구입했다고 추정할 수 있으며, 이렇게 구입한 물품들을 일본에 가지고 갔을 가능성이 높다.

그 이후 신라와 일본의 관계는 어떻게 변해갔을까. 신라의 경우 혜공왕 15년(779)의 사신 파견을 마지막으로 한동안 대일 사신 파견 기사가 등장하지 않는다. 관련 기사가 재등장하는 것은 애장왕 대의 일이다. 다만 사신은 파견하지 않았지만 그 이외의 교류는 활발하게 진행되고 있었다고 볼 근거가 있다. 이는 사료에 새로운 형태의 신라인이 등장하고 있기 때문이다.『유취삼대격(類聚三代格)』권18 보귀(寶龜) 5년(774) 5월 17일 기사를 보면 일본에 온 신라인을 '귀화(歸化)'와 '유래(流來)'로 구분하고 양자에 대한 대응을 명확히 구분했던 기사가 보인다. 좀 더 구체적으로 사료를 살펴보면 '유래자'의 경우 신라로 귀국할 사람이라 인식했으며 반면 귀화자의 경우는 호례몰락외번조(戶禮沒落外蕃條)에 의거해 조치를 취했다.

그런데 '예(禮)'의 규정을 살펴보면 귀화에 관한 것만 존재한다. 그렇다면 이 시기에 '유래'라는 신라인들이 사료에 보이기 시작한 까닭은 무엇일까. 이 조치는 '귀화'로 분류되지 않은 신라인을 '유래'라고 규정한 것으로 '귀화'와 '번객(蕃客)'으로 구분하던 그 이전의 형식과 다른 새로운 규정이 생긴 것으로 이해할 수 있다. 즉 '유래'라는 하나의 유형으로 규정했지만 그 안에는 '귀화'에 포함되지 않았던 여러 가지 형태가 존재했던 것으로 보인다. 목적을 파악할 수 없는 '유래자'가 증가하자 일본 당국이 위기감을 품은 결과로 나타난 규정이라고 이해하는 견해도 있다(山內晉次, 2003, 74~75쪽). 결국 신라인을 규정하는 '유래'라는 새로운 용어가 등장한 이유는 신라와 일본의 관계 속에서 파악할 수 있는 것이다. 신라인이 얼마나 늘어났는지를 확실히 알려주는 사료는 없지만,『속일본기』권33 보귀 5년(774) 5월 을묘(17일)조에 따르면 신라 사람이 많이 늘어났으며 특히 대재부(太宰府) 주변에 거주하고 있던 신라인들에 대한 대응에서 혼란이 생겼다는 것을 알 수 있다. 이상의 내용을 고려하면 혜공왕 재위 말기인 770년대에는 신라 사신이 왕래하지 않았음에도 불구하고 일본으로 건너간 신라인은 계속 증가하는 추세였으며 특히 대재부 주변에는 교역활동을 목적으로 건너간 신라인들이 체류했을 가능성도 있다.[4] 하지만 앞에서 언급한 바와 같이 신라에 대한 일본의 외교적 태도는 일관되게 율령체제에 근거하여 관사에 우선권을 주는 관리교역의 형태였으며 직접 무역이 아니었다는 문제가 있다.

이러한 대재부의 상황에 대해 『유취삼대격』 연력 2년(783) 3월 22일자 기사가 단서를 줄 수 있는데, 관선(官船)임에도 불구하고 '사물(私物)'을 적재하는 경우가 있었음이 확인된다. 즉 이 시기에는 아직 대재부의 교역을 국가가 파악, 관리, 조직화할 수 없었던 것으로 보인다. 다시 말해 국제 교역자들의 움직임에 의해 이미 북부구주(北部九州)가 말려들어 이에 대한 구체적이고 효과적인 대책이 요구되었으나 교역자들을 공식적으로 인정하지는 않았던 것이다. 이에 따라 신라인들에 대한 규정은 애매해질 수밖에 없었다. 결국 이 시기는 이전과 마찬가지로 율령체제 아래에서 대외관계의 형식을 유지하려고 노력했던 시기로 볼 수 있으며, 이러한 상황은 9세기 초까지도 지속되었을 것으로 추정된다. 신라와 일본 간의 사신 파견의 움직임은 원성왕 및 소성왕 대에는 보이지 않는다. 이미 언급했듯 신라-일본 간의 움직임이 다시 확인되는 시기가 다음에서 살펴볼 애장왕 대이다.

3 애장왕대의 대일관계와 '교빙결호'

애장왕 대의 신라와 일본의 관계는 770년 이후부터 소성왕 대까지와는 다른 양상을 보인다. 이와 관련된 사료를 표1에 정리했다.

먼저 표1의 『삼국사기』 권10 신라본기 애장왕 3년(802) 12월조 기사를 살펴보

---

4 『속일본기』신호경운 2년(768) 10월 경오조에 의하면 "爲買新羅交關物也"라고 되어 있으며 이는 신라의 품목을 구입할 때의 교관용 면(綿)이고, 이러한 대재부면(大宰府綿)의 지급이 대재부 교역의 가능성을 말해준다는 견해가 있다(박남수, 2011, 184~185쪽).

표1 애장왕대 신라와 일본 대외교섭의 시간적 움직임

년·월·일, 출전	내용
애장왕 3년(802) 12월, 『삼국사기』	균정을 가왕자(假王子)로 만들어 일본에 볼모로 보내려고 했지만 균정이 거부함.
연력 22년(803) 3월, 『일본후기』	당나라에 관한 정보를 받기 위하여 일본은 신라에 견신라사 재부숙예빈성(齋部宿禰浜成)을 파견함.
연력 22년(803) 4월 23일, 『일본후기』	16일에 첫 번째 도행하지만, 비바람 때문에 배가 파손됨.
애장왕 4년(803) 7월, 『삼국사기』	교빙결호(交聘結好)
애장왕 5년(804) 5월, 『삼국사기』	일본이 사신을 파견하여 금 300량을 헌상함.
연력 23년(804) 7월 6일, 『일본후기』	견당사 파견. 4척의 배를 출행.
연력 23년(804) 9월 18일, 『일본후기』	대반숙예잠마려(大伴宿禰岑麻呂)을 견신라사로 삼아 보냄. 수색원을 요청함.

면 왕이 김균정에게 대아찬을 수여하고 가왕자(假王子)로 삼아 일본에 볼모로 보내려 했으나 균정이 거부하여 보내지 못했다고 나온다. 애장왕이 '가왕자'를 책봉하려고 한 것에 대해서는 기존에 일본이 요구해온 신라 사신의 조건 문제를 해결하기 위해서였다는 견해가 있다. 반면 『삼국사기』 애장왕 10년(809) 7월조를 보면 애장왕에서는 태자 뿐만 아니라 왕자도 없어다고 볼 수 있으며 균정의 가왕자는 신라에 왕자가 없을 때 '가왕자'로 내세운 일본의 외교형식에 반면에서는 응하고, 또한 반면에서는 신라의 체제도 유지한 일종의 외교수단이었다고 주장하는 의견도 있다(濱田耕策, 2002, 334~348쪽). 하지만 기사의 내용이 자세하지 않으므로 사료를 통해 '가왕자'를 책봉하여 일본에 파견하려고 했던 이유를 분명히 판단하기는 어렵다.

'가왕자' 기사 직전의 신라와 일본의 관계는 일본 측에서 『일본후기』 연력 18년(799) 4월 경인(16일)조에서 확인할 수 있다. 이때 일본은 '견신라사(遺新羅使)'를 임명했는데 바로 다음 달인 5월 임시(29일)조에서는 "견신라사 파견을 정지하는" 조치가 나타나며 끝내 취소되고 만다. 견신라사의 파견을 정지 및 취소한 이유는 사료에 등장하지 않는다. 그런데 이때 견신라사로 임명되었던 대반숙예잠마려(大伴宿禰岑麻呂)는 연력 23년(804) 9월 18일에 견신라사로 파견되었음이 드러난다. 결

국 799년의 조치는 일시적인 것이었고, 추후 신라에 사신을 보낼 수 있는 여지를 열어두었음을 알 수 있다. 이것은 다음에 볼 견당사와 관련되어 나타나는 견신라사의 움직임을 보아도 분명하다.

가왕자 기사가 등장하는 이듬해 신라와 일본은 서로 사신을 보내 우호관계를 맺었음[交聘結好]이 『삼국사기』 권10 신라본기 애장왕 4년(803) 7월조 기사에서 확인된다. 이는 혜공왕 15년(779)의 사신 파견을 마지막으로 신라-일본 간의 사신 파견 등이 한동안 확인되지 않으며 일본 내의 신라인은 '귀화', '유래', '표류' 등의 형태로만 나타나다가 오랜만에 확인되는 신라의 움직임이라는 점에서 주목된다. 따라서 이 시기 신라와 일본 사이에 '교빙결호' 기사가 등장하는 의미가 무엇인지 검토해볼 필요가 있다.

확인하고 싶은 바는 표1에서 드러나듯 기사가 등장하는 직후 사신 파견의 움직임이 나타나며 그 결과 신라와 일본이 애장왕 4년에 교빙했다는 사실이다.

아울러 교빙결호 기사가 나타나는 바로 다음 해, 『삼국사기』 권10 애장왕 5년(804) 5월조에 따르면 신라에 일본 사신이 와서 황금 300냥을 바쳤다고 한다. 또한 『일본후기』 권12 환무기 연력 23년(804) 9월 기축일조에는 일본이 그 전해인 803년에 "당나라에 사신을 보내어 교빙을 닦는 상황을 대재부로 하여금 이미 그 사실을 전해 알리게 했습니다"라는 내용이 나온다. 또한 기사에 따르면 실종된 견당사의 신라 표착 여부를 신라에 사신을 보내어 묻기도 했다. 표1에 정리된 사료에 따르면 일본은 총 4척의 견당사선을 보냈는데, 그중 2척은 바람으로 인해 되돌아왔으나 2척은 종적을 찾을 수 없었다. 이에 만약 견당사선이 신라에 표착했다면 마땅히 물자를 주어 돌려보내고 그렇지 않다면 사신을 당나라로 보내어 실종된 2척의 견당사선을 찾아줄 것을 보고해달라는 내용이다.

즉 이상의 사료를 보면 애장왕 대인 803년에 일본이 신라에 사신을 파견한 것은 견당사 파견과 관련하여 신라로부터 해로의 안전을 보장받는 것은 물론이고 무엇보다도 표착한 견당사와 관련하여 신라 및 신라를 통해 당나라에게 협조를 요청하기 위함으로 생각할 수 있다. 이와 유사한 사례가 그 이전에도 존재하는데 혜공왕 15년(779)의 사신 파견도 역시 동일한 배경에서 이루어진 것이었다. 특히 당시 일본의 견당사는 이동 중에 난파하거나 표류하던 것이 일상이었으므로 신라의 도움 없이는 견당사 파견 자체가 어려운 상황이었다. 이는 견당사로 임명되었음에도 불구하고 병을 이유로 사퇴하거나 도망간 사람이 많음을 통해서도 짐작할 수 있는 바가 있다. 다시 말해 일본의 견당사가 바다를 건너가는 것은 상당히 위험한 일이었기에 반드시 신라의 도움이 필요했던 것이다.

더욱 깊이 고려해야 할 점은 애장왕 대 신라의 대일본 외교 자세다. 일본 사신이 신라에 오기 전부터 애장왕은 이미 일본과의 국교를 재개하려던 참이었으므로 그 결과로 애장왕 4년에 일본과 교빙하여 일본의 견당사 파견에 관한 제반 사항에 협조했을 것이라는 견해다. 이는 애장왕 섭정기의 외교 방식을 어떻게 파악하는지의 문제와 관련이 있다. 애장왕 대의 섭정기에서 친정기로 넘어가는 이행기에 당나라 중심의 외교관계에서 벗어나 일본과의 외교에 적극적인 태도를 견지했다는 것이다. 결국 이 시기 신라의 대일본 외교는 대외적으로 당나라 중심의 세계 질서에 대한 반발을 보여주는 것이며, 대내적으로 섭정기에는 추후 친정을 위한 기반을 구축하고 친정기에는 왕권의 안정화에 기여했다고 여겨진다. 애장왕은 국왕으로서의 위의(威儀)와 왕권 강화의 수단으로 의례를 적극적으로 활용했는데 특히 섭정기의 대열과 당나라 및 일본 사신을 맞이하는 빈례가 그러했다(채미하, 2018, 165쪽). 이러한 견해는 타당한 바가 있다. 그러나 이러한 신라의 대일본 정책은 신라의 적극적인 의식이나 주도의 결과라기보다는 일본의 요청에 신라가 대응하는 수준에 그치는 것으로 보인다. 더욱이 8세기와 동일한 수준의 대일본 교섭의 필요성을 애장왕 대에 확인할 수 있는지에 대해서도 의문이 남는다. 애장왕 대의 대일 교섭이 왕권 강화에 영향을 미쳤는지에 대해서도 검토해볼 필요가 있다.

결과적으로 803년 일본의 견당사 파견은 실패로 돌아갔다. 이에 일본은 신라의 도움이 절실한 상황이었으며 이는 표1에서 보이듯 수차례에 걸쳐 신라에 사신을 파견하는 것으로 나타났다. 그 결실이 바로 애장왕 4년(803) 7월, 신라와 일본 간의 '교빙결호' 기사라고 파악하는 견해(박남수, 2011; 강은영, 2011)가 있는데, 이는 설득력이 있다고 보인다.

4 9세기 장보고 시대 신라의 대일외교

이 절에서는 애장왕 대 이후에 본격적으로 보이는 재당 신라인 및 신라인들의
교역활동에 대해 살펴보고자 한다. 9세기 초는 사료에서 신라 상인이라는 표현이
확인되는 시기다. 또한 그 시기의 움직임 가운데 묵인할 수 없는 것은 장보고와 재
당 신라인 간의 활동 양상이다. 9세기 초에 신라로 귀국한 장보고는 해적을 단속하
는 등의 역할을 했으며 이를 바탕으로 해상교통의 요충지인 완도에 설치했던 청해
진의 설치를 인정받고 청해진대사(淸海鎭大使)로 임명받아 당나라·신라·일본 사이
의 교역에서 중요한 역할을 수행했다.[5]

특히 장보고는 재당 신라인이 포함된 상인들을 조직화했다. 이 점은 신라와
일본의 교역을 고찰하는 데 있어 중요한 의의를 가진다.

먼저 『삼국사기』 흥덕왕 3년(828) 여름 4월조에 따르면 장보고는 당나라에서
군중소장(軍中小將)의 지위에까지 오른 후 신라에 귀국했으며, 흥덕왕을 알현하고
사졸(士卒) 1만 명으로 청해진을 세웠다고 한다. 군중소장은 다른 기사에서는 보이
지 않지만, 『구당서』 지리지에 무령군절도사(武寧軍節度使)는 서(徐)·사(泗)·호(濠)·
숙(宿)의 사주를 관장했다고 했으므로 장보고와 정년(鄭年)은 당시 무령군절도사
아래에서 활동했다고 생각된다. 즉 장보고가 당나라에서 이씨토벌(李氏討伐)에서
활약한 무령군절도사의 아군(牙軍)에 소속되었다는 점을 고려하면(『구당서』 권124,
이정기전부사도전(李正己傳付師道傳);『구당서』 권156, 왕지흥전(王智興傳)) 군중소장은
이씨토벌의 결과로 맡게 된 관직으로 보인다.[6] 즉 장보고는 청해진 설치 이전에 당

---

5 국내의 시각에서 장보고와 청해진이 천관산의 홍진대사와 어떤 관계가 있는지에 주목하는 연구
가 있으며, 이는 양자의 세력을 연결하여 생각하는 것이 중요하다고 여겨지기 때문이다. 자세한 내용
은 조범환의 연구(조범환, 2018, 181~189쪽)를 참조.

6 령군의 감군 정책 때문에 장보고가 군에서 나온 것으로 이해했다(蒲生京子, 1979, 50쪽). 한편
822년 무령군절도사(武寧軍節度使)로 집권하고 나서 그의 좁은 도량과 유능한 사람을 질투하는 성격
으로 인해서였다는 의견도 있다(허일 외 공저, 2001, 62~63쪽). 하지만 정리하면 821년 이후의 어느
시점에 무령군에서 나온 것으로 볼 수 있다.

나라에서 활동했다는 사실이 사료에서 확인되는 것이다. 장보고의 이러한 군사적인 성격은 중요한 측면일 것이다. 그러나 이 절에서는 828년 청해진 설치를 전후하여 나타나는 교류 측면에서의 변화에 대해 살펴보고자 한다.

장보고는 흥덕왕 3년(828)에 청해진을 설치하여 신라-당나라-일본을 잇는 교역망을 구축했으며7 자신의 무역선단을 교관선으로 지칭하며 견당매물사(遣唐賣物使)와 회역사(廻易使)를 운용했다. 아울러 '장보고 선단'이라는 명칭으로 미루어볼 때 장보고의 교역활동은 신라 정부로부터 공식 승인을 받았던 것으로 보인다.『입당구법순례행기(入唐求法巡禮行記)』권2, 개성 4년(839) 6월 27일 및 8월 13일조를 함께 살펴보면 장보고 선단의 배와 발해의 조공선을 모두 교관선이라 일컬어 장보고 선단이 단순히 사무역을 하던 집단이 아니었음을 알 수 있다(박남수, 2011, 296쪽). 이러한 장보고의 교역활동 배경에는 재당 신라인의 존재가 있었으며 그들을 바탕으로 대일본 교역을 행했다는 사실이 사료를 통해 잘 드러난다. 이러한 내용을 구체적으로 파악하기 위해 신라와 일본의 교류관계를 담은 사료를 살펴보겠다. 표2는 9세기 대 '신라상인'이라는 표현이 처음 등장한 이후의 신라의 대일교역과 관련된 사료들을 모은 것이다.

『일본후기』홍인 5년(814) 10월 13일조는 사료에서 '신라 상인'이 처음 등장하는 기사다. 표2에 귀화라고 등장하나 실질적으로는 '유래'에 준하는 대처를 했던 것으로 보이는 사례도 있다. 예를 들어 신파고지(辛波古知)의 경우, 처음에는 표착이라고 판단되있으나 일본으로 온 이유를 묻자 "풍속과 교회에 의탁히고자 멀리서 왔다"라고 대답하여 결국 귀화했던 것으로 보인다. 청우진(淸右珍)도 대재부에 귀화 의사를 뚜렷이 밝힌 후 시복(時服) 및 선량(船糧)을 지급받았으며 제공받은 선박으로 입경하고 있음을 알 수 있다. 이는 김예진(金禮眞)도 마찬가지인데, 그는 귀화

---

7 이러한 신라의 교역망에 대해 신라 당은포에서 중국 산동반도 등주 적산포를 거점으로 하여 중국 하남도의 밀주와 해주를 거쳐 회남도의 초주, 사주, 연수, 양주 등지에 분산되어 있던 신라의 무역상들을 하나의 교역망으로 편제함으로써 삼국의 교역을 지배 내지 영향권 아래 두게 되었다(이기동, 1997, 215쪽).

시기, 출처	사료의 표현, 인물명	도착지, 인원수	내용
홍인 5년(814) 10월 13일, 『일본후기』	신라 상인	장문국풍포군 (長門國豊浦郡), 31명	'신라 상인' 초출기사
홍인 5년 10월 27일, 『일본후기』	신라인 신파고지 등	박다진(博多津), 26명	표착
홍인 6년(815), 『입당구법순례행기』 개성 5년(840) 1월 15일; 회창 5년(845) 9월 22일	신라승(新羅僧) 이신혜	대재부	환속한 후 원인의 통역사
홍인 7년(816) 10월 13일, 『일본기략』	신라인 청우진 등	대재부, 180명	귀화, 뒤에 입경함
홍인 8년(817) 2월 15일, 『일본기략』	신라인 김남창(金男昌) 등	대재부, 43명	귀화
홍인 8년 4월 22일, 『일본기략』	신라인 원산지(遠山知) 등	대재부, 144명	귀화
홍인 9년(818), 1월 13일, 『일본기략』	신라인 장춘 등	14명	당나귀(驢) 네 마리 가져옴
홍인 10년(819) 6월 16일, 『일본기략』	신라인선(新羅人船)		당월주인 주광한(周光翰), 언승칙(言升則)이 신라인 배에 동승. 일본의 요청에 따라 당나라 소식을 전하고 다음해 정월에 발해 사신의 배를 타고 귀국 당상인 초출기사.
홍인 10년, 『입당구법순례행기』 개성 4년(839) 1월 8일	신라인 왕청(王請) 등	출우(出羽)	무역 때문에 당양주인 장각제(張覺濟) 형제가 동행함. 양주를 떠나 항해하던 중 악풍을 만남.
홍인 11년(820) 4월 27일, 『일본기략』	신라인/당인, 이소정(李少貞)	출우, 20명	표착. 『속일본후기』승화 9년(842) 정월 을사(10일)조에서는 '신라인'으로 되어 있음
홍인 11년 5월 4일, 『일본기략』	신라인 이장행(李長行) 등		양, 흰 양, 산양, 거위 등을 진상함.
홍인 13년(822) 7월 17일, 『일본기략』	신라인	40명	귀화
천장 원년(824) 3월 28일, 『유취국사』	신라인	165명	구분전을 지급함.

시기, 출처	사료의 표현, 인물명	도착지, 인원수	내용
천장 원년 5월 11일, 『유취국사』	신라인 신량김책(辛良金責), 하량수백(賀良水白) 등	54명	육오국(陸奧國)에 안치(安置). 구분전을 지급함.
천장 원년, 『입당구법순례행기』 회창 5년(845) 9월 22일	신라인 장대사(張大使)[8]		장대사는 장보고 혹은 장영(張詠). 귀국할 때 이신혜를 데리고 감.
천장 10년(833) 4월 8일, 『속일본후기』	신라인 김예진 등 남녀	10명	투화(投化), 좌경오성(左京五城)에 배치함
천장 10년, 『평안유문』164호, 『입당오가전』, 「안상사가람연기자재장」	신라상객 (新羅商客)		혜운(惠運)이 신라상객으로 동원(銅鋺), 첩자(畳子) 등을 구입하고 안상사(安祥寺)에 시납함.
승화 5년(838) 『문덕천황실록』 인수(仁壽) 원년(851) 9월 乙未(26일)	당인 (인수 2년 12월 癸未(22일)의 기사를 근거로 하여 진도고(沈道古)의 가능성도 시사됨)		대당인화물(大唐人貨物)을 검교(檢校)함. 천장 8년 신라교관물의 관부에 준거함.
승화 6년(839) 10월, 『입당구법순례행기』, 『속일본후기』	신라인	60여 명	재당 신라인 60여 명이 9척의 배에 승화하며 견당사절단을 태움.

의사를 표명한 후 좌경오성에 배치되었다. 8세기에 일본이 입경을 허락한 예는 거의 없기 때문에 9세기 대의 이러한 조치는 상당히 이례적인 것이라고 할 수 있다. 즉 귀화 의사를 표명한 신라인들은 나쁘지 않은 대우를 받았던 것이다. 아울러 방환을 고려한 것인지는 모르겠으나 장춘(張春)은 종래의 조공품을 본뜬 헌상품을 가지고 들어왔다. 이는 신라 상인을 법적으로 인정하지 않는 일본으로부터 방환당하지 않고 교역을 행할 수 있는 방법을 모색했던 당시 사람들의 모습을 보여준다.

---

8 때의 '장대사'를 장보고라고 보는 견해와 장영이라고 보는 견해가 있다. 먼저 장영이라고 보는 견해는 今西龍, 岡田正之, 이영택, 이기동, 권덕영, 浜田耕策, 신복룡 등이다. 한편 장보고라고 보는 견해는 小野勝年, 김문경, 강봉룡, 조범환, 李炳魯, 堀敏一, 윤재운 등이다(권덕영, 2005, 121~127쪽).

이처럼 귀화가 빈발한 가운데 주목할 만한 것은 이신혜(李信惠)에 관한 내용이
다. 표2에서 확인되듯이 홍인 6년(815)에 대재부로 와서 8년(9년일 가능성도 있음)까
지 체류했던 이신혜는 그 기간 동안 수정궁(須井宮)에서 각별한 보호를 받았다. 그
후 천장(天長) 원년(824)에 장대사를 따라가 적산법화원(赤山法花院)으로 들어갔다
는 기사가 보인다.[9] 적산법화원은 장보고에 의해 처음 세워진 것이지만 창건 시기
에 대해서는 여러 가지 견해가 있다. 다만 이신혜의 기사를 통해 적어도 천장 원년
이전에 적산법화원이 창건되었다고 추정할 수 있다. 이신혜가 당나라로 건너간 계
기와 관련해서는 일본이 824년 8월에 대재부 관내에 체류하던 귀화인들을 동북지
역의 육오(陸奧)로 이주시키려는 조치가 지적되고 있다. 이러한 조치는 대재부 관
내에 거주하며 신라와의 중개를 담당하던 신라인들에 대한 위기의식으로 나온 것
으로 이신혜는 동북으로의 이주를 피하기 위해 장대사의 권유를 받고 적산법화원
으로 건너간 것이다(田中史生, 2016, 119~122쪽).

또한 홍인 10년(819)에 당월주인 주광한(周光翰), 언승칙(言升則)은 일본의 요청
에 따라 당나라 소식을 전달했으나 귀국 시에는 발해 사신의 배를 탈 수밖에 없었
다. 이는 일본이 신라 상인들의 교역을 법적으로 인정하지 않음에도 불구하고 당
나라 소식 등 국제 상황을 파악하는 데는 여전히 신라 상인에게 의지하고 있었음
을 보여준다. 앞에서 언급했던 바와 같이 견당사 파견이 어려워 당나라 소식을 듣
지 못하던 상황에서 신라 상인 혹은 재당 신라인들의 정보망을 활용하고자 했던
것이다. 근데 신라배에 의존하지 않는 당나라 상인 독자적인 왕래는 승화 9년(842)
의 이처인(李處人)이나 승화 14년(847)의 장우신(張友信)까지 확인할 수 없다. 즉, 당
나라 상인은 빈번히 왕래한 신라인배를 이용할지 신라인배를 이용한 일본의 사적

9　적산법화원의 건립에 대해서는 여러 가지 견해가 있다. 첫째는 820년대 초 혹은 820년 전후라고
보는 견해(김문경, 近藤浩一), 둘째는 청해진 설치(828) 이전이라고 보는 견해(이영택, 이기동, 서륜
희), 셋째는 청해진 설치 전후 시기라고 보는 견해(권덕영), 넷째는 청해진 설치 이후라고 보는 견해
(이종훈), 다섯째는 825년 무렵으로 보는 견해(조범환) 등이 있다. 적산법화원의 건립 시기에 관한 연
구는 조범환, 2002, 144쪽, 각주 4(조범환, 2018에 재수록)를 참고했다.

인 도당자(渡唐者)의 귀국에 동행할 수 밖에 없었다(森公章, 1998, 142~143쪽).

표2에서 잘 드러나듯, 동북으로의 이주 조치가 나타난 824년 이전 신라인들의 귀화는 빈번했다. 율령에 따르면 호적에 등록되기 전의 귀화인들은 현지의 국사가 책임지고 보호해야 한다. 따라서 이신혜를 포함한 대재부 관내에 체류하고 있던 귀화한 신라인들은 국사의 보호를 받고 있었을 것이다. 이는 『입당구법순례행기』에서 이신혜가 장보고에게 언급한 내용을 통해서도 알 수 있다. 그러므로 824년 8월 이전까지는 신라와의 교역에 종사한 사람들이 현지의 관료들과 유착하여 무역활동을 전개했을 가능성이 충분하다.

이상의 내용을 정리하면 신라와의 교역에 실질적인 변화가 나타나는 것은 9세기 이후의 일임을 알 수 있다. 이는 『유취삼대격』 천장 8년(831) 9월 7일의 기사에서도 확인된다. 해당 사료에 따르면 뱃짐의 관리권이나 관사전매권을 신라인의 교역 물품에도 적용했으며 특히 관사에서 실행하는 것 이외의 교역에 대해서도 감독하려고 했던 것으로 보인다. 이러한 조치는 종래 외교 사신들에게 적용하던 율령체제에 기반한 무역 형태 등을 대재부 관내의 신라 상인들에게도 확대 적용하려고 했던 의도가 담긴 것이다.

마지막으로 언급하고 싶은 바는 신라 상인과도 관계가 있는 당물(唐物) 문제이다. 『속일본후기(續日本後紀)』 권11 승화 9년(842) 정월조에는 "장보고가 살아 있을 때 당나라 물건[唐物]을 사기 위해 비단을 주고 그 대가로 물품을 얻었는데 그 숫자가 적지 않았다"라고 나온다. 즉 당시 신라 상인들이 일본에 가져온 물품들을 '당물'로 혼용하여 사용했음을 알 수 있다. 또한 '당물'이라는 표현은 신라와의 관계를 생각하면 중요하게 볼 필요가 있다. 한편 '당물'은 다른 사료에서도 등장하는 것이다. '당물'은 대동 원년(806)에 귀국한 견당사가 귀국 시 지참한 것을 지칭하는 말로 사용되며 사료에서 처음 등장한다.[10] 이때의 견당사는 앞에서 이미 언급한,

---

10 해당 기사 자체는 대상제(大嘗祭)에 봉사하는 잡악 전문가들이 조정의 금제를 지키지 않고 당물로 몸을 치장했다고 하면서 다시금 금지령을 내린다는 맥락에서 확인된다(『일본후기』 대동 3년(808) 11월 11일조). 그런데 여기에 보이는 당물은 견당사가 귀국 시 가져왔다고 보는 것이 자연스럽다.

애장왕 대 견신라사를 보내어 그 행적을 찾고자 했던 사신을 말한다.

또 하나 주목할 점은 이러한 당물이 신사(신궁) 및 산릉 봉폐(奉幣)에 사용되었다는 사실이다. 연력 24년(805)에는 '당국물'이 능에 헌상되었고, 이어서 대동 2년(807)에도 '당물'을 활용한 신사 및 산릉 봉폐를 한 후 그로부터 10일 후인 27일에 그 물품을 참의(參議) 이상에 하사하는 모습이 보인다(정순일, 2019, 203~204쪽). 이러한 움직임은 8세기 중엽 이전 단계의 율령체제에 기반한 대외교섭에서도 보이는 형식이다. 9세기 초 신라와 일본의 관계로는 신라인의 빈번한 왕래에 대응하기 어려웠을 것이며 법적으로는 신라 상인의 존재를 인정할 수 없는 상황이었다. 이러한 상황에서 생겨난 것이 사료에 등장하는 '당물'이며, 일본 내에서는 이러한 '당물'에 정치적 의미를 부여했던 것이다.

5 맺음말

신라와 일본 간 교역의 성격 변화와 그 전개 과정은 시기별로 나눌 수 있다. 8세기 단계에서는 이미 광주를 중심으로 향약류와 진보(珍寶) 등의 물품이 모이고 있었다. 이로 인해 융성해진 남해무역은 해적들의 관심을 끌기에 충분했고, 신라 사신은 이미 752년에 해당 경로를 통해 수입한 물품을 일본에 가져오기도 했다. 하지만 이때의 교역은 그 물품의 종류가 다양하고 수량이 많았음에도 불구하고 자유교역의 형태가 아닌 관사전매제에 따른 관리교역의 형태를 띤다. 770년대 이후에는 사신의 왕래가 보이지 않지만 '유래'라는 새로운 유형의 신라인들이 등장하므로 일본 내에 체류하던 신라인의 수도 늘었다. 그러나 일본은 이들을 법적으로 상인으로 인정하지 않았다. 일본은 교역을 담당했던 신라인들을 애매하게 규정할 수밖에 없었으며, 표면적으로나마 기존과 마찬가지로 율령체제에 따른 대외관계의 형식을 유지하려고 했다.

9세기 초 애장왕 대에 들어서면 한동안 보이지 않던 신라와 일본 간의 사신 파견이 다시 나타난다. 일본이 견신라사를 다시 파견한 것은 견당사 파견과 관련하여 해로상의 안전을 신라로부터 보장받기 위한 것도 있었으나 가장 큰 목적은 표착한 견당사와 관련된 협조를 구하기 위해서였다. 이러한 요청의 결실이 바로 애장왕 4년(803) 7월 기사에서 보이는 신라와 일본의 '교빙결호'라고 여겨진다.

　　마지막으로 장보고의 등장 이후 신라와 일본 사이의 교역에도 변화가 나타난다. 대일본 교역을 포함한 장보고의 교역활동의 배경에는 재당 신라인이 있다. 당시까지도 일본은 법적으로 신라 상인들의 존재를 인정하지 않았지만, 당나라 소식 등 국제 정세와 관련하여 필요한 부분은 신라 상인들에게 의지할 수밖에 없는 상황이었다. 그러나 대재부 관내에 머무르며 이러한 교역을 오랜 기간 중재했던 이신혜를 비롯해 대재부 관내 귀화인들은 육오 지방으로의 이주 조치(824)로 인해 떠날 수밖에 없었다. 결국 831년 신라인들의 뱃짐에 대한 관리권이나 관사전매권의 행사를 신라인의 교역 물품에도 적용하면서 관사 교역 이외에도 감독하려는 시도가 나타났다. 기존에는 외교 사신들에게 적용되던 율령체제의 무역 형태를 대재부 내의 신라 상인들에게도 확대하여 적용하려 한 것이다.

참고문헌

「매신라물해」, 「안상사가람연기자재장」
『삼국사기』, 『구당서』, 『신당서』, 『자치통감』, 『책부원귀』, 『당대화상동정전』, 『유취삼대격』,
『속일본기』, 『속일본후기』, 『일본후기』, 『일본기략』, 『입당구법순례행기』, 『입당오가전』,
『평안유문』, 『문덕천황실록』.

한글

강은영, 2011, 「779년 신라의 견일본사 파견과 '피국 상재'에 관한 검토」, 『일본역사연구』
　　　　34, 일본역사연구회.

권덕영, 2005, 『재당 신라인사회 연구』, 일조각.

김문경, 1984, 『唐代의 社會와 宗教』, 崇田大學校 出版部.

김창석, 2013, 『한국고대 대외교역의 형성과 전개』, 서울대학교 출판문화원.

김창석, 2019, 「고대의 대내·외 교역과 문자」, 『문자와 고대 한국 2 교류와 생활』, 한국목
　　　　간학회.

나카마사 미카, 2005, 「新羅의 對日 香藥貿易」, 『韓國史論』 51, 서울대학교 국사학과.

박남수, 2011, 『한국 고대의 동아시아 교역사』, 주류성.

신카이 사키코, 2020, 「8세기 중반 신라의 대일관계 동향과 「買新羅物解」」, 『한일관계사연
　　　　구』 67, 한일관계사학회.

이기동, 1997, 『新羅社會史研究』, 일조각.

정순일, 2019, 「9세기 일본의 당물(唐物)에 관한 기초적 검토」, 『아시아문화연구』 49, 경원
　　　　대학교 아시아문화연구소.

조범환, 2002, 「張保皐와 赤山法花院」, 『대외문물교류연구』, 해상왕장보고기념사업회.

조범환, 2018, 『중세로 가는 길목 신라 하대사』, 새문사.

채미하, 2018, 「애장왕 헌강왕대의 대일외교와 그 활용」, 『신라사학보』 44, 新羅史學會.

허일 외 공저, 2001, 『張保皐와 황해 해상무역』, 국학자료원.

외국어

蒲生京子, 1979, 「新羅末期의 張保皐의 擡頭와 反亂」, 『朝鮮史研究會論文集』 16, 東京: 朝鮮
　　　　史研究會.

田中史生, 2016, 『國際交易の古代列島』, 東京: KADOKAWA.

森公章, 1998 ,『古代日本の對外認識と通交』, 東京: 吉川弘文館.

新川登龜男, 1999, 『日本古代の対外交渉と仏教 –アジアの中の政治文化』, 東京: 吉川弘文館.

山内晋次, 2003, 『奈良平安時代の日本とアジア』, 東京: 吉川弘文館.

李成市, 1997, 『東アジアの王權と交易』, 東京: 靑木書店.

夏炎, 2010, 『唐代州级官府与地域社会』, 天津: 天津古籍出版社.

于笛, 2017, 「唐代吴令光与王郢史迹探微 –王朝政治运作视野下的"海乱"平定史事之考察–」, 『史林』2017年第 一期, 北京: 北京师范大学历史学院.

14장

오토모노 고마로의 석차 논쟁에 대한 고찰

강은영(전남대학교 사학과 교수)

1 머리말

『속일본기(續日本紀)』 천평승보 6년(754) 정월조에는 752년에 견당사로 파견되었던 견당부사 오토모노 스쿠네 고마로(大伴宿禰古麻呂)가 당으로부터 귀환하여 조정에 상주한 내용이 실려 있다. 오토모노 고마로(大伴古麻呂)에 따르면, 천보 12재(載)(753) 1월 1일 당 현종이 봉래궁 함원전에서 당조정의 관료들과 외국 사신들로부터 하례를 받는 조하의례가 있었다. 그런데 이날 조하의례의 석차는 일본이 서반에서 제2위로 토번의 다음에 위치하고, 신라는 동반의 제1위로 대식국보다 위에 있었다. 이에 고마로가 예부터 신라는 대일본국에 조공을 해온 나라인데 지금 동반의 상위를 차지했음에도 일본은 오히려 그 아래에 있으니 이는 의리에 부합하지 않는 일이라고 불만을 제기했다. 이때 당 장군 오회실(吳會實)이 고마로의 납득하지 못하는 안색을 살피고, 신라사를 서반의 토번 아래에 두고, 일본사를 동반 대식국의 위인 제1위의 자리에 두었다고 한다.

　　오토모노 고마로에 의해 전해진 당을 중심으로 하는 국제무대에서의 일본의 외교적 승리는 고대 일본이 소위 ‘동이의 소제국’이었다는 논리의 근간이 되었다. 오랫동안 일본 학계에서는 고마로 주언(奏言)의 진의에 관해 아무런 의심도 없이 『대일본사(大日本史)』에 보이는 것처럼 국위를 선양한 것이라는 견해가 주류를 이루어왔다(卞麟錫, 1987, 45~46쪽).[1] 그런데 변인석이 두 차례에 걸쳐 오토모노 고마로의 주언이 거짓임을 주장한 이래, 그의 주언에 대한 격렬한 논쟁이 일었다. 특히 선행 연구들은 오토모노 고마로의 주언이 당시 시대적 사실과 국제적 정황에 부합하는지의 여부에 초점을 맞추다 보니, 오토모노 고마로가 그와 같은 주언을 하게 된 이유에 대해서는 살피지 않았다. 또한 최근에 와서는 이 문제를 집중적으로 다루는 논고도 찾아보기 어렵다. 이는 오토모노 고마로의 주언이 신라와 일본의 문제뿐만 아니라, 당시 당에 파견되었던 70여 조공국의 역학관계와도 관련이 있으므로 접근하기가 용이하지 않기 때문일 것이다.

　　주지하듯이 8세기 신라와 일본의 관계는 직접적인 무력적 충돌이나 전쟁은 없었지만, 첨예한 긴장관계가 조성된 적이 있다. 특히 732년 발해가 당 등주를 침공한 것을 계기로 동아시아의 긴장상태가 최고조에 이르지만, 분쟁은 곧 수습되어 신라는 발해-당의 전쟁에 참전한 보상으로 패강 이남을 확보한다. 당의 전쟁 상대국이었던 발해는 737년 당에 대한 조공을 재개함으로써 당을 중심으로 한 조공체제 속에 다시 포함되게 된다. 한편 일본은 홀로 730년대 초반의 긴장관계에서 벗어나지 못하고 급기야 737년에 귀국한 견신라사의 보고 결과, 신라 조정의 무례함에 대한 힐문사(詰問使) 파견 혹은 무력정벌을 행하고자 한다. 이러한 신라에 대한 강경책은 후지와라 4형제들(武智麻呂, 房前, 宇合, 馬呂)에 의해 행해진 대신라정책이었지만, 이후 역병이 돌면서 일본 조정의 수뇌부였던 후지와라 4형제가 연이

1　오토모노 고마로의 주언 내용은 『일본기략(日本紀略)』과 『선린국보기(善隣國寶記)』에 직·간접적으로 인용되었고, 더욱이 『대일본사(大日本史)』 권116에서는 “大伴古麻呂爭坐次, 而宣國威”라 한 이후, 오토모노 고마로의 강경함, 견당사의 국위선양을 언급하는 절호의 사료로서 언급되었다. 또한 근대 역사가인 吉田東伍·福田芳之助·桑原隲藏 등이 이 견해를 따랐고, 이후 일본에서는 대부분 이 견해를 사실로서 받아들였다.

어 사망한다. 후지와라 사형제의 뒤를 이어 출범한 다치바나노 모로에(橘諸兄) 정권은 역병으로 황폐해진 전국을 부흥시키기 위해 다양한 정책을 실시했고, 신라나 발해와도 대등 내지는 등거리외교 관계를 유지하고자 노력했다. 그러나 8세기 중반 후지와라노 나카마로(藤原仲麻呂) 정권의 부상은 대외정책 면에서 다치바나노 모로에 정권 이전, 즉 730년대 신라에 대한 강경책을 주장했던 후지와라 4형제 중 한명인 아버지 무치마로의 대외정책으로의 회귀를 의미한다. 후지와라노 나카마로는 정권을 완전히 장악하게 된 천평보자(天平寶字) 원년(757)부터 신라정토계획을 세웠고 천평보자 3년부터는 본격적으로 신라 출병(천평보자 6년)을 구체화하기 시작한다.

　　이처럼 후지와라노 나카마로의 대외정책으로 인해 신라와 일본의 관계는 최악의 상황을 맞이하게 된다. 안사의 난을 기점으로 양국은 서로가 당을 대신해 '동이의 소제국'임을 내세우게 되고 이후의 양국관계가 평탄하지 않을 것이라는 점을 쉽게 유추할 수 있다. 그런데 8세기 중반 신라와 일본의 관계가 첨예화되기 시작한 시점은 신라정토계획이 한창 진행되던 시기가 아니라 후지와라노 나카마로가 권력자로 부상하여 일본 조정의 대신라정책이 바뀌는 시점인 바로 오토모노 고마로의 주언이 있었던 천평승보 6년 즈음이었을 것이다. 즉 오토모노 고마로의 주언은 후지와라노 나카마로 정권에 의해 신라정토계획이 이루어지게 되는 시발점이라고 할 수 있다. 지금까지 오토모노 고마로의 주언에 관한 연구는 석차 경쟁의 진의에 대해서만 언급되는 경향이 있었다. 오토모노 고마로의 주언이 사실인지 아닌지도 물론 중요한 문제이지만, 이러한 주언이 등장할 수밖에 없었던 당시 일본 내부의 권력관계 변화라는 측면에서 접근할 필요가 있다.

2 오토모노 고마로의 주언에 관한 제설(諸說)

　　앞서 언급한 바와 같이 변인석은 오토모노 고마로의 주언(奏言) 내용을 사실로 인정하던 학계에 중요한 이의를 제기했다. 종래 일본에서는 이 석차 변경 사건이 일본의 국제적 지위를 높인 미담으로서 널리 회자되었으며, 역사적 사실로 받아들여졌다. 변인석은 『속일본기』 편찬자의 입장을 고려하여 해당 기사를 비판적으로 검토할 것을 주장하고, 당시 당에서 일어났던 다른 외국 사절들 간의 쟁장 사례를 비교 검토하여 신라·당의 친밀한 관계를 확인했다. 그 결과 모든 쟁장 사례는 소사(所司)의 토의를 거쳐 황제의 재가를 얻는 합리적인 과정을 거치는 데 반해 오토모노 고마로의 항의는 당 측에 기록이 남아 있지 않았다는 점, 무명의 장군 오회실의 독단적인 조치에 의해 일본의 일방적인 승리로 끝났다고 하는 점 등은 합당하지 않다는 것이다. 더욱이 대사(大使) 후지와라노 기요카와(藤原淸河)와 오랜 당 유학 경험이 있는 또 한 명의 부사 기비노 마키비(吉備眞備), 당시 당의 요직에 있던 조형(朝衡, 아베노 나카마로(阿部仲麻呂))을 제쳐두고 오토모노 고마로 혼자서 석차 문제를 해결했다는 점도 소전(所傳)의 신빙성에 의문을 품게 하는 점이라고 했다.

변인석의 견해는 오토모노 고마로의 주언에 단 한 번도 의문을 품지 않았던 일본 학계에 충격을 주었고, 이에 대한 연구가 일본에서도 본격적으로 행해지게 된다. 먼저 야마오 유키하사(山尾幸久)에 따르면, 『책부원구(册府元龜)』 권971, 외신부(外臣部) 조공조(朝貢條)에 일본 사신이 도착했다는 내용이 천보 12재(753) 3월과 6월에 두 차례 기록되어 있기 때문에 1월 1일의 조하의례에는 참석할 수 없었으며, 천보 7~14재(748~755)에는 신라사의 입조가 확인되지 않는다고 했다. 또한 당시 당은 토번, 대식국과 싸움을 계속하고 있던 상황이었으므로 천보 12재 정월에 두 나라가 당에 사신을 파견했다는 기록도 없고, 올 수도 없었다고 한다. 2년 전인 751년에는 당군이 이 두 나라와의 전쟁으로 인해 8만 명 이상의 인명손실을 입었고, 그러한 충돌이 천보 12재까지 계속되는 상태였던 만큼 당나라에 사절을 보낸다는 것은 생각조차 할 수 없었다고 한다. 따라서 오토모노 고마로가 항의한 내용은 752년 6월에 일본에 온 신라 왕자 김태렴 등에 대한 조정의 의견과 궤를 같이 하는 것으로 귀국하자마자 이 사실을 알게 된 오토모노 고마로에 의한 허언일 가능성이 높다고 보았다.

야마오에 이어 이 문제를 논한 사람은 이시이 마사토시(石井正敏)이다. 이시이는 오토모노 고마로의 주언을 본격적으로 살피기 전에 주언의 허구설(변인석설)을 뒷받침하는 근거 중의 하나인 '오회실'이라는 인물에 주목했다. 장군 오회실은 오토모노 고마로의 항의를 받아들여 신라사와 일본사의 석차를 서로 바꾸게 한 인물이다. 오토모노 고마로의 주언에 등장하는 오회실은『구당서(舊唐書)』고상전(高尙傳)과 『안녹산사적(安祿山史蹟)』에 보이는 천보 연간에 실존했던 환관이면서 장군(감문위의 장군)이었던 '오회실'과 동일 인물이고, 무명의 장군이기는 하지만 중요한 인물이었다고 한다. 그가 환관이라는 점에서 본다면, 오회실은 현종황제의 측근으로 여겨지며, 신라사와 일본사의 석차를 바꾼 것도 오회실의 독단이 아니고 최종적 결정은 황제가 내린 것으로 해석된다. 그리고 변인석설과 야마오설을 간략하게 소개하고 그에 대한 전면적인 반론을 전개했다. 반론의 근거는『속일본기』이외에도『동대사요록(東大寺要錄)』에 인용된,『연력승록(延曆僧錄)』승보감신성무황제보살전(勝寶感神聖武皇帝菩薩傳)에 똑같은 내용이 전하고 있는데,『연력승록』이『속일본기』보다 빠른 기록이며, 그 저자인 당승 사탁(思託)은 감진(鑑眞)의 측근 제자로 승보 12재의 사건을 감진으로부터 전해 듣고 저술한 것이기 때문에 오토모노 고마로의 주언을 신뢰할 수 있다는 것이다. 게다가 당시 당과 신라의 밀접한 관계를 보더라도 약 6년간 신라의 사절 파견이 없었다는 것도 오히려 이상하고, 외국 사절의 입조 기사가 모두 현존 사료에 기록되어 있다는 것이 증명되지 않는다면 천보 12재 정월에 신라, 토번, 대식의 사절이 입조했을 가능성은 부정할 수 없다고 한다. 일본 견당사의 입조 시기도『책부원구』의 기사를 절대시할 수 없으므로, 정월 조하의례에 참석했을 가능성도 있다. 물론 8세기 대 신라와 일본의 대당관계를 고려할 경우, 신라는 매년, 어떤 경우는 한 해에 수차례나 견당사를 파견했지만, 일본은 천평승보 2년(750)의 사절을 포함하더라도 겨우 4회밖에 파견하고 있지 않다. 아무리 지리적 조건을 고려하더라도 대당관계의 긴밀도의 차는 너무나 확연하다. 그런데 오히려 이를 무시한 형태로 석차 변경이 이루어졌지만, 당 측 또한 쉽게 결정한 일이 아니었으며 이는 일을 키우지 않으려는 당 측의 응급처치에 불과했다는 것이다.

한편 오토모노 고마로의 주언과 관련하여 신일본고전문학대계본『속일본기』3의 보주 19를 작성한 요시다 다카시(吉田孝)는, 사탁이 저술한『연력승록』의 신뢰도를 높이 사면서 그 책에 따르면 견당사의 배조부터 귀국까지의 시간적 경과가 자연스럽기 때문에 오토모노 고마로의 주언을 의심할 이유가 없다고 주장했다. 요시다의 주장은 이시이설의 대부분을 계승했고, 당 측이 오토모노 고마로의 항의를 받아들인 것은 일을 키우지 않으려는 편의의 소치라는 것이며, 이러한 해석은 현재 일본의 고대사 연구자 다수가 받아들이고 있다(池田温, 2002, 108쪽).

오토모노 고마로 주언의 허구성을 주창했던 변인석은 20여 년 만에 자신의 의견을 재확인했다. 특히 중국과 일본의 사료를 풍부히 인용하여 이전 견해를 보강했다. 그 어떤 기록에도 천보 12재에 신라사의 입당 기록이 없고, 일본 측이 항의한 상대가 당의 장객(掌客, 오회실)으로 보이지만 신라사는 조하의례에 참석하지 않았을 뿐만 아니라 일본사도 3월과 6월에 입조한 기록이 있기 때문에 오토모노 고마로의 주언은 허구라고 주장했다. 또한 석차의 개념이 모호한데 이는 무언가 진실을 감추고 있기 때문에 야기된 것이고, 대식국과 토번사의 입조가 없었음에도 불구하고, 이들 나라들을 기재한 것은 당시 당과 항쟁했던 서역제국에 가탁하여 사료 가치를 높이려는 것으로 보았다. 당나라 장군 오회실이 일본의 외교적 항의를 개인적으로 처리할 수 있었을지 의문이고, 당시 조하 식전에서 외교적인 문제를 개인이 즉흥적으로 할 수 없을 뿐만 아니라 이 같은 외국사 쟁장에 대해서는 신중하게 처리한 사례들이 많이 남아 있다고 한다. 결과적으로 변인석은 역사적 허구인 오토모노 고마로의 주언이 『속일본기』에 일본의 신라에 대한 외교적 승리인 것처럼 기록된 데에는 율령시대의 일본 고대국가가 '동이의 소제국'으로서 한반도 지배권을 주장하는 국제의식을 강하게 갖고 있었음에 기인한 것으로 실제로 신라·일본 관계는 결코 그렇지 않았다는 것이다.

중국 학자인 왕용은 직접적으로 오토모노 고마로 주언에 대해 논한 것은 아니지만, 주언의 진의와 관련하여 참조할 만한 견해를 발표했다. 정월 조하에 참석한 이들이 부족의 수령이나 지방 주부(州府)의 사마 등 지위가 낮은 것으로 보아 석차 논쟁이 일어날 만한 문무백관과 외국 사절들이 모이는 국가의 대전이 아니었다고 주장했다. 당시 당은 재상 이임보(李林甫)의 급사(천보 11재 11월)에서 이씨족의 숙청(12재 2월)까지 정권교체의 격변기였기 때문에 당 현종으로서는 항례와 같이 문무백관 및 외국 사절들의 배조를 받을 만한 여유가 없었다. 2월에 이임보의 잔당이 일소되고 양국충을 비롯한 새로운 권력 집단이 등장하고 나서야 정치가 안정되었고, 따라서 『책부원구』가 전하는 바와 같이 3월에서야 정식 조하의례가 가능했다고 한다.

지금까지 살펴본 바와 같이 기존 견해들은 오토모노 고마로 주언의 진의에 대해 긍정론과 부정론으로 첨예하게 나뉘고 있다. 이에 이케다 온(池田溫)은 기존 견해들을 면밀하게 살펴보면서 당시 역사적 정황과 오토모노 고마로의 주언이 부합하는지 검토했다. 부정론의 근거가 되고 있는 일본사의 입조 시기는 정월이 아닌 3월과 6월이다. 이는 『책부원구』에 전하는 것으로 오토모노 고마로가 이야기한 정월 조하례는 애초부터 없었던 것이기 때문에 석차 논쟁 자체가 성립할 수 없다. 그러나 현 당사연구의 성과에 따르면, 『책부원구』에는 70여개에 달하는 동이남만서융북적(東夷南蠻西戎北狄)의 모든 견사가 등재되어 있는 것은 아니기 때문에 정월의 견사도 있었을 개연성이 존재한다. 또한 천보 7~14재까지 신라의 견사가 기록에 남아 있지 않지만, 당과 신라의 관계를 고려했을 때 오히려 견사 사실이 없었다는 점이 이상하다고 보았다. 『태평광기』(翰林盛事)와 『구당서』에는 석차 논쟁이 있었을 당시에 신라사가 당의 유명한 문인이었던 소영사(簫穎士)를 자신의 나라로 초청하고자 한 일을 전하고 있다. 기본적으로 이케다는 천보 12재 원일조하(준비 단계)에서 오토모노 고마로의 항의가 있었다고 보지만, 이와 관련한 소전들이 정확한 사실과 경위를 전하고 있지 않고, 다양한 관념적인 조작을 포함하고 있다고 본다.

최근 이 문제를 언급한 센렌인(沈仁安)은 오토모노 고마로의 주언이 사실을 바탕으로 하지만, 그가 자신의 공을 높이기 위해 과장되게 조작한 것이라고 주장했다. 석차 논쟁의 여러 사례를 비교 분석하여 오토모노 고마로의 행동은 외교의례에 맞지 않기 때문에 이는 오토모노 고마로가 비공식적 내지 사적으로 당 측과 교섭한 내용이라고 보았다. 당 측은 갑작스러운 사태를 피하고 하정의식을 원활하게 진행하기 위해 임기응변적으로 신라사와 일본사의 석차를 교환했다. 오토모노 고마로의 주언에 등장하는 4국의 당조에서의 위치는 다음과 같다. 제1위인 토번은 당의 책봉을 받고 있었고, 공주가 토번에 강가(降嫁)했으며, 서역의 지배권을 둘러싸고 경쟁했기 때문에 당이 중시했다. 신라는 제2위로 당의 책봉국이고 장기에 걸쳐 당과 우호관계를 맺고 있었다. 일본은 책봉은 받지 않았으나 조공국이면서 일찍이 중국 왕조로부터 책봉을 받은 적이 있기 때문에 대식국보다 위에 위치했다. 석차 교환 전에는 책봉국이 먼저이고 조공국이 뒤가 되며, 서쪽이 먼저이고 동쪽이 뒤가 되는 순서의 원칙과 각국의 석차가 일치하지만, 석차 교환 후에는 서쪽이 먼저이고 동쪽이 뒤, 책봉국이 먼저이고 조공국이 뒤라는 원칙과 각자의 등위가 부합한다. 즉 양자의 구별이 교환 전에는 책봉국과 조공국이 동·서반으로 교차해서 위치했다면, 교환 후에는 책봉국과 조공국이 동·서반으로 나뉘어 정렬한 것이다. 즉 당에서 보면, 이 석차의 변경은 번국의 지위 고저에 의해 순번을 결정하는 번국의 등위를 조금도 변경하지 않은 것이다. 따라서 당을 중심으로 한 동아시아 세계의 정국 속에서 일본의 국제적 지위가 신라보다 높았다는 결론은 나올 수 없는 것이다.

표1　석차 교환 전후 비교표(沈仁安, 2003)

교환 전		교환 후	
서반(西畔)	동반(東畔)	서반(西畔)	동반(東畔)
① 토번	② 신라	① 토번	③ 일본
③ 일본	④ 대식	② 신라	④ 대식

　이상, 오토모노 고마로 주언에 관한 기존의 논의에 대하여 살펴보았다. 대체로 주언에 대해서는 긍정론과 부정론으로 나눌 수 있고, 긍정론은 주언의 전부를 긍정하는 경우와 부분적으로 긍정하는 견해로 나눌 수 있다. 긍정론의 공통적인 인식은 당시 동아시아 국제정세 속에서 신라가 일본보다 우위에 있다는 점을 인정하면서 오토모노 고마로의 주언을 완전히 부정할 수 없는 사안이 분명 존재했다는 것이다.

주지하듯이 753년 당의 조하의례에서 발생한 신라와 일본 간의 석차 경쟁에 관한 대략적인 내용은 『속일본기』 천평승보 6년(754) 정월 병인(30일)조에 실린 오토모노 고마로의 주언 속에 보인다.

> 병인, 부사(副使) 오토모노 고마로가 당국(唐國)에서 이르렀다. 고마로가 아뢰기를, "대당(大唐) 천보 12재(載), 세재계사(歲在癸巳) 정월삭 癸卯, 백관 제번이 조하하였습니다. 천자는 봉래궁 함원전에서 조하를 받으셨습니다. 이날, 우리를 서반의 제2 토번의 아래에 두고, 신라사를 동반 제1 대식국의 위에 두었습니다". 고마로가 따지기를 '예부터 지금에 이르기까지 신라가 대일본국에 조공한 지는 오래되었다. 그런데 지금 동반의 상(上)에 세우고, 우리를 오히려 그 아래에 둠은 의에 합당하지 않는다'고 하였습니다. 그때 장군 오회실이 고마로의 불긍하는 안색을 보고, 바로 신라사를 데려다가 서반 제2 토번의 아래에 두고, 일본사를 동반 제1 대식국의 위에 두었습니다.

위 상주문의 내용은 비교적 짧고 간략한 것이지만, 골자를 정리하면 다음과 같다.

① 내당 천보 12새(753) 정월, 봉래궁 함원전에서 열린 조하의례에 토번, 신라, 대식, 일본국 등의 사신이 참석했다.

② 원일조하(元日朝賀) 시 외국 사신들의 위치가 서반은 토번-일본 순이고, 동반은 신라-대식 순으로 정해져 있었다.

③ 일본 측 견당 부사인 오토모노 고마로가 신라는 예부터 일본에 조공한 나라인데 동반의 최상위에 위치한 반면, 신라로부터 조공을 받는 일본은 신라보다 낮은 자리에 서는 것에 대한 불만을 제기했다.

④ 이때 당의 장군 오회실이 오토모노 고마로가 석차에 불응하는 것을 눈치채고 신라사와 일본사의 석차를 맞바꾸었다.

이처럼 주언의 내용을 시간의 흐름에 따라 네 가지로 정리할 수 있지만, 오토모노 고마로 주언의 사실관계를 증명해줄 일본 측 자료를 제외한 1차 사료가 발견되지 않는 이상, 주언의 내용을 당시 시대적·정치적 상황에 비추어 다 거짓인지, 아니면 일정 부분은 사실인지, 그렇다면 어디까지를 사실로 인정할 수 있을지 살펴보아야 할 것이다. 먼저 ①의 내용은 당 측 사료(『책부원구』)에 전하지 않는 내용이지만, 정황상 각국의 사신들이 입조했을 가능성이 크다. 외국 사절의 입조 여부를 전하는 『책부원구』에 신라·발해·일본·토번·해국(奚國)·거란(契丹)·돌궐(突厥)·남조(南詔)·돌기시(突騎施)·실위(室韋)·언기(焉耆)·우전(于闐)·말갈(靺鞨)·불열(拂涅)·파사(波斯)·대식(大食)·구자(龜玆)·사국(史國)·장가(牂牁)·발한나(拔汗那) 등 주변국들의 모든 당 입공 기사가 실려 있는 것은 아니기 때문이다. 당에 파견되는 사절단에는 특정 시기에 동일한 목적을 갖고 정기적으로 파견되는 사절단(하정사)과 사안이 있을 때마다 파견되는 사절단(사은사, 고진사, 주청사, 경하사)이 존재한다. ①의 내용상, 천보 12재(753)의 신라 사절단은 정기적으로 파견되는 하정사로서 연말 혹은 연초에 입당하여 신년 조하의례에 참석하는 신년 축하사절이다. 8세기 무렵 신라는 거의 매년 당에 하정사를 보냈던 것으로 보인다.

표2에 따르면, 신라 중대에 당의 조하례가 열리는 정월에 입당·하정한 신라사는 8례에 지나지 않는다. 이 중에서도 정월 초하루에 거행되는 조하례에 신라사가 참석한 경우는 더 적을뿐더러 정월 초하루의 조하례에 참석한 신라사는 오토모노 고마로와 석차 경쟁을 한 753년의 견당사가 유일하다. 오히려 신라의 하정사는 2월과 4월에 주로 입당하고, 3월·5월·6월·10월·12월에 입당하는 경우도 종종 있었다. 하정사는 정월 초하루에 열린 조하례에 참석하여 새해를 축하하는 사절이지만, 하정사라고 하는 임무에 합당한 신라의 하정사는 확인되는 바에 따르면 753년의 신라사밖에 없다. 신라의 하정사의 경우, 오히려 정월 초하루에 열리는 조하례에 참석하는 경우가 특이한 예에 속하는 것이다. 그렇다면 753년 정월 조하례에 참석한 신라의 하정사는 정기적으로 파견되는 하정사가 아니었을 가능성이 높다. 즉 당에 상주하고 있던 신라의 왕족이나 고관이 신라의 하정사로서 정월 초하루의 조하례에 참석했을 수 있다.

	파견 연대	견당사명	목적 · 활동	신분
1	성덕왕 2년(703) 1월		고애(告哀. ?), 하정(?)	
2	성덕왕 2년(703)	김사양	사은(?)	아찬
3	성덕왕 4년(705) 3월	김지성	조공	
4	성덕왕 4년(705) 9월		조공	
5	성덕왕 5년(706) 4월		조공	
6	성덕왕 5년(706) 8월		조공	
7	성덕왕 5년(706) 10월		조공	
8	성덕왕 6년(707) 12월		조공	
9	성덕왕 8년(709) 6월			
10	성덕왕 9년(710) 1월		조공, 하정(?)	
11	성덕왕 10년(711) 12월		조공, 하정(?)	
12	성덕왕 11년(712) 2월		조공	
13	성덕왕 11년(712) 12월		조공	
14	성덕왕 12년(713) 2월		조공	
15	성덕왕 12년(713) 6월	김정종	조공	
16	성덕왕 13년(714) 2월	박유, 김수충	하정, 숙위	급찬, 왕자
17	성덕왕 13년(714) 10월		조공	
18	성덕왕 15년(716) 3월	김풍후	하정	
19	성덕왕 16년(717) 3월		조공	
20	성덕왕 16년(717) 5월		조공	
21	성덕왕 17년(718) 2월		조공, 하정(?)	
22	성덕왕 18년(719) 1월		하정	
23	성덕왕 18년(719) 5월		조공	
24	성덕왕 21년(722) 10월	김인일	하정	대나마
25	성덕왕 22년(723) 4월			
26	성덕왕 23년(724) 2월	김무훈	하정	
27	성덕왕 23년(724) 12월		사은(?), 하정(?)	
28	성덕왕 24년(725)		봉선의식 경하	
29	성덕왕 25년(726) 4월	김충신	하정	종제
30	성덕왕 25년(726) 5월	김흠질	조공	왕제
31	성덕왕 26년(727) 1월		하정	
32	성덕왕 27년(728) 7월	김사종	숙위	종제
33	성덕왕 28년(729) 1월		하정	
34	성덕왕 28년(729) 9월		조공	

	파견 연대	견당사명	목적 · 활동	신분
35	성덕왕 29년(730) 2월	김지만	조공, 숙위	왕질
36	성덕왕 29년(730) 10월		조공	
37	성덕왕 30년(731) 2월	김지량	하정	
38	성덕왕 31년(732) 1월		하정	
39	성덕왕 31년(732) 9월	[김효방]	숙위	
40	성덕왕 32년(733) 12월	김지렴	사은, 숙위	왕질
41	성덕왕 33년(734) 4월	김단갈단	하정	대신
42	성덕왕 34년(735) 1월	김의충, 김영, 김의질	하정	
43	성덕왕 34년(735) 2, 3월	김사란	사은, 주청	
44	성덕왕 34년(735) 12월	김충상	조공	대아찬, 종제
45	성덕왕 35년(736) 6월		하정, 사은	
46	성덕왕 36년(737) 2월	김포질	하정	사찬
47	효성왕 원년(737) 12월		고애, 고사위	
48	효성왕 2년(738) 3월	金元玄	하정	대신
49	효성왕 6년(742) 5월		하정	
50	경덕왕 3년(744) 윤2월		하정	
51	경덕왕 3년(744) 4월		사은	
52	경덕왕 3년(744) 10(12)월	某	하정	왕제
53	경덕왕 4년(754) 4월		조공	
54	경덕왕 5년(746) 2월		하정	
55	경덕왕 6년(747) 1월		하정	
56	경덕왕 7년(748)		조공	
57	경덕왕 12년(753) 1월		하정	
58	경덕왕 14년(755) 4월		하정	
59	경덕왕 16년(757) 1월		하정	
60	경덕왕 17년(758) 8월		조공	
61	경덕왕 20년(761) 2월	金嶷	숙위	
62	경덕왕 21년(762) 9월		고애(?), 경하(?)	
63	경덕왕 22년(763) 4월		조공	
64	경덕왕 23년	金容	사은	소판
65	경덕왕 24년(765) 4월		조공	
66	혜공왕 3년(767) 冬	金隱居	고애, 주청	이찬
67	혜공왕 4년(768) 9월		사은(?)	
68	혜공왕 8년(772) 5월	金標石	하정	이찬
69	혜공왕 9년(773) 4월		하정	

	파견 연대	견당사명	목적·활동	신분
70	혜공왕 9년(773) 6월		사은	
71	혜공왕 10년(774) 4월		조공	
72	혜공왕 10년(774) 10월		하정	
73	혜공왕 11년(775) 1월		하정(?)	
74	혜공왕 11년(775) 6월		조공	
75	혜공왕 12년(776) 7월		조공	
76	혜공왕 12년(776) 10월		조공	
77	혜공왕 13년(777) 12월		조공	

신라는 진덕왕 2년(648) 김춘추의 아들 김문왕을 시작으로 당에 숙위(宿衛)를 파견했다. 숙위는 당과 신라의 공식적인 접촉사로서 입당 시 본국의 방물을 가져가고 귀국 시에 회사물을 가져오는 정치적 중개자이며, 경제적·문화적 교섭인이었다. 특히 숙위는 연례적인 조공사와는 달리 계속되는 유임 인물이었으므로 자격과 요건이 조공사와 전혀 달랐다. 숙위의 자격과 요건 중 첫 번째는 김씨 왕족인 진골에 속해야 한다는 것이었다. 처음에는 원칙적으로 왕자였으나 점차 중대 왕권이 안정기에 접어들자 왕제·왕질로, 다시 왕족까지 확대되었으나 왕의 근친 혈연자라는 원칙은 바뀌지 않았다. 표3에서 보이는 바와 같이, 지금까지 확인되는 신라 중대의 숙위는 9명이다. 이들의 신분은 왕자나 왕제 등 무열왕계의 종친들이었고, 재당 시 정월 초하루의 조하의례에 신라 사신의 자격으로 참가했을 가능성이 높다

더욱이 『태평광기』(翰林盛事)와 『구당서』 소영사전(蕭穎士傳)에는 석차 논쟁이 있었을 당시에 신라사가 당의 유명한 문인이었던 소영사를 자신의 나라로 초청하고자 한 일이 전한다. 『신당서』에서는 소영사를 초빙하고자 했던 외국 사절이 신라가 아닌 일본으로 되어 있지만, 여하튼 천보 12재(753)에 『책부원구』에서는 탈루된 신라사의 당 입조를 인정할 수 있을 것이다. 한편 오토모노 고마로의 주언에 등장하는 여러 국가들 중 출석 여부를 알 수 없는 토번의 경우를 제외하고, 대식국은 『책부원구』 천보 12재 2월조에 방물을 바쳤다고 기록되어 있으며, 일본은 3월과 6월조에 하정(賀正)과 내조(來朝)가 이루어졌다고 나온다. 따라서 오토모노 고마로의 주언에 등장하는 4개국의 당 입조는 사실이고, ①의 내용은 사실에 근거한 이야기

	파견 연대	인명	신분	당의 관직
1	문무왕 14년(귀국연도, 674)	金德福	대나마	
2	성덕왕 13년(714) 2월	金守忠	왕자	
3	성덕왕 26년(727) 4월	金忠臣	종제(원래 하정사), 재당하여 김지만과 김지렴 사이에 숙위를 역임).	
4	성덕왕 27년(728) 7월	金嗣宗	종제	果毅
5	성덕왕 29년(730)	金志滿	왕질	太僕卿
6	성덕왕 31년(728) 9월	金孝芳(재당병사)		
7	성덕왕 32년(733) 12월	金志廉	왕질	鴻臚少卿
8	천보연간(742~756)	金日用	종형(774년까지 재당하며 숙위를 역임)	光祿卿
9	경덕왕 20년(761) 2월	金嶷		

라고 할 수 있다.

　다음 ②는 원일조하 때 각국 사신들의 석차와 위치를 나타낸 것이다. 그런데 오토모노 고마로가 언급한 석차와 위치는 신라와 대식이 동반, 토번과 일본이 서반으로 당시의 상식에 반하는 사항이다. 『개원례(開元禮)』에 따르면 원단조회에서 외국 사절은 동방남방과 서방북방 두 그룹으로 양분되고, 또한 각각 3등 이상과 4등 이하로 구별되어 위치한다. 당의 백관은 경관(京官)·조집사(朝集使)·주사(州使)로 나뉘고, 동방남방의 조집사가 문관3품 뒤에, 서방북방의 조집사가 무관3품 뒤에 선다. 문관·동방남방이 동반, 무관·서방북방이 서반을 구성한다. 마찬가지로 외국 사절 또한 등급별로 3등 이상과 4등 이하로 구별되어 다른 위치에 서게 된다(石見淸裕, 1991). 따라서 일반적으로 신라·일본이 동반, 토번·대식이 서반이 되어야 한다. 706년 장회태자(章懷太子) 이현(李賢)이 고종의 건릉에 배장(陪葬)될 때 조영된 고분의 벽화에서 당시 신라 사신을 비롯한 외국 사절의 모습을 확인할 수 있다. 문제의 외국사신도에는 연도의 중간부 좌우로 각 3인씩 모두 6인의 모습이 그려져 있는데, 이 중 신라사 혹은 고구려, 발해, 일본 사신으로 보이는 인물은 동벽에 위치한다. 동벽 벽화의 인물 배치를 살펴보면, 외국 사절의 안내를 담당하는 당

홍려시의 관인으로 보이는 3명의 인물 뒤에 동이의 사신(신라, 고구려, 발해, 일본)이 서역인과 나란히 섰으며 그 뒤를 북방 유목민이 따르고 있다. 이른바 장회태자묘의 외국사신도에서도 신라사 혹은 일본사로 보이는 인물들은 동쪽에 위치하고 있다는 점이다. 그런데 ②의 내용은 이 원칙과 전혀 다른 사실을 전하고 있기 때문에 그 사실성에 의문을 갖게 한다.

③의 내용에서는 오토모노 고마로가 당 측에 석차에 대한 불만을 제기한 것으로 오토모노 고마로를 비롯한 당시 일본의 견당사들이 개인적으로 석차에 불만을 품고 있었을 가능성이 높다. 그러나 일본 측 부사인 오토모노 고마로가 신라는 예부터 일본의 조공국이라는 신라에 대한 인식을 국제외교의 무대에서 공언했는지는 의문이다. 변인석은 이를 일본의 '동이의 소제국' 의식에서 비롯된 것이라 주장하는데, 과연 이 시기 오토모노 고마로 혹은 8세기 중반의 율령관인들에게 '동이의 소제국' 의식이 있었는지, 그리고 있었다고 하더라도 공식석상에서 '동이의 소제국' 의식을 공공연하게 피력했는지는 전혀 다른 문제다. 이케다는 보귀(寶龜) 7년 일본의 견당사 파견 때, 고닌천황(光仁天皇)이 견당사들에게 내린 선명(宣命)에 관한 아오키 가즈오(靑木和夫)의 견해[2]를 받아들여, 오토모노 고마로의 주언에는 의심스러운 정황들이 분명 존재하지만, 그의 항의가 실제로 행해졌을 가능성이 충분하다고 보고 있다. 단 오토모노 고마로의 항의는 고대 일본인의 미숙한 국제 감각에서 기인한 것으로 보고 있는 듯하다.

일본이 견당시를 파견한 이래, 저어도 몇 번은 당의 조하의례에서 신라의 사신들과 맞닥뜨렸을 가능성이 있다. 그런데 천보 12재의 조하의례에서만 석차 논쟁이 일었다는 점에 대해 숙고해야 할 것이다. 만일 이번 조하의례에 신라에서 파견한 신라 사신이 아니라 당에서 숙위하고 있었던 신라 왕자가 참여했다면 신라사와

---

2 青木和夫에 따르면, 보귀 7년(776) 4월 임신조에 光仁天皇이 견당사 파견에 앞서 절도를 하사하며 내리는 선명(宣命)이 실려 있고, 선명 문안의 "驚〈呂〉驚〈呂之岐〉事行〈奈世曾〉(おどろおどろきしわざなせそ)"라고 하는 표현은 20년 전 당의 조하의례에서 일어난 오토모노 고마로의 억지스러운 석차 변경 요구와 같은 무례한 행위는 해서는 안 되는 것임을 견당사에게 경계한 것이라고 한다. 〈한자 원문 확인 필요〉

일본사는 '번주(蕃主)'와 '번사(蕃使)'라는 자격 차이 때문에 위치가 확연히 달랐을 것이고, 확연한 위치의 차이 때문에 불만을 토로했을 가능성이 있다. 최근 중국 섬서성 서안시 소재 대당서시박물관에 수장된 김일용(金日用)의 묘지명이 발견되었는데, 김일용이 당나라에 숙위로 머물러 있던 시점은 신라·일본의 석차 논쟁이 있던 시기와 겹친다. 표 3처럼 8세기 신라 중대에는 왕자·왕제·왕질 등 중대 왕권의 왕족을 당에 파견하여 숙위를 맡게 했고, 이들 숙위는 견당사의 입당 시기를 고려하면 견당사 임무의 일부인 원일하정(元日賀正)의 업무를 담당했을 것이다. 김일용은 사서에 전하지 않았던 신라 숙위의 한 명으로서 713년 신라에서 왕족으로 태어나 천보 연간(742~756)당에 건너가 숙위를 담당했고 774년에 62세로 당에서 사망했다. 따라서 천보 12재의 조하의례에 신라사로 왕족인 김일용이 참석하여 동반의 '번주' 자리에 섰을 것이고, 오토모노 고마로는 이를 탐탁지 않게 생각했을 것이다. 불만을 토로한 시점도 본식이 행해지는 시점이 아니라 사전에 식순을 알리는 단계에서 이루어졌을 것이다. 그러므로 ③의 내용은 사실에 기반을 둔 과장된 표현이라고 할 수 있다.

　　④의 내용은 오토모노 고마로의 불만을 알아챈 당 장군 오회실이 신라와 일본의 석차를 바꾸었다는 것이다. 그런데 ③과 ④의 관계가 매끄럽지 못하다. ③에서는 오토모노 고마로가 신라와 일본의 석차에 불만을 제기했는데 ④에서는 오토모노 고마로의 불만을 알아챈 오회실이 석차를 변경시키고 있다. 문맥상 사건의 흐름은 ③의 불만 제기가 있자 당 측에서 그에 대한 대응을 했고, 이에 ④와 같이 오토모노 고마로가 불만을 품었다고 보는 것이 자연스럽다. 따라서 ③과 ④ 사이에는 생략된 이야기가 있는 듯하다.

　　또한 ④의 내용은 ②의 내용과 마찬가지로 상식에 반하는 조처다. 이미 선학들에 의해 분명해진 사실이지만, 당대(唐代)의 석차 경쟁은 조공국들 사이에 종종 일어났다. 개원(開元) 18년(730)에 일어난 돌궐사(突闕使)와 돌기시사(突騎施使)의 충돌, 건원(乾元) 원년(758)의 회흘사(回紇使)와 흑의대추(黑衣大酋)의 쟁장, 건녕(乾寧) 4년(897)에 일어난 신라와 발해의 쟁장사건이 그것이다. 이와 같은 쟁장사건이 일어날 경우, 당은 극단적인 갈등으로 치닫는 것을 피하기 위해 합리적인 중재안을 통해 해결했다. 돌궐사와 돌기시사의 경우는 중서문하 및 백료들의 의견을 물어 동쪽과 서쪽에 따로 장막을 지어 연회를 베풀었다. 또한 753년의 신라와 일본 간의 석차 경쟁 사건과 가까운 시기에 일어난 회흘사와 흑의대추의 경우도 그들이 충돌하는 것을 막기 위해 서로 다른 문으로 들어가 조현(朝見)하도록 조치했다. 한편 897년의 신라와 발해 간의 쟁장사건은 당조가 중재를 했다기보다는 전례를 고수한 경우다. 당의 의례석상의 순서는 국가의 강약이나 성쇠에 따른 것이 아니라 국초에 정해진 관례에 의한 것으로 897년의 석차 문제는 원칙에 입각한 경우다. 즉 당은 외국 사절들 사이에 석차 문제가 생길 경우, 원칙과 중재라는 기본 법칙을 충실하게 이행했음을 알 수 있기 때문에 오토모노 고마로의 주언 내용은 당조가 행한 조처라고 보기에는 너무 이질적이다.

게다가 오토모노 고마로가 ③에서 주장한 대로라면 일본이 동반의 제1위에 오르고, 신라가 그 뒤를 이어야 일찍이 신라로부터 조공을 받는 국가의 입장에서 위신이 서겠지만, 반을 달리하여 신라와 일본의 석차를 바꾸는 것은 아무런 의미가 없다. 신라와 일본의 양측 위신을 세워주기 위한 당 측의 임기응변이었는지 아니면 오토모노 고마로의 허언이었는지는 확신할 수 없으나 사료상 아주 의심스러운 부분임에는 틀림없다. 그렇다면 오토모노 고마로의 주언은 사실에 과장을 섞은 것이라고 할 수 있다.

이상 오토모노 고마로 주언의 실상에 대해 정리하자면, 천보 12재 정월 초하루에 당의 봉래궁 함원전에서 하정의례가 행해졌고, 이 하정의례에 신라, 일본, 대식, 토번 등의 사신들이 참석했다. 당의 동방·남방에 위치한 국가들은 동반에 서고, 신라는 당과의 밀접한 관계와 당의 우대책에 따라 동반 제1의 지위를 점했다. 당은 신라를 인의(仁義)·인현지방(仁賢之邦)으로 인정하여 크게 신뢰했다. 성덕왕 30년 2월조의 당 현종 조서에는 "삼한이 사이좋게 잘 지내 오늘날 어질고 의로운 나라로 일컬어지고 대대로 공로 있는 어진 이의 업적을 나타내었다. 문장과 예악은 군자의 기풍을 드러냈다"라고 했고, 경덕왕 15년 당 현종이 내린 시에서도 "오랜 세월 중국을 부지런히 섬겼도다. (…) 명분과 의리의 나라로 일컬어지니 (…) 의관을 갖춘 이는 예절을 받들 줄 알고, 충성과 신의가 있는 자는 유학을 높일 줄 아는구나"라고 하여 신라를 최고의 우방으로 인정하고 있다. 반면 10년에서 20년에 한 번꼴로 입당하는 일본의 경우, 당으로부터 그리 높은 평가를 받지는 못했던 것 같다. 신라·일본의 석차 논쟁시기보다 조금 내려가지만, 『입당구법순례행기』에 나타난 승화(承和)의 견당사 석차는 남조국(南照國)에 이어 제2위였고, 결코 동반의 제1위가 되지 못했다. 신라와 일본의 석차에 불만을 품은 오토모노 고마로는 의례에 앞서 석차에 대한 불만을 제기했고, 이에 당 측은 원칙에 따라 신라를 동반 제1의 자리에 두는 결정을 내렸을 것이나 이러한 당의 처리에 대해 오토모노 고마로는 사적인 자리에서 친밀한 사이인 당 장군 오회실에게 불만을 토로했다. 그러나 오토모노 고마로가 귀국해 보고하는 과정에서 외교 석상에서의 일본의 승리라는 과장된 이야기가 만들어졌을 가능성이 높다.

이처럼 오토모노 고마로 주언의 사실성을 당시의 시대적 상황에 비추어 살펴보았는데, 그의 주언에는 사실과 과장이 혼재되어 있음을 확인할 수 있었다. 즉 일본 사신인 오토모노 고마로가 신라와 일본의 석차에 불만을 품고 당 측에 전달한 것은 사실이지만, 그가 주장한 바와 같이 석차 변경은 이루어지지 않았던 것으로 생각된다. 그런데 왜 오토모노 고마로는 일본 조정에 허위로 석차 변경을 이야기했을까. 주언의 진의를 밝히려면 오토모노 고마로라는 인물과 그가 당시 일본 조정에서 처했던 정치적 상황을 살펴볼 필요가 있다.

4 오토모노 고마로 주언의 정치적 배경

오토모노 고마로는 8세기 중반에 활약했던 관인이다. 그의 출생에 대해서는 잘 알려져 있지 않지만, 천평 2년(730) 대재부(大宰府)에 부임해 있던 대재사(大宰帥) 오토모노 다비비토(大伴旅人)를 다비비토의 동생 이나키미(稲公)와 함께 조카라는 신분으로 병문안하고 있는 점을 보면, 오토모씨(大伴氏)의 씨장(氏長)인 다비비토의 뒤를 이어 구명문 귀족이던 오토모씨의 기대를 한몸에 받고 있던 인물이었을 것이다. 천평 17년(745) 정월에 이루어진 서위에서 오토모노 고마로는 다비비토의 아들인 야카모치(家持)와 함께 종5위하에 제수되었다. 두 사람 모두 정6위상에서 두 계단을 뛰어오른 승진이었다. 그러나 오토모노 고마로가 천평 승보 2년에 견당부사로 임명되면서 야카모치와의 관위 차가 크게 벌어지게 된다.

천평승보 2년 9월에 임명된 견당사는 대사 후지와라노 기요가와(藤原淸河), 부사 오토모노 고마로, 판관 4명, 주전 4명이고, 이듬해 11월에 기비노 마키비(吉備眞備)가 부사로 추가 임명된다. 이들 견당사는 천평승보 4년 3월에 배조를 마치고 윤3월에 절도(節刀)를 받았으며, 이날 특별히 대사 후지와라노 기요가와와 부사 오토모노 고마로, 유학생 후지와라노 요시오(藤原刷雄)에게 서위가 이루어졌다. 특히 이번에 서위된 인물들 중에 후지와라노 기요가와는 후지와라 북가(北家) 출신으로 황후 고묘시(光明子)와 깊은 관련이 있는 인물이고, 유학생 후지와라노 요시오는 당시 조정에서 세력 신장을 꾀하던 후지와라노 나카마로의 아들이라는 점이 주목된다. 무엇보다 이번 견당사 파견의 목적이 동대사의 대불조영 완성의 보고와 그 불사에 상주할 고승을 요청한 것[戒師招請]임을 상기할 때, 동대사 대불조영이야말로 다치바나노 모로에 정권의 최대 부흥시책이라는 점에 유의해야 한다. 물론 천평승보 2년의 견당사에 후지와라노 기요가와, 후지와라노 요시오, 기비노 마키비가 포함된 것을 보면, 후지와라 씨를 비롯한 귀현들이 단결 합심하여 이루어진 것으로 보이지만, 그 중심은 불교를 새롭게 국가 이데올로기의 기축으로 삼은 다치바나노 모로에 정권이었다. 천평보자 원년(756) 7월에 역모가 사전에 발각되어 감문을 당할 때 다치바나노 나라마로(橘奈良麻呂)는 후지와리노 니키마로의 무도(無道)함을 지적하고 그 첫 번째 이유로 동대사 조영에 의한 인민의 궁핍과 제씨(諸氏)의 우고(憂苦)를 이야기한다. 그러자 당시 감문을 담당했던 후지와라노 나가테(藤原永手)가 그것은 다치바나노 나라마로의 아버지 대부터 일으킨 사업이라는 반론을 듣고 침묵할 수밖에 없었다고 한다. 따라서 동대사 조영사업은 다치바나노 모로에 정부가 중심이 되고 후지와라노 나카마로 등 황후 고묘시와 가까운 인물들이 관여한 국가 사업이었다. 한편 다치바나노 모로에 정권의 특징은 이전의 후지와라 사형제 정권과 달리 황친(皇親)과 구족(舊族)이 중심이 된 정권이라는 점이다.

그렇다면 위의 서위를 받은 인물 중에 동대사 조영사업과 견당사 파견의 주도

자인 다치바나노 모로에계(系)의 인물로는 오토모노 고마로를 상정할 수 있다. 게다가 오토모노 고마로는 다른 누구보다도 견당사 파견 목적인 고승(감진)을 초청하는 데 열성적이었다.『동대사요록』승보감신성무황제보살전에 따르면, 대사 후지와라노 기요가와는 현종황제에게 감진(鑑眞)과 그 제자 5인을 일본에 초청할 수 있도록 요청하자 현종은 도사도 동행할 것을 명령했다. 그러자 후지와라노 기요가와는 감진의 초청을 포기하고 슌도겐(春桃原) 등 4명을 당에 머물게 하여 도사법을 배우게 했다. 그러나 견당사들은 감진의 초청을 포기하지 못하고 발각될까 두려워 포기하려한 기요가와 몰래 부사 오토모노 고마로가 중심이 되어 감진을 자신의 배에 숨겨 일본에 올 수 있게 하였다. 위의 기록을 보면, 견당사의 파견 목적을 가장 적극적으로 이루려 노력했던 인물은 오토모노 고마로이다. 따라서 오토모노 고마로야말로 다치바나노 모로에계의 인물임이 틀림없다.

그런데 다치바나노 모로에 정권의 외교정책은 이전 후지와라 4형제 때와는 달리 신라·발해간 등거리외교 노선을 취하고 있었다. 다치바나노 모로에 정권은 내부 상황으로 인해 신라에 대해서도 강경책을 쓰기보다 우호관계를 유지하려고 노력했다. 오토모노 고마로가 말한 당에서의 활약상은 다치바나노 모로에계 인물이 한 행동이라고 보기 어렵다. 물론 다치바나노 모로에계 인물이라고 해서 신라에 대한 인식이 똑같지는 않을 것이다. 뿐만 아니라 다치바나노 모로에 정권은 내부적 요인에 의해 대체로 신라와의 관계에 소극적이었으며, 다치바나노 모로에계 인물 중에는 '동이의 소중화' 의식을 가진 율령관인들도 상당수 존재했을 것이다. 천평승보 6년 정월에 있었던 오토모노 고마로의 언행은 당시 일본 조정의 권력관계 변화와 관련되기 때문일 것이다. 오토모노 고마로는 다치바나노 모로에계의 인물로서 견당부사의 임무를 완수하고 일본에 돌아왔다.

후지와라노 나카마로는 천평승보 원년 8월에 자미중태(紫薇中台)의 장관이 된 것을 계기로 좌대신 다치바나노 모로에에 대항할 수 있는 권력자로 부상하게 된다. 천평승보 4년 11월에는 다치바나노 모로에의 저택에서 쇼무 태상천황을 초대하여 사연(肆宴)이 열렸다면, 같은 시기에 후지와라노 나카마로의 저택에는 고묘 황태후와 고켄 천황이 행행하고 있었다. 이처럼 쇼무 천황이 양위한 이래, 다치바나노 모로에의 세력이 여전하지는 않지만, 다치바나노 모로에는 쇼무 태상천황과의 관계를 중심으로 고묘 황후, 고켄 천황과 가까운 후지와라노 나카마로의 세력 신장에 대응하기 위해 노력했다. 오토모노 고마로는 양 세력이 권력을 놓고 격렬히 경쟁하던 천평승보 5년 12월 20일에 귀국한다. 그가 귀국했을 때 일본 조정은 이미 후지와라노 나카마로의 세력이 우세했던 듯하다. 동대사와 관련된 정창원 문서를 살펴보더라도 천평승보 3년 11월 11일 좌대신가첩(左大臣家牒)[3]을 마지막으로 다치바나노 모로에의 이름이 사라진 반면, 후지와라노 나카마로의 이름이 빈번하게 등장한다. 오토모노 고마로의 견당부사 취임이 후지와라노 나카마로의 영향력에 의한 것으로 이해하고 후지와라노 나카마로계(系)의 인물로 보는 견해도 있지만(鐘江宏之, 2005, 23~46쪽), 다치바나노 모로에와 후지와라노 나카마로의 세력 관계 역전은 천평승보 4년 견당사 파견 이후부터 고묘 황후·고켄 천황과의 후지와라노 나카마로 택(宅) 행행 사이에 일어났을 가능성이 크다.

한편 천평승보 5년 2월에는 전년에 일본을 방문한 신라사에 대한 답례사로 오노노 다모리(小野田守)가 파견되지만, 오만무례하다는 이유로 신라로부터 방환된다. 오노노 다모리는 천평승보 원년(749)에 대재소이(大宰少貳)에 임명되었고, 천평승보 5년에는 견신라사로 파견되었으며, 언제 귀국했는지는 알 수 없지만 천평승보 6년 4월에 재차 대재소이에 임명된다. 이후 오노노 다모리는 견발해 대사를 역임하는 등 후지와라노 나카마로 정권하에서 대외문제를 담당하는 핵심 인물로 활약하게 된다. 따라서 천평승보 5년의 견신라사 파견은 후지와라노 나카마로가 일본 조정의 핵심 세력으로서 신라에 대한 외교를 주관했음을 나타낸다. 후지와라노 나카마로가 집권한 천평승보 5년부터 일본은 신라에 대해 강경책을 펴게 되었고, 얼마 후 귀국한 오토모노 고마로는 변화된 대외정책에 맞춰 강경한 대신라정책을 외치게 되었을 것이다. 이것이 바로 753년 당 봉래궁 함원전 조하의례에서 발생한 작은 불만이 신라와 일본 간의 외교전으로 과장되고 일본의 외교적 승리로 결착되게 된 원인이다. 오토모노 고마로는 다치바나노 모로에계의 세력이 약해진 이후,

---

3 『大日本古文書』三／五二七.

견당 부사를 역임했던 경험을 살려 대외정책에 대한 발언권을 갖게 되었고, 이를 통해 다치바나노 모로에 세력의 중심인물로 부상했을 것이다. 다음은『정창원문서(正倉院文書)』에 모월(某月) 4일 건부문(建部門)에 모인 13명의 교명(交名)을 기록한 문서다.

建部門參向者交名[4]

(續續修四十六帙五)

右大臣(藤原豊成) 大納言(藤原仲麿カ) 中納言二人(紀麻路,多治比廣足カ) 中務卿(栗栖王カ)

文屋二眞人知努 塩焼王 安宿王 大伴宿禰古麻呂 安倍朝臣佐 美麻呂

巨勢朝臣堺麻呂 佐伯宿(禰今脱) 大伴宿禰稻公

右十三人以今月四日, 參向建部門

위 문서는 지누왕(知努王)이 훈야노 마히토(文屋眞人) 성(姓)을 칭하고 있기 때문에『대일본고문서(大日本古文書)』에는 사성된 천평승보 4년 9월 이후의 일로 추정하여 천평승보 4년 부분에 실려 있다. 그런데 기시 도시오(岸俊男)는 이 문서를 천평승보 8세 12월 30일, 즉 5월에 사망한 쇼무 태상천황 추선의『범망경(梵網經)』강독을 위해 황태자 이하 후지와라노 도요나리(藤原豊成) 등의 고관이 평성경 주변의 대사(大寺)에 보내졌고, 이때의 고관들과 중첩되기 때문에 천평승보 8세의 일로 보고 있다. 이 문서의 정확한 연대는 알 수 없지만, 그 상한은 지누왕이 훈야노 마히토의 성을 하사받은 이후이면서, 오토모노 고마로가 당에서 돌아온 천평승보 6년 이후가 될 것이다. 하한연대는 건부문에서 교명한 13명의 인물들이 쇼무 천황 사후에 황태자 선정에 참여하거나, 다치바나노 나라마로의 난에 연루되어 처벌을 받거나 후지와라노 나카마로의 편에 선 인물들로 천평승보 6년에서 천평승보 8년까지 정계에서 활동하던 인물들이므로 천평승보 8세가 될 것이다. 천평승보 연간은

4　『大日本古文書』一二／三九二.

쇼무 천황이 고켄 천황에게 양위를 하고 자미중태를 설치하여 고묘 황태후로 하여금 국정을 주도하게 했지만, 여전히 태상천황으로서의 쇼무의 존재는 정계의 초점이었다. 쇼무 태상천황은 천평승보 3년부터 와병 중이었고, 천평승보 8세 5월에 사망하기까지 몇 번의 위험한 고비가 있었다. 아마도 13인의 건부문 교명은 쇼무 태상천황의 위독 상태와 직결된 것으로 생각된다. 특히 다치바나노 모로에의 실각 이후, 제왕(諸王)들의 이름 다음에 오토모노 고마로의 이름이 나타나는 것으로 보아, 오토모노 고마로가 다치바나노 모로에계의 중심인물이 되었음을 알 수 있다. 또한 오토모노 고마로는 정창원 문서에서 다치바나노 모로에의 이름이 사라진 뒤, 천평승보 6년 8월 15일[5]과 천평승보 7세 8월 15일[6]에 동대사 사경관계의 일을 하고 있어 다치바나노 모로에계의 중심인물로 활동하고 있음을 알 수 있다. 이는 다치바나노 모로에 사후에 더욱 뚜렷해지는데 천평보자 원년(757) 4월에는 여러 중신들과 함께 새로운 황태자 후보를 추천할 정도로 정계의 중심인물이 되어 있다. 또한 얼마 후 오토모노 고마로는 '다치바나노 나라마로의 변(變)'의 주동자로 몰려 죽임을 당하는 것으로 보아 다치바나노 모로에계와 아주 밀접한 인물이었음을 알 수 있다.

5 맺음말

천평승보 6년(754) 정월 병인(30일)조에 보이는 오토모노 고마로 주언의 사실관계를 살펴보면, 대당 천보 12재(753) 정월 봉래궁 함원전에서 열린 조하의례에 토번, 신라, 대식, 일본국의 사신이 참석했을 가능성이 충분히 인정된다. 이때 외국사신들의 위치가 서반은 토번-일본 순이고, 동반은 신라-대식 순으로 정해져 있었

---

5 『大日本古文書』一三／一〇〇

6 『大日本古文書』一三／一五〇

다는 점은 동서 문제에 석연치 않은 점을 내포하고 있지만, 신라와 일본 간의 석차가 신라가 상(上)이고 일본이 하(下)였음은 확실했던 것 같다. 이에 일본 측 견당 부사인 오토모노 고마로가 신라는 예부터 일본에 조공한 나라인데 동반의 상위에 위치하고 일본이 아래에 서는 것에 대한 불만을 제기했다. 그러자 당 장군 오회실이 오토모노 고마로가 석차에 불응하는 것을 눈치채고 신라사와 일본사의 석차를 맞바꾸었다고 한다. 물론 일본 측에서 신라-일본의 석차에 대한 불만이 있어 이의를 제기했을 수도 있으나 오토모노 고마로의 주언과 같은 당의 조처는 당시의 여러 사례들과 비교하더라도 원칙에서 벗어나 있다. 따라서 그의 주언은 일정 부분 사실에 바탕을 두고 꾸며낸 과장된 이야기다. 오토모노 고마로는 다치바나노 모로에 정권의 중추에서 활동하던 구족(舊族) 오토모씨의 출신으로 다치바나노 모로에 정권에 의해 견당사로 파견되었다. 오토모노 고마로가 귀국했을 때는 후지와라노 나카마로 정권이 탄생했고, 신라에 대한 강경책을 취하게 되었다. 이에 오토모노 고마로는 변화된 대외정책에 맞춰 강경한 대신라정책을 주장하게 되었고, 그 예로 당 봉래궁 함원전에서 있었던 작은 불만을 신라와 일본의 외교전으로 부풀려 거기에서 승리한 것처럼 주장한 것이었다. 오토모노 고마로는 다치바나노 모로에계의 세력이 약해진 이후, 견당 부사를 역임했던 경험을 살려 대외정책에 대한 발언권을 갖게 되었고, 이를 통해 다치바나노 모로에 세력의 중심인물로 부상하게 되었을 것이다.

참고문헌

『삼국사기』, 『속일본기』, 『만엽집』, 『대일본고문서』, 『동대사요록』, 『구당서』, 『신당서』, 『책부원구』, 『태평광기』

한글

강은영, 2010, 「8세기 중후반 일본의 內政과 對新羅關係의 추이-752년 金泰廉 使行團의 來日」, 『日本歷史研究』 제31집, 일본사학회.

權悳永, 1997, 『古代韓中外交史-遣唐使研究』, 一潮閣.

金榮官, 2013, 「在唐 新羅人 金日用 墓誌銘에 대한 검토」, 『新羅史學報』 27, 신라사학회.

金元龍, 1974, 「唐 李賢墓 壁畵의 新羅使(?)에 對하여」, 『美術史學研究』 123·124합집, 한국미술사학회.

卞麟錫, 1967, 「唐代外國使爭長의 研究」, 『亞細亞研究』 10-4, 고려대학교 아세아문제연구소.

卞麟錫, 1987, 「唐代 外國使의 爭長事例에서 본 古麻呂抗議의 再論」, 『동양사학연구』 26, 동양사학회.

山尾幸久, 1984, 「遣唐使史料로 본 古代 韓·日關係史」, 『계간 경향-사상과 정책』 겨울호, 경향신문사.

申瀅植, 1984, 「新羅의 宿衛外交」, 『韓國古代史의 新研究』, 一潮閣.

외국이

卞麟錫, 1966, 「中國唐代与新羅的關係-兼論續日本紀所載的"古麻呂抗議"」, 『大陸雜誌』 三二-九, 臺北: 大陸雜誌社.

姜銀英, 2012, 「8世紀中葉~後葉における日羅兩國の内政と對外關係」, 『古代文化』 64-3, 東京: 日本古代文化學會.

東野治之, 1992, 「唐の文人蕭頴士の招請」, 『遣唐使と正倉院』, 東京: 岩波書店.

浜田耕策, 1978, 「唐朝における渤海と新羅の爭長事件」, 『古代東アジア史論集』下巻(末松保和博士古稀記念会編), 東京: 吉川弘文館.

山内晋次, 1986, 「唐よりみた八世紀の國際秩序と日本の地位の再檢討」, 『續日本紀研究』

245, 東京: 続日本紀研究會.

山尾幸久, 1978,「百濟三書と日本書紀」, 『朝鮮史研究會論文集』15輯, 東京: 朝鮮史研究會.

石見清裕, 1991,「唐代外國使の皇帝謁見儀式復元」, 『史滴』12, 東京: 早稲田大學東洋史
　　　懇話會.

石井正敏, 1981,「唐の「將軍呉懷實」について」, 『日本歷史』402, 東京: 吉川弘文館.

石井正敏, 1983,「大伴古麻呂奏言について-虛構説の紹介とその問題點」, 『法政史學』35
　　　號, 東京: 法政大學史學會.

沈仁安, 2003,「天寶の爭長事件」, 『中國からみた日本の古代』, 京都: ミネルヴァ書房.

岸俊男, 1969,『藤原仲麻呂』, 東京: 吉川弘文館.

王勇, 1994,『聖德太子時空超越』, 東京: 大修館書店.

鐘江宏之, 2005,「大伴古麻呂と藤原仲麻呂」, 『研究年報』, 東京: 學習院大學文學部.

池田温, 1995,「天寶後期の唐・羅・日關係をめぐって」,『卞麟錫教授還曆紀念 唐史論叢』
　　　(『東アジアの文化交流史』, 東京: 吉川弘文館, 2002에 재수록).

15장

동아시아 속 발해와 신라의 쟁장사건

고미야 히데타카(小宮秀陵, 일본 독교(獨協)대학교 국제교양학부 교수)

1 머리말

동아시아 국제관계의 이해는 발해사를 구축하는 데 중요한 요소다. 발해는 당과 일본을 비롯한 동아시아 각국과 활발하게 교류했지만, 발해가 남긴 자료가 거의 없어 중국과 일본 사료를 바탕으로 발해사를 구축할 수밖에 없기 때문이다. 당시 국제관계를 재구축하는 작업은 발해사 구축과 직결된다.

9세기 발해는 해동성국(海東盛國)이라고 평가받으며 당에서도 중요시되었고, 일본과도 연기제(年紀制)를 맺을 만큼 활발하게 교류했다. 9세기 발해의 동아시아 교류 가운데 897년에 일어난 발해와 신라의 쟁장사건(爭長事件)은 동아시아 국제관계를 고찰하는 데 중요한 사건이라고 할 수 있다. 지방에 대한 신라의 지배가 약화되면서 후삼국이 형성되었고, 당 또한 황소의 난 이후 급속히 쇠락하면서 절도사(節度使)를 중심으로 사실상 국가가 분열된 양상을 보여주었다. 발해 역시 멸망기를 앞두고 동아시아의 동란에 휘말리는 시기였으므로, 이 쟁장사건은 당시 동아시아 국제관계를 반영한 것으로 이해된다.

이 사건에 관해서는 신라의 발해관(장일규, 2007)이나 발해의 국가 위상을 고찰하거나(宋基豪, 1995, 156쪽), 고구려 계승의식이 언급돼왔다(송기호, 2011, 297~298쪽). 한편 쟁장사건 자체를 다룬 연구 성과에서는 발해와 신라의 경쟁의식을 바탕으로 연구가 이루어졌고(濱田耕策, 2002, 제3부 제4장), 외교 의례에서 이 사건을 분석하면서 유교문화가 침투한 신라·발해·당의 예적 질서를 반영한 것으로 보는 견해도 있다(김종복, 2014). 이들 연구는 쟁장을 둘러싼 발해와 신라, 그리고 이 사건을 처리한 당의 국제적인 인식을 반영한 것으로 이해하고 있다. 그러나 쟁장사건은 이념만을 둘러싸고 일어난 사건으로 보기는 어려울 것이다. 원래 현실적인 국제관계나 국제인식은 그 이념에 영향을 끼친다. 당시의 국제인식을 형성하는 것이 실질적인 대외관계에서 기인한 것이라 볼 수 있기 때문이다. 그렇다면 발해와 신라의 쟁장사건 역시 당시 국제관계의 영향을 고려해야 할 것이며, 국제관계를 바탕으로 한 각국의 외교적 근거의 타당성, 즉 외교 논리를 통해 좀 더 면밀히 고찰해야 실상에 접근할 수 있을 것이다.

따라서 이 글에서는 외교 논리에 유의하면서 발해와 신라의 쟁장사건을 동아시아 국제관계 속에서 재검토하고자 한다. 발해와 신라 쟁장사건에 관한 기록은 「사불허북국거상표(謝不許北國居上表)」(『동문선』 권33, 표전)에서 확인된다. 이 상표문의 내용은 크게 두 가지로 나눌 수 있다. 전반부에서는 발해 대봉예(大封裔)가 서장(書狀)에서 발해를 신라 사신보다 윗자리에 앉게 해줄 것을 청했던 것, 이에 대해 당 조정이 옛날부터 내려온 관례[舊貫]를 바탕으로 처리한 것, 그리고 신라가 이러한 사건을 우려한 내용으로 구성되어 있고, 후반부에서는 신라가 발해보다 윗자리에 앉는 것이 마땅하다는 근거를 제시하고 있다.[1] 우선 2절에서는 전반부를 분석하여 발해가 주장했던 외교적인 근거를 검토할 것이다. 다음으로 3절에서는 후반부에 보이는 신라가 주장한 외교적 근거를 검토한다. 이러한 작업은 양국 주장의

---

1 첫째 부분과 둘째 부분에는 중략 부분이 있으므로 이 상표문은 발해와 신라의 관계를 표시하는 부분을 발췌한 것이라 이해된다.

차이가 10세기 동아시아 국제관계에 미친 영향을 이해하는 데 도움을 줄 것이라
기대한다.

2 발해의 외교 논리

「사불허북국거상표」의 전반부는 발해와 신라의 쟁장사건의 시말(始末)을 생
생하게 전달한다. 897년 발해 왕자 대봉예가 서장을 올려 신라 위에 오를 것을 청
했던("去乾寧四年七月, 渤海賀正王子大封裔進狀, 請許渤海居新羅之上") 것에서부터 시작한
다. 이에 당은 발해가 국가의 강약을 따져서 국명의 선후를 결정하는 것을 부정했고
("國名先後, 比不引强弱而稱"), 국가 성쇠를 가지고 조정에서 정한 등급을 바꾸는 이해
를 비판하면서("朝制等威, 今豈以盛衰而改"), 옛날부터 이어진 관례대로 처리하도록 하
였다("宜仍舊貫, 準此宣示"). 이어서 신라는 이번 사건에 대해 우려하는 심정을 전했다.
　　이러한 내용을 통해 당의 주장과 그 근거를 알 수 있다. 즉 최종적으로는 당은
옛날부터 이어지는 관례를 근거로 제시하며 발해의 주장을 받아들이지 않겠다는
것이다. 당이 근거로 제시한 옛날부터 이어지는 관례는, 이 편지를 통해 당의 주장
을 뒷받침한 신라 입장에서도 유효했을 것이다.
　　한편 발해의 외교적 근거는 신라나 당과는 달랐다. 여기에서 주목되는 부분은
발해가 국가의 강약이나 성쇠를 가지고 신라보다 윗자리에 있기를 주장했다는 점
이다. 최치원은 발해가 주장하는 강약성쇠 이해를 외교상 무관하다고 볼 수 없었
으므로 이 내용을 담겼을 것이다.(赤羽目匡由, 2011, 166쪽) 이러한 사실은 당시 발해
의 강성함과 신라의 분열 양상, 즉 후삼국 성립기의 양상을 반영한 것이라고 이해
할 수 있다(濱田耕策, 2002, 404~405쪽; 채미하, 2017, 133쪽).
　　우선 발해의 강성함에 주목해보자. 발해는 당에서 '해동성국'이라고 불렸는데,
그 시기는 대이진(大彛震), 대건황(大虔晃), 대현석(大玄錫) 시대로 여겨진다. 더욱이
840년부터 발해는 빈공 급제자도 나타나기 시작했으며, 872년에는 오소도(烏昭度),
892년에는 고원고(高元固), 906년에는 오소도의 아들인 오광찬(烏光贊)이 급제했으

므로 해동성국 칭호의 기틀이 된 것은 이러한 유학생들의 활약으로 볼 수 있다(宋基豪, 1995, 175~176쪽). 실제로 오소도는 신라인 이동(李同)을 제치고 수석으로 급제했고, 이러한 사실은 최치원(崔致遠)이 쓴 것으로 보이는 문서(『고운집』 권1, 「신라왕여당서고대부상장(新羅王與唐江西高大夫湘狀)」 및 「여예부배상서찬장(與禮部裵尚書瓚狀)」)에서 확인할 수 있다. 또한 이들 문서 중에는 최치원이 신라의 영원한 수치를 한탄했으므로("永貽一國之恥"), 당시 발해는 신라가 두려워할 정도로 융성했음을 엿볼 수 있다(宋基豪, 1988, 90~91쪽). 이처럼 발해의 빈공 급제자 증가는 발해의 융성함을 당에게 보여주었을 것이며, 이러한 이해가 발해의 '강(強)'과 '성(盛)'을 주장하는 근거가 되었을 것이다.

외국 사신의 석차에 관해 강한 국가가 윗자리에 자리한 사례는 일본 사료를 통해서도 알 수 있다. 바로 753년 오토모노 고마로(大伴古麻呂)가 주장한 신라와 일본의 석차 경쟁으로, 일본이 신라보다 윗자리를 요청하여 허락을 받았다는 내용이다.[2] 이 사건의 사실 여부에 대한 논쟁이 있는데, 사실과 과장이 섞여 있다고 이해된다(강은영, 2015, 240쪽). 이 사료는 원래 동쪽 석차를 신라-대식의 순서로, 서쪽 석차를 토번-일본으로 삼았다고 전한다. 비록 당시 일본의 국제 인식을 기반으로 작성된 사료이지만, 750년대 당 중심의 국제질서를 단적으로 보여주는 것으로 이해할 수 있다. 즉 이 사례에서 토번의 위치는 변하지 않았는데, 763년에 토번이 장안을 점거했다는 사실을 고려하면 당시 토번의 강세를 엿볼 수 있다. 따라서 강한 국가가 석차 윗자리에 오는 것은 타당성이 있는 근거로 볼 수 있다.

한편 한반도에서는 892년에 견훤(甄萱)이 후백제를 세웠고, 궁예(弓裔) 역시 철원에 도읍을 세웠다. 더욱이 기근과 도적이 많이 일어난 배경으로 신라의 대당

---

2   "(天平勝寶六年春正月) 丙寅 副使大伴宿禰古麻呂自唐國至. 古麻呂奏曰, 大唐天寶十二載, 歲在癸巳正月朔癸卯, 百官諸蕃朝賀, 天子於蓬萊宮含元殿受朝. 是日, 以我次西畔第二吐蕃下, 以新羅使次東畔第一大食國上. 古麻呂論曰, 自古至今, 新羅之朝貢大日本國久矣. 而今列東畔上, 我反在其下, 義不合得. 時將軍吳懷實見知古麻呂不肯色, 即引新羅使, 次西畔第二吐蕃下. 以日本使次東畔第一大食國上."(『續日本紀』 卷19 孝謙紀)

외교는 매끄럽게 이루어지지 못했다.[3] 이처럼 한반도의 전란 및 신라와 당의 소원함은 당이나 발해에서 신라를 '약(弱)'이나 '쇠(衰)'로 이해하는 원인이 되었던 것이다. 즉 당과 발해는 견훤이나 궁예의 자립 양상과 신라와 당의 소원함을 어느 정도 파악하고 있었다. 나아가 발해가 이러한 신라 사정을 근거로 석차 변경을 주장했다면 발해는 신라의 쇠약한 모습이라는 동시대적인 국제 인식이 석차를 바꿀 근거가 된다고 보았던 것이다. 이에 관해 주목되는 것은 843년에 일어난 키르기스[黠戛斯]와 발해의 석차 변경 사례다. 이를 전하는 『신당서』에서는 당 무종(武宗)은 3년 만에 사신을 파견한 키르기스에 대해 먼 곳에서 온 것을 이유로 발해보다 윗자리에 두었다고 한다. 『자치통감』에 따르면, 구체적으로 2월 15일에 키르기스 사신을 발해 사신의 윗자리에 두었다는 것을 알 수 있다.[4]

기존에는 이 사료를 쟁장사건과 연결시켜 석차 변경 사례를 당 무종의 키르기스에 대한 관심이나 예외적인 조치로 막연하게 생각해왔다(濱田耕策, 2002, 417쪽; 김종복, 2014, 134쪽). 그러나 키르기스의 사신을 추적하면 석차 변경의 원인에 대한 자세한 사정을 확인할 수 있다. 태화공주(太和公主)는 당 헌종(憲宗)의 딸로, 821년에 화번공주(和蕃公主)로서 위구르(回鶻)에 강가(降嫁)한 인물이다. 그리고 무종 3년에 키르기스 사신이 태화공주를 위구르에서 되찾아 당으로 돌려보냈다. 이에 무종은 고모인 태화공주를 맞이하기 위해 태원(太原)까지 중사(中使)를 보냈다고 한다

3　"唐昭宗景福二年, 納旌節使兵部侍郎金處誨, 沒於海, 即差槥城郡大守金峻, 爲告奏使. 時致遠爲富城郡大守, 祗召爲賀正使. 以比歲饑荒, 因之盜賊交午, 道梗不果行."(『三國史記』卷46, 列傳6 崔致遠) 한편 896년에 입절사(入浙使) 최예희(崔藝熙)가 파견되었던 것을 확인할 수 있는데("乾寧三年, 忽遇入浙使崔藝熙, 大夫方將西泛, 侘跡而西. 所以高掛雲颿, 遽超雪浪, 不銷數日, 得抵鄞江"(「廣照寺眞澈大師寶月乘空塔碑」)), 최예희를 입당 사신으로 보는 견해도 있지만(權悳永, 1997, 198~199쪽), 両浙藩鎭으로 보냈다고 보는 것이 온당할 것이다(小宮秀陵, 2015b, 6~7쪽).

4　"會昌中, 阿熱以使者見殺, 無以通于朝, 復遣注吾合素上書言狀. 注吾, 虜姓也. 合, 言猛, 素者, 左也, 謂武猛善左射者. 行三歲至京師, 武宗大悅, 班渤海使者上, 以其處窮遠, 能脩職貢, 命太僕卿趙蕃持節臨慰其國, 詔宰相即鴻臚寺見使者, 使譯官考山川國風."(『新唐書』卷217下, 列傳142下 黠戛斯);"會昌三年二月辛未(12) 黠戛斯遣使者注吾合索獻名馬二, 詔太僕卿趙蕃飲勞之. 甲戌(15) 上引對, 班在勃海使之上."(『資治通鑑』卷247, 唐紀63 武宗)

(『구당서』 권18 상, 무종본기 회창 3년(843) 2월). 즉 이들은 당 종실에 큰 공적을 쌓은 셈이다. 따라서 당 종실 인물의 귀환을 실현한 키르기스를 발해보다 위에 둔 것은 당연한 일이라고 여겨진다.

더욱이 주목되는 것은 이 키르기스 사신 주오합소(注吾合素)를 통해 키르기스 왕에게 보낸 문서인 「여힐알왕서(與黠戛王書)」이다. 키르기스의 대당외교 사신 단절 이유가 위구르에 있었음을 알게 되었다는 것과, 키르기스가 위구르를 멸망시킨 것을 칭찬하는 내용이다. 또한 태화공주 탈회(奪回)의 내용도 담겼으므로, 이 사신에 대한 평가는 위구르 멸망과 공주 탈회에 있었다는 것을 알 수 있다(齊會君, 2018, 4쪽). 위구르는 안사의 난에서 당 원군으로 활약했으므로 이후 당은 위구르에 대해 공주 강가를 거절할 수 없는 입장이었다(森安孝夫, 2007, 제7장). 따라서 위구르를 멸망시킴으로써 이러한 상황에서 벗어나게 해준 키르기스를 당은 높이 평가했던 것이다. 더욱이 이후 당은 키르기스에 보내는 국서에서 수신자의 명칭을 왕에서 가한(可汗)으로 바꾸었다(齊會君, 2018, 13쪽).

이러한 사정을 염두에 둔다면 키르기스와 발해의 석차 변경 사례는 당시 당 북방 국제관계의 변동에 영향을 받은 것이라고 정리할 수 있다. 그렇게 볼 수 있다면 발해는 과거 키르기스와의 사례를 통해 국제관계의 변화가 석차를 변경할 만한 조건이 된다는 것을 이해하고 있었을 것이다. 897년의 윗자리 변경 요구 역시 그러한 사정을 근거로 삼았을 것이며, 근거는 구체적으로 후삼국의 정립이라는 국제사회의 변동에 있었던 것 같다.

3 신라·당의 외교 논리

아래에서는 「사불허북국거상표」의 후반부를 통해 신라·당의 외교 논리를 살펴보도록 하겠다. 전술했듯이 당이 석차 변경을 허락하지 않았던 근거는 옛날부터 이어지는 관례에 있었다. 상표문 후반부에는 신라 입장에서 이를 뒷받침하는 사례를 들어 구체적으로 설명하고 있다. 좀 길지만 각각 내용을 확인해보자. 우선 『예기』와 『서경』을 바탕으로 부허(浮虛)함과 참월(僭越)함을 경계하면서, 근본과 법도의 중요성을 설명하고 있다("臣聞『禮』貴"不忘其本", 是戒浮虛 ; 『書』稱"克愼厥猷", 惟防僭越. 苟不循其涯分, 乃自掇其悔尤").

이를 전제로 발해의 건국 과정과 당에 대한 귀순, 군왕호 수여 과정을 설명하고 있다. 먼저 율말(栗末)의 민중과 구려(句驪)로 표현함으로써 고구려 유민을 구분했고, 그 수장인 걸사비우(乞四比羽)와 대조영(大祚榮)이 나라를 세워 진국을 칭한 것을 전한다. 다음으로 그들이 악명을 떨치면서 강도짓을 하고, 거란과 같이 악행을 일삼으며, 돌궐과 통했는데 당의 은총을 받아 귀순했다고 한다("時有句驪遺燼 · 勿吉雜流, 梟音則嘯聚白山, 鴟義則喧張黑水. 始與契丹濟惡, 旋於突厥通謀, 萬里耦苗, 累拒渡遼之轍. 十年食葚, 晚陳降漢之旗"). 이어서 대조영에게 대아찬(大阿飡)의 벼슬을 수여한 것과 713년에 발해군왕(渤海郡王)으로 봉해지게 되었다는 것을 설명한다("初建邑居, 來憑隣援, 其酋長大祚榮, 始受臣藩第五品大阿餐之秩. 後至先天二年, 方受大朝寵命, 封爲渤海郡王").

이에 신라는 발해와 대등한 반열에 서게 된 것을 수치스럽게 생각하면서도 갈등을 빚지 않고 잘 지내려고 참아왔지만, 발해는 신라와 현격한 차이가 있음에도 서열을 범하려고 꾀했다며 이를 발해가 분수에 맞지 않게 용의 머리[龍頭]를 탐낸다고 표현했으며("莫愼守中, 惟圖犯上, 恥爲牛後, 覬作龍頭, 妄有陳論, 初無畏忌"), 그들이 강계(降階)의 예법에 어둡기 때문에 상주한 것이라고 주장했다("豈拘儀於隔座, 寔昧禮於降階").

이어서 신라의 잠재력과 발해의 탐욕스러움에 대해 설명하면서 신라를 소에, 발해를 매[鷹]와 쥐[鼠]에 비유했다("念臣蕃之驥或羸而可稱, 牛雖瘠而非怯 ; 察彼虜之鷹飽腹而高颺, 鼠有體而恣貪"). 다음으로 신라가 받은 벼슬과 발해가 받은 벼슬 사이에는 계급의 차이가 있으며("臣國受秦官極品, 彼蕃假『周禮』夏卿"), 선조에 이르러 발해가 은총을 받았다는 것("而乃近至先朝, 驟霑優寵")과, 발해의 탐욕스러움에 대한 문제를 설명한 후 마지막으로 당 소종이 내린 결정을 칭송하면서 이 문서를 마무리했다.

전체적으로 신라는 발해를 전통이 없는 나라로 취급했음을 확인할 수 있다. 발해의 건국 과정에서 거란이나 돌궐과 손을 잡아 당과 초기부터 대립했으며, 713년에 이르러서야 발해군왕으로 봉해졌다는 것은 이를 단적으로 드러낸다.

우선 주목되는 것은 신라가 대조영에게 벼슬을 주었다는 것이다. 그 사실 여부는 알 수 없지만 적어도 신라는 대조영을 신라의 신하로 보았다는 것이 된다. 이와 관련해 돌궐이 돌기시(突騎施)와 다툰 쟁장사건의 사례가 주목을 끈다. 돌궐은 돌기시가 소국이라는 점과 원래 돌기시는 돌궐의 신하라는 점을 내세워 자신들보다 윗자리에 오르면 안 된다고 주장했다.[5] 이러한 사례는 신속(臣屬)의 여부가 석차 변경의 한 이유로 기능했다는 것을 의미한다(濱田耕策, 2002, 408쪽). 아마 신라도 이러한 사례를 알고 있었으므로 대조영에게 벼슬을 주었다는 내용을 당에게 제시했을 것이다.

한편 신라의 전통을 제시한 부분 역시 눈길을 끈다. 신라는 스스로를 진(秦)의 승상이 받을 만한 가장 높은 극품(極品)으로 평가한 반면, 발해를 『주례』에 나타난 하경(夏卿), 즉 병부상서(兵部尙書)로 표현함으로써 신라와 발해의 위상이 다르다는 것을 나타낼 수 있었다. 신라가 스스로 진의 극품으로 평가한 까닭은 황제를 처음으로 사용한 진을 계승한 국가가 당이며 신라는 당에 적합한 신하라고 강조하기 위함이고, 발해를 『주례』를 들어 설명한 까닭은 진 이후 계승해온 황제의 전통과 다른 국가로 비유하기 위해서였을 것이다. 실제로 전한을 멸망시킨 왕망(王莽)은 『주례』를 경전으로 삼아 신(新)의 국가형성에 주력하였다. 그렇다면 신라는 진과 『주례』를 거론하며 당 황제의 전통과 그에 어울리는 신하인 신라, 그리고 그 전통에 맞지 않는 발해라는 국제적 위상을 대칭적으로 표현했음을 알 수 있다. 이러한 설명은 옛날부터 이어지는 관례를 중요시한 당의 입장을 뒷받침할 만한 것으로 기능했을 것이다.

더욱이 옛날부터 이어지는 관례를 논거로 한 쟁장사건의 주장은 앞에서 언급한 753년 오토모노 고마로(大伴古麻呂)가 주장한 신라와 일본의 석차 경쟁에서도

---

5 "蘇祿者, 突騎施別種也. (…) (開元)十八年, 蘇祿使至京師, 玄宗御丹鳳樓設宴. 突厥先遣使入朝, 是日亦來預宴, 與蘇祿使爭長. 突厥使曰, '突騎施國小, 本是突厥之臣, 不宜居上.' 蘇祿使曰, '今日此宴, 乃爲我設, 不合居下.' 於是中書門下及百僚議, 遂於東西幕下兩處分坐, 突厥使在東, 突騎施使在西. 宴訖厚賚而遣之."(『舊唐書』 卷194下, 列傳144下 突厥下)

알 수 있다. 그는 신라가 옛날부터 오랫동안 일본에 조공한 것을 근거로 들었다("自古至今, 新羅之朝貢大日本國久矣"). 그가 어느 정도 사실을 전달했는지에 대해 신중하게 접근해야 하지만 적어도 신라가 오래전부터 일본 조정에 조공을 이어왔다고 주장하면 논리적으로 통한다고 생각했음을 부정할 수 없다. 그렇다면 오래전부터 이어지는 관례는 동아시아 각국에서 이루어진 중요한 외교 논리로 기능했을 것이며, 당이 발해의 요청을 불허한 처리에 대해 신라 역시 오래전부터 이어지는 관례를 근거로 마땅하다고 생각했을 것이다.

한편 당이 옛날부터 이어지는 관례를 논거로 신라를 중요시한 배경은 신라와 우호관계가 유지되어 있었다는 점에 찾을 수 있을 것이다. 732년에 이미 발해가 등주(登州)를 공격하면서 당-신라의 연계와 발해-돌궐과의 대립을 그 기점으로 보고 당이 영해군사(寧海軍使)의 군직을 신라에 부여한 것을 그 근거로 이해했다(濱田耕策, 2002, 411쪽). 나아가 진대 극품을 정1품의 군직이었던 태위(太衛)로 보고 검교태위(檢校太尉)가 거기에 해당한다고 해석하고, 발해 가 하경이라는 것을 들어 군사직인 좌효위대장군(左驍衛大將軍)으로 보기도 했다(김종복, 2014, 137~138쪽).

실제로 선덕왕(宣德王) 이래로 소성왕(昭聖王), 애장왕(哀莊王), 헌덕왕(憲德王), 흥덕왕(興德王), 문성왕(文聖王), 경문왕(景文王), 헌강왕(憲康王)이 검교태위를 받았음을 확인할 수 있으므로 이러한 가능성을 충분히 염두에 두어야 한다. 다만 효공왕(孝恭王)이 검교태위를 받은 사례는 확인할 수 없으므로 이러한 추측을 이 사건에까지 연결 짓는 데는 신중히게 접근해야 할 것이다. 좌효위대장군 역시 소급하여 비정할 수 있을지 의문이다. 적어도 선조에 이르러 발해가 은총을 받았다는 것("而乃近至先朝, 驟霑優寵"), 그 관직은 임시로 받은 것("彼蕃假『周禮』夏卿")임을 고려하면 발해의 진봉(進封) 사례를 염두에 두어야 하는데, 895년 발해는 대위해(大瑋瑎) 때 새로 관직을 받은 사례를 확인할 수 있다. 선조의 은총을 받은 것은 당 희종(僖宗) 때로 볼 수 있으므로 895년 대위해의 가관(加官) 사례를 구체적으로 반영한 것일 수도 있다.[6] 이 가능성도 부정할 수 없으므로 하경은 발해의 어떤 관직을 의미

6　"乾寧二年十月, 賜渤海王大瑋瑎勅書, 翰林稱加官合是中書撰書意, 詺報中書."(『唐會要』卷57, 翰

하는지, 그리고 선조의 은총은 구체적으로 무엇을 반영한 표현인지는 확실히 알 수 없다. 단지 최치원이 군직을 표시하면서 당에 주장한 사실로부터 군사에 관한 당과 신라의 관계를 엿볼 수 있을 뿐이다.

여기서 주목되는 점은 신라가 황소의 난 때 원군을 보낼 계획을 세웠다는 것이다.[7] 실제로 신라가 당으로 파병했다고 보기는 어렵지만, 이 사례를 통하여 당에서 신라의 군사 협력을 중요하게 생각하고 있다는 것을 신라가 간파하고 있었음을 알 수 있다. 이러한 사정을 고려하면 하경이라는 최치원의 군직 표기 역시 신라 쪽에서 당에 대한 군사적인 협력의 중요성을 이해하면서 의도적으로 사용한 것이라 사료된다. 이렇게 본다면 당은 반란에 대한 군사 지원 사정을 중시하여 이를 옛날부터 이어지는 관례로 표시했을 수도 있다. 실제 영해군사나 검교태위의 관직 부여를 떠나서도, 신라는 전술한 732년의 국제 분쟁, 그리고 평로번진(平盧藩鎭)의 반란에 대한 원군지원 등 당을 둘러싼 반란에서 당에게 우호적인 자세를 취해왔다.[8] 최치원의 군직 표시는 이러한 사정을 반영한 것이라 해석되며, 당은 신라의 군사적으로 우호적인 자세를 근거로 관례를 언급한 것이라 이해된다.

4 맺음말을 대신하여

897년에 발해와 신라 사이에 일어난 쟁장사건은 국제관계의 변화를 내세우며 석차 변경을 요구한 발해와, 오래전부터 이어지는 관례를 중요시한 신라·당이

林院)

7　"以亡父贈大傅臣㟨, 近屬乾符末, 寰海之風波稍起, 關河之祲沴旋興, 寇逼咸秦, 駕巡庸蜀. 先臣爰投楚秋, 爰請終縷, 齊徵下瀨之師, 決徇太朝之難."(『東文選』卷33, 表箋 謝恩表)

8　당이 평로번진의 반란을 진압할 때 신라가 당에 원군을 파병했다는 사료가 있지만(『三國史記』卷10, 新羅本紀 10 憲德王 11年 7月), 사료에 의문을 표하는 견해도 있으므로 신라의 파병 여부는 불확실하다. 그렇지만 적어도 신라가 당에 원군을 보내려 했다는 것은 알 수 있다(小宮秀陵, 2015a, 366~370쪽).

충돌한 외교적 사건이었다. 결과적으로 당은 군사적인 친당 자세를 유지한 신라를 지지하고 발해의 요청을 들어주지 않음으로써 옛 관례를 중시한다는 방침을 내세웠다.

이 사건이 신라와 발해의 당에 대한 인식을 어떻게 변화시켰는지를 간략하게 설명함으로써 맺음말을 대신하고자 한다. 906년 당은 효공왕을 책봉하기 위해 책봉사 김문울(金文蔚)을 신라로 보냈다. 당시 그의 관직은 '기왕부자의참군(沂王府諮議參軍)'이었다. 여기에서 기왕(沂王)은 당 소종(昭宗)의 아들 이인(李禋)을 가리킨다. 즉 김문울은 이연 휘하의 군사직을 맡았다고 볼 수 있다. 그러나 904년에 주전충(朱全忠)이 이연을 살해했다. 주전충은 907년에 후량을 칭하고 당 왕조를 부정했다. 김문울의 신라 파견은 당과 후량의 대립 속에서 이루어졌다고 볼 수 있다. 신라는 이러한 영향을 받았는지 후량에는 단 한 번도 사신을 파견하지 않았다.

한편 발해는 후량이 성립하자 907년, 908년, 909년에 연이어 사신을 파견하게 된다. 특히 908년에 파견된 최예광(崔禮光)이 주전충으로부터 작위를 받음으로써 발해는 후량을 중심으로 한 국제질서에 속하게 된다.

이처럼 10세기 초 신라와 발해는 국제관계에서 지향성의 차이를 보여주게 되었다. 이후 발해는 국제관계의 분쟁에 휘말리게 되었고, 신라는 후당과 사신 교류를 재개하게 되었다. 이러한 양국의 외교 방침 차이를 야기한 기점이 된 것이 897년의 쟁장사건이라고 평가할 수 있을 것이다.

참고문헌

『고운집(孤雲集)』, 『구당서(舊唐書)』, 『당회요(唐會要)』, 『동문선(東文選)』, 『삼국사기(三國
史記)』, 『속일본기(續日本紀)』, 『신당서(新唐書)』, 『자치통감(資治通鑑)』, 『책부원구(册府
元龜)』

한글

강은영, 2015, 「大伴古麻呂의 석차 논쟁에 대한 고찰」, 『歷史學硏究』 58, 湖南史學會.

權悳永, 1997, 『古代韓中外交史 遣唐使硏究』, 一潮閣.

김종복, 2009, 『발해정치외교사』, 일지사.

김종복, 2014, 「당 장안성에서의 외교 의례와 외국 사신 간의 외교적 갈등-신라·일본, 신
　　　　라·발해 사신 간의 쟁장(爭長)사건에 대한 재검토」, 『역사와 현실』 94, 한국역
　　　　사연구회.

小宮秀陵, 2015a, 「唐 憲宗代의 對藩鎭政策과 國際關係」, 『中國古中世史硏究』 36, 中國古
　　　　中世史學會.

宋基豪, 1988, 「발해에 대한 신라의 양면적 인식과 그 배경」, 『韓國史論』 18, 서울大學校 國
　　　　史學科.

宋基豪, 1995, 『渤海政治史硏究』, 一潮閣.

송기호, 2011, 『발해 사회문화사 연구』, 서울대학교 출판문화원.

장일규, 2007, 「최치원의 渤海觀과 그 의미」, 『韓國學論叢』 29, 國民大學校 韓國學硏究所.

赤羽目匡由, 2011, 『渤海王國の政治と社會』, 東京: 吉川弘文館.

채미하, 2017, 「진성왕 전후의 외교문서와 신라」, 『韓國史硏究』 179, 韓國史硏究會.

외국어

濱田耕策, 2002, 『新羅國史の研究』, 東京: 吉川弘文館.

森安孝夫, 2007, 『興亡の世界史05 シルクロードと唐帝國』, 東京: 講談社.

小宮秀陵, 2015b, 「後三國の對五代十國外交と文士-時期區分の檢討から」, 『訪韓學術研究
　　　　論文集』 14, 東京: 日韓文化交流基金.

齊會君, 2018, 「唐のキルギス宛國書の發給順と撰文過程-ウイグル·キルギス交替期を中心
　　　　に-」, 『東洋學報』 100-1, 東京: 東洋文庫.

한국고대사를 바라보는 다양한 시선:
문헌, 문자, 물질

II

文字 資料 篇

1장

북한의 광개토왕릉비 연구와 장명선(張明善) 탁본[1]

여호규(한국외국어대학교 사학과 교수)

1 머리말

광개토왕릉비(이하 '능비')는 1880년경에 재발견된 이래 열거하기 힘들 정도로 많은 연구가 이루어졌지만, 여전히 해결되지 않은 쟁점이 많이 남아 있다. 이러한 쟁점 가운데 상당 부분은 비문의 판독 문제에서 기인하는데, 이른바 신묘년조(辛卯年條)의 '來渡□破'(1면 9행 11-14자)의 '□'자를 둘러싼 논란은 이를 잘 보여준다. 판독을 둘러싸고 논란이 분분한 이유는 오랜 풍화로 비면이 많이 마멸되었기 때문이지만, 재발견 직후 정확한 원석탁본이 제작되지 못한 탓도 크다.

능비는 재발견 당시 이끼가 두껍게 낀 상태였는데, "토인(土人)들이 비면(碑面)에 똥[糞]을 바르고 마른 다음 불태웠는데, 이때 이끼는 제거되었지만 비석(碑石)이

---

1   이 글은 국립문화재연구소, 2019, 『張明善 탁출 광개토대왕릉비 탁본』에 게재된 글을 수정·보완한 것임을 밝혀둔다.

균열되었다"고 한다(顧爕光, 『夢碧簃石言』; 박시형, 1966, 260쪽). 이끼 제거 과정에서 비문의 균열과 박락이 일어났던 것이다. 더욱이 능비는 규모가 워낙 거대하고, 화산암 계통의 응회암을 약간만 다듬어 비면이 울퉁불퉁하기 때문에 능비 전체의 탁본을 제작하기가 쉽지 않았다.

이에 능비 재발견 초창기에는 비면에 종이를 대고 글자의 윤곽을 본뜬 다음 그 외곽에 먹을 칠하는 이른바 '묵수곽전본(墨水廓塡本)[模拓本, 雙鉤加墨本]'을 제작했다. 이러한 묵수곽전본으로는 일본 육군 참모본부 스파이였던 사코우 가게노부(酒匂景信)가 1883년에 가져갔던 사코우본(酒匂本) 및 이초경(李超瓊)이 1881년에 탁본을 획득하여 1884년에 이홍예(李鴻裔)와 반조음(潘祖蔭)에게 선사한 것(葉昌熾「語石」) 등이 유명한데, 반조음본이 2000년대 초반 북경의 문물경매회(文物競賣會)에서 발견되었다(徐建新, 2006, 50~68쪽). 다만 이러한 묵수곽전본은 글자의 윤곽을 본뜨는 과정에서 탁본 제작자의 주관이 개입하므로 탁본보다는 실물 크기의 판독문에 가깝다.

능비에 직접 종이를 압착하여 뜬 이른바 '원석탁본(原石拓本)'은 1887~1889년에 제작되었다. 특히 담국환(談國桓)의 「수찰(手札)」에 따르면 1887년에 봉천성(奉天省)의 독학사(督學使) 양이(楊頤)가 6벌, 나진옥(羅振玉)의 「용려일찰(俑廬日札)」등에 따르면 1889년에 북경의 탁공 이운종(李雲從)이 50벌을 제작했다고 한다(박시형, 1966, 37쪽, 47쪽). 이 원석 탁본의 존재는 오랫동안 세인(世人)의 기억에서 잊혔다. 1890년대에 들어와 탁본 제작의 편의와 선명한 탁본 획득을 위해 비면에 석회를 칠했기 때문이다.[2] 이때부터 1930년대까지 이른바 석회탁본(石灰拓本)이 많이 제작되었는데, 비문의 괘선(罫線)이나 마멸 부분, 글자 여백 등에 석회를 칠하는 과정에서 많은 변형과 손상이 일어났다. 석회탁본에 의거한 20세기 전반의 능비 연구는 자획의 변형이라는 근본적인 문제를 안고 있었던 것이다.

---

2   석회를 칠한 시점은 1890~1894년(徐建新, 2006, 168쪽), 1895년경(武田幸男, 2009, 123~124쪽), 1900년경(王健群, 1984, 32~35쪽), 1904년경(耿鐵華, 1994, 378쪽) 등으로 파악된다. 1993년 천진 문운당(文運堂)에서 1890년 전반에 제작된 것으로 추정되는 석회탁본이 발견되었다(徐建新, 2006, 166~170쪽).

1938년 8월에 일제의 괴뢰정권인 만주국에 의해 탁본 제작 금지령이 내려진 이후 한동안 탁본이 제작되지 않았지만(武田幸男, 2009, 348쪽; 王健群, 1984, 14쪽), 석회도 더 이상 칠해지지 않았다. 이에 따라 석회가 박락되며 능비가 차츰 원상을 되찾아갔다. 이처럼 능비가 원상을 회복하던 1963년에 이른바 장명선본(張明善本)이 제작되었다. 물론 그 이전에 석회탁본을 제작하는 과정에서 비면이 많이 변형되거나 손상되었고, 석회탁본 제작이 중단된 이후에도 석회의 박락과 함께 비편이 떨어져나가기도 했다. 1963년에도 비면에 석회가 일부 남아 있었다는 점에서 장명선본도 엄밀히 말하면 석회탁본의 한 종류라 할 수 있다(徐建新, 2006, 296쪽; 武田幸男, 2009, 378쪽).

그렇지만 장명선본은 석회가 상당히 박락된 다음 처음 제작된 탁본이라는 점에서 능비 탁본사에서 중요한 의미를 갖고 있고, 1930년대까지의 석회탁본과는 구별할 필요가 있다. 석회 칠로 인한 비문 손상이나 변형이라는 문제가 있었지만, 석회가 많이 박락되며 비문의 원상이 상당히 회복된 상황에서 제작되었기 때문이다. 장명선본은 석회 칠로 인해 손상되고 변형되었던 능비가 원상을 되찾는 과도기 모습을 담고 있다고 할 수 있다.

더욱이 장명선본은 1963년 북한·중국 공동조사 과정에서 제작되었고, 북한의 박시형은 이 공동조사를 바탕으로 능비에 관한 최초의 학술서인 『광개토왕릉비』를 집필했다. 장명선본과 박시형의 『광개토왕릉비』는 밀접히 관련되어 있고, 양자 모두 능비 탁본사와 연구사에서 중요한 의미를 갖는 것이다. 다만 그동안 장명선본의 선명한 사진이 공개되지 않아[3] 관련 연구를 진행하기가 어려웠는데, 2019년에 국립문화재연구소에서 북한 고고학연구소 소장 장명선본 탁본 사진을 입수하여 공개했다(국립문화재연구소, 2019). 이에 이 글에서는 장명선본과 북한의 능비 연구 동향에 대해 살펴보고자 한다.

---

3   중국 집안시박물관에 소장된 장명선본 사진이 박진석, 1993; 耿鐵華, 1994에 게재되었지만, 사진이 많이 축소되고 해상도가 낮아 판독에 활용하기에는 많은 난점이 있었다. 능비의 각종 탁본을 면밀하게 비교한 徐建新, 2006에서도 장명선본은 거의 활용되지 않았다

2 1963년 북·중의 공동조사와 장명선본의 제작

북한과 중국은 1963~1965년에 중국의 동북지역(만주 지역)에 대한 공동 고고 조사를 실시했다. 1963년 8~10월의 제1단계 조사에서는 3개 성(省)과 1개 자치구의 23개 시·현에 산재한 72개 유적을 조사했는데, 고구려 유적도 포함되어 있었다. 1964년의 제2단계(5~7월) 및 3단계(8~10월) 조사에서는 요동반도의 청동기시대 고분과 길림성 돈화(敦化)와 흑룡강성 영안(寧安) 지역의 발해 유적을 발굴했고, 1965년 5~7월의 제4단계 조사에서는 심양(瀋陽)의 정가와자(鄭家窪子) 유적을 발굴하는 한편, 보고서의 초고 편집 작업을 마무리했다(조중 공동 고고학발굴대, 1966, 머리말).

북한은 이때의 공동조사 성과를 바탕으로 청동기시대와 고조선사, 고구려사, 발해사 등을 다각도로 연구하여 고조선을 고대 노예제 사회, 고구려를 비롯한 삼국시대부터 중세 봉건제 사회로 설정하는 한국사 체계를 확립했다. 1963~1965년의 북·중 공동조사는 북한 역사학의 정립에 크게 기여했던 것이다.

장명선본은 제1단계 공동조사가 진행되던 1963년 10월에 제작되었다. 능비의 탁본 제작과 관련해 박시형은 "1963년 가을 우리 당의 직접적 배려에 의하여 사회과학원 역사연구소와 고고학 및 민속학 연구소의 한 연구 집단은 현지에서 능비 재조사 사업을 진행하여 현 비면과 비문을 다시 한 번 신중히 검토하고, 정밀한 탁본과 실측도를 작성하였다."라고 언급하고 있다(박시형, 1966, 1쪽). 북한의 사회과학원 고고학연구소에 소장된 장명선본은 1963년 가을에 북한 측 조사원이 제작했다는 것이다(김사억, 1966, 30쪽).

그렇지만 중국 측 기록을 종합하면 이 탁본은 당시 중국 국가문물국(國家文物局) 소속 전문 탁공(拓工)이었던 장명선이 1963년 10월에 제작하여 북한 조사단에 선사한 것으로 파악된다. 장명선본의 수량은 4벌로 보기도 하지만(耿鐵華, 2012, 328~343쪽), 중국 국가문물국, 사회과학원 고고학연구소, 길림성박물관, 집안시박물관, 북한의 고고학연구소 등에 소장된 사실이 확인되므로 최소 5벌 이상 제작한 것으로 추정된다(徐建新, 2006, 296쪽; 武田幸男, 2009, 378쪽).

장명선을 인터뷰한 쉬젠신(徐建新)에 따르면, 장명선은 탁본을 제작하기 전에 비석 표면을 깨끗하게 세척했지만, 여전히 비면에 석회가 남아 있었다고 한다(徐建新, 2006, 296쪽). 집안시박물관 소장 장명선본을 검토한 경톄화(耿鐵華)에 따르면, 탁본 제작에는 흔히 '선지(宣紙)'라 불리는 '모두지(毛頭紙)'를 30여 장 이상 사용했는데, 대형 모두지를 여러 장 이어 붙여 각 면마다 전장본(全張本) 1매씩 총 4매로 이루어진 탁본 1벌을 제작했다고 한다. 탁본에 사용된 모두지의 질량은 무거운 편이지만 두께가 얇아 질기고 유연하며, 흡수성(吸水性)과 흡묵성(吸墨性)도 뛰어나 능비처럼 비면이 거칠고 글자가 큰 비석을 탁본하기에 적합하다고 한다.

장명선은 북경에서 가져온 빛깔이 맑고 옅은 청담묵(清淡墨)을 사용했고, 능비의 글자보다 크기가 조금 더 큰 직경 15~18센티미터인 박자(拍子)[拓包]로 탁본을 제작했다고 한다. 박자를 먹물에 담가 먹을 골고루 묻힌 다음 균일하게 힘을 주며 조금 연한 색깔이 나게 두드렸기 때문에 탁본이 밝고 고우며, 진한 먹 흔적이 남지 않아 인위적 수식의 흔적이 거의 없다고 한다. 집안시박물관 소장 장명선본의 경우 총 1775자 가운데 1643자의 자획이 확인되고, 1600자 이상을 판독할 수 있다고 한다. 이러한 점에서 장명선본은 능비에 석회가 칠해진 이후 제작된 탁본 가운데 최고의 선본(善本)으로 평가된다(耿鐵華, 1994, 74~76쪽).

이처럼 장명선본은 두껍게 칠해졌던 석회가 거의 대부분 박락된 상태에서 제작된 선본이지만, 그동안의 능비 연구에 많이 활용되지는 못했다. 가령 왕젠췬(王健群)은 1984년에 중국에서 능비에 관한 저서를 처음 출간했는데, 주로 비면 관찰과 함께 1981년에 제작된 주윈타본(周云台本)을 활용했다. 또한 1985년 7월 중국의 집안을 방문했던 미카미 쓰구오(三上次男)를 비롯한 일본 학자들이 집안시박물관 소장 장명선본을 참관했지만, 시간 관계상 면밀한 검토는 하지 못했다고 한다(耿鐵華, 1994, 74쪽).

종래 장명선본을 가장 많이 활용한 연구자로는 중국의 경톄화와 박진석을 들 수 있다. 집안시박물관에 오래 근무했던 경톄화는 1983년부터 능비를 연구하며, 비면 관찰과 함께 장명선본 등 집안시박물관 소장 탁본을 참조했다(耿鐵華, 1994, 85쪽). 박진석도 1992년 8~9월에 현지를 방문하여 능비를 직접 조사하는 한편, 장명선본 등 집안시박물관 소장 탁본과 능비 사진을 제공받아 활용했다(박진석, 1993, 머

리말). 경톄화는 장명선본을 어떻게 활용했는지 언급하지 않았지만, 박진석은 판독
상 논란이 되는 글자의 경우 장명선본에 나타난 자획을 구체적으로 언급하며 판독
의 논거로 제시했다(박진석, 1993, 31~106쪽).

　　이처럼 1980년대 이후 집안시박물관에 소장된 장명선본은 경톄화나 박진석
에 의해 활용되었지만, 다른 기관에 소장된 장명선본은 거의 활용되지 않았다. 이
러한 점에서 1963년 10월 제작 직후 북한에 선사했을 장명선본이 어떻게 활용되
었는지 검토할 필요가 있다. 만약 북한학계가 장명선본을 적극 활용했다면, 석회
박락 이후 제작된 탁본에 대한 최초의 연구가 되기 때문이다. 그동안 장명선본의
선명한 사진이 공개되지 않아 북한 학계의 장명선본 활용 양상을 검토하기 힘들었
는데, 국립문화재연구소가 장명선본을 공개하면서 전반적인 양상을 새롭게 파악
할 수 있게 되었다(국립문화재연구소, 2019).

3　박시형의 광개토왕릉비 판독과 장명선본

1)　『광개토왕릉비』의 집필과 출간

　　박시형의 『광개토왕릉비』는 1966년 3월에 출간되었다. 박시형이 작성한 서문
에 따르면 각종 실측도나 도판은 사회과학원 고고학 및 민속학연구소의 연구원이
공동으로 작성했고, '능비 현상'은 채희국이 집필했다. 일종의 공동 저작이라는 것
이다. 다만 박시형은 "필자가 직접 관찰한 한에 있어서는 1963년 9월 현재에도 (…)
그 옛 모습을 방불케 하는 자취들을 은은히 육안으로 간취할 수 있었다"(53쪽)라며,
1963년 9월에 능비를 직접 관찰했고 본인이 주 저자임을 명시했다. 특히 1964년
에 서문을 작성한 것으로 보아 1963년 9월 능비 관찰 이후 단기간에 집필을 마무
리한 것으로 보인다.[4]

4　박시형은 『력사과학』1964-5(1964. 9. 29 간행)에 본서의 핵심 내용을 담은 「강좌 : 광개토왕릉
　비」를 게재했는데, 1964년 8월에는 본서의 집필이 거의 마무리되었을 가능성을 시사한다.

이 책은 크게 서두와 본문 4개 장, 부록 등 6개 부분으로 이루어져 있다. 서두의 '능비 현상'은 채희국이 저술했는데, 능비의 위치, 주변의 유적 현황, 비석의 구조와 방향, 치석(治石)과 현존(現存) 상황, 비면의 각자(刻字) 양상, 비문의 판독 정형, 비석의 보호 상태 등 제반 현황을 기술했다. 판독과 관련해서는 39자가 새겨진 제1면 6행을 제외하고, 모든 행마다 41자씩 총 1802자가 새겨졌다고 파악했는데, 능비의 글자를 1775자로 보는 현재의 통설과 차이가 난다. 이는 2면 9행 상단의 1~7자, 2면 10행 상단의 1~16자, 4면 1행 상단의 1~4자 등에 글자를 새기지 않은 사실을 파악하지 못한 결과다.

본문은 제1장 '광개토왕릉비의 건립과 능비에 관한 고문헌들의 기록', 제2장 '능비 재발견 경위', 제3장 '광개토왕 전후 시기 동방 제국의 국제관계', 제4장 '비문의 주석' 등 4장으로 구성되었다. 제1장에서는 능비가 414년 9월에 건립된 사실을 밝힌 다음, 고문헌 기록을 검토하여 고려 말 이래 조선 후기까지 비석의 존재를 인지했지만 모두 금나라 황제의 비석으로만 간주했다며 아쉬움을 토로하고 있다.

제2장에서는 능비에 관한 초창기 저작을 검토해 능비의 재발견 시점과 탁본 제작 과정을 규명했다. 먼저 구양보(歐陽輔)의 「집고구진(集古求眞)」에 "중국인이 능비를 발견하기 이전에 뜻있는 조선인[고려인]이 조선종이로 제작한 탁본"이 언급된 점을 근거로 능비를 처음 재발견한 사람이 조선인이었을 가능성을 제기했다. 다만 「집고구진」에 언급된 조선종이로 제작된 탁본이 최초의 탁본일 가능성만 제기하고, 단징하지는 않았디(25~29쪽; 손수호, 2015, 12쪽).

그런 다음 섭창치(葉昌熾)의 「어석(語石)」, 담국환(談國桓)의 「수찰(手札)」 등을 검토해 1880년경에 청나라 사람이 능비를 재발견했고, 처음에는 제대로 된 탁본을 제작하지 못하다가 1887년과 1889년에 비로소 우수한 탁본을 제작했다고 파악했다(25~52쪽). 이는 능비 재발견 경위와 초창기 탁본의 제작 현황에 대한 현재의 통설과 거의 같은데(徐建新, 2006; 武田幸男, 2009), 초창기 저작을 면밀하게 분석했기 때문에 비교적 정확한 결론에 도달했다고 보인다.

다만 박시형은 "탁본의 작성 연월일이 명기된 발어 같은 것을 붙인 탁본을 아직 보지 못하였다"(53쪽)라며 제작 연도가 명확한 탁본을 보지 못한 사실을 고백했다. 그러면서 국내외에 산재한 다양한 탁본은 "상호 간에 명확한 것과 다소 모호한 것의 차이는 있으나 다 기본적으로 동일한 내용을 가지고 있다"(53쪽)라고 파악했다. 초창기 저작을 분석해 재발견 직후 탁본의 제작 양상을 비교적 정확하게 밝혔지만, 이때 제작된 탁본을 실견하지 못했기 때문에 이른바 원석탁본과 석회탁본의 차이를 제대로 파악하지 못했던 것이다.

제3장에서는 광개토왕 대 전후 삼국의 역관계, 삼국과 왜의 관계, 고구려와 연(燕)의 관계 등을 고찰했는데, 비문 내용을 심층적으로 분석하기 위한 예비 작업이라 할 수 있다. 그런 다음 제4장 '비문의 주석'에서 원문, 번역문, 문자, 구두, 역사적 사실 등의 순서로 비문 판독과 번역, 주석을 체계적으로 진행했다. 마지막으로 부록에서는 독자의 이해를 돕기 위해 능비에 관한 주요 저술 30여 건을 소개하고, 관련 사진과 도면을 제시했다.

이상과 같이 이 책은 능비에 관한 최초의 학술서라는 명성에 걸맞게 다양한 자료를 폭넓게 섭렵하여 능비와 관련한 주요 주제를 심층적으로 분석하고, 판독·번역·주석 등을 체계적으로 제시했다(김사억, 1966). 실제 이 책은 출간 이후 한·중·일 3국의 능비 연구에 큰 영향을 주었는데, 능비에 관한 저서뿐 아니라 거의 모든 논문에서 빠짐없이 인용되고 있다. 특히 다음 장에서 상술하듯이 능비의 건국설화를 비롯해 '패려(稗麗)'나 '숙신(肅愼)'의 실체, 수묘인연호(守墓人烟戶)의 성격 등과 관련해 학계에 큰 영향을 미친 중요한 견해를 많이 제시했다.

표1   박시형의 능비 판독문[5]

〈1면〉

1 惟昔始祖鄒牟王之創基也. 出自北夫餘. 天帝之子. 母河伯女郎. 剖卵降出. 生子有聖[德]□□□□□. 命駕」

2 巡車南下. 路由夫餘奄利大水. 王臨津言曰. 我是皇天之子. 母河伯女郎. 鄒牟王. 爲我連鼈浮龜. 應聲卽爲」

3 連鼈浮龜. 然後造渡. 於沸流谷忽本西 城山上而建都焉. 不樂世位. 因遣黃龍來下迎王. 王於忽本東崗. 黃」

4 龍負昇天. / 顧命世子儒留王. 以道興治. 大朱留王. 紹承基業. / [遝]至十七世孫國岡上廣開土境平安好太王.」

5 二九登祚. 號爲永樂大王. 恩澤□于皇天. 威武橫被四海. 掃除□□. 庶寧其業. 國富民殷. 五穀豊熟. 昊天不」

6 弔. 卅有九. 晏駕棄國. 以甲寅年九月卄九日乙酉, 遷就山陵. 於是立碑. 銘記勳績. 以示後世焉. 其[詞]曰.」/

7 永樂五年歲在乙未. 王以碑麗不息□□. 躬率往討. 叵富山負山. 至鹽水上. 破其三部[洛]六七百當. 牛馬群」

8 羊. 不可稱數. 於是旋駕. 因過智平道. 東來□城力城北豊五備猶. 遊觀土境. 田獵而還. / 百殘新羅. 舊是屬民」

9 由來朝貢. 而倭以辛卯年來. 渡海破. 百殘□□□羅. 以爲臣民. 以六年丙申. 王躬率水軍. 討利殘國. / 軍□□」

10   首. 攻取壹八城·曰模盧城·□模盧城·幹弓利城·□□城·閣彌城·车盧城·彌沙城·□舍蔦城·阿且城·古利□·□」

11   利城·雜彌城·奧利城·勾车城·古模耶羅城·頁□□□□城·□而耶羅□·□城·□□□□□□□□奴城·沸□□」

〈2면〉

1 利城·彌鄒城·也利城·大山韓城·掃加城·敦拔□□□□□婁賣城·散□城·□婁城·細城·车婁城·于婁城·蘇灰」

2 城·燕婁城·析支利城·巖門[当]城·林城·□□□□□□□□城·就鄒城·□拔城·古车婁城·閏奴城·貫奴城·彡穰」

3 城·□□□□□羅城·仇天城·□□□□□其國城. 賊不服氣. 敢出百戰. 王威赫怒. 渡阿利水. 遣刺迫城. 橫□」

4 □□□便國城. / 百殘王困逼. 獻出男女生口一千人. 細布千匹. 歸王自誓. 從今以後. 永爲奴客. 大王恩赦□」. 雖有富
   足之者. 亦不得擅買. 其有違令. 賣者刑之. 買人制令守墓之.」

5 迷之街. 錄其後順之誠. 於是. □五十八城村七百. 將殘王弟幷大臣十人. 旋歸還都. / 八年戊戌. 敎遣偏師. 觀」

6 息愼土谷. 因便抄得莫□羅城加太羅谷男女三百餘人. 自此以來. 朝貢論事. / 九年己亥. 百殘違誓. 與倭和」

7 通. 王巡下平穰. 而新羅遣使白王云. 倭人滿其國境. 潰破城池. 以奴客爲民. 歸王請命. 太王□後稱其忠□.」

8 □遣使還告以□□. / 十年庚子. 敎遣步騎五萬. 住救新羅. 從男居城. 至新羅城. 倭滿其中. 官兵方至. 倭賊退」

9 □□□□□□□□米背急. 追至任那加羅從拔城. 城卽歸服. 安羅人戍兵拔新羅城. □城倭滿. 倭潰城□」

10 □□□□□□□□□□□□□□□□□□□□□安羅人戍兵□□□□□□□□□□□□□□□□」

〈3면〉

1 □□□潰」

2 □□□□□羅人戍兵. / 昔新羅[寐]錦. 未有身來朝□□□□□□□土境好太□□□□□□□□□僕勾」

3 □□□□朝貢. / 十四年甲辰. 而倭不軌. 侵入帶方界. □□□□□石城□連船□□□□□□□□□平穰」

4 □□□□相遇. 王幢要截盪刺. 倭寇潰敗. 斬煞無數. / 十七年丁未. 敎遣步騎五萬. □□□□□□□□□師」

5　□□合戰. 斬殺蕩盡. 所穫鎧鉀一萬餘領. 軍資器械不可稱數. 還破沙□城・婁城・□□□□□□□□□□□」

6　□城. / 廿年庚戌. 東夫餘舊是鄒牟王屬民. 中叛不貢. 王躬率住討. 軍到餘城. 而餘城國駢□□□□□□」

7　□□王恩普處. 於是旋還. 又其慕化隨官來者. 味仇婁鴨盧. 卑斯麻鴨盧. □立婁鴨盧. 肅斯舍□□. □□□」

8　□盧. 凡所攻破城六十四. 村一千四百. / 守墓人烟戶. 賣句余民國烟二看烟三. 東海賈國烟三看烟五. 敦城」

9　[民]四家盡爲看烟. 于城一家爲看烟. 碑利城二家爲國烟. 平穰城民國烟一看烟十. □連二家爲看烟. 住婁」

10　人國烟一看烟卌三. 梁谷二家爲看烟. 梁城二家爲看烟. 安夫連廿二家爲看烟. □谷三家爲看烟. 新城三」

11　家爲看烟. 南蘇城一家爲國烟. 新來韓穢. 沙水城國烟一看烟一. 车婁城二家爲看烟. 豆比鴨岑韓五家爲」

12　看烟. 勾车客頭二家爲看烟. 求底韓一家爲看烟. 舍蔦城韓穢國烟三看烟廿一. 古□耶羅城一家爲看烟.」

13　□古城國烟一看烟三. 客賢韓一家爲看烟. 阿旦城雜珍城合十家爲看烟. 巴奴城韓九家爲看烟. □模盧」

14　城四家爲看烟. 若模盧城二家爲看烟. 车水城三家爲看烟. 幹弓利城國烟二看烟三. 彌□城國烟[一]看烟」

〈4면〉

1　[二. □城□□城合十]三家爲看烟. 豆奴城國烟一看烟二. 奧利城國烟二看烟八. 須鄒城國烟二看烟五. 百」

2　殘南居韓國烟一看烟五. 大山韓城六家爲看烟. 農賣城國烟一看烟一. 閏奴城國烟二看烟廿三. 古车婁」

3　城國烟二看烟八. 瑑城國烟一看烟八. 味城六家爲看烟. 就咨城五家爲看烟. 乡穰城廿四家爲看烟. 散那」

4　城一家爲國烟. 那旦城一家爲看烟. 勾车城一家爲看烟. 於利城八家爲看烟. 比利城三家爲看烟. 細城三」

5　家爲看烟. / 國岡上廣開土境好太王. 存時教言. 祖王先王. 但教取遠近舊民. 守墓洒掃. 吾慮舊民轉當羸劣.」

6　若吾萬年之後. 安守墓者. 但取吾躬率所略來韓穢. 令備洒掃. 言教如此. 是以如教令. 取韓穢二百廿家. 慮」

7　其不知法. 則復取舊民一百十家. 合新舊守墓戶. 國烟卅. 看烟三百. 都合三百卅家 / 自上祖先王以來. 墓上」

8　不安石碑. 致使守墓人烟戶差錯. 惟國岡上廣開土境好太王. 盡爲祖先王. 墓上立碑. 銘其烟戶. 不令差錯. /

9　又制. 守墓人. 自今以後. 不得更相轉賣. 雖有富足之者. 亦不得擅買. 其有違令. 賣者刑之. 買人制令守墓之」

표2　능비 탁본 및 판독 비교표

면/행/자	酒勻本 模拓本	샤반느본 石灰拓本	張明善本	水谷本 原石拓本	朝鮮金 石總覽	박시형	王健群	水谷悌二郎	필자
1-1-31					子	子	而	而	而
1-3-41					黃	黃	黃	履	履
1-4-24					△	還	還	△	還
1-7-11					碑	碑	碑	稗	稗

면/행/자	酒匂本 模拓本	샤반느본 石灰拓本	張明善本	水谷本 原石拓本	朝鮮金 石總覽	박시형	王健群	水谷悌二郎	필자
1-10-4					壹	壹	寧	壹	寧
1-11-36		결			△	△	豆	豆	豆
2-3-7					羅	羅	盧	盧	盧
2-4-9					王	王	主	主	主
2-6-1					帛	息	帛	帛	息
2-6-10	결				新	△	斯	△	△
2-7-36	결				恩	△	恩	△	恩
2-10-26					戍	戍	戍	戍	戍
3-13-1					△	△	炅	炅	炅
4-1-7		결			△	△	利	利	利

2) 박시형의 비문 판독과 장명선본의 활용 여부

그렇다면 박시형은 능비를 연구하며 장명선본을 얼마나 활용했을까? 이와 관련해 먼저 박시형이 서문에서 북한 측이 탁본을 직접 제작한 것처럼 기술하며, 탁본 제작자인 장명선을 전혀 언급하지 않은 사실을 상기할 필요가 있다. 박시형의 이러한 언급은 중국으로부터 장명선본을 제공받은 사실을 숨기기 위한 의도일 수 있지만, 장명선본을 거의 활용하지 않은 결과일 수도 있다. 그중 어느 쪽인지 판별하기 위해서는 박시형의 판독문과 장명선본을 대조할 필요가 있다.

박시형은 제4장 '비문의 주석'에서 판독의 근거로 능비의 자획과 유사한 예서(隸書) 사례를 제시하는 한편, 능비의 자획 잔존 상태를 주요 논거로 활용했다. 특히 2-7-36자(면-행-글자: 이하 동일)의 [恩]에 대해 "지금 비면에는 표면상 '恩'자 같이 되어 있으나 그것은 일부 회땜을 하고 그려 넣은 것이다"(187~188쪽), 4-2-35자 [看]에 대해 "지금 이 부분의 비면을 자세히 보면 (…) 원래는 '看'이었던 것이 명백하다"(211~212쪽) 등과 같이 기술했는데, 주로 비면 관찰을 통해 자획의 잔존 상태를 파악했을 가능성을 시사한다.

이는 "필자가 직접 관찰한 한에 있어서는 1963년 9월에도 혹심하게 풍화된 매개 글자들의 밑바닥에서는 여전히 그 옛 모습을 방불케 하는 자취들을 은은히 육안으로 간취할 수 있다"(53쪽)라는 언급과 부합한다. 박시형은 1963년 9월의 비면 관찰을 통해 자획의 잔존 상태를 파악한 다음, 이를 판독의 근거로 활용했던 것이다. 그런데 박시형은 석회탁본에 근거한 종전 판독안에 비해 10여 자가량 새로운 견해를 제시했다(표1). 가령 1-4-24자는 종래 판독 불능자로 처리했었는데, 우상단에 잔존한 '罒' 자획을 근거로 '還'으로 추독했다(131쪽). 1-7-14자는 종래 판독 불능자로 처리하기도 했는데, '目' 자획을 근거로 '息'으로 판독했다(151쪽). 2-6-1자는 종래 판독 불능자나 '帛'으로 판독했는데, '息'으로 판독한 다음 '蕭'의 통용자로 파악했다(183쪽). 2-6-10자는 종래 '新'자로 판독했는데, 자획이 분명치 않다며 판독 불능자로 처리했다(183쪽). 2-9-28자, 2-10-26자, 3-2-8자 등은 종래 '戌'으로 판독했는데, '戍'로 판독했다(192쪽). 3-8-3자는 종래 '凡'이나 '仇'로 판독했는데, 자획의 잔존 상태를 근거로 '凡'으로 판독했다(204쪽). 3-10-8자는 종래 '二'로 판독했는데, '三'으로 판독했다(209쪽).

박시형은 종전과 다른 새로운 판독안을 제시할 때도 자획의 잔존 상태를 가장 중요한 근거로 활용했던 것이다. 이로 보아 박시형은 주로 비문 관찰에 의거해 판독을 진행한 것으로 추정된다. 이와 관련해 원석탁본을 처음 활용한 미즈타니 데이지로(水谷悌二郎)나 1981년에 제작된 주운태본을 많이 활용한 왕젠췬 등이 석회탁본에 근거한 종전의 판독문에 비해 100여 자 가까이 새로운 견해를 제기한 사실에 유의할 필요가 있다. 이는 박시형이 장명선본을 활용했다면, 훨씬 더 많은 글자를 판독했을 가능성을 시사하기 때문이다.

물론 종전의 석회 덧칠과 박락으로 인해 비문의 변형과 손상이 많이 발생했기 때문에 장명선본도 그 영향을 받았을 것이다. 가령 1-7-11자[秤]는 거의 모든 석회탁본에 '碑'로 나오는데, 표 2에서 보듯이 장명선본에도 묵수곽전본인 사코우본(酒勻本)과 석회탁본인 샤반느본과 마찬가지로 좌변에 '石' 자획이 남아 있다. 원석탁본인 미즈타니 데이지로본(水谷悌二郎本: 이하 '미즈타니본(水谷本)'이라 약칭)의 해당 자획이 '禾'임을 상기하면, 장명선본의 '石' 자획은 석회탁본 제작 과정에서 변형된 결과라 할 수 있다. 1-10-4자[寧]도 미즈타니본에는 하단의 '丁' 자획이 선명한데, 사코우본과 샤반느본뿐 아니라 장명선본에서는 이를 찾기 어렵다. 2-4-9자[主]도 미즈타니본에는 상단의 'ㆍ' 자획이 선명한데, 장명선본에서는 이를 찾기 어렵다.

석회탁본 제작에 따른 비문 변형이나 손상이 1963년에도 상당히 남아 있었던 것이다. 그러므로 박시형이 장명선본을 활용했다 하더라도 새로운 판독안을 제시하기 어려웠다고 볼 수도 있다. 더욱이 박시형은 아직 원석탁본의 존재를 모르는 상태였기 때문에 자획이 선명하게 남아 있더라도 비문이 변형된 결과로 인식할 수도 있었다. 가령 장명선본의 2-7-36자의 자획은 '恩'이 명확한데(표2), 박시형은 "지금 비면에는 표면상 '恩'자 같이 되어 있으나 일부 회땜을 하고 그려 넣은 것이다"라고 보았다(187~188쪽). 비면의 자획이 선명한 글자 가운데 일부를 석회 칠의 영향으로 보았던 것이다.

그런데 표2에서 보듯이 장명선본의 3-13-1자는 '昊'이 명확한데, 박시형은 "글자 흔적이 매우 모호하다"(211쪽)라고 보았다. 또한 1-11-36자는 '豆'가 명확한데, 별다른 언급이 없다. 더욱이 2-6-10자는 '新'이 명확한데, 박시형은 "종전 탁본에 '新'자로 된 것은 다음 글자인 '羅'를 보고 자의적으로 회칠을 한 것이라며 글자가 분명치 않다"라고 보았다(183쪽). 이는 박시형이 비면만 관찰하고 장명선본을 참조하지 않았을 가능성을 시사한다. 더욱이 1-3-41자나 2-3-7자의 경우, 박시형이 석회탁본에 근거한 종전의 판독안처럼 각각 '黃'자와 '羅'자로 판독했지만, 장명선본에서는 이러한 자획을 확인하기 어렵다. 1-1-31자도 박시형이 종전 판독안처럼 '子'자로 판독했지만, 장명선본을 면밀히 관찰하면 'ㅠ'자로 판독할 수 있다(박진석, 1993, 33쪽).

지면상 모두 열거하기 힘들지만, 장명선본에는 석회탁본과 자획이 다른 글자가 50여 자 이상 확인되는데, 이 글자는 대부분 원석탁본의 자획에 가깝다. 이는 1938년 이후 석회가 지속적으로 박락되어 1963년 장명선본 제작 당시에는 능비의 원상이 많이 회복되었을 가능성을 시사한다. 가령 박시형은 능비에서 명확히 보이는 글자 수가 1534자라고 했지만(7쪽), 경톄화는 장명선본에서 1643자의 자획이 확인되고, 1600자 이상을 판독할 수 있다고 했다(耿鐵華, 1994, 74~76쪽). 필자도 장명선본을 관찰한 결과, 1600자 이상의 자획을 명확히 판독할 수 있는 것으로 확인했다.

이로 보아 박시형은 장명선본이라는 선본(善本)을 확보하고도 거의 활용하지 않은 것으로 판단된다.[6] 박시형은 기존의 석회탁본과 함께 1963년 9월에 진행한 비면 관찰에 의거해 비문 판독을 진행했던 것이다. 물론 비문 관찰은 비면의 현존 상태를 정확하게 파악할 수 있다는 장점이 있다. 또한 박시형도 여러 차례 언급한 것처럼 비면을 관찰하면 석회 칠에 따른 각 글자의 손상이나 변형 유무도 비교적 정확하게 판별할 수 있다.

그렇지만 현지에 장기간 상주하지 않는 한 비면 관찰을 통해 모든 글자의 자획을 면밀하게 파악하기는 쉽지 않다. 장기간 상주하더라도 각 글자의 자획(字劃)을 육안으로만 관찰하는 데는 한계가 있다. 비면의 원상을 반영하는 탁본에 대한 연구가 중요한 이유는 바로 여기에 있다. 전술했듯이 박시형은 능비에 관한 초창

6　박시형이 1963년 9월에 비면을 관찰하고, 1964년에 책의 서문을 집필한 것으로 보아 1963~1964년에 능비 연구를 진행한 것으로 판단된다. 1963년 10월에 장명선본을 제공받았다 하더라도 박시형이 탁본을 면밀하게 검토할 시간이 충분하지 않았을 수도 있다. 다만 그 이후 북한 학계는 장명선본을 다각도로 검토한 것으로 보이는데, 김유철 1986, 22쪽에는 "우리 역시 1963년 탑본을 다시 정밀하게 검토하는 과정에서"라고 하여 장명선본을 '1963년 탑본'이라 지칭하면서 이를 검토한 사실을 언급하고 있다.

기 저작을 분석하여 능비의 재발견 경위 및 초창기 탁본의 제작 양상을 비교적 정확하게 밝혔다. 다만 당시 제작된 탁본을 실견하지 못해 원석탁본과 석회탁본의 차이를 제대로 파악하지는 못했다.

이로 인해 장명선본이 종전의 석회탁본에 비해 원석탁본에 많이 가까워졌다는 사실도 인지하기 힘들었을 것이다. 일본의 미즈타니 데이지로가 1959년에 원석탁본의 존재를 규명했지만(『書品』 100호), 이 성과는 1970년대 이후에야 비로소 널리 알려졌다. 박시형이 능비를 연구하던 1960년대에는 아직 원석탁본의 존재를 인식하지 못했던 것이다. 이러한 시대적 한계로 인해 박시형은 장명선본의 가치도 제대로 인지하지 못하고, 비문 판독에 거의 활용하지 않았던 것이다. 그에 따라 장명선본을 통해 1600자 이상을 판독할 수 있음에도 불구하고, 추독(推讀) 11자를 포함해 1548자밖에 판독하지 못했다. 또한 장명선본을 면밀하게 관찰하면 2면 9행의 1-7자와 10행의 1-16자, 4면 1행의 1-4자 등에 각자(刻字)하지 않은 사실도 확인할 수 있는데, 이곳에도 각자한 것으로 간주해 총 글자 수를 1802자라고 잘못 파악했다.

4 능비의 기술 내용에 대한 박시형과 북한의 연구

1) 건국설화와 수묘인연호조(守墓人烟戶條) 연구

이상과 같이 박시형은 장명선본의 가치를 제대로 인식하지 못하고, 비문 판독에 거의 활용하지 않았던 것으로 추정된다. 이로 인해 박시형은 종전의 판독안에 비해 비문 판독에서는 큰 진전을 이루지 못했다. 그렇지만 박시형은 종전에 주로 논의되었던 무훈기사뿐 아니라 서두의 건국설화와 왕계 및 후반부의 수묘인연호 등을 다각적으로 고찰했다. 능비 전체에 대한 최초의 체계적 연구라 할 수 있는데, 당시까지 해명되지 않았거나 논란이 분분했던 부분을 새롭게 규명하여 이후 연구에 큰 영향을 미쳤다.

서두의 건국설화에 대해서는 여러 금석문과 문헌 사료를 비교한 다음, 건국설화의 전개 양상을 체계화했다. 그에 따르면 능비와 모두루묘지(牟頭婁墓誌), 『위서

(魏書)』의 건국설화에는 시조 주몽[추모왕]의 아버지가 '천제(天帝)'나 '햇빛'인 반면,
『구삼국사』나 『삼국사기』에는 천제의 아들인 '해모수(解慕漱)'로 인격화되었는데,
건국설화의 변화 양상을 반영한다는 것이다. 능비나 모두루묘지의 건국설화가 더
신성화된 시원적인 것이라면, 『구삼국사』나 『삼국사기』의 건국설화는 시조의 아버
지가 '해모수'로 인격화된 것으로 더 늦다는 것이다.

이러한 분석을 바탕으로 고구려 건국설화의 전개 양상을 3단계로 파악했다.
부여의 동명신화만 존재하던 제1단계, 동명신화가 고구려 건국설화로 전화되어
주몽의 아버지로 천제[하늘]=햇빛, 어머니로 하백(河伯)의 딸 유화(柳花)가 상정된
제2단계, 주몽의 아버지가 천제에서 그의 아들인 해모수로 인격화된 제3단계 등으
로, 고구려의 건국설화는 극히 신화적인 것에서 점차 인격화되며 내용이 더 수식
되었다는 것이다(93~113쪽). 이 견해는 지금도 북한 학계의 통설일 뿐 아니라(손영
종, 2006, 66~68쪽), 국내 학계에도 많은 영향을 미쳤다(서영대 1991, 158~181쪽; 노태돈,
1999, 28~52쪽).

능비 서두에는 건국설화에 이어 추모왕(鄒牟王)에서 광개토왕(廣開土王)에 이르
는 왕계(王系)를 "顧命世子 儒留王, 以道興治, 大朱留王, 紹承基業. 遝至十七世孫國
岡上廣開土境平安好太王 二九登祚"라고 기술했다. 유류왕(儒留王)이 제2대 유리명
왕, 대주류왕(大朱留王)이 제3대 대무신왕이라는 점에는 큰 이견이 없지만(126~130
쪽), '17세손(十七世孫)'에 대해서는 논란이 분분했다. 『삼국사기』 고구려본기의 왕
계상 광개토왕은 추모왕[동명성왕]의 13대손으로 '17세손'이라는 표현은 성립하기
힘들기 때문이다. 이에 일찍부터 '17세손'에 대해 혈연상의 세대수(世代數)라는 견
해와 함께 추모왕, 유류왕, 대주류왕 등을 기준으로 헤아린 왕대수(王代數)라는 견
해가 다수 제기되었다(武田幸男, 1989, 281~283쪽; 노태돈, 1999, 66~67쪽).

박시형도 '17세손'이 첫째 대무신왕에서 광개토왕까지의 왕대수일 가능성, 둘
째 동명성왕에서 광개토왕까지의 왕위 계승자를 실제 계보와 무관하게 모두 자연
적 세대수로 계산했을 가능성, 셋째 『삼국사기』에 일부 왕계가 누락되었을 가능성
등을 제시한 다음, 첫째가 가장 타당하다고 보았다(135~136쪽). 『삼국사기』와 능비
의 왕계는 기본적으로 동일하며, 현전하는 초기 왕계는 능비 건립 이전에 이미 정

립되었다는 것이다. 이러한 견해[7]는 고구려 초기 왕계가 5세기 이후에 꾸며졌다는 일본 학계의 견해를 비판하는 데 중요한 논거를 제공했다(王健群, 1984, 206쪽; 박진석, 1989, 138~140쪽; 노태돈, 1999, 93쪽).

다만 북한 학계에서는 1980년대 후반 이후 '17세손'을 혈연상의 세대수로 보아 현전하는 『삼국사기』의 왕계에는 여러 명의 왕이 누락되었다고 추정했다(채희국, 1988, 37~38쪽). 능비의 유류왕은 『위서(魏書)』의 시려해(始閭諧)[閭達]로 제2대 유리명왕과 다른 왕이며, 대주류왕도 『위서』의 막래(莫來)로 제3대 대무신왕과 다른 인물이라는 것이다. 이러한 방식으로 시조 동명성왕과 제2대 유리명왕 사이에 유류왕=시려해[여달], 여율, 대주류왕=막래, 애루왕, 중해왕 등 5명을 추가한 다음, 건국 연대를 기원전 277년으로 소급했다(손영종, 1990, 39~41쪽; 2006, 81~85쪽). 종전과 전혀 다른 새로운 견해를 제기한 것인데, 능비의 유류왕과 유리명왕, 대주류왕과 대무신왕을 다른 인물로 볼 수 있을지는 의문이다.

박시형은 종래 연구에서 거의 주목하지 않았던 후반부의 수묘인연호조도 체계적으로 검토했다(208~226쪽). 먼저 수묘인연호를 징발한 각 성의 위치를 비정했는데, 동해안 방면의 돈성(敦城)을 심양 부근으로 비정하는 등 현재의 통설과 비교하면 다소 차이가 있지만 전체적으로는 관련 문헌 사료를 전거로 제시하며 비교적 정확하게 비정했다. 특히 '신래한예(新來韓穢)'의 성격과 관련해서는 광개토왕이 백제 지역을 정복한 이후 "고구려 영역 내부의 특정 지역으로 집단 이주시킨 존재"(225쪽)라는, 당시로서는 다소 파격적인 견해를 제시했다

또한 국연과 간연의 비율을 분석하여 국연(國烟) 1호와 간연(看烟) 10호를 하나의 단위로 묶어 번상입역(番上立役)의 형태로 왕릉 수호의 부담을 수행했을 것이라며, 양자의 관계를 고려나 조선 시기의 호수(戸首)와 봉족(奉足)의 관계와 유사한 것으로 이해했다. 고구려의 왕릉 수호에서는 호수와 봉족의 관계처럼 국연이 주되는 복무를 수행했고, 간연은 국연의 복무를 각 방면에서 보장하는 의무를 담당했

---

7 이 견해는 박시형이 처음 제기한 것이 아니라, 능비 발견 직후인 1884년에 靑江秀와 橫井忠直 등이 제시한 바 있다(武田幸男, 1989, 310쪽).

을 것이라는 것이다(222~226쪽). 이러한 박시형의 견해는 삼국시기부터 봉건사회로 이해하는 북한 학계의 견해와 연관되어 있는데, 지금도 북한 학계의 통설로 자리 잡고 있다(손영종, 1986b, 16~18쪽; 2001, 284~287쪽).

2) 광개토왕의 무훈(武勳) 기사에 대한 연구

박시형은 능비의 무훈 기사도 다각도로 검토했다. 이른바 신묘년조에 대해서는 "而倭以辛卯年來. 渡海破. 百殘□□□羅. 以爲臣民"이라고 구두(句讀)하고, 결자(缺字)에 '招倭侵' 또는 '聯侵新'을 보입(補入)한 다음, "왜가 신묘년에 침입해왔기 때문에 우리 고구려는 바다를 건너가서 그것을 격파하였다. 그런데 백제는 [왜를 끌어들여] 신라를 침략하고 그것을 저의 신민으로 삼았다"라고 번역했다(163쪽). 이를 통해 박시형은 신묘년조를 근거로 임나일본부설(任那日本府說)을 주장하던 일본 학자의 견해를 강렬하게 비판했는데, 비문에 대한 구두와 결자 보입은 1955년에 발표된 정인보의 견해를 수용한 것임을 밝혔다(167~169쪽).

이 견해의 가장 큰 특징은 신묘년조의 주어를 '왜(倭)' 하나로 설정하지 않고, 문장을 "而倭以辛卯年來", "渡海破", "百殘□□□羅. 以爲臣民" 등으로 세분한 다음 주어를 각기 왜, 고구려, 백제 등으로 다르게 상정했다는 점이다. 이로 인해 주어가 너무 자주 바뀐다는 문제가 발생했는데, 김석형은 "왜가 신묘년에 건너왔다. (고구려가) 바다를 건너 백제, □□, 신라(또는 加羅)를 격파하여 신민으로 삼았다"라고 해석하여 '渡海破' 이하 문장의 주어를 모두 고구려로 상정했다(1966, 295~298쪽).

이처럼 '도해파(渡海破)'의 주어를 고구려로 보는 견해는 지금도 북한 학계의 통설인데,[8] 국내 학계에 많은 영향을 미쳤고, 일본 학계에도 소개되어 능비를 재검토하도록 했다(朝鮮史硏究會, 1969; 全浩天, 1985). 다만 능비의 무훈 기사에는 광개토

8　김유철, 1986, 21~22쪽; 조희승, 1987, 12~14쪽; 손영종, 1988, 30~34쪽; 조희승, 1999, 41~45쪽; 손영종, 2001, 52쪽. 다만 손영종은 "而倭以辛卯年來, 渡浿破百殘 東□新羅 以爲臣民"이라고 판독한 다음, "왜가 신묘년에 왔으므로 (고구려왕은) 패수를 건너가서 백잔을 치고 동쪽으로 신라를 (초유하여) 신민으로 삼았다"라고 해석하여, 박시형이나 김석형과 조금 다르게 판독하고 해석했다.

왕이나 고구려군이 주체일 경우에도 주어를 생략하지 않고, '왕(王)'이나 '관군(官軍)' 등의 주어를 명시했다. 주어가 명시되지 않은 경우에도 '교(敎)'라는 표현을 사용해 행위의 주체가 '광개토왕'임을 명시했다. 이렇게 본다면 신묘년조를 정인보나 박시형과 같이 구두한 다음, '도해파'의 주어인 고구려가 생략되었다고 볼 수 있을지는 의문이다.

이는 능비에 기술된 무훈 기사의 사실성 문제와 연관된다. 능비는 장수왕이 부왕인 광개토왕의 훈적을 기리기 위해 건립한 것이므로 광개토왕 생전의 활동을 바탕으로 작성되었을 것이다. 이에 대부분의 연구자들이 능비는 실제 사실을 반영한다고 인식하고 있다. 그런데 영락 5년조의 경우 고구려의 요동평원 진출 시점이 실제 사실과 다르게 윤색되어 있다(여호규, 2005, 26~38쪽). 신묘년조도 전반부에 실제 사실과 다르게 신라나 백제가 광개토왕 대 이전부터 고구려의 속민이었다고 기술한 것을 보면, 후반부에도 윤색이 가해졌다고 보는 것이 타당하다. 능비 연구를 심화시키기 위해서는 능비 찬자의 인식과 역사적 사실 사이의 간극을 더욱 엄밀하게 규명할 필요가 있다.

박시형은 신묘년조 이외의 다른 무훈 기사에 대해서도 다각적으로 고찰했다. 이 중 영락 5년조의 정벌 대상인 '패려(稗麗)'를 석회탁본에 근거한 종전의 판독안처럼 '비려(碑麗)'로 판독했지만, 그 실체는 새롭게 비정했다. 종전에는 '비려'의 실체에 대해 같은 기사의 '염수(鹽水)'를 『한서(漢書)』지리지 현도군조의 '염난수(鹽難水)'로 비정히여 혼강(渾江) 유역으로 비정하는 것이 가장 일반적이었다. 그렇지만 혼강 유역은 고구려의 발상지로 광개토왕의 정복 지역으로 설정하는 것 자체가 불가능하다(武田幸男, 1989, 59~60쪽).

이에 박시형은 '비려'를 거란(契丹) 부족의 하나로 파악한 정인보의 견해(1955, 673쪽)를 바탕으로[9] 영락 5년조의 전과(戰果)가 주로 가축인 점, '비려'가 거란 8부

---

[9] 박시형은 신묘년조 해석에서만 정인보의 논문을 인용하고 영락 5년조 해석에서는 언급하지 않았지만, 정인보의 논문을 읽은 만큼 영향을 받았을 것으로 추정된다. 한편 '비려[패려]'의 실체를 거란으로 처음 비정한 것은 那珂通世인데(1915, 486~487쪽), 박시형이 참조했는지는 확인하기 어렵다.

의 하나인 '필혈부(匹絜部)'와 음이 비슷한 점, 당시 고구려와 거란이 상쟁했던 점 등을 들어 거란으로 파악했다(150~162쪽). 이처럼 박시형이 명확한 논거를 제시함에 따라 '비려[패려]'를 거란으로 비정하는 견해는 북한 학계뿐 아니라(손영종, 1986a, 21~22쪽) 국내외 학계의 통설이 되었다. 다만 박시형은『요사(遼史)』지리지 동경도조의 집주(集州)가 '옛날 비리군(陴離郡)'으로 나온다는 사실을 근거로 '비려[패려]'의 위치를 지금의 심양 동남쪽, 염수를 소유수(小遼水: 渾河)로 비정했는데, 서요하 상류의 시라무렌하 일대로 보는 현재의 통설과 차이가 있다.

종래 영락 8년조의 정토 대상도 논란이 분분했다. 일찍이 숙신설(肅愼說)이 제기되었지만, 대다수 연구자는 2-6-1자를 '帛'으로 판독하거나 정토 지역에 '성(城)'이 포함된 점을 들어 한반도 중남부 일대로 비정했다(武田幸男, 1989, 115~116쪽). 이러한 견해는 광개토왕의 정토 지역이 한반도에 집중되었다고 상정해 고구려와 왜의 대결을 부각시키려는 의도와 연관되어 있다. 이에 대해 박시형은 정인보처럼 2-6-1자의 자획을 '烏'으로 보아 의미상 '息'자라고 추정한 다음(정인보, 1955, 673쪽), '肅'의 통용자로 파악했다. 영락 8년조의 정토 대상을 숙신으로 비정한 것인데(182~186쪽), 북한 학계뿐 아니라(손영종, 1986a, 23~25쪽) 국내외 학계에서 널리 수용되고 있다.

박시형은 다른 무훈 기사도 다각도로 검토했다. 먼저 영락 10년조를 고구려가 신라를 구원하며 가야 지역까지 진격했고, 신라왕이 고구려를 방문했다고 파악했다(186~197쪽). 또한 영락 14년 왜와 전투가 벌어진 대방계(帶方界)는 황해도 연안이며(198~200쪽), 영락 17년의 정벌 대상은 백제로 경기도 북부 일대에서 전투가 벌어졌다고 보았다(200~202쪽). 영락 20년의 정토 대상인 동부여는 문헌 사료의 '부여'와 동일한 실체이며, 무훈 기사 말미의 "凡所攻破城六十四. 村一千四百"은 동부여 정토의 전과라고 보았다(202~208쪽).

이러한 박시형의 견해 가운데 동부여를 문헌 사료의 부여와 동일시하는 견해나 무훈 기사 말미의 전과를 동부여 정토의 전과로 국한하는 견해는 국내외 학계에서 널리 수용되는 편은 아니다.[10] 그렇지만 영락 10년조나 14년에 대한 박시형의 이해는 북한뿐 아니라 국내외 학계의 통설과 거의 같고, 17년조의 정토 대상에 대해서는 백제설과 후연설이 대립하고 있지만 백제설이 다소 우세한 상황이다. 결국 박시형은 능비의 무훈 기사 전체를 체계적으로 검토하여 이후 연구에 큰 영향을 미쳤다고 볼 수 있다.

특히 박시형이 영락 5년조와 영락 8년조의 정토 대상을 각각 거란과 숙신을 비정하는 명확한 논거를 제시한 점이 주목된다. 이 견해는 광개토왕의 정복활동을 고구려 발상지 주변이나 한반도로 국한해 이해하던 종전 견해를 수정하고, 그 범위를 확장하고 대상을 다양화하는 데 크게 기여했다. 이를 바탕으로 국내외 학계는 고구려가 광개토왕 대를 전후해 만주와 한반도 일대에 독자 세력권을 구축하며 다양한 족속을 포괄하는 과정을 체계적으로 이해할 수 있게 되었다. 박시형의 능비 연구는 5세기 고구려사를 보다 거시적 안목으로 이해할 수 있도록 한 디딤돌에 해당하는 것이다.

10　최근 북한 학계는 동부여의 실체에 대해 285년 선비 모용부의 침공을 받아 북옥저로 피신 간 부여인들이 건국한 나라로 보면서도, 무훈 기사 말미의 전과는 박시형처럼 동부여 정토의 전과로 파악했다(손영종 1986a, 23~25쪽).

참고문헌

談國桓, 「手札」, 『奉天通志』.

楊守敬, 「高句麗廣開土好太王談德碑跋」, 『高句麗好太王碑』.

葉昌熾, 「奉天一則」, 『語石』.

羅振玉, 「好太王陵碑」, 『俑廬日札』.

한글

강세권, 2016, 「광개토왕릉비문에 나타나는 고구려의 삼국통일 지향에 대하여」, 『력사과학』 2016-1, 평양: 과학백과사전종합출판사.

국립문화재연구소, 2019, 『張明善 탁출 광개토대왕릉비 탁본』.

김사억, 1966, 「서평 및 문헌해제 : 원사 박시형 저 《광개토왕릉비》에 대하여」, 『력사과학』 1966-5, 평양: 과학백과사전종합출판사.

김석형, 1966, 『초기조일관계연구』, 평양: 사회과학원출판사.

김유철, 1986, 「고구려의 광개토왕릉비에 나타난 왜의 성격」, 『력사과학』 1986-1, 평양: 과학백과사전종합출판사.

노태돈, 1992, 「광개토왕릉비」, 『역주 한국고대금석문(제1권)』 가락국사적개발연구원.

노태돈, 1999, 『고구려사 연구』, 사계절.

박시형, 1964, 「강좌: 광개토왕릉비」, 『력사과학』 1964-5, 평양: 과학백과사전종합출판사.

박시형, 1966, 『광개토왕릉비』, 평양: 사회과학원출판사.

박시형, 2007, 『광개토왕릉비』 (복각본), 푸른나무.

박진석, 1993, 『호태왕비와 고대조일관계연구』, 延吉: 延邊大學出版社.

서영대, 1991, 『한국 고대 신 관념의 사회적 의미』, 서울대학교 박사학위 논문.

손수호, 2015, 「광개토왕릉비 건립이 가지는 문화사적 의의-고구려 광개토왕릉비 건립 1600돎에 즈음하여」, 『조선고고연구』 2015-1, 평양: 사회과학출판사.

손영종, 1986a, 「광개토왕릉비를 통해본 고구려의 영역」, 『력사과학』 1986-2, 평양: 과학백과사전종합출판사.

손영종, 1986b, 「광개토왕릉비에 보이는 수묘인연호의 계급적 성격과 입력방식에 대하여」, 『력사과학』 1986-3, 평양: 과학백과사전종합출판사.

손영종, 1988, 「광개토왕릉비 왜 관계기사의 옳바른 해석을 위하여」, 『력사과학』 1988-2, 평양: 과학백과사전종합출판사.

손영종, 1990, 「고구려 건국년대에 대한 재검토」, 『력사과학』 1990-1, 평양: 과학백과사전종합출판사.

손영종, 2001, 『광개토왕릉비문 연구』, 중심.

손영종, 2006, 『조선단대사(고구려사1)』, 평양: 과학백과사전출판사.

여호규, 2005, 「광개토왕릉비에 나타난 고구려의 대중인식과 대외정책」, 『역사와현실』 55, 한국역사연구회.

정인보, 1955, 「廣開土境平安好太王碑釋略」, 『용재백낙준박사환갑기념국학논총』, 사상계사.

조중 공동고고학발굴대, 1966, 『중국 동북지방의 유적 발굴보고』, 평양: 사회과학원출판사.

조희승, 1987, 「광개토왕릉비문에 대한 몇 가지 문제」, 『조선고고연구』 1987-3, 평양: 사회과학출판사.

조희승, 1999, 「광개토왕릉비 신묘년의 ‘왜’기사에 대하여」, 『력사과학』 1999-2, 평양: 과학백과사전종합출판사.

조희승, 2015, 「광개토왕릉비 연구에서 나서는 몇 가지 문제(1-4)-고구려 사람들의 천하관과 ‘왜’ 관계 기사, 수묘인연호 문제를 중심으로」, 『력사과학』 2015-4~2016-3, 평양: 과학백과사전종합출판사.

채희국, 1988, 「광개토왕릉 비문의 해석에서 제기되는 몇 가지 문제에 대하여」, 『력사과학』 1988-2, 평양: 과학백과사전종합출판사.

외국어

那珂通世, 1915, 『那珂通世遺書』, 東京: 大日本圖書株式會社.

水谷悌二郎, 1959, 「好太王碑考」, 『書品』 100號(1977, 『好太王碑考』, 東京: 開明書院 재수록).

金錫亨 지음, 朝鮮史研究會 옮김, 1969, 『古代朝日關係史: 大和政權と任那』, 東京: 勁草書房.

李進熙, 1972, 『廣開土王陵碑の研究』, 東京: 吉川弘文館.

박시형 지음, 全浩天 옮김, 『廣開土王陵碑』, 東京: そしえて.

武田幸男, 1989, 『高句麗史と東アジア』, 東京: 岩波書店.

武田幸男, 2007, 『廣開土王碑との對話』, 東京: 白帝社.

武田幸男, 2009, 『廣開土王碑墨本の研究』, 東京: 吉川弘文館.

徐建新, 2006, 『好太王碑拓本の硏究』, 東京: 東京堂出版.

吉林省文物志編委會, 1984, 『集安縣文物志』, 長春: 吉林省文物志編委會.

王健群, 1984, 『好太王碑硏究』, 長春: 吉林人民出版社.

朴眞奭, 1989, 「關于高句麗存在山上王與否的問題」, 『世界歷史』 1989-2, 北京: 中國社會科
　　　　學院世界歷史硏究所.

耿鐵華, 1994, 『好太王碑新考』, 長春: 吉林人民出版社.

耿鐵華, 2012, 『高句麗好太王碑』, 長春: 吉林大學出版社.

2장

고지도를 통해 본 평양의 고대 역사 경관 이해

김지희(서울대학교 국사학과 강사)

1 머리말

문헌 자료는 역사가가 역사를 복원하는 가장 기본적인 도구이지만, 동시에 일정한 한계를 지니고 있다. 기록의 주체인 역사가가 실제의 역사적 사건을 각색 혹은 윤색하여 사실을 호도할 가능성이 상존하며, 문헌에 기록되는 것은 일상의 모습이 아니라 특수한 사건이기에 선택되는 경우가 대부분이기 때문이다(송기호, 2017, 2쪽).

고고학은 이러한 문헌사 연구의 한계를 보완하는 역할을 할 수 있는데, 최근 새로운 연구방법론으로서 '경관고고학(景觀考古學, Landscape Archaeology)'이 주목된다. 경관고고학이란 1980년대 영국을 중심으로 한 서구 고고학계에서 새롭게 등장한 패러다임으로, 기존 고고학 연구에 있어서 수동적이고 타자화된 공간 인식의 문제점을 지적하며 탄생했으며, 1990년대에 들어와 이러한 문제의식에 공감한 연구자들에 의해 본격적인 연구 성과들이 확인되고 있다. 이러한 경관고고학적 연구

방법론은 기존의 형식학적 분류 방식에서 벗어나(최성락, 1984, 9~11쪽; 김종일, 2004, 4~6쪽)[1] 1990년대 이후 발견되고 있는 고고학적 유적들을 경제적·정치적·상징적 차원에서 다양하게 해석할 수 있게 한다는 점에서 그 실효성을 찾을 수 있다(김종일, 2006, 111~115쪽; 2011, 177~178쪽). 즉 경관고고학은 특정 지역의 다양한 요소에 대한 미시적 접근을 통해 다면적 역사 이해를 가능하게 한다는 것이다(Matthew Johnson, 2007, XXII). 물론 하나의 결론에 수렴되지 않거나, 혹은 특정 지역의 범위를 넘어 일반적으로 적용할 수 없는 역사 해석들-그런 의미에서 개인적인 '감상'이라고 볼 수 있는-, 즉 보편적 이론화나 구조화의 가능성이 적은 이러한 시도들이 학문적으로 인정될 수 있는가, 또는 어떠한 의미를 가지는가 하는 문제는 별개로 논의되어야 하는 부분이라고 할 수 있다.[2]

한편 경관고고학의 문제의식 및 의의에도 불구하고 경관 재현의 요소 자체가 부족한 고대사에서 이를 적용하기는 쉽지 않다. 경관을 자연경관과 문화경관으로 나누어 볼 수 있다면, 현재 확인되는 고대사 경관에 대한 논의는 전자에 치우쳐 있다는 느낌을 지우기 어렵다. 최근의 많은 논문이 경관의 복원을 목표로 하면서도 결국 그 내용에 있어서는 기존의 고대사 논문과의 차별성을 보여주지 못하고 있는

1　형식학적 분류 방식은 분류를 통해 속성을 구별하고 그것을 통해 이를 향유한 집단에 대한 고려가 이루어질 수 있다는 측면에서 의미가 있으나, 그 문제점도 적지 않다. 기존의 형식학적 분류 방식의 문제점에 대해서는 위의 두 논문을 참고할 수 있다.

2　매튜 존슨은 경관고고학을 "풍경에 대한 미학적 감상"이라고 표현했는데, 경관에 대한 경험을 강조한다는 점에서 기존의 연구방법론과는 어느 정도 거리가 있음을 언급한 바 있다(Matthew Johnson, 2007, 44쪽). 호스킨스 역시 일반화와 보편성이 경관고고학과 공존할 수 있는지에 의구심을 표하고, 더 나아가 여기에서의 일반화란 전 세계가 아닌 영국에 대한 이야기라는 점을 전제했다(W. G. Hoskins, 1965). 여기서 헤겔이 변증법을 설명하며 사용했던 아우프헤벤(Aufheben)의 실례를 확인하게 된다. 경관고고학은 기존 고고학의 한계를 극복하기 위해 새롭게 시도되고 있는 연구방법론이지만, '고고학'이라는 대전제를 벗어나서 완전하게 새로운 학문적 체계를 정립하고자 하는 시도는 아니다. 즉 '경관고고학'이 학문적으로 인정되는 방법론이 되기 위해서는 대전제가 되는 고고학의 기본 전제조건을 만족시켜야 하며, 일반화되지 않는 개인적 경험은 그 의미가 가지는 무게에도 불구하고 학문적 차원에서 논의되기 어렵다.

것은, 분명한 한계점이라고 할 수 있다.

이것에 더해 이를 문헌적으로 증명하는 것도 쉽지 않다. 국가권력이 경관을 형성하는 이유는 그것을 소비할 대상이 존재하기 때문이다. 궁성의 내밀한 경관이라면 그것을 향유할 대상이 극소수로 제한되겠지만, 도성(都城)을 비롯한 거대 권력의 가시적인 상징물들은 그 존재 자체가 권력을 시각화한다는 점에서 그 대상에 피지배층까지를 포괄한다. 「광개토왕비(廣開土王碑)」를 예시로 볼 수 있듯이, 비문은 그것을 읽을 수 있는 식자층이 아니라 할지라도 물리적 존재 자체로서 추상적인 국가권력을 가시적으로 보여주는 매개체로 기능했다. 오히려 독자를 고려하지 않은 비문의 높이(6.39미터)로 볼 때, 고구려 왕실의 권위를 보여주는 상징물로서의 역할이 더 지대하지 않았을까? 이러한 점에서 '경관'이라는 것은 고정된 것이 아니라 국가권력과 인간의 상호작용에 의해 언제든지 변모될 수 있으며, 그 의미는 모두에게 동일한 것이 아니라 수용자의 정치·경제·사회적 제 조건에 의해 크게 다를 수 있다는 점을 고려할 필요가 있다.

필자는 평양(平壤)이라는 지리적 범위를 설정하고 고지도(古地圖)라는 자료를 이용하여 상술한 문제의식들을 바탕으로 논의를 전개하고자 한다. 평양은 일찍부터 풍부한 역사적 유산과 다양한 특성을 가진 도시로 인식되었으며, 고대부터 현대에 이르기까지 역사 전개에 있어서 중요한 공간이었던 만큼 권력의 성쇠에 따라 다양한 모습으로 변모했다(오수창, 2006; 2007; 손명희, 2009; 김윤희, 2014). 또한 평양의 풍굉은 가장 빈번하게 회화식(繪畫式) 지도의 소재로서 소비되었다(손명희, 2009, 64~65쪽). 자료의 풍부함과 함께 평양이라는 도시의 역사적 특색은 흥미로운 분석 대상이라 할 수 있다. 2절에서는 경관과 관련한 개념 정의 및 기존의 쟁점들을 살펴보고, 3절에서는 조선시대 고지도에서 확인되는 평양의 고대 역사 경관 요소를 추출하여 살펴보고자 한다. 이를 바탕으로 4절에서는 고지도에서 재현된 평양의 고대 역사 경관 요소의 질적 차이 및 그것이 가지는 의미에 대해서 고찰해보고자 한다.

2 역사 경관의 이해

시간과 공간 그리고 그것을 연결하는 인간의 행위들이 교차하는 결절점이 역사 연구의 대상이 된다. 그러나 세 가지 요소가 언제나 동등한 무게감을 지녔던 것은 아니다. 최근 학계에서 활발하게 논의되고 있는 '경관'에 관한 연구들은 가장 소홀하게 다루어졌던 부분인 공간에 그 초점을 맞추고 있다는 점에서 새로운 시도로서의 의의를 가진다.

일반적으로 지리학에서는 위치(位置, location), 장소(場所, place), 공간(空間, space)을 구분하여 이해하고 있다. 위치란 지표면 상에서 절대적 위치와 상대적 위치로 구분될 수 있는데, 대개 누구나 객관적으로 인식할 수 있는 절대적 지표를 말한다. 이와는 달리 장소는 상대적인 위치로 표현되는데, 인간은 행위를 통해 물리적이고 객관적인 위치를 상대적이고 인간적인 장소로 변화시키는 역할을 한다. 또한 전통적으로 지리학에서는 장소와 공간을 서로 대립적인 개념으로 인식했지만, 최근에는 '사회적으로 생산된 공간'이라는 개념이 등장하면서 공간과 장소의 개념이 혼용되기도 한다. 이 글에서는 헤게모니를 쥔 누군가에 의해 생산되고 만들어졌다는 측면에 주목하여 '공간'이란 표현을 사용하고자 한다(박승규, 2019, 29~35쪽).

현재 한국 고대사와 관련한 여러 연구 성과에서도 '경관'이 하나의 연구 흐름으로서 확인된다. 그러나 '경관'이 무엇인지에 대해서 명확한 정의를 내린 연구자는 확인하기 어려우며, 구체적인 연구에 있어서도 자연환경에 관한 목차를 추가하는 데 그치는 경우가 많다. 유적을 하나의 경관으로서 이해하는 방식은 새로운 것이 아니나, 지금까지 수행된 대부분의 연구가 독특한 사회적 공간으로서의 유적의 복잡성과 개별성에 대해 완전히 이해하는 것에는 실패하였다는 지적은, 비단 이러한 현상이 한국 학계에 국한된 것만은 아니라는 것을 보여준다(Mary Catherine E. Garden, 2006, 397쪽). 이에 따라 이 절에서는 우선 경관고고학에 관련한 개념 정의에 대해 살펴보고자 한다.

'경관'이란 무엇인가? 호스킨스는 『The making of the English Landscape』의 서문에서 '경관'이란 "자연경관을 바꾼 모든 요소 뒤에 잠재하는 역사"라고 보왔고, '경관에 대한 연구'란 "그 풍경이 어떻게 현재의 상태에 이르게 되었고, 세부적인 사항들이 더해졌으며, 언제 그렇게 되었는지를 설명하는 것"이라고 정의했다(W. G. Hoskins, 1960, 13~14쪽). 매튜 존슨은 폴 로더웨이의 연구를 인용하여 경관에 대한 서구 학계의 견해를 제시한 뒤(Paul Rodaway, 1994, 127~128쪽), 서구적 사고방식의 전통을 가진 경관고고학자들은 최소한 두 가지 요소를 포함하고 있다고 보았다. 우선 토지 그 자체는 공간과 자연적 컨텍스트를 넘어서 객관적으로 존재하는 인간의 입장에서 창조한 것으로 정의되며, 다음으로 현재와 과거를 살았던 사람들이 경관을 파악하고 이해하는 것, 그리고 그러한 방식의 시스템이 인지(認知) 체계 인식의 과정이라는 것이다(Matthew Johnson, 2007, 2~4쪽).

'경관'이라는 개념 자체가 서구의 고고학계에서 파생된 것, 구체적으로 호스킨스에 의한 영국 농촌 경관의 재현에서 시작되었으므로, 이들과 역사적·문화적 토양을 공유하지 않았던 한국의 역사학계에서는 낯선 개념일 수밖에 없다. 동시에 '개인의 체험'이 바탕이 되는 경관고고학의 연구방법론에서는 절대적인 경관 이해가 존재할 수 없으므로 학문적 구조화·범주화가 어려우며 결국 개별적인 '감상'에 그칠 수 있다는 점은 경관고고학에서의 결과를 학문으로서 받아들일 수 있는가 하는 근본적인 의문을 제기하게 한다.

김종일은 경관고고학의 탄생과 관련한 서구의 이론을 한국 학계에 소개한 바 있다. 공간은 인간을 비롯한 다양한 행위 구성인자들과 상호 보완적인 관계를 맺고 있으며, 의미를 형성하는 장소이지 인간 주체에 의해 경험되고 해석되는 장소로서의 공간 연구가 진행되고 있다는 것이다(김종일, 2006, 120~121쪽; 김종일, 2011, 179쪽). 다만 경관 자체를 텅 빈 공간이 아니라 주체적 관계로 보려고 한다지만, 그것 또한 결국 경관을 바라보는 인간의 시각일 뿐이다. 인간과 공간이 각각의 구성요소이자 주체로서 대등한 요소인 동시에 상호 보완적인 관계라는 점을 강조하지만 결국 한편의 인식을 확인할 수 있는 길이 전무하다는 점에서, 그것이 가지는 문제의식의 의의에도 불구하고 연구의 과정이나 결과는 전통적인 연구방법론과 큰 차이가 없을 가능성이 있다.

또한 고고학계뿐만 아니라 지리학계에서도 경관에 대한 다양한 정의가 확인된다(박승규, 2019, 37~38쪽). 다만 지리학에서는 독특한 전문용어로서 "그 외관 및 그곳에서의 현상들 간의 상호관계에 의해, 또 내부적·외부적 위치 관계에 의해 주변 공간과 명확히 구분되는 특징을 갖는 공간 단위를 형성하고 있는 지표의 한 구획"이라는 관점이 일반적인 것으로 확인된다. "장소적 복합이 관련해서 모여 있는 구체적인 장(場)"이라는 것이다(石井英也, 1991).

이 글에서는 김종일이 제시했던 경관고고학의 여러 원칙 중 특히 "경관의 형성과 해석은 권력의 한 행사 방식이다"라는 점에 주목하고(김종일, 2006, 123~139쪽; 김종일, 2011, 186~188쪽), 앞으로의 역사 경관의 이해에 대한 의견을 제시해보고자 한다. 이는 경관의 내면적 가치에 초점을 두는 방식이라고 할 수 있다(전종한, 2006, 67쪽).

고대의 경관은 사적(私的) 소유권이 법률적으로 보장되기 이전, 명목적일지라도 왕토(王土) 사상이 사회적으로 통용되고 있던 시점과 시간성을 공유하고 있기 때문에, 후대의 시기에 비해 권위를 시각적으로 재현하기에 유리한 환경이다. 즉 국가 권력의 힘이 개인의 사적 소유권을 일정 수준으로 압도할 수 있는 환경이라는 점도 고대 경관 형성의 제 조건 중의 하나가 된다. 다만 기존의 연구에서 지배층은 경관의 형성 주체라고만 인식되었지만, 동시에 그들은 스스로가 창조한 경관에 가장 영향을 받는 수용자이기도 했다. 지배층은 성곽 등의 구조를 통해 타자를 배제하는 배타적인 공간을 설정하고 그러한 구분을 통해 자신의 정체성을 구성하는 과정에서 안과 밖의 경계에 가장 민감하게 영향을 받는 대상이기도 했다. 경계의 밖으로 쫓겨난 피지배자 개인과 지배자 개인에게 미치는 영향은 후자에게 절대적이기 때문이다.

경관이 일반 대중에게 권력을 시각적으로 재현하는 하나의 수단이라면 도성의 모습을 위에서 아래로 조망하는 현대의 방식은 경관을 체험하는 적합한 연구 방법이라고 판단하기는 어렵다. 위에서 아래로 도성을 내려다보는 절대자로서의 '시선'은 당대인들이 바라보았던 경관은 아니다. 학자들은 연구의 편의성을 위해 위에서 아래로 내려다보는 고압적인 구조를 사용하지만, 실제 일반 대중이 만나는 권력의 경관은 아래에서 위로 바라보는 구조였다. 이러한 점에서 경관을 연구할 때 고대인이 구성한 인공물의 '높이'와 그것을 바라보는 '시선의 방향성'에 주목할 필요가 있다. 조선시대 읍치(邑治)와 관아(官衙)의 입지 형태를 분석한 연구들

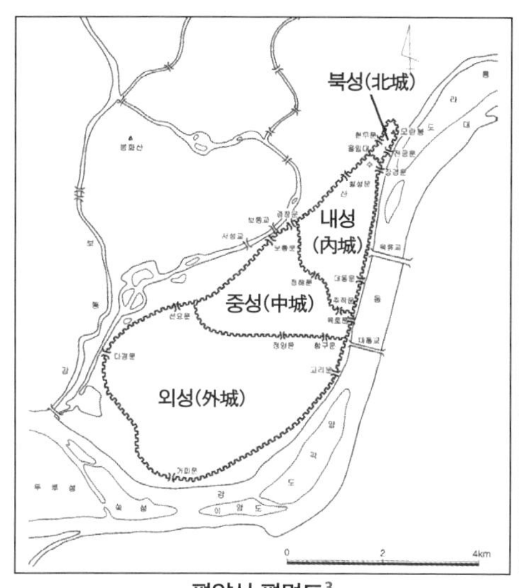

평양성 평면도[3]

구글어스로 본 현재의 평양성

그림1　평양성의 모습

에 따르면 시각적 권위를 위해 다양한 입지 요소와 장치가 고려되었다(안길정, 2003, 48~52쪽; 이기봉, 2008, 170~173쪽). 이러한 선행연구는 '높이'라는 절대적이고 물리적인 구성 요소뿐만 아니라, 경관을 바라보는 사람의 가변적이고 상대적인 위치에 대해서도 연구자가 고민해야 한다는 점을 지적해준다.

고구려의 경우 지형 조건에 따라 성벽의 높이에 차이를 두는 모습이 확인된다. 고구려의 후기 수도성이었던 평양성의 경우 자연 지형에 따라 성벽의 높이를 조절했다. 위성사진에서 확인할 수 있듯이 평양성이 북성(北城)에 해당하는 무란봉이나 만수대와 같은 산지대에서는 성벽의 높이를 4~5미터로, 보통강과 같은 평지에서는 높이를 7~9미터로 조절했으며, 특히 평야지대에 쌓은 성벽은 밑이 넓고 위로 높이 쌓아 안정감과 위압감을 주었다(최희림, 1967, 22쪽; 동북아역사재단, 2013, 22~23쪽; 손수호·김광혁, 2016, 20~21쪽).[4]

3　동북아역사재단, 2013, 「평양성」, 『평양 지역 고구려도성 유적』, 동북아역사재단, 21쪽의 도면 1(일부 수정).

4　다만 손수호·김광혁에 따르면 1994년 가을부터 1996년까지 북한 학계는 외성 1차 발굴을 진행

자연조건을 적극적으로 활용함으로써 방어의 이점을 살리면서도, 자연물로 보완될 수 없는 평지의 성벽을 더 높게 조성하여 위압적인 경관을 조성한 것이다. 평양성은 외성(外城)-중성(中城)-내성(內城)-북성으로 구분할 수 있는데 일반적으로 외성 지역이 일반민의 거주지였다고 추정된다. 일반민들에게 외성의 성벽은 자신들을 보호하는 거대한 장벽이자, 외성과 중성을 구분하는 성벽은 넘을 수 없는 신분적 한계를 가시적으로 보여주는 장치였을 가능성이 있다.

고대인이라는 큰 범주에서 본다면 하나의 동일 집단으로 묶이지만, 개인의 정치적·사회적·경제적 위치 등에 따라서 이들이 대면하게 되는 경관은 얼마든지 달라질 수 있다. 즉 기존의 복원적 경관 연구가 과거 경관의 생산과 소비 주체에 대해 동일성을 담보한 집단으로 이해했다면, 상징 경관 연구의 단계에서는 동일 시기, 동일한 공간 안에서도 불평등한 권력관계가 존재했고, 그 결과 하나의 경관에 대해서도 다양한 계급적 시선에서의 경관 읽기가 가능하다고 이해한다(전종한, 2006, 69쪽). 도성을 구성하는 요소들은 고정되어 있는 물리적 실체이지만, 이를 통해 누군가는 권력의 장엄함을 느끼고, 누군가는 신분의 한계를 절감하며, 또 누군가는 그것을 정복하고 싶다는 욕망을 느끼는 방식으로, 이들의 체험은 일원적으로 설명할 수 없는 성질을 지닌다.

3 평양의 고대 역사 경관 요소

역사학자들은 고정되어 있지 않은 시간을 자신의 관심사에 따라 분절하여 특정 시기의 과거 요소만을 추출하여 연구 대상으로 삼는다. 그러나 실제 공간의 역사는 누층적으로 쌓여 있고, 고대적 요소와 현대적 요소가 같은 시간, 하나의 공간에 공존할 수 있다. 누적된 삶의 흔적들은 방해 요소일 수 있지만, 배제된 공간의 지층에는 분명 그 이전과 이후 시기의 역사적 환경이 녹아 있다. 우리는 평양의 현

했고, 현존하는 외성 성벽의 높이는 5.7미터라고 보고되었다.

재 모습이 개발과 변화 속에서도 일정 정도 과거에 맞닿아 있음을 염두에 두어야한다. 평양은 고조선(古朝鮮)의 수도였으며, 한사군(漢四郡)의 공간이 되었고, 고구려의 후기 수도이자, 고려시대 서경(西京), 조선시대 평양부(平壤府), 그리고 현재는북한의 혁명수도로서, 서울과 함께 한국 역사에서 대표적인 '도시'라고 할 수 있는공간이다.

조선시대 평양부의 공간 범위는 현재 평양특별시 부근에 해당하며, 평안도의중심도시이자 한반도 북부의 정치·경제·문화의 최대 거점도시였다. 전근대 평양의 모습을 시각적으로 확인할 수 있는 자료는 조선시대 고지도에 국한되는데, 특히 평양의 고지도는 그 특유의 풍광과 문화라는 배경을 바탕으로 우리나라 회화식고지도 중에서 가장 중요한 비중을 점하고 있다(김종태, 2016, 80쪽). 다만 평양성이라는 단일 구조물에 관련된 내용은 기존의 연구 성과에서 이미 많이 언급된 바 있다. 따라서 이 절에서는 평양성 이외의 역사 경관 요소에 방점을 두고, 조선시대사람들이 인식한 평양의 고대 문화 경관 요소를 분석해보고자 한다.

조선시대 고지도에서 확인되는 평양의 고대 역사 요소는 크게 두 가지 방향으로 구조화해볼 수 있다. 첫 번째는 단군(檀君) 및 기자(箕子)와 관계되는 유적이다. 두 번째는 고구려와 관계되는 유적인데, 이는 다시 세 가지 방향으로 나누어진다. 우선 해당 유적이 고구려의 역사 유적인 동시에 조선시대 사람들도 그렇게 인식했던 부분이다. 다음으로 고구려의 역사 요소임에도 불구하고 조선시대 사람들은 이를 다른 시기의 유적으로 인식한 것이다. 적두산성(赤頭山城)이 대표적인 예라고 할수 있다.[5] 마지막으로 고구려의 역사 요소가 아니거나 혹은 불분명함에도 불구하

---

5 「팔도군현지도(八道郡縣地圖)」에는 평양성 서쪽을 흐르는 보통강(舊 평양강) 왼쪽, 즉 현재 평양시 만경대구역에 '적두성(赤豆城)'이 표기되어 있다. 그 위치를 볼 때 만경대구역 선내동에 위치한 적두산성(赤頭山城)으로 추정된다. 적두산성은 출토된 질그릇이나 기와 유물을 통해 고구려의 유적으로 비정되지만(동북아역사재단, 2013, 295~296쪽), 조선시대에는 고려 묘청의 난과 관련하여 김부식이 축성한 것으로 이해하고 있었다. 적두성이라는 표현 자체는 문헌에서 확인되지 않기 때문에 이칭이기보다는 오기로 보는 편이 맞을 것이다. 또한 「팔도군현지도」와 「조선지도」에서는 적두성이라는 표현을 공유하고 있으며, 읍성의 모양 역시 정사각형으로 실제 모습과 상당한 차이가 있는데, 양자가

고[6] 이를 고구려의 역사 유적으로 이해한 경우로, 주로 동명왕(東明王)의 사적과 관련되어 있다.[7] 평양은 고구려 후기 수도로서 동명왕과는 직접적인 관련이 없는 지역임에도 불구하고, 평양 천도의 주체인 장수왕(長壽王)이 아닌 동명왕과 연관되어 회자되었던 점은 흥미로운 지점이라 할 수 있다.

문헌 자료에서 확인되는 고대 역사 경관 요소들은 이를 회화적 기법으로 재현

비슷한 시기에 제작되었으며 정형화된 양식을 공유하고 있다고 보아도 무방할 것이다. 「조선강역총도(朝鮮疆域摠圖)」에는 적두산(赤頭山)을 표기하고 산봉우리 위에 산성을 표현해두었는데, 김부식이 묘청을 토벌했다는 주기가 달려 있다. 고지도에 역사 요소로 재현되어 있으나, 조선시대에는 이를 고려 시대의 유적으로 이해했으므로, 표1에서는 제외한다.

6 안학궁에 관한 기록은 『신증동국여지승람』의 평양부 고적조에서 처음 확인되는데, 장안성이 대성산 동북쪽에 위치하며, 고구려 평원왕 때 이동했고 그 내부에 안학궁이 있다는 것이다. 즉 지금의 이해와 달리 전근대 시기에 안학궁은 곧 장안성과 동일시되었다. 다만 안학궁의 초축(初築) 시점에 대해서는 여러 이견이 확인된다. 북한 학계는 일찍부터 안학궁이 대성산성과 같은 시기에 지어진 궁성이라고 주장한 바 있으나(채희국, 1957, 8~9쪽), 안학궁의 경우 평양 천도 이후, 즉 고구려 말기 양식의 기와가 확인되며(關野貞, 1928), 발해 시기로 추정되는 기와도 확인된 바가 있다(藤田亮策, 1963, 364쪽; 早乙女雅博, 2003, 229쪽). 안학궁의 연대 비정은 연구자의 기와 편년 인식에 따라 크게 차이가 있는데, 이와 관련한 그간의 연구는 양정석이 정리한 바 있다(양정석, 2008, 15~24쪽).

7 영명사(永明寺)를 비롯한 구제궁(九梯宮), 기린굴(麒麟窟), 조천석(朝天石), 청운교(靑雲橋)·백운교(白雲橋) 등이 그것이다. 우선 영명사의 경우 평양의 고대 역사 경관 중 매우 중요한 요소 중 하나로, 고려 전기부터 그 명칭이 확인된다는 점에서 유래가 오래된 사찰일 가능성이 높다. 『고려사』 지리지나 김시습의 「취유부벽정기(醉遊浮碧亭記)」에서는 이를 동명왕의 구제궁으로 설명하고 있으나, 고구려 초기 중심지의 위치를 고려할 때 이를 동명왕과 직접적으로 연결할 수는 없다. 또한 광개토왕이 평양에 창건했다는 평양구사(平壤九寺) 중 하나라는 전승도 확인되지만, 고구려 멸망 시점과 영명사가 문헌 자료에 다시 나타나는 시점 사이에 긴 시간적 간격이 있고, 이를 광개토왕과 연결할만한 근거를 제시한 것은 아니다. 전승을 적극적으로 해석한다면 평양 천도 이후 고구려 왕실에 의해 세워진 동명왕의 원찰(願刹)이었을 가능성은 있지만, 추측에 불과하므로 영명사를 고구려의 사적으로 일반화할 수는 없다. 『신증동국여지승람』과 『평양지(平壤志)』에 따르면, 구제궁은 동명왕의 궁이라고 하는데 조선시대에도 장수왕의 평양 천도 기사를 인지하고 있었으므로, 윤두수(尹斗壽)는 세주를 달아 구제궁을 동명왕의 행궁으로 설명하기도 했다. 『신증동국여지승람』에서 기린굴은 동명왕이 기린마(麒麟馬)를 기른 곳으로, 왕이 기린마를 타고 이 굴에 들어오니 땅속에서 조천석이 나왔으며, 기린마의 발굽 자국이 아직도 조천석에 남아있다는 기록이 확인된다. 청운교와 백운교는 구제궁 터 안에 있으며, 인간의 솜씨를 빌리지 않은 동명왕 때의 사다리라고 묘사하고 있다.

한 고지도에 반영되었을 것이다. 평양의 지도 제작에는『신증동국여지승람(新增東國興地勝覽)』이나 이것이 반영된『평양지(平壤志)』및『평양속지(平壤續誌)』의 내용이 활용되었을 가능성이 높다(김종태, 2016, 82쪽). 다만 개별적 역사 요소를 구분할 수 있을 정도로 평양 지역이 자세하게 그려진 지도는 많지 않다. 이에 따라 이 절에서는『평양지』의 평양관부도(平壤官府圖),『평양속지』의 평양관부도, 「광여도(廣興圖)」의 평양부, 「여지도(興地圖)」의 평양, 「해동지도(海東地圖)」의 평양부, 「팔도군현지도(八道郡縣地圖)」의 평양, 「조선지도(朝鮮地圖)」의 평양, 「조선강역총도(朝鮮疆域摠圖)」의 평양전도(平壤全圖)를 그 대상으로 삼는다. 우선 조선시대 회화식 지도에서 확인되는 평양의 고대 역사 경관 요소를 추출해보면 표1과 같다.

'지도'는 3차원의 세계를 2차원의 세계에 재현하는 것인데, 그 과정에서 제작 주체의 주관성에 의한 '선택적 재현'이 개입하면서 왜곡이 발생한다. 이러한 점에서 지도에 재현된 각종 요소들을 실제 세계의 거울로써 이해할 것인지, 아니면 사

표1 고지도에 재현된 평양의 고대 역사 경관 요소

출처	기자 관련 요소	단군 관련 요소	고구려 관련 요소
『평양지』 평양관부도	井田, 箕子殿, 箕子墓	檀君殿	永明寺
『평양속지』 평양관부도	箕子墓, 箕子井, 崇仁殿, 九疇壇(箕子宮址)	檀君殿	永明寺, 麒麟窟, 朝天石
「광여도」	箕子墓, 井田, 箕子井, 崇仁殿	檀君殿	安鶴宮(長安城으로 이해), 永明寺, 麒麟窟, 朝天石(朝天石德岩)
「여지도」	箕子墓, 井田, 崇仁殿, 箕子井(?)	檀君殿	朝天石, 永明寺, 麒麟窟
「해동지도」	箕子墓, 井田, 箕子井, 崇仁殿	檀君殿	安鶴宮(長安城으로 이해), 永明寺, 麒麟窟, 朝天石
「팔도군현지도」	箕子墓		朝天石
「조선지도」	箕子墓		朝天石, 東明墓
「조선강역총도」	箕子墓, 箕子廟, 井田址, 古箕子宮	檀君祠	安鶴宮(長安城으로 이해), 麒麟窟, 永明寺, 九梯宮, 朝天石, 東明王廟

회적으로 구성된 산물로 이해할 것인지에 대해서는 연구자마다 그 견해가 다를 수 있다(권선정, 2003, 61~62쪽; 장의선, 2019, 77~79쪽). 다만 지도라는 것은 어떤 사회나 세계의 모습을 투명하게 표현하는 매체가 아니라, 그 자체 안에 사상이나 이데올로기를 내장한 불투명한 깊이를 지닌 것으로 파악해야 한다는 것을 지적해둔다(와카바야시 미키오, 2006, 37쪽).

이는 고지도에서 재현된 경관 요소의 배치와 규모 등의 요소를 그대로 믿을 수 있는가 하는 부분과 직결된다. 지도의 제작 주체이자, 이를 '읽고 소비하는' 대상 역시 지배층이기 때문에 유교적 이상향을 구현한다는 목적과 오롯한 사실의 재현이라는 갈림길에서 전자를 선택했을 가능성이 상존하기 때문이다. 고지도에서는 동일한 지역을 대상으로 할지라도, 이질적인 모습으로 재현되는 경우를 어렵지 않게 확인할 수 있다.[8]

8　서울대학교 규장각한국학연구원 소장 「해동지도」와 「팔도군현지도」는 1750년대라는 비슷한 시기에 '가평(加平)'이라는 동일한 지역을 대상으로, 관(官)이라는 동일한 주체에 의해 제작된 지도라고 할 수 있는데, 지도에 재현된 모습은 상당한 차이가 있다. 현재 가평의 모습과 비교할 때, 전자의 경우 풍수를 바탕으로 한 유교적 이상향을 재현한 회화적 성격의 지도라면, 후자의 경우 정확한 지리정보를 담고자 한 지도임을 확인할 수 있다. 지도의 제작 목적에 따라 동일한 지역이 다른 경관으로 재현되는 것이다.

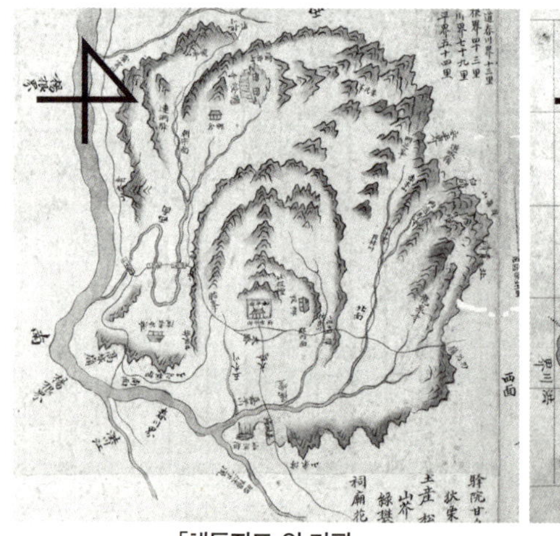

「해동지도」의 가평

「팔도군현지도」의 가평

특히 조선시대의 군현지도는 실제의 축척과는 상관없이 명승지 및 사적 등을 과장하여 표현하는 경우가 종종 확인된다(손명희, 2009, 72쪽). 결국 자연물과 인공물 양자가 동일한 무게로 찍히는 것이 아니라, 제작 주체에 의한 선택과 강조 및 생략이 이루어지며, 이것이 지도의 제작자가 인식했던 세계, 곧 경관인 것이다.

4 고지도와 경관 재현의 의미

고지도에서 확인되는 평양의 모습은 현재 우리가 평양의 역사 경관을 이해하는 방식과는 차이가 있다. 조선시대의 문헌과 지도에서 확인되는 평양의 모습은 '기자와 동명왕의 도시'였다. 조선인들은 평양의 경관을 자신들만의 방식으로 재구현해냈던 것이다.

평양의 중요한 역사 경관으로 기자묘(箕子墓)와 기자정(箕子井), 기자궁(箕子宮), 기자사(箕子祠, 箕子殿, 崇仁殿) 등을 주목할 수 있다. 물론 이것이 '기자동래설(箕子東來說)'을 증명하는 역사적 실체는 아니다. 다만 기자의 존재가 조선시대 전반에 걸쳐 교화의 군주로서 숭앙되었다는 점을 고려한다면 조선시대 평양의 고대 역사 경관 요소라고 할 수 있다. 이는 평양을 '기자의 도성'이라는 의미의 '기성(箕城)'이라고도 하는 점에서도 잘 드러난다.

그러니 평양이 기자의 도시였다는 인식이 처음부터 강고했던 것은 아니다. 고려 말부터 평양과 기자를 연결하는 인식이 확인되지만, 이것이 본격화된 것은 명(明)의 사신단이 평양에 머물며 이에 대해 글을 남기기 시작하면서였다. 그들의 직책으로 말미암아 이들이 남긴 시는 권위와 명성을 얻게 되었고, 특히 명 사신이 적극적으로 탐색하고자 했던 기자의 유제는 중국과의 외교관계가 중시되면서 점차 강화되었다. 이러한 외부의 인식은 다시 조선의 지식인들에게 영향을 주어, 조선의 문인들도 평양의 역사를 조망하려는 노력을 하게 만들었다(이은주, 2014, 8~11쪽; 이은주, 2018, 75~78쪽). 평양에서 자식이 부모를 살해한 강상(綱常)의 변괴가 발생하자 조정에서는 고례(古例)에 따라 평양을 강등시키자는 논의가 있었는데(『조선왕조실록』, 선조 21년 7월 4일 기사), 평양의 풍류와 명승이 널리 중국에까지 알려졌기 때문에 어렵다는 이조(吏曹)의 답변(『조선왕조실록』, 선조 21년 7월 6일 기사)을 통해 평양을 규정하는 외부의 시선을 확인할 수 있다.

조선의 지배층은 기자의 유제를 통해 내적으로는 소중화(小中華)의 자부심을 만족시킬 뿐만 아니라, 외적으로는 중국과의 오랜 인연을 강조하면서 현실적 외교 관계에서도 도움을 받을 수 있었다. 즉 조선시대 지도에서 확인되는 평양의 역사 경관은 조선 내부의 인식을 반영하는 것이기도 했지만, 평양을 바라보는 외부 인사들의 시각을 반영한 것이기도 했다. 고지도라는 특수성을 고려하더라도 축척에 어울리지 않게 크게 그려진 기자에 관한 유적들은 당대인들의 기자에 대한 관심을 보여준다.

다만 동명왕의 경우는 기자와 다르다. 성종(成宗)은 진현시(進賢試)의 시제(試題)로 고구려가 수나라와 당나라에 대항한 강국이 될 수 있었던 계책을 물었는데(『조선왕조실록』, 성종 13년 10월 25일 기사), 이를 볼 때 조선의 지식인들에게 고구려가 중국과 대적한 군사적 강국이라는 인식이 공유되고 있었던 것으로 생각된다. 동명왕은 고구려의 건국 시조로서, 그가 건국한 고구려는 수양제(隋煬帝)와 당태종(唐太宗)을 물리친, 중국의 입장에서는 껄끄러울 수밖에 없는 국가였다. 기자가 부각되었던 시점이 사림파의 등장과 명나라 사신단의 평양 유람 이후였다면,[9] 고구려 이후 전 시기를 관통하여 평양에서 가장 중요시되었던 것은 동명왕이다.

이는 단군과도 다른 양상이다. 평양이 단군과 관련해 부각된 계기는 13세기 말 몽골의 침입이라는 외부적 위기 상황을 맞이하여 삼국 이전 단계보다 더 소급한 민족의 역사 경험을 모색하는 과정의 결과였다. 몽골의 침략과 지배라는 국가적 시련 속에서 고려인들은 서로 동질성을 확인하고 국가적 역량을 결집할 필요가

9　고려 말 성리학자들에 의해서 기자가 부각되기 시작했지만, 평양의 기자의 유제가 현실성을 띠고 적극적으로 활용되었던 것은 조선시대 사림파의 등장 이후로, 특히 기자의 유제로서 가장 중요시되었던 평양의 정전(井田)에 대한 기록은 『고려사』나 『세종실록지리지』 등의 앞선 시기의 문헌들에서는 확인되지 않는다(오수창, 2002, 836~837쪽).

있었으며, 단군이라는 '민족의 시조'는 그러한 역사 공동체의 이념적 토대가 되어주었던 것이다(나희라, 1992, 215~217쪽). 그러나 조선시대에 있어서 기자의 위상이 단군을 압도하고 있었으며, 단군이 새롭게 조명된 것은 조선시대 말기에서 일제강점기로 이어지는 국가적 위기의 결과였다.

사실 단군이나 기자와 마찬가지로 평양과 동명왕의 직접적인 연결성을 상정할 수는 없다. 굳이 고조선의 중심지 위치 논쟁이나 기자동래설, 고구려의 초기 도읍지의 위치를 언급하지 않더라도 평양이라는 지역과 이러한 인물들이 직접적인 연결성을 가졌다고 말하기는 어렵다. 다만 기자나 단군 등의 역사 경관 요소의 중요도는 역사적 전개 상황에 따라 부침이 있었으나, 동명왕의 경우에는 거의 일정한 수준을 유지했었다고 생각된다. 그리고 그것은 조선시대 고지도의 역사 경관 요소에서 확연하게 드러난다.

고지도에는 단군, 기자, 동명왕과 관련된 요소들이 모두 확인되지만, 자세히 살펴보면 재현된 요소의 성격은 명확하게 구분된다. 고지도에서 확인되는 단군의 유제는 국가가 건립한 사당이고, 기자의 유제가 정전(井田)이나 사당, 무덤처럼 유교적 합리주의에서도 '있을 법한, 그래서 인정할 수 있는' 성격의 것이라면, 동명왕의 유제인 기린굴, 조천석, 청운교, 백운교 등은 믿을 수 없는 전설들을 기반으로하고 있다. 이는 동명왕에 대한 기억이 민간에 기반하고 있음을 보여주며, 역사 경관 내에서도 기억의 주체, 더 나아가 경관의 형성 주체에 차이가 있음을 드러내준다. 고지도에서 재현된 경관 요소의 차이는 기자나 단군의 경우가 지배층, 국가의 특정한 의도에 따라 만들어진 경관임에 반해, 동명왕의 경우는 피지배층까지를 막론한 결과였기 때문이 아니었을까? 이러한 점에서 우리는 고지도라는 도구를 기층의 인식을 확인할 수 있는 창으로 활용할 수 있지 않을까?

조선은 고려와 달리 직접적인 고구려 계승의식을 내세울 이유는 없었다. 소위 삼한일통의식(三韓一統意識)의 시작과 완성 시점에 대해서는 많은 의견이 있지만, 고려의 중앙집권력이 이완되었던 무신집권기에 옛 삼국의 부흥을 내건 반란이 빈발했던 것은 고려시대에도 삼한일통의식이 내재화 단계에까지는 이르지 못했음을 보여준다. 그러나 조선시대에 들어서면 분립의식이 극복되었고 고구려의 건국시조인 동명왕을 국가적 차원에서 숭배할 이유가 없어졌다. 조선의 지배층은 평양을 '기자의 도시'로서 정의하고자 했고, 동명왕은 평양의 역사적 유구함을 보여주는 도구이자, 지식인들의 유람지로서 각종 시문의 단골 주제로서 그 의미가 축소되기 시작했다.

동명왕의 신이한 사적을 담은 유제들이 고구려 당대에 형성되었을 가능성은 적다. 물론 고구려의 건국시조로서 동명왕은 중요 숭배 대상이었으나, 가장 중요한 시조묘(始祖廟) 제사는 평양 천도 이후에도 졸본(卒本)에서 이루어졌다(『삼국사기』 고구려본기 안장왕 3년 4월; 평원왕 2년 2월; 영류왕 2년 4월 기사). 동명왕과 평양이 연결되기 시작한 상한은 668년 고구려 멸망 이후 유민(遺民)들의 기억에서 찾을 수 있을 터인데, 단편적인 예이기는 하지만 고구려 유민인 고자묘지(高慈墓誌)나 천남산묘지(泉男産墓誌)에서 동명왕만이 언급되는 것은, 고구려인들에게 있어 동명왕이 얼마나 중요한 존재였는가를 방증해준다. 이후 고구려 계승의식을 표방한 고려가 건국되는 250년 동안의 시간적 격절(隔絶)을 거치며 기층민들에 의해 그것이 기억되는 과정에서 건국시조 동명왕의 존재가 계속해서 재조명되었고, 그 결과 평양 지역에 동명왕과 관련된 전설과 사적들이 만들어지게 되었을 가능성이 있다.

일반적으로 전근대시기 경관은 권력의 재현이라는 측면에서 지배층에 의해서 형성되는 것이 일반적이다. 그러나 피지배층 역시 주거 공간의 형성을 포함한 다양한 측면에서 도성 경관을 구성하는 광범위한 요소들을 창출해내는 주체가 된다 (W. G. Hoskins, 1960, 139쪽, 143~157쪽; 박한제, 2019, 45~47쪽).[10] 이러한 점에서 '경관' 의 1차적 생산자는 국가권력이지만, 2차적 생산자는 일반 대중이 될 수 있다. 물론 지도의 1차 제작 주체를 염두에 둘 때, 지배층의 의도나 목적에 따른 흔적이 논의

10　호스킨스는 의회 인클로저 운동(Parliamentary Enclosure)이 진행된 결과 촌락 도로변에 위치 했던 소농민들의 농가들이 경작지 한가운데로 옮겨지게 되어 영국 농촌에 새로운 경관을 형성했다고 밝혔다. 그 동기가 자의적인지 타의적인지에 대한 문제를 차치하고 결과적인 측면에서만 논의한다면 소농민들은 영국 농촌 경관 형성에 있어서 또 다른 생산 주체였던 것이다. 또한 지배층의 의도와 다르 게 피지배층이 적극적으로 경관을 바꾸어간 흔적도 확인된다. 송대 개봉성에서 확인되는 '侵家', '占河 道' 등의 현상이 그것이다. 피지배층은 국가가 고수하고자 했던 현실적이고 가시적인 통제 장치인 방 장제(坊墻制)의 사실상 붕괴를 이끌어냈다.

될 수밖에 없다는 점은 고지도를 이용한 경관 연구의 태생적 한계라고 할 수 있다. 피지배층의 주거지나 유적들이 남아 있기는 하지만, 시기를 고대사로 한정한다면 그러한 흔적조차 찾기가 힘들고, 아울러 피지배층이 남긴 목소리가 문헌의 형태로 존재하지 않기 때문에 피상적으로 해석될 수밖에 없는 위험성이 상존하고 있다. 그러나 이러한 한계에도 불구하고 고지도에 재현된 경관 요소의 양적 측면을 넘어 질적 차이에 주목한다면, 경관 생산 주체의 계층성을 확인하는 것이 가능하다. 국가는 평양을 '기자의 도시'로서 자리매김하고자 했으나, 기층에게 있어서 평양은 '동명왕의 도시'였다.

5 맺음말

고지도의 제작과 소비는 지배층 내에서 이루어졌다. 그러나 고지도에 담긴 개개의 역사 경관 요소에는 지배층뿐만 아니라 피지배층의 인식이 함께 담겨 있다. 이러한 점에서 고지도에서 재현된 평양의 경관은 권력의 재현이자 동시에 기층의 인식을 엿볼 수 있는 도구라고 할 수 있다.

존경하는 지도교수님의 정년(停年)에 바치는 글이라는 부담감과 함께, 욕심은 언제나 능력을 앞선다. 이 글은 송기호 선생님께서 지도해주셨던 2019년 1학기 서울대학교 국사학과 대학원 수업 '한국사연구방법론'을 들으며 고민했던 내용을 담은 것이다. 선생님의 새로운 시작을 부족한 글로 축하드리는 제자를 혜량(惠諒)하여주시길 바라며, 지면을 빌려 그동안의 가르침을 등불 삼아 정진해나가겠다는 약속을 드린다.

참고문헌

『高麗史』,『金鰲新話』「醉遊浮碧亭記」,『三國史記』,『世宗實錄地理志』,『新增東國輿地勝覽』,
『朝鮮王朝實錄』,『平壤續誌』,『平壤志』

『平壤志』平壤官府圖
『平壤續誌』平壤官府圖
「廣輿圖」平壤府
「輿地圖」平壤
「海東地圖」平壤府
「八道郡縣地圖」平壤
「朝鮮地圖」平壤
「朝鮮疆域摠圖」平壤全圖

한글

권선정, 2003,「경관 텍스트로서의 지도 읽기-錦山의 옛 지도를 포함하여」,『문화역사지
　　　　리』제15권, 한국문화역사지리학회.

김윤희, 2014,「조선후기 가사에 형상화된 '平壤'의 지리·문학적 표상과 그 변모 양상」,『동
　　　　방학』제30집, 한서대학교 동양고전연구소.

김종일, 2004,「한국 중기 무문토기문화의 사회구조와 상징체계」,『國史館論叢』104, 국사
　　　　편찬위원회.

김종일, 2006,「경관고고학의 이론적 특징과 적용 가능성」,『韓國考古學報』第58輯, 한국고
　　　　고학회.

김종일, 2011,「경관의 고고학적 이해」,『한국 선사시대 사회와 문화의 이해』, 중앙문화재
　　　　연구원.

김종태, 2016,「詩文을 통해서 본 평양 고지도의 특성」,『한국고지도연구』8, 한국고지도연
　　　　구학회.

나희라, 1992,「단군에 대한 인식-고려에서 일제까지」,『역사비평』19, 역사비평사.

동북아역사재단 편, 2013,『평양 지역 고구려도성 유적』, 동북아역사재단.

박승규, 2019, 「개념에 담겨 있는 지리학의 사고방식」, 『인문 지리학의 시선』, 사회평론아카데미.

박한제, 2019, 『중국 도성 건설과 입지』, 서울대학교출판문화원.

손명희, 2009, 「조선시대 평양성도를 통해 본 평양의 모습과 지역적 성격」, 『한국고지도연구』 1, 한국고지도연구학회.

손수호·김광혁, 2016, 「평양성 외성 발굴보고(1)」, 『조선고고연구』 2016-1, 평양: 사회과학출판사.

송기호, 2017, 「문헌사와 고고학의 만남을 위하여」, 『동아시아에서의 한국 상고사』(한국상고사학회 창립 30주년 기념 발표집), 한국상고사학회.

안길정, 2003, 『관아를 통해 본 조선시대 생활사(상)』, 사계절.

若林幹夫 지음, 정선태 옮김, 2006, 『지도의 상상력』, 산처럼.

양정석, 2008, 『韓國 古代 正殿의 系譜와 都城制』, 서경문화사.

오수창, 2002, 「조선후기 平壤과 그 認識의 변화」, 『朝鮮의 政治와 社會』(崔承熙敎授停年紀念論文集), 집문당.

오수창, 2006, 「조선후기 평양의 문화적 특성-『靑邱野談』에 나타난 평양」, 『역사도시 평양』(2006년도 한국사연구회 학술대회 발표집), 한국사연구회.

오수창, 2007, 「『청구야담』에 나타난 조선 후기 평양 인식과 그 성격」, 『한국사연구』 137, 한국사연구회.

이기봉, 2008, 「낙안읍성의 입지와 구조 그리고 경관」, 『조선의 도시, 권위와 상징의 공간: 한국적 전통도시 경관의 원형 탐색』, 새문사.

이은주, 2014, 「明 使臣의 平壤 題詠詩 연구」, 『한국문학』 68, 규장각한국학연구원.

이은주, 2018, 「만들어진 유적, 평양의 로컬리티」, 『돈암어문학』 34, 돈암어문학회.

장의선, 2019, 「지리적 事象의 재현: 지도」, 『인문 지리학의 시선』, 사회평론아카데미.

전종한, 2006, 「지역 문화의 해석에 있어서 경관 연구의 함의」, 『중원문화연구』 10, 충북대학교 중원문화연구소.

채희국, 1957, 「평양 부근에 있는 고구려 시기의 유적-고구려 평양천도 1530주년에 제하여」, 『문화유산』 1957-5호, 평양: 과학원출판사.

최성락, 1984, 「韓國考古學에 있어서 形式學的 方法의 檢討」, 『韓國考古學報』 16, 한국고고학회.

최희림, 1967, 「고구려 평양성(장안성)의 성벽축조형식과 시설물의 배치상태」, 『고고민속』 1967-3, 평양: 사회과학출판사.

외국어

關野貞, 1928, 「高句麗の平壤城及び長安城に就いて」, 『史学雑誌』39-1, 東京: 史学会.

藤田亮策, 1963, 「新羅九州五京攷」, 『朝鮮學論考』, 奈良: 春日野國立文化研究所內藤田先生 記念事業會.

石井英也, 1991, 「自然景観と文化景観」, 『地域と景観』, 東京: 古今書院.

早乙女雅博, 2003, 「渤海と高句麗」, 『日本と渤海の古代史』, 東京: 山川出版社.

Garden, Mary-Catherine E., 2006, "The Heritagescape; Looking at Landscapes of the Past," *International Journal of Heritage Studies* 12-5, London: Routledge.

Hoskins, W. G., 1965, *Provincial England: essays in social and economic history*, London: Macmillan.

Hoskins, W. G., 1960, *The making of the English landscape*, London; Hodder and Stoughton LTD.

Johnson, Matthew, 2007, *Ideas of landscape*, Oxford: Blackwell Publishing LTD.

Rodaway, Paul, 1994, *Sensuous geographies; body, sense and place*, London and New York: Routledge.

3장

고대 일본의 명문도검과 백제[1]

김영심(한성백제박물관 전시기획과장)

1 일본의 명문도검에 주목하는 이유

금석문, 목간 같은 문자 자료는 당대의 자료라는 점에서 문헌이 부족한 고대사 연구에서 매우 중요하게 다루어지고 있다. 일본 고대의 문자 자료의 종류로는 목간(木簡), 비문이나 묘지명 등의 석문(石文), 토기·기와 명문, 철기류에 새겨진 금문(金文) 등이 있다. 일본에서는 지금까지 1,000여 개의 유적에서 약 33만여 점의 목간이 출토되었다.

이에 비해 비(碑)는 적다. 중국 문화의 영향권에 있었던 고대 한반도에서는 어느 정도 성행했던 비가 일본에서는 그다지 보이지 않고 지역적으로도 동쪽 지역에 치우친 경향이 있다. 나수국조비(那須國造碑)·다호비(多胡碑)·아파국조비(阿波國造碑) 등 일본 초기 석비의 형태와 서풍에서 신라 비의 영향이 지적되고 있다(前澤和

---

1 이 글은『백제학보』35호(2021)에 게재된 글을 수정·보완한 것이다.

之, 2017, 138쪽). 일본에서 비 문화가 정착하지 않은 이유에 대해서는 석재 가공기술의 격차와 식자층의 비율 차원에서 접근하기도 한다(東野治之, 2004, 199쪽).

명문이 있는 도검(刀劍)은 고분에서 출토되거나 사원이나 신사 등에 전해온 대도나 검 중 칼몸(刀身)이나 칼등(刀背)에 금이나 은으로 상감을 한 것이다. 일본 고대의 명문도검은 10례 전후인데 중평명대도(中平銘大刀)와 칠지도(七支刀) 두 가지를 제외한 사례는 명문의 서체나 내용 등으로 볼 때 일본제이며, 2011년에 발견된 경인명대도(庚寅銘大刀)는 국적 논란이 있다. 일본 열도에 골고루 분포하고 있는 5세기의 명문도검인 치바현 이나리타이(稻荷台) 고분 출토 왕사명철검(王賜銘鐵劍), 구마모토현 에다후나야마(江田船山) 고분 출토 치천하명대도(治天下銘大刀), 사이타마현 이나리야마(稻荷山) 고분 출토 신해명철검(辛亥銘鐵劍)이 고찰의 핵심 대상이지만, 6~7세기의 명문도검도 함께 살펴보고자 한다.

이들 명문도검은 그동안 일본 고대국가의 형성 및 정치권력의 성장과 관련해서 주로 검토되어왔다. 왜왕권의 형성이라는 맥락에서 왜왕이 열도 내의 유력 수장층에게 하사한 하사도(下賜刀)로 보는 경향이 있었다. 명문도검을 고대 일본 정치사의 맥락에서 해석하는 문제는 이 글에서는 논외로 하고, 명문도검의 성격을 중평명대도와 왕사명철검은 하사도, 치천하명대도와 신해명철검은 현창도(顯彰刀), 칠지도는 증여도(贈與刀)로 구분하는 정도(佐藤長門, 2004, 25~42쪽)만 수용하여 논의를 전개하기로 한다.

한편 이 명문도검에 대해서는 백제를 비롯한 한반도와의 관련성이 언급되어왔다. 중평명대도와 같은 중국의 도검명과 한반도나 일본의 대도 사이에는 큰 차이가 있어서 일본의 명문도검의 원류는 직접으로는 특수한 발전을 보인 고대 한반도의 명문도검에서 찾아야 한다는 주장이 있었고(東野治之, 2004, 53쪽), 치천하명대도의 '書者 張安(서자 장안)'은 중국계의 백제인이며, 신해명철검의 명문은 한반도풍의 문체로 보아 도래인이 관여했을 가능성이 높다는 주장이 제기되었다(鈴木靖民, 2016, 222쪽). 또한 칠지도와 5세기 중·후반 왜국의 문자문화를 보여주는 명문도검을 보면 4세기 후반부터 5세기 초반 사이에 백제로부터 본격적인 문자문화가 전래되었음이 분명하다고 보기도 한다(小倉慈司, 2016, 169~170쪽).

한반도와의 관련성이 자주 지적되어왔지만, 한국 사학계에서는 명문도검에 대한 관심이 크지 않았다. 일본과 달리 한반도에서는 문양이 상감된 환두대도 등은 다수 발견되었으나 5세기의 철검 명문이 거의 발견되지 않았기 때문일 수도 있다. 창녕 교동 11호분 출토 환두대도[2]와 도쿄국립박물관에 소장된 전(傳) 가야 지방 출토 철도명 정도가 명문도검으로서 주목을 받고 있다. 특히 후자는 도검명에 길상구를 기록한 점이나 상감 기법, 서체 등에서 5세기 대의 일본 철검 명문과 유사하다고 보았다.[3]

따라서 먼저 명문도검의 자료적 가치와 이에 대한 분석이 필요한 이유를 몇 가지 제시해보면 다음과 같다. 첫째, 명문도검은 5~6세기 왜국의 문자문화를 검증할 수 있는 동시대의 출토 문자 자료다. 고대 한반도의 문자 자료와 비교해서 연구할 수 있는 부분이 매우 많다. 둘째, 명문만이 아니라 상감 기술을 동시에 볼 수 있는 자료다. 고대사회의 발전 정도를 이해하기 위해서는 기술과 지식 두 가지가 동시에 구현된 사례를 볼 수 있어야 할 것이다. 셋째, 문자를 통한 이주지식인의 활약상을 구체적으로 확인할 수 있는 자료다. 한반도에서 이주한 식자층의 활약이 5세기 중엽 이후 외교뿐 아니라 왕권의 생산 공방으로까지 확대되었음을 말해주는 자료라 할 수 있다.

이러한 자료적 가치에도 불구하고 그동안 한국 사학계에서 명문도검에 대한 구체적인 검토가 이루어지지 않았다[4]는 문제의식 아래 이 글에서는 명문도검에 대한 분석과 함께 고대 한반도, 특히 백제와의 관련성을 살펴보는 것을 목표로 한

---

2 명문은 "□(上)部先人貴□乃(刀?)"로 판독되는데, 고구려와 관계있는 유물이며, 연대는 6세기 초로 비정하고 있다(한영희·이상수, 1990, 90~92쪽).

3 전 가야 지방 출토 철도명에는 "不畏也□令 此刀主富貴高遷財物多也"라는 길상구가 기록되어 있는데 에다후나야마 고분 출토의 치천하명대도에 나오는 길상구와 유사한 면이 있다(三上喜孝, 2013, 11~12쪽). 또한 자음 가나와 육조풍의 서풍이 이나리야마 고분 출토의 신해명철검과 유사하다는 지적이 있다(東野治之, 2004, 89~90쪽).

4 명문도검에 대한 본격적인 검토는 이근우, 홍성화에 의해 이루어진 정도이다(이근우, 1991; 홍성화, 2013).

다. 2장에서는 일본에서 발견된 고대의 명문도검을 시기별로 나누어 출토 상황과 제원, 특징을 살펴보고, 명문에 대한 판독과 해석을 통해 그 의미를 추출해보도록 하겠다.[5] 이어 3장에서는 문자문화와 상감 기술이라는 지식과 기술의 양 측면에서 백제와의 관련성을 구체적으로 조명해보고자 한다.

2 도검 명문에 대한 고찰

1) 5세기 이전: 중평명대도, 칠지도

중평명대도는 1960년 일본 나라현 텐리시(天理市) 도다이지야마(東大寺山) 고분에서 출토되었다. 도다이지야마 고분은 나라분지의 동쪽 산록에 펼쳐진 도다이지야마 구릉의 서쪽 끝에 위치한 북향의 전방후원분으로서 4세기 후반에 조영되었다. 중평명대도의 전체 길이는 110센티미터이고, 칼몸은 약 3센티미터가 안쪽으로 굽어져 있다. 칼의 자루는 후한의 쇠칼에다 4세기 중반 청동으로 만든 둥근 고리를 따로 만들어 붙인 것으로 보인다(김태식, 2004, 74쪽).

칼등에 금상감으로 24자가 새겨져 있는데, 그중 20자는 판독이 가능하다. 명문의 판독과 해석은 다음과 같다.

> 中平□□(年) 五月丙午 造作文刀 百練清釦 上應星宿 □(下)辟不□(祥)
>
> 중평□년 5월 병오일에 명문을 새긴 칼을 제작했다. 좋은 철을 단련한 칼이기 때문에 천상에서는 신의 뜻에 응하고, 下界에서는 상서롭지 못한 것을 물리칠 수 있다.

판독에 큰 이견은 없으나, 작문도와 작지도(作支刀), 백련청도와 백련청강(百

5 이 글에서 검토하는 명문도검 다수의 판독과 해석은 大阪府立近つ飛鳥博物館, 2011(이하 도록으로 표기); 三上喜孝, 2013; 西山要一, 1999; 佐藤長門, 2004; 義江明子, 2009 참조.

練淸剛)으로 두 글자 정도가 차이가 난다.[6] 현재 남아 있는 글자로 보면 '支(지)'보다는 '文(문)'자에 가까운 듯하며, 청도와 청강은 '좋은 철로 만든 칼'이라는 의미를 담고 있는 것 자체는 유사하다. 중평은 후한 영제(靈帝) 때의 연호(184~189)다. 현재까지 알려진 일본 최고의 기년명 자료이지만, 상감기법에서 볼 때 중국제임을 알 수 있다. 따라서 2세기 후반에 제작되어 고분에 부장품으로 매납되기까지 약 160년간 전세(傳世)되던 것이 아닌가 한다.

칠지도는 현재 일본 나라현 텐리시의 이소노카미 신궁(石上神宮)에 전해지는 특이한 형태의 철제 칼이다. 오랫동안 신궁의 창고에 보관되어오다가 칸 마사토모(菅政友)에 의해 발견되었다. 1874년 발견 당시 육차모(六叉鉾)로 명명되었으며, 1892년에 명문이 최초로 공개되었다. 칼의 전체 길이는 74.9센티미터로서 칼몸이 65센티미터이고 나머지는 칼자루에 해당한다. 두께는 0.45센티미터다. 실용의 무기보다는 특별한 의미를 가진 의식용 칼 또는 주술용 칼로 사용되었을 가능성이 높다.

칼몸의 표면에 34자, 이면에 27자, 총 61자의 금상감 명문이 새겨져 있다. 표면의 다섯 번째 글자를 '五'가 아니라 '十一'로 판독하면 총 62자가 되지만, 글자의 간격이나 길상구 표현으로 볼 때 '五'로 보는 것이 타당하다. 표면에는 기년 · 재질 · 명칭과 함께 길상구 여부를 둘러싸고 논란이 되는 부분, 제작자 또는 제작소로 추정되는 문구 등이 새겨져 있다. 이면에는 칼의 제작 배경 및 백제와 왜의 관계를 밝혀줄 수 있는 구체적인 내용이 담겨 있다. 사진 자료와 지금까지의 판독을 참고하여 명문을 정리해보면 다음과 같다.[7]

표면

泰和四年五(十一?)月十六日丙午正陽 造百練銕七支刀 生辟百兵 宜供供侯王 □□

---

6 도록에서는 '文'과 '釖'로, 西山要一과 佐藤長門, 김태식은 '支'와 '剛'으로 판독했다.

7 판독과 해석은 김영심, 2013; 김영심, 2014 참조. '오월'(西山要一; 김영심)과 11월(도록; 三上喜孝; 義江明子)로 판독하는 견해로 나뉘며, 도록에서는 '出辟百兵'으로 판독했다.

□□作(祥?)

태화 4년 5(11?)월 16일 병오일의 한낮에 백 번이나 단련한 철로 된 칠지도를 만
들었다. 모든 병해를 물리칠 수 있으리라. 후왕에게 주기에 알맞다. □□□□가
만들었다(상서로우리라).

이면

先世以來 未有此刀 百濟王世子奇生聖音 故爲倭王旨造 傳示後世

선세 이래 이런 칼이 없었는데 백제 왕세자가 뜻하지 않게 성음이 생긴 까닭에[8]

왜왕을 위하여 정교하게 만들었다. 후세에 전하여 보이도록 하여라.

제작 시기에 대해서는 명문에 나오는 '태□4년'을 언제로 보느냐에 따라 4세
기 후반부터 6세기 초까지 다양한 의견이 있다. 백제에서 칠지도를 보내왔다고 하
는 『일본서기』 신공 52년조 기사도 함께 고려하면 칠지도는 4세기 후반 백제 궁정
에서 태자인 근구수의 지휘 아래 외교적 목적으로 제작되었다고 보는 것이 타당하
다. 4세기 후반 왜의 대외관계와 동아시아의 국제정세를 고찰하는 데 중요한 자료
인 것이다.

　여기에서 명문도검에 보이는 길상구 문제를 언급할 필요가 있다. 중평명대도
와 칠지도의 '오월병오'는 기본적으로 '순양일 중의 길상시에'라는 의미로 해석하
는 것이 타당하다(吉田晶, 2001, 68쪽). 5월 병오일은 금속기를 만들기에 가장 적합한
날이고 시각을 나타내는 '정양(正陽, 한낮)'도 같은 의미를 가진다. 5월, 병오, 정양
은 동경(銅鏡)을 주조할 때도 자주 사용하는 관용적 길상구다. 중평명대도가 왜에
입수된 경위는 알 수 없으나, 중평명대도나 칠지도에서는 '五月丙午日(오월병오일)',
'下辟不祥(하벽불상)', '生辟百兵(생벽백병)', '宜供供侯王(의공공후왕)' 등의 길상구를
많이 사용하여 이것을 소지하는 대상의 안정과 번영을 비는 주술적인 염원을 담아

8　해석의 논란이 많은 이 부분에 대해 도록에서는 "백제 왕(근초고왕)의 세자(근구수왕)인 나는 신
명의 가호를 받아서 현재에 이르고 있다"로 해석했다

낸 것으로 생각된다.

중평명대도와 칠지도는 각각 2세기와 4세기에 중국과 한반도에서 제작된 도검이고, 일본에서는 4세기까지 아직 본격적인 문장이 구사된 문자 자료는 없다. 문자는 확인되지만 문장으로 기술된 것은 확인되지 않는다. 5세기에 들어서야 야마토 정권의 중심에서 멀리 떨어진 일본 열도의 동서의 고분에서 명문을 새긴 도검을 찾을 수 있다.

2) 5세기: 왕사명철검, 치천하명대도, 신해명철검

(1) 왕사명철검

일본에서 제작된 도검 중 문장이 표현된 최초의 자료는 치바현 이치하라시(市原市) 이나리타이(稻荷台) 1호분 출토의 은상감된 왕사명철검이다. 이나리타이 고분군에서는 5~7세기에 걸친 12기 이상의 원분(圓墳)이 발굴 조사로 확인되었다. 이나리타이 1호분은 주구(周溝)를 가진 직경 27미터 정도 크기의 원분으로 명문 철검이 부장된 중앙 시설에서는 단갑편(短甲片), 철촉, 칼 등이 출토되었다. 부장품으로 보아 매장 주체는 무인적인 성격을 가진 인물로 추정된다. 이나리타이 1호분의 축조 시기는 5세기 중엽, 철검의 제작 연대는 5세기 전반 무렵이 아닐까 한다.

왕사명철검은 1976년에 발굴된 후 1987년 보존 처리 시 엑스선 촬영에 의해 '왕사'로 시작되는 상감명문이 남아 있는 것이 확인되었다. 복원 작업을 통해 전체 길이는 73센티미터 전후, 칼몸의 길이는 60센티미터 전후였음이 밝혀졌다. 칼몸과 자루의 경계 부분 가까이 표면에 5자, 이면에 2자 등 은상감을 한 문자가 남아 있는데, 문자가 배치되어 있는 상태를 고려하면 본래 표리 양면에 각각 6자가 새겨진 것으로 추정된다. 표면의 모두 두 글자에 해당하는 '왕사'의 문자가 이면 문자의 모두보다 위에 위치한다. 이에 대해서는 경의(敬意)를 표하는 것으로 해석하기도 한다(義江明子, 2009, 58쪽).

표면의 명문은 "王賜□□敬□(安?)", 이면의 명문은 '此廷□(刀?)□□□'으로, 결락 혹은 판독이 불가능한 문자가 많아 전체 의미에 대해서는 추측할 수밖에 없지만, "왕이 (□□을, 혹은 □□에게) 주었다"라고 해석할 수 있다. 신해명철검에 비하면 명문이 간결하고 한문풍의 문체이기는 하나, 상감은 정치하지 않고 선의 굵기도 고르지 않다. 치천하명대도나 신해명철검에 비하면 앞부분에 간지 연호가 없고, 왕의 이름이 구체적으로 등장하지 않는 차이가 있다. '왕'으로만 기록되어 있지만 야마토 정권의 왜국 왕이고, 이는 신해명철검이나 치천하명대도에 '대왕(大王)'이라 기록되어 있는 것과는 구분되며 송으로부터 받은 '왜국 왕' 칭호에 가깝다고 보기도 한다.[9]

이 왕이 야마토 정권의 왕이라고 한다면 '대왕'호의 성립 문제나 야마토 정권과 지역 수장과의 관계를 고찰할 때 중요한 자료가 된다. 이나리타이 1호분은 전국적으로 보면 중소 규모 정도의 원분인데, 이러한 고분에 명문 철검이 부장되어 있는 것은 5세기 중엽 경 야마토 정권의 왕과 동국의 중소 수장 사이에 군사적인 관계가 성립했으며, 왕이 물품을 하사할 때 문자를 이용하여 그 행위가 의도하는 바를 표현하는 것이 가능했음을 말해준다. 고대국가 형성기 왕으로부터 하사받은 '하사도'의 전형적인 문형이라 할 수 있다.

(2) 치천하명대도

왕사명철검보다 약간 늦은 시기 야마토 정권의 중심에서 멀리 떨어진 고분에서도 명문을 새긴 도검이 출토되었다. 구마모토현의 에다후나야마 고분에서 출토된 치천하명대도와 사이타마현의 이나리야마 고분에서 출토된 신해명철검이다.

에다후나야마 고분은 구마모토현 북부 기쿠치가와(菊池川) 하류 유역에 조성된 고분의 하나로 전체 길이가 62미터가 되는 전방후원분이며, 1873년(메이지 6)에 발굴되었다. 이 고분은 가형석관(家形石棺)을 매장 시설로 하는 석관식 석실로 부장품에는 거울, 금동제 관과 관모·신발, 이식, 대금구, 옥류 등의 각종 장신구와 도검, 창, 철촉, 갑주, 마구, 도질토기 등이 다량 포함되었다. 도질토기는 한반도 남서부에서 제작된 것으로 밝혀져 무덤의 주인공을 한반도나 긴키 지방과의 교류에 깊

9　5세기 중반이라는 연대에서 보면 왕은 왜 5왕 중 진(珍)이나 제(濟)에 해당한다고 보았다(河內春人, 2018, 98~100쪽).

이 관여했던 자로 추정하고 있다(도록, 48~53쪽; 권오영, 2005, 233쪽).

이 석관에는 3차에 걸쳐 매장이 이루어졌는데, 은상감명대도는 6세기 초에 이루어진 두 번째 매장 시 부장된 것으로 추정된다. 대도의 잔존 길이는 90.5센티미터이며, 칼의 자루와 만나는 부분 가까이 표면과 이면 양쪽의 같은 위치에 그림이 상감되어 있다. 표면에는 말과 꽃의 문양이, 이면에는 물고기와 긴 부리의 새 문양이 새겨져 있다. 말은 천마(天馬), 새는 생선을 쫓는 사다새(鶘)로 추정된다.

대도에 은상감 명문이 새겨져 있다는 것은 발견 당시부터 알려졌지만, 출토품을 구입했던 제실박물관(현재 도쿄국립박물관)의 조사연구에 의해 명문의 상세한 내용이 밝혀졌다. 명문은 칼의 기둥 부분에 새겨져 있고, 칼끝부터 자루 부분 가까이까지 75자가 기록되어 있다. 최근까지 확인된 글자와 이에 대한 해석은 다음과 같다.

治天下獲□□□鹵大王世 奉事典曹人名无□(利)弖 八月中 用大鐵釜并四尺廷刀

八十練 □(九)十振 三寸上好□(刊)刀 服此刀者 長壽 子孫洋々 得□恩也 不失其所

統 作刀者名伊太□(和/加) 書者張安也

천하를 다스리시는 獲□□□鹵大王의 때, 典曹에 봉사한 사람, 이름은 무리테라고 한다. 8월 중 대철부를 사용해서 4척의 좋은 칼(廷刀)을 만들었다. 80번 단련하고, 90번 흔들었다. 세 치가 넘는 간도(刊刀)가 되고, 이 칼을 차는 자는 장수하게 되어서 자손이 양양하고, □恩을 얻을 것이다. 그 통할하는 바를 잃지 않을 것이디. 칼을 만든 자, 이름은 이타와(伊太和)이고, 글을 쓴 자는 장안이다.

판독에서 큰 이견은 없다. 앞부분에 나오는 '獲□□□鹵大王' 부분을 '獲宮弥都齒大王'으로 간주하여 반정천황(反正天皇)으로 비정해왔지만, 1978년 사이타마현 이나리야마 고분에서 출토된 철검에서 '와카다케루대왕(獲加多支鹵大王)'이라는 명문이 확인됨에 따라 '獲□□□鹵大王'도 와카다케루대왕, 즉 웅략천황(雄略天皇)의 이름을 기록했다고 보는 것이 일반적이다. 명문에는 와카다케루대왕을 포함하여 네 명의 인물이 등장하는데, 중국계의 이름으로 생각되는 '장안'을 제외하면 모두 1음에 한자 1글자를 해당시키는 방법으로 이름을 표기하고 있다.

명문 내용은 전조인(典曹人)으로서 와카다케루대왕에게 봉사했던 무리테라는 인물이 이 칼을 만들게 했다는 것, 또한 이 칼을 가진 자에게는 여러 가지 길상이 생긴다는 것, 이타와라는 인물이 칼을 만들고 장안이라는 사람이 명문의 원문을 썼다는 것 등이다. 제작 시기와 제작의 유래 및 공정, 길상구, 작도자 및 서자 등이 기록되었다고 할 수 있다. 명문에 따르면 와카다케루대왕 밑에서 전조인으로 봉사한 무리테가 왕권의 공방에서 공인을 동원해 제작한 것으로 중국계 백제 이주민이었을 가능성이 있는 서자(書者)인 장안도 참여한 것이다(田中史生, 2013, 249쪽).

이 대도는 와카다케루대왕이 아니라 전조인이었던 무리테라는 인물로부터 에다후나야마 고분의 피장자에게 주어진 것으로 되어 있다. 무덤의 주인공이 백제와 긴밀히 교류한 큐슈 지역의 유력 수장층이었기 때문에 형식상으로는 전조인을 매개로 주어진 것처럼 기술되었지만, 실제로는 와카다케루대왕이 사여한 것으로 볼 수 있지 않을까 한다. 하사받은 측인 지방호족이 스스로 왕권과의 연결을 명기한 명문이라고 보기도 하는데(平川 南, 2004, 2쪽), 신해명철검과 함께 당시 기나이의 최고 수장 또는 왕이 어떤 방식으로 다른 지역의 호족이나 수장층과 관계를 맺고 있었는지를 추정해볼 수 있는 자료가 아닐까 한다.

(3) 신해명철검

사이타마현 최대 규모의 고분군인 사키타마 고분군의 이나리야마 고분에서 출토된 철검이다. 이나리야마 고분은 전체 길이 120미터의 전방후원분인데, 1968년 후원부의 분구 정상에서 매장 시설이 조사되어 다수의 부장품과 함께 철검이 출토되었다. 명문철검이 부장된 자갈돌 덧널은 고분이 축조된 지 수십 년 후에 추가 매장을 할 때 조영된 시설이다.

명문철검을 부장하고 있던 덧널에서는 화문대신수경(畵文帶神獸鏡), 곡옥, 귀걸이, 금동제 대금구, 찰갑, 철도, 철모, 철촉, f자형 경판부비(鏡板付轡) 등 풍부한 부장품이 출토되었다. 마구 중에는 5세기 말엽으로 내려가는 것도 포함되어 있다. 고분의 규모나 풍부한 부장품에서 북부 무사시(武藏) 혹은 동국(東國)에서도 유력한 수장의 한 사람으로 추정된다.

명문철검은 전장 73.5센티미터, 칼몸 길이 약 60센티미터로, 칼끝은 약간 결락되어 있으나 슴베 부분은 완벽하게 남아 있다. 1978년 이나리야마 고분의 부장품에 대한 보존처리 과정에서 이 철검에 115자로 된 금상감명문이 있다는 것이 알려졌다. 명문의 판독은 다음과 같다.

표면

辛亥年七月中記 乎獲居臣上祖名意富比垝 其兒多加利足尼 其兒名弖巳加利獲居
其兒名多加披次獲居 其兒名多沙鬼獲居 其兒名半弖比

신해년 7월중에 기록한다. 오와케 신. 상조, 이름은 오오히코. 그 아이, 이름은 다가리노스케네. 그 아이, 이름은 테요가리와케. 그 아이, 이름은 다가히시와케. 그 아이, 이름은 다사키와케. 그 아이, 이름은 하테히.

이면

其兒名加差披余 其兒名乎獲居 臣世々爲杖刀人首 奉事來至今 獲加多支鹵大王 寺
在斯鬼宮時 吾左治天下 令作此百練利刀 記吾奉事根原也

그 아이, 이름은 가사히요. 그 아이, 이름은 오와케. 신이 대대로 장도인의 우두머리가 되어 봉사해와서 지금에 이른다. [와케다케루 대왕의] 寺가 시키궁에 있을 때, 나는 천하를 다스리는 것을 도왔다. 이 백련의 날카로운 칼을 만들게 해서, 내가 봉시한 근원을 기록한다.

판독이 대체로 일치하는 이 명문은 철검의 소유자인 오와케(乎獲居)라는 인물의 조선(祖先)으로부터 7대에 걸친 계보를 기록한 다음에, 일족이 대대로 장도인(杖刀人)이라는 역직에 나아가서 와카다케루대왕의 정치를 보좌했다는 것과 칼을 만들어서 대왕에게 벼슬해왔던 유래를 기록했다. 오와케의 상조[10]부터 대대에 걸친

10　상조(上祖)는 시작 또는 기점을 의미하는 '시조'와는 이질적인 조선(祖先)에 대한 표기로 일본에서 권위의 연원을 이루는 조선이라는 의미로 독특하게 사용된 것으로 보는 견해가 있다(義江明子,

계보를 기록하고 있는데, 이러한 계보의식은 같은 시기 왜왕 무(武)의 상표문에서도 보인다. 상표문의 작성자나 철검 명문의 작성자가 중국계 인물 혹은 그 영향을 받은 백제계의 인물로 상정됨에도 불구하고 한반도에서 제작된 철검이나 백제가 송에 보낸 상표문 등에서는 이러한 계보의식이나 현창 표현은 보이지 않기 때문에 일본 사회 내부에서 만들어진 것으로 간주된다(三上喜孝, 2013, 13쪽).

이 명문에는 와카다케루대왕, 즉 웅략천황의 구체적인 이름이 기록되었다는 사실과 '신해년'이라는 간지 연호 및 '신해년칠월중'이라는 표기 방식, 오와케 일족의 계보와 그들이 담당한 장도인이라는 직역 명이 구체적으로 드러나 있다는 점에서 크게 주목받았다. 신해년은 웅략천황의 재위 연대(418~479)를 고려하면 531년 설보다는 471년 설이 타당한 것으로 생각된다.

신해명철검에는 치천하명대도와 함께 검토할 부분이 있다. 신해명철검에서 와카다케루대왕이라는 명문이 확인됨에 따라 치천하명대도의 '獲□□□鹵大王'도 '獲加多支鹵大王', 즉 와카다케루왕으로 추정하게 되었다. 와카다케루대왕의 이름이 공통으로 나오고, 칼을 제작한 사람은 대왕이 아니라 대왕에게 봉사하는 직책에 있던 인물로 되어 있기 때문이다. 와카다케루대왕은 『송서』 왜국전에 보이는 왜왕 무로서 『일본서기』 속의 웅략천황으로 보는 것이 일본 학계의 정설로 자리 잡았다. 송에 보낸 왜왕 무의 상표문에서 5세기 말경 왜왕의 세력이 미치는 것으로 상정된 범위를 치천하명대도와 신해명철검이 입증해준다고 보아 5세기 말 왜왕 무의 치세가 일본 고대에서 획기로서 강조되었던 것이다. 상표문의 내용은 왜왕의 권위를 높임으로써 왜국 내부의 통합을 도모하기 위한 것으로 보이는데(이재석, 2004, 24쪽), 금이나 은으로 상감된 명문도검의 제작 목적도 이에서 크게 벗어나지 않을 것이다.

신해명철검과 치천하명대도는 명문의 내용상 장도인과 전조인이라는 직책에 있던 이들이 명문도검의 제작 주체다. 또 직접적인 수수관계는 나와 있지 않지만, 이들이 중앙호족의 일원으로서 동국 무사시(武藏)의 수장과 서국(西國) 규슈의 수

2009, 54~55쪽).

장에게 명문도검을 보냈다고 할 수 있다. 야마토 정권과 지역수장과의 관계를 아는 데 있어서 중요한 자료임은 분명하다.

3) 6~7세기의 명문도검

오카다야마(岡田山) 1호분에서 출토된 액전부신명철검(額田部臣銘鐵劍)과 미이다니(箕谷) 2호분에서 출토된 무진년명대도(戊辰年銘大刀)를 들 수 있다. 액전부신명철검은 시마네현 마쓰에시(松江市)에 있는 6세기 후반의 전방후원분인 오카다 1호분 후방부의 횡혈식 석실 내에 있던 가형석관에서 동경, 철촉 등의 무기와 도자, 마구, 귀걸이 등의 장신구, 스에키 등과 함께 출토되었다. 환두대도·원두대도·규두대도 등의 각종 도자 중 은상감으로 귀갑봉황문이 표현된 원두대도에 "夲田 阝臣 □□□□(素?)□大利□"[11]라는 명문이 새겨져 있다. 액전부신은 왕권 중추부인 액전부련(額田部連)에 통솔된 부민집단을 통솔한 인물로 추정되어 야마토 정권의 유력씨족과의 관계를 엿볼 수 있다. 우지(氏), 가바네(姓), 부(部)의 성립을 뒷받침하는 자료로 보기도 한다(倉本一宏, 2014, 9쪽).

효고현 야부시(養父市)의 소규모 고분군인 미이다니 고분군의 2호분에서 출토된 철도 중 하나에서 은상감 명문이 새겨진 대도가 발견되었다. 명문은 "戊辰年五月□"으로 판독되고 마지막 글자는 대체로 '中'일 가능성이 높다. 제작 연월을 나타내는 것으로 보이는 이 간지 연호는 608년 또는 668년으로 추정되는데 간지 연호만을 기록한 간략한 명문이라는 것을 고려하면 문자의 보급이 어느 정도 이루어졌음을 보여줌과 동시에, 문자에 의한 정치적 관계의 형성이 이미 목간 등에 기록된 문자로 바뀌고 있음을 말해주는 것이 아닐까 한다.

이와 함께 2011년 규슈의 후쿠오카시(福岡市) 모토오카(元岡) 고분군 G-6호분에서 출토된 경인명대도[12]를 살펴볼 필요가 있다. 모토오카 G-6호분은 직경 18미터의 고분으로 주체부는 횡혈식 석실 구조로서 하카타만과 현해탄을 끼고 있는

---

11   夲은 '액(額)', 阝은 '부(部)'라는 글자의 일부 획만을 사용하여 표기한 것이다.

12   경인명대도에 대해서는 연민수, 2018, 4~26쪽 참조.

이토시마반도에 위치한다. 현실 내에서 대도, 금동이식, 옥류, 대형 청동령, 스에키, 철모, 철촉, 마구류 등 100점 이상의 부장품이 발견되었다. 고분의 축조 연대는 630년경으로 추정된다. 유물의 출토 위치로 보아 5명의 피장자가 상정되므로 추가장일 가능성이 높다.

대도는 5개의 파편으로 되어 있는데, 전장 74.5센티미터, 칼몸의 길이 65센티미터, 폭은 3센티미터다. 570년 제작된 것으로 추정된다. 명문은 "大歲庚寅正月六日庚寅日時作刀凡十二果練"이라는 문장 정도가 확인된다. "경인년 1월 6일 경인의 일시(日時)에 칼을 만드니 모두 12자루다"로 해석된다. 과련(果練)은 담금질하여 완성했다는 뜻인데, 중평명대도와 칠지도의 백련, 치천하명대도의 80련에 비해 12는 담금질 횟수로서 너무 적다고 보아 제작한 칼의 숫자로 보고 있다. '태세(太歲)'는 당해 연도의 간지를 나타내는 표기법으로 백제「창왕명석조사리감」에도 보이고,『일본서기』계체 25년조의 분주에 인용된『백제본기』에도 나온다. 태세 기년법에 따라 인년, 인월, 인일로 하는 삼인도(三寅刀)를 만든 것으로 경인명대도에는 벽사(辟邪), 초복(招福)을 바라는 도교사상이 깃들어 있다. 고대의 역법사상에 기초하여 태세 간지법과 시간의 완성이자 완결성을 의미하는 12숫자를 새겨 우주질서의 법칙에 따라 완벽하게 만들어낸 최고의 명검이라는 의미를 담고 있다.

제작지에 대해서는 중국설, 백제설, 왜왕권설 등 다양한 견해가 있다. 위덕왕이 백제의 위기 상황을 수습한 후, 구원병을 통솔해 백제를 도와 신라와 싸웠던 북구주(北九州)의 호족 츠쿠시노히노키미(筑紫火君)에게 감사의 표시로 보낸 것으로 보기도 한다. 칠지도와 마찬가지로 백제의 대왜 외교에 있어서 도검은 중요한 수단으로 사용되었을 가능성이 있다.

한편 6~7세기의 상감 명문도검으로 '병자초림검(丙子椒林劍)'과 '삼인검(三寅劍)'도 있다(도록, 64~65쪽). 병자초림검은 칼몸에 제작연도를 나타내는 간지와 제작자인 인명이 표기된 것으로 추정되는데, 병자년은 556년, 616년, 676년 모두 가능성이 높다고 한다. 성덕태자(聖德太子)가 사용한 검으로 사천왕사에 소장되어 있다. 삼인검은 나가노현 미나미사쿠군의 민가에 전래하던 검으로 칼등 부분에 '삼인(三寅)'이 새겨져 있다. 전체적인 형상이나 상감된 자체에서 나라시대에 제작되었을 것으로 추정하기도 하나, 중국에서 제작되었을 가능성도 배제할 수 없다. 사람에게 위해를 가하는 '삼인', 즉 호랑이, 표범, 고양이 등의 짐승을 제어하는 부적과 같은 검이라서 주술적인 성격이 강하다.

3 명문도검의 백제와의 관련성

1) 문자문화

명문을 작성한 서자와 연대 표기, 인명 표기 등에서 보이는 백제와의 관련성을 찾아보기로 하겠다. 명문을 쓴 자가 표기된 경우는 명문도검 중에는 치천하명대도의 "書者張安也(서자장안야)"가 유일한 사례다. 찬문을 하고 동시에 명문의 원서를 썼을 이 '서자'는 일본의 금석문에서 거의 보이지 않고, 「원흥사노반명(元興寺露盤銘)」에 "書人百加博士(서인백가박사), 陽古博士(양고박사)"의 예가 보일 뿐이다. 이에 대해 중국계가 아닌 한반도계 도래인이나 왜인의 이름에 대해서는 표기상 이러한 배려가 필요했다고 보는 견해가 있다(東野治之, 2004, 105쪽). 이에 따르면 '서자장안'은 백제인을 출자로 하는 이주민이었을 가능성이 높다.

'장(張)'이라는 성은 백제의 대중 외교에서 사신의 성으로 등장한다.[13] '장'씨 성은 본래 중국식의 단성(單姓)이었지만, 백제에 들어와서 활약을 했고, 장안도 같은 계보에 있는 인물로 생각된다. '서자 장안'은 도검의 명문이 백제와 관계있는 도래인에 의해 작성되고 있었으며, 한자문화에 익숙한 중국계 식자층이 백제를 매개로 하여 왜왕권에서 활약하고 있었음을 구체적으로 보여주는 사례가 아닐까 한다. 중국이나 한반도로부터 선진문물을 수입하기 위해서는 외교관계가 필요했고 외교관계를 지속하기 위해서는 문필을 담당하는 전문직이 필요했기 때문에 중국이나 한반도계의 도래인을 채용했다. 5세기 후반의 왜국에서는 왕권을 중심으로 한

---

13 백제에서 활약한 장씨는 구이신왕대의 장사 장위(張威)와 개로왕대의 사마 장무(張茂), 동성왕대의 참군 장새(張塞)가 있다.

자, 한문을 습득한 문필 집단이 꽤 널리 성립되어 있었음을 에다후나야마 고분 출토 치천하명대도에 보이는 '전조인'이나 명문의 작자 '장안'을 통해서 알 수 있다.

연대 표기와 관련하여 중평명대도와 칠지도는 모두 '연호+연차+월차+(일)+일간지+造 (…) 刀'까지의 형식을 띠고 있지만, 신해명철검의 "신해년칠월중", 치천하명대도의 "팔월중", 무진년명대도의 "무진년오월중" 등의 상감 명문에서는 연간지+월차 또는 월차만이 표현되었을 뿐 일자나 일간지는 보이지 않는다. 모토오카 고분 출토 경인명대도의 명문에서는 "大歲庚寅正月六日庚寅日時(태세경인정월육일경인일시)"라 하여 연간지+월차+일간지가 모두 확인되지만, 백제에서 제작되었을 가능성이 높아 일단 비교 대상에서 제외한다.

백제의 연대 표기 방식은 『한원』의 기록처럼 60갑자로 표기하는 것이 일반적이었음이 왕흥사 출토 사리기의 '정유년이월십오일', 부여 쌍북리 출토 「좌관대식기(佐官貸食記)」 목간의 '무인년유월', 기와명문의 '정사와(丁巳瓦)' 표기에서 명확히 드러난다. 창왕명사리감에서는 '창왕13년태세정해'라고 하여 표현에는 차이가 있지만, '정해'라는 간지가 사용되었다. 기년 표시에 일반적으로 간지가 사용되었다고 할 수 있다.

기년 표기에 간지를 사용하는 백제의 방식이 신해명철검의 명문에서도 그대로 확인된다. 특히 신해명철검의 "신해년칠월중(辛亥年七月中)"은 백제의 「좌관대식기」 목간에 나오는 "戊寅年六月中(무인년유월중)"이라는 표기 방식과 매우 유사하다. 나주 복암리에서 출토된 「목간 1」의 "…年三月中(년삼월중)"이라는 문구 또한 비록 간지에 해당하는 글자는 보이지 않지만 유사한 표기 방식으로 생각된다. 신해명철검의 '칠월중'과 치천하명대도에 나오는 '팔월중'이라는 표현은 신라의 이두에서 나타나는 것이라고 보아왔으나(三上喜孝, 2013, 11쪽), 백제의 목간에서도 '-중'이라는 표현이 나타나고 있다.

처격조사인 '중(中)'은 한반도에서만 확인되는 것이 아니라 이미 진한시대 공문서 등 여러 자료에서 사용되었다. 낙랑군에서 문서행정을 담당했던 자들이 수백 년에 걸쳐 공문서에 나타난 여러 가지 용법을 접하면서 자신들의 어법과 비교적 부합한 '중(中)'의 용법을 자주 썼으며, 이후 고구려 등 주변 지역으로 퍼졌고,

신라나 일본에서도 '중'이 사용된 것으로 보인다(김병준, 2011, 66~72쪽; 김영심, 2020, 228~229쪽). 따라서 동아시아 전체의 공문서 용법, 한자·한문의 수용과 변용을 살펴볼 수 있는 자료라 하겠다.

5세기 왜국의 인명 표기 방식을 알 수 있는 사례가 신해명철검의 '獲加多支鹵(와카다케루)'와 '乎獲居(오와케)', '意富比垝(오호히코)', 치천하명대도에 나오는 '无利弖(무리테)'와 '伊太和(이타와)'이다. 고유명사에 대해 1음 1자 형식으로 한자 표기를 하는 가차(假借) 방법을 사용했다.[14] 신해명철검의 '獲加多支鹵大王'이란 표현은 부여 능산리 출토 "□(漢?)城下部對德疏加鹵" 목간의 소가로(疏加鹵)와 자주 비교된다. 가(加), 로(鹵)를 인명의 자음 표기로 사용하고 있는데, 자음 표기는 오경 등의 텍스트의 한자를 어떤 음으로 읽는가와 관련된 것이기 때문에 신해명철검에 백제와 동일한 자음 표기가 사용되었다고 할 수 있다(三上喜孝, 2013, 11쪽). 오사카 쿠와즈(桑津)유적 도부목간(道符木簡)에 나오는 백가(白加)라는 인명에서도 '가(加)'자를 확인할 수 있다. 시기는 차이가 나지만 인명 표기에 쓰인 자음의 공통성을 지적할 수 있다.

일본이나 한반도의 문자 자료가 증가함에 따라 일본어 표기의 변화 과정이 더욱 명확해질 것이지만, 한자가 일본에 전해지는 과정에서 한반도, 특히 백제에서 재지화된 표기의 영향을 강하게 받았던 것이 아닐까 한다. 백제의 목간이나 인장 와에서는 '부(部)'자를 그 일부 획만을 사용하여 'β(阝)'으로 표기한 사례가 많이 확인되는데, 액진부신명철검에서 동일한 방식으로 표기하고 있다. 고구려에서는 '部'와 'β(阝)'가 공존하고, 신라에서는 '部'가 절대적으로 많이 사용되는 것과 비교된다. 일본에서 직능집단을 나타내는 의미의 부를 모두 '阝'로 표기하다가 8세기에는 더

---

14 『송서』왜국전에 보이는 왜왕 무가 『일본서기』 속의 웅략(大泊瀨幼武) 천황으로서 신해명철검의 '와카다케루대왕'과 동일 인물이라는 인식이 일본 학계에서 정설로 자리 잡았지만, '무'를 다케루로 읽는 것은 훈독이다. 일본에서 한자의 훈독이 성립하는 것은 6세기 후반의 오카다 1호분 출토 철검 명에 보이는 '各田阝', 즉 '액전부(額田部)'를 '누카다베'로 읽는 것이 가장 오래된 사례다. 5세기의 왜국에서 인명을 표기하는 방식은 1음 1자이므로 시기상 왜왕 무가 웅략천황에 해당한다고 해도, 무를 다케루로 읽을 수는 없다고 보는 견해도 있다(河內春人, 2018, 184~186쪽).

간단히 '亇'로 표기했다고 하는데 문자 표기의 변천 과정을 엿볼 수 있는 사례라 하겠다(김영심, 2020, 235~236쪽). 동아시아 삼국의 문자문화의 수용과 변용 과정을 명문도검에서 확인할 수 있다.

2) 철의 가공과 금상감 기술

국가체제를 갖추어가고, 왕권을 신장해나가는 데 있어서 중요한 것이 제철 기술과 철제품을 제작하는 기술이다. 4세기 말 단계 왜에서 가장 필요로 했던 것도 철자원의 확보였다. 전쟁에서 우위를 차지하려면 철제 무기를 제작할 수 있어야 했고, 농업생산력을 증대시키기 위해서는 경지 개발과 관개시설이 필요했는데, 이 모두를 뒷받침하려면 철이 절대적으로 필요했다(吉村武彦, 2010, 103~104쪽). 이를 위해 변진으로부터 철을 취해갔고, 화성 기안리나 진천 석장리 등 백제의 제철 유적을 보면 백제에서도 철을 다루는 기술을 취해갔을 가능성이 높다. 백제에서는 다양한 형태의 노(爐)를 이용하여 제련→제강→단야에 이르는 종합화된 공정 과정에서 다양한 제품을 생산했고, 중국 전한 대에 개발된 초강 기술, 즉 탈탄 처리에 의해 백주철의 성질을 바꾸는 기술을 낙랑을 통해 들여와 일찍부터 구사했기 때문이다.

또한 백제에서는 금속의 표면을 파낸 다음 다른 재질의 금속을 그 골에 끼워 넣어 글자나 그림을 표현하는 기법인 상감 기술을 구사하고 있다. 칠지도의 상감은 글자의 밸런스나 파는 방법이 중국과 차이가 있어 백제에서 제작되었음이 분명하다. 백제 유물 중 상감 기술이 확인되는 것은 주로 5~6세기에 집중되기는 하지만, 이소노카미 신궁 소장 칠지도, 천안 화성리 A-1호묘와 용원리 5호 석곽묘, 오산 수청동 4-14호묘에서 출토된 상감대도 등을 고려하면 4세기의 어느 시점부터 상감 기술이 시작되었을 것으로 추정된다(이한상, 2016, 49~57쪽). 백제의 상감 기술은 주로 장식대도에서 확인되는데 대도의 도신, 병부, 환두부 등 다양한 위치에 금·은 소재를 끼워 넣어 상감을 했다(이현상, 2018, 16쪽). 무령왕릉과 인접한 횡혈식 석실분인 공주 송산리 29호분에서 출토된 철제대도의 몸통 양쪽에 봉황, 초화, 구름 등 각종 문양을 화려한 금선으로 새긴 금상감이 있다는 것이 근자에 확인되었다.

이에 비해 일본에서는 야요이 시대 후기까지 한반도로부터 철 소재를 공급받았으며, 자체적인 철 생산이 가능하게 된 것은 5세기 이후 고분시대였다(이남규, 2010, 161~162쪽). 4세기 말에서 5세기말 한반도 남부의 철정(鐵鋌)이 서일본 지역으로 집중적으로 유입되고, 백제·가야 등 한반도의 기술자들이 일본 열도로 건너간 이후에야 가능했다. 따라서 5~6세기 단계에 이르러서야 자체적인 철 생산이 가능했던 왜의 입장에서 보았을 때 4세기에 철로 만든 칼을 만들고, 거기에 한자를 사용해서 문장을 작성했다는 것은 기술에 국한되지 않고 문화적 우위를 확실히 과시할 수 있는 것이었다.

백제 또한 왜와의 교역에서 철을 중요한 수단으로 삼고 있었다. 철 자원 및 이와 관련된 선진문물을 안정적으로 수입할 필요가 있었던 왜로서는 백제를 비롯한 한반도부터 철과 철기를 공급받아서 이를 분배해주는 것이 고대국가로 출발하는 데 있어서 중요한 의미를 가졌다. 철이 권력의 상징이었기 때문에 선진기술을 가진 한반도 기술자들이 이주해서 정착할 수 있도록 하는 조치도 취했을 것으로 생각된다.

일본 내에서 제작된 가장 오래된 상감 명문이 5세기 전반에서 중반 사이에 만들어진 '왕사명철검'이기 때문에 일본 내에도 상감 기술이나 문자에 관한 지식을 가진 사람이 존재한다는 사실은 입증해주지만 백제와의 시차는 분명히 존재한다. 고분시내의 도검에 사용한 상감은 모두 도검에 철로 된 끌과 같은 강철 공구로 홈을 새기는 고도의 기술인데, 강철 공구를 만들기 위해서는 철기를 자유자재로 가공할 수 있어야 한다, 이러한 기술은 5세기 한반도에서 건너간 '재기(才伎)'에 의한 것이 아니었을까 한다. 청동기·철기의 수입과 제철 기술자나 상감 기술의 확보는 단지 생산 경제만이 아니라 지배자의 권위를 확보하는 데도 불가결한 것이었다.

고분시대 상감도검의 홈을 새길 때 정 1타(打)의 길이가 대체로 1.0~1.2밀리미터 정도이기 때문에 철기의 제작 및 사용에 대해 일정한 규제가 있었을 가능성을 충분히 생각해볼 수 있다. 상감도검이 특정한 공방에서 독점적으로 제작된 것이냐, 출토 지역 가까이에서 제작된 것이냐 하는 논란이 있기는 하지만, 상감도검이 제작되고 사용되었다는 것은 5세기 일본사를 이해하는 데 있어서 중요한 의미를 지닌다.

4 명문도검의 상징성

청동의기나 무기를 제작하기 시작한 이후 이를 소유하거나 부장할 수 있었던 사람은 정치적·군사적 지배권을 비롯하여 제사장의 기능을 가진 지배자로 여겨졌다. 청동기시대의 엘리트는 한 손엔 검, 한 손엔 거울을 든 사제이자 지배자로 간주되기도 했다(이현혜, 2003, 8쪽).

중국에서도 이러한 전통이 계속 이어졌다. 중평명대도에서 보이듯이 검의 영험함과 위력을 점성술적인 천문학에 연관시키고 있다. 검을 제왕권력의 상징이라고 보는 사상은 육조시대에도 계속 이어졌다. 양나라 때의 도홍경(陶弘景, 452~536)은 『고금도검록(古今刀劍錄)』을 찬술해서 도교의 근원적인 진리인 '도(道)'를 상징하는 신검의 영위를 설파함과 동시에 보검이 제왕의 지배권력이나 개인의 생사화복의 운명을 상징하고, 신검의 영위가 악귀요사(惡鬼妖邪)를 물리친다는 고래의 전통적인 검의 신앙을 언급했다(福永光司, 1987, 41~45쪽). 고금의 제왕이 주조하여 몸에 차고 있는 검이 제왕의 권력과 국가의 운명을 상징한다는 것은 고대사회에서 보편적으로 나타나는 현상이며, 특히 명문도검은 문자까지 이용하여 그러한 사상을 구체화한 것이라 생각된다.

백제에서 제작하여 왜에 보내준 칠지도나 규슈 모토오카에서 출토된 경인명대도도 명문에 새겨진 길상구와 형상을 볼 때 주술적 의미를 가지고 있다. 칼이 지닌 상징성을 외교적 목적으로 사용했다고 할 수 있다. 백제에서 보낸 도검은 이것을 보유하는 사람이 벽사·초복하고, 적을 격파해서 권력을 획득하며, 권력을 지켜나가고 계승할 수 있을 것이라는 의미를 지닌 것이었다.

왜에서 출토된 명문도검도 이러한 맥락에서 이해할 수 있지 않을까 한다. 경이나 도검이 주술성을 갖춘 기물이었기 때문에 철검이나 동경에 정형화한 명문을 기록하는 것의 상징성이나 주술성에 주목할 필요가 있다. 왜 왕권하에 있는 '書者(서자)', '書人(서인)'이 지배층의 권위와 결부되어 도검 등의 위신재(威信財)에 왕권과의 관계나 개인의 공적, 조선에 대한 현창, 주술성이 높은 길상구를 포함시켜 정치적 의례에 문자가 일정한 역할을 수행하고 있다. 도검이 가지는 영험 내지 주술성을 정치적 의례와 결부시켜 일정한 목적을 달성하고자 했기 때문이다(三上喜孝, 2013, 9~15쪽). 각 지역의 지배층에게 도검이나 경을 하사함으로써 자신의 지배력을 드러내고, 각 지역에 문자가 전파되는 부수적인 결과도 초래하게 되었던 것이 아닐까 한다.

그런데 칠지도나 왜에서 출토된 명문 철검의 전체 길이가 대체로 75센티미터 내외인 점이 눈에 띈다. 칼몸의 길이도 대체로 60~65센티미터 정도다. 칠지도는 전체 길이와 칼몸의 길이가 74.9센티미터와 65센티미터, 왕사명철검은 73센티미터와 60센티미터, 신해명철검은 73.5센티미터와 60센티미터다. 모토오카 고분 출토 경인명대도는 칠지도와 거의 유사한 74.5센티미터와 65센티미터다. 잔존 부분의 수치라 정확하지는 않겠지만, 일단 수치의 공통성을 지적할 수 있다. 천안 용원리 5호 석곽묘에서 출토된 환두대도도 전체 길이 75센티미터 내외, 도신 65센티미터이기 때문에 백제에서 제작된 도검은 규격이 정해져 있었을 가능성이 있다. 백제의 척도제는 근초고왕대 무렵 동진척인 25센티미터 자를 사용하기 시작해서 6세기 말 전후의 사비기 전반까지는 동진 및 남조의 척인 25센티미터 자가 사용되었을 것으로 추정되는데(노중국, 2005, 87~113쪽), 4세기 말부터 6세기까지 백제에서 제작되어 왜에 보내졌거나 왜에서 제작된 도검은 모두 동진의 척도제를 따랐다고 봐도 무방하지 않을까 한다.

명문도검이 일종의 위신재였기 때문에 도검 제작 시 칼의 크기나, 상감한 글자의 크기도 통제하여 규칙성을 갖게 함으로써 사여한 주체의 정치적 권위를 높이는 효과를 거두는 한편, 칼이라는 주술성을 가진 매개체를 사용하고 문자를 상감해 넣어서 그 권위를 구체적으로 표현했다는 점이 주목된다. 국내 통치의 수단으로서 문자가 보급되었음을 5세기 일본의 도검 명문이 여실히 보여준다고 하겠다.

참고문헌

『송서(宋書)』, 『일본서기(日本書紀)』

한글

권오영, 2005, 『고대 동아시아 문명 교류사의 빛 무령왕릉』, 돌베개.

김병준, 2011, 「낙랑군의 한자 사용과 변용」, 『고대 동아시아의 문자교류와 소통』, 동북아
역사재단.

김영심, 2013, 「七支刀의 성격과 제작배경 - 도교와의 관련성 검토」, 『韓國古代史硏究』 69,
한국고대사학회.

김영심, 2014, 「4세기 동아시아 세계와 백제의 위상, 칠지도」, 『금석문으로 백제를 읽다』,
학연문화사.

김영심, 2020, 「문자문화의 상징 - 시가목간과 서간목간」, 『목간으로 백제를 읽다』, 사회평
론아카데미.

김태식, 2004, 「고대 한일 관계사의 민감한 화두, 칠지도」, 『고대로부터의 통신』, 푸른역사.

노중국, 2005, 「백제의 도량형과 그 운용」, 『韓國古代史硏究』 40, 한국고대사학회.

연민수, 2018, 「九州의 元岡G-6호분 庚寅銘大刀와 백제」, 『韓日關係史硏究』 61, 한일관계
사학회.

이근우, 1991, 「稻荷山古墳 鐵劍과 船山古墳 大刀」, 『한국고대사논총』 1, 가락국사적개발연
구원.

이남규, 2010, 「한국 고대철기문화 교류에 관한 연구성과와 과제」, 『농경·금속문화와 한일
관계』, 경인문화사.

이재석, 2004, 「『송서』 왜국전에 보이는 왜왕(武) 상표문에 대한 검토」, 『新羅文化』 24, 동
국대학교 신라문화연구소.

이한상, 2016, 『삼국시대 장식대도 문화 연구』, 서경문화사.

이현상, 2018, 「백제 한성기 장식대도 제작기술 연구」, 『역사와 담론』 87, 호서사학회.

이현혜, 2003, 「한국 초기철기시대의 정치체 수장에 대한 고찰」, 『歷史學報』 180, 역사학회.

前澤和之 지음, 오택현 옮김, 2017, 「일본 초기 석비의 형태에 대한 검토」, 『木簡과 文字』
18, 한국목간학회.

한영희·이상수, 1990,「昌寧 校洞 11號墳 出土 有銘圓頭大刀」,『考古學誌』 2, 國立中央博物館.

홍성화, 2013,「금석문과 5세기의 왜왕」,『동양예술』 22.

외국어

吉田晶, 2001,『七支刀の謎を解く-4世紀後半の百濟と倭』, 東京: 新日本出版社.

吉村武彦, 2010,『ヤマト王權 -シリーズ日本古代史2』, 東京: 岩波新書.

大阪府立近つ飛鳥博物館, 2011,『倭人と文字の出会い-平成23年度春季特別展圖錄』, 大阪.

東野治之, 2004,『日本古代金石文の研究』, 東京: 岩波書店.

鈴木靖民, 2016,『古代日本の東アジア交流史』, 東京: 勉誠出版.

三上喜孝, 2013,『日本古代の文字と地方社會』, 東京: 吉川弘文館.

上原眞人·白石太一郎·吉川眞司·吉村武彦 共編, 2006,『列島の古代史 6-言語と文字』, 東京: 岩波書店.

平川南·沖森卓也·榮原永遠男·山中章 編, 2004,『文字と古代日本 1 -支配と文字』, 東京: 吉川弘文館.

河內春人, 2018,『倭の五王-王位繼承と五世紀の東アジア』, 東京: 中央公論新社.

福永光司, 1987,「道教における鏡と劍-その思想の源流」,『道教思想史研究』, 東京: 岩波書店.

西山要一, 1999,「東アジアの古代象嵌銘文大刀」,『文化財學報』 17, 奈良: 奈良大學文學部文化財學科.

小倉慈司, 2016,「資料からみた日本列島と朝鮮半島のつながり」, 國立歷史民俗博物館編,『古代東アジアと文字文化』, 東京: 同成社.

義江明子, 2009,「鐵劍銘「上祖」考-氏族系譜よりみた王統譜形成への一視角」,『國立歷史民俗博物館研究報告』 152, 千葉: 國立歷史民俗博物館.

田中史生, 2013,「倭の五王と列島支配」,『岩波講座 日本歷史1』, 東京: 岩波書店.

佐藤長門, 2004,「有銘刀劍の下賜·顯彰」,『文字と古代日本 1-支配と文字』, 東京: 吉川弘文館.

倉本一宏, 2014,「大王の朝廷と推古朝」,『岩波講座 日本歷史2』, 東京: 岩波書店.

坂上康俊, 2013,「庚寅年銘の背景となる曆について」,『元岡·桑原遺跡群22 - 第56次報告1』, 福岡.

4장

공주에서 발견된 문자전에 대하여

이병호(공주교육대학교 사회과교육과 교수)

1 머리말

벽돌은 기와와 함께 고대사회의 가장 중요한 건축 부재의 하나였다. 동아시아에서는 중국의 전국시대부터 공심전(空心塼)을 사용한 흔적이 처음 확인되며, 한반도에서는 낙랑군 설치 이후 특히 벽돌무덤이 만들어지면서 본격적으로 사용되기 시작했다(김성구, 1999). 벽돌의 한자어는 매우 다양한데 후한시대에는 전(塼), 벽(壁), 격(擊)이 주로 사용되었고, 삼국시대부터 서진대에는 전(塼)과 함께 벽(壁)이나 벽(甓)이, 동진시대 이후에는 전(塼)이 주로 사용되었다(谷豊信, 1999, 185쪽).

공주 지역의 벽돌에 대해서는 일제강점기에 그 계통에 관한 논의가 활발하게 다루어지다가 무령왕릉 발굴 이후에는 송산리 6호분과 무령왕릉의 축조 선후 문제와 연관되어 많은 논의가 있었다. 하지만 벽돌 자체에 대한 심도 있는 연구는 비교적 최근에야 본격화되었다(윤한나, 2014; 정치영, 2015).

다음에서는 공주 지역의 웅진기 벽돌 가운데 문자전을 중심으로 하여 그 계통이나 용도의 문제에 접근해본다. 2절에서는 웅진기 벽돌에 관한 초기 연구 분위기를 재검토할 것이다. 일제강점기의 초기 연구자들이 웅진기 벽돌에 대해 처음에는 낙랑 계통이라고 주장하다가 남조 양나라의 영향으로 견해를 바꾸는 과정을 차례로 살펴보고자 한다.

3절에서는 무령왕릉에서 출토된 대방(大方)·중방(中方) 등 문자전을 중심으로 하여 문자를 새긴 이유와 용도에 대해 살펴볼 것이다. 무령왕릉에서 발견된 20여 종의 문양전과 문자전이 벽돌무덤에 실제로 어떻게 사용되었는지를 살펴 벽돌의 문자가 어떤 기능을 했는지를 확인하고자 했다.

4절에서는 웅진기 백제 벽돌에서 오랫동안 중요시되었던 송산리 6호분 출토 문자전의 해석에 관해 언급할 것이다. 기존 연구의 문제점을 비판적으로 검토하면서 새로운 관점에서 이 문제에 접근해보았다.

2 웅진기 벽돌의 계통에 대한 논란

1923년 6월, 백제의 옛 도읍인 공주 읍내의 심상고등소학교(지금의 공주고등학교 일원) 부지 내에서는 콘크리트 타설 공사를 하기 위해 구덩이를 파는 작업을 하고 있었다. 그런데 지하 약 5척, 150센티미터 정도 되는 곳에서 수십 매가 넘는 벽돌이 발견되었다. 나중에 헤아려보니 100매가 넘었다고 한다. 벽돌이 묻힌 상태를 보면 가장 아래쪽에 사다리꼴 모양의 벽돌을 이용해서 둥근 우물 난간과 같이 배열하고 그 위에 이중으로 벽돌을 깔았다. 구덩이의 지름은 약 5척, 150센티미터 정도였는데 한가운데 회흑색의 단지 1점이 놓여 있었다. 벽돌은 아랫부분이 부드러운 황색토를 이루며 나머지는 보통의 적색 점토로 만들어졌다. 공주 지역에서 처음으로 벽돌이 발견된 순간이다.

1923년 10월, 조선총독부박물관을 찾은 세키노 다다시(關野貞)는 직원들과 담소를 나누다가 우연히 공주에서 발견한 벽돌을 최근 서울의 골동품상을 경유해 박물관에서 구입하게 되었다는 이야기를 듣게 된다. 뭔가 대단한 유물이 나왔음을 직감한 세키노는 박물관 사람들에게 벽돌이 발견된 장소와 상태, 함께 발견된 유물은 없는지 등을 물었지만, 아직 현지조사를 하지 못한 상태였기 때문에 별다른 답변을 듣지 못한다.

서울에서 업무를 마친 세키노는 10월 29일 서울역을 출발하여 조치원역에 내린 다음 자동차를 이용해서 충남도청으로 달려간다. 세키노는 도지사를 면담하면서 공주에서 매우 진기한 벽돌이 출토되었음을 전하고, 그와 함께 처음 벽돌이 발견된 지점을 탐문 조사하게 된다. 그 뒤 세키노는 당시의 조사 내용에 약간의 고찰을 더 한 논문을 발표하게 된다(關野貞, 1924). 그는 총독부박물관에서 구입한 8매의 벽돌을 소개하는 논문을 작성하면서, 공주 발견 벽돌의 양쪽 평면에 새끼줄무늬[繩文]가 있는 점이나 제작 기법이 낙랑 출토 벽돌과 유사하다는 점을 강조했다.

한편 공주 부근에서 수많은 고분의 도굴과 유물 수집에 광분하고 있던 가루베지온(輕部慈恩)은 세키노의 연구에 자극을 받아 공산성이나 송산리 고분군, 웅진 도선장 부근 등 공주 읍내 여러 곳에서 벽돌을 발견하거나 수집한다.

그는 공주에서 발견된 벽돌의 형태와 문양을 좀 더 세밀하게 분류하고, 벽돌이 발견된 위치를 고려할 때 건축용과 고분 축조용으로 나누어 설명했다(輕部慈恩, 1930). 그중 사다리꼴 벽돌은 산등성이에서 주로 발견되고 있어 궁륭상의 고분 천장을 축조하기 위한 고분 축조용 벽돌로 주장했는데, 더 나아가 그는 조만간 공주 지역에서도 낙랑 벽돌무덤의 영향을 받은 고분이 발견될 것으로 예견했다. 그는 세키노와 마찬가지로 공주에서 발견된 벽돌의 계통을 낙랑에서 찾고 있었다.

공주 지역 고분 중에서 벽돌을 사용한 것이 공식적으로 소개된 최초의 사례는 송산리 5호분으로 1932년 10월의 일이다(輕部慈恩, 1933). 이 고분은 송산리 고분군의 관람을 위한 도로를 개설하는 과정에서 천장의 석재가 노출된 것이 계기가 되어 조사하게 되었다. 5호분은 벽돌 모양의 할석을 이용해서 널길과 돌방을 축조한 궁륭상 천장을 가진 돌방무덤이다. 그런데 돌방 내부의 좌우 양쪽에 벽돌을 3단으로 쌓은 관대(棺臺)가 설치되어 있었다. 뿐만 아니라 널길 입구에는 입구 폐쇄용 벽돌이 불규칙하게 쌓여 있었다(국립공주박물관, 2015).

가루베는 송산리 5호분이 조사된 1932년 10월 말, 5호분에서 서쪽으로 10미터 정도 떨어진 곳에서 여러 가지 문양전을 이용해서 정연하게 쌓은 벽돌로 만든 배수구를 발견한다. 이 배수구의 발견은 이듬해 여름, 송산리 6호분 발견의 단초가 되었다(輕部慈恩, 1934). 가루베는 1933년 7월 하순부터 배수구를 따라 20미터 이상을 굴착하여 널길을 폐쇄하는 지점에까지 도달하게 된다. 마침내 8월 1일에는 널길을 뜯고 돌방 내부로 들어가 네 벽에 벽화가 그려진 벽돌무덤이라는 것을 확인한 뒤 총독부박물관에 신고하게 된다. 공주에서 전보를 받은 총독부박물관은 조사단을 조직하여 급파하지만 그 내부는 이미 깨끗하게 치워져 유물 한 점 남아 있지 않았고 관대 등 일부 벽돌 역시 뜯겨 있었다고 한다(국립공주박물관, 2015).

가루베가 예견한 대로 공주 지역에서 낙랑의 벽돌무덤과 동일한 재료와 형태를 가진 벽돌무덤이 마침내 모습을 드러냈으며, 그것이 바로 송산리 6호분이다. 가루베는 공주 지역에서 송산리 6호분이 발견되기 전, 특히 세키노가 공주 지역 벽돌에 관한 수정된 견해를 발표하기 전까지, 공주 지역에서 발견된 백제의 벽돌이나 벽돌무덤이 중국 한나라, 특히 낙랑의 영향을 받은 것이라는 데 한 치의 의심을 갖지 않았다.

세키노는 1923년 공주에서 발견된 벽돌을 처음 관찰한 다음 확신에 찬 어조로 이 벽돌의 제작 기법이 낙랑의 영향을 받았으며, 문양은 북위의 영향을 받았다고 주장했다(關野貞, 1924). 하지만 1930년 중국을 여행하면서 생각을 바꾸게 된다. 그는 중국의 강남 지방을 여행하다가 1930년 5월 5일 남경의 고물보존소(古物保存所)를 방문하게 되었다. 그곳에는 당시 남경 부근의 도로 공사 중에 발견된 수백 점의 벽돌이 쌓여 있었다. 그중에는 문양이 새겨진 것도 상당히 섞여 있었는데 당시의 순간을, “나는 일견 전기에 감전된 것 같은 충동을 느꼈다. 놀랍게도 그 문양은 몇 년 전 조선의 공주에서 발견된 것과 거의 같은 형식이었기 때문이다”라고 적었다(關野貞, 1934).

그 뒤 남경의 모 관장에게서 5점의 벽돌을 선물로 받아 탁본을 논문에 게재하는데, “모두 공주 출토 벽돌과 거의 부절(符節)이 합쳐지는 것 같다”라며 감격스러워한다. 또한 남경 출토 벽돌에 보이는 반절연화문이나 사격자문, 전문 등에 대해서도 한나라 유풍이 남아 있기는 하지만 연화문이나 인동문을 사용한 양나라 장인의 새로운 창안으로 보아야 할 것이라며 자신의 견해를 수정하게 된다.

세키노의 수정된 견해는 1932년 9월에 간행된 『조선미술사(朝鮮美術史)』라는 책에 처음 발표된다(關野貞, 1941). 그는 이 책에서 1923년 6월 공주에서 발견된 벽돌에 대해, 이 벽돌은 "최근 남경에서 출토된 양나라 시대의 벽돌과 완전히 일치하기 때문에 그 수법이 양에서 수입되었다는 것이 명확하다"라고 하면서 기존의 견해를 수정한다.

세키노가 공주 출토 벽돌을 낙랑이나 북위가 아니라 남조 양나라의 영향을 받았다고 확신하게 된 중요한 계기는 1933년 8월 송산리 6호분이 발굴되었기 때문이다. 그전부터 공주 일대에서는 문양전이 종종 발견되었지만 벽돌을 이용해서 돌방 전체를 축조한 완벽한 모습의 벽돌무덤은 이 고분 발견이 처음이다. 송산리 6호분의 내부 사진이나 구조, 사용한 벽돌 등에 관한 상세한 정보를 입수한 세키노는 기존 소학교 부지에서 출토된 벽돌과 문양이나 수법이 거의 같다는 것을 발견하고, 두 벽돌은 거의 동일한 시기에 같은 가마에서 같은 틀을 이용하여 소성한 것이라고 했다.

중국 남경 답사와 송산리 6호분의 발견 직후인 1934년 8월에 세키노는 「벽돌에서 본 백제와 중국 남북조 특히 양과의 문화관계」라는 논문을 발표한다(關野貞, 1934). 이 논문은 1924년 『건축잡지』에 발표한 공주 출토 벽돌에 관한 논문을 바탕에 깔고 있지만, 새롭게 알게 된 중국 남경의 벽돌이나 송산리 6호분에 관한 정보가 추가되어, 기존의 지설을 폐기하고 수정된 견해를 제시한 중요한 글이다.

세키노는 앞서 언급한 것처럼 공주에서 발견된 백제 벽돌의 형식과 기법이 남경에서 발견된 양나라 벽돌과 동일하다고 하면서, 그 배경으로 웅진기 백제가 남조, 특히 양과 밀접한 교섭을 펼쳤음을 문헌 자료를 통해 설명하려고 했다. 즉 문주왕의 남천 이후 백제가 북위에 사신을 보낸 것은 1회밖에 안 되지만 남조의 송ㆍ제, 특히 양과는 빈번하게 사신을 파견했고, 541년에는 열반경 등 경의(經義)와 모시박사, 공장(工匠)ㆍ화사(畫師)를 요청하자 양나라 무제가 그것을 보내주었는데 그러한 문화 교류는 웅진기부터 이미 이루어진 것으로 보아야 한다고 주장했다. 그로 인해 웅진기 백제는 문화적으로 격단의 진보를 이룰 수 있었으며, 공주에서 발견된 벽돌과 남경에서 발견된 벽돌이 거의 동일한 형식을 띠는 것은 "백제가 남조에서 전공(塼工)을 초빙하여" 그로 하여금 벽돌을 굽게 했기 때문이라고 했다.

세키노가 자신의 논문에서 '전공(塼工)을 양나라에서 초빙한 것'으로 설명한 것은 나름의 이유가 있다. 그는 송산리 6호분 출토 입구 폐쇄용 문자전을 "양양□위사의(梁良(?)□爲(?)師矣)"로 판독했다(그림1). 두 번째와 네 번째 글자인 '양(良)'과 '위(爲)'는 글자를 확정할 수 없기에 물음표를 달았지만, 첫 번째 글자인 '양(梁)'은 의심의 여지가 없다고 했다. 또 '양□(良□)'에 관해서도 양나라에서 건너온 벽돌 공인의 이름으로 추정했다.

세키노는 예리한 도구로 음각한 문자가 새겨진 이 벽돌에 근거하여 백제와 양나라의 밀접한 교류를 확인할 수 있다고 주장했다. 그는 남경에서 발견된 벽돌을 보고 나서 웅진기 벽돌의 낙랑이나 북위 영향설을 포기하고 오히려 남조 양나라의 영향을 강조하게 된다.

공주에서 활동하던 가베루는 어떤 반응을 보였을까. 가루베는 송산리 6호분을 발견하기 전까지도 공주 출토 벽돌의 낙랑 영향설을 견지하고 있었다. 그러나 1946년 10월에 간행된 『백제미술(百濟美術)』이라는 책에서는 기존의 견해를 수정하여 남조 양나라의 영향을 강조하고 있다. 1933년 8월 송산리 6호분이 발견되고 난 그해 가을, 세키노가 공주를 방문하면서 가루베와 이야기를 나눌 기회를 갖게 되었다고 한다. 세키노는 남경에서 남조의 벽돌을 접한 경험을 이야기했고, 나중에 귀경한 뒤에는 남경에서 선물로 받은 문양전의 탁본을 가루베에게 선물로 보내왔다고 한다. 그 뒤 가루베는 자신의 첫 저서에 세키노가 보내온 남경의 남조계 벽돌의 탁본

그림1 송산리 6호분 출토 문자전

을 게재했고, 기존에 자신이 수집한 공주의 벽돌과 구체적인 비교 검토를 시도하기도 했다. 그의 책에 송산리 6호분 출토 문자전이 등장한 것은 당연하다.

다만 그는 문자전의 글자를 "양관품위사의(梁官品爲師矣)"로 판독한 뒤 "양나라 관용의 제품을 스승으로서 배워 만들었다"라고 풀이했다(輕部慈恩, 1946, 227쪽). 송산리 6호분의 문자전은 "육조 중 남양(南梁)의 관전(官塼)으로 간주하여 만들어졌던 것이 분명하고, 따라서 고분의 전곽(塼槨)도 남양의 관묘(官墓)를 모방한 것은 당연하다"라고 했다(輕部慈恩, 1946, 125쪽). 더 나아가 고분의 축조 연대도 양나라가 건국한 502년 이후인 무령왕 2년 이후로 볼 수 있기에 이 무덤의 피장자 역시 522년에 죽은 무령왕 이외에 달리 상정할 수 없다고 주장했다.

세키노가 이 문자전을 양나라의 벽돌 제작 전문 공인의 흔적 정도로만 해석했다면, 가루베는 양나라의 관용 제품을 모방했다거나 스승으로 삼았다고 풀이하는 등 더 적극적인 해석을 시도했다. 그러나 송산리 6호분의 무덤 구조나 벽돌이 남조 양나라와만 연관될 것이라는 근거는 문자전의 맨 앞에 등장하는 '양(梁)'이라는 글자 말고는 없다. 이 벽돌의 '양'을 국명(國名) 이외에 달리 생각할 여지는 없을까. 송산리 6호분에서 이 문자전이 처음 발견되었을 때 백제 웅진기의 벽돌이 낙랑이나 북위가 아닌 남조의 영향을 받은 것이라는 증거로 삼기 위해 확대 해석하고, 남조 양-백제-아스카라는 문화 전파 경로를 도식화하려고 했던 것은 아닌지 반성이 필요하다. 공주 출토 벽돌에 관해서는 세키노나 가루베 둘 다 첫 단추를 잘못 꿴 아픈 추억이 있었기에 더 조바심을 느꼈을지도 모를 일이다.

3 벽돌무덤에 사용된 문자전의 기능

공주에서 벽돌이 처음 발견된 1920년대에 세키노를 비롯한 당시 관학자들이 낙랑의 영향을 먼저 떠올린 것은 자연스러운 측면이 있다. 당시에는 아직 남조의 벽돌무덤이나 문양전에 관한 정보가 거의 알려지지 않았다. 한반도 남부 유적에서 매우 이질적인 문양을 가진 벽돌이 갑자기 튀어나왔으니 낙랑의 벽돌이나 벽돌무덤을 먼저 떠올렸을 것이다. 더욱이 낙랑의 벽돌과 공주 발견 벽돌은 지금 보아도 그다지 큰 차이가 없다.

송산리 6호분이 발견되기 전까지 낙랑의 영향을 굳게 믿고 있던 가루베는 낙랑과 공주 두 지역의 벽돌을 비교한 바 있다(輕部慈恩, 1934). 가루베는 공주와 낙랑의 벽돌 하나하나를 비교하면서 넓은 평면에 새끼줄무늬를 두드린 점과 사격자문이나 사릉문 등 문양의 연관성이 있지만, 전체적으로 낙랑의 벽돌보다 훨씬 더 다양한 종류의 벽돌이 출토되는 것으로 보아 벽돌로 무덤을 쌓았을 때의 문양 배치나 사용 방법, 위치까지 사전에 고려하여 제작한 좀 더 발전된 것이라고 보았다.

낙랑과 공주 출토 벽돌의 크기나 문양, 형태에는 큰 차이가 없지만 문자전에는 약간의 차이가 보인다. 낙랑의 문자전은 기년이나 인명, 길상구 등이 적힌 경우가 많다. 공주 발견 벽돌은 몇 가지 예외를 제외하면 대방(大方)이나 중방(中方), 중(中), 급사(急使), 복재(扑才) 등 단순한 명문만 확인된다. 이러한 백제의 문자전에 대해 가루베는 '사용 방법의 구별을 나타내는 부호'와 같은 것으로, 낙랑의 문자전과 달리 문자가 있는 부분이 보이지 않도록 사용했을 것이라고 했다. 또 쐐기형의 급사(急使)는 널길이나 돌방의 반구형 아치를 구축할 때 사용한 것으로 급경사(急傾斜)의 궁륭(穹窿)에 쓰기 위해 만들어진 것이며, '급사'라는 용어도 이러한 부분에 사용한다는 뜻을 함축하고 있다고 했다(輕部慈恩, 1934, 295~296쪽).

그 뒤 무령왕릉 발굴 이전, 공주에서 출토된 백제 벽돌을 종합적으로 정리한 김영배는 벽돌에 새겨진 문자의 의미에 대해 "고분을 구축(構築)하는 데 방위를 표시하고, 벽돌을 적축(積蓄)하는 데 쓰인 일종의 설계 부호"와 같은 것이라고 했다(김영배, 1970, 69쪽). 이 견해는 1971년 무령왕릉 이후에 발표된 박용진의 글에도 이어지는데 그는 "명문전은 왕릉과 전축분을 적축(積蓄)하는 데 그것들이 쓰여지는 부면(部面)을 밝히는 일종의 설계상의 부호로 고찰된다"라고 했다(박용진, 1973, 70쪽).

이러한 견해들은 공주 발견 문자전의 문자가 벽돌무덤을 축조할 때, 특히 벽돌을 쌓아 올릴 때 어디에 사용할 것인지, 사용 방법이나 위치를 표기한 '설계상의 부호'라는 데 의견을 같이하고 있다. 이러한 해석을 처음 들었을 때 벽돌 하나를 만들면서 그렇게까지 치밀하게 분류해서 제작하는 것이 실현 가능한 일인지 의문이 드는 게 사실이다. 특히 그 문자가 사용 방법이나 위치를 벽돌무덤 축조 전에 미리 표시한 부호 같은 것이라면 문자가 없는 벽돌들은 어떻게 설명할 수 있을지도 의문이다.

먼저 공주 발견 문자전 중 문자가 쓰여 있는 벽돌과 그렇지 않은 벽돌에 어떤 차이가 있는지부터 살펴보자. 무령왕릉에서 출토된 벽돌은 평면 형태와 단면 형태, 문양의 세부적인 속성 등에 따라 크게 그림2처럼 24종류로 분류된다(국립공주박물관, 2013, 32~36쪽). 24종의 벽돌은 문양의 차이에 따라 연화사격문, 연화문, 반절연화인동문, 반절연화주문, 반절연화문, 연속사격문, 사릉전문, 전문, 무문 등으로 구분되며, 그중 사릉전문과 연속사격문, 무문 등의 벽돌 일부에만 문자가 기재되어 있다(그림3). 그렇다면 이러한 벽돌에만 문자가 사용된 이유가 무엇일까.

그림2에서 AⅠa⑦ 형식으로 분류한 사릉전문을 보면, 단측면의 형태에 따라 ㉮ 무문, ㉯ 복재(扑才), ㉰ 전문(錢文) 등으로 세분된다. 이 세 종류의 벽돌은 평균 길이 약 36.5센티미터, 너비 15.8센티미터로 모두 같지만 ㉮ 무문은 두께가 4.3센티미터, ㉯ 복재는 두께가 3.8센티미터(그림3-6), ㉰ 전문은 두께가 4.3센티미터로 차이가 있다. 즉 ㉮ 무문과 ㉰ 전문은 길이와 너비, 두께가 모두 같지만 ㉮·㉰ 단측면의 문양 유무로 양자를 쉽게 구분할 수 있다. 그에 비해 ㉮·㉯ 무문과 복재의 경우 만약 ㉯ 벽돌에 '복재'라는 문자가 없으면 0.5센티미터밖에 안 되는 두께의 차이만으로 두 벽돌을 구별해야 하는 어려움이 생긴다. 이것을 보면 ㉯ 복재가 쓰여 있는 사릉전문은 벽돌을 생산하는 단계에서부터 이미 ㉮ 무문이나 ㉰ 전문과는 다른 용도로 일부러 얇게 만들어서 이 같은 문자를 기입해두었다고 할 수 있다.

AⅡa⑦ 형식으로 분류한 연속사격문이 있는 쐐기형 벽돌을 보자(그림3-4·5). 이 형식의 벽돌은 ㉮ 급사(急使)라는 문자가 있는 벽돌과 ㉯ 중(中)이라는 문자가 있는 벽돌로 양분된다. 전자는 평균 길이 35.3센티미터, 너비 15.2센티미터, 후자는 평균 길이 37.1센티미터, 두께 16.2센티미터로 후자가 약간 크다. 그런데 양자의 더 큰 차이는 ㉮ 급사 문자 벽돌의 두께는 2.8~5.3센티미터로 가장 두꺼운 부

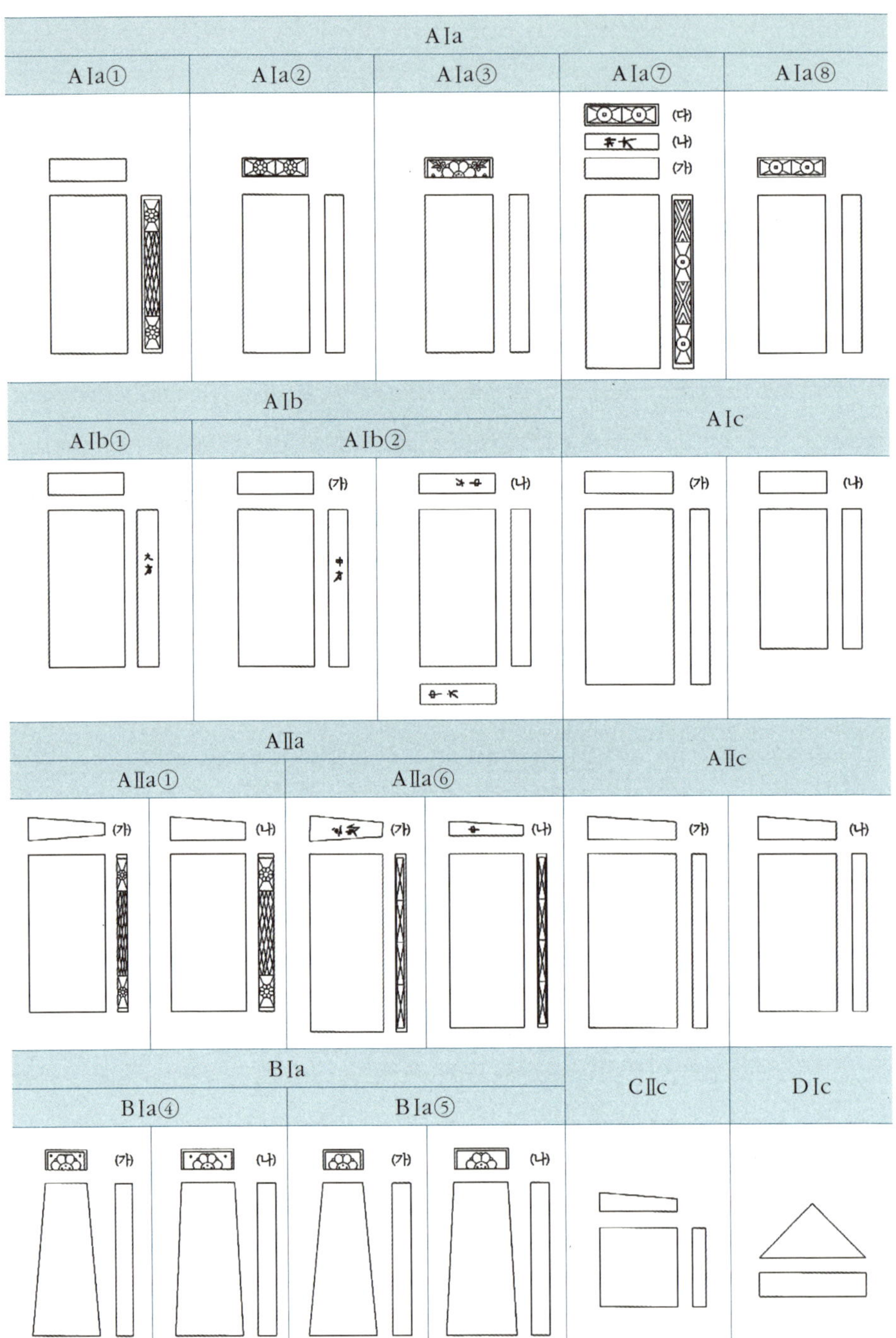

그림2 무령왕릉 폐쇄용 벽돌의 형식별 모식도와 분류표

분과 가장 얇은 부분의 차이
가 무려 약 2.5센티미터를
보이지만, ㉯ 중 문자 벽돌은
2.3~3.1센티미터로 약 0.8센
티미터 정도 밖에 차이가 안
난다. 송산리 6호분에서는
이러한 쐐기 모양 벽돌이 앞
서 언급한 '복재' 문자 벽돌
과 함께 반원형의 아치 부분
에 주로 사용되고 있다. 이것
을 보면 연속사격문이 있는
쐐기 모양 벽돌은 처음부터
크기나 두께가 다른 두 종류
로 만들어 일부러 '급사'와

그림3 무령왕릉 출토 각종 문자전

'중'이라는 문자를 기재하여 양자를 구분하려 했음을 짐작할 수 있다.

장방형의 무문 벽돌에 사용된 '대방'과 '중방' 문자는 어떤 차이가 있을까(그림
3-1~그림3). 무령왕릉에서는 A Ⅰb와 A Ⅰc, A Ⅱc 등 세 형식의 무문 벽돌 일곱 종
류가 확인되는데 그중 세 종류에만 문자가 있다. 그중 '대방'과 '중방'이 쓰여 있
는 A Ⅰb형식 벽돌은 어떤 차이가 있을까. 먼저 장측면에 '대방(大方)'이 쓰여 있는
A Ⅰb①은 평균 길이 32.3센티미터, 너비 16.0센티미터, 두께 4.5센티미터다. 또 장
측면에 '중방(中方)'이 쓰여 있는 A Ⅰb②-㉮는 평균 길이 32.1센티미터, 너비 15.7
센티미터로 '대방' 벽돌과 거의 같지만 두께가 4.1센티미터로 조금 더 얇다. 하지
만 평균 0.4센티미터 정도라서 그 차이는 매우 미미하다. 단측면 2개소에 '중방(中
方)'이 쓰여 있는 A Ⅰb②-㉯는 평균 길이 32.5센티미터, 너비 16.0센티미터, 두께
4.2센티미터로 장측면에 '중방'이 쓰여 있는 벽돌과 큰 차이가 없다.

'대방'과 '중방'이 쓰여 있는 세 종류의 벽돌은 그 길이와 너비, 두께로 인해
문자나 문양이 없는 A Ⅰc 형식의 다른 무문전과 구분이 가능하다. 그러나 A Ⅰb①

과 AⅠb②-㉮, AⅠb②-㉯ 형식은 문자가 기재되지 않았을 때 구분이 어려울 정도로 크기나 모양이 비슷하다. 이것을 보면 이 세 종류의 벽돌에 문자를 기입한 것은 앞서 언급한 사릉전문이나 연속사격문의 문자와는 다른 의도를 가지고 문자가 기재된 것을 유추할 수 있다.

그런데 '대방'이 쓰여 있는 AⅠb① 벽돌은 일부 예외는 있지만 무령왕릉의 관대(棺臺) 조성용 부전(敷塼)으로 사용되고 있다(박용진, 1973, 26쪽). 장측면에 '중방'이 있는 AⅠb②-㉮ 벽돌은 무령왕릉 묘실 내부의 가창(假窓)에 사용되고 있으며, 단측면에 '중방'이 있는 AⅠb②-㉯ 벽돌은 무령왕릉 묘실의 수직 벽면 최하단에서도 1단으로 수직 쌓기를 한 사례가 확인된다. 이것을 보면 AⅠb①과 AⅠb②-㉮, AⅠb②-㉯ 등 세 종류의 벽돌은 아무런 문양이나 장식이 없지만 '관대'나 '가창' 등 뭔가 특별한 용도로 사용하기 위해 만들었고, 이를 다른 벽돌과 구분하려는 목적에서 문자를 기재한 것으로 볼 수 있다. 남조의 벽돌무덤 중에 '중방(中方)'이나 '박방(薄方)', '장방(長方)', '협방(俠方)'과 같은 문자전이 출토된 사례가 있는데 이를 참고하면 '중방'은 비교적 두꺼운 벽돌을 가리키는 것으로 볼 수 있다.

한편 무령왕릉에서는 그림2처럼 문자가 없이 연화문이나 사격자문, 전문 등이 장식된 다른 벽돌들이 함께 발견되었다. 그런데 문자가 없는 다른 무늬벽돌은 처음부터 그 사용 위치가 어느 정도 정해져 있었을 가능성이 높다. 무령왕릉에서 묘실의 벽돌을 쌓는 방법인 소위 '체축법(砌築法)'은 '4평 1수'라고 해서 벽돌 4매를 눕혀 쌓고[平積], 1매를 세워 쌓았다[竪積]. 묘실의 체축 순서는 가장 안쪽 북벽을 먼저 쌓고, 다음으로 묘실 양쪽의 동벽·서벽, 묘실의 아치 천장, 묘실의 남벽, 널길 등의 순서로 진행되었다.

묘실 북벽에 사용된 벽돌의 세부 문양을 보면 눕혀 쌓기를 위한 평적용 벽돌은 모두 연화사격자문전(AⅠa①)이고, 세워 쌓기를 위한 수적용 벽돌은 1~3단까지는 반절연화인동문(AⅠa③), 4단에서 8단까지는 연화문전(AⅠa②)이 사용되었다(그림4-1). 이러한 패턴은 묘실의 동벽과 서벽도 큰 차이가 없다. 다만 묘실 남벽은 세워 쌓기를 위한 수적용 벽돌로 연화문전(AⅠa②)만 사용되고 있다 .

그런데 수직 벽면에서 아치 천장이 시작되는 제7단의 네 번째 평적부터 13단

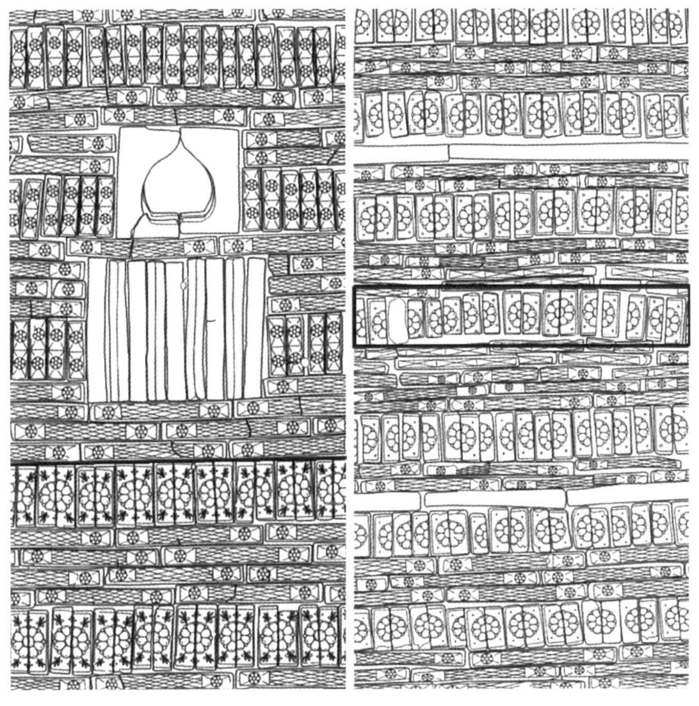

까지는 쐐기형의 연화사격문전인 AⅡa①㉮/㉯ 형식이 사용되었다. 아치 천장부를 이룬 수적용 벽돌은 모두 평면 사다리꼴의 벽돌을 사용했는데 기본적으로 반절연화문(BⅠa④㉮/㉯ 형식)과 반절연화주문(BⅠa⑤㉮/㉯ 형식)이 2매 1조로 조합을 이루면서 배치되었다(그림4-2). 묘실 내부 천장의 가장 높은 부분, 즉 종석(宗石)이 되는 부분도 다른 아치 천장부와 유사하게 반절연화주문을 중심으로 하여 부분적으로 반절연화주문이 사용되었다. 또 종석이 되는 정중앙의 좌우 쪽에는 연속사격문전 (AⅡa⑥)이 평적으로 사용되었는데 이러한 모습은 널길 천장부에서도 동일하게 나타난다(윤한나, 2014, 114쪽).

　　이상에서 무령왕릉 묘실 벽면에 사용된 벽돌의 문양과 사용 위치에 대해 살펴보았다. 그림2의 벽돌들은 그 평면이나 단면, 문양, 문자 등으로 인해 그것을 수직 벽면에 사용할지, 천장의 아치 부분에 사용할지, 바닥이나 관대에 사용할지 등 사용 위치가 이미 정해져 있었음을 확인할 수 있었다. 즉 무령왕릉에서는 24종이나 되는 다양한 벽돌이 출토되었지만 문양이나 형태, 문자 등으로 그것이 나중에 벽돌무덤을 쌓을 때 어느 곳에 사용할지 미리 지정해두었다고 생각한다. '대방'이나 '중방' 등 벽돌에 사용된 문자는 그러한 사용처 구분을 좀 더 명확하고 용이하게 하기 위한 '기호'와 같은 것이었음을 다시금 확인하게 된다.

4 송산리 6호분 문자전의 새로운 접근

무령왕릉이나 송산리 6호분은 마치 거대한 레고처럼 처음부터 치밀한 설계도에 근거하여, 그것을 축조하는 데 필요한 벽돌의 물량까지 미리 산정하여 완성된 결과물이라 할 수 있다. 이를 실현하기 위해서는 벽돌의 제작과 운반, 조립 등 여러 부문의 전문 인력이나 국가 조직이 긴밀하게 작동할 필요가 있었고, 그런 가운데 새로운 조직이나 체계를 마련하는 중요한 계기가 되었을 것이다.

이런 관점에서 송산리 6호분에서 발견된 그림1의 '양관와위사의'로 알려진 문자전은 다시금 음미할 필요가 있다. 2절에서 검토한 것처럼 세키노와 가루베는 '양나라의 벽돌 공인인 아무개를 초빙하여 벽돌을 굽게 했다'고 하거나 '양나라 관용의 제품을 스승으로서 배워 만들었다'고 했다. 그 뒤 가루베는 1971년의 개정판에서 '양관와위사의(梁官瓦爲師矣)'로 판독하여 "양나라 관용 기와를 모범으로 삼았다"라는 수정된 의견을 제시한다(輕部慈恩, 1971). 정재훈은 세키노와 가루베의 견해를 혼합하여 '양양와위사의(梁良瓦爲師矣)'로 판독하고 "양나라의 좋은 기와를 표본으로 삼았다"거나 "양나라의 뛰어난 와장(瓦匠)을 공사(工師)로 삼았다"로 해석했다(정재훈, 1987).

세키노와 가루베, 정재훈은 공통적으로 송산리 6호분 문자전이 남조 양나라의 영향을 받아 웅진기 벽돌이 제작되었음을 알려주는 것으로 해석했다. 다만 벽돌을 제작하면서 왜 기와 전문가를 스승이나 표본으로 삼았는지에 관한 설명이 궁색해지는 문제는 여전히 남아 있다.

김태식은 이 문자전을 '양관위사의(梁官爲師矣)'로 판독한 뒤 "양나라 관리를 스승으로 삼노라"로 해석하면서, 송산리 6호분의 건축 설계, 감리 혹은 감독자가 양나라에서 파견된 관리였다고 주장했다(김태식, 2007, 85~86쪽). 조윤재는 이 문자전을 '양선이위사의(梁宣以爲師矣)'로 판독하면서, "양나라 선(宣)을 스승으로 삼았다"라고 해석했다. 이때의 '선'은 인명으로 아마도 분묘 축조의 전문 공장(工匠)이었을 것이고, '사'의 경우 다른 남조의 사례를 참고할 때 묘전(墓塼) 제작자의 직급으로 볼 수 있다고 했다. 그런 점에서 이 벽돌은 "양인(梁人) 선(宣)이 총사(塚師)로서 분묘의 축조를 감제(監制)하였다"로 해석하고, 고분 축조 책임자의 국적과 사회적 지위를 드러내는 표기라고 보았다(조윤재, 2008).

김태식과 조윤재의 연구는 기존에 이 문자전을 벽돌이나 기와 제작 전문 공인의 범주에 한정시켜 논의되던 것을 무덤 전체의 축조나 감독자가 남긴 명문으로 보아야 한다는 새로운 관점을 제시했다. 특히 조윤재의 판독안은 그것이 한문 문장의 구조와도 비교적 잘 어울리는 판독이라 다른 연구자들의 많은 지지를 받고 있다.

그러나 필자는 이 문자전이 무덤 입구의 폐쇄전에 사용된 벽돌에 음각으로 쓰인 문자라는 점과 벽돌의 장측면이라는 매우 좁은 공간에 그처럼 다양하고 많은 의미가 함축된 문장이 쓰였다고 볼 수 있을지 의문을 가지고 있다.

먼저 조윤재가 송산리 6호분 문자전의 '사(師)'를 고분 축조 감독자인 무덤 축조 책임자인 '총사(塚師)'의 약칭으로 본 견해를 살펴보자. 이 견해가 성립되기 위해서는 송산리 6호분의 무덤 축조 책임자가 벽돌을 굽는 기와 가마를 방문하여 그것이 건조되는 과정을 확인한 뒤 일부러 문자를 기입해야만 한다. 이 문자전에 음각의 글씨를 새긴 시점은 벽돌을 성형한 뒤 건조하는 과정, 특히 소성 직전에만 이루어질 수 있다. 또 이 문자전은 사다리꼴 벽돌 중에서도 반절연화주문전(B Ⅰ a④㉮ 형식)에 해당한다. '대방'이나 '중방' 문자전과 달리 벽돌무덤을 축조할 때 묘실의 천장이나 널길 천장의 아치를 이루는 보이지 않는 곳에 사용하도록 예정되어 있었다. 특히 이 문자전이 발견된 장소가 묘실이나 널길 내부가 아니라 입구 폐쇄용 벽돌이었다는 점을 상기할 필요가 있다. 재활용이나 다른 곳에서 이동했을 가능성을 배제할 수 없다. 이러한 사실들은 이 문자전의 글씨가 그것을 조립하거나 무덤 축조를 감독하는 사람과 전혀 무관하게 기재되었음을 알려준다.

이 문자전의 '사'를 하급관인이나 전문 기술자로 보는 견해는 적절한 지적이지만, 그 인물은 어디까지나 '벽돌 제작 전문 공인'의 범주에서 논의되어야 한다. 일본 최초의 본격적인 가람인 아스카데라(飛鳥寺)에 파견된 백제 공인에 대해『일본서기』와『원흥사연기(元興寺緣起)』에서 인용한 탑로반명(塔露盤銘)에서는 각기 다른 표현이 사용되고 있는 점이 유의된다. 즉 사공(寺工)은 사사(寺師), 노반박사(露盤博士)는 누반사(鏤盤師), 와박사(瓦博士)는 와사(瓦師)로도 표기되어 '사(師)'나 '공(工)'이 '박사(博士)'에 대응하고 있음을 보여준다. 이때의 박사는 특정 분야에 전문성을 가진 기술계 관료에 해당하며, 송산리 6호분 문자전에 나오는 '사' 역시 후대의 '박사'에 대응하는 전문적인 기술계 관료를 가리키는 것으로 볼 수 있다(이병호, 2020). 황해도 봉황리 왕경묘(王卿墓)에서 출토된 문자전의 '벽사(壁師)'의 사례는 벽돌[壁=塼] 제작 전문가를 가리키는 용어로서 좋은 참고가 될 것이다.

송산리 6호분 문자전의 첫 번째 글자인 '양(梁)'을 남조의 양나라를 가리키는 것으로 보는 견해는 어떨까. 조윤재는 "양(梁)이라는 국명 다음에 일반적으로 서사되는 연호(年號)가 빠져 있어 '선(宣)'의 신분 자체가 연호 서사에 있어 제약을 받는 입장이었을 수도 있다"는 설명을 덧붙인 바 있다. 지금까지 발견된 남조의 문자전은 '양' 또는 '대양(大梁)'이 첫머리에 나올 경우 거의 예외 없이 연호가 등장하는데, 송산리 6호분 문자전에 연호가 누락된 것을 "선(宣)의 신분이 사회제도 전반에 관한 지식과 소양을 갖추지 못한 인물이었을 가능성도 배제할 수 없다"라 했다. 즉 백제에 파견된 벽돌 제작 전문가인 '선'이라는 인물이 전문지식과 소양을 갖지 못해 연호조차 알지 못했기 때문에 그렇게 표기했다는 것이다. 초서를 유창하게 쓰는 상당한 수준의 전공(塼工)에게는 어울리지 않는 부적절한 평가로 선뜻 동의하기 어렵다.

이 문자전의 '양'을 처음부터 양나라로 간주한 것은 세키노와 가루베의 영향이 컸다. 그들은 공주에서 발견된 벽돌의 계통을 처음에는 남조가 아닌 '낙랑'이라고 주장했다. 하지만 세키노가 1930년 중국 남경 답사에서 남조의 벽돌을 접한 뒤 자설을 수정할 필요를 느꼈고, 송산리 6호분의 발견으로 이를 확신하게 되었다. 세키노와 가루베가 자설을 철회하게 된 가장 큰 이유는 다름 아닌 송산리 6호분의 발견, 그중에서도 이 문자전의 맨 앞에 등장하는 '양(梁)'이라는 글자를 양나라로 보았기 때문이다. 그 뒤 '양'이라는 문자는 아무런 의심 없이 오랫동안 '남조 양'의 지위를 굳건히 지켜왔다.

그러나 '양선(梁宣)'의 '양'을 중국 양나라로 해석하는 것은 문제가 있다고 생각한다. 벽돌에 새겨진 단순한 명문에 갑자기 나라 이름이 등장하는 것은 어딘지 어색하고, 비슷한 사례를 찾기 어렵다. 그런 점에서 필자는 '양선' 역시 '양나라 사람(梁人) 선(宣)'이 아니라 '양선'이라는 공인의 이름으로 보는 것이 더 타당하다고 생각한다. 양(梁)이라는 성씨는 주나라 때부터 사용하기 시작했으며, 393년에 제작된 동진시대의 벽돌에는 '양자(梁孜)'라는 공인명이 확인되기도 한다(谷豊信, 1999, 212쪽). 지금까지의 연구 성과를 종합해볼 때 이 문자전은 '양선(이라는 사람)을 사(師)로 삼았다'거나 '양선이 사(師)였다'로 단순하게 해석하는 것이 가장 타당하다고 생각된다. 이때의 '사'는 '박사'와 같은 전문적인 기술계 공인이었다.

이와 비슷한 맥락에서 무령왕릉 출토 '사임진년작(士壬辰年作)' 문자전에 대해서도 재검토할 여지가 있다. 혹자는 '사(士)' 위쪽의 파손된 부분에 '와박사(瓦博士)'와 같은 문자가 있었을 것으로 추정하여 '와박사가 임진년에 만들었다'로 해석하지만 이 역시 무리가 있다. 오히려 '사'를 인명의 마지막 글자로 보고, '아무개[〇士]가 임진년에 만들었다'로 보는 것이 더 합리적이다. 낙랑의 벽돌도 마찬가지이고 남조의 문자전에서도 '인명+작(作)'으로 기재된 사례를 자주 접하게 되는데, 이는 벽돌을 제자한 사람이나 집단을 명확히 밝혀 제품의 책임 소재를 명확히 하거나 품질을 관리하기 위한 의도에서 쓰인 것이다. 송산리 6호분이나 무령왕릉의 문자전도 이와 비슷한 맥락에서 벽돌 제작 공인의 인명을 기재한 것으로 보는 편이 더 적절하지 않을까.

참고문헌

한글

국립공주박물관, 2013, 『무령왕릉 신보고서 Ⅱ』, 예맥.

국립공주박물관, 2015, 『송산리 4~8·29호분 재보고서』, 꿈과놀다.

김성구, 1999, 『옛 전돌』, 대원사.

김영배, 1970, 「공주 출토의 百濟塼」, 『百濟研究』 1, 충남대학교 백제연구소.

김태식, 2007, 「송산리 6호분 명문전(銘文塼) 재검토를 통한 무령왕릉 축조 재론」, 『忠北史學』 19, 충북대학교 사학회.

박용진, 1973, 「公州出土의 百濟瓦·塼에 關한 研究」, 『百濟文化』 6, 공주대학교 백제문화연구소.

윤한나, 2014, 「百濟의 塼과 塼室墓에 대한 一考察」, 충남대학교 석사학위 논문.

이병호, 2020, 「백제의 기와 제작기술과 생산체제의 변화」, 『선사와 고대』 64, 한국고대학회.

정재훈, 1987, 「公州 宋山里 제6號墳에 대하여」, 『文化財』 20, 국립문화재연구소.

정치영, 2015, 「백제 웅진기 塼築技術의 형성과 전개」, 『中央考古研究』 17, 중앙문화재연구원.

조윤재, 2008, 「宋山里6號墳 銘文塼 판독에 대한 管見」, 『호서고고』 19, 호서고고학회.

외국어

輕部慈恩, 1930, 「樂浪の影響を受けた百濟の古墳と塼」, 『考古學雜誌』 20-5, 東京: 考古學會.

輕部慈恩, 1933, 「公州における百濟古墳(二)」, 『考古學雜誌』 23-9, 東京: 考古學會.

輕部慈恩, 1934, 「公州における百濟古墳(四)」, 『考古學雜誌』 24-5, 東京: 考古學會.

輕部慈恩, 1946, 『百濟美術』, 東京: 寶雲舍.

輕部慈恩, 1971, 『百濟遺蹟の研究』, 東京: 吉川弘文館.

關野貞, 1924, 「公州新出土百濟時代の塼」, 『建築雜誌』 453(1941, 『朝鮮の建築と藝術』, 東京: 岩波書店 재수록).

關野貞, 1934, 「塼より見たる百濟と支那南北朝特に梁との文化關係」, 『寶雲』 10(1941, 『朝鮮の建築と藝術』, 東京: 岩波書店 재수록).

谷豊信, 1999, 「中國古代の紀年塼」, 『東京國立博物館紀要』 34, 東京: 東京國立博物館.

5장

신라목간과 부역제도

홍승우(경북대학교 역사교육과 교수)

1 들어가며

한국 고대 목간(木簡)은 시기적으로는 6세기 이후, 지역적으로는 백제와 신라 지역을 중심으로 출토되어왔다(윤선태, 2016). 앞으로 고구려나 가야 목간이 발견된다면 지역적 범위가 확장될 것으로 기대할 수 있지만, 현재로서는 그 여부를 장담하기 힘들다. 또 이미 종이가 많이 보급된 시기의 목간들이어서, 중국과 달리 성식 문서나 서책 등은 거의 확인되지 않으며, 단편적인 정보만 적혀 있는 사례가 많아 연구에 활용하기 쉽지 않은 한계도 있다.

하지만 당대인들이 직접 만들어 사용했던 것이 그대로 전해진 것으로, 문헌에 전하지 않는 정보를 담고 있어, 사료가 부족한 한국 고대사 연구에 귀중한 자료라 하지 않을 수 없다. 특히 출토 수가 비교적 많으면서 일련의 유사한 내용을 담고 있는, 국가 운영 과정에서 생산된 목간들을 주목할 필요가 있다. 이들은 국가 통치 제도를 바탕으로 이루어진 행정 절차 중 만들어져 사용된 것으로, 비록 기재된 내용은 단편적인 정보이지만, 작성 목적을 알 수 있어서 그 내용을 파악하는 데 유리하며, 그리고 그 기재된 정보들을 분석하면 당시 국가 통치제도의 구체적인 모습에 접근할 수 있는 단서가 되기 때문이다. 즉 목간과 같은 출토 문자 자료 연구에서, 1차적인 '판독과 해석'에서 한 걸음 더 나아가 구체적인 역사상의 복원으로 확장하는 양상을 잘 보여주는 사례인 것이다.

옛 백제 지역에서 출토된 목간들 중 호적(戶籍)이나 그것을 정리한 장부 문서들이 몇 점 발견되었다. 「궁남지 목간 315」와 「나주 복암리 목간 2, 5」가 그것이다. 이들 적장문서목간(籍帳文書木簡)은 비록 그 출토 숫자가 극히 적지만, 문헌에 전하지 않는 백제의 편호(編戶) 방식과 수취·역역동원(力役動員) 제도의 구체적인 모습을 확인할 수 있게 해주었다. 나아가 중국·일본의 호적·장부 목간과의 비교 연구를 통해 동아시아 율령들 사이의 영향 관계를 파악할 수 있게 해주었다(홍승우, 2015).

신라 지역에서는 백제와 달리 아직까지 호적이나 그것에 바탕을 둔 장부목간이 직접적으로 나온 적은 없다. 하지만 신라 왕성(王城) 유적인 월성해자(月城垓子)에서 부역제도와 관련하여 행정에 사용되었던 몇 점의 목간이 출토되었고, 경남 함안 성산산성(城山山城)에서 조세나 역역동원과 관련한 물품의 수납에 사용되었던 목간이 다수 나왔다.

그리고 이들 목간들의 발견으로, 그간 「신라촌락문서(新羅村落文書)」나 「경주(慶州) 명활산성비(明活山城碑)」, 「경주(慶州) 남산신성비(南山新城碑)」, 「대구(大邱) 무술오작비(戊戌塢作碑)」 등의 금석문에 전적으로 의존했던 신라 부역제도 관련 연구가 새로운 전기를 맞이했다고 할 수 있다. 이 글에서는 부역제도와 관련한 신라 목간들의 대표적인 사례들을 소개하면서, 그것들이 관련 연구들에 어떻게 활용되었는지를 간략히 살펴 보고, 그에 더하여 그간 연구들과 다른 필자 나름의 견해를 덧붙여보고자 한다. 이를 통해 목간을 활용한 신라 부역제도 연구 확장과 심화 필요성을 제기하면서, 아울러 한국 고대사에서 목간 자료가 가지는 중요성을 환기시키고자 한다.

2 성산산성목간과 부역

한국 고대 목간은 1975년 신라 왕경이었던 경주 소재 '경주 동궁과 월지(慶州 東宮과 月池)'에 대한 발굴 조사 과정에서 처음 발견되었으므로, 신라 목간은 한국 고대 목간 연구의 시작이라고 해도 과언이 아니다. 그리고 월성해자를 비롯한 신라의 왕경 구역과 영역 내의 여러 지방에서 계속 출토되고 있어 한국 고대사 연구의 중요한 자료를 지속적으로 제공하고 있다고 말할 수 있다.

1991년부터 2016년까지 시행된 경상남도 함안군의 성산산성 유적에 대한 발굴 조사에서 245점에 달하는 신라시대 목간이 출토되었다. 이 목간들은 6세기 중후반에서 7세기에 걸쳐 만들어진 것으로 추정된다(김재홍, 2019). 함안 성산산성 출토 신라 목간(이하 성산산성목간)은 성산산성 축성과 관련하여 만들어지고 사용된 일련의 목간군이다. 주로 단편적으로 출토되어 한계가 있었던 한국 고대 목간 연구에 하나의 전기가 된 것으로, 한국 고대 목간 중 가장 주목을 받고 많은 연구가 이루어졌다(국립가야문화재연구소, 2017).

전체 245점 중 절대다수라 할 수 있는 224점이 내용물에 대한 정보를 적어서 하물(荷物)에 매달아놓았던 목간들이다. 현재 한국 학계에서는 이들을 통상 하찰목간(荷札木簡)이라고 부르고 있다. 하찰목간이라는 용어는 목간이 부착되어 있던 짐들을 세물(稅物)이라고 파악하고, 운반되는 세물에 부착되었던 목간을 지칭하는 일본 학계의 용어를 그대로 사용한 것이다. 우리말을 사용하여 (짐)꼬리표목간으로 부르는 연구자도 있지만, 중·일 양국 목간 연구와의 공유를 염두에 두고 한자로 표현하는 것이 일반적이다. 그러나 후술하겠지만 필자는 이들이 세물이 아니라고 생각하므로, 이 글에서는 학계에서 통용되는 '하찰목간'이라는 용어를 사용하는 대신 보다 범칭에 가까운 '부찰목간(附札木簡)'이라 하겠다(홍승우, 2018, 80쪽).

이 부찰목간들은 성산산성을 축조할 당시에 각지에서 이곳으로 운반되어 와서 사용되었던 물품들을 담은 짐들에 매여 있던 것들로, 이곳에서 용도를 다한 이후 폐기되었다. 이 부찰목간들은 그 매여 있던 짐과 관련한 정보를 기재하고 있는데, 몇 가지 유형으로 분류되어왔다(국립가야문화재연구소, 2017, 485~486쪽). 그 유형 분류와 대표적인 예 몇 가지를 적시하면 다음과 같다.

① 연월하찰(年月荷札): 단지 3점만 있어서 연월(年月)은 일반적으로 기재되지 않았다고 보인다.

　　ex: 「가야4686」(三月中), 「가야2639」(正月中), 「가야5599」(壬子年)

② 성하하찰(城下荷札): 상위 행정단위(城)+下(+곡물+양)+하위 행정단위+인명+곡물+양

　　ex: 「가야4682」 [1면] 甘文城下麦十五石甘文

　　　　　　　　　 [2면] 本波加本斯稗一石之

③ 지명인명하찰(地名人名荷札): [지명(城)+]지명(村)+인명[+負·發 or (곡 물)+(양)]

　　ex: 「가야1597」陽村文尸只稗

　　　「가야2012」仇利伐 仇陁知一伐奴人 毛利支負

　　　「가야2023」及伐城登奴稗石

　　　「가야4693」盖山鄒勿負稗

④ 인명하찰(人名荷札): 인명[+負·發 or (곡물)+(양)]

　　ex: 「가야34」內恩知 奴人 居助支 負

⑤ 지명하찰(地名荷札): 지명[+負 or (곡물)+(양)]

　　ex: 「가야2015」伊大兮村 稗石

　　　「가야2029」丘伐 稗石

　　　「가야5594」沙喙部 負

성산산성목간 발견 초기에는 기재된 개별 요소들을 지명, 인명, 곡물명, 수량사(數量詞), 기타 용어 등으로 구분하여, 어떤 요소들이 적혀 있는지에 따라 모두 분류했다. 하지만 부찰목간이라는 특성을 고려하여 물품에 대한 정보, 예를 들어 물품명, 수량 등은 기본적인 요소로서 생략될 수 있다고 파악하고, 그 이외의 요소, 곧 물품과 관련 있는 인물에 대한 정보가 어느 정도까지 기재되어 있는가를 기준으로 분류하는 경향이 강해졌다. 그 결과 대부분의 목간이 사실상 동일한 형식과

내용을 담고 있으나, 제작 주체나 시기에 따라 약간씩 변형되었을 뿐이라고 파악되고 있다. 다만 소위 '성하목간(城下木簡)'이라 부르는 11점 정도의 목간만은 여전히 특수한 형식으로 보고 있다. 그러나 필자는 이 '성하목간' 역시 다른 목간들과 구별되지 않고 거의 유사한 형식과 내용을 가지고 있음을 논증 했다(홍승우, 2018).

즉 성산산성목간들이 일견 다양한 서식과 기재 요소를 가진 것처럼 보이지만, 사실상 다음과 같은 서식에서 일부 요소들이 생략된 것임을 알 수 있다.

상위 행정단위(-伐, -城)+하위 행정단위(-村)+인명(호주?)[+관계(奴, 子 등)+인명]+물품명+수량(一石)

성산산성 부찰목간의 특징이라 할 수 있는 것은, 물품에 대한 정보를 기재하기 위한 부찰목간임에도, 물품에 대한 정보는 완전히 생략하기도 했다는 것이다. 이는 이 목간들이 매여 있던 짐들의 내용물이 거의 곡물, 주로 피[稗] 1석이었기 때문이라고 추정된다. 224점의 부찰목간 중 물품이 적시되어 있거나 유추할 수 있는 것은 163점인데, 이 중 2점을 제외하고는 모두 곡물이다. 또 곡물명이 적시된 112점 중 17점[맥(麦) 13점, 미(米) 4점]을 제외하고는 모두 피[稗]며, 이름이 적시되지 않은 곡물도 피[稗]일 가능성이 매우 높다. 한편 곡물의 수량은 극히 소수의 사례를 제외하면 일관적으로 1석(石)이다. 물품에 대한 정보를 기재한 목간이지만 그 물품은 기의 고정적인 것이어서 오히려 반드시 적어야만 하는 필수 정보가 아니었고, 그 때문에 생략이 가능했다고 할 수 있다. 사실상 필수 정보는 지명(행정단위)과 인명이 되는 것이다.

고정된 양의 곡물이라는 점에서 이들 곡물을 담은 짐의 성격 및 기재된 인명과 물품의 관계에 대해서는 두 가지 가능성을 상정해볼 수 있다. 하나는 목간에 기재된 인명에 해당하는 사람이 납부한 조(租)이다. 현재 대다수의 연구자들은 이 입장이라고 해도 과언이 아니다. 북위(北魏)와 당(唐)에서 급전(給田)과 함께 호(戶) 내지 정(丁)에게 일정한 세액을 수취했던 것이나, 고구려에서 인세(人稅)로 일정 양의 곡물을 수취한 사례를 통해 그 가능성을 엿볼 수 있다.

신라에서 민(民)에 대한 급전의 모습은 후대인 성덕왕(聖德王) 21년 (722)에
서야 확인되므로, 급전을 전제로 한 정조(丁租)를 상정하기는 어렵겠지만, 인세나
정·호조(丁·戶調)의 일부일 가능성은 충분하다. 물품인 곡물이 조(租)라면, 기재된
인명은 그 조를 납부한 사람일 것이다. 이러한 입장의 견해들은 이 부찰목간들이
세금을 납부하여 창고에 납입하는 과정에서 작성·사용된 것으로 추정하고 있는
셈이다.

다른 하나는 축성이나 수역(戍役)에 동원된 사람들에게 지급된 공적인 식량으
로 파악하는 것이다. 노역에 동원된 사람들에게 일정한 양의 식량을 지급하는 것이
신라의 부역령(賦役令)과 같은 율령에 규정되어 있었고, 그에 입각하여 식량 지급 대
상자별로 짐을 꾸리고 이 부찰목간을 매달아놓았다고 보는 것이다.

필자는 개인적으로 후자에 무게를 두고 있다. 우선 이것을 세물로 보기에는
중국이나 일본의 세물과 관련한 목간들에서 그 세목(稅目), 물품명, 수량을 모두 생
략한 사례는 찾아볼 수 없다는 점을 생각하지 않을 수 없다(戴衛紅, 2018; 畑中彩子,
2018). 거기에 과연 '피[稗] 1석'이 당시 신라에서 거두었던 조(租)의 품목 및 수량이
었을까 하는 의문도 더해진다. 그리고 각 짐의 상황이 기재된 것으로 보이는 다음
의 목간들은, 이 짐들이 성산산성 소재 창고에서의 반출과정과 연관이 있으며 목
간에 기재된 사람이 해당 짐을 받아갔음을 짐작하게 한다.

「가야2640」 [1면] ▨皂(冠)村

　　　　　　 [2면] 此負刀寧負盜人有

「가야2026」 甘文城下▨米十一斗石喙大村卜只次持之

「가야5595」 [1면] 甘文城下麦十五石甘文本波 ×

　　　　　　 [2면] 伊次只去之 ×

「가야5601」 此發▨德石莫杖之

「가야2640」의 경우 이 목간이 부착된 짐이 도령(刀寧)이라는 사람과 관련한
것인데 그 물품을 도둑맞았다는 뜻으로 해석된다. 이 문구를 볼 때, 도령이 이 물

품 아마도 피(稗)를 조(租)로서 창고에 납입하는 과정에서 이 목간이 제작·사용되었다고 파악하기는 힘들다. 「가야2026」과 「가야5595」에는 '지(持)'와 '거(去)'라는 표현이 나와 기재된 인명이 이 짐을 가지고 갔다고 기술된 듯하다. 이러한 표현은 납입보다 반출과 관련한 것으로 보는 것이 타당할 것이다. 「가야5601」의 '장(杖)'도 '지(持)'와 뜻이 통하므로 비슷한 의미로 보이는데, 앞에 '막(莫)'이 있어서 부정하는 내용이 된다. 만약 납입과 관련한 것이라면 이 짐이 납입되지 않았다는 의미가 되므로, 이 목간이 만들어져 성산산성까지 운반되어올 수 없는 상황인 것이다. 이상의 내용을 고려할 때, 성산산성 부찰목간들은 세물이 납입되는 과정에서 만들어진 것이라기보다는, 역부들에게 반출되는 과정과 관련 있는 것이라고 개인적으로 판단한다.

그 외에도 성산산성 축조에 동원된 사람들이 스스로 마련한 식량을 이들의 출신지에서 수합하여 성산산성에 보낸 것으로 보는 견해(박남수, 2017)와 산성 축조는 물론이고 그곳에서 군역을 지는 사람들의 식량 등으로 사용될 물품을 입역한 사람들의 출신지에서 보낸 것 혹은 그 지역에서 성산산성으로 운반된 개인적인 화물들에 부착된 것이라 파악하는 견해(이재환, 2018) 등이 새로이 제기되고 있기도 하다.

한편 성산산성목간들이 곡물을 성산산성으로 수송하는 것과 관련하여 작성되었다고 보는 견해도 있다. 이는 목간의 인명이 짐을 운반하는 사람이며, 일종의 '수역(輸役)'과 관련한 것이라 파악하는 것이었다(전덕재, 2007; 김창석, 2009). 그러나 여러 사례들이 축적된 현재는 이러한 주장이 크게 지지받지는 못하고 있다.

그런데 어느 쪽이든지 이 곡물들은 축성에 동원된 사람들에게 지급된 식량이고, 제일 앞의 상위 행정단위(-城, -伐)에서 성산산성으로 옮겨진 것에는 동의하고 있다. 그리고 이는 신라의 인력동원 방식과 연관되어 있다. 연구자에 따라 제작 시기에 이견이 있기는 하지만, 7세기 말 이후[1] 통일신라의 부역제도하에서 작성된 적장 문서인 「신라촌락문서(新羅村落文書)」의 내용을 볼 때, 기본적으로 개별 가호

1　「신라촌락문서」의 작성 연대에 대해서는 695년 설, 755년 설, 815년 설, 875년 설이 제기된 바 있고, 주로 695년 설과 815년 설이 유력하게 받아들여지고 있다.

[烟] 및 개인에 대해 철저히 파악하고 그것을 바탕으로 부역을 부과한다는 원칙이 규정되어 있었던 것은 분명한 사실이지만, 여전히 촌(村)과 같은 지역 공동체 단위의 공동 납부 형식이 유제로 남아 있었던 것으로 생각된다. 이는 신라가 여러 독자적 지역 정치체를 병합해가면서 발전했던 상황과 연결되는 것이기도 하다. 다음 절에서는 역역동원과 관련하여 신라목간들을 살펴보자.

3 신라목간과 역역동원

당시 역역동원의 방식과 관련해서는 우선 문헌사료인 『삼국사기(三國史記)』설씨녀전(薛氏女傳)에 주목해볼 수 있다. 이에 따르면 6세기 말 신라에서는 변방의 군역(軍役, 戍役)을 타인이 대신 갈 수 있었다. 이는 역(役)의 동원이 개인에게 부과되기도 했지만, 기본적으로 지역 공동체 단위에서 일정한 수의 인원이 동원되기만 하면 되었음을 보여준다. 이러한 6세기 말 신라의 양상은 비슷한 시기의 축성비(築城碑)인 「경주 명활산성비」나 「경주 남산신성비」에서 분명히 확인된다(국립경주박물관편, 2017). 551년에 건립된 「경주 명활산성비」에서는 행정단위 오대곡(烏大谷)의 유력자들이 이끄는 역역집단인 추혜하간지도(抽兮下干支徒), 문질혜일벌도(文叱兮一伐徒), ▨▨리파일도(▨▨利波日徒)가 일정한 범위의 성벽을 쌓는데 동원되었다고 기록되어 있으며, 591년에 세워진 「경주 남산신성비」 제9비에는 '급벌군중이동성도(伋伐郡中伊同城徒)'가 해당 구역의 축성을 담당했다고 기록되어 있다. 축성에 동원된 사람들은 지역 공동체 단위에서 동원되었고, 그들을 지휘하여 역을 담당한 것은 지역 수장층 출신 혹은 중앙에서 파견된 지방관이었다.

역의 동원이 지역 공동체 단위로 일정하게 부과되었던 것은, 신라에 많은 영향을 준 것으로 보이는 고구려의 사례에서도 일부 확인할 수 있다. 「광개토왕비(廣開土王碑)」에는 수묘인연호(守墓人烟戶) 차출 지역과 차출 가수(家數)가 제시되어 있다. 물론 근래에 발견된 「집안고구려비(集安高句麗碑)」에 "銘其烟戶頭廿人名"이라는 문구가 있어서, 수묘인연호의 연호두(烟戶頭) 이름을 비에 새겨 관리했던 것을 알 수 있으므로, 역에 종사하는 연호(烟戶) 혹은 개인을 직접 파악하고 있었던 것은 분명하다. 그러나 「광개토왕비」의 내용을 볼 때, 전체적으로 지역단위별로 일정한 숫자를 역에 동원하는 규정이 원칙이었고, 국가가 개별 가호를 직접 지정하여 동원하는 방식은 아니었음을 알 수 있다.

성산산성목간이 만들어져 사용되던 시기에 신라의 역역동원 방식도 이와 같은 고구려와 신라의 사례와 유사했을 것으로 추정된다. 다음 성산산성목간에서 그러한 정황을 엿볼 수 있다.

「가야1602」[1면] [긴 빈칸] 丁廿二益丁四 村 ×

[2면] [긴 빈칸] ▨二▨丁十一 村 ×

백제의 「부여 쌍북리 173-8 출토 223목간」과 유사한 정(丁)의 집계 장부로 추정된다. 하단부가 파손되어 전체 내용을 파악할 수는 없지만, 작업집단에 속한 정의 총계와 증감을 정리한 것으로 추정된다. 상부에 상당히 긴 17.5센티미터 정도의 공백이 있는 점에 주목하여, 이 목간이 단독으로 사용된 것이 아니라, 명단 등이 기재된 다른 목간과 세트로 만들어지고 사용되었을 것이라 추정하기도 한다(이재환, 2019). 그런데 마지막 글자가 '촌(村)'이다. 아마 촌 단위로 축성역에 동원된 정을 집계·정리한 것일 텐데, 이는 하위 행정단위인 촌별로 역역을 동원하고 관리했음을 짐작하게 한다.

다만 성산산성목간이 역역동원의 기본 단위인 하위 행정단위에서 제작되었던 것은 아니다. 성산산성목간은 상위 행정단위별로 동일한 서사자에 의해 작성되었던 것을 알 수 있어서(국립가야문화재연구소, 2017, 480쪽), 상위 행정단위별로 목간들이 제작되었던 것으로 추정된다. 이를 통해 각 지역에서 동원된 사람들에게 지급될 식량을 상위 행정단위 지역에서 마련하여 성산산성으로 보내왔다는 것을 유추할 수 있다. 곧 동원된 사람의 출신 지역에서 그 식량을 부담했다고 할 수 있는데, 일본의 용미(庸米)[자양(資養)] 사례에서 이와 유사한 모습을 찾아볼 수 있다(畑中彩子, 2018, 184쪽). 결국 여러 상위 행정단위(城, 伐)에서 하위 행정단위(村) 별로 인력을 동원하고 동원된 인력의 식량도 부담하면서 공역(工役)에 대한 관리 및 책임을 지는 방식이었음을 유추해낼 수 있는 것이다.

한편 앞 절에서 필자가 추론한 것과 같이 성산산성목간이 축성과 관련하여 역부(役夫)들에게 지급된 식량과 관련한 것이라고 한다면, 동원 방식이나 일수 및 역부에 대한 식량 지급 등과 같은 일련의 규정이 있었으리라 짐작할 수 있다. 이와 관련하여 성산산성목간 중 다음의 두 문서목간이 주목된다.

「가야2645」

[1면] 六月中▨多馮城▨(者?)村主敬白之 烏▨▨成行之

[2면] ▨▨智一伐大▨▨也 功六▨大城從人(士?)六十日

[3면] ▨去(走?)石日(率?)(此?)更▨荷(秀?)▨

[4면] 卒日治之人(此?)人烏(馮?)城置不行遣之白

「가야5598」

[1면] 三月中 眞乃滅村主 憹怖白

[2면] ▨城在弥卽尒智大舍下智前去白之

[3면] 卽白先節(六十?)日代法稚然

[4면] 伊毛羅及伐尺(寀?)言▨法卅代告今卅日食去白之

이 문서목간들의 판독 및 내용에 대해서는 여러 연구자들이 의견을 개진했다(이재환, 2019). 아직 몇몇 글자의 판독에 논란이 있어서 정확한 내용을 파악하는데는 어려움이 있지만, 부찰목간과 연동되는 내용이라는 것, 곧 축성역(築城役)에 동원된 사람들의 관리 및 그들에게 지급되는 식량과 관련한 것이라는 데에는 대부분 동의하고 있다. 이 문서목간들 역시 부찰목간과 같이 역역동원을 위한 행정 과정에서 생산된 것으로 보아도 무방할 것이다.

두 목간 모두에서 상부에 보고하기 위해 이 문서를 작성했던 것으로 보이는 존재로서 하위 행정단위의 장(長)인 촌주(村主)가 등장하고, 아울러 지역 수장층 출신으로 촌주와 함께 역부(役夫)들의 지휘·관리를 담당했던 것으로 보이는 '▨▨지일벌(▨▨智一伐)'과 '이모라급벌척(伊毛羅及伐尺)'의 존재를 각각 확인할 수 있다. 이 모습은 앞서 문헌과 금석문들에서 확인되었던 신라의 인력 동원 양상과도 부합한다.

「가야2645」에서 '공(功)'이라는 표현이 특히 주목된다. 뒤에 '육(六)'이라는 숫자와 함께 '대성종인사육십일(大城從人士²六十日)'이라는 문구가 나오는데, 60일간의 인력 동원과 관련한 용어로 추정된다. 공(功)이 인력 동원과 관련하여 사용된 사례로서, 578년에 건립된 것으로 추정되는 「대구 무술오작비」의 "此作起數者三百十二人功夫如十三日了作事之"도 있다. 보통 여기에 나오는 '공부(功夫)'는 798년에 작성된 「영천(永川) 청제비(菁堤碑) 정원명(貞元銘)」의 '법공부(法功夫)'와 함께 동원된 '역부(役夫)'의 의미로 파악되어왔다. 그런데 이를 노동량으로 파악하는 견해가 근래 제기 되었다(이미란, 2016). 그리고 경주 월성해자에서 새로이 출토된 목간(이하 월성해자목간)에도 유사한 사례로 볼 수 있는 것이 있다.

「월성해자목간 임069(2016)」

[1면] ▨▨▨▨ ··· ×

　　　古拿村(行?)兮(?)豕 ································ 書▨ ×

　　　▨只▨ ·· 谷▨ ×

[2면] 功以受汳荷四煞功卄二以八十四人越蒜山走入蔥　　×

　　　受一伐代成年往留丙亇年干支受

　　　▨二

최근 이 목간이 외위를 소지한 지방 유력자가 승진한 내용을 적어놓은 문서목간이라는 주장이 나왔다(橋本繁, 2020). 그에 따르면 여기에서 공(功)은 역역과 무관한 그야말로 공적(功績)의 의미가 된다. 그러나 이 목간에서도 촌(村)과 일벌(一伐)이라는 지방 수장층의 존재와 함께 공과 인원 수(八十四人)가 기재되어 있어서 역역

2　'士'를 '丁'으로 판독하기도 한다.

동원과 관련한 것으로 볼 여지가 많다(전경효, 2018; 윤선태, 2018). 이 목간에는 그 외에도 수(受) 및 왕류(往留) 등의 표현이 나오는 것에 주목할 수 있는데, 수(受)와 관련해서는 「월성 해자목간9」를 참고할 수 있다.

「월성해자목간9」

[1면] ●(習比部?)]上里今受 (山?)南(罡?)上里今受 阿今里不 岸上里不

[2면] ▨▨▨▨ ▨上受 尤祝受 除(井?)受 開(池?)受 赤里受 ▨▨受 ▨▨不有 ▨里不有▨▨道受

[3면] ▨下南川受 ▨▨禺受 ……………………北受 多比刀不有 …………▨ 受 不有

[4면] ………里受 伐(品里?)受 赤居伐受 麻支受 ●牟喙 仲里受 新里受 上里受 下里受

이 목간에서는 신라 왕경의 부(部, 상위 행정단위) 아래 리(里) 혹은 그와 동급의 행정단위(하위 행정단위)들이 나열되어 있고, 각 리명(里名) 옆에는 작은 글씨로 수(受), 금수(今受), 불(不), 불유(不有) 등이 적혀 있다. 「월성 해자목간1」에도 이 수(受)가 등장한다. 이 일련의 표현들은 각 하위 행정단위별 부역(賦役)의 부과 내지는 수납(受納) 여부를 기재한 것으로 추정된다. 부산 배산성지(盃山城址)에서도 매달 1일 촌에서 성(城)에 납입한 곡물의 양을 기록한 것으로 보이는 목간이 발견되었다. 이 목간에서도 수(受), 실수(失受) 등의 표현이 확인된다(나동욱, 2018).

이렇게 하위 행정단위별로 부과 내지는 수납 여부를 기재한 장부의 존재는 지역 단위별 부역 부과와 운영이 이루어졌음을 다시금 확인시켜준다고 하겠다. 이상과 같이 볼 수 있다면, 「월성해자목간 임069」는 역역 동원과 관련한 문서목간이며, 공(功)은 역역동원과 관련하여 입역자(立役者)가 수행해야 할 일정한 노동량 혹은 작업량 단위를 의미할 가능성이 높다.[3]

---

3 중국 율령에서도 공(功)은 일할 수 있는 시간에 따른 노동량 혹은 작업량의 계산 단위로 사용되어 참고된다.
"무릇 작업량[功程]의 계산은 4월·5월·6월·7월은 장공(長功)으로, 2월·3월·8월·9월은 중공(中功)으로, 10월·11월·12월·1월은 단공(短功)으로 한다."(김택민·하원수 주편, 2013, 『천성령 역주』, 혜

성산산성 출토 두 문서목간에서 공통적으로 나타나는 것은 일수(日數)이다. 「가야 5598」의 경우 아직 판독에 이견이 있기는 하지만, 두 목간에 '60일(六十日)'이 공통적으로 등장하며, 「가야5598」에는 '30일(卅日)'도 있다. 이 문서목간들이 축성의 역역동원과 관련한 것임을 감안할 때, 이는 동원된 사람들의 입역 기간을 의미할 가능성이 높다. 공이 노동량 혹은 작업량이라고 하면 이는 일별 양일 것이고, 이 양을 정해진 일수만큼 수행해야 하는 의무가 동원된 사람들에게 부과되었을 것이다. 그리고 그 일수가 채워지면 입역의 의무를 마친 것으로 생각해도 좋을 것 같다. 이러한 양상은 중국이나 일본 율령의 규정에도 명시된 것으로, 신라에서도 유사한 규정이 있었다고 보이며, 그 내용이 이 목간들에 반영되었을 가능성이 높다고 생각된다.

입역 기간과 관련하여 「가야5598」에 나오는 '대(代)'가 주목되고 있다. 이 문서목간의 존재가 발표된 이후 어쩌면 가장 큰 관심을 끈 것이 '대법(代法)'과 '30대(卅代)'라는 표현이었으며, 이 '대(代)'가 어떠한 의미인가에 대해서는 여러 의견들이 개진되었다. 이를 단순한 일반 동사로 본 견 해도 있지만(박남수, 2017), 많은 연구자들은 역역동원과 관련한 규정에서 쓰이는 특별한 의미를 가진 용어로 본다.

우선 숫자와 함께 쓰이고 있다는 점에서 어떠한 단위로서 사용되었다고 보는 견해들이 있다. 대(代)를 농지의 면적 단위 혹은 그에서 파생된 곡물의 양 단위로 파악하거나(전덕재, 2017), 역부의 작업 일수나(이수훈, 2017) 작업 일수에 해당하는 대가를 의미한다고 보기도 한다(김창석, 2017). 만약 대(代)를 작업 일수로 볼 수 있다면, 일일 노동(작업)량을 의미하는 것으로 보이는 공(功)과 연계되어 사용되었다고 파악할 수 있을 것이다. 한편 대(代)를 특정한 단위로 보는 것과 달리 정해진 입역 기한을 전제로 하여 동원된 역부의 교대를 의미한다는 주장도 있다(이재환, 2019; 강나리, 2019).

아직 분명한 결론을 내리기는 힘들지만, 성산산성목간이 축성이나 수역(戍

안, 503쪽) "무릇 일(日)이라고 한 것은 100각(百刻)으로써 계산한다. 공용(功庸)을 계산하는 경우에는 아침부터 저녁까지로 한다."(金鐸敏·任大熙 主編, 1994, 『譯註 唐律疏議(Ⅰ)』, 362쪽)

役)을 위한 인력 동원과 관련하여 작성·사용되었을 것이 분명한 만큼, 30[卅]과 60[六十]은 입역 기간을 의미한다고 이해해도 큰 잘못이라고 생각되지는 않는다. 그리고 「가야5598」의 마지막 부분의 '卅日食去'도 역시 이와 관련이 있을 것으로 판단된다. 앞서 부찰목간들 중에 '거(去)'는 '지(持)', '장(杖)'과 함께 '가지고 가다' 는 의미일 것으로 추정한 바 있는 데, 이 문구 역시 30일치의 식량을 가지고 갔다 고 해석해볼 수 있겠다. 이상과 같은 추론들이 타당하다면, 신라의 역역동원 규정 에서의 기한은 30일이었다고 할 수 있으며, 나아가 부찰목간들의 짐이 역부들에게 관에서 지급한 식량이라고 한다면, 성산산성목간에 가장 빈번하게 나오는 '피1석 [稗一石]'이 바로 이 '卅日食'에 해당하는 것일 가능성도 상정할 수 있을 것이다.

　　다만 「가야2645」에 60일이라는 기간이 나오는 점, 「가야5598」이 입역 혹은 작업 기간과 관련하여 문제가 있어 그에 대해 보고하는 내용으로 추정되는 점 등 을 고려할 때, 이 30일 입역과 관련한 규정이 만들어져 완전히 정착하고 안정화된 것은 아닌 상황으로 생각되기도 한다. 이와 관련하여 성산산성목간과 같이 축성을 위한 역역 동원과정에서 만들어진 551년의 「경주 명활산성비」와 591년의 「경주 남산신성비」가 참고된다. 「경주 명활산성비」에는 '35일'이라는 공사 기간이 명시 되어 있으나, 「경주 남산신성비」에는 공사 기간이 별도로 기재되어 있지 않다. 이 두 비 사이의 어느 시점에 입역 기간과 관련한 규정이 정비되었을 가능성을 혹 상 정할 수 있을지 모르겠다.

4　나가며

　　이상에서 한국 고대의 신라 목간들 중 부역제도의 운영 과정에서 제작되고 사 용된 목간들을 살펴보고, 단편적이기는 하지만 그 안에 담긴 부역제도들의 모습을 알아보았다. 전체 숫자가 많지 않고 단편적인 사례가 많아 1차적인 판독과 해석 중 심의 연구가 주류를 이루는 한국 고대 목간들 중, 부역제도와 연관된 목간은 그 출 토 예가 상대적으로 많고 작성 목적과 관련하여 내용 파악이 어느 정도 가능하여,

관련 연구가 비교적 활발히 이루어졌다. 한국 고대국가들의 경우 부역제도와 관련한 문헌사료가 극히 부족하여, 관련 내용에 대해 알기 어려웠는데, 목간들의 발견을 통해 어느 정도 단서를 찾았고 대체적인 모습을 그릴 수 있게 되었다고 하겠다.

이 부역제도와 관련한 목간은 중국이나 일본에서도 많은 사례가 있고 연구에서도 비중이 높은 주제라 할 수 있다. 비슷한 성격과 용도의 목간들을 통해 상호 비교 연구하는 작업도 상당히 이루어졌으며, 앞으로도 기대되는 바이다. 한국 고대 목간에 대한 분석과 고찰 역시 중국 및 일본과의 비교 연구가 필수적이라고 할 수 있다.

이 글에서는 신라 목간에 초점을 맞추었고 지면의 부족으로, 중국·일본 사례와 비교·검토를 하지는 못했다. 하지만 부역제도와 관련한 목간들의 내용 파악이 다른 나라의 사례를 염두에 두고 이루어졌음을 생각할 때, 이는 반드시 필요하다고 하겠다.

이제 신라를 포함한 한국 고대 목간 연구는 내용 파악 단계에서 한 걸음 더 나아가 그것을 활용하여 당시의 통치제도를 구체적으로 복원하는 단계로 진입하고 있으며, 그 선단에 부역제도가 있다고 할 수 있다. 앞으로 동아시아 여러 나라와의 비교 연구가 더욱 확장되고 활성화되는데도 역시 부역제도가 중요한 역할을 할 것으로 기대된다.

참고문헌

『삼국사기(三國史記)』

한글

강나리, 2019, 「신라 중고기의 '代法'과 역역동원체계-함안 성산산성 출토 218호 목간을
　　　　중심으로」,『韓國古代史研究』83, 한국고대사학회.

국립가야문화재연구소, 2017,『韓國의 古代木簡Ⅱ』.

국립경주박물관편, 2017,『新羅文字資料Ⅰ』.

國立慶州文化財研究所, 2006,『月城垓子 發掘調査報告書Ⅱ-고찰』.

김재홍, 2019, 「함안 성산산성과 출토 목간의 연대」,『木簡과 文字』22, 한국목간학회.

金昌錫, 2009, 「新羅 中古期의 奴人과 奴婢-城山山城 木簡과「鳳坪碑」의 분석을 중심으로」,
　　　　『韓國古代史研究』54, 한국고대사학회.

金昌錫, 2017, 「咸安 城山山城 17차 발굴조사 출토 四面木簡(23번)에 관한 考察」,『韓國史
　　　　研究』177, 한국사연구회.

나동욱, 2018, 「부산 배산성지 출토 목간 자료 소개」,『木簡과 文字』20, 한국목간학회.

戴衛紅, 2018, 「간독과 문서로 본 중국 中古 시기 지방 징세 체계」,『木簡과 文字』21, 한국
　　　　목간학회.

박남수, 2017, 「신라 법흥왕대 '及伐尺'과 성산산성 출토 목간의 '役法'」,『新羅史學報』40,
　　　　신라사학회.

윤선태, 2016, 「한국 고대목간의 연구현황과 과제」,『新羅史學報』38, 신라사학회.

윤선태, 2018, 「월성 해자 목간의 연구 성과와 신 출토 목간의 판독」,『木簡과 文字』20, 한
　　　　국목간학회.

이수훈, 2017, 「함안 성산산성 출토 4면 목간의 代-17차 발굴조사 출토 23번 목간을 중심
　　　　으로」,『역사와 경계』105, 부산경남사학회.

이재환, 2018, 「함안 성산산성 출토 신라 荷札의 성격에 대한 새로운 접근」,『韓國史研究』
　　　　182, 한국사연구회.

이재환, 2019, 「함안 성산산성 출토 문서목간과 力役 동원의 문서 행정」,『木簡과 文字』22,
　　　　한국목간학회.

전경효, 2018,「신 출토 경주 월성 해자 묵서 목간 소개」,『木簡과 文字』20, 한국목간학회.

전덕재, 2007,「함안 성산산성 목간의 내용과 중고기 신라의 수취체계」,『역사와 현실』65, 한국역사연구회.

전덕재, 2017,「중고기 신라의 대(代)와 대법(代法)에 관한 고찰-함안 성산산성 17차 발굴 조사 출토 사면 문서목간을 중심으로」,『역사와 현실』105, 한국역사연구회.

畑中彩子, 2018,「목간群으로서의 성산산성 목간」,『木簡과 文字』21, 한국목간학회.

韓國古代社會硏究所編, 1992,『譯註 韓國古代金石文Ⅰ, Ⅱ』, 駕洛國史蹟開發硏究院.

홍승우, 2015,「목간 자료로 본 백제의 籍帳 문서와 수취제도」,『韓國古代史硏究』80, 한국고대사학회.

홍승우, 2018,「함안 성산산성 목간의 물품 기재방식과 성하목간의 서식」,『木簡과 文字』21, 한국목간학회.

이재환(중앙대학교 역사학과 교수)

6장

월지 출토 문자자료와 신라 궁중의 삶

1 머리말

신라 동궁과 월지는 한국 목간 연구가 시작된 장소다. 이곳은 조선시대 이래로 안하지(安夏池) 또는 안압지(雁鴨池)라고 지칭되어오던 월성 동편의 연못으로, 1974년 경주종합개발계획의 일환으로 진행한 연못 준설 작업 도중 다량의 기와 등 많은 유물의 존재가 확인되었다. 이에 1975년 3월부터 1976년까지 본격적인 발굴 조사가 이루어졌다. 그 결과 연못 안의 뻘층과 연못 주변의 건물 26개소, 입·출수 시설, 담장 등이 확인되고, 유물 3만여 점이 출토되었다. 특히 이전까지 발견 사례가 많지 않았던 목제품들이 눈에 띄었는데, 그 가운데 30점 이상의 목간이 포함되어 있었다. 이에 대한 분석을 통해 한반도 출토 목간에 관한 최초의 논고가 발표됨으로써(문화공보부 문화재관리국, 1978, 285~297쪽), 한국 목간 연구의 문이 열렸다.

발굴 과정에서 '동궁아일(東宮衙鎰)'이라는 명문이 새겨진 철제 자물쇠 등 동궁(東宮)과의 연관성을 보여주는 유물이 다수 출토되면서 해당 연못이 신라의 동궁에 부속된 곳임이 확인되었다. 먼저 출토 유물 가운데 '세택(洗宅)'이 기록된 목간 및 토기들, '용왕(龍王)'이라는 글자가 새겨진 토기편, 20여 점의 불상 등을 각각 『삼국사기』 직관지(職官志)에 동궁관(東宮官)으로 분류된 세택(중사성)·용왕전(龍王典)·승방전(僧房典) 등의 관부와 직결시켜 해당 유적을 태자궁(太子宮)으로서의 동궁으로 확정하고 동궁관 중 월지전(月池典)과 월지악전(月池嶽典)이 존재함을 근거로 연못의 명칭을 '월지(月池)'로 파악한 연구가 발표되었다(한병삼, 1982). 이후 문자가 있는 유물들에 대한 전반적 검토를 통해 '조로2년(調露二年)'명 보상화문전, '태자(太子)'명 목제 뚜껑과 '봉태자군(奉太子君)'이 묵서된 목간 등이 증거로 더해지면서(고경희, 1994), 해당 유적을 신라의 동궁과 월지로 보는 견해가 널리 받아들여져 2011년 7월에는 '임해전지'와 안압지였던 유적 명칭 자체가 '동궁과 월지'로 바뀌었다.

단 동궁의 성격이 태자궁이었는지에 대해서는 논란이 있었으며, 해당 유적이 월지가 아니고 동궁도 다른 곳에 있었다는 주장까지 제기된 바 있다. 근래에는 월지 동편 유적의 발굴 현황을 참고하여 해당 연못과 주변 지역을 월지 및 월지궁으로 인정하면서도 태자 거소로서의 동궁은 담장으로 분리되어 월지 동편에 따로 있었다는 새로운 해석도 나왔다(윤선태, 2019). 이에 대해서는 여전히 동궁과 월지라고 보고, 국왕의 공간이면서 태자의 거주 공간이라는 성격도 복합적으로 가지고 있었을 것으로 간주하는 견해도 많다.

그 성격을 어떻게 파악하든 월지에서 출토된 '동궁아일'명 철제 자물쇠, '태자' 관련 문자 자료, '세택' 관련 문자 자료, 연못 자체의 존재, 다수의 불상들, 식료품 관련 목간, 월지 내부의 섬이나 주변의 정원 시설, 용왕 관련 문자 자료 및 '용왕제사'의 흔적들이 동궁아, 어룡성(御龍省), 세택, 월지전, 승방전, 포전(庖典), 월지악전, 용왕전 등 『삼국사기』 직관지 동궁관 소속 관부 9개 중 8개에 각각 대응되고 있어, 월지 출토 유물과 동궁의 관련성 자체를 부정하기는 어렵다. 월지 출토 문자 자료는 신라 궁중, 동궁에서 이루어진 삶의 한 단면들을 보여주는 소중한 단서가 된다고 하겠다.

2 '바른 생활'을 넘어 삶의 흔적으로

유물에 담겨 있을 신라인의 삶은 다양한 측면을 가지며 여러 층위가 중첩된 것이지만, 역사학계가 전통적으로 중요시해온 부분은 정치적인 측면이었다. 월지 출토 문자 자료에 대한 연구 또한 정치적인 무언가를 읽어내려는 노력에서 출발했다고 할 수 있다. 그 같은 시도에서 가장 먼저 주목한 것이 191호 및 발굴조사보고서 1호(안1484(3-1)) 목간에 보이는 '세택'이라는 관부명이었다(문화공보부 문화재관리국, 1978, 292~296쪽).[1]

세택은 『삼국사기』 직관지에 내성(內省) 예하 및 동궁관 소속으로 두 번 등장한다. 하지만 대사(大舍)와 종사지(從舍知)를 소속 관원으로 두었고, 경덕왕 때 '중사성(中事省)'으로 개칭되었음을 밝히고 있을 뿐, 관부의 성격을 알 만한 구체적인 단서는 남아 있지 않다. 그런데 세택이 기록된 목간에서 촉발된 연구에서 그 성격을 당나라의 중서성(中書省)에 견주면서 국왕 직속 행정관부 집사성(執事省)이 외정(外廷)화하자 세택이 중사성으로 개칭하여 내조(內朝)를 형성했다가, 고려 초 내의성(內議省)을 거쳐 중서성으로 계보가 이어졌다고 파악하는 견해(이기동, 1978)가 나와 이후 널리 받아들여지게 되었다. 단 해당 연구는 월지에서 나온 목간에 대한 조사·연구 과정에서 산출된 부산물이며 그 연장이라고까지 밝히고 있음에도(이기동, 1978, 19쪽), 목간의 내용에 대한 분석에 기반하여 해석을 내놓은 것은 아니었다.

월지 출토 목간의 내용을 포함한 분석이 본격적으로 이루어진 것은 그로부터 20년의 세월이 흐른 후였다. 1997년, 한국 출토 목간 자료를 정리하여 일본에 소개하는 과정에서 월지 출토 목간이 검토되었다(李成市, 1997, 234~235쪽). 주로 서식(書式)을 바탕으로 일본 출토 목간들과 비교하였는데, 186호 목간을 궁문(宮門)을 지키는 병위(兵衛)의 식료(食料) 청구와 관련된 것으로 규정하는 한편, 185호 목간

---

[1] 이 글에서 목간의 호칭은 기본적으로 국립창원문화재연구소, 2004 『한국의 고대목간』의 번호를 사용했다. 단, 발굴조사보고서의 출토 유물 목간류에서 1호로 소개하고 도판 185(398, 399)에 실린 목간은 『한국의 고대목간』에 수록되지 않았다. 안1484(3-1)은 국립경주박물관의 유물 번호다.

에서 '첩(牒)'을 읽어내면서 관심을 집중시켰다. 이후 185호 목간을 왕경의 중앙행정관청에서 동북 변경인 고성(高城)의 요새 옹(甕)에 급사(急使)를 파견하여 보낸 문서봉함용 '검(檢)'이라고 보거나(李鎔賢, 1999), 내성(內省)에서 고성에 보낸 첩(牒)의 '말 한 필'에 의한 체송(遞送)을 보여주는 발신 목록의 일부로 파악한 견해(윤선태, 2002, 97~98쪽)가 이어졌다. 이러한 흐름에서 중요시된 것은 문서의 서식과 수발 관계, 체송 체계 등 국가 행정과 제도의 측면이다. 여전히 출토 문자 자료에서 정치적인 것을 읽어내려는 의도가 강했음을 알 수 있다.

목간 연구의 본격화에는 유물의 실견 조사 및 적외선 사진 촬영 등 기술적 보조를 통한 판독안의 확충이 필수적이었다. 2004년 국립창원문화재연구소에서 당시까지 한국에서 출토된 목간들을 총정리하고 컬러 및 적외선 사진을 수록한 자료집을 출간한 뒤 그 개정판을 온라인으로 공개하고, 국립경주박물관에서 2005년부터 2006년까지 진행된 월지 출토 목간에 대한 판독 작업의 결과와 새롭게 촬영한 적외선 사진을 2007년 『신라문물연구』 창간호에 수록하면서, 월지 출토 목간 연구는 한 걸음 더 나아갈 수 있었다.

특히 185호 목간에서 기존에 방어 시설인 '옹(甕)'이나 당나귀를 의미하는 '려(驢)' 등으로 판독해오던 글자를 '醓'으로 새롭게 판독해 낸 것은, 월지 출토 목간이 생활사 자료로서 새로운 생명을 부여받게 되는 '결정적 분기점'이었다고 하겠다. 해당 목간의 판독안을 제시하면 다음과 같다.

185호

Ⅰ「ˇ□遣急使條高城醓缶」

Ⅱ「ˇ辛番洗宅□□瓮一品仲上」

Ⅰ면의 마지막 글자는 '부(缶)'의 이체자로서 일본 헤이조궁(平城宮) 출토 목간에 보이는 자형과 유사한데, 고대 일본에서 '부(缶)'는 물고기, 조개나 그 가공품 및 채소 절임이나 술 등을 담는 용기의 명칭이었다고 한다(橋本繁, 111쪽). '부(缶)'의 앞 글자 '醓'는 현재 '합'이라는 음에 '술 그릇'의 의미를 가지고 있지만, 여기에서는 부(缶)

에 담겨 있던 물품을 가리킨다. 『삼국사기』 신문왕 3년 2월조에 일길찬(一吉湌) 김흠
운(金欽運)의 딸을 왕비로 맞이하기 위해 보낸 예물 중에 '醢'가 나오는데, 쌀·술·기
름·꿀·장(醬)·시(豉)·포(脯)와 함께 열거되므로 젓갈·식해를 의미하는 '해(醢)'의 이
표기로 간주된다. 그렇다면 고성에 급사를 보내 요청하거나 운송했던 물품은 바로
발효식품 '해(醢)'였음을 알 수 있다. 동일한 자형은 월지에서 출토된 다른 목간들에
도 보인다. 다음은 '醢'를 포함하는 월지 출토 목간들의 판독문이다.

193호

Ⅰ「∨加火魚醢 」

195호

Ⅰ「∨朔三日作(鹿)醢瓮附×

197호

Ⅰ「□□□醢 」

214호

Ⅰ ×□四日作」

Ⅱ × 醢」

216호

Ⅰ「∨三月□□日作 」

Ⅱ「∨(鳥)(醢) 」

221호

Ⅰ「∨甲寅年四月九日作加火魚醢 」

197호 목간의 '醢'를 '장(醬)'으로 보거나, 185호·195호·216호 목간의 해당
글자를 소금을 의미하는 '염(鹽)'의 이체자로 판독한 견해도 있지만(권주현, 2014,
47~52쪽), 충청남도 태안군 근흥면 마도 해역에서 발견된 마도 1호선 출수 고려시
대 죽간 및 마도 3호선 출수 고려시대 목간에 보이는 고등어 해[古道醢]·게 해[蟹
醢]·어해(魚醢), 전복 해[生鮑醢]·홍합 해[蚨醢] 등의 발효식품 명칭 역시 주로 '醢'

의 형태를 띠고 있는 것과 비교할 때, '해(醢)'의 이표기로서 '醯'가 지속적으로 사용되었다고 보는 편이 자연스럽다.

한편, 195호·214호·216호·221호 목간의 내용은 '날짜+作+재료명+가공 방식[醢]'이라는 형식을 공유하고 있다. 이러한 형식 파악은 월지 출토 목간 중 다수의 성격을 파악할 수 있게 하는 실마리가 된다. 이들이 발효 식품을 만들어 보관하면서 붙여두었던 꼬리표[付札]였음을 보여주는 것이다. 같은 형식은 다른 목간들에서도 확인되는데, 제조법만 '조사(助史)'로 다르게 나타나는 경우가 존재한다. '조사'가 나오는 목간들을 모아보면 아래와 같다.

183호

Ⅰ「∨□□□□□□(月)廿一日上北廂×

Ⅲ「∨猪水助史第一行瓮一入×

Ⅳ「∨五十五□□丙(番)×

188호

Ⅰ「∨丙午年四月」

Ⅱ「∨加火魚助史三丨」

211호

Ⅰ「∨(辛)卯(年)正月十□」

Ⅱ「∨日作□猪助史百十九石」

212호

Ⅰ「∨ 年五月十六日」

Ⅱ「∨辛(番)猪助史缶」

215호

Ⅰ ×十一月廿七日入□(赤)×

Ⅱ ×魚助史卒言×

222호

Ⅰ「∨三月廿一日作獐助史缶□×

183호 목간을 제외하면 모두 '醢'가 나오는 식품 보관용 꼬리표 목간들과 형식이 일치한다. '조사'에 대해서는『삼국사기』직관지에 보이는 말단 관직 사(史)를 보조하는 존재에서 연원한 궁중잡역 수행 하급 사역 인의 명칭으로 추정한 견해(이문기, 2005, 186~193쪽)가 있었으나, 새로운 판독에 기반한 형식 파악으로 더 이상 성립할 수 없게 되었다. '조사'는 '해(醢)'와 유사한 식품명으로 보아야 할 것이다. 이에 '해(醢)'나 '자(鮓)'의 훈(訓)이기도 한 발효식품명 '젓'의 이두식 표기일 가능성이 제기되었다(橋本繁, 2007, 111쪽; 이용현, 2007, 66쪽). 222호 목간의 '조사'는 합자(合字) 형식으로 한 글자인 것처럼 서사된 점도 눈길을 끈다.

'조사'의 재료로는 생선[魚]뿐 아니라 멧돼지[猪·猪水]와 노루[獐] 등 육고기도 확인된다. 재료로 '醢'와 함께 등장하는 사슴[鹿]·새[鳥]와 별 차이가 없으며, '가화어(加火魚)'는 '조사'와 '醢' 양쪽에 공통적으로 사용되었다. 따라서 '조사'와 '醢'는 동일한 식품 가공법을 지칭하는 다른 표기 방식이었을 가능성이 높다고 판단된다.

3 젓갈과 가오리의 '슬기로운 식생활'

『고려사』예지(禮志)의 환구, 사직, 태묘, 석전, 풍사·우사·뇌신·영성 등에 대한 제사에 진설되는 제물 가운데 생선 식해[魚醢]와 더불어 토끼 식해[兔醢], 사슴 식해[鹿醢], 기러기 식해[雁醢] 및 육장(肉醬)을 의미하는 탐해(醓醢)가 확인된다. 아울러 열전 창왕(昌王) 원년 8월조에는 해(醢)의 용기로 '옹(瓮)'이 언급되고 있어("昔忠肅王置醢瓮宮中 史書之傳 以爲笑"), 185호 및 195호에 보이는 용기 명칭과 일치한다. 생선뿐 아니라 토끼와 사슴 등 육고기 및 조류인 기러기 고기가 식해의 재료로 활용된 점이 월지 출토 목간에 보이는 '醢'·'조사'와 상통한다.

'젓갈'은 '젓+갈'로서, '젓'과 '식해[醢]'를 아울러 일컫는 명칭이다. 현재 '젓'은 어패류 등의 살이나 내장 알을 소금에 절여 상온에서 일정 기간 보관함으로써 재료 내의 자가분해 효소와 미생물에 의한 발효 작용으로 생긴 유리아미노산과 핵산 분해 산물의 상승 작용으로 특유의 감칠맛을 내는 가공식품이며, '식해'는 재료에 소금과 쌀 등 곡물을 혼합하여 숙성시킨 것으로서 젖산과 소금의 작용에 의해 부패를 방지하고 특유의 맛이 나게 한 것으로 구분되며 모두 수산물을 주재료로 삼는 것이 일반적이다. 그러나 과거에는 양자의 구분이 명확하지 않고, 다양한 육상 동물 및 조류의 살코기와 내장, 껍질 등이 재료로 활용되었다.

북위(北魏) 때 만들어진 농서 『제민요술(齊民要術)』에는 '육장(肉醬)법'으로 갓 잡은 짐승의 고기에서 기름을 제거한 뒤 잘게 썰고, 누룩과 소금, 황증을 섞어 항아리에서 14일 동안 익히는 방식을 소개하였는데, 소·양·노루·사슴·토끼 고기가 모두 재료로 활용될 수 있었다. '어장 담그는 법[作魚醬法]'으로는 잉어[鯉魚]·청어(鯖魚)·가물치[鱧魚]·갈치[鱯魚]·고등어[鮐魚] 등을 재료로 생선살에 보리 누룩(黃衣)·소금·생강·귤껍질 등을 섞어 항아리에서 숙성시킨 뒤 술을 부어 넣는 방식이 나온다. 어자(魚鮓)와 저육자(猪肉鮓)를 만드는 법 또한 등장하는데 소금과 쌀밥을 이용하여 숙성시키는 것이었다. 자(鮓)는 본래 소금과 쌀을 이용하여 발효시키는 식품으로서(『석명(釋名)』, "鮓, 葅也, 以鹽米, 釀之如葅, 熟而食之也"), 식해와 다르지 않았다. 육고기로 만든 것을 해(醢), 물고기로 만든 것을 지(鮨) 혹은 자(鮓)라 하여 구분한 경우도 있었으나(『이아주소(爾雅注疏)』, "魚謂之鮨【鮨, 鮓屬也】, (…) 肉謂之醢."), 어해(魚醢)와 육자(肉鮓)의 존재를 보아 그 구분이 엄격하지 않았음을 알 수 있다.

'어장(魚醬)'과 '육장(肉醬)'이라는 표현처럼 '장(醬)'으로도 지칭되는데, 처음에는 생성되는 액즙이 주가 되어 고기나 채소 등을 찍어 먹거나 탕·국에 첨가하는 장(醬)의 일종이었다가 점차 건더기를 주로 하는 식품으로 변화한 듯하다. 『예기(禮記)』 내칙(內則) 편에는 각종 해(醢)들이 고기·생선이나 갱(羹)과 짝을 이루는 배찬 원칙들이 확인된다. 『주례(周禮)』 천관(天官) 편에 나오는 해인(醢人)은 오제(五齏) 칠해(七醢) 칠저(七菹) 삼니(三臡)를 관장한다고 하는데, 그중 육장에 해당하는 탐해(醓醢)가 있고, 그 외에 들짐승 고기[臝], 맛조개[蠯], 전갈[蚳], 토끼, 기러기 고기 및 생선으로 만든 해(醢)가 확인된다. '니(臡)'는 뼈가 섞여 있는 육고기 식해를 가리키며(『이아(爾雅)』, "肉謂之醢, 有骨者謂之臡"), 녹니(鹿臡)는 사슴고기로 만든 것이다. 한편 혜인(醯人)은 오제(五齏)와 칠저(七菹)의 제공을 관장했다고 한다. '혜(醯)'는 식초를 가리키는 호칭으로 일반화되었지만, 식해 가운데 국물[汁]이 많은 것이라고도 하여(『석명(釋名)』, "醢多汁者曰醯; 醯, 瀋也. 宋魯人皆謂汁爲瀋") 그 실체가 명확하지 않다.

콩을 이용한 장[豆醬]이 일반화되면서, 어장과 육장은 장(醬)보다는 그 특유의 맛을 즐기는 식품으로 변화해나간 듯하다. 중국에서는 송대부터 식해에 밥을 적게 쓰고 술을 많이 쓰게 되었고, 식초를 넣기도 하면서 남송대에는 식해가 회(膾)에 흡수되어 버렸다고 한다(이성우, 1984, 135쪽). 일본에서도 헤이안(平安) 시대부터 '나레즈시'라는 이름으로 쌀밥을 이용하여 발효시킨 생선 식해가 존재했으며, 이후 발효에 이용한 뒤 털어내던 밥을 함께 먹는 방식으로 변화하여 현재 일본을 대표하는 음식 '스시'가 되었다(이성우, 1984, 133~136쪽).

월지 출토 목간 중에는 콩을 이용한 장의 존재를 엿보게 하는 내용도 발견된다. 다음의 두 목간이 그것이다.

196호
Ⅰ「∨南瓮汲上卟十三斗」
209호
Ⅰ「×(辛)卯年第二汁八斗」
Ⅱ「×(辛)卯年第二汁八斗」

'卟(協)'을 '汁(즙)'과 동일한 대상으로 간주할 경우, 196호가 표시한 내용물은 남쪽의 옹(瓮)에서 길어 올린 즙 13말이며, 209호의 내용물은 신묘년에 두 번째로 우려낸 즙 8말이었다고 판단된다. 일본의 정창원(正倉院) 문서 중에는 대두(大豆) 5말의 장을 담가 '즙을 우려내는[得作汁]' 내용이 기록되어 있어, 유사한 정황으로 여겨진다. 이에 해당 목간들에 보이는 즙을 간장으로 보는 견해도 있다(권주현, 2014, 48~49쪽).

한편, '가화어(加火魚)'가 188호, 193호, 221호에 세 차례나 등장하여, 식재료로 선호되고 있었음이 눈길을 끈다. '가화어(加火魚)'는 곧 '가오리'를 차자(借字) 표기한 것으로 판단된다(이용현, 2007, 66쪽). 가오리는 상어류와 더불어 대표적인 연골어류인데, 연골어강 판새아강 아래 홍어목을 두고 가오리류를 포함시키는 경우도 있고 가오리목 아래 홍어류를 포함시키는 경우도 있어 분류상 혼동이 많다(정충훈, 1999, 199~200쪽). 『자산어보(玆山魚譜)』를 비롯한 조선 후기의 기록들에서도 분어(鱝魚)와 홍어(洪魚), 가올어(嘉兀魚) 등을 구분하기도 하고 같은 어종으로 보기도 하는 등 홍어와 가오리의 구별이 엄격하지 않았다(윤형숙·김건수·박종오·박정석·김경희·조희숙, 63쪽). 코를 쏘는 독특한 맛으로 유명한 홍어와 가오리는 서로 뗄 수 없을 만큼 가까운 존재였던 것이다.

홍어의 코를 자극하는 향과 톡 쏘는 맛은 발효 과정에서 요소(urea)가 우레아제(urease)에 의해 암모니아로 변하고, 트리메틸아민옥시다이드(TMAO)라는 물질은 TMAO 환원효소에 의해 TMA로 바뀌면서 생겨나는 것이다(윤형숙·김건수·박종오·박정석·김경희·조희숙, 2009, 231쪽). 이 때 생성된 암모니아에 의해 세균 증식이 억제되고, 살균 작용이 이루어져 장기간에 걸친 식용을 가능케 한다. 그런데 요소와 TMAO는 홍어에만 유독 많은 것이 아니라 삼투압 조절과 배설을 위해 가오리, 상어 등 연골어류들이 공통적으로 많이 함유하고 있는 물질이다. 따라서 세부 종(種)에 따라 정도의 차이는 있겠지만, 가오리도 발효 과정을 거칠 경우 암모니아와 TMA에 의한 독특한 향취가 나게 된다. 『자산어보』에서는 나주 가까운 고을에 사는 이들이 홍어를 썩혀[鮾] 먹기를 좋아했다고 하였고, 현재 영산강 유역을 중심으로 한 홍어 음식문화권과 섬진강 유역의 가오리 음식 문화권을 설정하기도 하는데, 기호의 차이는 종의 차이보다 '삭힌' 정도에서 오는 부분이 크다고 하겠다.

그런데 월지에서 발견된 가오리는 모두 날짜를 기록한 발효 식품으로 만들어지고 있어, 일정 기간의 '삭힘'을 전제로 하였음을 짐작하게 한다. 스웨덴의 수르스트뢰밍에 버금갈 정도로서 세계적으로도 '악취' 음식물로 이름난 삭힌 홍어에 미칠 정도였을지는 알 수 없지만, 가오리 식해가 월지 목간에서 3건이나 확인되었음은 신라 궁중에서 암모니아와 TMA의 향과 맛을 즐겼을 가능성을 알려준다. 호오(好惡)가 갈릴 수 있는 음식을 조심스레 맛보았을 신라 궁중의 사람들을 상상해 보는 것은 매우 흥미로운 일이다.

이처럼 월지 출토 목간 중 상당수는 육류나 어류 및 콩류를 재료로 활용한 발효식품 항아리에 매달아둔 꼬리표[付札]로서, 신라 궁중의 식생활을 엿보게 해주는 소중한 자료가 된다. 215호 목간에 보이는 멧돼지 식해[豬助史]는 119섬으로 그 양이 상당하다. 183호 목간 Ⅰ면의 내용을 멧돼지 국물 식해[豬水助史]가 제1행 자(瓮)1에 넣어졌다는 의미로 해석할 경우, 다양한 발효 식품을 담은 항아리들이 여러 행으로 줄을 지어 놓여 있는 광경이 연상된다. 이 목간들이 동궁과 관련됨을 감안할 때, 이러한 식재료를 관리하고 식사를 준비하는 업무를 담당한 관부로는 동궁 소속 관부 중에 보이는 포전(庖典)이 유력하다(이용현, 2007, 68쪽).

한편 식해와 관련된 185호 목간의 Ⅱ면에는 '세택'이 확인되어, 이러한 식품의 수급과 관리 과정에 세택(중사성)이 관여하고 있었을 가능성을 보여준다. 그러한 식품이 국왕의 식사나 왕이 주최하는 연회 등에 사용될 것이었다고 가정하더라도, 식품의 보관 용기[瓮一]나 등급(品仲上)과 함께 등장하고 있어, 당나라나 고려의 중서성에 견주어지고 집사성(執事省)·선교성(宣敎省)과 더불어 삼성(三省)을 이루었다고까지 추정해온 관부의 업무로 보기에는 아무래도 어색하게 느껴진다. 세택의 직무를 짐작케 해주는 또 다른 월지 출토 목간으로 안1484(3-1)가 있다.

안1484(3-1)

Ⅰ「× 洗宅白之 二典前四□子頭身沐浴□□木松茵」

Ⅱ「× ㄷㄱ□迎□入日□□　　　　　　　　」

Ⅲ「× 十一月卄七日典大舍 思林 」

전반적인 내용의 파악은 아직 완전히 이루어지지 못했지만, 세택과 두 전(典) 사이에 오고간 문서로 추정된다.『삼국사기』직관지에 따르면 동궁관 중에는 급장전, 월지전, 승방전, 포전, 월지악전, 용왕전 등 여러 전(典)급 관서가 존재했다. 그들과 주고받은 문서에 '목욕(沐浴)'과 깔개를 의미하는 '인(茵)' 등이 확인되어, 세택이 씻거나 씻기는 행위와 관련이 있음을 보여준다. 이처럼 월지 출토 목간에 보이는 세택(중사성)의 직무는 궁내의 잡무에 관련한 것으로서, 이에 기반하여 8세기 중후반 단계까지 세택은 국왕이나 왕실 가족의 일상적 궁정 생활을 뒷바라지하는 하급 공봉기구였다고 보거나(이문기, 2012, 193~197쪽), 아예 세택(중사성)이 중 서성의 전신이 아니라 당나라의 내시성(內侍省)에 해당하는 관부였을 것으로 추정한 견해(이재환, 2019)가 제시된 바 있다. 그렇다면 그 역할은 사(私)적인 영역에서의 시봉(侍奉)이 된다. 세택에 대한 관심은 월지 출토 목간에 의해 촉발된 것이지만, 목간에 대한 구체적인 분석은 행정적이고 정치적인 영역이라기보다 신라인들의 사적이고 일상적인 영역으로 우리를 이끌어준 것이다.

　　월지 출토 목간들은 신라 궁중 생활에 대한 다른 정보들도 제공해주었다. 190호에 보이는 전복[生鮑]은 고려시대 침몰선 마도3호선 출수 죽간에서도 확인되는 식재료이며, 192호에는 세차비(細次枇)와 법차비(法次枇)의 숟가락 명칭이 나와서 월지에서 출토된 숟가락들의 당시 명칭을 추정하게 해준다. 208호는 접착제나 약으로 사용되는 아교(阿膠)의 수납을 기록했고, 198호는 대황(大黃)·청대(靑袋)·승마(升麻)·감초·호동률(胡同律)·박소(朴消)·청목향(靑木香)·지자(支子)·남정(藍淀) 등 약재명과 용량이 나열되고 '료(了)'자 형태의 확인 부호가 더해진 의약 처방전으로서 의학사적인 가치가 높다. 앞면과 뒷면이 별개의 처방으로 보이며, 열증(熱證)과 실증(實證)에 쓰이는 약들로 구성되었다는 한의학계의 분석이 나온 바 있다(이덕호, 2010).

　　목간 이외의 재명(在銘) 유물들에 담긴 정보들도 소중하다. '주발(酒鉢)'명 대부완편(臺附盌片)은 해당 기물의 명칭을 알려주었고, '사두오도(四斗五刀)' 대병(大甁)과 '십석입옹(十石入瓮)'명 대옹(大瓮)은 신라의 양제(量制)를 추정하는 데 중요한 자료로 활용되었다(윤선태, 2000). 생활사 연구에서 도량형을 파악하는 것이 중요하다는 점은 이미 지적된 바 있다(송기호, 2012, 9~10쪽). 월지에서 출토된 원저완 중에는 '言'·'貞'을 비롯한 많은 문자들이 묵서된 것이 있는데, 기존에 문자들 중 '다(茶)'자를 판독하여 이를 다기(茶器)로 간주했다. 그런데 최근 해당 글자의 자형이 '숭(崇)'이나 '영(榮)'에 가까워 '다(茶)'로 판독할 수 없다는 반론이 제기되었다(이동주, 2018). 그렇다면 이 완이 다기였다는 문자적 근거는 사라지게 된다. 문자에 초점을 맞춘다면, '타(唾)'자와 '오(汚)'자가 확인됨이 주목된다. '침'과 '더러움'을 의미하는 문자의 조합은 침이나 가래를 뱉는 타구(唾具)를 연상케 한다. 후대의 타호(唾壺)

나 중국의 타우(唾盂) 중에는 넓은 구연을 가진 것들도 있어, 이 완 또한 타구(唾具)
로 사용되었을 가능성이 떠오른다.

4 14면체 주령 주사위와 '즐거운 생활'

한편 월지에서 출토된 14면체 주사위는 신라 궁중의 음주유희 문화를 보여주
는 자료라는 점에서 중요한 의미를 가진다. 실물은 현존하지 않지만 발굴 조사보
고서에 실린 사진 등을 통해서 원래의 모습이 어느 정도 복원되며, 명문도 비교적
명확히 판독할 수 있다. 명문 중에 '다 마신다[飮盡]', '스스로 마신다[自飮]', '잔(盞)'
등의 문구가 있어 신라인의 술자리에서 사용된 놀이 관련 도구였음을 쉽게 알 수
있었다. 음주·놀이 문화라는 측면은 대중의 호기심을 자극하기에 충분했다. 방송
과 미디어에 종종 소개되고, 드라마에 이 주사위를 사용하는 장면이 등장하기도
했다. 몇 년 전부터는 그 모습을 본뜬 '주령구빵'이 만들어져 경주 지역의 특산품
으로 팔리고 있다.

하지만 학계의 연구 흐름은 대중의 관심과 크게 괴리되어 있었다. 1978년에
간행된 발굴 조사보고서에서는 14면 중 5면에 대한 나름의 해석을 제시했을 뿐이
며, 이후 30년 가까운 기간 동안 종종 제시된 14면 전체에 대한 해석들도 구체적인
근거에 기반을 둔 것이리기보다는 자구의 의미에 상상력을 더한 수준이었다. 사실
그와 같은 해석에 따를 경우에는 해당 주사위를 이용한 놀이 방식의 구현 자체가
불가능하다.

2011년 6월, 경주시는 '시민의 날'을 맞아 월지 경내에서 '주령구놀이'를 재현
하는 행사를 열었다. 그런데 당시 행사를 보도한 뉴스 기사의 사진을 살펴보면, 재
현된 주사위에는 '도', '모', '뒷도' 등 원래 주사위에 없던 문자들이 추가되어 있었
다. '주령구놀이'의 재현이라기보다 윷놀이 도구의 새로운 탄생이었던 것이다. 대
중의 재현에 대한 수요와 욕구가 이렇게 컸음에도 불구하고 학계에서는 해당 놀
이가 어떤 방식으로 진행되었으며, 재현을 위해 상상력을 발휘해야 할 부분이 어디

인지 짚어주지 못했다. 이 또한 '술자리'에서 사용된 '놀이' 도구라는 점이 정치적인 것과 큰 이야기에 치중되었던 한국 역사학계의 관심을 가로막은 것으로 추측된다.

이 유물의 공식 명칭을 '주령구'로 사용하는 것부터 어색한 점이 있다. '주령'은 술자리에서 행해지던 놀이(game)를 지칭하며, 해당 주사위가 주령에 사용되었음은 분명하나, '주령구'는 주령에 활용되는 도구를 포괄하는 것으로서 주(籌)·통(筒)·기(旗)·독(纛)·굉(觥) 등 다양한 물건들이 그에 해당한다. 숟가락이나 젓가락을 식기(食器)로 분류하는 것은 당연하지만, 공식 명칭을 '식기'로 부르는 것은 어색한 것과 마찬가지로, 구체적인 명칭이 부여되어야 한다. 이에 '주사위'라는 면을 강조하여 '14면체 주령 주사위'라는 명칭을 제안한 바 있다(이재환, 2018, 11쪽).

현재 『표준국어대사전』에서는 정육면체의 형태와 1부터 6까지의 숫자를 점으로 표현해 새긴 것 등의 요소로 주사위를 매우 협소하게 정의한다. 정육면체 형태는 아스트라갈러스(Astragalus)까지 거슬러 올라가고, 기원전 3000년기 전반 테페가우라 유적에서 출토된 점토제 주사위도 정육면체 형태이지만, 고대 인도를 비롯하여 이른 시기부터 4면체·5면체·8면체 등 다양한 면을 가진 주사위들이 사용되어왔다. 중국 고대 육박(陸博)에 사용되던 주사위 '경(瓊)' 또한 14면체·18면체 등 많은 면을 가지고 있었으며, 숫자와 더불어 문자도 면에 새겨졌다. 따라서 주사위의 정의 자체를 "채(采)를 얻기 위해 던지거나 굴리는 다면체"로 넓힐 필요가 있다.

14면체 주령 주사위에 대한 학계의 관심 부족은 이어져, 2010년에 발표된 한 연구에서는 "주사위가 출토된 이후 35년간, 14면 주사위에 대한 본격적인 논문은 단 한 편도 없다"고 단언하기까지 했다(김정숙, 2010, 57쪽). 그러나 이 주사위에 대한 연구를 획기적으로 진전시킬 '결정적 분기점'이라 할 만한 논문은 이미 2006년에 발표되어 있었다(김태환, 2006). 해당 논문은 당대(唐代) 주령(酒令)이 묘사된 황보숭(皇甫崧)의 『취향일월(醉鄕日月)』, 당대 주령구 세트의 실물 자료인 「논어옥촉(論語玉燭)」, 18세기의 문학작품으로 주령의 진행 방식을 파악하는 데 큰 참고가 되는 『구운기(九雲記)』의 투자령(骰子令) 묘사 등 주요 참고 자료들을 발굴하고, 그에 기반하여 14면체 주사위의 내용을 해석했다. 그때까지 이 주사위는 술을 마시면서 '벌칙을 주기 위한' 도구였다는 것이 일반적인 설명이었는데, 이 논문에서는 주사위 각 면에 새겨진 영문(슈文)에 대한 본격적인 해석을 시도해 해당 주사위가 단독으로 게임을 진행하는 데 사용된 것이 아니라, 이미 기본적인 주령에 따라 상벌 내용이 결정된 상태에서 추가로 '영저(슈底)'를 정하기 위해 던지는 것이었음을 밝혀냈다.

단 14면 가운데 마주 보는 두 면끼리 짝을 이루어 정/반의 상반된 내용을 담고 있다고 전제하고 그에 맞추어 영문을 해석하다 보니 일부 과도하게 의미가 부여되는 경우가 있었다. 사실 이 주사위의 영문에는 조건부 음주 면제나 부분적 면제, 추가적인 골계·가창 규정 등이 뒤섞여 있어 정/반이 명확하게 구분된다고 보기 어렵다. 이러한 전제를 배제하고 나름의 해석을 제시하며 의미를 부여한 연구가 발표된 바 있다(이재환, 2018).

주사위 각 면에 새겨진 14개의 영문 중, '중인정비(衆人打鼻)'와 '금성작무(禁聲作儛)'는 "여러 사람이 코를 때림"과 "소리 없이 춤추기"로 해석되므로 걸린 사람을 웃음거리로 만드는 벌칙에 해당함이 분명해 보인다. '음진대소(飮盡大咲)'는 흔히 "술을 다 마시고 크게 웃기"로 해석되어 왔지만, 웃는 행위만으로는 주령의 조항이 되기에 벌칙으로서의 의미가 부족하다. 후대의 주령 중에 '소어(笑語)'라고 하여 우스운 이야기로 남을 웃겨야 하는 영이 있음을 볼 때, 이 영문은 "다 마시고 크게 웃기기"로 해석해야 할 것이다. '다 마신다'는 것은 벌주로 정해진 술을 모두 마셔야 함을 의미한다. 이것은 게임의 진행에 관한 중요한 단서가 된다. 마셔야 할 벌주가 이 주사위를 던지기 전에 이미 결정되어 있었음을 알려주기 때문이다.

'자창자음(自唱自飮)'과 '자창괴래만(自唱怪来晚)'은 노래를 불러야 하는 영으로서, "스스로 노래하고 스스로 마신다"와 "스스로 「괴래만」을 부른다"로 해석된다. '자창자음'은 불러야 할 노래가 지정되어 있지 않으나 '자창괴래만'은 지정곡인 「괴래만」을 불러야 한다는 점에서 차이가 있다. 단 「괴래만」이라는 노래는 현재 남아 있지 않다. '월경일곡(月鏡一曲)'은 '월경 한 곡'이라는 의미로서 역시 부를 곡이 지정되어 있다. '자창'이 빠져 있고, '한 곡'이라는 표현이 한 곡 전체의 연주 혹은 가창을 암시할 수 있다는 점에서, 조금 무리를 해서 가정을 추가해보면 노래 한 곡이 진행되는 동안 꽃가지나 공[毬]을 옮기는 등의 행위를 서로 이어가다가 걸리는 사람이 나오게 되는 '포타령(拋打令)'과의 관련성이 상정된다. 그럴 경우 이것은 추가적인 미니게임을 통해 정해진 벌주를 대신 마시게 할 '대음자(代飮者)'를 선정하는 영이 될 것이다.

한편 '임의청가(任意請歌)'는 마찬가지로 노래와 관련된 조항이지만, 성격이 조금 다르다. "마음대로 노래를 청한다"는 의미로서, 걸린 사람이 노래를 불러야 하는 것이 아니라 좌중 가운데 아무한테나 노래를 시킬 수 있는 권리를 갖게 되는 것이다. 그렇다면 이 영은 벌칙이 아니라 포상에 해당한다. 이 주사위의 영문 중에는 던진 사람에게 나쁜 것도 있고 좋은 것도 있다. 이 주사위는 단순히 '벌칙을 주기 위한' 도구가 아니었던 것이다.

'유범공과(有犯空過)'는 이를 더 확실히 보여준다. '범(犯)'은 무언가 잘못을 범했다는 뜻이므로, 영에 저촉되어 벌주를 받을 사람으로 지목되었음을 의미한다. '공과(空過)'는 그러한 상황에서 벌주를 마시지 않고 자신의 차례를 그냥 지나가게 된다는 것으로서, 「논어옥촉」에 보이는 '방(放)'에 해당한다. 이 영문은 "걸린 것이 있어도 그냥 지나감"으로 해석되며, 정해진 벌주를 마시지 않아도 된다는 측면에서 벌이 아니라 이 채를 얻은 사람에게 좋은 조항이라 하겠다.

'공영시과(空詠詩過)'와 '농면공과(弄面孔過)'는 "그냥 시(詩)만 읊고 지나감"과 "얼굴을 희롱하고 지나감"으로서, 시를 읊거나 얼굴을 희롱한다는 자신에게 부담이 되는 조건을 수행하는 대신 정해진 벌주를 면제받는 조건부 면제 조항이다. '양잔즉방(兩盞則放)'의 '방(放)'은 「논어옥촉」에서 벌주의 완전 면제를 가리키는 표현이며, '즉(則)'의 기능을 감안하면 '양잔(兩盞)'은 그 조건이 되므로 "두 잔이면 면제"로 해석된다. 이것은 이 주사위가 사용된 게임을 파악하는 데 결정적인 힌트를 준다. 앞서 살펴본 것처럼 주사위를 던지는 사람이 '걸렸는지[犯]' 아닌지, 즉 벌주를 마셔야 하는지 아닌지는 주사위를 던지기 전에 이미 결정되어 있었다. 아울러 이 주사위 14면의 어디에도 한 잔이나 두 잔 등 마셔야 할 술이 정해지는 문구는 없다. 마셔야 할 벌주의 양 또한 사전에 결정되어야 하는 것이다. 결국 게임은 이 주사위만으로 진행될 수 없다. 기본적으로 누가 걸렸는지, 걸린 사람이 마셔야 할 벌주는 몇 잔인지가 결정되는 게임이 이루어지는 상태에서, 게임의 재미를 더하기 위해 이 주사위가 추가로 던져졌음을 알 수 있다. '삼잔일거(三盞一去)'도 유사한 구성을 갖추고 있어, "세 잔이면 한 잔을 제거함"의 벌주 경감 조항이라고 여겨진다. 최소 세 잔까지 벌주가 쌓일 수 있는 게임이 진행되는 가운데 이 주 사위가 던져졌던 것이다.

문제는 '추물막방(醜物莫放)'과 '곡비즉진(曲臂則盡)'이다. '방(放)'이 벌주의 면제를, '진(盡)'이 벌주를 다 마셔야 함을 의미하여 서로 상대되는 것이었음은 앞서 살펴본 바와 같다. '막방(莫放)'은 '방(放)'을 금지하는 것이므로 면제의 금지, 즉 '진(盡)'과 같이 정해진 벌주를 면제나 경감받지 못하고 다 마셔야 하는 것이라고 보는 해석이 가장 자연스럽다. '즉(則)'의 역할과 앞선 영문들의 구조를 참고할 때 '추물'과 '곡비'는 벌주를 다 마셔야 하는 조건에 해당한다.

그렇다면 '추물막방'은 "추물이면 면제받지 못한다"는 의미로 해석된다. 그러나 '추물이면'이 어떤 상황을 말하는지가 해명되어야 한다. '남승도(覽勝圖)'는 어부(漁父)나 시인[詞客] 등 일종의 캐릭터를 먼저 선택한 뒤, 정해진 방식에 따라 도보(圖譜) 위를 행마(行馬)하다가 걸린 장소에서 해당 캐릭터가 수행하도록 규정된 조항을 수행하는 방식의 보드 게임인데, 선택하는 신분 가운데 추물의 반대말인 미인(美人)이 있는 경우가 있다. '추물' 또한 그러한 선택 신분 중 하나로 볼 수 있을까? 하지만 14면 중 이 면에만 그와 같은 선택 신분에 따른 수행 규정이 나온다고 보기에는 어려움이 있다. 그렇다면 '추물'의 의미를 그대로 살려 주사위를 던진 이가 '못생긴 사람'이면 면제받지 못하고 정해진 벌주를 다 마셔야 한다고 해석하는 것이 가장 직접적이고 단순한 해석이라고 하겠다. 외모 평가에 기반한 주령 영문의 사례는 종종 확인된다. 원대(元代)의 『안아당굉률(安雅堂觥律)』 중에는 "탄식을 잘 하는 자는 미소년을 찾아 같이 마신다[善歎息者尋美少年同飮]"라는 조항이 있고, 명대(明代)의 「수호엽자(水滸葉子)」라는 주패(酒牌)에는 "용모가 아름다운 자가 마신다[貌美者飮]"라는 주약(酒約)이 보인다.

외모가 잘생겼는지 못생겼는지에 대해서는 누군가의 판정이 필요하다. 스스로 '추물'임을 인정하고 기꺼이 벌주를 받을 사람은 흔치 않을 것이다. 이를 결정하는 것은 주령을 진행하는 진행자 혹은 심판의 몫이라 하겠다. 『취향일월』에 묘사된 주령에는 진행자인 녹사(錄事)가 나오는데, 녹사가 갖추어야 할 자질 중에 '술을 잘 마셔야 한다[須飮才]'는 것이 있다. 이는 녹사의 판단에 반대하는 사람이 있으면 즉석에서 쟁송이 벌어져, 항의가 타당하다고 판단되면 녹사에게 벌주가 주어지기 때문이었다. '추물막방'을 외모에 대한 평가·판단에 기반한 벌주 면제 조항으로 본다면, 신라의 술자리 게임에서도 녹사와 같은 진행자 또는 심판의 존재를 상정해야 할 것이다.

'곡비즉진'은 "팔을 굽히면 다 마신다"라는 뜻으로 쉽게 해석되지만, '팔을 굽히면'의 의미가 무엇인지가 정확하지 않다. 기존에 "팔을 굽히지 않고 마시기"라는 해석이 있었지만 문구와 의미가 상반된다. "팔을 굽힌 채 다 마시기"로 해석할 경우, 술을 마시기 위해서는 당연히 팔을 구부려야 하므로 무의미한 영이 된다. '팔을 굽히면'은 '다 마신다'의 조건이기 때문에, 다 마실지 안 마실지 결정하기 위해서 팔을 굽히는 행위는 술을 마시는 행위 이전에 수행되어야 할 것이다. 그와 관련하여 '이소령(泥塑令)'이라는 주령이 참고가 된다. 명대(明代)의 「감감재주패(酣酣齋酒牌)」나 청대(淸代)의 「사구주령(四句籌令)」 및 『구운기』의 묘사에 따르면, 이는 일정 시간 동안 불상처럼 꼼짝하지 못하게 하여, 조금이라도 움직일 경우에는 벌주를 마시게 하는 영임을 알 수 있다. '곡비즉진'의 경우도 이와 유사하게 일정 시간 동안 특정 자세를 고정하도록 해서, 이를 유지하지 못하고 팔이 굽혀질 경우 정해진 벌주를 다 마시게 하는 규정으로 상정하는 것이 가능하다. 그렇다면 '월경일곡'의 포타령과 더불어 추가적인 미니게임의 존재를 보여준다고 하겠다. 이상의 해석을 정리하면 표1과 같다.

기존의 14면체 주령 주사위 영문 해석은 '주사위'라는 형태적 특성에 구애되어 기본적인 게임 진행이 그것을 통해 이루어졌을 것이라 전제했으며, '벌칙을 주기 위한 도구'로만 간주함으로써 해당 주사위가 사용된 맥락을 파악하고 주령의 복원 방향성을 제시하는 데 실패했다. 역사상 가장 많이 팔린 미국의 보드게임 '모노폴리'를 모방한 '부루마블'이라는 게임이 한때 유행한 적이 있었다. 이들 보드게임은 기본적으로 정육면체 주사위를 던져 나온 숫자에 따라 보드 위를 행마하면서 게임이 진행된다. 그러다가 특정한 상황에서 황금열쇠 카드를 뽑는데, 거기에는

표1 월지 출토 14면체 주사위의 영문과 해석

구분	내용	영문	해석	비고
벌주 양의 조정	벌주 면제	有犯空過	걸렸어도 그냥 지나감	
	조건부 벌주 면제	空詠詩過	그냥 시(詩)만 읊고 지나감	
		弄面孔過	얼굴 희롱하고 지나감	
		兩盞則放	2잔이면 면제	
	일부 경감	三盞一去	3잔에서 1잔 제거	
	조건부 면제 금지	醜物莫放	추물이면 면제 금지	판정 필요
		曲臂則盡	팔을 굽히면 다 마시기	이소령?
추가적 행령	골계	飮盡大咲	다 마시고 크 웃기기	
		衆人打鼻	여러 사람들이 코 때리기	
		禁聲作儛	소리 없이 춤추기	
	가창	任意請歌	마음대로 노래 청하기	
		自唱自飮	스스로 노래하고 스스로 마시기	
		自唱怪来晩	스스로 「괴래만」 부르기	
		月鏡一曲	「월경」 한 곡	포타령?

* 이재환, 2018, 32쪽의 표2를 수정한 것이다.

뽑은 이에게 좋은 조항도 있고, 나쁜 조항도 있고, 다른 플레이어들에게 영향을 주는 조항도 있다. 14면체 주령 주사위는 형태적으로 부루마블의 주사위를 연상시키지만, 기능적으로는 황금열쇠 카드에 해당하는 것이었다.

2000년대에 들어 부루마블에 벌주를 도입한 '주루마블'이라는 술자리 게임이 고안되어, 대학생들 사이에 퍼져나갔다. 기본적인 룰과 턴에 의해 술잔이 쌓여가고 특정 상황에서 황금열쇠를 뽑아 재미를 더하는 방식은, 월시 출도 14면제 주사위가 사용되었을 주령의 모습과 궤를 같이한다. 월지 주변에서 연희되었던 주령은 신라 궁중의 '주루마블'이었다. 해당 주령의 복원을 위해 상상력을 발휘해야 할 부분은 이 주사위가 사용되기 이전에 이루어졌을 게임의 진행 방식에 있다. 이러한 부분을 명확히 짚어주었다면, 대중의 수요와 학계의 연구가 이 주사위를 통해 가까이 만날 수 있었을지도 모르겠다.

5 맺음말

우리 삶의 대부분을 차지하는 것은, 정치적으로 거대한 사건들보다도 반복되는 일상적인 생활이다. 정치·경제·사회적 중요성이 삶에 미치는 영향이 크다는 것은 인정하지만, 그렇다고 삶의 기본적인 면들에 무지하면서 그 삶을 이해했다고 말하기는 어려울 것이다. 하지만 반복되고 당연하게 느껴지는 일상적인 것들은 역사적 자료로 남기 어렵다. 역사 기록이건, 금석문과 같은 기념물이건, 특별하고 중요하다고 생각되는 것들이 후대까지 기록되어 보존될 가능성이 높다.

이에 부족한 생활사 자료를 크게 보완해줄 수 있는 고고 자료의 중요성이 강조되고 있다(송기호, 2012, 17쪽). 출토 문자 자료는 고고학적 유물이면서도 문자가 기록되어 그 사용 맥락을 더 잘 전달해준다는 점에서 생활사 자료로서 중요한 의미를 가진다. 특히 월지 출토 문자 자료들은 그 내용이 풍부하고 다양해서 신라 궁중의 생활에 대한 생생한 전보를 전달해주고 있다. 그 속에는 정치적인 의미를 찾아내는 데 더 힘을 쏟았던 기존의 접근 방식에서 놓친 삶의 모습들이 여전히 남아 있을 수 있다. 향후에도 이를 이끌어내는 연구들이 이어져 신라인을 우리와 더 가깝고 친숙한 존재로 만들어주리라 기대한다.

참고문헌

한글

고경희, 1989, 『안압지(빛깔있는 책들102-9)』, 대원사.

고경희, 1994, 「신라 월지 출토 재명유물에 대한 명문 연구」, 동아대학교 석사학위 논문.

橋本繁, 2007, 「안압지 목간 판독문의 재검토」, 『신라문물연구』창간호, 국립경주박물관.

권주현, 2014, 「신라의 발효식품에 대하여」, 『목간과 문자』제12호, 한국목간학회.

김정숙, 2010, 「14면 주사위를 통해서 본 신라 귀족의 놀이문화」, 『신라문화』 35, 동국대 학교 신라문화연구소.

김태환, 2006, 「안압지 출토 목제 주사위 명문의 체계와 의미」, 『정신문화연구』 29권3호, 한국학중앙연구원.

문화공보부 문화재관리국, 1978, 『안압지 - 발굴조사보고서』.

송기호, 2012, 「무와 이면의 역사, 한국 고대의 생활사를 위하여」, 『한국고대사연구』 65, 한국고대사학회.

윤선태, 2000, 「신라하대의 양제에 관한 일시론 - 안압지 출토 양기의 분석을 중심으로」, 『신라문화』제17·18합집, 동국대학교 신라문화연구소.

윤선태, 2002, 「신라의 문서행정과 목간 - 첩식문서를 중심으로」, 『강좌 한국고대사』 5, 가락국사적개발연구원.

윤선태, 2019, 「신라 동궁의 위치와 '동궁관'기구」, 『신라사학보』 46, 신라사학회.

윤형숙·김건수·박종오·박정석·김경희·조희숙, 2009, 『홍어(토속음식과 지역정체성 1)』, 민속원.

이기동, 1978, 「나말려초 근시기구와 문한기구의 확장-중세적 측근정치의 지향」, 『역사학보』 77, 역사학회.

이덕호, 2010, 「안압지 출토 목간 처방전에 관한 연구 」, 경희대학교 석사학위 논문.

이동주, 2018, 「신라 월지 출토 묵서토기 명문의 의미 - 소위 '언·정·다'명 완을 중심으로」, 『진단학보』 131, 진단학회

이문기, 2005, 「안압지 출토 목간으로 본 신라의 궁정업무 - 궁중잡역의 수행과 궁정경비 관련 목간을 중심으로」, 『한국고대사연구』 39, 한국고대사학회.

이문기, 2012, 「안압지 출토 목간으로 본 신라의 세택」, 『한국고대사연구』 65, 한국고대사

학회.

이성우, 1984, 『한국식품문화사』, 교문사.

이용현, 2007, 「안압지와 동궁 포전」, 『신라문물연구』창간호, 국립경주박물관.

이재환, 2018, 「신라 동궁 출토 14면체 주령 주사위의 명문 해석과 그 의미」, 『동서인문학』
　　　54, 계명대학교 인문과학연구소.

이재환, 2019, 「신라의 환관 관부에 대한 시론 – 세택(중사성)의 성격에 대한 재검토」, 『목
　　　간과 문자』제21호, 한국목간학회.

정충훈, 1999, 「한국산 홍어류(판새아강, 홍어과) 어류의 분류학적 연구 현황과 국명검토」,
　　　『한국어류학회지』11 – 2, 한국어류학회.

한병삼, 1982, 「안압지명칭에 관하여」, 『고고미술』153.

외국어

李成市, 1997, 「韓国出土木簡について」, 『木簡研究』19, 木簡学会.

李鎔賢, 1999, 「統一新羅の伝達体係と北海通—韓国慶州雁鴨池出土の15号木簡の解釋」,
　　　『朝鮮学報』171, 朝鮮学会.

신라촌락문서와 사하리가반부속문서: 문서의 현상(現狀)과 복원(復元)을 중심으로

윤선태(동국대학교 역사교육과 교수)

1 머리말

「신라촌락문서(新羅村落文書)」(이하 '촌락문서')와 「사하리가반부속문서(佐波理加盤附屬文書)」(이하 '가반문서')는 현재 일본의 쇼소인(正倉院)에 소장되어 있는 종이에 작성된 신라의 관문서(官文書)들이다. 촌락문서와 가반문서의 용도에 대해서는 다양한 설들이 제기되어 있지만, 촌락문서는 촌락별로 호구 및 우마, 토지, 경제림 등 촌락의 경제적 현황을 조사한 장부이며, 가반문서는 앞·뒷면에 서로 다른 용도의 문서가 적혀 있는데, 앞면에는 세금의 수납, 뒷면에는 세금의 지출과 관련된 내용이 기록된 장부였던 것으로 대체로 이해되고 있다(노명호 외, 2000). 「신라집사성첩(新羅執事省牒)」처럼 문헌 속에도 신라 관문서들이 그대로 전사(傳寫)되어 전하고는 있지만, 촌락문서와 가반문서는 실물로 전하는 당대(當代)의 문서라는 점에서 남다른 가치가 있다.

　그러나 촌락문서와 가반문서에 대한 연구에는 커다란 장애가 있다. 우선 첫째로 쇼소인의 소장품은 일본 왕실에서 직접 관리하고 있어 자료에 대한 접근 자체가 매우 어렵다. 매년 한 번씩 소장품 중 수십 점만을 나라국립박물관(奈良國立博物館)에서 일정 기간 순회 전시하고 있다. 예를 들어 촌락문서는 원래의 '화엄경론제7질(華嚴經論第七帙)'의 상태로 복원되어 전시되고 있는데, 1990년대 이후로 한정해보면 43회(1991), 54회 (2002), 70회(2018) 등 30년 동안 딱 세 번만 출품되었다. 이처럼 소장품들은 연구자들이 실물 자료 자체를 볼 기회가 극히 희소하다.

　둘째로 촌락문서의 경우지만 현재 문서 자체를 아예 볼 수가 없다. 촌락문서는 1933년 '화엄경론제7질'의 해체 수리 과정에서 우연히 발견되었는데, 다시 원래의 경질 상태로 수리 복원했다. 다행히도 복원하기 전에 찍어둔 문서의 유리원판 사진이 남아 있어 그것을 가지고 문서에 대한 연구가 이루어지고 있다. 그런데 한국에서는 사진의 복사본조차 구하기 어려워 연구자들 사이에 왕래하면서 여러 차례 재복사되어, 상태가 매우 불량한 재복사본으로 문서를 조사했다. 이로 인해 촌락문서에 관한 초기 연구들은 대체로 문서의 판독과 내용 해석에 치중되었고, 문서의 현상(現狀)이나 장황(裝潢)에 관한 복원 연구를 위한 정보를 수집·정리하는 것은 거의 불가능했다. 필자는 1984년에 촌락문서를 처음 접하고 그에 관한 공부를 시작했는데, 애초에는 선배들과 마찬가지로 기존의 불량한 재복사본들로 촌락문서의 상태와 내용을 검토했다. 그러다가 운 좋게도 1991년의 『제43회쇼소인전시목록(第43回正倉院展目錄)』을 구해볼 수 있게 되었다. 이 목록(우리의 도록에 해당)에는 촌락문서의 유리원판 사진이 아주 깨끗한 상태로 인화 전재(全載)되어 있었다.[1] 이 사진과의 만남은 촌락문서에 대한 필자의 연구 방향을 완전히 바꾸어놓았다. 이는 비록 사진에 불과하지만 그동안 전혀 관심을 가져볼 수 없었던 촌락문서

1　필자는 대학 은사이시신 송기호 선생님을 통해 이 도록을 알게 되었다. 이 도록에 전재된 유리원판 사진과의 만남은 필자의 촌락문서 연구에서 중요한 분수령이 되었다. 필자가 학위논문에서 간단하게나마 촌락문서의 서지적 현상(現狀)에 주목할 수 있었던 것도 이 목록에 실린 사진 덕분이었다(윤선태, 2000). 이 자리를 빌려 감사의 마음을 표한다.

의 구체적인 현상과 장황 방식, 그리고 문서의 폐기 및 재활용 방식까지도 검토해 볼 수 있는 환경을 제공했다.

촌락문서와 가반문서는 문서의 내용 판독과 해석도 중요하지만, 그에 못지않게 문서의 장황(裝潢), 즉 종이를 마련하고 이를 장부로 장정(裝幀)하는 과정 전체에 대해서도 관련 정보들을 수집·정리하려는 노력을 기울여야 한다. 또 문서가 작성된 후 일정한 보존 기간이 지나 그 용도가 폐기되면, 문서 이면(裏面)의 공지(空紙: 백지)를 재활용하여 새로운 문서를 마련하거나 여러 방식으로 재활용하는 과정이 있었다.

촌락문서와 가반문서는 현재 그 실물을 쉽게 볼 수 없는 상황이어서 조건상 이러한 연구에 어려움이 많은 것도 사실이다. 그러나 촌락문서를 재활용해 만들었던 경질 자체가 온전히 남아 있고, 촌락문서와 가반문서를 촬영한 선명한 사진들도 요즘은 쉽게 구해볼 수 있다. 더욱이 이 경질을 직접 조사하여 그 상태를 자세히 보고한 초기의 연구 성과(川副武胤, 1965; 中野政樹, 1976; 柳雄太郎, 1976; 鈴木靖民, 1977a; 鈴木靖民, 1977b)도 있기 때문에, 이들을 제대로만 활용한다면 문서의 장황과 재활용 과정에 대한 검토도 불가능한 일은 아니라고 생각한다.

이에 필자는 기존에 거의 연구가 이루어지지 않았던 촌락문서와 가반 문서의 낱장 종이를 비롯해 계목(繼目: 紙縫, 종이의 연접)과 괘선(罫線)의 방식, 문서의 원상태와 폐기 이후 재활용 과정 등 고대 종이문서의 일생(一生)을 구체적으로 규명해 보고자 한다. 일본에시는 고대의 종이문서들이 많이 남아 있어 이 분야에 대한 연구가 매우 활발하게 이루어지고 있다. 유명한 '쇼소인문서' 연구도 모두 이러한 종이문서의 장황과 폐기 후 재활용 방식에 대한 상세한 조사와 보고를 기초로 하여 전개되었다. 이러한 일본의 연구 성과는 촌락문서와 가반문서의 연구에도 큰 도움이 된다. 비록 신라는 현재 촌락문서와 가반문서, 이 두 가지 문서의 사례밖에 없는 실정이지만, 일당백처럼 쇼소인문서에 못지않게 신라의 문서 생산과 폐기 재활용 과정 전반에 관한 다양한 정보들을 알려준다.

2 문서의 발견 경위와 현상(現狀)

1) '화엄경론제7질'과 촌락문서

촌락문서는 1933년 쇼소인의 중창(中倉)에 소장된 '화엄경론제7질(華嚴經論第七帙)'이라는 묵서가 있는 저지(楮紙: 닥종이)로 만든 경질을 수리할 때 우연히 발견되었다. 경질은 두루마리[卷子本] 형식으로 된 경전(經典) 여러 권을 함께 말아 묶는 책보와 같은 것으로, 두루마리 경전의 보관이나 운반의 편리를 위해 제작된다. '화엄경론제7질'은 포심(布心: 布芯) 양쪽에 저지 2편을 붙이고 또 다른 저지로 주연(周緣)을 돌린 장방형의 종이로 만든 경질인데, 이 포심 양쪽에 붙인 저지 2편이 바로 촌락문서를 재활용한 것이었다. 즉 이 경질은 문서의 기록 면을 포심에 붙여 기록이 없는 문서 이면의 백지가 겉으로 드러나도록 만든 것이다. 이에 대해서는 다음 카와소에의 초기 보고가 매우 상세하여 주목된다(川副武胤, 1965).

쇼소인 중창에 납입되어 있는 화엄경론질은 표편(表片)과 이편(裏片) 가운데 포심(布心)을 끼웠는데, 이에 부착되어 있는 이편(二片)의 합계 오장(五張)의 흰 종이는 신라국 관문서의 종이 뒷면 백지를 그대로 이용한 것이며, 표편과 이편 모두 본래의 문서 면으로 말하자면 배(背)를 향하고 흰 종이가 보이도록 사용되고 있는 셈이다. 또 이 질(帙)의 천지(天地: 상하)는 '화엄경론제7질'이라는 묵서의 존재에 의해 판명되지만, 그 상하관계는 문서의 그것과는 역으로 되어 있다. 이러한 문서의 천지는 경질을 꿰뚫어보면 어느 정도 판별할 수 있다.

이 경질은 수리 후 원래대로 문서의 기록 면을 포심에 붙여 복원했기 때문에 현재 문서의 기록 면을 직접 볼 수는 없다. 그러나 후술하지만 경질의 상태와 문서의 사진을 유심히 살펴보면 문서의 천지 (天地) 방향에 대한 그의 설명이 정확하다는 것을 확인할 수 있다. 이를 도해하면 그림1과 같다(宋浣範, 2003). 즉 묵서된 부분을 내면으로 하여 가운데 포심에 풀로 붙여 기존보다 두꺼운 1편의 양면 백지 상태의 경질을 만들었고, 이 표면에 '화엄경론제7질'이라는 경질의 제목[題箋]을 적었

다. 촌락문서의 용도가 다한 후
사찰(또는 승려)에 불하(拂下)된
폐기된 촌락문서를 잘라서『화
엄경론』의 '제7질' 제작에 재활
용했다고 추론할 수 있다.

한편 그림1의 도해에는 생
략했지만, 포심을 가운데 두고
촌락문서 단간(斷簡)들을 서로
붙인 다음 이들이 떨어지지 않
도록 그 주연(周緣)에 다시 닥
종이를 튼실하게 돌려 붙였다.
쇼소인 전시도록의 설명에 따
르면, 경질 앞면(表片: 겉면)에
"산형문(山形文)을 접출(摺出)한

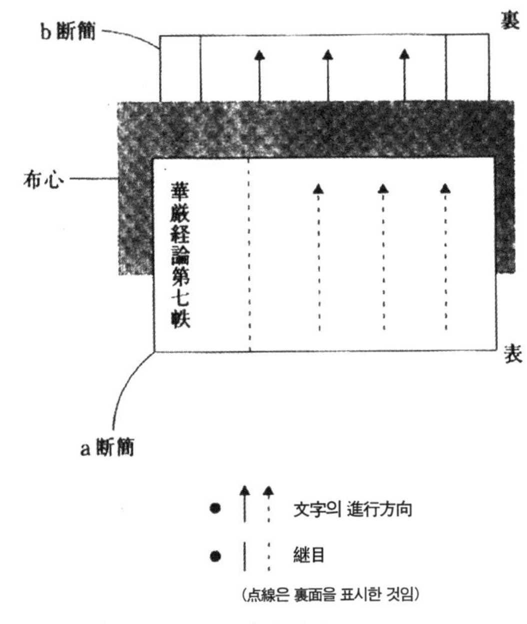

그림1 '화엄경론제칠질'의 현상(現狀)

저지를 표지로 하여 그 주연에는 갈색 바탕에 납힐풍(蠟纈風)의 문양을 염출(染出)
한 별지(別紙)를 둘렀으며, 좌상방(左上方)에 '화엄경론제7질'의 제전(題箋)을 묵서
했다"라고 되어 있다(奈良國立博物館, 1991). '접출(摺出)'은 접염(摺染)을 말하는 것으
로 판에 모양을 조각하고 거기에 염료를 바른 다음 그 위에 포(布)나 종이를 놓고
무늬를 찌는 방법이다(石田茂作, 1960). 이에 따르면 촌락문서를 경질로 만들 때 문
서 이면의 공지(백지)에 산형문이 나타나도록 재가공했던 셈이 된다. 한편 '납힐(蠟
纈)'이란 비단·종이 등의 바탕에 납으로 문양을 만든 다음, 바탕을 염색하고 납을
뜯어내어 납이 있던 자리에 염색되지 않은 문양이 나타나게 하는 기법이다(奈良國
立博物館, 1991).

그림2를 보면, 경질 뒷면[裏片: 속면] 하단의 좌측과 중앙에 훼손된 부분이 역
력하게 보인다. 이를 촌락문서의 사진과 비교해보면 이 훼손 부위가 문서의 상단
에 위치하고 있다. 따라서 촌락문서를 경질로 재활용할 때, 앞서 카와소에의 보고
처럼 문서의 천지를 뒤바꾸어 경질로 만들었음을 명확히 알 수 있다. 현재도 경질

그림2   '화엄경론제7질'의 제전(題箋)과 주연(周緣)

을 유심히 보면 촌락문서의 글자가 비치기 때문에, 아마도 경질로 재활용할 때 이를 의식해 의도적으로 천지를 뒤바꾸었을 가능성도 있다고 생각된다.

촌락문서는 전체 2편의 단간(斷簡)으로 각 편에 2개 촌씩 모두 4개 촌의 호구, 마우(馬牛), 토지, 경제림(經濟林) 등의 현황이 상세히 집계되어 있다. '화엄경론제7질'이라는 제목이 묵서되어 있었던 경질의 표편에는 '당현(當縣)' 소속의 '사해점촌(沙害漸村)'과 '살하지촌(薩下知村)' 등 2개 촌이, 이편에는 촌명을 알 수 없는 촌(소위 '실명촌')과 서원경(西原京) 소속 촌 등 2개 촌의 현황이 기록되어 있다. 연구자들이 이 촌들을 편의상 순서대로 각각 A, B, C, D촌으로 약칭하고 있다. 경질로 재활용되기 전 촌락문서의 장정(裝幀)과 서사 방식 등 문서의 복원에 대해서는 다음 절에서 자세히 살펴볼 것이다.

2) 사하리가반(佐波理加盤)과 부속 문서의 관계

'좌파리(佐波理)'는 보통 '사하리(さはり)'로 읽는데 후술하지만 그릇의 재질을 말한다. '가반(加盤)'은 크기가 점점 줄어드는 자완(子鋺: 대접)을 여러 개 중첩시키고 그 위에 뚜껑[蓋]을 덮어놓은 일종의 그릇 세트를 말한다. 10중가반에서 3중가반까지 다양한데, 쇼소인에 현재 86조 436구가 남아 있으며(奈良國立博物館, 2018), 각각의 가반에 일련번호를 붙여 관리하고 있다. 쇼소인에는 가반 외에도 '사하리'라는 명칭이 붙어 있는 숟가락[佐波理匙], 접시[佐波理皿] 등 사하리제의 식기류들이 다수 보관되어 있다.

'사하리'의 어원은 대체로 752년에 작성된 「바이시라기모츠게(買新羅物解)」의

"삽라오중완 삼첩(迊羅五重鋺
參帖), 백동오중완 이첩(白銅五
重鋺貳帖)"이라는 기록 속에
보이는 '삽라(迊羅: さふら)'에
서 찾고 있다.[2] 이 경우 '삽라'
는 '백동(白銅)'처럼 오중완의
재질을 표현한 것이라고 이

그림3   正倉院의 佐波理加盤과 蓋

해된다(關根眞隆, 1969; 東野治之, 1974). 이 사하리 제품은 재질상으로는 우리의 놋쇠
그릇인 유기(鍮器)에 속한다. 원래 '유석(鍮石)'은 페르시아 지역에서 채굴되는 천연
의 황동(구리+아연) 광물을 가리키는 어휘지만, 신라에서 구리와 주석의 합금비(合
金比)를 통해 황동(黃銅)의 빛깔을 내는 '유석'을 재현했다. 이를 신라 내부적으로는
'유석'이라 칭했으며, 대외적으로는 '삽라'로 표기한 사례들이 확인된다. 결국 삽라
(迊羅) 〉 사후라 〉 사하리는 오늘날의 '놋쇠'에 해당하는 신라 말에 그 기원을 둔 표
기로 이해된다(尹善泰, 1997; 김민수, 2018).

한편 '가반' 형식의 그릇 세트는 페르시아의 유물 중에도 있고, 당대(唐代)의
유물에도 있으나, 우리나라에서도 '황룡사구층탑지(黃龍寺九層塔址)' 심초석 아래에
서 구경(口徑)이 14.6, 13.4, 12.8센티미터인 청동완 3개를 포개놓은 그릇 세트가
발견된 바 있다. 또 경주시 월성로 고분군 '가' 지역 13호분에서도 같은 예가 출토
되었다. 여기에서는 안쪽은 금속제완이고 바깥쪽은 은제완이었는데, 역시 포개진
상태로 발견되었다(李蘭暎, 1992). 현재까지 우리의 발굴유물 중에는 쇼소인의 가
반과 동일한 형식의 것은 아직 없지만, 일본의 연구자들은 쇼소인에 있는 '사하리'
제품이 신라와 밀접히 관련된 제품일 가능성이 높다고 보고 있다. 그렇게 보는 이

---

2   삽라(迊羅) 또는 사하리의 어원에 대해서는 신라의 그릇 일반을 가리키는 '사발'이라는 말이 일
본으로 건너가 그릇의 재질을 가리키는 말로 전용되었다는 설명이 있지만(鈴木靖民, 1977b), 사발은
'沙鉢(사기그릇)'이라는 한자 어원을 가지고 있기 때문에 이 견해에는 문제가 있다. 한편 사하리의 어
원을 '사발'에서 찾은 견해는 원래 1974년 도쿄국립박물관에서 연구차 내한했던 中野政樹 학예관의
조언에서 비롯되었다고 한다(李蘭暎, 1992).

유는 일차적으로 사하리가반에 신라의 관문서인 '가반문서'가 부속된 채 전래되어
왔고, 앞서 언급한 752년 일본 귀족이 신라 사신과 교역할 때 작성했던 물품구입
신청서인 「바이시라기모츠게(買新羅物解)」에도 '삽라오중완'이 기록되어 있는 등 신
라가 사하리 제품의 생산과 교역을 주도했기 때문이다.

　　신라의 관문서인 가반문서는 쇼소인의 남창(南倉)에 소장되어 있는 사하리가
반 중 제15호 사중완에 부속되었던 문서인데, 제일 바깥 완의 외측 하부에 붙어 있
었다고 한다(奈良國立博物館, 2002). 문서의 공식 명칭이 「사하리가반부속문서」로 불
리고 있는 이유도 이로 인한 것이다. 사중완은 대접 4구를 중첩시켜놓은 가반을 의
미하며, 이 가반은 다른 가반들과 달리 뚜껑[蓋]이 전하지 않는다. 또 제일 바깥 대
접의 외측 하부에 '오(五)'라는 묵서가 적혀 있는 것으로 보아, 원래는 대접 4구로
구성된 사중완이 아니라 5구 이상의 대접이 중첩되어 있던 가반 세트였다고 생각
된다(奈良國立博物館, 2018). 가반의 대접은 바깥에서 안으로 차례로 제1중, 제2중 등
의 분류번호를 붙여나간다(中野政樹, 1976). 가반문서가 제일 바깥 완의 외측 하부에
붙어 있었다고 한 점으로 보아 제15호 사중완 중 '제1중', 즉 가장 큰 대접의 외측
하부에 붙어 있었던 셈이 된다.[3] 제1중의 구경은 22센티미터, 높이는 9.2센티미터
다(奈良國立博物館, 2018).

　　가반문서는 단간(斷簡) 1편(片)의 고문서인데 앞·뒷면에 모두 묵서가 남아 있
다. 재질은 두꺼운 황갈색의 저지인데 크기는 세로 29센티미터, 가로 상단이 13.5
센티미터다. 한 면에는 괘선(罫線)을 긋고 글씨를 썼으나, 그 이면에는 괘선을 긋지
않고 썼다. 괘선이 있는 것을 '앞면', 괘선이 없는 것을 '뒷면'으로 부르고 있다(柳雄
太郎, 1976). 묵서 내용은 신라 이두로 기록되어 있어 발견 때부터 신라의 관문서로
인정되었다. '앞면'과 '뒷면'의 글씨는 이필(異筆)이다(鈴木靖民, 1977a). 한편 '앞면'
하단 전체 4분의 3 부분 아래쪽에는 이 종이문서가 가로로 뭔가에 눌렸던 자국이
역력히 남아 있다(그림7 참조). 또 '앞면'의 우변 가장자리는 칼이나 가위 등으로 잘

3　애초 문서가 '제4호완'에 부속되어 있었다고 소개되었다(中野政樹, 1976; 鈴木靖民, 1977b). 그러
　나 『제54회 쇼소인전 목록』에는 제일 바깥쪽 완의 외측 하부에 붙어 있었다고 설명하고 있어, 4호완,
　즉 제4중완이 아니라, 제1중완 밑에 붙어 있었음을 알 수 있다.

라낸 듯 마감처리가 반듯하지만, 그 반대편 좌변 쪽은 종이문서를 손으로 찢어낸 흔적이 그대로 남아 있다.

　사하리가반에 부속되어 전하는 이 종이문서의 용도에 대해서는 사하리가반에 흠집이 나지 않도록 하기 위해 신라가 가반 세트의 대접들 사이에 폐기된 관문서를 포장용 '쿠션[充塡紙]'으로 재활용했고, 이로 인해 그 중 한 장이었던 현재의 가반문서가 가반과 함께 운 좋게 전래된 것으로 보는 견해가 제기된 바 있다(關根眞隆, 1969).

　쇼소인에는 신라로부터 구입하고 한 번도 사용하지 않은 채 그대로 보관되어 온 '사하리 숟가락[佐波理匙]' 2세트가 있는데, 그 중 한 세트는 종이를 사용하지 않고 노끈으로만 묶었지만, 다른 나머지 한 세트는 타원형과 원형의 숟가락을 한 벌로 해서 '종이'로 감고, 이러한 것 10벌(숟가락 20개)을 다시 한 세트로 하여 노끈으로 묶어놓은 유물이 있다(그림4 참조). 이 종이에 묵흔이 보이고 있어 신라의 관문서로 추정되고 있다(中野政樹, 1976). 이를 통해 당시 신라가 대일교역품을 보호하거나 포장하기 위해 관문서를 충전지로 사용했음을 분명히 알 수 있다. 현재 이들은 포장된 상태로 풀지 않은 채 그대로 전세(傳世)되고 있어 각 종이의 묵흔 내용은 전혀 알 수 없는 상황이다.[4] 그러나 이 유물은 신라에서 폐기된 관문서들이 매우 다양하게 재활용 되고 있었음을 알려주는 소중한 자료라 할 수 있다.

　지금까지 촌락문서와 가반문서의 발견 경위와 각 문서의 현재 상태를 상세히 검토했다. 이를 통해 신라의 관문서들이

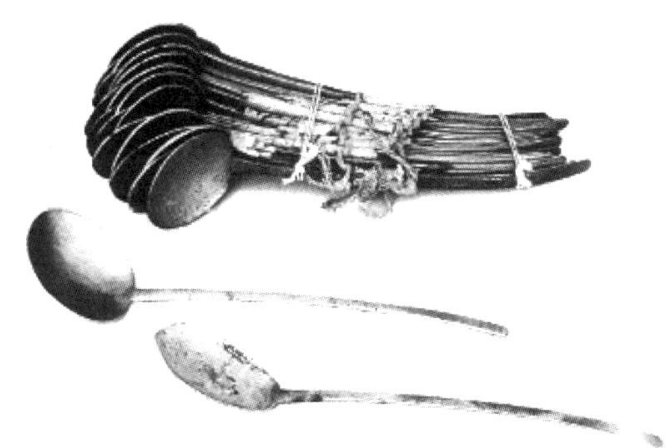

그림4　정창원의 사하리 숟가락[佐波理匙]과 충전지 (充塡紙)

4　제70회 쇼소인전에 종이로 포장된 이 동제 숟가락[銅匙]가 전시된 바 있는데, 이 숟가락을 신라의 교역품 중 하나로, 포장된 종이도 신라의 관문서일 것으로 소개하고 있다(奈良國立博物館, 2018)

폐기된 후 다양한 방식으로 재활용되고 있었음을 확인할 수 있었다. 우선 촌락문서는 쇼소인 중창에 소장된 '화엄경론제7질'의 수리 과정에서 발견되었는데, 경질의 제작에 사용된 표편(表片)과 이편(裏片)의 종이가 폐기된 촌락문서의 이면 백지를 재활용한 것임을 알 수 있었다. 한편 가반문서는 신라가 대일교역품인 사하리 가반에 흠집이 생기지 않도록 가반의 대접들 사이에 충전용 포장지로 재활용했던 신라의 관문서로 추정되고 있다. 이제 다음 절에서는 각 문서의 상태를 좀 더 면밀히 구체적으로 검토하면서 당시 관문서의 장정, 폐기, 재활용에 이르는 문서의 일생을 복원해보려고 한다,

3 문서의 복원과 재활용

1) 촌락문서의 원형 복원

촌락문서의 원상태는 어떤 모습이었을까? 발견된 각 편을 낱장으로 하는 책(冊)의 형식이었을까? 또 원문서 내에서 발견된 2편의 상호관계는 어떠했을까? 이러한 의문에 답하는 것은 문서 이해의 출발점임에도 불구하고, 이에 대해서는 연구가 거의 이루어지지 않았다.

경질 각 편(片)의 크기는 세로 29.5센티미터, 가로 58센티미터 정도다.[5] 각 문서편에는 괘선이 종횡으로 정연하게 그어져 있는데, 3개의 횡선(橫線)과 일정한 간격(1.5~2센티미터)의 종선(縱線)이 그어져 있다. 우선 종이의 상·하단에서 각각 1~2센티미터 정도 안으로 들여 상·하의 횡선을 그었다. 이 횡선 2개는 기록 공간을 만들기 위한 테두리선이다. 나머지 횡선 1개는 상횡선 5센티미터 아래에 그은 중횡선인데, 이 선으로 인해 상·하횡선 사이의 기록 공간이 둘로 나뉜다. 그런데 특이하게도 종선의 괘선은 중횡선과 하횡선 사이에만 그어져 있고, 상횡선과 중횡선

5　경질의 가로, 세로 길이는 『제43회 쇼소인전 목록』에 각각 58센티미터, 30센티미터로 소개되어 있지만, 제54회와 제70회에는 세로 길이를 29.5센티미터로 수정하였다.

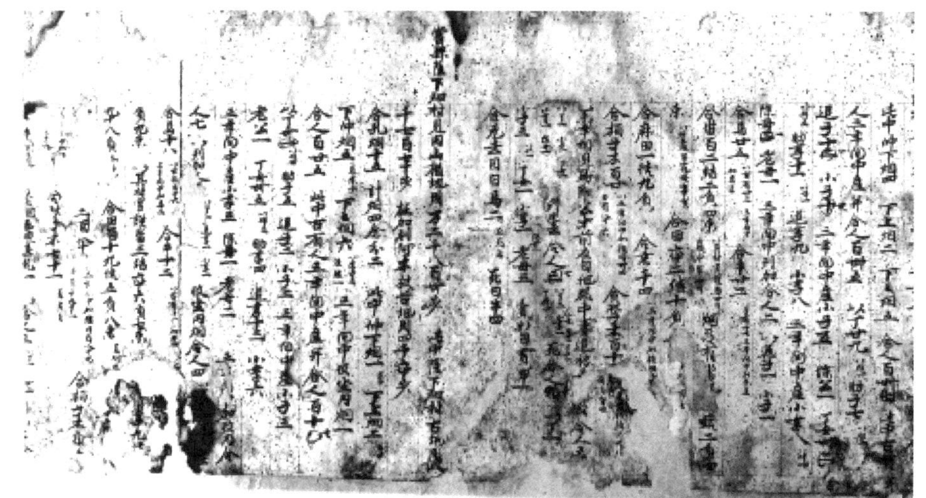

사이에는 없다.

촌락문서에는 의도적으로 상·중횡선 사이에 군현과 촌명을 기록하고, 이어지는 각 촌의 호구, 우마(牛馬) 등 항목별 내용은 중횡선 위로 올라가지 않고 모두 종선의 괘선이 있는 중·하횡선 사이에만 기록했다. 또 1개 촌의 기록이 끝나면 한 행을 건너뛰어 '공행(空行: 隔行)'을 둔 다음, 새로운 촌의 군현과 촌명, 항목별 내용을 앞서와 같은 방식으로 기록했다. 이로 인해 상·중횡선 사이에는 군현과 촌명만이 기록되며, 군현과 촌명은 항상 항목별 내용보다 중횡선 위로 대두(擡頭)되어 있다. 결국 문서에서 각 촌은 시각적으로 뚜렷이 구분된다. 이는 문서 이용자가 각 촌을 쉽게 구분하고 찾을 수 있도록 한 지금의 인덱스 양식으로 이해된다.

그런데 표편(表片)의 첫 행은 '공행(격행)'이고, 그다음 행부터 '당현사해점촌(當縣沙害漸村)'의 상황이 기록되어 있다. 이 격행의 오른쪽 종선도 다른 종선과 마찬가지로 중횡선 위로 올라가지 않고 중·하횡선 사이에 그어져 있는 괘선이며, 테두리선은 분명 아니다. 따라서 촌락문서의 원상 태가 책(冊)이었다고 하더라도, 표편 자체는 원문서의 완전한 한 장은 아니며, 표편 앞에 결실된 부분이 더 있어야 된다. 그렇게 되면 촌락문서의 가로 길이는 58센티미터보다 더 길어지게 된다. 이러한 가로 길이로 볼 때, 촌락문서의 원상태는 현존 문서편을 낱장으로 하는 책의 형식은 아니었을 것으로 생각된다. 그리고 책 형식의 호접본(蝴蝶本)이나 선장본(線裝本)은 인쇄의 발달과 연관하여 고려 이후에 등장한다. 촌락문서는 권자본의 두루마리 문서였다고 생각된다.

이러한 추론은 문서에 사용된 저지(楮紙)의 연접 상태를 살펴보면 더욱 분명해진다. 촌락문서의 연접 상태를 소개한 최초의 연구자는 이케다이다. 그는 중국의 적장문서(籍帳文書)를 정리한 경험을 토대로, 촌락문서를 발견 상태 그대로 표편, 이편으로 나누고, 판독문에 문서의 연접 상태까지도 표시했다. 그는 표편의 11~12행, 20~21행, 24~25행 사이, 이편의 3~4행, 10~11행, 20~21행, 30~31행 사이가 연접된 부분이라고 소개했다(池田溫, 1987). 이에 따르면 표편은 4장, 이편은 5장, 전체 9장의 저지로 만들어진 셈이 된다. 그러나 이는 경질의 상태를 가장 자세히 보고한 카와소에의 견해와 달라 문제가 있다. 카와소에는 표편 3장, 이편 2장, 전체 5장의 저지로 만들어졌다고 소개했다.

'제43회 쇼소인전'의 도록에 게재된, 경질 수리 시에 촬영된 문서 사진으로 볼 때, 표편의 11~12행, 20~21행, 이편의 10~11행, 20~21행 사이는 연접되어 있는 것으로 볼 수 없으며, 연접이 분명한 것은 표편의 24~25행 사이, 이편의 3~4행과 30~31행 사이뿐이었다. 아마도 이케다가 참고한 촌락문서의 사진 상태가 좋지 않아 생긴 착오라고 생각된다. 물론 본고가 밝힌 연접 상태에 의거해도 표편은 2장, 이편은 3장이 되어 카와소에의 '표편은 3장, 이편은 2장'이라는 견해와 달라 문제가 있다. 그러나 '2편 5장'이라는 전체 장수(張數)가 일치하고, 카와소에의 보고에서 표편·이편의 장수를 서로 바꾸면 본고의 견해와 일치한다는 점에서, 카와소에의 보고에서 실수로 표편·이편의 장수가 뒤바뀌었을 가능성도 고려할 필요가 있다. 또 도록에 게재된 경질의 사진을 보더라도, 표편의 연접 부위는 1곳밖에 없는 것으로 추정된다.

한편 촌락문서 표편의 24~25행, 이편의 3~4행, 30~31행 등 촌락문서의 계목(繼目: 연접 지점) 부분을 자세히 보면, 모두 오른쪽 종이가 왼쪽 종이 위에 올려진 형태로 이어붙인 '순계(順繼)'의 방식으로 연접했음을 알 수 있다. 이러한 현존 문서편의 연접 상태로 볼 때, 촌락문서는 완전한 형태로 남아 있는 이편의 가운데 저지를 기본으로 하여, 이러한 크기의 저지를 여러 장 연접해서 만든 두루마리 문서였다고 할 수 있다. 문서의 연접에 사용된 기본 저지 1장의 크기는 28행으로 저지가 겹쳐진 계목의 감춰진 부분을 고려하면, 대략 52센티미터 정도로 추정된다. 결국 기본 닥종이 한 장의 크기는 29.5×52센티미터 정도로 예상해 볼 수 있다.

한편 촌락문서가 보존 기간이 끝나 폐기되어 사경소(寫經所) 같은 곳에 불하되고, 그곳에서 두루마리 문서를 경질의 크기에 맞게 일정하게 자르면서 현존 문서편과 같은 크기로 분해된 것으로 추정된다. 그러면 현존 2편은 촌락문서의 원문서 내에서 서로 어떻게 연접되어 있었을까? 기본 한 장의 저지 길이와 각 편의 연접과 절단 부위의 위치를 고려하면, 이편의 D촌 다음에 표편의 A촌을 직접 연결할 수 있다. 그러나 문서의 내용상 표편의 A촌 앞에는 반드시 '당현(當縣)' 소속의 촌이 있어야 하므로, 그 앞에 서원경(西原京) 소속의 D촌이 기록된 이편을 이어 붙이는 것은 불가능하다.

따라서 현존하는 2편은 비록 동일한 경질 내에서 발견되었지만, 촌락 문서의 원문서 내에서 서로 직접 이어져 있었던 것은 아니라고 생각된다. 그렇다면 표편과 이편 사이에는 어느 정도의 문서편이 더 있었을까? 일단 경질을 만들기 위해 원문서를 현존 2편과 비슷한 크기로 모두 잘랐다고 가정하고, 현존 2편이 원문서 내에 연접되어 있었을 상태를 표편, 이편의 순서를 고려하여 추정해보면 그림6과 같다.

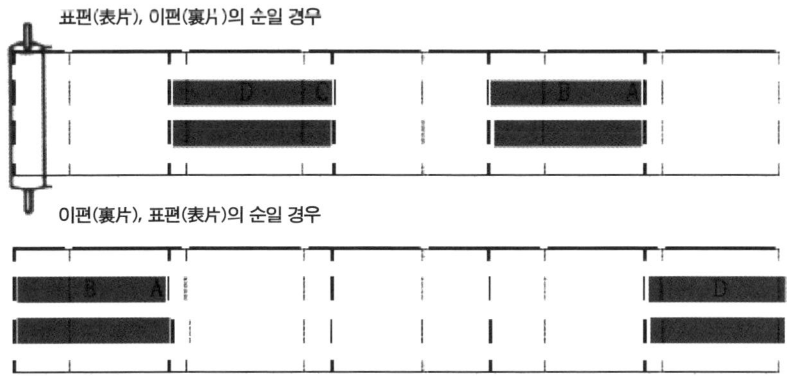

비고: 점선은 문서의 연접 부위, 실선은 절단 부위를 표시한 것이다.

그림6　촌락문서의 원형 복원

이 경우 이편과 표편 사이에는 같은 크기의 문서편이 적어도 1개 이상 더 있어야 2편을 연접시킬 수 있다. 문서편을 일정하게 자르지 않았거나, 경질을 만들면서 문서의 손상된 부분을 잘라내었다고 가정하더라도 문서의 기재 양식과 연접한 저지의 크기가 일정하고, 이편과 표편의 남아 있는 상태는 불변이기 때문에 비슷한 결과를 얻을 수 있다. 따라서 이편과 표편은 적어도 곧바로 이어진 문서편으로 볼 수는 없기 때문에, 문서 표편에 기록된 촌들과 이편에 기록된 촌들의 지리적 인접성도 섣불리 단정해서는 안 된다.

지금까지 살펴본 촌락문서의 원형 복원을 정리하면 다음과 같다. 첫째, 경질의 표편은 저지 2장, 이편은 저지 3장이 연접되어 있으며, 손상이 없는 이편 가운데의 저지 1장은 크기가 29.5×52센티미터 정도다. 둘째, 경질로 재이용되기 전 촌락문서의 원상태는 일정한 크기의 저지를 여러 장 연접하여 만든 두루마리 문서였다. 셋째, 현존하는 문서 2편은 계목(연접 부위), 절단 부위, 문서 내용 등으로 볼 때, 원문서 내에서 직접 이어져 있었던 편들은 아니며, 그 사이에는 적어도 1개 이상의 문서편이 더 있었던 것으로 추정된다. 넷째, 촌락문서는 보존 기간이 다하여 용도가 폐기된 뒤 '화엄경론제7질'의 제작에 재활용하기 위해 계목과 관계없이 일정한 크기로 절단되었다. 다섯째, 이 경질은 문서의 기록 면을 포심에 붙이고, 기록이 없는 문서 이면의 공지(백지)를 경질의 겉면이 되게 만들었다.

촌락문서의 '화엄경론제7질'로의 재활용 과정을 기초로 하여, 촌락문서의 작성 연대도 추론할 수 있다. 영변(靈辨)의 『화엄경론』이 일본에 수용·유통되었던 상황을 쇼소인의 조동대사사(造東大寺司) 관련 문서로 살펴보면, '화엄경론제7질'은 신라 승려 또는 신라 유학승이었던 심상(審詳, 審祥)이 일본으로 가져간 것임을 알 수 있다. 심상의 몰년(沒年)은 751년 이전이 분명하므로 문서에 기록된 서원경(西原京) 설치 이후 촌락문서가 작성되었던 을미년(乙未年)은 695년이 된다.[6]

---

6 종래 쇼소인전시에서는 문서 내용을 바탕으로 755년, 815년 설을 촌락문서의 작성 연대로 소개했지만, 2018년 제 70회 쇼소인전시에서는 화엄경론의 일본 내 유통 상황에 의거하여 '695년'만을 유력설로 제시하고 있다.

국가의 공문서는 문서의 용도에 따라 일정 기간 보존되기도 하며, 오용을 막기 위해 즉시 폐기되기도 한다. 문서의 보존과 관련하여 중국의 경우 경룡(景龍) 2년(708)의 칙에 따르면, "여러 주현의 호적, 수실(手實), 계장(計帳)은 마땅히 5비(比)를 보존하여야 하며, 성적(省籍)은 9비를 보존해야 하는데, 오래된 것부터 차례로 없애나간다"라고 되어 있다(『唐會要』 권85, 籍帳). 여기의 5비는 앞서 작성된 5회분의 문서를 의미한다. 고대 일본의 경우에도 이러한 제도를 받아들여 호적의 경우는 6년마다 작성하여 5비, 즉 30년 동안 보존했고, 계장의 경우 6년 동안 보존했다(宮本 救, 1971).

한국 고대사회의 문서 보존과 폐기에 대해서는 자료가 전무하지만, 촌락문서가 3년마다 정기적으로 작성되고 이후 추기(追記)가 이루어진 점으로 볼 때 적어도 통일기 신라에서는 문서의 용도에 따라 문서의 생산 간격과 보존 기간 등이 율령으로 정해져 있었을 가능성이 매우 높다고 생각된다. 특히 호적이나 계장과 같은 수취문서는 새로운 문서와의 비교나 검증을 위해 지난 문서들을 반드시 보존하고 있어야만 한다. 신라 역시 고대 일본과 마찬가지로 당의 율령에 입각해 촌락문서를 5비, 즉 15년을 보존했다가 폐기했을 것으로 추정된다. 한편 폐기된 관문서는 자료가 많이 남아 있는 고대 중국과 일본의 사례로 보면, 문서의 이면 공지(백지)를 재활용하기 위해 다른 관청이나 사찰 등에 불하되었다. 후술하는 가반문서로 볼 때 신라에서도 폐기된 관문서의 이면 백지가 다른 문서로 재활용되었음을 알 수 있다. 다만 촌락문서는 관청이 아니라 사찰에 불하되어, '화엄경론제7질'의 제작에 재활용되었던 셈이다.

2) 가반문서의 원형과 재활용

가반문서는 앞서 소개했지만, '앞면'에만 괘선이 있고 '뒷면'에는 괘선이 없다. '앞면'에는 천지 상·하단에서 안으로 들여 횡으로 그은 테두리 선과 종으로 그은 괘선이 있는데, 앞서 살펴본 '촌락문서'처럼 정연하지는 않다. 그리고 이 '앞면' 우변의 바로 뒷면에는 폭 0.3~0.7센티미터 정도로 종이의 연접을 위해 풀칠했던 자국이 세로로 길게 남아 있다. 이로 볼 때 이 '앞면'의 우변에는 원래 또 다른 별도의 저지가 연접되어 있었던 것으로 추정된다. 또 '앞면'에만 괘선이 있고 '뒷면'에는 괘선이 없는 점이나, '앞면'과 '뒷면'의 글씨가 이필(異筆)인 점을 고려할 때, 가반문서는 '앞면'이 먼저 기록된 문서이며, '뒷면'은 '앞면'의 용도가 다한 뒤 그 뒷면의 공지(백지)를 재활용하여 기록한 후속 문서로 이해된다(鈴木靖民, 1977b).

이에 대해 앞·뒷면의 문서가 서로 성격이 다른 문서가 아니고, 곡물과 말과 돼지 등의 식료를 수납하는 국가의 경(椋: 창고)을 관리하던 관사에서 출납·점검 기록을 적어둔 것으로, 문서의 성격은 대부분 메모를 적은 것에 가까운데 앞·뒷면이 연속된 기록이라는 반론이 제기되었다(平川南, 2010). 이에 뒷면의 폭 0.3~0.7센티미터 정도로 종이의 연접을 위해 풀칠했던 자국을 호접본처럼 종이를 상하로 이어붙인 책을 만든 흔적으로 이해하고, 본 문서의 형태가 책 형식이었다면 뒷면에 추기하는 것은 가능하지만, 용도 폐기하여 별도의 장부로 사용했을까 하는 의문을 제기한 연구도 발표되었다(박남수, 2019).

일본의 고대 문서행정과 장부의 제작과 재활용 과정을 상세히 알려주는 '쇼소인 문서'에 관한 연구 성과를 살펴보면, 호적은 물론 잡다한 장부나 메모들까지도 모두 연접되어 두루마리 권자본(卷子本)으로 정리·관리되었음을 알 수 있다. 제첨축(題籤軸)이 만들어지거나, 문서 제목을 굵은 권축(卷軸)의 마구리에 직접 쓴 목첨축을 비롯해 여러 재질로 문서 제목을 적는 꼬리표[楬] 등을 만들었던 것도 모두 당시의 문서(장부)들이 두루마리 권자본으로 만들어졌던 것과 관련이 있다. 두루마리는 속성상 문서 내용이 한 면에만 기록될 수밖에 없다. 처음의 문서 용도가 폐기된 다음 두루마리 장부를 불특정

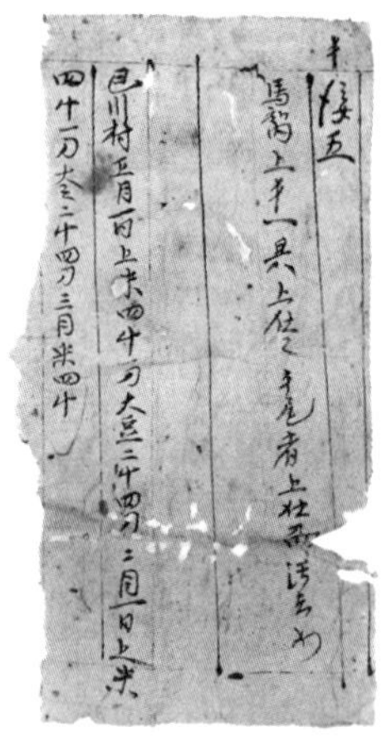

그림7　가반문서의 '앞면'과 '뒷면'

의 다양한 크기로 절단하여 그 이면의 공지(백지)에 하나하나 다시 관련 정무를 메모 또는 정리하고, 다 쓴 낱장의 단간들을 계속 이어 붙여 새로운 두루마리 문서(장부)를 만들었다. 따라서 낱장의 종이를 메모지로 사용할 수는 있어도 메모할 여백이 없으면 새로운 백지를 덧붙여 이어가며 계속 정리했다(그림8 참조).

후술하지만 신라의 종이 한 장은 대체로 세로 1척(당척 29센티미터), 가로 2척 정도의 크기로 제작되었는데, 가로로 긴 낱장의 새 종이를 아래위로 호접본처럼 붙여서 메모하는 것은 불편하며, 그러한 사례가 당이나 고대일본에서는 확인되지 않는다(사카에하라 토와오, 2012). 호접본은 긴 종이 가운데의 아래 위에 풀칠을 해 붙이며 실 대신 풀을 사용했을 뿐 선장본과 형태가 같다. 그러나 가반문서의 뒷면 풀칠은 바로 낱장의 문서 메모나 정리가 끝난 뒤, 새로운 낱장의 종이를 연접해가며 메모와 정리를 계속해갔음을 보여준다. 또 가반문서의 앞·뒷면을 기록한 관청이 동일한 관청이라고 하더라도, 앞·뒷면이 서로 이필(異筆)이고, 또 앞면에만 괘선이 그어져 있고, 뒷면에는 괘선 없이 다만 각 메모를 구분하기 위해 메모 좌측에 종선

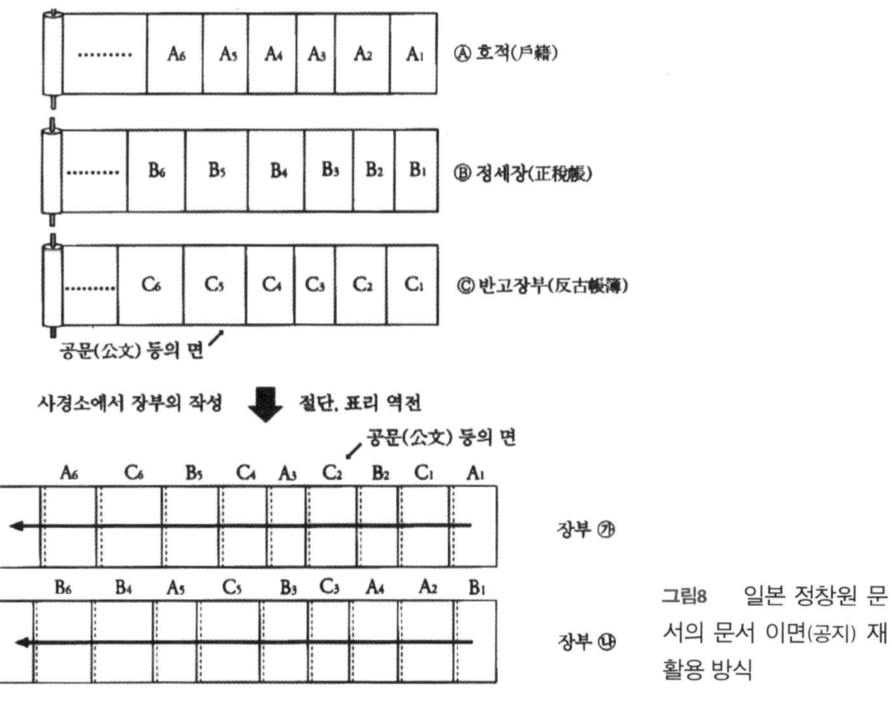

그림8　일본 정창원 문서의 문서 이면(공지) 재활용 방식

을 그어 단락을 짓는 방식으로 기록되었다는 점에서, 서로 다른 관인의 메모라고 생각된다. 따라서 가반문서 역시 촌락문서처럼 그 원형은 종이 여러 장을 연접하여 두루마리 형태로 제작한 장부였다고 생각된다(윤선태, 1997; 권인한, 2007).

　한편 가반문서의 종이 연접 방식은 촌락문서와 달리 왼쪽 종이가 오른쪽 종이 위에 올려진 형식으로 이어붙인 '역계(逆繼)'의 방식으로 되어 있다. 앞서 검토한 촌락문서를 비롯해 현존하는 신라와 고려의 두루마리 사경본들은 정연한 순계(順繼)의 방식으로 종이를 연접했다. 고대일본에서도 불경이나 정연한 보관용 문서 등은 대체로 순계로 연접하는 것이 일반적이다. 가반문서가 역계로 연접되었다는 것은 가반문서 앞면이 정성을 기울여 정연하게 정리하여 보관하는 용도가 아니었음을 말한다. 이는 가반문서 앞면의 괘선이 정연하지 않고 대충 그어 메모했다는 점과도 상통한다. 즉 가반문서 앞면은 정서용 보관용 장부가 아니라, 메모용으로 만든 임시적, 단기적으로 사용된 장부였다고 생각되며, 가반문서 앞면의 메모들을 기초로 다시 정서하여 중장기로 보관했던 별도의 정연한 문서(장부)가 만들어졌을 것으로 추정된다. 따라서 보관용 장부에 정서된 후 앞면이 기록된 가반문서는 폐기 되어 불특정의 크기로 절단되어 새로운 문서를 정리하는 이면 백지(공지) 로 재활용되었다고 생각된다.

　지금까지 검토한 가반문서의 원형과 재활용 과정을 정리하면 다음과 같다. 첫째, 가반문서의 원형은 낱장 종이를 역계나 순계를 가리지 않고 연접해가며 메모를 했던 두루마리 장부였다. 괘선도 자를 이용하거나 먹 선을 퉁기는 방식이 아니라 붓으로 종횡의 괘선을 대충 그어 메모했다. 둘째, 이러한 역계의 연접 방식과 대충 그은 괘선의 상태로 볼 때, 가반문서의 원형은 신중히 정서했던 촌락문서와 같은 보관용 장부가 아니라, 각종 세금의 수납 상황을 그때그때 메모한 임시로 사용하던 장부로 추정된다. 셋째, 이를 바탕으로 다시 보관용 장부에 정서한 다음, 임시 메모용 두루마리 장부(가반문서 앞면)는 불특정의 크기로 절단하여 다시 메모할 낱장으로 만들어두었다가, 추후 창고에 수납된 곡물 등의 지출 및 수납 관련 정무를 메모하는 용도로 재활용했다. 넷째, 절단된 낱장에 메모해둔 것들을 다시 이어 붙여가며 새로운 임시 메모용 장부를 만들었다 (가반문서의 뒷면). 다섯째, 이러한 후속의 메모 장부마저 용도가 다하면 대일교역품 관련 관청에 불하되었고, 교역품의 포장이나 충전지로 재활용되었다. 이때 메모용 장부들은 가위나 칼이 아니라 손으로 찢어서 물품 포장의 충전지로 최종 활용했던 것으로 추정된다. 이때 풀칠했던 연접된 계목(繼目) 부위는 힘을 주면 쉽게 떨어졌고, 충전지가 많이 필요했던 관계로 장부를 13.5센티미터 폭으로 작게 찢어 재활용했다고 생각된다. 신라와 일본의 공적인 외교와 대외교역이 8세기 말을 끝으로 소멸되었다는 점에서 볼 때 가반문서의 작성 연대는 대체로 8세기 중후반경으로 추측된다.

앞서 촌락문서의 연접에 사용된 낱장의 새 종이가 세로 29.5센티미터, 가로 52센티미터 정도의 크기로 제작되었음을 살펴보았다. 가반문서 역시 세로 길이가 29센티미터라는 점에서 볼 때, 당시 신라에서는 세로 1척(당척 29.5센티미터), 가로 2척 정도의 크기로 종이를 생산했던 것으로 추정된다. 사경 조성기가 남아 있는 755년 신라의 『백지묵서화엄경』은 2축이 전하는데, 종이의 세로 길이가 29센티미터(44~50권)와 26.9센티미터(1~10권)로 제각각이지만, 당척 1척이 종이 제작에 일정한 기준이 되었음을 충분히 간취할 수 있다.

한편 내성(內省) 관할의 수공업 생산 관청에 종이 생산처가 보이지 않고 있어, 종이 제작 기술은 고급기술은 아니었으며, 상당히 일찍부터 보편화되었던 것으로 보인다. 7세기 후반경으로 추정되는 월성해자목간에 "경중입용(經中入用)으로 '백불유지(白不躍紙)'를 (시장에서) 구매하라"고 기록되어 있고, 755년의 『백지묵서화엄경』의 종이 제자을 담당했던 지방 출신의 '지자인(紙作人)' 등을 고려한 때, 이미 통일을 전후해서 종이 제작은 중앙과 지방을 가리지 않고 전국적으로 확산되어 있었다고 생각된다. 또 '백불유지'와 같은 특정의 종이 품목이 언급되고(권인한, 2013), 사경용과 관문서용에 종이 색깔의 차이가 있었던 것으로 보아, 서사의 용도에 따라 특정의 장점을 개발한 고급화된 종이도 이미 통일 전부터 제작되었던 것으로 생각된다.

4 맺음말

촌락문서와 가반문서는 실물로 전하는 신라 당대(當代)의 종이문서라는 점에서 남다른 가치가 있다. 촌락문서와 가반문서는 문서의 내용 판독과 해석도 중요하지만, 그에 못지않게 문서의 장황(裝潢), 즉 종이를 마련하고 이를 장부로 장정(裝幀)하는 과정 전체에 대해서도 관련 정보들을 수집·정리하려는 노력을 기울여야 한다. 관문서의 작성 과정에는 최초 종이의 생산에서, 종이의 연접, 괘선 긋기 등 문서의 장정 과정 등 물질적 준비가 먼저 이루어진다. 또 문서가 작성된 후 일정한 보존 기간이 지나 그 용도가 폐기되면, 문서 이면(裏面)의 백지를 재활용하여 새로운 문서를 작성하거나 여러 방식으로 재활용하는 과정이 있었다.

촌락문서의 원형과 재활용 과정을 복원하면 다음과 같다. 첫째, 촌락 문서(경질)의 표편은 저지(楮紙) 2장, 이편은 저지 3장이 연접되어 있으며, 손상이 없는 이편 가운데의 저지 1장은 크기가 29.5×52센티미터 정도다. 둘째, 경질로 재이용되기 전 촌락문서의 원상태는 일정한 크기의 저지를 여러 장 연접하여 만든 두루마리 문서였다. 셋째, 현존하는 문서 2편은 계목(繼目: 연접 부위), 절단 부위, 문서 내용 등으로 볼 때, 원문서 내에서 직접 이어져 있었던 편들은 아니며, 그 사이에는 적어도 1개 이상의 문서편이 더 있었던 것으로 추정된다. 넷째, 촌락문서는 보존 기간이 다하여 용도가 폐기된 뒤 '화엄경론제7질'의 제작에 재활용하기 위해 계목과 관계없이 일정한 크기로 절단되었다. 다섯째, 이 경질은 문서의 기록 면을 포심(布芯)에 붙이고, 기록이 없는 문서 이면의 백지를 경질의 겉면이 되게 만들었다.

한편 가반문서의 원형과 재활용 과정을 정리하면 다음과 같다. 첫째, 낱장 종이를 역계나 순계를 가리지 않고 연접하여 두루마리 장부를 만든 다음, 괘선도 자를 이용하거나 먹선을 퉁기는 방식이 아니라 붓만으로 종횡의 괘선을 대충 그었다. 둘째, 가반문서의 원형은 신중히 정서했던 촌락문서와 같은 보관용 장부가 아니라, 각종 세금의 수납 상황을 그때그때 메모하여 단기적으로 사용하던 장부로 추정된다. 셋째, 이를 바탕으로 다시 보관본 장부에 정서한 다음, 기존의 메모용 두루마리 장부는 일정한 크기로 절단하여 낱장으로 만들어두었다가 추후 창고에 수납했던 곡물 등의 지출 및 수납 관련 정무를 메모하는 용도로 재활용했다. 넷째 절단된 낱장에 메모해둔 것들을 다시 이어 붙여가며 새로운 메모 장부를 만들었다. 다섯째, 이러한 후속의 메모 장부마저 용도가 다하여 대일교역품 관련 관청에 불하되었고, 교역품의 포장이나 충전지로 재활용되었다. 이때 메모용 장부들은 가위나 칼이 아니라 손으로 찢어서 물품 포장의 충전지로 최종 활용했던 것으로 추정된다.

비록 신라는 종이문서가 현재 촌락문서와 가반문서, 이 두 사례밖에 없지만, 일당백처럼 쇼소인 문서에 못지않게 신라의 종이 제작, 문서의 생산과 폐기, 문서의 다양한 재활용 과정에 관한 유익한 정보들을 알려준다. 이러한 정보들을 미리 체계적으로 정리해두면, 앞으로 쇼소인 소장의 신라 숟가락 세트를 포장했던 신라 관문서들이 공개될 때, 그 문서적 특징을 간취할 수 있는 매우 유용한 비교 자료가 될 것으로 기대된다.

참고문헌

『唐會要』

한글

국립중앙박물관, 2011『문자, 그 이후―한국고대문자전』, 국립중앙박물관.

권인한, 2007, 「正倉院 藏 ‘第二新羅文書’의 正解를 위하여」, 『구결연구』 18, 구결학회.

권인한, 2013, 「목간을 통해서 본 신라 사경소의 풍경」, 『진단학보』 119, 진단학회.

김민수, 2019, 「新羅의 鍮石 인식과 그 특징」, 『한국고대사연구』 96, 한국고대사학회.

노명호 외, 2000, 『한국고대중세고문서연구』 상·하, 서울대학교 출판부.

박남수, 2019, 「「新羅內省毛接文書」(‘佐波理加盤付屬文書’)와 신라 內省의 馬政」, 『신라문
　　　　화』 54, 동국대학교 신라문화연구소.

사카에하라 토와오, 지음, 이병호 옮김, 2012, 『정창원문서 입문』, 태학사.

尹善泰, 1997, 「正倉院 所藏 ‘佐波理加盤附屬文書’의 新考察」, 『國史館論叢』 74, 국사편찬
　　　　위원회.

윤선태, 2000, 『新羅 統一期 王室의 村落支配-新羅 古文書와 木簡의 分析을 中心으로』, 서
　　　　울대학교 박사학위 논문.

李基白 편, 1987, 『韓國上代古文書資料集成』, 一志社.

李蘭暎, 1992, 『韓國古代金屬工藝硏究』, 一志社.

외국어

關根眞隆, 1969, 「奈良時代の廚房用具」, 『奈良朝食生活の硏究』, 東京: 吉川弘文館.

宮本救, 1971, 「戶籍·計帳」, 『古代の日本(9)-硏究資料』, 東京: 角川書店.

奈良國立博物館, 1991, 『第43回 正倉院展 目錄』, 奈良: 奈良國立博物館.

奈良國立博物館, 2002, 『第54回 正倉院展 目錄』, 奈良: 奈良國立博物館.

奈良國立博物館, 2018, 『第70回 正倉院展 目錄』, 奈良: 奈良國立博物館.

東野治之, 1974, 「鳥毛立女屛風下貼文書の硏究-買新羅物解の基礎的考察」, 『史林』 57-6,
　　　　京都: 史學硏究會.

石田茂作, 1960, 「上代工藝と正倉院」, 『日本の文化財(1)』, 東京: 第一法規出版.

宋浣範, 2003, 「正倉院所藏'華嚴經論帙內貼文書'(いわゆる新羅村落文書)について」, 『東京大學日本史學研究室紀要』 7, 東京.

野村忠夫, 1953, 「正倉院より發見された新羅の民政文書について」, 『史學雜誌』 62-4, 東京: 山川出版社.

鈴木靖民, 1977a, 「正倉院佐波理加盤附屬文書の解讀」, 『古代東亞細亞論集(上)』, 東京: 吉川弘文館.

鈴木靖民, 1977b, 「正倉院佐波理加盤付屬文書の基礎的研究」, 『朝鮮學報』 85, 天理: 朝鮮學會.

柳雄太郎, 1976, 「正倉院金工の銘文」, 『正倉院の金工』, 東京: 日本經濟新聞社.

中野政樹, 1976, 「正倉院の金工, 總說」, 『正倉院の金工』, 東京: 日本經濟新聞社.

池田溫, 1987, 「東亞古代籍帳管見」, 『古代中韓日關係研究』, 香巷: 香巷大學亞細亞研究中心.

川副武胤, 1965, 「新羅國官文書の作成年次について」, 『大和文化研究』 10-9, 奈良: 大和文化研究會.

平川南, 2010, 「正倉院佐波理加盤付屬文書の再檢討」, 『日本歷史』 750, 東京: 吉川弘文館.

8장

통일신라 관인(官印)의 기초적 연구

홍기승(국사편찬위원회 편사연구사)

1 머리말

당나라와의 전쟁이 막바지로 치닫던 문무왕(文武王) 15년(675) 정월, 신라는 백사(百司)와 주군(州郡)의 동인(銅印)을 주조하여 반급했다고 한다. 관인제(官印制)의 본격적인 시행을 전하는 이 기사는 그동안 삼국통일 이후 제도 정비의 일환으로 거론되거나, 신라 율령 또는 문서행정 체계의 발전을 보여주는 사례로 종종 인용되었다. 반면 관인과 관인제 자체에 대해서는 최근에서야 구체적인 논의(金昌錫, 2018)가 이루어질 만큼 주목을 받지 못했다.

관인과 관인제는 당시의 문서행정, 나아가 관료제 운영과 맞물려 있는 주제인 만큼 그 실체를 밝히는 일은 당시의 지배체제를 이해함에 있어 중요한 과제라고 생각된다. 그래서 이 글에서는 통일신라의 관인과 그 제도적 운영에 대한 고찰을 시도하고자 한다.

먼저 그동안 통일신라의 인장으로 알려진 실물 자료를 정리·검토하겠다. 그리고 같은 시기 당(唐)과 일본의 관인 제도를 참고하여 당시의 관인을 선별·유형화하고 관인제의 운영 양상을 시론적인 차원에서 논하고자 한다. 실물 자료를 적극 활용하고 당·일본의 사례와 비교 검토한다면 사료 부족의 문제를 극복하고 구체적인 논의가 가능하게 될 것이다. 이러한 작업이 통일신라의 관인, 나아가 당시의 인장 문화와 문서행정 전반에 대한 이해의 폭을 넓히는 데 조금이나마 보탬이 되기를 바란다.

2 관련 자료의 정리

　논의를 위해서는 우선 현전하는 통일신라 인장 실물의 목록을 정리할 필요가 있다. 그래서 기존에 인장 목록을 정리한 연구(尹淨賢, 2007; 성인근, 2013)들을 참고하면서, 'e뮤지엄'과 도록, 발굴보고서 등에서 수집한 자료를 바탕으로 검토 대상을 2개의 표로 정리하였다.[1] 이제 표의 인장들을 속성별로 살펴보자.

1　표에 수록된 인장 외에도 'e뮤지엄' 사이트에는 '신라' 또는 '삼국'으로 분류된 인장이 더 있는데, 출토지와 입수 경위가 불분명하거나 일부 파편만 남아서 인장인지 불확실한 경우, 그밖에 시기를 판단하기 어려운 경우는 부득이하게 제외하였다.

한편 기존 연구나 도록에서 통일신라의 인장으로 소개한 아래의 3점은 다음의 이유로 제외하였다.

① 경주 동천동 681-1번지 유적 출토 동물상 석인 : 인면(印面)의 형태가 부정형이고 인문(印文)도 글자 또는 규칙성 있는 기호라 볼 수 없다. 같은 유적에서 크기는 다르지만 거의 동일한 형태의 유물이 나왔는데 문진(文鎭)으로 파악한 바 있다. 본 유물도 같은 용도일 가능성이 높다.

② 서울역사박물관 소장 '무경대내말(武京大奈末)'명 동제 상형(象形) 인장 : 기증품으로 출토 경위가 미상이고, 뉴식(鈕式)이 현재까지 발견된 것들과 크게 차이가 나서 통일신라의 것으로 보기 어렵다고 생각한다. 무경이란 인물의 사인(私印)의 가능성도 배제할 수 없지만, '인명+관등' 형식의 다른 사례가 없어 제외하였다.

③ 충주 송암리 왜실 유적 출토 '태릉지인(泰陵之印)'명 동제 인장 : 발굴보고서는 환호 내 8호 수혈에서 출토된 본 인장이 그 서체와 뉴식 등이 황룡사지 출토 동인과 유사한 점, 유적의 중심연대가 9세기 중후반으로 추정되는 점 등을 근거로 신라 인장으로 보았다. 그런데 인동문(忍冬紋) 모양이라는 손잡이는 황룡사지 출토 동인보다는 고려 인장과 더 유사한 점이 많다. 그리고 인장의 상면에 인문의 방향

표1　왕경 출토 인장

번호	인면(印面)	출토 유적	재질	인문(印文)	설명	출전
가-1		황남동 376번지	활석	관인(官印)	· 1호 수혈에서 목간(椋 관련)과 함께 출토 · 3.2×3.2×2.6cm. 평면 정방형 · 반원형 손잡이 중앙에 구멍 · 음각 인문(印文). '희(熙)'로 판독하기도 함	東國大學校 慶州캠퍼스 博物館, 2002, 『慶州 皇南洞 376 統一新羅時代 遺蹟』
가-2		동천동 681-1번지	납석	기하문	· 3.5×3.7×2.8cm. 평면 방형 · 반원형 손잡이 중앙에 지름 0.5cm 구멍	동국대학교 경주캠퍼스 박물관, 1998, 『발굴유물특별전』
가-3		동천동 987번지 일원	청동	미상 (기하문?)	· N5W18 구역 출토 · 2.25×2.25×3.0cm. 평면은 정방형에 가까움 · 종타원형의 손잡이에 구멍 있음 · 무게 28.2g. 양각의 인문을 중심으로 붉은색 안료가 관찰	慶州大學校博物館, 2009, 『慶州 東川洞 古代 都市遺蹟-慶州市 宅地造成地區 內 7B/L-』
가-4		탑동 유적	흙	미상	· 3호 적심건물지 출토 · 4.2×4.2×약 2.0cm · 평면 정방형. 타원형의 손잡이에 구멍 · 양각 인문은 판독 미상	영남문화재연구원, 2004, 『2002~2003년도 문화재 시굴조사 보고서』

번호	인면(印面)	출토 유적	재질	인문(印文)	설명	출전
가-5		-	청동	미상 (기하문?)	· 계림 서측 소천(小川)에서 발견 · 4.2×4.2×4.3*cm* 평면 정방형 · 손잡이는 둥근 고리 모양 · 양각 인문	朝鮮總督府 學務局 古蹟調査課, 1917, 『大正七年 埋藏物關係』
가-6		황룡사 남쪽 담장 외곽 정비사업 부지 내 유적	나무	기하문?	· S1W6 동서도로 측구 안에서 출토 · 2.1×1.8×2.0*cm*. 평면 방형 · 목재는 활엽수류. 무게 4g. 1/3정도 결실	신라문화유산연구원, 2018, 『皇龍寺 廣場과 都市 I -황룡사 대지와 후대 유구-』
가-7		월성해자	납석	문양	· S20W100-40cm 갈색부식토층 출토 · 5.2×5.7×4.0*cm*. 평면 정방형 · 손잡이 일부 결실 · 인문은 꽃무늬. 떡살로 보기도 함	文化財研究所 慶州古蹟發掘調査團 1990,『月城垓字 發掘調査報告書 I 』
가-8		동궁과 월지	나무	미상	· 준설 과정에서 수습. 현재 망실 · 6.3×6.2×3.5*cm*. 평면 정방형 · 상면 중앙에 손잡이 돌출 · 음각 인문은 전서체의 2자로 추정	文化財管理局, 1978, 『雁鴨池』

번호	인면(印面)	출토 유적	재질	인문(印文)	설명	출전
가-9		황룡사지 동편 S1E1 지구	활석	미상	· 제3가옥 내에서 출토 · 2.6×2.9×1.3*cm*. 평면은 팔각형에 가까운 말각방형 · 상면 중앙에 구멍. 손잡이 미확인 · 흑회색. 인문 미상	國立慶州文化財硏究所, 2002, 『新羅王京』
가-10			청동	대공사가지인 (大公私家之印)	· 금당지 출토? · 6.4×6.2×6.4*cm*. 평면 방형. 손잡이와 구멍은 장타원형 · 양각 전서체 인문. '육공사가지인 (六公祀家之印)'으로 판독하기도	
가-11		황룡사지	납석	영조일영천 (永曺日永泉)	· 금당지 출토? · 5.8×5.8×2.0*cm*. 평면 방형. 손잡이 없음 · 양각 전서체 인문	文化財硏究所, 1984, 『皇龍寺 遺蹟發掘調査報告書Ⅰ』 국립경주문화재연구소, 2013, 『유물로 본 신라 황룡사』
가-12			기와	당(堂)	· 동회랑지 출토 · 4.5×4.9×2.0*cm*. 평면 방형. 손잡이 없음 · 양각 전서체 인문	

표2　지방 출토 인장

번호	인면(印面)	출토 유적	재질	인문(印文)	설명	출전
나-1		양주 대모산성	청동	△△△현지인 (縣之印)	· 건물지3 구들시설 내 출토 · 3.5×3.5×3.45cm. 평면 정방형 · 손잡이는 ∩자형 고리(두께 0.5cm) · 양각 전서체 인문	文化財硏究所, 翰林大學校博物館, 1990, 『楊州大母山城』
나-2			납석	기하문	· 건물지1 남서 모퉁이 외부의 부식토층 출토 · 4.1×3.9×2.4cm. 평면은 거의 정방형. 손잡이에 구멍	
나-3		이천 설봉산성	납석	기하문	· 다-3호 토광 출토 · 3.1×3.6×2.4cm. 평면 방형 · 반원형 손잡이에 지름 0.7cm의 구멍	단국대학교 중앙박물관, 1999, 『이천 설봉산성 1차 발굴조사 보고서』
나-4			철	기하문	· 가-15트렌치 출토 · 5.3×5.5×5.5cm. 평면 방형 · 단면이 열쇠구멍 모양의 손잡이에 지름 0.7cm의 구멍	단국대학교 매장문화재연구소, 2002, 『이천 설봉산성 3차 발굴조사보고서』

번호	인면(印面)	출토 유적	재질	인문(印文)	설명	출전
나-5		포천 반월산성	납석	기하문	· Ⅱ확-1트렌치 북쪽 석재 틈에서 출토(건물지로 추정) · $4.6 \times 4.7 \times 2.5cm$. 평면 방형 · 상면 중앙의 돌출된 손잡이에 작은 구멍 · 동일 트렌치에서 휴대용(?) 벼루 출토	단국대학교 매장문화재연구소, 2001, 『포천 반월산성 5차 발굴조사 보고서』
나-6		함안 성산산성	흙	기하문	· 동성벽 내 계곡부의 2차 집수지(최종저수지) 주변 N0W60 조사갱 내부 출토 · $4.5 \times 4.7 \times 2.9cm$ · 방형 평면. 손잡이 일부 결실, 투공 흔적	국립창원문화재연구소, 2006, 『함안 성산산성Ⅲ』
나-7		화성 상안리	납석	기하문	· Ⅰ구역 구상유구에서 출토 · $3.0 \times 3.0 \times 3.2cm$. 평면 정방형. · 타원형 손잡이 중앙에 지름 약 $0.4cm$ 구멍	韓國文化財保護財團, 2007, 『華城 尙安里遺蹟Ⅱ』
나-8		포항 인덕동	흙	기하문	· 통일신라~고려시대 4호 건물지 출토 · $4.8 \times 4.8 \times 2.8cm$. 평면 방형 · 손잡이 일부 결손, 투공 흔적 · 배면(背面)에 작은 원문(圓文)을 찍은 흔적	韓國文化財保護財團, 2006, 『浦項 仁德洞 遺蹟』

번호	인면(印面)	출토 유적	재질	인문(印文)	설명	출전
나-9		삼척 홍전리 사지	청동	범웅관아지인 (梵雄官衙之印)	· 4-2호 건물지 남쪽의 기단에서 출토 · 5.2×5.2×5.3cm. 평면 정방형. 무게 220.6g · 마름모꼴 형태의 손잡이와 구멍 · 양각 전서체 인문	불교문화재연구소, 2020, 『삼척 홍전리사지Ⅱ』
나-10			청동	기하문	· 4-2호 건물지 남쪽의 기단에서 청동 인장함에 담긴 채 출토 · 5.0×5.0×4.6cm. 평면 정방형. 무게 196.39g · 마름모꼴 형태의 손잡이와 구멍	
나-11		익산 미륵사지	납석	기하문	· 사역 북편 석축 북쪽지역, 가람의 남북중심축 선상에 남북 방향의 후대 석축유구 동쪽에 인접한 곳에서 출토 · 3.2×3.2×0.8cm. 평면 정방형 · 상면 중앙에 작은 원형 꼭지	文化財管理局 文化財研究所, 1987, 『彌勒寺Ⅰ 遺蹟發掘調査報告書』
나-12	–	용인 언남리	철	미상 (미확인)	· Ⅳ지점 건물지 출토 · 4.8×4.8×3.2cm. 평면 정방형 · 반원형 손잡이에 원형 구멍	한신대학교박물관, 2007, 『龍仁 彦南里-統一新羅 生活遺蹟-』

※ 사진 출처 (가나다순)

경주대학교박물관(가-3) | 국립경주박물관(가-1 · 2 · 8 · 10 · 11 · 12, 나-3 · 11) | 국립중앙박물관(가-5, 나-1 · 6)

불교문화재연구소(나-9 · 10) | 신라문화유산연구원(가-6) | 한림대학교박물관(나-2) | 'e뮤지엄' 사이트(가-4 · 7 · 9, 나-4 · 5 · 7 · 8)

먼저 인장의 출토지를 보면 왕경과 지방에서 고루 인장이 발견되었다. 지방에서는 양주 대모산성, 이천 설봉산성, 함안 성산산성 등 산성의 출토 사례가 다수로, 일반적으로 이 산성들은 지방 지배의 주요 거점 역할을 하였다고 이해된다. 또한 포항 인덕동 유적은 통일신라 때부터 역원(驛院)이 있었을 것으로 추정되며, 삼척 흥전리 사지는 '범웅관아지인(梵雄官衙之印)'명 청동인(나-9)과 '국통(國統)'이 새겨진 비편 등으로 보아 당시 중앙과 밀접한 관계가 있었다고 할 수 있다. 따라서 현재까지 인장이 출토된 유적들은 대체로 지방사회에서 공적(公的) 역할을 하던 곳이라 할 수 있다.

한편 왕경에서는 월성해자, 동궁과 월지 등 궁성과 관련된 경우, 황남동 376번지와 동천동 일대 등 관영 공방 유적, 황룡사지와 그 주변 등에서 인장이 출토되었다. 지방과 마찬가지로 출토 유적들은 공적 성격이 강한 편이다.

다음으로 인장의 출토 지점이 명확한 사례들을 보면 건물지 또는 그 인근 유구인 경우가 많다. 청동함에 담긴 채로 출토된 나-10 인장의 사례로 볼 때 건물지들은 인장의 사용처 또는 보관 장소였다고 추정할 수 있다. 이러한 인장 출토 건물지는 대부분 난방시설이 확인되지 않으므로 일상적인 거주용 가옥은 아니었던 것으로 보인다. 반면 목간과 함께 수혈에서 출토된 경주 황남동 376번지 인장은 더 이상 필요가 없어져 폐기했을 가능성을 상정할 수 있다. 그 밖에 트렌치나 구상유구에서 발견된 경우는 구체적인 정황을 파악하기 어렵다.

그런데 현재까지 왕경과 지방을 막론하고 고분 관련 유적이나 유구에서 인장이 출토되지 않는다. 이는 무덤에서 인장이 자주 발견되는 고려시대와 매우 대비된다. 앞서 언급했던 인장 출토 유적과 유구에 공적 성격이 두드러진다는 점과 연관지어 생각해보면, 이 시기에 사인(私印)을 사용하는 문화가 아직 정착하지 않아

을 가리키는 '상(上)'자가 새겨져 있는데 다른 통일신라 인장에서 확인되지 않는다. 유적 인근에 '능(陵)'이라고 할 만한 통일신라 고분이 있다고 보기도 어렵다. 따라서 현재로서는 고려 전기의 인장으로 보는 편이 타당하다고 생각된다.
그리고 대상 자료를 수집, 정리하는 과정에서 여러 기관의 선생님들께 많은 도움과 가르침을 받았다. 일면식도 없는 필자의 요청에도 흔쾌히 호의를 베풀어주신 분들께 감사드린다.

서일지도 모른다. 아니면 인장을 사용할 만한 상위 계층에서 화장묘가 유행했기 때문일 수도 있다. 그 배경은 명확하지 않지만, 이러한 출토 경향이 이 시기의 특징임은 분명하다.

인장의 구체적인 속성별로 대상 자료들을 정리해보면, 우선 인장의 재질은 금속류와 석재류 및 기타로 나눌 수 있다. 금속류는 대부분 청동으로, 후술하듯이 같은 시기 당과 일본에서도 많이 사용되었다. 석재류의 다수인 납석은 상대적으로 가공이 쉽고 색과 광택이 아름다워 통일신라 시대 공예품의 재료로 널리 활용되었다.

인면(印面)의 평면 형태는 1점을 빼면 모두 방형이며 정방형 또는 장단비가 1.1 이하일 만큼 정방형에 가까운 것이 거의 대부분이다. 제작 단계나 실측 과정에서 생길 수 있는 오차를 감안할 때 정방형이 당시의 일반적인 형태였다고 할 수 있다. 이는 원형 인장이 다수 확인되는 고려시대와 대비된다. 그리고 인면의 길이는 긴 변을 기준으로 했을 때 대부분 3~6㎝의 범위 내에 고르게 분포한다.

인장의 형태 분류의 주요 속성인 손잡이 부분은 총 20점에서 확인된다. 여기서 인면을 구성하는 사각형의 본체인 인대(印臺) 중앙에 꼭지가 달린 나-11을 뺀 19점의 손잡이는 크게 두 유형으로 나눌 수 있다. 우선 인대(印臺)와 손잡이의 연결 형태가 반원 또는 반타원형인 경우다. 이 유형의 다수는 손잡이 중앙에 작은 원형 구멍이 나 있는데, 인뉴(印鈕)의 형식 중에 비뉴(鼻鈕)로 분류할 수 있다. 다음으로 장타원형 또는 마름모꼴 형태로, 모두 청동제 인장이며 반원형보다 구멍이 훨씬 크고 모양도 다양하다.

인장에 새겨진 인문(印文) 가운데 판독이 가능한 자료로는 '대공사가지인(大公私家之印)'(가-10), '△△△현지인(△△△縣之印)'(나-1) '범웅관아지인'(나-9) '영조일영천(永曹日永泉)'(가-11) '당(堂)'(가-12) '관인(官印)(가-1)' 등이 있다. 가-1을 제외하면 모두 전서체(篆書體)에 양각(陽刻)이다. 하지만 문자보다는 기하문으로 추정되는 경우가 훨씬 더 많다. 이 가운데 인면을 十자로 나누고 각 구역에 'm'자를 그려 넣어 인면을 채우는 형태가 여러 지역에서 확인되어 주목된다.

한편 표에 정리하지는 않았지만, 인장을 찍은 흔적인 인영(印影)도 당시 인장의 모습을 살펴볼 수 있는 중요한 단서다. 일본과 중국에서는 각종 고문서에서 다수의 인영이 확인되는데, 아쉽게도 신라에는 인영이 있는 고문서가 전하지 않는다. 대신 와전, 토기 등에 인장을 찍은 사례가 가끔 확인되는데, 대표적으로 국립경주박물관 미술관 부지 유적과 동천동 696-2번지 유적에서 출토된 '남궁지인(南宮之印)'명 수키와가 있다. 정방형에 가까운 방곽 안에 명문이 음각되어 있어 양각 인장을 찍은 것으로 추정된다. 이밖에 경주 동궁과 월지 출토 '생앙지인(笙昻之印)'명 보상화무늬 전돌도 인장을 찍었음이 분명하고, 문자 대신 기하문도 종종 확인된다.

3 관인의 선별과 유형

앞에서 현전하는 실물 인장을 속성별로 살펴보았다. 자료의 수가 적고 속성도 매우 다양하여 일반화하거나 유형화하기 쉽지 않다. 그럼에도 공적 성격이 강한 유적에서 출토되는 경향이 강한 점, 정방형 인면(印面)에 손잡이는 반(타)원형 또는 장타원형·마름모꼴이고 재질은 청동 위주의 금속류와 납석 중심의 석재류로 나눌 수 있는 점, 인문(印文)은 문자보다 기하문이 다수인 점 등을 통일신라 인장의 특징으로 꼽을 수 있을 것이다.

그렇다면 대상 자료 가운데 무엇이 통일신라의 관인일까. 여기에 답하기 위해서는 먼저 당시에 '관인'을 어떻게 규정했는지를 알아야 하는데 이를 말해줄 사료가 전혀 없다. 따라서 관련 사료와 실물 자료가 많이 남아 있는 당과 일본의 관인제(官印制)를 검토함으로써 해답의 실마리를 찾고자 한다.

중국의 관인제는 수당(隋唐) 시기에 큰 변혁을 겪었다고 이해된다. 먼저 위진남북조 시기에 관인은 관직명을 새겨 관원 개개인에게 수여된 '관직인(官職印)'으로, 관원은 이를 공낭(鞏囊)에 넣어 휴대했다. 반면 수당 이후 관인은 일부 사직(使職)을 제외하면 관서명 또는 지방행정단위명을 새긴 '관서인(官署印)'이 기본으로, 해당 관서에 지급·보관되었고 장관(長官)이 관리와 사용의 최종 책임을 졌다.

또한 간독을 대신하여 종이에 의한 문서행정이 정착하면서, 인문은 음각 백문(白文)에서 양각 주문(朱文)으로 크게 바뀌었다. 봉니(封泥)가 아닌 흰 종이에 직접 날인하면서 자연스레 글자가 뚜렷하게 보일 수 있는 양각 주문을 선호하게 된 것이다. 같은 맥락에서 인면의 크기도 한대(漢代) 관인보다 두 배 이상 커진, 한 변의 길이가 당척(唐尺) 2촌(약 5.5㎝) 전후의 정방형이 당대(唐代) 중앙 관서 관인의 표준 규격이 되었다. 아울러 인뉴(印鈕)의 형식은 거의 비뉴(鼻鈕)였는데, 이전보다 높아져 뉴공(鈕孔) 부분이 원형에서 타원형으로 변했다. 이는 날인할 때의 편의성을 높이기 위한 것으로 추정된다(程義, 2002; 片岡一忠, 2008).

당대 중앙과 지방 관서에서 사용한 인장의 종류와 관련하여, 『당률소의(唐律疏議)』는 관에서 사용하는 인장을 '관문서인(官文書印)'과 '여인(餘印)'으로 구분했다.[2] '관문서인'은 관서에서 생산하고 유통한 공문서에 날인하던 인장이다. 보통 관인이라고 하면 이 '관문서인'을 가리킨다고 할 수 있는데, 중앙에서 주조하여 지급했던 '모사지인(某司之印)' 형식(예컨대 '중서성지인(中書省之印)', '동안현인(東安縣印)')의 동인(銅印)이 당시 관문서인의 일반적인 모습이었다.[3] 이밖에 황제의 행행(幸行)을 수행하는 관원에게 주는 행종인(行從印)('전중성행종지인(殿中省行從之印)'), 고신(告身) 전용 인장('상서이부고신지인(尚書吏部告身之印)')도 관문서인의 하나로 분류할 수 있다.

다음으로 '여인'에는 각 주(州)에 보내는 봉함인(封函印)이나 관 소유의 우마 등에 찍는 낙인, 전부(傳符)·동어부(銅魚符)를 밀봉하기 위한 봉부인(封符印) 등이 있다. 여인은 특정 용도로 사용하는 인장으로 문서행정과 직접 관련은 없지만, 역시 관에서 영(令)에 따라 발급하고 사용했으므로 넓은 의미에서 관인에 포함시킬

---

2 『唐律疏議』卷19, 賊盜25 盜官文書印條 "諸盜官文書印者, 徒二年, 餘印, 杖一百.[謂貪利之而非行用者. 餘印, 謂印物及畜産者.]【疏議曰, 印者, 信也. 謂印文書施行, 通達上下, 所在信受. 故曰官文書印. 盜此印者, 徒二年. 餘印, 杖一百, 餘印, 謂給諸州封函及畜産之印, 在令式, 印應官給. 但非官文書之印, 盜者, 皆杖一百…】
『唐律疏議』卷9, 職制21 稽緩制書條 "疏議曰, 官文書, 謂在曹常行, 非制奏抄者."

3 『唐六典』卷4 尚書禮部 郎中·員外郎 "凡內外百司, 皆給銅印一鈕[其吏部·司勛各置二印, 兵部置一印, 考功·駕部·金部·尚食·尚乘局各別置一印. 其文曰'某司之印', 東都則云'東都某司之印'. 內外諸司有傳符銅符之處, 各給封符印一枚, 發驛封符及封魚函則用之. 諸司從行者各給行從印. 其文曰'某司行從之印'. 駕還, 則封納本司]."

수 있다.

일본에서는 대보령(大寶令) 시행(701)을 계기로 문서행정 및 관료제의 정비와 함께 관인제도가 시행된 것으로 추정된다. 구체적인 내용은 공식령(公式令) 천자신새(天子神璽)조를 통해 살펴볼 수 있다.[4] 여기서 규정한 5종의 인장 가운데 천황의 즉위 시에만 사용된 천자신새를 제외한 나머지 4종이 실제 문서행정에서 사용되었다. 내인(內印)은 인문이 '천황어새(天皇御璽)'로, 5위 이상의 위기(位記) 및 제국(諸國)에 내리는 공문에, 외인(外印)은 인문이 '태정관인(太政官印)'으로 6위 이하 위기 및 태정관의 문안에 사용했다. 제사인(諸司印)은 중앙관서가 각종 공문에 사용하며, 제국인(諸國印)은 각국에서 상신하는 공문과 조물(調物) 등에 찍었다.

공식령에 규정된 8세기 이후 일본의 관인은 관서인으로, 모두 정방형에 양각 주문한 동인(銅印)이었다. 이는 일본이 수당의 관인제도를 수용했음을 짐작케 한다. 다만 일본에서는 관인의 크기를 차등적으로 규정했고 실제로 엄격히 준수한 점에서 차이가 있다. 또한 8세기에 한정되긴 하나 서체와 인문 형식에 차이를 두어 관서 간 등급을 표시하기도 하였다.

한편 영(令)에 규정되지는 않았지만 군인(郡印), 향인(鄕印), 군단인(軍團印) 등의 인장도 확인된다.[5] 역시 공문서에 사용되었으며, 동인으로 전서체이고 제국인보다 크기가 작게 규정된 것으로 추정된다(平川南, 2014). 그밖에 당나라와 같이 관에서 관리하는 우마에 찍는 낙인도 있었다. 이상의 인장들도 넓은 의미에서 관인의 범주에 포함시킬 수 있을 것이다.

이상으로 당과 일본의 관인제도의 주요 내용을 정리해보았다. 조금씩 차이가 있지만 두 나라 모두 관서에서 여러 종류의 인장을 사용했는데, 문서행정에는 관

---

4 『令義解』公式令40 天子神璽條 "天子神璽[謂, 踐祚之日壽璽, 寶而不用]. 內印[方三寸], 五位以上位記, 及下諸國公文, 則印. 外印[方二寸半], 六位以下位記, 及太政官文案, 則印. 諸司印[方二寸二分], 上官公文, 及案移牒, 則印. 諸國印[方二寸], 上京公文, 及案調物, 則印."

5 군인(郡印) 등도 문서행정에 사용되므로 영에 규정된 것들과 동일한 관인이라 할 수 있는데 일본 공식령에는 빠져있다. 그래서 영에 규정된 4종의 인장과 구별하여 전자는 공인(公印), 군인 등은 준공인(準公印)이라 칭하기도 한다(土橋 誠, 1999).

서명을 새긴 관인이 사용되었다. 그리고 관인의 형태가 정방형이며 모두 동인으로
인문(印文)은 전서체의 양각(陽刻) 주문(朱文)이라는 공통점을 찾을 수 있었다. 일본
의 관인제도는 당의 영향을 강하게 받았다고 여겨지는데, 마찬가지로 당의 문물을
수용했던 통일신라의 관인제 역시 이러한 공통점을 공유했을 가능성이 매우 높다.

이를 염두에 두면서 대상 자료 가운데 인문의 판독이 가능한 사례부터 살펴
보자. 가장 눈에 띄는 자료는 '현(縣)'이 새겨진 나-1이다. 정확한 판독은 어렵지만
현의 명칭을 새겼음이 분명하다. 또한 정방형에 양각이며 동인(銅印)이란 점도 위
에서 본 당과 일본의 관서인과 동일하다. 나-1이 문무왕 15년(675) 주군(州郡)에 반
급(頒給)했다는 동인인지는 알 수 없지만, 당시 주군현 관인의 일반적인 모습이었
다고 할 수 있다.

다음으로 실물 인장은 아니지만 '남궁지인(南宮之印)'명 수키와도 참고가 된다.
'남궁(南宮)'은 기와의 소비처로 추정되는데, 이를 신라 하대의 예부(禮部)로 추정한
견해(이현태, 2011)를 따른다면 '남궁지인'명 수키와를 백사(百司)에 지급했던 관인
의 흔적으로 볼 수 있다. 물론 문서에 날인하는 인장을 기와에 찍는다면 인면이 훼
손될 여지가 있으므로, 기존 관인을 본떠 기와에 찍는 용도로 인장을 따로 만들었
을 가능성이 높다.

한편 삼척 흥전리 사지에서는 거의 같은 크기와 형태의 정방형 청동인장 2점
이 출토되었다. 인문은 모두 전서체 양각인데, 그 가운데 나-9 '범웅관아지인(梵雄
官衙之印)'은 그 인문으로 보아 승정(僧政) 관련 관서의 인장으로 추정된다. 정확한
명칭을 알 수 없으나 '범웅관아'란 표현은 '남궁지인'의 사례와 같이 승정 관련 관
서의 별칭으로 볼 수 있지 않을까 한다. 다만 산속 깊이 자리한 이곳에 '관아(官衙)'
라 불릴 만한 관서가 있었다고 보기는 어렵고, 해당 관서 소속으로서 파견된 승관
(僧官)이 인장을 가져왔다고 이해하는 편이 더 타당할 것이다. 아마도 하대의 주통
(州統), 군통(郡統)처럼 특정 업무를 수행하기 위해 임시로 이곳에 온 승관이 문서를
처리할 때 가져온 나-9 인장을 사용했을 것이다.

이상의 사례들은 모두 인면이 정방형이고, 양각의 인문은 '관서명+지인(之印)'
형식이다. 또한 인장 실물의 경우는 재질이 청동이다. 이러한 속성은 앞서 살펴본

당과 일본 관인의 공통적인 특성에 대체로 부합한다. 따라서 이것들을 문서행정에 사용되던 통일신라 관인, 당의 용어를 빌리자면 관문서인에 해당한다고 할 수 있다.

반면 판독 가능한 나머지 인장들은 인문의 내용이나 인장의 형태, 재질 등을 비교했을 때 공문서에 날인하던 관인으로 보기는 힘들다. 마찬가지로 기하문 형식의 인장도 문서행정에 쓰였다고 보기 어렵다. 그런데 앞서 보았듯이 당(唐)의 관인에는 여러 종류가 있어서, 봉함인(封函印), 축산인(畜産印) 등 문서행정 이외의 용도로 관서에서 사용하는 '여인(餘印)'들이 있었다. 그렇다면 통일신라에도 여인과 같은 관인이 존재했을 수 있으므로, 나머지 인장들을 자세히 살펴볼 필요가 있다.

가장 눈에 띄는 자료는 가-1이다. 관영 공방인 황남동 376번지 유적에서 출토된 가-1에는 '관인(官印)'으로 읽을 수 있는 인문이 음각되어 있다. 통일신라시대 관용으로 쓸 기와에 '관(官)'자를 찍은 사례들이 많이 확인되므로, 가-1도 같은 목적으로 제작·사용되었을 것이다. 따라서 '여인' 중에 축산인(畜産印), 즉 낙인과 같은 성격이라고 할 수 있는데, 재질이 쉽게 파손될 수 있는 활석제인 점, 인면의 테두리와 인문의 자형(字形)이 고르지 못한 점 등으로 보아 해당 공방을 관리하는 관서에서 임시로 제작·사용한 후 폐기한 것으로 추정된다.

그리고 앞서 언급했던, 여러 유적에서 확인되는 'm'자 형태의 공통된 인문을 가진 인장들도 '여인'으로 규정할 수 있을 것이다. 'm'자형 기하문으로 분류할 수 있는 인장은 가-2와 나-2·3·5·6·7·8·10·11 총 9점이다. 양각의 청동제인 나-10를 제외하면 납석제 6점, 토제 2점이며 대부분 음각이다. 인문의 모양이 제각각인 점으로 미루어 각 유적의 소재지에서 자체 제작하여 사용한 것으로 보인다.

'm'자형 기하문의 의미는 알 수 없지만, 여러 유적에서 발견되므로 '井'처럼 특정한 의미를 가진 기호였다고 추정할 수 있다. 그와 관련하여 해당 인장의 상당수가 산성, 역원과 관영 공방에서 출토된 사실을 고려할 필요가 있다. 이는 'm'자형 기하문이 국가의 통치와 밀접한 연관이 있을 가능성을 시사하는데, 이러한 추정을 뒷받침하는 자료가 나-10이다. 나-10는 4개의 'm'자형을 卍자상으로 연결한 모양으로, 앞서 관인으로 상정한 나-9처럼 청동제이고 전반적인 형태가 동일하다. 따라서 나-10은 해당 사원에서 제작한 것이 아니라 나-9와 함께 왕경의 공방에서 주조되었을 가능성이 높다. 또한 청동함에 담긴 채 나-9와 나란히 놓인 채 출토되어, 당시 일반 관인과 동격으로 대우받았음을 짐작케 한다.

이상으로 보아 'm'자형 기하문은 당시 통일신라의 관서에서 널리 사용한, 일종의 공인된 기호로 정의할 수 있다. 그렇다면 'm'자형 기하문 인장도 관인의 하나로 파악해도 무리가 없을 것이다. 어쩌면 이 기하문은 '관(官)'과 같은 의미를 가졌을지도 모른다.

이밖에도 다양한 형태의 기하문이 있는데 특정한 의미를 가지고 관서에서 사용되었는지는, 아니면 사인(私印)인지 확실치 않다. 앞으로 유사한 사례가 축적된다면 인장들의 용도와 인문의 구체적인 의미를 파악할 수 있을 것이다.

4 관인제의 운영 양상

그렇다면 당시 통일신라에서 관인은 어떻게 생산·관리되고 사용되었는지를 살펴보자. 편의상 중앙에서 주조, 반급하고 문서행정에 사용된 청동제 관인을 대상으로 검토하겠다.

『삼국사기』에는 문무왕 15년의 동인(銅印) 주조 및 반급 기사만 확인되지만 관인의 제작은 이후에도 계속 이루어졌을 것이다. 관인의 제작 배경으로는 관서의 신설로 인한 신규 주조, 관서명 개칭이나 훼손 및 분실로 인한 개주(改鑄) 등의 경우를 상정할 수 있는데, 대부분은 오랫동안 사용하여 인문(印文)이 마멸되어서일 것이다. 당에서는 각 관서에서 새 관인을 상서성(尙書省)의 예부(禮部)에 요청하면 예부가 기존 관인을 회수하고 새 것을 지급했다고 하는데, 통일신라에서도 예부가 관인의 제작 및 반급 업무를 관리했을 가능성이 높다.

다만 예부가 직접 장인을 동원하여 관인을 만들지는 않았을 것이다. 그렇다고 관인 제작만을 전담한 관서가 별도로 존재했다고 보기도 어렵다. '관서인'의 특성상 관인 제작의 수요가 그리 많지 않았을 테고 그마저도 간헐적으로 발생했을 것이기 때문이다. 그보다는 수요가 있을 때마다 청동 제품 생산을 담당하는 관서에 제작을 요청하는 식으로 처리하는 편이 더 효율적이었을 것이다. 일반적으로 통일신라에서 청동 관련 제품의 생산을 관장하던 관서는 내성(內省) 예하의 철유전(鐵鍮典)으로 추정하므로(전덕재, 2014), 철유전이 관인 제작 업무를 담당했다고 할 수 있다.

철유전이 제작한 관인은 예부로 전달되고, 이는 다시 각 관서로 배부되었을 것이다. 새 관인의 제작과 지급이 완료되면 기존 관인은 문서 위조 등 범죄를 예방하기 위해서 철저히 관리하여 더 이상 유통되지 않게 해야 한다. 당에서는 예부가 여러 관서의 폐인(廢印)을 회수한 후 날카로운 도구로 글자를 훼손했다고 전한다. 통일신라에서도 마찬가지로 절차에 따라 회수해 폐기했을 것이다. 오늘날 통일신라는 물론이고 당과 일본에서 관인 실물이 거의 발견되지 않는 점도 관인의 회수와 폐기 과정을 엄격히 준수했기 때문일 것이다.

당과 일본에서는 중앙에서 지급받은 관인의 관리는 대개 관서 장관이 책임졌던 것으로 추정된다. 『당률소의』에는 관인의 훼손 또는 분실에 따른 처벌 규정이 보인다. 그렇다고 해서 장관이 항상 휴대한 것은 아니어서, 당의 중앙 관서는 퇴청 시 당직자에게 관인을 인계하도록 했으며, 일본의 국사(國司)는 퇴청 시에 관인을 국청(國廳) 가까이에 있는 공문고(公文庫)에 공문서와 함께 보관하기도 하였다. 통일신라의 관리 규정도 이와 대체로 유사하였을 것이다. 그리고 당과 일본에서는 관인을 인함(印函)에 넣어 보관하였는데, 삼척 흥전리 사지 출토의 나-9 자료가 청동함에 담긴 채 건물지에서 출토되어 통일신라도 인함을 사용하였음을 알 수 있다.

관인의 관리보다 더 중요한 문제가 관인의 사용일 것이다. 당에서는 관인의 관리 권한과 사용 권한을 분리 운영하여, 관인을 관리하던 장관이 아닌 '감인지관(監印之官)'으로 불리던 관원이 실제로 관인을 사용하였다. 이들은 대상 문서의 내용을 살펴 오류가 없는지 확인한 후에 관인을 날인하였다.[6] 감인(監印) 업무만을 전담하는 관원이 따로 있는 것은 아니고, 중앙의 주요 상급 관서와 각급 지방행정 단위에서는 구검관(勾檢官)이 업무를 겸하여 수행하는 경우가 많았다(王永興, 1991).

---

6 『唐六典』卷1 尚書都省 左右司郎中·員外郎條, "凡施行公文應印者, 監印之官考其事目, 無或差繆, 然後印之. 必書於曆, 每月終納諸庫[其印, 每至夜, 在京諸司付直官掌. 在外者, 送當處長官掌]."

구검관은 각 관서의 문서행정을 전담하는 관원으로, 주요 업무가 문서의 '구검계실(句檢稽失)'이었다. 아마도 문서의 내용을 최종적으로 확인, 보증한다는 의미에서 구검관이 관인의 날인 업무도 함께 담당하였을 것이다. 이처럼 당에서는 관인의 사용 권한과 관리 권한을 분리함으로써 상호 감시와 견제를 통해 관인을 규정에 따라 적법하게 사용하도록 만드는 한편 더 나아가 문서행정의 완결성을 제고하고자 하였다.

통일신라도 같은 방식으로 관인의 사용 절차를 규정하고 감독하였는지 알 수 없다. 하지만 관인을 관리하는 장관이 사용 권한까지 가질 경우 발생할 수 있는 문제가 쉽게 예상되므로, 관인 사용에 대한 견제나 감독 제도를 마련하였을 것이다. 특히 왕경에 있는 중앙 관서보다는 주군현 등 지방행정단위의 장관이 관인을 임의로 사용하지 못하도록 억제할 수 있는 제도적 장치의 필요성이 더 컸을 텐데, 이와 관련하여 문무왕 13년(673)에 외사정(外司正)을 설치한 사실이 주목된다.

외사정은 주(州)에 2인, 군(郡)에는 1인씩 배치되었으며 감찰 업무를 담당한 것으로 이해된다. 한편 당의 지방감찰 제도를 살펴보면 중앙의 어사대가 파견한 감찰어사가 지방을 순회하면서 형옥(刑獄)을 규찰하고, 부·주의 녹사참군(錄事參軍), 현의 주부(主簿)가 자신이 속한 지방행정단위의 비위를 규정(糾正)하였다(杜文玉, 2013). 후자는 지방행정단위 관서의 일원으로서 내부의 감찰을 수행한 점에서 통일신라의 외사정에 비견할 수 있는데, 신라가 당의 지방감찰체제를 본따 외사정을 만들었을 가능성이 높다(이보렴, 2019). 그런데 당의 녹사참군과 주부는 구검과 감인 업무도 함께 수행하였으므로, 통일신라의 외사정도 주·군에서 '감인지관'의 역할을 하였을 가능성이 매우 높다.

이러한 추론이 가능하다면, 외사정 설치 이후에 관인의 대대적인 반급이 이루어진 목적도 다른 각도에서 생각해볼 수 있을 것이다. 즉 외사정의 설치 배경에는 관인 사용에 대한 감독 체계를 사전에 마련한다는 목적도 있었던 셈이다. 다만 중앙의 행정관서에는 이러한 모습을 찾기 어려운데, 당의 사례로 보아 대사(大舍) 이하의 관원이 감인 업무를 겸하여 수행하였을 가능성이 크다.

관인 사용의 실례(實例)로『일본삼대실록(日本三代實錄)』에 실린 신라국사(新羅

國使)의 방환 사건 속의 집사성첩(執事省牒)이 주목된다. 885년 4월 히고국[肥後國] 아마쿠사군[天草郡]에 도착한 신라국사 일행은 집사성첩을 가지고 왔는데, 신라국왕의 계(啓)가 없고 집사성첩의 형식도 이전과 다르다는 이유로 돌려보내도록 하였다. 여기서 문제가 된 집사성첩에는 도장이 다섯 곳 찍혀 있었다[其上踏印五院]고 한다.

집사성첩에 찍혔다는 도장은 집사성의 관인이었을 가능성이 높다. 일본 공식령에 따르면 관원이 서명한 부분 외에도 문서 본문의 중요한 부분, 연월일, 문서를 연접한 부분 등에 관인을 찍도록 하였는데[7] 문서 위조를 방지하기 위한 조치로 보인다. 집사성첩 여러 곳에 도장이 찍혔다는 점으로 보아 통일신라에도 이와 유사한 규정이 존재하였고 그에 따라서 관인을 날인하였을 것이다.

5 맺음말

이상으로 통일신라시대의 인장들을 정리하고 관인으로 추정되는 것들을 검토한 다음 관인제의 구체적인 내용을 살펴보았다. 다만 필자의 역량이 모자란 탓에 추론 수준에 그친 부분이 많았다. 또한 인장의 주요 속성인 제작 기법과 청동 인장의 성분 문제를 다루지 못하였다. 무엇보다 대상 자료의 선정과 분석 과정에서, 그리고 주변 국가의 제도를 설명하면서 오류가 없었는지 염려된다. 여러모로 미진한 부분은 차후에 보완하도록 하겠다.

마지막으로 발해의 관인에 대하여 간단히 언급하면서 글을 마치고자 한다. 그동안 발해의 인장이 여러 점 출토되었는데, 관인으로 볼 수 있는 것은 상경용천부(上京龍泉府) 출토의 '천문군지인(天門軍之印)'뿐이다. 인장은 청동제로 길이 5.3cm, 너비 5.25cm로 거의 정방형이며, 인문은 양각으로 전서체이고 상면에도 인문이 해서체로 새겨져있다. 전체 높이는 4.3cm로, 손잡이는 당의 비뉴(鼻鈕)와 유사한 면이

---

7 『令義解』公式令 41 行公文皆印條 "凡行公文, 皆印事狀, 物數, 及年月日, 幷署縫處, 鈴傳符刻數"

많다. 발해가 9세기에 금군(禁軍)을 설치하였을 가능성이 있다는 견해(宋基豪, 1995, 154~155쪽)를 참조할 때 '천문군'도 그 일부라 할 수 있는데, 그렇다면 본 인장은 관서인(官署印)으로 규정할 수 있을 것이다. 이상의 내용을 종합해보면 '천문군지인' 인장은 당을 비롯한 일본, 통일신라의 관인과 공통된 부분이 매우 많다. 사례가 1점에 불과하여 조심스럽지만, 발해도 주변 국가와 유사한 형태의 관인제를 운영하지 않았을까 추측해본다. 앞으로 관련 자료가 추가되어 발해 관인과 관인제의 구체적인 면모를 규명할 수 있기를 기대한다.

참고문헌

한글

기요하라노 나츠노 저, 이근우 역주, 2014, 『영의해 역주 상·하』, 세창출판사.

김택민 주편, 2003, 『譯註 唐六典 上』, 신서원.

任大熙·金澤敏 主編, 1997·1998, 『譯註 唐律疏議-各則(上)·(下)-』, 한국법제연구원.

國立民俗博物館, 1987, 『韓國의 印章』.

국립경주박물관, 2002, 『文字로 본 新羅』.

국립중앙박물관, 2003, 『統一新羅』.

국립중앙박물관, 2007, 『발굴에서 전시까지』.

국립중앙박물관, 2011, 『문자, 그 이후』.

金昌錫, 2018, 「신라 중대의 國制 개혁과 律令 改修」, 『歷史學報』 238, 歷史學會.

성인근, 2013, 『한국인장사』, 다운샘.

宋基豪, 1995, 『渤海政治史研究』, 一潮閣.

尹淨賢, 2007, 「印章에 관한 一考察 -韓半島 出土遺物을 中心으로-」, 『錦江考古』 4, 忠清文
            化財研究院.

이보렴, 2019, 「신라 司正 기구의 정비와 특징」, 이화여자대학교 석사학위논문.

이현태, 2011, 「신라 남궁(南宮)의 성격 -'남궁지인(南宮之印)'명 기와의 출토지 분석을 중
            심으로-」, 『역사와 현실』 81, 한국역사연구회.

전덕재, 2014, 「통일신라 銅·靑銅製品의 生産과 流通」, 『한국문화』 66, 서울대학교 규장각
            한국학연구원.

외국어

久米雅雄, 1999, 「日本古代印研究」, 『國立歷史民俗博物館研究報告』 79(日本古代印の基礎
            的研究), 千葉.

田中史生, 2015, 「日本古代官印と隋唐官印 -正倉院に傳わる印影資料との比較を中心に-」,
            『國立歷史民俗博物館研究報告』 194, 千葉.

片岡一忠, 2008, 『中國官印制度研究』, 東方書店, 東京.

平川 南, 2014, 『律令國郡里制の實像 下』, 吉川弘文館, 東京.

土橋 誠, 1999, 「私印論」, 『國立歷史民俗博物館研究報告』 79, 千葉.

杜文玉, 2013,「唐五代州縣內部監察機制研究」,『江西社會科學』2013-2, 江西省社會科學院, 南昌.

孫慰祖, 2016,『中國璽印篆刻通史』, 東方出版中心, 上海.

王永興, 1991,『唐勾檢制研究』, 上海古籍出版社, 上海.

程義, 2002,「隋唐官印研究」, 西北大學 碩士學位論文, 西安.

9장

당경(唐京) 백제 유민의 사제(私第)와 장지(葬地)

김수진(국민대학교 한국학연구소 학술연구교수)

1 머리말

660년 백제가 멸망한 후 의자왕(義慈王) 이하 왕족과 대신들은 당으로 끌려갔다. 의자왕은 당의 경사에 도착한지 수일 만에 사망했고("及至京 數日而卒" 『구당서』 권 199상 열전 제149상 동이 백제 현경 5년(660)), 백제 유민들은 나라를 잃은 충격이 채 가시기도 전에 끌려 온 적국에서 왕마저 잃었다. 이것이 당에서의 백제 유민사의 시작이다. 멸망과 함께 시작되는 유민사는 사료의 부족이라는 태생적 한계를 안고 있다. 그러나 최근 장안과 낙양에서 당대(唐代) 묘지명이 활발하게 발굴되면서 유민사 연구가 고무되고 있다.

그동안 묘지명을 활용한 유민사 연구에서 가장 중시된 것은 묘주의 출자 표기와 관력이었다. 묘지명에 기록된 내용 중 출자 표기는 정체성 변화와 관련하여, 관력은 당조 출사와 이후 관직 생활과 관련하여 가장 주목된 항목들이었다. 그런데 사제(私第)와 장지(葬地)는 묘주가 생전에 어디에서 살다가 사후에 어디에 묻혔는지 알려주는 내용으로, 묘주의 위상과 행적을 확인하는데 관력 못지않게 중요한 정보지만 상대적으로 활용되지 않았다.[1] 따라서 이 글에서는 문헌 자료에 기록된 백제 유민 관련 내용을 정리하면서 실물 자료인 백제 유민 묘지명[2]에 기록된 사제와 장지 분석을 통해 고구려 유민과는 어떠한 차이가 있는지, 이들의 사제와 장지가 위치한 곳의 특징은 무엇인지, 사제와 장지의 선택에 당조의 개입은 없었는지, 장례 방식 등에 대하여 고찰하고자 한다.

고구려·백제 유민사는 묘지명이 발견될 때마다 더디지만 조금씩 퍼즐을 맞춰가는 '과정'에 있다. 30여 점 가까이 발견된 고구려 유민 묘지명과 비교하면 백제 유민 묘지명은 그 1/3 수준에 불과하다. 앞으로 더 많은 묘지명이 발견될 가능성이 있고 이 글 역시 현재까지 발견된 백제 유민 묘지명을 재료로 초보적인 검토의 불완전한 내용과 전망이 되겠지만 묘지명에 기록된 항목 중 상대적으로 주목하지 않았던 정보인 사제와 장지를 활용하여 당경에서의 백제 유민의 현실을 공간적으로 규명하고, 시기별로 어떠한 변화가 있었는지 밝히고자 한다.

---

1 변인석은 장안과 낙양에 거주한 고구려·백제 유민 그리고 신라인의 사제와 장지에 대하여 선구적으로 정리하였는데 연구를 진행할 당시에 발견된 백제 유민 묘지명은 부여융, 흑치상지, 흑치준, 난원경 정도였다(卞麟錫, 2000, 151~178쪽). 또 程義는 당대 관중 지역에 조성되었던 묘장을 구조, 부장품, 벽화 등으로 나누어 포괄적으로 정리한 연구를 제출하면서 연구 말미에 장안성의 외국인 묘지의 분포에 대하여 간단히 언급하였다(程義, 2012, 282~287쪽). 妹尾達彦는 900여 점에 달하는 당대 묘지명에서 거주지와 묘장지를 추출하고 정리하는 작업을 하였다(妹尾達彦, 2015, 112~148쪽). 이를 통해 당대 사제와 장지 위치의 경향성을 파악하는데 유용한 정보들을 제공하였다.

2 이 글에서 분석 대상으로 삼은 백제 유민 묘지명은「禰寔進 墓誌銘」,「禰軍 墓誌銘」,「扶餘隆 墓誌銘」,「黑齒常之 墓誌銘」,「陳法子 墓誌銘」,「黑齒俊 墓誌銘」,「禰素士 墓誌銘」,「難元慶 墓誌銘」,「禰仁秀 墓誌銘」(사망 시기가 이른 순으로 열거)으로 총 9점이다. 태비 부여씨의 경우 당 고조 이연의 손자 李邑과 혼인하였기 때문에「太妃扶餘氏 墓誌銘」에 기록된 사제와 장지는 백제 유민으로서가 아니라 황족인 남편으로 인한 것이기 때문에 대상에서 제외하였다.

2 최초 편적지와 이주

1) 대명궁(大明宮) 건설 전후의 편적지 변화

660년 11월 초하루 낙양의 측천문루에서 의자왕 이하 백제 포로를 바치는 헌부례(獻俘禮)가 행해졌다. 헌부례의 현장에 있었던 인물은 의자왕, 의자왕의 부인 은고(恩古), 태자 융(隆)과 효(孝), 연(演), 태(泰) 등 13인의 왕자, 의자왕의 손자 문사(文思), 그리고 대신 사타천복(沙吒千福), 국변성(國辨成), 손등(孫登) 등이다. 헌부의 대상이 된 왕족과 고위 관등자 외에 당에 적극적으로 협조하여 백제 멸망에 앞장선 예군(禰軍)과 예식진(禰寔進) 형제도 한 공간에 있었을 것이다. 물론 예군 형제는 포로가 아니라 소정방 이하 당장(唐將)들과 함께 포상의 대상이었다. 고종의 사면을 받은 백제 포로들은 백제에서의 신분에 준하여 관직을 받고 편적되었을 것이다. 또한 고종에게 백제 멸망에 대한 공로를 인정받은 인물들도 역시 편적되어 법적으로 당인이 되는 절차를 거쳤을 것이다. 헌부례 후 보장왕과 당에 협조했던 천남생, 천헌성 그리고 천남산 등 상층 지배층은 일단 모두 장안에 편적되었던 고구려 유민의 예에 비추어보면 부여융을 비롯한 왕족들과 당에 협력한 자들, 좌평과 같은 고위 관등자의 경우에도 역시 수도인 장안에 편적되었을 가능성이 높다.

묘지명은 편적지를 확인하는데 유용한데 편적지가 명시되어 있는 경우도 있지만 그렇지 않은 경우도 많다. 예외적인 경우들도 있지만 묘지명에 기록된 정보 중 사세와 장지의 위치는 편적지를 추정하는데 유익한 단서가 된다. 당조가 백제 유민을 어느 지역에 편적했는지 정리해보면 다음과 같다.

먼저 예군을 위시한 예씨 일족부터 살펴보면 예군은 678년 2월 19일 옹주 장안현 연수리(延壽里)의 제(第)에서 사망했다(「예군 묘지명」, 최상기, 2015a, 판독문과 해석문에서 인용, 이하 동일). 연수리는 연수방으로, 주작대로에서 서쪽으로 세 번째, 황성에서 서쪽으로 첫 번째에 해당하는 거리에서 남쪽으로 다섯 번째에 있었다(『장안지』 권제10 당 경성4). 서시(西市)의 바로 동쪽에 위치한 곳이고, 황성과도 가까운 곳으로, 출퇴근에 매우 용이한 곳이었다. 또한 동쪽의 춘명문(春明門)에서 서쪽의 금

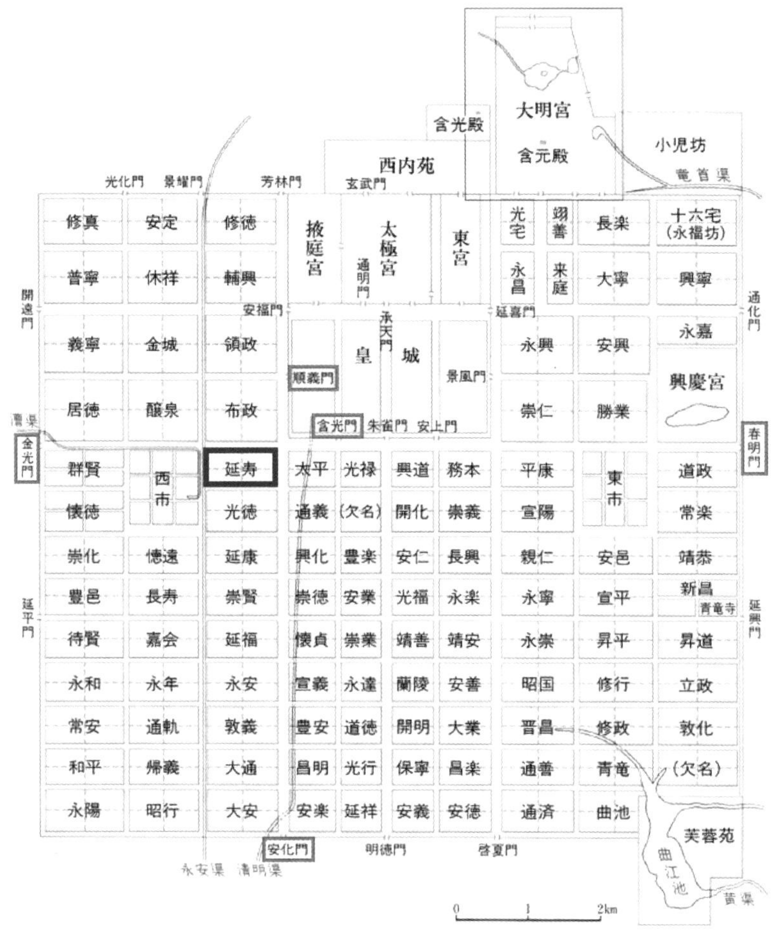

그림1　예군의 사제 연수방의 위치와 주요 출입문[3]

광문(金光門)을 관통하는 동서 간선도로 상에 있어 가동(街東), 즉 만년현으로의 이동도 편리한 교통의 요지였다. 금광문을 나가면 서쪽 교외 지역과도 연결되었다(그림1 참고). 고종 대 예부상서를 지낸 배행검(裴行儉)도 연수방에 살았는데 이곳은 지대가 평평하고 물과 나무가 푸르고 무성한 곳으로 경사에서 최고라 하였다(『장안지』 권제10 당 경성4). 또한 연수방의 동쪽과 서쪽으로 청명거(淸明渠)와 영안거(永安

<hr>

3　秋庭 隆, 1995, 583~584쪽의 唐の長安城の復原図를 배경으로만 차용하고 연수방과 출입문을 강조한 것이다.

渠), 남쪽으로 조거(漕渠)가 지나가 물이 풍부하였다. 연수방은 교통이 편리하고 자연환경도 좋은 곳이었다.

당조에서 제택(第宅)을 내리는 경우는 대략 9가지 정도로 나눌 수 있는데 귀순자나 포로가 된 이민족의 수령도 그 대상이었다(雷巧玲, 1994, 12~14쪽). 고구려와 백제 유민 중 당에 저항하지 않고 협조한 자나 왕족들도 사제(賜第)의 대상이 되었을 것이다(김수진, 2017, 268쪽). 예군과 예식진은 물리력을 행사하여 의자왕을 데리고 귀순한 것으로 보이므로(최상기, 2015a, 427~429쪽) 예군의 연수리 사제(私第)는 백제 멸망에 협조한 포상으로 받은 사제(賜第)였을 가능성이 높다. 예군의 편적지는 연수리가 속한 장안현이었다. 예식진과 그의 아들 예소사, 손자 예인수의 묘지명에는 사제에 대한 기록은 없지만 이들이 모두 부임지에서 복무하다 사망하여 장안 고양원(高陽原)으로 귀장(歸葬)했다고 기록되어 있다(「예식진 묘지명」, 최상기, 2015b, 판독문과 해석문에서 인용, 이하 동일; 「예소사 묘지명」, 최상기, 2015c, 판독문과 해석문에서 인용, 이하 동일; 「예인수 묘지명」, 최상기, 2015d, 판독문과 해석문에서 인용, 이하 동일). 따라서 이들의 편적지는 장안이었음이 분명하고 예군과 마찬가지로 서시의 바로 동쪽에 붙어 있던 장안현 연수방에 사제가 있었을 가능성이 높다.

흑치상지(黑齒常之)는 부흥운동 실패 후 유인궤에게 항복하고 663년 손인사가 이끈 당군이 철수할 때 부여융과 함께 입당한 것으로 보이는데(이문기, 1991, 158~159쪽; 송기호, 1992b, 554~556쪽) 묘지명에는 백제 멸망 직후 부여융과 함께 입당한 것("唐顯慶中 遣邢國公蘇定方 平其國 与其主扶餘隆 俱入朝"「흑치상지 묘지명」, 송기호, 1992b 판독문과 해석문에서 인용, 이하 동일)으로 기록되어 있다. 부흥운동이 당에 대한 적대행위였으므로 부흥운동 관련 내용은 묘지명의 찬자가 의도적으로 제외한 것으로 보인다(이문기, 1991, 156~157쪽). 묘지명에는 흑치상지의 편적지가 만년현(萬年縣)으로 기록되어 있다("隷爲萬年縣人也"「흑치상지 묘지명」).

앞서 살펴본 것처럼 660년 백제 멸망 직후 입당한 예군이 주작대로의 가서(街西) 장안현에 편적된 것과 달리 흑치상지는 가동인 만년현에 편적되었다. 이러한 차이가 발생한 데에는 663년 대명궁 건설 시기와 관련이 있을 것으로 추정된다. 대명궁이 건설되고 동시(東市)의 바로 위쪽에 흥경궁이 건설되면서 새로운 궁전으로의 출근과 조참에 편리한 대명궁 부근의 제방에 관인들의 거주가 집중되었다(妹尾達彦, 2001, 204~205쪽). 대명궁과 황성이 가까운 제방은 대명궁이 건설된 7세기 후반 이후, 황족이나 환관과 같은 고관이 모여 살면서 지가가 상승하여 특권적이고 폐쇄적인 공간을 형성하였다(妹尾達彦, 1996, 312~313쪽).

고종은 부흥운동 세력의 중심이었던 흑치상지를 회유하기 위해 사신을 보내는 등 나름대로 공을 들였던 것 같고(『신당서』 권110 열전 제35 제이번장 흑치상지) 그가 입당한 이후에는 새롭게 건설한 대명궁과 가까운 곳에 사제를 내려 당조의 후의를 보여주려고 했을 가능성이 있다. 따라서 대명궁 건설 이전인 660년에 입당한 예군, 예식진과는 달리 만년현에 편적된 것으로 보인다. 장안에서 사제의 위치가 분명히 확인되는 고구려 유민의 경우 공통적으로 가동에 사제가 있었고, 만년현에 편적되었다. 천남생을 비롯한 천씨 일족의 사제는 대명궁 앞의 내정방(來庭坊)과 흥녕방(興寧坊)에 있었다(김수진, 2017, 265~280쪽). 대명궁 건설 이후 입당한 고구려 유민의 사례를 참고할 때 흑치상지도 만년현에 편적된 후 대명궁 앞에 사제를 받았을 가능성이 있다.

부여융 묘지명에는 편적지가 명시되어 있지는 않지만 고가(藁街)와 극서(棘署)에서의 활동이 나타나는데("趨藁街而沐[化] 績著來王 登棘署以聞榮…"「부여융 묘지명」, 송기호, 1992a, 판독문과 해석문에서 인용, 이하 동일) 고가는 한대(漢代) 장안성 남문 안의 거리를 가리키고(송기호, 1992a, 548쪽) 극서는 당대에는 태상시(太常寺)를 가리키므로(안정준, 2015, 342쪽) 태상원외경(太常員外卿)을 역임한 부여융의 장안에서의 생활을 묘사한 것으로 일단 장안에 편적된 것으로 추정된다.

부여융은 장안현과 만년현 중 어디에 편적되었을까. 이와 관련해서는 두 가지 가능성을 제기해볼 수 있는데 일단 예군, 예식진과 마찬가지로 장안현에 편적되었을 경우다. 부여융은 의자왕이 죽은 후 사가경(司稼卿)에 제수되었다(『신당서』 권220 열전 제145 동이 백제). 사가경은 사농시(司農寺) 소속으로 사농시는 황성의 남단 서쪽 끝에 위치한 곳으로 주작문의 서쪽에 해당하고 예군의 사제가 있었던 연수방에서 나와 황성의 함광문(含光門)을 통과하거나 순의문(順義門)을 통과하면 바로 연결된다(그림1과 그림2 참고). 연수방은 가서에서 관료 및 부호들이 밀집하여 거주했던 지

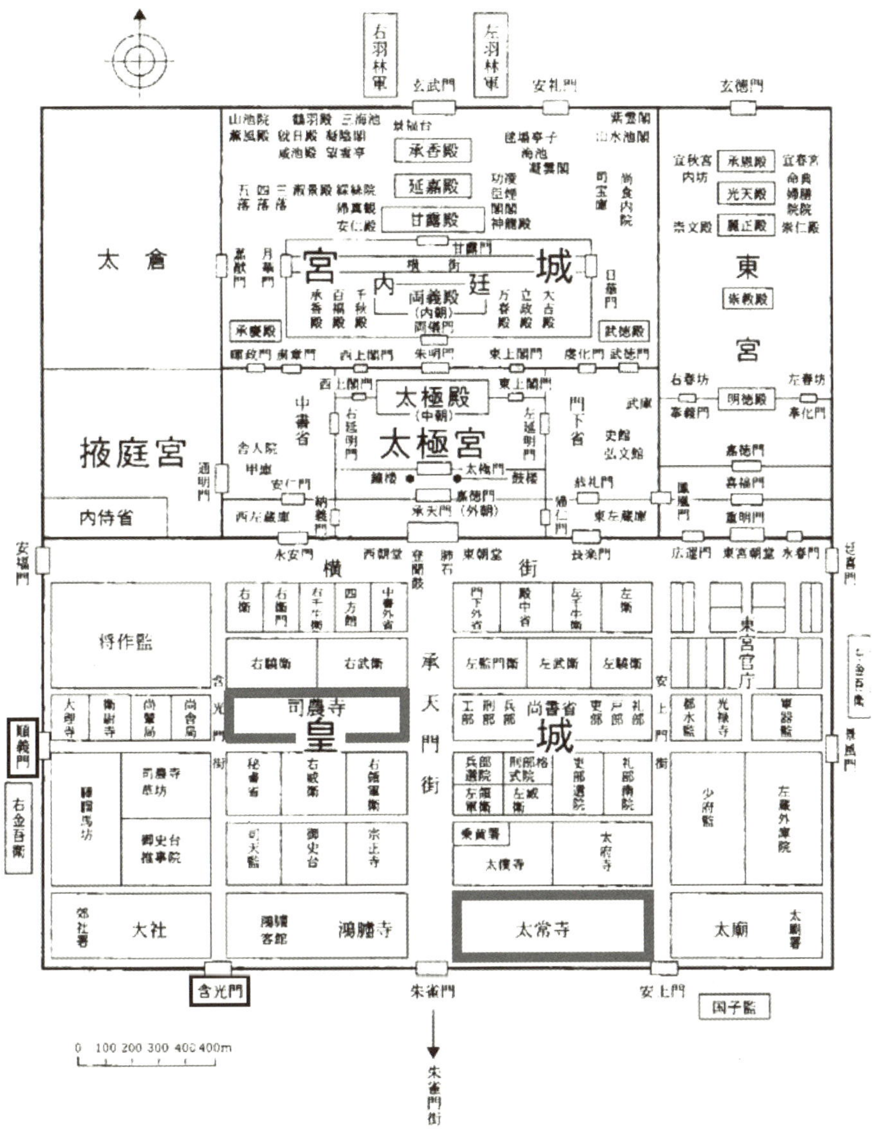

그림2　장안성 황성의 사농시와 태상시의 위치[4]

역이었기 때문에(妹尾達彦, 2001, 197쪽) 부여융이 장안현에 편적되었다면 그의 사제

***

4　妹尾達彦, 2001, 123쪽의 図32 長安の宮城・皇城에서 사농시와 태상시의 위치와 연수방에서 황성을 출입할 때 가까운 순의문과 함광문을 강조한 것이다.

도 이곳에 있었을 가능성이 크다.

참고로 황성의 근위병인 우군(右軍)의 경우 황성의 서쪽에 배치되었고, 좌군(左軍)은 황성의 동쪽에 배치되었다. 우군의 군인들은 가서, 즉 장안현에 많이 거주했다는 지적이 있는데(妹尾達彦, 2001, 199쪽) 거주지와 관련하여 부여융의 경우도 당조가 연수방에 사제를 주고 연수방에서 가까운 황성의 서쪽에 위치한 관서인 사농시의 사가경을 제수한 것은 아닌가 추정해본다.

두 번째는 대명궁 건설 이후 만년현으로 편적지를 옮겼을 가능성이다. 앞서 살펴본 것처럼 흑치상지는 663년 부흥운동 실패 후 부여융과 함께 입당했고, 만년현에 편적되었다. 이때 부여융도 부흥운동 세력을 평정한 공을 인정받아 대명궁 앞에 새로운 사제를 받았을 수도 있다. 천남생의 경우 입당 직후와 670년, 두 차례 사제를 받았다. 부여융은 677년 태상원외경에 제수되었는데 태상시는 주작문의 동쪽에 위치했다(그림2 참고). 만년현에 새로운 사제를 받고 이주한 이후에는 황성의 동쪽에 위치한 관서의 관직을 제수한 것이 아닌가 추정해본다. 당조가 부여융에게 제수한 사가경, 태상경 등은 원외관으로(河野剛彦, 2016, 12쪽, 36쪽 표), 수여한 관직과 그 품계를 통해 당조의 대우와 인식을 보여주는 형식적인 것이었다. 추론에 불과하지만 부여융의 편적지 및 사제와 관련해서는 이와 같은 가능성을 제시해보고자 한다.

난원경 묘지명을 통해 선대의 편적지를 추정해보면 난원경 집안은 조부 난한(難汗) 대에 입당하였는데(「난원경 묘지명」, 최경선, 2015, 판독문과 해석문에서 인용, 이하 동일) 난한과 아버지 난무(難武)는 웅진도독부의 관료로서 다시 백제 고지로 파견된 것으로 보인다(李文基, 2000, 507~508쪽; 최경선, 2015, 526쪽, 532~533쪽). 조부 난한은 웅진도독부장사 이외에 당조에서의 관력에 대해서는 기록이 없고, 난무는 웅진도독부 관련 관직을 제외하면 당조에서 처음 받은 관직은 충무장군(무산 정4품상) 행 우위익부중랑장(「난원경 묘지명」)으로, 우위익부중랑장(직사 정4품하)을 통해 장안에 편적되었음을 추정할 수 있다(馬馳, 2000, 267쪽). 또한 부여융, 예군, 예식진, 흑치상지처럼 입당 이후 웅진도독부로 다시 파견되었던 인물들의 편적지 사례들을 상기하면 난원경의 선대도 입당 이후 장안에 편적되었을 가능성은 높다.

다만 난한과 난무의 입당 시점이 백제 멸망 직후인지, 아니면 663년 부흥운 동 실패 후에 부여융을 따라서 흑치상지 등과 입당한 것인지 분명하지 않다(李文基, 2000, 507~508쪽; 최경선, 2015, 526쪽 각주144). 앞서 살펴본 백제 유민들의 장안에서 의 편적지가 입당 시점에 따라 멸망 직후인 경우는 장안현에 편적되었고 부흥운동 실패 이후, 즉 663년 이후인 경우는 만년현에 편적된 사례가 있었던 것을 상기하 면 난원경 선대의 편적지도 이와 유사한 양상을 보였을 것으로 추정된다. 그러나 현재로써는 입당 시점을 판정하기 어렵고 비교 사례 자체가 적어 확언하기 어려우 므로 이와 같은 경향을 보인다는 점을 제기해두는 선에서 그칠 수밖에 없다.

난원경은 유격장군(遊擊將軍) 행단주백단부우과의(行檀州白檀府右果毅) 직중서성 (直中書省)에 제수되었는데(「난원경 묘지명」) 그의 초사(初仕) 관직으로 추정된다. 이 어서 하주영삭부좌과의도위(夏州寧朔府左果毅都尉) 직중서성 내공봉(內供奉)으로 옮 겼는데(「난원경 묘지명」) 그가 중서성에서 근무했다는 점이 주목된다. 그는 절충부에 서 파견의 형식으로 중서성의 직관을 역임하고, 중서성 내공봉에 임명되어 황제의 근신으로 근무한 것으로 보인다(李文基, 2000, 509쪽; 정병준, 2007, 307~310쪽). 난원경 은 선대와 함께 장안에 편적되었고 장안의 사제에서 중서성으로 출근했을 것이다.

2) 동도(東都) 편적과 이주 사례

고종은 657년 낙양을 동도(東都)로 삼았고 재위 기간 동안(649. 5~683. 12) 무 측천과 함께 일곱 차례나 장안과 낙양을 행행하다(岑仲勉, 1980, 147~148쪽; 妹尾達彦, 2015, 49쪽) 낙양에서 생을 마감하였다. 앞서 살펴본 것처럼 낙양에서 헌부례 이후 부여융과 예군, 예식진 등은 경사 장안으로 이동하여 편적되었다. 그런데 진법자 (陳法子)는 장안으로 이동하지 않고 동도에 바로 편적된 것으로 보인다(拜根興, 2015, 86쪽). 묘지명에는 660년 백제가 멸망하는 과정에서 신주(神州), 즉 중원을 좇아 지 금은 낙양 사람이 되었고 661년 2월 16일에는 유격장군 우효위정교부우과의도위 (右驍衛政教府右果毅都尉, 직사 종5품하)에 제수되었다고 기록하였다(「진법자 묘지명」, 김 영관, 2011, 108쪽 판독문). 정교부는 동도 하남부에 속한다(陳瑋, 2014, 246쪽).

진법자의 사례를 통해 동도, 즉 낙양으로 들어온 백제 유민이 모두 장안으로 이동하여 편적된 것은 아니라는 사실을 확인할 수 있다. 당조가 백제 유민 중 경사인 장안으로 이동할 부류와 동도에 남을 부류를 어떠한 기준으로 나눴는지 알 수 없지만 일단 왕족과 백제 멸망 과정에서 당에 적극적으로 협력한 경우는 장안에 편적한 것으로 보인다. 또한 백제에서의 지위도 당조가 편적지를 정하고 관직을 제수하는 기준 중 하나였을 것이다.

684년 무측천이 집권하면서 동도는 신도(神都)가 되었고, 정치 중심지가 낙양으로 이동하면서 많은 관료들이 신도로 이주하였다. 장안에 편적되었던 고구려 유민들도 낙양으로 이주하여 신도에서의 정치에 참여했고(김수진, 2017, 281~289쪽) 백제 유민 출신 관료들도 비슷한 양상을 보였을 것이다. 흑치상지는 677년까지는 웅진도독부와 관련된 관직에 있었고 678년부터는 토번을 공격하여 공을 세웠다(李文基, 1991, 159~161쪽). 장안의 만년현에 편적되었던 흑치상지도 684년 무주 정권의 시작과 함께 신도로 이동한 것으로 보인다. 무측천은 고종의 복상 기간 우림군(羽林軍)을 장악하고 낙양으로 이동시켰는데(멍만, 2016, 288~289쪽) 흑치상지는 684년 좌무위대장군으로 좌우림군을 검교했으므로("嗣聖元年(684) 遷左武衛大將軍 仍檢校左羽林軍"『구당서』 권109 열전 제59 흑치상지) 금군(禁軍)으로서 무측천의 지척에서 궁정을 호위하는 책임을 맡았을 것이다. 이때 장안에서 낙양으로 이주했을 것이고, 따라서 흑치상지의 아들 흑치준도 만년현에 편적되었다가 아버지와 함께 낙양으로 이주하여 성장했을 것으로 추정된다.

684년 11월 좌응양대장군(左鷹揚大將軍) 흑치상지는 강남도대총관이 되어 서경업의 반란을 토벌하였는데(『자치통감』 권203 당기19 측천후 광택 원년 11월 신해) 무측천이 직접 흑치상지를 보낸 것이었다(『신당서』 권93 열전 제18 이적). 무측천이 집권하자마자 발생했던 서경업의 반란을 성공적으로 진압하는데 흑치상지의 공은 컸고, 이에 대한 무측천의 기억은 698년 흑치준이 요청한 흑치상지의 신원(伸冤)을 받아들여 제(制)를 내리는데 영향을 미쳤을 것이다.

흑치상지는 무측천의 집권과 함께 중앙 정계에서 두각을 나타냈지만 주흥(周興)의 무고로 모반에 연루되어 죽음에 이르렀는데 모반했을 경우 본인은 물론 아버지와 16세 이상의 아들은 교수형에 처하고, 15세 이하의 아들과 어머니, 딸, 부인, 첩, 그리고 아들의 부인과 첩 등까지 관에 몰수한다고 규정되어 있다(“謀反大逆 諸謀反及大逆者 皆斬 父子年十六以上皆絞 十五以下及母女妻妾子妻妾亦同 祖孫兄弟姊妹若部曲 資財田宅並沒官…”『당률소의』 권제17 賊盜). 흑치상지는 689년 죽었고 이때 흑치준은 14세였기 때문에 죽음은 면했지만 적몰되었을 것이다. 적몰된 자는 그 능력에 따라 해당 관사에 배속시킨다(“若犯籍沒 以其所能各配諸司”『당육전』 권제19 司農寺)고 했으므로 흑치준 역시 적몰되어 관사에 배치되었을 것이다. 흑치준 묘지명에는 20세부터의 행적이 기록되어 있는데 적몰된 내용은 생략했을 것으로 추정된다.

묘지명에 기록된 것처럼 흑치준은 무장의 집안에서 자라 어려서부터 무략(武略)이 있었고, 적몰된 후에는 그 재능으로 당시 하관상서(夏官尙書), 즉 병부상서였던 무삼사에게 예속되었을 가능성이 있다. 고구려 유민 출신 왕모중이 몰관된 아버지로 인하여 적몰되어 임치왕 이융기에게 예속되었던 것(『구당서』 권106 열전 제56 왕모중)을 상기하면 흑치준이 무삼사와 관계를 맺게 된 것도 이와 비슷한 상황이었을 수 있다.

흑치준이 20살에 별주로서 무삼사를 따라 서도(西道)로 가서 군공을 세울 수 있었던 것은 (“弱冠以別奏 從梁王 [䂎]西道行 以軍功…”「흑치준 묘지명」, 송기호, 1992c의 판독문과 해석문에서 인용, 이하 동일) 무삼사가 적몰된 흑치준을 특별히 발탁하였기 때문이 아닐까 생각한다. 별주는 장군, 총관 등 장교의 가까이에서 그 경비 등을 맡은 하급 막료로, 발탁한 장교와는 긴밀한 관계에 있었다고 한다(植田喜兵成智, 2018, 536쪽). 무삼사는 흑치준이 서도에서 큰 공을 세웠던 흑치상지의 아들이었음을 알고 있었고, 그가 가진 군사적 재능을 보고 서도로의 종군에 포함시켰을 가능성이 있다. 흑치준은 무삼사를 보좌하며 필사적으로 군공을 세웠고 이를 발판으로 아버지의 신원을 요청하기에 이른 것으로 보인다.

흑치준이 무측천에게 아버지의 신원을 요청했을 당시 난주광무진장(蘭州廣武鎭將)이었는데 흑치상지의 복원과 함께 그도 우표도위익부좌랑장(右豹韜衛翊府左郎將)이 되어(「흑치상지 묘지명」) 궁정 호위의 임무를 맡게 되었고 본격적으로 중앙에서 활동하게 된 것으로 보인다. 이어서 우금오위익부중랑장에 임명되었는데 31세로 낙양의 종선방(從善坊)에서 요절하면서(「흑치준 묘지명」) 그의 관력은 짧게 마무리되었다. 종선방의 사제가 흑치상지 대부터 살았던 곳인지는 분명하지 않다.

　　난원경의 경우 여주 용흥현의 사제에서, 부인은 여주 노산현의 사제에서 생을 마감하였다(「난원경 묘지명」). 여주는 난원경이 말년에 임관했던 장소일 가능성이 있고, 무주기 정치 중심지의 이동에 따라 낙양이나 낙양 부근으로 이주했다가 여주에 정착했을 것으로 추정된다(馬馳, 2000, 267쪽). 현재 장안에서 낙양으로 이주한 것이 분명한 백제 유민의 사례는 흑치상지와 흑치준 부자뿐이지만[5] 앞으로 무주기에 변경 지역이 아닌 신도에서 활동한 백제 유민의 묘지명이 발견될 경우 장안에서 낙양으로의 이주 사례는 더 늘어날 가능성이 있다.

3　장지(葬地)의 분포와 장례(葬禮)

　　장안의 거주민이 장지를 선택할 때 가장 먼저 고려하는 것은 거주지와의 거리로, 거주지와 비교적 가까운 장안성 교외에 장지를 마련했다(程義, 2011, 75쪽). 궁성의 서쪽 제방(諸坊)의 거주자들은 사후에 절대다수가 서용수원(西龍首原)과 성 서남쪽 고양원(高陽原)과 성 남쪽의 신화원(神禾原), 봉서원(鳳棲原), 필원(畢原)에 장례를 지냈다. 동쪽 제방의 거주자들은 산하(滻河)의 양안, 동용수원(東龍首原), 백록원(白鹿原) 등을 선호하였는데 산하의 양안에 묻힌 비율이 80퍼센트를 차지한다. 이곳은 궁

5　「부여융 묘지명」에는 부여융이 68세로 사제에서 사망했고, 682년 북망 청선리에 장례를 치렀다고 기록되어 있다. 黃淸連은 부여융의 사제가 낙양에 있었던 것으로 보았는데 장지의 위치가 북망이기 때문에 그렇게 이해한 것으로 보인다(黃淸連, 1993, 278쪽, 292~293쪽). 단 이문기는 부여융이 장안의 사제에서 죽었다고 하였고(李文基, 1991, 160쪽), 李之龍은 장안에 사제가 있었을 것이라고 하였으나 근거는 밝히지 않았다(李之龍, 1999, 92쪽). 부여융의 경우 앞서 살펴본 것처럼 장안에 편적되었던 것으로 보이고, 그가 사망한 682년은 아직 무측천이 집권하지 않은 시기로 관인들의 장안에서 낙양으로의 이주가 활발하게 나타나지는 않았다. 부여융의 사제는 장안에 있었고 낙양으로의 편적지 이동도 없었던 것으로 추정된다. 장안에 사제가 있었던 부여융의 장지가 북망에 있었던 이유에 대해서는 3장에서 살펴보겠다.

성 동쪽 거주자들이 가장 선호했던 장지다(程義, 2011, 75~76쪽; 程義, 2012, 269~270쪽). 이처럼 장안성의 거주지, 즉 사제의 위치가 장지를 결정하는데 큰 영향을 미쳤다.

장안에서 장지가 정확히 확인되는 백제 유민은 예씨 일족이다. 이들의 장지는 모두 고양원이다. 고양원은 당대뿐만 아니라 수대(隋代)에도 귀족과 고급·중급 관리들이 사후에 이상적인 매장지로 선호하던 장소였다(劉待運, 2015, 77쪽). 예식진은 형인 예군보다 이른 죽음을 맞이했는데 672년 58세로 세상을 떠났다. 예식진 3대는 모두 부임지에서 사망했다. 예식진은 672년 행(行)으로 인하여 내주 황현에서 사망했으며 6개월 후 고양원에 매장되었다(「예식진 묘지명」). 예식진이 장안에 묻힐 수 있었던 것은 행군 구성원이 도중에 사망하였을 경우 부장군(副將軍) 이상은 그 시신을 본적지로 돌려보낸다는 규정이 적용되었기 때문으로 보인다(최상기, 2015b, 450쪽). 예소사도 좌무위대장군으로 708년 서주의 관사에서 사망했는데 고양원에 묻혔다(「예소사 묘지명」). 예인수도 727년 임조군의 관사에서 사망했는데 가복(家僕)이 운구를 호송하여 옛 마을로 돌아왔고 장안현 고양원에서 장례를 치렀다(「예인수 묘지명」) 예식진 3대는 모두 편적지인 장안으로 귀장하였다.

예군의 사제는 서시의 바로 동쪽 옆 연수리(연수방)에 있었고 장지는 서시 주변 제방의 거주자들이 선호했던 고양원으로, 예군과 예식진 3대가 묻힌 고양원은 바로 장안성 서남쪽에 있었다(그림3 참고). 그리고 예식진의 사제 역시 형과 마찬가지로 연수방에 있었을 것으로 추정된다. 예씨 일족은 서시의 동쪽에 바로 붙어 있는 연수방에 살다가 고양원에 장례를 치렀을 것이다. 연수방에서 남쪽으로 쭉 내려오면 안화문(安化門)이 있고(그림1 참고) 안화문을 나와 서남쪽으로 곧장 내려오면 바로 고양원이다. 예씨 일족은 안화문을 통과해 가족묘가 있는 고양원을 쉽고 빠르게 오갈 수 있었을 것이다. 예씨 일족의 사제와 장지는 앞서 살펴본 것처럼 당대 서시 주변의 제방에 살았던 거주자들의 장지 위치의 경향성과 부합한다.

고양원은 당대 저명한 관료나 귀족들의 사후 매장지 중의 하나였는데(拜根興, 2015, 99쪽) 고양원이 위치한 장안성 서남 묘장 구역은 발굴을 통하여 형벌을 받은 황족이나 고관, 서민들의 무덤이 존재하는 독특한 특징이 판명되었다(妹尾達彦, 2015, 108쪽). 현재 행정구역으로 고양원의 소재지는 대체로 서안시 장안구(長安區)

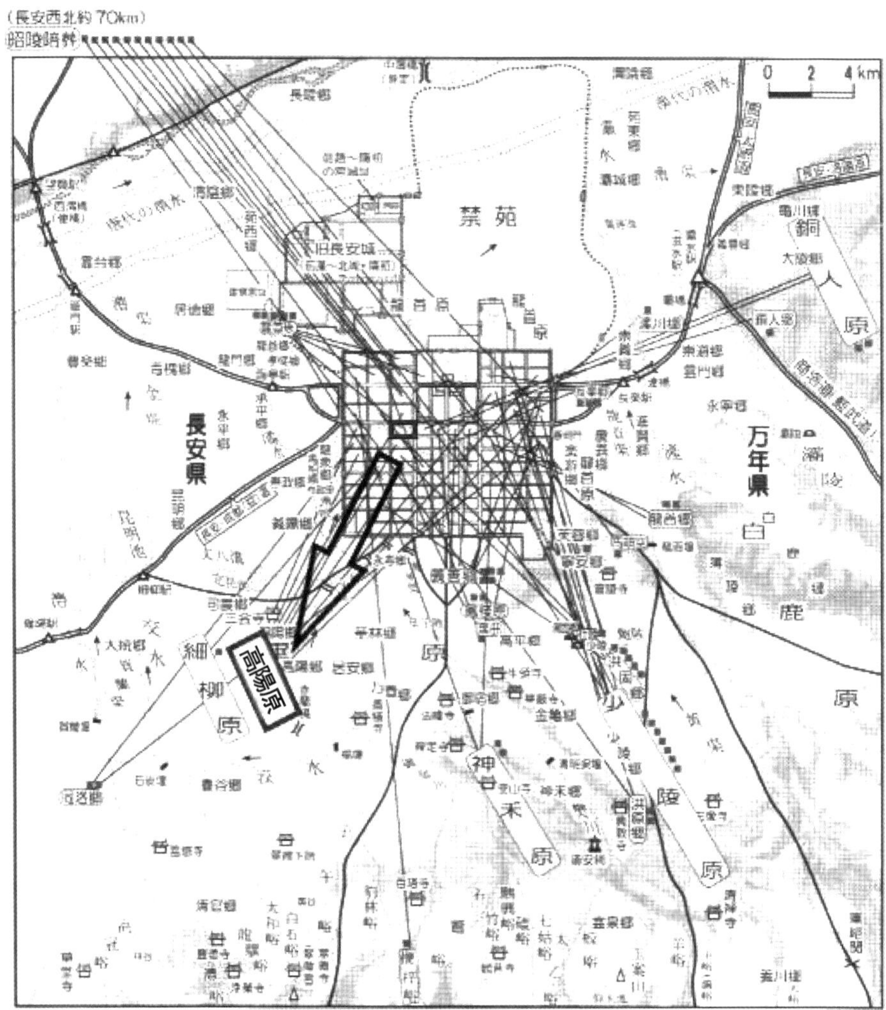

그림3　예씨 일족의 장지 고양원[6]

위곡가도(韋曲家道)의 서쪽으로 곽두가도(郭杜家道) 전역에 이른다. 2010년 봄 서안
시문물보호고고연구원은 예식진 3대의 무덤을 서안시 장안구 곽두가도에서 발굴
했다(張全民, 郭永淇, 2011. 131~136쪽).

6　妹尾達彦, 2015, 109쪽 図20 隋唐長安居住民の居住地と近郊墓葬地の変遷에 예군의 사제가 있었
던 연수방(작은 네모)과 장지 고양원(큰 네모)을 강조한 것이다. 그림의 실선들은 妹尾達彦가 당대 묘

예군과 예식진의 장례는 조장(詔葬)으로 거행된 것으로 보인다(李東勳, 2014, 285~287쪽). 조장은 황제가 조령(詔令)을 내려 신하의 상장을 거행하는 것으로 특별한 공훈이 있어야만 누릴 수 있는 우대 사항이었다(류준형, 2017, 207쪽). 당조에서는 관인이 죽으면 증물(贈物)을 지급했고 3품 이상 관인의 장례에는 감호(監護)를 파견하였다. 또한 5품 이상 관인의 무덤을 조영할 때는 영묘부(營墓夫)를 보내주는 등 관품에 따라 차등적으로 장례를 지원했다(『신당서』 권48 지제38 백관3 司儀署). 당대 초반에는 황제의 인척이나 공신이 조장의 대상이 되었다는 점이 특징이었는데 점차 관품의 등급을 반영하면서 관료 제도의 발전과 함께 변화했다. 조장의 대상은 절대다수가 3품 이상의 대신이었고 소수는 무장(武將)으로서 영구가 경사로 돌아온 대신이었다. 감호사(監護使), 조제(弔祭), 책증사(册贈使)의 파견 또한 관품에 따랐고, 황제와의 관계가 뚜렷하게 나타났다(吳麗娛, 2012, 618쪽).

예군은 672년 우위위장군(右威衛將軍, 종3품)에 제수되었고 묘지명의 수제(首題)에도 우위위장군으로 되어 있어 추증은 따로 없었던 것으로 보인다. 황제가 예군의 공을 회고하고 애도하는 내용, 견포(絹布) 300단과 속(粟) 300곡의 증물을 부여하고 장례에 필요한 물품을 관이 지급하도록 하고 홍문관학사 겸 검교본위장사 왕행본이 감호하도록 하라(「예군 묘지명」)는 내용을 통해 조장으로 이루어졌음을 알 수 있다.

조장의 경우 1품은 홍려경(卿, 종3품)이 그 상장을 감호하고 2품은 소경(少卿, 종4품상)이 히머 3품은 승(丞, 종6품상) 1인이 가도록 하였다(『당육전』 권제18 鴻臚寺; 『당회요』 권38 葬). 당대 감호사는 홍려시의 관인이 담당하는 것이 원칙이었으나 사정에 의해 그렇지 못할 경우는 여타의 관인이 홍려시의 직무를 대행했다(虎尾達哉, 1985, 825쪽). 예군의 경우 종3품의 우위위장군이었기 때문에 홍려승이 감호해야 했으나 동급의 우위위장사(종6품상) 왕행본이 대신한 것이었다.

예군의 장례에 지급된 증물은 규정을 넘어서는 것이었다. 1품은 부물 200단, 속 200석, 2품은 물 150단, 속 150석, 3품은 물 100단, 속 100석으로, 그 이하도

지명에서 사제와 장지 위치를 추출하여 연결한 것이다.

마찬가지로 품계에 따라 차등 지급되었다(『통전』 권86 예46 흉례8 賵賻). 예군은 종3품이었으므로 물 100단, 속 100석을 받을 수 있었지만 규정을 넘어서 견포 300단과 속 300곡을 받은 것이다. 황제가 별도로 칙을 내린 경우는 한계를 두지 않는다는 것으로 보아 예군의 장례에는 고종이 별칙(別勅)을 내려 규정을 넘는 부물을 내린 것으로 보인다. 또한 별칙을 내린 경우에는 장작감(將作監)의 견관서(甄官署)에서 명기(明器)도 제공했는데 3품 이상은 90개, 5품 이상은 60개, 9품 이상은 40개 등으로 차등을 두었다(『당육전』 권제23 將作都水監 甄官署). 증물의 규모를 봤을 때 예군의 장례에는 명기도 제공되었을 가능성이 높다.

　　예식진 묘지명에는 증물이나 감호에 관한 내용이 기록되지 않았는데 증물의 경우 통상적인 규정대로 지급되었기 때문에 기록하지 않았을 가능성이 있다. 예군의 경우는 규정보다 많이 지급되었기 때문에 황제의 후의를 드러내기 위해 특기한 것으로 보인다. 또한 감호사가 누구인지는 중요하지 않기 때문에 생략되어도 지장이 없었다(虎尾達哉, 1985, 826쪽). 예식진은 좌위위대장군(左威衛大將軍, 정3품)으로 조장의 대상이었고, 묘지명에는 은혜가 더해져 조장이 이루어졌음을 밝혔다("恩加○○○詔葬"「예식진 묘지명」, ○는 空格). 증물과 감호의 내용은 기록되지 않았지만 발굴을 통해 그의 장례가 성대하게 치러졌음이 확인되었다.

　　2010년 예소사의 무덤에서는 150여 건의 기물(器物)이 발굴되었고, 예인수의 무덤에서는 십이지신상을 비롯하여 40여 건의 기물이 발굴되었다. 도굴된 상태의 또 하나의 무덤은 그중 규모가 가장 크고, 관중 지역의 고급 묘장인 쌍실토동묘(雙室土洞墓)의 형태로 당대 초반 무덤의 특징인 좁고 긴 천정의 결구 방식도 나타났다. 또한 출토된 도관(陶罐)과 도자기는 당 태종과 고종 시기의 전형적인 기물로, 예식진의 무덤이 틀림없다고 보았다(張全民, 郭永淇, 2011, 131~133쪽; 張全民, 2012, 52쪽). 이 정도 규모의 무덤을 축조하기 위해서는 비용과 인력도 상당히 소요되었을 것인데 직사관 5품 이상의 장례에는 모두 영묘부를 지급했고, 1품은 100인이고 각 품마다 20명의 차등을 두었다(『당육전』 권제18 鴻臚寺 司儀署). 예군과 예식진은 모두 3품이었으므로 60명의 영묘부가 파견되어 무덤을 조성했을 것이다.

　　발굴을 통해 예식진 3대는 묘지명의 기록대로 고양원에 장지가 있었음이 확인되었다. 예식진 무덤의 양식인 쌍실토동묘는 대략 고종 후기에 출현하기 시작해 무측천, 중종 대까지 주류의 묘장 형태였다. 고관의 경우는 단실묘와 쌍실묘 중 쌍실묘의 비율이 현저히 높았다(程義, 2012, 82~85쪽). 예식진이 당에서 살았던 기간은 12년이 채 안 된다. 그러나 그의 무덤은 철저히 해당 시기 관중 지역 고관들이 선호했던 양식으로 조성되었고 이것은 지배층 출신의 백제 유민들이 당조에 출사하면서 그 사회에 빠르게 적응했음을 보여준다. 물론 조장의 거행, 영묘부의 파견 등 당조로부터 장례 지원을 받는 상황에서 백제 양식의 무덤을 조성하는 것은 현실적으로도 불가능했을 것이고 또한 당조에 출사한 관인이었기에 의식적으로도 선택하지 않았을 것이다.[7] 예군의 무덤 역시 고종 대에 조성되었기 때문에 고양원의 어딘가에 동생의 무덤과 유사한 형식과 규모로 조성되었을 것이다.

낙양으로 시선을 돌려보면 의자왕과 부여융, 흑치상지와 흑치준, 그리고 진법자의 장지가 모두 망산(邙山)에 있었다. 진법자의 경우 낙양에 편적된 후 몇몇 지역에서 과의도위와 절충도위를 역임하다 치사(致仕)하고 낙양 육재리(毓財里)의 사제에서 죽고 망산에 묻혔다(「진법자 묘지명」). 조장의 대상도 아니었고 장지와 장례에서 특이사항은 엿보이지 않는다.

의자왕의 장례는 조장으로 거행되었는데 손호(孫皓)와 진숙보(陳叔寶)의 무덤 옆에 장사를 지내고, 비(碑)도 세웠다고 한다(『구당서』 권199상 열전 제149상 동이 백제; 『신당서』 권220 열전 제145 동이 백제). 당대 행해진 모든 조장에 영지(塋地)를 사여한 것은 아니고 배장을 제외하면 영지의 사여는 갈수록 저어진다(吳麗娛, 2012, 661쪽). 의자왕의 경우는 입당한 지 얼마 되지 않아 죽었고 당조가 손호와 진숙보의 무덤 옆으로 장지를 지정한 만큼 의자왕의 영지는 당조가 제공했을 것이다. 손호와 진숙보는 오(吳)와 진(陳)의 마지막 군주로 무능하고 부정적인 평가를 받은 인물들로

7　반면 徐州와 兗州에 집단으로 안치된 백제 유민이 조성한 것으로 추정되는 연운항의 봉토석실묘와 사비기 백제 석실묘의 양식이 유사하다는 연구도 있는데(朴淳發, 2013; 連雲港市重點文物保護研究所, 2015) 경사와 지방이라는 편적된 장소의 차이, 당조에 출사한 관인과 일반민이라는 신분적 차이, 집단성의 유무 등에서 무덤 양식 선택의 차이가 나타난 것으로 볼 수 있다.

서 당조가 의자왕의 조장을 통해 의도한 바를 추정할 수 있다.

추증(追贈)과 시호(諡號)를 부여하는 것, 유사(有司)의 존재 역시 조장의 전형 중의 하나인데(吳麗娛, 2012, 640~641쪽) 부여융은 보국대장군(輔國大將軍, 무산 정2품)으로 추증되고 시호를 받았으며(諡曰○○) 유사가 묘지명을 작성했으므로 그의 장례 역시 조장으로 이루어졌을 것이다. 앞서 살펴본 것처럼 부여융의 사제는 장안에 있었던 것으로 보이고, 당대 장안의 거주민들은 거주지 근처에 무덤을 쓰는 것이 상례였다. 그럼에도 불구하고 부여융의 장지가 북망(北芒) 청선리(淸善里)라는 것은 당조가 의자왕의 무덤 근처에 부여융의 무덤을 마련해줬을 가능성을 시사한다.

망산에서 출토된 수천 개의 묘지명을 조사한 연구에서는 부여융 묘지명 이외에 청선리를 발견하지는 못했지만 청(淸)과 선(善)이 들어간 리(里) 중에는 하남현에 평락향 안선리(安善里)가 있고, 낙양현에 청풍향 청풍리(淸風里)가 있는데 안선리는 지금의 양요(楊凹)의 북쪽 일대이고, 청풍리는 지금의 영장(營莊) 일대로 이 지역들의 사이에 당대 하남현과 낙양현의 경계가 있었다고 한다. 청풍리와 안선리는 서로 인접한 지역으로, 청선리는 바로 청풍리와 안선리를 잘못 적은 것으로 보았다(陳長安, 2002, 336~337쪽). 또한 이 주변에 있는 봉황대(鳳凰臺)를 의자왕의 무덤으로 보면서 가까운 곳에 부여융의 무덤도 있었을 것으로 추정했다(吳建華, 1995, 44~45쪽; 忠南大學校 博物館, 1995, 56~58, 113~114, 117쪽, 陳長安, 2002, 337쪽). 이러한 추론이 성립한다면 당조는 의자왕의 무덤 곁에 부여융의 무덤을 조성했다고 볼 수 있다.

천남생의 경우 장안에 사제가 있었지만 망산에 장례를 치렀고 그의 묘지명에는 조장의 내용이 매우 상세하게 적혀 있는데 조장의 전형적인 내용이 모두 포함되어 있다. 따라서 묘지명에 명시되지는 않았지만 고종은 남생에게 영지까지 사여한 것으로 추정된다. 남생의 증손인 천비도 장안 흥녕리(興寧里) 사제에서 죽었지만 낙양 망산의 구영(舊塋)으로 옮겨졌다. 가족묘에 함께 묻기 위해 장안에서 낙양까지 운구를 옮긴 것이다. 이러한 정황으로 볼 때 당조가 장안의 사제에서 죽은 부여융의 운구를 옮겨 북망에 장례를 치른 것은 의자왕의 무덤을 조성한 곳에 부여융도 함께 안치했기 때문으로 보인다.

또한 돌궐의 힐리가한(頡利可汗)의 아들 아사나바라문(阿史那婆羅門)의 묘지명이 출토된 지역은 파수(灞水)의 동쪽인데 힐리가한의 장례는 조장으로 치러졌고 파수의 동쪽(起冢灞東)에 무덤을 조성한 것으로 기록되어 있어 아들의 묘지명이 출토된 지역과 일치한다(朱振宏, 2012). 마찬가지로 의자왕·부여융 부자도 가까운 곳에 묻혔을 가능성에 대한 방증으로 제시하고자 한다.

조장은 일반적으로 초장(初葬), 즉 처음 장례를 치를 때 행해지는데 개장(改葬) 때 이루어지는 경우도 있다(吳麗娛, 2012, 625쪽). 흑치상지의 장례는 개장을 하면서 조장으로 치러진 사례라 할 수 있다. 당대 개장에는 절차가 필요했는데 대체로 신청과 인가, 일정의 확인, 직무대행자의 선정, 증관(贈官)의 요청, 장례에 소요되는 의장의 신청, 부장(祔葬) 등으로 이루어졌다(江川式部, 2012, 267~276쪽).

699년 흑치준도 이러한 절차에 따라 개장을 신청했을 것이다. 흑치상지의 묘지명에는 흑치준이 개장을 신청하고 무측천이 허가의 칙을 내려 증물과 장례에 소요되는 물품과 인력을 제공하고 감호사를 파견한 내용이 기록되었다(“燕國公男俊 所請改葬父者 贈物一百段 其葬事幔幕手力一事 以上官供 仍令京官六品一人檢校”「흑치상지 묘지명」). 흑치준은 개장을 요청하고 조장으로 아버지의 명예회복을 마무리 지었다. 흑치준의 개장 신청과 허가는 역시 무고로 아버지를 잃었던 천헌성의 아들들에게도 영향을 미쳤을 것으로 추정되는데 바로 다음해인 700년 천헌성 역시 조장으로 개장이 이루어졌다. 흑치상지와 흑치준 부자의 묘지명은 1929년 10월 낙양에서 동시에 출토되었다고 했으므로(李文基, 1991, 143쪽) 흑치준도 아버지의 개장지인 망산의 남쪽, 관도의 북쪽(“奉遷丁邙山南官道北 禮也”「흑치상지 묘지명」; “葬於北邙山原 禮也”「흑치준 묘지명」)에 해당하는 곳 가까이에 묻힌 것으로 보인다.

4 맺음말

낙양의 헌부례 현장에 있었던 백제의 왕족 및 고위 관등자와 당조에 협력했던 인물들은 대체로 당의 수도 장안에 편적되었던 것으로 보인다. 이들 중 장안에서 편적지를 확인할 수 있는 인물들은 예군과 예식진, 그리고 흑치상지와 부여융 정도다. 예군은 장안현에 편적되어 연수방에 사제가 있었고 동생 예식진도 형과 가까운 곳에 사제를 받았을 것으로 추정된다. 이들의 장지는 서시 주변 제방의 거주민들이 선호했던 고양원에 있었는데 고양원은 장안성의 서남쪽 지역으로, 연수방에서도 접근성이 뛰어나 성묘에 편리하였다.

흑치상지는 부흥운동 실패 이후 장안에 들어왔는데 만년현에 편적되었다. 흑치상지 이외에도 부흥운동에 참여했던 인물들의 상당수가 이때 입당했을 것으로 보이는데(金榮官, 2012, 236쪽) 고종은 마침 새롭게 건설한 대명궁과 가까운 곳에 사제를 내려 당조의 위용을 과시하고 후의를 보여주면서 이들이 당조에 반감을 갖지 않도록 회유했을 가능성이 있다. 부여융의 경우는 입당 직후에 장안현에 편적되었다가 663년 이후에 만년현으로 이주했을 가능성을 제시해보았다.

무측천이 집권하면서 동도 낙양은 신도가 되었고 정치 중심지가 이동하면서 많은 관료들의 이주가 이루어졌다. 이러한 흐름 속에서 백제 유민도 낙양으로 이주했다. 흑치상지는 684년 무측천의 집권과 함께 좌우림군의 책임자로서 신도로 이동했고 그의 아들 흑치준도 이때 만년현에서 이주한 것으로 보인다. 흑치준은 아버지가 무고로 죽은 이후 적몰을 당했을 것으로 추정되는데 이후 군공을 세워 아버지를 신원하여 결국 조장으로 명예를 회복시켰다.

의자왕의 장례는 조장으로 치러졌고 손호와 진숙보의 무덤 옆에 무덤이 조성되었다. 부여융 역시 아버지의 무덤 옆에 묻힌 것으로 추정되는데 당조는 의자왕과 부여융의 조장을 지원했지만 실패한 군주들의 묘역에 이들을 안장시킴으로써 백제 유민들에게 부정적인 기억을 남기고자 했던 것으로 보인다.

참고문헌

『三國史記』『三國遺事』

『舊唐書』『新唐書』『資治通鑑』『册府元龜』『唐會要』『通典』

『唐律疏議』『唐六典』

『長安志』『河南志』『唐兩京城坊考』

『日本書紀』

한글

김수진, 2017, 「唐京 高句麗 遺民의 私第와 葬地」, 『사학연구』127, 한국사학회.

김영관, 2011, 「百濟 遺民 陳法子 墓志銘 研究」, 『백제문화』50, 공주대학교 백제문화연구소.

金榮官, 2012, 「百濟 遺民들의 唐 移住와 活動」, 『韓國史研究』158, 한국사연구회.

김영관, 2020, 「在唐 백제 유민의 활동과 출세 배경」, 『한국고대사탐구』35, 한국고대사탐구
　　　　학회.

金鐸敏 主編, 2003, 『譯註 唐六典 上』, 신서원.

金鐸敏 主編, 2005, 『譯註 唐六典 中』, 신서원.

金鐸敏 主編, 2008, 『譯註 唐六典 下』, 신서원.

李文基, 1991, 「百濟 黑齒常之 父子 墓誌銘의 檢討」, 『韓國學報』64, 일지사.

李文基, 2000, 「百濟 遺民 難元慶 墓誌의 紹介」, 『복현사림』23-1, 경북사학회.

멍만, 2016, 『여황제 무측천』, 글항아리.

朴漢濟, 1992, 「泉毖 墓誌銘」, 『譯註 韓國古代金石文 I』, 駕洛國史蹟開發研究院

卞麟錫, 2000, 『唐 長安의 新羅史蹟』, 아세아문화사.

宋基豪, 1992a, 「扶餘隆 墓誌銘」, 『譯註 韓國古代金石文 I』, 駕洛國史蹟開發研究院.

宋基豪, 1992b, 「黑齒常之 墓誌銘」, 『譯註 韓國古代金石文 I』, 駕洛國史蹟開發研究院.

宋基豪, 1992c, 「黑齒俊 墓誌銘」, 『譯註 韓國古代金石文 I』, 駕洛國史蹟開發研究院.

안정준, 2015 「扶餘隆 墓誌銘」, 『한국고대 문자자료연구 백제(하)-주제별-』, 주류성.

吳建華, 1995, 「洛陽의 邙山 槪要」, 『百濟 義慈王墓 찾기 現地調査』. 忠淸南道·忠南大學校
　　　　博物館.

李東勳, 2014, 「高句麗·百濟遺民 誌文構成과 撰書者」, 『韓國古代史研究』76.

任大熙, 金鐸敏 主編, 1997, 『譯註 唐律疏議-各則(上)-』, 한국법제연구원.

정동준, 2015, 「陳法子 墓誌銘」, 『한국고대 문자자료연구 백제(하)-주제별-』, 주류성.

정병준, 2007, 「당에서 활동한 백제유민」, 『百濟 遺民의 活動』, 충청남도역사문화연구원.

최경선, 2015, 「難元慶 墓誌銘」, 『한국고대 문자자료연구 백제(하)-주제별-』, 주류성.

최상기, 2015a, 「禰軍 墓誌銘」, 『한국고대 문자자료연구 백제(하)-주제별-』, 주류성.

최상기, 2015b, 「禰寔進 墓誌銘」, 『한국고대 문자자료연구 백제(하)-주제별-』, 주류성.

최상기, 2015c, 「禰素士 墓誌銘」, 『한국고대 문자자료연구 백제(하)-주제별-』, 주류성.

최상기, 2015d, 「禰仁秀 墓誌銘」, 『한국고대 문자자료연구 백제(하)-주제별-』, 주류성.

忠南大學校 博物館, 1995, 『百濟 義慈王墓 찾기 現地調査』. 忠淸南道·忠南大學校 博物館.

黃淸連, 1993, 「扶餘隆墓誌」에서 본 唐代 韓中關係」, 『百濟史의 比較研究』, 서경문화사.

외국어

江川式部, 2012, 「唐代の改葬儀禮とその制度」, 『東洋史研究』72-2, 東洋史研究會, 京都.

雷巧玲, 1994, 「唐代賜宅述論」, 『唐都學刊』10, 西安文理學院, 西安.

馬馳, 2000, 「《難元慶墓誌》簡釋」, 『春史卞麟錫敎授停年紀念論叢』, 곤오원

妹尾達彦, 1996, 「唐長安城の官人居住地」, 『東洋史研究』55-2, 東洋史研究會, 京都.

妹尾達彦, 2001, 『長安の都市計劃』, 講談社, 東京

妹尾達彦, 2015, 「隋唐長安城と關中平野の土地利用」, 『都市と環境の歷史學』3, 中央大學文學部東洋史學研究室, 東京.

拜根興, 2012, 『唐代高麗百濟移民研究-以西安洛陽出土墓誌爲中心』中國社會科學出版社, 北京.

拜根興, 2015, 『石刻墓誌與唐代東亞交流研究』, 科學出版社, 北京

植田喜兵成智, 2015, 「在唐百濟遺民の存在樣態-熊津都督府の建安移轉の史的意義と關聯させて」, 『朝鮮學報』136, 朝鮮學會, 天理.

植田喜兵成智, 2018, 「黑齒常之·俊親子の事績とその墓誌の制作背景」, 『古代文化』70-4, 古代學協會, 京都.

吳麗娛, 2012, 『終極之典-中古喪葬制度研究 下册-』, 中華書局, 北京

劉待運, 2015 「關中地區隋代墓誌分布研究」, 『考古與文物』2015-1, 陝西省考古研究所, 西安.

李之龍, 1999, 「跋唐扶餘隆墓誌文」, 『華夏考古』1999-2, 華夏考古編輯部, 鄭州.

岑仲勉, 1980,「高, 玄二宗頻幸東都及武后長期留居之問題」,『隋唐史』上册, 中華書局, 北京

張全民, 郭永淇, 2011,「唐代百濟移民祢氏家族墓」,『2011 中国重要考古發現』, 文物出版社, 北京.

張全民, 2012,「新出唐百濟移民祢氏家族墓誌考略」,『唐史論叢』14, 陝西師範大學出版社, 西安.

程義, 2012,『關中地區唐代墓葬研究』, 文物出版社, 北京

朱振宏, 2012,「阿史那婆羅門墓誌箋證考釋」,『魏晋南北朝隋唐史資料』28, 武漢大學出版社, 武漢.

陳瑋, 2014,「新見武周百濟移民陳法子墓誌研究」,『武則天與廣元』, 文物出版社, 北京

陳長安, 2002,「唐代洛陽的百濟人」,『洛陽出土墓誌研究文集』, 朝華出版社, 北京.

秋庭 隆, 1995,『日本大百科全書 15』, 小學館, 東京.

河野剛彦, 2016,「唐代の異民族授官における非實職官の授與について」,『學習院大學文學部研究年報』63, 學習院大學文學部, 東京.

虎尾達哉, 1985,「上代監喪使考-唐令監喪規定の繼受と實態-」,『史林』68-6, 京都大學史學研究會, 京都.

발해 선왕(宣王) 이전 시기에 대한 시론: 순목황후묘지명의 이해를 중심으로

강진원(서원대학교 역사교육과 교수)

1 새로운, 하지만 아쉬운 일급 사료

사료가 부족한 한국 고대사에서 당대인들이 남긴 기록의 가치는 굳이 말할 필요가 없다. 그러한 점은 발해사 연구에서 더욱 두드러지는데, 문헌과 문자 자료가 더욱 제한적이기 때문이다. 제3대 문왕 대흠무(大欽茂)의 두 딸인 정혜공주(貞惠公主)와 정효공주(貞孝公主)의 묘지명, 그리고 함화(咸和) 4년명 불비상(佛碑像) 정도를 제외하면, 단편적인 경우가 대부분이다. 그렇기에 새로운 자료의 출현을 누구보다 기다리고 있는 것이 발해사 연구자들인지도 모르겠다.

그런 바람에 화답이라도 하듯, 21세기 들어 발해의 새로운 금석문이 우리 앞에 모습을 드러냈다. 중국 길림성(吉林省) 화룡시(和龍市) 용해촌(龍海村) 용두산(龍頭山) 발해 고분군에서 발견된 순목황후묘지명(順穆皇后墓誌銘)이 그것이다. 이 묘지명의 주인공인 순목황후는 제9대 간왕(簡王) 대명충(大明忠)의 부인이다.

이 문자 자료의 등장으로 인해 그 남편, 즉 간왕에 관하여 대략적으로나마 접근할 수 있는 실마리가 마련되었다. 간왕은 제8대 희왕(僖王) 대언의(大言義)의 동생으로, 817년에 형이 죽은 뒤 즉위하고 태시(太始)라고 개원했으나, 이듬해(818) 사망했다. 즉 불과 1년 정도 재위한 인물로서 뚜렷한 치적도 전하지 않는다.

다만 발해사의 전개 과정을 고려하면, 달리 생각할 여지는 충분하다. 그는 제1대 고왕(高王) 대조영의 후손 중 마지막으로 왕위에 올랐고, 이후 멸망하기까지 왕좌를 차지한 것은 대조영의 동생인 대야발(大野勃)의 후손들이었다. 즉 간왕의 치세를 끝으로 왕계(王系)에 큰 변동이 생겼다. 왕통만 본다면 이를 계기로 전기와 후기로 나누어진다고 해도 과언이 아니다. 따라서 그러한 변화 속에 자리한 간왕의 치세를 이해한다는 것은 발해사의 실상을 파악하는 데 적지 않은 도움을 줄 것이다. 그 길라잡이가 바로 순목황후묘지명이다.

아울러 이 묘지명은 간왕 시기 이전의 정국을 살펴볼 때도 유의미한 가치를 지닌다. 발해사를 시기적으로 구분할 경우, 대개 문왕 사후 선왕 즉위 이전까지, 즉 폐왕(廢王) 대원의(大元義)·성왕(成王) 대화여(大華璵)·강왕(康王) 대숭린(大嵩璘)·정왕(定王) 대원유(大元瑜)·희왕 대언의, 그리고 간왕 대명충의 치세를 하나의 범주로 설정한다. 이 시기는 불과 25년 사이에 6명의 왕이 존재했다. 왕들의 평균 재위 기간이 4년 조금 넘는 정도로 정국이 혼란했을 것임은 어렵지 않게 짐작할 수 있다(송기호, 1995, 21쪽, 139~145쪽 참조).

이는 왕위의 계승 양상을 통해서도 뒷받침된다. 폐왕의 즉위 자체가 찬탈이라는 추정도 있을뿐더러(송기호, 1995, 140쪽) 그는 1년도 안 되어 축출되었고,[1] 이어 문왕의 손자인 성왕이 즉위했으나, 다음 왕위는 숙부인 강왕에게 돌아갔으며,[2] 그

---

[1]　폐왕 대원의를 몰아낸 국인(國人)의 실체에 대해 문왕의 개혁 정치에 발맞추어 성장한 귀족 세력으로 보기도 한다(韓圭哲, 1994, 106쪽; 宋基豪, 1995, 126쪽; 林相先, 1999, 111쪽, 220~221쪽). 다만 특정 세력을 지칭하기보다는 도읍의 지배층을 가리키는 표현일 가능성도 존재한다.

[2]　문왕에게는 대굉림과 대숭린 외에도 대영준(大英俊), 대정한(大貞翰)이라는 아들이 있었다(宋基豪, 1995, 139쪽). 아울러 성왕은 왕위를 1년도 지키지 못하고 사망했는데, 그 원인을 폐왕 지지층의

의 세 아들(정왕·희왕·간왕)이 차례로 왕이 되었다. 왕들의 수명이 상대적으로 짧았던 결과로 볼 수도 있겠으나(林相先, 1997), 숙부가 조카의 뒤를 이은 사례도 존재할 뿐 아니라 대개 재위 기간이 짧았고, 일본과의 교류 빈도도 불규칙적이었으므로(송기호, 1995, 142~143쪽), 정국이 안정되었다고 보기는 힘들지 않을까 한다. 문왕 사후 2년이 지난 정력 2년(795), 강왕이 일본에 보낸 국서에서 여전히 그를 대행대왕이라 일컬은 만큼,[3] 혼란이 가시지 않은 점에서도 그러한 측면을 엿볼 수 있다. 따라서 이 시기의 끝자락에 자리한 간왕의 치세를 검토한다면, 역으로 이전 시기의 전개 과정도 엿볼 수 있다.

하지만 현재로서는 위에서 언급한 문제에 다가가기 쉽지 않다. 선왕 즉위 이전의 상황을 알 수 있는 일급 사료, 순목황후묘지명의 전문(全文)이 아직 공개되지 않았기 때문이다. 2009년 중국 측의 보고에 따르면 묘지명은 9행에 걸쳐 총 141자가 새겨져 있다고 하지만, 정작 공개된 명문(銘文)은 "渤海國順穆皇后 簡王皇后泰氏也 建興十二年七月十五日 遷安▨陵 禮也"의 29자 정도에 불과하다(李强, 2009). "발해국 순목황후는 간왕의 황후로 태씨이며, 건흥 12년 (829) 7월 15일 ▨릉에 안장하였으니 예에 맞다"라는 내용이다.

그런데 중국 학계에서는 그로부터 10년이 더 지난 현재까지도 나머지 명문을 소개하지 않고 있다. 그러므로 지금으로서는 파악할 수 있는 한도에서 일정한 역사상을 추정해나갈 필요가 있다. 종래 그러한 접근이 아예 없었던 것은 아니다. 간왕의 부인을 '황후', 즉 황제의 처라 표현한 것을 통해 발해가 황제국이었다는 점을 다시금 확인한 것(송기호, 2010, 148쪽)이 대표적이다. 다만 그 이상의 논의는 이루어지지 않았다. 전문이 밝혀지기 전에 성급히 다가간다면 잘못을 범할 수 있다는 우려에서였을 것이다. 그러나 사실상 추가적인 명문을 확보하기 힘든 상황이므로 이제는 과감하게 다가갈 필요가 있다. 따라서 이 글에서는 공개된 명문만이라도 적극적으로 이해하여 새롭게 생각해볼 만한 점들을 언급하고자 한다. 이를 통

반동에 따른 결과로 보기도 한다(김종복, 2001, 146쪽).

3 『일본일사(日本逸史)』권5, 연력(延曆) 15년 4월 무자(戊子).

해 발해사 연구에 또 다른 활력을 불어넣을 수 있기를 희망한다.

2 동성혼(同姓婚) 흔적 지우기-"태씨(泰氏)"

순목황후묘지명에 따르면 황후의 성씨는 '태(泰)'이다. 이는 역사적으로 큰 의미를 지닌다. 고구려·백제·신라의 경우 왕비의 성씨를 전하는 사례가 더러 있음에 비해 발해는 그렇지 못했기 때문이다. 물론 처족(妻族)의 흔적은 남아 있다. 무왕 시기 흑수말갈을 공격할 때 대문예(大門藝)와 함께 전장에 나간 임아(任雅)를 왕의 '구(舅)'라고 했는데, 이는 장인 혹은 외숙을 말할 것이다. 어쨌든 외척이다. 다만 임아가 '임(任)'씨 성을 가진 인물인지, 아니면 별도의 성씨를 갖지 않았는지 알기 어렵다. 무엇보다 초기의 일이라 일반적인 사례로 치환하기 어렵다는 한계도 있다. 그런 상황이었기에 묘지명의 발견은 발해 왕의 처족으로서 태씨를 상정할 수 있게 되었다는 의미를 지닌다.

그런데 이 문자 자료를 제외하면 태씨 성을 가진 발해인의 흔적을 찾기 어렵다. 『송막기문(松漠紀聞)』에 따르면 발해 왕의 성씨는 '대(大)'이며 우성(右姓), 즉 지배 세력으로 고(高)·장(張)·양(楊)·두(竇)·오(烏)·이(李) 등의 성씨를 들고 있다. 현재까지 알려진 발해인들의 상황을 보아도 이와 크게 다르지 않으며, 왕(王)씨와 하(賀)씨가 추가된 정도다(宋基豪, 1995, 74쪽). 태씨는 나타나지 않는다. 황후를 배출했다면 유력 집단이었을 터이므로, 의아한 일이다.

주목되는 점은 '태'가 '크다'라는 의미를 지니고 있어 발해 왕의 성씨인 '대'와 통한다는 것이다. 아울러 황후의 성씨 '태'와 '태(太)'는 발음이 같으며, '대'와 혼용되기도 한다. 그렇기에 태씨의 실체는 곧 대씨였을 가능성이 있지 않을까 한다. 사료에 전하는 발해인들의 성씨를 정리 해보면 대씨와 고씨가 가장 많으며, 그 가운데서도 대씨가 전체의 30퍼센트에 달한다.[4] 즉 발해에서 가장 큰 세력을 이룬 성씨

4　구체적으로 대씨 117명, 고씨 63명, 왕씨 30명, 이씨 21명, 장씨 20명, 오씨 13명, 양씨 8명, 하씨

는 대씨다. 따라서 황후의 성씨가 왕과 같은 대씨라 한들 그리 이상한 일은 아니다.

물론 순목황후가 사실 대씨였다고 해서 반드시 왕실과 같은 혈족 집단이었다고 볼 수는 없다. 고구려의 경우 왕실의 성씨인 '고(高)'를 칭한 인물이 많고, 왕실로부터 고씨를 하사받은 사례가 존재한다. 이들 전부를 왕실과 혈연적으로 연결되었다고 보는 것은 무리가 있다. 또 고려에서 공신이나 유력자에게 왕씨 성을 내린 것은 널리 알려진 사실이다. 발해의 대씨도 마찬가지일 수 있다. 다만 그 뿌리가 실제로 어떻다 한들 왕실과 같은 성씨를 칭하게 된 이상, 시일이 지남에 따라 본래의 혈연적 경계는 희미해졌을 것이다.

요컨대 태씨는 대씨와 다르지 않다. 그렇다면 간왕은 동성혼(同姓婚)을 한 셈이 된다. 간왕만 이러했는지, 아니면 상당수의 다른 발해 왕들도 그러한 선택을 했는지 알 길은 없다. 다만 현재 전하는 기록을 보건대 성씨를 가진 발해인 가운데 대씨의 비중이 크므로, 사성(賜姓)도 활발히 이루어졌을 것 같고, 왕실의 외척으로 자리하는 사례도 적지 않았으리라 상정된다.

사실 조선시대 이전까지 동성혼은 그다지 이례적인 일이 아니었다. 신라의 경우는 워낙 널리 알려졌기에 말할 것도 없고, 『삼국사기』 온달전에 따르면 평원왕(평강왕)은 처음에 공주를 상부(上部)의 고씨 성을 가진 인물에게 시집보내려 했다. 고구려 후기에 동성혼이 상당히 보편적으로 행해졌음을 보여주는 일화다. 고려 또한 전기까지는 왕후 대부분이 왕실 일원이었다. 간왕의 경우 신라나 고려처럼 근친혼을 했는지, 아니면 사성을 통해 성씨만 같은 집안과 맺어졌는지는 가늠하기 어렵다. 그러나 동성혼 자체를 터부시하는 분위기는 아니었을 가능성이 짙다.

그렇다면 발해에서 동성혼이 나타난 원인은 무엇일까. 그와 관련해 참조할 수 있는 것은 고려의 사례다. 고려 왕실은 국초부터 동성혼 혹은 근친혼이 빈번히 이루어졌는데, 어느 정도 통치 체제가 정비된 후 그 빈도가 줄어들었다. 아마도 권력 행사가 제도적으로 이루어지기 힘든 시절, 동일 혈족 집단 내에서 혼인함으로써 기득권을 유지·강화해나갔던 결과로 보인다.

4명 등이 확인된다(宋基豪, 1995, 74쪽).

발해도 마찬가지 아니었을까 한다. 문왕 시기 제도적 정비가 여러 방면에서 이루어졌음은 널리 알려져 있다. 다만 그럼에도 불구하고 집권 체제가 체계적으로 정비되었다고 보기에는 어려운 감이 있다. 문왕 사후 성왕 대화여와 같은 손자가 있음에도 왕위가 족제(族弟) 대원의[5]에게 돌아간 것은 왕정 국가에서 가장 중요한 왕위 계승이 제도적으로 안착하지 못했던 결과로 여겨지기 때문이다. '3성(省) 6부(部)'와 '5경(京) 15부(府) 62주(州)'로 대표되는 지배 체제가 정비된 것이 선왕 시기 이후로 추정된다는 점(송기호, 1995, 151쪽)을 고려하면, 그 이전에는 왕실에서 동성혼을 통해 배타적인 권력을 수립하고자 노력했을 가능성이 상당히 높다. 물론 이는 순목황후묘지명과 함께 발견된 문왕의 부인 효의황후(孝懿皇后)의 묘지명이 공개되는 대로 더욱 면밀하게 검토되어야 할 사안이다.

지금까지 태씨가 곧 대씨임을 살펴보았다. 그렇다면 대씨라 하면 되는데 왜 굳이 태씨라 했을까. 이는 동성혼이 실제 이루어졌다 해도, 그 사실을 희석하고자 하는 의도 때문이라고 추정된다. 발해는 중국 문물의 수용에 인색하지 않은 국가였고, 그 안에는 유교적인 것도 포함되었다. 그러한 면모는 6부의 이름을 유교 덕목(仁·義·禮·智·忠·信)에 따라 지은 것에서도 잘 드러난다. 그런데 당시 중국에서는 동성불혼(同姓不婚)을 원칙으로 삼고 있었다. 따라서 발해 왕실에서는 불가피하게 동성혼을 한다 해도 이를 그대로 전하는 데 다소 거부감이 있었으리라 여겨진다.

물론 이와는 조금 결을 달리하여 생각할 수도 있다. 신라 중·하대의 경우 실제 김씨 왕비임에도 중국으로 보내는 글에서는 그 성을 달리 칭하여 동성혼 사실을 숨겼던 사례들이 보이기 때문이다. 따라서 발해 역시 외교적인 목적으로 동성불혼을 표방하고자 했던 것으로 볼 수도 있다. 그러나 순목황후묘지명을 중국 측에서 직접 본다거나 개입할 수 없으므로, 이는 어디까지나 대내적인 원인이 클 것 같다.

그 면에서 참조되는 것은 고려 초기의 사례다. 당시 고려 왕실은 동성 간 근친혼을 피하고자 실제 여성의 성씨가 왕씨임에도 개성(改姓)하는 일이 드물지 않게 나타났다. 대표적인 경우가 목종의 모친인 헌애왕후(獻哀王后), 즉 천추태후(天秋太

---

5 문왕과 대원의가 육촌 사이라는 견해(김종복, 2001, 139쪽)도 제기되었다.

后)인데, 그의 부모는 모두 왕건의 자녀로 자신도 왕씨였다. 하지만 사촌지간인 경종과 혼인하게 되자 외조모의 성씨를 따라 황보씨라 칭했다. 발해 또한 유사한 궤적을 밟았을 것으로 생각된다. 즉 왕실 내에서 동성혼이 드물지 않게 행해졌으나 그러한 사실이 그다지 자랑거리는 아니라고 여긴 결과, 혼인 시 여성은 태씨와 같은 다른 성씨로 외피를 바꾸었던 것이 아닐까 한다.

이상과 같이 순목황후의 성씨 태씨는 곧 대씨로, 당시 왕실에서는 체제 정비가 궤도가 오르지 못한 관계로 동성혼이 꽤 이루어졌던 것 같다. 다만 유교적인 기준에서 보았을 때 이는 장려할 만한 일이 아니었기에, 순목황후는 실제 대씨였으나 태씨라 칭하여 표면적으로는 동성불혼의 원칙을 지킨 것처럼 보이고자 했다고 여겨진다.

3 선왕 집권 즈음의 풍경-"왕(王)"·"황후(皇后)", 그리고 "건흥(建興) 12년"

문왕 대흠무 사후 오래지 않은 기간 동안 왕좌의 주인이 자주 바뀌었고, 강왕 대숭린의 뒤를 이어 그의 세 아들이 차례로 왕위에 올랐다. 그 마지막 타자인 간왕 대명충을 끝으로 대조영의 후손들은 발해 멸망 때까지 왕이 되지 못했고, 대야발의 후손인 선왕 대인수가 발해를 다스리게 되었다. 즉 간왕 이전까지가 대조영계 왕통이라면, 선왕부터는 대야발계 왕통이다. 따라서 선왕 즉위 전후의 정국은 해명되어야 할 부분이다. 그러함에도 기존에는 사료 부족으로 연구에 진전이 이루어지지 못했다. 선왕 즉위 즈음 격렬한 정쟁이 있었으리라 추정했을 따름이다(王承禮, 1987, 157쪽).

이제는 간왕 부인의 행적을 피상적으로나마 알 수 있게 되었으므로, 이 사안에 대해서도 다뤄볼 공간이 마련되었다. 비록 전문이 공개되지 않았으나, 이를 통해 두 가지 측면을 엿볼 수 있다.

먼저 간왕이 여타 발해 왕과 구별되는 대우를 받았으리라는 점이다. 그리고 그것은 특대보다는 하대에 가까웠을 가능성이 크다. 간왕을 끝으로 왕위가 대야발계로 넘어갔기에, 간왕이 선왕에 의해 축출되었다거나, 최소한 두 왕 사이의 승계 과정이 순조롭지 않았으리라 생각해볼 만하다. 물론 간왕이 후사가 없는 관계로 대조영의 직계 후손이라 할 인물이 사라져 선왕이 본인의 의도와 무관하게 왕위에 올랐을 수도 있다. 그런데 묘지명에 따르면 전자가 실상에 부합되는 것 같다.

그 이유는 묘지명에서 간왕을 오로지 '왕(王)'이라고만 했기 때문이다. 동아시아 전통 사회에서는 살아 있는 왕뿐 아니라 죽은 왕을 칭할 때도, 특히 해당 인물과 연관된 기록이라면 그에 대해서는 존칭(尊稱)을 함께 쓰는 것이 보통이다. 조선에서 선왕(先王)을 대왕(大王)이라 한 것이 대표적이다. 발해의 경우 정혜공주나 정효공주의 묘지명에서 생존해 있던 문왕을 '대흥보력효감금륜성법대왕(大興寶曆孝感金輪聖法大王)'이라 일컫고 '황상(皇上)'이라 부른 점을 보면, 고인에 대해서도 크게 다르지 않았으리라 생각된다.[6] 그러함에도 간왕은 별다른 수식 없이 그저 시호 '간(簡)'만을 덧붙이고 있다.

순목황후의 몰년(829)을 고려하면, 해당 묘지명은 선왕 혹은 다음 왕 대이진(大彝震)의 치세에 만들어졌다. 대야발계 군주들의 시기다. 이때 조성된 묘지명에서 순목황후의 남편을 무미건조하게 표현한 것은 간왕에서 선왕으로의 즉위가 평탄했다고만 보기 어렵게 한다. 정변 같은 물리적 충돌까지 있었는지는 몰라도, 선왕 측에서 바라보는 간왕이 극진히 존대해야 할 대상은 아니었던 것 같다. 그 면에서 두 왕 사이의 정치적 단절성을 상정할 수 있다.

이러한 추정을 뒷받침해주는 또 다른 흔적은 순목황후를 '황후(皇后)'라 한 것이다. 남편에게는 별다른 존칭이 없는 반면, 부인은 황후로 일컬어지고 있다. 즉 왕과 황후가 부부 관계다. 이는 어딘가 부자연스럽다.

이와 관련해 발해가 황제국 체제를 지향했던 만큼, 우리가 종래 인지했던 발

---

6 비문의 '대왕'이나 '황상'이란 칭호를 특별한 존대로 보기도 한다(宋基豪, 1995, 104쪽). 『속일본후기(續日本後紀)』 권11, 인명천황(仁明天皇) 승화(承和) 9년 3월 신축(辛丑)에 실린 발해의 별장(別狀)에서 선왕을 "조부왕(祖父王)"이라 한 것을 보면 가능성이 없지는 않다. 하지만 해당 기록은 일본 조정 측에서 윤색했을 가능성도 있고, 그렇지 않다고 해도 외교 문서이기에 발해 내부적으로 선왕을 단순히 왕이라고만 칭했을 것 같지는 않다.

해 제왕의 시호는 원칙적으로 'ㅇ제(帝)'와 같은 방식이었을 가능성도 있다. 그렇게 본다면 간왕은 본디 간제(簡帝)가 되므로, 간왕이란 칭호는 대명충의 지위를 황제에서 왕으로 낮춘 상당한 하대인 셈이다. 문왕을 황상이라고 언급했으므로, 전혀 개연성이 없는 것은 아니다.

하지만 문왕 생시에 그를 황상이라 하면서도 군주의 호칭은 대왕이라 한 것을 보면, 제호(帝號)가 보편적으로 쓰이지는 않았으리라 생각된다. 즉 군주에 대한 원칙적인 칭호는 왕호일 것이다. 왕의 부인을 황후라 한 것은 황상이라는 표현처럼 관례적인 존칭이 아닐까 한다. 다만 그렇다고 해도 수식어가 부재한 왕과 황후의 병존을 외왕내제(外王內帝)의 흔적만으로 여기기는(송기호, 2010, 148쪽) 힘들다. 어찌 되었든 간왕의 처를 황후라 한 이상, 남편에 대해서도 미칭(美稱)과 존칭이 부가된 왕호를 쓰는 편이 상식적이기 때문이다. 그렇지 못한 점은 선왕 시기 간왕의 입지를 달리 바라보게 한다.

참고로 우리가 아는 발해 왕들의 시호가 묘호(廟號)일 가능성도 존재한다. 중국 측 사서에서 고려 군주들의 묘호를 왕의 시호로 표기했기 때문이다. 만일 그렇다면 고왕·무왕·문왕·성왕·강왕·정왕·희왕의 본래 칭호는 고조(高祖)·무종(武宗)·문종(文宗)·성종(成宗)·강종(康宗)·정종(定宗)·희종(僖宗)일 수 있고, 간왕 또한 간종(簡宗)일지도 모른다. 당의 모든 군주가 묘호를 가졌으며, 오대십국 시기 오월(吳越) 등에서도 왕호와 묘호가 공존했다는 사실을 감안하면 발해의 상황에 대해서도 새롭게 생각할 여지가 있다. 그렇다면 간왕이라는 칭호는 확실히 통상적인 예에 어긋난 하대다. 다만 동아시아에서 '간종'이라는 묘호를 지닌 군주의 사례가 많지 않아, 묘호와 관련된 사안은 추후 면밀하게 검토해야 할 것이다.

다음으로 위에서 언급한 문제와 연계되는데, 선왕이 간왕 측 세력, 혹은 대조영계 집단을 완전히 배제하거나 숙청했을 가능성은 크지 않다는 점이다. 그 이유는 간왕의 부인을 황후라 표현했고, 그가 선왕의 치세 말년인 건흥 12년(829)에 사망했기 때문이다.

전자의 경우, 만일 선왕이 간왕 측에게 철저한 물리력을 행사했다면 그 부인에게 황후라는 표현을 허락했을 것 같지는 않다. 간왕이 사망한 이상, 그 지지 세력의 구심점 중 하나가 부인일 것임을 어렵지 않게 짐작할 수 있다. 물론 순목황후가 간왕 시기부터 선왕 측과 내통하거나 유화적인 태도를 보여 특별한 대접을 받았을 수도 있다. 다만 그러한 논의를 입증할 정황적 근거조차 없으므로, 무리가 있다. 비록 간왕에 대해서는 별다른 존칭이나 미칭을 더하지 않았으나, 그 부인을 황후라 일컬은 것은 선왕 집권 당시 전왕의 세력 기반이 어느 정도 존재했고, 선왕 또한 이를 인정했음을 보여주는 흔적이 아닐까 한다.

그러한 추정은 후자의 경우를 통해 뒷받침된다. 순목황후는 선왕 치세 말년 사망했고, 당시 집권 세력은 전왕의 부인을 위해 묘지명까지 만들었다. 이는 순목황후가 남편의 죽음 이후에도 꽤 오랜 기간 살아 있었고, 묘지명이 남겨질 정도의 대우를 받았음을 보여준다. 정혜공주와 정효공주의 묘지명이 전해지는 것을 고려하면, 적어도 왕실 여성에 대한 일반적인 수준은 되었다고 여겨진다. 간왕이나 순목황후에게 우호적인 세력이 중앙 조정에서 궤멸당했다면 일어나기 힘든 상황이다.

이상과 같이 간왕의 부인은 황후라 칭하면서도 정작 간왕에 대해 별다른 존칭이나 미칭 없이 왕이라고만 한 것을 보면, 간왕에서 선왕으로의 승계 과정이 순조롭지는 않았을 것이다. 다만 간왕의 부인이 선왕 치세 말년까지 생존했고 황후라고 불렸으며 묘지명까지 작성되었으므로, 선왕이 이전 시기의 집권 세력을 완전히 배제하거나 숙청하지는 않았다고 여겨진다.

4 같은 시기, 다른 장지-용두산(龍頭山) 고분군과 삼릉둔(三陵屯) 고분군

순목황후묘지명은 화룡시 용두산 고분군에서 나왔다. 화룡시는 두만강 상류, 백두산 동쪽에 인접한 지역으로 길림성 화룡시에 자리한 중경 현덕부(中京顯德府)에서 상대적으로 가깝다. 그런데 성왕이 집권한 중흥(中興) 원년(794) 도읍을 상경 용천부(上京龍泉府)로 옮겼고, 이후 멸망 때까지 천도는 없었다. 따라서 간왕 시기에도 왕실은 상경에 있었다. 그러함에도 황후 묘지명은 옛 도읍인 중경현덕부 인근 지역에서 나타난 것이다. 간왕 집권기 순목황후도 상경에 함께 있었을 것이기에, 그가 간왕 사후 중경 지역으로 옮겨갔을 수도 있고, 혹은 왕의 사후에도 계속 도읍에 머물렀으나 장지는 멀리 떨어진 곳에 조성되었을 수도 있다.

　묘지명이 상경이 아닌 곳에, 다시 말해 구도(舊都) 인근에 조성된 경위를 정확히 알기는 어렵다. 다만 정혜공주와 정효공주의 묘지명을 보면 어느 정도 실마리는 찾을 수 있다. 그에 따르면 정혜공주는 문왕 보력(寶曆) 4년(777) 40세에 사망했으니 문왕 대흥(大興) 2년(738)에 태어났고, 정효공주는 대흥 56년(792) 36세에 사망했으니 대흥 21년(757)에 태어났다. 그런데 정혜공주가 첫 도읍인 구국(舊國) 가까이에 자리한 길림성 돈화시(敦化市) 승리촌(勝利村) 육정산(六頂山) 고분군에 묻힌데 비해, 정효공주는 순목황후와 마찬가지로 용두산 고분군에 묻혔다. 두 공주 모두 문왕 시기에 세상을 떠났으나 매장지가 다르다.

　발해는 8세기 내내 여러 차례 천도했다. 국초부터 문왕 대흥 6년(742)까지 44년간은 구국(舊國), 이후 대흥 19년(755)까지 13년간은 중경현덕부,[7] 이후 780년대 후반까지 30여 년간은 상경용천부, 이후 대흥 58년 (794)까지 10년이 채 안 되는 기간은 동경용원부가 도읍이었고, 그 뒤 상경용천부에 정도(定都)했다. 정혜공주는 구국 도읍기에, 정효공주는 상경 도읍기에 태어난 셈이다. 두 공주의 출생지가 다르기에, 매장지도 그러한 이유를 귀장(歸葬)에서 찾을 수도 있다. 만일 그러하다면 중경현덕부 인근에 묻힌 순목황후는 중경 도읍기(742~755)에 태어났다고 상정할 수도 있다. 그러나 정효공주는 1차 상경 도읍기(755~785) 초기에 태어났음에도 용두산에 묻혔기에, 그렇게 보기에는 무리가 따른다. 사망 지역을 기초로 매장지가 조성되었다고 보아도 크게 다르지 않다. 정혜공주는 1차 상경 도읍기에 죽었는데, 왕녀이기에 상경에서 거주하다 생을 마감했을 것임에도 묻힌 곳은 한참 떨어진 육정산이기 때문이다.

　그렇다면 다른 가능성을 검토해보아야 하는데, 발해 왕릉 구역이 몇 군데로 집약되어 나타난다는 사실에 주의를 기울일 필요가 있다. 발굴 성과에 따르면 왕

7　당 현종 천보(天寶) 연간 이전에 중경으로 천도했다는 견해(宋基豪, 1995, 96~97쪽)를 따른다면, 왕실이 중경에 머문 시간은 더 늘어난다.

실 매장지는 크게 세 군데로 나눌 수 있다. 육정산 고분군과 용두산 고분군, 그리고 흑룡강성(黑龍江省) 영안현(寧安縣)의 삼릉둔(三陵屯) 고분군이다(崔正凡, 2019, 232쪽). 앞의 두 고분군은 각기 구국 및 중경현덕부에서 가깝고, 삼릉둔 고분군은 상경용천부에서 멀지 않다.

발해는 구국·중경·상경·동경, 네 곳에 도읍했는데, 왕실 고분군은 크게 세 군데로 나뉜다. 더욱이 정효공주는 자신이 태어나기도 전에 도읍이었던, 별다른 인연이 없는 중경현덕부에 묻혔다. 순목황후도 마찬가지로 건흥 12년(829)에 사망했는데, 정효공주보다도 한 세대 아래 인물이기 때문에 중경도읍기에 생존했다고 보기 어렵다. 이러한 사실은 왕실의 장지 선정에 출생이나 사망 지역보다는, 누대에 걸쳐 선대가 잠든 곳에 매장하는 경향성을 지녔음을 보여준다.

구체적으로 보자면 이러하다. 발해 건국 이래 왕실은 첫 도읍 인근의 육정산에 묻혔으며, 정혜공주도 사망(777) 이후 그곳에 매장된 것을 보면 최소한 문왕 집권 중반기까지 이러한 관행이 이어졌던 것 같다. 중경으로의 천도가 문왕 재위 초반에 이루어졌으므로, 당시 왕실 인물 상당수는 1차 상경 도읍기에도 중경이나 상경보다 구국에 대한 애착이 컸을 것이며, 자신이나 후손들이 왕실의 발원지에 묻히기를 희망했을 것으로 추정된다.

용두산 고분군의 경우, 중경에 도읍한 기간이 13년밖에 안 됨에도 불구하고 9세기 전반에 사망한 순목황후까지 묻혀 있어 궁금증을 자아낸다. 정확한 이유를 파악하기는 어렵다. 다만 문왕 시기 이후 출생한, 즉 발해 건국으로부터 한 걸음 떨어져 있던 세대에게는 중경의 위상이 정도(定都) 기간과 무관하게 높았던 것 아닐까 한다. 발해가 본격적으로 체제를 정비하기 시작한 것이 문왕 시기인데, 중경 도읍기에 그 첫걸음을 떼었음과 아울러, 말갈 세력 다수를 제압하였다(王承禮, 1987, 94쪽; 윤재운, 2009, 196~197쪽). 발해 문왕의 부인인 효의황후와 딸 정효공주가 이곳에 묻힌 것을 보면, 문왕도 자신이 도읍했던 세 곳 가운데 중경을 가장 인상적으로 여겼던 것인지 모르겠다.[8] 문왕릉이 용두산에 자리한 것 또한 그러한 인식의 결과

---

[8] 중경이 고구려 고지(故地)였기에 천도가 이루어졌다는 견해(송기호, 2010, 150쪽)가 참조된다.

일 것이다.[9]

순목황후가 용두산에 잠들게 된 이유도 그 연장선에서 파악해볼 수 있다. 중경은 고왕과 무왕을 비롯한 창업 세대의 뒤를 잇는 '수성(修城)' 세대의 보금자리였고, 이러한 인식이 오래 이어진 결과 9세기 들어서도 왕실 인물들은 자신과 무관한 해당 지역 인근에 장지를 선정하게 되었던 것 같다.[10] 바꿔 말하면 중경 이후 도읍이 되었던 상경과 동경이 그다지 매력적으로 다가오지 못했다는 것이 된다.

그 이유는 무엇일까. 일단 상경의 경우 오늘날 발해를 대표하는 도읍이지만, 당시만 해도 문왕 치세 중반에 머문, 어찌 보면 거쳐 간 도읍이라는 인상이 강했던 것이 아닐까 한다. 더욱이 폐왕 대원의의 죽음 이후 다시 상경으로 돌아갔으나 정국은 계속해서 불안정하게 흘러갔다. 그 결과 성왕 이후 왕실이 상경에 자리한 것과 별개로, 매장지로서의 상경이 주는 매력은 상대적으로 경감되었으리라 짐작된다. 정효공주의 사례에서 보이듯, 발해에서는 자신과 직접적인 연관성이 약한 지역에 묻히는 데 큰 거부감이 없었다. 그렇기에 그러한 경향은 더욱 강화되었을 것이다.

동경의 경우 그곳으로의 천도 자체가 폐왕 대원의 측에 의한 것이라고 보기도 하는데(김종복, 2001, 140쪽), 그가 죽자 곧바로 동경을 떠난 것을 보면 타당하다. 즉 동경은 최소한 성왕 이후의 집권 세력이 볼 때 그다지 내키지 않은 곳이었기에 애초 왕릉이 조성되지도 않았을 것이다. 동경용원부 인근에 소재한 마적달탑지(馬滴

9　문왕릉은 효의황후릉 옆에 자리한 11호분(송기호, 2010, 140쪽; 劉曉東, 2012, 43쪽; 구난희, 2019, 58쪽), 혹은 고분군 남쪽에 위치한 13호분·14호분(김진광, 2018b, 76~79쪽)으로 추정된다. 물론 다른 곳에 묻혔다 고 보기도 한다. 하남둔(河南屯) 고분이라 한 견해(최정범, 2019, 249~251쪽)가 대표적이다. 하지만 효의황후릉이 용두산에 조성되었으므로, 같은 권역에 존재했다고 보는 편이 자연스럽다. 오히려 하남둔 고분은 일찍 죽은(早死) 문왕의 태자 대굉림이 묻혔을 가능성도 있고, 조성 시기를 830년 전후로 추정한다면(劉曉東, 2012, 46~48쪽), 선왕 이후의 군주가 주인공일지도 모른다.

10　간왕릉은 순목황후릉 옆에 자리한 2호분으로 여겨지며(송기호, 2010, 140쪽; 劉曉東, 2012, 43쪽; 구난희, 2019, 58쪽), 성왕·강왕·정왕·희왕의 무덤 역시 용두산에 존재했다고 추정하는 설(최정범, 2019, 247~249쪽)도 제기되었다.

達塔址) 정도를 제외하면 능묘로 볼 만한 별다른 유적이 확인되지 않았거니와, 그마저도 재지 세력에 의해 조성되었다고 보기도 한다(구난희, 2019, 91쪽).

한편 삼릉둔 고분군은 어떻게 이해해야 할까. 삼릉둔 고분군의 주인공들은 대략 선왕을 비롯한 대야발계의 군주들로 상정된다(劉曉東, 2012, 48쪽; 최정범, 2019, 252~254쪽). 그런데 선왕이 세상을 뜨기 1년 전에 사망한 순목황후가 용두산에 묻혔으므로, 선왕 역시 그곳에 잠든다고 해서 문제시될 일은 아니지 않을까 한다. 그럼에도 상경 근방에 새로운 왕릉 구역이 조성된 것은 대야발계 군주들이 기존의 대조영계 군주들과 일정한 선을 그었던 결과로 볼 수 있다. 즉 그들은 이전까지의 왕통과 구별되는 존재들이라는 인식이 컸던 것 같다.

그 배경으로 여러 가지 가능성이 제기될 수 있으나, 선왕 즉위 이전 대야발계 인물들이 기본적으로 중앙권력으로부터 일정 정도 떨어져 지내왔던 것은 아닐까. 즉 구국과 중경에서 왕권이 안정된 기반을 쌓아가고 있을 때 대야발계는 거기서 괴리되어 있었던 결과, 선왕 이후 군주들은 자신들과 별 인연이 없는 중경이 아니라 다시금 도읍이 된 지 사반세기가 되어가던 상경 부근에 새로운 왕릉 구역을 만들었다고 여겨진다. 발해에서 대씨 인물들의 활약이 두드러지고, 여러 활동에서 왕실 인물들이 주역으로 등장하고 있다는 점을 고려하면, 애초 대야발계 인물들이 상경을 중심으로 하여 북방 지역 관리에 직·간접적인 역할을 했을지도 모르겠다. 그렇다면 대야발계에게 상경은 단순한 왕도일 뿐 아니라, 그들의 근거지였을 것이다.

끝으로 선왕 이후 왕릉이 상경 부근에 조영되었다 해도, 선왕의 치세가 시작되고 10여 년이 지나 죽은 순목황후가 용두산에 묻힌 의미, 즉 거의 비슷한 시기에 죽은 두 인물의 장지가 다른 이유는 무엇일까. 선왕 이후 왕실은 기존 매장지와 다른 자신들 가계의 왕릉 구역을 새롭게 만들었다. 그럼에도 왕통이 다른 전왕의 부인이 기존 왕릉 구역에 묻히는 일을 용인한 것은 대야발계 왕실이 대조영계를 완전히 배제하거나 무력화하지 않았기 때문이다. 그 점은 이전 장에서도 확인한 바인데, 발해의 건국자가 대조영이고 그 후손들이 한 세기 넘게 왕위를 이어 온 이상 일정한 권위를 가지고 있었고, 이는 여러 방면에서 나타났으리라 여겨진다.

이상과 같이 9세기 전반 상경에서 죽은 순목황후는 과거의 도읍인 중경 근방의 용두산에 묻혔는데, 이는 해당 지역이 수성 세대의 매장지로 여겨진 결과다. 아울러 선왕이 거의 같은 시기에 죽었음에도 상경 부근의 삼릉둔 고분군에 잠든 것은 대야발계 왕통이 이전의 대조영계와 일정한 차별화를 드러낸 데 기인한다. 다만 순목황후가 기존 왕릉 구역에 매장된 것을 통해 대조영계가 왕위를 잃은 뒤에도 일정한 토대를 가지고 있었음을 확인할 수 있다.

5 전문(全文)의 공개를 바라며

지금까지 순목황후묘지명을 통해 선왕 집권 이전의 역사상에 대해 몇 가지 생각해볼 문제들을 짚어보았다. 다만 이는 어디까지나 추론일 따름이다. 제기한 논의들이 구체적으로 밝혀지기 위해서는 무엇보다 묘지명 전문을 알 수 있어야 한다.

묘지명이 발견된 지 15년이 지났고, 일부 내용이 알려진 지도 10년이 훌쩍 넘었다. 그럼에도 아직 전모(全貌)에 다가갈 수 없는 것은 무척이나 안타까운 부분이다. 묘지명에 중국 측의 역사관에 불리한 내용이 있기 때문에 공론화를 꺼리고 있다고 볼 수도 있다. 그러나 만일 그렇다면 황후라는 표현이 있다는 언급도 안 하거나, 자신들 입장에 맞는 표현으로 바꾸어 세상에 내놓았을 것이다. 그렇지 않은 것을 보면, 중국 측에 불편한 언급이 있으므로 공개가 지연되고 있는 것은 아니지 않을까 한다.

따라서 전문 공개를 위해서는 이 문제를 발해사의 귀속 문제와 연계하지 않은 채, 묘지명 자체를 놓고 학술적으로 접근하는 편이 낫다고 여겨진다. 다시 말해 중국 학계와 계속 교류의 끈을 이어가며 그들의 사정을 파악하고, 한국 학계에서 도움을 줄 부분이 있다면 마다하지 않으며 묘지명에 한 걸음이라도 다가가는 것이 '효율적'이고 '학술적'인 방안이다. 효의황후묘지명 역시 마찬가지다.

머지않은 미래에 순목황후와 효의황후의 묘지명 전문이 공개되어 발해사 연구의 가뭄 끝 단비가 되기를 희망한다. 덧붙여 그때의 장에서는 각국의 연구자들이 연역적인 가치관과 당위의 굴레를 벗어나 경험론적인 토대를 한층 더 공고히 쌓아가기를 기대한다.

참고문헌

한글

구난희, 2019, 「渤海의 古墳 外廓 造營物에 대한 硏究」, 『韓國古代史探究』 31, 韓國古代史
探究學會.

김은국, 2006, 「발해의 왕위계승과 簡王」, 『中央史論』 23, 한국중앙사학회.

김종복, 2001, 「발해 폐왕·성왕대 정치세력의 동향」, 『역사와 현실』 41, 한국역사연구회.

김진광, 2018a, 「중국학계의 발해 고분 연구 현황과 쟁점」, 『高句麗渤海硏究』 60, 高句麗渤
海學會.

김진광, 2018b, 「발해 용두산고분군 용해구역 M13·M14 고분의 위상과 그 주인공에 대한
시론적 고찰」, 『先史와 古代』 56, 韓國古代學會.

宋基豪, 1995, 『渤海政治史硏究』, 一潮閣.

송기호, 2010, 「용해구역 고분 발굴에서 드러난 발해국의 성격」, 『高句麗渤海硏究』 38, 高
句麗渤海學會.

王承禮 지음, 宋基豪 옮김, 1987, 『渤海의 歷史』, 翰林大學 아시아文化硏究所.

윤재운, 2009, 「발해 중경시기 대외관계의 양상과 의미」, 『高句麗渤海硏究』 34, 高句麗渤海
學會.

林相先, 1997, 「渤海의 王位繼承」, 姜仁求 편, 『韓國 古代의 考古와 歷史』, 學硏文化社.

林相先, 1999, 『渤海의 支配勢力 硏究』, 新書院.

임상선, 2003, 「발해 정치사의 연구 현황과 과제」, 『韓國史硏究』 122, 韓國史硏究會.

崔正凡, 2019, 「渤海 王陵比定 試論」, 『韓國考古學報』 113, 한국고고학회.

韓圭哲, 1994, 『渤海의 對外關係史: 南北國의 形成과 展開』, 新書院.

한규철, 2010, 「발해 '중경'의 의미」, 『高句麗渤海硏究』 37, 高句麗渤海學會.

외국어

劉曉東, 2012, 「渤海王陵及相關問題續論」, 『北方文物』 3, 北方文物雜誌社.

李强, 2009, 「吉林和龍市龍海渤海王室墓葬發掘簡報」, 『文物』 2009. 6, 文物出版社.

III

物質 資料 篇

오영찬(이화여자대학교 사회과교육과 교수)

대련 영성자 76호분 출토 금제 버클의 성격

1 머리말

1916년 도쿄제국대학 건축학과 세키노 다다시(關野貞) 교수팀은 평안남도 대동군 대동강면(현 평양특별시 락랑구역) 석암리 9호분이라는 초유의 규모와 화려한 금제 허리띠 버클과 한대 청동기, 기년명 칠기 등을 갖춘 대형 고분을 발굴했다. 이 발굴은 조선총독부에서 의욕적으로 기획한 5개년 고적조사사업의 첫해에 이룩한 눈부신 성과였다. 석암리 9호분은 낙랑군에서 가장 높은 관리인 태수의 무덤으로 추정되면서 세간의 이목을 끌기에 충분했다. 이후 평양 일대의 낙랑고분은 일제강점기 조선총독부가 이룩한 최대의 문화적 업적으로 상찬되었으며, 식민주의 역사관을 정립하는 데 중요한 논거가 되었다. 석암리 9호분의 보고서는 오랜 준비 기간을 거쳐 1925·27년 호화로운 장정을 갖춘 거질의 발굴보고서『樂浪郡時代ノ遺蹟』(낙랑군시대의 유적)으로 간행되었으며, 조선총독부박물관에는 낙랑대방실이라는 특별한 전시실도 마련되었다. 석암리 9호분을 비롯한 평양 일대의 낙랑고분은 '한인(漢人)'들의 무덤으로 인식되었고, 낙랑문화는 '한(漢)문화의 직계' 또는 '한 문화의 정수'로 평가받았다. 고대 중국의 식민지로서 낙랑군은 일제 식민주의 역사관의 타율성론에서 중요한 논거가 되었으며, 중요한 실마리를 제공했던 고분이 바로 평양 석암리 9호분이라고 해도 과언이 아니다.

석암리 9호분에서 출토된 유물 중 대표적인 것은 금제 허리띠 버클이다. 이 버클은 순금으로 만들어졌기 때문에, 2천 년 가까운 세월이 지났음에도 불구하고 원래의 찬란함을 그대로 유지하고 있다. 얇은 금판 위에 수백 개의 금 알갱이를 일일이 붙여 만들었는데, 가운데 큰 용 한 마리가 꿈틀거리고, 그 주위에 여섯 마리의 작은 용이 바짝 붙어 있다. 발굴자는 이 유물이 목관 내부의 피장자 허리 부분에 해당하는 지점에서 출토되었기 때문에, 피장자가 직접 착장하고 있었던 것으로 추정했다. 이 금제 버클은 이후 한반도에서 발견된 최고 수준의 금속공예품 중 하나로 각광을 받았다. 일제강점기 조선총독부박물관을 거쳐 현재 국립중앙박물관에 소장되어 있으며, 국보 제89호로 지정되어 있다(그림1).

세상에 한 점밖에 없을 것 같던 이 정교한 금제 버클은 1980년 초 한 점이 더 발견되었다. 그것도 평양에서 수억만 리 떨어진 실크로드의 교통로상에 위치한 중국 신강(新疆)위구르자치구 언기(焉耆) 바인궈링(博格达沁) 고성 인근에서 등장했다. 두 유물을 서로 비교해보면, 소재와 형태, 제작 기법, 문양 구성 등이 매우 흡사하다. 1990년대 이후 일본 미호뮤지엄 소장품과 운남(雲南) 양보두(羊甫頭) 유적 채집품 등이 추가로 발표되었는데, 표면에 동물무늬 장식이 있고, 두드려서 윤곽을 만든 타출 기법과 금 알갱이와 금실을 붙인 누금 기법 등의 공통성과 함께 변방 이민족 재지세력과의 관련성이 주목되었다(志賀和子, 1994). 필자도 금제 버클의 분포와 상징적인 의미를 근거로 금제 버클의 주인공을 이민족 재지세력으로 이해했으며, 이를 바탕으로 석암리 9호분의 피장자가 한계가 아닌 재지의 고조선계일 가능성을 제기했다. 그리고 낙랑군

그림1　평양 석암리 9호분 출토 금제 버클

설치 이전 고조선과 흉노 관계의 산물로 이해하면서, 이를 통해 낙랑고분의 피장자 문제에서 출발하여 낙랑군의 성격에 대한 새로운 이해를 제기했다(오영찬, 2006, 147~152쪽).

이러한 논의 이후 금제 버클 자료가 중국에서 추가로 알려지게 되었는데, 대표적인 것이 요동반도 남단의 대련 영성자 76호분 출토품이다. 2004년 처음 공개되었는데, 구고(舊稿)의 집필 당시 아직 정식 발굴보고가 제출되지 않아 간단한 약보에 의존하여 대련 영성자 76호분의 소지자도 이민족 재지세력으로 이해했다(오영찬, 2011, 136쪽). 그러나 영성자 76호분이 위치한 대련시 감정자구 일대는 한대 요동군의 답씨현으로 비정되는 지역이며, 1931년 조사된 영성자 벽화묘를 비롯하여 한대 고분이 밀집 분포하고 있다. 그리고 영성자 76호분이 심하게 도굴된 전실묘라는 발표도 있었다(劉金友·王飛峰, 2015, 27쪽). 따라서 전형적인 한대 무덤인 전실묘에서 금제 버클이 출토되었다는 정황과 함께 피장자가 과연 이민족 토착세력인지 선뜻 납득이 되지 않았다. 한편 요동반도 남단의 금제 버클 소지자가 이민족 유력세력이라면 문헌 기록에서는 드러나지 않은 고조선과 관련된 세력일 가능성이 있다는 흥미로운 문제 제기도 있었다(노태돈, 2014, 45쪽).

그러던 차에 『고고(考古)』2019년 10기에 영성자 76호분의 발굴조사 보고문이 발표되었다. 대련시문물고고연구소(大連市文物考古硏究所)와 대련영성자한대묘지고고공작대(大連營城子漢代墓地考古工作隊) 명의의 「요령 대련시 영성자한묘군 2003 M76의 발굴(遼寧大連市營城子漢墓群2003M76的發掘)」이다. 이와 함께 최근 중국 학계에서는 한대 금제 버클에 대한 다수의 연구 성과가 발표되었다. 이를 통해 필자가 이전에 제기했던 입론을 다시 한 번 검토하게 되었다.

2 영성자 76호분의 개관

2019년 발굴보고를 중심으로 영성자 76호분에 대해 먼저 살펴보자.

금제 버클이 출토된 영성자 76호분은 요령성 대련시 감정자구(甘井子區) 영성

자(營城子) 한묘군 내에 위치한다. 1920~1930년대부터 한위(漢魏)시대 무덤 약 300
기가 발굴되었고 그중 절대다수는 한대 무덤이었다. 영성자촌 일대에서는 1931년
영성자벽화묘, 1954년 영성자패묘 등이 발굴되었으며, 대련 일대는 신석기시대
의 문가둔(文家屯) 유적, 사평산(四平山) 적석총, 청동기시대의 쌍타자(雙砣子) 유적
과 강상(崗上)·누상(樓上)무덤 등으로도 익히 잘 알려져 있다. 이 지역은 요동군 답
씨(沓氏)현으로 비정되지만, 아직 한대 성지는 발견되지 않았다. 영성자 고분군은
2013년 국가급의 문화재 보호 유적인 전국중점문물보호단위에 등재되었다

　　2003년 영성자산업단지를 조성하기 위한 공사 과정에서 대량의 한묘가 발견
됨에 따라, 그해 10월 대련시문물관리위원회에서는 '대련영성자한대묘지고고공작
대'를 조직하여 구제발굴에 착수하여 2002~2010년에 총 202기의 한위시대 무덤
을 조사했다. 영성자한묘군은 크게 세 지점으로 나뉜다. 제1지점은 사강자촌(沙崗
子村) 일대이고, 제2지점은 영성자 산업단지 일대, 제3지점은 곽가구(郭家沟), 쌍태
구(雙台沟)가 중심인데, 제1지점과 제2지점에서 가장 많은 무덤이 확인되었다. 우
리가 주목하는 영성자 76호분은 제2지점에 있으며, 2003년 11월 30일에 처음 발
견되었다. 12월 5일과 6일 이틀간에 걸쳐 발굴을 진행했으나 날씨 때문에 중단되
었다. 이후 2004년 4월에 다시 발굴을 진행하다가 바닥 서쪽에서 금제 버클과 금
동제 인장이 발견되었다.

　　영성자 76호분은 수혈식의 토광 구조이며, 무덤의 축조 과정에서 패각과 더
불어 벽돌편, 기와편, 석재를 사용한 것이 묘제의 특징이다. 단실의 묘실에 묘도와
묘문이 조성되어 있다. 묘실의 규모는 동서 길이 4.45미터, 남북 폭 4.05미터이며,
북벽은 1.6미터, 남벽은 1.95미터가 남아 있다. 현존하는 묘벽의 높이는 바닥에서
지표까지는 2.3미터이고 두께는 약 0.4미터다. 바닥에는 패각과 잔자갈을 섞어 깔
았다. 목곽 상부에도 패각을 덮었으나, 발굴 시에는 묘광벽과 상부가 모두 무너진
상태였다. 묘광 내에는 관곽이 있었고, 묘광과 목곽 사이에는 패각, 벽돌편, 기와
편, 자갈을 포함한 석재 등으로 채워져 있었다. 묘실 서쪽에 2구의 인골 흔적이 확
인되었는데 부부 합장으로 추정되었다(그림2).

　　남벽 중앙에는 묘문이 있는데, 길이 0.95미터, 폭 1.6미터이며, 지면에서 10센

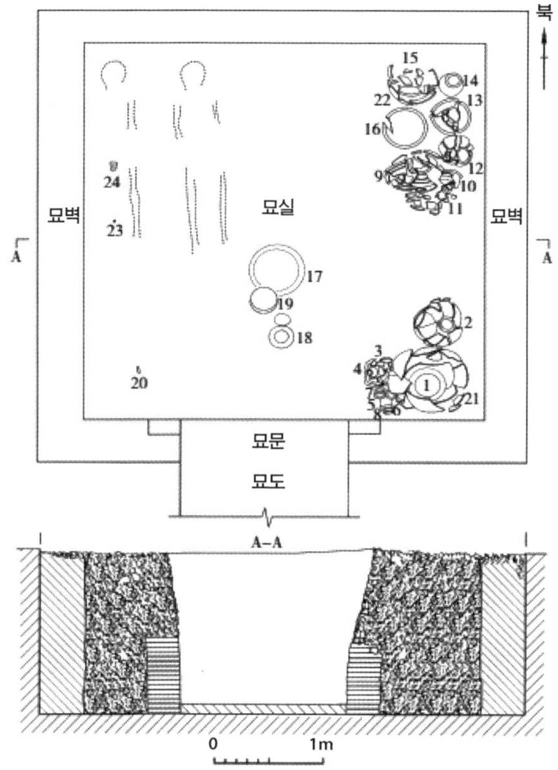

그림2 대련 영성자 76호분 평면도와 단면도

1: 백색 옹 2·3: 도호 3~7: 도조 및 부속 8: 도정 9·12·14: 도관 10·13·15·21: 도세 16: 동세 17: 동승선 18: 동정 19: 동준 20: 옥췌 22: 도창 23: 금동제 인장 24: 금제 버클

티미터 높이의 단이 있고 상면에 패각을 한 층 깔았다. 묘문 안쪽에는 벽돌로 2개의 문기둥을 쌓았는데, 모두 16층이 남아 있다. 벽돌의 길이는 34센티미터, 폭 16센티미터, 두께는 5센티미터로 서한 말기에 자주 보이는 장방형의 무문전이다. 묘도는 구제발굴의 제약 때문에 미처 조사가 이루어지지 못한 아쉬움이 있었다. 기존에 조사한 대형 패각묘의 사례에 비추어 볼 때 경사지게 구축한 묘도가 많았기 때문에, 발굴자들은 이 무덤에도 경사진 묘도가 있었을 것으로 추정했다.

무덤은 도굴이 되지 않은 상태로 조사되었기 때문에 부장품들은 온전한 상태로 수습되었다. 모두 24점의 부장품이 출토되었는데, 토기 17점, 청동용기 4점, 검부속구 옥췌(玉璏) 1점, 금동제 인장 1점, 금제 버클 1점이다. 토기는 호(壺) 2점, 옹(甕) 1점, 관(罐) 3점, 세(洗) 4점으로 이루어져 있으며, 명기의 일종인 조(灶)와 세트를 이루는 부속품 세트로, 부(釜) 1점, 분(盆) 2점, 증(甑) 1점, 정(井) 1점, 창(倉) 1점이 있다.

시신은 남녀 2구가 안치되었다. 남자 허리 부분에서 금제 버클이, 무릎 아래 부분에서 금동제 인장이 출토되었다. 나머지 부장품들은 크게 세 부분으로 군집되어 있었는데, 묘문으로 들어섰을 때 정면에 청동용기가, 동벽 남쪽에 옹과 호, 도조를 포함한 명기 세트가, 동벽 북쪽에 동세 1점과 나머지 토기들이 배치되어 있었다. 옥췌는 이례적으로 서벽 남쪽에 따로 1점이 놓여 있었다.

3 영성자 76호분의 검토

1) 구조

한대 요동반도 일대에서 특징적인 묘제는 패묘(貝墓)이다. 패묘는 기본적으로 수혈식의 토광묘 형식을 띠면서 묘광 내 충전재로 패각을 이용한 묘제다. 서한 전기부터 등장하기 시작하는데 간단한 구조의 토광수혈의 패묘에서 출발하여 이후 목곽 구조를 지닌 토광목곽패묘로 발전했다. 토광목곽패묘는 수혈식 구조의 토광을 판 뒤 각종 해양 패각류로 벽체를 쌓고 바닥에 깔았다. 그 후 네 벽에 목판을 세워 목곽을 만든 후 상부에 목판을 덮는 구조였는데, 시신을 안치하고는 다시 패각을 충전했다. 요동반도에서도 대련 일대가 바로 토광목곽패묘가 집중적으로 분포하는 지역이다. 대련 감정자구(甘井子區) 영성자진(營城子鎭), 대련만진(大連灣鎭) 유가둔(劉家屯), 보란점(普蘭店) 화아산향(花兒山鄕), 장해현(長海縣) 상마석(上馬石) 등에서 수백 기의 토광목곽패묘가 발견되었다. 인근의 개주 광영촌(光榮村)한묘, 곡토(曲莝)한묘에서도 이러한 형식의 패묘가 자주 발견된다. 그중에서 대련 영성자 일대에서 보이는 패묘에서는 패각만 사용한 것이 아니라, 패각과 함께 석재를 사용한 패석혼축묘나 패각과 장방형 벽돌을 섞어서 축조한 패전혼축묘가 자주 보이는 특징이 있다. 이러한 패석혼축묘와 패전혼축묘는 주로 서한 후기에서 동한 전기에 발달했다(王禹浪·王俊錚, 2016, 48~50쪽).

그런데 영성자 76호분은 요동반도 일대에서 흔히 보이는 패묘나, 대련 영성자에서 흔히 보이는 패석혼축묘, 패전혼축묘와 구별되는 또 다른 특징이 있다. 먼저, 무덤을 조성하는 데 패각만 사용한 것이 아니라 패각과 함께 기와편, 벽돌편과 자갈을 포함한 석재 등 다양한 여러 재료를 함께 섞어서 사용했다는 점이다. 아울러 바닥에도 패각과 자갈을 섞어서 깔았다. 이러한 충전 재료의 특징은 요동반도 일대에서도 흔치 않은 특별한 사례다(王禹浪·王俊錚, 2016, 49쪽). 두 번째, 무덤 규모의 우월성이다. 통상 요동반도 남부에서 전한 후기에서 후한 전기에 해당하는 패묘는 묘광의 규모가 대체로 한 변의 길이가 3미터 내외의 규모다. 하지만 영성자 76호분은 4.45×4.05미터의 규모로 여타 무덤에 비해 상대적으로 크다고 볼 수 있다. 셋째, 무덤의 구조적인 특징으로 묘문과 묘도를 설치했는데, 특히 묘문 양쪽에 장방형 벽돌 16층으로 쌓은 2개의 문기둥이 가설되어 있다. 이런 종류의 벽돌은 대련 지역에서 서한 말기부터 출현하는 특징이 있다. 묘문과 묘도의 요소는 횡혈식 묘제인 전실묘의 도입과 관련되는데, 요동반도에서도 서한 중기 이후 점차 중원의 묘제인 횡혈식 전실묘가 영향을 미치기 시작했다. 서한 후기에는 개주, 대련 등에 전실묘가 잇따라 출현했고, 동한 시기에는 전실묘가 주류 묘제가 되었다.

영성자 76호분은 요동반도 일대에서 서한 전기 이래 유행하던 토착 묘제인 패묘의 전통을 유지하면서, 후한 초기 전실묘의 보급 과정에서 묘문이나 묘도의 요소를 부분적으로 채용하려고 했던 양상을 띠는 묘제로 볼 수 있다. 그런 점에서 영성자 76호분의 피장자는 대련 일대의 재지 세력이며 규모의 우월성으로 보아 지배 세력으로 이해하는 것이 무난하다. 그렇다면 부장품의 양상은 어떠한지 살펴보자.

2) 출토 유물

영성자 76호분에서 가장 이목을 끈 유물은 금제 버클이다(그림3). 얇은 금판 위에 금사와 금 알갱이를 장식하여 큰 용 한 마리와 작은 용 아홉 마리를 묘사했다. 테두리의 무늬 띠에는 2개의 원형, 45개의 마름모꼴 공간에 터

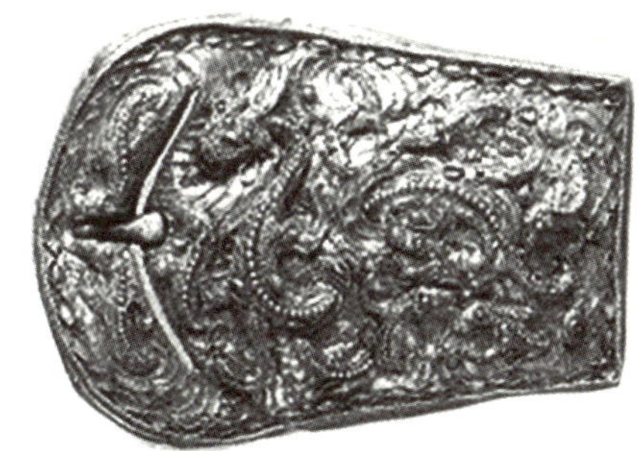

그림3 대련 영성자 76호분 출토 금제 버클

키석을 박았는데, 현재 9개만 남아 있다. 본체에도 30여 개의 터키석을 박은 구멍이 남아 있다. 최대 길이는 9.5센티미터, 폭 6.6센티미터다. 금제 버클의 크기 및 제작 기법은 기본적으로 평양 석암리 9호분 출토품과 가장 유사하다.

최근 중국 학계에서는 평양 석암리 9호분 출토품을 비롯하여 한대 금제 버클에 대한 다수의 연구가 발표되었다. 하지만 제작지에 대해서는 여전히 논란이 진행되고 있다. 한 중앙정권이 직접 통제했던 관공서에서 제작되어 황실 구성원이나 고위 관리 등에게 상사했을 가능성을 제기했다. 특히 금제 버클에 표현된 용의 숫자를 위계와 관련지어, 평양 석암리 9호분 출토품은 용이 모두 일곱 마리, 언기와 수현 출토품은 여덟 마리인 데 반해, 영성자 76호분 출토품은 용의 숫자가 열 마리로 위계가 가장 높다는 것이다(劉金友·王飛峰, 2015, 27쪽). 이와 달리 흉노 제작설을 주장하는 견해도 제시되었다(林梅村, 2017). 그리고 한 중앙에서 제작했지만 변방이민족에게 사여된 정치적 물품이라는 견해도 최근에 발표되었다(郭物, 2020, 17쪽). 한 중앙에서 통제하는 공방에서 제작된 것인지 흉노에서 제작된 것인지 확정할 만한 결정적 논거가 제시되지 않아서, 현재로서는 제작지에 대한 논란이 종식되기는 어려워 보인다.

영성자 76호분 출토품에서 흥미로운 것은 테두리의 장식이다. 종래 발견된 석암리 9호분 출토품이나 언기 출토품, 미호뮤지엄 소장품에서는 모두 금사를 꼬아서 만든 실의 형태를 연속된 물결무늬로 돌려서 가장 바깥의 테두리 부분을 장식했다. 그러나 영성자 76호분 출토품은 테두리에 마름모가 연속된 문양 띠가 있다. 이런 마름모 문양 띠는 서진대 호남성 안향 유홍(劉弘)묘에서 출토된 금제 버클에서 확인된다. 따라서 발굴 보고자는 영성자 76호분의 연대가 왕망 시기일 가능성을 제시하고 있지만(大連市文物考古研究所 외, 2019, 61쪽), 영성자 76호분 출토품이 석암리 9호분이나 언기 출토품보다 연대가 늦을 가능성이 높다. 석암리 9호분에서는 거섭3년명칠반(居攝三年銘漆盤), 즉 기원 8년에 해당하는 명문 칠기가 출토되었으므로, 영성자 76호분의 연대는 이보다 약간 늦은 기원 1세기 전반으로 보는 것이 합리적이다.

최근 감숙성 천수(天水)에서 금제 버클이 추가로 보고되었다. 이 버클은 아쉽

게도 정식 발굴품은 아니고 1984년 천수시에서 수습된 것인데, 석암리 9호분 출토
품과 역시 유사하다(劉復興, 2017). 천수 지역은 한대 저강(氐羌)의 활동 무대로 여기
서 발견된 금제 버클도 이들과 관련되었을 것이다(郭物, 2020, 14쪽). 그렇게 본다면
금제 버클의 소지자를 이민족 재지세력으로 보는 기존의 추정과 크게 어긋나지 않
는 것으로 보인다.

영성자 76호분에서는 모두 10점의 토기와 그 밖에 도조를 포함한 명기류 세
트가 출토되었다. 최근의 요동반도의 한묘 출토 토기에 대한 종합적인 연구 결과
에 따르면 토기는 대부분 서한 말 동한 초로 편년되어 무덤의 연대는 기원 1세기
전반으로 보고 있다. 이러한 무덤의 연대는 앞서 유사한 금제 버클이 출토된 석암
리 9호분의 연대와도 어긋나지 않는 것이어서 타당성이 인정된다. 토기의 계통을
살펴보면 먼저 관은 전국 후기 연(燕) 문화의 대표적인 유물로서, 연의 중심지와
요동 일대에서 가장 많이 볼 수 있는 것이다. 한대 대련을 포함한 요동에서 출토되
는 관은 앞 시기 연 문화가 전해져 내려온 토착문화의 요소로 볼 수 있다(孫丹玉·潘
玲, 2019, 92쪽). 이러한 연 문화의 요소는 부뚜막 명기인 도조(陶灶)에서도 확인된다.
전체적인 기형이 둥근 것은 연 계통이며, 1개의 화안(火眼)을 갖춘 것은 재지적 성
격이 강한 것으로 파악된다(孫丹玉, 2019, 93쪽). 관과 명기에서 보이는 재지 연 문화
의 요소와는 별개로 옹이나 호는 산동 반도에서 유입된 양식의 토기다. 영성자 76
호분의 옹은 낙랑 토기에서도 귀틀무덤 단계에 자주 등장하는 백색 옹과 거의 동
일한 기형을 띠고 있는데, 이러한 기형의 옹은 산동반도의 한대 무덤에서 유래한
것으로 이해된다. 이렇게 보자면, 영성자 76호분 출토 토기는 문화적으로 볼 때 하
북 계통의 연 문화와 산동반도의 문화 그리고 재지적 문화가 서로 혼합된 양상을
보이고 있다.

영성자 76호분에서는 요동 지역의 한대 무덤에서는 드물게 동준(銅尊), 승선
(承旋), 동정(銅鼎) 등의 청동용기가 부장되어 있다. 출토 당시 승선 위에 동준이 놓
인 채 발견되어 세트로 사용된 것으로 보이는데, 요령성 일대의 한묘에서는 처음
발견된 것이다. 승선은 상면에 현무가 제외된 사신(四神)과 진기한 동물 도안이 새
겨져 있는데, 광서성 합포(合浦) 북삽강염퇴(北揷江鹽堆) 1호분 출토품과 유사하여

대련과 남해 사이의 해상 교역품일 가능성이 제기되기도 했다(大連市文物考古研究所
외, 2019, 61쪽). 물론 합포 출토품의 연대도 전한 말 후한 초로 보고 있다. 동정은 동
체부에 한 줄의 띠가 돌아가며 세 발이 붙어 있다. 이런 형식의 동정은 요동반도에
서만 나타나는 지방적인 특징이다.

이처럼 영성자 76호분은 묘제에서 재지의 전통이 강한 패묘 계통으로서 벽돌
과 기와편, 그리고 석재를 패각과 함께 넣은 이례적인 형태를 띠고 있다. 또한 이
지역에서 후한 초기에 횡혈식 전실묘가 도입되고 유행했음에도 불구하고 재래의
패묘 형식을 유지하면서 일부 묘문의 형태를 도입하는 보수적인 모습을 보이고 있
다. 부장품 중 토기의 조합에서도 토착 연 계통의 관, 산동반도에서 유입된 옹과
호의 모습을 보이는 등 한식 토기 문화의 수용 양상은 뚜렷하지 않다. 외부로부터
유입된 청동용기가 보이지만, 재지의 특징을 지닌 동정도 함께 부장되어 있다. 무
덤의 규모나 청동용기의 부장 등으로 보아 피장자의 위계가 높음을 알 수 있으며,
묘제와 토기, 동정에서 보이는 재지적 성격도 확인할 수 있다. 그렇다면 영성자 76
호분을 대련 일대 재지 지배세력의 무덤으로 보는 데는 크게 이견이 없으며, 이러
한 추론을 금제 버클과 연결하여 본다면, 영성자 76호분의 피장자를 재지 지배세
력으로 이해할 수 있게 된다.

4 영성자 76호분의 성격

영성자 76호분이 위치한 요동반도 남단의 대련 일대는 역사적으로 전국 연에
서 진을 거쳐 한으로 이어지는 중원 왕조의 범위에 속했다. 중원 왕조가 요동 지역
으로 진출하게 된 것은 전국 연 소왕 대 진개의 북벌에서 비롯되었다. 연은 요서와
요동 일대에 상곡군(上谷郡)·어양군(漁陽郡)·우북평군(右北平郡)·요서군(遼西郡)·요
동군(遼東郡) 등 5군을 설치했다. 소왕 말기인 기원전 282~280년경이다. 연의 동
북 변경에 위치한 요동군은 의무려산(醫巫閭山)을 기준으로 요서군과 관할 지역이
구분되었는데, 양평을 중심으로 한 지역이 대개 요동군에 해당되었다. 연이 멸망

한 후 요동에는 다시 진이 관할하는 요동군이 설치되었다. 요동군의 속현으로 양평(襄平)·험독(險瀆)·후성(候城)이 있었다. 한대에 이르러 요동군의 북변 경계인 장성의 노선은 기본적으로 연진 장성과 동일했으며(송진, 2014, 85쪽), 『한서』「지리지」에 따르면 요동군에는 5만 5,972호(戶)가 속해 있었다. 속현은 모두 18개이며, 양평(襄平)·신창(新昌)·무려(無慮)·망평(望平)·방(房)·후성(候城)·요대(遼隊)·요양(遼陽)·험독(險瀆)·거취(居就)·고현(高顯)·안시(安市)·무차(武次)·평곽(平郭)·서안평(西安平)·문(文)·번한(番汗)·답씨(沓氏)가 있었다. 이 중 대련 일대는 답씨현으로 비정되는 것이 일반적이다. 요동군은 한 제국의 일원적인 군현 지배가 확고하게 관철된 지역이었으며, 군현 지배 내 이민족 재지세력은 역사적으로나 고고학적으로 제대로 다루어지지 않았다. 중원 왕조의 진출과 군현의 설치로 설명되는 일방적인 역사 서술에서는 요동반도에서 영성자 76호분의 피장자와 같은 재지세력은 복속과 지배의 대상일 뿐 그 이상의 설명은 이루어지지 않았다. 고고학적으로도 일찍이 목양성(牧羊城)의 발굴조사를 통해 전한 요동군의 답씨현의 치소와 연결시키면서(原田淑人·駒井和愛, 1931), 이 지역이 연진 이래 중국의 군현 지배가 확고하게 관철된 지역으로 이해하는 경향이 강했다.

연 소왕의 침략 이전 시기에 요동 지역이 지석묘와 요령식 동검문화를 기반으로 한 고조선의 역사 무대였다는 점을 상기할 필요가 있다. 기원전 4세기경 요하 동쪽에서는 고조선이 강력한 정치세력으로 성장하고 있었으며, 연과 경합을 벌일 정도로 국력을 키워나갔다. 중국에서 이른바 '조선후국'이라 불렸던 정치권력이 맹주가 되어 주변의 소국 세력에 대해 일정한 영향력을 행사하는 단계에 이르렀다. 고고학적으로는 지석묘 및 석관묘를 중심으로 한 요령식 동검문화의 마지막 단계인데, 크게 혼하 유역, 요동반도, 서북한 등 세 지역으로 나뉘면서 각각의 유형이 독자적으로 성장하는 모습을 보이고 있다(송호정, 2020, 56~58쪽). 특히 우리가 주목하는 요동반도 일대도 '조선연맹체'의 주요 중심 중 하나였으며, 석관묘와 더불어 강상무덤, 누상무덤으로 대표되는 적석묘 계통이 특징적인 지역으로 한반도 서북지방과 유사성을 보인다(송호정, 2020, 473쪽). 대련을 포함한 요동반도 일대는 고조선의 주요 무대였으며, 전기 고조선의 중심지로 대련에서 멀지 않은 해성(海

城)의 서남쪽과 개평현(蓋平縣)을 포괄하는 지역으로 설정하기도 한다(노태돈, 2003, 94쪽).

요동반도를 비롯한 고조선의 형세 변동에 결정적인 계기가 된 것은 주지하다시피 기원전 3세기 초 연 소왕 대 진개의 북벌이었다. 전국 연은 양평을 거점으로 천산산맥을 기준으로 이서까지 진출했다. 연진 이래 요동군의 중심은 양평, 즉 오늘날의 요양에 있었다. 군현 지배는 요동반도 남부에 전일적으로 미쳤던 것이 아니었으며, 요동군 내 재지세력이 광범위하게 존립하고 있었다. 당시 군현 지배에서 현은 직접적인 지배의 단위가 아니었다. 한의 군현 설치가 이루어지기 이전에 대련을 중심으로 한 요동반도 남부는 고고학적으로 이른바 '윤가촌유형'으로 설정된다(이후석, 2016, 4~6쪽). 윤가촌유형은 적석목관묘와 합구식 옹관묘라는 묘제를 기본으로 하며, 직인형 세형동검과 T자형 검파두식, 중대형의 파수부 호를 특징으로 한다. 시기적으로는 전국 후기에서 서한 초기까지다. 연의 요동 진출로 인해 고조선이 요동에서 퇴축된 이후의 시기에 해당한다. 윤가촌유형은 요동 서부지역을 거점으로 하는 전국 연의 요동군과 서북한 지역을 거점으로 하는 고조선의 사이에서 중원계와 토착계의 문화 요소가 복합적이면서 독특하게 나타나고 있다. 토착계 청동무기는 다수 확인되나 동검으로 거의 한정되며, 중원계 청동무기는 계통이 다양하다. 현재로서는 단정하기 어렵지만, 일단 연의 지배력이 원활하게 관철되지 않았다고 생각된다(이후석, 2016, 27쪽). 윤가촌유형은 서북한 지역과도 관련성을 찾을 수 있다. 이른바 윤가촌식 동검과 T자형 검파두식은 서북한 지역의 평원 신송리 유적에서도 확인되며, 재령 고산리 유적 출토 동검도 같은 유형으로 보는 견해가 있다(이청규, 2005, 12쪽). 파수부호의 경우도 명사리식 옹관과도 연결되어 서북한과의 관련성이 설명되기도 한다. 요동반도 남부의 재지세력의 존재 양태를 보여주는 문화이며, 전국 연과 고조선 사이에서 어느 한쪽으로 완전히 귀속되지 않는 지역 집단의 문화라고 할 수 있다.

중원 세력들의 요동 진출은 한대 이후 가속화되었다. 중요한 경계가 된 자연 지형은 천산산맥이다. 고조선과 한 요동군의 대치 상황은 『사기』 조선전에 상세히 묘사되어 있는데, 한의 동계에는 요동군 변새가 있고 그 동쪽에는 패수(浿水)가 경계를 이루었던 것으로 기술되어 있다. 한 요동군과 고조선은 직접적으로 맞닿아 있었던 것은 아니었다. 명대(明代) 요동변장(遼東邊墻)과 압록강 사이에 완충지대가 있었던 것처럼, 변새와 패수 사이에는 배타적 영역이 아닌 '무주지'가 있었다(송진, 2014, 90쪽). 천산산맥 이서에서 압록강에 이르는 지역이 고조선과 요동군 사이의 완충 공간이었으며, 이러한 양상은 천산산맥 이동 지역에서 이른바 한묘(漢墓)의 분포가 거의 확인되지 않는다는 점(孫丹玉, 2019, 2쪽)과 아울러 산지 지역을 중심으로 고구려 발흥의 단초가 마련되는 점을 통해서도 알 수 있다.

이러한 역사적 맥락에서 천산산맥 이서와 이동의 결절점으로서 요동 반도 남단의 대련 지역이 지니는 특별한 성격에 주목할 필요가 있다. 천산산맥 이동과 이서의 세력과 문화가 만나는 지점인 동시에 묘도(廟島) 열도로 이어지는 해양을 통해 산동반도의 세력과 문화도 유입되는 그야말로 삼자의 결절점으로 다양한 세력과 문화가 꽃피던 지역이었다. 기원전 3세기 초 진개의 북벌로 인해 고조선이 위축된 이후 전국 연의 지배 지역으로 들어갔지만, 연진한 이래 제일적인 군현 지배가 관철되지 않은 상태에서 재지세력의 기반은 여전히 유지되었다. 대련 일대에서는 전국 말 윤가촌유형에 이어 서한 초 패묘 문화가 등장하게 되었다. 영성자촌에서 수습된 여순박물관 소장 세형동검에서도 알 수 있듯이(이후석, 2016, 8쪽), 영성자촌도 역시 윤가촌유형의 공간 범위 안에 포함되어 있었으며, 영성자 76호분에서 묘광과 매장주체부 사이를 패각이나, 패각과 석재, 또는 패각과 벽돌 등을 채우는 방식은 윤가촌유형의 적석목과묘와 연결되는 요소로 이해할 수 있다.

영성자 76호분을 비롯한 대련 일대 재지세력과 관련하여 주목되는 것이 '임예승인(臨穢丞印)' 봉니이다. 앞서 언급한 바와 같이 대련은 요동군 답씨현으로 비정되는 지역이다. 그런데 이 지역에서 '임예현', 즉 '예족과 관련된 현'의 존재를 알려주는 봉니가 출토된 것이다. 이 봉니는 대련 보란점시(普蘭店市) 북서쪽으로 약 7킬로미터 지점에 있는 장점성(張店城)에서 출토되었다. 장점성의 규모는 남북 340미터, 동서 약 240미터의 평지성이며, 성 내부와 부근에서 전국시대부터 한대를 거쳐 요금시대의 유물이 다수 출토되었다. 여기에는 비파형동검과 관련되는 침상가중기도 있다(王禹浪, 2017, 46~47쪽). '임예승인'은 봉니의 형식상 서한 초기 이전의 것이다. 한대에는 요동군의 산하에 '임예현'이 확인되지 않는 것으로 보아 진의 봉니일 가능성도 있다. 아무튼 여기서 주목되는 것은 '예'와 관련된 지명이 나타난다는 점이고 장점성과 '임예현'과의 관련성을 설명해준다는 점이다. 봉니의 용도나 성격을 감안할 때 장점성을 임예현으로 단정할 수는 없겠지만, 이는 장점성과 '임예현'의 관계를 설명하는 자료임에는 분명하다. 여기서 한발 더 논리를 전개한다면 임예현과 연관된 '예족'을 상정할 수 있으며, 이러한 예족이 장점한성의 부근 내지 관련 거리에 존재할 가능성도 완전히 배제할 수는 없다. 따라서 장점성과 부근은 아니더라도 일정한 이격 거리에 예족이 존재했을 수도 있다. 이러한 측면에서 영성자 76호분의 피장자가 이민족이라면 바로 '임예현'에서 일컫는 예족, 즉 고조선 세력일 가능성이 높다. 여기서 말하는 예족은 바로 진개의 침략으로 한반도 내로 위축된 이후 요동반도 일대에 존속하던 옛 고조선의 유민일 것이다. 영성자 76호분의 금제 버클은 기원 1세기 전반에 무덤에 부장된 것이다. 석암리 9호분 출토품이나 언기 출토품의 사례로 비추어 볼 때, 기원전 2~1세기 요동반도 남단에 온존하던 예족의 재지세력이 흉노와의 관계 속에 소지하게 된 위신재였으며 이후 전세를 통해 영성자 76호분에 부장되었던 것이 아니었을까 추정해볼 수 있다.

5 맺음말

이상으로 금제 버클이 출토된 대련 영성자 76호분의 성격에 대해 살펴보았다. 영성자 76호분은 요동반도 남단의 재지적 묘제인 토광목곽패묘 계통이지만, 패각과 기와편, 벽돌편, 석재 등을 충전한 독특한 특징을 지니고 있다. 무덤 규모의 우월성과 함께 금제 버클, 금동제 인장, 각종 청동용기 등의 위신재를 부장했다. 영성자 76호분은 기원 1세기 전반으로 편년되는데, 한대 요동군 답씨현 내 재지 지배세력의 무덤으로 보는 데는 큰 무리가 없다. 연 계통과 재지 산동반도 토기의 문화적 양상은 결절점으로서 요동반도 남단의 대련이 지니는 지정학적 특징을 잘 보여준다.

　연 소왕 대 진개 침략 이후 중원 왕조는 요동으로 진출했으며, 진을 거쳐 한대 요동군 18개 현의 설치로 이어졌다. 대련에는 요동군 답씨현을 두었던 것으로 비정되며, 영성자 76호분의 피장자는 요동군 답씨현 내 재지 지배세력으로 추정될 수 있다. 그런데 진개의 요동 진출 이전, 요동 반도를 포함한 요동 지역은 고조선의 강역임을 상기할 필요가 있다. 지석묘와 비파형동검으로 대표되는 고조선의 주요 중심 지역 중 하나가 바로 요동반도 일대이며 고고학적으로는 강상무덤과 누상무덤이 익히 잘 알려져 있다. 고조선의 퇴축 이후 이 지역에 중원 왕조의 제일적인 군현 지배가 관철되었던 것은 아니었으며, 재지 지배세력이 광범위하게 온존하고 있었다. 그러한 양상은 고고학적으로 이른바 윤가촌유형을 통해서도 잘 드러난다. 적석목관묘와 합구식 옹관묘이라는 묘제를 기본으로 하며, 직인형 세형동검과 T자형 검파두식, 중대형의 파수부호를 특징으로 하는 윤가촌유형은 전국 연에도 서북한 고조선에도 속하지 않는 독특한 양상을 띤다.

　전국 연의 요동 진출 이후 요동반도는 천산산맥을 기준으로 이동과 이서가 나뉘는 양상을 띠며, 남단의 대련 일대는 양 문화와 함께 묘도 열도를 통해 산동반도의 영향도 받는 결절점의 역할을 하게 된다. 윤가촌유형 문화에 뒤이어 대련 일대에서는 서한 초 패묘문화가 등장한다. 재지 지배세력의 무덤으로서 영성자 76호분은 이러한 역사적 배경에서 이해될 수 있다. 대련 일대의 유력한 재지세력의 성격을 추정하는 데 중요한 자료는 장점한성에서 출토된 '임예승인' 봉니이다. 장점한성의 인근에 존재하는 영성자 76호분은 예족, 즉 고조선의 퇴축 이후 현지에 남은 유민의 무덤일 가능성이 있으며, 기원전 2~1세기 요동 지역과 흉노의 관계 속에서 금제 버클은 전세를 통해 부장되었던 것으로 조심스럽게 추정해볼 수 있다. 이민족 재지세력의 상징인 금제 버클이 영성자 76호분에 부장된 배경의 일단을 억측해보았다.

참고문헌

한글

노태돈, 2003, 「고조선 중심지의 변천에 대한 연구」, 『단군과 고조선』, 사계절.

노태돈, 2014, 『한국고대사』, 경세원.

송진, 2014, 「전국·진·한시기 요동군과 그 경계」, 『한국고대사연구』76, 한국고대사학회.

송호정, 2020, 『다시 쓰는 고조선사』, 서경문화사.

오영찬, 2006, 『낙랑군 연구』, 사계절.

오영찬, 2011, 「낙랑 금은제교구의 제작과 성격」, 『한국상고사학보』72, 한국상고사학회.

이청규, 2005, 「청동기를 통해 본 고조선과 주변사회」, 『북방사논총』6, 고구려연구재단.

이후석, 2016, 「윤가촌유형의 변천과 성격」, 『중앙고고연구』19, 중앙문화재연구원.

외국어

郭物, 2020, 「作爲政治信物的漢晋瑞獸紋帶扣」, 『故宮博物院院刊』2020-7, 北京: 紫禁城出版社.

譚盼盼·張翠敏·楊軍昌, 2019, 「大連營城子漢墓出土龍紋金帶扣的科學分析與研究」, 『考古』2019-12, 北京: 科學出版社.

大連市文物考古研究所·大連營城子漢代墓地考古工作隊, 2019, 「遼寧大連市營城子漢墓群2003M76的發掘」, 『考古』2019-10, 北京: 科學出版社.

劉金友·王飛峰, 2015, 「大連營城子漢墓出土金帶扣及其相關研究」, 『北方文物』2015-3, 哈爾濱: 黑龍江省文物管理委員會.

劉復興, 2017, 「漢代掐絲焊珠七龍紋金帶扣」, 『文物春秋』2017-6, 石家庄: 河北省文物局.

劉婷婷, 2012, 「遼南地區出土漢代文物研究」, 遼寧師範大學 석사학위 논문.

林梅村, 2017, 『西域考古與藝術』, 北京: 北京大學出版社.

孫丹玉, 2019, 「遼海地區漢墓研究」, 吉林大學 박사학위 논문.

孫丹玉·潘玲, 2019, 「姜屯墓地來自京津冀地區的文化因素分析」, 『江漢考古』2019-1, 武漢: 湖北省文物考古研究所.

王禹浪, 2017, 「漢滄海郡地理位置考_以普蘭店市張店古城爲中心」, 『東北之窓』2017-23, 大連: 大連報業集團.

原田淑人·駒井和愛, 1931, 『牧羊城-南滿洲老鐵山麓漢及漢以前遺蹟』, 東京: 東亞考古學會.

志賀和子, 1994, 「漢代‘北方系’帶金具考 (上),(下)」, 『古代文化』 46-7·8, 京都: 古代學協會.

許建强·邱雪峰, 2014, 「安徽省壽縣壽春鎭計生服務站東漢墓遺物及其相關問題」, 『東南文化』, 2014-3, 南京: 南京博物院.

2장

평양 안학궁 유적의 축조 및 사용 시기

기경량(가톨릭대학교 국사학과 교수)

1 머리말

고구려는 427년(장수왕 15) 국내(國內) 지역에서 평양(平壤) 지역으로 천도(遷都)를 했다. 586년(평원왕 28)에는 다시 장안성(長安城)으로 이도(移都)했는데, 이는 같은 평양 지역 내에서의 이전이었다. 고구려인들은 장안성으로 이도한 이후에도 '평양성'이라는 명칭을 병용하였다. 따라서 장안성으로 옮겨가기 전까지를 '전기 평양성 시기', 옮겨간 이후를 '후기 평양성 시기'로 구분하는 것이 일반적이다.

전기 평양성 시기 고구려의 왕도(王都)가 어떤 형태와 구조였는지는 아직 명확히 해명되지 않았다. 대성산성(大城山城) 일대가 중심지로 이용되었다는 데는 딱히 이견이 없으나, 왕이 평상시 이용하는 거소(居所)의 위치가 오랫동안 논란의 대상이 되고 있다. 이 시기 왕의 평지 거소로 유력하게 언급되는 곳 중 하나가 대성산 남쪽 기슭에 자리한 안학궁(安鶴宮) 유적으로, 둘레 약 2.4킬로미터의 마름모꼴의 방형 토성이다. 토성 내부에는 대규모 궁궐지가 자리하고 있다.

안학궁 유적의 존재는 조선시대 기록에서 이미 확인된다. 『신증동국여지승람 (新增東國輿地勝覽)』의 평안도 평양부 고적조에 "장안성: 대성산 동북쪽에 있다. 흙으로 쌓았으며, 둘레가 5161척이요. 높이가 19척이다. (…) 성 가운데에 안학궁 옛 터가 있다"라고 기술되어 있다. 이를 통해 조선 사람들이 안학궁 유적을 586년 평원왕이 이도한 장안성으로 오인하고 있었음을 알 수 있다. 안학궁의 위치 정보에도 오류가 있다. 실제 안학궁 유적은 대성산 동북쪽이 아니라 남쪽 기슭에 자리하고 있다. 따라서 '대성산 동북쪽'이라는 표현은 '평양부 동북쪽'의 오류로 이해할 수 있다. 다만 흙으로 쌓은 토성이 있고, 안에 대규모 옛 궁궐터가 존재한다는 묘사는 실제 안학궁 유적의 모습과 정확히 부합한다.

이 유적이 왜 하필 '안학궁'이라고 불리게 되었는지는 확실하지 않다. 북한 학계에서는 '아낙'이라는 말을 이두식으로 기록해 '안학(安鶴)'이나 '안하(安下)'로 표기할 수 있다고 설명한다. '아낙'은 평안도와 함경도의 방언에서 '안[內]'을 의미하는 것이므로, '안학궁'이란 왕궁을 의미하는 '내궁(內宮)'의 표기이고, 집안 평지성을 '국내성(國內城)'이라고 한 것과 마찬가지라고 설명했다(채희국, 1964, 77쪽). 이 설명대로라면 '안학궁'이라는 명칭은 고구려 당대부터 사용되었다고 볼 여지도 있다. 하지만 이를 입증할 수 있는 문헌 기록은 없다. 그보다는 후대에 붙여진 이름일 가능성이 높다고 여겨진다. 예컨대 고려나 조선시대에 대성산 부근에 살고 있던 지역민들로부터 '(토성) 안의 궁터[아넷궁터]' 같은 식으로 불리다가 '안학궁지 (安鶴宮趾)'로 한자화되어 표기되었을 가능성이 있어 보인다.

안학궁 유적과 관련하여 가장 큰 논란은 축조 연대다. 연구자에 따라 이르게는 3세기 대에 이미 축조되어 활용되었다고 보기도 하지만, 늦은 시기로 보는 사람들은 아예 고구려가 아니라 고려 때 만들어진 유적이라고 이해하기도 한다. 한 유적을 바라보는 시간적 범위의 편차가 이처럼 큰 경우도 매우 드문 일이다. 안학궁 유적 축조 시기 문제는 전기 평양성 시기 고구려 왕도의 형태 및 운영을 연구하는 데 핵심적인 사안이다. 따라서 안학궁 유적의 축조 시점과 관련하여 기존에 제기된 주요 논점들을 살펴 보고, 필자 나름의 생각을 제시하고자 한다.

2 안학궁 유적의 입지와 하층 유구와의 관계

안학궁 유적의 축조 시기와 관련해 가장 먼저 의견을 피력한 근대 연구자는 일본 학자 세키노 다다시(關野貞)이다. 그는 고구려 왕도는 산성과 평지성의 세트 형태로 구성되어 있다는 모델을 제시한 바 있는데, 이 모델이 구현된 실제 사례로 '대성산성-안학궁 유적'의 조합을 들었다(關野貞, 1914, 11쪽). 하지만 그는 곧 이 견해를 철회하고 '대성산성-청암동 토성'이라는 새로운 조합을 대안으로 제시해야 했다(關野貞, 1928, 28쪽). 조사 결과 안학궁 유적에서 출토된 기와의 편년이 매우 늦은 시기의 것으로 판단되었기 때문이다. 이에 안학궁 유적은 전기 평양성 시기의 중심지가 아닌, 고구려 말기의 별궁(別宮)으로 간주되었다.

반면 해방 이후 북한 학계에서는 안학궁 유적에 대한 자체적인 발굴조사를 수행한 후 이와 다른 결론을 내렸다. 대성산성에서 가장 많이 출토된 수막새 기와가 광개토왕의 무덤으로 추정되는 장군총·태왕릉에서 채집된 것과 비슷하다는 점을 들어, 대성산성의 축성 시기를 4세기 말~5세기 초로 판단하는 한편, 인접한 안학궁 유적의 건설 역시 산성 축조와 함께 이루어졌다고 본 것이다(채희국, 1964, 52~60쪽). 이는 지금도 북한 학계에서 통용되는 기본적인 시각이라 볼 수 있는데, 나중에는 더 나아가 3세기 초에 이미 안학궁이 건설되어 운영되었다는 견해도 제기되었다(전제헌·손량구, 1985, 97쪽).

일본 학계에서는 세키노 다다시 이래로 한동안 안학궁 유적을 고구려 말기의 것으로 보는 시각이 통설적 지위를 점하고 있었으나, 1980년대부터 점차 고려시대 유적으로 보는 견해가 힘을 얻고 있다. 그 근거는 첫째, 막새기와의 편년이다. 1960~1970년대 북한 학계에서 수행한 발굴 내용이 소개되며, 고구려 기와로 소개된 수막새와 암막새의 편년에 대해 이견이 제기되기 시작했다. 안학궁 유적에서 출토된 막새기와에서는 주변 가장자리[周緣]에 연주문(連珠文) 장식이 있는 경우가 많은데, 이는 통일신라시대 이후에 보이는 특징이라고 지적되었다. 또한 안학궁 유적에서는 수막새와 세트 관계로 보이는 암막새들이 다수 출토되었지만, 다른 고구려 유적에서는 암막새가 출토된 사례가 전무하다는 점이 지적되었다(千田剛道,

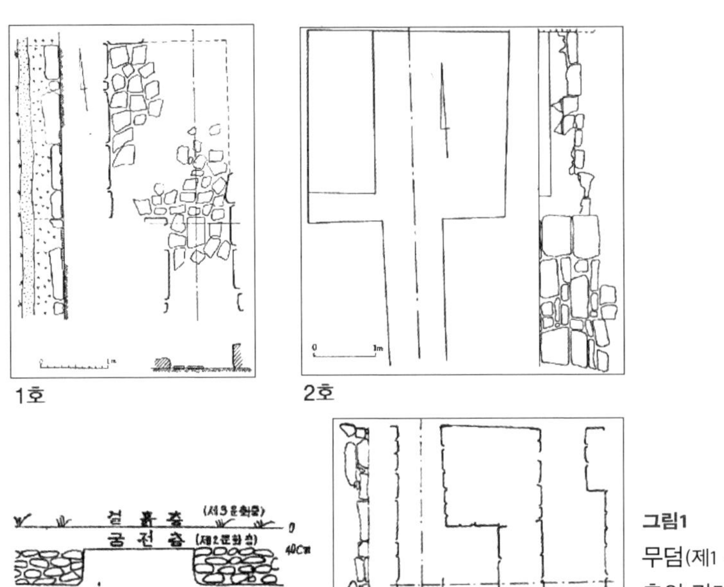

그림1 안학궁 유적 내의 무덤(제1·2·3호) 평면도 및 층위 관계
출처: 전제헌·손량구, 1985, 92쪽; 김일성종합대학 고고학 민속학강좌, 1973, 279~286쪽.

2015, 90~95쪽).

둘째, 안학궁 유적 궁전 건축물 아래 토층에서 확인된 석실분(石室墳) 3기의 존재다. 이 석실분들은 형식상 5세기 말~6세기 초에 등장하는 것으로, 이를 파괴하고 그 위에 지어진 안학궁 유적은 자연히 427년 천도 당시의 왕궁일 수 없다는 지적이다. 기존에 존재하던 고구려시대 묘역을 파괴하고 그 위에 궁전을 조영한다는 것은 같은 국가 내에서 벌어진 일로 이해하기 어렵다는 것이다(田中俊明, 2004, 45쪽).

하지만 북한 학계에서는 ① 안학궁과 대성산성이 가까이에 있어서 밀접한 관계를 가지고 있다는 점, ② 유적 규모가 우리나라의 역대 궁성의 평균적인 규모와 비슷하다는 점, ③ 궁전의 건축 규모가 지금까지 알려진 우리나라 궁전들 중 가장 크다는 점, ④ 남포시 강서 구역에 있는 약수리 벽화무덤의 성곽도에서 묘사된 성문의 모습을 보면 안학궁의 성문 위치와 동일하여, 북쪽 대성산에서 안학궁을 내려다본 모습으로 볼 수 있다는 점 등을 내세우고 있다(전제헌·손량구, 1985, 85~90쪽).

이 중 안학궁 유적의 조성 시기와 관련해 중요성을 갖는 것은 특히 ④의 내용이다. 약수리 벽화무덤은 대부분의 연구자들이 4세기 말에서 5세기 초에 조영된 무덤으로 편년하고 있다. 따라서 이 무덤 내부의 벽화가 안학궁을 묘사한 것이 틀림없다면 안학궁이 5세기 초부터 이미 존재했다는 주장은 설득력을 가질 수 있을 것이다.

하지만 약수리 벽화무덤의 그림이 실제 안학궁을 묘사한 것이라 단정하기는 어렵다. 양자의 관련성에 주목하는 근거 중 하나는 성벽의 형태다. 안학궁은 성벽이 정방형이 아니라 마름모꼴인데, 마침 약수리 벽화무덤의 성곽 그림도 마름모꼴로 묘사되어 있기 때문이다. 하지만 양자를 자세히 비교해보면 같은 마름모꼴이라도 기울어진 방향은 정반대라는 사실을 알 수 있다. 약수리 벽화무덤의 그림은 위쪽이 왼쪽으로 기울어져 있는 반면, 안학궁의 실제 성벽은 오른쪽으로 기울어져 있는 형태다.

더 근본적인 문제는 약수리 벽화무덤의 성곽 그림이 정말 마름모꼴의 성벽을 묘사하려 한 것인지 그 의도가 불분명하다는 점이다. 정방형인 성벽을 그리려는 의도를 가진 경우에도 이를 평면상에 표현하는 과정에서 투시법에 따라 얼마든지 기울어진 형태로 묘사할 수 있다. 성문의 형태가 비슷하다는 주장 역시 마찬가지

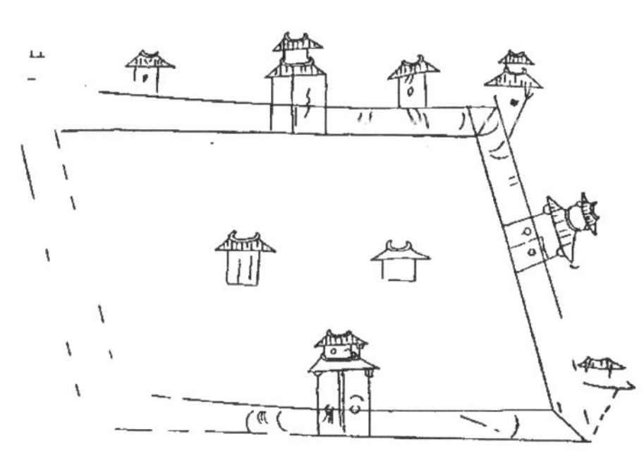

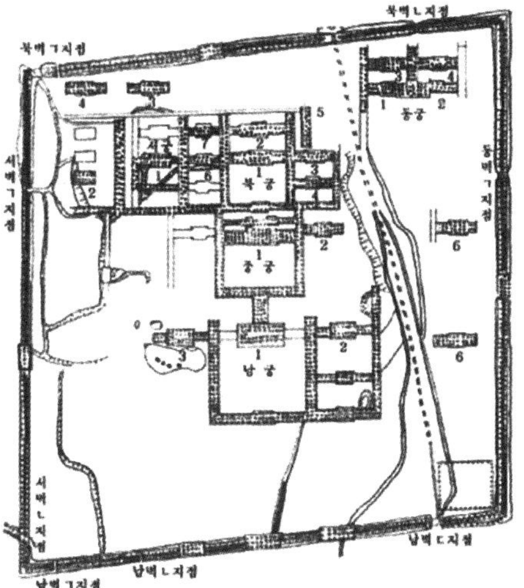

그림2　약수리 벽화무덤의 성곽도와 안학궁 유적의 도면
출처: 채희국, 1964, 75쪽; 사회과학원 고고학연구소, 2009, 48쪽.

다. 약수리 벽화무덤 성곽도의 윗부분이 정말로 안학궁 유적처럼 전면에 3개의 성문을 묘사한 것인지 단정할 수 없다. 따라서 약수리 벽화무덤의 성곽도로 안학궁 유적의 조성 시기를 증명하기는 어렵다. 이 문제에 대한 해답은 역시 실물 자료에 대한 분석을 통해 접근하는 것이 타당해 보인다.

남한 학계에서는 여전히 안학궁 유적을 고구려 당시의 것으로 보려는 경향성이 강한 편이다. 이른 시기의 유물이 출토되지 않는 고고학적 양상을 무시하기는 어려우므로 북한 학계처럼 유적의 축조 시기를 이른 시기로 올려보지는 않지만, 남한 학계도 이 유적이 고구려 후기의 것일 가능성을 놓지 않고 있다. 이곳에서 출토된 와당이 다른 고구려 와당과 이질적인 모습을 보이는 것에 대해서는 번와(番瓦), 혹은 개와(改瓦)의 가능성에 무게를 두고 있다(민덕식, 2003, 123쪽).

왕궁 건축물이 장기간 사용되었다면 확실히 개와 가능성을 인정할 수 있다. 그러나 이러한 설명으로 의문이 말끔히 해소되는 것은 아니다. 건축물의 장기 이용과 이에 따른 개와의 필요성은 안학궁 유적뿐 아니라 다른 유적의 건축물에도 적용되기 때문이다. 즉 대성산성, 청암동 토성, 장안성의 고구려 건축 등에서도 안학궁 유적의 건축물과 마찬가지로 고구려 당대에 개와가 이루어졌다고 보아야 한다. 그렇다면 이러한 유적들에서도 연주문이 있는 막새, 혹은 암막새의 존재가 주를 이루어야 자연스러울 텐데, 실제 그러한 양상이 확인되지는 않는다. 유독 안학궁 유적의 건축물에서만 예외적으로 개와가 이루어졌다고 상정할 수 있을까.

고구려가 586년 장안성으로 이도를 단행한 것은 중국 대륙에서 새로 부상한 수(隋)의 침입을 염두에 둔 것이다. 이러한 위기 상황은 668년 고구려 멸망 때까지 수·당과 연이어 전쟁을 치르며 장기 지속되었다. 전쟁 위협에 대비하고 안전을 도모하기 위하여 백성들의 주거지까지 대거 장안성 쪽으로 이주시킨 상황에서, 더 이상 왕도의 중심지도 아닌 데다 평지에 노출되어 있어 방어에 취약한 옛 왕궁에 고구려 말기까지 대대적으로 개와를 해가며 관리할 여력과 이유가 있었을지도 의문이다.

이와 관련해 주목되는 것이 안학궁 유적 출토 수막새들의 제작 기법을 분석한 연구다. 고구려 수막새들의 경우 와당 뒷면에 수키와를 접합하는 과정에서 도구를 이용해 긁어낸 흔적들이 공통적으로 확인되는데, 안학궁 유적 출토 수막새 기와들에서는 이 흔적이 확인되지 않는다고 한다. 제작 기법상 고구려 기와로 볼 수 없다는 것이다(주홍규, 2014, 102~103쪽). 그렇다면 고구려 후기 개와설은 더욱 설득력을 갖기 어렵다.

편년에 대한 이견 폭이 큰 유물 자료보다 건물지 형태에 초점을 맞추어 안학궁 유적의 축조 시기가 고구려 당대임을 규명하려는 경우도 있다. 안학궁 유적 남궁(南宮)의 정전(正殿) 형태가 중국에서 수·당대 이전 위진남북조 시기의 동서당제(東西堂制) 궁궐 배치가 반영된 것이라 이해하는 것이다(양정석, 2008, 165~166쪽).

그러나 이러한 방법론의 유용성에 대해서는 다소 의문이 든다. 안학궁 유적 건축에 영향을 주었다고 하는 위진남북조 시기 궁궐의 유구가 충분히 남아 있지 않아, 고구려의 모범이 되었을 중국 왕조 동서당제의 원형을 명확히 알 수 없는 상태이기 때문이다. 심지어 북한 학계에서는 좌우에 작은 나래채가 붙는 건축물의 평면 형태를 근거로, '고구려의 안학궁 유적의 건물지 형태'와 '고려시대 왕궁 터 건물지 형태'가 지닌 유사성을 강조하곤 한다(리영식, 2017, 43쪽). 이는 고구려-고려 건축술의 계승적 측면을 부각시키기 위한 의도이지만, 관점을 달리해 보면 안학궁 유적의 건물지 형태가 '고려 건축물'의 형태라고 이해할 여지도 있는 것이다. 따라서 안학궁 유적의 연대를 추정함에 있어, 건물지의 배치나 형태보다는 구체적이고 명확한 편년 기준을 제시할 수 있고, 비교 사례도 월등하게 많은 와당 같은 유물을 주목하는 것이 보다 신뢰성을 확보할 수 있는 접근법이리 여겨진다.

안학궁 유적의 축조 시기를 가늠하는 데 있어 중요한 논거 중 하나는 이 유적의 건축물이 기존의 고구려 무덤군을 파괴하고 축조되었다는 점이다. 이와 관련해 안학궁 2호 석실묘에서 출토된 회청색 경질 토기호를 고려 시기의 것으로 추정하며, 안학궁을 고려시대의 유적으로 판단하는 경우도 있다(박순발, 2012, 72쪽). 반면 북한 학계는 안학궁 축조 시 파괴된 고분을 2세기 말~3세기 초에 해당하는 매우 이른 시기의 것으로 설명하며, 안학궁이 전기 평양성 시기에 축조되었다는 기존 관점에는 문제가 없다는 태도를 보이고 있다(전제헌·손량구, 1985, 92~95쪽). 필자는 무덤의 편년에 대해 독자적인 의견을 제시할 정도의 지견을 가지고 있지는 않으므로,

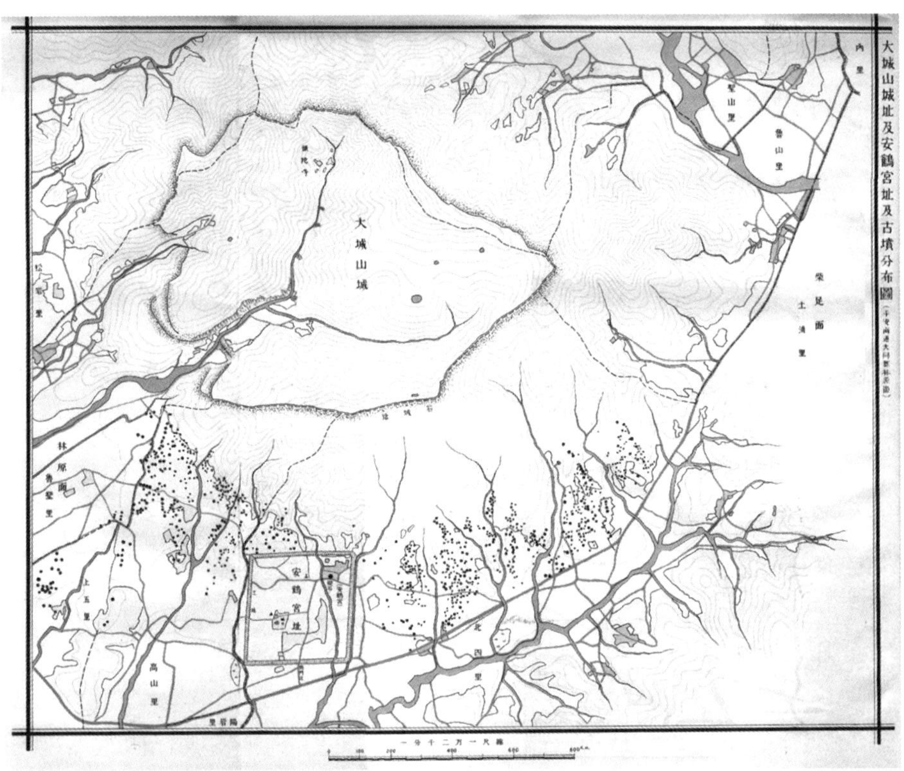

그림3 안학궁과 대성산 남쪽 기슭의 고분군
출처: 朝鮮總督府, 1929.

안학궁 유적의 입지와 주변 고분군과의 관계성 쪽에 더 집중해 살펴보고자 한다.

이와 관련해 참고가 되는 것이 1929년 조선총독부가 출간한 『고구려 시대의 유적 도판 상책-고적조사특별보고 제5책-(高句麗時代之遺蹟 圖版上冊-古蹟調査特別報告 第5冊)』에 실려 있는 「대성산성지와 안학궁지 및 고분분포도(大城山城址及安鶴宮址及古墳分布圖)」라는 지도다. 해당 지도는 안학궁 유적과 주변 고분군의 모습을 묘사한 지도로서는 제작 시기도 빠르고, 해상도도 뛰어난 편이라 활용 가치가 높다.

이를 보면 안학궁 터를 중심으로 그 좌우에 고구려 고분이 밀집해 있는 것을 볼 수 있다. 그런데 이 중 일부 고분은 안학궁 성벽에 바싹 붙어 있는 형태로 존재한다는 점이 주목된다. 안학궁이 고구려의 왕궁이었다면 이것이 과연 가능한 일인가 싶다. 대성산 남쪽 기슭은 평양성 시기 고구려인들의 주요 장지(葬地)로 활용되었다. 그러한 묘역 한가운데 왕궁이 들어서 있다는 점은 확실히 납득하기 어렵다.

대성산 남쪽 기슭의 고구려 무덤군이 오히려 안학궁성을 피해 조성된 형태라고 이해하는 경우도 있다(임기환, 2007, 13~14쪽). 하지만 안학궁 유적 내에서 확인된 고분들의 존재를 주목할 필요가 있다. 일반적으로 안학궁 유적 내에서 3기의 고구려 고분이 확인되었다고 알려져 있다. 하지만 실제로는 훨씬 많은 고구려 고분들이 존재했던 것으로 보인다. 발굴 주체인 북한 학계의 설명에 따르면 원래 '궁전 터 밑에서 10여 기의 고구려 무덤이 발견되었고, 이 무덤들은 모두 파괴된 것이었는데, 그 가운데서도 비교적 잘 남아 있는 무덤 3기를 발굴 정리하였다'고 한다(전제헌·손량구, 1985, 5쪽). 즉 기왕 알려진 무덤 3기는 개중 형태가 '잘 남아 있어 발굴이 된' 사례이고, 실제로는 최소한 10여 기 이상의 고구려 고분이 안학궁 조영 당시 파괴되었던 것으로 확인된 것이다. 궁전이 건축되는 과정에서 흔적조차 남기지 못한 채 파괴된 무덤들도 있었을 개연성이 높다. 그렇다면 안학궁 유적 자리에는 원래 훨씬 많은 고구려 무덤이 조영되어 있었다고 보아야 할 것이다.

이처럼 안학궁 유적의 존재 양태는 고구려 당대의 것으로 보기에 매우 어색한 측면이 있다. 왕의 생활공간인 왕궁을 짓고 난 후 그 좌우에 대규모 무덤군을 계속 조성했다고 상정하는 것도 납득하기 어렵고, 반대로 고구려왕이 왕도의 중심 묘역을 파괴해가며 그 위에 왕궁을 얹었다는 것도 쉽게 이해가 가지 않는다. 따라서 필자는 안학궁 유적이 고구려가 아닌 고려시대에 축조되었을 가능성에 좀 더 무게를 두고 타당성 여부를 검토해보고자 한다.

3 고려의 서경 경영과 안학궁 유적 축조 시기

안학궁 유적을 고구려의 것으로 보지 않을 경우 조성 주체는 통일신라, 발해, 고려, 조선으로 그 후보군을 상정할 수 있다. 이 중 통일신라, 발해, 조선은 후보군에서 쉽게 제외할 수 있다. 조선은 출토 유물에 비해 시차가 너무 크며, 통일신라나 발해의 경우 평양은 변경 지역에 불과하므로 여기에 굳이 대규모 궁궐을 조성할 동기를 찾기 어렵다. 그렇다면 남은 후보는 고려뿐이다. 하지만 고려가 안학궁을 건설했다고 가정할 경우에도 의문은 남는다. 고려가 평양 지역에 굳이 이 정도 규모의 궁성을 지을 이유가 있을까. 이는 고려의 고구려 계승 의식과 서경(西京) 중시 사상을 통해 이해할 수 있다. 다음 자료들을 살펴보자.

가-1. 근래에 서경의 보수를 완료하고 백성을 옮겨 그곳을 채운 것은 땅의 기운을 빌려 삼한(三韓)을 평정하고 장차 이곳에 도읍을 두려는 것이다(頃完葺西京 徙民實之 冀憑地力 平定三韓 將都於此).

『고려사』 세가 권2, 태조 15년(932) 5월 갑신

가-2. 그 다섯째, 짐은 삼한 산천의 도움으로 대업을 이루었다. 서경은 수덕(水德)이 순조로워서 우리나라 지맥(地脈)의 근본이 되며 대업을 만대(萬代)에 전하게 할 땅이다. 마땅히 네 계절의 중간 달[四仲月]에는 왕이 그곳에 가서 100일 넘도록 머물러 안녕에 이르도록 하라(其五曰 朕賴三韓山川陰佑 以成大業 西京水德調順 爲我國地脈之根本 大業萬代之地 宜當四仲巡駐 留過百日 以致安寧).

『고려사』 세가 권2, 태조 26년(943) 여름 4월

가-3. 서경에 왕성을 쌓았다(築西京王城).

『고려사』 세가 권2, 정종 2년(947) 봄

가-4. 왕의 병환이 위중해지자 동복아우 소(昭)를 불러 왕위를 넘기고 제석원(帝釋院)으로 거처를 옮겼다가 훙서하였다. 재위 4년이며 나이는 27세였다. 왕의 성품이 부처를 좋아하고 두려워하는 것이 많아서, 처음에 도참(圖讖)에 따라 서경(西京)으로 도읍을 옮기기로 결정하고 장정들을 징발하여 시중 권직(權直)에게 궁궐을 조영하게 하였다. 노역이 쉴 틈이 없고, 또 개경의 민호를 뽑아 그곳에 채우니, 사람들의 마음이 불복하였고 원망과 비방이 많이 일어났다. 왕이 훙서함에 역부(役夫)들이 듣고 기뻐 날뛰었다(王疾篤 召母弟昭內禪 移御帝釋院薨 在位四年 壽

二十七. 王性好佛多畏 初以圖讖 決議移都西京 徵發丁夫 令侍中權直 就營宮闕. 勞役不息. 又抽
開京民戶以實之 群情不服 怨讟胥興. 及薨 役夫聞而喜躍).

『고려사』 세가 권2, 정종 4년(949) 3월 병진

고려 태조 왕건은 고구려 계승을 표방했고, 과거 고구려의 왕도였던 평양 지역을 서경이라 칭하며 각별하게 관리했다. 태조 왕건 본인부터 재위 기간 중 수시로 서경에 행차했으며, 죽음을 앞두고 남긴 훈요십조(訓要十條)에서는 후대 왕들에게 1년 중 3분의 1의 기간은 서경에 가서 머물도록 지시했다. 실제로 고려의 왕들은 태조의 당부대로 서경에 자주 행차하여 머물렀고 궁궐도 많이 지었다. 정종(定宗, 재위 945~949) 대에는 아예 서경 천도가 결정되어 새로 궁궐을 짓고 개경의 민호를 서경으로 옮기는 조치가 이루어졌다가 정종이 사망하며 중단된 적도 있었다.

『고려사』와 『고려사절요』에서 확인할 수 있는 서경 지역의 궁 이름으로는 장락궁(長樂宮), 좌궁(左宮), 우궁(右宮), 용언궁(龍堰宮), 대화궁(大華宮)이 있다. 이 중 장락궁은 가장 이른 시기에 만들어진 서경의 대표적인 궁으로서, 평양 내성 안에 있었던 것으로 여겨진다. 좌궁과 우궁은 문종(文宗, 재위 1046~1083) 대에 평양 지역 외곽에 만들어졌고, 용언궁은 예종(睿宗, 재위 1105~1122) 대에 평양 내성 안에 창건되었다. 대화궁은 인종(仁宗, 재위 1122~1146) 대에 만들어졌다.

안학궁 유적을 고려 때의 것으로 보는 견해 중 특히 눈에 띄는 것은 다나카 도시아키(田中俊明)가 제시한 '서경 좌궁설(西京左宮說)'이다. 이는 『고려사』에 보이는 다음 기록을 근거로 한다.

나-1. 제서(制書)를 내리기를, "서경의 궁궐은 오래 되어서 훼손된 것이 많다. 마땅히 장인들을 모집하여 수리하도록 하라. 또 서경에서 동서로 각각 10여 리 떨어진 지역에 다시 좋은 땅을 가려서 좌우 궁궐을 지어, 지방을 살피며 다니는 장소로 삼도록 하라" 하였다(制 西京宮闕 年久頹毀頗多 宜募工修葺且去京東西各十餘里 更卜地 構左右宮闕 以爲省方巡御之所).

『고려사』 세가 권9, 문종 35년(1081) 8월 신유

나-2. 오연총이 논박하여 말하기를, "지금 용언궁을 짓는데 세 가지 불가한 점이 있습니다. 문종께서 명민하고 총명하셨음에도 오히려 술수에 미혹되어 서경에 좌궁과 우궁을 지었다가, 이윽고 후회하고 깨달은 것이 있어 응험함이 없다고 여겨 끝내 순행하지 않아서 재력을 허비하였습니다. 이것이 첫 번째로 불가한 점입니다(延寵駁曰 "今作龍堰宮有三不可 以文宗明睿 猶惑術數作西京左右宮 旣而悔悟 以爲無應 終不巡御 虛費財力 其不可一也)."

『고려사』 열전 권9, 제신 오연총

다나카 도시아키는 『고려사』 문종 35년 기록에 보이는 좌궁[동궁]과 우궁[서궁] 중 서경 서쪽 10리에 조영된 우궁에 해당하는 것이 주궁 터[珠宮址]이고, 동쪽 10리에 조영된 좌궁에 해당하는 곳이 안학궁 터라고 추정했다(田中俊明, 2004, 49~50쪽). 실제로 조선시대 편찬된 『신증동국여지승람』 평양부 고적조를 보면, '주궁(珠宮)'이라는 항목 아래 "옛터가 부 서쪽 10리에 있다"라고 서술되어 있다. 다나카 도시아키는 이를 옛 대동강 용산면 봉수리에 있는 유구로 보았는데, 필자가 확인한 바에 따르면 지금도 북한의 봉수리에는 '궁동'이라는 지명이 존재한다. 여러 가지 정황을 감안했을 때 이곳을 고려 문종 대에 조영된 우궁이 있던 자리로 보는 것은 타당하다고 여겨진다.

그림4　일제시기 촬영한 주궁터의 모습(좌: 앞쪽, 우: 뒤쪽)
출처: 조선총독부, 1918, 700쪽.

『고려사』 기록을 통해 알 수 있듯이 고려 문종 대에 좌궁과 우궁이 조영되었던 것은 분명해 보이며, 이 중 용수리 궁동에 있던 주궁 터가 우궁인 것도 인정할 수 있다. 이에 상응하는 좌궁의 경우, 위치나 거리상으로 안학궁 유적이 가장 유력한 것이 사실이다.

이와 관련해 몇 가지 더 생각해볼 점이 있다. 우선 안학궁 유적이 토성이라는 점이다. 고구려도 필요에 따라 토성을 조영하기는 했으나, 국내성 시기 왕성이었던 집안 평지성과 산성자산성 모두 돌로 쌓은 석성이었다. 평양으로 천도한 이후 왕성으로 활용한 대성산성 역시 석성이었다. 고구려 후기의 도성인 장안성의 성벽 역시 돌로 쌓았다. 그런데 유독 안학궁만큼은 토성이다.

고려의 정궁(正宮)이었던 개성 만월대(滿月臺)를 참조하자면, 궁의 주위를 둘러싼 둘레 약 2.17킬로미터의 궁성은 토성이었고, 그 주위를 둘러싸고 있는 둘레 약 4.7킬로미터의 황성(皇城) 역시 외성의 성벽과 겹치는 서벽만 석성일 뿐 동·남·북벽이 토성이었다(국립문화재연구소 고고연구실, 2018, 13쪽, 25쪽). 인종 대에 평양 지역

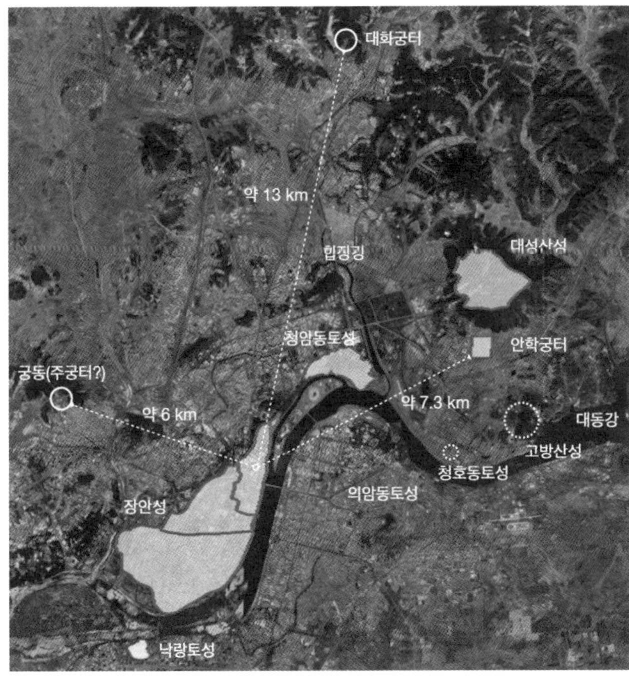

그림5 평양 지역의 주요 성과 궁터

출처: 구글 어스를 이용해 필자 작성

에 조영된 대화궁 역시 둘레 약 3킬로미터의 토성으로 둘러싸여 있다. 고려 시기에는 궁을 보호하는 궁성이 토성인 것이 일반적임을 알 수 있다. 규모 역시 둘레 약 2.4킬로미터인 안학궁과 비슷한 수준이다.

북한 학계의 연구를 참조해보면 고려 시기의 토성은 전체 성의 20~25퍼센트를 차지한다고 한다. 그리고 1991년 당시까지 조사한 79개의 고려 토성 가운데 토석혼축성의 비율이 19개로 23.5퍼센트였다. 토석혼축 성에는 네 종류가 있는데, ① 흙과 돌을 적절히 섞어 쌓은 '일반토석혼축 형식', ② 돌로 성심을 쌓은 '석심토석혼축 형식', ③ 일정 높이까지 돌로 쌓고 그 위는 흙으로 쌓은 '돌기단토석혼축 형식', ④ 흙, 돌, 기와 등을 층층이 번갈아 쌓아 올리는 '층별토석혼축 형식'이 있다고 한다(김명철, 1991, 33~36쪽). 이러한 양상은 안학궁 성벽의 형태와 관련하여 주목되는 바이다. 안학궁의 성벽 역시 하부에 석축을 하고 그 위에 흙을 다져 올린 구조이기 때문이다. 이는 안학궁 유적의 토성이 고려시대의 축성법에 의해 만들어졌을 가능성을 시사한다.

그다음 안학궁 유적에서 출토된 암막새를 살펴보도록 하자. 안학궁 유적에서는 10종의 암막새가 출토된 것으로 알려져 있다(김일성종합대학 고고학 및 민속학강좌, 1973, 211~219쪽). 돌돌 말린 형태의 넝쿨무늬가 주를 이루고 있으며, 막새 중심에 얼굴 문양이 새겨진 유형이 2개(그림8-3, 그림 8-8) 확인된다. 그림 8-2 유형은 정확한 귀면문은 아니지만 다분히 얼굴 형태를 의식한 조형으로 볼 수 있으며, 암막새는 아니지만 역시 얼굴문양이 있는 막새 마루기와도 있다(그림8-11).

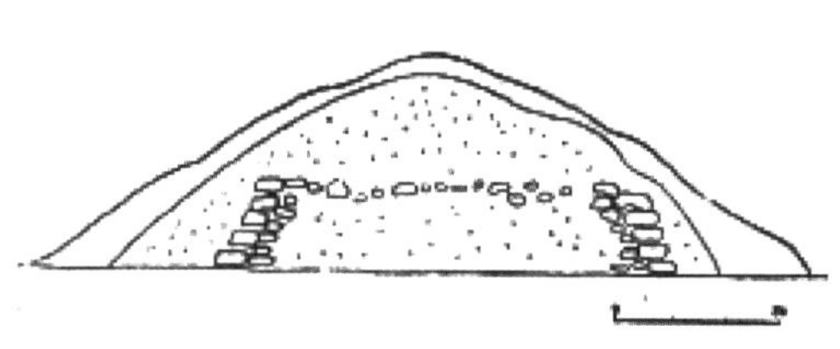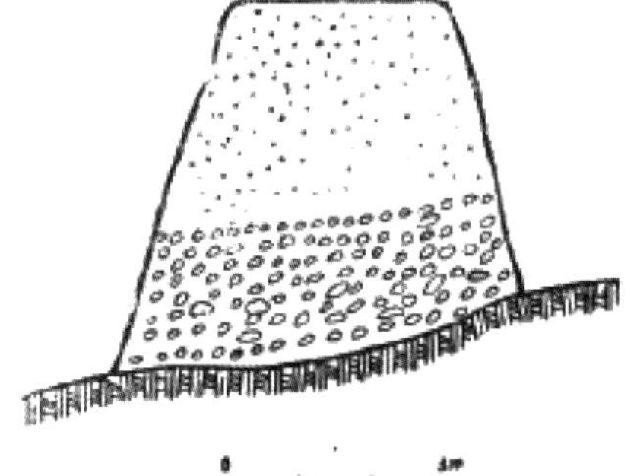

그림6　개성 나성의 오정문(선의문) 부근 성벽 단면도(좌)와 함경남도 정평군 율성리 성벽 단면도(우)
출처: 김명철, 1991, 35~36쪽.

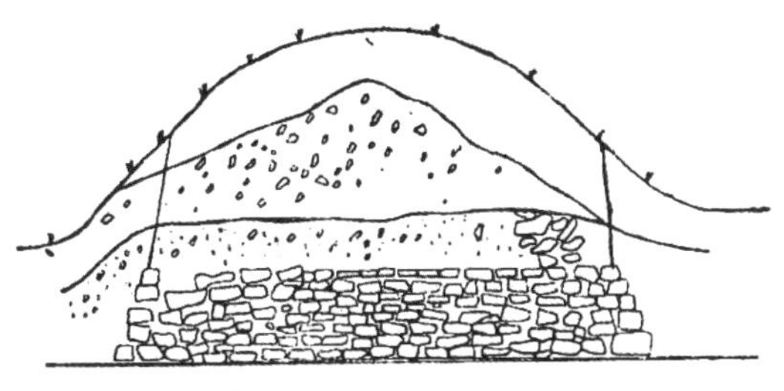

그림7　안학궁 성벽 구조

출처: 전제헌·손량구, 1985, 101쪽.

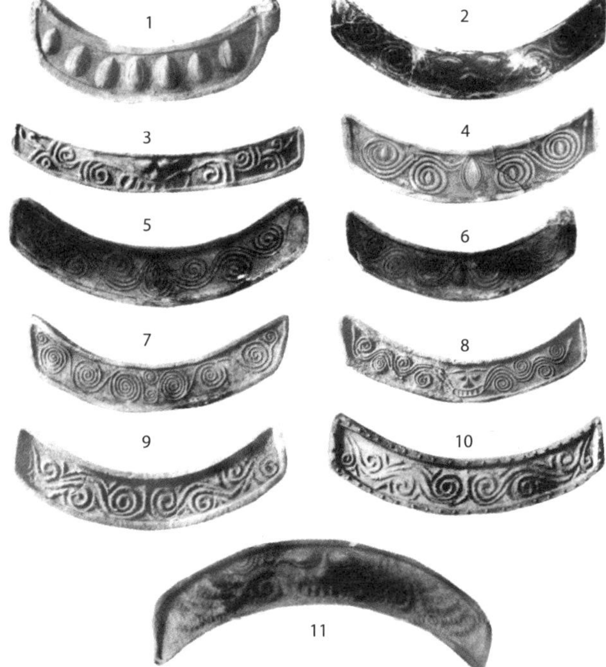

그림8　안학궁 유적 출토 암막새(1~10)와 마루기와(11)

출처: 김일성종합대학 고고학민속학강좌, 1973, 216·219쪽, 240쪽.

　　그런데 이러한 유형의 암막새 기와는 타 지역의 신라·고려 유적에서도 출토된 바 있다. 이우치 고문화연구실(井內古文化硏究室) 소장품이 실려 있는 『조선와전도보(朝鮮瓦塼圖譜)Ⅵ-고려·이조』(1978)의 그림 9-1과 그림 9-2 와당은 형태가 안학궁 유적 출토 암막새의 그것과 매우 흡사하다. 해당 도록에서는 전자의 출토지에 대해 '개성 시내?'라고 물음표를 붙였고, 후자에 대해서는 출토지를 밝히지 않았다. 출토지가 분명하지 않아 단정하기 어려우나, 어쩌면 북한 학계에서 미처 확

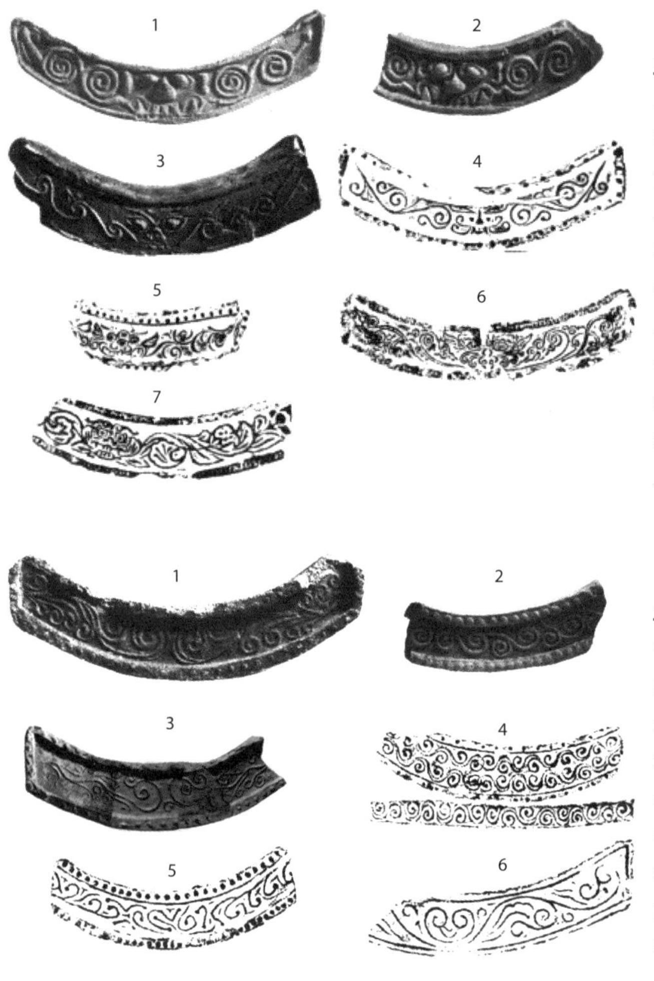

그림9　타 지역 출토 통일신라 · 고려시대 얼굴무늬 암막새
1. 개성 시내(?), 2. ?, 3. 부여 금강사 터, 4. 천군리 절터, 5. 경주 부근, 6. 석굴암 · 황룡사 터, 7. 황룡사 터
출처: 井內古文化硏究室 編, 1978, 39, 52~54쪽; 濱田耕作 · 梅原末治, 1934, 도판 59

그림10　타 지역 출토 통일신라 · 고려시대 넝쿨무늬 암막새
1 · 2. 경주, 3. 부여 금강사지, 4. 천은사 터, 5. 경주 부근, 6. 남윤사 터
출처: 井內古文化硏究室 編, 1978, 49쪽; 大川淸, 1973, 도판 4; 濱田耕作 · 梅原末治, 1934, 도판 48

인하지 못한 11번째 · 12번째 안학궁 출토 암막새일 가능성도 있다. 안학궁 유적이 아닌 다른 유적에서 출토되었을 가능성도 없지는 않으나, 분명치 않으므로 여기서는 논외로 하자.

　　안학궁 유적 출토품과 완전히 동일하지는 않지만 같은 계열의 것으로 볼 수 있는 암막새들도 다수 존재한다. 부여 금강사지에서 출토된 그림 9-3을 비롯하여 경주 일대에서 출토된 암막새들이 그러하다. 모두 괴물의 얼굴을 중심으로 좌우로 넝쿨무늬가 표현된 형태다. 얼굴 없는 넝쿨무늬 암막새도 다수 확인할 수 있다.

　　타 지역에서 출토된 암막새들의 문양 형태와 대조해보면, 안학궁 유적 출토 암막새들 역시 같은 계열성을 가진다고 여겨진다. 이는 안학궁 유적 출토 암막새의 제작 시기가 고려시대일 가능성을 시사하는 것으로 이해해도 좋을 것이다.

안학궁 유적에서 소량이기는 하지만 고구려의 것으로 볼 수 있는 유물도 확인된 바 있으므로, 축조 시기를 고구려로 볼 수 있다는 견해도 있다 (양시은, 2014, 58~59쪽). 그런데 안학궁 유적은 대성산성을 비롯해 고구려 고분군 등 고구려 유적으로 둘러싸인 곳이다. 심지어 안학궁 유적의 건축군이 기존 고구려 고분군을 파괴하며 조영되었다는 점을 감안하면, 이 유적에서 소량의 고구려 유물이 섞여 나오는 것은 '혼입의 문제'로 설명 가능하다. 중요한 것은 중심 유물의 성격이다.

앞서 안학궁 유적을 11세기 말 고려 문종 대에 조영된 것으로 본 '서경 좌궁설'을 소개했다. 하지만 여전히 미심쩍은 부분이 남아 있다. 바로 지나칠 정도로 장대한 안학궁 유적의 건축물 규모다. 안학궁 유적에서 가장 큰 남궁 제1호 건물의 경우 정면 11칸, 측면 4칸의 대형 건물인데, 이는 정면 9칸, 측면 4칸 규모의 개성 만월대 회경전의 규모를 능가한다. 고려에서 아무리 서경을 중시했다고 해도 임시로 머무는 목적의 좌궁을 이 정도 규모로 지을 필요가 있었을까. 좌궁과 함께 조영되었다고 하는 우궁[주궁 터]의 경우 상세한 발굴 보고 내용이 없어 언급하기 조심스럽지만, 역시 안학궁 유적만큼 규모가 컸던 것으로 보이지는 않는다. 고려 인종 대에 조영된 대화궁 유적 또한 궁성의 둘레는 3킬로미터에 이르지만, 실제 건축물은 안학궁 유적만큼 거대하거나 많지는 않다.

이에 필자가 주목하고 싶은 것이 서경 천도를 추진했던 고려 제3대 정종 대의 기록이다. 정종은 도참설을 신빙하여 서경 천도를 결정하고, 947년 (정종 2) 서경에 왕성을 쌓게 했다. 그는 2년 뒤인 949년에 사망했는데, 그때까지도 서경에 궁궐 축조가 이어지고 있었으며 노역으로 고통받던 백성들의 원성이 컸다고 한다. 이는 정종 대의 서경 천도 준비가 2년가량 이어진 대규모 역사(役事)였음을 의미한다. 기록에 따르면 정종이 서경에 지으라고 명한 것에는 '왕성'과 '궁궐'이 모두 확인된다. 그렇다면 이를 안학궁 유적 건축군과 이를 둘러싼 토성으로 각각 이해할 수도 있지 않을까. 만약 안학궁 유적이 정종 대에 축조되었던 궁성의 흔적이라면, 거대한 규모에 대해서도 충분히 납득이 가능하다. 임시로 머무는 별궁이 아니라 천도를 염두에 둔 정궁으로 기획되었기 때문에 개경에 있는 궁궐 이상의 거대한 건축물이 조영될 수 있었던 것이다.

이와 관련해 눈여겨볼 점이 하나 더 있다. 안학궁 유적에 대한 발굴조사를 수행한 북한 학계에서는 궁전 건축물의 규모에 비해 실제 출토된 유물의 종류와 수량이 많지 않다고 평가한 바 있다. 발굴 전에는 여러 가지 귀중한 유물이 많이 나오리라 기대했으나 실제로는 그렇지 않았다는 것이다. 기와만 하더라도 건축지 규모를 바탕으로 계산한 결과 수만 개가 나올 것으로 예상했으나, 실제로는 깨진 조각을 모두 합쳐도 수천 개를 넘지 못했다고 한다(전제헌·손량구, 1985, 44~45쪽). 안학궁 유적의 유물 출토 상황이 이처럼 빈약한 이유는 어쩌면 이 유적의 본질이 '미완성된 궁성'이기 때문은 아닐까 하는 생각을 해본다. 안학궁 유적 출토 막새기와의 문양을 보면 통일신라기의 그것보다 섬세함이 떨어지고 얼굴 문양 역시 다소 해학적이라는 느낌을 받게 된다. 이 역시 나말여초라는 시대적 특성으로 이해할 수 있다.

북한 학계는 안학궁 유적의 건축군 간에 층위의 차이가 있고, 특히 서궁 일대의 건축군이 보다 뒷시기의 것이라고 파악한 바 있다. 다소 비약일 수 있겠으나, 어쩌면 이 서궁 일대의 건축군이야말로 11세기 문종 대에 조성된 좌궁의 흔적으로 이해할 수 있을 것이다. 원래 10세기 중반 정종 대에 조영되다가 미완성 상태로 방치되어 있던 기존 안학궁 유적을 문종대에 재활용한 것일 수도 있지 않을까 싶다.

4 맺음말

한국 학계에서는 여전히 안학궁 유적을 고구려의 궁성으로 보고 싶어하는 경향이 강하다. 특히 북한 학계에서는 안학궁 유적을 고려시대의 것으로 보는 시각에 대해 격렬하게 반발하는 모습을 보인다. 하지만 안학궁 유적이 고려시대에 축조된 것이라 하더라도 이 유적의 가치가 폄하되는 것은 아니다. 고려시대 역시 우리의 소중한 연구 대상이기 때문이다. 유적의 조성 시기가 이른 시기여야 가치가 있다는 강박을 가질 필요는 없다.

　필자 역시 고구려사를 전공하는 학자로서 안학궁 유적이 고구려의 궁성 유적이었으면 좋겠다는 마음을 떨치기 어렵다. 지금까지 고구려의 것으로 생각하고 있었는데, 알고 보니 고려시대의 것이었다고 한다면 아쉬운 마음이 드는 것이 사실이다. 하지만 나의 바람이나 기대와 별개로, 학문은 귀납적이어야 하며 언제나 자료와 실증에 근거해야 한다. 지금까지 축적된 자료들이 가리키는 바에 따르면 안학궁 유적은 고려시대에 축조되었을 가능성이 높아 보인다. 연구의 진전을 위해, 앞으로 학계의 전향적인 검토가 필요하다.

참고문헌

『三國史記』, 『高麗史』, 『新增東國輿地勝覽』

한글

고구려연구재단, 2006, 『고구려 안학궁 조사보고서』, 고구려연구재단.

국립문화재연구소 고고연구실, 2018, 『한중일 중세도성-한국편』.

김명철, 1991, 「고려토성의 축조 형식과 방법」, 『조선고고연구』 1991-1, 평양: 사회과학 출판사.

김일성종합대학 고고학 민속학강좌, 1973, 『대성산의 고구려 유적』, 평양: 김일성종합대학 출판부.

리영식, 2017, 「고려의 대화궁터유적과 만월대유적의 관계」, 『김일성종합대학학보(력사, 법률)』, 63-1.

閔德植, 2003, 「高句麗 平壤城의 都市形態와 設計」, 『高句麗研究』 15, 고구려연구회.

朴淳發, 2012, 「高句麗의 都城과 墓域」, 『韓國古代史探究』 12, 한국고대사탐구학회.

사회과학원 고고학연구소, 2009, 『고구려의 건축』(조선고고학전서28-중세편5), 진인진.

양시은, 2014, 「고구려 도성 연구의 현황과 과제」, 『高句麗渤海研究』 50, 고구려발해학회.

양정석, 2008, 『한국 고대 정전의 계보와 도성제』, 서경문화사.

임기환, 2007, 「고구려 평양 도성의 정치적 성격」, 『韓國史研究』 137, 한국사연구회.

전제헌·손량구, 1985, 『고구려력사연구-안학궁유적과 일본에 있는 고구려관계 유적, 유물』, 평양: 김일성종합대학출판사.

주홍규, 2014, 「고구려 기와의 분류와 특징에 관한 일고찰」, 『先史와 古代』 41, 한국고대학회.

채희국, 1964, 『대성산 일대의 고구려 유적에 관한 연구』, 평양: 사회과학원출판사.

외국어

關野貞, 1914, 「國內城及丸都城の位置」, 『史學雜誌』 25-11, 東京: 史學會.

關野貞, 1928, 「高句麗の平壤城と長安城に就いて」, 『史學雜誌』 39-1, 東京: 史學會.

大川清, 1973, 「扶餘郡 恩山面 金剛寺 出土古瓦의 研究」, 『百濟文化』 6, 공주대학교 백제문화연구소.

小泉顯夫, 1940,「平壤淸岩里廢寺址の調査」,『昭和十三年度古蹟調査報告』, 京城: 朝鮮古蹟研究會.

田中俊明, 2004,「高句麗の平壤遷都」,『朝鮮學報』190, 奈良: 朝鮮學會.

濱田耕作·梅原末治, 1934,『新羅古瓦の研究』, 京都: 京都帝國大學.

井內古文化研究室 編, 1978,『朝鮮瓦塼圖譜Ⅵ-高麗李朝』, 明石: 井內古文化研究室.

朝鮮總督府, 1918,『朝鮮古蹟圖譜 六册(高麗時代 一)』, 京城.

朝鮮總督府, 1929,『高句麗時代之遺蹟 圖版 上册(古蹟調査特別報告 第5册)』, 京城.

千田剛道, 2015,『高句麗都城の考古學的研究』, 北九州: 北九州中國書店.

3장

백제 금속 장신구의 변천

이한상(대전대학교 역사문화전공 교수)

1 머리말

고대사회에서 금속장신구(이하 '장신구')는 신체를 장식하는 아이템이자 소유자의 사회적 지위를 보여주는 위세품(威勢品)이었다. 따라서 장신구를 분석하면 해당 시기의 미감이나 기술 수준에 더해 장신구 소유자 사이의 정치적 관계 등에 대해서도 살펴볼 수 있다.

백제의 장신구는 왕도였던 한성, 웅진, 사비 이외에도 지방의 주요 거점에 한정적으로 분포한다. 주로 한강, 금강, 영산강 등 주요 수계의 중심 고분군에서 발굴되었다. 장신구의 출토 사례가 많은 신라의 경우 영남 지역 주요 분지 가운데 역사 기록에 소국(小國)의 이름이 전하는 곳에 분포하며, 특히 왕도에서 각 변경에 이르는 주요 교통로의 결절점에 집중되어 있어 백제의 경우와 다소 다르다.

고대의 장신구는 대체로 간소한 것에서 복잡·화려한 것으로 변하는 경우가 많지만, 외부로부터 완제품을 수입하기도 하고 또 그것을 모방하여 만들기도 하므로 양식 변화의 추이를 단선적으로 살피는 것만으로는 연대를 결정하기 어려울 때가 있다. 다행히 웅진 천도와 사비 천도라는 획기가 있고 연대를 추정할 수 있는 중국 물품의 출토 사례가 많아 편년 작업에 유리한 편이다. 그에 더하여 무령왕릉과 능산리사지, 왕흥사지, 미륵사지에서 유물의 매납 시점을 알려주는 문자 자료가 함께 출토되었으므로 장신구의 시간적 위치를 대체적으로 파악할 수 있다.

필자는 2009년에 장신구를 소재로 백제사의 전개 과정에 대해 살펴본 적이 있었다(이한상, 2009). 그런데 지난 10여 년 동안 백제의 장신구 자료가 여러 유적에서 속속 출토됨에 따라 필자의 논지를 부분적으로 수정할 필요가 생겼다. 따라서 이 글을 통해 기왕의 논지를 보정하고자 한다.

2 한성기의 장신구

백제인이 초기에 사용한 장신구로 진식대금구(晉式帶金具)와 이식(耳飾)이 있다. 백제 유적에서 출토된 진식대금구로는 서울 풍납토성과 몽촌토성, 화성 사창리 산10-1번지 출토품이 있다. 당시 최상급 물품이었을 진식대금구는 백제와 양진 사이의 공식적 관계를 통해 들여왔을 것으로 보인다(박순발, 2004). 이식 가운데는 서울 석촌동 4호분 주변 출토품(그림1-1)이 이른 시기의 자료다. 전체가 금이고 세환에 길쭉한 금사슬과 심엽형 수하식이 차례로 달린 심플한 구조를 갖추었다. 주환이나 수하식의 제작 기술이 정교하지 않다. 중국 요령성 북표 라마동 Ⅱ-71호묘 이식(그림1-3)과 외형이 유사하나 사슬의 제작 기법이 판이하다.

근래 한성기 백제 유적의 발굴 사례가 증가했음에도 불구하고 수촌리 1호묘에 선행하는 장신구는 여전히 부족하다. 한성기의 백제 장인이 장신구를 만드는 과정에 영향을 준 것으로 보이는 자료를 제시하면 다음과 같다.

첫째, 수촌리 고분군 금동관에 보이는 관(管) 및 수발형(受鉢形) 장식의 계보다. 1호묘 금동관에는 2개, 4호묘 금동관(그림2-5)에는 1개의 장식이 부착되어 있다. 이와 같은 장식은 고흥 길두리 안동고분(그림2-6), 화성 요리 1호묘, 익산 입점리

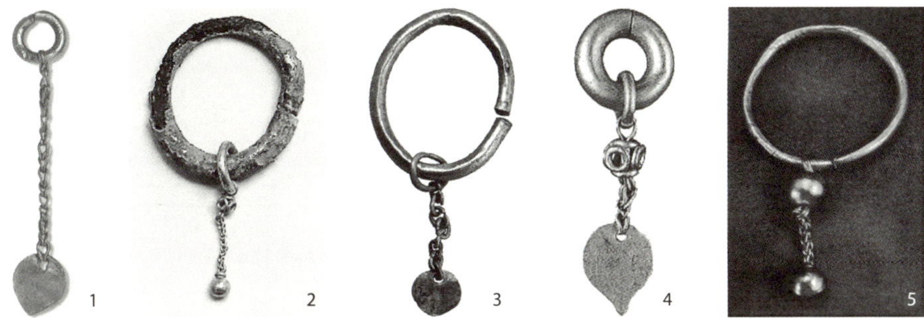

그림1　한성기 백제의 이식과 비교자료

1. 석촌동 4호분 주변, 2. 석촌동 유물 집중부, 3. 라마동 Ⅱ-71호묘, 4. 마선묘구 412호묘, 5. 약수리벽화분

86-1호묘 출토품 등 백제 금동관의 특징 가운데 하나다. 그런데 삼연(三燕) 유물에 유사한 장식이 보여 주목된다. 중국 요령성 조양 십이대향전창 88-M1호묘 마면(馬面, 그림 2-1), 북표 라마동 I-M5호묘 마면과 철제 투구(그림2-3), 북표 풍소불묘 금관식, 하남성 안양 효민둔 154호묘 마면 상부장식(그림2-2), 길두리 안동고분 철제 투구(그림2-4) 등이 그것이다. 시기적으로 큰 차이가 없으므로 백제 장인이 이러한 장식을 금동관 제작에 응용했을 것으로 보인다.[1]

둘째, 서울 석촌동 1호분과 2호분 사이 유물집중부에서 출토된 이식(그림1-2)의 계보다. 이 이식은 주환이 금동이고 유환부터 수하식까지는 금이다. 소환입방체(小環立方體), 사슬, 공구체가 차례로 연결되어 있다. 고구려 이식 가운데 중간식은 집안 마선묘구 412호묘(그림1-4), 수하식은 약수리 벽화묘 줄토품(그림1-5)과 유사하다. 자료가 부족하지만 이러한 이식은 중국 중원왕조의 무덤에서는 출토된 바 없어 고구려에서 계보를 찾을 수 있다.

셋째, 수촌리 수면과판(獸面銙板)의 계보다. 백제에서 시작하여 가야, 왜에 걸쳐 널리 유행한 수면과판이 수촌리 1호묘(그림3-2·3)와 4호묘(그림3-4)에서 출토된 바 있다. 수촌리 1호묘 출토품이 가장 이른 시기의 자료다. 허리띠에 부착하는 금

1　2006년 9월 국립공주박물관이 주관한 '특별전 한성에서 웅진으로' 기념 국제학술심포지엄 때 필자의 발표에 대한 토론자였던 권오영 선생님의 교시에 의한다.

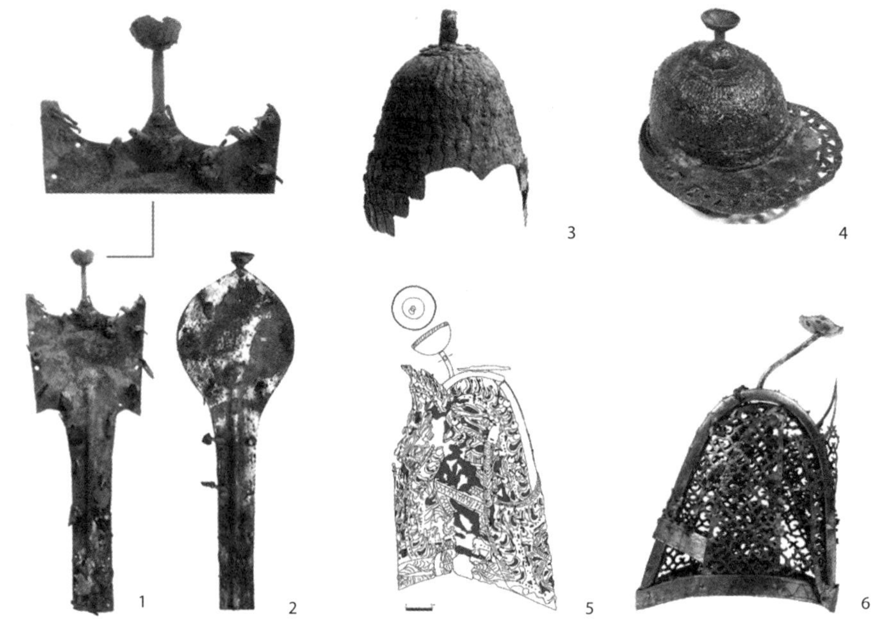

그림2   수촌리 4호묘 금동관(5)과 비교자료
1. 십이대향전창 88M1호묘, 2. 효민둔 154호묘, 3. 라마동Ⅰ-M5호묘, 4·6. 길두리 안동고분

그림3   풍납토성 포수(1)와 수촌리 과판
2·3. 1호묘, 4. 4호묘

속판에 수면이 표현되어 있다. 수촌리 1호묘 과판 제작 이전에 진식대금구가 존재했으므로 백제 장인이 그것을 방제하거나 고구려나 신라처럼 삼엽문과판(三葉文銙板)을 만들지 않고 왜 수면과판을 만들었을까 하는 점이 의문이다.

수촌리 1호묘 과판의 수면을 백제 장인이 자신의 상상력으로 그려냈다기보다는 중국 여러 왕조와 긴밀한 교류관계를 유지한 백제사 전개 과정을 고려할 때, 중국으로부터 수입한 서적이나 도안집을 참고했을 가능성이 있다. 청동제 포수(鋪首)도 백제 장인이 참고한 자료 가운데 하나일 것이다. 포수는 중국 역대 왕조에서 즐겨 사용되었고 풍납토성에서 출토된 적이 있다(그림3-1).[2]

수촌리 1호묘 장신구를 제작한 사람은 백제 장인이었을 것이고 그들이 동진, 삼연, 혹은 고구려 자료를 참고하여 장신구를 만들었을 것이다. 정치적으로 보면 견사 기록에 부합하듯 중국 금공기술이 수용되었을 가능성에 조금 더 무게를 둘 수 있지만 아직까지는 자료의 부족으로 양자 사이의 접점을 찾기 어렵다. 그렇다고 하여 삼연과의 직접적인 교섭을 언급하기에도 자료가 부족하다.

또 다른 가능성으로 낙랑 장인들의 이주, 혹은 대방고지(帶方故地)에 거주하던 동수(冬壽, 336년 망명)를 위시한 전연 유민들과의 접촉을 생각해볼 수 있다(최종규, 2015). 『삼국사기(三國史記)』에 따르면 낙랑은 313년에 고구려의 공격을 받아 축출되었다고 한다. 낙랑이 역사의 무대에서 사라진 후 주민들의 동향이 어떠했을지는 불분명한 점이 많다. 다만 화성 기안리 제철 유적 발굴조사가 진행된 이후 이 유적에서 낙랑계 토기와 기와가 집중적으로 출토되는 현상에 주목하여 낙랑 제철장인의 이주를 상정하고 있다(권오영, 2004; 김무중, 2004). 이러한 논의는 상당히 설득력이 있는 것으로 받아들여지고 있고 그 연장선상에서 금공 장인의 이주 가능성을 고려하고 싶다. 그밖에 성남 판교 석실묘 출토 비녀(그림4-1·2)가 북표 라마동 출

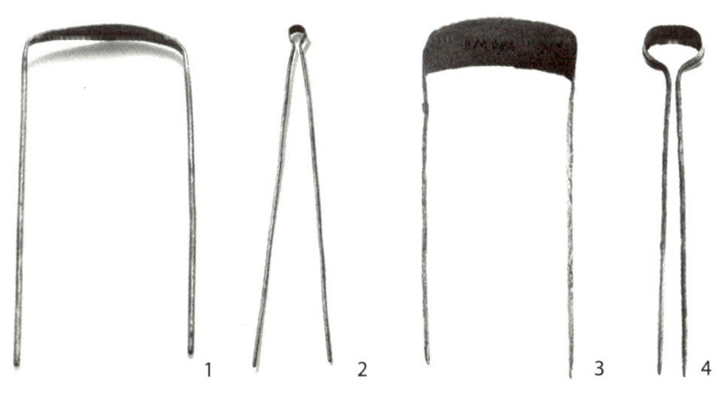

그림4 판교 석실묘 비녀(1·2)와 비교 자료(라마동Ⅱ-M266호묘, 4. 라마동Ⅱ-M313호묘)

---

2 풍납토성 197번지 나-37호 수혈 출토 청동제 포수는 별조(別造)된 점과 크기로 보아 목기의 부품이었던 것으로 보인다. 진식대금구나 청동용기와 같은 맥락에서 수입된 것으로 볼 수 있다.

토품(그림4-3·4)과 유사하다는 점을 함께 주목할 필요가 있다.

한성기의 장신구 가운데 백제 양식이 발현된 사례로 관, 이식, 대금구, 식리를 들 수 있다. 출토 유물의 수량으로 보면 이식과 식리가 많은 편이고 관과 대금구는 적다. 백제 양식이 드러난 사례를 정리해보면 다음과 같다.

한성기 백제의 관은 7점이다(그림5). 화성 요리 1호묘, 천안 용원리 9호 석곽, 공주 수촌리 1·4호묘, 서산 부장리 5호분구 1호묘, 고흥 길두리 안동고분, 익산 입점리 86-1호묘에서 출토되었다. 이 가운데 수촌리 4호묘 출토품이 전형이다. 고깔 모양의 기본 구조에 전식(前飾), 측식, 후식, 그리고 관(管)과 수발형(受鉢形) 장식을 갖추었다. 수촌리 4호묘나 부장리 5호분구 1호묘 출토품은 전식의 위쪽이 삼지상(三枝狀)이다. 길두리 안동고분 금동관에는 조우형(鳥羽形) 측식이 부착되어 있다. 요리 1호묘, 수촌리 4호묘, 입점리 86-1호묘 금동관은 수발형 장식을 갖추었다.

재질은 모두 금동이다. 신라의 관처럼 재질이 다양하지 않다. 문양에 기준하

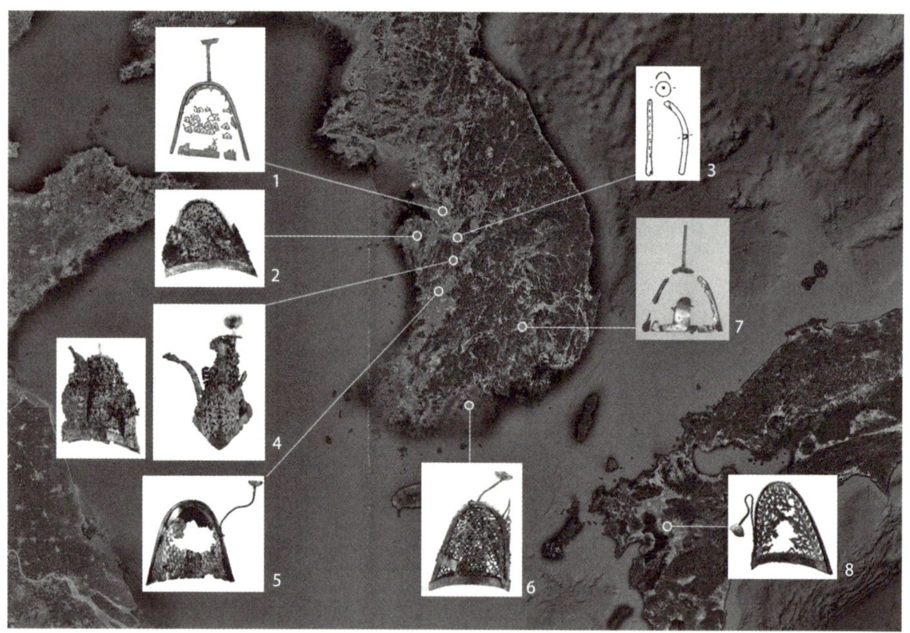

그림5 백제 양식 금동관의 분포
1. 요리 1호묘, 2. 부장리 5호 분구 1호묘, 3. 용원리 9호 석곽, 4. 수촌리 1·4호묘, 5. 입점리 86-1호묘, 6. 길두리 안동고분, 7. 옥전 23호묘, 8. 에타후나야마고분

여 용봉문 계열과 초화문(草花文) 계열로 나눌 수 있다. 수촌리 1·4호묘, 서산 부장리 5호 분구 1호묘 출토품이 용봉문 계열이고, 요리 1호묘와 길두리 안동고분 출토품이 초화문 계열에 속한다. 이외에 입점리 86-1호묘 금동관은 어린문(魚鱗文)이 기본 문양이고 화문과 봉황문이 복합적으로 새겨져 있어 예외적 존재다.

요리 1호묘, 길두리 안동고분, 수촌리 1호묘 출토품이 고식이고 수촌리 4호묘, 부장리 5호분구 1호묘, 입점리 86-1호묘 출토품이 신식이다. 금동관의 여러 특징 가운데 수발형 장식의 형태 및 부착 위치가 시간의 변화를 반영하는 것 같다.

한성기 백제의 이식은 출토 사례가 많은 편이다. 화천 원천리 69호 주거지, 서울 석촌동 4호분 주변, 동 1호분과 2호분 사이 유물집중부, 원주 법천리 1호묘, 천안 용원리 9호 석곽, 동 37·129호묘, 청원 주성리 2호묘, 동 1호 석실, 청주 신봉동 54호묘, 세종 장재리 1호 석실, 동 갈산리 4호 석실, 공주 수촌리 1·4·8·13·19호묘, 서산 부장리 5호 분구 1호묘, 6호 분구 6호묘, 익산 입점리 86-1호묘, 동 98-1·12호묘, 고창 봉덕리 1호분 4호 석실, 나주 복암리 정촌고분 1호 석실에서 출토된 바 있다(그림6). 이 시기의 이식은 상호 간 유사도가 낮은 편이다. 즉 주환이나 중간식, 수하식의 개별 부품, 조립 방식 등에서는 공통점이 있어 이를 백제 양식이라 부를 수 있겠으나 부품이 다양한 패턴으로 조립되어 있어 체계적으로 분류하기 어렵다. 이는 신라 이식뿐만 아니라 사비기 백제 이식과도 다른 점이다.

대부분의 이식은 금제품이다. 원천리 69호 주거지나 신봉동 54호묘 이식처럼 전체가 금동인 것은 예외적 존재이고, 주환이나 유환을 금동으로 만든 사례는 간혹 확인된다. 주환은 모두 세환이며 속이 찬 금봉을 휘어 만든 것이 많지만, 수촌리 8호묘 이식처럼 속이 빈 것도 있다. 수촌리 4호묘나 용원리 37호묘, 부장리 6호 분구 6호묘 출토품은 단면 사각형의 금봉을 비틀어 꼬아 나선형으로 만든 것이다. 중간식으로는 공구체가 많이 사용되었으며 원판상 장식 또한 특색이 있다. 용원리 9호 석곽이나 부장리 6호 분구 6호묘 출토품의 중간식은 금판을 땜으로 접합하여 만든 중공(中空)의 원판상 장식이다. 수촌리에서는 삼익형, 원추형 수하식을 갖춘 이식도 출토되었다.

한성기 백제의 대금구로는 수촌리 1호묘와 4호묘, 연기 나성리 4호묘 출토품

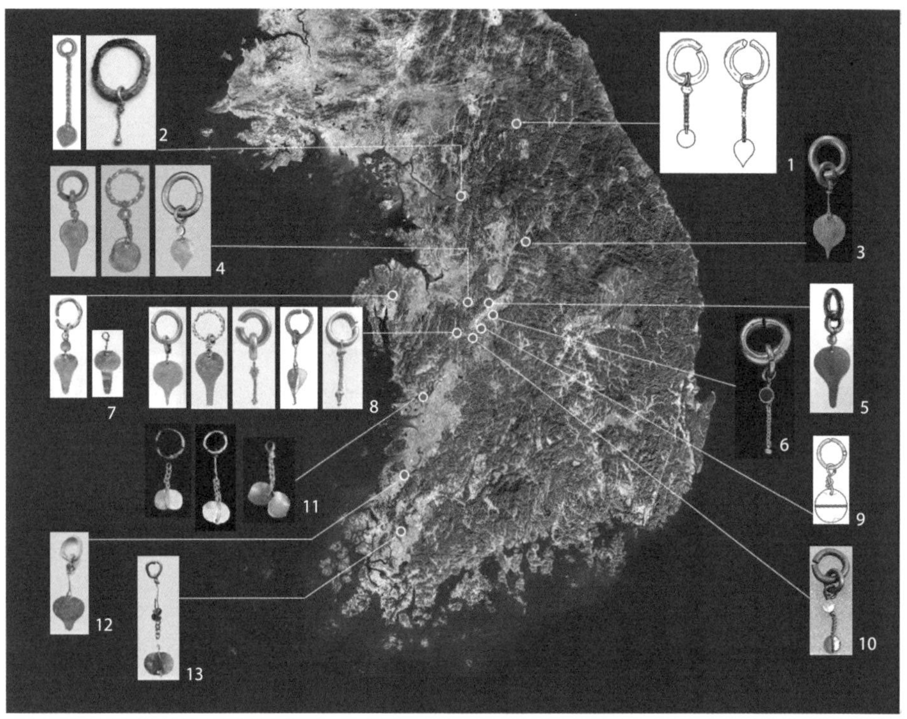

그림6　한성기 백제 이식의 분포

1. 원천리, 2. 석촌동, 3. 법천리, 4. 용원리, 5. 주성리, 6. 신봉동, 7. 부장리, 8. 수촌리, 9. 갈산리, 10. 장재리, 11. 입점리, 12. 봉덕리, 13. 복암리

이 있다. 수촌리 1호묘와 4호묘 대금구는 과판에 수면[3]이 표현되어 있다. 1호묘 대금구는 과판의 형태가 두 종류이나 문양은 유사하다. 중앙에 문양이 융기되어 있는데 주출된 것이다(김도영, 2017). 이마의 좌우에 두 귀와 뿔이, 이마에는 주름처럼 세로로 집선문이 표현되어 있다. 4호묘 대금구는 유존 상태가 불량하다. 수면은 이마가 둥글고 1호묘 출토품에 비해 갈기 모양 표현이 줄어들었다. 주연에는 파상문 흔적이 남아 있다(그림3-4). 이 문양은 공주 송산리 구(舊) 2호분 출토품과 연결된다. 수촌리의 수면 대금구로 보아 5세기 전반경이 되면 진식대금구와 구별되는 백제 대금구가 만들어지고 있었음을 알 수 있다. 같은 시기 신라의 대금구는 고구려

3　1호분 과판의 문양은 뿔로 보면 용면(龍面)일 가능성이 있다.

그림7 나성리 4호묘 대금구 실측도(좌: 보고서)와 과판 문양 복원도(우: 필자)

의 영향을 받은 삼엽투조대금구라는 점에서 뚜렷이 구별된다.

나성리 4호묘 출토 대금구는 용문이 투조되어 있다는 점 때문에 발굴 이래 학계의 큰 관심을 받았지만 2015년 간행된 발굴조사보고서에는 과판의 용문이 수록되지 않았다(그림7-좌). 유물 잔존 상태가 불량하여 도안의 전모를 파악하기 어려웠음에 기인한다. 필자는 2011년에 촬영된 과판의 엑스선 사진을 관찰하며 문양을 복원한 바 있다(그림7-우)(이한상, 2017).

용은 좌향의 측면관으로 표현되었다. 머리에는 혀, 입과 이빨, 코, 눈, 볏, 귀, 뿔 등이 표현되어 있다. 몸체에서 네 발이 파출되었는데 전후좌우의 구별이 뚜렷하며 오른쪽 앞발이 목과 꼬리 사이에 배치된 점이 특징이다. 각 발마다 깃털이 하나씩 표현되어 있다. 일본 니이자와센즈카(新澤千塚) 126호분 금제방형판의 용문과 매우 유사하다. 동일한 기술적 전통을 가진 공방에서 제작되었거나 혹은 동일한 모본이 제작에 활용된 것은 아닐까 하며, 나성리 4호묘 쪽 용문이 조금 더 도안화된 것이다.

나성리 4호묘 과판은 5세기대 용문투조과판 가운데 큰 편이며 용문의 도상, 수하식의 형태 등에서 여타 과판과는 구별되는 특징을 갖추었다. 이러한 차이는 곧 제작지의 차이를 보여주는 것으로 인식할 수 있다. 한성기 금공문화의 전체적 양상에서 본다면 제작지를 백제로 특정해도 좋을 것 같다. 무덤에 묻힌 연대는 공반된 금동식리를 고려할 때 수촌리 1호묘와 평행하는 5세기 전반의 이른 단계로 추정할 수 있다. 이와 달리 발굴자는 이 대금구를 신라나 왜로부터의 반입품으로 보았고, 또 다른 연구에서는 복수로 출토된 교구, 수하식의 형태 등을 통해 신라 대금구와의 관련성을 상정했다(박보현, 2016, 109쪽).

한성기의 장신구 가운데 금동식리는 출토 사례가 많은 편이다. 화성 요리 1호묘, 원주 법천리 1·4호묘, 공주 수촌리 1·3·4·8호묘(그림8-1~4), 연기 나성리 4호묘, 서산 부장리 6호 분구 6호묘와 8호 분구 1호묘, 익산 입점리 86-1호묘(그림8-7), 고창 봉덕리 1호분 4호 석실(그림8-5), 나주 복암리 정촌고분 1호 석실(그림8-6), 고흥 길두리 안동고분에서 출토된 바 있다. 이 가운데 수촌리 1·8호묘, 요리 1호묘, 나성리 4호묘 출토품이 고식이다.

백제의 식리는 좌우 측판이 식리의 중심선에서 결합되고 저면에 6~18개의 금동못이 박혀 있다. 측판과 저판에 능형문, 귀갑문, 凸문, 용, 봉황, 연화, 가릉빈가, 역사(力士) 등이 시문되어 있고, 문양 표현에 투조 기법이 많이 활용되었다. 봉덕리 1호분 4호 석실과 복암리 정촌고분 식리는 발목 부분에 금속판이 돌려져 있다.

금동식리가 가장 많이 출토된 곳은 공주 수촌리 고분군이다. 1호묘 식리는 측판에 凸문, 저판에 사격자문이 시문되어 있다. 3호묘 식리의 측판 에는 4호묘 식리처럼 凸문이 있지만, 저판에는 용문과 연화문이 시문되었다. 4호묘 식리는 측판과

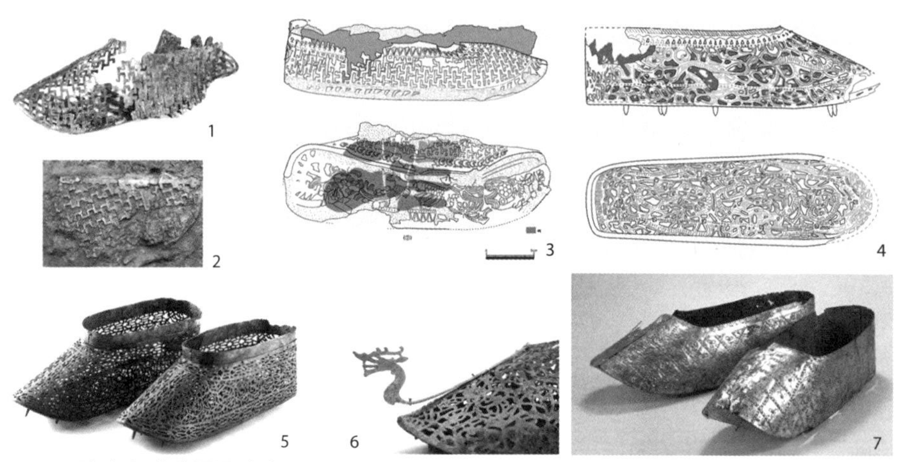

그림8　한성기 백제 금동식리

1. 수촌리 1호묘, 2. 수촌리 8호묘, 3. 수촌리 3호묘, 4. 수촌리 4호묘, 5. 봉덕리 1호분 4호 석실, 6. 복암리 정촌고분 1호 석실, 7. 입점리 86-1호묘

저판 모두에 여러 마리의 용문이 투조로 표현되어 있다. 8호묘 식리는 측판 일부만 남아 있어 전모를 알 수 없지만 凸문과 측판 결합 방식은 1·3호묘 출토품과 유사하다.

이처럼 5세기 이후 장신구의 종류와 수량이 늘어난다. 수촌리 1호묘 출토품이 대표적 사례인데, 이 자료로 보면 5세기 전반의 이른 단계에 이미 백제 공방에서 백제인의 요구에 맞춘 장신구 제작이 이루어졌음을 알 수 있다. 수촌리 1호묘 출토품의 경우 이른 단계의 자료임에도 불구하고 최고 수준의 기술력이 구사되어 있다. 그리고 그에 후속하는 장신구와 공통하는 요소를 갖추고 있다. 따라서 수촌리 1호묘 단계에 이미 백제 장신구 양식이 성립해 있었을 것으로 상정할 수 있다.

한성기 백제의 장신구는 서울, 화천, 화성, 원주, 천안, 청주(구 청원 포함), 세종, 서산, 공주, 익산, 고창, 나주, 고흥[4] 등 여러 지역에 분포하지만 출토 수량은 매우 적은 편이다. 이처럼 한성기에 금동관이나 금동식리 등의 장신구를 소유한 인물은 많지 않았고, 백제의 주요 거점 지역의 유력자에 한정된다. 공주 수촌리를 제외한다면 그것의 소유가 연속적인 경우가 드물며, 신라의 경우처럼 관에서 식리까지 신체 각 부위를 장식하는 장신구가 일습으로 부장되는 경우가 적다.

한성기 백제의 중앙과 지방에서 출토되는 장신구는 매우 정교한 편이다. 이같은 장신구를 만들려면 몇 가지 전제가 필요하다. 먼저 금은 등 귀금속을 확보해야 하며, 귀한 소재를 실수 없이 다룰 수 있는 숙련된 장인이 필요하다. 토기처럼 여러 번의 시행착오를 거쳐 시제품을 완성할 이유가 없었을 것이다.

백제의 장신구 가운데 동범으로 만든 물품을 찾기 어렵다. 수촌리 1호묘 대금구를 제외하면 주조품이 없기 때문이다. 따라서 외형 및 제작 기법을 분석하여 양식론의 입장에서 접근할 수밖에 없다. 그동안 백제 유적에서 출토된 장신구의 제작 기법이나 도안을 검토해보면 고구려·신라·가야 등 주변국 장신구와 현격히 구

4　길두리 안동고분 금동관에 대해 부품의 형태나 조립 위치로 보아 현지에서 제작되었거나 조립되었을 것으로 보는 연구가 있다. 전립식과 후입식이 수촌리나 부장리 금동관과 반대로 결합되어 있고, 전립식과 후입식의 형태 또한 다르다는 점을 근거로 제시했다(박보현, 2017, 22쪽).

별되는 특징을 갖고 있다. 이것을 백제 양식이라 규정할 때 그 중심지가 왕도 한성일 가능성을 우선적으로 고려할 수 있다. 정교한 금공기술이 구사된 물품을 현지 세력이 자체적으로 만들었다고 보기는 어렵다.

왕으로부터 사여받은 화려한 장신구는 물품 자체를 보유하는 것만으로도 효과가 있었겠지만 의복과 함께 착용했을 때 효과가 컸을 것이다. 단위 지역의 범위를 넘어서서 많은 사람들이 모이는 공간에 그것을 착용하고 참석했을 경우에 더욱 그러했을 것이다. 이러한 측면에서 보면 한성기 백제의 장신구를 관복이나 예복을 구성하는 물품으로 이해할 여지가 있다.

장신구 가운데 실용품으로 보기 어려운 것도 있다. 금동식리에서 전형을 볼 수 있듯이 장송의례품이 포함된 것이다. 금동식리는 장식성은 뛰어나지만 취약한 구조를 지니고 있다. 더욱이 『삼국사기』나 『구당서(舊唐書)』 등의 사서에는 공식석상에서 성장했을 때 가죽신을 신은 것으로 기록되어 있으므로 더욱 그러하다.

한성기 백제의 지방에는 대규모 고분군을 조영할 수 있는 유력한 세력이 여전히 존재하고 있었고, 백제 중앙은 그러한 질서를 온존시킨 채 지방을 지배했던 것 같다. 4~5세기의 백제 중앙이 그러한 자율성을 용인했던 것은 지방 세력이 중앙과 대등하거나 혹은 더욱 강했기 때문이 아니라 지방 지배의 효율성 때문일 것이다.

3 웅진기의 장신구

웅진기의 장신구는 한성기에 비해 출토 수량이 적다. 대부분이 무령왕릉에 집중되며 귀족이나 왕족 무덤에서조차 출토되는 경우가 드물다. 475년 고구려의 공침을 받아 금공품 제작 기반이 붕괴된 것도 원인의 하나일 것이다. 천도 이후에도 단기간에 장신구 사여 체제를 복원하기는 어려웠던 것 같다.

이 시기의 장신구로는 관식, 이식, 경식, 천(釧), 지환, 대금구, 식리가 있다. 식리는 장송의례용품이 분명하지만 다른 장신구에는 일상용품이 많이 포함되어 있다(그림9). 무령왕 부부의 관식은 중국 역사서에 기록된 금꽃의 실물이며, 은천에 왕비가 사망하기 6년 전인 경자년(520) 2월에 만들었다는 글귀가 새겨져 있고, 왕의 이식에 보수 흔적이 남아 있다.

관으로는 관식과 금동관이 있다. 무령왕의 관식에는 인동초와 화염문이 도안되었고 영락이 달려 있다. 무령왕비의 관식은 왕의 관식과 달리 관식 문양이 좌우 대칭을 이루고 영락이 달려 있지 않다. 이 장식이 바로『구당서』에 기록된 "검은 비단 관에 장식한 금꽃"이었던 것으로 보인다. 2019년에 발굴된 나주 송제리 1호묘 출토 은제 관식은 백제 사비기 관식의 조형에 해당하며 공반된 동제 잔, 은장도자가 무령왕릉 출토품과 유사하므로 웅진기까지 소급해볼 수 있는 자료다.

한편 나주 신촌리 9호분 을관 출토 금동관은 대관(帶冠)과 관모로 구성되어 있다(그림10). 대관의 경우 초화형 입식 3개를 갖추었다. 관모는 반타원형 금동판 2장을 접합한 다음 가장자리에 좁고 길쭉한 판으로 덮어씌우고 못으로 고정한 것이다.

웅진기 이식은 무령왕릉, 송산리 6호묘, 교동고분군, 주미리 3호묘에서 출토되었다. 무령왕릉 이식은 중간식의 형태가 웅진기의 특징을 잘 보여준다. 왕 이식의 중간식은 세 갈래로 돌출된 날개 모양 장식을 오므려 원통형 장식으로 완성한 것이다. 왕비 이식의 중간식은 담녹색의 유리구슬에 소환을 연접시켜 만든 반구체를 덧씌운 것이다. 이러한 형태는 송산리 6호묘 이식에서도 확인된다. 교동 출토품은 각기 크기와 중간식의 형태가 달라 한 쌍이라 보기는 어렵다. 유리옥을 중간식으로 사용한 점은 웅진기 이식의 특징 중 하나다. 주미리 이식은 신라의 이식에서

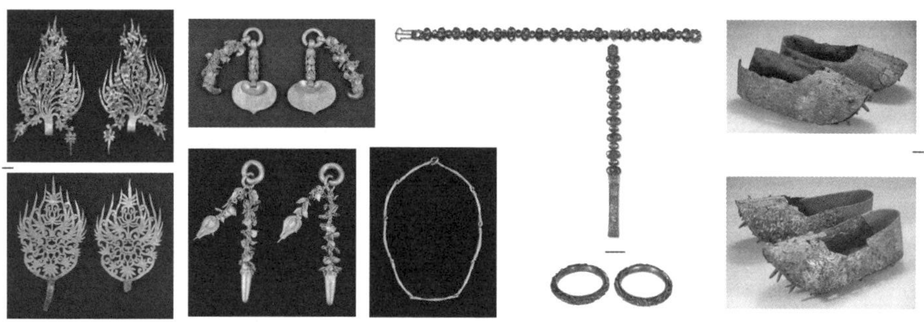

그림9 무령왕 부부의 장신구
상단: 왕, 하단: 왕비

그림10 나주 신촌리 9호분 금동관

종종 볼 수 있는 원통형 중간식을 갖추고 있으나 실물이 남아 있지 않아 더 상세한 검토는 어렵다.

무령왕릉에서 출토된 아홉 마디와 일곱 마디 경식도 웅진기를 대표하는 장신구다. 각 마디의 가운데가 가장 넓고 여러 면으로 각이 져 있으며 전체적으로 약간 휘었다. 각 마디의 양끝은 끈처럼 가늘게 늘여서 고리를 만들고 끝은 다시 몸체에 여러 바퀴 감아서 마무리했다. 무령왕릉 출토 금은제 천과 송산리 고분 출토 은천의 제작에도 동일한 기법이 활용되었다.

천은 유례가 많은 편이다. 무령왕릉에서 모두 여섯 쌍이 출토되었다. 왕의 유해부에는 팔찌가 없었고, 여섯 쌍의 팔찌 모두가 왕비의 유해부에서 출토되었다. 다리작명 은천 한 쌍은 왼팔, 각목문 금천 한 쌍은 오른팔에 착장되었던 것이다. 팔찌를 세트별로 모아 착장시킨 점이 주목된다. 그 가운데 다리작명 은천은 명문을 통해 520년에 만들어진 것임을 알 수 있다. 이 팔찌에 조각된 네 마리의 용문은 조금씩 차이가 있다. 이외에 보통골 17호묘과 웅진동 8호묘에서 출토된 은천에는 무늬가 없다. 무령왕릉에서 지환이 출토되지 않았지만 금학동 14호·16호·18호묘에서는 은제 지환이 출토되었다.

웅진기 대금구 역시 출토 수량이 많지 않다. 공주 지역의 경우 송산리 고분군에 한정적으로 분포한다. 교구는 대부분 버섯 모양이다. 무령왕릉 출토품이 전형이며, 송산리 고분군 출토품 역시 그러하다. 교구의 형태는 거의 통일되어 있지만 과판은 다양하다. 수면문이 장식된 방형판, 수면문(그림11-4)이나 투조문이 없는 방형판, 역심엽형 장식, 타원형 장식 등으로 나뉘어 있고 신라처럼 삼엽문 투조판으로 통일된 모습은 보이지 않는다. 무령왕릉 출토품은 흰색의 은판 위에 황금빛 달개를 가득 매달아 색을 대비시킨 점이 눈에 띈다(그림11-1). 허리춤에 매달아 장식한 드리개에는 여러 도상이 표현되어 있다. 맨 위에는 월상(月像)에 해당하는 두

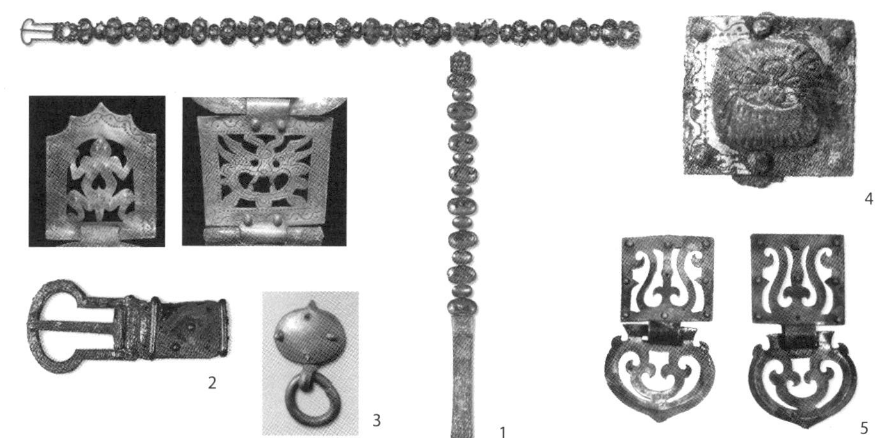

그림11　백제 웅진기의 대금구
1~3. 무령왕릉, 4. 송산리 구 2호묘, 5. 송산리 구 1호묘

꺼비가, 아래쪽에는 수면이, 맨 아래쪽 장방형 판에는 백호와 주작이 새겨져 있다.

송산리 구 1호묘에서 출토된 2점의 과판은 전형적인 신라 대금구의 구성품이다. 네모난 은판에 간략화된 인동초를 투조로 표현한 것이다(그림11-5). 신라의 삼엽문투조대금구의 과판 가운데 금관총 출토품과 특히 더 유사하다. 양자는 동일 도안과 기법으로 만들었기 때문에 신라에서 백제로 이입된 것으로 보인다.

웅진기의 식리는 무령왕릉과 나주 신촌리 9호분, 동 복암리 3호분 96년 석실에서 출토된 바 있다. 무령왕의 식리는 내측판, 외측판과 저판 등 3판으로 구성된다. 모든 판은 안에 은판이 있고 바깥쪽에 금동판을 덧댄 것이다. 왕비의 식리는 외형과 제작 기법이 왕의 식리와 비슷하지만 문양 구성이 다르다. 내외측판에는 전면에 귀갑문이 구획되어 있고 그 안에 봉황문, 인동당초문이 표현되어 있다.

나주 신촌리 9호분 출토품은 양측판과 밑판 등 3매의 금동판을 못과 금동실로 접합하여 만든 것이다. 전면에 걸쳐 능형문 구획이 있고 그 안에 화문이 표현되었다. 달개는 없으며 바닥에 금동 못이 스파이크처럼 박혀 있다. 복암리 3호분 출토품의 경우 판의 조립 방법은 신촌리 예와 같지만 문양이 다르다. 귀갑문 안에 화문이 표현되었고 귀갑문의 결절점에는 영락이 달려 있다.

이처럼 웅진기 백제의 장신구는 공주와 나주에 분포한다. 공주 일원에는 수촌리나 취리산 고분군처럼 한성기까지 연대가 올라가는 고분군이 존재하는데 모두 금강 이북에 분포한다. 웅진기의 고분군으로는 송산리 고분군, 교촌리 고분군, 금학동 고분군, 옥룡동 고분군, 주미리 고분군, 웅진동 고분군이 금강 이남의 산록에 밀집되어 있다. 장신구가 출토된 무덤은 교촌리 고분, 주미리 3호묘 정도다. 기타 옥룡동 고분군, 금학동 고분군에서 금제 장식품이 출토된 바 있으나 소량이다. 왕도의 중심 고분 임에도 불구하고 왕릉을 제외하면 장신구의 부장이 적다. 한성기의 지방 무덤인 수촌리 1호묘와 4호묘에 금동관, 금제 이식, 금동제 대금구, 금동식리가 부장되었던 것과는 뚜렷한 차이를 보여준다. 지방에서는 나주 신촌리와 복암리 고분군에 한정된다.

그러면 무령왕릉의 사례처럼 왕릉급 무덤에 장신구의 부장이 집중된 이유는 무엇일까. 왕이나 왕비의 장례의식은 그 사회에서 최고의 격을 갖춰 치렀을 것이다. 묘지를 미리 선정하고 수릉처럼 무덤을 사전에 축조했을 가능성도 있으며 장례에 소용되는 다양한 물품도 미리 준비했을 것이다. 지석에 드러나 있듯이 무령왕과 왕비는 사후 바로 무덤에 안장되지 않고 27개월간의 빈(殯)을 거쳤다. 이 기간 동안 무덤을 만들거나 조문을 받았을 것이며 왕위 계승 절차를 마무리했을 것이다. 왕릉 속 장신구 가운데 생전에 제작한 것이 많은데 신라의 사례로 보면 장례 과정에서 만든 것도 일부 포함되어 있을 것이다.

6세기 전반의 백제 사회에 외래 묘제가 수용되고 성대한 장례의식이 거행된 배경으로는 추락한 왕권을 복구하려는 의도가 개재되어 있었을 것이다(권오영, 2005). 아울러 강대한 귀족으로부터 왕권 내지 왕실을 보호하는 것이 우선시되었기 때문에 지방으로의 장신구 사여는 적었던 것 같다.

4 사비기의 장신구

백제 성왕은 538년 사비로 왕도를 옮긴다. 그 이후 백제의 물질문화는 크게 바뀐다. 대체로 보면 고고자료에서 제일성(齊一性)이 높아지는 것 같다. 이 시기의 장신구는 형태가 간소한 편이고 종류도 관식, 이식, 대금구에 한정된다. 또한 박장화의 경향과 함께 유적에서 출토되는 빈도 역시 이전 시기에 비해 급격히 줄어든다.

관 가운데 은제 관식의 출토 사례가 많다. 부여 출토품이 가장 많다. 능산리 능안골 36호묘(2점), 동 44호묘, 하황리 석실, 염창리 Ⅲ-72호묘에서 출토되었다. 나주에서도 여러 점 출토되었는데 복암리 3호분 5호와 16호 석실, 흥덕리 석실 출토품이 사비기 관식이다. 송제리 1호 석실 출토품의 경우 단정하기는 어려우나 형태나 공반유물로 보아 웅진기로 소급시킬 수 있을 것 같다. 그밖에 논산 육곡리 7호묘, 익산 미륵사지 서탑(2점), 남원 척문리, 보령 구룡리 4지점 14호묘, 남해 남치리 1호묘에서도 출토되었다(그림12). 이 가운데 미륵사지 출토품의 경우 639년의 사리봉안 법회에 참석한 백제 고급 관료가 보시한 물품으로 추정된다. 이 관식

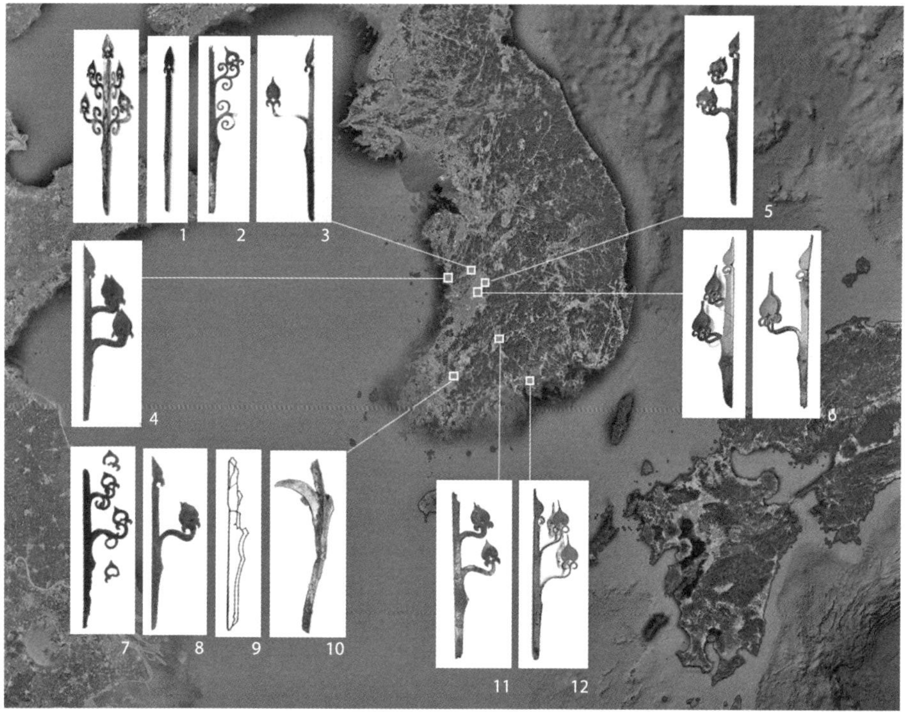

그림12 백제 은제 관식의 분포

1. 능안골 36호묘, 2. 하황리, 3. 염창리 Ⅲ-72호묘, 4. 구룡리 4-14호묘, 5. 육곡리, 6. 미륵사지 서탑, 7. 복암리 3호분 5호 석실, 8. 복암리 3호분 16호 석실, 9. 흥덕리, 10. 송제리 1호 석실, 11. 척문리, 12. 남치리

은 공반된 여러 물품과 함께 매납(埋納)의 절대 연대뿐만 아니라 맥락까지 알 수 있는 자료다.

이 관식은 은판의 좌우를 접어 단면이 ∧자상이 되도록 각이 지게 만든 것인데, 가운데에 줄기가 있고 줄기 좌우에 곁가지를 내었다. 현재까지 출토된 관식 가운데 부여 하황리 석실, 능산리 능안골 36호분 남성유해부 출토 관식이 조금 더 복잡하다. 나주 복암리 3호분 5호 석실은 줄기에서 파생되어 나온 엽문 가운데 1개가 생략되어 있다. 미륵사지 서탑, 논산 육곡리 7호분, 나주 복암리 3호분 16호 석실, 남원 척문리, 염창리 Ⅲ-72호분, 남치리 1호묘 관식은 기본적인 도안이 동일하며 능안골 36호분 남성 유해부 출토품에 비해 간단하다. 능산리 능안골 36호분 여성 유해부 출토 관식은 좌우의 곁가지가 없어 매우 간략한데 이 차이는 성별이나 위계의 차이를 반영하는 것으로 추정된다. 이외에 복암리 3호분 7호 석실처럼 머리 부위에서 금으로 만든 각종 장식이 출토되는 경우도 있는데 비단으로 만든 관의 표면을 장식했던 물품이라 판단된다. 왕흥사 목탑지 하부에서 출토된 관에는 운모로 만든 꽃이 부착되어 있어 유사한 사례로 보인다.

웅진기까지의 백제 장신구 가운데 가장 수량이 많은 것은 이식으로, 가장 정교하고 화려한 제작 기법을 보여주었다. 그런데 사비기에 이르면 이러한 모습은 일변한다. 사비기 이식은 종류가 한 가지 유형으로 단순해진다. 현재까지 이 시기 이식은 부여에서 주로 출토되었다. 관북리 연지, 왕흥사지 목탑지, 능산리 능안골 32호묘(그림13)와 49호묘, 염창리 옹관묘, 염창리 I-2호묘, 정암리 수작골 1호묘 출토품이 그것이다. 그밖에 당진 채운리 1호묘, 홍성 석택리 A-2지구 1지점 1호묘, 보령 구룡리 4-14호묘에서도 1점씩 출토되었다(그림14).

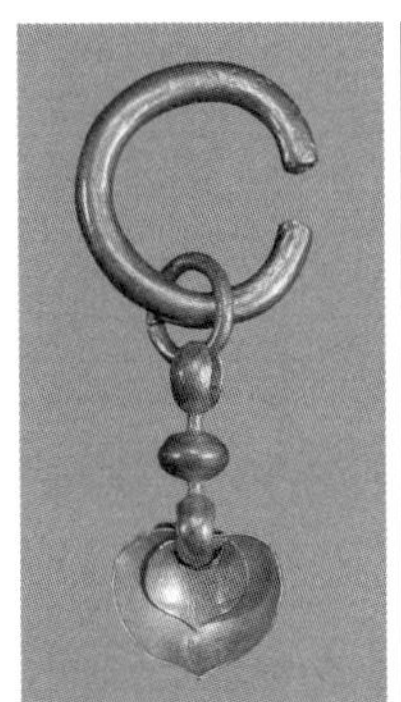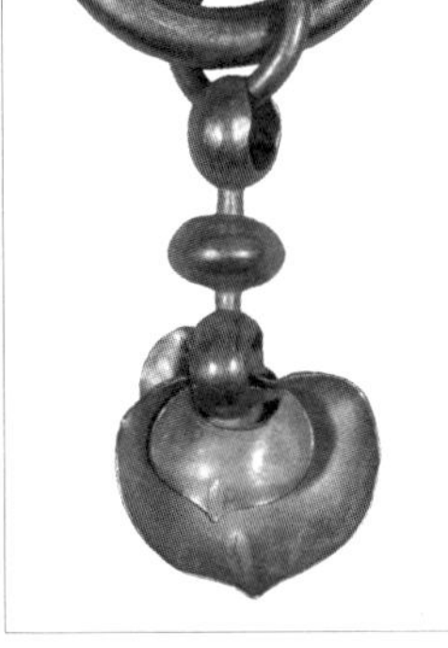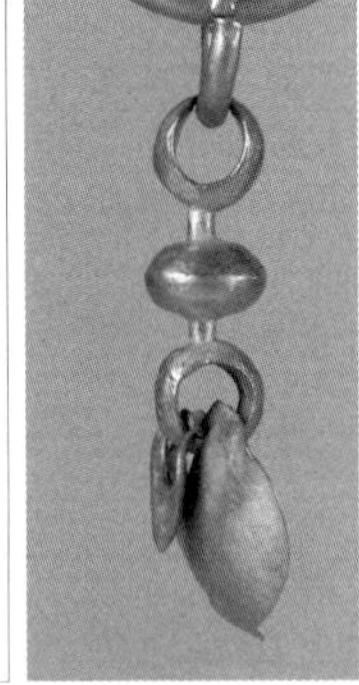

그림13　부여 능산리 능안골 32호묘 이식

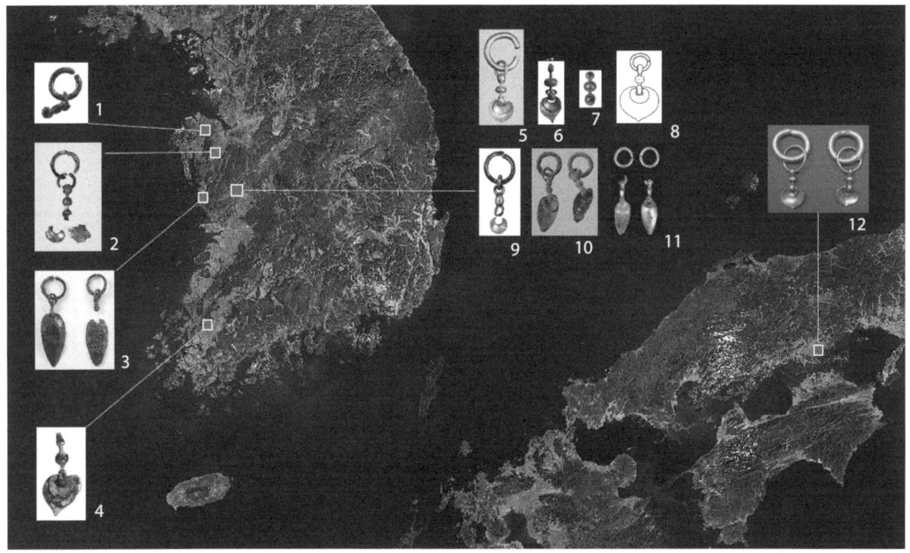

그림14　사비기 백제 이식의 분포

1. 채운리 1호묘, 2. 석택리 A-2-1-1호묘, 3. 구룡리 4-14호묘, 4. 복암리 1호 수혈, 5. 능안골 32호묘, 6. 관북리 연지, 7. 정암리 수작골 1호묘, 8. 왕흥사지 목탑지, 9. 염창리 I-2호묘, 10. 염창리 옹관묘, 11. 능 안골 49호묘, 12. 야하타오츠카 2호분

　　잔존 상태가 불량한 것이 많지만 주변국 자료나 웅진기 이전 자료에 비하면 길이가 짧고 간소하다. 세부적으로 보면 중간식의 구조가 획일적이다. 즉 중간식의 한가운데에 구체가 있고, 그것의 상부에는 유환에 걸리는 연결환 1, 하부에는 수하식을 매다는 연결환 2가 일체형을 이룬다. 중간식에 가느다란 봉(棒)이 있는 것과 없는 것으로 대별된다. 전자를 I류, 후자를 II류로 나눌 수 있는데 양자는 수하식에서도 차이가 있다. I류에는 횡으로 넓은 것이 많고, II류에는 종으로 길쭉한 것이 많다.

　　I류와 II류로 나뉘는 이유가 무엇인지 알기 어렵다. 시기 차 혹은 물품의 위계차를 반영하는 것 같지만 단정적으로 말하기 어렵다. I류 가운데 왕흥사지 이식은 577년에 매납된 것이고, II류 가운데 구룡리 4지점 14호묘 이식은 7세기대 은제 관식과 공반되었다. 이와 같은 단편적 자료에 근거할 때 I류가 II류에 선행할 가능성이 있다. 일본 오카야마현 야하타오츠카 2호분(八幡大塚2號墳) 출토 금제 이식의 경우 능안골 32호묘와 왕흥사지 목탑지 출토품과 유사하며 6세기 후반 백

제의 왕실 공방에서 제작된 것으로 보인다(李漢祥, 2020).

사비기의 대금구는 은제품과 동제품으로 구분된다. 능산리 사지와 왕흥사지, 그리고 능안골 고분군의 조사 결과로 보면 은제품은 주로 6세기대 후반에 유행했고 동제품은 7세기대로 편년할 수 있는 자료가 많다. 미륵사지 서탑 사리공양품으로 보면 7세기대에도 고급 관인의 대금구로는 은제품이 여전히 제작되었음을 알 수 있다. 은제품은 은판이나 은봉을 단조한 다음 못으로 접합하거나 부분적으로 땜질하여 완성한 데 비해 동제품은 기본형을 주조로 만들고 돌출부는 땜질로 접합한 것이다. 웅진기에 비하면 출토 예가 보다 많아지고 출토지 역시 왕릉급 이외의 무덤으로 범위가 넓어졌다. 제작 기법과 외견상의 특징이 어느 정도 통일된 모습을 갖추는 시기는 6세기 중엽이며, 주조품이 출현하고 정형화가 이루어지는 시기는 7세기를 전후한 시기로 보인다.

사비기 대금구가 어떻게 변천했는지를 추정할 수 있는 기준 자료가 있다. 567년에 매납된 부여 능산리 사지 목탑지 출토품, 577년 매납된 부여 왕흥사지 목탑지 출토품, 639년 매납된 익산 미륵사지 서탑 출토품이 그것이다. 웅진기 자료이지만 무령왕릉 출토 대금구까지 포함하면 무령왕릉 → 능산리 사지 → 왕흥사지 → 미륵사지 출토품 순의 변천 양상이 명확한 편이다. 특히 역심엽형 과판의 구조가 변화하는 점이 주목된다.

무령왕릉 과판(그림15-1)은 역심엽부의 못이 이면의 혁대를 관통하고 있음에 비해 능산리 사지(그림15-2)나 왕흥사지 예(그림15-3)는 별도의 고정용 금구를 붙인 다음 은사로 꿰맨 점이 다르다. 능사와 왕흥사지 자료 사이에는 큰 차이가 보이지 않으나 땜질 기법이 더 많이 정교하게 활용된 점에서 차이가 있다. 그에 비해 미륵

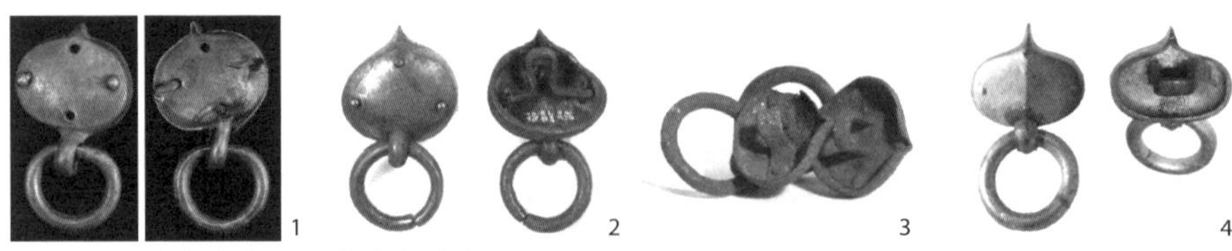

그림15　백제 역심엽형 과판의 변화
1. 무령왕릉, 2. 능사 목탑지, 3. 왕흥사지 목탑지, 4. 미륵사지 서탑

사지 출토품(그림15-4)의 경우 4개의 못이 박혀 있지만 모두 장식용이며 이면의 ∩
형 고리는 능사나 왕흥사지 과판과 달리 땜으로 지판에 직접 부착되어 있다. 이와
같은 형태 변화를 여타 무덤 출토품과 대비하면 사비기 석실묘의 편년 시 기준 자
료가 될 수 있다.

이상에서 살펴본 것처럼 사비기 금속제 장신구는 이전 시기에 비해 간소한 경
향을 보인다. 아울러 식리와 같은 장송의례용품은 소멸한다. 관식은 대금구와 더
불어 관인의 상징물로 이해되고 있으며 기본형은 통일적이지만 시기와 소유자의
격에 따라 약간의 다양성이 있다. 이식은 하나의 유형만 제작되며 웅진기처럼 화
려한 예는 사라진다. 대금구는 사비 천도 후 약 반세기가량 은제품이 주류를 이루
다가 7세기를 전후한 시기부터 동제 주조품이 등장하는데, 이후 소유층이 넓어졌
을 가능성이 있다.

백제 사비기의 지방 지배 방식은 전국을 5방으로 나누고 그 하부에 군-성을
편제하여 직접 지배를 실현한 데서 특징을 찾을 수 있다. 5방제의 실시는 지방관을
전국적으로 파견하여 영역적 지배를 관철하는 것이었으므로 자연히 지방 사회의
기존 질서는 재편될 수밖에 없었다. 특히 성왕 대 22부사 중심으로 정치를 운영하
고 16관등제와 의관제도를 확립한 것은 중앙 통치조직의 확립뿐만 아니라 지방 지
배의 강화와도 연결되었을 것이다.

사비기의 장신구는 중앙과 지방에서 고루 출토된다. 그렇지만 박장의 경향과
더불어 단위 고분 내에서는 매우 적은 양만 제한적으로 출토된다. 은제 관식을 통
해 보면 지방에 나솔 이상의 관등을 가진 인물이 묻힌 것으로 볼 수 있다. 이들이
중앙정계에 진출했다가 귀장된 것인지, 혹은 도성의 귀족이 전략적인 요충지로 사
민되었다가 묻힌 것인지 여러 가지 가능성을 고려할 수 있다.

5 맺음말

이상에서 백제 장신구의 변천 양상을 개관했다. 아직 연구가 부족하지만 백제

의 장신구는 왕도에서 제작하여 중앙 및 지방의 유력자에게 사여한 복식품일 가능
성이 있다. 그런데 한성 및 웅진기와 사비기의 장신구는 정치·사회적 의미에서 차
이를 지녔다.

한성 및 웅진기의 장신구는 지배층의 구성원임을 표상하는 상징물이었고 물
품의 격으로 보면 지방 세력이 중앙 지배층의 복식과 장송용품을 공유하는 셈이
었다. 이것은 당시 백제가 지방의 유력자를 지배층에 편입시켜 그들을 매개로 지
방 지배를 실현했음을 보여준다. 그에 비해 사비기에는 엄격한 관위제가 실시되면
서 관위에 따라 장신구 역시 소유에 제한이 있었고 관복의 부속품으로 변모했다.
이전 시기에 비해 형태도 간략해졌고 정형화된 모습이 관찰된다. 장신구 소유자의
다수는 관인이었던 것 같다.

한성기 후반에 이르러 백제 중앙이 지방의 유력자들에게 장신구를 사여한 것
은 지방을 지배하는 과정에서 집권력의 미숙이라는 현실적인 여건을 타개하기 위
해 시행한 정치 방식의 소산이었던 것 같다. 자연히 국가의 지배력이 강고해지는 6
세기 이후가 되면 장신구 사여 체제는 해체될 수밖에 없는 한시적 성격을 지녔던
것으로 보인다.

참고문헌

한글

국립나주문화재연구소, 2019, 『고대 동아시아의 금동신발과 금동관』.

권오영, 2005, 『고대 동아시아 문명교류사의 빛 무령왕릉』, 돌베개.

김낙중, 2017, 「백제 고고학 연구에서 익산 미륵사지 서탑 출토 유물의 의미」, 『백제문화』 57, 공주대학교 백제문화연구소.

김도영, 2017, 「백제 대장식구의 전개와 특질」, 『백제문화』 57, 공주대학교 백제문화연구소.

박보현, 2016, 「연기 나성리 4호 목관묘 출토 용문투조대금구의 연대」, 『백제문화』 55, 공주대학교 백제문화연구소.

박보현, 2017, 「고흥 안동고분 금동관으로 본 분여설의 한계」, 『과기고고연구』 23, 아주대학교 박물관.

박순발, 2001, 『한성백제의 탄생』, 서경문화사.

이문형, 2020, 「고창 봉덕리고분군 축조세력 연구」, 공주대학교 박사학위 논문.

이한상, 2009, 『장신구 사여체제로 본 백제의 지방지배』, 서경문화사.

이한상, 2017, 「연기 나성리 4호묘 대금구의 용문 복원과 예찰」, 『고고학탐구』 20, 고고학탐구회.

이한상, 2019, 「화성 요리 금공품의 특징과 함의」, 『고고학탐구』 22, 고고학탐구회.

최병현, 1992, 『신라고분연구』, 일지사.

최종규, 2015, 「가야문화」, 『고고학탐구』 17, 고고학탐구회.

외국어

金宇大, 2017, 『金工品から讀む古代朝鮮と倭』, 京都: 京都大學學術出版會.

李漢祥, 2020, 「八幡大塚2號墳耳飾についての檢討」, 『福岡大學考古學論集3-武末純一先生退職記念』, 福岡: 福岡大學考古學研究室.

土屋隆史, 2018, 『古墳時代の日朝交流と金工品』, 東京: 雄山閣.

4장

농구의 장식성

김재홍(국민대학교 한국역사학과 교수)

1 머리말

한국 선사 및 고대에서 농구(農具)는 실용적인 도구로서 사용되었을 뿐만 아니라 의례용으로도 기능했다. 이것은 대부분의 농구가 철제이며 무덤에서 출토되었기 때문이기도 하다. 농구는 나무, 돌, 쇠 등을 다듬거나 녹여 제작하여 일정한 가공을 거쳐 완성했다. 나무는 저습지와 같은 보존환경을 제외하고 거의 확인되지 않으며, 돌로 만든 농구는 선사시대에 주로 사용했다. 현재 출토 농구는 철제가 대부분이며, 주로 분묘 유적에서 출토된다.

철제 농구는 쇠로 된 날 부분과 나무로 만든 자루 부분으로 이루어져 있다. 무덤에서 쇠로 만든 날 부분만 출토되지만 경우에 따라 자루도 쇠로 된 농구가 출토되는 사례가 늘고 있다. 농구 전체를 쇠로 제작하는 경우는 실제로 사용했다기보다는 지배층의 무덤에 의례용으로 묻은 것으로 보인다. 이것은 쇠자루 농구의 손잡이 부분에 특정한 문양이 표현된 것에서 잘 알 수 있다. 장식적인 요소를 더해 피장자의 권위를 드높이고 있다. 농구를 실용적인 도구로 볼 때는 필요 없는 요소이지만 그 안에 내재된 상징적인 의미를 살펴야 한다. 그 문양은 대부분 소용돌이무늬[渦文]이며, 고사리무늬[蕨手文]라고도 한다.

이 글은 농구에 나타나는 소용돌이무늬 장식에 주목하여 그 의미와 시간적인 흐름을 살피려는 의도에서 시작되었다. 선사와 고대 농구에 나타나는 장식적인 요소를 분석하여 그 안에 내포하는 상징성을 검토하고자 한다. 그 과정에서 장식을 베푼 농구의 시기적 변화를 찾아 각 시기별 중요 농구의 의미를 밝히고자 한다.

2 농구 장식의 출토 사례

최근 고고학 발굴조사 현장에서 특이한 형태의 철제품이 확인되고 있다. 철봉의 끝단을 두 갈래로 잘라 소용돌이무늬로 말아 마무리한 장식품이 그 예다. 단독으로 출토되어 불명철기로 명명하거나 다른 도구와 함께 출토되어 손잡이 장식으로 사용되었다고 추정되기도 하는 철제품이다. 일명 '소용돌이무늬' 장식은 공주 수촌리 5호 돌방무덤, 김해 여래리·본관리 Ⅱ-3호 나무덧널무덤, 부산 두구동 152호 주거지 등에서 단독으로 출토되었다. 여기에서부터 논의를 시작하도록 한다.

1) 공주 수촌리 5호 소용돌이무늬 장식

공주 수촌리 5호 돌방무덤은 구릉 정상부의 바로 아래 경사면에 위치하고 있으며, 뚜껑돌은 모두 없어졌다. 북벽과 동벽·서벽의 일부도 없어졌다. 무덤구덩이는 길이 500센티미터, 너비 440센티미터이며, 돌방은 길이 340센티미터, 너비 260센티미터, 남은 높이 120센티미터다. 무덤길은 남벽의 중앙에 나 있는 형태다.

돌방 안에서 'T'자형에 손잡이 양측 끝부분이 소용돌이무늬 모양을 띤 철제품이 출토되었다(그림1-1). 손잡이는 단면이 방형에 가깝고 굵기가 약간 가는 철봉을 사이에 두고, 양쪽으로 단면 장방형의 철봉을 대어 고정했다. 즉 양측에 댄 철봉 중간 부분을 직각으로 꺾어 외측으로 구부린 다음, 양쪽 끝부분을 안으로 둥글

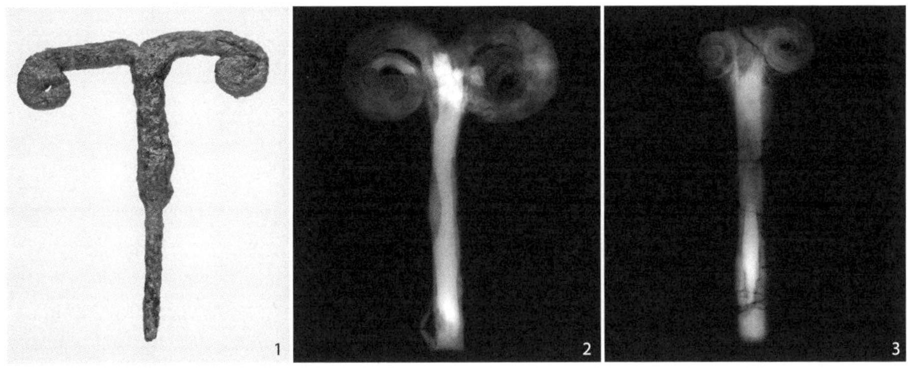

그림1 소용돌이무늬 장식
1. 수촌리 5호, 2. 수당리 12호, 3. 옥전 M3호

게 말아 붙였다. 'T'자형 중심축의 2분의 1 지점까지는 두께가 두꺼우나 그 하부는 얇게 제작되었고, 끝이 약간 뾰족하다. 표면에 나무 흔적이 남아 있는 것으로 보아 나무 자루에 고정했음을 알 수 있다. 장식은 남은 길이 12.7센티미터, 손잡이 너비 10.9센티미터, 두께 0.3~1.05센티미터다.

이 철제 장식은 끝이 뾰족하여 나무 자루에 고정했으며, 소용돌이무늬 장식을 하고 있어 특징적이다. 이와 짝하는 다른 부장품을 선별하기 어려우나 그 형태로 보아 비교 가능한 자료가 있다. 동일한 유적이나 주변 유적에서 동일한 형태의 것이 출토되었다. 공주 수촌리 고분과 금산 수당리 고분에서 기존의 형식 분류에서 고려하지 않은 다양한 모양의 손잡이 장식이 달린 농구가 출토되었다. 수당리 12호에서 출토된 살포의 손잡이 끝 상식은 소용돌이 모양을 하고 있다(그림1-2). 이와 동일한 모양의 손잡이 끝 장식을 가진 것이 합천 옥전 M3호에서 출토된 쇠자루살포다. 옥전 M3호 살포는 길이 125센티미터로서 손잡이 끝이 소용돌이 모양을 하고 있다(그림1-3). 이것은 보고서에서는 8자와 같이 양쪽으로 원공이 하나씩 들어 있어서 손으로 잡을 수 있다고 했으나 최근 엑스레이 촬영을 한 결과 소용돌이 무늬로 밝혀졌다. 수촌리 1호, 4호에서 출토된 살포의 손잡이 끝 장식에는 소용돌이무늬가 약화되어 한 번 정도만 원을 그리고 있다. 이를 고려하면 수촌리 5호 출토 철제 장식은 살포의 철제 손잡이 장식으로 추정할 수 있다.

2) 김해 본산리 · 여래리 Ⅱ-3호 나무덧널무덤

김해 본산리 · 여래리 Ⅱ-3호 나무덧널무덤은 해발 29.6미터에 위치하며, 평면 형태는 '日'자형이며 동혈주부곽식 나무덧널무덤이다. 무덤구덩이는 길이 622센티미터, 너비 275센티미터, 깊이 141센티미터이며, 장단비는 2.26:1이다. 으뜸덧널은 길이 437센티미터 정도이며, 충전토의 범위로 추정되는 나무덧널의 규모는 길이 350센티미터, 너비 150센티미터, 충전토 높이 65센티미터 정도다. 으뜸덧널에서 토기 24점, 철촉 3점, 철모 1점, 도자 1점, 활 부속 장식 1점, 철부 2점과 더불어 살포와 그 장식이 각각 1점 출토되었다. 살포 장식은 보고서에서 불명철기로 명명했으나 본문의 설명에서 살포의 선단부 장식으로 추정했다.

살포 장식은 단조제이며, 소용돌이무늬가 두 갈래로 나뉘어 말려져 있다(그림 2). 소용돌이무늬의 아래에는 단면 원형의 투겁으로 되어 있다. 투겁 내에는 나무 흔적이 있어 나무 자루에 고정하여 사용했음을 알 수 있다. 함께 출토된 살포는 단조제이며 투겁 끝 및 날 부분의 일부가 없어졌다. 살포의 신부는 평면 사다리꼴이며, 날 부분으로 갈수록 넓어진다. 신부의 위·아랫면에는 가는 나무 흔적이 붙어 있다. 살포는 길이 15.4센티미터, 날 너비 5.3센티미터, 신부 두께 0.4센티미터, 투겁 바깥지름 1.6×1.5센티미터, 무게 82.7그램이다. 살포 장식은 으뜸덧널의 동편에, 살포 신부는 으뜸덧널의 서편에 놓여 있었던 것으로 보아 묻힌 사람은 머리를 동편으로 향해 묻혔음을 알 수 있다. 으뜸덧널 북쪽 장벽에서 살포 날과 손잡이 장식이 나란히 놓여 있어 시신 옆에 묻었음을 알 수 있다. 날과 장식의 공간을 고려하여 추정하면 살포의 길이는 140센티미터 정도다. 묻힌 사람은 몸의 바로 옆에 살포와 그 장식을 나란히 한 채 묻혔으며, 살포와 장식은 나무 자루로 연결되었음을

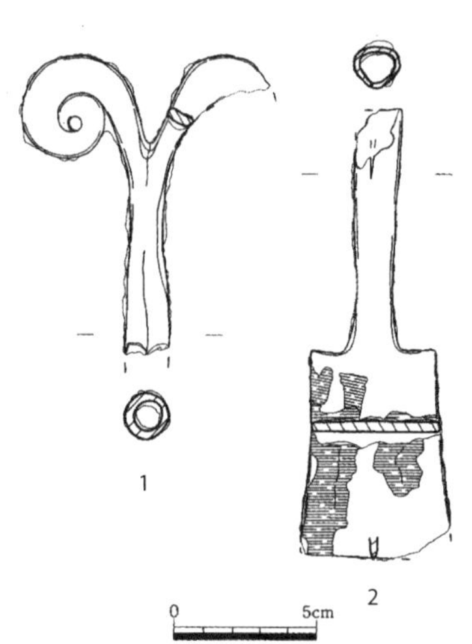

그림2 본산리 · 여래리Ⅱ-3호의 살포날 (2)과 소용돌이무늬 장식(1)

알 수 있다. 무덤의 연대는 보고서에서 5세기 전반으로
보고 있다.

3) 부산 두구동 152호 주거지

부산 두구동 152호 주거지는 해발 41미터 선상에
입지하며, 대부분 유실되어 거의 바닥만 남아 있다. 주
거지의 평면 형태는 1.15:1의 방형이며, 길이 548센티미
터, 너비 474센티미터, 잔존 깊이 17센티미터다. 내부에
는 6개의 기둥구멍이 있으나 배치 형태는 정연하지 않
다. 바닥은 별다른 시설이 없이 판 면을 그대로 사용했
으며, 북벽 중앙부에 거의 맞붙어 소용돌이무늬 장식이
출토되었다. 보고서에는 불명철기로 명명하여 기능을
설명하지 않았다.

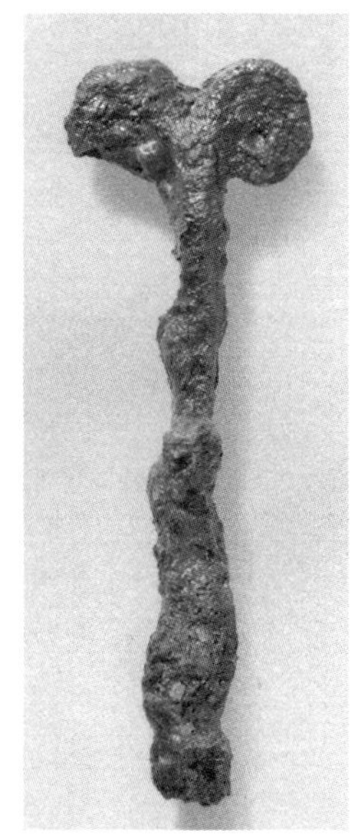

그림3　　두구동 소용돌
이무늬 장식

소용돌이무늬 장식은 단조제로서 신부와 소용돌
이무늬의 일부가 없어졌으나 거의 그대로 남아 있다(그림3). 막대 형태의 철봉을 두
드려 끝부분을 두 갈래로 나누어 소용돌이무늬로 말아서 제작했다. 소용돌이무늬
의 반대편 끝은 일부 없어졌으나 거의 원형을 유지하고 있다. 끝부분이 가늘어지는
것으로 보아 나무로 만든 자루에 끼웠던 것으로 추정된다. 이것은 남은 길이 13.2
센디미터, 너비 1.3센티미터, 두께 0.6센티미터다. 소용돌이무늬 장식으로는 드물
게 주거지에서 출토되어 실용적인 도구에 붙여 장식으로 사용되었음을 알 수 있다.

3　농구의 장식

1)　손잡이 장식의 분류와 의미

소용돌이무늬 장식은 독립된 형태로 제작되어 사용되다가 고분이나 주거지에
서 확인된 철제품이다. 양 끝단을 말아 소용돌이무늬를 베풀었다는 공통점이 있으

그림4 살포를 사용하는 모습(복천박물관 제공)

며, 둥근 투겁이나 뾰족한 끝단을 가진 것으로 보아 나무 자루에 고정했던 것으로 보인다. 공주 수촌리 5호분과 부산 두구동 152호 주거지의 예는 독립적으로 출토되어 그 기능을 알기 어려우나 김해 본산리·여래리 Ⅱ-3호 나무덧널무덤의 예는 살포 날과 나란히 출토되어 살포의 손잡이 장식임을 알 수 있다. 이로 보아 앞의 예도 살포 장식으로 추정할 수 있다.

살포는 논에 물꼬를 트는 실용 농구(그림4)이자 촌로의 권위를 상징하는 의례 구였다. 고대의 살포는 자루의 재질에 따라 쇠자루살포[鐵柄附鐵鏵]와 나무자루살포[木柄附鐵鏵]로 나눌 수 있다. 쇠자루살포는 공주 수촌리 1호·4호, 금산 수당리 12호, 고흥 안동고분, 합천 옥전 M3호, 의성 대리고분, 창원 가음정동 3호, 부안 죽막동 제사 유적, 김해 예안리 돌방무덤 등에서 출토되었다. 살포 날과 자루, 손잡이 장식이 모두 쇠로 제작되었으며, 손잡이는 소용돌이무늬 등으로 장식하여 마무리하고 있다. 나무자루살포는 나무자루가 썩어 대부분 자루는 출토되지 않고 자루를 끼우는 굽통만이 출토되고 있어 자세한 형상을 알 수 없다. 삼국시대 무덤에서 살포 날만 출토되었으나 쇠자루살포의 예를 통해 전체 형상을 짐작할 뿐이었다. 따라서 대부분의 살포는 나무자루를 가지고 있었으나 현재 발굴되는 것은 자루가 없이 굽통이 달린 네모난 날 부분의 형태다. 그런데 최근에 소용돌이무늬 장식과 함께 살포 날이 출토되면서 나무자루살포에도 장식을 한 예가 있다는 것이 확인되었다.

이제 살포의 손잡이 장식도 형식 분류가 가능한 정도로 자료가 늘고 있다. 지금까지 출토된 살포의 철제 손잡이 장식은 몇 가지 유형으로 나눌 수 있다. 먼저 자루와 손잡이가 T자형을 이루는 Ⅰ형식으로서 의성 대리의 신라 고분에서 출토되었다. 다음으로 자루에서 두 갈래로 나누어 손잡이를 형성하고 있으며 끝부분이 갈고리를 이루거나 한 번 정도 말린 형태인 Ⅱ형식이다. 이것은 공주 수촌리 백제 살포에서 전형적으로 보인다. Ⅱa는 손잡이 형태가 T자형을 이루며 손잡이 끝부분이 갈고리 모양을 하고 있는 것으로 공주 수촌리 1호와 4호 쇠자루 살포의 손잡이 장식이다. Ⅱb는 손잡이 형태가 T자형을 이루며 손잡이 끝부분이 한 번 말아 감은 형태로서 수촌리 5호, 김해 예안리 돌방무덤, 창원 가음정동 3호의 것이 있다. 다음으로 철봉을 두 갈래로 나누고 양끝을 바로 두세 번 말아 감아서 마치 쌍방울처럼 생긴 Ⅲ형식이다. 이것은 금산 수당리 12호, 합천 옥전 M3호, 고흥 안동고분, 부산 두구동 152호 주거지 등지에서 출토되었다. Ⅳ형식은 자루 투겁을 만들고 V자형으로 고사리 문양을 단접하고 소켓 모양으로 끼워 장식을 단 것이다. 이것은 현재로서는 김해 본산리·여래리 Ⅱ-3호 나무덧널무덤에서 출토되었다.

쇠자루살포의 손잡이 장식은 T자형(Ⅰ형식), T자형에 갈고리 모양(Ⅱa형식), T자형에 고사리 문양(Ⅱb형식), 전체 쌍방울 모양(Ⅲ형식), V자형의 고사리 문양(Ⅳ형식) 등이 있다(그림5). 소용돌이무늬 장식은 단독이나 쇠자루살포에 붙여 제작되었으며, 단독일 경우에도 나무자루에 붙여 살포 날과 연결하여 사용했다.

각 형식은 지역차를 반영하고 있다. T자형의 Ⅰ형식은 신라 지역인 의성에서 확인되었으며, Ⅱ형식은 주로 공주 수촌리를 중심으로 백제 지역에서 출토되었다. 이 형식은 신라와 백제를 구분하는 기준이 되었을 가능성이 있다. Ⅱb형식의 김해 예안리 돌방무덤은 구체적인 양상을 알기 어려우나 출토된 살포는 백제게의 살포로 추정된다. 이로 보아 Ⅱ형식은 백제 살포나 그 영향을 받은 살포로 추정해도 될 것이다. Ⅲ형식도 백제 지역이나 그 영향을 받은 고분에서 출토된 것으로 보아 백

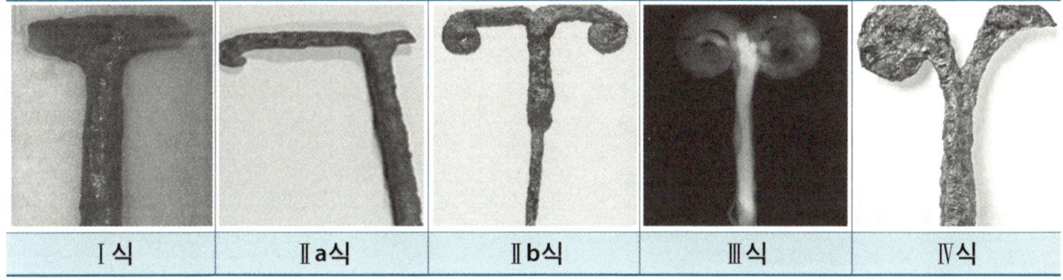

그림5　살포 손잡이 장식의 형식 분류

제 살포의 특성으로 추정된다. Ⅳ형식은 그 예가 적어 단언하기 어려우나 출토 지역으로 보아 금관가야 살포의 특성으로 보인다.

살포는 삼국시대 4세기에 출현하여 6세기까지 무덤에 부장되었다. 이후 시기에는 무덤에서 거의 출토되지 않지만, 실용적인 농구로 계속 사용되었다. 실제로 고려시대 고분군이나 건물터에서 살포가 적은 수이지만 출토되었다. 이후 시기의 실물이나 회화에서는 실물 살포가 지속적으로 나타나고 있어 실제로 사용한 농구임을 알 수 있다. 통일신라 이후에 장식부 살포는 고고학 유적에서는 거의 출토되지 않는 농구이지만 다른 농구도 이 시기 이후에는 무덤에 부장되는 예가 적어 일반적인 현상임을 알 수 있다.

삼국시대 소용돌이무늬 장식이 달린 살포는 앞으로 출토 사례가 점차 증가할 것으로 보인다. 그 모양으로 보아 단순히 하나의 문양으로 넘길 수 있으나 동일한 문양이 지속적으로 사용되는 것으로 보아 상징성을 찾을 수 있다. 이와 관련하여 주목되는 자료가 경기도박물관에 소장된 이경석의 궤장이다(그림6). 현종이 원로대신인 이경석에게 의자와 더불어 새 모양의 손잡이가 달린 지팡이를 하사했다. 일명 조두형(鳥頭形) 지팡이 끝부분에 새 한 마리를 조각하고 그 아랫부분에 농구인 살포가 달려 있다. 이것은 삼국시대 나무자루에 소용돌이 장식을 결합한 살포를 이해하는 데 중요한 시사점을 준다. 소용돌이무늬 장식을 해명할 수 있는 실마리를 제공하고 있다. 소용돌이무늬 장식은 다름 아닌 새 모양을 형상화한 것으로 볼 수 있다. 이와 같이 조선시대 국왕이 70세 이상의 신하에게 하사한 궤장 중에서 지팡이 부분에 특이하게 살포와 동일한 모양의 것이 달려 있다. 지팡이의 윗부분에는 새 모양의 장식이 달려 있다. 살포와 새 모양 조각이 지팡이의 장식으로 사용

그림6 조선시대 궤장의 새장식 달린 살포

되었다. 이것은 살포의 소용돌이무늬 장식을 이해하는 데 좋은 자료를 제공하고
있다.

2) 농구 장식의 변화

소용돌이무늬 장식은 삼국시대 4~6세기에 주로 살포의 장식으로 사용되었다.
그러나 동일한 문양은 그 이전 시기에도 보인다. 소용돌이무늬 장식이 살포에만
한정하여 사용된 것이 아니라는 사실을 알려준다. 따라서 4세기 이전 자료를 검토
하여 소용돌이무늬 장식이 달린 도구의 의미와 변화상을 살펴볼 필요가 있다.

앞에서 소용돌이무늬가 새와 관련되었으며, 실용적인 농구에 장식되어 의기
로서 사용되었다는 사실을 확인했다. 두 가지 모티프인 새와 농구를 연결하여 이
해하는 것이 중요하다. 이 경우 검토해야 할 자료가 보물 1823호 '농경문청동기'에
보이는 농경의 모습이다(그림7). 농경문청동기는 앞뒷면에 그림을 새겼는데, 앞면
에는 1년 농사의 전개 과정을 보여주고, 고리가 달린 뒷면에는 나뭇가지에 앉은 새
를 표현하고 있다. 앞면 오른쪽 윗부분에는 머리에 두 갈래 장식을 꽂고 발가벗은
채 성기를 드러내고 두 날 따비로 경지를 갈고 있는 인물이 묘사되어 있다. 이 인
물은 머리 위에 두 갈래의 깃털을 꽂고 있으며 허리 아랫부분에 삼각형의 표시가
있는 것으로 보아 남자로 추정된다. 그 아래의 사람은 괭이를 치켜들고 내리치려

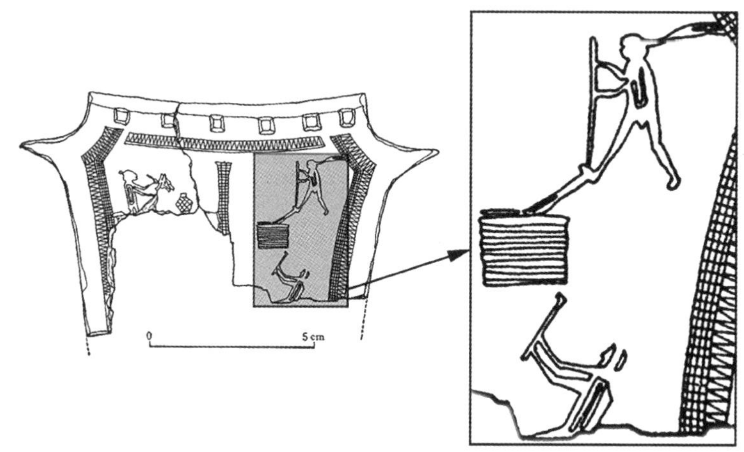

그림7　농경문청동기의 깃털 꽂은 사람이 따비로 밭을 가는 장면

는 자세를 하고 있는데 괭이 날의 각도는 둔각이다. 인물이 갈아엎은 흙덩이를 부수어 북돋우는 작업[耰]을 하고 있음을 알 수 있다.

농경문청동기의 뒷면에는 나뭇가지에 앉아 있는 새가 표현되어 있다. 이것은 현재에도 남아 있는 솟대를 그린 것으로 보이며, 『삼국지』 위서 동이전 한조에 나오는 소도(蘇塗)의 모습을 표현한 것으로 보인다. 새는 인간 세상과 하늘을 연결시켜주는 종교적 상징물이었으며, 농경사회에서는 풍요를 가져다주는 곡령신(穀靈神)으로 인식되었다.

두 장면을 합치면 따비의 손잡이 장식으로 새를 형상화할 수 있다. 따비에 새를 부착하여 농경의례를 확실히 표현할 수 있었다. 장식부 살포에 있는 손잡이 장식의 소용돌이무늬와 연결하여 이해할 필요가 있다. 농경문청동기에 보이는 따비와 괭이로 경지를 가는 인물은 지역 거수(渠帥)로 추정되며, 거수가 따비나 괭이로 밭을 가는 농경의례를 행하고 있다. 따비를 사용하고 있는 인물은 새를 상징하는 깃털 2개를 머리에 꽂고 있다. 또한 뒷면의 새는 한 해의 풍흉을 결정하는 곡물의 씨앗을 물고 나르는 곡령신을 표현한 것으로 농경의례와 관련을 가지고 있다. 앞면 따비의 손잡이는 나무자루로 추정되지만 손잡이 장식이 표현되지 않았으며, 따비로 밭을 갈고 있는 인물의 머리에 새깃털 장식을 하고 있다. 또한 뒷면에는 나뭇가지에 앉은 새를 표현하고 있다. 이러한 거수층의 갈이농사와 농경의례는 3세기까지 이어진다. 철기 문화 도입 이후 기원후 3세기까지는 따비-괭이 농사가 중심을 이루며, 고고학 자료로는 외날 따비, 쌍날 따비, U자형 쇠날 따비, 판상철부, 주조괭이, 단조괭이, 쇠스랑 등이 출토되었다.

1~3세기 대표적인 철 소재이자 농공구로 기능한 것이 판상철부다. 판상철부는 나무자루를 부착하는 방법에 따라 나무자루의 윗부분에 구멍을 내어 판상철부를 끼워 도끼로 사용하거나 'ㄱ'자형의 나무자루를 묶어 자귀나 괭이로 사용했다. 창원 다호리 1호에서는 도끼 자루에 끼운 것과 ㄱ자형의 나무자루에 묶인 것이 모두 출토되어 다양한 용도를 보여주고 있다. 이것은 대구 팔달동 90호에서 묘광 내에 부장되고 벽면에 그것으로 판 흔적이 남아 있어 괭이로 사용되었음을 보여준다. 따라서 이것은 나무를 베는 도끼, 나무를 다듬는 자귀, 땅을 파는 괭이 등 다양

한 용도로 사용되었음을 알 수 있다. 판상철부는 2세기 후반부터 가느다란 형태로 변화하고 있다. 이 시기부터 나무덧널무덤이 등장하면서 판상철부는 가늘어져 봉상철부로 변화했다. 봉상철부는 양동리 162호 나무덧널무덤부터 출현하며, 이전 시기 판상철부보다 두께가 두꺼워지고 날이 더욱 무뎌지는 형태를 띠게 된다. 봉상철부는 대형 나무덧널무덤에서 출토되는데, 포항 옥성리 고분군, 울산 하대고분군, 김해 양동리 고분군 등에서 확인된다. 봉상철부는 10매 단위로 묻혔으며, 규격도 일정한 형태로 제작하고 있다. 이것은 대부분 10매씩 묶어서 나무덧널의 모서리에 묻고 있는 양상을 보인다.

1~3세기의 판상철부와 봉상철부에도 장식적인 요소가 달린다. 김해 양동리 8호(국립문화재연구소)에서 출토된 판상철부에는 소용돌이무늬가 양 끝단과 중앙에서 양측에 나란히 2개씩 4개가 베풀어져 있다. 그 형태로 보아 이것은 도끼로 사용된 판상철부로 추정된다. 그리고 양동리 212호(동의대박물관)에서 발견된 봉상철기는 길이 116.5센티미터가 될 정도로 쇠자루가 연결되어 있으며 자루 중앙과 손잡이 부분의 양측에 총 6개의 소용돌이무늬가 나타난다(그림8). 동일한 형태의 소용돌이무늬 장식부 봉상철부가 울산 하대 44호 나무덧널무덤에서 출토되었다. 기다란 쇠자루로 보아 따비의 용도로 사용된 것으로 추정된다.

1~3세기 대표적인 철 소재인 판상철부와 봉상철부는 따비, 도끼, 괭이 등 농공구로 사용되었다. 농경문청동기에 보이는 따비와 괭이를 계승한 농구임을 알 수 있다. 4세기 이전 삼한에서는 따비와 괭이를 이용한 농사가 주류를 이루었다. 이 시기 농공구인 따비와 괭이, 도끼 등에 소용돌이무늬 장식을 베풀었다. 그러나 4세기 이후에 갈이 농구로 쟁기가 사용되고 살포와 철서(鐵鋤) 등 특수 용도의 농구가 출현하면서 변화가 일어난다.

그림8 양동리 212호 소용돌이무늬 장식부 봉상철부

쟁기는 소가 끄는 우경에 사용되었으며, 손으로 사용하는 농구에서 가축의 축력을 이용한 농구로 전환하는 계기가 되었다. 이와 더불어 논농사에서 논에 물꼬를 트는 살포가 나타나고, 밭농사에서 김을 매는 제초구인 철서가 등장한다. 두 농구의 등장은 경지를 효율적으로 이용하려는 시도라는 점에서 농구 발전상에서 중요한 위치를 차지한다. 이 중에서 살포는 실용적이면서도 의례적인 농구로 사용되었으며, 소용돌이무늬 장식이 달려 있다. 따비와 괭이에서 보이던 소용돌이무늬 장식이 이제는 살포에서 나타나게 된 것이다.

4 맺음말

이 글은 농경생활에서 필수적인 도구인 농구를 대상으로 실용적인 측면과 더불어 장식성에 주목하여 그 의미를 살펴보았다. 농구의 장식성과 관련하여 실용적인 농구에 장식된 소용돌이무늬를 분석했다.

농구에 달린 소용돌이무늬 장식은 새를 상징적으로 표현한 것이다. 농구와 새가 결합했다는 점에서 농경생활과 관련을 가지고 있다. 새는 곡령신을 의미하기 때문에 새와 농구를 하나로 결합하여 농경에 사용되었음을 보여준다. 그 대표적인 예가 '농경문청동기'다. 따비로 밭을 갈고 있는 인물이 머리에 새의 깃털을 쓰고 있다는 점에서 따비라는 농구와 새가 결합한 양상을 잘 보여주고 있다. 이것은 기원 4세기 이전 주요 농구가 따비와 괭이라는 사실을 보여주고 있으며, 1~3세기에도 판상철부와 봉상철부에 소용돌이무늬 장식을 베풀어 따비, 괭이, 도끼 등 농구의 장식성을 나타내고 있다. 4세기 이후에 새로이 나타나는 농구인 살포 등에 소용돌이무늬 장식을 나무자루에 달거나 쇠자루에 장식을 베풀어 곡령신인 새를 상징적으로 표현하였다. 소용돌이무늬 장식은 선사 고대의 농구에 장식으로 사용되었으며, 새로운 농구가 출현하는 과정에 맞추어 장식으로 사용했다고 볼 수 있다.

참고문헌

한글

김재홍, 2011, 『한국 고대 농업기술사 연구-철제 농구의 고고학』, 도서출판 고고.

김재홍, 2014, 「한국 선사·고대 농구의 기능론」, 『우행이상길교수추모논문집』, 진인진.

김재홍, 2015, 「대성동고분군의 생업 환경과 그 변화」, 『고고학탐구』 18, 고고학탐구회.

김재홍, 2019, 「장식부 살포의 상징성과 변화」, 『고고학탐구』 22, 고고학탐구회.

동아세아문화재연구원, 2018, 『부산 두구동취락』, 발굴조사보고서 108.

충청남도역사문화연구원, 2007, 『공주 수촌리유적』, 유적조사보고 40.

한국문화재보호재단, 2014, 『김해 본산리·여래리 유적』, 학술조사보고 274.

군현의 산성과 읍성, 그리고 치소의 형태:
동래군(東萊郡)의 사례를 중심으로

박성현(계명대학교 사학과 교수)

1 머리말

필자는 석사학위 논문을 작성할 때부터 신라 군현(郡縣)과 성(城)의 관계에 주목해왔다. 군현 중심지로 추정되는 지점에 있는 산성(山城)이 바로 그 군현의 성, 즉 사료에 나오는 군현과 같은 이름의 성이며, 신라는 촌(村)과 함께 이러한 성을 군현으로 편제했다는 것이다. 여기에서 계속 문제가 제기되는 것은 산성의 활용 방식이다. 전시(戰時)의 군사 거점이라는 데에는 이의를 제기할 사람이 없겠지만, 평상시의 행정 치소(治所)로도 기능했을까 하는 점이 논란이 된다.

고려 말 조선 초 본격적인 평지 읍성(邑城)이 축조되기 전까지, 즉 삼국시대, 통일신라시대, 고려시대에 걸쳐 이것이 문제가 되고 있는데, 최근 고려시대를 대상으로 논쟁이 벌어지기도 했다. 고려 군현에 위치한 산성을 '치소성(治所城)'으로 규정하고 고려 말 치소가 평지로 이동하면서 평지 읍성이 축조되기 시작한 것으로 보기도 했으며(최종석, 2014), 고려시대 전통 대읍의 경우 치소가 평지에 있었고 읍성이 확인되는 사례들도 있음을 제시하기도 하였다(정요근, 2019).

본격적인 평지 읍성의 등장 시점은 고려 말 이후로 알려져 있지만, 최근 고고학적으로 신라 말까지 거슬러 올라가는 '고읍성(古邑城)'들이 확인되고 있다. 대표적인 것이 충주 봉현성, 김해 고읍성(박성현, 2012, 51~53쪽), 그리고 이 글에서 다룰 동래 고읍성이다. 이러한 자료로 보았을 때 고려시대에도 평지가 중요하게 활용되었다는 것을 알 수 있다. 특히 동래 고읍성은 조사자의 의견에 따르면 신라통일기까지 축조 연대가 올라간다고 한다. 만약 이것을 그대로 받아들인다면 신라 때부터 평지 읍성이 존재했다고 말할 수 있을 것이다. 그렇지만 바로 인접한 배산성에 대한 조사 결과를 보면 그것 역시 통일기까지 지속적으로 사용된 것으로 나타난다.

이 글에서는 최근 조사가 많이 이루어진 동래군(東萊郡)의 사례를 중심으로 군현에서 산성과 읍성의 문제에 대해서 논의해보도록 하겠는데, 이 문제를 단순히 치소의 소재가 아니라 좀 더 광범위한 치소의 형태라는 관점에서 바라보고자 한다. 한국사에서 군현, 고을[邑]이라는 것이 고대부터 현재까지 영속성을 가지고 이어져왔다고 할 때, 우리가 어느 정도 알고 있는 조선의 읍치(邑治) 이전의 형태에 대해서 논의하고 규정할 필요가 있을 것이다. 아울러 이러한 문제, 즉 군현의 공간 구조를 지리서와 고고학 자료를 가지고 다루는 방식에 대해서도 하나의 안을 제시할 수 있도록 하겠다.

2 역사지리적 고찰

현재 부산의 전신은 조선 동래부(東萊府)다. 동래부는 신라 동래군에서 기원한 것이다. 이는『삼국사기』지리지,『고려사』지리지,『세종실록』지리지,『신증동국여지승람』,『여지도서』,『증보문헌비고』,『대동지지』, 그리고『동래부지(東萊府誌)』(1740)를 비롯한 각종 읍지를 통해 쉽게 알 수 있는 내용이다. 이 가운데 앞의 세 자료를 직접 인용해 보도록 하겠다.

동래군(東萊郡)은 본래 거칠산군(居柒山郡)인데 경덕왕(景德王)이 이름을 고쳤다. 지금(고려 인종 무렵)도 그대로 쓴다. 거느리는 현[領縣]은 둘이다. 동평현(東平縣)은 본래 대증현(大甑縣)인데 경덕왕이 이름을 고쳤다. 지금도 그대로 쓴다. 기장현(機張縣)은 본래 갑화량곡현(甲火良谷縣)인데 경덕왕이 이름을 고쳤다. 지금도 그대로 쓴다.[1]

동래현(東萊縣)은 본래 신라 거칠산군(居柒山郡)인데 경덕왕 때 동래군(東萊郡)으로 고쳤다. 현종(顯宗) 9년(1018)에 [울주(蔚州)에] 내속(來屬)하였다가, 뒤에 현령(縣令)을 두었다. 온천(溫泉)이 있다.[2]

동평현(東平縣)은 본래 신라 대증현(大甑縣)인데 경덕왕 때 지금 이름으로 고치고 동래군(東萊郡)의 영현(領縣)이 되었다. 현종 9년(1018)에 [양주(梁州)에] 내속하였다. 절영도(絕影島)가 있다.[3]

동래현(東萊縣)은 본래 거칠산군(居漆山郡)인데 경덕왕이 지금의 이름으로 고쳤다. (고려) 현종 무오년(1018)에 울주(蔚州) 임내(任內)에 붙였다가, 뒤에 현령(縣令)을 두었다. 본조 태조 6년 정축년(1397)에 처음 병마사 겸 판현사(兵馬使兼判縣事)를 두었다가, 금상(今上, 세종) 5년 계묘년(1423)에 첨절제사(僉節制使)[4품이면 동첨절제사(同僉節制使)라 한다.]로 이름을 바꾸었다. 속현(屬縣)은 1이다. 동평현(東平縣)은 본래 대증현(大甑縣)인데 경덕왕이 지금의 이름으로 고쳐서 동래군(東萊郡)이 영현(領縣)으로 삼았다. (고려) 현종 무오년(1018)에 양주(梁州) 임내(任內)에 붙였다. 본조 태종 5년 을유년(1405)에 내속하였다가, 기축년(1409)에 다시 양주(梁州)에 소속되었고, 금상(今上) 10년 무신년(1428)에 도로 본현(本縣)에 속하게 하였다.[4]

---

1 『삼국사기』 권34, 雜志3 地理1 신라 양주.

2 『고려사』 권57, 志11 地理2 경상도 울주.

3 『고려사』 권57, 志11 地理2 경상도 양주.

4 『세종실록』 권150, 地理志 경상도 동래현.

　　신라 동래군은 본래 거칠산군인데 경덕왕 16년(757)에 이름을 고쳤고, 고려 현종대 이후의 주현(主縣)–속현(屬縣) 체제에서 울주의 속현이 되었다가 현령이 파견되어 동래현이 되었다. 동래군이 현이 된 것은 읍격(邑格)으로만 생각하면 강등이지만 속현인 상태에서 지방관, 즉 현령이 파견되어 주현이 된 것이므로 오히려 승격이라고 할 수 있다. 조선 태조 6년(1397)에는 여기에 진(鎭)을 설치하고 병마사 겸 판현사를 두었으며 세종 5년(1423)에 병마사를 첨절제사로 개칭했다. 한편 조선 초부터 양주, 즉 양산의 속현이었던 동평현을 속현으로 거느리게 되었는데, 세종 때 진을 잠시 동평현으로 옮겼다가 옛 자리로 되돌아오면서 지방관을 현령으로 고쳤다(이하 『여지도서』, 경상도 동래진 동래도호부 건치연혁 참조). 그 뒤 명종 때 동래부로 승격하여 부사(府使)를 파견했는데 약간의 승강이 있기는 했지만 대체로 그것이 유지되면서 조선 말에 이르렀다.

　　그 중심지, 즉 치소의 위치 변화는 비교적 정확하게 알 수 있는 마지막 단계에서부터 거슬러 올라가면서 파악하는 것이 정석일 것이다. 동래부의 치소는 곧 동래읍성인데, 현 동래구 복천동과 칠산동, 그리고 수안동과 낙민동의 일부를 둘러싼 둘레 약 3.6킬로미터의 평산성(平山城)이다(그림1의 ③ 조선 후기 동래읍성). 현재 평지 구간은 대부분 유실되었고, 산지 구간은 일부 남아 있거나 복원되어 있다.

　　읍성의 존재는 『세종실록』 지리지에서부터 확인할 수 있는데, "읍석성(邑石城)의 둘레가 397보(약 1095미터, 1보=6척, 布帛尺 약 46센티미터 적용)이며 안에 우물 다섯이 있다"라고 기록되어 있다. 『신증동국여지승람』에는 "읍성은 돌로 쌓았으며, 둘레는 3천 90자(약 1421미터, 布帛尺 약 46센티미터 적용), 높이는 13자이고, 안에 6개의 우물이 있다"라고 나온다. 또 읍성의 축조에 대한 이첨(李詹, 1345~1405)의 기문(記文)이 수록되어 있는데, 박위(朴葳, ?~1398)가 주도했고 "정묘년(고려 우왕 13년, 1387) 8월 19일에 시작하여 달포 걸려 일이 완성되었다"라고 했다.

　　그런데 『세종실록』에는 세종 28년(1446)에 "경상도 동래현에 성을 쌓았다"라는 기록이 있다. 이것을 어떻게 이해할 수 있을까? 세종 28년에 동래현에 성을 쌓은 것은 분명해 보이며, 이것이 반영된 것이 『신증동국여지승람』의 읍성이라고 할 수 있을 것이다. 그렇지만 『세종실록』 지리지는 세종 14년(1432)에 완성되었기 때

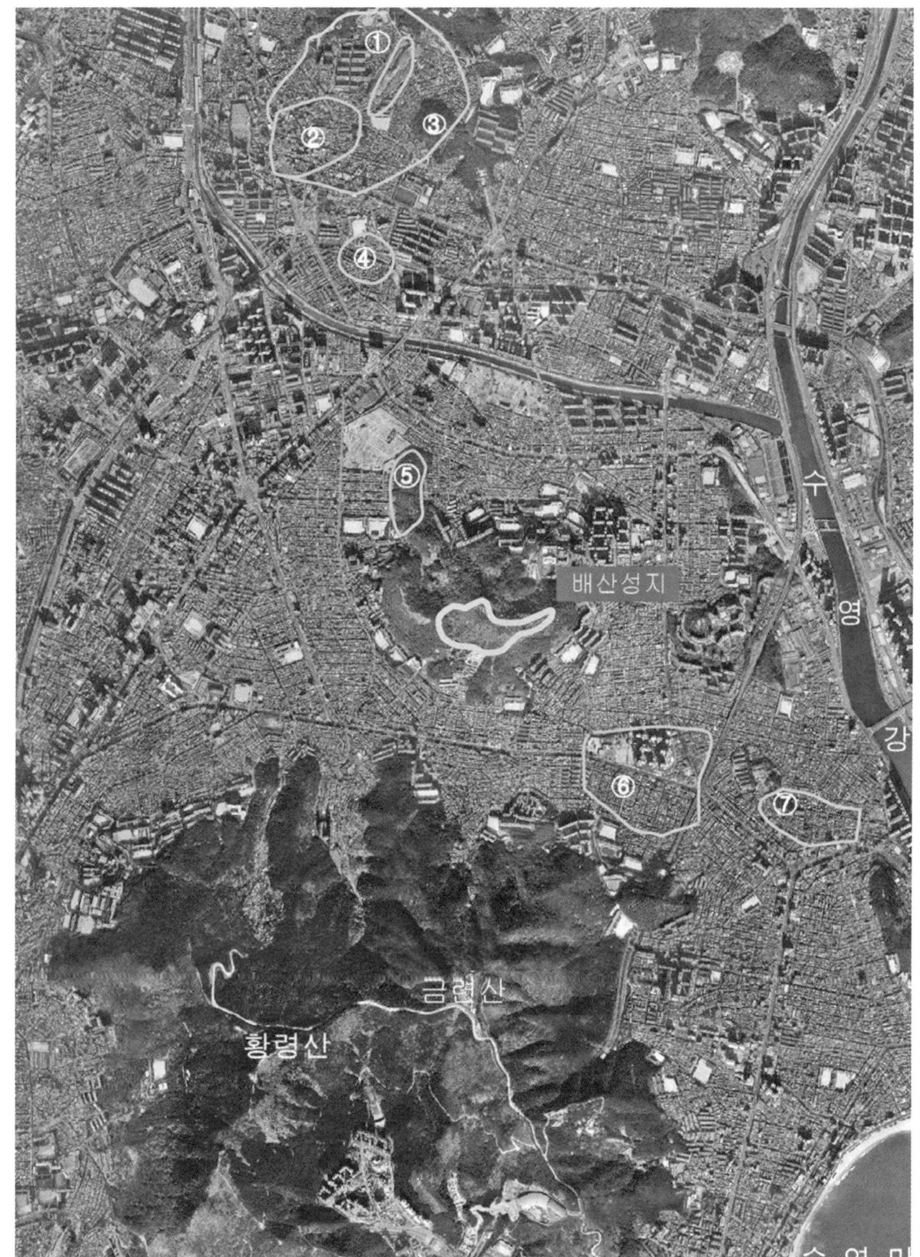

그림1   동래 지역의 성지(城址)와 고분군

① 복천동 고분군, ② 조선 전기 동래읍성, ③ 조선 후기 동래읍성, ④ 동래패총, ⑤ 연산동 고분군, ⑥ 동래 고읍성, ⑦ 경상좌수영성

출처: 부산박물관, 2019, 『배산성지 Ⅰ-2017년 1차 발굴조사보고서』, 7쪽 지도 일부 수정

문에 새로 축조한 부분이 반영되지 않았을 것이다.

　　그렇다면 『세종실록』 지리지의 '읍석성'은 어디를 말하는 것일까? 적어도 후술할 『신증동국여지승람』의 '고읍성'은 아니다. 둘레가 더 차이가 나기 때문이다. 이 문제에 대해서는 두 가지 견해가 있다. 하나는 세종 28년에 쌓은 성과 같은 자리에 있던, 박위가 축조한 성이라는 견해이고, 다른 하나는 배산성(둘레 1170미터)에 해당하며 박위가 달포 걸려 수축한 것도 배산성이라는 주장이다(정의도, 2017). 이 글에서는 이 문제를 본격적으로 논의하지 않겠지만, 대체로 후자의 주장이 타당해 보인다. 그렇다면 조선 전기의 동래읍성은 세종 28년에 새로 축조되었다고 할 수 있을 것이다. 현재 남아 있는 동래읍성은 조선 전기의 것에 비해 규모가 훨씬 큰데, 그것은 임진왜란 때 동래부성이 함락당하고 영조 7년(1731)에 '그 구지(舊址)를 넓혀 개축'했기 때문이다. 그 결과 둘레 1만 7291척, 높이 17척, 정(井) 10, 지(池) 1의 규모가 되었다(『여지도서』, 경상도 동래진 동래도호부 城池). 이때의 개축에 대해서는 『동래부축성등록(東萊府築城謄錄)』(奎11076)에 자세하게 기록되어 있다.

　　한편 『신증동국여지승람』에는 동래읍성 전에 사용된 것으로 보이는 고읍성의 존재가 나타나 있다. 즉 "고읍성(古邑城)은 해운포(海雲浦)에 있는데, 동남쪽은 돌로 쌓고 서북쪽은 흙으로 쌓았으며, 둘레가 4430자이나 지금은 허물어졌다"라고 기록되어 있다. 같은 책에서 해운포영이 '현의 동쪽 9리'에 있다고 했는데, 이것은 경상좌수영성의 전신으로 추정된다. 거기에서 멀지 않은 곳, 지금의 연제구 망미동 부산지방병무청 북편에 그 성벽의 일부가 남아 있다. 이 성에 대해서는 다음 절에서 자세히 살펴볼 것이다.

　　고읍성의 서북쪽에는 배산(盃山, 256.3미터)이라는 나지막한 산이 있는데, 그 정상부에 삼국시대 산성, 즉 배산성이 위치하고 있다. 그 북쪽 구릉에는 대형 고총(高塚) 10여 기(2010년 조사에서는 16기)와 수많은 중·소형 고분이 분포하고 있는데, 바로 연산동 고분군이다. 고분군의 중심 연대는 복천동 고분군 이후, 즉 5세기 후반기에서 6세기 전반기에 걸쳐 있는 것으로 추정되며, 배산성에서도 고분에서 출토되는 것과 유사한 토기가 출토된 바 있다.

　　이상과 같이 보았을 때, 거칠산군-동래군-동래현-동래부의 중심지는 배산성과 고읍성에서 조선 초에 동래읍성으로 이전했다고 할 수 있을 것이다. 그런데 동래읍성 내부에 복천동 고분군이 있다. 복천동 고분군이 연산동 고분군에 앞선, 이 지역의 대표적인 고분군이라고 한다면 동래읍성 지점으로 되돌아간 것이라고도 볼 수 있을 것이다. 다음 절에서는 고읍성과 배산성에 대한 발굴조사 결과를 검토하여 각각의 사용 시기와 성격을 추정해보도록 하겠다.

3 고고학적 고찰

1) 동래 고읍성

일제강점기 초에 이루어진 임야, 고적 조사 결과를 바탕으로 간행된 『조선보물고적조사자료』에는 동래군의 성지로 동래읍성과 배산성 등이 나오지만, 고읍성은 없다. 1977년 부산시 문화재 지표조사보고서의 상황도 동일하다(부산대학교 박물관, 1977).

고읍성에 대한 조사가 이루어진 것은 2002년 옛 삼일공사 자리에 부산지방병무청 청사를 건립할 때였다(동의대학교 박물관, 2006). 이때 잔존성벽(북벽 134미터)에 대한 절개 조사와 성 내부에 대한 조사가 이루어졌다. 성벽은 약 9.4미터의 거리를 두고 외벽과 내벽의 기단석을 2~3단 쌓아올린 후 그 위에 30~50센티미터 두께로 성토했으며, 최소 한 차례 수축(修築)한 흔적이 확인되었는데, 훼손된 외벽 부분을 'L'자상으로 절개하고 기단석 위에 할석을 1~2단 더 쌓은 다음 그 내부를 5~10센티미터 두께로 판축했다. 성 내부에서는 우물 4기가 2기씩 쌍을 이루어 발견되었으며, 특히 3호·4호 우물은 기와로 채워져 있어 일시에 폐기된 것으로 추정되었다. 출토된 유물은 대부분 기와로, 우물 안에서 나온 것은 대체로 통일신라시대의 것으로 파악되었고, 이밖에 고려시대, 조선시대의 기와도 다수 출토되었다.

2003년, 2004~2005년에는 부산지방병무청 부지 동쪽에 인접한 옛 국군부산병원 자리(현 망미공원, 망미 1동 행정복지센터, 더샵파크리치아파트)에 대한 시굴 및 발굴조사가 이루어졌다(경남문화재연구원, 2007). 잔존 북벽의 동쪽 40미터 부분과 그 연장 구간, 그리고 성 내부에 대한 조사가 이루어졌다. 성벽의 구조는 1차 때 조사한 것과 큰 차이가 없었고, 역시 한 두 차례의 수축이 있었던 것으로 파악되었다. 성벽의 수축 양상은 트렌치 2에 비교적 명확하게 나타나 있는데, 초축 외벽 기단 석렬의 90센티미터 내측에 기단석을 2~3단 놓고 흙으로 쌓아올렸다. 2차 수축의 흔적도 확인된다고 하지만 보고서만 가지고 판단하기는 쉽지 않은 것 같다. 트렌치 1의 성벽 기단토에서는 통일신라시대 기와편이 다량 출토되었는데, 보고서에서는 이것을 1차 수축의 기단토로 보았지만 초축 당시의 기단토로 보는 것이 맞지 않을까 생각된다. 그 위로 두껍게 성토한 층이 나오기 때문이다(경남문화재연구원, 2007, 55쪽 도면 4의 IX-1·2·3층). 잔존 북벽의 동쪽 약 160미터 지점에서는 다시 성벽 기저부가 확인되었으며, 내벽 기단 석렬이 65미터 정도 남아 있었다. 그리고 이와 별도로 부산지방병무청 부지 서북쪽(640-7번지), 즉 잔존 북벽의 서단부 남쪽에 대한 조사가 시행되었는데, 여기에서는 서벽의 기저부 40미터 정도를 노출하여 성의 서북 모서리를 확인할 수 있었다. 한편 성 내부 서편의 미고지(微高地)에서는 통일신라시대 건물지 1기, 담장지 1기, 배수로 2기, 온돌 유구 2기, 고려시대 건물지 1기 등이 발견되어 관아 지구로 추정되었으며, 지적도에 나타난, 성을 관통하여 흐르던 구 하도(河道)도 확인되었다.

　　1차 조사에서는 전체 성벽 선을 향토사학자들의 견해에 따라 그림 2와 같이 추정했으며 전체 성벽의 둘레는 약 3킬로미터에 이른다. 한편 2차 조사에서는 북벽의 길이를 최소 370미터(384미터?)로 파악하고, 『신증동국여지승람』의 둘레 4430척에 동위척(35센티미터), 당척(29.7센티미터), 영조척(31.22센티미터)을 적용하여 전체 둘레를 1315.7~1550.5미터 정도로 추정한 뒤, 이를 바탕으로 새로운 추정 선을 제시했다. 그렇지만 『신증동국여지승람』의 성곽 둘레는 대체로 포백척(布帛尺)을 사용한 것으로 알려져 있다. 조선 전기의 포백척 약 46센티미터를 적용하면 2037.8미터 정도가 되기 때문에 그보다는 좀 더 규모가 컸을 것으로 생각된다. 또 한 가지 지적할 수 있는 것은 『신증동국여지승람』에 따르면 성의 서북쪽은 흙으로 쌓고 동남쪽은 돌로 쌓았다고 했는데, 동남쪽에서 돌로 쌓은 성벽의 기저부가 발견될 가능성이 있다는 것이다.

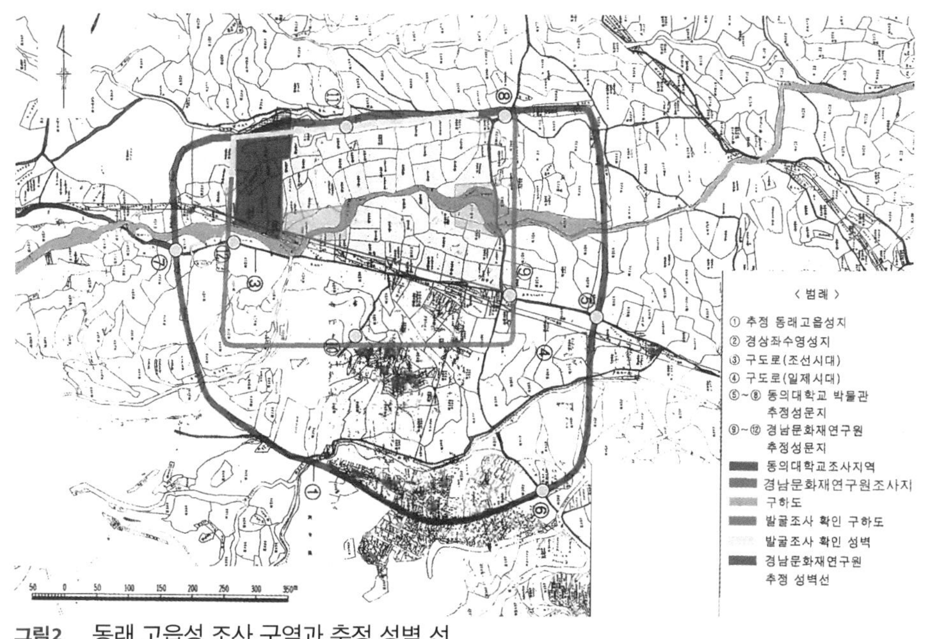

그림2 동래 고읍성 조사 구역과 추정 성벽 선
출처: 경남문화재연구원, 2007, 289쪽 지도 일부 수정

성벽은 처음 축조된 뒤 한두 차례 수축한 것으로 파악되었는데, 초축은 통일
신라시대에 이루어진 것으로 보았다. 성벽과 성 내부에서 통일신라시대 유물이 다
수 출토된 것을 염두에 둔 것으로 생각된다. 그렇지만 성벽의 축조 연대를 알려줄
수 있는 것은 성벽 기저부에서 출토된 유물이다. 성벽의 축조 연대는 그 유물보다
늦다고 말할 수 있을 뿐이다. 보고서에 따르면 성벽 기단토에서는 통일신라시대의
기와가 다수 출토되었다고 한다. 이것을 수축 때의 기단토로 보기도 하지만 그렇
게 보기는 어려울 것 같고, 이 지점 외에도 성벽 기저부에서 통일신라시대 유물이
일부 출토되었다. 즉 성벽은 그 유물의 연대, 대체로 8세기보다 늦다고 할 수 있다.
물론 직후일 수도 있겠지만, 기와가 폐기되고 성벽 기초에 들어갔다고 한다면 대
체로 신라 말 고려 초로 볼 수 있지 않을까 한다. 한편 1차 수축은 보고서에서 지적
한 것과 같이 『고려사』 병지(兵志) 성보조에 나오는 현종 12년(1021) 동래군성의 수
축(修築) 기사와 연결시킬 수 있을 것이다.

출토 유물로 보았을 때 그 지점이 통일신라시대부터 중요하게 활용되었던 것

은 분명한 것 같다. 성 내부 서북편의 미고지에 기와를 올린 중요한 건물, 대체로 관아 건물이 존재했을 가능성이 크다. 그렇지만 그 일대를 둘러싼 성벽이 축조된 것은 위에서 논의한 대로 통일신라시대 말 이후로 보는 것이 타당할 것이다.

2) 배산성

배산성은 조선시대 기록에는 잘 나타나지 않으며, 『조선보물고적조사자료』에 "주위 범 600간(間)의 석루(石壘)로서 파괴되었고 산상에 작은 연못이 있다"라고 나와 있다. 1977년 지표조사에서는 배산의 두 봉우리를 중심으로 9부 능선을 둘러싼 210미터의 내성과 8부 능선을 둘러싼 300미터의 외성으로 이루어진 이중의 석성 혹은 토성으로 파악했다(부산대학교 박물관, 1977). 2009년에는 배산성에 대한 정밀 측량이 이루어졌는데, 정상부의 7부 능선을 에워싸고 동쪽과 북쪽의 계곡 상단을 포함한 둘레 1170미터의 테뫼식 산성으로 확인되었다(부산박물관, 2009).

본격적인 조사는 2016년에 시작되어 시굴조사와 3차에 걸친 발굴조사가 이루어졌다. 시굴조사에서는 먼저 성벽이 일부 노출되어 기단보축이 있는 석축 산성이라는 것이 밝혀졌으며, 정상부에서는 초석이 있는 기와 건물지가, 북쪽 구역에서는 후대에 설치한 우물 옆에서 호안 석축이 있는 집수지가 확인되었다. 출토 유물은 대부분 삼국시대 및 통일신라시대 기와 편과 토기 편이며, 우물 주변과 집수지에서는 청자 편과 분청사기 편 등 고려시대 이후의 유물도 출토되었다. 기와의 연대는 대체로 7세기 후반에서 8세기 전반으로 추정되었으며, 토기의 경우 6세기로 편년되는 것들도 포함되어 있다(부산박물관, 2018a).

1차 발굴조사에서는 후대에 설치한 우물 아래에 있었던 1호 집수지와 시굴조사 트렌치에서 확인된 2호 집수지를 발굴했고, 북쪽 성벽을 노출시켜 조사했다. 1호 집수지 내부의 퇴적층에서는 주로 통일신라시대의 기와와 토기가 출토되었으며, 토기 중에는 삼국시대의 신라 후기 양식 토기도 포함되어 있었다. 석축 호안의 뒷채움토에서는 5~6세기 토기가 출토되기도 했는데, 이것은 집수지를 만들 때 들어간 것으로 보인다. 2호 집수지 내부는 아래에서부터 1·2차 수성 퇴적층, 1차 폐기층, 3차 수성 퇴적층, 2차 폐기층, 4차 수성 퇴적층, 3차 폐기층 등으로 이루어져

있어, 세 차례 폐기되
고 두 차례 준설 및 재
사용이 이루어진 것으
로 파악되었다. 이 중
1·2차 수성 퇴적층에
서는 기와와 신라 후기
양식 토기, 그리고 목
간이 출토되었다(부산
박물관, 2019). 이 목간
에는 을(乙)로 시작하
는 간지가 나타나 있는
데, '을해'로 보기도 하
고 '을미'로 보기도 한

그림3 배산성 성벽 선과 조사 구역
출처: 부산박물관, 2020, 12쪽 도면

다. 전자의 경우 555년, 615년, 675년, 후자의 경우 575년, 635년에 해당하는 것으
로 추정된다(나동욱, 2018; 이수훈, 2018).

2차 발굴조사에서는 먼저 기존에 토성 선으로 추정한 부분을 발굴했으나 토
성의 흔적을 확인하지 못했고, B지구의 기와 건물지를 조사하여 중판으로 타날한
기와와 다량의 철기를 수습했다. 또 1차 조사 때의 북쪽 성벽 트렌치 좌우를 노출
시켜 성벽을 조사했는데, 서쪽 구간은 장방형 석재를 사용하여 체성을 수직에 가
깝게 쌓아올렸으며 기단보축을 한 것으로, 동쪽 구간은 좀 더 방형에 가까운 석재
를 사용하여 조금씩 들여쌓기를 한 것으로 나타났다. 전자를 초축 성벽, 후자를 수
축 성벽으로 파악했으며, 각각 삼국시대와 통일신라시대에 해당하는 것으로 보았
다(부산박물관, 2018b).

3차 발굴조사에서는 2차 조사 때 노출한 북쪽 성벽 서쪽 구간을 좀 더 확장해
서 조사했는데, 초축 성벽에 이어 수축 성벽, 다시 초축 성벽이 이어졌다. 2차 조사
때 확인한 것과 크게 다르지 않은데 수축 성벽의 경우 초축 성벽이 무너진 뒤 그
상부를 정지하고 쌓아올린 것으로 확인되었다(부산박물관, 2020)

그림4-1　배산성 북벽 수축 성벽
출처: 부산박물관, 2018a, 20쪽

그림4-2　배산성 북벽 초축 성벽
출처: 부산박물관, 2018a, 20쪽

　　이상을 정리하면 다음과 같다. 먼저 1977년의 지표조사에서 토성이라고 한 것은 아직 확인되지 않았다. 현재로서는 둘레 1,170미터의 단일한 석축 산성으로 보아야 할 것이다. 성벽은 초축 후 적어도 한 차례 수축한 것으로 보이는데, 초축은 삼국시대, 대체로 6세기 중엽 이후, 수축은 통일신라시대로 추정되었다. 혹시 『세종실록』 지리지의 읍석성, 즉 박위가 한 달에 걸쳐 쌓은 성이 배산성이라고 한다면 고려 말의 수축 가능성도 생각해볼 수 있을 것이다. 한편 추정 초축 시점보다 이른 시기의, 연산동 고분군 단계의 토기가 출토되기도 했는데, 이것은 석축성 이전의 유구와 관련이 있겠지만 아직 확인되지는 않았다. 조사된 2기의 집수지는 대체로 초축 때부터 있었던 것으로 보이며, 정상부의 건물지, 기와 건물의 경우에는 통일기에 사용되었을 것이다. 집수지에서 출토된 삼국시대 목간이나 통일기 기와 건물의 존재로 보았을 때 삼국시대부터 통일신라시대까지 행정적인 기능을 수행하기도 한 것으로 판단된다.

4　고대~고려시대의 치소 형태

　　신라 동래군 지역에서 최초의 중심지는 역시 복천동 고분군 일대라고 할 수 있을 것이다. 이 고분군은 4~5세기 이 지역 최고 수장층의 무덤들이 중심을 이루고 있다. 인근에 이들의 거소와 통치 공간이 있었겠지만 그것을 보여주는 유적은 아직 확인되지 않았다. 5세기 후반기부터는 이 지역 최고 수장층의 무덤이 연산동 고분군으로 옮겨가 고총(高塚)의 형태로 조영된다. 이처럼 동래 지역에서는 중심 고분군의 변화가 나타나는데, 단순한 묘지의 이전보다는 치소의 이동으로 이해하는 것이 적절할 것 같다. 그 계기가 배산성의 축조라고 하면 좋겠지만, 현존 석성의 초축 연대는 대체로 6세기 중엽 이후로 파악되고 있다. 연대를 5세기 중엽까지 끌어올리는 것이 쉽지 않다면, 같은 자리에 다른 형태의 성이 있었다든지 혹은 인근에 치소로 삼을 만한 다른 시설이 있지 않았을까 생각해볼 수 있겠지만, 더 이상 알 수 있는 자료는 없다.

대체로 6세기 중엽에서 늦어도 7세기 초에는 석성이 축조되고 이곳이 중심지, 즉 치소의 역할을 했을 것이다. 석성 축조의 계기는 지방관의 파견 또는 지배력 강화, 아니면 왜(倭)의 공격에 대비한다든지 하는 특수 사정과 관련이 있을 것이다. 도사(道使)의 최초 파견 시점은 5세기 말로 추정되므로, 지배력 강화 내지는 6세기 중엽 이후 왜에 대한 방비와 관련이 있는 것으로 볼 수 있을 것이다.

이 시기 성의 치소로서의 위상을 보여주는 것이 바로 2호 집수지에서 출토된 목간이 아닐까 한다. 목간은 종장방형 목판 형태로 아랫부분이 파손되었으며, 너비 6센티미터, 잔존 길이 29센티미터 정도로 비교적 큰 편이다. 묵서는 양면에서 모두 확인되지만 한쪽 면만 판독이 가능하며, 그 면이 앞면인지 뒷면인지는 분명하지 않다. 기존의 판독문을 제시하면 다음과 같다.

그림5 2호 집수지 출토 목간 '앞면' 적외선 사진

출처: 나동욱, 2018, 371쪽

(나동욱 안)

地阪□(谷?)村 失受■今□卄四乙亥年二月一日借(倌?)三[ ] □(受?) ×

朔卄一日三斗∨四月一日受一石三斗∨三月一日[ ] ×

□□月?□一?□日?□受?四月一日 上法 同 日 (?)村□□斗[ ] ×」

(이수훈 안)

本阪舍村 失受■今□□四乙未年二月一日借三……

朔(三)日三斗 四月一日受一(石)三斗 三月一日(受)……

(朔)(四)日受 四月一日 上法同……

    공개된 사진의 상태가 좋지 않아 독자적인 판독안을 제시하기는 어려울 것 같고, 다만 기존의 판독문과 해석문을 참조하여 몇 가지 사항을 지적해보도록 하겠다. 먼저 특정 촌(村)이 등장하고 있는데 이것은 도사가 파견된 성(아마도 거칠산성) 예하의 자연촌으로 볼 수 있다. 그것에 대해 '실수(失受)'라든지, '차(借)~(얼마)', '수(受)~(얼마)'라는 표현이 확인된다. '실수'는 결국 받지 못한 것을 의미할 것이며, 날짜에 따라 빌려준 것과 받은 것을 기록한 것으로 볼 수 있다. 받아야 할 것은 조세(租稅)일 수도 있지만, 빌려주었다는 표현에서 환곡(還穀)과 같은 성격일 가능성이 크다고 생각된다. 대체로 지방 관아의 창고, 즉 정창(正倉)에서 곡물을 관리하는 임시 장부의 성격을 띠는 것으로 보이며, 의도적으로 산성의 집수지에 폐기한 것인지, 폐기한 뒤에 흘러들어간 것인지는 분명하지 않다. 어쨌든 당시의 행정 문서가 산성 내에서 발견되었다는 점에 주목할 필요가 있다.

    치소로서 배산성의 기능은 통일기에도 어느 정도 지속되었을 것이다. 이것은 성 내부에서 발견된 기와 건물지를 통해 추정해볼 수 있다. 물론 기와 건물이 반드시 관아를 의미하는 것은 아니지만, 통일기 기와 중에서도 비교적 이른 시기의 중판 타날 기와가 대량으로 출토되었다는 점을 고려하면, 역시 거칠산군-동래군의 중요한 건물이었을 것으로 판단된다. 하지만 동시기 산성 아래, 고읍성의 서북편 미고지에도 중요한 건물들이 조영되었음을 알 수 있다. 배산성 내의 건물에 비해 약간 늦을 수도 있지만 중요한 차이는 아닐 것이다. 산성이라는 공간은 아무래도 불편했을 것이고, 평화기가 지속되면서 평지 공간이 많이 활용되었을 것이다. 근거를 가지고 이야기할 수 있는 것은 아니지만, 지방관의 거소도 평지에 있었을 가능성이 크고, 평지에 군의 행정과 관련된 주요 시설을 갖추었을 것으로 생각된다. 그리고 군치(郡治)의 경우에는 주치(州治)와 소경(小京)과 같은 도시는 아니지만, 작은 규모의 읍(town)이 형성될 수도 있었을 것이다.

그렇다면 통일신라시대 군현 중심지의 공간 구조는 어떻게 규정할 수 있을까? 치소가 산성이냐 평지냐 하는 선택의 문제라기보다는 당시 치소가 '산성과 평지를 아우르는 형태'였다는 점에 주목할 필요가 있다. 신라 군현의 중심지에는 산성이 있는 경우가 많으며, 조금 넓게 보아 산성까지 치소의 일부였다고 할 수 있지 않을까 한다. 군현에 따라 산성이 치소의 핵심적인 요소이기도 했을 것이다. 이와 같이 산성의 존재로 특징지어지는 읍치를 '산성 중심 읍치' 정도로 규정할 수 있지 않을까 한다.

신라 말 혼란기에 접어들면서 다시 산성이 중요해지기도 했겠지만, 평지의 중심 공간, 읍을 보호하는 시설이 요구되기도 했을 것이다. 동래 고읍성은 이와 같은 배경에서 만들어진 것이 아닐까 생각된다. 현종 12년(1021)에 수축(修築)한 동래군성은 고읍성일 가능성이 크다. 『고려사』 병지 성보조에서는 신축(城)과 수축(修)을 구분하고 있어 동래군성이 이미 존재했으며, 그것을 대대적으로 수축했다는 것을 알 수 있다. 그렇디면 초축은 역시 통일신라시대 중에서도 말, 혹은 고려 초에 이루어진 것으로 보아야 할 것이다.

이처럼 신라 말 고려 초에는 조선시대의 읍성과는 조금 다른 평지 읍성들이 나타나고 있다. 머리말에서 언급한 김해 고읍성과 충주 봉현성의 사례가 대표적이다. 김해에는 김해경, 충주에는 중원경이 설치되었는데, 9주의 주치와 5소경은 격자형 도시 계획이 적용된 것으로 알려져 있다(朴泰祐, 1987; 山田隆文, 2008). 즉 평지에 시가지가 만들어지고 사람들이 많이 살았다는 것인데, 신라 말 고려 초에 거주 구역을 둘러싼 부정형의 토성이 축조되었던 것이다(박성현, 2012, 51~53쪽). 군치에 해당하는 동래군의 경우에도 이보다는 규모가 작지만 역시 평지 토성이 축조되었다고 할 수 있다. 동래군의 속현이었던 기장현의 경우에도 기장산성(서부리산성) 외에 기장 고읍성이 축조되며, 다른 속현인 동평현의 경우 산성의 존재를 확인할 수 없고 다만 동평현성(당감동성)의 양상이 동래 고읍성, 기장 고읍성과 유사한 것으로 여겨지고 있다(부산박물관, 2016).

그렇다면 고려시대에는 평지 읍성이 중심이 되었다고 할 수 있을까? 그렇게 일반화하기는 어려울 것 같다. 우선 평지 읍성의 사례는 그다지 많지 않으며, 군현 중심지 인근에 산성이 있는 경우가 대부분이다. 신라 때에 비해 평지가 좀 더 중심이 되었겠지만, 여전히 산성도 읍치의 중요한 요소였다고 생각된다. 앞에서 '산성 중심 읍치'라는 용어를 제안했는데 고려시대까지 평지의 중심 공간이 산성에서 크게 벗어나지 못했다는 점을 고려한 것이다. 그것은 전시에 산성이 매우 유용했기 때문이라고 생각된다. 고려 말 왜구가 침략했을 때에도 김해 망산성(분산성)과 함께 배산성이 수축되어 중요하게 활용될 수 있었을 것이다.

조선 초에는 본격적으로 좀 더 규격화된 평지 읍성들이 축조되었다. 이때에는 읍치가 새로운 곳으로 옮겨지기도 했는데, 입지 선정과 관련해서는 풍수와 관련이 있는 것으로 보기도 하고, 여전히 군사적·행정적인 이유가 중요했을 것이라고 보기도 한다. 동래군의 경우에도 새로운 자리에 읍성이 축조되었다. 그것이 군사적인 이유에서 좀 더 내륙으로 이전한 것인지, 풍수를 고려한 것인지는 정확하게 판단하기 어려우나, 분명한 것은 산성을 떠나 그것과 무관하게 자리가 결정되었다는 것이다. 조선 초에 축조된 동래읍성은 한양 도성을 모방한 새로운 형태의 '조선적(풍수적?) 읍치'로 구분할 수 있지 않을까 한다.

5 맺음말

주지하듯이 현재의 시·군은 전통시대의 군현, 대체로 신라 군현에서부터 이어진 것이다. 상당히 뿌리가 깊다고 할 수 있지만, 우리는 그것을 발전적으로 계승하고 있지는 못한 것 같다. 그렇지만 그러한 뿌리가 있다는 것을 재인식하고 중요한 장소들을 찾아 복원할 수 있다면, 살아가는 공간을 좀 더 의미 있는 장소로 만들 수 있을 것이라고 생각한다.

과거의 공간 구조를 복원하기 위해서는 조선시대 지리서에서부터 일제강점기의 조사 자료, 그리고 본격적인 고고학 발굴조사 자료까지 체계적으로 활용할 필요가 있다. 이 글에서는 한편으로 이러한 자료들을 다루는 방식을 제시하고자 했다. 전통시대 중심지의 위치 추정은 보다 분명한 현재에서 과거의 방향으로 이루어져야 할 것이고, 고고학 자료를 통해 입증되어야 할 것이다.

동래군의 경우 핵심적인 관아는 이미 통일기에 내려왔을 가능성이 있다. 그렇지만 여전히 산성이 중요하게 관리되었다는 것을 확인할 수 있었다. 그에 따라 이 시기의 치소를 산성과 인접 평지가 결합된 형태로 규정했는데, 그중 어느 것이 주(主)였다고 판단하기도 쉽지 않다. 신라 말에는 평지 공간을 둘러싼 읍성이 만들어지기도 했다. 본격적인 평지 읍성은 고려 말 이후, 대체로 조선 초에 건립되지만, 평지 읍성의 시원은 신라 말에서부터 찾을 수 있을 것이다. 산성을 아우른 형태의 읍치는 고려 말 조선 초까지 유효하며 경우에 따라서는 산성이 군현성으로 인식되기도 했을 것이다. 읍치의 유형에 대한 부분은 시론적인 성격이 강하며, 앞으로 다양한 사례를 통해서 수정·보완될 수 있으리라 생각된다.

참고문헌

한글

경남문화재연구원, 2007,『동래 고읍성지』.

나동욱, 2018,「부산 배산성지 출토 목간 자료 소개」,『목간과 문자』20, 한국목간학회.

동의대학교 박물관, 2006,『부산 망미동 동래고읍성』.

박성현, 2012,「신라 통일기 州·小京의 성곽과 그 활용-漢山州와 國原小京을 중심으로」,
『한국성곽학보』21, 한국성곽학회.

朴泰祐, 1987,「統一新羅時代의 地方都市에 對한 硏究」,『百濟硏究』18, 충남대학교 백제연
구소.

부산대학교 박물관, 1977,『부산시문화재지표조사보고서』.

부산박물관, 2009,『배산성지 정밀 측량 보고』.

부산박물관, 2016,『釜山성곽』.

부산박물관, 2018a,『배산성지-2016년 시굴조사보고서』.

부산박물관, 2018b,「배산성지 일원 문화재 2차 발굴조사 약보고서」.

부산박물관, 2019,『배산성지 Ⅰ-2017년 1차 발굴조사 보고서』.

부산박물관, 2020,「부산 배산성 3차 문화재 발굴조사 약보고서」.

이수훈, 2018,「부산 盃山城址 출토 木簡의 검토」,『역사와 세계』54, 효원사학회.

정요근, 2019,「고려시대 전통 대읍 읍치 공간의 실증적 검토와 산성읍치설 비판-충청도와
경기도, 강원도 대읍의 분석을 중심으로」,『한국중세고고학』6, 한국중세고고학회.

정의도, 2017,「東萊邑城 初築時期 硏究」,『문물』7, 한국문물연구원.

최종석, 2014,『한국 중세의 읍치와 성』, 신구문화사.

외국어

山田隆文, 2008,「新羅の九州五小京城郭の構造と實態について-統一新羅による計劃都市
の復元硏究」,『考古學論攷』31, 奈良縣立橿原考古學硏究所.

6장

통일신라 왕릉의 석인상(石人像) 복식[1]

권준희(수원대학교 강사)

1 머리말

통일신라시대 왕릉의 석인상은 능역의 입구에 세워진 것으로, 성덕왕릉(聖德
王陵), 원성왕릉(元聖王陵: 掛陵), 헌덕왕릉(憲德王陵), 흥덕왕릉(興德王陵) 4기의 능에
서 확인된다. 이들 석인상은 그 모습에 따라 두 종류로 나뉜다. 하나는 관(冠)을 쓰
고 검(劍)을 들고 있다고 해서 흔히 관검석인(冠劍石人)상이라 불리며, 다른 하나는
심목고비(深目高鼻)의 얼굴과 수염 등 독특한 생김새 때문에 호인(胡人)상으로 알려
져 있다.

신라 왕릉의 석인상은 봉분 남쪽에 동서로 거리를 두고 나뉘어 설치되어 있는
데, 왕릉에서 보자면 서쪽(우)과 동쪽(좌)에 동일한 모습의 관검석인상(석인상 1), 호

---

1 이 글은 2017년, 2018년 『韓服文化』 20-1과 21-1에 게재한 「통일신라 왕릉의 석인상(石人像) 복
식 연구(Ⅰ)·(Ⅱ)」 논문을 개고한 것이다.

인상(석인상 2)의 순서로 한 쌍씩 배치되어 있다.[2] 석인상이 조성된 4기의 능에서 두 쌍 모두 온전한 형태로 전해지는 것은 원성왕릉과 흥덕왕릉이다. 성덕왕릉에는 석인상1 한 쌍만이 전해지며, 헌덕왕릉 석인상으로 알려진 것은 현재 경주고등학교 교정의 석인상 2로 보이는 상반신 1구인데 마모가 심해 그 형태가 명확하지는 않다. 이러한 신라 왕릉의 석인상은 중국 능침제도의 영향으로 대략 8세기 중후반에서 9세기 말까지 지속적으로 조성된 것으로 보인다.

중국의 경우 능묘(陵墓) 전면에 석인상 등을 배열하는 것은 전한(前漢)시대부터 시작되었는데, 당대(唐代)에 이르러 석인의 설치는 더욱 늘었고, 무인상(武人像)만을 설치하던 것과 달리 태릉(泰陵, 763)이후부터는 문인상(文人像)을 추가하여 서쪽에는 무인을, 동쪽에는 문인을 배치하여 정치적 권위와 힘을 과시하며 문무시신들을 시립시킴으로써 지고무상한 권력을 후세에 선양하고자 했다(이재중, 1996, 826쪽) 그런데 당의 석인상이 태릉 이후 홀(笏)을 들고 있는 문인상, 장검(長劍)을 들고 있는 무인상으로 나뉜 것과 달리, 신라에서는 홀을 든 문인상은 보이지 않는다. 다만 장검을 들고 있는 석인상1 이외에 곤봉을 짚고 있는 또 다른 석인상 2를 추가 배치하고 있다. 석인상1의 장검(長劍), 석인상2의 곤봉과 같은 지물(持物)에서 그 성격이 능을 호위하는 무인(武人)임을 명확히 하고 있다.

이 글에서는 기존의 연구와 3차원 스캔 자료를 바탕으로 신라 왕릉에 조성된 석인상 복식을 고찰해보고자 한다.

2 석인상1의 복식

석인상1은 머리에 관모(冠帽)를 쓰고 의복(衣服) 위에는 양당개(裲襠鎧)를 착용하고 있으며 이(履)를 신고 있다.

---

2 이하에서는 논의의 편의상 관검석인상은 석인상 1, 호인상은 석인상 2로 칭하고자 한다.

1) 관모

(1) 형태

모두 관모를 쓰고 있는데 원성왕릉 석인상의 관모는 낮은 원기둥에 가깝고, 성덕왕릉과 흥덕왕릉 석인상의 관모는 두정부의 끝이 굴려져 자연스럽게 머리의 모양과 일치하는 형태다. 왕릉별 석인상1 관모의 세부 형태는 표1과 같다.

관모에서 두드러지는 부분은 정면과 측면 그리고 후면 장식이다. 정면 장식은 두 가지로 나눌 수 있는데, 하나는 오각형의 관장식으로 명확하지는 않으나 성덕

표1 신라 왕릉 석인상1 관모의 정면, 측면과 후면

	성덕왕릉(동)	원성왕릉		흥덕왕릉	
		동	서	동	서
정면				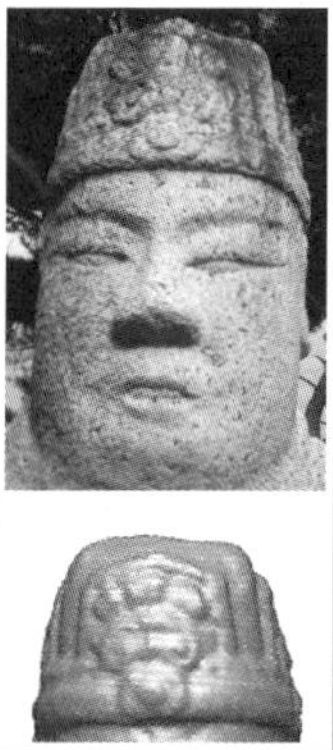	
측면			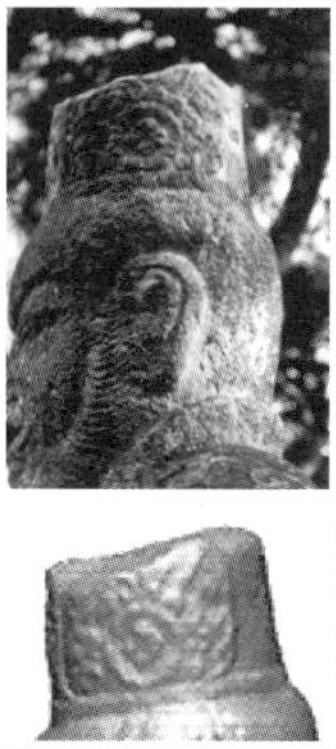		
후면	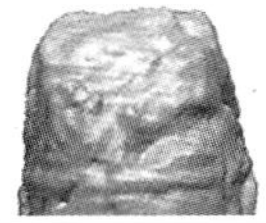	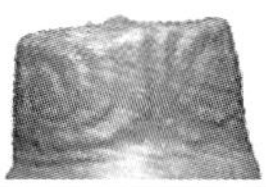	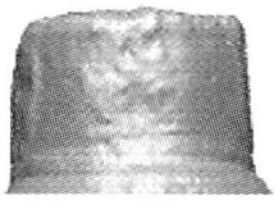		

왕릉, 원성왕릉 석인상은 오각형 장식에 매미 문양이 새겨져 있는 것으로 추정된다(이재중, 1996, 817·821쪽). 그리고 정면 장식의 다른 하나는 흥덕왕릉 서측 석인상에서 보이는 여의두문(如意頭文)이다.

다음 측면 장식으로는 성덕왕릉, 원성왕릉 석인상에서는 새의 날개 장식을 확인할 수 있고, 흥덕왕릉 석인상은 양측이 서로 다른데 서측 석인상은 둥근 곡선을 연속적으로 배치하여 전체적으로 반쪽 꽃 모양의 측면장식을 부착한 것과 같은 효과를 준다. 그리고 측면의 장식 중에는 부분적으로 후면까지 연결되는 것들이 보인다.

세부 장식 이외에 주목되는 부분은 흥덕왕릉 양측 석인상의 관모인데, 모두 다른 왕릉의 석인상과 달리 관테를 두 줄의 선으로 묘사하고 관테의 정면과 양쪽 측면 총 세 군데에 꽃문양의 장식을 부가하고 있다. 그리고 서측 석인상은 정면 장식과 후면 장식을 연결하여 정수리 부분에 두 줄의 세로선을 오목하게 입체적으로 드러내고 있어 양관(梁冠)과 같이 2량(梁)을 표현하고 있음을 알 수 있다. 석인상 관모의 부위별 장식을 정리하면 표2와 같다.

표2　왕릉별 석인상1 관모의 부위별 장식

	성덕왕릉(동)	원성왕릉		흥덕왕릉	
		동	서	동	서
정면	오각형 장식 매미문양	오각형 장식 매미문양	오각형 장식 매미문양	오각형 장식 (문양불분명)	여의두문
측면	날개 문양	날개 문양	꽃+날개	오각형 장식 (문양불분명)	꽃
후면		측면날개문양 연결		오각형 장식 꽃문양	꽃
대륜 (帶輪)				대륜	대륜
정수리					양(梁)

(2) 중국 관모와의 비교

석인상 관모에서 주목되는 부분은 오각
형 장식, 매미, 날개, 꽃, 여의두문, 정수리의
세로선(梁) 표현이다. 이들 부분 장식들은 하
나의 관모에 복합적으로 사용되었고 신라의
다른 시각자료에서 보이지 않던 새로운 형
태이며 중국 측 자료에서도 정확하게 동일한
관모는 찾을 수 없다. 다만 유사한 장식문양
이 사용된 관모가 있어 이에 대해 살펴보고
자 한다.

먼저, 중국의 경우 관모에 매미 문양 금
관식을 부착하는 것은 두 가지 관모에서 나
타나는데 하나는 무관(武冠)이고, 다른 하나
는 천자(天子)의 통천관(通天冠) 및 군신의 진
현관(進賢冠)과 같은 양관(梁冠)류 관모다. 먼
저 무관은 한대(漢代) 무관(武官)이 쓰는 관
모에서 출발한 것으로 책(幘)위에 덧쓴 상자
모양의 관모 형태때문에 농관(籠冠)으로 더
널리 알려져 있다. 무관은 시대가 내려오면
서 무관(武官)뿐 아니라 다양한 계층이 착용
했고, 그림1은 당대 혜장태자(惠莊太子)묘 벽
화 인물 중 홀을 든 관리가 무관을 쓰고 있
는 모습이며 중앙의 오각형 관식에 표현된
매미문양을 확인할 수 있다. 다음 양관에 부
가된 매미문양 관식은 당대 시각자료에서
는 찾을 수 없으나, 당 염립본이 그린 제왕
도 중 수(隋) 문제(그림2)의 평천판 아래 통천

그림1　당 무관
孫机, 2013, 172쪽

그림2　제왕도 수 문제
中國織繡服飾全集編輯委員會(編),
2004, 234쪽

그림3 당 갈관1
孫机, 2013, 176쪽

그림4 당 갈관2
陝西省考古硏究所, 2002, 27쪽

관에서 매미 문양의 오각형 관식을 확인할 수 있어 당대 모습을 짐작할 뿐이다.

그런데 한대 이후 무관에는 양쪽에 갈미(鶡尾)를 꽂아 장식하여 갈관(鶡冠)이라 부르기도 했고 당대(唐代) 조회 시 의장 중 익위(翊衛)도 갈관을 썼던 기록이 있어 무관에 매미 문양 장식 이외에 새깃을 장식하기도 했음을 알 수 있다. 당대 시각자료에서는 자연의 새깃을 꽂아 장식한 것은 아니나 금향현(金鄕縣) 주묘(724) 출토 무관용(그림3)과 같이 관모 정면에 새 모양의 장식을 부가하거나, 고력사묘(高力士墓) 석문(石門) 선각중 무관(武官)(그림4)과 같이 측면에 새 날개(깃) 모양을 장식한 경우 모두 갈관(鶡冠)으로 인식된다. 이들은 전형적인 무관의 형태, 즉 책과 상자 모양의 덧관을 함께 쓴 모습은 아니다. 당대 갈관은 중엽 이후 새 모양의 장식이 점차 없어지고 관의 높이는 점점 높아지며 새 문양 대신 권초(卷草), 구름(雲) 연주(聯珠) 등의 문양을 사용하며 혹은 관모 정상에 2개의 둥근 장식을 부가하기도 했는데, 변형된 갈관의 모습은 그림5와 같이 당 능의 무인상 관모에서도 쉽게 찾을 수 있다.

이상에서 신라 왕릉의 석인상1이 착용한 관모의 부분 장식 중 첫째, 오각형 장식은 중국의 무관 그리고 통천관 및 진현관과 같은 양관에서 찾아볼 수 있

그림5   당 건릉 무인상 갈관
程征·李惠(編), 1988, 69쪽

그림6   당 공릉 무인상
骑行偃师拜谒唐恭陵[2016.10.2검색]
http://blog.sina.com.cn/s/blog_3ca7d4750102vfb5.html

었고 둘째, 날개 장식은 무관에서 발전된 갈관과 상통한다. 그리고 셋째, 흥덕왕릉의 서측 석인상 관모에 보이는 정수리의 세로선은 양관의 양(梁)과 연결된다.

　그런데 당대 관리들의 갈관이나 진현관은 관 후면에 관모를 감싸는 듯한 넓은 판을 부착하고 전체적으로 상당히 높은 형태를 보인다. 당대 석인상의 관모에서도 양당을 착용한 675년 공릉(恭陵)을 포함하여 7세기 후반 순릉(順陵), 706년 건릉(乾陵)의 무인상에서는 앞은 낮고 뒤는 높은 평건책 모습(그림6)이지만 이후 716년 교릉(橋陵) 무인상(그림7)에서 갈관을 착용하기 시작하면서 높아진 모습이다. 그리고 당릉의 석인상이 문·무인상으로 나뉘기 시작한 763년 태릉(泰陵) 이후의 문인상(그림8)에서 높은 형태의 진현관이 확인된다. 신라 왕릉의 석인상 관모는 새날개 장식이나 매미 문양과 같은 부분 장식을 당의 관모와 공유하더라도 관모의 전체적인 형태는 정수리가 평평하면서 낮은 형태를 보인다는 점에서 당과 차이점이 있다.

그림7 당 교릉 무인상 갈관
程征·李惠(編), 1988, 75쪽
그림8 당 태릉(泰陵) 문인상
程征·李惠(編), 1988, 117, 118쪽

그리고 중국의 문헌 기록에는 무관(武官)의 무관(武冠)과 문관의 진현관에 모두 매미 문양을 장식했다고 전하지만 당릉 문인상의 관모는 기록과 조금 다른 면이 보인다. 당 능의 문인상 관모 장식(그림8)은 남북조시대 유물 및 회화자료에서 보이는 것과 같은 오각형이 아닌 사각형 모양이고 그 안의 문양도 매미 문양이라고 단정하기는 힘들다. 반면 신라의 성덕왕릉과 원성왕릉 석인상에서는 날개 장식을 지닌 갈관의 특징을 보이면서 정면부 오각형 장식안에 매미 문양을 부가함으로써 당과는 다른 장식들의 조합을 보여준다.

그림9 황남대총 남분 출토 은관
국립경주박물관(편), 2001, 47쪽

신라 석인상 1의 관모에서 정면 중앙에 장식판을 배치하고 좌우 측면에 날개 장식을 부가한 형태적 특성은 오히려 통일 이전 황남대총(皇南大塚) 남분(南墳) 출토 은제 대륜식 입식관(그림9)의 형태와 그 맥락을 같이한다. 물론 성덕왕릉과 원성왕릉의 석인상 관모에

서 하단부 테두리가 확인되지 않는 한 대륜식 입식관이라고 볼 수는 없다. 다만 오
각형 정면 장식과 측면의 날개 장식은 중국 관모 부분 장식들의 단순 조합이라기
보다는 황남대총 남분 출토 은관에서의 전입식과 측면 조우식과 같은 신라적 감성
에 의한 조합일 가능성을 시사한다.

그런데 흥덕왕릉 양측 석인상의 관모는 관테를 두 줄의 선으로 묘사하여 대
륜식 입식관의 형태로 인식된다. 대륜에는 작은 꽃문양이 정면과 측면에 장식되어
있고, 그 대륜 위에 다시 정면, 측면, 후면까지 총 4개의 입식 장식을 부가한 것이
다. 다만 입식 장식은 양측 석인상이 서로 달라, 서측 석인상의 경우 측면은 반원
형, 후면은 원형의 꽃문양으로 동측 석인상의 오각형과는 다른 모양이다. 그러나
동측 석인상의 측면과 후면 오각형 테두리 안에도 꽃문양을 부가하여 좌우측 모
두 꽃문양에 기초한다는 점은 동일하다. 이처럼 4면에 장식이 있는 관모의 형태는
당대 석인상의 진현관 및 갈관은 물론 다른 시각자료의 관모에서도 볼 수 없는 형
태다. 물론 흥덕왕릉 우측 석인상의 정수리에 표현된 양(梁)이나 정면에서의 여의
두문 등은 당의 제도를 받아들인 결과로 보인다. 그러나 양(梁)을 표현했다는 점만
같을 뿐 당의 진현관(그림8)에서 발견되는 후면의 높고 넓은 장식이나 좌우를 관통
하는 비녀 등을 흥덕왕릉 석인상에서는 찾을 수 없다. 또한 정면에서의 여의두문
은 당릉 무인상의 갈관(그림5)에서도 찾을 수 있는데, 당대 문관 진현관의 양과 무
관의 갈관에서 볼 수 있는 여의두문이 흥덕왕릉 서측 석인상 관모에서 모두 보인
다는 섬은 대륜식 입식관이라는 구조와 너불어 신라직 요소로 인식된다.

2) 의복
석인상 1은 직령(直領)의 상의 위에 양당개(裲襠鎧)를 덧입고 이(履)를 신고 있다.

(1) 상의(上衣)와 하의(下衣)
석인상 1에서 양당개 안에 착용한 의복은 길이가 발등에 이르는 장포(長袍)로
언급되어왔다(권준희·이순원, 1996, 188쪽). 그런데 당릉 석인상의 상의는 그림6, 그
림8과 같이 양당을 착용하든 착용하지 않든 모두 무릎선 혹은 무릎을 살짝 덮는

길이다. 신라 왕릉의 조각은 물론 신라적 독자성이 인정되는 바가 분명 있지만 양당에 가려 상의의 길이가 확인되지 않는 상황에서 석인상의 상의를 당과 달리 발등을 덮는 길이의 장포로 보는 것은 문제가 있다. 신라 석인상이 당의 무인상과 같이 짧은 상의를 착용하고 있다면 현재 석상 뒷모습에서 확인되는 양당의 길이보다는 짧았을 것이고, 그렇다면 무릎 위 대퇴부 정도 길이의 저고리일 것이다.

일반적으로 석인상 1은 장검을 쥐고 있으니 상의가 저고리라면 하의로는 당연히 바지를 착용했을 것으로 생각할 수 있다. 그런데 바지를 착용했다면 대구고(大口袴)라도 전면은 검에 의해 가려져 있으나 후면에서는 두 가랑이가 갈라진 선이 표시되어야 할 텐데 신라 왕릉의 석인상에서는 후면에 그 선이 표현되어 있지 않다. 또 전면에서는 검에 의해 좌우가 나뉘며 양쪽 가랑이에 각각 U자 주름을 표현하고 있지만 후면에서는 좌우를 통해 하나의 U자 주름으로 표현함으로써 좌우가 갈라져 있지 않음을 명확히 하고 있다(표3 참고). 그리고 신라 석인상이 착용한 하의 하단의 측면을 보면 밑단을 수평으로 하지 않고 옆 솔기 부분을 약간 오목하게 처리하여 가장자리를 둥글게 혹은 양옆의 주름 부분이 서로 겹쳐진 모양으로

표3　신라 왕릉 석인상1 하의의 정면, 측면과 후면

	성덕왕릉(동)	원성왕릉		흥덕왕릉	
		동	서	동	서
정면					
측면					
후면					

그림10　장릉 무인상

程征·李惠(編), 1988, 63, 119쪽

그림11　건릉 문인상

張建林, 2015, 69쪽

그림12　당 릉 문인상의 후면

程征·李惠(編), 1988, 118쪽

표현되어 있음이 주목된다.

　　신라 석인상 하의의 측면 하단부에 주름이 겹쳐진 표현은 태릉(泰陵, 763) 이후 당 능 문무인상(그림10, 그림11)의 하의 측면과 동일한 모양이다. 그리고 당에서는 그림12와 같이 문인상 후면에 수(綬), 측면에 패옥(佩玉)을 표현하고 있어 착용하고 있는 복식이 당시의 구복(具服), 즉 조복(朝服)임을 알려준다. 따라서 문인상의 하의는 조복에 따르는 상(裳)임을 알 수 있다. 그런데 무인상은 폐슬(蔽膝), 패옥, 수 등의 패식품을 모두 갖춘 것은 아니다. 다만 문인상의 하의인 상(裳)과 동일한 측면 표현 그리고 일부 밑단 플리츠(pleats) 장식으로 보아 무인상의 하의 또한 상(裳)으로 생각된다.

　　당의 영향을 배제할 수 없는 신라의 석인상 1에서 하의 후면에 바짓가랑이가 표현되지 않은 점, 측면에 당과 동일한 주름이 표현된 점 등은 신라 석인상 1의 하의도 치마일 가능성이 제기된다. 여기에서 당대의 무인상 중 양당을 착용하고 있

그림13　당 이수묘 석곽 시위
張鴻修(編), 1998, 132쪽

는 경우는 공릉(恭陵, 675), 태릉(泰陵, 763), 건릉(建陵, 764), 숭릉(崇陵, 805), 경릉(景陵, 820) 5기 능에서만 확인되는데, 신라에서는 석인상 1이 있는 3기의 능 모두 양당개를 착용하므로 의복이 다를 수 있다는 의견이 나올 수 있다. 그리고 당에서도 양당과 함께 착용한 의복은 고습(袴褶), 즉 저고리와 바지가 일반적이었다. 그런데 이수(李壽)묘(630) 석곽(石槨)의 좌우측에 묘사된 시위들(그림13)은 양당과 함께 한쪽은 바지, 다른 한쪽은 치마를 착용하고 있음이 확인된다. 석곽 시위들의 복식은 신라의 석인상1과 같이 측면에 패옥이 없어 조복이라할 수 없음에도 의(衣)와 상(裳)을 착용한 것으로 미루어 신라에서도 양당에 의와 상의 착용은 가능했을 것으로 생각된다.

　이상에서 신라 석인상은 양당에 가려 상의의 길이를 확인할 수는 없으나 양당 아래 하단부를 장포(長袍)의 연결된 부분으로 보기는 어렵고, 현재까지 드러난 자료 내에서는 저고리와 치마로 보는 것이 가장 합리적이라 생각된다.

(2) **양당개**(裲襠鎧)

　양당은 2개의 당(當)이 있어 하나는 가슴을 가리고 다른 하나는 등을 가리도록 한 것인데, 석인상 1이 착용하고 있는 양당은 찰갑의 갑편이 표현되어 있어 갑

	성덕왕릉(동)	원성왕릉		흥덕왕릉	
		동	서	동	서
정면 상단					
후면					

옷으로 볼 수 있으므로, 이에 양당개(裲襠鎧)라 칭하고자 한다.

가슴 부분의 조각과 등 부분의 조각은 어깨의 끈으로 서로 연결되어 있고, 성덕왕릉과 원성왕릉 서측 석인상은 허리 아래, 원성왕릉 동측 석인상과 흥덕왕릉 석인상은 허리 위아래에서 모두 연결되어 있는 모습이다. 그리고 어깨끈과 양 옆의 연결 이외에 양당의 앞뒤 조각은 허리띠에 의해 다시 한 번 고정된다(표4 참고).

그런데 당대 무인상의 양당은 등 부분 조각의 좌우 폭이 좁아 좌우 양끝이 등 부분에 그대로 드러나고 이에 가슴 조각과 등 조각은 양옆에서는 연결되지 않았음을 알 수 있다(그림14). 따라서 당 릉 무인상의 양당이 어깨끈과 허리띠만으로 앞뒤 조각을 고정한 점은 통일신라 왕릉 석인상의 양당이 옆 솔기에서도 연결된 것과는 다른 점으로 인식된다.

그리고 석인상은 모두 허리에 긴 끈을 두르고 뒤

그림14 건릉 무인상 후면
연구자 촬영

에서 묶은 후 그 나머지를 길게 늘어뜨리고 있다. 대의 묶음은 성덕왕릉과 원성왕
릉 석인상은 그림15와 같이 고를 내지 않고 두 번 옭매는 방법인데 늘어뜨려진 한
쪽 끝을 반대편으로 젖히고 잡아당기면 쉽게 풀 수 있도록 했다. 흥덕왕릉 석인상
은 그림16과 같이 양쪽으로 고를 낸 것처럼 보이지만 성덕왕릉과 원성왕릉 석인상
과 동일하게 두 번 옭매는데 이때 대의 일정 정도를 접어 두 겹으로 만든 후 두 번
옭매준 것이다. 이러한 매듭은 일반 리본매듭이 쉽게 풀릴 수 있다는 단점을 극복
하면서도 리본과 같은 장식 효과를 내는 방법이었을 것이다. 좁은 띠를 여러 번 둘
러맨 당의 무인상(그림14)과 달리 허리띠 폭이 상대적으로 넓고, 여러 번 돌려 매지
않고 한번만 둘러 뒤에서 묶어 늘어뜨리고 있는 것이다.

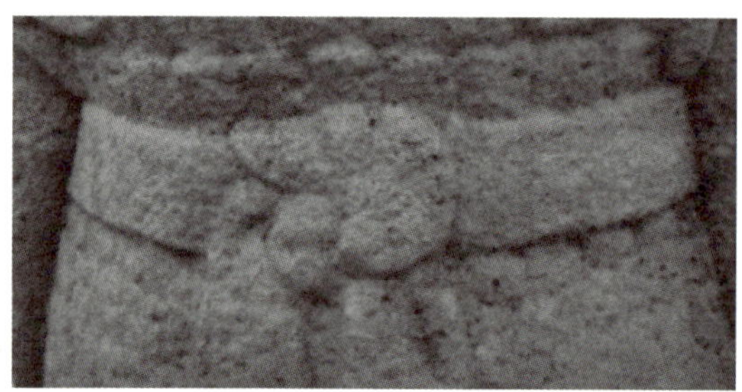

그림15　　허리띠 매듭1

그림16　　허리띠 매듭2

3 석인상 2의 복식

머리에 띠를 두르고 단령포를 착용했으며 화(靴)를 신고 있다.

1) 머리띠

석인상 2는 모두 어깨 정도에 이르는 길이의 머리를 그대로 뒤에 늘어뜨리고, 다만 머리에는 이마에서부터 대(帶)상의 띠를 수평으로 두르고 후두부에서 묶고 있는데 표5와 같다. 머리띠를 묶는 방식은 석인상 1의 양당개에 두른 허리띠 매듭과 동일한 모양으로 그림15, 그림16 두 가지 방식이 모두 사용되었다.

그런데 석인상이 착용하고 있는 단령포에는 관모로 복두를 쓰는 것이 일반적이다. 따라서 단령포에 머리띠를 하고 있는 석인상 2의 모습은 이질적일 수밖에 없다. 특히 석인상 2의 머리띠를 소그드인의 관모로 보기도 하는데, 이는 『대당서역기(大唐西域記)』에 따르면 소그드인들은 색상이 있는 증(繒)직물로 이마에 머리띠를 둘렀는데(宰利…繒綵絡額形容偉大) 이것이 석인상 2의 머리띠와 연결될 수 있다는 점

표5 왕릉별 석인상2의 관모

	원성왕릉		흥덕왕릉	
	좌	우	좌	우
정면				
후면				

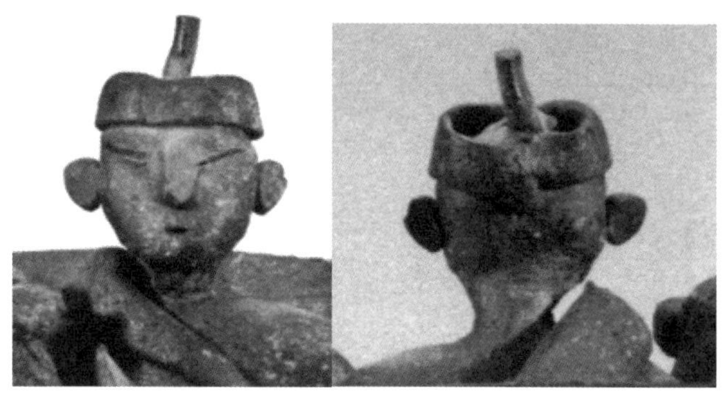

그림17　금령총 기마인물 토기 건
국립경주박물관(편), 2007, 28쪽, 30쪽

에 근거한 것이다. 그런데 머리를 짧게 자르고 머리띠를 두르고 단령포를 착용하고 있는 모습은 사마르칸트 아프라시압 벽화 중 차가니안(赤鄂衍那)국 사신이나 당(唐) 보련도(步輦圖) 중 토번국 사신에서도 찾을 수 있다. 그리고 당 건릉(乾陵)의 번신상(藩臣像) 중에도 직령좌임포와 함께 머리띠를 하고 있는 인물이 보인다. 이상의 자료에서 알 수 있듯이 머리띠는 당시 중앙아시아 혹은 서아시아 지역에서 광범위하게 착용 된 것으로 이로부터 소그드인과 신라를 직접적으로 연결하기에는 어려움이 있다.

실제로 머리띠로 이마를 묶는 것은 머리카락이 흘러내리는 것을 막는 가장 간단한 방법이기 때문에 굳이 영향관계를 언급하지 않아도 자연발생적으로 생길 수 있는 복식품 중 하나다. 석인상 2의 머리띠는 전체적인 형태만을 본다면 통일 이전 신라의 금령총(金鈴塚) 출토 기마인물형 토기 인물의 대륜식 건(帶輪式巾)(그림17)과 유사하다. 대륜식 건은 금령총 출토 토기 이외에 토기에 장식되던 소형 토우들에게서도 확인되는 것으로, 긴 띠로 이마 위에 수평적으로 두른다는 면에서 석인상 2의 머리띠와 같은 구조다. 석인상 2에 보이는 머리띠는 통일 이전 신라의 대륜식 건과 동일한 것으로 볼 수 있고, 통일신라에서 단령포에 복두만 쓴 것이 아니라 석인상 2에서 볼 수 있는 단령포와 대륜식 건의 조합은 당시 복식의 다양성을 보여준다는 면에서 의미가 있다.

2)　단령포(團領袍)

신라에서 둥근 목둘레의 단령포는 진덕왕(眞德王) 3년(649) 당나라 복식을 도입하면서 착용된 것이다. 이전 시기의 단령은 이차돈(異次頓) 순교비에서와 같이 직령상의의 안쪽에 착용한 모습이 보이기도 하지만 단령의 포(袍)로서 관복의 하나로 착용된 것은 진덕왕 때부터다. 그리고 당대의 단령포는 아랫단에 란(襴)이 있고 트임이 없는 란포(襴袍)와 란이 없고 허리 아래 양옆에 트임이 있는 결과포(缺骻袍)의 구분이 존재했는데, 성덕왕 33년(734) 『삼국사기(三國史記)』에 당 황제로부터 신라 사신이 받은 비란포(緋襴袍) 기록과 황성동, 용강동 고분 출토 토용의 복식에서 란포와 결과포를 모두 확인할 수 있다.

석인상 2가 착용하고 있는 의복은 오른쪽 어깨부터 여밈선이 표현되어 있어 우임(右衽)의 단령포를 착용하고 있음을 알 수 있는데, 모두 허리 아래가 트여 있는 결과포다. 단령포의 길이는 원성왕릉 석인상(동)은 종아리까지만 조각되어 확실히 알 수 없으나 서측 석인상과 흥덕왕릉 석인상을 보면 바닥까지 이르는 길이다.

단령포 옆트임 사이로는 모두 후면 쪽으로 기운 횡선이 보인다(표6 참고). 종아리까지만 조각된 원성왕릉 석인상 2(동)에서는 횡선의 위치가 무릎 위로 묘사된 듯하나 이를 제외한 원성왕릉 석인상 2(서), 흥덕왕릉의 양측 석인상 2에서는 무릎 아래 위치하고 있음을 알 수 있다. 이 횡선에 대해서는 단령포 안에 착용한 의복으로 보는 의견이 있으나, 내의가 아니라 화(靴)의 신목 끝을 표현하는 선으로 판단된다.

3) 대(帶)

석인상 2는 표6과 같이 모두 허리에 대를 하고 있는데 한쪽 끝을 띠고리에 고정한 후 그 끝을 왼쪽 옆으로 돌려 다시 허리띠 안쪽으로 끼워 늘어뜨리고 있다.

통일신라시대에는 문양이 없고 과판이 전후판으로 구성되는 대금구가 출현하게 되는데 이는 경주 장군로 및 황성동 6호분 출토 허리띠(그림18) 등에서 확인할 수 있다. 이들 과판은 장방형과 상원하방의 D자형(혹은 반원형)으로 구성되고, 장방형 과판과 D자형 과판의 공통점은 하단부에 세장방형의 구멍이 있다는 것이다. 왕릉의 석인상 중에는 흥덕왕릉의 서측 석인상에서 과판 장식을 확인할 수 있는데 출토 유물보다 더 납작하지만 D자에 가까운 형태다. 그리고 후면에서만 과판이 드

표6 신라 왕릉 석인상2 허리의 정면과 측면

	원성왕릉		흥덕왕릉	
	동	서	동	서
정면	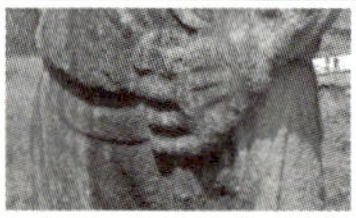	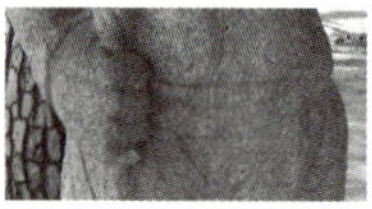	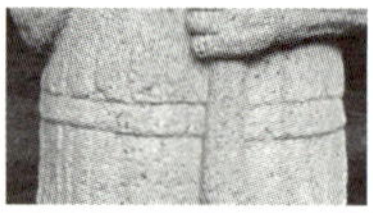	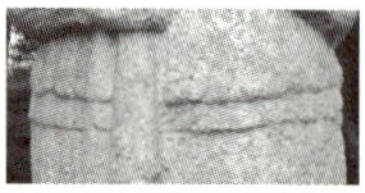
측면 (좌·우)	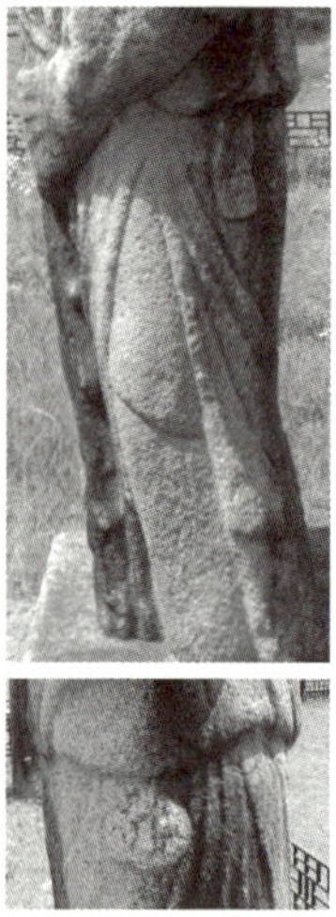	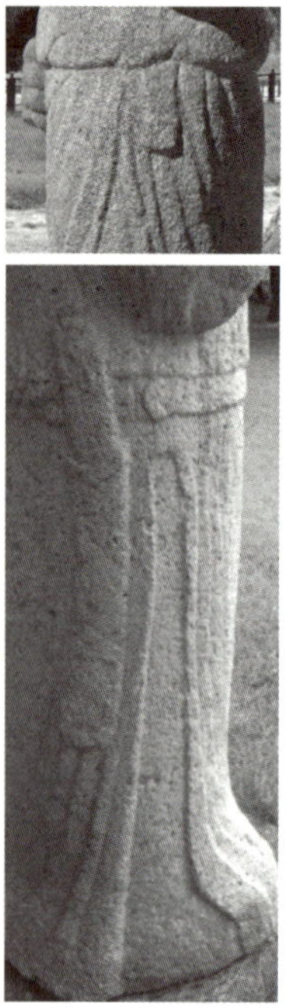	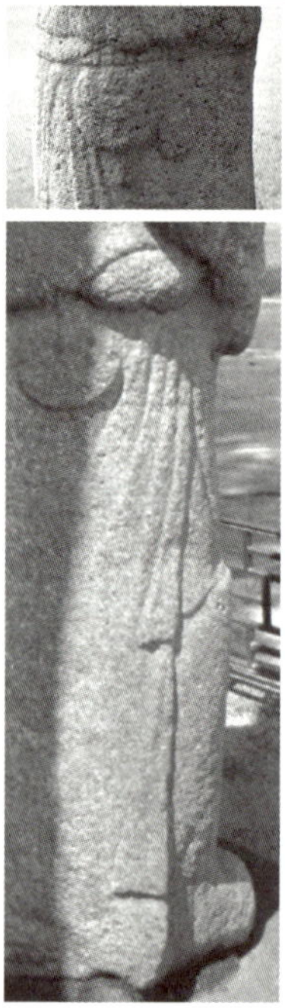	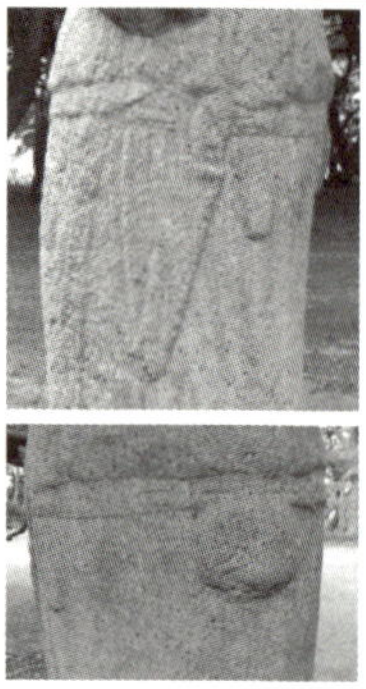

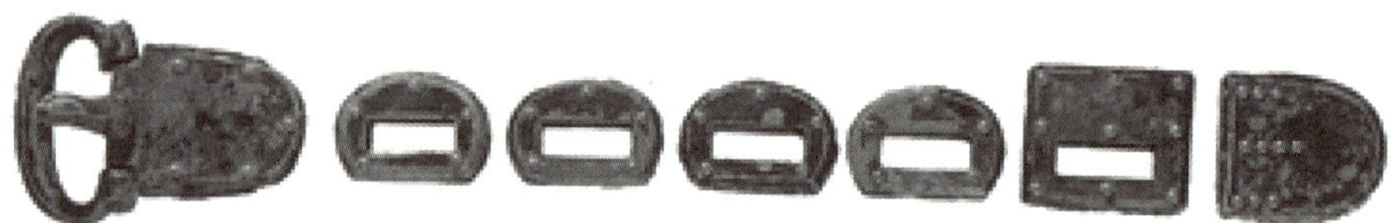

그림18 경주 장군로 출토 허리띠
이한상, 2004, 197쪽

러나 그 개수를 명확히 알 수는 없으나 그림19와 같이 육안으로 4~5개 정도를 확인할 수 있으므로 전면에 있었을 과판을 더하면 대략 10개 내외의 과판이 있었을 것으로 추정된다. 당나라에서는 신분에 따라 과판의 개수와 소재를 달리한 기록이

그림19　흥덕왕릉 석인상2(서) 후면의 과판

있고, 신라에서도 흥덕왕 복식령에 골품에 따라 연문백옥(研文白玉), 오서(烏犀), 유(鍮), 철(鐵), 동(銅)과 같이 소재를 다르게 하고 있다.

그림20　통일신라 허리띠 복원
연구자 촬영

그림20은 양 끝에 1개의 D자형 과판 다음 2개의 장방형 과판을 각각 두고 그 사이에 5개의 D자형 과판을 배치하여 총 11개의 과판 장식으로 이루어진 재현품인데, 과판의 크기와 고정 못의 위치는 장군로 출토 유물에, 가죽에 고정하는 방식은 황성로 6호분 출토 유물에 근거하여 제작한 것이다. 과판의 구체적인 크기와 모양은 불확실하나 석인상 2의 허리띠도 이와 유사한 형태였을 것으로 추정된다. 그리고 허리띠에 사용되는 가죽이 부드럽고 길이가 길다면 원성왕릉 석인상 2처럼 앞으로 늘어뜨린다거나, 흥덕왕릉 석인상 2처럼 어느 정도의 겹침 이후 끼워 늘어뜨리는 등의 방식도 가능했을 것으로 보인다.

그리고 석인상 2의 허리띠에는 타원형의 주머니 모양 장식과 단검(短劍)을 늘어뜨리고 있다(표6 참고). 허리띠에 생활용품 혹은 무기 등을 매달아 늘어뜨리는 것은 본래 북방 유목민족의 습속이지만 중국에도 받아들여졌음은 당대 접섭대(韘韘帶) 기록으로부터 알 수 있다. 당의 접섭대는 신분에 따라 허리띠에 일곱 가지 물건을 패식하는 제도인데 당대 시각자료에 나타난 접섭대는 여러 가닥의 가죽끈 장식이 혼용되거나, 혹은 가죽끈 장식은 보이지 않고 주머니 모양 장식이나 수건, 패도(佩刀)와 화살통 같은 몇 개의 물건만 매다는 간략화된 모습을 보인다. 이 중 허리띠에 주머니 모양 장식을 매단 모습은 당 건릉(乾陵, 684)의 번신(蕃臣)상에서도 확인되는데 전체 61구의 번신상에서 무릎 이하만 남아 있는 3구를 제외한 58구 중 44구의 번신상에서 사각형, 반원형, 타원형 등의 주머니 모양 장식이 보인다(陈晔, 2012, 68~69쪽).

단령포와 더불어 금속제 과판 장식이 있는 허리띠의 착용, 그리고 허리띠에 주머니 모양 장식을 포함한 간단한 무기류의 패용은 당시 공통된 양식의 하나로 중앙아시아 및 동아시아 전역에서 착용된 것으로 보인다.

4 맺음말

신라 왕릉의 석인상은 장검(長劍)을 짚고 양당개(裲襠鎧)를 착용하고 있는 석인상 1과, 곤봉을 들고 단령(團領)을 착용한 석인상 2로 나뉜다.

석인상 1의 경우 관모는 정수리가 평평하면서 모두 낮은 형태로 당대 석인상의 상당히 높은 관모와는 차이점이 있다. 부분 장식 중 측면의 새날개 장식과 정면의 여의두문은 당대 갈관과, 정면 오각형의 장식판과 매미 문양은 무관, 정수리의 량(梁) 표현은 진현관과 연결해볼 여지가 있다. 그러나 오각형 매미 문양의 정면 장식과 측면의 날개 장식의 결합, 대륜식 입식관의 구조를 보이며 당대 문관 진현관의 량과 무관(武官) 갈관의 여의두문 조합은 신라적 변형으로 인식된다. 의복은 먼저 저고리와 치마를 입고 그 위에 양당을 착용하고 있다. 석인상 측면부 하단의 겹쳐진 주름 표현은 당대 태릉(763) 이후 문무인상의 관복에 따르는 상(裳)과 동일한 모습이지만, 찰갑이 표현된 갑옷으로서의 양당을 착용했고 허리띠 폭이 상대적으로 넓으며 여러 번 돌려 매지 않고 한 번만 두르고 뒤에서 묶어 늘어뜨렸다는 점에서 당과 다른 면을 보인다. 신발은 앞코가 올라간 이(履)를 신고 있다.

석인상 2는 통일 이전 신라의 대륜식 건과 동일한 머리띠를 두르고 단령의 결과포에 금속 장식의 대를 매고 화(靴)를 신고 있다.

신라는 진덕왕 3년(649)에 당의 복식을 도입했다고는 하나 황성동, 용강동 토용과 흥덕왕 복식령에 표현된 복두, 단령포의 관복 이외에 구체적으로 복식 내용을 알 수 있는 자료는 거의 없다. 이에 석인상 복식으로부터 남자 복식의 경우 저고리와 바지가 아닌 저고리와 치마의 착용, 석인상 1의 관모에서 중국의 무관, 갈관, 진현관 등 다양한 장식 요소의 등장 및 복합적 결합, 대륜식 건과 단령포의 조합 등 당시 복식의 다양성을 알 수 있다는 점은 매우 다행스러운 일이라고 할 수 있다.

그런데 당은 태릉 이후의 문인상은 진현관에 조복을 착용했고, 무인상의 복식도 무관(武官)의 조복 혹은 활동성을 고려해 패식품을 생략한 조복의 약장(略裝)으로 생각된다. 신라는 석인상 1과 석인상 2 모두 무인상으로 이들의 복식을 당의 문무인상 복식과 직접 연결할 수는 없다. 그러나 신라의 석인상 1에서 저고리와 치마, 즉 의상(衣裳)의 조합은 당의 조복과 같지만 첫째, 석인상 1이 쓰고 있는 관모는 명확하게 당대 무인의 관모가 아니며 둘째, 찰갑이 표현된 갑옷으로서의 양당도 당대 관복으로 착용했던 화려한 직물에 자수 등으로 장식한 양당과는 차이가 있다. 또한 대륜식 건과 단령포를 착용한 석인상 2는 당릉의 문무석인상에서 찾을 수 없는 부분이다. 이는 신라가 도입한 당 복식을 실제 시행함에 있어서는 신라내에서 부분적 변용이 이루어졌을 가능성을 시사한다고 볼 수 있다. 물론 신라의 석인상도 왕릉을 수호하는 당시의 무관(武官)이고, 그 복식은 무관 복식 중 하나였을 것임은 틀림없다. 다만 다른 시각자료나 문헌자료가 뒷받침되지 않는 석인상 복식이 당시 무관 복식 체계 안에서 어떤 위치의 복식이었는지 구체적으로 규정하기는 힘들다. 이 부분에 대해서는 후속연구를 통해 추후 보완이 이루어질 수 있길 기대해본다.

참고문헌

『三國史記』, 『大唐西域記』, 『新唐書』

한글

국립경주문화재연구소·경주시, 2007, 『신라고분 기초학술조사연구 Ⅳ』, 국립경주문화재연구소.

국립경주박물관(편), 2001, 『신라황금』.

국립경주박물관(편), 2007, 『國寶 기마인물형토기 신라왕실의 注子』.

권준희, 2017, 「통일신라 왕릉의 석인상(石人像) 복식 연구(Ⅰ)」, 『韓服文化』 20-1, 한복문화학회.

권준희, 2018, 「통일신라 왕릉의 석인상(石人像) 복식 연구(Ⅱ)」, 『韓服文化』 21-1, 한복문화학회.

권준희·이순원, 1996, 「統一新羅期 陵墓石像에 나타난 복식 연구」, 『服飾』 30, 한국복식학회.

이재중, 1996, 「통일신라시대 왕릉 앞 석인연구」, 『석오윤용진교수정년퇴임기념논총』, 논총간행위원회.

이한상, 2004, 『황금의 나라 신라』, 김영사.

외국어

陝西省考古研究所, 2002, 「唐高力士墓發掘簡報」, 『考古与文物』 2002年 第6期.

孙机, 2013, 「进贤冠与武弁大冠」, 『中國古輿服論叢』, 北京: 文物出版社.

宋丙玲, 2014, 「北朝文物中的兩裆」, 『文物春秋』 2014-2, 石家莊: 文物春秋雜誌社.

張建林, 2015, 「李倕墓出土遺物杂考」, 『考古与文物』 2015年 第6期.

張鴻修 編, 1998, 『隋唐石刻藝術』, 西安: 三秦出版社.

程征·李惠 編, 1988, 『三百里雕刻艺术馆 唐十八陵石刻』, 咸陽: 陝西人民美术出版社.

中國織繡服飾全集編輯委員會, 2004, 『中國織繡服飾全集』 3, 天津: 天津人民美術出版社.

陈晔, 2012, 「乾陵王宾像上的鞶囊考」, 『文博』 2012-05, 西安: 乾陵博物館.

중국 길림성 안도 동청 고분군 검토

강현숙(동국대학교 경주캠퍼스 고고미술사학과 교수)

1 머리말

중국 길림성 안도(安圖) 동청(東靑) 고분군은 연변 일대에서 조사된 고분 유적 가운데 적석총과 봉토분으로 구성된 유일한 고분군이다. 동청 고분군은 적석총과 인근의 성곽이 결부되어 고구려 유적으로 보기도 하고(이성제, 2009), 출토된 유물에 근거하여 발해 유적으로 보기도 한다(연변박물관, 1992). 동청 고분군의 적석총은 돌로 축조한 계단상 분구라는 점에서 고구려 적석총과 가시적으로 유사해 보이지만, 매장 유형이나 장법, 출토 유물들을 종합적으로 고려해볼 때 동청 고분을 모두 고구려로 귀속시키는 것이 적절한 해석인가 하는 의문이 든다.

문헌에 의하면 유적이 자리한 연변 일대는 일찍이 고구려에 복속되어 책성 (柵城)이 설치되었던 곳으로 비정된다. 책성 유적으로는 연길의 하룡 고성과 도문의 성자산 산성(마반촌산성)(박진석, 1988) 또는 훈춘의 살기성과 온특혁부성(임기환, 2012)을 들고 있다. 현재 학계에서는 훈춘으로 보는 견해가 우세하지만, 정작 이

유적들에서 고구려 초기의 고고학적 증거는 확실하지 않다. 한편 고구려 진출 이전에는 옥저 문화권으로 보아서 연해주 일대와 두만강 유역 및 함경도 일대를 포함한 초기 철기시대 유적을 옥저의 소산으로 보기도 한다(강인욱, 2008). 하지만 옥저의 고고학적 정체성을 설명하기 쉽지 않고, 이를 고구려 초기 자료와 구별해내는 것 또한 쉽지 않다. 이처럼 연변 일대의 고고자료에 대한 여러 해석이 제기되는 것은 이 일대 고고자료의 양과 질 모두 충분하지 않기 때문이다.

그러나 연변 일대가 고구려와 발해에서 지정학적으로 중요한 지역이었고, 안도 동청이 교통로상의 주요 경유지였음에는 별 이견이 없다. 고구려의 왕도인 졸본이나 국내에서 동해안으로 진출하려면 안도 동청을 경유해야 한다. 발해에서도 동청은 5경 중심지인 돈화(구국)와 화룡(중경성), 영안(상경성)을 연결하는 교통로에 위치하며, 중경 현덕부의 노주(盧州)로 비정되기도 한다.

역사적으로 중요하지만 연변일대의 고고자료가 충실하지 못하여서, 유적에 대한 해석은 문헌에 근거한 인문지리적 관점에 치중되었다. 안도 동청 고분군에 대한 여러 해석도 그러한 연구 경향의 일례라고 할 수 있다. 안도 동청 고분이 구조나 매장방식에서 정형화된 모습을 보이지 않지만, 동청 유적은 적석총과 봉토분이 함께 군을 이루고 가까이 동청 고성과 건물지가 자리 잡고 무덤과 생활공간이 함께 조사된 몇 안 되는 예이다. 따라서 안도 동청 고분군은 다른 고고자료에 비해 고구려에서 발해로의 전개를 살피는 데 있어서 비교적 안정적인 자료라고 판단된다. 이 글에서는 안도 동청 고분의 구조와 출토 유물, 매장 유형, 장법 등을 검토함으로써 동청 고분의 역사적 성격을 살피는 데 초점을 두고자 한다.

2 유적 개관

동청 유적은 중국 길림성 연변조선족자치주 안도현 영경향 동청촌에 위치한다. 안도현 소재지에서 서남쪽으로 87킬로미터 떨어져 있으며, 유적의 동북 방향으로는 안도-송강 도로가, 서북 방향으로는 돈화-송강 도로가 교차한다. 유적이

자리한 동청 분지는 사면이 산으로 둘러싸인 동서 약 4킬로미터, 남북 2킬로미터 정도의 넓지 않는 하곡 평지다. 송화강 상류의 커다란 지류인 고동하(古洞河)우안에 자리하며, 고동하는 유적의 동남쪽에서 서남쪽으로 흐른다. 유적의 남쪽으로 100킬로미터 거리에 백두산이 있다(그림1).

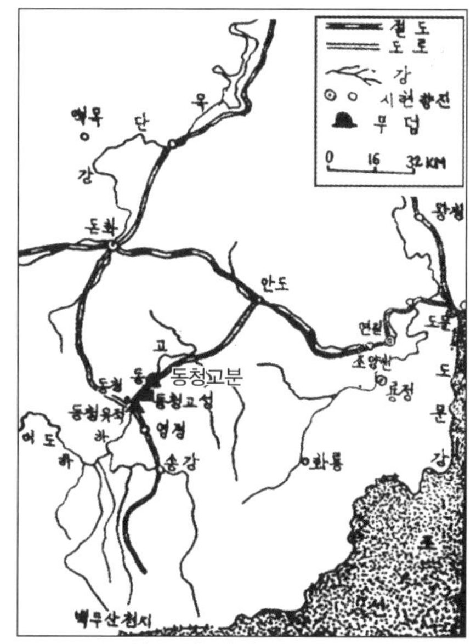

그림1 동청 유적 위치

동청 분지에는 고성과 고분, 건물지와 성격 미상의 유물산포지 등이 자리한다. 1984년 안도현의 문화유적과 유물을 조사할 때 고성과 고분이 발견되었고(吉林省文物志編纂會, 1985), 1990년과 1991년에 파괴 위기에 있는 고분과 고성 등 인근 유적을 연변박물관에서 조사했다(연변박물관, 1992). 고분은 1990년과 1991년 두 차례에 걸쳐 조사가 이루어져서, 12호분을 제외한 파괴가 심한 12기를 발굴조사하고, 유물산포지, 건물지와 고성은 지표조사 또는 간단한 시굴조사를 하였다(방학봉, 2003).

유물 산포지는 동청 마을의 동쪽에 자리한다. 동서 150미터, 남북 300미터 범위에서 회색 기와와 토기편이 수습되었으며, 유직은 이미 경직지로 변해서 그 성격을 확인할 수 없다.

건물지는 동청 마을에서 100미터 정도 떨어졌으며 현재는 채소밭으로 이용되고 있다. 동서 길이 14미터, 남북 길이 22미터, 높이 1미터 정도의 토축 기단 위에 5개의 초석이 남아 있었고, 이 건물지 부근의 지표에는 암기와, 수기와, 평기와 등 여러 종류의 기와와 벽돌 등 건축부재가 널려 있었다. 토축 기단과 기와, 벽돌 등으로 미루어 건물은 상당한 규모와 위상을 가졌을 것으로 판단하여 사찰 유적으로 비정하기도 한다.

건물지의 시기를 판단할 근거는 확실하지 않지만, 건물지에서 출토된 암막새

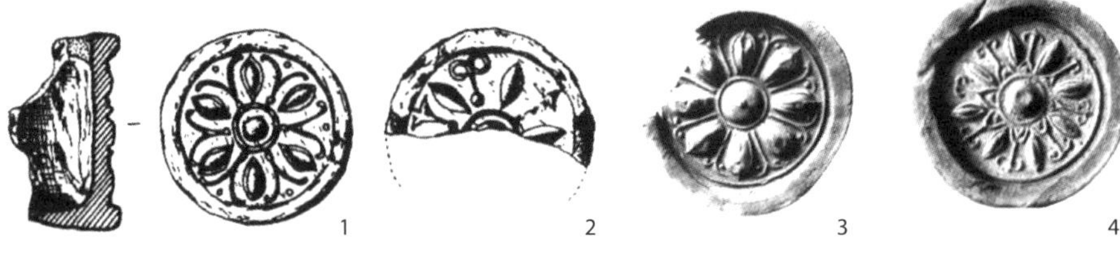

그림2　연화문 와당
1, 2. 동청 유적, 3, 4. 평양 토성리 수집

는 지름 13.5-14센티미터 정도의 연화문 와당으로, 그림2-1 와당은 평양 토성리에서 수집된 와당 그림2-3과 연판의 모양과 중방, 연판 사이 문양 등이 서로 비슷하다. 그림2-2와당은 중방과 연판, 연판 사이 종속문양 등에서 평양 토성리 수집 와당 그림2-4와 비슷하다(그림2). 입연화문와당 등이 연변 일대의 고구려 후기 유적에서 확인되는 점을 고려해볼 때 단편적인 자료이지만 동청 유적의 건물지는 고구려 후기로 소급될 여지는 열어둘 수 있다.

　　고성은 고분에 비해 지세가 높고 평탄한 언덕에 위치하는 평지성으로, 2014년 현지답사 시 성의 흔적은 거의 확인되지 않았다. 동 성벽에서 10미터 떨어진 지점은 급경사를 이루고 그 아래로 고동하가 흐른다. 조사보고에 따르면, 성은 둘레 287미터로 소형에 해당되며, 동벽과 서벽은 각각 길이 75미터이고, 남벽은 67미터, 북벽은 70미터로 거의 방형에 가까운 평면을 갖고 있다. 성벽의 기단은 동, 남, 북 벽에서 확인된다. 기단은 냇돌이나 할석 등 가공하지 않는 석재로 쌓았으며, 잔존 높이는 0.5~1미터 정도이다. 동벽의 가운데 트인 부분을 성문지로 추정하며, 트인 부분의 너비는 약 22미터다. 성 내부 중앙에서 북쪽으로 치우친 지점이 다른 곳보다 0.3~0.5미터 정도 높은데, 이곳에 돌이 널려 있고, 바닥에 불에 탄 흔적과 고운 점토질의 토기편이 흩어져 있어서 건물지로 추정하고 있다(그림3).

　　고성이 교통로상의 연결지에 자리하여서 역사적으로 중요하다는 점에는 이견이 없지만, 그 성격과 시기에 대해서는 견해 차이가 있다. 발해로 보는 입장은 동청 고분을 발해 시기로 보고, 동청 고성은 교통로상의 연결지에 자리한 군사적 요새로 평가한다. 즉 국내외의 사절단이 서경압록부(임강진)를 거쳐 동청에 이른 후

동북 방향으로 만보, 신합을 거쳐 동
쪽으로 중경현덕부(서고성)에 이르고,
동청에서 서쪽으로 대푸해하진을 거
쳐 성자산 산성을 지나 오동성에 이
르게 되므로 지리적 관점에서 동청을
군사적으로 중요한 곳에 있다고 본
것이다(방학봉, 2003). 반면 동청 고분
군의 적석총이 고구려 고분이라는 입
장에서 동청은 고구려 국내에서 책성
으로 나아가는 교통로상의 연결지에
자리하므로 고구려성이라는 입장이

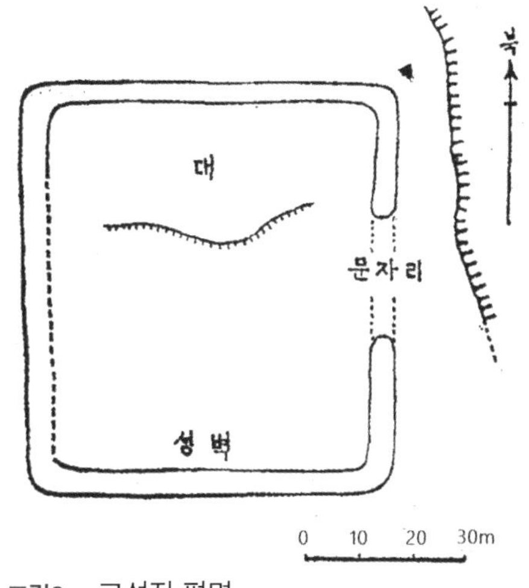

그림3 고성지 평면

다. 그리고 동청 고성은 규모가 작은 평지성이므로 군사적 성격의 요새이기보다는
교통로상의 연결지에 있는 역참이라고 판단했다(이성제, 2009).

이와 같이 동청 고분은 동청 고성의 시기와 성의 성격을 판단하는 데 중요한
전거가 되고 있다. 고분은 동청마을에서 동북쪽으로 1킬로미터 정도 떨어진 동남
향의 나지막한 언덕 비탈에 자리한다. 언덕의 동쪽 끝은 경사가 급한 낭떠러지이
며 그 아래에 고동하가 흐른다. 고분군은 안도-송강 도로가 가로질러 동서 양 구
역으로 나뉘게 되었고, 서쪽 구역 무덤은 경작지가 되어서 현재 고분은 파괴되어
거의 남아 있지 않다. 조사된 고분은 서쪽 구역에 있는 1기를 제외하고는 모두 동
쪽 구역에 위치한다.

1990년도에는 동서, 남북 길이 각 60미터 되는 범위에서 파괴된 10기의 무덤
을 조사하고, 1991년에는 안도-송강 도로 확장공사에 따라 도로 옆에 있는 무덤 3
기 등 총 13기의 고분을 조사하였다(그림4). 도로를 경계로 동쪽 구역에서는 총 12
기의 고분(1-11호, 13호)이 있고, 서쪽 구역에는 1기(12호분)가 있다. 동쪽 구역은 길
이 30~50미터 범위로 9기의 고분이 자리한다. 현재는 옥수수밭으로 이용되고 있
다. 최대분은 8호분이며, 1호와 9호분이 동쪽에 위치하고, 2호, 3호, 4호, 5호, 6호,
7호분이 열 지어 있다. 특히 7호분은 5호와 6호분 사이에 위치하며 동벽이 5호분

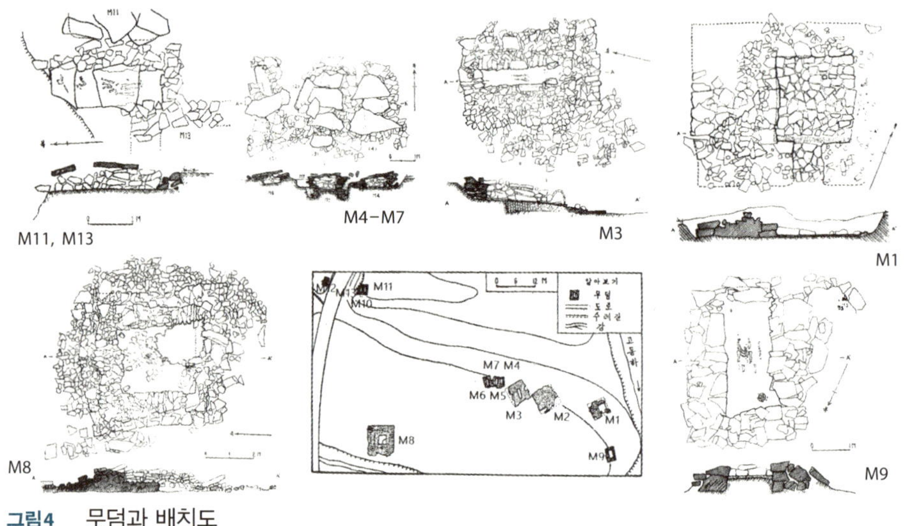

그림4　무덤과 배치도

서벽 아래에 있어서 중복 관계를 보여준다. 도로 가까이 10호, 11호와 13호분이 모여 있고 현재는 도로를 사이에 두고 서쪽 구역에 12호분이 있지만, 원래는 10호분에서 13호분이 하나의 군을 이루었을 것이다.

3　고분 검토

1)　구조

　　조사 보고된 고분은 파괴된 12호분을 포함하여 모두 13기로, 정도의 차이는 있지만 상당 부분이 파괴되어서 본래 모습을 추정하기가 쉽지 않다. 표1은 보고문 (연변박물관, 1992)을 참조하여 재정리한 것으로, 보고문에 따르면 무덤은 축조 방식과 매장 방식, 치석 정도에서 차이가 있다고 전제하고, 무덤의 유형을 기단이 있는 돌무덤, 기단이 없는 돌무덤, 흙구덩이 무덤 등 세 가지로 나누고, 각 유형을 다시 세분했다.

　　기단이 있는 돌무덤의 경우 분구는 돌로 축조한 기단이고, 매장부는 석광이라는 의미에서 부여된 형식명이다. 이는 다시 분구를 봉한 재질에 따라서 방단석

표1 동청 고분의 속성

형식	고분	분구 한변길이, 높이(m)	매장부 위치	매장부 구조	매장부 길이, 너비, 높이(m)	매장유형 장법	기타
기단봉토분	1	6-7m, 1m	분구	횡혈식 방형, 중앙연도	현실 2.7, 2.6, 0.6-0.75 연도 1.6, 1.2, ?	다인합장(17구). 상하 중복, 1차장과 2차장 혼용	현실 내 배수시설, 심복관, 토기병, 호, 등자와 재갈
계단적석총	2	10, 8m	분구	횡구식?	?	인골미확인, 목탄. 화장	당식대금구
계단적석총	3	6, 4, 동서 3, 남북 4	반지하 -0.9m	횡구식 석곽 장방형	횡구폭 0.62m	1인, 1차장. 관못	지하 유구와 중복, 토기철촉
계단적석총	8	8, 7.7, 1m 3단	2단	횡구식석곽, 방형,	2.8-2.9, 2.5-2.7, 잔존 0.5-0.6m, 횡구 폭 0.8m	화장	현실북벽 토기 3점
봉토분	4	? 0.2-0.4m	지하 -0.5m	횡구식석곽, 장방형	잔존고 0.4-0.6m, 개석 2.1, 1, 두께 0.27m	다인장, 1차장 1인 중앙, 화장안함. 2차장 2인	산자형 머리장식(2점)
봉토분	5	? 0.1-0.3m	지하 -0.8m	횡구식석곽, 장방형	2.1, 0.6-0.65, 잔존고 0.65m, 횡구폭 0.7, 높이 0.4m	부식 심함, 불명,	토기와 철촉
봉토분	6	?	지하, 토벽 위 석축	횡구식석곽, 장방형,	묘실상부 2.3, 0.3-0.6, 묘실바닥 2.2-0.7-0.75, 고 0.6m, 개석, 횡구폭 0.6, 고 0.6m	부식 심함. 인골부장품 미확인	
봉토분	9	4, 4.6, 0.5m	분구, 지상	횡구식석곽, 장방형	2.7-2.9, 1.04-1.4, 0.25-0.35m/횡구폭 1, 높이 0.2m	2차 다인합장, 상하중복 -1차장 위에 2차 화장	말뼈, 치아무덤의 남서쪽 묘실내 퇴적토 유물 -당식대금구
봉토분	10		반지하,	횡구식석곽, 장방형	길이 2.25, 너비 0.8, 높이 0.4m	2인, 합장	유물미발견
봉토분	11		반지하	?	길이 2.5, 너비 0.7, 깊이 0.7m	2인	동천출토
봉토분	12		반지하	?	?	1인 인골, 관못	
봉토분	13		반지하	?	잔존 2, 너비 0.6, 높이 0.2		10호 남벽이 동벽의 북부에 해당
수혈토광묘	7		지하		남북 1.2, 동서 0.45-0.55, 잔존깊이 0.15-0.2m	재와 목탄 가득, 이골편 산재, 불탄 철못 16개, 관에 넣어 화장	5, 6호 하층 무덤에서 20m 떨어진 곳 화장인골무지, 7호와 연관?

광봉토묘(1호분)와 계단식방단석광적석묘(8호분, 3호분, 2호분)로 세분되었다. 세분된 형식은 기단이라는 공통된 속성을 갖고 있지만 분구 축조 재료를 기준으로 볼 때 동일 형식으로 보기 곤란하다. 즉 방단석광봉토묘의 분구는 방형 평면의 돌기단 위에 흙을 덮은 기단봉토분구이고, 매장부는 석광이라고 하지만 남쪽에 입구가 있는 횡구식 구조이다. 8호분은 횡구식 석실에 해당하며, 3호분은 횡구식 석곽에 해당한다. 보고문에서 사용한 석광은 목곽이나 목실에 대응하는 개념이라고 할 수 있어서 기단이 있는 돌무덤은 분구를 기준으로 기단봉토분과 계단적석총 두 형식으로 정리된다.

기단 없는 돌무덤은 돌로 쌓은 기단이 없고, 매장부는 돌로 만들었다는 표현이다. 실제 분구는 흙으로 쌓은 봉토분이다. 보고문에서는 기단 없는 돌무덤을 매장부 위치에 따라서 지상식과 지하식으로 세분하였다. 지상식은 9호분 1기이고, 나머지 4호, 5호, 6호, 9호, 11호, 12호, 13호분은 지하식이다. 그러나 지하식으로 분류된 4호분과 5호분, 10호분은 매장부의 일부가 지상의 분구 중에 위치해서 완전한 지하식이라기보다는 반지하식이라고 할 수 있어서 보고서의 지상식과 지하식의 분류 기준이 명확하지 않다. 매장부는 석실로 표현되었지만 규모와 구조로 미루어 통념적으로 이해되는 동실추가 합장이 가능한 석실이라고 보기 어렵다. 석실은 시차를 두고 합장이 가능하도록 일정 규모의 현실과 추가로 합장이 가능한 외부와 연결된 통로, 즉 연도나 묘도를 갖추고 있다. 그러나 보고된 고분의 석실은 현실의 규모가 작다. 특히 현실의 너비는 1미터 미만이며, 높이도 60센티미터 정도로 낮아서 동실 추가 합장이 가능한 공간이 확보되지 못하였다. 또한 다수가 남단 벽 입구에 문주석만 있어서 석실이라기보다는 횡구식 석곽에 해당된다. 따라서 구조와 매장방식을 엄밀히 정의하자면 기단 없는 돌무덤은 (횡구식)석곽봉토분에 해당한다고 할 수 있다.

흙구덩이 무덤은 수혈식 토광묘에 해당하는 것으로 동청 고분군에서는 7호분 1기만이 이에 해당된다. 7호분은 5호분과 6호분 사이에서 발견되었고, 7호분의 동쪽이 5호분의 서벽 아래에 있다고 하는 것으로 미루어 봉토분보다는 먼저 조성된 무덤으로 추정될 뿐 잔존 상황만으로는 그 구조를 구체적으로 설명할 수 없다.

때문에 동청 고분군의 보고서에서 분류한 무덤의 유형이 고분 구조를 잘 설명한다고 보기는 어렵다. 석광이나 석실로 표현된 매장부 중에 완벽한 횡혈식 구조의 석실은 1호분 1기뿐이며, 8호분은 방형 현실의 횡구식 석실이며 나머지 대부분은 남단 벽에 입구를 가진 횡구식 석곽이다. 따라서 매장부 구조는 분류의 기준으로서 변별력 있다고 볼 수 없으며 오히려 분구가 매장부 구조보다 변별력을 가진 속성이라고 할 수 있다. 따라서 동청 고분의 구조는 분구를 기준으로 계단적석총과 기단봉토분, 봉토분과 수혈식 토광묘 네 형식으로 나눌 수 있다.

(1) 계단적석총

계단적석총은 8호분과 3호분, 2호분 등 3기이다. 보존 상태가 상대적으로 양호하고 규모가 큰 것은 8호분이다. 8호분은 분구는 방형 평면이며, 3단의 계단이 확인되었다. 지면에서 30센티미터 정도 굴토 후 기단석을 놓았다. 기단석은 큰 화강암이며, 기단 내부는 할석과 강돌로 채웠다. 매장부는 둘째 단 중앙에 위치하며, 남북 길이 2.8~2.9미터, 동서 너비 2.5~2.7미터의 방형 평면이며, 잔존 높이는 0.5미터다. 현실 입구는 남벽에서 약간 동쪽으로 치우쳐 있고, 입구 양쪽에 문주석을 세웠다. 입구 폭은 0.8미터다. 연도는 확인되지 않아서 횡혈식 구조로 보기 어렵지만, 방형 현실이라는 점은 봉토분의 횡구식 석곽과 구별된다.

3호분은 경사진 곳에 자리한다. 경사가 높은 북쪽 부분을 0.9미터 정도 굴토하여 평면을 고른 후 매장부를 마련히고 매장부를 중심으로 기단을 축조했다. 기단석은 비교적 큰 돌이며, 기단 내부는 작은 막돌로 채우고, 부분적으로 황색 점토를 채웠다. 기단 한층의 높이는 20센티미터 정도이다. 경사진 지형에 따라 기단은 남쪽 2단, 북쪽 1단이며, 1단에서 1미터 정도 내축하여 2단을 축조했다. 기단의 중심에 있는 매장부는 횡구식석곽으로 길이 2.9미터, 너비 0.8~0.85미터의 세장방한 장방형 평면이며, 높이는 0.6미터이다.

2호분은 심하게 파괴되어 구조를 자세히 알 수 없으나, 굴토한 후 기단을 축조했고, 기단돌을 돌린 후 내부에 돌을 채우는 등 축조 방식은 8호분과 비슷했을 것으로 보인다. 입구의 문주석으로 추정되는 커다란 판석 2매가 확인되었을 뿐 매장부는 자세히 알 수 없다.

이와 같이 동청 고분군의 적석총은 횡구식 석곽 계단적석총으로 지면을 굴토하여 면을 고른 뒤 축조했다는 점에서 지상에 돌을 깔아 지면을 고른 후 계단을 축조한 고구려의 전형적인 적석총의 축조방식과 차이가 있다.

⑵ 기단봉토분

기단봉토분은 1호분 1기로, 보고문에서는 방단석광봉토묘로 분류되었다. 전체 평면은 방형이지만, 기단은 남벽과 서벽에서만 확인되어서 네벽을 돌아가며 축조한 기단은 아니다. 매장부는 경사면을 ㄴ자 모양으로 파고 지면의 수평을 고른 후 축조했다. 굴광벽과 매장부의 서벽의 북편에서 북벽으로 이어지는 공간은 기단을 축조할 만한 공간이 되지 못한다. 따라서 서북쪽은 기단 축조를 생략하고, 흙을 덮어 분구를 마무리한 것으로 보인다. 서벽 쪽 기단은 커다란 돌로 2층을 쌓아 만들었고, 기단 내부에는 막돌을 채웠다. 매장부는 석광으로 표현되었지만, 방형 현실의 중앙연도 석실 구조다. 현실 바닥에는 5센티미터 두께의 판상석을 한 벌 깔고 벽은 40~80센티미터 길이의 석재를 뉘어서 쌓아 올렸다. 한 변의 길이가 2.6~2.7미터인 방현 현실로, 가장 많이 남은 서벽은 잔존 높이가 75센티미터 정도다. 현실의 규모와 평면을 고려해볼 때 천장은 판상석을 횡가했다기보다는 가구식이었을 것으로 추정되지만, 목개석실일 가능성도 배제할 수 없다. 현실 내 동·서 양벽의 가장자리를 돌아가면서 너비 20센티미터, 깊이 5~10센티미터 정도의 도랑은 배수시설로 추정된다. 연도는 파괴되어 높이 0.2센티미터 정도만 남아 있고, 길이는 1.6미터, 너비는 1.2미터다.

동청 고분군에서 현실와 연도를 갖춘 횡혈식 구조의 기단봉토분은 1호분 한 예로, 매장부는 계단적석총인 8호분의 횡구식 석실과 규모와 평면형이 유사하고, 분구 축조 방식은 3호분과 유사하다. 따라서 1호분은 기단적석총과 봉토분이 절충된 무덤 형식이라고 할 수 있다.

(3) 봉토분

봉토분은 매장부의 위치에 따라 지하식과 지상식으로 분류했지만, 무덤 축조 과정은 모두 지하 굴토 후 벽석을 세웠다는 점에서 공통된다. 가령 지상식인 9호 분은 벽석의 일부가 지상의 분구 중에 위치하며, 지하식인 4호분은 ㄴ자 모양으로 경사면을 굴토한 후 매장부를 안치하여 벽석의 일부와 덮개돌이 지상에 드러난다. 따라서 지상의 분구에 매장부 일부가 포함된 반지하식 또는 반지상식이라고 할 수 있다. 10호분도 마찬가지이며, 매장부가 지하에 위치한 5호분도 벽석의 일부가 분구 중에 위치하여 완전 지하식은 아니다.

매장부는 모두 장방형이나 세장한 횡구식 석곽이며, 특히 9호분을 제외한 나머지 석곽은 모두 길이와 폭의 비율이 3;1을 넘는 세장한 평면이다. 횡구부의 폭은 0.8~0.6미터 정도로 좁고, 높이도 낮아서 횡구부를 통한 추가 합장이 용이한 구조는 아니다. 더욱이 석곽 내에서 중층적으로 추가 합장이 행해졌음을 고려해볼 때 횡구식 구조이지만, 추가 매장은 횡구부가 아닌 수혈식처럼 천장을 통해서 이루어졌을 가능성도 열어둘 수 있다.

봉토분구에 대해서는 자세히 보고되지 않았다. 봉토분구가 있다는 전제에서 4호, 5호, 6호분을 살펴보면, 각 고분은 무덤 사이의 공간이 별로 없어서 별개의 독립분구를 가진 무덤이 연접되었을 가능성이 크다. 혹은 동일 분구 내에 여러 기의 매장부가 있는 동분이혈합장 무덤일 가능성도 배제할 수 없다. 이는 10호분, 11호분, 13호분도 미친가지인데, 고분 개개의 도면이 제시되지는 않았지만, 10호분 도면을 볼 때 10호분의 서남벽 일부가 13호분과 연결되고, 동벽은 11호분과 연결되어 있어서 적어도 10호분과 11호분은 연접분이거나 혹은 병렬 배치된 다곽식이거나 동분이혈무덤일 가능성이 있다.

(4) 수혈토광묘

동청 고분군에서 수혈토광묘는 7호분 한 기이다. 7호분은 상부 구조를 알 수 없지만, 5호분을 정리하고 벽 해체 중 수혈구덩이가 확인되어서 7호분으로 편호되었다. 묘광은 남북 길이 1.2미터, 동서 너비 0.45~0.55미터, 잔존 깊이 0.15~0.2

미터이다. 묘광 내에 재와 불에 탄 인골편들이 산재되어 있다. 묘광 선에서 관못이 확인되어 목관에 안치한 후 화장한 화장 무덤으로 보았지만, 성인을 신전장할 규모는 아니다. 7호분을 파괴하고 5호분이 축조되었으므로, 수혈토광묘와 봉토분 간의 선후관계는 어느 정도 확인 가능하지만, 계단적석총과의 관계는 알 수 없다. 그러나 동청 고분군에서 가장 이른 무덤 형식일 가능성은 있다.

2) 출토유물

동청 고분군에서 출토된 유물은 장신구와 마구, 무기, 용기 등 여러 가지가 있고, 재질은 은, 청동기와 철기, 유리, 옥석기, 골기, 토기 등 다양하다(그림5). 그러나 기종이나 재질별 출토 유물이 수적으로 충분치 못하고, 출토 양상도 편중되어서 유물로부터 무덤 조성 시기나 피장자와 관련된 정보를 얻어내기는 어렵다. 더욱이 여러 차례에 걸친 합장이나 화장으로 출토된 유물이 어떠한 고고학적 맥락을 갖고 있는지 알 수 없다는 점도 문제이다. 따라서 유물 검토는 발해의 정체성을 보여주는 유물과 시기를 판단할 수 있는 유물을 중심으로 살펴보고자 한다.

심복관(深腹罐)은 '발해관'이라고 부르는 발해 토기를 대표하는 기형으로 발해의 표지적 유물로 이해된다. 구연부에 돌대가 있거나 돌대 각목이 있는 심발형 토

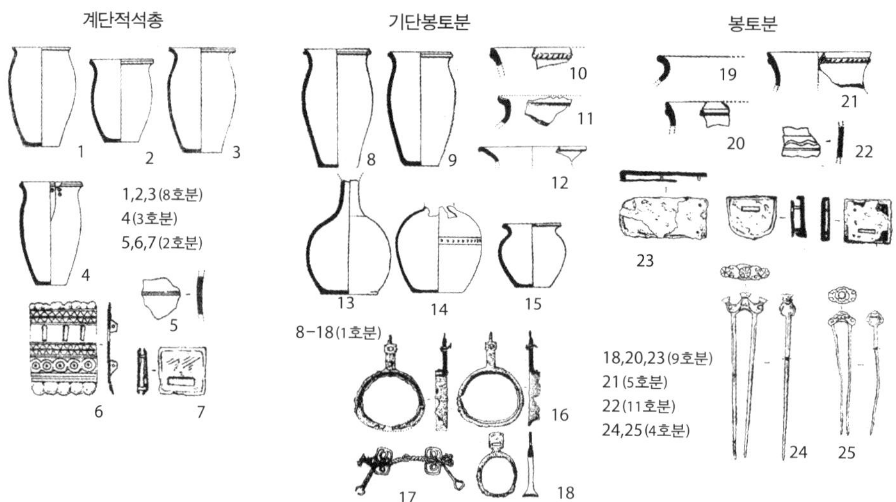

그림5 고분 출토 유물

기로 중국에서 심복관 또는 통형심복관(筒形深腹罐)이라 부른다. 심복관은 돈화 육정산, 영길 사리파, 영안 홍준어장 외에도 연해주 지역 유적에서도 출토되는, 특정 지역에 국한되지 않는 범발해 양식 토기라고 할 수 있다.

장신구로 산(山)자형 머리장식은 발해에서 크게 유행했던 장신구의 하나이며, 허리띠를 장식하는 방형 또는 장방형 허리장식구도 있다. 산자형 장식과 방형 또는 장방형 허리장식은 '발해관'과 공반되며, 비교적 넓은 지역에서 출토되어서 발해의 표지적 유물이 된다.

한편 발해의 정체성을 보여주는 것은 아니지만 시간적 위치를 보여주는 것으로는 당식대금구를 들 수 있다. 당식대금구는 곡봉형대구와는 달리 당에서 유행했던 허리띠 장식금구로 발해와 통일신라, 그리고 일본에서도 확인되기 때문에 동아시아의 국제관계를 이해하는 데 있어서 중요한 단서를 제공한다. 당나라에서 크게 유행하여서 당식대금구라고 불리지만, 당은 고구려, 발해와 일부 시간적으로 중복되므로 당식대금구만으로는 고분의 시간 판단은 물론, 고구려 또는 발해 어느 한편으로 귀속시킬 수 없다. 따라서 고분의 시기나 국적은 당식대금구와 공반관계에 있는 유물이나 출토 유구 등 고고학적 맥락을 통해 시기나 국적을 비정할 수 있다.

이러한 점을 염두에 두고 동청 고분 출토 유물을 살피자면, 먼저 발해관이 주목된다. 동청 고분에서 출토된 토기는 심복관과 병, 호 그리고 나머지는 심복관이나 호의 구연으로 추정되는 잔편이 있다. 이 중 완형으로 보고된 심복관은 발해관으로 불리는 기형으로 구연부에 각목문이 없다. 구연부 돌대에 각목이 없는 이외유사한 형태는 돈화 육정산 고분에서 흔히 관찰된다. 육정산 고분군 심복관 형식 변천도에 따르면(吉林省文物考古研究所, 敦化市文物管理所, 2012, 177쪽) 8호분에서 출토된 심복관(그림5-1)은 홑구연이라는 점에서 육정산 IV식에 비견되며, 3호분에서 출토된 심복관(그림5-4)은 구연이 상대적으로 넓고 음각선으로 이중으로 표현되어서 III식에 대응된다. 단편적이지만 8호분은 구연부와 동체가 3호분보다는 앞선 특징을 보인다. 이외에 구연편 중에 구연부에 각목문 돌대가 있는 것이 1호분과 5호분에서 출토되었는데(그림5-10, 21), 이러한 구연의 심복관은 육정산 고분군에서는 드문 예여서 상대적으로 육정산 고분군보다 늦을 가능성이 있다.

병은 1호분에서 출토된 2점이 보고되었다(그림5-13, 14). 한 점은 평저이고 한 점은 굽이 있는 것으로, 이러한 굽은 대개 자기 제작에 보이는 특징으로 육정산에서 이러한 기형은 보고되지 않았다. 심복관 자체가 단순한 기형이어서 시간의 변화에 민감하지는 않지만, 병이나 구연부의 돌대각목문 등 토기의 전반적인 양상으로 볼 때 동청 고분군의 조영 기간은 육정산 고분과 일부 병행하거나 조금 늦을 것이다.

산자형 머리장식과 방형 또는 장방형 허리장식도 시기 판단에 안정적인 자료는 아니며, 당식대금구도 마찬가지다. 산자형 머리장식은 2점이 보고되었고, 모두 4호분에서 출토되었다(그림5-24, 25). 하나는 끝장식이 산자형이고, 다른 하나는 중앙에 화문을 중심으로 양옆이 대칭되는 화형이다. 4호분의 1차 장 인골의 머리 부분에서 골제 빗과 함께 출토되었고, 골제 빗은 발해 무덤에서 종종 출토되는 기물이다. 2호분에서는 장방형 청동 허리장식과 당식대금구가 출토되었고(그림5-6, 7), 당식대금구는 9호분에서도 출토되어서(그림5-23) 동청 고분군에서 비교적 위상이 높았던 무덤으로 추정된다.

마구는 등자와 재갈로 모두 1호분에서 출토되었다. 그림5의 16번 등자는 한 쌍으로 보이며 도면상으로는 호등일 가능성이 있다. 아직까지 고구려에서 호등의 유례는 확실하지 않다. 그림5의 18번 등자는 오녀산성 4기 문화층과 고이산성에서 출토된 것과 유사해서 고구려 후기 이후로 비정 가능하다. 재갈은 2련식이며, 멈치는 장방형의 고리 형태로 재갈멈치쇠 부분이 8자형으로 꼬은 것으로(그림5-17) 이 또한 고구려 유례가 확실하지 않다.

산자형 머리장식이나 장방형 대식 또는 당식대금구와 팔찌, 귀걸이 등의 장신구와 구슬장식등 착장용 장신구가 출토된 무덤은 1호, 2호, 4호와 9호분 등 열상으로 배치되어 있어서 이 무덤들이 동청 고분군의 중심축이었을 것으로 상정해볼 수 있다.

이와 같이 고분에서 출토된 유물 중에 고구려로 귀속시킬 만한 안정적인 자료는 확실하지 않다. 물론 보고된 출토 유물이 여러 번의 합장에서 가장 늦게 부장된 유물이라고 가정한다면 고구려까지 소급될 가능성이 전혀 없는 것은 아니지만 현

상황에서 고구려에서 처음 매장되었다고 볼 만한 유물은 확실하지 않다.

3) 매장 유형과 장법

동청 고분군에서 관찰되는 주검 안치 방식과 장법은 여러 양상을 보인다(표2). 먼저, 주검은 목관에 안치되었고, 목관은 목재와 철제 관못으로 미루어 못으로 결구되었다. 통념적인 목관은 하나의 목관에 1인이 안치되지만, 동청 고분에서는 하나의 목관에 복수의 주검이 안치되기도 한다. 1인이 안치된 목관은 3호분, 12호분과 4호분의 하층 목관이며, 복수가 안치된 예는 1호분 하층에 병렬된 목관 3기다. 중앙 목관에는 3인이, 동·서 좌우 목관에서는 각 2인이 안치되었고, 목관은 확인되지 않지만 9호분, 10호분의 묘실 내 2인이 확인되었다.

목관 내 주검은 보고된 도면으로 볼 때 단인장인 3호분의 주검은 북쪽에 머리를 두고 신전장을 했으며, 9호분과 10호분은 2인 합장이며, 주검은 신전자세이다. 그 중 9호분은 2인이 머리 방향을 달리한 채 중복되어 있다. 아래 주검은 북쪽에 머리를 두고, 그 위에 놓인 인골은 남쪽에 머리를 두었다. 한편 중층적으로 다

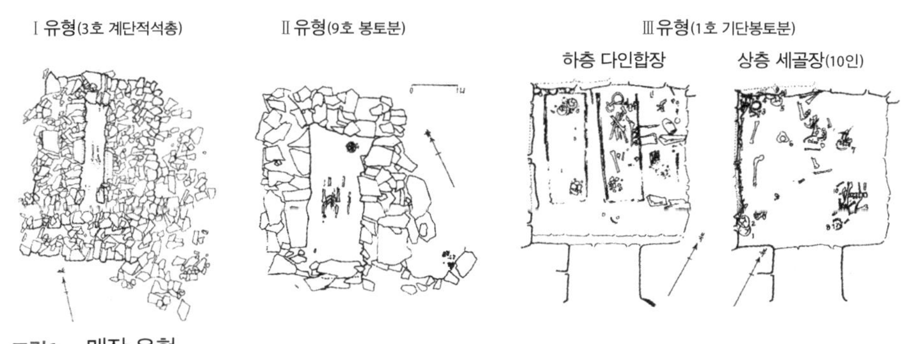

그림6 매장 유형

표2 매장유형과 장속

매장유형		화장 X	화장 O	세골장
I		3호(계단), 12호(봉토)	8호, 2호(계단), 7호(토광)	
II		10호(봉토)		
III	하	1호(기단), 4호, 9호(봉토)	9호	
	상			1호, 4호

차 합장이 행해진 1호분의 경우 목관 길이는 1.9미터(중앙) 정도이고 너비는 0.9미터(중간), 0.62~0.8미터(서), 0.7미터(동) 정도여서 목관 내에 3인이나 2인을 신전하기에는 충분하지 못한 크기여서 목관 내 동시 매장인지, 혹은 시차를 두고 추가로 겹쳐서 안치했는지 등은 향후 관심을 갖고 살펴보아야 한다.

매장 방식은 1인 1차의 단인장과 복수에 걸친 다차의 다인합장으로 나누어 볼 수 있고, 다차의 다인합장은 동일 면에서 이루어진 합장과 층을 달리하며 중층적으로 이루어진 합장으로 나눌 수 있어서, 매장 방식은 세 가지 유형이 있다.

I유형은 1인 1회로 매장을 마감한 단인장이다. 계단적석총인 3호분 한 예뿐이다. 3호분은 횡구식 석곽의 계단적석총으로 석곽의 너비가 0.62미터이며, 2인이 신전장 하기에는 좁다. 주검 주위의 관못으로 미루어 주검은 목관에 안치되었음을 유추할 수 있다. 자세하게 알 수 없지만, 보고서의 표에 의하면 12호분도 이에 해당될 것으로 추정된다.

II유형은 몇 차례에 걸쳐 매장이 이루어졌는지는 알 수 없지만, 동일 면에서 합장된 것이다. 횡구식 석곽 내 2인이 합장된 10호분과 11호분이 이에 해당한다. 횡구식 석곽의 경우 횡구부를 통해 추가 합장했을 것으로 보이지만, 2인이 안치된 목관의 경우 입관(入棺)에서의 동시성 여부는 현재로서는 확인하기 어렵다.

III유형은 여러 차례에 걸친 합장이 상층과 하층을 달리하면서 중층적으로 이루어진 것으로, 하층에서는 II유형이 다수를 점하며, 상층에서는 세골장과 화장 등 다양하다. 1호 무덤은 아래층에서는 복수가 안치된 3개의 목관이 놓이고, 흙을 덮은 후 상층에는 1인씩 세골된 인골 군집 10개체가 분포한다. 4호분은 하층에서는 1인이 목관에 안치되었고, 상층에서는 세골장된 2인이 안치되었다. 9호분은 하층에는 2인이 안치되었고, 2인은 머리 방향을 반대로 주검이 겹쳐 있있다. 이 두 구의 주검은 횡구식 석곽의 폭이 1.04~1.4미터여서 동실의 추가 합장으로 추정된다. 상층에는 화장된 2인이 안치되었다. 이처럼 하층에서는 화장을 하지 않고, 상층에서는 화장 또는 세골장을 하고 있어 장법의 차이가 집단의 차이를 시사한다고 보기 어렵다.

동청 고분에서 관찰되는 화장은 주검을 태운 후 뼈를 골라 매장하는 2차장으로서의 화장이 아니라, 주검을 안치하고 불을 지펴 태우는 것으로, 무덤이 화장터가 된다. 동청 고분군에서는 8호분과 2호분이 대표적인 예다. 8호 무덤의 경우 불에 탄 목관편과 철제 관못과 함께 부서진 인골이 매장부에서 확인되어 석곽 내에서 화장이 이루어진 것으로 보이며, 2호분에서는 인골은 확인되지 않았지만 석곽 내에서 목탄이 널려 있었다. 7호 무덤은 5호분보다 먼저 조성된 수혈 토광묘로, 토광 내에 불에 탄 재와 목탄, 부서진 인골편들로 미루어 이 또한 목관에 주검을 안치한 후 화장한 것이다.

이외에도 III유형의 1호와 4호 무덤에서는 화장을 하지 않고 뼈만 추려서 매장한 세골장이다. 이처럼 매장유형과 화장이 상관관계를 보이지 않아서 동청 고분군의 경우 매장행위를 통한 주민집단을 설명하기 쉽지 않다. 다만, 고구려에서 매장부에서 행해지는 번소의식으로서의 화장은 4세기대 이후 무덤에서 보이지 않고, 동일 매장부에서 다차의 다인합장의 예도 확실하지 않아서 매장이나 장속은 고구려 전통과 거리가 있음은 유추가능하다.

4) 동청 고분의 역사적 성격

그동안 동청 고분군에 대한 관심은 고분을 고구려나 발해 어디에 귀속시킬 것인가 하는 점에 있었다. 앞에서 검토한 바와 같이 동청 고분군의 계단적석총, 기단봉토분, 봉토분과 수혈토광묘 등 네 가지 무덤 형식 가운데 계단적석총이 고구려 고유 묘제로 인식되었기 때문에 동청 고분군을 고구려로 귀속시키기도 했고, 다인합장 등 장속을 고려하여 발해로 귀속시키기도 했다. 고분을 어디로 귀속시키는가에 따라 주변의 고성 유적에 대한 해석도 달라진다.

그러나 동청 고분군의 계단적석총에 해당하는 8호분이나 3호분의 축조 방식이 고구려 적석총과 비슷하다고 하지만, 축조 방식이나 매장 프로세스는 고구려 적석총과 차이가 있다. 지면에 굴광을 하고 축조한 점이나 기단 내부에 부분적으로 황토 점토를 채우는 것은 고구려 적석총과는 다른 방식이다. 고구려 적석총은 지면에 돌을 놓아 기초 면을 만든 후 무덤을 축조하며, 기단석 내부는 돌로 채운다. 부분적이지만 점토로 채우는 것은 돈화 육정산 고분군의 봉석석장석실묘(封石石墙

石室墓)(吉林省文物考古研究所·敦化市文物管理所, 2012)와 유사하다. 봉석석장석실묘는 석실 밖에서 석실벽을 돌아가며 돌을 쌓고(石墻), 이 돌 사이와 매장부 사이에 흙으로 채우고 돌을 덮어 분구를 마련한 무덤으로, 돌을 채우는 적석총 축조방식이 변형된 것이라고 할 수 있다. 따라서 계단상의 분형을 갖고 있다는 점에서 축조 계통에서 고구려 적석총과 연결될 여지는 있지만, 그것이 무덤의 조성 시기가 고구려라는 것을 의미하지는 않는다.

기단봉토분이나 봉토분 또한 매장부는 전형적인 횡혈식 구조는 아니고, 현실과 연도를 갖춘 무덤은 1호분 한 예이고, 방형 현실의 8호분을 제외하고는 대부분의 매장부는 횡구식 석곽이다. 횡구부를 갖고 있지만, 천장부가 남아 있는 4호, 5호, 6호분의 높이를 감안해볼 때 횡구식 석실로 보기 어려울 뿐 아니라 횡구부를 이용해 주검을 안치했는지도 확실하지 않다. 다만, 횡구식 석곽은 돈화 육정산 고분군뿐 아니라 발해 무덤에서 자주 확인되는 무덤 형식의 하나이어서 횡구식 석곽의 기단봉토분이나 봉토분을 고구려 고분과 연결시키는 것 또한 곤란하다. 다만, 기단봉토분인 1호분의 경우 기단의 축조 방식이 고구려 적석총과 유사해서 축조 방식은 고구려의 적석총과 연결될 여지가 있다.

다음으로 출토 유물 가운데 등자는 고구려 늦은 시기와 연결 가능하지만, 등자의 사용기간을 감안하면 등자만으로 고구려에 귀속시킬 수는 없다. 이에 반해 고고학적 시각에서 주민과 직접 연결시킬 수 있는 토기는 발해의 특징적인 심복관이 다수를 점하며, 산자형 머리장식이나 장방형이나 방형의 허리장식은 전형적인 발해의 기물이어서 발해에 귀속시키는 것이 보다 합리적이다.

매장 유형이나 장법에서 1인 1회 단인장이나, 2인 동실 합장 등은 고구려에서도 보이는 매장 유형이지만, 여러 차례에 걸친 다인 합장이나 2차장 또는 세골장은 고구려에서는 확인되지 않는다.

따라서 무덤 구조와 장법을 결부시켜 볼 때 고구려 무덤과 가장 가까운 것은 계단적석총인 3호분이지만, 그 시기를 고구려로 비정하기는 곤란하다. 3호분이 2호분과 4호분 사이에 자리하여 두 무덤과 시기 차이가 크지 않을 것이다. 2호분에서는 당식대금구와 장방형허리장식이 출토되었고, 4호분에서는 산자형 머리장식이 출토되었다. 따라서 그 사이에 자리한 3호분도 그 조성 시기를 고구려로 귀속시키기는 어렵다.

고분 구조와 출토 유물, 매장 유형과 장법 등을 종합해볼 때 동청 고분군 자체를 고구려로 귀속시키기는 어렵다. 오히려 동청 고분군의 전반적인 양상은 발해 고분 중에서 돈화 육정산 고분군과 유사점이 많다. 따라서 동청 고분군의 중심 시기를 발해 초기로 볼 여지는 있지만, 고구려 하에서 조성되었다고 보기 주저된다.

그러나 계단적석 분구가 가지는 가시적 상징성을 고려해볼 때 고구려 적석총에 대한 기억이 전승되었을 개연성은 충분하다. 이는 고분군 주변의 건물지에서 출토된 연화문 와당이 평양 일대에서 수습된 와당과 특징을 공유한다는 점에서 어느 정도 가늠해 볼 수 있다. 따라서 동청 고분군은 고구려에서 발해로 이행되는 과정에서 이 지역 주민이 커다란 변동 없이 자연스레 고구려에서 발해로 이행되었음을 시사한다.

4 맺음말

송화강과 두만강 유역은 고구려의 동북 지역에 해당되는 곳으로, 일찍부터 책성이 자리했던 고구려의 중요한 거점지였고, 맥(貊), 포(布), 어(魚), 염(鹽), 해중식물(海中食物) 등 자원의 공급처이기도 했다. 특히 안도 동정 일대는 고구려 영역의 최동단인 두만강으로 나아가는 교통로상의 주요한 경유지였다. 그런 만큼 이 일대에서도 이른 시기의 고구려 유적이 확인될 만하지만, 아직까지 고구려 초기의 유적 예는 확실하지 않고 후기 유적도 알려진 예가 적어서 이 일대에서의 고구려 모습을 구체화 할 수는 없다.

고고자료의 사정이 그러하다보니 동청 고분군에서 적석총이 확인됨으로써 고구려 고분일 개연성이 크다는 견해가 제기되게 되었다. 그러나 고분군을 검토한 결과 동청 고분군의 중심 시기를 고구려로 보기는 어렵다. 적석총이 고구려 고유의 정체성을 보여주는 묘제라는 점에서 적석총과 기단봉토분, 봉토분으로 이루어진 안도 동청 고분군은 일부 고구려 적석총의 전통을 유지하고 있지만, 부장품이나 매장 유형이나 장속은 발해의 특징적인 전통을 갖고 있기 때문이다.

그럼에도 불구하고 동청 유적에서는 고구려와 발해의 요소가 함께 관찰되기도 한다. 가령 주변 동청 건축지에서 출토된 막새 중에는 평양 일대에서 수습된 것과 연결 가능성을 보이기도 하고, 적갈색이나 회백색 연질의 승문이나 망격문 등이 시문되고 내면에 포흔이 있는 기와는 고구려 유적은 물론 발해 유적지에서도 출토되었다. 고구려와 발해의 요소가 함께 나타나는 이러한 현상은 연변 일대 유적에서 종종 확인된다.

동청 고분군에 대한 서로 다른 해석도 결국은 고구려와 발해의 물질적 경계가 뚜렷하지 않기 때문이다. 이는 어쩌면 고구려에서 발해로의 이행기에 이 일대에 주민 구성이나 생활에서의 변화를 야기할 만큼 큰 변화가 없었음을 시사하는 것이기도 하다.

안도 동청이 고구려 중심으로부터 멀리 떨어져 있다 보니 6세기 후반 이후 고구려와 중국의 전쟁 속에서 이 일대가 전쟁의 화를 입지 않은 채 고구려 멸망 이후 주민의 변동이나 단절이 없이 발해로 이행된 것으로 생각해 볼 수 있다. 연변일대에서의 고구려에서 발해로의 이행과정은 향후 이 일대 고고자료가 축적된다면 설명가능할 것으로 기대하며, 이를 향후 과제로 삼고자 한다.

참고문헌

한글

강인욱, 2008,「동아시아 고고학. 고대사 연구 속에서 옥저문화의 위치」,『고고학으로 본 옥
저문화』, 동북아역사재단.

동북아역사재단, 2010,『高句麗城 사진자료집: 中國 吉林省 東部』.

방학봉, 2003,「동청 발해유적의 발견과 그의 의의」,『발해의 유적유물』, 천지출판.

이성제, 2009,「高句麗와 渤海의 城郭 운용방식에 대한 기초적 검토」,『高句麗渤海研究』
34, 고구려발해학회.

임기환, 2012,「고구려의 연변 지역 경영-柵城과 新城을 중심으로」,『동북아역사논총』38,
동북아역사재단.

정영진, 1990,「연변지구의 고구려유적 및 몇 개 문제에 대한 연구」,『한국상고사학보』4,
한국상고사학회.

외국어

吉林省文物志編纂會, 1985,『安圖縣文物志』, 長春: 吉林省文物志編修委員會.

吉林省文物考古研究所·敦化市文物管理所, 2012,『六頂山渤海墓址-2004~2009年清理發
掘報告』, 北京: 文物出版社.

박진석, 1988,「高句麗柵城遺址考」,『朝鮮中世紀研究』, 吉林省: 延邊大學出版社.

연변박물관, 1992,「동청발해무덤발굴보고」,『발해사연구』3, 吉林省: 延邊大學出版社.

朝鮮總督府, 1929,『古蹟調查特別報告 5册, 高句麗時代之遺蹟 圖版 上册』, 東京: 朝鮮總督府.

8장

영안 홍준어장 발해 고분군의 매장 프로세스

권오영(서울대학교 국사학과 교수)

1 머리말

「발해의 다인장에 대한 연구」는(송기호, 1984) 남한의 연구자가 주체가 된 발해 고분 연구의 효시다. 송기호 교수님이 이 주제로 석사학위 논문을 작성할 당시, 학부에 재학 중이던 필자는 우연한 기회에 도면 트레이싱 작업을 도와드린 적이 있었는데, 발해사라는 생소한(?) 분야를 고분과 인골을 통해 연구하는 방법론에 놀란 적이 있다. 발해 고분 중에서 복수의 인골이 출토된 무덤을 추출하고 순장의 존재 가능성을 언급하면서 그 사회적 성격에 대한 논의까지 이어지는 행론을 당시로서는 도저히 따라잡을 수 없었던 기억이 난다.

그 후 필자도 한국 고대의 순장에 관한 연구를 몇 번 진행한 적이 있는데, 그때마다 발해의 다인장 무덤은 계속 미해결 과제로 남아 있었다. 필자는 발해에 대한 전문적인 연구를 진행한 적이 없었고, 고대의 묘제와 장제를 전반적으로 다루면서 발해 고분을 가볍게 언급하거나, 혹은 사전류에 발해 고분에 대한 항목을 몇

개 맡아 집필하는 정도의 활동만 이어왔다.

발해 묘제와 장제에 대해 본격적인 고민을 하지 않는 사이에도, 국내에 소개되는 발해 고분의 정보는 꾸준히 증가했다. 그러다가 우연히 발해 고분을 총정리할 기회를 얻게 되었다. 충북대학교 성정용 교수를 비롯한 많은 공동 연구원들과 6년간 작업한 결과로서 총 4권의 발해 고분 자료 총서를 중앙문화재연구원 학술총서의 형태로 출간하게 된 것이다(중앙문화재연구원 편, 2014A, 2014B, 2017A, 2017B).

다년간 자료 집성 작업을 진행하면서 필자의 무지를 깨닫거나 새롭게 주목할 논점을 얻은 것이 적지 않았다. 무엇보다도 복수의 인골이 출토되는 다인장 고분에 대한 새로운 지견을 얻게 되는 성과가 있었다. 특히 발굴 조사 내용이 상세하게 보고된 흑룡강성(黑龍江省) 영안(寧安) 홍준어장(虹鱒魚場) 고분군은 발해 고분 연구에 획기적인 자료라고 평가된다. 필자로서는 홍준어장 고분군에 대한 본격적인 탐구는 아직 시작도 못했으나, 발해 고분 연구의 돌파구를 연 송기호 교수님의 정년을 기념하는 의미에서 발해 다인장의 성격에 관련한 몇 가지 추론을 시도해보고자 한다.

2 홍준어장 고분군의 '墳土'의 실체

1) 홍준어장 고분군에서 보이는 다인장 현상

6년간에 걸친 발해 고분 총서 작업에는 충북대, 한신대, 서울대의 대학원생들이 함께 참여했다. 학생들이 스캐닝, 일러스트 작업과 함께 표를 만들면 그 내용을 검토하고 수정, 보완하는 것이 필자의 주 업무였다. 이 와중에 한자에 서툰 학생들이 홍준어장 보고서(黑龍江省文物考古研究所 編著, 2009)에 등장하는 '분토(墳土)'의 의미를 도저히 알 수 없다고 하소연한 적이 있었다. 현실 내부에 '분토'라는 실체, 혹은 현상이 있었다고 하면 천장석이 붕괴되어 봉분, 봉토의 흙이 쓸려 들어온 것이라고 지레짐작하고 이런 내용으로 표를 만들게 했다.

그런데 작업이 진행될수록 이런 해석으로는 설명할 수 없는 현상이 나타났다. '분토'에서 부장품이나 착장품에 어울릴 만한 유물들이 대거 출토되는 경우가 있

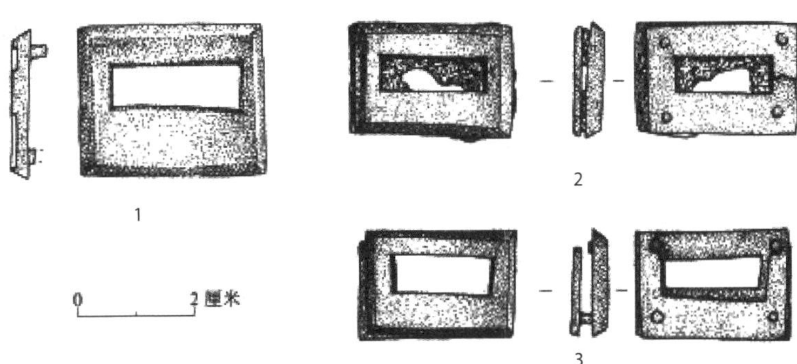

그림1　홍준어장 2156호 묘 보고서의 전토와 유물

었던 것이다. 원 보고서를 다시 확인한 결과 '塡土(분토)'가 아닌 '塡土(전토)'였고, 학생들의 오독으로 판명났다(그림1).

전토(塡土)의 개념을 곰곰이 생각해보면 "현실 내부를 흙으로 채운다"는 의미로 이해되었다. 당시 필자의 생각은 총서의 일러두기에 "일차장이 종료된 후 복수의 인골이 유물, 목탄과 섞인 채 현실 내부에 흙으로 채워진 경우가 많은데 이를 중국 학계에서는 전토라 명명하고 있다. 국내 학계에서는 적합한 대체어가 없어 그대로 전토로 표현하였다"라고 정리되었다. 홍준어장 고분군에서는 전토 현상이 확인된 고분과 그렇지 않은 고분이 공존했는데 양자의 차이는 나름 의미를 지닌 것으로 판단되었다. 이 글에서 비로소 매장의 단위와 매장 프로세스의 차이에 의한 현상일 것이라는 가설을 세워보았다.

홍준어장 유적에서는 1구역에서 39기, 2구역에서 284기 등 총 323기의 고분이 발견되었는데 압도적 다수인 320기가 석실묘다. 보고자는 이 유적에서 확인되는 매장의 종류를 1차장(그림2), 2차장, 1·2차 혼합장(그림3), 화장으로 나누었고, 피장자의 수에 따라서 단인장과 다인장으로 구분했다. 여기에서 1차장은 매장이 이루어진 후 인골이 움직이지 않은 것을 지칭하며, 2차장은 별도의 장소에서 육

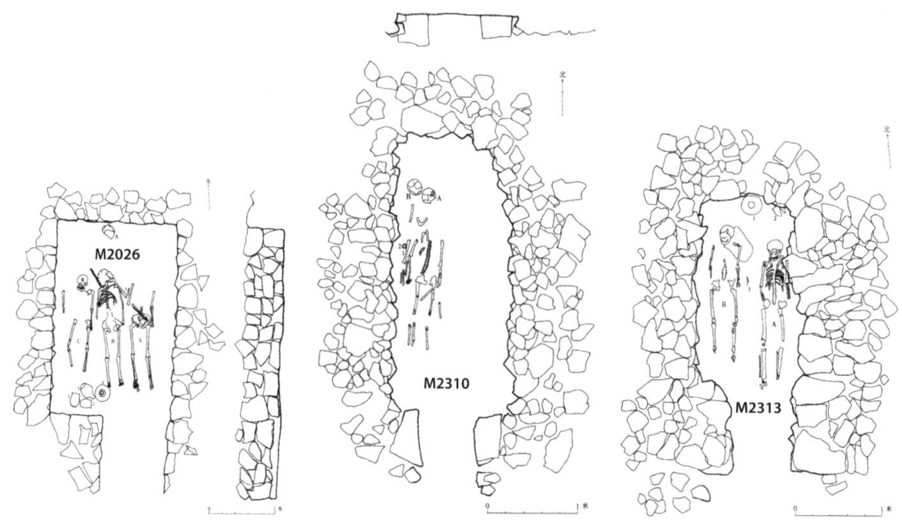

그림2　홍준어장의 1차장 인골(습골, 집골된 인골 부재)

탈한 후 인골만 추려서 매장한 것을 의미하는 듯하다. 그런데 별도의 장소에서 육탈이 진행되었을 것이란 적극적인 증거는 없다. 따라서 필자는 보고서의 2차장의 의미를 "별도의 장소에서 진행된 임시 매장 후 진행된 개장이나 세골장"이 아니라 "결과적으로 습골이나 집골이 진행된 것"으로 이해하고자 한다.

보고자는 1차장으로 종료된 무덤이 23기(7퍼센트)이며 그중에서 단인 17기, 2인이 4기, 3인이 2기라고 한다. 과연 전체 양상을 검토해볼 때 최초 안치 이후 인골이 움직이지 않은 상태로 발굴 조사된 것은 1인 장이거나 2인, 최대 3인 장이었고, 4인 이상이 매장된 경우는 한 건도 없었다. 집골, 습골의 현상이 보이지 않고 매장된 원래 상태 그대로 인골이 발견되는 경우는 모두 3인 이내였던 것이다.

그렇다면 1차장으로 종료된 무덤에서는 3인이 피장자 수의 상한이었음을 알 수 있다. 이 유적에서는 현실의 장축에 따라 병렬 안치되는 장법이 대세이기 때문에 현실의 면적, 특히 단축 길이에 영향을 받았음을 알 수 있다. 장축에 평행하게 3인, 그것도 목관에 넣은 3인을 신전장하게 되면 좌우측으로 더 이상의 매장 공간은 없게 된다. 특히 세장방형 현실의 경우는 더더욱 그러하다. 3인을 초과하는 매장이 추가로 이루어질 경우에는 먼저 안치된 인골을 습골하여 현실 내의 다른 공간으로

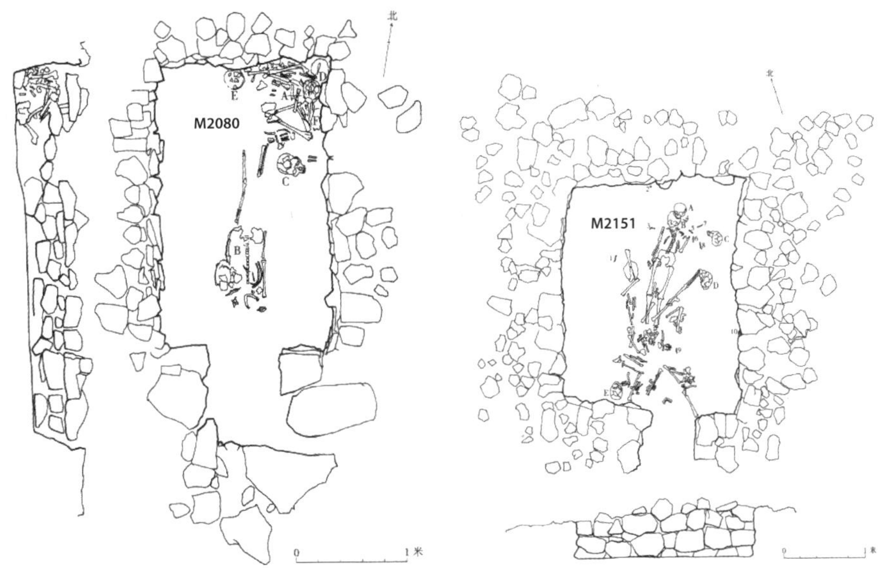

그림3　보고서 분류 1, 2차 혼합장

옮겨놓고 추가 매장되는 유해를 중앙에 놓았을 것이다. 추가 매장할 유해를 별도의 장소에서 육탈시키고 습골하여 1차 매장된 인골의 주위에 배치했다는 기존 견해는 매우 어색하다. 이 경우 최초 매장의 인골(들)은 연도 부근, 벽의 모서리 부근으로 옮기거나, 추가장된 유해를 1차 매장된 인골의 위에 올려 놓았던 것 같다.

　　그 결과 홍준어장에서 4인 이상의 인골이 발견된 경우는 예외 없이 일부 인골에서 집골의 흔적이 확인되었다. 보고서에 따르면 2차 매장된 무덤이 194기(60퍼센트 이상) 이상이어서 이 유적에서는 습골과 집골이 많이 이루어졌음을 알 수 있다.

2)　전토의 내용

　　홍준어장 유적에서 발견된 320기의 석실묘 중에서 전토 현상이 발견된 무덤은 153기로서 48퍼센트를 점한다. 전토에 포함되어 있는 유물의 양상과 내용은 다양하다. 전토 유물이 출토 유물의 전부인 경우(A류), 현실 바닥 유물의 일부 파편인 경우(B류)[1], 현실 유물과 맥락이 상이한 작은 편인 경우(C류), 현실 내부 유물과 부

1　토기의 일부 파편이 여기에 해당한다.

장품 세트의 일부를 이루는 경우(D류)[2], 별개의 유물군으로서 시차가 인정되는 경우(E류) 등으로 나눌 수 있다. 하지만 유물을 관찰하지 않은 상태에서 B류와 C류를 변별해내기는 불가능하다. 게다가 B, C, D의 경우는 서로 공존할 수도 있기 때문에 이를 엄밀히 변별하는 것은 보고서 내용만으로는 불가능했다. E류의 경우도 여러 번에 걸쳐 매장이 이루어졌고, 매 회의 매장에서 어떤 유물을 세트로 했는지 알 수 없다. 따라서 통계적인 의미를 갖는 양상은 A류로 한정할 수밖에 없었다.

A류, 즉 하나의 고분 내에서 출토된 부장품이 전토 출토품으로만 구성된 사례는 66기로서 전토 현상이 확인된 153기의 43퍼센트에 달한다. 그중에는 작은 토기편만 나온 경우, 제법 다종다양한 유물로 구성된 경우, 그 중간 경우 등으로 나눌 수 있다. 비교적 많은 유물이 나온 경우를 대상으로 검토해 본다.

2228호 묘는 심하게 파괴되어 구조를 알 수 없고 인골도 확인되지 않았는데, 토기(4개체), 동제 귀걸이(1점), 철제 패식(1점), 미상 철기(1점), 마노제 구슬(1점)이 전토에서 발견되었다. 2283호 묘는 소형으로서 인골은 출토되지 않았는데, 토기(5개체), 은제 귀걸이(1점), 동제 머리 장식(1점), 동제 고리(1점), 철제 찰갑편(1점)이 전토에서만 출토되었다. 2284호 묘 역시 소형인데 유아 1인과 함께 전토에서 토기(3개체), 동제 장식(1점), 동제 고리(2점), 동제 팔찌(2점)가 출토되었다. 2286호 묘에서는 현실 중앙에 1인이 매장되고 전토에서 토기(4개체), 은제 귀걸이(2점), 철제 관정(1점), 옥 패식(1점), 마노제 구슬(1점)이 발견되었다. 2298호 묘는 소형에 속하며 인골은 발견되지 않았는데 전토에서 5개체분의 토기류가 출토되었다. 2300호 묘 역시 소형인데 인골은 발견되지 않았고 토기(1점), 동제 고리(2점), 마노제 구슬(3점)이 발견되었다. 이외의 A류 무덤은 전토에서 토기 편 1~2점이 발견되는 정도이며, 평면이 세장한 소형묘라는 공통점이 있다.

매장된 인골의 수를 기준으로 삼을 때, 2082호 묘(6인), 2036호 묘(3인), 2223호 묘(3인), 2227호 묘(3인) 등 4례를 제외하면 나머지 62기는 인골이 남아 있지 않

---

2   대금구의 일부 부속, 관정이나 휘장걸이의 일부 등이 여기에 해당한다. 무기나 마구류 세트 중 일부 기종이 현실 바닥과 전토에서 나뉘어 나올 경우도 여기에 해당한다.

았거나 1~2인이 매장되는 공통점을 보인다. 그렇다면 전토에서만 유물이 출토되는 무덤은 작고 세장방형이면서 소수의 인원이 매장되는 경향성이 있다고 정리할 수 있겠다.

이와 달리 현실 바닥과 전토에서 많은 유물이 출토된 경우가 있다.[3] 홍준어장 최대급인 2001호 묘(그림4의 좌)는 평면 방형, 중앙 연도식의 횡혈식 석실묘로서 바닥에서 토기류, 금속제 장신구류와 무기류가 풍부하게 출토되었는데 전토에서도 이에 버금갈 정도의 유물이 발견되었다. 매장된 피장자의 수는 6인 이상인데 이에 걸맞게 여러 벌의 과대금구가 발견되었다.

2243호 묘(인골 2개체분)에서는 바닥에서 철제 관정 1점이 발견되었고 전토에서 관정 2점과 철촉 1점이 발견되었는데, 3점의 관정은 형태나 상태가 동일하여서 원래 동일한 기물의 일부였던 것 같다. 2071호 묘(인골수 불명)의 경우 당식대금구의 과판이 바닥과 전토에서 1점씩 발견되었는데 원래는 하나의 과대를 장식하던 것으로 판단된다.[4] 보고서에서 인골이 2개 층에 걸쳐 있음이 명확히 언급된 2113호 묘(인골 3개체분)는 바닥과 전토에 걸쳐 철제 찰갑의 소찰이 발견되는데 원래 하나의 갑주를 구성했음이 분명해 보인다. 2114호 묘(인골수 불명)의 경우도 바닥 출토품과 전토 출토품이 합해져서 당식대금구를 구성하고 있다. 2151호 묘(인골 5개체분) 역시 바닥 출토 철제 관정 7점과 전토 출토 관정 1점이 합해져 목관을 결구했을 것이다. 2308호 묘(인골 1개체분)는 현실 바닥에 서 출토된 3점의 장신구가 전토에서 발견된 유물들과 이우러져 하나의 부장 단위를 이룬 것으로 판단된다.[5]

그렇다면 전토의 내용도 단일하지 않은 것 같다. 전토에서만 유물이 나올 경우는 몇 가지 경우의 수를 상정할 수 있다. 첫째, 선행 매장에서는 부장품이 없고, 추가 매장하기 위해 성토한 흙 위에 시신과 부장품을 배치했을 가능성이다. 둘째,

---

3   앞의 분류에서 B류, C류, D류, E류가 모두 포함될 수 있지만 실제로는 D류와 E류가 여기에 해당한다.

4   B류에 해당한다. 2113호, 2114호, 2151호 묘도 여기에 포함될 것이다.

5   D류에 해당한다.

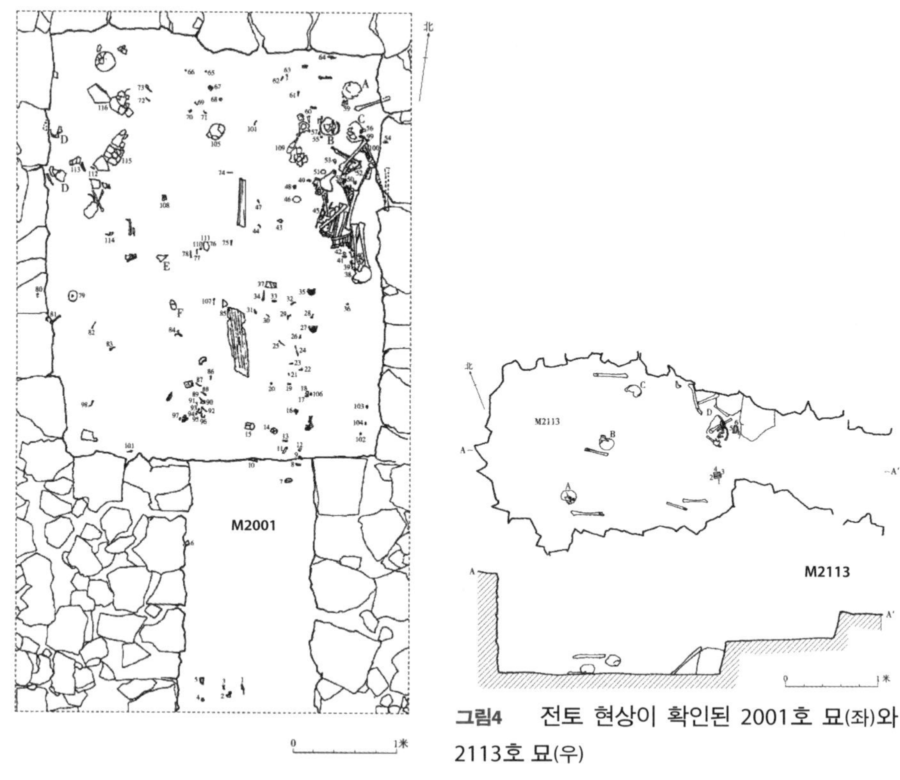

그림4 전토 현상이 확인된 2001호 묘(좌)와 2113호 묘(우)

추가장을 하면서 선행 매장에 사용된 부장품을 재활용하여 성토한 흙 위에 추가 매장되는 시신과 함께 배치했을 가능성이다. 셋째, 최초 매장된 시신과 부장품 위에 성토했는데, 발굴 조사 과정에서 착오로 최초 부장품이 전토 출토로 처리되었을 가능성이다.

2001호 묘처럼 다수의 인골이 여러 번에 걸쳐 추가 매장된 경우에는 현실 바닥에서 이루어진 최초의 매장면 위에 추가장을 하면서 배치된 부장품이 전토 출토품으로 간주되었을 것이다. 그런데 전토 출토품과 현실 바닥 출토품이 같은 기물의 일부이거나 부장품 세트의 일부일 경우는 다시 두 가지 가능성을 상정할 수 있다. 추가 매장이 이루어지면서 의도했건 안 했건 간에 선행 매장의 부장품을 움직여서 전토 안에 섞여버렸을 가능성, 그다음은 발굴 조사 과정에서 바닥면 부장품과 전토 부장품을 혼동하여 수습했을 가능성 등이다. 즉 전토 유물로 분류된 것 중에는 선행 매장과 추가 매장 시의 부장품이 섞인 경우도 있을 것이다.

이렇듯 다양한 경우의 수를 상정할 수 있으나 기본적으로 전토는 단순한 성토, 복토가 아니라 추가 매장과 관련된 것으로 이해된다. 과거의 조사에서는 현실 내부의 흙을 부주의하게 제거하면서 인골이 상하로 중첩된 상태라고 오인했을 것이다. 실제로 발해 고분의 보고서에서는 인골이 상하로 중첩된 현상이 종종 소개되었다. 차츰 발굴 조사가 정밀하게 진행되면서 인골이 상하로 중첩되는 경우를 인식함은 물론이고 이에 더하여 그 사이의 흙에 주목하고 이를 전토로 표현했던 것이다. 2113호 묘(그림4의 우)에서는 전토의 존재, 인골이 2개의 층에 걸쳐 발견되는 현상이 직접 언급되고 있다. 따라서 홍준어장의 전토 현상은 기본적으로 추가 매장의 결과물로 인식할 수 있다. 발해 고분에서 상하로 중첩되는 추가 매장의 존재는 이미 지적된 바(강현숙, 2009, 166쪽) 있는데 홍준어장의 전토가 그 확실한 증거라고 생각한다. 물론 중간의 전토 없이 인골이 그대로 중첩되는 경우도 없지는 않았을 것이다.

3 매장 프로세스의 복원

1) 상하 중첩 추가장의 인식

여기에서 잠시 홍준어장을 떠나서 추가장이 상하 방향으로 이루어진 사례들을 검토해보지. 횡혈(구)식 무덤의 현실 내에 복수의 시신이 매장되면서 수평적인 배치만이 아니라 선행 시신(혹은 매장면)의 위에서 추가장이 이루어지는 장법은 의외로 광범위하게 확인된다.

영남지역의 삼국시대 고분에서 상하로 중첩되는 추가장은 자주 확인된다. 시상이 상하로 중첩된 신라 횡구식과 횡혈식 석실묘의 사례는 너무도 많다. 이 경우에는 시상이란 시설 자체가 상하 중첩되기 때문에 상하 중첩 추가장에 대한 의문의 여지가 없다.

문제는 가야와 백제에서도 이런 현상이 보인다는 점이다. 고령 지산동 고분군의 경우 대가야 멸망 이후 신라에 흡수된 이후에 가야 고분 내부에서 신라 토기를 부장하는 추가장이 이루어지는 현상이 주목되기도 했다(최정범, 2020).

한반도 중부지역의 백제 고분에서도 이미 이런 현상이 지적된 바 있다(최병현, 2015; 임영재, 2015). 대표적인 사례는 안성 장원리 고분군이다. 3기의 횡혈식 석실묘는 백제 한성기에 축조되었으며 주변에 백제 석곽묘들이 공존하고 있다. 그중 1호 묘는 현실 바닥에서 백제 유물을 부장한 매장 흔적이 발견되었는데 2호 묘와 3호 묘는 현실 바닥에 최초의 매장이 이루어진 후 그 위에 20~30센티미터 정도 두께로 흙을 덮고 그 위에 신라 유물을 부장한 매장이 이루어졌음이 확인되었다. 현실 내에서 매장이 거듭 이루어지면서 상하 2층에 걸친 매장면이 분명히 확인된 점에서 의미가 크다.

반면에 백제가 초축한 후 신라가 재사용한 청원 주성리 1호분의 경우는 백제의 매장면 위에 신라 시상이 부가된 점에서 장원리와는 차이가 있다. 서울 가락동 3호분의 경우는 석실 구조나 방두정의 존재를 볼 때 초축은 백제, 현실 중앙에 놓인 신라 토기를 볼 때 추가장임을 알 수 있는데 방두정의 위치가 중앙에서 밀려난 곳임을 고려하면 추가장을 할 때 선행 매장을 치웠음을 알 수 있다.

이상의 사례를 보면 추가장을 실시할 때 세 가지의 방법, 즉 선행 매장에 흙을 덮고 그 위에 매장을 하는 경우, 흙이 아니라 시상 등의 구조물을 만들어 설치하는 경우, 선행 매장을 주변으로 밀어내고 추가장을 하는 경우 등을 확인할 수 있었다.

홍준어장에서는 위의 첫 번째와 세 번째 방법이 이용되었음을 알 수 있다. 전토로 표현된 것이 첫 번째, 1차장 인골과 2차장 인골이 모두 존재하면서 후자가 현실 귀퉁이나 모서리에서 발견된다고 보고된 경우[6]가 세 번째 방법인 것이다.

중국에서도 이와 유사한 사례는 많이 있었을 것이다. 다만 인골이 남지 않고 부장품만 남아 있을 경우, 도굴로 인해 교란된 경우는 발굴 과정에서 치밀하게 관찰하지 않으면 그 흔적을 놓치기 십상이었을 것이다. 상하 추가장의 좋은 사례인 호북성(湖北省) 파동현(巴東縣) 왕가촌(汪家河) M4호분에서는 동한(東漢) 말-삼국(三

---

6 필자는 중국 보고서에서 2차장 인골이라고 보고된 것이 사실은 최초 매장된 후 추가장 시에 습골된 것으로 인식하고 있다.

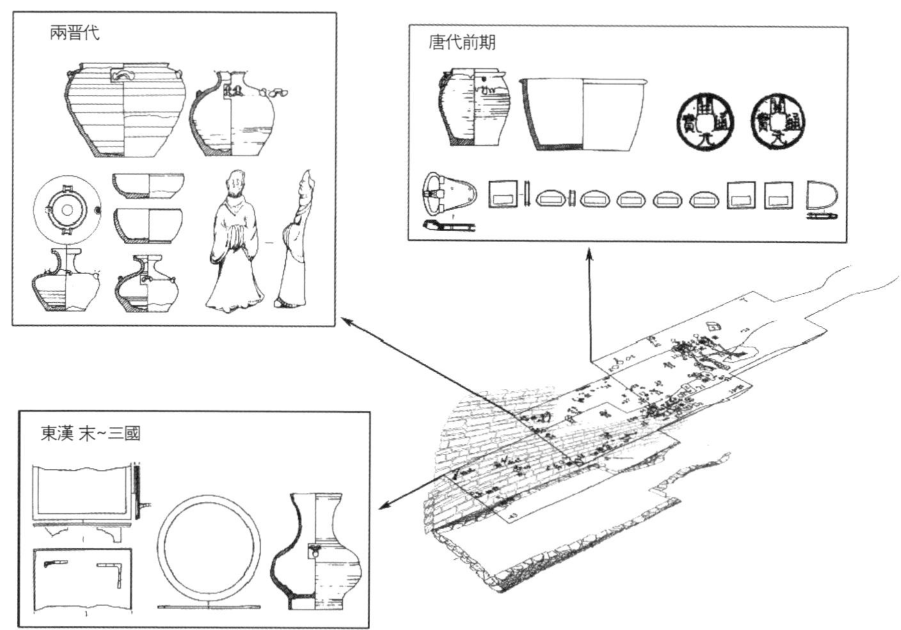

그림5 왕가하(汪家河) M4호분의 추가장 양상(최정범, 2017에서 인용)

國) 초에 축조되면서 최초 6구의 시신이 매장된 후 서진(西晉)대에 4구, 다시 당(唐)
대 전기에 3구가 매장되었음(그림5)이 확인되었다(최정범, 2017). 장기간에 걸쳐 하
나의 현실 내에서 다수의 매장이 이루어지는 예는 이 고분군의 나머지 고분에서도
확인되므로 그리 특이한 장법은 아니다. 다만 선행 유해 위에 흙을 덮고 그 위에
새로이 시신을 안치하는 장법이 확인된 점은 주목할 만하다.

  공간적으로 멀리 떨어져 있으나 아제르바이잔 가발라시 살비르 유적에서 발
견된 3~4세기 카타콤(권오영, 2015, 452~459쪽)에서는 추가장이 기본적으로 상하로
중첩되면서 이루어진다. 목관 위에 옹관이 안치되는 경우, 특별한 장구 없이 유해
가 중첩되는 경우 등 다양한 면모를 보이는데 협소한 공간에서 이루어지는 추가장
은 평면적 확장보다는 상하 중첩이 훨씬 편리함을 보여주는 사례다.

2) 매장 프로세스 복원

왕조를 뛰어넘는 장기간의 추가장을 인지한다면 요령성(遼寧省) 무순(撫順) 시

가(施家) 고분군을 비롯한 요령 지역 석실묘의 축조집단과 피장자를 고구려냐 발해냐로 양자택일할 필요는 없다. 이 고분의 피장자에 대해서는 발해인설(강현숙, 2009)이 발표된 바 있는데, 필자는 일부 추가장이 발해 시기에 이루어졌더라도 대부분은 고구려인이라는 주장을 펼친 적(권오영, 2009)이 있다. 예를 들어 M18호분은 남성 4인, 여성 3인이 매장된 데에서 보이듯이 두 세대에 걸쳐 추가장이 이루어졌으며, 개원통보와 당식대금구가 출토되었기 때문에 최초 축조는 고구려, 일부 추가장은 발해까지 이어진 것으로 보았던 것이다. 그런데 M18호분만이 아니라 M19호분(인골 9개체분)을 비롯한 많은 무덤에서 4인 이상의 매장이 이루어진 점을 고려하면 전반적으로 이 고분군은 여러 세대에 걸쳐 추가장이 이루어지면서 고구려에서 발해에 걸친 것으로 이해하는 것이 합리적이다. 그런데 시가에서는 시상을 새로 설치하거나 선행 유해를 주변으로 밀어내는 방식이어서 홍준어장 매장 프로세스와 일부 일치하지만 전토의 흔적은 언급되지 않았다.

홍준어장의 보고자들은 320기의 석실묘를 석실묘(A형, 247기), 석광묘(B형, 30기), 석관묘(C형, 26기)로 구분하고 있다. 석실묘는 중앙연도(Aa형), 우편재연도(Ab형), 연도 없는 장방형 석실묘(Ac형), 쌍실묘(Ad형)로 세분했다[7]. 이 분류에서 Ac형과 B형의 구분은 좀 애매한 점이 있는데 형식의 차이에도 불구하고 모든 형식에서 전토가 확인되고 있다.

박규진은 발해의 석실묘를 A형, B형, C형으로 분류하고 홍준어장에 있는 대부분의 석실묘를 C형에 포함시키면서(그림6), 연도를 통한 정상적인 추가장이 어려울 것으로 보고 있다. 홍준어장 분류 B형은 박규진의 수혈식 석곽분에, 홍준어장 C형은 박규진의 석관묘에 해당한다. 이 견해의 특징은 A형, B형 석실묘는 추가장이 가능하지만 C형 석실묘와 수혈식 석곽분, 석관묘는 구조상 추가장이 불가능하므로 복수의 유해가 발견된 것은 추가장이 아닌 순장일 가능성이 높다는 것이다

---

7 이 글에서는 횡구실과 횡혈식 구조, 즉 추가장이 가능한 무덤을 대상으로 삼는다. 방형, 장방형, 세장방형 등의 현실 평면과 연도의 위치는 매장 프로세스를 이해하는 데에 필요한 속성이므로 주목할 것이지만 반면 바닥에 전돌이나 돌의 포석 유무 등은 구분하지 않을 것이다.

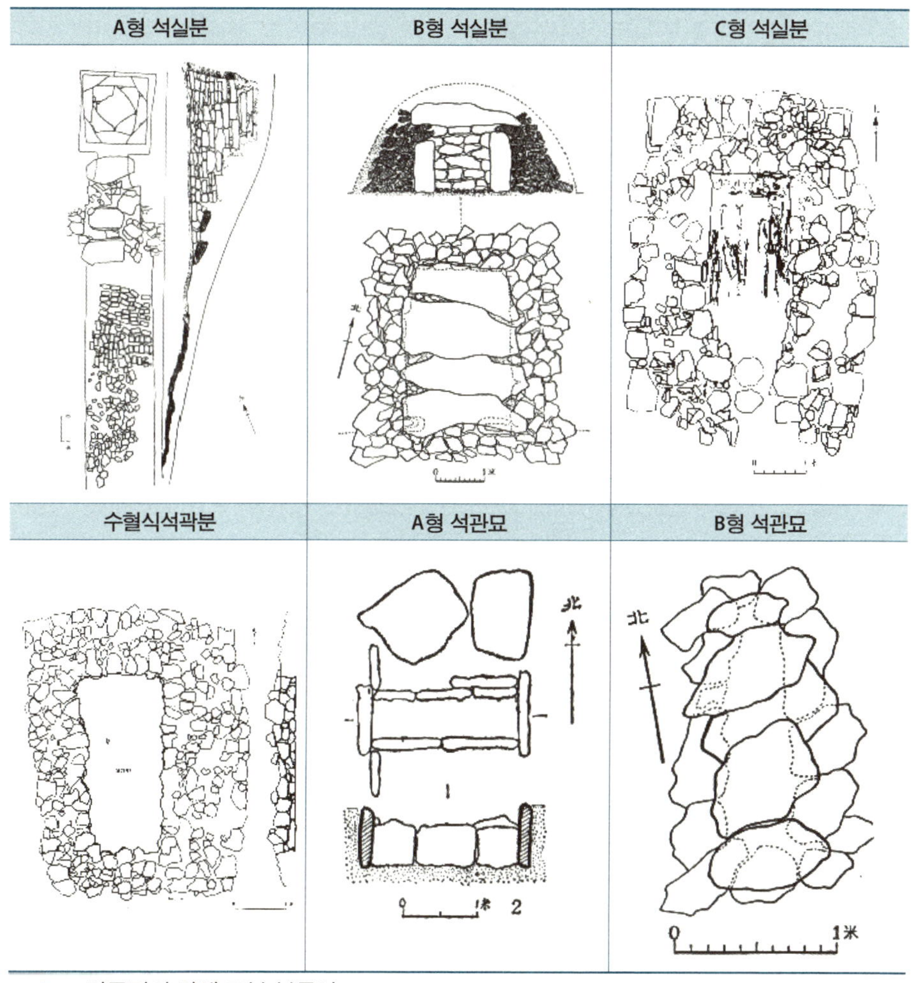

그림6 박규진의 발해 고분 분류안

(박규진, 2010, 83~84쪽).

하지만 홍준어장 2001호 묘는 현실의 규모가 남북 길이 413센티미터, 동서 폭 330센티미터이며 연도의 폭이 130센티미터나 되기 때문에 추가장이 충분히 가능한 규모다. 실제로 홍준어장에서는 무덤의 형식에 관계없이 2인 이상이 매장된 경우, 연도의 폭이 최소 66센티미터, 최대 120센티미터에 이르며 대부분 80~100센티미터 범위에 들기 때문에 연도를 통한 추가장은 충분히 가능하다. 문제는 연도가 없는 소형 묘에서도 2인 이상이 매장된 경우다. 이 경우 연도 바닥이 현실 바

닥보다 높고 삭평되어 연도가 없는 구조로 오해하는 부류(2170; 그림 7의 오른쪽, 2183
호·2192호·2199호·2202호 묘), 연도와 현문은 없지만 추가장이 가능한 횡구식일 가
능성이 있다. 횡구식이란 개념을 중국에서는 사용하지 않지만, 실제로 발해 고분
에서 횡구식석실이 상당수 존재한다는 견해를(강현숙, 2009, 164쪽) 고려한다면 홍
준어장 소형묘에서 이루어진 추가장은 횡구부를 통하였을 가능성이 높다. 2134,
2136, 2173, 2177, 2193, 2225(그림7의 좌)호묘 등이 횡구식일 가능성이 있다.

정영진은 발해 고분의 가장 중요한 특징으로 이차 세골천장(二次洗骨遷葬)을
거론하면서 현실 중앙에 안치된 매장을 주 매장, 머리나 발치 쪽, 혹은 현실 모서
리에 습골된 인골은 배장으로 보고 있다(정영진, 2003, 274쪽).

박규진과 정영진의 공통점은 현실 중앙에 놓인 1차장 인골을 주(主), 현실 한
편에 포개져 놓인 인골들을 부(副)로 보는 시각이다. 하지만 이것은 최종적인 현상
을 반영하는 것이고 포개져 놓인 인물들이 종속적이라고 볼 근거는 없다. 오히려
이들은 추가장 과정에서 이동된 것이며, 이 인물들을 위해 최초의 무덤이 축조되
었다는 해석도 가능하다. 1차장, 즉 온전하게 신전장된 인물들은 자신들을 위해 만
든 무덤에 묻힌 것이 아니라 먼저 사망한 사람의 무덤에 부수적으로 묻힌 것이라

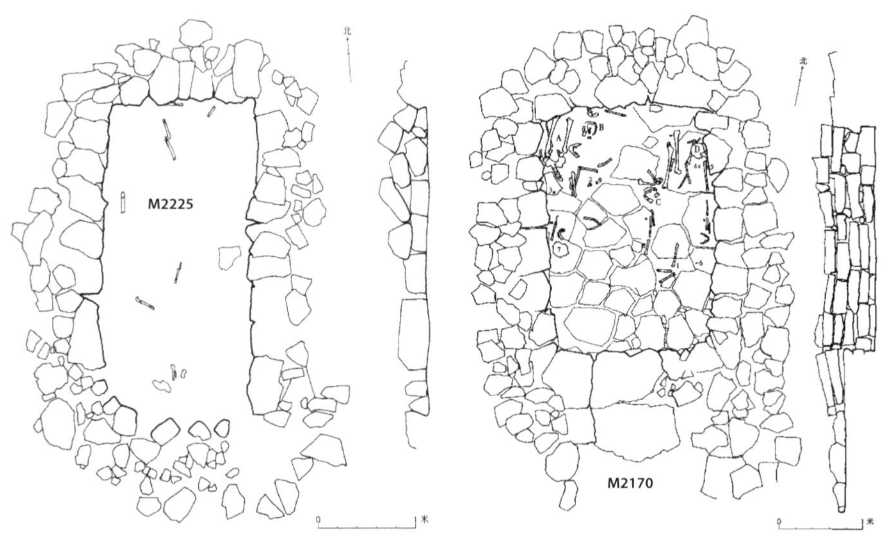

그림7 추정 횡구식(2225호 묘)과 연도가 한 단 높게 마련된 횡혈식(2170호 묘)

는 해석도 가능한 것이다.

즉 최초의 주 피장자와 후대의 부(?) 피장자를 구분하는 방법론에서 필자는 기존 견해와 입장을 달리한다. 이러한 추론을 입증하기 위해 홍준어장 이외의 고분군을 살펴보자. 일반적으로 발해 고분에서는 2차장의 흔적이 많이 보인다. 양둔(楊屯) 대해맹 1979년 조사분(7/40기), 1980년 조사분(10/30기), 영길(永吉) 사리파(9/45기), 유수 노하심(27/37기) 등이 대표적이다(정영진, 2003, 275쪽). 다인장은 돈화 육정산 1-102호(10구), 화룡 북대 1호(9구), 38호(12구), 영안 대주둔 1호(8구), 동녕 대성자 1호(16구) 등이 대표적이다(그림8).

이 중 대성자 1호 묘는 상하로 중첩된 매장이 인정되며, 상층은 화장이 이루어진 점에서 주목된다. 인골은 총 16구가 출토되었는데(黑龍江省文物考古工作隊·吉林大學歷史系考古專業, 1982, 275~276쪽), 필자는 그 내용을 아래와 같이 요약했다(중앙문화재연구원, 2014A, 16쪽).

1차: 현실 중앙에 3구의 인골(H, I, J)이 [8] 남향의 자세로 흐트러짐 없이 매장되었다.

2차: 현실 북벽에 붙여서 6개체(K~P), 동벽과 서벽에 각 2개체, 즉 4개체(D~G)를 매장하였다.

3차: D~G의 위에 심발과 탄화된 관재, 그리고 3구의 유해가 안치되었다.

이렇게 3차에 걸친 매장을 상정하고 인골이 가장 잘 남아 있는 H, I, J를 중심적인 인물로 보면서 북벽, 동벽, 서벽에 인접한 인골은 2차 매장된 것으로 보았다. 이러한 견해는 중국과 국내 연구자들에게 일반적으로 수용되는 것이며 필자도 이를 무비판적으로 수용했으나 지금은 다른 가능성을 생각하게 되었다. 그 이유는 아래와 같다.

첫째, 유존 상태가 가장 좋은 인골은 최초 매장이 아니라 마지막 매장일 가능성이 높다.

---

8 원보고서에서는 인골의 번호를 1, 2, 3으로 부여했으나, 중앙문화재연구원 총서에는 A, B, C로 부여했기 때문에 혼동을 피하기 위해 후자를 따랐다

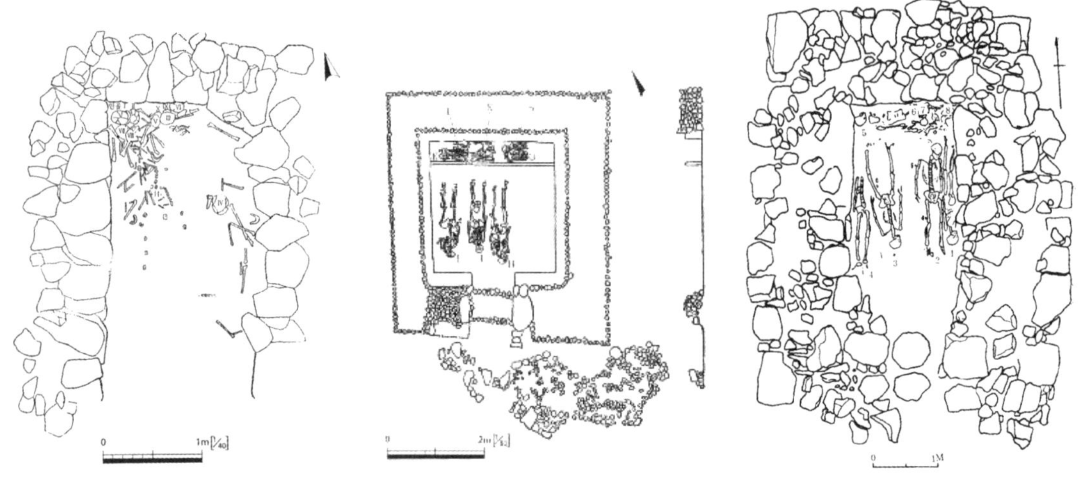

그림8　다양한 다인장 고분(비고: 좌: 육정산 1-102호 묘, 중: 대성자 1호 묘, 우: 대주둔 1호 묘)

둘째, 보고자는 평면적으로 겹치지 않는 인골들(현실 중앙의 3인과 북벽의 6인)은 도면에 표현했으나 동서벽의 7인은 표현하지 않았다. 그 까닭은 모든 인골이 동일한 평면에 안치되지 않았을 가능성, 즉 조사를 진행하면서 일부 인골을 수습한 후 그 아래에서 또 인골이 출토되었기 때문일 것이다. 실제 조사 과정에서 가장 먼저 발견된 인골은 동벽에 붙어서 불탄 관재, 소토, 심발과 함께 출토된 인골 A, B, C이다. 이는 상하 중첩 매장이 분명하고 D~G가 선행 매장이다.

셋째, 인골 H, I, J를 중심 매장으로 보기에는 부장품이 전무하여 주저된다. 유일한 부장품인 심발 1점은 현실 서북 모서리로 습골, 이동된 인골과 함께 출토되었다.

넷째, 인골 A, B, C가 관재와 함께 발견되었음은 이 인골들이 습골이 아닌 목관에 안치된 상태로 화장되었을 가능성을 높여준다.

이상의 상황을 재정리하여 매장의 프로세스를 복원해보면 다음과 같다.

1차: 6개체(K~P)의 인골이 매장된다. 이 과정이 한 번으로 종료된 것은 결코 아니고 여러 차례 진행되었을 것이지만 모두 습골되어 북벽으로 이동했기 때문에 구체적인 과정은 알 수 없다.

2차: 현실의 빈 공간에 4개체(D~G)의 인골이 안치된다. 역시 이 과정도 결코 한 번이 아니며 여러 차례 진행되었으나, 습골되어 동서벽으로 이동되어 구체적인 양상은 알 수 없다.

3차: 중앙의 D~G 인골을 2구씩 동벽과 서벽으로 밀어내고 새로 생긴 공간에 H, I, J를 안치한다. 역시 이 과정도 3인의 동시 매장이기보다는 시차를 둔 추가장이었을 것이다.

4차: 새로 매장할 시신의 공간이 마땅치 않은 상태에서 동서벽의 D~G 인골 위에 성토한 후 인골 A~C를 목관에 넣은 채 안치하고 불을 지른다.

하지만 이상의 프로세스는 불안정한 부분이 많음이 사실이다. 우선 북벽으로 인골을 옮기는 행위와 동서벽으로 옮기는 행위의 선후 관계를 알 수 없기 때문이다. 다만 발해 다인장 고분에서 북벽 쪽으로 인골을 옮기는 경우가 많기 때문에 우선적으로 북벽을 생각했을 뿐이지, 그 선후관계는 얼마든지 바뀔 수 있다. 그리고 H, I, J와 A, B, C의 관계도 위의 추정과 역전될 수도 있다. 3차 매장의 주인공이 A, B, C이고 4차 매장의 주인공이 H, I, J가 되는 순서도 가능하기 때문이다. 즉 최후의 매장 단위인 H, I, J를 안치하기 위해 선행하여 중앙에 안치된 A, B, C를 목관째 현실 동서벽의 D~G 위에 올려두면서 매장이 종료되었을 가능성도 있는 것이다.

이상의 추론 중 어떤 것이 실제에 가까운지는 확신할 수 없으나 중앙에 놓인 H, I, J가 중심적 존재이고 최초에 매장되었다는 보고서의 내용에는 동의할 수 없다.

필자의 추론을 검증하기 위해 영안 대주둔 1호 묘를 검토해본다. 현실 중앙에는 인골 2(남성, 동편)와 3(남성, 서편)이 목관에 놓인 채 안치되어 있으며 인골 2와 동벽 사이에 놓인 인골 1(남성), 인골 3과 서벽 사이에 놓인 인골 4(여성)는 목관이 없다. 북벽에는 습골된 인골 무더기가 있는데 두개골로 추산할 때 인골 5, 6, 7, 8 등 4구로 파악되었다. 이 경우 매장 프로세스는 인골 5, 6, 7, 8이 먼저 매장되고[9] 일정한 시점이 흐른 후 이들을 습골하여 북벽 쪽에 옮긴 후 목관에 넣은 인골 2와 3이 현실 중앙에 안치된다. 이후 인골 1과 4는 빈 공간을 이용하여 추가 매장된 셈인데 보고서에 따르면 현실 바닥에서 뜬 상태였다고 한다(송기호, 1984, 23쪽). 이 사실은 인골 2, 3보다 후매장임을 의미하며 인골 2와 3을 완전히 덮는 형태는 아니더

9　이들 간의 선후 관계를 알 정보는 없다.

라도 전토가 이루어졌을 가능성을 보여준다. 이렇듯 크게 구분해도 3회, 개개 인간의 사망과 안치를 기준으로 한다면 더 많은 차수에 걸쳐 매장 행위가 이루어졌던 셈이다. 현실의 중앙, 북벽 근처, 동서벽 근처 등에 매장이 이루어진 점에서 대성자 1호 묘와 아주 유사한 형태로 추가장이 이루어졌음을 의미한다.

육정산 1고분군 105호 묘에서는 현실 내에서 4개체 분의 인골이 발견되었는데 인골 Ⅰ과 Ⅱ는 현실 서북 모서리에 습골된 상태이며 목관의 관정은 없었다. 반면 인골 Ⅲ과 Ⅳ는 관정의 존재로 보아 목관에 넣은 채 현실 동편에 약간 치우쳐 안치한 것으로 판단된다. 이는 인골 Ⅰ과 Ⅱ가 선행 매장으로서 훗날 인골 Ⅲ과 Ⅳ가 추가장될 때 습골하여 모서리로 치웠음을 알 수 있다. 유사한 사례가 육정산 2고분군 6호 묘인데 중앙에 2구의 인골이 목관에 놓인 채로 안치되어 있으며 서북 모서리에는 3개의 두개골이 습골 후 이동된 상태로 발견되었다. 이러한 매장 프로세스가 발해 석실묘에서 가장 일반적인 방법으로 생각되며 홍준어장 보고자가 "1·2차 혼합장"으로 명명한 매장법이 여기에 해당한다.

4 나머지 말

홍준어장 고분군의 매장 프로세스는 석실의 구조와 규모에 따라 다양한 모습을 보인다. 소형 석관묘(그림9의 좌)의 경우 1인 매장으로 종료되거나 그 위에 전토하고 1인을 추가장하는 경우(그림9의 중)로 나뉜다. 장방형 평면의 중형 석실묘, 혹은 석곽묘의 경우는 1~3인을 매장한 후 종료되거나(그림9의 우), 그 위에 전토하고 추가 매장하는 양상이 확인된다. 2001호 묘처럼 비교적 규모가 큰 방형 석실묘에서는 최초에 1~3인을 매장한 후 추가장 과정에서 이들을 귀퉁이로 밀고 새로운 시신을 신전장한다. 이후 더 이상의 평면 공간이 부족한 상황에서 다시 추가장이 이루어질 경우에는 전토, 즉 흙으로 덮고 그 위에 추가장을 실시한다. 이때 최종적으로 화장이 이루어지는 경우도 존재했다. 수평적 확장과 수직적 확장이 공존하는 셈인데 전체적으로는 전자가 먼저 이루어지는 것으로 판단되지만 추가장이 거듭

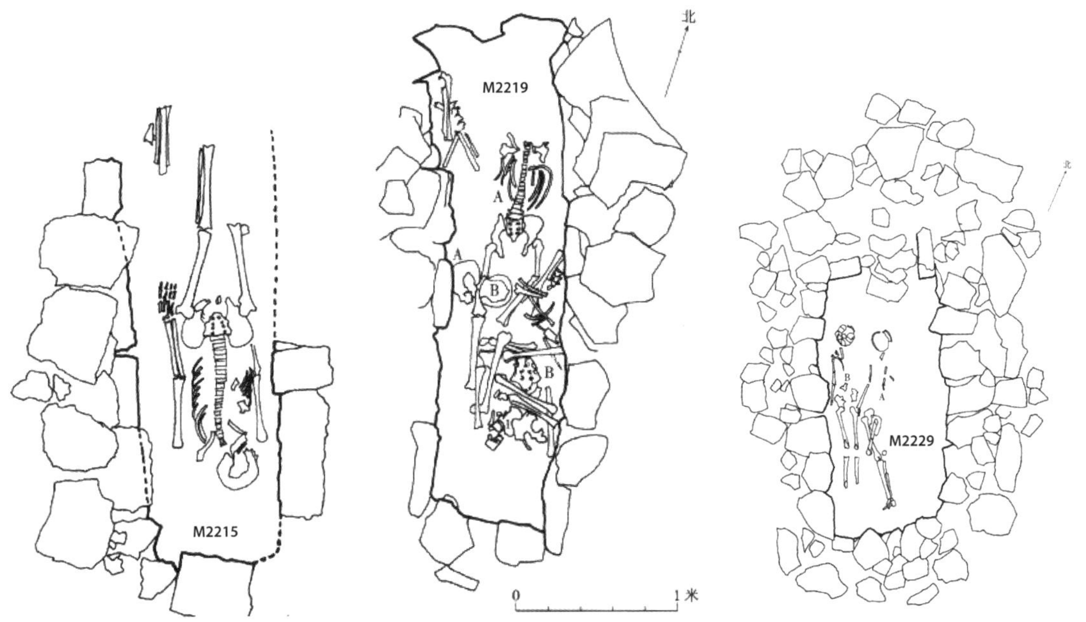

그림9 세장방형 소형 석실의 매장 방식(비고: 좌: 1인장, 중: 상하 2인 중첩, 우: 2인 병렬 합장)

될수록 순서는 별 의미가 없다. 전토된 위에서 다시 수평적인 확장이 이루어질 수도 있기 때문이다.

홍준어장의 사례로 발해 고분 전체를 설명할 수는 없다. 당장 길림성 화룡 북대, 돈화 육정산 고분군의 매장 프로세스가 다르기 때문이다. 돈화 육정산 1고분군 3호묘는 봉토포석묘임에도 상하 중첩된 인골이 발견되었으며, 영길 사리파 10호묘는 목곽묘이면서도 1차장과 2차장이 혼합된 상태로 나타난다. 이런 문제는 이 글에서 다루지 않았던 단인 2차장과 비교해가면서 앞으로 하나씩 풀어볼 예정이다. 발해 고분의 매장 프로세스에서 보이는 다인장이라는 공통성은 기본적으로 추가장에 의한 결과로 판단된다. 그러나 왕릉급이면서 다수의 인골이 발견되는 영안 삼릉둔 2호분의 사례에서 보듯이 순장의 존재 가능성은 여전히 남아 있다. 따라서 다인장에 대한 해석은 지역성, 종족성 [10], 시간성만이 아니라 피장자의 위계를 고

---

10 중국 학계에서 발해 고분의 다인장 현상을 말갈의 전통적인 장법으로 보는 경향이 있음이 지적된 바 있다(김진광, 2018, 305~306쪽).

려하지 않을 수 없다. 이 글에서는 홍준어장에서 수직·수평의 추가장이 실시된 점을 확인한 점, 그리고 기존 연구와 달리 온전하게 신전장된 인골이 최초 매장이면서 중심적인 인물이 아니라 실은 정반대일 가능성을 제기하는 선에서 멈추고자 한다.

참고문헌

한글

강현숙, 2009, 「고구려 고지의 발해 고분」, 『한국고고학보』 72, 한국고고학회.

권오영, 2009, 「고구려 횡혈식 석실분의 매장 프로세스」, 『횡혈식 석실분의 수용과 고구려 사회의 변화』, 동북아역사재단.

권오영, 2015, 「카스피해 서안-코카서스 남록에서 동서 문화의 접변」, 『역사학보』 226, 역사학회.

김진광, 2018, 「중국 학계의 발해 고분 연구 현황과 쟁점」, 『고구려발해연구』 60, 고구려발해학회.

박규진, 2010, 「발해 석축묘 연구」, 고려대학교 석사학위 논문.

송기호, 1984, 「발해의 다인장에 대한 연구」, 『한국사론』 5, 서울대학교 국사학과.

임영재, 2015, 「한성기 백제 횡혈식석실분의 성립과 전개」, 경북대학교 석사학위 논문.

중앙문화재연구원 편, 2014a, 『발해의 고분문화 Ⅰ-흑룡강성』, 학술총서 12.

중앙문화재연구원 편, 2014b, 『발해의 고분문화 Ⅱ-길림성』, 학술총서 13.

중앙문화재연구원 편, 2017a, 『발해의 고분문화 Ⅲ-북한·연해주』, 학술총서 37.

중앙문화재연구원 편, 2017b, 『고구려·발해의 고분문화 증보편』, 학술총서 38.

최병현, 2015, 「중부지방 백제 한성기 축조·신라 재사용 석실분과 고구려·신라 연속조영 고분군」, 『고고학』 14-2, 중부고고학회.

최정범, 2017, 「중국 당식 대장식구의 등장과 전개」, 『중앙고고연구』 22, 중앙문화재연구원.

최정범, 2020, 「고령 지산동 고분군 내 추가장의 함의」, 영남고고학』 87, 영남고고학회.

외국어

黑龍江省文物考古工作隊·吉林大學歷史系考古專業, 1982, 「黑龍江東寧縣大城子渤海墓發掘簡報」, 『考古』 1982-3, 科學出版社.

黑龍江省文物考古研究所 編著, 2009, 『寧安虹鱒魚場-1992~1995年度渤海墓地考古發掘報告』, 文物出版社.

삼엽문 관장식:
발해 용해 M14묘 출토 금제 관장식을 중심으로[1]

김민지(UCLA 극의상학과 초빙강사)

1 머리말

이 글에서 논의할 발해의 금 관식(그림1)은 2005년 중국 길림성(吉林省) 화룡시
(和龍市) 용해(龍海) 지역 M14묘에서 발굴되었고, 2009년도 『고고(考古)』6호에 발
표되었다(吉林省文物考古研究所·延邊朝鮮族自治州文物管理委員會辦公室, 2009). 이 즈음
에 필자는 고왕 대조영의 표준 영정도 제작을 위한 복식 고증을 의뢰받고 참고할
만한 고고학적 자료가 없어서 복식을 어떻게 제시할지 고민하던 중이었다. 때마침

---

[1] 탈고 후 원고의 내용은 2020년 10월 8일 Korea Society in New York에서 주최한 가상 강의에서
발표되었다.

The Korea Society. "A Sacred Emblem: Trefoil in Early Korean Metalwork and Beyond with Dr.
Minjee Kim" October 8, 2020. YouTube video. 59:45. https://youtu.be/RS9QlybRpsQ

그림1 발해 용해 M14묘 출토 금 관식(『考古』 2009-6)

공개된 관장식(冠裝飾)이 관모 디자인에 중요한 요소로 활용되었고, 그 외 관련 자료를 참고해 창작된 복식을 착용한 모습으로 고왕의 영정이 제작되었다. 2012년에 표준 영정으로 지정되면서 필자를 비롯해 참여한 고증 위원들이 제작 과정에 대한 백서를 발간했다(발해 고왕 대조영 표준영정제작추진위원회, 2012). 이 글에서는 관장식과 관련하여 백서에 기술하지 못했던 몇 가지 의문점을 드러내어 이후 발굴되는 유물에 주시할 만한 시각을 제공하고, 관장식 착용의 습속과 형태, 기법, 문양을 더 넓은 문화사적 맥락에서 조명하려 한다

2 발해 용해 M14묘 출토 금제 관장식

1) 추정 연대와 그 의의

M14묘는 M13과 함께 발해 시기 왕실 부부의 묘로서 출토된 유물의 내용에 비추어 금제 비녀와 팔찌가 출토된 M13는 부인의 묘로, 관계(官階)의 상징인 금옥대(金玉帶)가 함께 출토된 M14는 남편의 묘로 파악되었지만, 묘주의 정체와 생몰연대에 대해서는 밝혀진 바가 없다. 용해 지역은 발해의 일시적 수도였던 중경이 위치했던 곳으로 중경이 수도가 된 시기는 천보(天寶, 742~756) 중 혹은 천보 이전으로 알려져 있다(송기호, 1995, 96~97쪽; 송기호, 2010, 150쪽). 이 지역에서 함께 발굴된 무덤 가운데 M3의 묘주인 순목황후가 829년 7월에 사망한 것으로 보아 M14 출토 금제 관장식의 연대 추정 범위도 중경에 도읍했던 8세기 전반부터 순목황후가 사

망한 9세기 전반 혹은 그 이후까지 넓게 잡아야 할 것 같다.

　　이러한 연대 범주는 이 관장식에 특별한 의의를 부여한다. 한반도에서 발견된 금제 관장식 가운데 가장 후대의 것으로 추정되는 것이 6세기 초엽의 천마총 출토 금제 관식이라면 발해의 금 관식은 200년 이상의 공백기를 거친 후에 등장한 것이며, 639년에 익산 미륵사지 석탑에 매납된 백제 관리의 은제 관식(이한상, 2009)과 견주어도 100년 이상의 시차가 있기 때문이다. 그간의 고고학 발굴 성과는 6세기 중엽 이후 한반도에서 금속제 관 문화가 소멸되어가는 현상을 드러내왔고, 이것이 7세기 중엽 신라 복제가 당 복제를 수용하는 변화의 한 현상으로 지지되어왔기에(신라 천년의 역사와 문화 편찬위원회 편, 2016, 186~187쪽, 197~198쪽) 8세기 이후 발해 왕실에서 금 관식이 여전히 착용된 점은 주목된다 하겠다.

(1) 동편: 착장의 미스터리

　　발해의 금제 관장식은 금속제 대관(帶冠, 외관)과 금속제 모관(帽冠, 내모) 없이 유기질의 작은 가죽 관모와 함께 묘주에 씌워진 채 출토되었다. 신라의 금제 관장식은 금관이나 다른 금속제의 관, 관모와 함께 출토되었고, 백화수피 관모와 함께 출토된 경우도 있다. 그러나 흔히 알려진 것처럼 대관과 모관, 관장식 세 가지가 조합된 모습으로 출토된 것은 양산 부부총의 경우에 한정된다. 대부분의 경우 금관은 인골에 착장되어 발견되었지만, 모관과 관장식은 금관과 떨어진 부장품의 수장부에서 출토되었고, 모관과 관장식의 수량도 꼭 일치하지는 않는다(이한상, 2004a, 70~73쪽). 또 왕비의 무덤으로 추정되는 황남대총 북분과 서봉총, 그리고 왕자의 무덤으로 추정되는 금령총에서 금제 대관은 출토되었으나, 금제 모관과 관장식이 출토되지 않은 점 때문에 "성인 남성만이 금제 모관과 관장식을 소유했을 가능성"이 제기되었다(이한상, 2004a, 118쪽). 이를 고려하면 묘주가 발해 왕실 남성으로 추정되는 묘에서 금제 관장식이 출토된 것은 신라의 관장식을 성인 남성의 지위를 상징하는 소유물로 본 견해와 부합한다.

　　백제 무령왕릉의 왕과 왕비의 무덤에서는 불꽃 인동초무늬의 금제 관장식이 쌍으로 "머리 위치에서 거의 포개진 상태로 발견"되었고, 아래 꽂이 부분에서 발견된 2개의 구멍은 모자와 연결하는 데 쓰인 것으로 추측되었다(國立公州博物館, 1992, 7쪽). 『삼국사기』 고이왕(古爾王) 28년(261)조의 "왕은 금꽃을 장식한 검은 비단관 [金花飾烏羅冠]을 썼다"라는 기록을 근거로 무령왕릉의 금제 관장식은 검은 비단으로 만든 관모가 부패되고 부착되었던 금제 장식 파편과 금제 관장식만 남은 것으로 해석되었다.

황남대총, 금관총, 천마총, 고령 지산동 73호묘, 무령왕릉 등에서 출토된 5~6세기 새 날개형 혹은 불꽃 인동초무늬 관장식은 M14묘 출토 관장식과 같은 기능을 하는 예들이다. 이들 대부분은 윗부분에 투조(openwork)나 보요(步搖) 같은 장식이 베풀어져 있고, 아랫부분은 장식이 없이 좁아지며 세로로 접은 듯 굽어져 있어서 관모의 앞쪽에 아래 방향으로 꽂게 되었다고 간주되었다. 그러나 발해 금 관식의 아랫부분은 재질이 다른 "장방형의 동편으로 용접(焊接)되고 다시 정체불명의 물질로 둘러싸져" 있었다. 보고서의 축척 도면을 참고하면 동편과 동편을 둘러싼 물질은 금제 관장식의 뒤쪽에 부착되었으며, 크기는 폭 2.7센티미터×길이 9.2센티미터×두께 1.8센티미터 정도다. 뒤로 뻗은 길고 두터운 동편은 세련되게 제작된 삼엽형 관식과 사뭇 동떨어진 부가물로 이것의 기능에 의문이 간다. 출토 보고서에는 용해 무덤에서 나온 유물이 비교적 풍부한 편이지만 이 무덤들은 이미 도굴된 적이 있었다는 점도 밝히고 있다(吉林省文物考古研究所 외, 2009). 현재 참고할 만한 자료는 무령왕비 금제 관식 아래에 "따로 동으로 된 긴 줄기 부분이 접착되어" 있는 것이다(國立公州博物館, 1992, 7쪽). 장식 기능을 하는 윗부분만 금으로 제작하고 아래 꽂는 기능을 담당하는 부분은 동으로 따로 제작하여 아래에 부착했다는 점이 공통적이다.

(2) 형태, 제작 기법, 문양

관장식의 형태적 특징은 크게 두 측면에서 검토할 수 있다. 첫째, 세 가닥의 잎 모양을 한 '삼엽(三葉)형'으로, 좌우의 잎이 구부러져 뒤쪽으로 기울었다는 점에서 다분히 입체적인 특징을 보인다. 삼엽 형태는 발해 이전 시기 대관(帶冠) 및 관장식, 허리띠 과판의 투조문으로, 또 허리띠의 심엽형 드림 장식과 환두대도의 장식, 수막새의 문양에서 발견되었고 다양한 명칭으로 연구되었다(삼엽문-권오영, 2006;인동문-김희찬, 2010; 팔메트(palmette)-제송희, 2010; 인동문의 형태를 띤 삼엽문 혹은 팔메트화된 삼엽문-구자봉, 2005). 이 글에서는 가장 보편적으로 불리는 '삼엽문'으로 칭하겠다. 둘째, 관장식 표면에는 타출(repoussé and chasing) 기법으로 시문된 문양이 있다. 중앙 잎의 가운데에 크기가 다른 봉오리를 가진 "좌우로 뻗은 나선 모양의 꽃받침 위에 부채꼴 모양으로 펼쳐진 꽃문양"이 일렬로 나타나고, 삼엽의 가장자리에는 가늘게 굽이 돌아가는 인동(honey-suckle) 꽃술이 표현되었다. 시문된 문양은 선행 연구를 참조하여 '팔메트'(Wilson, 1994; 제송희, 2010, 7쪽)로 칭하겠다.

집안(集安)에서 출토되어 요령성(遼寧省)박물관에 소장 중인 고구려의 금동제 관장식(그림2-①) 두 점이 긴 세 조각으로 구성된 형태이며, 가운데 조각 상단의 작은 원형 내에 삼엽이 투조되어 있다. 이를 근거로 송기호는 발해 관장식은 "고구려의 조우형(鳥羽形) 또는 조익형(鳥翼形) 관장식의 전통을 계승한 것을 증명하므로 금제 관장식이 출토된 무덤의 주인인 발해 최고위층은 고구려계라는 것이 입증되었다"라고 주장했다(송기호, 2010, 143~144쪽). 이후 전현실·강순제는 『고고』 2009년 6호에 공개된 유물 가운데 복식 연구와 관련된 자료를 모아 『복식』에 소개하면서 금제 관장식에 대해 "우리 고유의 관모 구성의 자취가 고분 추정 연대인 8세기 말에서 9세기 초까지 발해 왕족의 관모에서 남아 있음을 입증하는 자료가 될 수도 있다. (…) 그러나 관식의 모티브는 '조익형'보다는 삼국의 유물에서 빈번히 나타나는 '인동문'과 더 관련이 있어 보인다"라고 했다(전현실·강순세, 85~86쪽). 두 선행 연구에서 형태는 다르게 기술했으나 고구려 및 삼국의 전통이 발해로 이어진 것으로 본 견해는 동일하다. 집안에서 출토한 것보다 작고 상태가 좋지 않지만 그와 유사한 금동제 관장식이 통구 우산하 3105호묘에서도 출토된 바 있다(耿鐵華·孫仁傑, 1993). 이상 세 점의 고구려 금동 관장식은 양쪽 잎이 구부러지며 양식화하기 이전의 모습을 하고 있다.

집안 출토품(그림2-①)의 제작에는 금판을 얇게 잘라 장식하는 기법, 투조, 금세선으로 작은 원형의 보요를 매다는 기법이 이용되었다. 이 기법들은 신라 관장식에도 나타나기 때문에 신라의 관장식이 고구려의 영향을 받았다고 보는 것이다.

그림2　발해의 삼엽문 관 장식의 형태 및 타출된 문양과 비교 고찰되는 고구려의 유물
1. 집안 출토 금동 관 장식, 2. 강서중묘 천정 벽화 (『북한의 문화재와 문화유적』 II 고구려, 190, 265쪽)

그림3　관 장식에 타출된 팔메트와 유사한 문양과 기법적 특징이 보이는 발해의 유물
1. 연변박물관 소장 금동 문고리 장식, 2. 크라스키노 절터 출토 벽돌

발해 관장식에는 이러한 고대 관장식에 쓰인 기법 대신 타출 기법이 쓰였다. 문양을 입체적으로 표현하는 타출 기법은 고대 페르시아 지역에서 발달한 것으로 중앙아시아의 소그드를 거쳐 중국에 전해져 당대(唐代)에 크게 유행했으며 송(宋), 요(遼), 원(元)으로 계승되었다. 우리나라에서는 고려시대의 유물에서 많이 보이지만(김은애, 2007), 무령왕릉에서 출토한 뒤꽂이처럼 더 이른 시기의 장식물에도 이용된 예가 있고, 발해 금속 장신구 제작에 쓰인 예도 적지 않게 발견되었다.

　타출된 팔메트 문양은 고구려의 강서중묘(6세기 중엽~7세기 초) 안 칸 동쪽과 북쪽에 묘사된 꽃문양과 인동초 문양(그림2-②)을 기본으로 배치를 다르게 한 것이다. 발해 시기의 팔메트 문양이 표현된 유물로는 M14묘와 배위한 M13묘에서 출토한 동경의 가장자리 꽃문양, 화룡 용두산 묘군에서 발견되어 연변박물관에 소장 중인 금동 문고리 장식(그림3-①), 화룡 팔가자 2호묘에서 출토된 금제 칼집 장식의 하단, 하남둔에서 출토된 부조 건축 장식 파편과 벽화 잔편, 하남둔 성터에서 채집한 꽃문양 벽돌(郭文魁, 1973, 43~44쪽), 상경용천부(동경성)에서 출토된 장방형의 벽돌 측면(조선유적유물도감 편찬위원회, 1988), 크라스키노 절터에서 출토된 벽돌 문양(그림3-②), 상경성 제3호, 제4호 궁전 건축군 묘지에서 출토된 금동제 건축 재료 가운데 발견된 꽃문양의 장식(黑龍江省文物考古硏究所, 下, 2009) 등을 꼽을 수 있다. 팔메트는 고구려와 발해의 건축 및 예술에 널리 쓰인 문양이지만, 이 문양의 전파 경로는 기원전 페르시아로부터 중국으로 전해지고 북방 제족이 교류하면서 유라시아 전역으로 퍼지는 복잡한 경로를 통해 고구려와 발해로도 전해진 것이다 (Watt&Harper, 2004, 18~21쪽; 제송희, 2010). 비견될 만한 당나라 유물로는 청해성(靑海省) 도란(都蘭) 열수향(熱水鄕)에서 발견된 8세기 말의 비단 안장깔개에 수놓아진 꽃봉오리 문양과 섬서성(陝西省) 서안(西安) 하가촌(何家村)에서 출토된 손잡이가 달린 은제 술잔에 타출된 작은 꽃문양을 꼽을 수 있다(Watt&Harper, 2004, 348쪽; 심연옥·금다운, 2020, 52쪽, 55쪽; 國家文物局, 1999, 224~225쪽).

3 위세품과 건축물에 차용된 삼엽문

1) 위세품

금속제 관모, 허리띠 과판과 심엽형 드림, 환두대도 삼엽문은 금속제 대관, 모관, 관장식의 투조 장식 모티프로 나타나고, 대관의 세움 장식과 관장식의 상단에도 형상화되었다. 보살상의 관으로 해석되어온 평양시 내성구역 출토 고구려의 불꽃무늬 금동관(4~5세기로 추정), 국립중앙박물관에 소장 중인 산 모양의 고구려 금동 관장식과 5세기로 추정되는 새 깃 모양 금동제 관장식, 통구 고분군 우산하 JYM 3560묘에서 출토된 관장식 잔편에 삼엽문이 투조되어 있다(조선유적유물도감 편찬위원회, 2000, 260쪽; 耿鐵華·孫仁傑, 1993; 이한상, 2004a; 권오영, 2006). 경기도 화성 요리 1호묘에서 출토된 금동 모관 전체에 투조된 삼엽문(그림4-①)도 주목되며, 부산시 복천동 제 11호묘에서 출토한 금동관(5세기 중엽 추정)의 3개의 세움 장식의 상단에도 삼엽문이 하나씩 투조되었다(그림4-②). 고령에서 출토된 것으로 전하는 리움미술관 소장 가야 금관(5-6세기로 추정, 그림 4-③)의 세움 장식은 "끝이 보주(寶

그림4 금관, 금동제 관모에 표현된 삼엽문
1. 화성 요리 1호묘, 2. 복천동 11호묘, 3. 전 고령 출토

그림5 금, 은, 금동제 과판 및 수하 고리 장식에 투조된 삼엽문
1. 대성동 88호묘, 2. 황남대총 북분, 3. 산성하 725호묘 (『高句麗研究』12, 853쪽)

珠)형으로 된 초화(草花), 초엽(草葉)문"형태다(東京國立博物館, 1992, 134~135쪽). 6세기 후반~7세기 전반 백제 사비 시기 은화 관식의 장식부에서도 발견되는 이 형태는 삼엽문의 변주로 간주된다.

금속제 허리띠에 나타나는 삼엽문은 과판과 심엽형의 드림 장식에서 볼 수 있다. 과판에 삼엽문이 투조된 예는 상당히 많은데 진(晉)나라 식 허리띠의 과판 유형과 고구려 및 신라의 정방형의 과판 유형으로 구분해볼 수 있다. 진나라식 과판에는 바깥쪽으로 향하는 삼엽문이 좌우상하에 4개 배열되었다(그림5-①). 고구려의 산성하 152호묘, 우산하 3560호묘 출토 과판, 김해 대성동 88호묘에서 출토된 금제 가야 과판이 이에 속한다(東潮, 1997, 574쪽; 이한상, 2004a, 218~226쪽). 신라 고분에서 출토된 금제, 은제, 금동제 과대의 과판은 정방형에 가깝다. 이 과판의 아래 중심에는 거의 예외 없이 삼엽문이 투조되어 있다(그림5-②). 심엽형의 드림 부위에 삼엽문이 드러난 경우는 집안 칠성산 96호분 및 산성하 725호묘 출토 고구려

허리띠와 창녕 교동 89호묘 출
토 은제 허리띠에서 볼 수 있다
(이한상, 2004a, 207쪽, 213쪽, 218-
226쪽; 東潮, 1997, 574쪽; 張雪巖·李
漢祥, 2001)(그림5-③).

'삼엽 환두대도'(그림6)는 고
구려, 백제, 신라, 가야 지역에서

그림6   황남대총 남분 출토 삼엽 환두대도

발견되었다. 보통 손잡이 내부에 삼엽문이 하나 베풀어져 있지만 합천 옥전 M11
호분 출토물은 삼엽문이 좌, 우, 위 세 방향으로 배치되었다(이한상, 2004b). 이상 금
속제 관모와 허리띠, 환두대도 등은 삼국시대 지배층의 전유물로 최대형 무덤 속
에 공반된 것들이다. 이들 장식에 삼엽문이 활용된 사실은 이 문양이 사회적 위세
를 명시하는 상징으로 기능했음을 짐작하게 한다.

2) 수막새

삼엽문이 무엇을 형상화한 것인가에 대해서는 자연에 존재하는 동식물 문양,
번개, 태양신 등 다양한 견해가 있어왔다(Rose, 1954). 불교의 전래와 함께 5세기 이
후 동진·북위 등으로부터 고구려에 전래된 연화문, 연화 인동문, 인동문 수막새(김
성구, 2005; 최맹식, 2005)를 관찰하면 삼엽문의 현시(顯示)가 연화의 형상화와도 관련
이 있음을 보게 된다(그림7-①). 연화 사이에 인동[삼엽]문이 등장하며 도안화되는

그림7   고구려 수막새
1. 연화문(전 평양 출토, 경희대 박물관), 2. 연화인동문(평양시 평천구역 평천리 출토, 연세대
박물관), 3. 연화인동문(평양시 평천구역 평천동 출토), 4. 연화인동문(평양시 낙랑구역 조왕리
출토, 『한국 고대의 global pride, 고구려』311, 319, 320쪽))

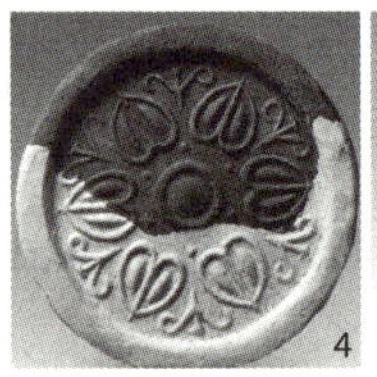

그림8　발해 수막새

1~3. 연화문(상경성 제 3, 4호 궁전건축군묘지). 4~5. 연화문(상경성 제 2호 궁전기지, (『渤海上京城』下, 도판 256-6, 256-3, 256-4, 168-1, 169-5))

양상을 보여준다(고려대 박물관, 2005; 김희찬, 2010)(그림7-②, ③, ④). 도쿄국립박물관 소장 고구려 수막새 잔편에 드러난 인동문은 639년에 미륵사지 석탑에 매납된 문라(紋羅) 직물에 금사로 자수된 문양과 유사하다(고려대 박물관, 2005, 322쪽; 심연옥·금다운, 2020, 34쪽).

　　발해 수막새로는 간식문(間飾文)에 채택된 인동문으로 대략 네 유형이 있고(그림8-①, ②, ③, ④), 간식문 및 연화 속으로 삼엽문이 들어가 표현된 유형(그림8-⑤)이 있다. 김희찬은 "주변국에서 잘 보이지 않는 인동[삼엽]문이 주요하게 등장하는 점은 발해 와당의 독창성으로 평가된다"라고 했다(김희찬, 2010, 224쪽). 금제 관장식이 인동화한 삼엽 형태로 제작된 것은 발해 수막새 제작에 인동문이 애호된 경향과 무관하지 않은 것으로 보인다.

4　4∼6세기 대외 교섭과 삼엽문의 이입

　　이상 삼국과 발해의 문화 속에 보이는 삼엽문에 대한 고찰을 토대로 발해 관장식은 고구려 및 삼국에서 널리 쓰이던 삼엽문의 전통을 이어 제작되었다고 결론을 내릴 수 있을까? 그러한 단선적인 해석에 앞서 삼엽문의 전파와 상징 의미를 보다 넓은 범주에서 검토할 필요가 있다. 삼엽문 관장식의 습속은 한국 고대문화에서 자생하지 않았고, 위세적 상징물로 유라시아 전역에 걸쳐 전파되었다.

　　이마에 삼엽문을 장식한 예는 기원전 1000년 이상으로 올라간다. 이집트, 아

시리아, 아르메니아, 고졸
기 그리스 미술의 영향을 받
은 아케메네스 미술에서 발
견되며, 왕의 관모에 삼엽문
을 장식한 습속은 3세기 이
후 사산조 페르시아에서부
터 발견된다(Rose, 1954). 앞
서 검토한 위세품을 다룬 선
행 연구에서는 고구려 및 삼
국의 문화에 등장한 삼엽문

그림9 말 장식구(전연)
출처:『中國 국보전』, 81쪽

을 한대(漢代) 이후 서아시아, 중원, 북방 제족이 교섭하는 과정에서 전해진 것으로
파악했다(이한상, 2004a; 2004b; 張雪巖·李漢祥, 2001; 제송희, 2010; 권오영, 2006; 강현숙,
2006). 특히 4~6세기 모용선비가 주축이 된 삼연(三燕) 문화, 탁발선비 북위(北魏)의
문화에 표현된 삼엽문은 한국 고대문화와의 관련성을 추적하는 데 이용되어왔다.
그 예를 아래에서 살펴보겠다.

보요의 아래 금판에 삼엽문이 4개가 투조된 관장식이 여럿 발견되었는데 이
는 진(晉, 265~420) 시기 모용계 선비, 토욕혼의 부녀자 머리 장식으로 이해되어왔
다(陳大爲, 1960; 권오영, 2006). 모용 선비의 라마동 전연(前燕, 337~370)의 유적에서
나온 말 장식구 상단을 투조 장식한 삼엽문(그림9)은 우신하 JYM3560 묘에서 출토
된 관장식 잔편과 화성 요리 1호묘 출토 금동제 모관(그림4-①), 복천동 11호분 출
토 금동관의 세움 장식 끝에 투조된 삼엽 문양(그림4-②)과 비교할 만 하다. 5세기

그림10 북위 사마금룡묘 기둥 받침 측면 부조문
출처:『文物』1972-3

로 추정되는 산서성 대동 운강 제10 석굴 입구의 기단 위에 가로로 얹힌 벽면 장식에는 팔메트 스크롤(palmette scroll) 안으로 들어간 삼엽문이 대상(帶狀)으로 나타나며, 근처에서 발견된 사마금룡(司馬金龍, ?~484)의 무덤 기둥을 받치고 있던 건축물의 옆면 장식에는 팔메트 스크롤 사이의 간식문으로 삼엽문이 나타난다(그림10). 이 두 예는 지중해 지역에서 발생한 팔메트 스크롤이 간다라, 박트리아 지역에서 인디아의 문양과 교류, 융합되어 439년 북위의 중국 양주(梁州) 정벌 이후 5세기 후반에 북위의 주요 관청을 비롯한 건축물에 480년경까지 빈번하게 차용된 사실을 증명한다(Watt&Harper, 2004).

　　돈황에서 발견된 북위 때 자수된 평직 견직물(487년)의 왼쪽 아래에 묘사된 4명의 공양자의 외투는 역심엽형 테두리 속에 삼엽문이 들어간 문양으로 빼곡히 시문되어 있다(그림11). 이와 똑같은 문양이 약 300년이 지난 발해 상경성에서 출토된 수막새(그림8-⑤)에 표현되었다. 영하(寧夏) 고원(固原)에서 출토된 북위 시기 칠관(漆棺)의 측면에는 선비족과 관련이 있는 또 하나의 주요한 문양이 베풀어져 있다. 바로 두 줄로 형성된 육각형 문양이 연결된 것이다.[2] 여기에 연주문과 연주문

그림11　자수된 평직 견직물에 묘사된 공양자(북위, 487년)
출처: 『文物』1972-2

2　두 줄의 육각형 도안은 보문리 부부총 출토 귀걸이, 식리총에서 출토된 금동 신발 바닥, 황남대총 북분에서 출토된 은제 그릇에서도 보인다.

속에 인물과 상상의 동물을 배치한 복합문을 형성하고 있는데, 육각형의 꼭짓점이 만나는 부위에 사방으로 뻗은 삼엽문(quatrefoil palmettes, 그림 12)이 보인다. 합천 옥전 M11호분 출토 환두대도에 나타나는 세 방향의 삼엽문 배치는 이러한 사방 삼엽문의 변주라고 할 수 있다. 516년으로 추정되는 북위시대 남자 도용이 쓴 소관(小冠)과 농관(籠冠)은 삼엽형 핀으로 뒤에서 고정된 것(그림13)이 발견되었다(Watt&Harper, 2004; 中國社會科學院考古研究所, 1996).

그림12 사방 삼엽문(북위)

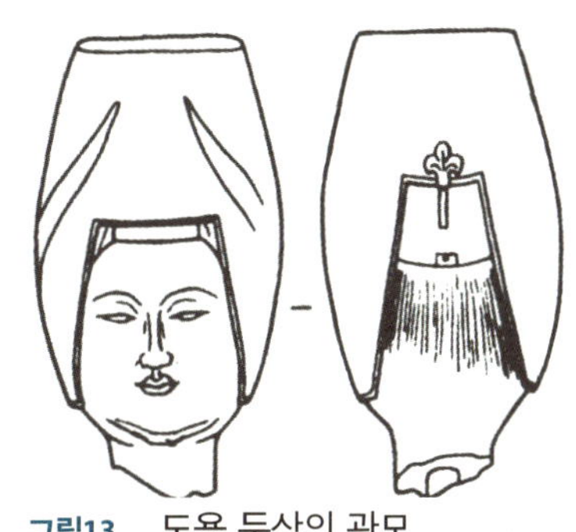

그림13 도용 두상의 관모
출처: 『北魏洛陽永寧寺』, 60쪽

이 같은 맥락에서 카자흐스탄 보로보예에서 출토된 단검집에 석류석으로 감장된 삼엽문도 언급하지 않을 수 없다. 이 단검집은 신라 계림로 14호묘에서 출토된 단검집과의 유사성으로 인해 국내 학자들의 주목을 받았다(이송란, 2008; Yoon, 2013). 그러나 이 단검집 하부의 삼엽문은 발해 관장식 형태로, 상단의 세 장방형 장식 도안은 하남둔 2호묘에서 출토된 금제 과판의 도안 구조와 닮은 점도 눈여겨볼 필요가 있다. 이 단검집에 장식된 삼엽문 역시 위세를 명시하는 도구로 쓰였을 것이다.

5 프랑스 왕정의 상징 '백합꽃 문장(fleur-de-lis)'과 키르기스스탄의 전통

유라시아의 동단인 고구려와 삼국, 일본에 삼엽문이 전해진 것과 유사한 시기에 유라시아의 서단에서도 삼엽문이 통치의 상징으로 전제군주의 홀(scepter)과 왕관에 차용되었다는 점은 흥미롭다. 오늘날 '백합꽃 문장'이라 불리는 중세 유럽의 왕관에 장식된 삼엽문은 고대 사산조 페르시아 왕의 대관에 장식된 삼엽문의 전통에서 일찍이 확인된다(Rose, 1954, 64쪽). '백합꽃' 문장의 현시는 5세기 후반~6세기 초 서프랑크의 왕권을 강화한 클로비스 1세(?~511)로부터 샤를마뉴(742~814), 샤를 2세(823~877)[3] 등 프랑크왕국의 전제군주가 든 홀의 상단과 왕관의 세움 장식, 어좌 상단 장식으로 거슬러 올라간다(그림14-①). 이후 백합꽃 문장은 프랑스 전제

그림14   프랑스 왕가의 상징으로 표현된 백합꽃 문장(fleur-de-lis)
1. 비비안바이블(Vivian Bible)에 묘사된 샤를 2세(Charles the Bald, 823–877), c. 845. Source: gallica.bnf.fr / Bibliothe`que nationale de France. De´partementdes Manuscrits. Latin1, 2. 성 미카엘, 샤를마뉴, 루이, 데니스와 함께 무릎꿇고 기도하는 루이 12세 (1462-1515, r.1498-1515) Jean Bourdichon. 1498-99. ⓒGetty's Open Content Program

---

3   그림14-① 속 샤를 2세의 어좌 바닥 받침의 측면에 묘사된 문양(845년 추정)은 발해 크라스키노 성터에서 발견된 벽돌의 측면 문양과 같은 인동당초(honey-suckle)다.

왕권의 상징으로 12세기 루이 7세(재위 1137~1180) 시기부터 프랑스 혁명(1789) 이전까지 왕관과 홀은 물론 왕가의 기물과 실내 장식 디자인에 광범위하게 차용되었다(Halbert, 2016)(그림14-②, 15-①). 영국과 독일의 군주도 홀을 백합꽃 문장으로 장식했는데(De Raadt, 1894), 그것은 프랑스 왕가와 역사적으로 얽혀 있었기 때문이다. 프랑스가 17세기 이후 식민 지배를 위해 북미로 진출하면서 그 영향 아래 있던 캐나다와 미국에서도 백합꽃 문양은 프랑스적 귀족문화를 상징하는 문장으로 뿌리내렸고, 오늘날까지 "높은 희망과 성취, 성공"을 상징하며 유럽 및 북미의 교육기관과 스포츠 팀의 상징 로고로 이용되고 있다. 그 예가 보스턴대학과 스트랫퍼드 초중등학교, 프랑스 식민지였던 뉴올리언스의 지역 미식축구팀 뉴올리언스세인츠(그림15-②) 등이다.

그림15 미식 축구팀 뉴 올리언스 새인츠(New Orleans Saints) 로고

또 현재까지 삼엽문이 강한 전통으로 남아 있는 곳은 유목민의 나라인 키르기스스탄이다. 키르기스인은 7~8세기에 활동한 오르혼 튀르크의 후손이라고 알려져 있으며 이들은 정교한 토기 제조 기술과 금속 용기 제조 기술을 갖고 있었다. 스키타이-시베리아적 요소를 지닌 벨트를 만들고 마구를 장식하는 풍속이 있었으며 사산조 페르시아의 예술 및 그 영향을 받은 당나라 예술의 미감을 숭상했다(Rice, 1965). 이들의 이동식 전통가옥인 유르트(그림16)와 남성만 착용하는 흰색의 전통 펠트 모자 칼팍(kalpak), 말안장, 조끼 가장자리 장식 문양(그림17), 펠트를 비롯한 전통 공예품에 삼엽문이 두드러지

그림16 유르트(yurt)

그림 16-19. 키르기즈스탄의 자이치(Jaichy, Kyrgyzstan)에서 열린 전통축제 Birds of Prey Festival에서 촬영 (2018.8.11.)

그림17　말 안장, 조끼 가장자리 장식 문양

그림18　키르기즈스탄 전통 펠트 쉬르닥(shyrdak)

게 쓰인 것은 물론(그림18), 현대화된 인도(人道)의 보드블록에도 5세기 말 북위시대 칠관에서 발견된 것(그림12)과 동일한 사방 삼엽문이 새겨진 것을 수도인 비슈케크뿐 아니라 보콘바예프 같은 작은 마을에서 흔히 볼 수 있다(그림19). 현대식 인도 건설이라는 서구의 하드웨어를 도입하면서 소프트웨어인 문양은 전통을 유지한 것이다. 유목생활을 했던 이들은 실을 만들어 직조하지 않았다. 섬유품은 동물의 털을 깎아 만든 펠트를 기반으로 한다. 전통 펠트 쉬르닥에는 다양한 모양의 조각을 덧붙여(아플리케) 장식하는데 삼엽문을 양식화, 정형화한 문양이 많다. 현재까지 사용되는 몇몇 문양에 내재한 의미는 현지조사를 통해 알려진 것이 있다. 오늘날의 사방 삼엽문은 "이웃 간의 협력"을, 북위 시기 자수의 공양자 의복 문양(487년)과 발해 상경성에서 발견된 수막새에 보이는 심엽 속으로 들어간 삼엽문은 '연인의 심장'을, 단독 삼엽문은 '집의

그림19　인도(人道)를 장식한 사방삼엽문
1. Bishkek, 2. Bokonbaevo

재산이 부유해지라는 소망'을 상징한다고 한다(EBS 다큐멘터리, 2019).

6　맺음말

한반도에서 금속제 관장식의 착용이 7세기 이후 사라져가는 현상을 보이는데 반해 8세기 이후 발해 왕실의 남성이 금제 관장식을 유기질의 가죽 관모와 함께 착용한 사실은 주목할 만하다. 팔메트 문양이 타출된 삼엽형 금제 관장식의 형태와 기법은 페르시아에서 기원했으며, 동아시아로 전파된 것은 중국 및 북방 제족과의 교류를 통해 4~6세기에 집중적으로 이루어졌다고 보인다. 특히 삼연 문화와 북위의 유물에서 삼엽문의 사용이 두드러졌다. 고구려를 비롯한 삼국의 위세품에 수용, 향유된 삼엽문과 팔메트는 발해 관장식과 건축물에 광범위하게 활용되었다. '절대적 지배력'과 '신성함'을 상징하는 삼엽문이 왕관과 홀의 장식에 쓰인 것은 중세 유럽, 특히 프랑크제국과 그 뒤를 이은 프랑스 왕정체제에서도 극명하게 드러났다. '백합꽃 문장'으로 불리는 이 삼엽문은 성취와 성공을 상징하며 현재까지 서구 문화에 차용되고 있다. 유목생활에 기반한 키르기스스탄의 생활문화에도 현재까지 삼엽문이 뿌리 깊게 자리하고 있다. 특히 남성만 착용하는 흰색의 전통 펠트 모자 칼팍에는 어김없이 삼엽문을 장식하고 신성시 여긴다. 발해의 금제 관장식은 이처럼 수천 년 동안 인류의 물질문명에 위세적 상징과 장식 문양으로 공명되어온 삼엽문의 역사 속에서 이해될 수 있다.

참고문헌

한글

강현숙, 2006,「고구려 고분에서 보이는 중국 삼연 요소의 전개과정에 대하여」,『한국상고
사학보』51, 한국상고사학회.

고려대 박물관 편저, 2005,『한국 고대의 global pride, 고구려』, 통천문화사.

구자봉, 2005,「三國時代의 裝飾大刀 研究」,『동북아역사논총』5, 동북아역사재단.

國立公州博物館, 1992,『公州博物館 圖錄: 公州博物館과 公州의 遺蹟』.

권오영, 2006,「중국 유물과 벽화를 통해 본 고구려의 관-절풍과 소골을 중심으로」,『고고
자료에서 찾은 고구려인의 삶과 문화』, 고구려연구재단.

김성구, 2005,「고구려의 기와와 전돌」,『한국 고대의 global pride, 고구려』, 통천문화사.

김은애, 2007,「고려시대 타출 공예 연구」,『美術史學研究』253, 미술사학연구.

김희찬, 2010,「발해 인동문계 와당의 계통과 고구려 연관성 검토」,『동아시아고대학』21,
동아시아고대학회.

발해 고왕 대조영 표준영정제작추진위원회, 2012,『발해 고왕 대조영 영정 제작 경과보고
백서』.

송기호, 1995,『渤海政治史研究』, 일조각.

송기호, 2010,「용해구역 고분 발굴에서 드러난 발해국의 성격」,『고구려발해연구』38, 고
구려발해학회.

신라 천년의 역사와 문화 편찬위원회 편, 2016,『(개요) 신라 천년의 역사와 문화』.

심연옥·금다운, 2020,『한국지수 이천년』, 크리빗.

이송란, 2008,「신라 계림로 14호분 〈금제감장보검〉의 제작지와 수용경로」,『美術史學研究』
258, 한국미술사학회.

이한상, 2004a,『황금의 나라 신라』, 김영사.

이한상, 2004b,「三國時代 環頭大刀의 製作과 所有方式」,『한국고대사연구』36, 한국고대
사학회.

이한상, 2009,「미륵사지 석탑 출토 은제관식에 대한 검토」,『신라사학보』16, 신라사학회.

張雪巖·李漢祥, 2001,「高句麗帶飾研究」,『고구려발해학회』12, 고구려발해학회.

전현실·강순제, 2011,「용해(龍海)발해 왕실고분 출토 유물에 관한 고찰」,『服飾』61-10,

한국복식학회.

제송희, 2010, 「고구려 미술의 팔메트(palmette) 문양 고찰」, 『미술사연구』 24, 미술사연구회.

조선유적유물도감 편찬위원회 편저, 2000, 『북한의 문화재와 문화유적』(II 고구려편), 서울 대학교 출판부.

조선유적유물도감 편찬위원회, 1988, 『조선유적유물도감』 8. 평양: 조선유적유물도감 편찬 위원회.

조선일보사, 2007, 『中國 국보전』 39개 박물관에서 온 漢·唐시대 국보 325점, 솔대.

최맹식, 2005, 「고구려기와의 특징」, 『한국 고대의 global pride, 고구려』, 통천문화사.

EBS 다큐멘터리, 2019. 7. 25. 위대한 유산 중앙아시아: 제3부 「유목, 천년의 지혜」(https:// youtu.be/KeeDsGtT6yg).

외국어

耿鐵華·孫仁傑 共編, 1993, 『高句麗硏究文集』, 延吉: 延邊大學出版社.

郭文魁, 1973, 「和龍渤海古墓出土的幾件金飾」, 『文物』 1973-8, 文物出版社, 北京.

國家文物局, 1999, 『國之瑰寶』 中國文物事業五十年(1949-1999) 圖錄, 北京: 朝華出版社.

吉林省文物考古硏究所·延邊朝鮮族自治州文物管理委員會辦公室, 2009, 「吉林和龍市龍海 渤海王室墓葬發掘簡報」, 『考古』 2009-6, 北京: 中國社會科學院考古硏究所.

吉林省博物館 編. 1992. 『吉林省博物館』, 北京: 文物出版社.

東京國立博物館 編, 1992, 『伽耶文化展: よみがえる古代王國』.

東潮, 1997, 『高句麗考古學硏究』, 東京: 吉川弘文館.

中國社會科學院考古硏究所, 1996, 『北魏洛陽永寧寺』 1979-1995年考古发掘报告, 北京: 中 國百科全書出版社: 新華書店北京发行所經銷.

陳大爲, 1960, 「遼寧北票房身村晋墓发掘简报」, 『考古』 1960-1, 北京: 中國社會科學院考古 硏究所.

黑龍江省文物考古硏究所, 2009, 『渤海上京城』, 1998-2007年度考古發掘調査報告上下冊, 北京: 文物出版社.

De Raadt, J. Th., 1894, "The Fleur-De-Lis of the Ancient French Monarchy." *Journal of the British Archaeological Association: First Series*, 50-4.

Halbert, Philippe, (2016, APRIL 25). "Finding the Fleur-de-Lis in Art." The iris behind the scenes at the Getty. Retrieved from http://blogs.getty.edu/iris/finding-the-fleur-de-lis-inart/

Rice, Tamara Talbot. 1965. *Ancient arts of Central Asia*. London: Thames and Hudson.

Roes, Anne, 1954, "The Trefoil as a Sacred Emblem," *Artibus Asiae* 17 no. 1.

Watt, James C. Y., and Prudence Oliver Harper, 2004, *China: dawn of a golden age, 200-750 AD*. New York: Metropolitan Museum of Art.

Wilson, Eva, 1994, 8000 *years of ornament: an illustrated handbook of motifs*. London: British Museum Press.

Yoon, Sangdeok. "The Gyerim-ro dagger and the riddle of Silla's Foreign trade," Lee, Soyoung, and Denise Patry Leidy (ed.) 2013, *Silla: Korea's golden kingdom*. New York: The Metropolitan Museum of Art, New Haven: Yale University Press.

10장

기억과 전통 그리고 경관: 경관고고학적 관점에서 본 고대 고분군의 형성

김종일 (서울대학교 고고미술사학과 교수)

1 머리말

1990년대 이후 한국 고고학은 자료의 질과 양의 측면에서 이전 시기와는 비교할 수 없을 정도로 비약적인 성장을 했다. 예를 들어 진주 남강유역이나 춘천 중도 유적처럼 다수의 주거지와 무덤, 수전 혹은 밭과 같은 경작 유적, 그리고 공방과 같은 생산 유적이 함께 발견되는 복합 유적이 조사되어 당시의 일상생활과 죽음, 그리고 이들의 관계를 포함한 당시 사람들의 '생활세계'를 종합적으로 이해하고 해석할 수 있는 계기를 마련했다. 가야와 신라의 고대 고분과 관련해서도 출토 유물을 바탕으로 편년이나 피장자의 사회적 지위 등을 추정하는 것을 넘어서 매우 세밀한 발굴조사를 통해 매장 의례나 절차, 봉분의 축조 과정이나 축조 기술 등을 추정하는 연구 또한 진행된 바 있다. 다양한 새로운 연구 시각과 방법론 또한 고고학 연구에 도입되고 있다. 고고학 자료의 표현과 해석에 GIS 기법이 적용되거나 네트워크 분석이 시도되고 있다. 대중고고학(Public Archaeology)과 문화유산관리학(Cultural Heritage Management)에 대한 관심이 늘면서 종래 한국고고학과 고대사에서 그다지 주목하지 않았던 선사 및 고대 경관에 대해서도 새로운 관심과 더불어 본격적인 연구가 시작되고 있다. 이러한 현상은 세계문화유산 등재와 관련하여 유적 경관의 중요성이 강조되는 현상과 밀접한 관계를 맺고 있다.

그럼에도 불구하고 한국 고고학에서 유적 경관에 대한 연구는 여전히 시작 단계에 머무르고 있다고 할 수 있다. 선사 및 고대 경관의 복원과 해석이 중요하다는 인식이 확산되고 있음에도 불구하고 경관 연구의 주요 이론과 방법론이 실제 한국의 선사 및 고대 유적 경관의 해석에 적용되어 해당 경관에 대한 섬세하고 풍부한 이해에 어떻게 직접적으로 기여할 수 있는지를 제대로 보여주지 못하고 있다. 이는 경관사 혹은 경관 고고학 연구가 단순히 주요 이론이나 원칙을 무비판적으로 적용하는 대신 해당 지역의 지역적 특수성과 고유성을 강조하는, 즉 자연 경관과 문화 경관, 그리고 역사 경관과 상징 경관에 대한 깊이 있고 종합적인 이해가 전제되어야 한다는 점에서 기인한다. 이는 경관사 혹은 경관고고학의 주요 이론과 방법론을 적용하는 과정에서 해당 지역의 고고 역사적 배경과 경관상의 특징을 매우 깊이 있게 고려하여, 이를 바탕으로 그러한 이론과 방법론을 재검토하는 일종의 해석학적 순환(Hermeneutic Circle)이 고려되어야 한다는 점을 의미한다.

경관사 혹은 경관고고학 연구가 가장 활발하게 진행되어온 스톤헨지 유적을 포함하는 영국 웨식스 지역의 사례가 이를 잘 보여준다. 여기에서는 스톤헨지를 비롯한 여러 헨지 유적과 커서스(Cursus)와 같은 구상유구 및 석열 유구, 그리고 웨스트 케넛 고분과 같은 신석기 초기의 장방형 고분들과 청동기시대 초기의 원형 봉토묘 등의 입지와 공간적 상호관계의 변화 양상을 시간과 장소에 따라 추적하면서 각 시기별로 경관이 어떻게 형성(혹은 구성)되었는지를 매우 섬세하게 해석하고 있다(Barrett, 1994).

앞서 언급한 바와 같이 한국에서도 대규모 복합 유적들이 조사되면서 전체 유적에 대한 상세한 정보가 수집되고 있고, 따라서 경관사 혹은 경관고고학의 본격적 연구를 통해 그 의미가 보다 심층적으로 해석될 수 있는 가능성이 높아졌다. 환호취락이나 묘역식 지석묘를 포함한 대규모 무덤 혹은 제의 유적, 평지 및 산지의 대형 고분군 그리고 왕성 혹은 도성의 경관 형성에 대한 연구가 그러한 좋은 사례가 될 수 있으며, 실제로 왕성이나 도성 경관과 관련하여 일부 연구가 진행된 바도 있다.

이 글에서는 이러한 점에 주목하여 이미 그 중요성이 강조되었음에도 불구하고 아직까지 본격적인 논의가 이루어지지 않고 있는 신라와 가야 고분군의 축조와 장소화에 대해 경관사 혹은 경관고고학의 입장에서 살펴보고 해당 사회의 사회적 특징과 '생활세계'의 구성에 대해 '기억'과 '전통'이라는 관점에서 해석해보고자 한다.

2 경관고고학의 주요 원칙들

1990년대 이후 영국을 중심으로 한 유럽 고고학에서 다양한 이론적 논의들과 함께 선사 및 고대 경관에 대한 다양한 방식의 연구가 활발하게 진행된 바 있다. 이러한 연구를 통해 확인된 여러 원칙들에 대해서는 이미 여러 차례 논의된 바 있다(김종일, 2011; Kim, 2008). 이를 간략히 소개하면 다음과 같다.

1) 경관과 의미화

경관은 단순한 배경으로서 수동적이고 등질적이며 근대적 이성과 합리성에 의해 계량될 수 있는 텅 빈 '공간(space)'이 아니라 장기간에 걸쳐 인간의 다양한 행위에 의해 역사적으로 의미 있게 형성된 일종의 '장소(place or locus)'이며 그러한 장소는 여러 세대에 걸친 인간의 행위가 다양한 흔적(고고학 유적 혹은 유물)의 형태로 누층적으로 남겨진 일종의 양피지 같은 존재다. 의미화를 통한 경관의 형성과 경험 그리고 해석 과정은 그 안에 거주하거나 그러한 경관을 경험하는 사람들에게 일상적인 생활을 통해 그 경관의 의미가 끊임없이 기억되거나 이미지화되면서 동시에 내재화되는 과정이기도 하다.

2) 경관과 해석 그리고 의미의 다층성

경관은 다양한 방식으로 형성되거나 해석될 수 있으며 그러한 경관의 다양한 의미와 해석은 서로 경쟁·충돌하거나 타협될 수 있다. 경관을 형성하고 변화시키며 경험했을 사람들은 당시 사회 내의 사회적 위치와 관계 그리고 그들과 경관과의 관계에 따라 특정한 경관의 의미를 다양하게 해석할 수 있다. 이와 아울러 경관을 자연경관(Physical Landscape)과 (의미 있게) 구성된 경관(Constructed Landscape), 개념화된 경관(Conceptualised Landscape), 이상적 (혹은 관념적) 경관(Ideational Landscape), 그리고 이들을 포괄하는 실제적 경관(Real Landscape) 등으로 구분하며 이러한 경관들이 한 사회에서 동시에 존재하면서 서로 영향을 주고받을 수도 있다. 따라서 인간이 경험하고 관계하는 실재적 공간은 다층적으로 구성될 수도 있다.

3) 경관과 시간성, 그리고 장소성

후설의 현상학에서 제시된 바와 같이 근대 세계의 형성 이후, 똑같은 길이로 분절할 수 있고 더하거나 뺄 수 있으며 과거와 현재, 그리고 미래라는 일차원상에서 일직선으로 진행하는 것으로 인식하는 자연과학적 혹은 수학적 시간관은 우리의 '생활세계'에 존재하는 다양한 '시간'들, 즉 다양한 시간 단위와 시간 구조, 그리고 시간 조직 가운데 하나다. 근대 이전의 시간을 다룰 때 이러한 근대적 시간관에서 벗어나 절기의 구분과 구분된 절기에 따른 시간표의 체계화와 더불어 그러한 절기의 반복과 순환 등을 포함하여 해당 사회의 시간이 어떻게 분절되고 구조화되는지를 염두에 둘 필요가 있다. 특히 물질문화를 매개로 하여 시간이 구조화되는 과정을 살펴볼 때 시간이 기본적으로 우리의 의식 세계와 실제 생활세계에서 과거와 현재, 그리고 미래가 지금 이 순간 느끼는 대상에 대한 근원 인상과 그러한 근원 인상이 시간이 흐름에 따라 차츰 뒤로 밀려가면서 뒤에 오는 근원 인상에 지속적으로 영향을 끼치는 파지, 그리고 근원 인상을 감각할 때 앞으로 다가올 것이 영향을 끼치는 예지 등의 관계에 의해 인식된다는 점을 염두에 둘 필요가 있다.

한편 이러한 파지, 근원 인상, 그리고 예지가 어떻게 경관상에서 구조화되어 나타나는지, 즉 경관상에서 시간과 장소가 어떻게 서로를 구조화하는지를 살펴보는 작업이 중요한데, 예를 들면 하나의 경관 안에서 순서 지어 축조된 무덤들을 통해 과거로부터 현재로 이어지는 시간의 흐름과 그러한 시간들이 어떻게 구조화되는지를 경험할 수 있다.

4) 경관과 권력

경관은 다양한 형태의 권력, 또는 권력관계가 작동하는 장이기도 하다. 특정한 형태의 경관 형성을 통해 정치적·경제적·상징적 권력의 존재를 추정하거나 그러한 권력이 어떻게 행사되었는지도 동시에 추론할 수 있다. 예를 들어 특정한 형태의 경관을 형성하거나 이미 형성된 경관을 원하는 방식으로 해석하게 하며 이를 통해 권력의 존재를 보여주거나 과시하거나 권력관계를 마치 자연적인 것처럼 정당화하는 과정을 살펴보는 것이 매우 중요하다. 이러한 과정은 특정한 형태의 경관을 가시적으로 보게 하거나 혹은 반대로 보지 못하게 하는 것을 통해 가능하기도 하고 경관을 경험하는 몸의 움직임이나 시선을 통제하여 원하는 방식대로 경관을 해석하거나 체험하게 하는 것을 통해 가능하다. 자연스러움을 가장한 움직임과 동선, 그리고 시선의 통제는 통제를 받는 사람들의 경관에 대한 경험을 특정한 방식으로 제한하고 따라서 경관을 느끼거나 해석하는 방식도 제한했을 것이다. 이렇게 움직임과 시선의 통제를 통해 의도한 방식대로 경관을 읽게 하는 것을 통해 권력은 행사된다.

5) 경관과 이미지

경관의 이해와 해석은 기억에 더하여 감각과 느낌, 그리고 움직임을 통해 형성되며 그러한 기억과 느낌은 총체적으로 이미지화되어 내재화된다. 우리가 일상생활에서 경관을 이해하고 해석하는 과정은 가시적 경관을 직접 체험하면서 그리고 그렇게 체험된 경관이 기억 속에 이미지로 남아 있는 경우에 가능하다. 경관을 경험하는 것은 단순히 어느 하나의 고정된 관점에서 경관을 시각적으로 '조망'하는 것이 아니라 실제로 그 경관 안에서 움직이면서, 그리고 시각뿐만 아니라 후각이나 청각·촉각 등의 다양한 감각적 경험을 통해 가능하다. 이러한 신체적 경험을 통해 다양한 행위자(인간뿐만 아니라 동식물과 심지어 사물들을 포함하여)들은 이성과 오성으로 대표되는 인지능력 대신 기억 그리고 그 안에 내재되어 있는 감각적 경험과 느낌을 통해 지금까지의 다양한 행위 규범이 신체를 매개로 드러나거나 신체가 그러한 행위 규범의 실천을 가능케 한다. 기든스의 구조화(Structuration) 이론에서 제시하는 구조의 이중성(duality of structure)이나 부르디외의 실천 이론(Practice theory)의 핵심적인 개념인 아비투스(habitus)에서 문제시되었던 이분법적 구분(예를 들면 구조화 이론에서 구조와 행위 주체의 분명한 구분)(Harris and Cipolla, 2017)이 극복될 수 있는 가능성 역시 여기에서 확인된다.

6) 경관과 기억, 그리고 정체성

특정한 형태의 경관은 그러한 경관을 인식하거나 경험했을 개인과 집단의 정체성을 형성하는 데 지대한 역할을 한다. 개인과 공동체의 정체성은 과거의 경험과 그러한 경험에 대한 기억 가운데 일부로 구성된 일종의 이야기(story)이며 이러한 정체성은 한 번 형성되면 고정되어 변하지 않는 것이 아니라 특정한 맥락 안에서 실천을 통해 지속적으로 형성되며 타협되는데, 이 과정에서 특정한 경험과 기억이 맥락에 따라 선택적으로 채택되어 재해석되는 동시에 정체성의 형성과 유지에 이용된다. 경관 또한 물질문화와 마찬가지로 이러한 기억과 이야기를 구성하는 중요한 요소 중 하나다.

경관은 그것을 경험하는 개인들에게 시간과 시간성(temporality)을 느끼게 함으로써 과거와 현재, 그리고 미래로 자신을 투사하게 한다. 몸의 움직임의 순서를 통해 느끼게 되는 시간적 순서와 먼 과거로 대표되는 경관의 영속성은 그것을 경험하는 개인들이 행위 주체로서 정체성을 갖게 되는 계기를 제공한다. 공동체의 경우, 그 공동체 구성원들이 자신들의 경관에 대해 같거나 혹은 서로 유사한 해석과 이미지를 공유하는 과정에서 공동체 고유의 정체성을 갖게 되기도 한다.

3 기억과 전통의 형성

로마로 대표되는 서양 고대 사회에서 대중을 설득해 정치적 지지를 확보하기 위한 수단의 하나로서 효과적이고 감동적인 연설은 매우 중요한 역할을 했다. 이러한 대중 연설 능력을 기르기 위해 수사학이 발달했으며 또한 연설을 할 때 원고를 읽거나 참조할 수 없었던 탓에 기억에 관한 기술, 즉 기억술에 대한 관심이 매우 높았다. 대중 연설의 성패는 연설에서 인명이나 사건 그리고 이와 관련된 연도나 숫자 등을 오류 없이 정확히 인용할 수 있는가에 달려 있을 정도였다. 최초의 기억술에 관한 서술인 로마시대의 『헤렌니우스에게 바치는 수사학』(작자미상)에는 소위 '기억의 궁전'으로 불리는 장소법이 소개되어 있다. 고대 그리스의 서정시인인 시모니데스는 연회에 참석하던 중 잠깐 바깥에 나간 사이에 연회장이 무너져 내렸는데 이 붕괴 사고로 인해 죽은 사람들의 신원을 그들이 앉아 있던 위치와 연결시켜 기억해냄으로써 유가족들에게 시신을 무사히 인계할 수 있었다고 한다. 이러한 에피소드는 세네카의 『연설에 관하여』에 소개되어 있으며 이후 이러한 기억의 장소법은 중세와 르네상스 시기를 거쳐 이야기법(스토리 안에 기억하고자 하는 내용을 저장하는 방법)이나 영상법(기억에 시각적 정보를 이용하는 방법)과 함께 기억술의 중요한 기법으로 받아들여지고 있다(Yates, 1992). 여기에서 주목되는 사실은 과거의 어떤 사실을 정확하게 기억하기 위한 수단으로 장소 혹은 위치가 이용되고 있다는 점이다. 뒤집어 말하면 장소니 그 안에서 특정한 사물의 위치는 특정한 사건이나 사물과 관련한 여러 정보를 보다 정확하게 기억할 수 있도록 하는 매개체라는 사실이다. 이러한 점은 각종 고고학 유물·유적의 경관 내 입지와 위치가 기억의 전승과 관련하여 매우 중요할 수 있다는 점을 시사한다.

이러한 기억과 물질문화(특히 경관과 관련하여)의 관계에 대해 지금까지 다양한 연구가 진행된 바 있다(Dyke and Alcock, 2003; Lillios and Tsamis, 2010). 예를 들어 롤런즈(Rowlands)는 종래 인류학에서 주로 구분해왔던 문자사회와 비문자사회에서의 기억(의 역할)의 차이 대신 물질문화와 관련하여 기억을 외부로부터 부여된 기억(inscribed memory)과 내재화된 기억(incorporated memory)으로 나누었다

(Rowlands, 1993). 전자의 경우, 우리가 일반적으로 이해하던 방식의 기억으로 예를 들어 거석기념물의 경우 그 거석기념물이 의미하는 바를 시간의 순서에 따라 기억하는 것으로 과거(즉 과거로부터 지속적으로 기억되어 온 의미를 강조)를 지향하는 것이라고 한다. 후자의 경우, 부장품으로 사용하는 것과 같이 특정 유물이나 유구를 파괴하거나 사용의 지속적 순환 고리에서 탈락시킴으로써 기억은 유물이나 유구가 의미하는 바가 아니라 유물 혹은 유구 그 자체가 되며 포틀래치(Potlatch)의 예에서 보는 바와 같이 특정 유물과 유적의 부재 그리고 이와 연결된 기억이 문화의 전승 과정에서 미래의 행위에 영향을 끼치는 방식으로 역할을 한다고 주장한다. 이러한 롤런즈의 주장에서 특히 후자의 역할이 매우 주목된다. 즉 무덤이나 매납 유적의 축조에서 짐작할 수 있듯이 선사 및 고대 사회의 기억의 역할과 관련하여 후자의 기억 역시 전자에 못지않게 중요하다는 사실이다.

한편 파우키텟(Pauketat)은 소위 미시시피 신념체계로 알려진 거대 분묘의 축조 전통이 기원전 4천년기 이후 미시시피 계곡의 일부 지역에서 지속적으로 이어지는데 이는 지금까지 해석되어온 바와 같이 단순히 분묘의 축조와 이와 관련된 사회적 기억의 전승이 세대를 이어 지속적으로 이루어졌기 때문이 아니라고 한다 (Pauketat and Alt, 2003). 오히려 이 지역에 존재했던 여러 집단들이 헤게모니의 장악이나 권력의 장악을 위해 치열하게 경쟁하는 장소에서 때로는 과거의 위대한 전통을 의미하는 거대 분묘의 축조를 통해 또는 특정 지역의 의도적 포기를 통해 과거의 기억을 재생산하고 이 과정에서 거대 분묘의 전통이 권력 행사의 한 방식으로 지속적으로 재확인되고 재생산된다고 한다. 이러한 주장은 유사한 형태의 거대 분묘의 축조가 단순히 동일 집단이 지속적으로 축조한 결과일 수도 있지만 반대로 후대의 다양한 집단들이 현재의 권력 행사와 유지를 위해 경관에 남겨진 사회적 기억을 다시 소환하여 과거의 위대한 전통을 재생산하는 과정에서 이루어질 수 있음을 보여준다.

한편 전통과 관련해서도 염두에 두어야 할 중요한 시사점들이 있다. 영국의 마르크시스트 역사가 홉스봄은 전통과 관련하여 다음과 같은 주장을 했다 (Hobsbawm and Ranger, 1983). 그에 따르면 상당히 많은 수의 전통이 일반적으로 알려진 바와는 달리 실제로는 시작된 지 그리 오래되지 않았지만 일단 전통으로 인정되면 약간의 시간이 흐른 후에는 먼 과거에 형성되었거나 매우 오래된 것으로 여겨지게 된다. 따라서 영원하며 변하지 않거나 변할 수 없는 것으로 취급되는 경향이 있다고 한다. 예를 들어 중세 스코틀랜드와 잉글랜드 사이의 갈등을 소재로 한 할리우드 영화에 스코틀랜드 민족 영웅을 상징하는 중요한 요소로 타탄체크가 등장하는데, 사실 타탄체크는 19세기에 스코틀랜드의 민족주의적 분위기에 편승한 섬유산업 및 상인들의 농간으로 인해 널리 퍼지게 되었다고 한다. 해외 뉴스에서 주요하게 소개되는 영국 왕실의 다양한 행사도 사실 대영제국이 점점 기울어져 가는 19세기에 발명된 것으로, 그 이전까지 영국 왕실은 국민들에게 그다지 인기도 없었고 따라서 대중 앞에 나서는 일도 그리 많지 않았다고 한다. 따라서 이러한 '전통'은 제국의 영광과 번영을 상징하는 것이 아니라 오히려 반대로 쇠퇴를 숨기고 영광을 과장하기 위해 등장했다고 주장한다. 이러한 사실을 고려하면 거대 봉분을 가진 무덤이 축조되었다고 해서 그러한 세력의 정치권력이 봉분의 크기에 비례해서 컸다고 단정할 수 없으며 오히려 그 반대의 경우도 있을 수 있음을 염두에 두어야 한다. 특히 어느 특정 시기에 거대 봉분을 가진 무덤들이 갑자기 사라지는 경우에 이러한 점을 감안할 필요가 있다.

4 고대 고분의 경관과 사회적 의미: 고령 지산동 고분군과 경주 서악동 고분군을 중심으로

한국 고대 시기를 대표하는 유적·유물 가운데 가장 특징적인 자료라고 한다면 높은 봉토와 다수의 부장품이 발견되는 고분을 들 수 있다. 고대 고분에 대해서는 매우 이른 시기부터 많은 고고학자들이 관심을 가져왔는데 실제로 한국 고고학은 고분의 발굴조사 및 연구와 함께 시작되었다고 해도 과언이 아니다. 이 가운데 고령 지산동 고분군은 비단 대가야의 중심 묘역이라는 중요성뿐만 아니라 입지의 탁월함 때문에 경주 시내에 위치한 평지 고분군과 더불어 많은 주목을 받아왔다.

그림1   고령 지산동 고분군 전경
출처: 가야고분군세계문화유산등재추진단

지금까지 고령 지산동 고분군의 성격과 특징에 대해서 연구된 바를 간략히 정리해 보면 다음과 같다(이성주·김용성, 2006; 이희준, 2017).

우선 고령 지산동 고분은 주로 5세기에서 6세기 중반에 해당하는 수백여 기 이상의 고분들이 주산의 능선과 그 아래 기슭의 경사면에 분포하는 대가야의 왕과 귀족들의 무덤으로 추정된다. 또한 지산동 고분군에는 다양한 형태의 고분 입지 방식이 하나의 고분군 내에 혼재하고 있다. 대략 길이 2.4킬로미터 너비 1킬로미터의 구릉 지역에 현재까지 추정이 가능한 대략 704기의 봉토분을 포함하여 수천 기 혹은 수만 기 이상의 목곽, 수혈식 석곽, 횡구(혈)식 석실분 등이 대략 5세기 전반부터 축조되기 시작한다. 지산동 고분군의 축조는 크게 7단계로 나누어 볼 수 있는데 그 가운데에서도 1단계와 2단계에는 중대형의 고분이 등장하고 이러한 고분들 주위에 중소형의 고분들이 분포하게 된다. 특히 이때 등장하는 고총 고분들은 대체로 왕이나 왕족의 무덤으로서 저위 구릉의 말단부 등에 위치하며 이보다 신분이 낮은 피장자의 무덤들 역시 근접해서 축조된다. 다시 말해서 1단계와 2단계에는 중대형 무덤에 묻힌 왕이나 왕족을 포함하는 상위 신분의 피장자와 모종의 관계가 있는 중하위 신분의 피장자들의 무덤으로 해석된다.

3단계에는 대형 고분들이 다른 고분들과 무덤 구역을 전혀 달리하여 입지한

그림2 고령 지산동 고분군 대형 고분의 입지
출처: 가야고분군세계문화유산등재추진단

다. 즉 5세기 말 6세기 초에 이르러 직경 20미터 이상(혹은 30미터 이상)의 대형 고총 고분들이 산 정상부에 다른 중형급 무덤들과 분리되어 독립된 묘역을 가진 채 산 정상부를 따라 일종의 선형 분포를 보이며 입지하며 여타 중소형 무덤들도 남쪽 능선을 따라 위치하게 된다. 고분만으로 이루어진 지산동 고분군의 경관은 이 장소가 죽음 혹은 망자들의 공간이었으며 동쪽 지역의 궁성과 마을을 아래로 조망하거나 혹은 가시권의 영역 안에 두고 있다는 점을 통해 권력을 과시하고 지배를 정당화하며 일종의 계세사상의 연장선 속에서 살아 있는 사람들에게 지속적으로 영향을 미치며 이 무덤 구역이 내세의 공간이자 신성한 공간으로 여겨졌을 것이라고 한다.

실제로 고령 지산동 고분군은 규모와 부장품에서 다른 지역, 특히 경주의 고분들과 여러 모로 비교될 수 있다. 예를 들어 앞서 언급한 바와 같이 경주 시내 중심지의 훼부 혹은 사훼부의 무덤으로 알려진 평지 고분군에 비견될 수 있을 정도로 대형·중형·소형의 고분들이 다수 밀집해 있으나, 주로 경주의 무덤들이 평지에 위치한 반면 지산동 고분군은 주산의 능선을 포함한 산지, 특히 대형 고분에 속하는 44호, 45호, 47호 고분들이 산의 정상부 혹은 그 주위에 속하는 장소에 입지하고 있다는 특징이 있다. 이러한 점을 근거로 산의 정상부 혹은 그 주위 지역에 고분을 축조하여 무덤의 크기와 입지를 자연스럽게 과장했고 따라서 왕의 권위를 더 크게 보여주었을 것으로 추정했는데 이는 어느 정도 타당한 견해라고 생각된다. 여기에 더하여 기억과 전통 그리고 경관과 관련하여 앞서 언급한 바에 더하여 몇 가지 특징을 추가적으로 살펴보고자 한다.

고령 지산동 고분군의 축조 세력은 대가야의 왕 혹은 최상층 세력은 무덤 구역을 주산의 정상부 혹은 능선 및 그 주위에 마련함으로서 자신들(혹은 자신들의 조상)을 다른 귀족 세력으로부터 확실히 구분하고자 시도하는 측면을 확인할 수 있다. 또한 앞서 언급한 바와 같이 특정한 입지를 선택함으로써 무덤의 크기와 위세를 강조하는 효과를 얻었을 것으로 추정할 수 있다. 여기에 더하여 우선 대형의 고분들이 능선을 따라 거의 일렬로 분포하고 있음을 주목할 필요가 있다. 일단 이러한 고분들에 묻힌 주인공들과 이 무덤들을 축조한 사람들의 계승 의식, 즉 특정한 장소의 선택과 선형 분포의 무덤 입지 혹은 묘역의 구축을 통해 밖으로는 다른 이들로부터 그들 자신을 구분하고 안으로는 일종의 그들 자신의 공동체 혹은 계승 의식을 확인해갔다는 점이다. 이러한 무덤들의 선형 분포는 '외부로부터 부여된 기억(inscribed memory)'에서 살펴본 바와 같이 적어도 무덤은 과거의 기억을 매개하는 동시에 그것을 인지하고 지속적으로 무덤을 축조하는 사람들에게 과거, 현재, 미래라는 시간 의식을 확인케 하고 이를 통해 계승 의식 및 자신의 정체성을 확인해가며 이를 내재화했을 것으로 추정할 수 있다. 지산동 44호에서 확인되는 순장의 예는 이른바 '내재화된 기억(incorporated memory)', 즉 부재의 기억을 살펴볼 수 있는 중요한 고고학적 근거를 제공하고 있다. 가야의 순장은 장례절차의 하나로서 모든 장례가 끝난 후 일상생활 속에서 지속적으로 경험되는 것이 아니라 오히려 일상생활에서 부재의 기억을 통해 그것의 이미지는 영속화되고 미래의 행위에 영향을 미친다.

사람들은 그 무덤의 주인공(혹은 무덤의 축조를 주도하는 사람)과의 관계에 따라, 그리고 그들 사이의 관계에 따라 다양한 방식으로 그 경관을 느끼거나 인식하며 기억했을 것이다. 누구에게는 자신의 조상, 그리고 자기 자신의 위상과 권력관계를 잘 보여줄 수 있는 장소이며 또한 그렇게 기억되었을 것이며, 순장된 사람들과 관련이 있는 사람들은 슬픔과 상실의 장소로 그 무덤 혹은 묘역을 인식했을 것이다. 무덤의 입지를 통해 무덤의 크기와 위세를 과장하는 것에 더해 이러한 무덤 축조가 가져올 수 있는 권력(혹은 권력관계)를 자연 경관 속에 덧대어 표현함으로써 그러한 권력의 근원을 자연화하고 또한 자연경관을 통해 정당화하며, 특히 시간이 흘러가며 그러한 경관이 영속화되고 먼 과거로부터 전해 내려온 것으로 인식될 경우, 그 권력은 매우 오래된 과거로부터 내려온 것으로 그리고 영속화되어 표현될 것이다. 다시 말해서 무덤의 축조, 특히 44호와 같은 순장묘를 축조하는 경우, 이러한 무덤 축조에 참여했던 시간이 흘러가며 각각의 고분의 구체적인 시간적 축조 순서가 잊히거나 중요시되지 않을 때 전체 고분군은 먼 과거로부터 전해 내려온 내세의 공간으로 인식되는 동시에 거기에서 연유하는 권력과 지위는 매우 오래된 과거로부터 내려온 것으로 그리고 영속적인 것으로 여겨지며 여기에는 무덤이 표상하는 바가 아니라 무덤 자체가 기억되거나 경험될 것이다.

이와 유사하면서도 다른 특징을 보여주는 사례로 경주 서악동 고분군을 들 수 있다. 경주는 월정, 동궁, 월지, 첨성대, 그리고 대릉원과 불국사 및 석굴암 등 풍부한 역사 경관을 가지고 있다. 특히 남산과 선도산, 명활산, 여근곡 등을 포함한 경주의 문화 경관은 일종의 불교와 관련된 상징적 또는 이상적 경관을 형성한다. 그런데 대략 4세기 후반에서 5세기를 거치면서 대릉원으로 대표되는 경주의 평지에 왕릉급 무덤이 축조된 것에 비해 6세기를 지나 7세기 대에 접어들면 소위 성골의 등장과 불교식 장법 그리고 당의 묘제들이 도입되면서 대릉원과 같은 집단묘를 조성하는 대신 묘역을 갖춘 단독묘를 조성하는 방식으로 왕릉의 입지가 변하게 된다. 그 가운데에서 가장 주목되는 예가 태종무열왕릉(太宗武烈王, 604~661)이 있는 서악동 고분군이다. 이미 잘 알려진 바와 같이 태종무열왕릉 외에 다른 4기의 무덤이 선도산의 능선에 위치해 있다. 이 4기의 무덤의 주인공은 법흥왕, 진흥왕, 진지왕, 문흥대왕으로 추정되기도 하지만 확실한 근거는 없다. 그럼에도 여기에서 중요한 사실은 능선을 따라 태종무열왕릉 위와 아래에 각각 4기의 무덤과 2기의 무덤이 위치하고 있다는 점이다(이근직, 2016).

이 무덤에 묻힌 것으로 추정되는 4명의 왕들은 태종무열왕의 조상으로 『삼국

그림3　경주 서악동 고분군 전경
출처: 국가문화유산포털

사기』와 같은 문헌 자료에 따르면 진지왕은 폭정을 일삼다가 조카 진평왕에 의해
폐위되었고 진지왕의 후손들은 비록 왕족의 신분을 유지할 수 있었지만 다시 왕위
에 오르는 것은 불가능했다. 그러나 선덕여왕과 진덕여왕 이후 진평왕계가 끊어지
고, 진지왕계였던 김춘추가 가야계였던 김유신의 도움으로 왕위에 올라 태종무열
왕으로 즉위했고 그의 사후 왕의 무덤은 아마도 그의 직계 선조의 무덤들로 추정
되는 서악동 고분군에 조성되거나 아니면 그의 무덤을 중심으로 그의 조상 묘들이
이전되거나 재차 축조되었을 것으로 추정된다. 이러한 고분군의 축조는 그의 권위

그림4 경주 서악동 고분군 내에서 바라본 이미지
출처: 국가문화유산포털

와 정당성을 그의 직계 조상과 그들로 대표되는 과거로부터의 계승을 통해 강조하려는 의도에서 이루어졌을 가능성이 크다. 또한 태종무열왕의 사후 그의 후손인 김인문과 김양의 무덤으로 추정되는 무덤이 연이어 축조되는 과정에서도 그러한 인식이 지속적으로 작용했을 것이다. 태종무열왕 자신과 그의 계승자들은 (추정된) 계승 순시에 따라 무덤을 축조했을 것이고 이를 통해 과기의 위대한 왕이었던 조상들과의 관계를 강조함으로써 왕위 계승을 정당화하고 합법화했을 것이다. 무덤의 주인공들(생전에)과 그의 계승자들, 그리고 그들을 둘러싼 여러 사람들은 이러한 무덤의 지속적인 축조와 무덤의 입지, 그리고 경관을 경험하고 느끼고 기억하면서 과거로부터 현재, 그리고 미래로 이어지는 시간적 순서(혹은 계승적 관계)를 내재화하고 그러한 계승 관계의 정당성과 합법성을 강조하거나 내면화했을 것이다.

이와 아울러 주목되는 점은 불교의 이상적 혹은 관념적 공간이자 신라의 권위를 표상하기 위해 조성되어온 정치적 공간이면서 성골 출신 왕실과 진골 귀족들 사이의 경쟁적 공간이었던 경주에서 상대적으로 주변에 위치한 지역에 자신과 자기 조상들만의 묘역을 조성하고 무덤들을 선형적 분포에 따라 위치 지우면서 자신의 계승적 계보관계와 정통성을 강조하는 동시에 새로운 전통을 만들어가며 기존의 경쟁적 공간에 대한 공간적 대안(실제로는 정치적 대안)을 제시하고자 했을 것이다. 또한 서악동 고분군 내부의 경관 안에서 분묘 축조와 제사 등의 실천 과정에서 개인들의 움직임과 동선을 특정한 방식으로 제한하면서 특정한 방식으로 그러한 먼 과거와 경관의 이미지를 해석하고 경험하게 함으로써 일상생활에서 경험할 수 없는 시간(리듬과 템포 그리고 영속화된 먼 과거)의 흐름을 체험하게 했을 것으로 생각된다.

5 맺음말

경주와 고령으로 대표되는 신라와 가야의 한국의 고대 고분은 매우 독특한 경관을 형성하고 있다. 이러한 경관은 삶과 죽음, 신화와 일상생활이 교차하며 다양한 의미연관을 형성하는 일종의 '생활세계'이자 '장(field)'이라고 할 수 있다. 또한 다양한 상징적 행위와 제의가 이루어진 상징적 경관이자 그들의 세계관이 투영되는 관념적 경관인 동시에 그들의 세계와 그들 자신이 그 안에서 형성되며 동시에 이를 형성하는 구성적 경관이기도 했다. 이러한 경관 안에서 무덤들은 권력과 계승관계의 표상이면서 전통을 형성해가는 동시에 시간이 지나면서 표상이 아닌 무덤 자체가 표상을 대체해가며 무덤 부장품과 순장 같은 장례 절차는 부재의 기억을 통해 영속화된다.

참고문헌

한글

김종일, 2011, 「경관의 고고학적 이해」, 『한국 선사시대 사회와 문화의 이해』, 중앙문화재 연구원 편, 서경문화사.

이근직, 2016, 『신라왕릉연구』, 학연문화사.

이성주·김용성, 2006, 「지산동고분군의 성격」, 『한국학연구원학술대회 자료집』. 계명대학교 한국학연구원.

이희준, 2017, 『대가야고고학연구』, 사회평론.

외국어

Barrett, J. C., 1994, Fragments from antiquity, Oxford: Blackwell.

Dyke, R. M. V. and S. E. Alcock, 2003, Archaeologies of Memory, Oxford: Blacwell.

Harris, O., C. N. Cipolla, 2017, Archaeological Theory in the New Millennium: Introducing Current Perspectives, London: Routledge.

Hobsbawm, E., and T. Ranger, 1983, The Invention of Tradition, Cambridge: Cambridge University Press.

Kim, Jongil, 2008, Life and death in 'Life world': the construction of symbolic landscape in the Korean Bronze Age, 6th World Archaeological Congress. University of Dublin.

Lillios, K. T. and V. Tsamis, 2010, Material Mnemonics, Oxford: Oxbow books.

Pauketat, T. R. and S. M. Alt, 2003, "Mounds, Memory and Contested Mississipian History," In Dyke, R. M. V. and S. E. Alcock, 2003, Archaeologies of Memory, Oxford: Blackwell.

Rowlands, M. 1993, "The role of memory in the Transmission of Culture," World Archaeology 25(2): 141-51.

Yates, R. A 1992, The Art of Memory, London: Pimlico.

11장

고려·조선시대 시루에 대한 검토

이해련(전 복천박물관)

1 머리말

시루는 바닥에 구멍을 여러 개 뚫어 시루솥에 올려놓고 불을 때 뜨거운 증기로 음식물을 익히는 그릇으로, 주로 떡이나 밥을 찔 때 사용된다. 우리나라에서 시루가 처음 등장한 게 언제인지는 명확하지 않지만 무문토기시대 후기에 출현(이건무, 1991)해 지금까지 그 기능이 변하지 않은 것으로 보인다. 시루는 시기 및 지역적 특징을 가지고 변화·발전해왔다. 삼국시대에는 고구려, 백제, 신라, 가야의 특징을 각각 가지고 있었으나 통일신라 이후에는 그 형태가 거의 변하지 않고 고려, 조선으로 이어진 것으로 보고 있다(오후배, 2002).

현재 유적의 발굴조사가 근대유적까지 넓어짐에 따라 고려·조선시대의 유적에 대한 조사도 많이 진행되고 있다. 특히 사지, 관아지, 건물지, 생활유적지 등의 조사에서 시루가 다수 출토되고 있다. 여기서는 출토된 시루들 중에서 규격, 증기공 등 그 특징을 알 수 있는 것을 대상으로 고려·조선시대 시루의 특징을 살펴보고자 한다.

2 고려·조선시대 시루 출토 유적

고려·조선시대의 시루는 사지, 관아지, 건물지, 생활유적지 등에서 많이 출토되고 있다. 그 중 시루의 특징을 알 수 있는 것은 고려시대는 충북 충주 노계마을 제철유적, 충남 공주 웅진동 유적, 전북 김제 성산성, 경북 구미 도중리 유적, 구미 괴곡리 유적, 태안 마도 1호선, 태안 마도 2호선, 완도해저유물, 거창 임불리 천덕사지, 미륵사지 출토품을 들 수 있다.

조선시대는 충북 진전 신월리 새되마루 유적, 충남 예산 신석리 유적, 충남 부여 홍산현 관아, 충남 공주 우영터, 세종시 세종리 평촌 유적, 경기도 화성 송산동 농경유적, 경기도 평택 만호리 유적, 경기도 용인 양지리 군량골 유적, 대구 상동 172번지 유적, 대구 달성 대구국가과학산업단지, 경남 합천 무학대사유허지 출토품이 있다.

1) 고려시대 유적

(1) 충북 충주 노계마을 제철 유적(그림1-1, 국립중원문화재연구소, 2016)

1호 수혈 유구에서 출토된 연질의 도기 시루다. 태토는 점질로 내면에는 태쌓기흔과 회전물손질흔이 있으며, 외면에는 회전물손질흔이 있고 구연 하단에 침선이 돌아간다. 동체부 중위 아래에 대상파수가 양쪽에 있다. 바닥면 중앙에는 원형구멍이 1개 있고, 주위에 부채꼴 모양으로 삼각형에 가까운 증기공이 있다. 그 사이에 원형의 작은 증기공이 있다. 삼각형 모양의 증기공은 복원하면 8개가 되고, 작은 원형 구멍은 4개다.

높이 28.8센티미터, 구경 56.6센티미터, 저경 44.3센티미터.

(2) 전북 김제 성산성(그림1-2, 전라문화유산 연구원, 2016)

바닥과 동체하단부가 3분의 2 가량 잔존하고 있는 시루다. 정선된 점토를 태토로 사용했고, 크기가 작은 사립을 비짐으로 첨가했다. 바닥과 기벽 내외 면은 흑색, 속심은 황갈색을 띤다. 소성도는 와질이다. 기벽 외벽은 수직 방향의 선문이

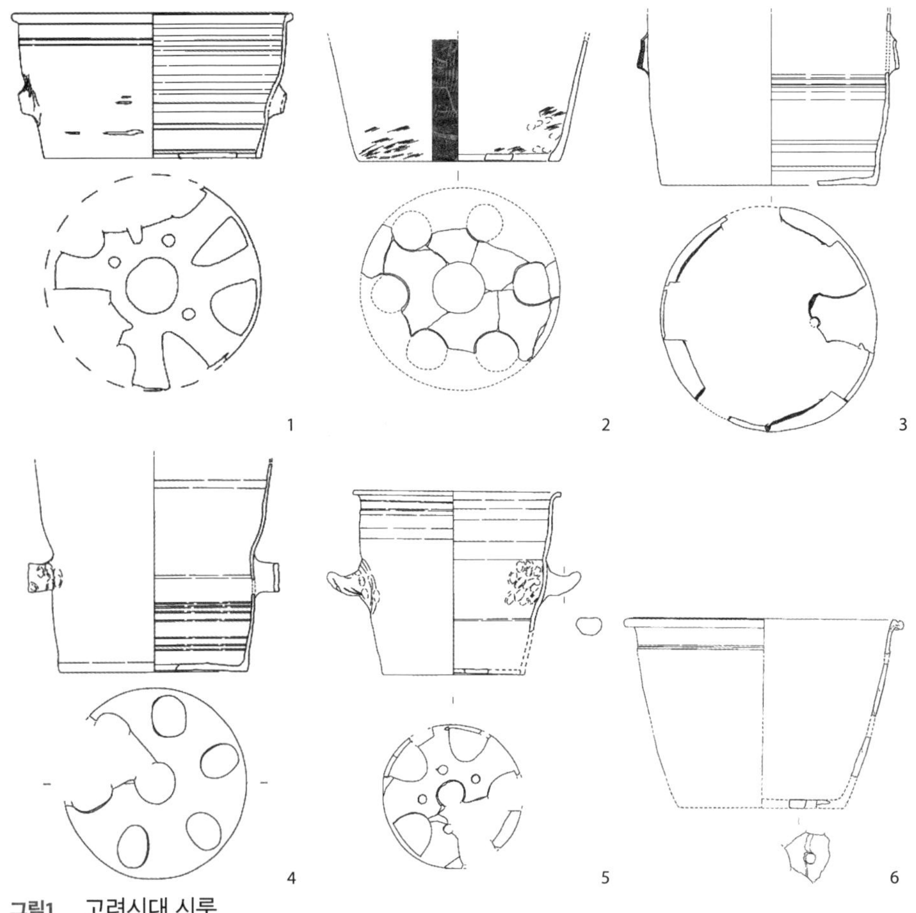

그림1 고려시대 시루

1. 충북 충주 노계마을 제철 유적, 2. 전북 김제 성산성, 3. 충남 공주 웅진동 유적, 4·5. 경북 구미 도중리 유적, 6. 경북 구미 괴곡리 유적

타날 되어 있고, 바닥과 접하는 부분은 횡방향의 물손질로 문양을 지웠다. 바닥 투공은 중앙에 원형의 투공을, 주변에 원형 또는 반원형의 투공을 뚫었다. 중앙 투공을 포함한 투공의 개수는 7개로 추정된다. 중앙 투공은 안쪽에서 바깥쪽으로, 주변부 투공은 바깥쪽에서 안쪽 방향으로 점토를 잘라내어 만들었고, 잘라낸 주변을 와도로 다듬어 매끈하게 처리했다.

잔존 높이 14.2센티미터, 저경 23.8센티미터, 기공직경 7.1센티미터.

(3) **충남 공주 웅진동 유적**(그림1-3, 충청남도 역사문화연구원·충청남도 공주의료원, 2014)

통일신라·고려시대 4호 수혈유구 출토로 저부에서 동 중위까지 남아 있는 시루 저부편이다. 태토는 세사립이 소량 혼입된 정선된 점토를 사용했으며, 연질소성되었다. 색조는 내·외면은 황회색조, 속심은 회색조를 띠며, 전체적으로 박락되어 태토가 드러나 있다. 저부는 평저이고 동체는 저부에서 수직에 가깝게 올라간다. 동체부 외면으로 대상파수가 양쪽으로 부착되었던 흔적이 남아 있다. 내면은 성형 과정에서 형성된 요철이 확인된다. 내·외면 물손질 정면하였다. 바닥은 결실되어 정확하게 알 수는 없지만 가장자리에 5개의 투공이 돌아가고 중앙에 1개의 큰 원형 구멍이 있고 그 사이에 작은 원형 구멍이 있는 것으로 추정된다.

잔존 높이 19.0센티미터, 저경 28.5센티미터, 두께 0.7센티미터.

(4) **경북 구미 도중리 유적**(그림1-4·5, 고려문화재연구원·한국수자원공사·구미단지건설단, 2017)

① 그림1-4는 19지점 A구역 건물지3에서 출토된 시루로 구연과 저부 일부와 파수 1개가 결실된 상태다. 내저면은 넓고 평평하다. 동체부 내저면 가장자리에서 측사면이 한 번에 꺾여 수직으로 올라가는 형태다. 저부는 평저다. 바닥 중심부에 지름 6.4센티미터의 원형 투공 1개와 외곽에 길이 6.4센티미터의 타원형 투공 6개를 배치했다. 파수의 형태는 대상파수이며, 동체와 접합하는 부분에 지두압흔이 확인된다. 내외면은 회전물손질로 정면 하였다. 태토는 가는 모래를 포함한 정선된 점토를 사용했다. 색조는 내면 회백색, 외면 회청색과 부분적으로 적갈색이며 속심은 회백색이다.

잔존 높이 28.4센티미터, 저경 25.6센티미터, 두께 0.4~0.6센티미터, 파수 길이 8.5센티미터, 폭 3.6센티미터, 두께 0.4센티미터.

② 그림1-5는 19지점 B구역 폐기수혈 2호에서 출토된 시루로 구연과 저부 일부와 파수 1개가 결실된 상태다. 내저면은 넓고 편평하다. 동부는 내저면 가장자리에서 측사면이 한 번 꺾여 수직으로 올라가는 형태다. 구연은 수평으로 꺾이고 구순을 다소 각 지게 처리했다. 저부는 평저다. 바닥 중심부에 지름 4.8센티미터의

원형 투공 1개와 외곽에 지름 1.4센티미터의 원형 투공 5개, 저부 가장자리를 따라 지름 6~7센티미터의 반원형 투공 5개를 배치했다. 손잡이 모양은 우각형이며, 동체와 접합하는 부분에 지두압흔이 확인된다. 내외면은 회전물손질로 정면하였다. 태토는 세사립과 세석립을 포함한 정선된 점토를 사용했다. 색조는 내·외면과 속심은 흑회색이다.

높이 30.4센티미터, 구경 34.8센티미터, 저경 23.6센티미터, 두께 0.6~0.8센티미터.

(5) **구미 괴곡리 유적**(그림1-6, 동아세아문화재연구원, 2019)

7지구 고려시대 1호 주거지에서 출토한 시루편이다. 구연부, 동체부, 저부 일부가 잔존한다. 구순부는 둥글며, 구연부는 수평으로 외반한다. 중앙에는 1조의 침선이 돌아가며, 동체부는 사선상으로 외경한다. 평저로 저부에 1개의 원공흔이 확인되며 밖에서 안으로 뚫었다. 원공의 직경은 1.2센티미터다. 태토에는 세사립이 혼입되었으며, 연질로 소성은 양호하다. 색조는 내외면 황갈색이고 속심은 회갈색이다.

복원 높이 20.8센티미터, 복원 구경 28.0센티미터, 복원 저경 17.8센티미터.

(6) **태안 마도 1호선**(그림2-1, 국립해양문화재연구소, 2010)

구연과 동체부 일부가 결실된 연질토기다. 기표면은 흑색을 띤다. 시루의 바닥에는 중앙에 큰 원형 투공을 두고 바깥으로 5개의 타원형 투공을 돌렸다. 그 사이에 작은 원형 투공 4개를 두었다. 투공의 제작은 외면에서 내면으로 눌러 뚫은 것으로 판단된다. 기형은 투공이 있는 저부에서 약간 사면으로 벌어지며 경부에 이르고, 구연은 외반하고, 동체부에 2개의 대상파수가 부착되어 있다. 시루의 내면 바닥에는 음식을 찔 때 사용한 것으로 추정되는 유기물(시루 밑)이 남아 있어 이동하는 과정에서 뱃사람들이 실제 사용했던 것으로 추정된다. 태토에는 약간의 잡물이 혼입되어 있고, 기심은 회색이다.

높이 27.9센티미터, 구경 35.3센티미터, 저경 30.8센티미터.

(7) 태안 마도 2호선(그림2-2, 국립해양문화재연구소, 2011)

밑쪽이 약간 좁은 원통형의 흑회색 시루다. 바닥면은 따로 만들어 붙였으며 6개의 구멍을 뚫었다. 중앙의 투공 1개는 원형으로, 가장자리에 돌아가는 5개의 투공은 기물의 생김새에 맞추어 반원형으로 만들었다. 구연은 도톰하며, 동체 양쪽에 넓적한 손잡이를 붙였다.

높이 27.3~27.8센티미터, 구경 32.2~34.2센티미터, 저경 28.8센티미터, 무게 4.3킬로그램.

(8) 완도 해저유물(그림2-3, 문화공보부 · 문화재관리국, 1985)

원통형으로 구연부가 저부의 직경보다 넓게 벌어졌고, 동체부의 양측에는 대상파수가 붙어 있다. 구연은 두껍게 단을 이루었으며, 바닥은 가운데 구멍을 중심으로 그 둘레에 6개의 원형 구멍을 넓게 뚫고 그 사이 사이에 4곳에도 작은 구멍을 뚫었다. 토기는 와질소성이며 기벽은 얇은 편이고 몸체에는 물레흔적이 남아 있다.

높이 29.0센티미터, 구경 32.3센티미터, 저경 28.0센티미터.

(9) 거창 임불리 천덕사지(그림2-4, 부산여자대학교 박물관, 1987)

서쪽 건물지의 소토층에서 출토된 것으로 일부 파손되었다. 태토에는 사립이 혼입되어 있고, 적갈색 와질소성이다. 구연단은 외반하며 밖으로 면을 가진다. 동체의 중부에는 대상파수가 대칭으로 붙어 있다. 시루 바닥에는 중앙에 원공을 중심으로 작은 원공 6개가 있고 가장자리에는 하트 모양의 구멍 6개가 돌아간다.

높이 30.1센티미터, 구경 53.6센티미터, 저경 44.0센티미터.

(10) 미륵사지(그림2-5 · 6, 문화재관리국 문화재연구소, 1989)

① 그림2-5는 동원 동회랑지 북편 기단외부 흑갈색 부식토 층에서 편으로 출토된 것을 복원한 것으로 결실된 부분이 있다. 전체적인 형태는 화분과 같고 구연이 저부보다 약간 크다. 저부는 거의 모두가 결실되었는데 기벽 쪽에 타원형 구멍이 뚫린 흔적이 남아 있다. 구연은 곧게 올라온 기벽을 밖으로 말아 붙여 만들었다.

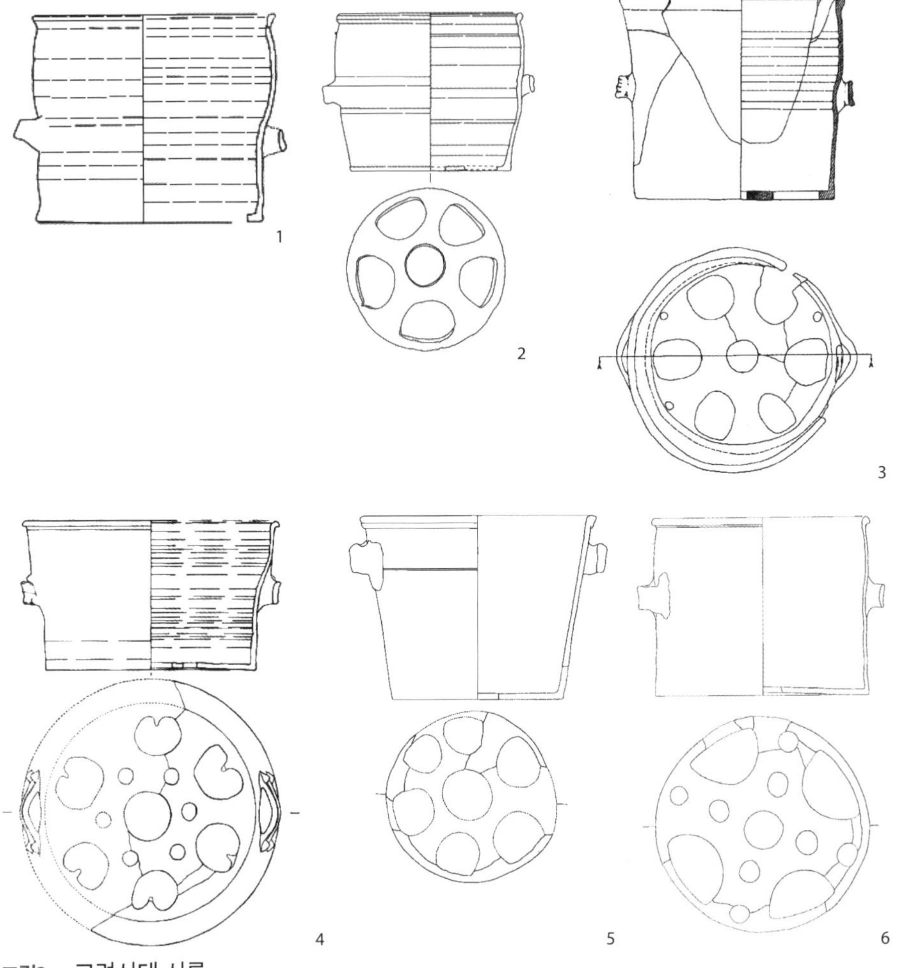

그림2 고려시대 시루

1. 태안마도 1호선, 2. 태안마도 2호선, 3. 완도 해저 유물, 4. 거창 임불리 천덕사지, 5·6. 미륵사지

토기의 상복부에는 1조의 침선을 돌렸고, 이 선상에 1개의 대상파수가 붙어 있는데 반대편은 결실되었다. 파수와 중복부 이상은 승석문을 타날했고 하복부에는 성형 후 대칼과 같은 도구로 다듬었다. 색은 회흑색을 띠고 태토는 거친 편인 와질계 토기다.

높이 23.2센티미터, 구경 32.4센티미터, 저경 21.4센티미터.

② 그림2-6은 구연과 저부의 크기가 거의 같은 원통형으로 구연은 수직에 가

깝게 올라온 기벽을 밖으로 말아 붙여 만들었다. 저부는 평저이며 크고 작은 13개의 원공과 타원형 구멍이 뚫려 있다. 복부 중간 쯤에 1개의 대상파수가 붙어 있고 반대편은 결실되었다. 성형법은 권선법으로 점토 테를 쌓아올린 흔적이 있다. 거친 태토의 회색 와질계 토기다.

높이 30센티미터, 구경 37.9센티미터, 저경 37.2센티미터.

2) 조선시대 유적

(1) 충북 진천 신월리 새되마루 유적(그림3-1, 한국선사문화연구원, 2014)

2호 수혈유구에서 출토된 흑황색을 띠는 연질의 시루로 구연부와 동체 일부가 결실되었다. 동체부는 저부에서 5센티미터가량 수직에 가깝게 올라오다 사선으로 서서히 벌어져 올라간다. 구연단은 한 번 접어 마무리했다. 바닥 중앙에 지름 약 6센티미터의 원형 구멍을 중심으로 지름 1.5센티미터의 원형 구멍 4개와 지름 2센티미터의 원형 구멍 4개, 지름 7센티미터의 반원형 구멍 4개가 뚫려 있다. 파수는 남아 있지 않으나 부착되었던 흔적으로 보아 교상파수가 있었던 것으로 추정된다. 바닥에서는 동체와 접합흔이 보이며, 내면은 회전물손질과 손누름흔이 확인된다. 태토는 가는 석립이 혼입된 점토를 사용했다.

높이 28.4센티미터, 구경 31.4센티미터, 저경 25.1센티미터.

(2) 충남 예산 신석리 유적(그림3-2 · 3, 한얼문화유산연구원 · 한국도로공사 도로교통연구원, 2015)

① 그림3-2는 2호 구상유구에서 출토되었다. 회황색을 띠는 연질소성의 시루편으로, 바닥 면에서 출토되었다. 저부는 평저이고 동체는 바닥 면에서 약하게 각을 이루며 사선으로 외반한다. 바닥 면의 증기공은 중앙에 직경 3.6센티미터의 원형 증기공을 중심으로 직경 0.8센티미터의 소형 증기공과 반타원형 증기공이 있다. 내·외면에는 목판구를 사용한 정면흔과 회전물손질흔이 희미하게 확인된다. 태토는 세사립과 세석립이 포함되었으나 비교적 정선되었다.

잔존 높이 4.5센티미터, 복원 바닥 지름 22.0센티미터, 두께 0.4~0.6센티미터.

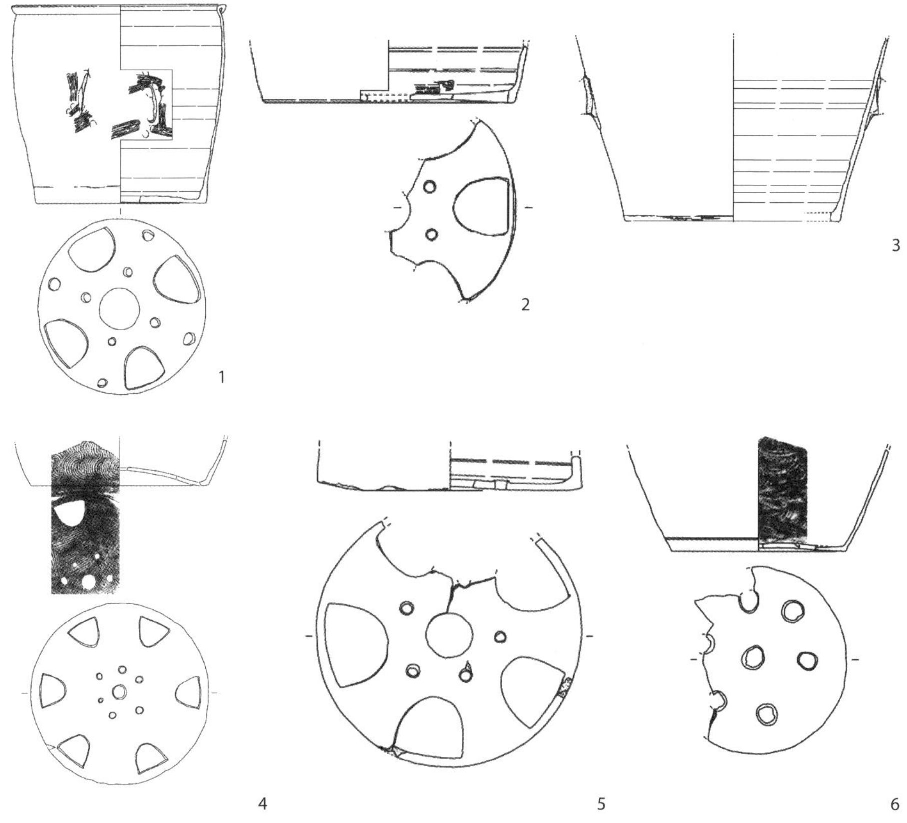

그림3   조선시대 시루

1. 충북 진천 신월리 새되마루 유적, 2·3. 충남 예산 신석리 유적, 4. 충남 부여 홍산현 관아, 5. 충남 공주 우영 터, 6. 세종시 세종리 평촌 유적

② 그림3-3은 8호 수혈유구 내부토에서 출토되었다. 색조는 명갈색이며, 연질소성이다. 저부와 동체부의 일부가 남아 있다. 잔존 형태로 보아 저부는 평저이고, 동체는 저부에서 직사선으로 벌어져 올라간다. 동중위에는 별도로 제작하여 접합한 대상파수의 일부가 남아 있다. 바닥에는 증기공이 확인되나 잔존부가 협소하여 명확한 형태를 파악하기 어렵다. 대상파수 접합부에는 지두흔이 관찰되고, 내면에는 횡방향의 물손질정면흔이 확인된다. 태토는 다량의 세사립과 세석립이 포함된 니질점토를 사용했다.

잔존 높이 19.1센티미터, 복원 바닥 지름 24.0센티미터, 두께 0.35~0.6센티미터.

(3) 충남 부여 홍산현 관아(그림3-4, 백제고도문화재단 · 부여군, 2015)

2구역 G2에서 출토되었으며, 시루 저부만 남아 있다. 저부 바닥 중앙에는 지름 2.5센티미터의 원형 투공이 있으며, 이 투공을 둘러싸고 지름 0.7~1.2센티미터 정도의 원형 투공이 있다. 저부 모서리에는 반타원형의 투공이 6개 확인된다. 저부 내면은 볼록하게 올라와 있다. 바닥에는 사선 방향의 도개흔이 관찰되며, 동체부 내면에는 동심원상의 도개흔이 확인된다. 태토의 소성 후 색조는 갈색이며, 외면 색조는 갈색이다.

잔존 높이 7.8센티미터, 저경 30.7센티미터, 기벽 두께 0.4~1.2센티미터.

(4) 충남 공주 우영터(그림3-5, 공주시 · 충청남도 역사문화연구원, 2017)

2건물지에서 출토된 회백색 시루의 바닥편이다. 동체부 이상은 결실되었다. 바닥 면에는 중앙에 직경 5.5센티미터 구멍이 있고 주변으로 직경 1센티미터 내외의 작은 구멍이 5개 배치되었다. 외곽에는 기벽과 맞물려 반원형의 구멍이 5개 돌려져 있다. 기벽과 바닥에는 물레흔적이 관찰되며 바닥의 구멍은 모두 날카로운 도구로 잘라낸 흔적이 확인된다.

잔존 높이 4.3센티미터, 저경 24.8센티미터, 두께 1센티미터.

(5) 세종시 세종리 평촌 유적(그림3-6, 한국선사문화연구원 · 한국토지공사, 2016)

70-2번지 유적 1호 수혈유구에서 출토되었다. 동체부 일부 및 저부편만 잔존하는 시루 편으로, 외면은 회색, 내면은 연회색의 색조를 띤다. 태토는 소량의 세사립이 함유된 점토를 사용했고 속심은 연갈색이다. 동체부는 외면은 문양이 없으며, 저부와 접합한 후 횡방향으로 정면한 흔적이 남아 있다. 내면은 저부와의 연결 부위에 손으로 눌러 붙인 흔적이 관찰되고, 전면에 걸쳐 호형의 박자흔이 확인된다. 박자로 내면 조정 작업을 한 후 횡방향으로 정면하면서 박자흔을 지운 것으로 보인다. 저부의 외면에는 초목흔이, 내면에는 원으로 돌아가면서 정면한 흔적이 관찰된다. 바닥 면에는 중앙에 뚫은 1개의 구멍을 중심으로 등간격으로 6개의 구

멍을 뚫었다. 투공은 원형의 형태를 띠나 면이 고르지 못한 것으로 보아 아마도 동이를 재활용한 것으로 추정된다.

잔존 높이 12.2센티미터, 복원 저경 21.8센티미터.

(6) **경기도 화성 송산동 농경 유적**(그림4-1, 한신대학교 박물관 · 한국토지주택공사, 2016)

조선시대 건물지 출토 시루로 동체부편, 구연편이 잔존한다. 태토의 정선도는 중간 정도이며, 경도도 중간 정도다. 색조는 외면은 탁한 등갈색, 내면은 천황색, 내심은 회황색이다. 외면의 정면은 물끝훑음과 물손질로 하였고, 내면에는 지두압흔, 물끝훑음, 접합흔이 있다. 동체부 중 하위에 대상파수가 있다. 잔존 편으로 보아 바닥의 증기공은 가운데에 원형공 1개와 주변에 반원형공 5개가 있는 것으로 추정된다.

잔존 높이 8.2~16.2센티미터, 추정구경 33.4센티미터, 추정 저경 21.8센티미터, 두께 0.4~1.4센티미터.

(7) **경기도 평택 만호리 유적**(그림4-2, 중부고고학연구소 · 포승산단, 2016)

1호 수혈유구의 중앙부 바닥에서 출토된 연질의 도기 시루다. 동체부의 일부분과 바닥의 일부분이 결실되었고, 색조는 회흑색과 회백색을 띤다. 태토는 정선된 고운 점토에 다량의 세사립이 혼입되었다. 구연부는 짧게 한 번 말아 접어서 제작했고, 동체부는 거의 직선으로 내려와 바닥으로 연결된다. 바닥의 투공은 중앙에 원형 구멍 1개, 가장자리에 반원형 구멍 4개, 그 사이에 세장방형에 가까운 구멍 4개를 뚫었다. 동체 중앙 부분에 2개의 대상파수를 부착했고, 전체적으로 회전 물손질 정면 하였다. 동체 외면과 바닥 외면의 박리가 심하다.

높이 26.5센티미터, 구경 29.5센티미터, 저경 23.8센티미터, 두께 0.6~0.8센티미터.

(8) **경기도 용인 양지리 군량골 유적**(그림4-3, 가경고고학연구소, 2017)

2지역 조선시대 2호 수혈유구에서 출토된 것으로 기형의 4분의 1 정도가 잔

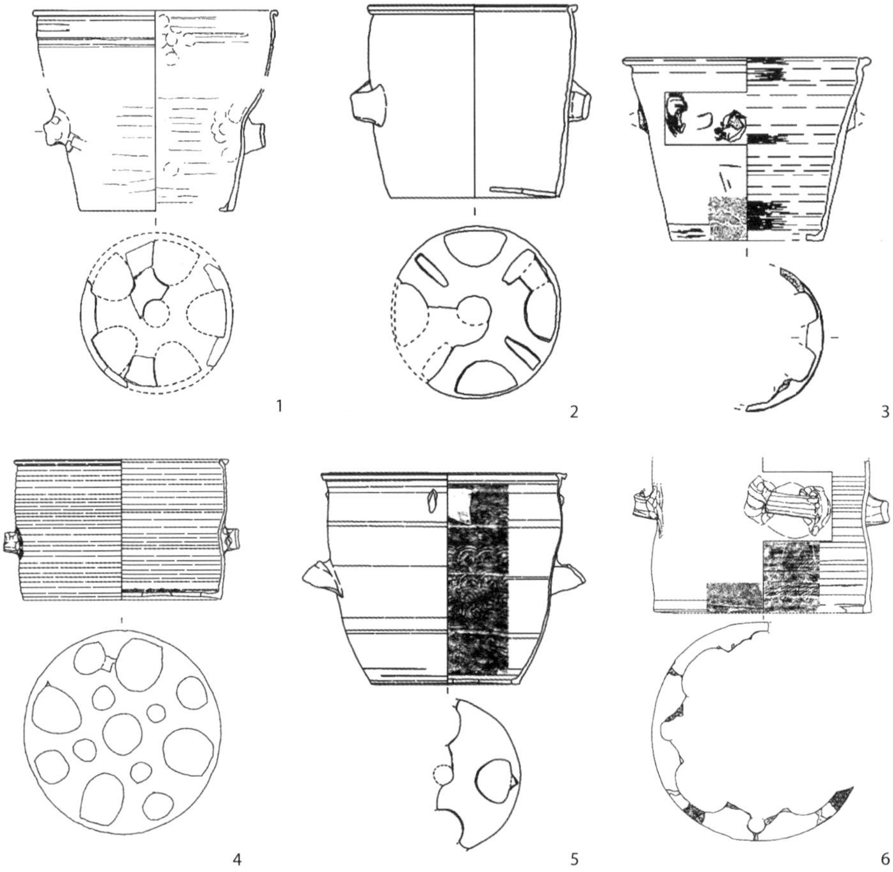

그림4　조선시대 시루

1. 경기도 화성 송산리 농경 유적, 2. 경기도 평택 만호리 유적, 3. 경기도 용인 양지리 군량골 유적, 4. 대구 상동 172번지 유적, 5. 대구 달성 대구국가과학산업단지, 6. 경남 합천 무학대사유허지

존한 것을 도상복원한 것이다. 색조는 내외면은 흑갈색, 속심은 황갈색이며, 연질 소성되었다. 태토는 미세사립의 석립이 소량 함유되었으나 대체로 정선된 점토를 사용했다. 바닥은 평저이며 잔존 부위 3곳에서 증기공이 확인된다. 동체는 기저부에서 직사선으로 바라지다가 구순부에서 점토를 말아 단면 원형의 구연부를 형성했다. 구연부와 동체 사이는 강하게 회전물손질하여 경계를 두었다. 동체 상단에는 대상파수가 부착되어 있으며, 파수의 내외면 부착 부위에 성형흔이 그대로 남아 있다. 내면에는 강한 회전물손질흔이 뚜렷하게 관찰된다.

높이 21센티미터, 복원 구경 28.8센티미터, 복원 저경 17.6센티미터, 두께
0.55~0.9센티미터.

(9) 대구 상동 172번지 유적(그림4-4, 세종문화재연구원, 2014)

조선시대 2호 우물에서 수습된 것으로 저부 일부와 구연부 및 동체 대부분이
결실되어 도상복원했고, 경질소성이다. 색조는 내외면 속심 모두 회색을 띤다. 태
토에는 세사립이 함유된 점토를 사용했고, 소성 상태는 보통이다. 구연은 외반하
고, 구연단은 편평하게 처리했다. 동체 중위에 2개의 대상파수를 부착했다. 저부
는 평저이고 바닥에 각기 다른 크기의 구멍 13개를 투공했다. 파수부 내외면에는
파수를 부착하면서 생긴 손누름과 물손질 정면흔이 관찰된다. 내저면을 따라 점토
접합흔이 관찰되어 따로 제작하여 접합한 것으로 추정된다. 전면에 뚜렷한 녹로흔
이 확인된다.

높이 27.2센티미터, 복원 구경 23.2센티미터, 저경 39.6센티미터.

(10) 대구 달성 대구국가과학산업단지(그림4-5, 경상문화재연구원, 2016)

제14지구 조선시대 2호 건물지 내부에서 수습된 것으로 기면 절반 정도만 잔
존한다. 동부에서 거의 직립하여 구연부까지 올라가며, 저부는 편평하다. 동최대
경(胴最大徑)은 동 중위에 위치한다. 동부 외면에는 굵고 미미한 돌대가 등간격으
로 3조가 돌아간다. 동최대경이 위치하는 곳에 대상파수 1개가 횡방향으로 부착되
어 있는데, 반대편에도 있었을 것으로 추정된다. 파수는 손에 쥐기 편하게 상협하
광(上狹下廣)으로 부착되어 있다. 태토는 정선된 점토를 이용했고, 색조는 암자색을
띤다. 저부에는 원공이 뚫려 있는데, 원공의 전체 개수는 알 수 없으나 현재 확인
되는 것은 4개다. 내면에 동심원문의 내박자흔이 뚜렷하게 확인된다. 동부와 저부
의 접합흔이 관찰된다.

높이 27.2센티미터,복원 구경 30.0센티미터, 복원 저경 19.5센티미터.

14호 건물지 내부에서 출토된 것으로 동체부 및 저부 일부만 잔존한다. 평저이고 저부의 가장자리에 직경 3.3센티미터와 약 10.8센티미터의 원공이 번갈아 가며 뚫려 있다. 동체부는 직립했는데 동 중위의 4개소에 대상파수가 부착되어 있다. 표면은 타날 후 물손질정면했고, 내면에는 녹록흔이 강하게 남아 있다. 색조는 회색이며 태토는 세사립이 혼입된 회색토다.

잔존 높이 26.4센티미터, 복원 저경 38.3센티미터.

3 고려 · 조선시대 시루 특징에 대한 검토

1) 고려시대

고려시대 시루를 구연부, 동체부, 저부의 투공의 형태, 규격 등에 대하여 살펴보면, 구연부 형태를 알 수 있는 것은 충주 노계마을 제철 유적(그림1-1), 구미 도중리 폐기수혈 출토품(그림1-5), 구미 괴곡리 유적(그림1-6), 태안마도 1호선(그림2-1), 태안마도 2호선(그림2-2), 완도 해저유물(그림2-3), 거창 임불리 천덕사지(그림2-4), 미륵사지(그림2-5·6) 등이다. 이들 중 구연부가 외반하면서 구연단이 둥근 것(그림1-1, 2-1, 2-2), 기벽을 밖으로 말아 붙여 만든 것(그림2-3, 2-5·6), 구연단은 외반하며 밖으로 면을 가지는 것(그림2-4), 수평으로 꺾이고 구순은 다소 각지게 처리된 것(그림1-5)이 있다.

동체부의 형태를 알 수 있는 것은 충주 노계마을 제철 유적(그림1-1), 구미 도중리 폐기수혈 출토품(그림1-5), 구미 괴곡리 유적(그림1-6), 태안마도 1호선(그림2-1), 태안마도 2호선(그림2-2), 완도 해저유물(그림2-3), 거창 임불리 천덕사지(그림2-4), 미륵사지(그림2-5·6) 등이다.

이들은 동이형(그림1-5, 2-4), 원통형(그림2-1, 2-2, 2-3, 2-6), 발형(그림1-5, 1-6, 2-5)으로 나눌 수 있다. 이들 중 구미 도중리 폐기수혈 출토품(그림1-5)만 동체에 우각형파수가 붙어 있고 나머지 모두는 대상파수가 붙어 있다.

우각형 파수가 붙어있는 경북 구미 도중리 유적 19지점 B구역 폐기수혈 2호 출토품(그림1-5)은 삼국시대 이후 이 지역 시루의 전통이 오랫동안 남아 있는 것으로 생각할 수 있다.

저부의 투공 형태는 바닥 중앙에 원형의 구멍이 있고 그 주변에 작은 원형 구멍이 있으며, 그리고 가장자리를 따라 반원형 구멍을 뚫은 것(그림1-1, 1-3, 1-5, 2-4, 2-6)과 바닥 가운데 원형 구멍이 있고 그 주변에 원형 또는 반원형 구멍을 5~6개 뚫은 것(그림1-2, 1-4, 2-1, 2-2, 2-3, 2-5)이 있다.

규격은 높이, 구경, 저경으로 나누어 볼 수 있는데, 완형으로 높이를 알 수 있는 것은 23.2센티미터(그림2-5)에서 30.1센티미터(그림2-4)로, 미륵사지(그림2-5)것을 제외하면 대개 30센티미터 전후이다.

구경은 32.3센티미터(그림2-3)에서 56.6센티미터(그림1-1)이다. 충북 충주 노계마을 제철 유적(그림1-1)과 거창 임불리 천덕사지(그림2-4) 것을 제외하면 대개 32센티미터에서 38센티미터 정도이다.

저경은 21.4.센티미터(그림2-5)에서 44.3센티미터(그림1-1)이다. 이 중 충북 충주 노계마을 제철 유적(그림1-1)과 거창 임불리 천덕사지(그림2-4) 것은 40센티미터 이상이다. 이들을 제외하면 저경은 21센티미터에서 37센티미터로 크기가 다양하다.

이중 충주 노계마을 제철 유적과 거창 임불리 천덕사지 출토품은 저경이 40센티미터 이상으로 다른 시루에 비해 규격이 매우 큰데, 아마도 사찰과 같이 사람들이 많이 모이는 곳에서 사용하는 시루이기 때문일 것이다.

따라서 고려시대 시루의 구연부는 외반하면서 구연단이 둥근 것, 기벽을 밖으로 말아 붙여 만든 것, 구연단이 외반하며 밖으로 면을 가지는 것, 구연은 수평으로 꺾이고 구순은 다소 각지게 처리 것이 있다. 이중 외반하면서 구연단이 둥근 것이 다수 이다.

동체부는 동이형, 원통형, 발형 등이 있는데 일반적으로 원통형이며, 동체의 중위 또는 아래에 대칭의 대상파수를 붙인다.

저부는 바닥 중앙에 원형의 구멍이 있고 그 주변에 작은 원형 구멍이 있으며, 그리고 가장자리를 따라 반원형 구멍을 뚫은 것과 바닥 가운데 원형 구멍이 있고 그 주변에 원형 또는 반원형 구멍을 5~6개 뚫은 것이 있다.

노계마을 제철 유적과 거창 임불리 천덕사지 출토품을 제외하면 구격은 높이 30센티미터 전후이고 구경은 32센티미터에서 38센티미터 정도이다. 저경은 21센티미터에서37센티미터로 크기가 다양하다.

2) 조선시대

조선시대 시루를 구연부, 동체부, 저부의 투공의 형태, 규격 등에 대하여 살펴보면, 구연부 형태를 알 수 있는 충북 진천 신월리 새되마루 유적(그림3-1), 경기도 화성 송산동 농경유적(그림4-1), 경기도 평택 만호리 유적(그림4-2), 경기도 용인 양지리 군량골 유적(그림4-3), 대구 상동 172번지 유적(그림4-4), 대구 달성 대구국가과학산업단지(그림4-5) 유적 등이다.

이들 중 구연단을 한번 접어 둥글게 마무리한 것(그림3-1, 4-1, 4-3, 4-4)과 외절시켜 구연단이 면을 가지며 구연은 수평으로 凹면을 이루는 것(그림4-5) 것이 있다. 대구 달성 대구국가과학산업단지(그림4-5) 출토품을 제외하면, 구연단을 접어 마무리한 형태인데 구연부는 대개 수평을 이룬다.

동체부는 원통형(그림3-1, 4-2, 4-4, 4-5)과 발형(그림4-1, 4-3)으로 나눌 수 있다. 동체에는 대상파수가 있으나, 대구 달성 대구국가과학산업단지(그림4-5) 출토품 같이 손에 쥐기 편하게 상협하광(上狹下廣)의 손잡이도 있으며, 경남 합천 무학대사 유허지(그림4-6) 출토품 같이 4개의 파수가 붙은 것도 있다.

저부의 투공 형태는 바닥 중앙에 원형 구멍이 있고 그 주변에 작은 원형 구멍이 있으며 가장자리에 반원형 구멍이 있는 것(그림3-1, 3-2, 3-4, 3-5)과 가운데 원형 구멍이 있고 가장자리에 반원형 구멍을 뚫은 것(그림4-1), 비슷한 크기의 원형 구멍을 바닥 가운데 한 개를 중심으로 둘린 것(그림3-6), 바닥 가운데 원형 구멍을, 주변에 반원형 구멍을, 그사이에 세장방형 구멍을 뚫은 것(그림4-2)이 있다.

규격은 높이, 구경, 저경으로 나누어 볼 수 있는데, 높이를 알 수 있는 것은 21.0센티미터(그림4-3)에서 28.4센티미터(그림3-1)로 30센티미터 이하이다.

구경은 23.2센티미터(그림4-4)에서 33.4센티미터(그림4-1)로 구경의 크기는 다양하다.

저경은 19.5센티미터(그림4-5)에서 39.6센티미터(그림4-4)로 크기가 다양하다.

따라서 조선시대 시루의 구연은 편평하며 구연단은 한번 접어 둥글게 마무리한 것과 면을 가지는 것이 있으며, 동체부는 원통형이 주이며 동체 중위에 대상파수가 붙어 것과 상협하광(上狹下廣)의 손잡이도 있다. 시루 바닥에는 중앙에 원형 구멍이 있고 그 주변에 작은 원형 구멍이 있으며 가장자리에 반원형 구멍이 있는 것과 가운데 원형 구멍이 있고 가장자리에 반원형 구멍을 뚫은 것, 비슷한 크기의 원형 구멍을 바닥 가운데 한 개를 중심으로 둘린 것, 바닥 가운데 원형 구멍을 뚫고 주변에 반원형 구멍을, 그사이에 세장방형 구멍을 뚫은 것이 있다. 이 중 시루 바닥에는 중앙에 원형 구멍이 있고 그 주변에 작은 원형 구멍이 있으며 가장자리에 반원형 구멍이 있는 것이 다수이다.

규격은 높이는 30센티미터 이하이고 구경은 23.2센티미터에서 33.4센티미터로 크기가 다양하다. 저경도 19.5센티미터에서 39.6센티미터로 크기가 다양하다.

고려시대와 조선시대 시루는 동체부 형태, 손잡이 모양, 바닥의 증기공의 형태 등은 거의 변화 없이 고려시대에서 조선시대로 그대로 이어져 오는 것으로 보인다. 하지만 구연부는 고려시대에는 외반하면서 구연단을 둥글게 처리한 반면, 조선시대에는 구연단을 한번 접어 편평하게 처리했다. 손잡이 형태는 고려시대나 조선시대 모두 대상파수가 일반적이기는 하지만 고려시대에는 경북 구미 도중리 유적(그림1-5)의 예처럼 앞 시기의 전통이 남이 있음을 볼 수 있으며, 조선시대는 대구 달성 대구국가과학산업단지(그림4-5) 출토품에서와 같이 새로운 모양의 손잡이가 나타나는 것을 알 수 있다.

구격에 있어서는 높이만 고려시대는 30센티미터 전후이고 조선시대는 30센티 이하로 차이가 있지만, 구경과 저경 등은 크기가 다양하다.

4 맺음말

시루는 출현 이후 삼국시대에는 고구려, 백제, 신라, 가야의 각각의 특징을 가지고 있다가 통일신라 이후에는 보편기로 그 형태가 별 변화 없이 고려, 조선으로 이어져 오는 것으로 보고 있다(오후배, 2002).

위에서 살펴 본 것처럼 고려시대나 조선시대 시루의 동체부 형태나 증기공의 모양은 별 변화 없이 이어져 오고 있고, 손잡이도 대상파수가 보편적인 것을 알 수 있었다. 다만 구연부의 형태는 차이가 있는 것을 알 수 있었는데, 고려시대의 시루는 구연부의 형태가 외반하면서 구연단을 둥글게 처리하였고, 조선시대 시루의 구연부는 구연단을 한번 접어 편평하게 처리하였다. 그리고 규격에 있어서 높이가 고려시대 보다 조선시대가 낮아졌음을 알 수 있다.

시루는 몸체, 손잡이, 바닥 구멍으로 구성되며, 직접 열을 가하지 못하기 때문에 다른 조리 용구와 결합하여 증기를 이용하여 음식물을 조리한다. 이는 물을 끓일 수 있는 별도의 용기가 필요하다는 것이다. 이 용기를 '시루솥'이라고 한다. 시루의 저경은 사용하는 시루솥의 구경에 따라 크기가 정해졌을 것으로 본다. 따라서 앞으로 시루와 시루솥의 관계에 대해서도 살펴 볼 필요가 있겠다.

참고문헌

한글

오후배, 2002,「우리나라 시루의 考古學的 硏究」, 단국대학교 석사학위 논문.

가경고고학연구소, 2017,『용인 양지리 군량골유적』.

경상문화재연구원, 2016,『대구 달성 대구국가과학산업단지 1단계 내 유적-Ⅲ::8·9·10·13·14 지구-達城 倉里·應巖里 遺蹟』.

경상문화재연구원·경상남도 합천군, 2014,『陜川 無學大師 遺墟址Ⅱ』.

고려문화재연구원·한국수자원공사·구미단지건설단, 2017,『龜尾 道中里遺蹟-구미 도중리 하이테크밸리(1단계) 조성공사 부지 내 유적』.

공주시·충청남도역사문화연구원, 2017,『공주 중동 공영주차장 신축부지 내 유적 공주 우영터』.

국립중원문화재연구소, 2016,『충북 충주 노계마을(본리 209-1번지) 제철 유적발굴보고서』.

국립해양문화재연구소, 2010,『태안 마도1호선 수중발굴조사보고서』.

국립해양문화재연구소, 2011,『태안 마도2호선 수중발굴조사보고서』.

동아세아문화재연구원, 2019,『龜尾 槐谷里遺蹟』.

문화공보부·문화재관리국, 1985,『완도해저유물』.

문화재관리국 문화재연구소, 1989,『미륵사 유적발굴보고서Ⅰ』.

백제고도문화재단·부여군, 2015,『부여 홍산현 관아Ⅱ』.

부산여자대학교박물관, 1987,『居昌壬佛里天德寺址』.

세종문화재연구원, 2014,『대구 상동 172번지 일원 운동시설(테니스장) 신축부지내 大邱 上洞 172番地 遺蹟』.

전라문화유산연구원, 2016,『김제 성산성(城山城』.

중부고고학연구소·포승산단, 2016,『평택 포승(2) 일반산업단지 조성부지 내 平澤 晩湖里 遺蹟』.

충청남도역사문화연구원·충청남도 공주의료원, 2014,『공주의료원 이전 신축 임대형민자 사업 부지 내 공주 웅진동(253-1번지 외) 유적』.

한국선사문화연구원, 2014,『鎭川 新月里 새되마루遺蹟』.

한국선사문화연구원·한국토지공사, 2017, 『世宗 世宗里 평촌遺蹟』.

한신대학교박물관·한국토지주택공사, 2009, 『華城 松山洞 農耕遺蹟』.

한얼문화유산연구원·한국도로공사도로교통연구원, 2015, 『예산 신석리 유적』.

외국어

이건무, 1991, 「韓國無文土器の器種と編年」, 『日韓交涉の考古學〈彌生時代篇〉』, 東京: 六興
出版.

12장

발굴 유구 보존방법 및 보호시설에 관한 연구

위광철(한서대학교 문화재보존학과 교수)

1 머리말

발굴이 완료된 매장문화재는 역사성, 시대성, 희소성 등의 가치에 따라 다양한 방식으로 교육 및 홍보자료로 활용된다. 발굴된 유구는 "매장문화재 보호 및 조사에 관한 법률" 제14조 발굴된 매장문화재의 보존조치에 따라 문화재의 전부 또는 일부를 발굴 진 상태로 복토(覆土)하여 보존하거나 외부에 노출시켜 보존하는 현지보존, 문화재의 전부 또는 일부를 발굴 현장에서 개발사업 부지 내의 다른 장소로 이전하거나 박물관·전시관 등 개발사업 부지 밖의 장소로 이전하여 보존하는 이전보존, 발굴조사 결과를 정리하여 그 기록을 보존하는 기록보존을 통해 보존·관리된다.

"발굴조사의 방법 및 절차 등에 관한 규정" '제5장 발굴된 매장문화재 보존조치'는 매장문화재 보존조치 필요성의 판단, 평가, 보존조치의 결정 및 지시, 보존조치된 매장문화재의 관리에 대한 사항을 법률로 명시하여, 발굴 후 매장문화재에 대한 보존조치 사항에 대해 구체적으로 제시하고 있다.

이와 같이 보존조치된 매장문화재의 관리·보존방법 등은 일부 연구자들에 의해 진행되고 있으나 보존조치된 유적의 안전한 관리를 위한 보호시설에 관한 연구는 미비한 실정이다. 특히 현지보존 또는 이전보존된 유적이 국가지정 문화재나 시도지정 문화재로 지정되지 않고 비지정문화재로 분류된 경우 장기간 노출로 환경적 요인에 의한 손상이 발생하더라도 유지보수에 대한 국가적 지원을 받지 못해 유지·관리에 많은 어려움이 있는 실정이다.

이러한 문제점은 단시간에 해결되기 어렵지만 보존조치 유구의 유지·관리를 위해 발굴조사의 방법 및 절차 등에 관한 규정 5장에 보호시설 설치 규정에 관한 내용과 조건을 명시한다면 장기간 노출로 인한 유구의 훼손을 방지할 수 있는 하나의 방편이 될 것이라고 판단된다. 이에 이 글에서는 발굴 유구 보존방법 및 보호시설의 문제점에 대해 몇 가지 대안을 제시하고자 한다.

2 발굴 유구 보존 유형

발굴된 매장문화재에 대한 보존조치 방법은 크게 현지보존 또는 이전보존 두 가지가 있다.

현지보존은 발굴이 완료된 유구의 현상을 변형시키지 않고 보존하는 것이다. 복토 후에 잔디 식재 및 보호펜스를 설치하고 표지석 및 안내판을 활용하여 유적지를 보존하는 복토보존방법과, 발굴된 유구를 이전하지 않고 원형의 유구를 노출하여 전시하는 현장보존이 있다.

이전보존은 발굴 유구를 현지에 보존하는 것이 불가능할 경우 전체 또는 일부분을 이전하여 보존하는 방법이다. 전체를 원형(原形)으로 이전하는 방법과 합성수지를 이용하여 이전하는 방법으로 구분할 수 있다. 원형이전은 유구 전체를 원형의 상태로 포장한 후 이전하여 복원하는 것인데, 소형이나 단일체의 유구를 이전할 때 주로 적용한다. 전사이전에는 토층의 표면 위에 합성수지를 도포한 후 토층

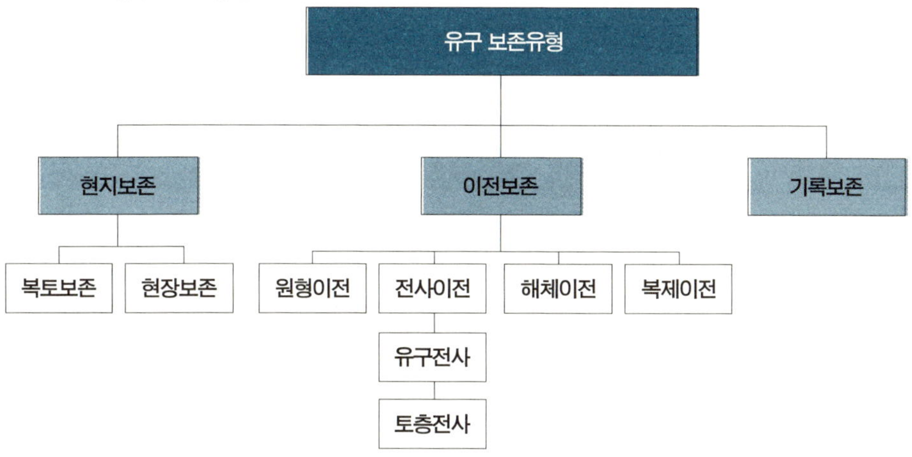

면을 전사하여 복원하는 토층전사와 유구의 표면 위에 합성수지를 도포한 후 형틀
을 이전하여 복원하는 유구전사 방법 등이 있다.

3 발굴 유구 보존방법

발굴이 완료된 유구를 현장에 노출된 상태로 손상 없이 안정적으로 영구히 보
존하는 것은 매우 어려운 일이다. 오랜 기간 매장된 상태에서 비교적 안정적인 보
존환경을 유지하고 있었던 때와 달리 발굴조사 후에는 대기환경에 노출되면서 수
분 증발로 인한 균열, 염류 집적, 가루화, 균류·선태류 등의 번식 등 물리적·화학
적·생물학적 열화 및 풍화에 의해 손상을 입게 된다.

특히 사계절이 뚜렷한 우리나라의 경우 노출된 상태로 유구를 보존할 경우 여
름철에는 강우에 의한 토양의 유실, 겨울철에는 동결융해로 인한 유구 붕괴 등의
위험이 있다. 또 이끼류 발생 등 생물학적 요인에 의해 유구의 원형이 파손될 수도
있다.

이 때문에 발굴 유구의 안전한 보존 및 자연적인 손상을 방지하기 위해 보호
시설을 설치하여 그 내부에 유구를 보존하는 경우가 많다. 유구 보호시설은 유구

의 역사성뿐만 아니라 유구를 구성하는 요소 그대로를 관람할 수 있게 한다는 점
에서 그 자체의 역사적 가치를 전달하는 데 가장 효과적인 방법 중 하나라고 할 수
있다.

보호시설은 전시 유형에 따라 노천형(露天形), 개방형(開放形), 반개방형(半開放
形), 밀폐형(密閉形)으로 구분할 수 있다.

1) 노천형

노천형은 야외 보호시설을 씌우지 않고 노출시키는 것이다. 매장된 형태 그대
로 보존과학적 처리 등 유구의 손상을 최소화하는 조치를 취한 후 야외에 직접 노
출시킨 형태다.

노천형에는 크게 두 가지 방법이 있다.

첫째, 자연적인 환경에 직접 노출되어도 손상을 적게 받는 재질의 유구를 보
존하는 방법으로 지석묘·성벽·축대 등 비교적 강도가 우수한 석구조물이나, 보호
시설의 설치 및 이전이 어려워 노천에 보존할 수밖에 없는 대형 유구를 보존하는
방법이다.

둘째, 발굴 유구 복토 후 유구의 형태를 복토상부에 형상화하는 방법으로 유
구의 형태를 식재, 기둥, 석재 등을 활용하여 표식하거나 건물의 형태를 인지할 수
있도록 입체적·평면적 형태로 재현하는 간접적 노출 방법이다.

노천형의 장점은 원형의 유구를 안정적인 상태로 보존하는, 현장감 있고 실질
적인 보호 방법이라는 것이다. 특히 석구조물의 경우 장기적인 보존과 활용이 가
능하며 보호를 위한 시설 및 장기적인 관리에 따른 경비의 지출을 최소화할 수 있
다. 단점은 다양한 유구 보존방법으로는 야외 환경에 노출되어 있어 극히 제한적
이라는 것이다. 토양으로 이루어진 주거지, 고분 등 재질이 약한 구조물은 자연환
경에 의한 구조 변형, 균열, 토양 유실 등의 문제점이 발생하므로 주의할 필요가
있다. 특히 대기오염물질에 의한 재질의 가루화 및 표면 오염 등은 형태의 변형을
초래할 수 있다.

직접적인 노출형 보존 사례로는 고창 고인돌 공원, 화순 고인돌 전시관, 왕궁

그림1　고창 고인돌 박물관

그림2　왕궁리 유적 후원 중심 건물지

그림3　왕궁리 유적 강당터

그림4　동대문 DDP유구전시장

그림5　부산 복천동 복토보존

그림6　풍납 백제 문화공원

그림7　왕궁리 유적 공방지

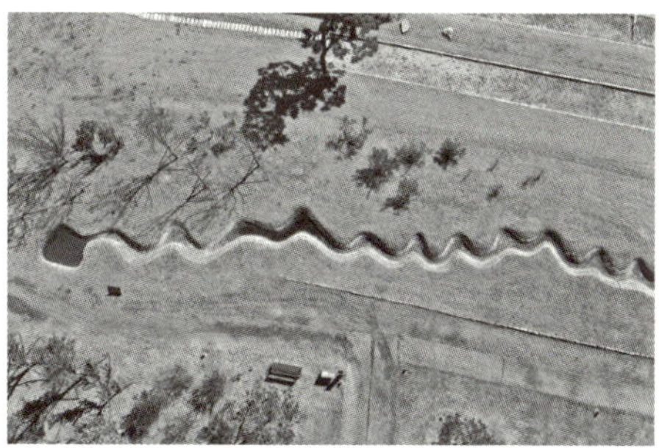

그림8　왕궁리 유적 곡수로

리 유적, 동대문 DDP 유구전시장 등을 들 수 있다. 모두 발굴 유구의 형태를 현지 보존 또는 이전을 통해 전시하고 있다.

간접적인 노출형 보존 사례로는 복토 후 상부에 유적의 형태를 형상화한 부산 복천동 고분군, 풍납 백제 문화공원, 왕궁리 유적 등이 있다. 복토 후 유구의 형태를 사진, 목책, 관목 등을 활용해 노출 형태로 전시하고 있다. 그 밖에 동대문운동장 부지에서 발굴된 유구를 이전 복원한 동대문역사문화공원은 원형의 유구를 이전 복원하여 노출형으로 보존한 사례에 해당한다.

2) 개방형

개방형은 노천형의 자연환경적인 취약점을 보완할 수 있는 전시 방법으로 실외개방형, 실내개방형, 반개방형으로 구분할 수 있다. 실외개방형은 건축 구조물 형태로 지붕과 기둥만 있고 측면 벽체가 없는 구조물 형태이며, 실내개방형은 실외개방형의 구조물과 같은 형태이나 사면에 벽체가 설치된 하나의 건축물로 전시관 또는 박물관 개념의 구조물 형태다. 반개방형은 실내개방형과 같은 구조이나 내부 출입 시 관람객의 공개 요구 이외에는 항상 출입문이 잠금장치로 닫혀 있어 출입이 자유롭지 못하다.

실외개방형은 측벽이 없이 기둥과 지붕만 설치된 형태로, 풍우(風雨)·적설(積雪) 등에 의한 직접적인 손상을 방지하기 위한 것이다. 측벽이 설치되지 않아 유구의 형태를 아무런 장애물 없이 쉽게 관람할 수 있고, 공기가 잘 순환되어 지의류에 의한 손상이 적다. 반면 측벽이 없기 때문에 낙엽, 쓰레기, 먼지 같은 이물질로 인한 내부 오염이 발생하기 쉬워 유구 보존을 위한 상시 관리가 필요하다.

전체적으로 실외개방형은 접근성이 뛰어나고 공기 순환이 원활해 지의류에 의한 손상이 적다는 장점이 있지만, 외부에서 유입되는 이물질로 인한 오염, 개방성에 따른 인위적 손상의 위험이 높아 상시 관리 및 주기적인 관찰이 필요하다.

실내개방형은 지붕, 기둥, 벽체를 갖춘 구조물로 박물관 또는 전시관이 여기에 해당한다. 유구의 가치를 자연적인 손상 없이 장기간 보존할 수 있는 방법으로 전시 공간, 관람객 서비스 공간, 학술자료 공간 등 콘텐츠 활용성이 높다. 특히 내

홍천 철정Ⅱ 유적 보호시설　　　　　　　홍천 철정Ⅱ 유적 내부

그림9　홍천 철정Ⅱ 유적

세운상가 유적전시실　　　　　　　　세운상가 유적 현장보존

그림10　세운상가 유적

부 유구의 보존을 위해 항온·항습 시설 등 기기 설비를 적극적으로 활용해 외부 환경의 영향을 덜 받는다.

　이와는 약간의 차이가 있지만 대부분 발굴 종료 후 유구를 중심으로 실내개방 형태의 보호각을 설치하지만 최근 발굴 초기부터 전시관을 건립하여 발굴 과정, 유구 노출 상태 등을 일반인에게 공개하는 사례(경주 쪽샘유적 발굴관)도 나타나고 있다.

　반개방형은 실내개방형 구조와 같은 형태로 유구의 안정적인 보존 효과는 있으나 관람객의 공개 요구 이외에는 항상 닫혀 있기 때문에 관람에 불편함이 있다. 유구를 안전하게 보존할 수 있는 장점은 있지만 공기의 순환이 자연스럽게 이루어지지 않으면 내부 고온으로 인한 지의류 발생의 위험이 있다.

　반개방형은 단일유구 보존에 적용되고 있으며 항시 잠겨 있어 관람객을 위해

돈의문 유적전시실   돈의문 궁장유적 현장보존

그림11   돈의문 전시관 유적전시실

군기시 유적 전시실   군기시 유적 전시실 내부

그림12   군기시 유적 전시

공평동 도시유적 전시관   공평동 도시유적 전시실 내부

그림13   공평도시유적전시관

유구 보호각 측면은 유리 또는 나무 가로막으로 설치되어 있어 일부 관람에 편리를 제공하고 있다. 이들 유구는 현장보존 유구에 많이 적용되고 있어 지하수 유입

경주 쪽샘유적 발굴관 보호시설　　　　경주 쪽샘유적 발굴관 내부

그림14　경주 쪽샘유적 발굴관

양구 칠전리 가마터　　　　양구 칠전리 가마 내부

그림15　양구 칠전리 가마

옥천 삼양리 기와가마　　　　옥천 삼양리 기와가마 내부

그림16　옥천 삼양리 기와가마

및 내부 고온다습한 환경 때문에 지의류가 쉽게 발생한다. 대부분 관리자가 상주
하지 않아 현장감 있는 관람이 어려울 뿐만 아니라 감시 장비를 활용하여 관리하

고 있어 정기적인 관리가 필요하다.

3) 밀폐형

밀폐형은 밀폐된 구조를 지닌 시설로, 대부분 보호 구조물 덮개로 강화유리를 이용한 보존방법이다. 실외밀폐형, 실내밀폐형 등 설치 장소를 고려한 다양한 형태의 밀폐형 보호시설이 설치되고 있다.

강화유리를 이용한 보존방법은 노출형의 유구 전시 문제점을 해결하기 위한 방법으로 많이 활용되고 있다. 강화유리를 덮개로 활용하는 방법은 비, 바람, 눈 등 외부 자연환경에 의한 손상을 차단해주는 장점이 있지만, 반대로 밀폐로 인한 고온효과와 난반사로 인한 문제가 있다. 고온효과는 내부의 온도 상승으로 인한 균열 및 가루화를 촉진할 뿐만 아니라 고습으로 인한 이끼류 발생 및 벌레 서식처로의 환경 변화가 이루어진다. 특히 강화유리를 설치하기 위해 지지대로 가설된 철 구조물은 동절기에 온도 차이에 의한 결로 현상을 발생시켜 유구의 표면을 오염시키기도 한다.

강화유리 덮개는 무엇보다도 난반사와 안전상의 문제를 갖고 있다. 유리 표면에 주변 구조물, 수목 등이 비치는 난반사는 내부 유구를 관람하는 데 방해를 하기 때문에 유구 보존의 의미를 퇴색시킨다.

4 발굴 유구 보호시설의 문제점 및 개선 방안

발굴 유구를 노출 전시하는 것은 매우 복잡하고 어려운 일이다. 이러한 어려움에도 불구하고 지금까지 여러 방법을 이용하여 유적의 보존과 공개를 위한 연구가 이루어져왔다.

선사시대의 주거지와 고대 건물터 등 발굴조사가 완료되면 현지보존 및 이전보존을 통해 보호시설(건물, 지붕)을 만들어 전시했다. 이들 보호시설은 유구의 형태와 면적 등을 고려하여 단일유구 보존을 위한 점적(點的)인 방법과 유적 전체 또

돌방무덤 실외밀폐형

돌방무덤 유구 내부

시전행랑 보호각 밀폐형

시전행랑 유구 내부

육의전 박물관 실내밀폐형

육의전 박물관 유구 내부

는 일부를 보존하는 면적(面的)인 방법을 적용한 경우가 많다.

　이와 같은 보호시설은 전시관, 유적공원, 유적박물관 등의 기관 설립을 통해 건설공사의 시행자 또는 지방자치단체장 중심으로 운영되고 있다. 그러나 이들 유구의 안전한 보존을 위한 물리적·화학적·생물학적 열화 및 다양한 손상 요인에 대해 완벽하게 유지·관리하는 사례는 그리 많지 않다. 지금까지의 발굴 유구 보호시설의 사례를 중심으로 문제점 및 개선 방안에 대해 제언하고자 한다.

첫째, 발굴 유구 보호시설을 위한 다양한 사전 검토가 필요하다.

발굴된 매장문화재는 보존조치 평가단에 의해 현지보존, 이전보존, 기록보존 조치가 결정된다. 복토보존이나 기록보존의 경우 발굴조사단과 협의하여 종결되는 경우가 대부분이지만 현장보존 및 이전보존에 관한 사항은 건설공사 시행자와 보호시설에 대한 협의를 거치게 된다.

협의 과정 대부분은 주로 예산에 대한 논의에 집중되고 있어 유구에 대한 사전 검토가 필요하다. 유구를 구성하고 있는 재질(토양, 석구조물, 목재 등)의 내구성, 내후성 등 유구 조건을 반영한 보호시설 수립을 위한 여러 학문 분야를 망라한 학제적인 사전 검토가 필요하다. 특히 노출전시를 위한 보호시설의 주변 환경 또한 매우 중요하다. 보호시설 장소의 지형, 지질, 지하수위 등은 차후 보존 유구를 손상시킬 위험이 있으므로 사전에 환경 조건에 대한 충분한 검토가 이루어져야 한다.

둘째, 유구 보호시설 관리 및 운영에 대한 개선이 필요하다.

유구 보호시설의 설치 목적은 발굴된 유구의 안전한 보존을 바탕으로 역사성 및 문화유산 향유를 위해 법적 사항을 제정했지만 실효성, 접근성이 떨어지는 장소에 보호시설을 설치하는 경우도 많이 발생하고 있다.

현장보존을 위한 보호시설은 지하수 유입에 대한 시설을 수립하지 않고 건축할 경우 지의류에 의한 유구의 손상이 발생하게 되며, 강화유리 덮개의 경우 난반사, 고온효과 등이 발생할 수 있다. 이와 같은 손상 요인을 인지하고 이에 대한 대비책으로 차수벽, 집수시설, 항온·항습 시설 등을 계획하지 않고 보호시설을 건축할 경우 유구 보호를 목적으로 건축된 건축물이 또 하나의 유적 파괴를 초래할 수 있으므로 본연의 목적에 부합하는 시설물의 건축이 필요하다.

최근 유구 보호시설 운영에 대한 몇 가지 문제점이 노출되고 있어 이에 대한 대책 마련이 필요하다. 유구 보호시설의 관리 및 운영은 건설공사의 시행자, 즉 건축주 또는 해당 지역을 관할하는 지방자치단체의 장으로 하여금 관리·운영을 하게 한다. 공공기관에서의 관리는 큰 문제점이 나타나지 않고 있지만 건축주는 유구 보호시설의 건축비용뿐만 아니라 관리·운영 부분까지 경제적 부담을 지고 있어 간혹 유구 보호시설 운영에 대한 경제적 부담으로 보호시설을 폐쇄하거나 본래의 목적과 다른 용도로 사용하는 경우가 발생하고 있다.

따라서 유구 보호시설물의 건축부터 관리·운영까지 건축주에게 일임하고 있는 현재의 법적인 사항은 개선이 필요하다. 유구 보호시설물에 대한 시설비 지원, 공공기관에서의 위탁관리, 세제 혜택, 전문 학예사 지원 등 다양한 방안을 모색하여 차후 건축주 운영에서 국가 중심으로 운영하는 방안도 고려할 필요가 있다.

셋째, 주변 경관을 고려한 유구 보호시설이 필요하다.

유구 보호시설은 하나의 건축 구조물로서 주변 경관을 고려해 설치해야 한다. 유구 보호시설은 크게 내부의 콘텐츠와 외부 구조물로 분류한다면 외부 구조물의 경우 면적에 따라 소요 예산의 범위가 결정됨에 따라 주변 건축물 및 경관을 고려하지 않은 저예산의 유구 보호시설물, 강화유리 덮개 보호시설물 등은 주변 경관과의 부조화뿐만 아니라 유구의 보존에도 영향을 미치고 있다.

강화유리 덮개 보호시설은 대부분 지면과 일치된 평면적 구조로 주변 건물들의 난반사로 인한 관람의 어려움, 강화유리 표면 긁힘 현상으로 인한 전시유구 관람의 어려움, 내부 고온·고습 및 지하수 유입으로 인한 지의류 발생 등의 문제를 나타내고 있다. 강화유리 덮개를 설치한 유구 보호시설은 강화유리 위를 걸어 다니면서 하부 유구를 관람하는 구조인데, 겨울철 표면 동결로 인한 낙상 위험 및 여름철 강우로 인한 미끄러움 등의 위험 요소를 지니고 있다.

이외에 단독으로 산재해 있는 철판 구조물 보호시설, 정자 형태의 보호시설, 합성수지 계통의 폴리카보네이트 등은 주변 환경을 고려하지 않고 무작위로 설치되어 있어 관리의 어려움뿐만 아니라 관람의 어려움도 초래하고 있다. 철판 및 철골구조물의 경우 단열시설이 설치되지 않아 외부 기온의 영향을 직접적으로 받게 되는데, 이로 인한 내부의 온실화는 유적의 건조, 균열, 붕괴를 일으키는 주요 원인이 되고 있고, 철골구조물은 토양으로부터 증발한 수증기가 결로하여 떨어지는 물방울에 의한 유구 표면 파임 현상 등이 나타나고 있다. 단독으로 산재해 있는 유구의 경우 관람객의 접근성 및 관리의 불편함으로 인해 실효성이 떨어져 한 곳으로 이전복원하여 관람객의 편리성과 유지·관리의 수월성을 높일 수 있는 유적공원의 설치도 하나의 개선 방안이라 할 수 있다.

이러한 문제점을 당장 해결하기에는 예산의 어려움이 있을 것이다. 하지만 기존 유구 보호시설에 대한 기본적인 온도·습도 조절이 가능한 항온항습 시설의 지원뿐만 아니라 관리 매뉴얼 등 최소한의 관리에 필요한 요소를 지원할 수 있는 법적 방안을 수립할 필요가 있다. 특히 주변 환경과 어울리는 유구 보호시설뿐만 아니라 친환경적인 보호시설을 건립할 필요가 있다. 인위적인 환경 조성보다는 자연적인 채광시설, 통풍시설, 환기시설 등 환경 친화적인 유구 보호시설이 앞으로 나아가야할 방향이라 판단된다.

넷째, 발굴 유구 훼손을 최소화하는 보호시설이 필요하다.

발굴된 유구의 보호시설은 안전성, 내구성, 경제성, 구조미 등을 고려하여 건축된다. 국내에서는 철근콘크리트, 철골구조, 철골철근콘크리트 구조가 많이 적용되고 있다. 이들은 기둥 및 벽체를 설치하기 위해 유구의 표면 및 내부를 천공하여 설치하는 방법으로, 기둥이 설치되는 유구의 중심부 및 주변부의 훼손이 불가피하다. 이러한 설치 방법은 유구 보존을 위한 설치가 또 다른 훼손을 발생시킬 수 있어 주의가 필요하다.

보호시설 내 유구 주변 지하수 차단을 위한 차수시설 및 배수시설은 많은 검토가 필요하다. 차수·배수시설은 보존 유구 주변부를 굴착한 후 설치해야 하는데, 보존유구의 하부 구조 및 주변 구조에 대한 정밀한 발굴이 진행되지 않았다면 주변 유구의 훼손이 발생할 수 있다.

차수시설은 또 토양 내부 수분 증발로 인한 균열 및 가루화로 인한 손상을 발생시킬 수 있다. 차수시설로 인한 토양 건조화 현상현상은 석 구조물과 토양 구조물의 무너짐 현상, 건조로 인한 염류 석출, 균열 등 다양한 문제가 발생할 수 있다.

이와 같이 지하수 문제는 유구 보호시설에 있어 중요한 요소이므로 지하수의 생성 장소, 흐름, 분배 등을 연구하는 수문학(水文學) 및 토양물리학·토목지질공학

전공자들과의 많은 협의가 반드시 필요하다.

5 맺음말

유적 및 유구를 발굴해 노출전시를 한다는 것은 현실적으로 매우 어려운 문제이지만 역사적·학술적 가치가 높은 유적 및 유구에 대한 보존은 그 자체로서 중요할 뿐만 아니라 교육, 전시, 홍보 면에서도 높은 가치를 지닌다.

1990년 이후 매장문화재 발굴 증가로 인한 보존가치가 높다고 판단되는 유적에 대하여 원형유지를 바탕으로 현지보존 또는 이전보존방법을 적용하여 평면적 또는 입체적 전시 방법을 활용하여 유적전시관, 유적박물관, 유적공원, 유적발굴관 등의 명칭을 부여하여 유적 보호시설을 설치하여 운영하고 있다.

이와 같은 보호시설의 경우 전시 유구의 보존을 위한 운영 및 관리 측면에서 공공기관에 의한 운영과 건축주 개인이 운영하는 관리 방안에 많은 문제점이 나타나고 있다. 공공기관의 경우 항온·항습 시설 및 관리인 상주를 통한 상시관리가 이루어지고 있으나 개인이 운영하는 보호시설의 경우 일부이기는 하나 건물 내부에 설치된 유구 보호시설은 관리를 위한 상주인 부재 및 운영비 부담으로 인해 전시실 내부를 다른 용도로 변경하여 사용하거나 전시실을 폐쇄하는 일도 나타나고 있다. 이러한 문제를 해결하기 위한 법적인 규제도 필요하지만 전적으로 소유주 개인에게 관리비 및 운영비를 부담하는 법률적 개선방안도 필요하다.

최근 유구 보호시설에 대해 디지털 콘텐츠를 활용한 방안은 보호시설 내부에 무엇을 담을 것인가에 대한 콘텐츠로 기존의 전시관 내부 안내판 또는 설명판 위주로 이루어졌던 전달 방식에서 디지털 기술(가상현실, 증강현실)을 접목한 문화재, 유구, 역사성을 시각적으로 활용하여 원 유구의 형태 재현과 동시에 유구의 안정화를 도모하고 있다.

앞으로도 유구의 보존 및 활용이라는 목적으로 현지보존 또는 이전보존방법으로 발굴이 완료된 유구에 대한 상당 부분이 보존조치될 것으로 판단된다. 종래 보존조치가 끝나면 모든 게 끝이라는 개념에서 유구의 명확한 관리, 정기적인 점검, 운영 방안 개선 등이 이루어진다면 문화유산의 안전한 보존을 위한 보호시설은 중요한 역할을 담당하리라 판단된다.

참고문헌

한글

문화재청, 2019, 매장문화재 보호 및 조사에 관한 법률 시행령, 문화재청.

문화재청, 발굴조사의 방법 및 절차 등에 관한 규정(시행 2018. 6. 25).

박철원, 2002, 「발굴유구 보존처리 및 이전·복원에 관한 연구: 가마를 중심으로」, 목포대학
교 석사학위 논문.

서정호, 2008, 『문화재를 위한 보존방법론』, 경인문화사.

안진환, 2008, 「발굴유구 보존에 대한 연구」, 영남대학교 석사학위 논문.

위광철, 2012, 『發掘遺構 轉寫用 合成樹脂 開發 및 適用에 관한 硏究』, 공주대학교 박사학
위 논문.

위광철, 2013, 「서울지역 發掘遺構 保存現況 및 保存方法에 관한 檢討」, 『문화사학』 40, 한
국문화사학회.

위광철, 2019, 「경기 지역 발굴 유적의 보존현황 및 보존방법에 관한 융합적 연구」, 『한국
과학예술융합학회』 37(1), 한국전시산업융합연구원.

이상수, 1983, 「청자가마(窯) 이전」, 『박물관신문』 제137호, 국립중앙박물관.

이선복, 1996, 「국토개발과 매장문화재」, 『국토개발과 문화재보존』, 한국토지공사.

이오희, 2008, 『문화재 보존과학』, 주류성.

부록

송기호 선생님 약력 및 서훈
송기호 선생님 논저 목록
정년기념논총 간행위원회

송기호 선생님 약력 및 서훈

학력

- 1975.03.01. ~ 1981.02.26.　서울대학교 인문대학 국사학과 문학사
- 1981.03.01. ~ 1984.02.25.　서울대학교 인문대학 국사학과 문학석사
- 1986.03.01. ~ 1995.02.25.　서울대학교 인문대학 국사학과 문학박사

경력 / 전임교원 경력

- 1981.06.17. ~ 1984.02.05.　서울대학교 인문대학 국사학과 조교
- 1988.08.20. ~ 1990.09.30.　서울대학교 인문대학 국사학과 전임강사
- 1990.10.01. ~ 1995.03.31.　서울대학교 인문대학 국사학과 조교수
- 1995.04.01. ~ 2000.03.31.　서울대학교 인문대학 국사학과 부교수
- 2000.04.01. ~ 2021.02.28.　서울대학교 인문대학 국사학과 교수
- 2020.09.01. ~ 2021.02.28.　서울대학교 석좌교수
- 2021.03.01.~ 현재　서울대학교 인문대학 국사학과 명예교수

서울대학교 주요 보직

- 2000.08.01. ~ 2002.07.31.　서울대학교 인문대학 국사학과장
- 2001.12.26. ~ 2005.12.25.　서울대학교 기록관장
- 2007.09.01. ~ 2011.08.31.　서울대학교 박물관장
- 2011.12.26. ~ 2012.12.25.　서울대학교 기록관장

서울대학교 외 주요 경력

- 1984.02.06. ~ 1986.02.28.　한림대학교 아시아문화연구소 연구원
- 1986.03.01. ~ 1988.03.31.　한림대학교 사학과 전임강사
- 1988.04.01. ~ 1988.08.19.　한림대학교 사학과 조교수
- 1997.07.01. ~ 1998.08.20.　미국 Harvard-Yenching 연구소 방문교수
- 1998.01.　 ~ 1999.12.　진단학회 총무이사
- 2002.03.　 ~ 2004.02.　한국상고사학회 부회장
- 2006.03.01. ~ 2007.02.28.　캐나다 University of British Columbia 방문교수
- 2010.12.　 ~ 2011.12.　역사학회 부회장
- 2012.03.24. ~ 2013.03.23.　2012년 교과용 도서(역사) 검정심의회 심의위원장

· 2012.10.　　~ 2015.12.　　　국사편찬위원회 위원

· 2012.11.　　~ 2015.11.　　　동북아역사재단 이사

· 2013.03.07. ~ 2013.12.20.　영국 University of Cambridge 방문교수

서훈 사항

· 1975.02.10.　　문교부 장관상

· 1996.05.　　　1996년 제15회 두계학술상

· 2001.10.08.　　경향신문 창간기념 '한국의 얼굴 55인' 선정

· 2006.10.15.　　서울대학교 20년 근속공로표창

· 2008.06.03.　　서울대학교 2007년도 우수연구상

· 2008.10.16.　　2008학년도 서울대학교 교육상

· 2009.07.　　　2009년 제1회 발해저술상

· 2016.10.15.　　서울대학교 30년 근속공로표창

· 2021.02.　　　홍조근정훈장

송기호 선생님 논저 목록

저서

『中原文化圈遺蹟精密調査報告書(寧越郡)』, 翰林大學 博物館, 1985.

『江原道의 先史文化』(공저), 翰林大學 아시아文化研究所, 1986.

『발해의 역사』(역서), 翰林大學 아시아文化研究所, 1987.

『洪川郡의 傳統文化』(공저), 翰林大學 아시아文化研究所, 1987.

『驪州 梅龍里 용강골古墳群 發掘報告書』(공저), 翰林大學博物館, 1988.

『驪州 梅龍里 용강골古墳群 發掘報告書』Ⅱ(공저), 翰林大學博物館, 1989.

『한국사특강』(공저), 서울대학교출판부, 1990.

『발해를 찾아서-만주, 연해주 답사기-』, 솔, 1993.

『韓國古代金石文(1)(3)』(공역), 韓國古代社會研究所 編, 1993.

『渤海 政治史 研究』, 一潮閣, 1995.

『渤海의 歷史的 展開過程과 國家位相』, 서울대 文學博士學位論文, 1995.

『러시아 연해주와 발해 역사』(공역), 대우학술총서 번역 97, 민음사, 1996.

『한국사』10(공저), 국사편찬위원회, 1996.

『한반도와 중국 동북 3성의 역사 문화』(공저), 서울대학교출판부, 1999(「만주의 발해 부여
　　　　　유적 답사 보고」 수록).

『발해를 다시 본다』, 주류성, 1999. 8.

『발해고』(柳得恭 著)(역서), 한국고전총서 1, 홍익출판사, 2000. 1; 신개정판, 2020.

『2000년전 우리 이웃-중국 요령지역의 벽화와 문물 특별전-』(공저), 서울대학교박물관,
　　　　　2001.

『韓國考古學事典』(공저), 국립문화재연구소, 2001.

『한국생활사박물관』06, 발해·가야생활관(공저·내용감수), 사계절, 2002.

『한반도와 만주의 역사 문화』(공저), 서울대학교 한국문화연구소, 2003.

『해동성국 발해』(공저), 서울대학교 박물관, 2003.

『한국의 역사, Lịch Sử Hàn Quốc』(공저), 서울대학교 한국학교재편찬위원회 편, 베트남국
　　　　　립대학 교재, 2005.

『한국 고대의 온돌 : 북옥저, 고구려, 발해』, 서울대학교출판부, 2006.

『역사용어 바로쓰기』(공저), 역사비평사, 2006.

『동아시아의 역사분쟁』, 솔, 2007.

『한국 고고학 강의』(공저), 사회평론, 2007.

『하늘에서 본 고구려와 발해』(공저), 서울대학교박물관, 2008.

『동아시아 속의 渤海와 日本』(공저), 경인문화사, 2008.

『한국 고대 사국의 국경선』(공저), 서경문화사, 2008.

『개정증보판 발해를 다시 본다』, 주류성, 2008.

『새로운 한국사 길잡이 상』(공저), 지식산업사, 2008.

『개정신판 한국사특강』(공저), 서울대학교출판부, 2008.

『이 땅에 태어나서(송기호 교수의 우리 역사 읽기 1)』, 서울대학교출판문화원, 2009.

『시집가고 장가가고(송기호 교수의 우리 역사 읽기 2)』, 서울대학교출판문화원, 2009.

『말 타고 종 부리고(송기호 교수의 우리 역사 읽기 3)』, 서울대학교출판문화원, 2009.

『발해를 왜 해동성국이라고 했나요?』, 다섯수레, 2010.

『개정 신판 한국 고고학 강의』(공저), 사회평론, 2010.

『발해 사회문화사 연구』, 서울대학교출판문화원, 2011.

『한국불교사 연구 입문』상(공저), 지식산업사, 2013.

『한국 고대사 연구의 시각과 방법』(공저), 사계절, 2014.

『농사짓고 장사하고(송기호 교수의 우리 역사 읽기 4)』, 서울대학교출판문화원, 2014.

『과거보고 벼슬하고(송기호 교수의 우리 역사 읽기 5)』, 서울대학교출판문화원, 2014.

『임금되고 신하되고(송기호 교수의 우리 역사 읽기 6)』, 서울대학교출판문화원, 2014.

『개정증보판 이 땅에 태어나서(송기호 교수의 우리 역사 읽기 1)』, 서울대학교출판문화원,
        2015.

『개정증보판 시집가고 장가가고(송기호 교수의 우리 역사 읽기 2)』, 서울대학교출판문화원,
        2015.

『개정증보판 말 타고 종 부리고(송기호 교수의 우리 역사 읽기 3)』, 서울대학교출판문화원,
        2015.

『알타이학의 어제와 오늘』(공저), 서울대학교출판문화원, 2015.

『역사용어사전』(공저), 서울대학교출판문화원, 2015.

『강 넘고 바다 건너(송기호 교수의 우리 역사 읽기 7)』, 서울대학교 출판문화원, 2016.

『The History and Archaeology of the Koguryo Kingdom』(공저), Univ of Hawaii
　　　　Press, 2016.

『우리 시대의 한국 고대사』2(공저), 주류성, 2017.

『발해를 찾아서-만주·연해주 등 답사기-』개정판, 솔, 2017.

『한국 온돌의 역사』, 서울대학교출판문화원, 2019.

『땅속에서 찾은 화성의 역사』(공저), 화성시사 18, 화성시, 2020.

『발해 사학사 연구』, 서울대학교출판문화원, 2020.

『발해 고고학』, 진인진, 2021(예정).

본인 저서 번역

『The Clash of Histories in East Asia』, 동북아역사재단, 2010.

『The Ancient Korean Kingdom of Silla: Political Developments and Religious Ideolo-
　　　　gy』(Pankaj Mohan 譯)(공저), The Academy of Korean Studies Press, 2011.

『槪說 韓國考古學』(공저), 同成社, 2013.

Юγ Дыггон 저, Ц. Цэрэндорж 역, 『Пархэгийн Шинждэд(발해고)』, Улаанбаатар,
　　　　2014.

논문

「渤海史關係 論著目錄」, 『韓國史研究』33, 1981.

「渤海 貞惠公主墓碑의 고증에 대하여」, 『韓國文化』2, 1981.

「발해의 「多人葬」에 대한 연구」, 『韓國史論』11, 1984.

「集安 高句麗 考古學의 新收穫」(번역), 『翰林大學論文集』2, 1984.

「沿海州의 발해 문화 유적」(번역), 『白山學報』30·31합집, 1985.

「中共의 한국 고대사 연구 소개(1985년도)」, 『아시아文化』2, 1987.

「발해의 불교 자료에 대한 검토」,『崔永禧先生華甲紀念韓國史學 論叢』, 1987.

「발해 멸망기의 대외관계-거란·후삼국과의 관계를 중심으로-」,『韓國史論』17, 1987.

「발해의 歷史와 思想」,『傳統과 思想』III, 韓國精神文化研究院, 1988.

「渤海史 연구의 몇가지 問題點」,『季刊 京鄉』1987년 여름호, 경향신문사, 1987.

「발해에 대한 신라의 양면적 인식과 그 배경」,『韓國史論』19, 1988.

「渤海史 研究 動向」,『韓國上古史學報』1, 1988.

「역사의 대중화를 위하여-이기백 편-, 한국사 시민강좌; 역사문제연구소, 역사비평」(서평)
        『문학과 사회』, 1988년 봄호.

「洪川郡 金石文 및 懸板 현황」,『伐力文化』2, 홍천문화원, 1988.

「발해 城址의 조사와 연구」,『韓國史論』19, 國史編纂委員會, 1989.

「驪州 梅龍里 용강골古墳群 發掘 성과와 성격」,『古文化』34, 1989.

「북한의 발해사 연구와「발해사」」,『발해사』, 이론과 실천사, 1989.

「東아시아 國際關係 속의 渤海와 新羅」,『韓國史 市民講座』5, 一潮閣, 1989.

「발해사 연구의 문제점-발해와 신라의 외교관계를 중심으로-」,『韓國上古史』, 民音社, 1989.

「북한의 발해 고고학과『발해문화』」,『역사와 현실』3, 1990.

「소련 연해주의 발해문화연구(번역)」,『韓國史論』23, 1990.

「조선시대 史書에 나타난 발해관」,『韓國史研究』72, 1991.

「高句麗史를 바라보는 또 하나의 시각-『高句麗簡史』-」,『韓國古代史論叢』1, 韓國古代社會
        研究所, 1991.

「北韓의 渤海史·統一新羅史 研究」,『北韓의 古代史研究』, 一潮閣, 1991.

「大祚榮의 出自와 渤海의 建國過程」,『아시아문화』7, 한림대학교 아시아문화연구소, 1991.

「南北時代論의 기초적 검토」,『韓國古代史研究會 會報』24, 韓國古代史研究會, 1992.

「발해사, 남북한·중·일·러의 자국중심 해석」,『역사비평』, 1992년 가을호.

「渤海佛敎의 展開過程과 몇 가지 特徵」,『伽山李智冠스님華甲紀念論叢 韓國佛敎文化思想
        史』上, 논총간행위원회, 1992.

「咸和四年銘 발해 碑像 검토」,『西巖趙恒來教授華甲紀念 韓國史學論叢』, 亞細亞文化社,
        1992.

「연해주에서 출토된 발해의 청동제 符節」(번역),『韓國古代史論叢』3, 韓國古代社會研究所,
        1992.

「不死鳥문양이 있는 발해의 막새기와」(번역),『美術資料』50, 국립중앙박물관, 1992.

「연해주에서 출토된 발해 佛板」(번역),『美術資料』50, 국립중앙박물관, 1992.

「한국의 역사가-柳得恭」,『韓國史市民講座』12, 일조각, 1993.

「발해 文王代의 개혁과 사회변동」,『韓國古代史研究』6, 韓國古代史研究所, 1993.

「渤·日 國書를 중심으로 본 9세기의 발해사회」,『汕耘史學』7, 1993.

「皇帝 칭호와 관련된 발해자료들」, 고려대 민족문화연구소 발해사 국제학술회의발표문,
　　　　1993. 3.

「발해의 초기 도읍지와 천도과정」,『民族文化의 諸問題』于江權兌遠敎授定年紀念論叢, 1994.

「발해불교와 그 성격」,『韓國佛敎史의 再照明』, 불교신문사편, 불교시대사, 1994.

「唐 賓貢科에 급제한 渤海人」,『李基白先生古稀紀念 韓國史學論叢』上, 一潮閣, 1994.

「해외 발해 유적의 조사 현황과 방향」,『해외소재 우리역사 관련 문화유적의 현황과 보존』,
　　　　문화재연구소, 1995.

「渤海의 盛衰와 疆域」,『白山學報』47, 1996.

「渤海人의 생활-服飾을 중심으로-」,『服飾』28, 1996.

「沿海州의 渤海 遺蹟 研究 動向」,『아시아문화』12, 한림대학교 아시아문화연구소, 1996.

「발해의 지방 통치와 그 실상」,『한국 고대사회의 지방지배: 한국고대사연구』11, 한국고대
　　　　사연구회, 1997.

「발해 首領의 성격」,『韓國 古代·中世의 支配體制와 農民』, 金容燮敎授停年紀念 韓國史學
　　　　論叢 2, 1997.

「舍堂洞 窯址 출토 銘文 資料와 통일신라 지방사회」,『한국사연구』99·100, 1997.

「六頂山 古墳群의 성격과 발해 건국집단」,『汕耘史學』8, 1998.

「서양의 한국 고고학 및 고대사 연구 목록」,『韓國史論』40, 서울대학교 국사학과, 1998.

「Open History, Open Nationalism ; The Battle Over Manchurian History」,『Harvard
　　　　International Review』, Winter 1998-89.

「고구려 유민 高玄 墓誌銘」,『서울大學校 博物館 年報』10, 서울大學校 博物館, 1999.

「한·일간의 거리 좁히기 : 거울 저편의 肖像을 보며-李成市의 두 저서를 읽고-」,『韓國史
　　　　論』41·42합, 一溪金哲埈先生10週期追慕論叢, 서울大學校 人文大學 國史學科,
　　　　1999.

「史實과 前提 : 발해 고분 연구의 경우」,『韓國文化』25, 2000.

「발해사 조각그림 맞추기」, 『한국사 시민강좌』28, 일조각, 2001.

「민족주의사관과 발해사」, 『역사비평』58, 역사비평사, 2002.

「일본에서 접근한 발해사-酒寄雅志와 石井正敏의 저서를 읽고-」, 『역사학보』174, 2002.

「柳得恭의 『渤海考』와 成海應」, 『朝鮮의 政治와 社會』, 崔承熙敎授停年紀念論文集刊行委員
　　　會, 집문당, 2002.

「고대의 문자생활: 비교와 시기구분」, 『강좌 한국고대사』5, 문자생활과 역사서의 편찬, 가
　　　락국사적개발연구원, 2002.

「발해 5京制의 연원과 역할」, 『강좌 한국고대사』7, 촌락과 도시, 가락국사적개발연구원,
　　　2002.

「한국 고대사 속의 고조선사」(서평), 『역사교육』87, 2003.

「중국의 한국고대사 빼앗기 공작」, 『역사비평』65, 2003.

「발해 문화사의 연구현황과 과제」, 『한국사연구』122, 2003.

「대흠무-발해를 만든 제왕」, 『63인의 역사학자가 쓴 한국사 인물 열전』1, 돌베게, 2003.

「발해의 천도와 그 배경」, 『한국고대사연구』36, 한국고대사학회, 2004.

「扶餘史 연구의 쟁점과 자료 해석」, 『한국고대사연구』37, 2005.

「동아시아 역사 충돌: 대응과 반성」, 『21세기 한국 고등교육의 미래와 인문학』, 2005 한국
　　　하버드옌칭학회 학술대회 발표문, 2005.

「통일신라시대에서 남북국시대로」, 『역사비평』74, 역사비평사, 2006.

「대외관계에서 본 발해 정권의 속성」, 『한국 고대국가와 중국왕조의 조공·책봉관계』, 고구
　　　려연구재단, 2006.

「고구려 유민 高氏夫人 墓誌銘」, 『한국사론』53, 2007.

「한국과 연해주 발해」, 『渤海와 東아시아』, 동북아역사재단 국제학술회의 발표문, 2008.

「발해 온돌의 유래와 특징」, 『한국 고대사 연구의 현단계』, 석문 이기동교수 정년기념논총
　　　간행위원회, 주류성, 2009.

「조선시대 이상향과 울릉도」, 『고대 해양 활동과 異斯夫 그리고 사자 이야기』, 이사부 연구
　　　총서 II, 강원도민일보·강원도·삼척시, 2009.

「용해구역 고분 발굴에서 드러난 발해국의 성격」, 『고구려발해연구』38, 2011.

「중국의 동북공정, 그 후」, 『한국사론』57, 2011.

「고왕 대조영의 행적과 영정」, 『발해 고왕 대조영 영정 제작 경과보고 백서』, 2012.

「발해건축사 연구 동향과 콕샤로프카1 성터 건물지의 성격」,『건축역사연구』21-1, 2012.

「생활사, 새로운 역사 쓰기」,『역사학보』213, 2012.

「無와 裏面의 역사, 한국 고대의 생활사를 위하여」,『한국고대사연구』65, 2012.

「해외 유적과 연해주 조사」,『2012 Asia Archaeolgy』, 국립문화재연구소, 2012.

「문헌사와 고고학의 만남을 위하여-한국상고사학회 30주년에 부쳐-」,『한국상고사학보』 100, 2018.

「남북국의 전쟁, 경쟁과 교류」,『신라사학보』45, 2019.

「渤海 上京城의 溫突(炕) 遺蹟」中國 吉林大學 邊疆考古研究中心 주최 '東北亞古代城址國 制研討會' 발표, 2019.

「渤海 武王代 對唐紛爭의 경과 검토-玄宗 勅書 4首와 馬都山 전투 자료를 중심으로-」,『한 국연구』8, 2021(예정)

본인 논문 번역 및 재수록

「발해사 연구의 몇 가지 문제점」,『韓國古代史論』, 한길사, 1988.

「For Popularization of History」,『Korea Journal』vol.28 no.6, Korean National Commission for Unesco, June 1988.

「Quelques problèmes concernant l'étude de l'histoire de Palhae」,『Revue de Corée』 21-1, 1989.

「東아시아 國際關係 속의 渤海와 新羅」,『講座 韓日關係史』, 玄音社, 1994.

「Several Questions in Studies of the History of Palhae」,『Korea Journal』30, Korean National Commission for UNESCO, 1990.

「Current Trends in the Research of Palhae History」,『Seoul Journal of Korean Studies』, vol.3, Institute of Korean Studies, Seoul National University, 1990.

「渤海의 歷史와 思想」,『韓國思想史大系』2, 고대편, 한국정신문화연구원, 1991.

「渤海の建國過程についての一考察」,『東アジアの社會と經濟』'91國際學術シンポジウム報 告書, 大阪經濟法科大學, 1992.

『北朝鮮的渤海史研究』,『東北亞考古與歷史信息』1·2합, 吉林省文物考古研究所, 1993.

「유득공」,『한국의 역사가와 역사학』상, 창작과 비평사, 1994.

「大祚榮的行踪和出自」, 『歷史與考古信息』1996-1, 吉林省文物考古研究所, 1996.

「渤海的建國過程和建國集團」, 『歷史與考古信息』1996-2, 吉林省文物考古研究所, 1996.

「日本·渤海の國書に反映された內紛期の渤海社會」, 『朝鮮學報』159, 1996.

「渤海史研究におけるいくつかの問題點」, 『對岸諸國における渤海研究論文集』, 北陸電力株
　　　式會社 地域總合研究所, 1997.

「『渤海政治史研究』一書的緒論與結語」, 『東北亞考古資料譯文集』渤海專號, 北方文物雜誌社,
　　　1998.

「渤海國的國家地位」, 『東北亞考古資料譯文集』渤海專號, 北方文物雜誌社, 1998.

「東亞國際關係中的渤海和新羅」, 『東北亞考古資料譯文集』渤海專號, 北方文物雜誌社, 1998.

「渤海的初期都城及其遷都過程」, 『歷史與考古信息·東北亞』, 1998-1.

「渤海文王的文治」, 『歷史與考古信息·東北亞』, 1998-1.

「以渤日國書爲中心看九世紀渤海的社會變化」, 『歷史與考古信息·東北亞』, 1998-1.

「On the Nature of the "Suryŏng" in Parhae」, 발해 건국 1300주년 기념 학술회의, 블라디
　　　보스토크, 1998. 9. 24.

「The Dual Status of Parhae: Kingdom and Empire」, 『Seoul Journal of Korean Stud-
　　　ies』 vol. 12, Institute of Korean Studies, Seoul National University, 1999.

「皇帝 칭호와 관련된 발해 사료들」, 『渤海史의 綜合的 考察』, 민족문화연구총서 68, 고려대
　　　학교 민족문화연구원, 2000.

「南北國時代論初探」, 『東北亞考古資料譯文集』高句麗渤海專號, 北方文物雜誌社, 2001.

「渤海的地方統治及其實況」, 『東北亞考古資料譯文集』高句麗渤海專號, 北方文物雜誌社,
　　　2001.

「日渤間往來國書中反映在內紛期渤海社會」, 『東北亞考古資料譯文集』高句麗渤海專號, 北方
　　　文物雜誌社, 2001.

「渤海佛敎的發展過程及其特徵」, 『東北亞考古資料譯文集』高句麗渤海專號, 北方文物雜誌社,
　　　2001.

「渤海五京制的淵源與作用」, 『渤海史研究』9, 연변대학출판사, 2002.

「六頂山古墓群的性質與渤海建國集團」, 『渤海史研究』9, 연변대학출판사, 2002.

「六頂山古墓群的性質與渤海建國集團」, 『東北亞考古資料譯文集』4, 北方文物雜誌社, 2002.

「柳得恭及其《渤海考》」, 『歷史與考古信息·東北亞』, 2003-1.

「China's Attempt at "Stealing" Parts of Ancient Korean History」, 『Review of Korean Studies』Vol. 7, No. 4, The Academy of Korean Studies, 2004.

「渤海國首領的性質」, 『北方文物』, 2004-4.

「Several Questions in Historical Studies of Balhae」, 『Korean History: Discovery of Its Characteristics and Developments』, Korean National Commission for UNESCO, 2004.

「渤海文化史的研究現狀和課題」, 『渤海史研究』10, 2005.

「Facts and Premises: On the Old Tombs of Balhae」, 『JOURNAL OF NORTHEAST ASIAN HISTORY』, NORTHEAST ASIAN HISTORY FOUNDATION, 2007.

「Ancient Literacy: Comparison and Periodization」, 『Seoul Journal of Korean Studies』 20, 한국문화연구소, 2007.

「六頂山古墳群の性格と渤海建国集団」, 『青山考古』24, 青山考古學會, 2008;『渤海の古城と国際交流』勉誠出版, 2020. 재수록.

「渤海五京制的淵源和作用」, 『渤海史論集』, 中國文史出版社, 2013.

기타

Шавкунов Э.В., С объективных позиций-Бохай в трудах корейских исследователей (По публикациям Сон Ки Хо, Республика Корея)-// Россия и АТР. No.2, Ин-т истории, археологии и этнографии народов Дальнего Востока ДВО РАН, Владивосток, 1992 : 샤프쿠노프 에.붸., 「객관적인 입장에서-한국 연구자들의 연구 활동에 나타난 발해 (대한민국 송기호의 발표문에 의함)-」, 『러시아와 아시아 태평양지역』1992-2, 러시아과학원 극동지부 극동민족 역사학·고고학·민족학연구소, 블라디보스토크.

林相先, 「柳得恭의《渤海考》異本 : 유득공 著, 송기호 譯, 2000, 《발해고》, 홍익출판사」, 『歷史學報』166, 2000.

李春傑·苗威, 「韓國學者宋基豪的渤海觀」, 『黑龍江社會科學』2017-1.

이종서, 「한국 온돌의 기원과 확산에 대한 실증적 분석과 정합적 결론」, 『역사비평』130, 2020.

정년기념논총 간행위원회(가나다 순)

간행위원

강봉룡, 강은영, 강종훈, 강진원, 고경석, 권오영, 기경량, 김수진, 김영심, 김재홍, 김종일, 김창석, 나희라, 박성현, 송호정, 여호규, 오영찬, 윤선태, 이병호, 이재환, 이한상, 전덕재, 전호태, 홍기승, 홍승우

출판지원

고태진, 김지희, 박주선, 박준영, 박유정(이상 서울대학교 대학원)